ヨーロッパ人権裁判所の判例 II

ヨーロッパ人権裁判所の判例 II

〈編　集〉

小畑郁・江島晶子・北村泰三・建石真公子・戸波江二

信山社

執筆者紹介 ⓒ 2019

[＊印は編者、数字は執筆項目番号]

愛敬浩二	(AIKYO Koji　名古屋大学)	51
阿部浩己	(ABE Kohki　明治学院大学)	24,30
伊藤洋一	(ITO Yoichi　東京大学)	48
井上亜紀	(INOUE Aki　佐賀大学)	17
井上典之	(INOUE Noriyuki　神戸大学)	65
今井　直	(IMAI Tadashi　宇都宮大学名誉教授)	22
†今関源成	(IMASEKI Motonari　元早稲田大学)	67
＊江島晶子	(EJIMA Akiko　明治大学)	概説V,42,59
江原勝行	(EHARA Katsuyuki　岩手大学)	76
大藤紀子	(OFUJI Noriko　獨協大学)	9,25
小倉一志	(OGURA Kazushi　小樽商科大学)	50
＊小畑　郁	(OBATA Kaoru　名古屋大学)	概説I,7,11
甲斐克則	(KAI Katsunori　早稲田大学)	29
河合正雄	(KAWAI Masao　弘前大学)	18,36
＊北村泰三	(KITAMURA Yasuzo　中央大学)	概説IV,19,45
葛野尋之	(KUZUNO Hiroyuki　一橋大学)	39
倉田原志	(KURATA Motoyuki　立命館大学)	69
黒神直純	(KUROKAMI Naozumi　岡山大学)	2
小谷順子	(KOTANI Junko　静岡大学)	66
小林真紀	(KOBAYASHI Maki　愛知大学)	26,49
小森田秋夫	(KOMORIDA Akio　神奈川大学)	概説VII
近藤　敦	(KONDO Atsushi　名城大学)	54
齊藤笑美子	(SAITO Emiko　元茨城大学)	53
齋藤民徒	(SAITO Tamitomo　金城学院大学)	71
齊藤正彰	(SAITO Masaaki　北海道大学)	43,46
佐々木亮	(SASAKI Ryo　島根大学)	80
佐藤史人	(SATO Fumito　名古屋大学)	概説VIII
申　惠丰	(SHIN Hae Bong　青山学院大学)	3,38
須網隆夫	(SUAMI Takao　早稲田大学)	4,75
菅原絵美	(SUGAWARA Emi　大阪経済法科大学)	37
菅原　真	(SUGAWARA Shin　南山大学)	78
鈴木秀美	(SUZUKI Hidemi　慶應義塾大学)	61
曽我部真裕	(SOGABE Masahiro　京都大学)	63
髙井裕之	(TAKAI Hiroyuki　大阪大学)	84
髙山佳奈子	(TAKAYAMA Kanako　京都大学)	40
竹内　徹	(TAKEUCHI Toru　名古屋大学(非常勤))	15
＊建石真公子	(TATEISHI Hiroko　法政大学)	概説VI,16,28
田中康代	(TANAKA Yasuyo　高知県立大学)	41
谷口洋幸	(TANIGUCHI Hiroyuki　金沢大学)	83
土屋　武	(TSUCHIYA Takeshi　新潟大学)	79
徳川信治	(TOKUGAWA Shinji　立命館大学)	概説II,20,70
戸田五郎	(TODA Goro　京都産業大学)	21,56
＊戸波江二	(TONAMI Koji　早稲田大学名誉教授)	34
中島　宏	(NAKASHIMA Hiroshi　山形大学)	57
西　平等	(NISHI Taira　関西大学)	6
西海真樹	(NISHIUMI Maki　中央大学)	31
西片聡哉	(NISHIKATA Toshiya　京都学園大学)	10
西土彰一郎	(NISHIDO Shoichiro　成城大学)	62
†西原博史	(NISHIHARA Hiroshi　元早稲田大学)	77
根岸陽太	(NEGISHI Yota　西南学院大学)	23
馬場里美	(BABA Satomi　立正大学)	58,82
濱本正太郎	(HAMAMOTO Shotaro　京都大学)	72
林　貴美	(HAYASHI Takami　同志社大学)	55
府川繭子	(FUKAWA Mayuko　青山学院大学)	32
藤原靜雄	(FUJIWARA Shizuo　中央大学)	60
本田まり	(HONDA Mari　芝浦工業大学)	27
前田直子	(MAEDA Naoko　京都女子大学)	概説III,12,14
水島朋則	(MIZUSHIMA Tomonori　名古屋大学)	1,35
水谷規男	(MIZUTANI Norio　大阪大学)	47
村上正直	(MURAKAMI Masanao　大阪大学)	81
村上　玲	(MURAKAMI Rei　淑徳大学)	68
門田　孝	(MONDEN Takashi　広島大学)	33,74
薬師寺公夫	(YAKUSHIJI Kimio　立命館大学)	5,13
矢島基美	(YAJIMA Motomi　上智大学)	73
山口直也	(YAMAGUCHI Naoya　立命館大学)	44
山本龍彦	(YAMAMOTO Tatsuhiko　慶應義塾大学)	52
山元　一	(YAMAMOTO Hajime　慶應義塾大学)	64
横溝　大	(YOKOMIZO Dai　名古屋大学)	8

（五十音順）

Essential Cases of the European Court of Human Rights II

(Editors) OBATA Kaoru, EJIMA Akiko, KITAMURA Yasuzo, TATEISHI Hiroko, TONAMI Koji

SHINZANSHA：Tokyo, JAPAN. ⓒ2019

ISBN：978-4-7972-5636-9 C3332

NDC：329.501.a002

Print：Asia Printing Co. Ltd

Printed in Japan

は し が き

　本書は、2008 年に刊行した『ヨーロッパ人権裁判所の判例』（以下、『判例集Ⅰ』）に引き続き、近年の同裁判所（以下、人権裁判所ともいう）の重要判例について解説を付して紹介し、あわせて関連動向の概説を加えた判例研究書である。

　本書の編集方針および収録判例の選択基準は、『判例集Ⅰ』とは若干異なる。『判例集Ⅰ』では、主として、ヨーロッパ人権条約の解釈に関する重要な判例、すなわちリーディング・ケースを収録することに努めた。もちろん、その刊行後も、解釈の発展や判例の変更などもあり、本書でもリーディング・ケースの収録には留意した。他方、本書の収録判例の多くは、新たな解釈を示したものというよりは、複雑化する社会で生ずる人権問題や（国際）政治的文脈が影を落とす政治問題など、新たに生起したさまざまな問題に対して、人権裁判所がこれまでの経験を生かし、また新しい知恵を出して解決を図ったものである。その意味で、『判例集Ⅰ』では「解釈」に関する判例に、本書では「適用」に関する判例に、それぞれウェイトを置いている。あわせて日本の実務において注目を集めている判例も収録した。

　ヨーロッパ人権裁判所は、人権に関して良質の判例を供給し続けており、また、最先端の問題にもいち早く取り組んできている。とはいえ、『判例集Ⅰ』刊行後の 10 年余りの歩みは、決して平坦なものではなかった。ヨーロッパ統合の進展に伴う「人権保障の赤字」に対応するため考えられてきた、EU のヨーロッパ人権条約への加入は、2014 年の EU 司法裁判所の意見により頓挫することとなった。また、各締約国との関係でも、ロシアが人権裁判所の判決執行について制度的ハードルを設けるに至っている。ヨーロッパ人権条約を人権法によって国内受容したイギリスでは、同条約の解釈・適用について人権裁

判所と厳しく対立する事例がみられ、いわゆる Brexit に伴いヨーロッパ人権条約からの脱退も議論されている。さらに、近年、ポピュリズムに訴える政党が多くの国で勢いを増しており、とりわけハンガリーやポーランドでは政権を担当するに至っており、その政治手法は、法の支配といったヨーロッパ人権条約の基本原理との深刻な衝突を引き起こしている。そのような状況の下で、人権裁判所の判例のなかにも、これまでの判例からしても各締約国に妥協的で、学界の水準からも疑問を禁じ得ないものが登場してきていることも、否定できない事実である。本書では、このようないわば「問題判例」も、人権裁判所が現今の困難に立ち向かう姿の全体像を明らかにするために収録した。

　『判例集Ⅰ』に引き続き本書の編集に取り組んだ私たち 5 名は、2011 年頃より収録判例の選定と編集方針の確定の作業にとりかかり、2013 年には、関係領域において研究業績のある研究者に執筆をお願いした。しかし、その後の編集作業は遅延につぐ遅延を重ね、今日まで刊行が延びることとなった。この遅延は、ひとえに編集委員の責任であり、関係者、とりわけいち早く原稿を提出していただいた執筆者の方々に深くお詫び申し上げる。この間、提出いただいた原稿はすべて査読を経て掲載を決定し、また、編集上最低限必要と考える用語の統一等を図った。こうした作業は、刊行を遅れさせる要因ともなったが、これまで築いてきた信頼を維持するためにどうしても必要なことであり、ご海容を乞いたい。

　この間、『判例集Ⅰ』および本書に原稿をお寄せいただいた、今関源成教授が 2017 年 9 月に、西原博史教授が 2018 年 1 月に、他界された。両教授の早すぎるご逝去は、日本の法学界全体にとっても痛

viii　はしがき

手であるが、判例集の刊行に対する良き理解者でもあられた両教授のご協力を得ることができなくなったことは、私たちにとって痛恨の極みである。ただ、本書の編纂にあたっては、両教授から完成稿をすでにご提出いただいていたので、最小限の修正にとどめ、そのまま掲載させていただくこととした。両教授のご冥福を慎んでお祈りしたい。

　本書の刊行にあたり、多くの方々の励ましとご支援をいただいている。とりわけ、「序文」をご寄稿いただいたライモンディ人権裁判所所長、日本に数度来日され国際人権法学会にてご講演もされたコスタ元人権裁判所所長、国際人権裁判所との交流および憲法裁判に精力的に取り組んでおられる泉徳治元最高裁判所判事、本書編集当時にストラスブール総領事であられた清水信介チュニジア駐箚特命全権大使、の方々には貴重なご玉稿をお寄せいただいた。心からの感謝を捧げたい。

　本書の刊行には、執筆者の方々以外にも多くのご協力をいただいた。とりわけ判例研究会の開催などにつきサポートしていただいた、山内麻紀子（元・名古屋大学研究員、行政書士）、松田志野（元・名古屋大学研究員）、鎌塚有貴（三重短期大学）、小出幸祐（明治大学大学院）の各氏に御礼を申し上げたい。資料・判例索引の作成については、竹内徹氏（名古屋大学非常勤研究員）に多くをお願いした。記して感謝申し上げる。

　本書の刊行については、『判例集I』に引き続き信山社にお世話になった。とりわけ本書の編集にかかわる諸連絡・原稿の整理など全般につき、同社・今井守氏に担当していただいた。同氏の励ましと文

字通り献身的なサポートがなければ、本書は到底日の目をみることはなかったであろう。信山社・袖山貴社長と今井守氏には、心からの感謝を申し上げたい。

　『判例集I』は、幸いにして多くの読者を得て、学術書としては異例の第2刷を刊行する運びとなった。本書は、『判例集I』刊行後11年の歳月を経て公表されるが、この間、ヨーロッパ人権条約および人権裁判所の制度的基礎や判例の基本的態度は一貫しているとみるべきであろう。その意味で『判例集I』に収録された概説や判例解説は、現在の人権裁判所を理解する上で、なおきわめて重要である。ヨーロッパ人権裁判所判例についてさらに進んだ理解を求める読者には、本書とともに、ぜひ『判例集I』をあわせてお読みくださるようお願いしたい。

　グローバル化への対応を否応なく迫られている今日の日本の法実務にとって、国際社会との対話に取り組むことが焦眉の課題となっている。本書が『判例集I』とともに、とくにヨーロッパとの対話の素材を提供することによって、国際および国内の人権保障の強化と発展に少しでも貢献することを願ってやまない。

　　　2019年3月

　『ヨーロッパ人権裁判所の判例II』編集委員会

　　　　　小　畑　　　郁
　　　　　江　島　晶　子
　　　　　北　村　泰　三
　　　　　建石真公子
　　　　　戸　波　江　二

※なお、本書は、次の科学研究費補助金（いずれも基盤研究A）課題の研究成果のそれぞれ一部を含んでいる。2008〜2010年度・20243005、2012〜2014年度・24243007、2015〜2017年度・15H01916、2018〜2021年度・18H03616。また、ヨーロッパ人権裁判所判例研究会の活動について、公益財団法人末延財団から2018年度研究会助成をいただいた。

目　次

執筆者紹介

はしがき

序　文 ……………………………………………………〔グイード・ライモンディ〕…（*xxi*）

特別寄稿Ⅰ　ヨーロッパ人権裁判所
　　　　—ヨーロッパおよびヨーロッパ以外の地域におけるその影響力について—
　　　………………………………………………〔ジャン・ポール・コスタ〕…（*xxiii*）

特別寄稿Ⅱ　ヨーロッパ人権裁判所との対話 ……………………〔泉　徳治〕…（*xxviii*）

刊行に寄せて ………………………………………………………〔清水信介〕…（*xxxiii*）

凡例・略語（*xxxvi*）

概　説

概　説Ⅰ　ヨーロッパ人権条約における権利の体系と解釈方法論 ……………〔小畑　郁〕…（2）

概　説Ⅱ　ヨーロッパ人権裁判所の手続と判決執行監視 ………………〔德川信治〕…（8）

概　説Ⅲ　ヨーロッパ人権裁判所の制度改革をめぐる近年の動向 ………〔前田直子〕…（11）

概　説Ⅳ　EU のヨーロッパ人権条約への加入問題 …………………〔北村泰三〕…（15）

概　説Ⅴ　ヨーロッパ人権裁判所との「対話」—イギリス— …………〔江島晶子〕…（21）

概　説Ⅵ　ヨーロッパ人権裁判所との「対話」—フランス— …………〔建石真公子〕…（26）

概　説Ⅶ　ヨーロッパ人権裁判所との「対話」—ポーランド— ………〔小森田秋夫〕…（31）

概　説Ⅷ　ヨーロッパ人権裁判所とロシア—憲法裁判所との協調と対立— ………〔佐藤史人〕…（36）

Ⅰ　ヨーロッパ人権条約の基本問題

〈A　ヨーロッパ人権条約の国際的文脈〉

1　国家免除
　　ヨーロッパ人権条約の解釈における国家免除等の国際法規則の考慮
　　　　—オレイニコフ判決—
　　　　（Oleynikov v. Russia）〔2013〕 ………………………………………〔水島朋則〕…（42）

2　国際機構の免除
　　国際機構の裁判権免除と「公正な裁判を受ける権利」
　　　　—ウェイトおよびケネディ判決—
　　　　（Waite and Kennedy v. Germany）〔1999、大法廷〕 ………………〔黒神直純〕…（46）

x　目　次

3　国連安保理決議に基づく締約国の域外行為
　　国連安保理決議による駐留軍の行為に対する人権条約の適用可能性
　　　　──アル・ジェッダ判決──
　　　　（Al-Jedda v. the United Kingdom）［2011、大法廷］…………………〔申　惠丰〕…（51）

4　国連による狙い撃ち制裁
　　国連安保理による移動禁止措置の人権条約適合性
　　　　──ナダ判決──
　　　　（Nada v. Switzerland）［2012、大法廷］…………………………………〔須網隆夫〕…（56）

5　超法規的引渡し
　　テロ容疑者の秘密拘禁とアメリカへの引渡し
　　　　──エル・マスリ判決──
　　　　（El-Masri v. the Former Yugoslav Republic of Macedonia）［2012、大法廷］…〔薬師寺公夫〕…（61）

6　デイトン合意による参政権制限
　　民族紛争後の脆弱な政治体制の下での、民族的マイノリティに対する被選挙権の制限
　　　　──セイディッチ判決──
　　　　（Sejdić and Finci v. Bosnia and Herzegovina）［2009、大法廷］……………〔西　平等〕…（66）

7　国家の分裂と国籍・永住権
　　国家承継に伴う永住権・身分記録の「消去」と私生活・家族生活の尊重を受ける権利
　　　　──「消去された人々」事件──
　　　　（Kurić and others v. Slovenia）［2012、大法廷］……………………………〔小畑　郁〕…（71）

8　外国における養子縁組の効力不承認
　　家族生活の尊重を受ける権利が各国抵触法に及ぼす影響
　　　　──ワーグナー判決──
　　　　（Wagner and J. M. W. L. v. Luxembourg）［2007］………………………〔横溝　大〕…（76）

9　EU に対する「同等の保護」推定の限定
　　EU ダブリン規則の人権条約適合性
　　　　── M. S. S. 事件──
　　　　（M.S.S. v. Belgium and Greece）［2011、大法廷］………………………〔大藤紀子〕…（80）

10　ポピュリズム政権と司法権・裁判官の独立
　　最高裁判所長官による司法改革批判に対する制裁としての解任
　　　　──バカ判決──
　　　　（Baka v. Hungary）［2016、大法廷］……………………………………〔西片聡哉〕…（85）

〈B　ヨーロッパ人権条約の管轄権・受理可能性〉───────────────

11　国連に帰属するとされた行為に対する管轄権
　　国際機構・諸国家による混合的国際統治下での人権侵害に対する国家の責任
　　　　──ベーラミ／サラマチ決定──
　　　　（Agim Behrami and Bekir Behrami v. France and Saramati v. France, Germany
　　　　and Norway）［2007、大法廷］…………………………………………〔小畑　郁〕…（90）

目　次　*xi*

12　時間的管轄と継続的侵害の法理
継続的侵害の認定における実体的義務と手続的義務の分離可能性
──ブレチッチ判決──
（Blečić v. Croatia）［2006、大法廷］………………………………〔前田直子〕…*(95)*

13　調査義務の時間的範囲
条約発効以前の虐殺事件に対する調査義務
──カチンの森事件──
（Janowiec and others v. Russia）［2013、大法廷］………………〔薬師寺公夫〕…*(100)*

14　パイロット判決手続の適用（1）
キプロス紛争に由来する土地・建物の利用権の侵害と一般的救済措置
──ゼニデス・アレスティス判決──
（Xenides-Arestis v. Turkey）［2005］…………………………………〔前田直子〕…*(105)*

15　パイロット判決手続の適用（2）
蔓延する裁判所判決の執行遅延に対する実効的救済手段を整備するよう命じた事例
──ブルドフ（第2）判決──
（Burdov v. Russia（no. 2））［2009］…………………………………〔竹内　徹〕…*(110)*

─────────────────────────────

Ⅱ　ヨーロッパ人権条約で保障された権利(1)──総論的問題群

〈**A　特殊な属性を有する主体の権利──胎児、被後見人、受刑者、少数者集団**〉───────

16　胎児の「生命権」
医療過誤による胎児死亡に関する刑法の適用と2条の積極的義務
──ヴォー判決──
（Vo v. France）［2004、大法廷］……………………………………〔建石真公子〕…*(116)*

17　成年被後見人の選挙権
精神的障がいを理由とする成年被後見人の選挙権否定は人権条約に違反する
──アラヨス・キス判決──
（Alajos Kiss v. Hungary）［2010］………………………………………〔井上亜紀〕…*(122)*

18　受刑者の懲罰手続の公正
受刑者の懲罰手続と公正な審理を受ける権利
──エゼおよびコナーズ判決──
（Ezeh and Connors v. the United Kingdom）［2003、大法廷］…………〔河合正雄〕…*(127)*

19　受刑者の選挙権
受刑者の選挙権を一律かつ無条件にはく奪することは自由選挙の保障に違反する
──ハースト(第2)判決──
（Hirst v. the United Kingdom（No.2））［2005、大法廷］……………〔北村泰三〕…*(131)*

xii　目　次

20　ロマに対する差別と表現・出版の自由

　　ジプシー（ロマ）に対する侮辱的表現と集団所属者の私生活の尊重

　　　　──アクス判決──

　　　　（Aksu v. Turkey）［2012、大法廷］ ………………………………………〔德川信治〕 … *(135)*

〈B　権利の濫用〉───────────────────────────────

21　条約の保障する権利の範囲とヘイトスピーチ

　　ホロコースト否定言論は条約の基本的価値と抵触する

　　　　──ギャロディ決定──

　　　　（Garaudy v. France）［2003］ ……………………………………………〔戸田五郎〕 … *(140)*

〈C　ノン・ルフールマン原則〉──────────────────────────

22　拷問・非人道的取扱いとノン・ルフールマン

　　テロ容疑者の引渡しにおける3条の虐待禁止の絶対性の動揺

　　　　──バーバー・アフマド判決──

　　　　（Babar Ahmad and others v. the United Kingdom）［2012］ ……………〔今井　直〕 … *(144)*

23　公正な裁判とノン・ルフールマン

　　引渡し請求国による外交的保証の効力／拷問による証拠の排除則に基づく引渡禁止

　　　　──アブ・カターダ判決──

　　　　（Othman (Abu Qatada) v. the United Kingdom）［2012］ ………………〔根岸陽太〕 … *(149)*

24　難民に対する海上阻止行動

　　領海外における入国阻止行為へのノン・ルフールマン原則の適用

　　　　──ヒルシ・ジャマーア判決──

　　　　（Hirsi Jamaa and others v. Italy）［2012、大法廷］ ……………………〔阿部浩己〕 … *(153)*

25　ノン・ルフールマン原則と実効的救済

　　待機ゾーンでの庇護申請と執行停止効果のない救済手続

　　　　──ゲブレメディン判決──

　　　　（Gebremedhin v. France）［2007］ ………………………………………〔大藤紀子〕 … *(158)*

〈D　生命倫理と人権〉──────────────────────────────

26　私生活の尊重と体外受精

　　生殖補助医療における親になる決定の尊重と評価の余地

　　　　──エヴァンス判決──

　　　　（Evans v. the United Kingdom）［2007、大法廷］ ………………………〔小林真紀〕 … *(162)*

27　私生活の尊重と受精卵着床前遺伝子診断

　　生殖補助技術利用者による遺伝疾患回避のための遺伝子診断へのアクセス

　　　　──コスタ・パヴァン判決──

　　　　（Costa and Pavan v. Italy）［2012］ ………………………………………〔本田まり〕 … *(167)*

28 人工妊娠中絶へのアクセス
中絶の実効的保障と私生活の尊重に伴う積極的義務
——A, B, and C 対アイルランド判決——
(A, B and C v. Ireland)〔2010、大法廷〕……………………〔建石真公子〕…*(172)*

29 私生活の尊重と自殺の権利
自殺幇助についての近親者の法的地位
——コッホ判決——
(Koch v. Germany)〔2012〕………………………………………〔甲斐克則〕…*(177)*

Ⅲ　ヨーロッパ人権条約で保障された権利(2)——各論

〈**A　生命に対する権利〔2条〕**〉————————————————————

30 生命に対する権利と国家の積極的義務
多数の犠牲者を出した人質救出作戦についての不完全な救助計画と事後的捜査
——チェチェン分権派劇場占拠事件——
(Finogenov and others v. Russia)〔2011〕…………………………〔阿部浩己〕…*(184)*

31 生命の危険を生じさせる事故の回避義務
ゴミ投棄場のガス爆発に起因する死亡と財産損失への賠償命令
——トルコ・ゴミ投棄場爆発事件——
(Öneryildiz v. Turkey)〔2004、大法廷〕………………………〔西海真樹〕…*(189)*

32 汚染血液による HIV 感染と条約2条
汚染血液により HIV ウイルスに感染した者に対する不十分な補償
—— HIV 汚染血液輸血感染事件——
(Oyal v. Turkey)〔2010〕…………………………………………〔府川繭子〕…*(195)*

〈**B　拷問その他の非人道的処遇・強制労働からの自由〔3条・4条〕**〉——————

33 麻薬取引の証拠入手方法と3条
証拠となりうる薬物確保のための催吐剤の使用は非人道的取扱いにあたりうる
——ジャロー判決——
(Jalloh v. Germany)〔2006、大法廷〕………………………………〔門田　孝〕…*(199)*

34 3条の権利の絶対性と3条違反による証拠の排除
誘拐された少年救出のための拷問の脅迫も禁止され、得られた証拠は排除されなければならない
——ゲフゲン判決——
(Gäfgen v. Germany)〔2010、大法廷〕……………………………〔戸波江二〕…*(203)*

35 不公正な裁判による死刑判決と条約3条
テロリスト容疑者に対する不公正な裁判による死刑判決
——オジャラン判決——
(Öcalan v. Turkey)〔2005、大法廷〕………………………………〔水島朋則〕…*(210)*

xiv 目 次

36 絶対的無期刑と条約3条
仮釈放の可能性のない無期刑は条約3条に違反する
――ヴィンター判決――
（Vinter and others v. the United Kingdom）［2013、大法廷］ ……………〔河合正雄〕 … *(215)*

37 強制労働および奴隷状態の禁止
禁止される「強制労働」および「奴隷状態」の概念と国家の積極的義務
―― C. N. およびV対フランス判決――
（C. N. and V. v. France）［2012］ ……………………………………〔菅原絵美〕 … *(220)*

38 家庭内暴力と条約3条
家庭内暴力の被害者の人権を保護する国家の積極的義務
――オプズ判決――
（Opuz v. Turkey）［2009］ …………………………………………………〔申　惠丰〕 … *(225)*

〈C　人身の自由〔5条〕〉——————————————————————————————

39 未決拘禁の審査手続
対審的司法審査における十分な理由提示、重要証拠へのアクセス、および定期的審査の保障
――スヴィプスタ判決――
（Svipsta v. Latvia）［2006］ ………………………………………………〔葛野尋之〕 … *(230)*

40 事後的保安監置の可否
服役後有罪とされた犯罪事実に基づき、監置の継続を決定する制度は条約5条に違反する
――ハイドゥン判決――
（Haidn v. Germany）［2011］ ………………………………………………〔髙山佳奈子〕 … *(234)*

41 精神病施設への非自発的入院
精神科病院への非自発的入院に関する適正手続
――X対フィンランド判決――
（X. v. Finland）［2012］ ……………………………………………………〔田中康代〕 … *(239)*

42 テロリストの予防拘束
外国人テロリスト容疑者を無期限に拘束する制度は条約に違反する
――A対イギリス判決――
（A and others v. the United Kingdom）［2009、大法廷］ ………………〔江島晶子〕 … *(244)*

〈D　刑事手続に係わる諸原則〔5-7条〕〉——————————————————————

43 私生活の尊重とGPS監視
犯罪捜査のためのGPSによる車の位置情報の監視
――ウズン判決――
（Uzun v. Germany）［2010］ ………………………………………………〔齊藤正彰〕 … *(250)*

目　次　*xv*

44　少年に対する刑事裁判
　　11歳の少年被告人に対する公開の刑事裁判が公正な裁判を受ける権利を侵害するとされた事例
　　　　——V対イギリス判決——
　　　　（V. v. the United Kingdom）［1999、大法廷］……………………〔山口直也〕…（255）

45　被疑者の取調べと弁護人立会権
　　公正な裁判を受ける権利の実効的保障には弁護人立会権の保障が含まれる
　　　　——サルドゥズ判決——
　　　　（Salduz v. Turkey）［2008、大法廷］……………………………〔北村泰三〕…（261）

46　伝聞証拠法則と条約6条
　　「唯一または決定的」ルールの緩和
　　　　——アル・カワジャおよびタヘリ判決——
　　　　（Al-Khawaja and Tahery v. the United Kingdom）［2011、大法廷］………〔齊藤正彰〕…（265）

47　条約6条と条約3条に反して得られた証拠
　　外国において拷問により採取された証拠の排除
　　　　——エル・ハスキ判決——
　　　　（El Haski v. Belgium）［2012］………………………………………〔水谷規男〕…（270）

〈E　裁判を受ける権利〔6条〕〉————————————————————————

48　公務員訴訟と条約6条
　　6条の適用範囲外とするための新しい判別基準
　　　　——ヴィルホ・エスケリネン判決——
　　　　（Vilho Eskelinen and others v. Finland）［2007、大法廷］………………〔伊藤洋一〕…（275）

〈F　人格権・プライバシーの権利〔8条〕〉——————————————————

49　私生活の尊重と出自を知る権利
　　匿名出産における子の出自を知る権利
　　　　——ゴデッリ判決——
　　　　（Godelli v. Italy）［2012］…………………………………………………〔小林真紀〕…（279）

50　プライバシーの保護と国家の積極的保護義務
　　自己情報のインターネット・サイトへの無断記載に対する法的規制の不備
　　　　—— K. U. 対フィンランド判決——
　　　　（K.U. v. Finland）［2008］………………………………………………〔小倉一志〕…（284）

51　私生活の尊重と路上での所持品検査
　　テロ対策法に基づく、警察官が路上で行う無作為の停止・所持品検査
　　　　——ギランおよびクゥイントン判決——
　　　　（Gillan and Quinton v. the United Kingdom）［2010］…………………〔愛敬浩二〕…（289）

xvi　目　次

52　私生活の尊重と指紋・DNA 情報
　　　無罪・不起訴となった後の被疑者の指紋・DNA 情報の保管
　　　　　── S およびマーパー判決 ──
　　　　　（S. and Marper v. the United Kingdom）［2008、大法廷］……………〔山本龍彦〕…（294）

〈**G　家族生活の尊重〔8 条・12 条〕**〉————————————————————————

53　同性カップルによる養子
　　　非婚の同性カップルによる連れ子養子禁止と家族生活の尊重・性的指向に基づく別異取扱い
　　　　　── X 対オーストリア判決 ──
　　　　　（X and others v. Austria）［2013、大法廷］……………………………〔齊藤笑美子〕…（299）
54　退去強制と子どもの最善の利益
　　　親に対する再入国禁止処分付き退去強制と子どもの最善の利益
　　　　　── ヌニェス判決 ──
　　　　　（Nunez v. Norway）［2011］……………………………………………〔近藤　敦〕…（304）
55　子奪取条約とヨーロッパ人権条約
　　　子奪取条約に基づく返還命令と家族生活の尊重を受ける権利
　　　　　── ノイリンガーおよびシュリュク判決 ──
　　　　　（Neulinger and Shuruk v. Switzerland）［2010、大法廷］………………〔林　貴美〕…（309）

〈**H　信教の自由〔9 条〕**〉————————————————————————————

56　良心的兵役拒否
　　　良心的兵役拒否者を処罰することは良心・宗教の自由を侵害する
　　　　　── バヤチャン判決 ──
　　　　　（Bayatyan v. Armenia）［2011、大法廷］………………………………〔戸田五郎〕…（313）
57　信教の自由
　　　大学におけるヘジャブ着用禁止
　　　　　── レイラ・シャヒン判決 ──
　　　　　（Leyla Şahin v. Turkey）［2005、大法廷］………………………………〔中島　宏〕…（317）
58　ブルカ着用禁止
　　　「公共の場所で顔を覆うこと」の禁止は信仰表明の自由に反しない、私生活の尊重に反しない
　　　　　── ブルカ着用禁止事件 ──
　　　　　（S.A.S v. France）［2014、大法廷］………………………………………〔馬場里美〕…（321）
59　信教の自由と宗教的信念を表明する自由
　　　勤務中のクロス着用、宗教的信念に基づく職務遂行拒否を理由とする不利益措置
　　　　　── エウェイーダ判決 ──
　　　　　（Eweida and others v. the United Kingdom）［2013］……………………〔江島晶子〕…（326）

目　次　*xvii*

〈I　表現の自由〔10条〕〉

60　情報アクセス権
公益性のある情報へのアクセス禁止と「情報を受ける自由」
　　── ハンガリー市民自由連盟事件 ──
（Társaság a Szabadságjogokért v. Hungary）［2009］……………………〔**藤原靜雄**〕…（*332*）

61　放送の自由
テレビ局に電波を割り当てないことによる新規参入制限
　　── チェントロ・エウロッパ7判決 ──
（Centro Europa 7 S.r.l. and Di Stefano v. Italy）［2012、大法廷］……………〔**鈴木秀美**〕…（*336*）

62　取材源の秘匿
裁判所侮辱法に基づく情報源開示命令とプレスの自由
　　── ウィリアム・グッドウィン判決 ──
（Goodwin v. the United Kingdom）［1996、大法廷］……………………〔**西土彰一郎**〕…（*341*）

63　インターネットにおける表現の自由
新聞記事におけるインターネット情報の利用
　　── プラヴォエ・デロ紙事件 ──
（Editorial Board of Pravoye Delo and Shtekel v. Ukraine）［2011］………〔**曽我部真裕**〕…（*346*）

64　表現の自由に対する事前抑制
医療過誤に関するテレビ番組に取り上げられた医師の求めた放送仮差止命令と表現の自由
　　── RTBF判決 ──
（RTBF v. Belgium）［2011］……………………………………………………〔**山元　一**〕…（*351*）

65　政治広告放送の自由(1)
政党による選挙期間中のテレビ政治宣伝広告の一般的禁止と表現の自由
　　── ルーガラン年金者党判決 ──
（TV Vest As & Rogaland Pensjonistparti v. Norway）［2008］………………〔**井上典之**〕…（*356*）

66　政治広告放送の自由(2)
NGOによる有料政治広告放送に対する放送の中立性確保のための規制と表現の自由
　　── アニマル・ディフェンダーズ・インターナショナル事件 ──
（Animal Defenders International v. the United Kingdom）［2013、大法廷］…〔**小谷順子**〕…（*361*）

67　憎悪表現(1)
国会議員による人種差別的表現
　　── フェレ判決 ──
（Féret v. Belgium）［2009］……………………………………………………〔**今関源成**〕…（*366*）

68　憎悪表現(2)
同性愛者に対する憎悪表現の処罰と表現の自由
　　── ヴェデランド判決 ──
（Vejdeland and others v. Sweden）［2012］……………………………………〔**村上　玲**〕…（*371*）

xviii 目　次

〈J　集会・結社の自由〔11条〕〉

69　公務員の団結権

地方公務員の団結権の保障には団体交渉権と労働協約締結権が含まれる

　　　　──デミル・バイカラ判決──

　　　　（Demir and Baykara v. Turkey）〔2008、大法廷〕……………………〔倉田原志〕…（376）

70　政党の解散と表現・結社の自由

世俗主義国家におけるイスラム政党

　　　　──レファ・パルティシ判決──

　　　　（Refah Partisi（the Welfare Party）and others v. Turkey）〔2003、大法廷〕〔德川信治〕…（381）

71　教員組合に対する解散命令と結社の自由

母語による教育を規約に掲げる教育公務員労働組合への弾圧

　　　　──エーイティム・セン判決──

　　　　（Eğitim ve Bilim Emekçileri Sendikasi v. Turkey）〔2012〕……………〔齋藤民徒〕…（386）

〈K　財産権〔第1議定書1条〕〉

72　石油会社の資産処分

投資保護に関するヨーロッパ人権条約と投資条約との差異

　　　　──ユコス石油会社判決──

　　　　（OAO Neftyanaya Kompaniya Yukos v. Russia）〔2011〕……………〔濵本正太郎〕…（391）

73　財産の利用規制

不動産価格の大幅上昇にもかかわらず従前の条件で貸借すべき規制は、財産権を侵害する

　　　　──リンドハイム判決──

　　　　（Lindheim and others v. Norway）〔2012〕……………………………〔矢島基美〕…（395）

74　所有地における狩猟の受忍

小規模土地所有者に対する狩猟の受忍の義務づけは財産権を侵害する

　　　　──シャサヌー判決──

　　　　（Chassagnou and others v. France）〔1999、大法廷〕……………………〔門田　孝〕…（400）

75　知的財産権

商標登録申請は「正当な期待」として財産権の保護に含まれる

　　　　──バドワイザー事件──

　　　　（Anheuser-Busch Inc. v. Portugal）〔2007、大法廷〕……………………〔須網隆夫〕…（404）

〈L　教育権〔第1議定書2条〕〉

76　宗教教育と親の教育権

キリスト教教育の受講を義務的とするカリキュラムは親の教育権を侵す

　　　　──フォルゲレー判決──

　　　　（Folgerø and others v. Norway）〔2007、大法廷〕……………………〔江原勝行〕…（409）

77 州立学校での十字架掲出と親の教育権

　　教室内での磔刑像設置は評価の余地を超えず、親の教育権を侵害しない

　　　　　──ラウッツィ判決──

　　　　　（Lautsi and others v. Italy）〔2011、大法廷〕……………………〔西原博史〕…*(414)*

〈M　自由選挙の保障〔第1議定書3条〕〉───────────────

78 重国籍者の被選挙権

　　重国籍者の国会議員就任禁止と第1議定書3条による自由選挙の保障

　　　　　──タナセ判決──

　　　　　（Tănase v. Moldova）〔2010、大法廷〕……………………………〔菅原　真〕…*(419)*

79 比例代表制における10％阻止条項

　　トルコ大国民議会選挙での10％阻止条項は自由選挙に反しない

　　　　　──トルコ大国民議会10％阻止条項事件──

　　　　　（Yumak and Sadak v. Turkey）〔2008、大法廷〕…………………〔土屋　武〕…*(424)*

〈N　平等・少数者〉────────────────────────

80 教育における差別の禁止と立証責任

　　ロマの子どもらを特別学校に編入する措置は間接差別として14条に違反する

　　　　　── D. H. ほか判決──

　　　　　（D. H. and others v. the Czech Republic）〔2007、大法廷〕………………〔佐々木亮〕…*(429)*

81 人種主義に基づく殺害

　　人種主義的動機に基づく犯罪行為に対する締約国の義務

　　　　　──ナホバ判決──

　　　　　（Nachova and others v. Bulgaria）〔2005、大法廷〕…………………〔村上正直〕…*(434)*

82 社会保障における国籍差別

　　ロシア系非市民に対する年金差別は財産権侵害を構成する

　　　　　──アンドレジェヴァ判決──

　　　　　（Andrejeva v. Latvia）〔2009、大法廷〕…………………………〔馬場里美〕…*(440)*

83 同性愛と刑事拘禁

　　性的指向にもとづく被拘禁者の特別処遇

　　　　　──Ｘ対トルコ判決──

　　　　　（X v. Turkey）〔2012〕…………………………………………………〔谷口洋幸〕…*(445)*

84 婚外子（姦生子）に対する相続分差別

　　姦生子の相続分を他の婚外子よりも少なくするフランス民法の規定は条約14条に反する

　　　　　──マズレク判決──

　　　　　（Mazurek v. France）〔2000〕……………………………………〔髙井裕之〕…*(449)*

xx　目　次

資　料

資料Ⅰ　人権および基本的自由の保護のための条約（ヨーロッパ人権条約）……………………………*(456)*

　1　人権および基本的自由の保護のための条約（ヨーロッパ人権条約）*(456)*

　2　人権および基本的自由の保護のための条約　第 16 議定書（ヨーロッパ人権条約第 16 議定書）（抄）*(466)*

　3　ヨーロッパ人権条約への議定書によって追加された条文 *(468)*

　4　〈参考〉人権および基本的自由の保護のための条約へのヨーロッパ連合の加入に関する協定改定草案

　　　（EU 加入協定案）*(470)*

資料Ⅱ　ヨーロッパ人権条約締約国一覧 ………………………………………………………………………*(475)*

資料Ⅲ　ヨーロッパ人権裁判所裁判官一覧 ……………………………………………………………………*(476)*

資料Ⅳ　個人申立の審査手続の流れ ………………………………………………………………………………*(481)*

資料Ⅴ　事件処理状況(1)　申立および判決数 …………………………………………………………………*(482)*

資料Ⅵ　事件処理状況(2)　国家間事件 …………………………………………………………………………*(483)*

資料Ⅶ　ヨーロッパ人権条約和文主要文献目録 …………………………………………………………………*(484)*

　事 項 索 引 *(501)*

　欧文判例索引 *(507)*

　和文判例索引 *(518)*

序　文

グイード・ライモンディ　Guido Raimondi
（ヨーロッパ人権裁判所所長　President of the European Court of Human rights）

2013年、日本の最高裁判所は嫡出子に比して非嫡出子を差別する法律を違憲と宣言するにあたり、ヨーロッパ人権裁判所の Mazurek 対フランス判決（2000年2月1日）〔本書 *84*〕から着想を得ています。この最高裁判決は、ヨーロッパ人権裁判所の影響が日本においていかに強いかを示すものといえるでしょう。

ヨーロッパ人権裁判所に対して日本が関心を示す理由の一つが、日本の優れた大学研究者によって支えられているヨーロッパ人権裁判所判例の普及にあることは明らかです。それゆえ私は、小畑郁教授──名古屋大学国際法教授──およびその他のメンバーによる、ヨーロッパ人権条約への貢献の成果である本書の序文を喜んでお引き受けしました。

ストラスブールの裁判所と日本とをつなぐ関係は、最近に始まったものではありません。すでに20年もの間、日本はヨーロッパ評議会のオブザーバー国であることを想起する必要があるでしょう。日本は、人権と民主主義という基本的かつ普遍的な価値を私たちと分かちもっているのです。非常に多くの日本の（諸機関の）代表が、ヨーロッパ人権裁判所を訪問されています。そしてその人々が当裁判所の判例を熟知していることを知ることは、常に大きな喜びです。当裁判所を訪問される日本の裁判官のみなさまとの対話において、私たちの判決や決定が、ヨーロッパの国境を越えて広く読まれていることを知るのは嬉しいことです。

小畑教授が編集に加わっている本書は、第11議定書以降の人権保障に関するヨーロッパのシステムを完璧に説明するものです。判例の選択は、ヨーロッパシステムの豊かさを示すプラグマチックなものであると同時に、日本の現代的な課題にも応えるものとなっています。テーマごとに分類された判例は、取り扱われている状況の多様性の証左でもあります。このように構成された判例集は、初学者にとっては魅力的な入門書であり、また専門家にとっても私たちのシステムに関する知識をより深めるものとなるでしょう。この書物に心からの称賛を送ります。同書は、ヨーロッパの現在の状況に照らして判断するという、ヨーロッパ人権条約のダイナミックな解釈方法を明白にしてくれるでしょう。それぞれの問題性は、象徴的な判例について魅力的な観点から検討されています。

ヨーロッパ大陸では、約60年ほど前から、ヨーロッパ人権裁判所の果たす役割は非常に重要なものです。その活動によって、ヨーロッパ人権裁判所は、人権を進展させるために目覚ましい貢献をしてきました。ヨーロッパ人権裁判所の貢献により、市民をより良く保護するという目的のため、多くの法律が改正され、多くの判例が見直されあるいは変更されました。このことは、ヨーロッパ諸国の法システムを調和に──画一化にではなく──導いたといえるでしょう。

私は、本判例集に序文を贈ることで、ストラスブールの裁判所が国際的に知られることについての

xxii　序　文

皆さんの貢献を強調したいと思います。この寄与は、本当に傑出したものです。私は、判例評釈によって我々の仕事に目ざましい光を当ててくれた多様な分野の多くの教育者＝研究者に、心からの敬意を表します。

　この判例集が、私たちの仕事に対する新しい世代の法律家の関心を喚起するであろうことを確信しております。それゆえ、私は、日本の法学界──裁判官、弁護士、大学教員、研究者、学生等──が、今後、欠かせない書となるこの判例集によって知識を深めることをお勧めします。

　地理的な意味で、日本はストラスブールから遠いことは事実です。しかし、本判例集は、私たちをより身近にし、大陸の間に橋を架けるものです。私は、これを実現した努力に対して心からの賛辞を贈ります。

　本判例集の読者が、判例を通じて私たちの裁判所を発見し、あるいは再発見することを期待しています。そして当裁判所を訪ねてくださることをお待ちしています。

　最後に、小畑教授を始め編集委員の皆様に感謝するとともに、ストラスブールから心からの敬意と謝意を表します。

［建石真公子　訳］

特別寄稿 I

ヨーロッパ人権裁判所
―― ヨーロッパおよびヨーロッパ以外の地域におけるその影響力について ――

ジャン・ポール・コスタ　Jean-Paul Costa
（国際人権研究所所長（ストラスブール）、元ヨーロッパ人権裁判所所長）

　この判例集『ヨーロッパ人権裁判所の判例』は、私の友人である5人の日本の編集委員によるものであり、本書の序文を記すことは、私にとって大変名誉なことです。

　というのは、まず第1に、当然のことながらヨーロッパ人権条約[1]の締約国ではない国の専門家が、ヨーロッパ人権裁判所 ―― ヨーロッパ人権条約によって設立され、ヨーロッパ評議会加盟47か国に対してのみ管轄権を有する ―― の判例集を出版するという事実に大変感銘を受けているからです。私は、日本において、ヨーロッパ人権裁判所に関する関心、すなわちヨーロッパ的な人権概念および人権保護に関するヨーロッパのシステムに対する関心が高いことを知っています。2013年11月、私は名古屋で開催された国際人権法学会の研究大会に参加し、講演を行いました。その際に、この学会で示された日本の研究者の数や質、また質問や討論におけるヨーロッパ人権条約に対する強い関心を知ることができたからです[2]。

　したがいまして、私は、この判例集の出版のための準備に敬意を表するとともに、序文を寄せることを大変嬉しく思っております。

　第2に、こうした日本での講演の経験は、改めて、ヨーロッパ人権裁判所 ―― 私は同裁判所に1998年末から2011年までの13年間（そのうち5年は副所長として、また5年は所長として）奉職しておりました ―― が、ヨーロッパという国境を越えて強い吸引力を持つことに気づかせてくれました。このことは、個人

的にも、他の国々や大陸、たとえばカナダ、アメリカ、メキシコ、コスタリカ、北アフリカ、サハラ以南の国々……の訪問においても確信を得ました。

　これが、なにゆえ私がこの序文において、ヨーロッパ人権裁判所の影響について、どのように、そしてなぜなのか、という問いに答えようと試みる理由です。

　ヨーロッパ人権裁判所の影響力については、少なくともヨーロッパ大陸においては、主としての3つの理由があると思われます。

　第1の理由は、ヨーロッパ人権裁判所の歴史の古さにあります。同裁判所は、人権と基本的自由の領域における最も古い国際的な裁判所で、1950年にローマで起草されたヨーロッパ人権条約[3]に基づき設立されました。これは世界人権宣言[4]の2年後のことです。同宣言は法的な拘束力は持ちませんが、政治的および道徳的な意味で強い権威を有しています。ヨーロッパ人権裁判所は、1959年4月[5]に活動を開始しました。比較の観点からは、米州人権裁判所が最初の判決を出したのは1988年、人と人民の権利に関するアフリカ裁判所の最初の判決は、2009年です。これらの同輩の裁判所との間には、その開始に関して20年から30年の開きがあります。他の大陸においては、このような人権に関する地域的裁判所は、まだ、存在していません。

　第2の理由は、ヨーロッパ人権裁判所に提起され、同裁判所の扱う事件数の多さにあります。ただ、常に多かったというわけではありません。裁判所が活

動を開始してから最初の15〜20年間、つまり1980年代初めまで、同裁判所にはあまり申立がなく、したがって判決もほとんどありませんでした。しかし、時代は変わりました。第11議定書の発効（1998年11月）から2014年末までの間、したがって約16年間に、ヨーロッパ人権裁判所は17,000件の判決を出し、さらに数十万の不受理決定をしています。また係争中の——つまり判決を待っている——事件数は、2011年には160,000件を記録しています。この数は、2014年末、2010年の第14議定書によって導入された単独裁判官システムの成果として、69,000件に減少しました。すなわち、現在は単独裁判官によって、全く勝訴の予測ができないことが明らか[6]である数多くの申立は、不受理として却下されています。第14議定書以前は、この決定は3人の裁判官によって委員会で決定されていました。

　　第3の理由は、ストラスブールのヨーロッパ人権裁判所は、長い間あまりその存在を知られていませんでしたが、現在は知名度があがり（この理由の大半は申立の増加による）、そして好意的に受けとめられているという点です。ヨーロッパ人権裁判所は、国連の自由権規約委員会や社会権に関するヨーロッパ委員会のような勧告機関でも準司法的機関でもありません。ヨーロッパ人権裁判所は、真の意味で裁判所なのです。同裁判所の判決は、当事国（被告国）に対して拘束力を有し、被告国に対して既判力[7]を持ちます。被告国以外の国に対しては、既判力は持ちませんが、解釈既判力を有します。ヨーロッパ評議会の閣僚委員会は、加盟47カ国を代表する委員会という意味での政治的重要性を付与されており、ヨーロッパ人権裁判所判決の履行を監視しています[8]。加盟国は、次第にこの圧力によって——それだけでなくメディア、すなわち国内的・国際的世論の圧力によって——法的・理論的にだけでなく、実際的な意味でも判決の履行を遵守するようになってきています。確かに、加盟国の立法権や最高裁判所および憲法裁判所は、ヨーロッパ人権裁判所判決から影響を受けることを、常に好意的に受け入れてい

るわけではありません。対立は存在しています。しかし幸いなことに、そうしたケースは稀です。

　このように、ヨーロッパ人権裁判所の影響力は、現在では大きいものとなっているといえると思います。同裁判所は、法律や行政行為、国内裁判所の判決の修正、また画一化という意味ではなく、国内裁判システムをヨーロッパレベルへ調和させることに貢献しています。当該事件の当事国（被告国）以外の国でも、ストラスブールで条約違反とされることを避けるために、次第にヨーロッパ人権裁判所判決を適用する傾向が見られるようになってきています。

　フランスに関する二つの例は、ヨーロッパ人権裁判所がもたらした重要な進展を示しています（しかし、これはフランスに限られたことではありません）。

　1984年、ある判決が、司法的電話盗聴制度が私生活の尊重に対する重大な侵害であるとして、イギリスに対してヨーロッパ人権条約8条違反と判示しました[9]。フランスは、非常によく似た制度を有しており、その制度の改善を何ら行っていませんでした。1990年、今度はフランスが同様の理由によりヨーロッパ人権裁判所によって条約違反判決を受けました[10]。その結果、フランスは、1991年、ヨーロッパ人権裁判所の解釈に沿って電話盗聴制度を修正する法律を制定しました。最近では、同裁判所は、トルコに対する判決[11]において、トルコ法上、警察留置（一般的には、警察署の中での身柄拘束）されている人には留置当初から弁護人をつける権利が保障されていないことが、ヨーロッパ人権条約6条に違反すると判示しました。ヨーロッパ人権裁判所は、このことは防御権の侵害となると判断しました。今回は、フランスは、フランスに対する申立により同様の結果となることを待つことはしませんでした。フランスは、2011年、警察留置された人に対して、その留置開始から弁護人をつけることを義務とする内容の法改正を行いました。

　それでは、ヨーロッパ人権裁判所は、ヨーロッパにおける憲法裁判所、あるいは人権分野のヨーロッパ最高裁判所なのでしょうか？

〔ジャン・ポール・コスタ〕 *xxv*

そうではありません。それは、法的および政治的な二つの理由によります。

まず、裁判所が、上のような憲法裁判所または最高裁判所のような性格を持つためには、ヨーロッパという一つの国がなければなりません。あるいは少なくとも、ヨーロッパ諸国による連邦が必要です。しかし、1787年以来のアメリカ合衆国や、1949年以来のドイツ連邦共和国のような意味でのヨーロッパ合衆国はありません。ヨーロッパ評議会は、確かに、加盟国間における緊密なユニオンを実現することを目的としていますが、しかし連邦的な結びつきや、連合的な結びつきを形成するには至っておりません。何よりも、ヨーロッパ連合〔EU〕にしても、現在28か国が加盟していますが、主権国家の集合を形成しているにすぎません。つまり、加盟国は条約によって結びついてはいますが、しかし各国は独立しているのです。

次に、ストラスブールの裁判所は、本質的に、被告国に対する個人通報に基づいた申立について判断することを任務としています（同様に、条約には国家間申立制度がありますが、その制度の法的・政治的な重要性にもかかわらず、活用されていません）[12]。したがって、原則としてヨーロッパ人権裁判所は、事件ごとに訴訟を審査するために、その判決は一般的な効力を持ちません。とはいえ、このことは二重の意味で相対化されています。

第1に、個人の申立人によって提起された訴訟が、事実上また法的に同様の状況にある他の多くの申立人に関係する場合がしばしばあります。このような場合、ヨーロッパ人権裁判所は、2004年以降、パイロット判決と呼ばれる判決を下しています[13]。すなわち、同裁判所は、広い射程を有する問題を解決するために、反復的あるいは構造的な性格を有する問題について、基本となる判決において、条約違反として被告国を非難します。さらに、この判決において、被告国に対して一定の期限内に条約違反とされた理由をもたらしている状況を改善するために必要な施策をとることを要請します。同様の申立（数百

あるいは数千の）は、被告国がヨーロッパ人権裁判所によって義務づけられた施策をとるまでの間「凍結」されます。そして、その施策がとられた時点で、これらの申立人は、当該国において人権保障という意味で満足を得るために、国内裁判所に移送されます。ヨーロッパ評議会の閣僚委員会は、パイロット判決の十全な履行、特に、ヨーロッパ人権裁判所判決との関係で国家がとった施策が適切な性格のものであるかを監視します。この手続は、常に成功するというわけではありませんが、多くの場合、例えばBroniowski事件〔I *10*〕の場合のように、大変良い結果を導きだしていると言えるでしょう。

第2に、個人申立にもとづき条約違反となった場合、たとえ同様の状況にある申立人がほとんどいない場合であっても、被告国は、将来、再び条約違反判決を受けることを避けるため、法律を改正せざるを得ないでしょう（あるいは、裁判所における判例の変更）。このように、判決は、申立人のみに関する事件を超え、一般的な性格を帯びてくるのです。例として挙げた電話盗聴や警察留置は、まさにこのケースです。

このように、ヨーロッパ人権裁判所は、ただ単に個々の争訟について判断するだけでなく、しばしば合憲性の決定に似た判断をしているのです。すなわち、これらの判決は、国に、憲法を尊重するのと類似の、あるいは少なくとも超国家的な性格の条約であるヨーロッパ人権条約を尊重するための一般的な施策をとることを要請します。もう一つの例として紹介したいのは、姦生子であることを理由に嫡出子との間の差別を設けていたことについて、フランスに対して下された条約違反判決です[14]。この判決によって、フランスの国会は、民法760条をはじめとする民法規定を無効とする法改正を行う結果となりました。

ヨーロッパ人権裁判所は、このような判例によって、裁判所の性格自体に関する問いを提起されています。ヨーロッパ人権裁判所は、個々の争訟を解決する裁判所なのか、あるいは、それ以外に憲法的な

性格をも有する裁判所なのか。ヨーロッパ人権裁判所は、この問いに対して、同裁判所自身、人権に関する「ヨーロッパ公序に関する憲法的文書」[15]と答えています。つまり、同裁判所は、単なる唯一の最終的な「個人に関する」裁判所にとどまらないことを表明しており、そのことはヨーロッパ人権条約[16]によって付与されている役割という観点からも正しいと私も思います。実際のところ、ヨーロッパ人権裁判所を、準憲法裁判所と位置づけることができるでしょう。そのことは、ヨーロッパの司法システムに占める同裁判所の卓越した地位によって十分に示されていると思われます。

ところで、ヨーロッパ人権裁判所が、ヨーロッパ大陸を超えて受け入れられている魅力や影響力について、どのように説明したら良いのでしょうか。同裁判所は地域的な制度に過ぎず、国際司法裁判所（国連の常設の機関の一つ）のような、また国際刑事裁判所（1998年ローマ規程によって設立された）のような国際的な裁判所ではないにもかかわらずです。

こうした影響力は、事実上のものといえます。ヨーロッパ諸国以外の国の裁判所において、またヨーロッパ以外の国際的な裁判所において、ヨーロッパ人権裁判所とその判例が、繰り返し、明示的に参照されています。

ここで、この判例集の序文にふさわしく、日本の例をあげましょう。2013年9月、日本の最高裁判所は、民法の非嫡出子差別を定める規定を初めて違憲としましたが、その際に、ヨーロッパ人権裁判所の Mazurek 対フランス判決〔本書 84〕を参照していました[17]。日本以外にもヨーロッパ以外の地域の判決や裁判所がヨーロッパ人権裁判所の判例に着想を得ている例をあげることができます。もちろん、そうした法的義務はないわけですが。

ヨーロッパにおけるヨーロッパ人権裁判所の影響の説明として前述した3つの理由は、同様にヨーロッパ以外の国々に対する影響の説明ともなります。すなわち、その歴史の長さ、判例の豊かさ、その判決や決定の権威——少なくともヨーロッパ人権条約加盟国以外にとっては理念的なものですが——です。

さらに、二つのことを付け加えましょう。

第1に、世界はグローバル化していますが、それは単に経済や財政的な意味だけでなく法的にとも言えます。ここ20年〜30年、国際法および国際裁判所は急速に発展しており、その一つの結果が「関わりの豊かさ」です。すなわち、異なる裁判所が、互いに判例を学び知ることになり、互いに参照しあうということです。このことは、法的な情報や情報ソースの進展によって、言語という壁にも関わらず、驚くほどたやすくなりました。このことは、同様に「ソフトロー」、つまり国際機関の勧告や準司法的な決定などにとっても意義があります。「ソフトロー」は、法的な拘束力を有してはいませんが、国際共同体の一定の認識や立場を示すものと考えられます。すなわち、国際的なコンセンサスの形成を模索している国際裁判所は、しばしばこうしたソフトローから着想を得ています。

他方、ヨーロッパ人権裁判所のような裁判所は、その判決の質のために、47人の裁判官によって下された判決が参照され、ヨーロッパ以外においても重要な地位を占めています。裁判官は、「最も高い徳望を有し、かつ、高等の司法官に任ぜられるのに必要な資格を有する者または有能の名のある法律家」[18]という要件のもと、ヨーロッパ評議会の議員会議が、政府によって推薦された3名の候補者から1名の裁判官を選出し[19]、要件が充足されているかを監視します。2011年以降は、7人の専門家の委員会が、政府が3人のリストを作成する際に候補者の資格に関する意見を政府に送付しています[20]。

ストラスブールの裁判官（男性も女性も）の資質や彼らの下した判決の質は、同裁判所の権威、つまり国境を超える権威を正当化しているということができると信じています。

ヨーロッパ人権裁判所の影響力は、変わらず、ヨーロッパを超えて広がっています。反面、ヨーロッパ人権裁判所もまた他の国内、国際的、またヨーロッパ以外の裁判所から影響を受け示唆を受け

ているという指摘も真実です。例えば、国際司法裁判所、米州人権裁判所、カナダ、アメリカ、イスラエル、インド、南アフリカの最高裁判所などです。

　最後に、小畑教授、江島教授、北村教授、建石教授、そして戸波教授によるこの判例集は、日本、あるいは日本語を理解する大学教員、研究者、学生、そしてもちろん弁護士、裁判官を魅了するであろうということを改めて述べて、序文を終えさせて頂きます。本書は、これまで欠けている知識を埋めてくれるでしょう。本書が、ヨーロッパ人権裁判所とその判例、およびその影響力について、より理解を深めることに寄与することを期待しています。もちろんそれは、同裁判所の解決を輸出することでも、移植することでもありません。ヨーロッパ人権裁判所は、ヨーロッパ人権条約の締約国が判決を履行するにあたって、人権分野によって異なりますが、評価の余地を認めています。さらに、ヨーロッパ人権条約の非締約国の諸機関（執行権、議会、裁判所）は、同条約に由来する解決や義務を、ヨーロッパ人権裁判所で解釈されたように適用するという拘束を全く受けません。しかし、そうした国も、ヨーロッパ人権裁判所の判例を、熟慮と着想の淵源とすることができるのです。

　本書の出版を歓迎し、著者の皆様に敬意を表し、そして多くの人々に読んでいただけることを心より祈っています。

ストラスブール、2015 年 2 月 21 日

(1)　ヨーロッパ人権条約の正式名称は、『人権と基本的自由の保護のための条約』であり、ヨーロッパという形容詞はついていない。

(2)　この折の 15 日間の日本訪問は、日本学術振興会の外国人招聘研究者として招待されたもので、受け入れ手続きでお骨折りを頂いた戸波教授には心より感謝いたします。この訪問では、名古屋大学での国際人権法学会の他に、東京では早稲田大学、明治大学、京都では立命館大学でも講演を行う機会がありました。この訪問は多くの忘れられない思い出を残しましたが、特に、広島訪問は心を打たれるとともに衝撃をも受けました。

(3)　ヨーロッパ人権条約は、ヨーロッパ人権裁判所以外に別の準司法的な機関としてヨーロッパ人権委員会を創設した。同委員会の役割は重要なものであったが、1998 年 11 月 1 日に発効した第 11 議定書によって廃止された（議定書とは、条約を修正する法的文書であり、条約と同じ法的価値を有している）。廃止は、システムを簡素化し、ヨーロッパ人権裁判所を単一で常設の裁判所と変え、そして人権委員会の有していた申立のフィルターの役割を同裁判所に付与するという目的のためである。

(4)　世界人権宣言は、1948 年 12 月 10 日に、パリで開催された国連総会において採択された。当時、日本はまだ国連の加盟国ではなく、加盟したのは 1956 年である。しかし、1948 年以降に加盟したすべての国々も、同宣言を受諾したものとみなされている。

(5)　ヨーロッパ人権裁判所の最初の判決である Lawless 対アイルランド〔Ⅰ **22**〕は、1 年半後の 1960 年 11 月のことである。

(6)　2014 年、約 84,000 件の申立が不受理として裁判所において却下され、あるいは友好的解決となった。この決定の大半は、単独裁判官によって決定された。

(7)　ヨーロッパ人権条約 46 条。

(8)　同 46 条に基づく。

(9)　Malone 対イギリス判決（1984 年）〔Ⅰ **54**〕。

(10)　Huvig et Kluslin 対フランス判決（1990 年）。

(11)　Salduz 対トルコ判決（2008 年）〔本書 **45**〕。

(12)　国家間申立制度に関する最重要判決は、アイルランド対イギリス判決（1978 年）〔Ⅰ **23**〕、キプロス対トルコ判決（2001 年）〔Ⅰ **4**〕、ジョージア対ロシア（2014 年）である。他に、ヨーロッパ人権裁判所係争中の事件（ジョージア対ロシア、ウクライナ対ロシア）がある。

(13)　このようなタイプの判決による最初の判決は、Broniowski 対ポーランド判決（2004 年）〔Ⅰ **10**〕である。

(14)　Mazurek 対フランス判決（2000 年）〔本書 **84**〕。

(15)　Loizidou 対トルコ判決（1995 年）〔Ⅰ **9**〕、§75。

(16)　とりわけ条約 1 条、32 条、46 条と結びついた 19 条。

(17)　Mazurek 対フランス判決（2000 年）〔本書 **84**〕。

(18)　ヨーロッパ人権条約 21 条。同条は、国際司法裁判所 2 条に示唆を受けており、したがって形式が類似している。

(19)　ヨーロッパ人権条約 22 条。

(20)　この委員会は、私がヨーロッパ人権裁判所所長の時に閣僚委員会に提案したものである。閣僚委員会はこの提案を受け入れ、候補者、すなわち裁判官の資格を改善する目的でこのパネルを設立した。

〔建石真公子　訳〕

特別寄稿 Ⅱ

ヨーロッパ人権裁判所との対話

泉　徳治

（元最高裁判所判事）

ヨーロッパ人権裁判所訪問

　日本の最高裁判事は、ほぼ毎年一人、フランス・ストラスブールのヨーロッパ人権裁判所を訪問している。私も、最高裁判事在職中の 2008 年 11 月に訪れ、コスタ所長にお会いした。イル川沿いの庁舎は、前部が丸い天秤、後部が細長い船の形をしており、法の支配を推し進める船をイメージしているように見えた。明るく透明で流動性に富んだデザインは、市民にオープンで常に前進する裁判所を表しているのだろう。所長室に入ると、円形の窓の下をうねるようにして流れるイル川が目に入り、船のブリッジにいるような感じを受けた。

　日本は、1996 年にヨーロッパ評議会のオブザーバーとなったが、その 3 年ほど前、当時最高裁人事局長の職に在った私は、外交官出身の中島敏次郎最高裁判事から、ストラスブールはヨーロッパの十字路である、ヨーロッパ議会、ヨーロッパ評議会、ヨーロッパ人権裁判所が置かれており、これらはますます存在感を増していくだろう、最高裁も在ストラスブール日本国総領事館を拠点にヨーロッパ人権裁判所との交流を強めていくべきだとのお話を伺った。1871 年の普仏戦争でフランスが敗れてストラスブールがプロイセン領となり、ドイツ語での授業しか許されなくなったときのフランス語による最後の授業を描いたのがアルフォンス・ドーデの短編小説「最後の授業」だということも、その時中島判事から教えていただいた。私は、それ以来、一度は訪れてみたいものと思っていたが、念願かなっての訪問となった。

コスタ所長との対話

　コスタ所長は、ヨーロッパ人権裁判所の冊子「Dialogue between judges 2007」を手に、基本的人権に関する裁判官同士のグローバルな対話が人権の共通法を形成する上で重要であることを強調され、日本の裁判官や学者との交流が更に発展することを願っていると述べられた。私は、ヨーロッパ人権裁判所の判例がヨーロッパの枠を越えて国際的な基準になっていくのではないかとの感想を述べるとともに、日本では裁判員裁判の実施を間近に控えて、対象事件の報道規制が議論になっているが、その関係で、裁判係属中の事件に関する新聞記事差止命令をヨーロッパ人権条約違反とした 1979 年 4 月 26 日の The Sunday Times 対 U.K. 事件判決〔I *62*〕が参考になると思っているとお話しした。コスタ所長は、今日では人権に関する裁判は世界中で読まれており、我々も日本の最高裁の判例に注意を払っている、最近では写真芸術家の主要な作品を収録した写真集について関税定率法にいう「風俗を害すべき書籍、図画」等に該当しないとしたメイプルソープ事件判決（2008 年 2 月 19 日）を読んだ、これからも人権裁判に関する情報を共有していきたいと話された（ちなみに、私の訪問から 2 年後のことになるが、ロシア政府の宗教団体に対する解散・活動禁止命令がヨーロッパ人権条約違反であるとしたヨーロッパ人権裁判所の 2010 年 6 月 10 日判決で、宗教上の信念から輸血を拒否している患者に説明をしないで輸血したことが不法行為になるとした日本の最高裁の 2000 年 2 月 29 日判決が関連判例法の一つとして引用されている。）。

コスタ所長は、ヨーロッパ人権裁判所では、判例を硬直化させず、社会の変化・発展に合わせて人権判断を進化させていく必要がある、条約の制定当時の状況にとらわれることなく、現在の状況に合わせた条約解釈を行うべきであるという考え方を持っているが、日本のメイプルソープ事件判決も、同じような考えに立っているのではないかと言われた。

また、コスタ所長は、社会の変化に伴ってヨーロッパ人権裁判所には新しいタイプの人権問題が持ち込まれてきているとして、数週間後に判決が出される予定のDNA捜査事案に言及された。これは、S. & Marper 対 U.K. 事件〔本書 *52*〕のことで、嫌疑を持たれたが有罪とはされなかった者の指紋・DNA情報を捜査機関が保有し続けることの可否が問題となった。組織犯罪やテロなどから安全を確保する必要と人権擁護の必要との間のバランスが問題となる新しいタイプの事案である。この事件については、2008年12月4日、起訴されなかった者及び起訴されたが有罪とされなかった者の指紋・DNA情報の保有は、私生活の尊重を受ける権利への不均衡な干渉となり、民主的社会に必要なものとみなすことはできず、ヨーロッパ人権条約8条違反であるとの判決が言い渡されている。日本でも、遠からず、同種の問題が提起されることになろう。

コスタ所長は、続けて、ヨーロッパ人権裁判所から見ていると、警察・司法関係のグローバル化が進んでいることを実感する、ヨーロッパでは、各国の類似の問題は最終的には統一的に解決されなければならないと認識しており、このようなグローバル化や警察・司法関係者間の交流は大変よいことだと考えていると述べられた。

私は、最高裁2003年3月31日の婚外子相続分差別規定違憲訴訟判決で相続分差別規定は違憲であるとの反対意見を書いていることもあって、コスタ所長に対し、ヨーロッパでは婚外子差別の問題はないのかという質問を投げかけた。コスタ所長は、ベルギー、オーストリア、フランスで婚外子を差別する法律があったが、議会はなかなか改正に踏み切らな

かった、ヨーロッパ人権裁判所が婚外子差別はヨーロッパ人権条約違反であるとの判決をしたところ、議会はようやく法改正に動いた、この種の問題では司法が一歩前に出なければならないと言われた。コスタ所長のいう判決とは、Marckx 対ベルギー事件判決（1979年6月13日）〔I *58*〕、Inze 対オーストリア事件判決（1987年10月28日）、Mazurek 対フランス事件判決（2000年2月1日）〔本書 *84*〕を指している。我が意を得たと思った私は、帰国後、早速にMarckx 対ベルギー事件判決の判例解説（井上典之〔I *58*〕解説）のコピーを調査官室に届けた。

ヨーロッパ人権裁判所訪問の際には、トゥルケン部長にもお会いすることができた。トゥルケン部長は、私に対し、市民的及び政治的権利に関する国際規約（以下「自由権規約」という。）は日本において自動執行力を有しているのかと尋ねられた。私は、もちろん自動執行力を有すると答えたが、トゥルケン部長の発言趣旨は、自由権規約6条に死刑は「最も重大な犯罪についてのみ科することができる」と規定されているのに、日本では死刑判決が多すぎるということにある。最高裁では、死刑事件については必ず弁論期日を開くことにしているが、最近では自由権規約6条に言及する弁護人が増えている。ヨーロッパ人権条約第6議定書は、死刑の廃止を規定している。日本は、米国などとともにヨーロッパ評議会のオブザーバーの資格を有しているが、同評議会議員会議では、日・米の死刑制度廃止を求める決議をしばしば行い、死刑廃止に向けた措置を採らない場合はオブザーバー資格を問題とする旨の決議も採択している。トゥルケン部長の私に対する問いかけは、ヨーロッパ評議会との共通の基本的価値観の確立を目指している我が国にとって、大変重たい問題を含むものである。

最近の裁判例とヨーロッパ人権裁判所判決

日本の最高裁の2013年9月4日大法廷決定は、婚外子の相続分差別に関し、「民法900条4号ただし書前段の規定は、遅くとも平成13年7月当時に

おいて、憲法 14 条 1 項に違反していた。」との画期的な判断を示した。同決定は、理由中で、「(民法の上記規定を合憲と判断した)平成 7 年大法廷決定時点でこの差別が残されていた主要国のうち、ドイツにおいては 1998 年(平成 10 年)の『非嫡出子の相続法上の平等化に関する法律』により、フランスにおいては 2001 年(平成 13 年)の『生存配偶者及び姦生子の権利並びに相続法の諸規定の現代化に関する法律』により、嫡出子と嫡出でない子の相続分に関する差別がそれぞれ撤廃されるに至っている。」と摘示しているが、フランスにおける 2001 年の法改正は、ヨーロッパ人権裁判所が 2000 年 2 月 1 日のMazurek 対フランス事件判決で「姦生子」の相続差別はヨーロッパ人権条約の差別禁止及び財産権尊重の規定に違反すると判断したことを受けたものである(建石真公子「婚外子相続分差別に関するヨーロッパ人権裁判所判決」国際人権 14 号 110 頁参照)。この判決も、前記のようにコスタ所長が言及されたものの一つである。ヨーロッパ人権裁判所の判決がフランスの法改正を導き、それが日本の最高裁大法廷決定へ、更に同決定を受けた 2013 年 12 月 11 日の民法改正へとつながっているのである。

　東京地裁の 2013 年 3 月 14 日判決は、成年被後見人は選挙権を有しないと定めた公選法 11 条 1 項 1号は憲法 15 条 1 項及び 3 項等に違反すると判断した。同判決は、「選挙権を行使するに足る能力を欠く者を選挙から排除するという目的のために、制度趣旨が異なる成年後見制度を借用せずに端的にそのような規定を設けて運用することも可能であると解されるから、そのような目的のために成年被後見人から選挙権を一律に剥奪する規定を設けることをおよそ『やむを得ない』として許容することはできないといわざるを得ない。」と述べ、成年被後見人から選挙権を一律に剥奪することは「国際的潮流」、「内外の動向」に反するとしている。同判決は、ヨーロッパ人権裁判所の判決には言及していない。しかし、この事件の原告は、訴状において、ヨーロッパ人権裁判所の Alajos Kiss 対ハンガリー事件

判決(2010 年 5 月 20 日)〔本書 **17**〕を援用していた。同判決は、「限定的な後見を必要とする精神的な障害を理由に、個別の司法判断をせずに選挙権を一律に奪うことは、選挙権を制限するための正当な事由とはならない。」としている(井上亜紀「成年被後見人の選挙権を一律に制限するハンガリー憲法の規定はヨーロッパ人権条約第 1 議定書 3 条に違反すると判断した事例」佐賀大学経済論集 44 巻 6 号 185 頁参照)。東京地裁判決は、このヨーロッパ人権裁判所判決と趣旨を同じくするもので、実質的に同判決の影響を受け、後押しされたと考えられる。

当事者によるヨーロッパ人権裁判所判決の援用

　ところで、我が国憲法の第 3 章が定める「国民の権利及び義務」の大半は、ヨーロッパ人権条約第 1節の「権利及び自由」と同種のものである。我が国が 1979 年に批准した自由権規約は、自動執行力を有し、裁判規範となるものであるが、そこで規定されている権利及び自由の大半も、ヨーロッパ人権条約第 1 節の「権利及び自由」と重なっている。したがって、ヨーロッパ人権裁判所がヨーロッパ人権条約第 1 節の「権利及び自由」に関して示した判断は、我が国の裁判所においても参照に値し、国際的水準の人権規範を形成していく上においての重要な指針となるものである。

　例えば、自由権規約の 17 条 1 項は「何人も、その私生活、家族、住居若しくは通信に対して恣意的に若しくは不法に干渉され又は名誉及び信用を不法に攻撃されない。」と規定し、23 条 1 項は「家族は、社会の自然かつ基礎的な単位であり、社会及び国による保護を受ける権利を有する。」と規定している。一方、ヨーロッパ人権条約 8 条も 1 項で「すべての者は、その私的及び家族生活、住居並びに通信の尊重を受ける権利を有する。」と規定し、2 項で同権利に対する公の機関による介入を制限している。両者は、家族生活の権利保護について趣旨を同じくするものといってよいであろう。そこで、退去強制令書発付処分により家族が離別することとなる事案の

取消請求訴訟において、原告側から自由権規約17条1項及び23条1項の解釈の参照判例として、ヨーロッパ人権条約8条に関するヨーロッパ人権裁判所の判例がしばしば援用されることになる（最高裁2008年9月26日決定の上告理由など）。

自由権規約24条1項は、すべての児童は出生によるいかなる差別もなしに国による保護の措置を受ける権利を有すること等を規定し、同条3項は、「すべての児童は、国籍を取得する権利を有する。」と規定している。同条項の解釈の参照判例として、婚外子の差別はヨーロッパ人権条約の8条（家族生活の尊重）及び14条（出生等による差別の禁止）に違反するとした前記のMarckx対ベルギー事件判決が援用されている（大阪高裁1998年9月25日判決）。

自由権規約14条3項fは、裁判所において使用される言語を理解することができない刑事被告人に対し無料で通訳の援助を受ける権利を保障している。同規定の解釈について、同様の規定であるヨーロッパ人権条約6条3項eに関するヨーロッパ人権裁判所の判例が援用された例もある（東京地裁1991年12月18日判決など）。

裁判所によるヨーロッパ人権裁判所判決の援用

他の分野で、裁判所自身がヨーロッパ人権裁判所の判例を積極的に引用した例は、若干ながら存する。

大阪高裁1994年10月28日判決は、在留外国人に対する指紋押捺義務及び違反した場合の刑罰を定める外国人登録法に関し、「ヨーロッパ人権裁判所は、1978年4月25日、タイラー対マン島事件の判決において、刑罰の種類としての体罰が、拷問や非人道的な刑罰には当たらないが、品位を傷つける刑罰に当たるとし、これが犯罪の抑止に効果があるとしても、ヨーロッパ人権条約3条に違反する刑罰は許されないとした。」ことも一考慮要素として、外国人登録法を平和条約に基づき国籍を離脱した者等に適用する限り、自由権規約7条前段の「品位を傷つける取扱い」の禁止に「違反する状態だったのではないかとの疑いを否定できないものであった。」

と判示した（ここで引用されているタイラー判決については門田孝〔Ⅰ *16*〕解説参照）。

高松高裁1997年11月25日判決は、自由権規約14条1項の「すべての者は、裁判所の前に平等とする。すべての者は、その刑事上の罪の決定又は民事上の権利及び義務の争いについての決定のため、法律で設置された、権限のある、独立の、かつ、公平な裁判所による公正な公開審理を受ける権利を有する。」との規定は受刑者が自己の民事事件の訴訟代理人である弁護士と接見する権利をも保障していると解するのが相当であるとし、「ところで、（自由権）規約草案を参考にして作成されたヨーロッパ人権条約では、（自由権）規約14条1項に相当するその6条1項で、同規約と共通する内容で公正な裁判を受ける権利を保障しており、右条約に基づき設置されたヨーロッパ人権裁判所におけるゴルダー事件においては、右6条1項の権利には受刑者が民事裁判を起こすために弁護士と面接する権利を含む、との判断が、また同裁判所におけるキャンベル・フェル事件においては、右面接に刑務官が立ち会い、聴取することを条件とする措置は右6条1項に違反する、との判断がなされている。ヨーロッパ人権条約は、その加盟国が（自由権）規約加盟国の一部にすぎず、我が国も加盟していないことから、条約法条約31条3（c）の「当事国の間の関係において適用される国際法の関連規則」とはいえないとしても、ヨーロッパの多くの国々が加盟した地域的人権条約としてその重要性を評価すべきものであるうえ、前記のような（自由権）規約との関連性も考慮すると、条約法条約31条3項における位置づけはともかくとして、そこに含まれる一般的法原則あるいは法理念については（自由権）規約14条1項の解釈に際して指針とすることができるというべきである。」と判示した（ここで引用されているゴルダー判決については北村泰三〔Ⅰ *41*〕参照。一審の徳島地裁1996年3月15日判決も同旨の判示をしている）。

なお、国家公務員法違反被告事件の東京地裁2006年6月29日判決は、「なお、弁護人は、（自由

xxxii 特別寄稿Ⅱ　ヨーロッパ人権裁判所との対話

権）規約を解釈適用するに当たっては、条約法に関するウィーン条約31条、32条等や同規約の実施機関である規約人権委員会において採択される一般的意見等、更には、同規約と類似の規定を置くいわゆるヨーロッパ人権条約及びヨーロッパ人権裁判所の判例が解釈基準として用いられるべきである旨主張するが、当裁判所も、基本的には、これを是とするものである。」と述べている。

韓国憲法裁判所との対話

　私は、2015年4月に韓国憲法裁判所を訪問した。図書室で「ヨーロッパ人権裁判所の判例」などの日本の出版物を含む諸外国の文献が多数配架されているのを見学した後、金庸憲事務処長を表敬して、同裁判所の機構や活動についてのご説明を伺った。裁判部の蘇恩瑩・憲法研究員（東北大学法学博士）には、通訳等でお世話になった。

　韓国憲法裁判所は、1988年9月発足後の25年4か月で、違憲・憲法不合致・限定違憲・限定合憲の決定を合計728件も出している。9人の裁判官は、憲法裁判のみに取り組んでいる。特筆すべきは、裁判部に、憲法研究官（65人。通常裁判所等からの派遣員を含む。）、憲法研究官補（7人）、憲法研究員（4人。公法分野の博士号所持者等を契約公務員として採用。）、憲法研究委員（4人。憲法学者等を3年以内の任期で任命。）、合計80人のスタッフを配置していることである。韓国憲法裁判所は、2014年9月には、ヨーロッパ評議会の諮問機関であるヴェニス委員会（正式名称は「法による民主主義のためのヨーロッパ委員会」で、憲法裁判に関する情報の提供等を行っており、韓国は正規メンバー、日本はオブザーバーである。）の第3回憲法裁判世界会議を主催している。この会議には、約100か国の憲法裁判所や最高裁等の代表が参加している。

　韓国憲法裁判所は、憲法裁判の中・長期的な研究・調査のため、2011年、憲法裁判研究院（定員33人）を設置した。憲法裁判研究院は、国際調査研究チーム（15人）などを設け、世界の憲法裁判を紹介する「世界憲法裁判動向」を2か月に1回刊行しており、国際シンポジウムも2012年から毎年開催している。

　韓国憲法裁判所の活発な違憲判断は、このような豊富な陣容で国際的な憲法裁判の研究・調査を行っていることに負うところが大きいと考えられる。

ヨーロッパ人権裁判所判例の法廷提出

　我が国の裁判所は、韓国のような憲法裁判を専門として調査研究を行うスタッフを擁していない。国連の自由権規約委員会2014年7月24日総括所見は、批准された条約が国内法の効力を有するにもかかわらず、日本では自由権規約の下で保護される権利が裁判所によって適用された事例の件数が限られており、自由権規約の適用及び解釈が裁判官等に対する専門職業的研修の一部となることを確保するよう求めるとしている。人権判断の国際水準化は、我が国裁判所の重要課題である。

　裁判の当事者も、積極的に、ヨーロッパ人権裁判所の判例などの外国の人権裁判例や、外国法制・国際人権法等に関する研究者の論文・意見書を上告理由書や準備書面に添付し、あるいは書証として法廷に提出することが望まれる。これらの資料は、国際的な視野の下で人権問題を再考する材料となり、司法判断の質の向上に貢献する。法学者等による外国憲法裁判の調査研究は、法律実務家にとり、誠に貴重な存在である。アカデミアと実務家との協働関係の更なる発展を期待してやまない。

刊行に寄せて

清水 信 介
（チュニジア駐箚特命全権大使，
前ストラスブール日本国総領事 大使 欧州評議会常駐オブザーバー）

ヨーロッパ人権裁判所の判例Ⅱの刊行おめでとうございます。関係者の方々の努力に敬意を表するとともに、この著作を通じて、日本における同裁判所に対する理解が深まることを強く歓迎致します。

ヨーロッパ人権裁判所とその母体である欧州評議会は、欧州の民主主義・人権の総本山です。1949年8月12日に、欧州評議会の前身である欧州諮問会議の初会合が、現在のストラスブール大学大講堂で開催されました。その際、英国代表を務めたチャーチルはクレベール広場で有名な演説をしました。広場を埋め尽くす群衆を前に、オーベットという建物のテラスに設けられた演壇から、「気をつけろ。フランス語で話すぞ（Prenez garde. Je vais parler en français)」と話し始めます。そして、ナチズムの過去のみならず、当時の鉄のカーテンの向こう側の共産主義を念頭に、全ての形態の専制に対抗し、自由と人権に基づいた欧州の団結を訴えるのです。

こうして設立された欧州評議会は、後発の欧州連合（EU）に比べ、知名度では劣りますが、民主主義・人権については、これを最も効果的に保障する機関として、自他共に認められています。欧州評議会の人権保障は、人権裁判所を中心とする「欧州人権条約システム」と呼ばれています。このシステムが、国連や欧州安全保障協力機構（OSCE）など他の人権システムと異なるのは、欧州人権条約という法規範を持ち、その遵守が人権裁判所という司法機関により担保されていることにあります。特に、人権裁判所が個人の提訴を受け付け、その判決が加盟国を拘束するという強い権限を持っていることが特徴的です。また、人権裁判所以外の機関 ── 閣僚委員会、議員会議、各種のモニタリング・プロセス ── 及び各国の国内機関が人権裁判所の活動を支える役割を担っており、これら全体がシステムとして、人権保障を効果的なものにしているのです。

日本は欧州評議会に1996年にオブザーバー加盟しました。オブザーバーといっても発言権が認められ、私を含め歴代の総領事が、毎週水曜日に行われる大使レベルの会合に参加しています。オブザーバーは5カ国のみで、日本は、アジアからの唯一のオブザーバーです（他は、アメリカ、カナダ、メキシコ、バチカン）。この事実は、アジアで特に日本が欧州と価値を共有するパートナーとして認知されていることを示しています。実際、1996年当時の資料を見ると、日本に期待されている役割が良く分かります。当時、欧州評議会の課題は、冷戦終了を受けて、メンバーシップを東欧や旧ソ連諸国に拡大し、これらの諸国に人権や民主主義の価値を植え付けることでした。日本は、G7の一員として、東欧諸国の民主化・市場経済化を支援していました。そのため、欧州評議会としては、日本をオブザーバーに迎え、東欧諸国の民主化に貢献してもらおうと考えたのです。この構図は、今も変わらず、例えば、日本は2014年にウクライナ民主化行動計画に30万ユーロの資金貢献をしました。

昨年2016年は、オブザーバー加盟の20周年であり、日本と欧州評議会の共通の価値に基づくパートナーシップを確認する諸行事を行いました。具体的には、鈴木康友浜松市長を招聘し、欧州で喫緊の課

題となっている外国人の社会統合について日本の経験を語ってもらいました。また、サイバー犯罪について欧州評議会が作成し、日本も加入している条約について、これをアジア諸国にも広めるための会議を日本主催で開催しました。そのほか、和食のイベントや仏教美術の写真展を開催し、日本と欧州の間には、価値だけでなく感性の面でも共通することがあることを示しました。

ヨーロッパ人権裁判所と日本の最高裁判所の交流も、20周年を契機に進展しました。

これまでも日本の最高裁はヨーロッパ人権裁判所の判例を強い関心を持って注視してきました。たとえば、最近では非嫡出子の相続分に関する最高裁の判決は、ヨーロッパ人権裁判所の判例を参考にしたといわれています。日本の最高裁判事は、人権裁判所を定期的に訪問し、また、最高裁から総領事館に出向している裁判官が両者のリエゾンを務めるなどしています。20周年の2016年には、池上政幸最高裁判事が来訪され、人権裁判所のライモンディ所長らと意見交換を行いましたが、その際の議論を踏まえて、両裁判所の間で重要判例を定期的に交換することが正式に合意されました。更に、両裁判所の間の人的な交流もより活発になることが期待されています。

このように日本でも大きな関心を集めているヨーロッパ人権裁判所ですが、課題も少なくありません。もっとも大きな課題が、各加盟国との協力関係です。先ほど、欧州評議会による人権保障は、各加盟国の国内機関を含めた全体がシステムとして機能することにより効果的になると述べました。逆に言えば、各国の国内機関が適切に機能せず、欧州評議会と各国の協力が失われると、ヨーロッパ人権裁判所がその役割を果たせなくなるということです。その意味するところは二つあって、一つは、各国国内で適切に人権が救済されないと、ヨーロッパ人権裁判所に持ち込まれる事件が増大し、パンクしてしまうという問題。もう一つは、ヨーロッパ人権裁判所で判決がなされても、各国により履行されないという問題

です。

前者については、未済事件の蓄積（backlog）の増大として顕在化しています。事件処理プロセスの改革もあって未済事件は減少しましたが、依然8万8千件（2017年3月末）にのぼります。その大きな原因の一つが、一部の国から申し立てられる件数が高止まりしていることで、ウクライナ、トルコ、ロシア、ルーマニア、ハンガリーの5カ国で2016年の受理件数の67%を占めます。今後懸念されているのが、一昨年から急増した移民・難民の受け入れに関する申し立て、及び昨年7月のトルコのクーデターの後に拘束されたり免職された人々からの申し立てです。二つの問題とも、関係する各国の国内で適切な救済が図られるよう、欧州評議会と関係国の間で対話が積み重ねられていますが、最終的には相当数の案件が人権裁判所に持ち込まれることになるでしょう。

判決の未執行の問題については、過去1年間、アゼルバイジャンのママドフ事件に関する人権裁判所の判決（ママドフ氏の拘禁を不当として釈放を命じた判決）が執行されないことが大きな問題になっています。ヤーグラン事務局長が欧州人権条約52条に基づく調査を開始するなど、アゼルバイジャン政府に対する働きかけが強化されました。また、ロシアが、憲法裁判所に対して国際裁判所の判決執行の適否を判断する権限を与える法律を制定したことに対して、他国より、人権裁判所判決の履行義務に合致しないとの批判がされました。

上記のような問題が旧東側諸国等で生じていることは、大きな課題です。しかし、欧州評議会に復帰して間もないこれらの国で、人権条約と一定の乖離が発生することは、織り込み済みとも言えます。一方、最近、とみに指摘されているのが、欧州評議会の原加盟国などメインストリームに属する国でも、人権裁判所の判断を完全に受け入れることに躊躇する傾向が見られることです。有名な例としては、イギリスが、受刑者の選挙権停止を違法とした人権裁判所の判決（2005年）を長期間執行していない件が

挙げられます。そのほか、フランスの有力政治家が、移民の家族呼び寄せに関する人権裁判所の過去の判例に疑義を呈したり、スイスで、国内法を国際法に対して優越させようと国民投票が行われることも挙げられています。

英国のEU離脱に見られるように、欧州では国際機関に対する懐疑派が勢いを増す傾向にあることは否めません。日本は、価値を共有するパートナーである欧州が強く、結束することを強く願っています。その意味で、欧州評議会とヨーロッパ人権裁判所が、直面する課題を乗り越え、効果的な人権保障システムを維持・発展していくことを期待しています。また、日本が、欧州から見て価値を共有する信頼できるパートナーであり続けるためにも、欧州の人権を巡る議論がどうなっていくのか適切にフォローすることが重要です。このような観点から、この判例集は、欧州の人権を巡る状況や課題に関する有益な知見を提供するものであり、多くの関係者に参照されることを願ってやみません。

＊本稿は、個人的な見解を記したものです。

［編集部注］本稿は2017年4月に受領しました。

xxxvi

〔凡例・略語〕

I　凡　例

1.　判例解説の配列は、最初に「I　ヨーロッパ人権条約の基本問題」としてヨーロッパ人権条約（以下、「人権条約」という）全体に関わる問題群についての判例を取り上げ、次に「II　ヨーロッパ人権条約で保障された権利(1)──総論的問題群」、「III　ヨーロッパ人権条約で保障された権利(2)──各論」として、人権条約が保障する権利にかかわる判例を原則として条文の順序に沿って並べた。

2.　判例解説の見出しには、①通し番号、②事件のテーマにかかわる「項目」名、③事件の主たる争点ないし判決内容を示した「事件表題」、④判決の通称ないし呼称、⑤執筆者、⑥判決の英文タイトル・判決年月日・判例集番号、⑦必要に応じて、大法廷（GC, Grand Chamber）、全員法廷（PC, Plenary Court）公正な満足（just satisfaction）を記した。このうち、②の項目は編集委員会が付したが、③については執筆者の意見を参考にした。

3.　項目の記述に際して振る小分け番号・記号は、(1)→(a)→(i)→(ア)の順に振った。この番号・記号は、ヨーロッパ人権裁判所の判例決定原文の採用しているものとは異なっている。

4.　[注]は、通し番号を付して、各判例解説の後にまとめ、末尾に[参考文献]を掲げた。

5.　ヨーロッパ人権条約の条文については、編集委員会において本書巻末の「資料I」掲載の訳文への統一を図った。ただし、各執筆者の訳を尊重した箇所もある。

6.　頻繁に登場する訳語については、編集委員会において統一を図った。主要なものとして、以下のものがある。

　(1)　機関　ヨーロッパ人権裁判所（European Court of Human Rights, Cour européenne des droits de l'homme）、ヨーロッパ評議会（Council of Europe, Conseil de l'Europe）、自由権規約委員会（Human Rights Committee, Comité des droits de l'homme）、EC 司法裁判所（Court of Justice of the European Communities, Cour de justice des Communautés européennes）、EU 司法裁判所（Court of Justice of the European Union）

　(2)　専門用語　申立（application, requête）、受理可能性（admissibility, recevabilité）、介入（interference, ingérence）、比例性（proportionality, proportionnalité）、評価の余地（margin of appreciation, marge d'appréciation）、公正な均衡（fair balance, jute équilibre）、公正な満足（just satisfaction, satisfaction equitable）

II　文献・判例の引用

1.　文献引用

　(1)　邦語文献の表記は、原則として、下記のものとした。

　　i）論　文　　著者「論文名」雑誌名　巻　号（発行年）頁

　　　　　　　　著者「論文名」『出典書名』（出版社、発行年）　頁

〔凡例・略語〕 *xxxvii*

  ii）単行本 著者『書名』（出版社、発行年） 頁

  iii）前掲引用 著者・前掲注（ ）頁

          編者・前掲注（ ）頁

 (2) 外国文献の引用方法については、編集上の不都合がない限り各執筆者に委ねた。

2. 判例引用

 (1) ヨーロッパ人権裁判所判決・決定

  i）本書に掲載されている判例については、第1申立人の姓（または通用している略称）および本書の通し番号で引用した。

    （例） Oleynikov 判決〔本書 *1*〕／オレイニコフ判決〔本書 *1*〕

  ii）『ヨーロッパ人権裁判所の判例』（信山社、2008 年）に掲載した判例については、以下のとおりで引用した。

    （例） Handyside 判決〔Ⅰ *18*〕／ハンディサイド判決〔Ⅰ *18*〕

  iii）ⅰ）ⅱ）以外の事件名は原則として正式のタイトルおよび言渡し日で引用した。パラグラフを指示する場合は、判例集を引用した。ただし、1990 年頃までの判例は原則として申立人名だけが正式タイトルになっているが、その場合も、申立人名 v. 被告国名で統一した。なお、事件表記をフランス方式にしたものもある。

    （例） Klass and others v. Germany, 6 September 1978

    （例） Inze v. Austria, 28 October 1987, Series A no. 126, § 1

  iv）注の表記では、大法廷 Grand Chamber の事件には〔GC〕と、全員法廷 Plenary Court の事件には〔PC〕と付記した。

    （例） Osman v. the United Kingdom〔GC〕, 28 October 1998

    （例） Brannigan and McBride v. the United Kingdom〔PC〕, 26 May 1993

  v）決定は、Decision と付記した。

    （例） Čonka v. Belgium, Decision, 13 March 2001

  vi）必要に応じて、(Article 50), (just satisfaction) 等を事件名のあとに付記した。

    （例） Loizidou v. Turkey（Ariticle 50）, 28 July 1998

  vii）正式タイトルが非常に長い場合、通用している略称を用いた場合もある。

    （例） Belgian Linguistic Case

 (2) ヨーロッパ人権委員会決定または報告書

  事件名については、(1)にならった。Application No. は原則として省略した。

  (1)と区別するため Decision（または Report）of the Commission と明記した。

  決定または報告書の採択日を付記した。

    （例） Austria v. Italy, Decision of the Commission, 11 January 1961

    （例） Silver and others v. UK, Report of the Commission, 11 October 1980

 (3) ヨーロッパ評議会閣僚委員会決議

  事件名については、(1)にならった。Application No. は原則として省略した。

  執行監視（旧54条・46条2項）決議と実体判断（旧32条）決議の区別はとくに明示しなかった。

xxxviii〔凡例・略語〕

(例)　East African Asians v. UK, Resolution DH（77）2, 21 October 1977

(4)　日本の国内判例

(例)　最大決1995（H7）年7月5日民集49巻7号1789頁

(例)　最判2003（H15）年3月28日判時1820号62頁

(5)　外国国内判例

各国の標準的な引用方法によった。

3.　欧文固有名詞の表記

(1)　各国の固有の機関名については、必要な範囲で、各国語の表記を併記した。

(例)　破毀院（Cour de cassation）

(2)　国名についてアルファベット表記する場合、英語で統一した。

(例)　X and Y v. the Netherlands

(3)　地名については、有名地はカタカナで表記し、一般にはアルファベットで表記した。

Ⅲ　略　語　（本書掲載のものに限る）

1.〈判例集〉

欧文略語	正式名称
A.C.	Law Reports, Appeal Cases
Bull. civ.	Bulletin des arrêts des chambres civiles de la Cour de cassation
Bull. crim.	Bulletin des arrêts de la chambre criminelle de la Cour de cassation
CMLR	Common Market Law Reports
DR	Decisions and Reports of the European Commission of Human Rights
ECR	European Court Reports
EHRR	European Human Rights Reports
FLR	Family Law Reports
ICJ Reports	International Court of Justice, Reports of Judgments, Advisory Opinions and Orders
ILR	International Law Reports
Reports	Reports of Judgments and Decisions of the European Court of Human Rights
Series A	Publications of the European Court of Human Rights, Series A: Judgments and Decisions
Series B	Publications of the European Court of Human Rights, Series B: Pleadings, Oral Arguments and Documents
Yearbook	Yearbook of the European Convention on Human Rights
WLR	Weekly Law Reports

2.〈雑誌・資料集〉

欧文略語	正式名称
AFDI	Annuaire français de droit international
AJDA	Actualité juridique de droit administratif
AJIL	American Journal of International Law
BGBl	Bundesgesetzblatt
BYIL	British Year Book of International Law
CDE	Cahiers de droit européen
CML Rev.	Common Market Law Review
DÖV	Die Öffentliche Verwaltung
Duke J. Comp. & Int'l L.	Duke Journal of Comparative & International Law
EHRLR	European Human Rights Law Review
EJIL	European Journal of International Law
EL Rev	European Law Review
EuGRZ	Europäische Grundrechte Zeitschrift
EuR	Europarecht
Florida State Univ. J. Trans'l Law & Policy	Florida State University Journal of Transnational Law & Policy
Gaz. Pal.	Gazette du Palais
German Y.B. Int'l Law	German Yearbook of International Law
HRLJ	Human Rights Law Journal
ICLQ	International and Comparative Law Quarterly
Italian YB Int'l L.	Italian Yearbook of International Law
ILM	International Legal Materials
JCP	Jurisclasseur périodique (Semaine juridique), édition générale
JDI	Journal du droit international
JO	Journal officiel de la République française
JöR	Jahrbuch für öffentliches Recht
JZ	Juristenzeitung
LPA	Les Petites Affiches
LQR	Law Quarterly Review
NJ	Neue Justiz

xl 〔凡例・略語〕

NJW	Neue Juristische Wochenschrift
NLJ	New Law Journal
NStZ	Neue Zeitschrift für Strafrecht
NVwZ	Neue Zeitschrift für Verwaltungsrecht
OJ	Official Journal of the European Union/Communities
PL	Public Law
RCADI	Recueil des Cours de l'Academie de droit international de la Haye
RCDIP	Revue critique de droit international privé
RDH	Revue des droits de l'homme
RDIDC	Revue de droit international et de droit comparé
RDP	Revue de droit public et de la science politique en France et à l'étranger
RFDA	Revue française de droit administratif
RFDC	Revue française de droit constitutionnel
RGDIP	Revue générale de droit international public
RHDI	Revue hélénique du droit international
RIDC	Revue internationale de droit comparé
RTDE	Revue trimestrielle de droit européen
RTDH	Revue trimestrielle des droits de l'homme
RUDH	Revue universelle des droits de l'homme
StV	Strafverteidiger
UN Doc.	United Nations Documents
ZBR	Zeitschrift für Beamtenrecht
ZUM	Zeitschrift für Urheber- und Medienrecht

3.〈機　関〉

欧文略語	正式名称	日本語
BGH	Bundesgerichtshof	ドイツ連邦通常裁判所
BVerfG	Bundesverfassungsgericht	ドイツ連邦憲法裁判所
BVerwG	Bundesverwaltungsgericht	ドイツ連邦行政裁判所
Cass. civ.	Chambre civile de la Cour de cassation	フランス破毀院民事部
Cass. crim.	Chambre criminelle de la Cour de cassation	フランス破毀院刑事部
CA	Cour d'appel	フランス控訴裁判所
CC	Conseil constitutionnel	フランス憲法院
CDDH	Steering Committee for Human Rights/Comité directeur pour les Droits de l'Homme	人権運営委員会

CDH	Comité des droits de l'homme	自由権規約委員会
CE	Conseil d'Etat	国務院
CIADH	Cour interaméricaine des droits de l'homme	米州人権裁判所
CIJ	Cour internationale de justice	国際司法裁判所
CJCE	Cour de justice des Communautés européennes	EC 司法裁判所
CRPD	Convention on the Rights of Persons with Disabilities	障害者権利委員会
CJEU	Court of Justice of the European Union	EC 司法裁判所
CSCE	Conférence sur la sécurité et la coopération en Europe	ヨーロッパ安全保障協力会議
EC	European Community	ヨーロッパ共同体
EC	European Communities	ヨーロッパ諸共同体
ECJ	European Court of Justice	EC 司法裁判所
ECRI	European Commission against Racism and Intolerance	人種主義と不寛容に反対する欧州委員会
ECtHR	European Court of Human Rights	ヨーロッパ人権裁判所
EEC	European Economic Community	ヨーロッパ経済共同体
EGMR	Europäischer Gerichtshof für Menschenrechte	ヨーロッパ人権裁判所
EU	European Union	ヨーロッパ連合
EuGH	Gerichtshof der Europäischen Gemeinschaft	EC 司法裁判所
EWCA	Court of Appeal of England and Wales	イングランド・ウェールズ控訴院
EWHC	High Court of England and Wales	イングランド・ウェールズ高等法院
GC	Grand Chamber	大法廷
HL	House of Lords	イギリス貴族院
HRC	Human Right Council	人権理事会
HRC/HRCtee	Human Rights Committee	自由権規約委員会
IACHR	Inter-American Court on Human Rights	米州人権裁判所
ICC	International Criminal Court	国際刑事裁判所
ICJ	International Court of Justice	国際司法裁判所
ILC	International Law Commission	国際法委員会
ILO	International Labour Organization	国際労働機関
NATO	North Atlantic Treaty Organization	北大西洋条約機構
OECD	Organisation for Economic Co-operation and Development	経済協力開発機構

xlii 〔凡例・略語〕

OSCE	Organization for Security and Co-operation in Europe	ヨーロッパ安全保障協力機構
QB	Plenary Court	全員法廷
QB	Queen's Bench	イギリス女王座部（高等法院）
UN	United Nations	国際連合
UNHCR	Office of the United Nations High Commissioner for Refugees	国連難民高等弁務官事務所

4. 〈条約など〉

欧文略語	正式名称	日本語
CCPR	International Covenant on Civil and Political Rights	市民的及び政治的権利に関する国際規約（自由権規約）
CDFUE	Charte des droits fondamentaux de l'Union européenne	ヨーロッパ連合基本権憲章
CEDH	Convention européenne des droits de l'homme	ヨーロッパ人権条約
CESCR	International Covenant on Economic, Social and Cultural Rights	経済的、社会的及び文化的権利に関する国際規約（社会権規約）
CRC	Convention on the Rights of the Child	児童の権利に関する条約
ECHR	European Convention on Human Rights	ヨーロッパ人権条約
EMRK	Europäische Menschenrechtskonvention	ヨーロッパ人権条約
PIDCP	Pacte international relatif aux droits civils et politiques	市民的及び政治的権利に関する国際規約（自由権規約）
PIDESC	Pacte international relatif aux droits économiques, sociaux et culturels	経済的、社会的及び文化的権利に関する国際規約（社会権規約）
ZPMRK	Zusatzprotokoll zur Menschenrechtskonvention	ヨーロッパ人権条約議定書

5. 〈その他〉

欧文略語	正式名称	日本語
Aufl.	Auflage	版
a.a.O.	am angegebenen 〈angeführten〉 Ort	前掲の
app.	appendix	付録
Bd./Bde.	Band/Bände	巻、冊

〔凡例・略語〕 *xliii*

e.g.	exempli gratia	例えば
et al.	et alii	その他
et seq.	et sequens	以下
f./ff.	und die folgende/und folgenden	（〜頁）以下
fn	footnote	脚注
Hrsg.	Herausgeber	編集者
ibid.	ibidem	同じところに、同書に
id.	idem	同一著者（において）／同書
op.cit.	opere citato	前掲書中
Ord.	Ordenance	オルドナンス
par.（§）/pars.	paragraph/paragraphs	節／段落
para	paragraph	段落
QPC	la question prioritaire de constitutionnalité	フランス事後的違憲審査制
Rn/Rdnr	Randnummer（n）	欄外番号
rep.	report	報告／報告書
ResDH	ResolutionDH	ヨーロッパ人権条約関係閣僚委員会決議
S.	Seite	頁
Urt.	Urteil	判決
vgl.	vergleiche	参照

● 概　説 ●

概　説 Ⅰ

ヨーロッパ人権条約における権利の体系と解釈方法論

小　畑　　郁

はじめに

近年、日本の裁判例においても、国際人権条約の影響が明確にみられるようになってきた。婚外子の相続分差別違憲訴訟についての 2013 年 9 月の最高裁判所決定[1]は、その到達点とみなされている。そこでは、「〔日本〕が批准した条約の内容とこれに基づき設置された委員会からの指摘」が、関係規定の合理性に関連する事柄の変化の一つとして考慮された。他方、女性に対する再婚禁止期間違憲訴訟についての 2015 年 12 月の最高裁判所判決[2]は、部分違憲の結論に達し、また 2013 年決定と同様の論理で人権条約と条約機関の勧告を援用する上告理由書を検討しながら、こうした条約・勧告に一切言及しなかった。この動揺は、控えめにいっても、最高裁判所には、人権条約で保障されている「人権」というものをどのように位置づければよいかについての定見がないことを示している[3]。

このような状況は、日本において国際人権条約の一層の利用をすすめるためには、単に条約の国内的効力や直接適用可能性といった問題を検討するだけでは足りない、ということを示している。つまり、国際人権条約に規定されている「人権」とはどのような概念なのか、この「人権」と日本国憲法に規定されている「権利」とは、どのような関係に立つのか、ということが、必ずしも明確になっていないのである。

ここでは、こうした問題を意識しながら、ヨーロッパ人権条約（本稿では紛れるおそれのない限り「条約」という）はどのような権利の体系に基づいているのか、それは権利体系論という観点から見て、どのように変容してきているのか、をまず考察し、その上で、ヨーロッパ人権裁判所（本稿では「人権裁判所」という）が用いている解釈諸方法について、それらの位置づけおよび内容について、権利体系論に依拠しつつ批判的考察を加えたい[4]。あらかじめ見取り図を提示すれば、条約のテキストおよび人権裁判所初期（おおむね 1980 年代前半まで）の実行は、「国際人権」の古典的観念に沿っているが、その後の実行においては、「国内人権」の論理の強い影響をうけるようになっている、ということである。

1　条約における「国際人権」の体系とその変容？

（1）条約のテキスト

条約テキストを通読してみるだけで気付くのは、個別権利のカタログの順序が、明確に、日本国憲法とは異なっているということである。すなわち、生命権（2 条）にはじまり、非人道的処遇からの自由（3 条、4 条）、人身の自由・刑事司法の原則（5 条、6 条 2 項、3 項、7 条）、裁判を受ける権利（6 条 1 項）、私生活・家族生活の尊重を受ける権利（8 条、12 条）、精神的自由（9 ～ 11 条）というのが、おおまかな順序である。これは世界人権宣言に発する、国際的に保障されるべき人権、いわば「国際人権」の古典的観念に特徴的なものである。

この順序は、国際的な観点からの権利の序列を表していると考えるべきである。条約は、世界人権宣

言（29条2項を見よ）とは異なり、個別的制限条項方式を採用しているが[5]、私生活・家族生活の尊重を受ける権利および精神的自由については、許される制限が極めて抽象的・包括的に規定されている（8～11条の各2項を参照）。これに対して、人身の自由では、制限ができるかぎり具体的・個別的に定式化され（5条1項各号参照）、虐待からの自由については、制限がそもそも認められていない（3条）。つまり、人間の肉体の自由をまず手厚く保護し、精神的自由については、それよりも薄い保障しか与えていないのである。

（2）人権裁判所判決からみた条約実践

まずは表1の①欄の初期の人権裁判所判決の動向をみてみよう。そこで明らかなのは、上にみた古典的な「国際人権」観念を反映して、人身の自由および裁判を受ける権利についての違反認定が、圧倒的な比重を占めていることである。

精神的自由についての違反認定の割合は、②期（1985～2007年）には顕著に上昇し、最近5年間の

データ（参考の欄）から分かるように、現在でも上昇傾向が続いている。これは古典的観念の動揺を示している。しかし他方で、人身の自由は、虐待等の禁止とあわせて考えると、全期間にわたって最重要の問題として扱われている。

裁判を受ける権利については、一方で、これが重視されているということは間違いないが、他方で、とくに②期においては、裁判遅延に伴う形式的な違反件数が、圧倒的比重を占めているということに注意しなければならない。

そのほか、近年の動向で注目されるのは、財産権についての違反認定が顕著に増加していることである。これは、ヨーロッパの東西分断を背景として、西側ヨーロッパ（西欧・北欧地域）でも社会民主主義の影響力が強かったことにより、いわば「国際人権」にとっては外部的な要因により抑制されていた財産権[6]の「重み」が回復したものと考えられる。

（3）条約における「人権」の基盤的観念

以上のことから、条約における「人権」の基盤を

表1　ヨーロッパ人権裁判所英文違反認定判決の条文別構成

	生命権	虐待等の禁止	人身の自由・刑事司法の原則	裁判を受ける権利	私生活・家族生活の尊重	精神的自由	財産権	条約上の権利についての実効的救済	英文本案判決全体
	2条	3、4条	5,6(2、3)、7条	6(1)条	8条、12条	9条－11条	第1議定書1条	13条	
全体 （％）	739 4.1	2076 11.5	2619 14.6	8050 44.8	1200 6.7	910 5.1	1241 6.9	2068 11.5	17980 100
①～1984 （％）	0 0.0	2 3.0	18 27.3	18 27.3	3 4.5	2 3.0	1 1.5	2 3.0	66 100
②1985～ 2007.1.18（％）	128 2.0	234 3.7	603 9.4	4139 64.6	363 5.7	294 4.6	32 0.5	658 10.3	6408 100
③最近10年間 （％）	611 5.3	1838 16.0	1998 17.4	3893 33.8	834 7.2	613 5.3	1208 10.5	1408 12.2	11506 100
（参考）最近5年間（％）	279 6.2	1032 22.8	911 20.1	1597 35.2	375 8.3	263 5.8	522 11.5	588 13.0	4533 100

（英文テキストがHUDOCにあるもののみ、2017年1月19日現在）

（注）①はそれぞれの判決文を分析したが、その他はHUDOC（ウェブ上のヨーロッパ人権裁判所判例データベース）のフィルター機能を利用して作成。ただし、②は、全体から①＋③を減じて算出

4   概 説 I   〔小畑　郁〕

浮き彫りにすることができる。

　まず、条約作成の歴史的前提を確認する必要がある。西欧文明は、ナチズム・ファシズムにより、その内側から重大な危機に直面した[7]。すなわち、ナチスが民主的に政権を奪取し、そしてヨーロッパ法秩序を暴力によって蹂躙したのである。そこで戦後に登場した条約が、とりわけ民主的プロセスに対するナイーブな肯定的評価を、むしろ断念することから生まれてきたことは明白である。その一つのリアクションである人権の国際的・集団的保障において、まず保障されるべきは、人間が物理的に暴力を受けないこと、となったのは必然である。

　民主主義的な政治統合原理は、条約における権利概念の前提として想定することができなかった。条約の母体であるヨーロッパ評議会は、加盟国間の一層の「統一（unity 英／ union 仏）」を目指していたが、実際には、その後、別の系統から今日の EU が生まれたことから分かるように、ここでは、政治統合は目指されていない。政治的権利については、1950 年 11 月に署名された条約には含まれず、1952

年 3 月署名の第 1 議定書において、市民の権利という定式を避ける形で[8]ようやく関連規定が含められた。

　政治統合を目指さない国家集団において、協力して保障されるべき権利とは何か。それを考える上で想起すべきは、一般国際法上の概念と考えられている外国人法である[9]。19 世紀末、他国の管轄内の自国民保護のための介入を認める制度として外交的保護が確立するが、その前提として、外国人が享受すべきミニマムな地位・待遇、つまり外国人法という観念があるとされた。

　この外国人法において、保障されるべき「権利」に属するとされているのは、人身の自由、財産権および裁判を受ける権利である。こうした権利の保障の基礎は、経済的協力関係の存在である[10]。このリストは、ヨーロッパ人権条約において重視されている権利のそれと見事に一致する。政治社会としての統合が前提にない外国人法でみられた論理が、ここでも働いているのである。表 2 に示すように、人権裁判所の初期の違反認定事件で、政治社会の周辺部

表 2　ヨーロッパ人権裁判所の 1970 年代までの違反認定事件における申立人（被害者）の属性

判決年月日	判例番号	事件	申立人（被害者）の属性
1968 年 6 月 27 日		ノイマイスター対オーストリア	被拘禁者（未決拘禁）
1968 年 7 月 23 日	I 78	ベルギー言語	言語的少数者
1969 年 11 月 10 日		ステグミュラー対オーストリア	被拘禁者（未決拘禁）
1971 年 6 月 18 日		浮浪者事件（対ベルギー）	「浮浪者」
1971 年 7 月 16 日		リンガイセン対オーストリア（本案）	被拘禁者（未決拘禁）
1975 年 2 月 21 日	I 41	ゴルダー対イギリス	受刑者
1976 年 6 月 8 日	I 17	エンゲルほか対オランダ	懲戒対象の軍人
1978 年 1 月 18 日	I 23	アイルランド対イギリス	テロリスト容疑者
1978 年 4 月 25 日	I 16	タイラー対イギリス	マン島の少年
1978 年 6 月 28 日		ケーニッヒ対ドイツ	（特記事項なし）
1978 年 11 月 28 日	I 35	リューディックほか対ドイツ	刑事被告人
1979 年 4 月 26 日	I 62	サンデー・タイムズ対イギリス	新聞
1979 年 6 月 13 日	I 58	マルクス対ベルギー	婚外子とその母
1979 年 10 月 9 日		エリー対アイルランド	離婚（別居）請求の女性
1979 年 10 月 24 日	I 32	ウィンターウェルプ対オランダ	精神病による強制入院患者

（注）筆者作成

ないし外部に属する人々が申立人となっているのは、偶然ではない。サンデー・タイムズ事件〔I *62*〕はこの点でむしろ例外を構成する。

ということは、条約における人権観念の基盤には、まず第1に、政治社会として統合されていなくても経済的協力関係があるだけで保障されるべき権利の観念があり、次に、反ファッショ的文脈のなかの人間に対する暴力の抑止の観念があるということができる。

(4) 条約における権利体系の変容

ところで、冷戦の崩壊と経済のグローバル化は、国民国家間の棲み分け構造を弛緩させ、一国の公権力が、より頻繁に国境を越えて行使されるようになってきており、こうした公権力行使は、国際的にハーモナイズされなければならないと考えられるようになっている。

また、ヨーロッパでは、EU を中心とした核が統合の程度を高めており、ここが政治社会として一体化することにより、世界的影響力が確保されると考えられている。これは逆に、正統性問題を惹起し、少なくとも内部的な民主主義的な統治原理を、ヨーロッパ共通の原理として要求するようになっている。

表1が示す、近年における精神的自由に関する違反が認定される事例の増加は、こうした要請を反映していると考えてよいであろう。もっとも、こうした公権力行使の正統化のための人権保障という要請は、むしろ各権利についての解釈手法の変化に直接的に反映している。

2 人権裁判所における解釈の新傾向
——批判的考察

(1) 手続保障化 (procéduralisation)

各権利についての人権裁判所による近年の拡張的解釈の手法として、まず注目されるのは、条約規定あるいは条約そのものの手続保障化である。

人権裁判所は、文言上、実体的保護のみを求めている規定から、国家の手続的義務を導き出すようになっている。こうした手法が本格的に展開するのは、

1998 年以降のトルコに関する行方不明（およびその後の死亡確認）を取り扱った多くの判例においてであるとされる[11]。2001 年のキプロス対トルコ（第4次申立）判決〔I *4*〕、2005 年のチェチェン文民攻撃事件判決〔I *5*〕が、この流れに位置づけられる。対象となる権利は、このように生命権（2条）や虐待からの自由（3条）が中心であるが、それらに限定されない。

さらに 2000 年のクドワ判決〔I *19*〕による判例変更によりその適用範囲が拡大した条約 13 条（実効的救済手段を得る権利）については、表1にみるように、その違反認定が飛躍的に拡大した。さらに 2009 年のブルドフ（第2）判決〔本書 *15*〕以降、同条についてパイロット判決手続を利用することが定着した。このような動向は、個々の規定を離れて条約自体の手続保障化がすすんでいることを示している。

しかし、この傾向は、一つには、解釈上の難問を提起している。つまり、カチンの森事件〔本書 *13*〕が示すように、もし手続的義務が実体的義務と離れて認められるとすれば、時間的管轄の制約が実際上取り払われるので、長期間不問に付されてきた人権侵害を永久に遡って問題にすることができるのである。もう一つには、13 条とパイロット判決の組合せが典型的に示しているように、「実体問題の国内への封じ込め」[12]が生ずる懸念がある。

(2) 「公正な均衡 fair balance」概念の台頭

政治社会としての共同性を前提としない観念からすれば、条約上の権利と社会の利益との間に均衡をはかるという、むしろ「国内人権」由来の考えは、限定的な妥当範囲しか有しない、と捉えるべきであろう。しかし、こうした「公正な均衡」概念は、しばしば一般的に妥当するものと考えられ、また、審査基準としても個別事例に用いられるようになっている[13]。

この概念は、まず、財産権（第1議定書1条）に関する判例において発展した。嚆矢となったのは、1982 年のスポロング判決〔I *73*〕である。財産権は、

条約においても広範な公益による制約の対象となるので、この文脈でこうした概念が関連性をもつことは明らかである。その際、一般的に「この均衡を追求することは、条約全体に内在的である」[14]と述べられたが、これは、条文それ自体に書き込まれていない財産権制約のコントロールを正当化するためだったと考えられる。その後、この概念は、1980年代後半から、積極的義務について用いられるようになった[15]。この場合、権利に対して許される制限を規定する各権利規定の2項は、そのままの形では適用できないという事情がある。こうした文脈を超えて、「公正な均衡」概念を、審査基準として他の権利に適用することは、正当とは考えられない。

しかし、管見の限りでも、たとえば、ヒースロー空港騒音訴訟判決〔I 53〕、外国人の追放事案（ヌニェス判決〔本書54〕など）および国家承継に伴う国籍と永住権処理が問題となった「消去された人々」事件〔本書7〕において、「公正な均衡」概念が基準として用いられている。こうした事案では、条約8条（私生活・家族生活の尊重を受ける権利）から生ずるむしろ消極的義務が問題となるのであるから、同条2項を適用し、通常の比例原則に基づいて審査することで足りたはずである。そこで、「公正な均衡」概念を持ち出すことは、審査基準を緩める効果をもたらすものにほかならない。

おわりに
──比例原則と「評価の余地」概念の一般化？

審査基準の一般化という傾向は、実は、もはや定番となっている、比例原則や「評価の余地」概念にも広がっている。

もともと、比例原則が頻繁に用いられるようになった背景には、問題となった介入の目的が人権条約上どれほど正当と認められるか、またそうした目的が関連する権利の保障の趣旨に照らしてどれほどの価値を有するものなのか、といった点についての判断を回避できる、というメリットがあったと考えられる[16]。つまり、むしろ保護の拡大につながる機

能を有していたといえる。

しかし今日深刻なことは、こうした判断手法が裁判官にすり込まれることによって、本来制限が許されないはずの権利への制限の密輸入につながることである。たとえば、ジャロー判決〔本書33〕では次のような論理が採られている。本件では、薬物が入っているとみられるカプセルを飲み込んだ容疑者に、催吐剤を無理矢理投与して吐かせたのが、条約3条にいう非人道的待遇にあたるかどうかが問われた。判決理由では、薬物犯罪の重大性、証拠を確保する強い必要性さらにはそのための代替的手段がないかどうかが考慮され、非人道的待遇になるための敷居が当局側の必要性や利益によって引き下げられる論理になっている。これは、実質的には制限が許されないはずの3条に対する比例原則の適用である。比例原則の不適用領域の意識が薄れているのである。

「評価の余地」概念についても、条約全体を貫く原理と位置づける理解が、今後支配的となる可能性がある。この概念は、従来、緊急事態における権利停止（15条）や権利の制限が認められている条項（とくに8〜11条）について議論されてきた[17]。しかし、2013年採択の第15議定書による改正（未発効）によって、一般的な形でこの概念を確認する項が前文に追加されることになっている。上にみた「公正な均衡」概念の拡大適用傾向と照らし合わせてみると、今後の「評価の余地」概念の適用範囲についても、警戒をもって注視すべきであろう。

(1) 最大決 2013 (H25)・9・4 民集 67 巻 6 号 1320 頁。
(2) 最大判 2015 (H27)・12・16 民集 69 巻 8 号 2427 頁。
(3) より根源的には、見よ：齋藤民徒〔判例批評・最大決 2013・9・4 民集 67 巻 6 号 1320 頁〕「新・判例解説 Watch 国際公法」No.37（2016 年）。
(4) 本稿は、次の二つの論稿を基礎に、ヨーロッパ人権条約に特化する形で整理し、若干の新たな所見を付け加えたものである。小畑「人権条約機関における人権概念と判断手法」比較法研究 75 号（2013 年）221 頁以下、同「グローバル化のなかの『国際人権』と『国内人権』」山元一ほか編『グローバル化と法の変容』（日本評論社、2018 年）所収。
(5) 見よ：安藤仁介「人権の制約事由としての『公共の

福祉』に関する一考察」法学論叢 132 巻 4 ＝ 5 ＝ 6 号（1993 年）51 頁以下。

(6) 国際人権規約で世界人権宣言に含まれていた個人の財産権が脱落したことと同じ論理が働いていたと考えられる。この点については、参照：薬師寺公夫「国際人権規約に於ける財産権（1）・（2完）」法学論叢 105 巻 2 号 61 頁以下、106 巻 2 号 58 頁以下（1979 年）。

(7) この点を条約準備作業との関係で指摘しているものとして、見よ：薬師寺公夫「ヨーロッパ人権条約準備作業の検討（上）」神戸商船大学紀要 第 1 類・文科論集 32 号（1983 年）35 頁以下、37-38 頁。

(8) したがって、のちにこの第 1 議定書 3 条が人間の権利を保障したものであるかが争われた。マチュー・モアン判決〔Ⅰ 77〕参照。

(9) 以下、全般的に参照：祖川武夫「人権の国際的保障と国際法の構造転換」（初出 1987 年）『祖川武夫論文集 国際法と戦争違法化』（信山社、2005 年）35 頁以下、36-38 頁。

(10) 西欧・北米、とくにイギリスが、独立したラテンアメリカにおいて、商人（初期投資家）の自由な活動の物理的保障を求めたことが示唆的である。見よ：小畑「近代国際法における外国人の身体・財産の一般的・抽象的保護観念の登場」浅田正彦編『21 世紀国際法の課題 安藤仁介先生古稀記念』（有信堂、2006 年）199 頁以下。

(11) 見よ：Edouard DUBOUT, "La procéduralisation des obligations relatives aux droits fondamentaux substantiels par la Cour européene des droits de l'homme", *Revue trimmestrielle des droits de l'homme*, no. 70（2007）, p. 397ff. at p. 399. この辺りの判例についてのまとまった記述として、参照：マッカン判決〔Ⅰ 27〕解説（齊藤正彰）、196 頁。

(12) 竹内徹『ヨーロッパ人権条約の実施における司法機関と政治機関──「共働」の意義と限界』（名古屋大学博士論文、2017 年）97-98 頁。なお、ブルドフ（第 2）判決〔本書 15〕解説（竹内徹）に同旨の記述がある。

(13) ランドマーク的著作として、見よ：Jonas CHRISTOFFERSEN, *Fair Balance: A Study of Proportionality, Subsidiarity and Primarity in the European Convention on Human Rights*（Martinus Nijhoff, 2009）.

(14) Sporrong and Lönnroth v. Sweden ［PC］, 23 September 1982, Series A, no. 52, § 69〔Ⅰ 73〕.

(15) 参照：中井伊都子「ヨーロッパ人権条約における国家の義務の範囲」国際法外交雑誌 99 巻 3 号（2000 年）、とりわけ 15-16 頁。典型的なものとして、さらに参照：ロペス・オストラ判決〔Ⅰ 52〕。

(16) この点については、見よ：小畑・前掲注(4)比較法研究 75 号、224-225 頁。

(17) さしあたり参照：北村泰三「ヨーロッパ人権条約と国家の裁量」法学新報 88 巻 7 ＝ 8 号（1981 年）35 頁以下、41、45 頁。

概　説 Ⅱ

ヨーロッパ人権裁判所の手続と判決執行監視

徳 川 信 治

　ヨーロッパ人権条約（以下、条約）違反を確認するヨーロッパ人権裁判所（以下、裁判所）の前の申立手続には、すべての個人、団体、法人、NGO が条約に定められる権利であって、自らの権利が条約締約国の一か国以上に侵害されたと主張する個人申立と、国家が条約義務を履行していないと考える国家に対して提起する国家間申立がある。裁判所の組織と手続についての詳細は、小畑郁「ヨーロッパ人権裁判所の組織と手続」〔Ⅰ概説Ⅱ〕において述べられている。またそれ以降の手続の改編とその経緯は、本書概説Ⅲ（前田直子）において述べられている。そのため本稿では、通常 3 年以内を目途とする裁判所審理が滞る状態から脱却するため、条約の手続を改編した第 14 議定書以降の裁判所の個人申立手続と判決後の執行監視の手続を中心に概観する。

1　裁判所の手続
──個人による申立から判決まで

　条約に定める権利の侵害を締約国により受けたと考える個人であって、国内裁判所の手続を経てもなお救済されないと考える個人は、その裁判終結後 6 か月以内（第 15 議定書（2018 年 4 月段階未発効）により 4 か月に短縮）に当該侵害の救済を裁判所に申立てることができる。そもそも個人申立手続は、原則書面審理であり、侵害国、侵害された権利と侵害内容など、記載事項を記した申立書を裁判所に送付することで開始される。申立時点では弁護士を利用する必要はないが、相手国から意見が通知されると、その後は申立人に対して無料の法的扶助による支援

がある。

　裁判所による個人申立の審理は、単独裁判官、委員会、小法廷そして大法廷の 4 種類の裁判体のいずれかによって行われる（資料Ⅳ参照）。また裁判所審理は、受理可能性判断と実体審理という 2 つの段階がある。受理可能性判断とは、匿名、申立期限を過ぎたもの、あるいは条約と両立しないものあるいは明白に根拠不十分なもの等、裁判所が申立を受理し、本案を審理するには及ばない申立を明確にする手続である（35 条）。

　単独裁判官は当該申立が受理可能性を明らかに満たさないか否かのみを判断する。次に、委員会は、確立された判例に当てはまると全員一致で判断する場合、最終的な不受理決定または実体審理による判決を下す。具体的な審理が必要となる申立は、小法廷に回付される。ここでは多数決によって、受理可能性および本案の判決が下され、これをもって終局・確定する。ただ、例外的に大法廷で審理が行われることがある。一つは、小法廷の判決を不服とする当事者が大法廷への上訴を請求し、大法廷の裁判官 5 名からなる審査部会がこれを受理した場合である。もう一つは、条約解釈に重要な影響を及ぼす争点を含む申立あるいは過去の判決と一致しない結果をもたらす可能性がある申立につき、小法廷が大法廷に当該事件を回付する場合である。後者の場合、当事者の一方が反対すれば、大法廷に回付されないが、第 15 議定書によってこのいわゆる拒否権が削除された。いずれの場合も大法廷判決によって確定する。

裁判所審理は、例外的に公開による口頭審理も認められている。また裁判所長が許可した場合、申立人以外の個人（NGO）や相手国以外の締約国も、審理に参加（書面の提出および口頭弁論への出席）することができる（第三者参加）。

申立を受理した裁判所は、相手国に対し、例えば送還されれば生命に対する危害や拷問を受けるおそれがある場合、当該申立を審理する間、暫定的に一定の措置（送還停止措置等）を指示することがある。この暫定措置には拘束力がある（ママトクロフ事件〔I 20〕）。さらに、例外的に真相を明らかにするため、当該国家を訪問して証人を審問するなどの独自の調査や、申立人の健康状態などを医師に診断させるなど、鑑定人を選任することもある。また、締約国は裁判所審理に対する協力義務があり、相手国が調査や情報提供・書面提出に非協力的な場合、裁判所は、条約38条に基づきその国に不利な認定をすることもある。

裁判所は、こうした審理と並行して、常に当事者に対して友好的解決を働きかける。この友好的解決とは、判決前に当事者間の合意によって事件を解決することをいい、その場合、裁判所は、人権保障の観点から審理継続の必要がなければ、当該申立を総件名簿から削除し、実体審理を終了する。

第14議定書のほかに、さらに裁判所の現状を打開する方策の一つが、ブロニオヴスキ事件〔I 10〕で利用されたパイロット事件判決手続である。裁判所は、被告国の国内法制度または国内慣行に存する構造的問題に起因する同種事案が、実体審理に付される申立のほとんどであることに着目し、この種の申立のうち、同一被告国の申立から特徴的な一事件を取り上げ、これを通して、当該問題を解決することを目指す手続である。しばらくは、人権裁判所の慣行であったが、2011年人権裁判所規則61条に明記された[1]。

まず、審理対象となっている構造的問題を抱えるとみられる申立につき、当事者にパイロット判決手続に付すことの見解を求めるが、裁判所の職権で手続を進めることができる。パイロット判決手続に付された申立は、他の申立審理よりも優先的に扱われる。判決では、裁判所は、立証された構造的問題とその是正措置（必要な場合には是正措置の期間）の双方を特定する。またパイロット判決手続に付された申立の他の同種事案は、その事件の判断が行われるまで、あるいは適当な場合には判決主文で指示された是正措置が取られるまで、審理が延期される。したがって、この手続の下で下される判決は、当該申立の個別措置ではなく、同種事案の解決も意識した、国内法改正等再発防止のため必要とされる是正措置（一般的措置）の指示に踏み込んでおり、これによってヨーロッパ評議会閣僚委員会が行ってきた執行監視の内容を特定する意味合いを持っている。

もう一つの方策として、第16議定書（2018年8月発効。ただし同議定書締約国にのみ適用）は、国内手続段階における条約実施を促進させるため、各締約国が指定する最高位の国内裁判所が、自らが抱える係属事案における条約解釈および適用に関する原則問題を裁判所大法廷に諮問する機能を追加した。この諮問機能は、勧告的なものであり、第三国に影響を与えないとされるが、「作業の論理的な分担」[2]として、大法廷による有権的指針を示すものとされ、判例法の一部を形成する可能性までは否定されてはいない[3]。

2 判決の執行手続
——いかにして判決が実現するか

裁判所判決は、その事件の当事者に対して拘束力を持ち、違反認定が指摘された締約国は、その判決に従わなければならない（46条1項）。とはいえ、この判決の効力は国際的平面におけるそれであり、国内法上の効力は各国法令に委ねられる。事実、裁判所判決は、国内裁判所の判決を破棄、変更、修正さらには再審理の開始をさせる効力はなく[4]、国内法令を無効にする効力もないとされる。この終局判決の判決履行を監視し、公正な満足の支払を促す役割は、ヨーロッパ評議会閣僚委員会である（46条2項）。

この政治的機関による監視機能には、裁判所機能の実効性（判決履行促進・条約の実効的国内実現）強化のため、とりわけ構造的問題を抱える事案の解決促進機能が求められる。閣僚委員会は、個別的救済措置の履行から、終局判決が指摘する構造的問題を解決する一般的措置（違反の原因たる国内法の改正など）の履行を重点的に扱うように閣僚委員会判決執行監視規則を改正し、さらにこれとは別に作業手順として制度化した[5]。この手続は数度にわたり改正され、現在に至っている。

これによると、終局判決送付後 6 か月以内に、締約国は閣僚委員会に対して、終局判決の履行に関する行動計画あるいは実施報告を行うものとされる。これには、当該判決の個別的救済に関する個別的措置と再発防止を意図した一般的措置に関する行動計画および実施報告が含まれる。これらは、締約国がヨーロッパ評議会の一部局（判決執行部）と協議しながら策定されている。

終局判決に対する閣僚委員会の監視手続は、2011 年以降標準手続と強化手続に区分され、閣僚委員会人権会合（年 4 回開催）において事案が振り分けられている。強化手続の対象となるのは、緊急性のある個別的措置を要する判決、パイロット判決、重大な構造的問題を明らかにしている判決、ならびに国家間申立に基づく判決といった重大な人権侵害や高度に複雑な事案であり、それ以外は標準手続に付される。この両者の手続の違いは、閣僚委員会による政治的な関与の程度に表れる。標準手続の場合そのほとんどが、判決執行部と閣僚委員会事務局によって行われ、報告書の提出の確認と事案監視の終了を意味する最終決議のみ閣僚委員会が関与する。強化手続の場合には、最終決議に至るまでに、事態の進展に関する懸念や取るべき措置の提案を行う中間決議や、報告の評価や未解決問題の指摘などを行う決定を閣僚委員会が行い、締約国に判決の履行を強く働きかけるものとなっている。またこうした執行監視は、人権裁判所の役割とはされてこなかったが[6]、閣僚委員会の判決執行監視機能強化のため、第 14 議定書は、閣僚委員会による条約解釈請求や不履行確認訴訟制度を導入し、裁判所による執行監視への関与を追加した（46 条 3 項以下）。

さらに社会への透明性を高めるため、判決の執行状況が年報や HP に公表されている。また 2006 年に閣僚委員会判決執行監視規則 9 条を改正し、判決執行に関する通報を申立人以外からも認め、社会からの監視の仕組みを導入している。

(1) 詳細については、竹内徹「ヨーロッパ人権条約による司法的規範統制の限界──パイロット判決手続きを素材として」法政論集（名古屋大学）253 号（2014 年）145 頁以下。

(2) Dean Spielmann 'The European Court of Human Rights: Master of the Law but not of the Facts?', Speech to the British Institute of International and Comparative Law, 6 November 2014. http://www. echr.coe.int/Documents/Speech_20141106_ Spielmann_BIICL.pdf

(3) Explanatory Report to Protocol No. 16 to the Convention for the Protection of Human Rights and Fundamental Freedoms, §27.

(4) 例えば、濱本正太郎「ヨーロッパ人権裁判所の判決を理由とする再審査手続──フランス刑事訴訟法典 626-1 条～626-7 条」神戸法学年報 21 号（2005 年）1-19 頁。

(5) この変遷については、拙稿「欧州評議会閣僚委員会による判決執行監視手続き」松田竹男ほか編『現代国際法の思想と構造 I』（東信堂、2012 年）307 頁以下。竹内徹「ヨーロッパ人権裁判所判決の執行監視（1）（2・完）」法政論集（名古屋大学）265 号（2016 年）1 頁以下・266 号（2016 年）103 頁以下。

(6) Akdivar and others v. Turkey（Article 50), 1 April 1998.

概　説　Ⅲ

ヨーロッパ人権裁判所の制度改革をめぐる近年の動向

前 田 直 子

はじめに

　ヨーロッパ人権条約における、その創設以降の実施システムの進展については、すでに多く論じられ、評価されてきたところである[1]。その発展の過程では、個人の救済・司法的解決志向制度への変容、中東欧諸国への条約批准の拡大、そして義務的管轄に基づく人権裁判所のフルタイム化などが達成されてきた。他方で、個人申立件数の飛躍的増加や、構造的・制度的問題から派生する同種事件に対する判決の不履行など、直面する諸問題への対応が喫緊の課題とされた。そうした背景のなかで、実施システムの改革案は第14議定書として2004年に採択されたが、ロシアと人権裁判所の間での緊張関係も影響し、同議定書の発効は見込みよりも大幅に遅れ2010年まで持ち越された。

　人権裁判所における条約実施と各締約国での国内的実施との関係という文脈において、2012年のブライトン会議[2]を境に、改革の方向性が変化の兆候を見せていることも注目される。ここでは、第11議定書発効後の2000年代初頭から今日までの間に、3つの議定書を中心とする制度改革において、どのような議論や制度構築が行われてきたのか、その動向を概観することとしたい。

1　第14議定書およびその準備過程において議論された改革をめぐる動向

(1)　受理可能性審査の手続および基準の変化

　条約締結国拡大や、第11議定書により個人申立

権の受諾が条約締約国にとって義務的なものとなったこと等を受け、人権裁判所に寄せられる個人通報事件数は飛躍的に増加の一途を辿った。人権条約の司法機能の強化を図るため、①受理可能性審査での単独裁判官制の導入（条約27条）、②国内の構造的・制度的問題に起因する同種事件（いわゆるクローン事件）の取り扱い（パイロット判決手続）（以下、1(2)）、③「相当な不利益」の受理可能性基準への追加（条約35条3項b）、④人権裁判所判決執行（履行）の閣僚委員会による監視機能強化（以下、1(3)）、⑤友好的解決手続の利用拡大（条約39条）等が、第14議定書の柱として議論された。

　これらのうち①および③は、事件数の増加に即応し、人権裁判所がより重要な人権問題をはらむ申立に専心できることを目的とした[3]。③「相当な不利益」基準については、第15議定書による修正（以下、2(2)）以前は、妥当な国内的救済が担保されていれば、事件被害者が被った損害額が些少であれば申立は不受理とされることとなり、締約国にとって、人権裁判所の示す基準に従った条約の国内的実施への動機づけになると考えられた[4]。（なお第14議定書は発効に数年を要したため、対応策として、①と②（3名の裁判官による小委員会でのパイロット手続の導入）の暫定適用を規定した第14bis議定書を2009年に採択・発効させ、それらを先行導入するという稀な方法がとられた。）

(2)　パイロット判決手続の規則化とその運用状況

　第14議定書の起草過程において人権裁判所は、同一の問題に関する多数の事件を簡潔・迅速に処理する方法が必要であること、人権裁判所判決の実効

的な執行を確保する必要があることを指摘したうえ
で、判決において違反の構造的・制度的性格を明確
にし、その違反を除去するための是正措置について
正確な指示を与えることで、判決執行を促進させる
ことができると提案した。しかしこれに対して条約
締約国が関与する人権運営委員会は、是正措置は締
約国自身が閣僚委員会の監視に従いながら選択する
という長年確立してきた原則に反するとして抵抗を
示した。最終的に閣僚委員会決議（Res（2004）3）
では、制度的問題とその原因を可能な限り特定する
ことを人権裁判所に推奨すると決議され、パイロッ
ト判決手続は条約改正なしで運用可能とされた。人
権裁判所は、2004年のブロニオヴスキ判決（本案）
〔I 10〕に対し、初めてパイロット判決手続を適用
した。その後2011年2月、同手続に関する規定が
正式に人権裁判所規則に挿入された。

　パイロット判決手続は、構造的・制度的問題に起
因する事態への適用が予定されていたが、実際には、
広範な是正措置が必要となる事態から生じる事件へ
の適用は回避されていることから、同手続の運用実
態は抑制的であると評価されている[5]。また同手続
が適用された事例においても、構造的・制度的な問
題の是正に向けた主導的役割は、人権裁判所よりも
むしろ閣僚委員会等の政治的機関や締約国の憲法裁
判所が担っているのが実態である。

（3）判決執行監視の強化

　同種事件の効果的処理においては、個々の審理を
排して一本化するパイロット手続の導入に加え、将
来的な反復事件の阻止が不可欠との観点から、判決
執行の監視強化が図られることとなった。条約制定
当初から判決の執行手続規定は置かれていたが、そ
の実態は政治的機関である閣僚委員会の形式的審査
にとどまっていた。

　第14議定書では、従来の閣僚委員会による監視
（条約46条2項）の手続拡充に加え、判決解釈請求
（同3項）や不履行確認訴訟（同4、5項）が新たに設
けられ、判決執行監視の司法的強化が図られたと捉
えられてきた[6]。しかし実際には、判決解釈請求や

不履行確認訴訟の有効性に疑問が呈されている。判
決執行においても、閣僚委員会（およびヨーロッパ評
議会判決執行部）による執行の働きかけや監視こそ
が実効性を確保している。

　現行手続では、事件当事国は判決執行のための措
置について「行動計画」と「実施報告書」を閣僚委
員会に提出し、閣僚委員会はそれらの措置を審査し、
監視手続を継続するか終了させるかを決議により
「決定」する。2011年以降、緊急の措置を要する判
決やパイロット判決、重大な構造的欠陥の存在を明
らかにする判決や国家申立に基づく判決については
強化手続が適用され、閣僚委員会はその政治的影響
力を行使して、関係当事国と一層緊密な協議を行う
ことで判決執行の確保をはかっている[7]。人権裁判
所を主軸とする制度構築が指向された第14議定書
までとは逆の潮流が、すなわち政治的イニシアティ
ブの重要性が、判決執行の強化において顕在化して
いる。

2　改革潮流の転換
——第15議定書および第16議定書の趣旨・目的と課題

（1）第14議定書の採択からブライトン会議までの経過

　第14議定書採択の翌2005年、条約システムの長
期的な実効性確保について更なる戦略策定のため、
ワルシャワでのヨーロッパ評議会元首・政府会合を
契機に、賢人グループが設置された。賢人グループ
は戦略案について翌2006年に報告書にまとめ、
ヨーロッパ評議会閣僚委員会に提出した。この報告
書では条約改正手続の柔軟化やパイロット手続の実
質化のほか、欧州司法裁判所が導入している国内裁
判所による先行判決要請制度の導入検討などが提言
としてあげられた[8]。それらの改革提言がたたき台
となり、イズミール会議（2011年4月）、ブライトン
会議（2012年2月）では、将来的な制度構築につい
て本格的議論が交わされた。

　この間、人権裁判所がその司法的統制を強めよう
とするなかで、同種の反復的事件への一般的対応に

苦慮するイギリス[9]では、とりわけ議会優位主義の観点から、人権条約体制に対するバックラッシュが危機的な高まりをみせた。以下では、そのような状況のなかで起草、採択された2つの議定書について概観する。

(2)「評価の余地」の一般化──第15議定書

人権裁判所の将来的課題について話し合われた2012年のブライトン会議、その翌年のヨーロッパ評議会議員会議の意見283 (2013)[10]を受けて、2013年6月には第15議定書[11]が採択・署名開放された[12]。

条約に対する主な修正事項は、①条約前文の最後に新しい節として、条約上の権利の保障においては締約国が主要な責任を負い、「評価の余地」を享有するという内容を追加すること（第15議定書1条）、②小法廷から大法廷への管轄権の移管（条約30条）について、当事者の不同意という移管制限事由を撤廃すること（同議定書2条）、③受理可能性基準の出訴期限（条約35条1項）について、国内的救済の完了後の「6箇月以内」から「4箇月以内」に短縮すること（同議定書4条）、④「相当の不利益」を被っていない場合には不受理とする受理可能性基準（条約35条3項（b））について、ただし書き後段部分（「国内裁判所により正当に審理されなかったいかなる事件も、この理由により却下されてはならない」）を削除すること（同議定書5条）、である。

④については、国内での審理の正当性が勘案されなくなるため、権利侵害に伴う損害が少額の事件はほぼ自動的に却下されることになり、相当な不利益に関する不受理要件の拡大につながるとの指摘がある[13]。また、とりわけ①については、賛否様々である。新たに前文に挿入される文言は、これまでに人権裁判所によって発展してきた評価の余地理論に適うものであり[14]、裁判所の法理では、締約国が事件の状況やそれに関連する権利・自由に応じて、条約をどのように適用・実施するかにおいて評価の余地を享受することが明らかにされており、このことは条約システムの補完的性質を反映しているとされる[15]。しかし、この新しい節の挿入が、実務上どの

ような影響を与えるのかを論じるのは尚早であるが、元来制約を課すことが認められている権利条項（条約8-11条）だけでなく、拷問の禁止（条約3条）などの絶対的権利にも、「評価の余地」が一般的に適用されることを想定しているようにも読みとれる点は注視が必要であろう[16]。

(3) 先行意見（advisory opinion）制度の導入 ──第16議定書

人権裁判所と国内機関との相互作用の向上と条約実施の強化のため、ヨーロッパ評議会議員会議の意見285 (2013) を考慮し、2013年10月2日には第16議定書[17]が採択された。

ここでは、締約国の最高次の裁判所は条約およびその諸議定書において定められる権利や自由の解釈・適用に関する原則問題について、人権裁判所に対して、要請対象となる、国内裁判所に係属中の事件の文脈においてのみ、先行意見（勧告的意見）を要請することができる（第16議定書1条）。要請を受理するか否かは人権裁判所大法廷の5人の裁判官からなる審査部会で決定され（同2条1項）、受理された場合、先行意見の審理手続においては、要請を行う国内裁判所が属する締約国は、書面により意見を提出し、口頭審理に参加することができるほか、人権裁判所長の招請により、いずれの締約国または個人にも、書面による意見提出や口頭審理への参加の機会が与えられる（同3条）。先行意見には拘束力がない（同第5条）が、人権裁判所の判例法の一部を形成する[18]。また本議定書の条文に対して留保を付すことは認められない（同第9条）。

先行意見制度の意義として、人権裁判所が直面する反復的事件の増加を緩和することが期待されている。つまり、パイロット手続が、すでに人権裁判所に申し立てられた反復的事件について、事後的に対応する制度であるのに対して、先行意見制度は、事前に対応できる点に特色を認めることができる。先行意見により示される人権裁判所での解釈基準を、国内裁判所（特に「最高次の裁判所」）において事前に適用させることにより、受理可能となる申立の件

数を抑制する狙いがあろう。

しかしそれがうまく機能するかは未知数である。要請を行う国内裁判所は、意見を求める対象となる係属事件に関する法的・事実的背景を示さなければならない（第16議定書1条3項）が、人権裁判所はこれまでと変わらず、事件の事実認定にかかる部分については判断権を有さないことが確認されている。述べられた先行意見により、逆に、その解釈にかかる不明確さを生み、一層多くの申立が誘発される蓋然性も排除できない。

さらに懸念すべき点は、EUのヨーロッパ人権条約加入への障壁と指摘されたことであろう。EU司法裁判所は、EUの条約加入協定案[19]がEU法と両立しないとした裁判所意見[20]において、第16議定書による先行意見制度は、EU運営条約267条による先行判決（先決裁定）手続との関係についてのいかなる規定も設けられていないことにより、先行判決手続の自律性および実効性に不利な影響を与えうるものと法的に位置付けた[21]。2017年9月末時点での第16議定書批准国数は8にとどまっている。EU加盟国でもある大半の人権条約締約国がその締結を見送っており、EUの条約加入問題が解決しなければ、「対話の議定書」ともよばれる第16議定書も、現実味を帯びないと考えられる。

(1) 小畑郁「ヨーロッパ人権条約実施システムの歩みと展望」〔I概説I〕。
(2) ヨーロッパ人権裁判所の将来に関する高級会議（2012年4月19-20日、於：イギリス・ブライトン）。
(3) 徳川信治「欧州人権裁判所の機能強化の現段階」研究紀要（世界人権問題研究センター）12号（2007年）5頁。
(4) 前田直子「欧州人権条約における受理可能性新基準『相当な不利益』の創設と人権裁判所機能の発展」国際協力論集（神戸大学）17巻1号（2009年）123-126頁。
(5) 竹内徹「ヨーロッパ人権条約による司法的規範統制

の限界──パイロット判決手続を素材として」法政論集（名古屋大学）253号（2014年）178-181頁。
(6) 前田直子「欧州人権条約における判決履行監視措置の司法的強化──パイロット手続における二重の挑戦」国際協力論集（神戸大学）18巻2号（2010年）。
(7) 竹内徹「ヨーロッパ人権裁判所判決の執行監視（1）──ヨーロッパ人権条約の実施制度の全体像の把握」法政論集（名古屋大学）265号（2016年）13-24頁。同「ヨーロッパ人権裁判所判決の執行監視（2）──ヨーロッパ人権条約の実施制度の全体像の把握」法政論集（名古屋大学）266号（2016年）126-129頁。
(8) 徳川・前掲注(3)13-17頁。
(9) 江島晶子〔本書概説V〕。
(10) 2013年4月26日採択。
(11) Protocol No.15 amending the Convention on the Protection of Human Rights and Fundamental Freedoms, CETS 213, Strasbourg, 24. VI. 2013.
(12) 2017年9月末時点で未発効。締約国数36（発効にはヨーロッパ評議会の全加盟国の批准が必要）。
(13) ジャン＝ポール・コスタ（建石真公子訳）「ヨーロッパ人権裁判所の新たな挑戦と課題」比較法学（早稲田大学）48巻2号（2014年）67頁。
(14) Protocol No.15, Explanatory Report, para.7.
(15) Ibid., para.9.
(16) 小畑郁「グローバル化のなかの『国際人権』と『国内人権』──その異なる淵源と近年の収斂現象・緊張関係」法律時報88巻4号（2016年）90-91頁。
(17) Protocol No.16 amending the Convention on the Protection of Human Rights and Fundamental Freedoms, CETS 214, Strasbourg, 2. X. 2013.
(18) Protocol No.16, Explanatory Report, para.27.
(19) Fifth negotiation meeting between the CDDH ad hoc negotiation group and that European commission on the accession of the European Union to the European Convention on Human Rights, Final report to the CDDH, 47+1 (2013) 008 rev 2, Strasbourg, 10 June 2013.
(20) Opinion 2/13:ECLI:EU:C:2014:2454. 18December 2014. 中西優美子「欧州人権条約加入に関するEU司法裁判所の判断」一橋法学14巻3号（2015年）297-325頁。
(21) Ibid., paras.196-200.

［編集部注］第16議定書は2018年8月1日に発効した。締約国数は10である。

概 説 IV

EU のヨーロッパ人権条約への加入問題

北 村 泰 三

はじめに

　過去 30 年にわたってヨーロッパ連合（以下、EU）は、ヨーロッパ人権条約（以下、人権条約）への加入を課題としてきた。ここでは、この加入問題を中心として、EU と人権条約との関係を検討する。国家ではなく、独自の超国家的機構である EU が人権条約に加入することにはどのような意義と問題があるのだろうか。

　人権条約は、ヨーロッパ評議会（Council of Europe）を中心とする地域的人権保障制度であり、実施機関としてヨーロッパ人権裁判所（以下、人権裁判所）を擁している。EU も独自の人権憲章（Charter of Fundamental Rights）と EU 司法裁判所（Court of Justice of the European Union, 又は European Court of Justice 以下、ECJ）を有している。これら 2 つの自立的な地域的人権保障制度が併存する状況下では、相互の間を調整するシステムが存在しなければ、両者間の矛盾、抵触の可能性を避けることは難しいであろう。また権利・義務の解釈や手続において、両制度間に矛盾、相違が生じるのは好ましくない。そこで両人権システム間の矛盾、抵触を回避し共存を図るには、EU が人権条約に加入することで調整するのが望ましいと考えられてきた。

　その一応の結論として 2009 年発効の現 EU 条約 6 条 2 項と同条約第 8 議定書は、EU が人権条約に加入すると明記した。加入が実現した暁には、EU は人権条約上の諸権利を保障する義務を負い、EU 外の人権裁判所による履行監視体制に服することに

なる。しかし、EU が人権条約に加入するためには関係国当事者間の協定が必要とされた。そこで 2010 年からは関係国間で加入のための準備交渉が行われ、2013 年には加入協定案が整った[1]。しかし、いまだ加入は実現していない。というのは、2014 年 12 月に ECJ は、加入協定案のままでは EU は人権条約に加入することはできないとの「意見」(2/13) を示したからである[2]。その結果議論は紛糾し、百家争鳴の状態になった。

　では、そもそも EU は一体なぜ人権条約に加入するのか、そしてどのような条件の下でそれは可能となるのだろうか[3]。この問題を考えるにあたって、まず EU において人権は、どのように位置づけられているのかという問題を確認する。その後、人権条約への加入問題に関しては、協定案の内容とそれに関する ECJ の意見を簡潔に検討することにより、EU が人権条約への加入を実現するに際して克服すべき課題および加入の意義を考察する。

1　EU 法の自律性と人権

(1) EU 法の自律的性質

　ECJ は、「意見」の冒頭で、具体的論点の検討に先んじて EU 法の特性について説いている。それらを念頭において、まずは人権条約への加入との関係から EU 法における人権の位置付けを全般的に見ておきたい。

　まず 1957 年のローマ条約によって発足した EU の母体は、経済統合を目的としていた。現在の EU は、「経済統合」だけでなく、「自由・安全および司

法の領域」（運営条約第5編）と「共通外交・安全保障政策分野」（EU条約24条）にもEUの権限を拡大させるとともに、基本権の保障（EU条約6条）も目的としている。EUの機構は、主権国家とは異なるが、直接選挙で選ばれた議会と各国代表からなる理事会によって立法は行われ、執行機関として委員会が、司法機能はECJが担っている。EU法の問題が国内裁判所において提起された場合には、国内裁判所はEU裁判所の先決裁定手続に付託して判断を求めることによって、ECJがEU法の統一的な解釈権を行使する制度となっている。

このようなEU法の自律性（autonomy）は、構成国との関係においてはEU法の「優位性の原則」と「直接効果の原則」によって確保されている[4]。EU法の優位性の原則とは、国内法とEU法とが矛盾、抵触する場合には、常にEU法が国内法に対して優位する地位を認められることを言う[5]。これによって、EU法に抵触する国内法の効力は制限され、またはEU法に適合的に解釈されなければならないことになる。また直接効果の原則とは、EU域内の個人はEU法の規定を直接的に国内裁判所において援用することができることをいう[6]。優位性の原則と直接効果の原則は、EU法の2次法規である規則および指令も有している。これらのEU法の性格は、従来の国際条約には見られないものであって、EU法が国内法とも国際法とも異なる独自な（sui generis）性格を有しているとされる所以である。

(2) EUにおける人権の特徴

(a) EU法の一般原則としての人権条約

EU法が構成国の国内法に対して優位し、さらに個人がEU法上の権利を国内裁判所において直接援用することができるとするならば、EU法が各構成国の憲法上の人権規定を後退させることも予想される。また、逆に基本的人権はEU法の問題ではなく補完性の原則（EU条約5条）により構成国の法に委ねられるとすれば、構成国が自国憲法上の人権規定との抵触を主張することによって、EU法の効力が否定されることも考えられる[7]。しかし、それでは

EU法秩序の独自性が維持されなくなるので、ECJは徐々に判例法を積み重ねることによって、EU法上の「法の一般原則」として人権を尊重することとし、その内容としてヨーロッパ人権条約をEUの人権のガイドラインとするという立場を確立した[8]。その原則はマーストリヒト条約によって明文化されている（EU条約6条3項）[9]。

(b) EU基本権憲章

これらの判例法の進展にもかかわらず、EU法に固有の人権規定が存在しないことによって、具体的な場面では人権保護に遺漏が生じることもあった[10]。こうしたことからEU法の人権の内容をEUの外部機構であるヨーロッパ評議会の条約に依存すべきではなく、独自の人権文書を制定すべきであるという主張を後押しすることになり、2000年の「EU基本権憲章」の制定へと結実した[11]。本憲章は、EUが遵守すべき基本権の内容を成文化して可視的にした点に重要な意義があるが、制定時には法的拘束力が認められていなかった。2009年のリスボン条約の発効によって基本権憲章は法的拘束力を認められ、かつEUの基本条約と「同一の法的価値」を認められた。

(c) 刑事司法協力における相互承認と相互信頼

現在のEUでは国境検査を撤廃して、人の域内自由移動が原則とされている。反面では、国境を越える犯罪対策に加えて、2001年の米国における同時多発テロによってテロ対策の強化に迫られた。そこで理事会は、2002年に煩瑣な犯罪人引渡条約に代えて「ヨーロッパ逮捕状枠組決定」[12]を採択して逮捕状の「相互承認」を前提として、迅速かつ効率的な犯罪人引渡しを可能とさせた（EU条約67、82条）。ただ問題は、刑事分野の共通の実体法・手続法を欠くEU法の下では、関係国間の人権および刑事司法に関する「相互信頼」という曖昧な根拠に基づいて刑事司法協力を行うとしている点である[13]。共通の刑事手続規定を欠く各国間で効率的な司法協力を推進すれば、個人の人権が軽視されるおそれがある。実際、「相互主義」に基づき刑事司法協力を優先さ

せるか、それとも人権を重視するべきかという点について、ECJ の判例法は前者を重視する傾向が強かった[14]。

(d) 同等の保護

ECJ も人権基準を解釈、適用するようになると、ECJ の解釈と人権裁判所の 2 つの超国家的裁判所の解釈が食い違うことも生じうる。そうなると構成国は、いずれの解釈に従うべきかという問題が生じる。この点について、基本権憲章の規定は、人権条約および構成国の憲法によって認められた人権を制限しまたは不利な影響を与えるものと解釈されてはならないと定めた（53 条）。また、基本権憲章は人権条約の内容と同一の意味および範囲を有するものとして理解されている（52 条 3 項）。この規定は、人権裁判所の判例法の趣旨は EU 法の体系に取り込まれることを意味している。こうした解釈は、人権裁判所のボスポラス事件判決〔Ⅰ2〕において確認された「同等の保護」理論（基本権憲章の解釈は人権条約上の解釈と基本的に同等の意味を有する）を明文化したものである[15]。

以上のような独自の性質をもつ EU が人権条約に加入するには、主権国家の場合とは異なる問題があることが分かるだろう。

2 EU のヨーロッパ人権条約への加入条件

(1) 加入協定案の骨子

リスボン条約の発効後、2010 年 5 月よりヨーロッパ評議会の人権常任委員会と EU の代表との間で協議が開始され、翌 6 月には関係締約国の意見との調整も行われた。翌 2011 年 10 月には、人権条約加入協定案が整えられた。同案は、引き続き協議が重ねられ、2013 年 6 月には 47 の人権条約締約国および EU の間で最終草案の内容が合意された。その骨子は次の通りである。

人権条約（および議定書）への加入により、EU は人権条約上の義務を負う（1 条 3 項）。EU 構成国または構成国のために行動する者の作為または不作為は、当該国家に責任が帰属する。その場合、その作為または不作為は、それが当該国家によって EU 法（および EU の基本条約に基づく決定を含む）を履行する際に生じたものであっても、当該国家に帰属する（1 条 4 項）。EU は加入に際して留保を付すことができる（2 条）。

新たな制度としては、EU が構成国とともに「共同被告」（co-respondent）として責任を負う場合について定める（3 条）。共同被告とは、EU 法を構成国が履行する過程で、人権条約違反が問われるような場合を想定しており、構成国と EU が人権条約上の責任を同時に問われることをいう。

また、EU が共同被告とされる場合には、ECJ による「事前関与手続」（prior involvement procedure）が予定されている。これは、ECJ が人権条約上の権利と EU 法との間に抵触があるかどうかについて人権裁判所の判断に先立って評価する機会が与えられることをいい、国内裁判所において EU 法上の問題が提起されたが、ECJ の先決裁定手続には未だ付託されていない場合に ECJ が EU 法の観点から人権侵害があるか否かについて判断する機会が与えられる。したがって、事前関与手続は、先決裁定手続が取られなかった場合に作用する特別の手続である。

技術的な点では、人権条約中の「国」または「締約国」という用語は EU にも当てはまるものと理解される。

本協定が発効するためには人権条約の全締約国の批准を要件としているが、批准手続の開始に先だって ECJ が EU 法と加入協定案との間の適合性について意見を述べる機会が設けられている（EU 運営条約 218 条 11 項）。これに従って EU 委員会は、加入協定案が EU 条約と両立するか否かについて ECJ に諮問した。

(2) 加入協定案に関する ECJ の意見

アボカ・ジェネラル（AG）の意見は、条件付で加入を認める立場をとっていた[16]。しかし ECJ の意見は、EU は国際協定に従って人権の尊重を確保するためには外部の監督に服し、ECJ 自身が人権裁判所の判決に従うことを原則認めたが、加入協定は

EU 条約6条2項および第8議定書と両立せず、加入協定案をこのままでは承認することはできないとした（§258）。その理由は10項目ほどに細分されるが、紙幅の制約により網羅的に扱うことは不可能なので主要な5点ほどを取り上げる。

第1に、ECJは協定案がEU法の自律性を考慮していない点を挙げる。この問題は、人権条約53条とEU基本権憲章53条の関係として取り上げられている。すなわち人権条約53条は締約国が人権条約の基準よりも高次の保障を与えることを認めているので、EUが人権条約に加入することによって、人権条約はEU法と一体化するので構成国はEU法よりも高次の人権基準を適用することを認めることになる。しかし、ECJによれば、構成国が人権条約の基準よりも高次の国内基準を適用することにより、EU法の自律性が脅かされる懸念があると指摘し、何らかの調整規定が必要だとしている（§188-190）。AGはこの点に全く触れていなかったにもかかわらず、ECJがこの問題を取り上げた背景には、関係国がEU基本権憲章よりも有利な国内法規定を援用することによって、刑事司法協力分野におけるEU法上の義務（犯罪人引渡義務）を回避することはできないという解釈を示したことに関連している。

第2は、第1の問題とも関連して加入協定案は、EU法の刑事司法協力分野における構成国間の「相互信頼」の原則の重要性に十分配慮を示していない点を問題としている（§191-200）。例えば、ヨーロッパ逮捕状の執行過程では、逮捕状の相互承認が基本とされているので逮捕状の執行国は発給国における法の適切性を逐一評価しない。メローニ事件判決でECJは、「相互信頼」の原則およびEU法の優位性の原則に基づき、憲法上の人権よりも、刑事司法協力を優先させる判断を示した[17]。この論理は、人権裁判所のM.S.S.対ベルギーおよびギリシャ事件判決〔本書9〕の論理と異なっている。ECJは、相互信頼に基礎を置くEU法の下では、人権裁判所の判例理論とは異なる力学が作用するのであって、「同等の保護」原則には例外があることを強調したので

ある。だとすれば、ヨーロッパ逮捕状の執行に関する多くの問題は、人権裁判所の管轄権から除外され、保護の範囲を縮小させる結果を招くおそれがある[18]。

第3は、協定案の5条はEU法の解釈に関して生じたEU構成国間の紛争解決を人権条約33条により人権裁判所に付託する可能性を排除していないので、EU構成国間の訴訟に関するECJの独占的管轄権を侵害している点を挙げる（§201-212）。この問題は、EU条約344条に定めるECJのEU条約解釈権を侵害するので、EU法の解釈に関するEU構成国間の紛争を人権裁判所の管轄から除外する規定を含ませる必要があるとする（§213）。しかし、AGの意見では、EUが締結した他の条約においても生じていた問題であってことさら問題視していない。したがって、EU構成国同士の間の紛争を人権裁判所に付託しない旨の留保または宣言を行うことで対処することができるのではないかと思われる[19]。

第4は、「共同被告」に関する手続では、人権裁判所が受理可能性を審理する際にEU法を解釈する権限を認めている点でECJの権限と衝突するとも指摘していた。共同被告メカニズムでは、①人権裁判所からの招聘の受諾または②当該締約国の要請に関する人権裁判所の決定により、締約国は共同被告となる。どちらの場合でも人権裁判所の審査は、可能性の検証、すなわち共同被告となる条件を一見して満たしているかどうかを確認することに限られる。特にECJが問題としているのは、②の場合である。なぜならば、人権裁判所がEUと構成国との間の権限配分について決定してしまうことになるからであり、EU法の解釈に関するECJの解釈権を侵すことになるからである。

第5に、EU条約の下では、共通外交安全保障政策（CFSP）に関しては、ECJに管轄権が与えられていないにもかかわらず（EU運営条約275条）、加入協定は人権裁判所の管轄権からこの領域を除外していない点で受け入れられないとする。

いずれにしても本意見によって、EUの人権条約への加入は少なくともいったんは頓挫した。しかし、

他方でEU域内各国においてはEUからの離脱の動きや、司法の独立に対する政治的介入などEUの民主的価値観に反する動きも顕在化している。こうした中でEUの求心力低下が懸念されている。

(3) 本意見への対応

本意見をどのように評価するかにかかわりなく、ECJは加入協定案のままでは人権条約に加入することはできないとの意見を示したので、今後の選択肢としては、ECJの意見に沿うように協定案を修正して加入を実現するかまたはEU条約を改正して加入を断念するしかない（EU運営条約218条11項）。後者はECJも考えていないと思われる。

ECJの意見のうち、人権条約53条を理由にEU法の優位性が認められなくなるという論理は的外れとの印象を免れない。なぜならば、人権条約は締約国が条約上の基準を上回る保護を個人に付与することを認めているだけで、義務付けている訳ではないからである。締約国が、EU法上の義務を優先させることによって人権条約上の権利保護と抵触することがあっても、人権条約上の最小限の義務が確保されるならば問題とはならない。

他の手続的な問題は、多少の字句の修正や留保によって対応が可能と思われる。しかし、刑事司法協力における構成国間の相互信頼に依拠して「同等の保護」が適用されない可能性を指摘した点には多くの論者が批判的である。ECJの意見を受け入れれば、人権裁判所の管轄権は縮小され、EUに対する監視機能は減退するであろう。他方で、ECJは人権裁判所とは異なり、人権の尊重を確保することだけが任務ではないので、加入協定によってEU法の自律性が侵されるという懸念には配慮する必要もある。ポラキビッチは、EUの基本原則の要請と人権条約システムの統一性を尊重する解決法を模索しつつ、ECJの個々の異議の内容に答えていく必要があると述べる[20]。それは困難だが不可能ではない。

実際、最近のECJの判例法には変化が見られる。ECJは、ヨーロッパ逮捕状の執行に伴って引渡先国における刑事施設の制度的かつ一般的な人権状況

が問題とされた事案では、相互信頼よりも人権に優先的な価値を認めることによって、引渡しを拒否できると裁定した[21]。さらに、アイルランドからポーランドへの容疑者の引渡しが問題となった事案では、公正な裁判を受ける権利が現実の危険にさらされるおそれがある場合には引渡しを拒否することができると裁定した[22]。これらの判例は、引渡しの利益と人権との間の比例性原則に配慮して、重大な人権侵害が予見される場合には引渡しの拒否を認めたものである。ECJと人権裁判所の間の司法的対話の進捗が窺われる。その反面で実際的な適用上の困難は残されたままである。

おわりに

EUは、かつての経済中心の統合から、人権保障の機能をも担うようになり、最近のヨーロッパ検察官制度の創設案にみられるように、さらなる権限強化も進んでいる。その一方で、EU構成国との関係では、英国の離脱や中欧諸国における司法の独立への介入問題など、EU統合の理念を否定するような動きが続いている[23]。EU条約は、反EU法の重大な違反を牽制するためには、投票権の停止以外には制裁手段を定めてはいない。しかし、EU統合を支えていくためには外的強制よりは、構成国と連携して内的価値観を強化することがより有効であろう。EUが分裂の危機を回避して、統合を維持していくためには、自らが人権および民主主義等の立憲的価値をどのように実現していくかが問われているともいえる。そのためにはヨーロッパの共通の立憲的価値基準として認められている人権条約への加入は不可欠な意義を有している。

EU各国では本意見が公表された直後には批判的な論調が多数あった。その後ECJと人権裁判所の間の司法的対話が進捗し、人権の実体法的解釈に関する隔たりは徐々に克服されつつあるように思われる。今後は、EU法と人権条約との間に補完的協調関係を構築していくことで加入実現に近づくことが期待されよう。

(1) Draft revised Agreement on the Accession of the European Union to the Convention for the Protection of Human Rights and Fundamental Freedoms, 10 June 2013. Council of Europe, Doc. 10 June 2013, 47+1 (2013) 008rev2, Appendix I.

(2) Opinion 2/14, 18 December 2014. Official Journal C 65, 23/02/2015 p. 2. EUR-Lex - 62013CV0002. 本意見に関する評釈は多数あり、挙げきれない。さし当たり以下を参照。Sarah Lambrecht, The sting is in the tail; CJEU Opinion 2/13 objects to draft agreement on accession of the EU to the European Convention on Human Rights, *European Human Rights Law Review*, 2015, no.2, pp. 185-198. Editorial Comments, The EU's Accession to the ECHR — a "NO" from the ECJ! *Common Market Law Review*, Vol. 52, pp. 1-16, 2015. 中西優美子「欧州人権条約加入に関する EU 司法裁判所の判断：Opinion 2/13」一橋法学 14 巻 3 号（2015 年）297-325 頁。

(3) ECJ は、1996 年の意見 Opinion2/94 において EU が人権条約に加入するには協定の締結が不可欠であると述べた。中村民雄＝須網隆夫編『EU 法基本判例集（第 2 版）』（日本評論社、2010 年）343 頁。

(4) Chalmers, Damian and Monti, G. and Davies, Gareth, *European Union Law: Text and Materials* 3rd ed., Cambridge, 2014, p. 204. Lenaerts Koen, Nuffel, Piet Van, *European Union Law*, Sweet & Maxwell, 2011, pp.16-24.

(5) Case 6/64, Flaminio Costa v. ENEL [1964] ECR 585, 593. *Wyatt and Dashwood's European Union Law*, 6th ed., Hart, p. 270.

(6) Van Gend en Loos v. Nederlandse Administratie der Belastingen, 5 February 1963. Case 26/62; 1963.

(7) BVerfGE 37, 271, Beschluß v. 29. 5. 1974 (Solange I).

(8) 1969 年のシュタウダー（Stauder）事件、1970 年の国際商事会社（Internationale Handelsgesellschaft）事件、1974 年のノルド（Nold）事件等を参照。

(9) EU 条約 6 条 3 項「（ヨーロッパ）人権条約により保障され、かつ構成国に共通の憲法的伝統に由来する基本権は、連合の法の一般原則を構成する。」

(10) Matthews v. UK, 18 February 1999 〔Ｉ*3*〕解説（庄司克宏執筆）66-71 頁。

(11) Charter of Fundamental Rights of the European Union, OJ 2012/C 326/02.

(12) 2002/584/JHA: Council Framework Decision of 13 June 2002, OJ L 190.

(13) Klimek, Libor, *Mutual Recognition of Judicial Decisions in European Criminal Law*, Springer, 2017, 109-121.

(14) Stefano Melloni v. Ministerio Fiscal, Case C-399/11, 26 February 2013. Celex No. 611CJ0399. Gill-Pedro,

Eduardo & Groussot, Xavier, The Duty of Mutual Trust in EU Law and the Duty to Secure Human Rights: Can the EU's Accession to the ECHR Ease the Tension? *Nordic Journal of Human Rights*, Vol. 35-3, pp.258-274, 2017.

(15) ボスポラス判決〔Ｉ*2*〕解説（須網隆夫執筆）。

(16) View of Advocate General Kokott, Opinion 2/13, 13 June 2014.

(17) 前掲注(14)の他、北村泰三「ヨーロッパ諸国間における犯罪人引渡法制の現代的変容（3・完）」中央ロー・ジャーナル 10 巻 4 号（2014 年）29-95 頁。

(18) Mitsilegas Valsamis, *EU Criminal Law after Lisbon*, Hart, pp. 124-152, 2016. Tobias Lock, The future of the European Union's accession to the European Convention on Human Rights after Opinion 2/13, *European Constitutional Law Review*, Vol. 11 (2), p. 270, 2015.

(19) *Supra* note (16), paras. 140-141.

(20) Polakiewicz, Jörg, Accession to the European Convention on Human Rights (ECHR): an insider's view addressing one by one the CJEU's objections in Opinion 2/13, *Human Rights Law Journal*, Vol. 36, No.1-6, pp. 10-22. 2016.

(21) Joined Cases C-404/15 and C-659/15 PPU, Pál Aranyosi and Robert Căldăraru v. Generalstaatsanwaltschaft Bremen. 5 April 2016. Celex No. 615CJ0404. Korenica, Fisnik, & Doli, Dren, No more Unconditional "Mutual Trust" between the Member States: an Analysis of the Landmark Decision of the CJEU in Aranyosi and Căldăraru, *European Human Rights Law Review*, Vol.21, No.5, pp. 542-555, 2016.

(22) Case C-216/18 PPU, Minister for Justice and Equality v. LM, 25 July 2018. Celex No. 618CJ0216.

(23) 庄司克宏『欧州ポピュリズム ── EU 分断は避けられるか』（ちくま新書、2018 年）。

[参考文献]

[1] Korenica Fisnik, *The EU Accession to the ECHR; Between Luxembourg's Search for Autonomy and Strasbourg's Credibility on Human Rights Protection*, Springer, 2015.

[2] Ravasi, Elisa, *Human Rights Protection by the ECtHR and the ECJ*, Brill, 2017.

[3] Kosta Vasiliki, Skoutaris Nikos and Tzevelekos Vassilis P., *The EU Accession to the ECHR*, Hart Publishing, 2014.

[4] Marton Varju, *European Union Human Rights Law; the Dynamics of Interpretation and Context*, Edward Elgar, 2014.

概 説 V

ヨーロッパ人権裁判所との「対話」—イギリス—

江島晶子

はじめに—新たな局面

　ヨーロッパ人権条約（以下、人権条約）とイギリスの関係は、人権条約の実効性が実際上は何に依拠するかを示す恰好の例である。変型方式をとるイギリスでは、条約は国内法上の効力を有しない。そして、二大政党制下の議院内閣制においては、与党が国内法化する意図を持たなければ条約の国内法化は実現せず、かつ、与党が自分の手足を拘束する手段を積極的に採用することは通常考えにくい。では、なぜイギリスは人権条約を国内法に「持ち込む」1998年人権法（以下、人権法）を制定したのか。この点については、すでに検討したことがあるので詳細は別稿に譲るが、簡潔に述べれば、ヨーロッパにおいて、人権条約を中心として、人権を国内の統治機構の専権事項とせずに国際機関が人権の実現に深く関与する多層的人権保障システムが発展してきたことの帰結であり、中でもヨーロッパ人権裁判所（以下、人権裁判所）が慎重に確立してきた判例法の影響力は大きい。多層的人権保障システムは、各国の憲法構造の違いを超えて機能し、かつ、各国の憲法伝統や経験を梃子にして人権保障の実効性を高めてきたといえよう[1]。そうした中で、イギリスは、1990年代初頭まで申立件数、敗訴件数第1位という不名誉な地位を甘受してきたが、脱退するのではなくヨーロッパ社会の一員としてあり続けることを選んできた。そして、18年ぶりの政権奪取を企図した労働党は、憲法改革の一環として人権条約の国内法化を選挙マニフェストに掲げるという選択を行い、1997年総選挙で勝利し、実際に初年度の政策課題として人権法を制定し、2年に及ぶ実施準備期間を設け、丁寧な国内実施を実現した。

　だが、現在、イギリスは人権条約、そして、EUも含めたヨーロッパ・システム全体との関係で、新たな局面を迎えている。保守党は選挙マニフェストに人権法の見直しを常に掲げ、2010年に連立政権に就いて以来、人権条約の直接的影響を緩和するため、イギリス独自の権利章典の制定を主張してきた。閣僚の中には、人権条約からの脱退を公言する者もいる。2015年総選挙の保守党のマニフェストでは「人権法の廃棄（scrap というストレートな表現を用いている）」を公然と掲げた（同選挙で保守党は単独勝利）。他方、人権裁判所の制度改革という文脈において、イギリス政府は人権裁判所の権限を制限する条約改定に力を注いだ。その帰結が、ブライトン宣言（2012年）であり、同宣言に基づき、補完性原理と評価の余地を前文に加える変更が第15議定書として実現した。もっとも、イギリスの提案は本文への挿入であったのだが、他の締約国の反対もあり、前文に落ち着くことになり、これも多層的システムゆえの帰結である（一国の提案が受け入れられるためには他の46カ国の賛意を得なければならない[2]）。

　さらに、イギリスは2016年6月23日にEU存続・離脱を問う国民投票（これも2015年総選挙の際の保守党のマニフェストの内容である）を行い、移民問題を中心論点に据えた離脱派が勝利した（離脱51.9%、残留48.1%、投票率72.2%）。確かに、EUと人権条約は別個の存在である。しかし、EU加盟

の前提条件に人権条約批准を据えることによって、人権条約の実効性を EU 自体が支えてきた側面がある。EU 離脱は、人権条約適合的に行動するインセンティヴを低めよう。しかも、EU 加盟のために人権条約を批准し、人権状況の改善に努めてきた国にとっては、イギリスは「逆」の範となる可能性もある（ヨーロッパ諸国の極右政党はイギリスの動向を歓迎）。よって、イギリスの動向は、イギリスだけでなく、ヨーロッパにとっても重要な意味をもつ。

1 現　状

現状を評価するために、二つの側面を取り上げる。人権条約を国内において実施するために制定された1998 年人権法の効果[3]および人権裁判所におけるイギリスの「成績」である。

(1) 1998 年人権法の効果──国内裁判所における人権条約

人権法は、議会以外の公的機関（公的機能を果たす民間団体を含む）に人権条約適合的に機能する義務を課すものである（正確には、人権条約はいまだ国内法ではない）。中でも、裁判所には人権条約適合的に法律を解釈適用する義務が課されている。裁判所が人権条約適合的に解釈できない場合は、不適合宣言を下す。同宣言には法律を無効にする効力はないものの、内閣は不適合宣言が出ると法案を提出したり、行政機関の働き方を変更したりするなど一定の対応をとってきたので、違憲審査制に事実上接近している。

人権法が 2000 年 10 月 2 日に発効してから 2017年 7 月末現在までの間に 37 件の不適合宣言が出され、その内、25 件については確定しており、一定の立法的または行政的対応がとられている。直近の2010-2015 年（保守党とリベラル・デモクラッツの連立政権）に限ると 4 件、2015-2017 年では 2 件と件数は減少傾向にある[4]。これは国内裁判所の消極化を意味するのか、それとも、人権条約適合性確保に政府が習熟して不適合と判断されるべき法律が減少したのか、より詳細な検討が必要である。法案の人権条約適合性を確保する手段としては、議会内の人権合同委員会が、人権法上問題が生じうる法案について審査を行い議会に対して報告書を出しており、一定の効果を上げている[5]。

国内裁判所は、全般的には人権裁判所判例に従う姿勢を示しており、ミラー原則（mirror principle）として、「国内裁判所の義務はストラスブール判例の発展の経過と足並みを揃えることであり、それ以上でもそれ以下でもない」という立場をとってきた[6]。イギリスの裁判所にとって厄介なのは、前述したように、イギリスの裁判所も人権裁判所も人権条約という同じ文書を解釈する点である。他国の場合、国内裁判所は国内憲法を解釈し、人権裁判所は人権条約を解釈するので、両者の結論が異なるとしても、それがただちに国内裁判所と人権裁判所の解釈の乖離を直接意味する訳ではない。これに対して、イギリスの場合、国内裁判所が人権条約適合的であると判断した事件が、後に人権裁判所に持ち込まれ、異なる人権条約解釈が示され、違反が認定される可能性があり、かつ、それはイギリスの裁判所にとって困惑的である（保守党政権は、イギリス独自の権利章典を制定すれば、国内裁判所は人権条約を解釈するのではなく、国内の権利章典を解釈すればよく、また、国内の権利章典を人権裁判所が解釈することはないのでこうした困惑的な事態から回避できると考えている）。だからこそミラー原則に立ち、人権裁判所判例を吟味し、それに沿う形の解釈を心がけてきた[7]。とはいえ、両者が全く異なる結論に至る場合もある。例えば、*S. and Marper v. the UK*〔本書 *52*〕や *Gillan and Quinton v. the UK*〔本書 *51*〕では、国内裁判所は人権裁判所判例に依拠しつつ人権条約適合的と判示したのに対して、人権裁判所は全員一致で人権条約違反を判示した。さらに、最近では、イギリスの裁判官の間に、人権裁判所判例に従うべきではない例外があるという主張も登場している[8]。人権裁判所は、*R. v. Horncastle* 判決で示されたイギリス裁判所の批判を受け入れ、*Al-Khawaja and Tahery v. the UK* 大法廷判決において、小法廷の違反判決を一部変更した

上、これを国内裁判所と人権裁判所との「対話」であると説明し、衝突を回避した（本書**46**参照）。また、最近の動向として、人権条約および人権裁判所判例法に言及せずに、コモン・ロー解釈として処理する動向も観察されている。他方、最高裁判所と人権裁判所の各裁判官の交流を促進する試みも存在する。総じて、国内裁判所（とくに最高裁判所）と人権裁判所との間での慎重な「対話」が観察できる。

(2) ヨーロッパ人権裁判所におけるイギリス

現在、イギリスは、新規加盟国からの膨大な申立件数と敗訴件数の中に埋もれて10位圏外に落ちついている。絶対数としても、申立件数、敗訴件数とも減少傾向にある（この結果には人権法も貢献していると一定の統計から推論することも可能である[9]）。2017年中に処理されたイギリスに対する申立511件中506件が不受理とされた。同年にイギリスに対して下された5判決中、違反が認められたのは2件である。比較として、2017年の申立係属件数上位3か国（ルーマニア（9900件）、ロシア（7750件）、トルコ（7500件））の処理申立数と違反判決の数を挙げると、ルーマニアは申立3981件中3767件が不受理、69判決中55件が違反、ロシアは申立8042件中6886件が不受理、305判決中293件が違反、トルコは申立31053件中30063件が不受理、116判決中99件が違反とされており、桁違いの申立件数と違反判決率である。現在のイギリスは締約国全体の中では、違反判決が少なく、判決履行も誠実に行う締約国のグループに属する。よって、イギリスは人権裁判所に対して神経を尖らせる必要はないはずである。では、なぜ前述したような態度を示すのか。このような態度は古参締約国の中でも突出している。そこでイギリス政府・政治家の反発を招いた事件を検討する。

2 イギリスの反発

イギリス政府の態度を硬化させた事件は大別すると二つに分かれる。第一にテロリズム対策に関係する事件、第二に受刑者の取扱いに関する事件である。

(1) テロリズム対策関係

発効したばかりの人権法（そして、人権条約）に対する挑戦となったのは、2001年の「9・11」同時多発テロを受けて展開された一連のテロリズム対策である。当時のブレア首相をして「ゲームのルールは変わった」と言わしめたが、「9・11」後に制定された2001年法は、外国人テロリスト容疑者を無期限で拘束することを可能にするものであり（かつイギリス政府は人権条約15条に基づき同5条1項上の義務から免れる措置をとった）、当時、イギリスのような対応をとった国はヨーロッパには存在しなかったことから、イギリスの対応は突出していた。だが、これについては人権法の下で貴族院（当時の最上級審）が不適合宣言を出すことによって、議会が立法によって無期限拘束を廃止する結果につながった。不適合宣言は法的拘束力を有しないため実効的救済とはいえないとして、後に人権裁判所に申し立てられたものの、人権裁判所は、貴族院の結論を踏襲する形で決着しているので（*A and others v. the UK*〔本書**42**〕参照）、貴族院の判決は国内実施の好例と評価できる。他方、国内レベルで、国内裁判所が人権条約に依拠して出した判決ゆえに裁判所と議会との緊張関係が生まれた（「対話」と呼ぶ見解もある）。この他にも、イラク駐留中のイギリス軍の行為の人権条約違反（*Al-Jedda v. the UK*〔本書**3**〕参照）、テロ犯罪容疑によるアメリカからの犯罪人引渡請求にもとづく6名のイギリス国民および在住者の引渡し（*Babar Ahmad and others v. the UK*〔本書**22**〕参照）、2000年テロリズム法に基づく路上での職務質問・身体検査（*Gillan and Quinton v. the UK*〔本書**51**〕参照）など、「9・11」およびそれ以降のテロリズム対策に強く関係する事件が目白押しである。なかでも、テロリストとのリンクが疑われている外国人イスラム宗教家（ヨルダン国籍）の国外追放をめぐって、イギリス政府と国内裁判所、そしてイギリス政府と人権裁判所との間で繰り広げられた法廷闘争は、イギリス政府（とりわけ現首相のMay（当時、内務相として担当））の人権条約に対する態度を硬化させた（*Othman (Abu*

Qatada) v. the UK〔本書 **23**〕参照）。

(2) 受刑者の取扱い

イギリスでは受刑者の選挙権を一律に制限している。これは日本も同様であるが、ヨーロッパではこのような取扱いをする国は少数派に転落しつつある。人権裁判所が条約違反を認めたことに対して（詳細は *Hirst v. the UK（no. 2)*〔本書 **19**〕参照）、イギリス下院は猛反発して、政府は同判決に即した法改正をしてはならないという決議（法的拘束力なし）を可決した。その後、受刑者から大量の申立が人権裁判所に押し寄せる事態となり、人権裁判所はパイロット判決で対応したが、こちらについても履行されない状況が継続した。当初は、政府自身も改正を準備していたが、世論も議員も反対の姿勢を強め、その後、進展が全くないまま、履行されない判決のリストに掲載され続けた（2017 年 11 月、ようやく、政府は、法改正ではなく行刑指針の改正という形式によって（議会主権を回避して）、在宅拘禁中の者と仮釈放中の者に限って選挙権を認めることとし、ヨーロッパ評議会閣僚委員会側もこれを判決の履行として受け入れた[10]）。そして、火に油を注いだのが、仮釈放の可能性のない無期刑が人権条約 3 条違反だという判決である（*Vinter and others v. the UK*〔本書 **36**〕参照）。いずれも、国家主権、議会主権に対する不当な干渉だという議員からの反発を招いた。しかも、タブロイド紙が、定期的に「ヨーロッパ」（多くは EU 裁判所も人権裁判所も一緒の扱い）に対するネガティヴ・キャンペーンを行っているが、たとえば、上記判決後、仮釈放の可能性のない無期刑の対象となっている受刑者の顔写真と犯した犯罪行為を一気に掲載し、同判決に対する国民の反発を煽った。加えて、刑事手続関係においてイギリスとヨーロッパ大陸諸国の制度の違いが違反判決につながりやすい場合がある（*V v. the UK*〔本書 **44**〕、*Al-Khawaja and Tahery v. the UK*〔本書 **46**〕、*S. and Marper v. the UK*〔本書 **52**〕）参照）。

3 展 望

1970 年代にスカーマンは、『イギリス法の新局面』の中でイギリス法が直面する新たな局面の一つとして「ヨーロッパ法の影響」を取り上げた[11]。その後、ヨーロッパ人権条約のさらなる発展（ヨーロッパ人権委員会と人権裁判所の統合）、そして、EC から EU へというヨーロッパ統合の発展は、スカーマンが予想した以上の影響をイギリスに及ぼしてきた。そうした状況は、憲法多元主義、グローバル立憲主義、多層的人権保障など、多元性、多層性に着目して議論されてきた（従来の憲法学の取扱いでは「主権の移譲」）。だが、現在のイギリスの態度は、そうした動向を受容する限界点にきているということだろうか（換言すれば「対話」の限界）。イギリス人が「ヨーロッパでは…」と話すときにはそこにはイギリスは含まれていない（イギリスと大陸ヨーロッパという認識）と揶揄された時代が過去のものとなり、「イギリスもヨーロッパである」という意識が醸成しかけているかと思われたところで、EC 加盟 40 余年を経て EU 離脱を選択した国民の心中は図りがたいところがある（とはいえ、44 歳以下の投票者では、存続を選択した者が 50 ％を超え、年齢が若ければ若いほど存続を選択した割合は高い[12]）。それとも、ヨーロッパ・システムが何度か直面してきた試練の一つに過ぎないのだろうか。それならば、ヨーロッパ・システムは、これまで試練に直面しながら時間をかけて克服してきた。その際に気がかりなのが、既存の憲法理論の存在である。憲法理論は新たな動向に適応するどころか、むしろ新たな動向の妨げになる可能性がある[13]。これはイギリスだけの問題ではないが、不文憲法だからこそ憲法原理を変えにくい（憲法を改正する手続が明らかではない）という難問をイギリスは抱えている。今後も Brexit の影響が人権法・人権条約にどのように波及するのか注視する必要がある。

(1) 江島晶子「ヨーロッパ人権条約とイギリス」〔Ⅰ概説 Ⅴ(1)〕33 頁以下；同「イギリス憲法の『現代化』

とヨーロッパ人権条約——多層的人権保障システムの観点から」倉持孝司＝松井幸夫＝元山健編著『憲法の「現代化」』（敬文堂、2016年）297頁以下；同「ヨーロッパにおける多層的統治構造の動態」川﨑政司＝大沢秀介編『現代統治構造の動態と展望』（尚学社、2016年）310頁以下参照。

(2) ブライトン宣言とは、ヨーロッパ評議会閣僚会議が開催したブライトン会議で採択された宣言である。人権裁判所は膨大な個人申立件数や人権裁判所判決の不履行などの難局に直面して、裁判所改革を長年の継続課題としている。第14議定書発効後もインターラーケン宣言（2010年）、イズミール宣言（2011年）と、政治的協議が進行形で行われ、両宣言に付されたアクション・プランの成果を確実に実現させるべく、いわばその総仕上げともいうべき段階に来ていた。ところが、ここにきて古参国（とくにイギリス）からの不満（人権裁判所は介入しなくてもよい事件にまで介入するから事件数が増えているのではないか）が人権裁判所の権限をいかにしばるかという議論となって噴出した。詳細は、〔本書**概説Ⅲ**〕（前田直子執筆）および江島晶子「ヨーロッパ人権裁判所と国内裁判所の『対話』？」坂元茂樹＝薬師寺公夫編『普遍的国際社会への法の挑戦』（信山社、2013年）85頁以下参照。

(3) 人権法の仕組みについては、江島晶子『人権保障の新局面』（日本評論社、2002年）参照。

(4) Ministry of Justice, Responding to Human Rights judgments, Report to the Joint Committee on Human Rights on the Government's response to Human Rights judgments 2016-17, December 2017, Cm 9535, p. 32.

(5) 詳細は、江島晶子「人権実現における議会の新たな役割——ヨーロッパ人権条約・1998年人権法とイギリ

ス人権合同委員会の関係から」工藤達朗＝西原博史＝鈴木秀美＝小山剛＝毛利透＝三宅雄彦＝斎藤一久編『憲法学の創造的展開 戸波江二先生古稀記念〈下巻〉』（信山社、2017年）153頁以下参照。

(6) R（*Ullah*）v. Special Adjudicator［2004］UKHL 26.

(7) A and others v. the UK〔本書**42**〕参照。

(8) *R v. Horncastle*［2009］UKSC 14.

(9) 詳細は、江島晶子「イギリス憲法の『現代化』とヨーロッパ人権条約——多層的人権保障システムの観点から」松井他編著・前掲注(1)参照。

(10) Ministry of Justice, Responding to Human Rights judgments, *supra* note 4 and CM/Notes/1302/H46-39, 7 December 2017.

(11) Scarman, L., *English Law: the New Dimension* (Stevens, 1975).

(12) May首相をはじめイギリスの政治家は、EUからは離脱するがヨーロッパから離脱するわけではないと強調している。なお、Brexitについて、江島晶子「代表・国民投票・EU離脱（Brexit）——権力者の自己言及（イギリスの場合）」法律時報89巻5号（2017年）19頁以下および同「イギリスにおける2016年国民投票および2017年総選挙——『EU離脱』をめぐる民意と代表」憲法研究2号（2018年）23頁以下参照。

(13) イギリスの場合には、議会主権がこれにあたる。人権裁判所（そしてヨーロッパ司法裁判所）の判決は議会主権に対する侵害だという反発は、これらの裁判所の揺籃期はさておき、人権裁判所の権威と正当性が高まっても一向になくならず、むしろ強まるのは、人権保障を国内システムと国際システムが接合された中で高めていくという制度構築であるにもかかわらず、議会主権という原理をどのように再評価するかという議論がいまだされていないということである。

概　説　Ⅵ

ヨーロッパ人権裁判所との「対話」──フランス──

建石真公子

はじめに──憲法構造と人権保障への影響

　フランスにおいて、ヨーロッパ人権条約（以下、人権条約）は、第5共和制憲法における立憲主義および人権保障を考える上で不可欠な存在となっている。後述のように、人権条約が憲法規範と人権条約規範の競合を現実のものとしたことが、伝統的な国民主権論を変容させる2008年の憲法改正──施行後の法律に対する違憲審査（QPC-Question prioitaire de Constitutionnalité 優先的憲法問題）創設──の一つの要因となった。また人権保障の面では、第5共和制憲法の人権規定が、不十分で不明確[1]であり、また司法・行政裁判所での訴訟には制度上適用できないため、ヨーロッパ人権裁判所（以下、人権裁判所）の判例が人権解釈や人権保障法制、国内裁判所における訴訟に対して事実上の影響力を及ぼしている。したがって国内裁判所は、国内救済終了後に人権侵害の被害者が人権裁判所へ提訴可能であることから、同裁判所の判例の影響を強く受けることになる。

　他方、人権裁判所は、従来から、同裁判所は「補完的な性格」をもつとしつつも[2]、人権条約を「ヨーロッパ公序に関する憲法的文書」[3]と位置付けてきた。また、同裁判所の権利解釈は「自律的概念」[4]に基づく独自なもので、今日的な状況に対応するために「発展的解釈」[5]を必要とし、例えば自由権に関しても国による侵害を防ぐだけでなく国に社会権的な「積極的義務」[6]を課すなど、国の条約遵守、すなわち人権保障義務を拡大してきた。しかし、憲法裁判所判決に対しても条約上の義務の履行

の一環と位置付けることには、従来から、国民主権原理を根拠として憲法と条約を区別する立場からは批判がなされてきた[7]。

　こうした課題の解決の一つとして、近年、「裁判所間の対話」が提唱されている。これは、人権条約の規範性や強制力を法的に確保することが困難であるという現状を背景に、裁判所（官）の対話を通じて人権条約の適用を進めるという考え方である。

1　フランスにおける裁判官の対話

　フランスにおいて、法的な意味での「裁判官の対話」という表現の起源として言及されるのは、国務院訴訟部元所長 B. Genevois が、1978年の Cohn Bendit 判決[8]の結論において、ヨーロッパ司法裁判所裁判官と国内裁判所との関係を「裁判官統治ではなく、また裁判官間の闘争でもなく、裁判官の対話」と表現した箇所である。当時、国務院はEU法の国内直接適用に消極的であり、同事件でも、個人に対する退去強制処分がEU指令の「自由な往来」違反となるかが争われ、国務院は国内直接適用原則を個人に対する行政処分に対して適用することはできないと訴えを棄却したのである。つまりここで言う対話とは、EU司法裁判所の解釈を、EU法優位原則に基づいて国内で踏襲することを避ける、すなわち国内裁判所の側から自らの権威を高める意図で表現されたものと考えられる。

　この判決以降、裁判官の対話という概念は多様な裁判所間について指摘され[9]、2000年代に入ってからは、主として国際裁判所と国内裁判所の関係に関

して議論されてきており、もはや「学説による虚構とはいえない存在」[11]と指摘されている。

2 フランスとヨーロッパ人権裁判所
── 人権裁判所判決の履行の影響

　フランスでは、人権条約が一般的な人権救済の法規範として司法・行政裁判所で適用されるにしたがい、国内裁判所で救済されなかった場合に人権裁判所へと提訴する数も増加した。そのため、1959年から2017年までの人権裁判所の下した条約違反判決のうちフランスに対しては728件を数え、上位第8位[12]となっている。条約違反と判断されることの多い条約上の権利は、上位から公正な裁判（272件）、訴訟遅延（283件）、人身の自由（70件）、私生活および家族生活の尊重（47件）、表現の自由（37件）となっており、これらの権利保護に関する国内法上の問題が長い間継続していることを示している。

　人権裁判所の判決の結果、人権解釈の明確化や重要な法律の改廃、行政・司法裁判所の判例変更の例は多い。司法盗聴、警察留置における弁護人の接見禁止のような刑事訴訟法に対する条約違反判決、非嫡出子（重婚関係の子）の相続分差別等のような社会的マイノリティの権利を保護する条約違反判決は、最終的に法律の改廃をもたらした。また生命の始まり[13]と終わり[14]のような社会的な対立の見られる分野、同性カップルであることを理由とする養子申請の不許可処分に対する条約違反判決[15]等は、行政権の施策に大きな影響を与えている。

　社会的マイノリティに対する権利保護として特に重要な法改正は、性転換後の戸籍の性別変更に関してである。1992年のB対フランス判決[16]後、条約違反判決の履行のため性別記載変更を承認する判例変更を行い、その後、民法改正によって性転換後の性別変更を一定の要件の下で認めた。さらに、外科的な性転換手術要件を非人道的取扱い（条約3条）および私生活の尊重（条約8条）違反とする人権裁判所判例を踏まえ、2016年10月、外科手術要件を廃止する民法改正[17]を行うに至った。人権裁判所も、

2017年4月6日のA.P., Garçon et Nicot対フランス判決で、「人の身分の安定性を確保する」という国の公益を認めつつも、性別再指定のための外科手術要件は身体的完全性の尊重（条約8条）に違反し、国の利益と当事者の権利との間に不均衡があるとして当時のフランスの民法を条約違反と判断した。

　近年、フランスの生命倫理法をめぐる対立で注目されているのは、同法で禁止している代理出産を外国で実施した場合の法的な親子関係である。破毀院は、そのような場合には民法上の親子関係を承認してこなかったが、人権裁判所の2014年6月26日のMennesson対フランス判決[18]は、親子関係の確立は子の私生活の尊重の権利であるとして、破毀院判決を条約違反とした。同判決後、破毀院は判例変更し、事実上、親の一方がフランス人であることを要件に、代理出産の場合でも子の親子関係を認める政策がとられるようになった。子どもの最善の利益が、国内法の安定性に優位して保障された例である。

　他方、司法制度に対する影響として、「事情の変化（un changement de circonstances de droit）」に人権裁判所判例が含まれるようになった点があげられる。同一の法律に関して再び条約適合性審査を行う場合、判例理論上、憲法判例や国内判例の変更を事情の変化として認めてきたが、同様に人権裁判所判例の変化を、国務院[19]および破毀院[20]における判例変更の根拠の一つとして認めるようになった。さらに特筆すべき司法制度改革としては、人権裁判所判決の履行を目的として、2016年10月12日「21世紀の司法の現代化法」[21]が、新しく再審法廷（Cour de réexamen）を創設し、「人の身分」に関する民事判決が人権裁判所で条約違反となった場合、同判決の「再審」決定を行う権限を付与したことである[22]。この制度により、人権裁判所の条約違反判決の履行が容易になった[23]。

3 憲法院とヨーロッパ人権裁判所の対話
── QPCにより「憲法優位」は確保されたか

(1) 憲法院とヨーロッパ人権裁判所
　憲法院と人権条約の関係は、1974年の同条約批

准以来の憲法上の課題となってきた。憲法院は、1975 年 1 月 15 日判決以来、ヨーロッパ法の直接的な影響を避けてきたが、1981 年に個人申立制度を受諾し、1989 年に国務院が憲法 55 条の法律に対する条約優位を認め行政・司法裁判所における法律の条約適合性審査を開始したことにより、違憲審査と条約適合性審査の関係が問題となってきた[24]。

　憲法院は、実際には憲法上の権利に人権裁判所の解釈を受け入れてきている。例えば、新しい権利として「私生活の尊重（条約 8 条）」[25]、「婚姻の自由（条約 12 条）」[26]、「通常の家族生活を送る権利（条約 8 条)」[27]、「人間の尊厳原則」[28]等を認め、権利解釈の発展として「表現の自由」[29]（人権裁判所 1976 年 12 月 7 日 Handyside 判決を踏襲)、「実効的な裁判を受ける権利（条約 6 条）」[30]、「武器の平等（条約 6 条）」[31]、また、憲法院が合憲とした法律に対する人権裁判所の条約違反判決により、判例変更をした「立法による追認（validation législative)」に関する判決[32]もある。さらに 2008 年 7 月の憲法改正は、憲法 34 条にメディアの自由を新しく規定したが、この権利は人権裁判所判例における表現の自由を憲法上の権利としたものである。そのうえ、憲法院は「ヨーロッパ憲法」に関する判決[33]において、1975 年 1 月 15 日判決で否定したにも関わらず初めて明示的に人権条約を引用するなど、同条約の影響を完全に否定することは難しい状況となっている。

(2) QPC 創設後の違憲審査と条約適合性審査[34]

　こうした競合問題を憲法優位の方向で解決することが、2008 年の憲法改正での QPC 創設の目的の一つであった[35]。QPC は施行後の法律に対する抽象的な違憲審査で、事件を扱っている裁判所において法律の合憲性の問題が提起された場合、破毀院または国務院の審査を経て憲法院に移送する制度である。訴訟当事者が条約適合性審査と違憲審査との双方を主張した場合には、憲法院への送付が優先される（組織法律 23-2 条)。すなわち人権に関する法規範階層において、憲法が最高法規であることを確保した。

　この改革の評価について B. Mathieu は「QPC の導入は、基本権保護が人権裁判所の判例に適合的に確保されていたシステムに激変をもたらした」[36]と表現し、今後は国内裁判官が同種の権利に関して憲法院の憲法解釈と人権裁判所の条約解釈との間での選択を迫られることを問題視している。制度的には、国内裁判官が法律の審査において適用しうるのは憲法ではなく人権条約であること、また憲法院判決（合憲判決）後にも、人権裁判所に提訴可能という危険性も現実に存在しているため、同一の権利に関する憲法解釈と人権裁判所の条約解釈が異なっている場合の選択が国内裁判所に要請される。

　2010 年の QPC 実施以降、永年にわたり違憲性を指摘されてきた法律の審査が続いているが、すでに人権裁判所の判決が存在するケースが多く、また同一の法律や類似の権利をめぐって関連を持つケースも見られるなど、憲法優位という QPC の原則にもかかわらず人権裁判所との関連は深まっている。

　たとえば、憲法院は人権裁判所判決の「解釈既判力」を承認しているわけではないが、次の例に見られるように、人権裁判所判決の解釈を踏襲する傾向が見られる。すなわち、①フランスに対する人権裁判所の条約違反判決を踏襲[37]、②フランス以外の事件に関する条約違反判決を踏襲[38]、③人権裁判所の条約違反判決により国内で不適用となっている法律に対して、QPC によって人権裁判所判例を踏襲[39]、④国務院と人権裁判所の判決の異なる法律に対して、QPC で人権裁判所判例を踏襲[40]等である。

　フランスの法伝統から距離を置いて[41]創設された QPC は、実施から 9 年めとなる。最近の QPC 判決について、「表現の自由を除いて」ヨーロッパ基準と憲法基準とは一致を見ている[42]という評価がある。問題とされている表現の自由は、公文書の公開を要請する権利が表現の自由に含まれるかについて、憲法院 2017 年 9 月 15 日判決[43]はそれを認めなかったが、人権裁判所が同種の事件[44]では表現の自由（10 条）に含まれるとしたことを指している。こうした相違の解決が、裁判官の対話に期待されている。

4 対話の制度化とフランスの選択
——第16議定書の批准へ

ヨーロッパ評議会は、2012年の Izmir 会議に始まる人権裁判所の制度改革として、2015年に第15議定書と第16議定書を採択した。これらの改革は、提訴の増加と条約違反が一定の国に集中していることを改善することを目的としている[45]。第15議定書は、それまで判例理論にすぎなかった「補完性原則」および「評価の余地」を条約前文に挿入する条約改正であり、国の主権を強める目的か、あるいは加盟国の国内裁判所に条約の適用を促すものか、という評価の対立が見られる[46]。

他方、第16議定書は、補完性原則の一環として、人権裁判所に「勧告的意見（un avis consultatifs）」という新たな権限を付与する議定書である。この制度は、Izmir 会議の宣言における「国内機関による適切な措置によって、申立件数の減少に向けて積極的に寄与する」という趣旨を具現化するものである。国内裁判所が同条約を適用する際に、条約解釈に疑義がある場合には、人権裁判所への勧告的意見を求めることが可能となり、類似の事件に関して締約国間において均等の人権保護が期待される。いわば、これまで提唱されてきた「裁判官の対話」の制度化であり、協働という意味における補完性原則として機能するならば、国内における人権保障の実効性と統一性が確保できるだろう。

フランスは、すでに第15議定書および第16議定書を批准した。憲法院は、第16議定書の諮問する資格のある「最高位裁判所」であること、また「選挙訴訟という憲法院の権限の一部においてのみ人権条約の規定に対する尊重を審査する」との了解付で、同議定書を承認する旨の意見を公表している[47]。

おわりに

以上のように、フランスは、国民主権論の伝統に関しても、人権保障に関しても、人権裁判所の影響を強く受け法制度を変化させてきたといえる。人権条約の浸透の理由の一つは、司法・行政裁判所において人権侵害事件において通常適用される人権規範が人権条約であるというフランス固有の制度上の理由が大きい。加えて、人権裁判所の判例が、国内で保護され難い人々の人権を保護してきたという実績が市民による同条約の適用の理由の一つとも考えられる。第16議定書は2018年8月1日に発効し、フランスは裁判所間の対話の制度化に向けて歩みを進めた。それによる憲法院と人権裁判所の関係の変化、憲法構造および人権保障、ひいては立憲主義への影響が注目される。

(1) 建石真公子「人権保障におけるフランス憲法院とヨーロッパ人権裁判所」比較法研究73号（2011年）181頁。

(2) Handyside c. Royaume-Unie〔PC〕, 7 décembre 1976〔I *18*〕, Série A n. 24 §48.

(3) Loizidou c. Turquie〔GC〕, 23 mars 1995〔I *9*〕, Série A n. 310 §75.

(4) Deweer c. Belgique,〔GC〕, 27 février 1980, Série A n. 35 §42 et §46.

(5) C. Goodwin c. Royaume-Unie,〔GC〕, 11 juillet 2002〔I *47*〕, Reports 2002-VI, §74-75.

(6) 先駆的な判決として、Airey c. Irlande, 9 octobre 1979, Série A n. 32 §26.

(7) L. Favoreu, Les Cours de Luxembourg et Strasbourg ne sont pas des Cours constitutionnelles, Mélanges en l'honneur du professeur Louis Dubouis, Dalloz, 2002, p. 35.

(8) Ministère de l'Intérieur c. Cohn-Bendit, 6 décembre 1978, Lebon 524. (D. 1979. 155, concl. Genevois).

(9) Le dialogue des juges, Actes du colloque organisé le 28 avril 2006 à l'Université libre de Bruxelles, Bruylant 2007.

(10) Kress c. France〔GC〕, 7 juin 2001〔I *42*〕.

(11) J. Andriantsimbazovina, Le dialogue des juges, Mélanges en l'honneur de Bruno Genevois, Dalloz, 2009, p. 13.

(12) 1959年から2017年までの条約違反判決は、上位10位までは多い順にトルコ、ロシア、イタリア、ルーマニア、ウクライナ、ポーランド、ギリシア、フランス、ハンガリー、スロベニアとなっている。Annual Report, 2017, Europeon Court of Human Rights, provisional version, p.176-177. http://www.echr.coe.int/Documents/Annual_report_2017_ENG. pdf

(13) Vo c. France, 8 juillet 2004〔本書 *16*〕.

(14) Lambert et autres c. France, 5 juin 2015.

⒂　E.B. c. France, 22 janvier 2008.

⒃　B. c. France, 25 mars 1992.

⒄　La loi de modernisation de la justice du XXIème siècle, article12.（le code civil article 61-5 ～ 61-8）

⒅　建石真公子「生殖補助医療における『国際人権規範』と『文化の多様性』──ヨーロッパ人権裁判所Mennesson 対フランス判決における私生活及び家族生活の尊重」北村泰三編『文化多様性と国際法──人権と開発の視点から』（中央大学比較法研究所、2017年）193頁。

⒆　CE, 21 mars 2011, M. Amoni, Gisti et Cimade.

⒇　Cass. crim, arrêt no. 4789 du 20 aout 2014, §2.

(21)　La loi n° 2016-1547 du 16 novembre 2016 de modernisation de la justice du 21e siècle.

(22)　刑事判決に関しては、2014年6月11日の法改正により、人権裁判所によって条約違反判決を受けた刑事判決も再審要件に含まれるようになった。

(23)　同法廷は、2018年2月16日に、最初の再審査として外国での代理出産によって出生した子の親子関係に関わる以下の判決について再審査を行った。Arrêt de la Cour de réexamen n° 17 RDH 001 du 16 février 2018；Arrêt de la Cour de réexamen n° 17 RDH 002 du 16 février 2018.

(24)　違憲審査と条約適合性審査の併存によってもたらされる法的な問題については、建石真公子「フランス2008年憲法改正後の違憲審査と条約適合性審査──人権保障におけるヨーロッパ人権条約の規範の対立の逆説的な強化(1)」法学志林109巻3号（2012年）18-20頁参照。

(25)　Décision no. 99-416 DC du 23 juillet 1999.

(26)　Décision no. 2003-484 DC du 20 novembre 2003.

(27)　Décision no. 93-325 DC du 13 aout 1993, cons. 224, Décision no. 97-389 DC du 22 avril 1997, cons. 44.

(28)　Décision no. 94-343/344 DC du 27 juillet 1994.

(29)　Décision no. 86-217 DC du 18 decembre 1986, Décision no. 89-271 DC du 11 janvier 1990.

(30)　Décision no. 96-375 DC du 9 avril 1996, Décision, no. 99-416 DC du 23 juillet 1999.

(31)　Décision no. 89-260 DC du 28 juillet 1989.

(32)　憲法院の Décision no. 93-322 DC 1994年1月13日（合憲）後、ヨーロッパ人権裁判所の Zielinski, Pradal, Gonzalez et autres c. France ［GC］, 28 octobre 1999.（条約違反）判決〔I43〕が出され、憲法院は Décision no. 99-422DC du 21 decembre 1999. において違憲とした。

(33)　Décision no. 2004-505 DC du 19 novembre 2004.

(34)　詳細は建石真公子「フランスの人権保障の展開における合憲性と条約適合性──憲法院とヨーロッパ人権裁判所における人権の憲法化とヨーロッパ化のらせん構造における国民主権と人権」辻村みよ子編著『社会変動と人権の現代的保障 講座 政治・社会の変動と憲法──フランス憲法からの展望　第Ⅱ巻』（信山社、2017年）57頁以下。

(35)　建石・前掲注(24) 24-25頁参照。

(36)　B. Mathieu, Les décisions du Conseil constitutionnel et de la Cour européenne des droits de l'homme, Coexistance-Autorité-Conflits-Régulation, Nouveaux Cahiers du Conseil constitutionnel, 2011, no. 32, p.45.

(37)　Décision n° 2010-71 QPC du 26 novembre 2010, Mlle Danielle S.

(38)　Décision n° 2017-645 QPC du 21 juillet 2017, M. Gérard B. 刑事訴訟法における裁判の公開の例外規定の適用について、ヨーロッパ人権裁判所判決 B. et P. c. Royaume-Uni, 24 avril 2001 の解釈に基づき、憲法院は、性的暴行事件のような「裁判の公開が被害者の私生活を侵害するような特別な重大性を有する場合」において裁判の公開の例外は正当化されると述べている。

(39)　Décision no. 2010-2 QPC du 11 juin 2010, Mme Vivianne. 建石真公子「反ペリュシュ法の憲法適合性」フランス憲法研究会編（辻村みよ子編集代表）『フランスの憲法判例Ⅱ』（信山社、2013年）318頁。

(40)　Décision no. 2010-1 QPC du 28 mai 2010, Consorts L.

(41)　M. Guillaume, Question prioritaire de constitutionnalité et Convention européenne des droits de l'homme, Nouveaux Cahiers du Conseil constitutionnel, no. 32, p. 95.

(42)　H. Surrel, Chronique Conseil constitutionnel et jurisprudence de la Cour EDH, Nouveaux Cahiers du Conseil constitutionnel, no. 58, p. 133.

(43)　Décision no. 2017-655 QPC du 15 septembre 2017, M. François G.

(44)　Magyar Helsinki Bizottsag c. Hongrie ［GC］, 8 novembre 2016, Reports 2016 §149.

(45)　提訴の集中としては、2017年末現在、係争中の訴訟は、上位からルーマニア9900件（17.6％）、ロシア7750件（13.8％）、トルコ7500件（13.3％）、ウクライナ7100件（12.6％）と以上の4カ国で57.3％を占めている。ついでイタリア、ハンガリー、アゼルバイジャン、ジョージア、アルメニア、ポーランドと続き、以上10カ国で84.6％となっている。

(46)　建石真公子「ヨーロッパ人権条約第15議定書による『補完性原則の条約化』における『条約の実効性』と『国内裁判所の自立性』の対立と立憲主義」工藤達朗他編『憲法学の創造的展開 戸波江二先生古稀記念 下巻』（信山社、2017年）116頁以下参照。

(47)　破毀院は、10月16日、代理懐胎で外国で出生した子と依頼母との親子関係について、人権裁判所に勧告的意見申請を送付した。

概　説 Ⅶ

ヨーロッパ人権裁判所との「対話」―ポーランド―

小森田秋夫

はじめに

　ポーランドは、1991年10月、ヨーロッパ評議会加盟と同時にヨーロッパ人権条約に調印し、何らの留保を付することなく92年12月にこれを批准した。「欧州への回帰」という標語とともに、93年5月から、ポーランド市民にはヨーロッパ人権裁判所に人権侵害からの救済を求める道が開かれることになった。

　体制転換の道を歩んできた旧ソ連・東欧諸国の中でも比較的人口の多いポーランドは、2006年には係属中の事件数でロシア、ルーマニア、トルコ、ウクライナに次いで5位を占めていたが、2014年には9位に下がっている[1]。この国にかかわるヨーロッパ人権裁判所の判決には、数が多い割にはリーディング・ケースと呼べるものがないと評されたこともあるが、近年、注目される判決も現われるようになってきている。それらの中で、体制転換期に特有の過去の遺産の処理にかかわるものや、カトリック教会の影響力の大きいポーランドの文化的特性を背景としたものに着目しつつ、ヨーロッパ人権裁判所と憲法法廷（憲法裁判所）を含むポーランド社会との「対話」の諸相を、〈協調〉、〈不協和音〉、〈緊張〉という3つの角度から描き出してみることにしたい[2]。

1　〈協調〉――規制家賃制度と家主の所有権

　ポーランドでは第2次世界大戦後、私人に属する住居をも包含する「住居の公的管理」システムが導入された。公的権力は、私人の建物にある個々の住居を賃借人に割当てる決定を下す権限が付与され、家賃も規制された。「住居の公的管理」は74年に「特別賃貸借手続」によって取って代わられたが、所有者の意思とは無関係に行政的決定によって賃借人に住居が割り当てられるというシステムの本質は変わらなかった。89年の政治的転換を経て計画経済から市場経済への移行が行なわれると、94年に、特別賃貸借手続を廃止し、家賃は所有者と賃借人とのあいだの契約によって自由に定められるという原則を導入した「住居賃貸借および住宅付加金についての法律」が制定された。しかし、住居の国家規制から自由市場システムへの移行期において困難な経済状態にある賃借人を保護することを立法目的とするこの法律は、深刻な住宅事情を考慮し、賃借権が行政的決定によって賃借人に認められていた住居については、2004年末までの過渡的期間、再調達原価の3％（年換算）という上限によってのみ制約されつつグミナ評議会（基層自治体の議会）が任意に定める規制家賃を適用することとした。

　94年12月6日、バルト海沿岸のグディニャ市にある両親から相続した建物の所有者であるポーランド系フランス市民のM. フッテン-チャプスカが、94年法による家賃の値上げと賃貸借契約解除の制限は第1議定書1条（所有権）に違反すると主張してヨーロッパ人権委員会に申立を行なった（その後、事件はヨーロッパ人権裁判所に付託された）。

　一方、国内においては、規制家賃を再調達原価の1.3％と定めるグディニャ市評議会の決定に対する

建物所有者の訴えを発端として、94 年法の関連規定の憲法適合性の審査を求める申立が、最高裁から憲法法廷に提出された。憲法法廷は、2000 年 1 月 12 日の判決 (P 11/98) において、社会国家の観点から弱い立場にある賃借人を保護することは必要であり、そのために所有者の権利が制限を受けることはありうるが、実務が示すように住宅維持コストの 60 ％程度しか賄うことのできないほどの水準の規制家賃を可能とする規定は、社会連帯のための過度な負担を私人である所有者に課すものであって比例性の原則に反し、憲法違反である、と認めた。これを受けて 01 年 6 月、94 年法に代わって居住者の権利保護法が制定され、規制家賃と契約家賃との区別を原則として廃止する一方、家賃の引上げ幅を前々年と比べた前年の物価上昇率の 15 ～ 50 ％以下に制限する、という一般的な規制が導入された。これに対しても憲法法廷は違憲判決を下し、それに対応する法改正が行なわれた。

ヨーロッパ人権裁判所がフッテン–チャプスカの申立について判決を下したのは、このように、憲法法廷による違憲判断を受けながら立法者が試行錯誤をさらに重ねている時点においてであった。05 年 2 月 22 日の小法廷判決は、第 1 議定書 1 条違反を認めるとともに、財産の維持コストにしかるべく比例した家賃を取得することを不可能にするような家賃値上げの制限という・シ・ス・テ・ム・的・問・題からこの違反が生じていることを指摘し、その解決を求めたのである。損害賠償についてはなお判断の機が熟していないとして、両当事者の和解に解決を求める可能性を示唆した。しかし、ポーランド政府はこの判決を不服として大法廷に上訴した。

05 年 4 月 19 日、憲法法廷は、ヨーロッパ人権裁判所判決をも援用しつつ、国家およびそれによって制定された法に対する信頼の原則が侵されており、所有者の権利をも居住者の権利をも考慮した家賃形成のメカニズムが欠如しているとして 04 年 12 月の改正法を違憲と判決するとともに、自ら立法的解決のための指針を提示することを予告した (K 4/05)。

立法者が長期にわたって断片的・過渡的な解決で満足してきたことに業を煮やしたことを意味するこの予告は、05 年 6 月 29 日の決定 (S 1/05) によってはたされている。

翌 06 年の 6 月 19 日、ヨーロッパ人権裁判所の大法廷が判決を下した。判決 (Hutten-Czapska v. Poland 〔GC〕, 19 June 2006) は、憲法法廷の介入を受けながら法律が制定・改正されることによって次々に変化する法状況とフッテン–チャプスカの家屋における居住状況とを時期を区切りながら詳細に検討した結果、第 1 議定書 1 条違反を認めた小法廷の判断を再確認し、所有権侵害が家賃制限にとどまらない複合的な性格を帯びていることを指摘した。また、パイロット判決の手続の適用をも認め、問題を体系的に解決するための手段の選択はポーランドに属するとしつつ、憲法法廷の 05 年 6 月 29 日決定に示された指針の参照を促している。判決は、精神的損害の賠償を認める一方、物質的損害の賠償については小法廷と同様に両当事者のあいだの和解による解決を示唆しつつ、判断を留保した。和解 (Hutten-Czapska v. Poland 〔GC〕 (Friendly settlement), 28 April 2008) は 08 年 4 月に成立し、原告に対する損害賠償とともに、同様の立場に置かれた約 10 万人の不動産所有者の請求権が確認された。

以上のように、フッテン–チャプスカ事件は、住宅政策のような分野において加盟国に幅広い「評価の余地」を認めるヨーロッパ人権裁判所が、憲法法廷の判決とそれにもとづく国内法の変化を見極めつつ判断を示し、両者が相互に他方の判決を論拠の一部として援用し合っているという点において、両裁判所の〈協調〉的な対話の跡が顕著に認められる事例のひとつであると言ってよい。

2 〈不協和音〉——宗教教育と成績簿

もちろん、ヨーロッパ人権裁判所と憲法法廷の足並みが常に揃うとは限らない。

ポーランドにおいては、政治的転換の年の翌 90 年、公立学校における宗教教育が復活した。親また

は子どもの申し出にもとづく宗教か倫理の選択制で、宗教は、圧倒的多数の場合ローマ・カトリックの教育（教会当局によって派遣された教理指導者により行なわれ、十字架や祈祷をともなう教理教育）であり、それ以外の宗教または倫理の教育は、最低7名の希望者がいる場合に実施されうる（クラスで7名に満たない場合はクラス横断的または学校横断的授業が組織されるが、前者には同じく最低7名、後者には3名という基準が適用される）、というものである。当初は成績簿には記載しないものとしてスタートしたが、すぐに成績の記載が始まり、2007年からは進級に際して考慮される平均点の計算に参入されることとなった。このような制度について憲法法廷は、91年以降の一連の判決によっておおむね合憲との判断を与えてきた。

　問題は、宗教か倫理かの選択がほとんど有名無実に近いものとなっていることである。後述するグジェラク対ポーランド事件においてポーランドのヘルシンキ人権財団がamicus curiaeとして提出した国民教育省のデータによれば、2006/07年に倫理の授業が行なわれたのはわずか1.03％の学校に過ぎなかった。

　このような状況のもとで、09年12月、野党議員グループによる申立を受けて、平均点への参入を定めた07年の「公立学校における評価の条件および方法等についての国民教育相決定」について審査した憲法法廷は、宗教教育は任意（倫理との選択制）である限り宗教の自由（宗教を外面化する自由）の一要素である、宗教の評価を平均点の算出に組入れることは宗教の評価を成績簿に記載することの帰結であり、成績簿への記載は教育プログラムに宗教を含めたことの帰結である、としてこれを合憲と認めたのである（U 10/07）。

　これに対してヨーロッパ人権裁判所は、翌10年の6月、グジェラク夫妻とその息子の申立にもとづき、条約9条および14条の違反を認める判決（Grzelak v. Poland, 15 June 2010）を下した。

　申立によれば、不可知論者のグジェラク夫妻は、息子のために倫理の授業を実施するよう繰り返し学校当局に求めたが、実現されなかった。クラスで唯一宗教の授業を受けなかった彼は、その間、図書室や集会室で過ごさざるをえず、宗教の授業を受けなかったことで他の生徒たちから物理的・心理的な迫害を受け、2度にわたって転校を余儀なくされた。小中学校の成績簿における「宗教／倫理」の欄には一貫して不参加を示す横棒が引かれていた。これに対してヨーロッパ人権裁判所は、宗教の自由は自らの宗教的信条またはその欠如を明らかにすることを直接・間接に強いられない権利（宗教の自由の消極的側面）を含むものであるが、宗教の授業に参加することがあまねく保障されているという状況のもとで「宗教／倫理」の評価が欠けていることは、当人が宗教の授業に参加せず、したがって宗教的信条をもたない者であると解釈される蓋然性が高い、と判断したのである。

　ヨーロッパ人権裁判所の判決は、3つの文脈で憲法法廷の判決に言及している。第1に、ポーランド政府が原告は国内手続（憲法訴願）を尽くしていないと主張したのに対して、憲法法廷の従来の判決に照らせば、「宗教／倫理」の評価の不記載を争おうとするいかなる試みも実効性をもたないであろう、と認めた。第2に、生徒を信者と非信者とに分割するリスクがあるという主張を退けた93年の憲法法廷判決について、すべての生徒が任意に選択した授業に参加することができ、したがっていずれにしても「宗教／倫理」の評価が与えられるという前提にこの判決は立脚しており、本件のように倫理の授業が保障されず、その結果として評価が空白となるという実際に生じている状況は無視されていた、と指摘している。そして、第3に、親または生徒による選択が完全に自由なものではなく地元の世論の圧力のもとで行なわれている、という可能性を09年の判決が認めていることに触れている。にもかかわらず憲法法廷が、それは法規の適用の問題であり「法の裁判所」としての憲法法廷の管轄外であるとしたのに対して、ヨーロッパ人権裁判所は、このような

状況のもとで生徒が自らの信条に反して宗教の授業に参加することを強いられていると感じている可能性をこそ直視したのである。

憲法法廷とヨーロッパ人権裁判所とのあいだの判断のこのようなズレは、前者が規範統制の権限を抑制的にとらえ、自らの役割を狭義の「法の問題」に限定しているのに対して、後者は具体的な人権侵害からの救済を重視しているという、制度の性格の相違から生じているようにも見える。しかし、法の適用の現実をどの程度考慮するのかという点で「法の裁判所」としての憲法法廷の役割理解には幅がありうるのであり、むしろ憲法法廷の多数意見が、選択の自由という建前を強調しながらも宗教の自由の積極的側面を一貫して重視し、結果として少数者の消極的自由（沈黙する権利）を軽視してきたという実質面をも見逃すことができない。

3 〈緊張〉——妊娠中絶、そして十字架

宗教にかかわる論点においては、ヨーロッパ人権判所の判決はときとしてポーランド国内に激しい反発を生んでいる。

長年にわたり視力の障害を抱え、すでに2児の母であったA. ティションツは、第3子を妊娠した。しかし、視力の低下が進行する危険性があることを認めた眼科医を含め、医師たちは健康上の理由による中絶を指示する証明書を交付することを拒否した。結局、彼女は第3子を出産し、その結果として視力が著しく低下したため、第1種身体障害者と認定された。そこで彼女は、中絶を拒否する決定を行なった婦人科医を検察庁に告訴したが、検察庁は、婦人科医の決定と視力の悪化とのあいだには直接的な関係はないという理由で手続を打ち切った。こうして、03年、ティションツは、ヨーロッパ人権裁判所に提訴するに至った。

93年の妊娠中絶法は、母親の生命または健康に対する脅威がある場合を含む3つの場合には、一定の条件のもとで中絶を受ける権利を認めている。中絶法制は「評価の余地」理論がもっとも典型的に適用されてきた論点であり、ヨーロッパ人権裁判所の07年3月20日の小法廷判決（Tysiąc v Poland, 20 March 2007）も制限的なポーランドの中絶規制の評価には立ち入っていない。そのうえで、現行法が一定の場合には中絶を受ける権利を認めていることを前提として、上訴手続が欠如しているために医師の決定を争ういかなる可能性もなかったがゆえに、プライヴァシーの領域に対する国家の介入に対して個人を保護する効果的なメカニズムを保障する国家の義務をはたさなかったとして、ヨーロッパ人権条約8条の違反を認めたのである。

この判決は、プロ－ライフ的メディアの激しい反発を呼び起こした。政府は、立法者が中絶を許容すると決めた以上は中絶の現実的可能性を制限するような仕方で法的枠組みを構成してはならないというなら、加盟国は中絶を完全に禁止するか、それを効果的かつ無条件に執行されるべき「権利」としてそれを扱うかというディレンマの前に立たされる、ポーランドの中絶法制は中絶の許容可能性を生命保護の原則の例外として扱うというモデルを採用しているのであり、立法者は中絶へのアクセスを最小化し人的生命の保護を最大限可能にするような法的枠組みを設けることができる、と主張して上訴した。しかし、大法廷審査部会はこの上訴を不受理としている。

ヨーロッパ人権裁判所判決に対して、議会が直接的な反応を示した例もある。09年11月3日、同裁判所小法廷はイタリアの国立学校の教室における十字架の存在を消極的な宗教の自由違反と認める判決を下した（Lautsi v. Italy, 3 November 2009）。これに対して上下両院は、外国に関する判決であるにもかかわらず、それぞれ特別の決議を採択してこの判決を批判した。賛成357、反対40、保留5の圧倒的多数で採択された国会（下院）の決議は、ポーランドの伝統、ナチス時代と共産主義時代の独裁、ヨハネ・パウロ2世の言葉などを想起させつつ、「ヨーロッパ諸国民の共通の遺産であるところの価値を支持するという精神で信仰の自由を擁護する方法につ

いての共同の省察」をヨーロッパ評議会加盟国の議会に呼びかけている[3]。

おわりに

14 年 10 月、憲法法廷の元裁判官を含む 15 名の法学者・社会学者・哲学者・心理学者などによる「国の教権主義化についてのポーランド共和国の当局へのアピール」が公表された。アピールは、教会がとりわけ道徳的問題について自らの見解を表明し、自らの要求を実施に移すために現行法の枠内において行動を起こす完全な権利をもっていることを確認したうえで、しかし、その要求のすべてが公的権力によって受容され実現されるべきであるというわけではないとし、「ポーランド共和国の当局は、財政、教育の問題、いわゆるホットな法的・社会的問題（例えば、パートナー結合、家庭内暴力）において立法発議が食い止められる、あるいは公的施設において宗教的シンボルが誇示するように掲げられるという問題について、教会の要求に対してあまりにも従順である」[4]、と警鐘を鳴らした。

リベラルな立場に立つ論者たちによってここに描きだされた現実こそ、ヨーロッパ人権裁判所とポーランド社会（少なくともその一部）とのあいだの〈緊張〉の最大の背景である。これまでのところ、ヨーロッパ人権裁判所と憲法法廷との関係はおおむね協調的であり、両者の判決が正面から衝突するという事例は見られない。しかし、憲法法廷の裁判官は入れ替わる。彼らも、上記のような背景を背負いながら判断する。いずれ、その判決の中にかの〈緊張〉が顕在化してくることはないかどうか、予断を許さない。

〔追記〕2015 年 10 月の議会選挙の結果、「法と公正（PiS）」の単独政権が成立した。この政権は、憲法改正に必要な 3 分の 2 の議席を持たないため、違憲の疑いのある一連の法律を制定するのと並行して、それらを審査すべき憲法法廷の活動を麻痺させる効果をもつ法改正を行なった。16 年 12 月以降、新長官をはじめ PiS が推薦した裁判官が優位を占めるようになると、憲法法廷は政権の意思を追認するという姿勢を顕著に示すに至った。憲法法廷を掌握し終えた新たな局面において、PiS は最高裁判所をはじめ通常裁判所の独立性を脅かす「裁判所改革」に乗り出している。議会構成の変化にともなう憲法法廷の構成の変化という通常のプロセスの域を超えた、憲法秩序の深刻な動揺を意味するこの変動は、EU 委員会やヴェニス委員会からは法の支配、権力分立、司法権の独立など欧州連合が重視する諸価値の侵害という観点から批判を受けているが、政権はこのような批判を受けつけようとしていない。こうした状況のもとで、憲法法廷とヨーロッパ人権裁判所との関係も、今後、〈緊張〉を顕在化させる方向で大きく変化していく可能性がある[5]。

(1) http://www.echr.coe.int/Documents/Stats_analysis_2014_ENG.pdf.

(2) 本稿は、科学研究費補助金・基盤研究(C)「ロシア・東欧諸国における違憲審査制の動態──〈応答モデル〉による比較分析」（2014 〜 16 年度）にもとづく研究の一部である。

(3) このラウッツィ対イタリア判決は、11 年 3 月に大法廷によって覆されている。Lautsi and others v. Italy〔GC〕, 18 March 2011〔本書 *77*〕。

(4) Apel do władz Rzeczypospolitej Polskiej w sprawie klerykalizacji kraju, *Gazeta Wyborcza*, 17. 10. 2014.

(5) 2016 年 3 月までの状況について、小森田「議会多数派が立憲主義を踏みにじるとき──ブダペシュト・ワルシャワ・東京」神奈川大学評論 83 号（2016 年）を参照。

概　説 VIII

ヨーロッパ人権裁判所とロシア ──憲法裁判所との協調と対立──

佐 藤 史 人

はじめに

ロシア連邦（以下、「ロシア」）は、1998 年に人権条約を批准し、2002 年以降ロシアを被告国とするヨーロッパ人権裁判所（以下、「人権裁判所」）の判決が言い渡されている。2000 年代における人権裁判所とロシアの関係を特徴付けたのは、ロシアから殺到する膨大な申立であった。ロシアは、2003 年に裁判体に係属する申立件数で 1 位となり、2010 年末には約 4 万 300 件の申立が人権裁判所に係属していた。しかし、2010 年代に入ると、人権裁判所の制度改革の影響で係属件数は減少に転じ、2016 年末には加盟国中第 4 位になった。他方で、人権裁判所に対するロシアの政治部門からの批判が激しくなり、ロシアと人権裁判所の間に新たな軋みが生じている。以下では、人権条約をめぐるロシアの動向を、人権裁判所とロシア連邦憲法裁判所（以下、「憲法裁判所」）の関係を中心に概説する。

1　人権裁判所との協力関係

(1) 同種反復事件と人権裁判所

2000 年代のロシアをめぐる人権裁判所の主な課題は、いわゆる制度的問題への対応であった。例えば、社会保障給付に関する判決の未執行問題は、ロシアからの申立の 40 ％から 45 ％を占めていた。しかし、ロシアに対する最初のパイロット判決である 2009 年のブルドフ（第 2）判決〔本書 15〕を契機に国内法が整備され[1]、2011 年にはこの種の申立の割合は 40 ％から 17 ％へと減少した[2]。ロシアが抱え

た制度的問題の多くは、ロシアの法秩序が欧州基準に達していないにもかかわらず、90 年代にロシアを性急にヨーロッパ評議会に加盟させたことによるものであったが[3]、その後、人権裁判所の活動を通じて問題の漸進的な解決がはかられ、現在では年間の係属件数は最盛期の 40 ％を下回っている。とはいえ、刑事施設内の処遇など、いまだ解決されていない同種反復事件も存在する。判決の執行状況も事件によって異なり、政治的な性質をもつ事件ほど執行に困難を抱えている。

(2) 国内裁判所の対応

連邦最高裁を頂点とする通常裁判所は、当初は人権条約の適用および引用に消極的であった[4]。これに対し、憲法裁判所は、人権裁判所の協力者として、人権条約や人権裁判所判決を積極的に裁判のなかで引用した[5]。一般的措置の実現にも取り組み、監督審や成年後見制度の改革を進め、死刑モラトリアムを恒久化した。個別的措置を実現する上での障害を取り除いたのも憲法裁判所である。2002 年制定の民事訴訟法典は、人権裁判所の判決を再審事由として定めていなかった。通常裁判所は、これを理由に、人権裁判所の判決に基づく国内裁判所判決の見直しを長らく拒んでいたが、憲法裁判所は 2010 年の判決において、憲法適合的解釈により人権裁判所判決を民事の再審事由とみなすことができると判示し[6]、民事訴訟法典もこの判例に倣って改正された。

もちろん、憲法裁判所と人権裁判所の立場は常に一致していたわけではない。憲法裁判所は、権利の制約を正当化するために、人権裁判所の判例をしば

しば不正確に引用した。また、重大な社会問題（集会の自由、性的指向による差別など）では政治部門の側に立った[7]。とはいえ、憲法裁判所は、2000年代の主たる課題であった公正な裁判を受ける権利に関する事件では条約に忠実であり、人権裁判所との共同歩調を取りながら司法制度が抱える課題の解決に努めていたのである。

2 人権裁判所判決に対する「保護メカニズム」の構築

憲法裁判所と人権裁判所の関係は、2010年代に入ると「対立」の側面が強調されるようになる。軍人の育児休暇期間の男女差が争われたマルキン事件において、憲法裁判所がこれを合憲としたのに対し[8]、人権裁判所小法廷は条約違反を認定した[9]。その際に、憲法裁判所の論拠が人権裁判所によって逐一論駁されたことに反発した憲法裁判所長官ゾーリキンは、ロシアの新聞紙上に公表した論文の中で、条約はロシアの法体系において憲法の下位にあり、憲法裁判所の解釈は人権裁判所による条約の解釈によって覆されてはならないがゆえに、ロシアには主権侵害に対する「保護メカニズム」を構築する権利があるのだと主張した[10]。

これ以後、「保護メカニズム」をめぐる議論がたびたび浮上し、2014年にはその最初の具体化が行われた。憲法裁判所法改正により、①国際人権機関の決定に基づく再審手続において法令の憲法適合性を確認することが必要な場合には、憲法裁判所に質問する義務が国内裁判所に課せられ、②抽象的規範統制の申立権者には、国際人権機関により人権を侵害し、改正が必要であるとされた法令について、その憲法に従った適用の可能性について質問する権限が付与された。

さらに、憲法の最高法規性を根拠に、違憲の解釈に基づく人権裁判所判決には執行義務がないことを明言した2015年7月の憲法裁判所判決をきっかけとして[11]、同年12月に、憲法裁判所法が再び改正された。この改正により、③ロシアの利益を保護す

る連邦執行機関、すなわち司法省に、憲法に抵触する疑いのある国際人権機関の決定の執行可能性について質問する権限が与えられた。そして何より重要なのは、憲法裁判所の判決において国際人権機関の決定が執行不能と判断されうることが、憲法裁判所法において明記されたのである。

3 「保護メカニズム」のもとでの対話可能性

(1) 人権裁判所判決の執行可能性に関する審査

前記の手続が導入されると、ロシア国内でもリベラル派から批判の声が上がり、ヴェニス委員会も、判決の執行可否を審査する制度の廃止を要求した[12]。

一方、憲法裁判所は、2016年4月に、この手続に基づく初めての判断を示した[13]。対象となったのは、刑事収容施設の収容者から選挙権を一律に剥奪することは条約違反であるとしたアンチュゴーフおよびグラトコーフ判決である[14]。憲法裁判所は、司法省からの質問に対し、自由剥奪施設[15]に収容される市民は選挙権を有しないと定める憲法32条3項に抵触せずに、選挙権の制限を自由剥奪施設の収容者の一部に限定することはできないとの判断を示した。他方で、過失犯や比較的軽い故意犯で有罪となった者が収容される移住地型収容所での自由剥奪刑については、立法府は、選挙権の制限を伴わない他の代替的刑罰に変更することができるとも指摘し、憲法改正や憲法解釈の変更によらずとも問題を解決する見通しがあることを示唆した。

これに対し、上記の手続に基づく第2の判決では、公正な満足の執行可能性が争点となった。石油会社ユコスの株主に18.7億ユーロの賠償を命じた人権裁判所判決[16]に対する司法省の質問に基づき、2017年1月に憲法裁判所は、当該判決に基づく公正な満足の執行は不可能であるとする判決を言い渡した[17]。人権裁判所は、憲法裁判所判決が示した事前に予見不能な租税法典の解釈[18]に基づいてユコス社に制裁金が科され、同社の財産権が侵害されたとしたが、憲法裁判所は、前記の解釈は、該当条文にとって憲法上「唯一可能な意味」に基づくものであり、従前

の憲法判例に照らせば予見可能であったと述べ、前例のない規模の租税逋脱行為によって憲法体制の安定が脅かされた本件において、予算から賠償金が支払われるならば、租税法における平等および公正という憲法原則に違反すると判示した。

(2) 憲法裁判所と人権裁判所の「対話」

憲法裁判所は、前述の2016年4月判決の中で、「複数の法システム間の対話」のみが法システム間の均衡の基礎となり、憲法裁判所は欧州人権保護システムの維持のために「適切な妥協を探求する用意」があると述べていた。この判決に対しては、本質的なことが議論されず、妥協案も不十分だとする批判もあるが[19]、憲法裁判所と人権裁判所との対話の好例として評価する意見もある[20]。モルシャコーヴァ元憲法裁判所副長官も、憲法裁判所は、超国家的司法機関が指示する国際的スタンダードを国内で執行する際の「案内人」として自らを位置づけていると評価した[21]。このように憲法裁判所が示した妥協案は、ロシアでは一定の評価を得ているが、憲法裁判所がその実現を立法府の裁量に委ねるに留まった点については、批判もある[22]。

一方、多様な執行方法が想定される一般的措置とは異なり、公正な満足が問題となったユコス事件においては、人権裁判所判決は執行するか、しないかの二択でしかありえなかった。憲法裁判所は、賠償金の支払いは憲法に反するが故に認めることができないと判示することにより、人権条約上の義務の履行を実際に拒否する場合があることを示したのである。

4 まとめに代えて

2010年にゾーリキンによって提起された「保護メカニズム」の構築というテーマは、その後、彼の想定をも超える人権裁判所判決の執行可能性を審査する手続として具体化され、憲法裁判所は、人権条約に関する紛争の「政治的仲裁者」になるというリスクを背負い込んだ[23]。

この制度化された「保護メカニズム」には、2つの相貌がある。第一の顔は、ロシアと欧州の法秩序の階層性を否定し、法システム間の対話を通じて調和を実現する契機である[24]。憲法裁判所は、一方では憲法の優位を説きつつも、他方では、ヨーロッパ評議会からの脱退論を含むロシア政治部門からの「原則論」を警戒し、2015年7月の憲法裁判所判決においても、憲法裁判所の「反論権」が問題になるのは極めて稀な場合であることを強調している。憲法裁判所は、原則として、国内で受入可能な判決の実施方法を探ることにより、条約をめぐる議論がいたずらに単純化、先鋭化するのを避けようとしてきた。本稿が扱ったアンチュゴーフ事件においても、憲法裁判所のそうした相貌を見ることは、不可能ではない[25]。

他方で、ユコス事件において示されたように、憲法裁判所は、常に妥協と対話を探るわけではない。ロシアの政治体制に根ざした課題に直面する局面においては、主権の名の下に欧州からの「圧力」を遮断し、政治部門を擁護するという憲法裁判所の第二の顔が立ち現れる。2014年のウクライナ紛争およびクリミア共和国のロシア「編入」に関する国家間申立など、人権裁判所の前にロシアに関する難事件が山積する現状に鑑みれば、ユコス事件はあたかもそれらに向けた「通し稽古」であるかのようにも見える。

ロシアと人権裁判所の関係は、人権裁判所の判決の95％がロシア当局によって執行されるなど、全体としては協力関係が維持されており[26]、「危機」の側面のみを強調するのは一面的であろう。とはいえ、政治的に鋭い対立を孕む問題に触れざるをえない局面においては、憲法裁判所は、「保護メカニズム」のもとで二つの顔を使い分けつつ、欧州との「対話」を進めるという際どい役回りを演じざるをえないのである。

(1) Burdov v. Russia (No. 2), 15 January 2009〔本書 **15**〕.
(2) Ковлер А. Герасимов и другие против России// Международное правосудие. 2014. No. 3. C. 7.

(3) Nussberger A., The Reception Process in Russia and Ukraine, in H. Keller and A. Stone Sweet (eds.) *A Europe of Rights: The Impact of the ECHR on National Legal Systems*, OUP, 2008, pp. 603-614.

(4) Бурков А. Конвенция о защите прав человека в судах России. М., 2010.

(5) Коротеев К. Место Европейской Конвенции о защите прав человека и основных свобод в аргументации решений Конституционного Суда РФ// Сравнительное конституционное обозрение. No. 4. 2013. С. 69-70.

(6) Постановление КС РФ от 26 февраля 2010 г. N 4-П.

(7) Коротеев К. Указ. соч., С. 80.

(8) Определение КС РФ от 15 января 2009 г. N 187-О-О.

(9) Markin v. Russia, 7 October 2010.

(10) Зорькин В. Предел уступчивости// Российская газета. 29.10.2010.

(11) Постановление КС РФ от 14 июля 2015 г. N 21-П.

(12) CDL-AD (2016) 005.

(13) Постановление КС РФ от 19 апреля 2016 г. N 12-П.

(14) Anchugov and Gladkov v. Russia, 4 July 2013.

(15) 自由剥奪施設は、我が国の刑務所、医療刑務所、少年院に相当する。

(16) OAO Neftyanaya kompaniya Yukos v. Russia, (just satisfaction) 31 July 2014.

(17) Постановление КС РФ от 19 января 2017 г. N 1-П.

(18) Постановление КС РФ от 14 июля 2005 г. N 8-П.

(19) См. Пушкарская А. Конституционный суд впервые разрешил не исполнять решение ЕСПЧ// Коммерсантъ. 19.04.2016.

(20) Дедов Д.И. Решение системной проблемы социальной адаптации// Российский ежегодник ЕСПЧ. No. 3. 2017. С. 14.

(21) Морщакова Т. О некоторых актуальных проблем конституционного правосудия// Сравнительное конституционное обозрение. 2017. No. 3. С. 120.

(22) Вайпан Г. Трудно быть богом// Сравнительное конституционное обозрение. 2016. No. 4. С. 113.

(23) CDL-AD (2016) 016. § 41.

(24) Зорькин В.Д. Проблемы реализации конвенции о правах человека. 22.10.2015 〈http://www.ksrf.ru/ru/News/Speech/Pages/ViewItem.aspx?ParamId=72〉.

(25) ヴァイパンは、「単純化」の例として、アンチュゴフ事件に関する憲法裁判所の口頭弁論における政府代表の発言を挙げている。政府側は、この事件は、国内法第1位の法令（憲法）と第3位の法令（人権条約批准法）を「算術的に」比較するという「大学2年生でも分かる単純な」問題であると指摘したが、ヴァイパンによれば、憲法裁判所はそうした単純化からは距離を取った。ヴァイパン Г. Указ. соч., С. 110.

(26) В ЕСПЧ продолжает изучать решение КС РФ по делу ЮКОСа, которое не переведено с русского// ТАСС. 26 января 2017. 〈http://tass.ru/mezhdunarodnaya-panorama/3973801〉.

I　ヨーロッパ人権条約の基本問題

1 国家免除

ヨーロッパ人権条約の解釈における国家免除等の国際法規則の考慮

—オレイニコフ判決—

水島　朋則

Oleynikov v. Russia
14 March 2013

【事　実】

申立人は、1997年5月19日に、北朝鮮大使館通商代表部ハバロフスク事務所に1,500米ドルを貸したが、受領証にある返済期限（同年5月29日）までに返済されず、督促状を送るなどしたが返答はなかった。申立人は、北朝鮮を相手どりハバロフスク地区裁判所に提訴したが、ロシアの民事訴訟法に従えば外国に対してはその同意がある場合にのみ提訴できることを理由として、請求は却下された（2004年2月）。上訴審であるハバロフスク地方裁判所も、地区裁判所の判断を支持した（同年3月）。申立人は、ロシアの裁判所が請求を却下したことが、公正な裁判を受ける権利を定めるヨーロッパ人権条約（以下、単に条約とすることがある）6条および財産権を定める第1議定書1条の違反であると主張して、ヨーロッパ人権裁判所（以下、人権裁判所）に申立を行った。

ロシアの民事訴訟法および商事訴訟法は、外国に対する裁判をその同意がある場合を除いて行わないという絶対免除主義を採用してきたが、2002年9月施行の新しい商事訴訟法は、公権力を行使して行動する外国に対して（のみ）裁判権免除を与える制限免除主義を採用している。また、1960年のソ連・北朝鮮通商条約の附属書は、国家免除の例外として、一方の締約国において他方の締約国の通商代表部が締結した商事契約から生ずる紛争は前者の裁判権に服すると定めている。

人権裁判所は、条約6条に基づく申立は受理したが、第1議定書1条に基づく申立は不受理とした（全員一致）。条約6条に基づく申立について、人権裁判所は、条約違反を認定したが、公正な満足の請求は棄却した（全員一致）。

【判　旨】

(1) 条約6条違反の主張について

(a) 一 般 原 則

条約6条は、裁判所への権利を具現するものであり、民事事件において裁判を提起する権利は、その一側面である（§54）。ただし、このような裁判所へのアクセス権は、その性質上、国家による規制を必要とするため、絶対的なものではなく、制限に服する。この点に関して締約国には評価の余地が与えられているが、条約遵守の最終決定は人権裁判所が行うのであり、その制限が、権利の本質を害するほどにまで裁判所へのアクセスを制限するものではないことが求められる。裁判所へのアクセス権の制限は、「それが正当な目的を追求しない場合、また、用いられる手段と達成しようとするその目的との間に比例性の合理的な関係がない場合には、条約6条と両立しない」（§55）。

条約法条約31条3項は、条約の解釈において、「当事国の間の関係において適用される国際法の関連規則」を考慮することを定めている。「人権裁判所は、ヨーロッパ人権条約の人権条約としての特別な性格に留意し、国家免除を含む国際法の関連規則を考慮しなければならない」（§56）。したがって、国家免除に関する一般に承認された国際法規則を反映している措置が、裁判所へのアクセス権に対して釣り合わない制限を課しているとみなすことは原則としてできない（§57）。

また、ヨーロッパ人権条約は、実際的・実効的な権利を保障しようとしている。これは、公正な裁判を受ける権利が民主的社会において占める重要な位置に照らした場合、裁判所へのアクセス権について

特に当てはまる。国家が、条約執行機関によるコントロールに服することなく、ある範囲の民事請求全体を国内裁判所の管轄外としたりすることは、民主的社会における法の支配や、条約6条の基礎にある基本原則と合致しない（§58）。

民事訴訟において国家免除を与えることは、他国の主権の尊重を通して国家間の礼譲や良好な関係を促進するために国際法を遵守するという正当な目的を追求するものである（§60）。また、比例性に関連して、絶対免除主義は、長年、とりわけ2004年の国連国家免除条約の採択とともに、明らかに衰退してきた。同条約は1991年の国際法委員会（ILC）草案を基礎とするものであるが、そこでは商業取引について国家は免除を援用できないとする制限免除主義が採用されている（§61）。

(b) 本事件への一般原則の適用

ロシアの裁判所が絶対免除主義を定める民事訴訟法に従って申立人の請求を却下したことによる権利の制限は、上述のような国際法の遵守という正当な目的を追求するものである（§63-64）。先例も述べるように、現在では国連国家免除条約に規定されているILC草案は、問題となっている国家が同条約を批准していない場合であっても、それに反対していない限り、慣習国際法として適用される。ロシアは国連国家免除条約を批准していないが、反対もしておらず、むしろ2006年に署名している（§66）。また、署名以前においても、ロシアは制限免除主義を慣習国際法の原則として受け入れていた。ロシアの大統領は、1998年と1999年に、絶対免除主義は時代遅れとなり、制限免除主義が慣習国際法となっていると明言している。憲法裁判所も、2000年の決定において、民事訴訟法の機械的な適用が司法的救済への権利に対する許容できない制限をもたらし得ることから、外国による免除の黙示的放棄の可能性について裁判所は調査すべきとしており、最高商事裁判所も、2001年の書簡において、当時の商事訴訟法の規定（絶対免除）にもかかわらず、下級裁判所は制限免除を適用すべきとしている。その後、2002年の新商事訴訟法は、商事裁判所は制限免除を適用すべきことを定めている（§67）。したがって、ILC草案および国連国家免除条約の規定は慣習国際法とし

て適用され、裁判所へのアクセス権が尊重されていたかどうかを検討する際に、このことを考慮しなければならない（§68）。

本事件においてロシアの裁判所は、申立人の請求の基礎にある取引の性質について検討しておらず、その請求が北朝鮮の主権行為に関わるのか否かを確認していない。また、その取引が通商条約附属書の裁判条項の適用範囲に含まれるのかどうかも検討していない（§70）。ロシアの裁判所は、請求の基礎となっている取引や、通商条約附属書の規定、慣習国際法について検討することなく、絶対免除を適用して申立人の請求を却下した（§71）。 紛争の本質について検討することも、適切で十分な理由を付すこともせず、かつ、適用される国際法に反して請求を却下したことにより、ロシアの裁判所は比例性の合理的な関係の確保を怠った。これは、申立人の裁判所へのアクセス権の本質を害するものであり、条約6条の違反があった（§72-73）。

(2) 第1議定書1条違反の主張について

北朝鮮通商代表部の債務不履行についてロシアが責任を負わされることはない。ロシアの裁判所が申立人の請求の審理をしなかった点については、条約6条との関連で既に検討しており、第1議定書1条との関連で他に検討すべき問題はない（§76）。申立のこの部分は、条約35条3項・4項に従って、不受理として却下する（§77）。

(3) 条約41条の適用

本事件のように、国内裁判手続が条約6条に違反する場合の適切な救済方法は、原則として、再審理や手続の再開である。本事件における「公正な満足」（条約41条）は、条約6条が保障する便益を申立人が受けられなかったという事実にのみ基礎づけられるが、申立人は非金銭的賠償を求めておらず、公正な満足としては何も指示しない（§81）。

(4) 結　論

条約6条に基づく申立は受理するが、申立の他の部分は不受理とする（全員一致）。条約6条の違反があった（全員一致）。公正な満足の請求は棄却する（全員一致）。

【解　説】

(1) 本判決の意義・特徴

　国際法規則と一般に理解されてきた国家免除によれば、国家は一定の場合に他国の民事裁判権から免除される。そのため、私人が外国を相手どって提起した裁判は、少なくとも一定の場合、行われないことになる。このような国家免除が条約6条（裁判を受ける権利）と両立するのかどうか、また、どのような条件で両立するのかが争点となり得る。実際、2001年のアルアドサニ判決他[1]が、既にその両立可能性についての一般原則を提示している。アルアドサニ判決他においては、一般原則の具体的な適用の結果として、条約6条違反なしとされたが、その後、人権裁判所が違反を認定した事例もある[2]。

　オレイニコフ判決は、国家免除と裁判を受ける権利との関係についての一般原則としては、アルアドサニ判決他が示した従来のものを踏襲しており、条約6条違反ありという結論も、制限免除主義に基づく国家免除の場合でさえ違反ありとした先例に鑑みれば、十分に予想されたものである。したがって、本判決の先例としての意義は限定的であるが、以下で指摘するように、本判決が、近年の国家免除関連事例における人権裁判所のアプローチの問題点を象徴・拡大再生産するものと位置づけられる点は、確認しておく意義があろう。

(2) 主要論点の解説

(a) ヨーロッパ人権条約の解釈において考慮される他の国際法規則

　オレイニコフ判決において人権裁判所は、先例と同様に、ヨーロッパ人権条約の解釈においては、国家免除を含む国際法の関連規則を考慮しなければならないと述べる。問題は、国家免除に関する一般に承認された国際法規則（慣習国際法）の認定の仕方である。

　慣習国際法の認定においては、本来、一般慣行と法的信念の存在を確認する必要がある（慣習国際法成立の二要件論）[3]。しかしながら、人権裁判所は、そのような作業を行うことなく、被申立国が国連国家免除条約（未発効）の作成過程において反対していなければ、同条約を批准していなくても、それが慣習国際法として適用されると判断している[4]。人権裁判所に限らず、近年の慣習国際法認定における一般的な特徴とも言えるかもしれないが[5]、杜撰である。権威ある慣習国際法認定と評価されるためには、それぞれの要件が充たされているかどうかを、国家免除規則の性格にも照らしつつ確かめることが不可欠と言えよう。また、人権裁判所は、ILC草案と国連国家免除条約との違いを軽視しがちである。たとえば、本事件で問題になった商業取引例外に関しても、両者の間には実は大きな違いがある[6]にもかかわらず、それを無視して両者を並べて慣習国際法と認定するのは、「どちらが慣習国際法なのか」という基本的な問いにも答えられないという意味で、杜撰の上塗りという印象を免れない。

　なお、条約の締結（批准）については、外交の民主的コントロールという観点から多くの国家で議会の関与が認められている[7]。ところが、オレイニコフ判決では、そのような批准よりも、基本的には行政府限りの判断で行われる条約作成過程における反対や条約への署名[8]が重視されている。このようなアプローチは、これまで人権裁判所が強調し、本判決でも言及する「民主的社会における法の支配」という観念と整合的でないように思われる。

(b) 正当な目的の追求

　これまで人権裁判所は、民事訴訟において国家免除を与えることは、他国の主権の尊重を通して国家間の礼譲や良好な関係を促進するために国際法を遵守するという正当な目的を追求するものであると述べてきた。しかしながら、先例において問題とされたのは、いずれも、制限免除主義を前提としてもなお与えられる（と国内裁判所が判断した）国家免除であったことには注意が必要である。少なくとも今日において国際法は絶対免除主義を求めていないとすれば[9]、オレイニコフ判決で問題となったような絶対免除主義に基づく国家免除の場合は、裁判を受ける権利に対する制限の正当な目的として「国際法の遵守」を挙げることはできなかったはずである[10]。事案の具体的な状況を考慮せず無批判に先例に従った結果と言えよう。

(c) 手段と目的との比例性

　仮に本事件においては追求する目的の正当性が否

定されるとすれば、人権裁判所は手段と目的との比例性について判断する必要がなかったということになろうが、その点はともかく、これまで人権裁判所は、国家免除に関する一般に承認された国際法規則を反映している措置が、裁判を受ける権利に対して釣り合わない制限を課しているとみなすことは原則としてできないと述べてきた。制限免除主義に基づく国家免除の場合でさえ比例性の合理的な関係を否定し、条約違反を認定した先例があることに鑑みれば、オレイニコフ判決は、先例と均衡的であると言えよう。もっとも、自らは適切で十分な理由を付すことなく国家免除の慣習国際法を認定しておきながら、ロシアの裁判所に対しては、適切で十分な理由を付していないことを一つの理由として、比例性の合理的な関係の確保を怠り、裁判所へのアクセス権の本質を害したとする人権裁判所の判断は、その意味では均衡を失しているように思われる。

(3) 判決の国内法への影響

本判決は、条約違反は認定したものの、公正な満足としては何も指示しておらず、判決の執行として、申立人に直接関わる個別的措置は特に求められていないと言えよう。他方で、本判決を受けてロシアは、同様の条約違反の発生を防ぐため、一般的措置として、国家免除に関する法律案を作成するなどしている[11]。この法律案は、国連国家免除条約に準拠して制限免除主義に従うものであり、2014年4月30日にロシア政府に提出されているが、その帰趨は現時点では不明である。

(4) 日本との比較、日本法への示唆

自由権規約14条も、ヨーロッパ人権条約と同様に裁判を受ける権利を保障しており、国家免除との両立可能性が問題となった個人通報の事例もある[12]。日本の裁判所が外国に与える国家免除についても同様の問題が提起され得るが、日本では、オレイニコフ判決で問題となったような絶対免除主義は、かつてはともかく現在では採用されておらず、国連国家免除条約に準拠した「外国等に対する我が国の民事裁判権に関する法律」が2010年に施行されている。この法律が適切に適用される限りでは、おそらく自由権規約違反という事態は免れることになると思われる。もっとも、だからといって、日本の裁判所が

人権諸条約を含む国際法の問題に適切に対処してきた（適切に対処するであろう）というわけではない。日本の裁判所が、人権裁判所の判例から学ぶべき点があることは言うまでもないが、国際法問題に関しても、上で指摘したような問題を孕んだ判例もあることに留意し、無批判な受容は慎まなければならない。

(1) Al-Adsani v. UK [GC]; Fogarty v. UK [GC]; McElhinney v. Ireland [GC], 21 November 2001, Reports 2001-XI. アルアドサニ判決については、たとえば、〔Ⅰ7〕解説（薬師寺公夫執筆）、水島朋則「アル＝アドサニ対英国」国際人権15号（2004年）109頁参照。

(2) Cudak v. Lithuania [GC], 23 March 2010; El Leil v. France [GC], 29 June 2011; Wallishauser v. Austria, 17 July 2012.

(3) たとえば、浅田正彦編『国際法（第3版）』（東信堂、2016年）38-44頁（柴田明穂）参照。

(4) Cudak, *supra* note (2), Reports 2010-Ⅲ, §64-67; El Leil, *supra* note (2), §53-54; Wallishauser, *supra* note (2), §69参照。水島朋則『主権免除の国際法』（名古屋大学出版会、2012年）65頁の注30に挙げた文献も参照。

(5) たとえば、水島・前掲注(4)24頁参照。

(6) 具体的には、取引が商業的であるか否かを決定する際に、取引の性質に加えてその目的も考慮すべきかどうかの基準が、ILC草案では取引の当事者である国の慣行であるのに対し、国連国家免除条約では法廷地国の慣行であるという違いがある。水島・同上23頁も参照。

(7) たとえば、浅田編・前掲注(3)60頁（中野徹也）参照。

(8) 国連国家免除条約は批准等を求めており（29条）、署名の法的効果は、条約法条約18条に従えば、「条約の趣旨及び目的を失わせることとなるような行為を行わないようにする義務」を生じさせるにとどまる。

(9) 国際司法裁判所も、直接的には述べていないにせよ、少なくとも現在の慣習国際法上、絶対免除主義は求められていないことを前提としていると考えられる。Immunités juridictionnelles de l'Etat（Allemagne c. Italie; Grèce (intervenant)），arrêt, C.I.J. Recueil 2012, p. 99. たとえば、水島朋則「国家の裁判権免除事件」杉原高嶺＝酒井啓亘編『国際法基本判例50（第2版）』（三省堂、2014年）44頁参照。

(10) 水島・前掲注(4)203-204頁も参照。

(11) Action Plan, 13 May 2014, DH-DD（2014）657参照。

(12) Sechremelis v. Greece, 25 October 2010, CCPR/C/100/D/1507/2006/Rev.1. 本事件については、水島・前掲注(4)174頁の注7およびそこに挙げた文献参照。

[参考文献]
注に掲げたものを参照。

2 国際機構の免除
国際機構の裁判権免除と「公正な裁判を受ける権利」
——ウェイトおよびケネディ判決——

黒神　直純

Waite and Kennedy v. Germany
18 February 1999, Reports 1999-I（大法廷）

【事　実】

　英国籍の申立人、ウェイトとケネディは、それぞれドイツのグリースハイムとダルムシュタットに居住していた。彼らは、英国 SPM 社（後に、同社との契約はアイルランド（ダブリン）の CDP 社に引き継がれた）からヨーロッパ宇宙機関（ESA）に派遣され（後に、両申立人は Storespace 社を設立し、同社と CDP 社との契約に基づいて派遣された）、ダルムシュタットにあるヨーロッパ宇宙活動センター（ESOC）でシステムプログラマーとして勤務していた。ESOC は、ESA がその活動を独立して行うために運営している機関である。

　1990 年 10 月、両申立人の所属会社 Network Consultants（Storespace 社の後継会社）と CDP 社との契約が終了した。これを不服とした両申立人は、ESA を相手取り、自らの ESA の被雇用者たる地位を確認するため、ダルムシュタット労働裁判所、フランクフルト・アム・マイン労働上訴裁判所および連邦労働裁判所で争ったが、いずれも ESA の裁判権免除を理由に訴えを却下された。

　両申立人は、国内において救済を得られなかったことを受けて、1994 年 11 月にヨーロッパ人権委員会に対して申立を行った。ヨーロッパ人権条約 6 条 1 項に基づき、ドイツ労働法上の問題に関連して、「ESA との紛争解決のための公正な裁判を受ける権利が拒否された」との主張であった。1997 年 2 月、委員会は、申立を受理した（もっとも、同年 12 月に、申し立てられたような「6 条 1 項の違反はない」(17 対 15) との意見を発表）。これを受けて申立人らは、「ヨー

ロッパ人権裁判所にヨーロッパ人権条約 6 条 1 項に基づく権利侵害の確認と同 50 条（現 41 条）に基づく賠償」を求めたのである。

　なお、本件と類似した事件として、同日に判示された「ビアおよびリーガン事件 (Beer and Regan v. Germany〔GC〕)」もある。申立人のうちビアはドイツ国籍、リーガンは英国籍である。前者は、土木技師としてフランス S 社（後に、同社との契約は T 社に引き継がれた）との契約を通じて、また後者は、システムプログラマーとしてイタリアの TI 社との契約を通じ、いずれも ESA に派遣されていた。1993 年 10 月と 11 月に両申立人は、ESA の被雇用者たる地位を確認するため、ダルムシュタット労働裁判所に提訴した。同裁判所は、ESA の裁判権免除を理由に訴えを却下した。裁判所がウェイトおよびケネディ判決に言及したことに鑑み、両申立人は、免除についてさらに争うことをしなかった（もっとも、両申立人は、別途契約の相手方企業を訴えて、契約終了に伴う一定の解雇補償金を得た）。

　1995 年 9 月 13 日に、両申立人は、ウェイトおよびケネディ事件同様、ヨーロッパ人権委員会に対して、ヨーロッパ人権条約 6 条 1 項に基づき、「公正な裁判を受ける権利が拒否された」と主張した。1997 年 2 月、委員会は、申立を受理した（もっとも、同年 12 月に、申し立てられたような「6 条 1 項の違反はない」(17 対 15) との意見を発表）。これを受けて申立人らは、「ヨーロッパ人権裁判所にヨーロッパ人権条約 6 条 1 項に基づく権利侵害の確認と同 50 条（現 41 条）に基づく賠償」を求めた。このビアおよびリーガン判決も、以下に見るウェイトおよびケネディ判決と同

【判　旨】

(1)　6条1項の公正な裁判を受ける権利と裁判権免除

ヨーロッパ人権条約6条1項は、すべての者がその民事上の権利および義務に関するいかなる請求も裁判所に提出する権利を保障する。従って、本条が規定するのは、公正な裁判を受ける権利のうちの、裁判所へのアクセス権、すなわち、民事上の問題においてもっぱら裁判所で手続を開始する権利を指す。両申立人は、ダルムシュタット労働裁判所、フランクフルト・アム・マイン労働上訴裁判所、連邦労働裁判所にアクセスしたものの、それが妨げられた。ドイツ労働裁判所は、ESA が ESA 条約に従って裁判権免除を主張したため、ドイツ労働法の規定（臨時職員）の下での申立人らの訴訟を受理不可能であると見なしたのである。ドイツ裁判所法20項（2）は、何人も一般国際法規則または国際合意その他の法規則に従って裁判権免除を享有すると規定する。ドイツ労働裁判所は、両申立人の訴えが受理不可能であると認定することで、同裁判所法20項（2）の下での条件が満たされたと判断したのである（§50-56）。

(2)　6条1項の公正な裁判を受ける権利への制約

本裁判所は、裁判権免除という問題において、裁判所へのアクセス権が、申立人らの公正な裁判を受ける権利を保障するに足るものかどうかを検討しなければならない。裁判所によれば、「ヨーロッパ人権条約6条1項が保障する裁判所へのアクセス権は、絶対的ではなく制約を受けうる。」その制約は、アクセス権がまさにその本質上、国家による規制を要するものであるがゆえに黙認される。この点に関し、締約国は一定の評価の余地を有する。「適用される制約が、個人のアクセス権をまさにその権利の本質が損なわれるようなやり方でまたはそのような程度にまで、制限しまたは減じないようにしなければならない。さらに、制約が正当な目的を追求せず、用いられる手段と達成されようとする目的との間の比例性につき合理的な関係がない場合、当該制約はヨーロッパ人権条約6条1項と両立しないであろう」（§58-62）。

(3)　制約目的の正当性

国際機構への特権免除の付与は、国際機構が個々の政府からの一方的な干渉から免れて適正に機能を果たすことを確保するための不可欠な手段である。「機構の設立文書や追加合意に基づいて国家が国際機構に対して共通に有する裁判権免除は、それら機構の良好な活動の利益において長きにわたって確立された実行である。」この実行の重要性は、現代社会のすべての分野において国際協力を拡大強化する傾向によって高められる。この背景事情にもかかわらず、本裁判所は、本件においてドイツ裁判所が ESA に適用した裁判権免除の原則には正当な目的があると判断する（§63）。

(4)　権利保障のための利用可能な代替手段の必要性

「ドイツ裁判権からの免除を ESA に付与することがヨーロッパ人権条約の下で許容されうるかどうかを決定する重要な要因は、両申立人が自らの条約上の権利を実効的に保護する合理的な代替手段を利用可能であったかどうかということである。」ESA 条約は、他の訴訟同様職員問題において種々の私法上の紛争解決方法を明示に規定する。両申立人は、ESA との任用関係を論じているため、彼らは ESA 訴願委員会に訴えることができたしそうすべきであった。ESA 職員規則33条1項によれば、「ESA とは独立した」ESA 訴願委員会が、ESA が行った明示または黙示の決定に関しかつ ESA と職員との間で生じている紛争を審理する管轄権を有している。「職員」の概念に関しては、ESA 職員規則の下でESA 訴願委員会がその管轄権内の問題を解決し、その関連で申立人が実質上「職員」の概念に該当するか否かを決定する。さらに、ドイツ労働法上、申立人らのような期限付労働者は、雇用者を相手取って提訴することもできる（§68-70）。

48　I　ヨーロッパ人権条約の基本問題

(5) 比例性に関する評価

本件の重要な特徴は、両申立人が、外国企業との契約に基づいて相当な期間ダルムシュタットのESOC内で勤務したのちに、ドイツ法に基づいてESAによる恒久任用を確認してもらおうとしたことである。本裁判所は人権委員会の結論と同様、国際機構の免除の正当な目的に留意して、比例性の審査は、国内労働法上の雇用条件に関する国内訴訟に国際機構を強制して服させるようなやり方で用いられえない。「ヨーロッパ人権条約6条1項および裁判所へのアクセス権の保障を認めることは、国際機構の適正な機能を阻み、国際協力を拡大強化する近年の傾向に反することとなるであろう」(§71-72)。

(6) 結　論

これらすべての事情に鑑みて、本裁判所は、ドイツ裁判所法20項 (2) に基づきESAの裁判権免除に効果を与えることにおいて、「ドイツ裁判所はその評価の余地を越えなかった。」特に申立人らにとって利用可能である、「国内手続に代替可能な法手続を考慮すれば、ESAに関するドイツ裁判所へのアクセス権の制約は、申立人らの公正な裁判を受ける権利の本質を損なうか、またはヨーロッパ人権条約6条1項の目的に合致しないとはいえない。」従って、当該規定の違反は存在しない。

以上の理由により、本裁判所は、全員一致によりヨーロッパ人権条約6条1項の違反はなかったと判断する (§73-74)。

【解　説】

(1) 本件の意義

(a) 公正な裁判を受ける権利と国際機構の免除の関係

以上に見たように、ウェイトおよびケネディ判決では、国際機構であるESAの1機関で勤務していた者が、ヨーロッパ人権条約6条1項の公正な裁判を受ける権利に基づいて、ドイツ国内裁判所で認定されたESAの裁判権免除の適否を争った。ここでは、ヨーロッパ人権条約6条1項により保障された公正な裁判を受ける権利と国際機構の免除の関係において、いかなる基準に基づき、いずれが優先されるべきかが問題となっている。

ヨーロッパ人権裁判所は、政府が国際機構に裁判権免除を付与することによって、個人の公正な裁判を受ける権利が制約を受けることは認めた上で、その免除の付与が、正当な目的を追求せず、用いられる手段と達成されようとする目的との間の比例性につき合理的な関係がない場合、その制約はヨーロッパ人権条約6条1項と両立しないとした。またその評価に際して、国際機構への裁判権免除が許容されるか否かは、申立人らが自らの条約上の権利を実効的に保護する合理的な代替手段を利用可能であったか否かであるという基準を打ち出した。結局、ヨーロッパ人権裁判所は、免除の付与に合理性があったと判断し条約6条1項の違反はないと結論した。しかし、本判決が、公正な裁判を受ける権利の観点から国際機構への免除の付与に合理性がないと判断される余地を残したことには意義がある。

(b) 国際機構職員の身分保障制度

一般に、国際機構に勤務する職員は、その国際機構が裁判権免除を享有するため、一国の裁判所に訴えを提起しても救済されることは難しい。こうした職員の地位の特殊性から、近年多くの国際機構は、職員の勤務関係に関する独自の不服申立制度を設けており、行政的な解決を図るものから、裁判所―いわゆる国際行政裁判所―を設けて司法的な解決を図るものまでさまざまである[1]。

本件において、ヨーロッパ人権裁判所は、ESA内には申立人らが条約上の権利を実効的に保護するための利用可能な代替手段として訴願委員会があり、彼らはそれに訴えることができたしそうすべきであったとした。しかし、ヨーロッパ人権裁判所は、ESA内に設けられた制度が国内裁判所に代わる制度であったかどうかについて詳細な検討をしていない。さらにいえば、ESAとの直接の任用契約を有していない申立人らの地位は、直接任用契約を有するESA職員の立場とは明らかに異なる。この点に

おいて、一般に ESA 職員に与えられていると同等の紛争解決手段が、申立人らにとって利用可能であったといえるか否かも疑問である[2]。

とはいえ、本判決は、職員の身分保障の点から、国際機構の有する裁判権免除が制限を受けうることを認めた。これにより、国際機構の職員にとっては、自身の所属する機構の定める手続や国内裁判所のみならず、ヨーロッパ人権裁判所においても、一国の裁判権免除の付与を巡る方法で自身の権利を救済するという道が開かれたのである。

(2) 本判決後の展開

以上に見たように、本判決は、結果としては、国内裁判所が国際機構の裁判権免除を認めたことを適当としたものの、国内裁判所において、国際機構の裁判権免除が個人の公正な裁判を受ける権利により一定の制約を受けうることが明らかにされた。この判決はその後国内裁判所においても影響を与えた。例えば、ベルギーで西欧同盟（WEU）職員の提起した 2003 年のシードラー事件[3]では、本件同様、国際機構の裁判権免除と個人の公正な裁判を受ける権利の対立が問題とされた。判決の中で、ウェイトおよびケネディ判決が引照され、WEU には職員が自己の権利救済を図るための内部手続が設置されていたものの、それがヨーロッパ人権条約 6 条 1 項にいう公正な裁判を受ける権利の保障を実現するためには十分でないため、WEU に裁判権免除が認められなかった（上告審も同趣旨）。

またこれと関連して、同年ベルギーでアフリカ・カリブ・太平洋国家グループ（ACP）のブリュッセル本部の職員が提起したルチマヤ事件[4]では、原告は、解任補償金などの支払いを求め ACP 事務局のベルギーにおける銀行口座の差押えを請求した。裁判所は、ウェイトおよびケネディ事件を引用し、免除が許容されるか否かについては原告自らの条約上の権利を実効的に保護する合理的な代替手段を利用可能であったかどうかを検討することが重要であるとした上で、ACP がそのような利用可能な手段を備えていたことを立証していないとして、ACP の

執行免除を認めなかった（上告審も同趣旨）。

(3) 後の展開に見る意義と問題点

以上のベルギーにおける判決以外にも、同種の争点での各国判例が散見される[5]。こうした国内判例に見られる傾向を踏まえて次の意義と問題点が指摘される。

まず意義としては、第 1 に、国際公務員の身分保障という観点からは、国際公務員が自ら権利救済を図る手段の選択肢が広がったという点で有意義である。国際機構内部の紛争解決機関で満足な解決が得られなかった場合には、国内裁判所やヨーロッパ人権裁判所のような国際裁判所で権利の救済を図る機会が得られるのである。

第 2 に、国際公務員法の発展という点において見れば、国際機構に設けられた職員の身分保障制度に対して、ここで見たような国際機構以外の場において検証がなされ、一定の手続的保障が求められることとなる[6]。さらに、こうした国際機構外の判例が、国際機構に対してその不備を改善し、より十全な紛争解決手続を備えるよう働きかけることになることが期待できる。現に近年行われた国連における制度改革はその好例といえよう[7]。

他方で、問題点もある。上述した意義とは逆の側面として、国際公務員の身分保障のために、国際機構独自の紛争解決制度があるにもかかわらず、国際機構外の他の紛争解決手段を用いることは果たして適切であるか。また、ウェイトおよびケネディ事件に見られたように、国家による免除付与の適否を通じ、本来の紛争解決手段を迂回して国際公務員の問題が他の紛争解決機関に流出し、種々の場で種々の判断が下されていくことは、国際公務員法の発展上、望ましいといえるか。さらにいえば、国際機構独自の紛争解決制度が、他の紛争解決機関によってその実効性や合理性を判断されることになる。それらの機関間には国内の司法制度のような上下の階層関係はない。それにもかかわらず、ある司法機関の判決の適否や実効性を他の司法機関が判断するということになるのである。この意味においても、問題がな

いわけではない。

　このように近年の各国判例の展開を見れば、ヨーロッパ人権裁判所のウェイトおよびケネディ判決ならびにビアおよびリーガン判決が国際機構の免除や国際公務員の身分保障制度に対して与えた影響は、決して小さいものではなかったといえよう。

(1) C.F., Amerasinghe, *The Law of the International Civil Service: As Applied by International Administrative Tribunals*, Vol. I (Oxford U. P., 1994), pp. 49-63.

(2) この点については、ヨーロッパ人権委員会も、ESA内での救済手続や申立人らの契約にあった仲裁手続が利用可能でなかったことを指摘している。Opinion of the European Commision of Human Rights (as expressed in the Commission's report of 2 December 1997), Reports 1991-I, pp. 419-420, para. 79. また、裁判所はドイツ労働法上提訴可能とも述べるが、この点も含めて、ヨーロッパ人権委員会での反対意見も疑義を唱えている。Dissenting Opinion of Mr. Ress et al., *Ibid.*, pp. 426-428, para.2.

(3) S.M. c. Union de l' Europe occidentale [U.E.O.], Cour du Travail, Bruxelles, 17 sept. 2003, *Journal des tribunaux* (2004), pp. 617-622; Union de l' Europe occidentale [U.E.O.] c. S.M., Cour de cassation de Belgique, 21 déc. 2009, available at Jure juridat, http://jure.juridat.just.fgov.be/?lang=fr, as of May 31, 2014.

(4) Lutchmaya c. Secrétariat général du Groupe des États d' Afrique, des Caraïbes et du Pacifique, Cour d' Appel [CA] Bruxelles, 4 mars 2003, *Journal des tribunaux* (2003), pp. 684-687; Secrétariat général du Groupe des États d' Afrique, des Caraïbes et du Pacifique c. Lutchmaya, Cour de cassation de Belgique, 21 déc. 2009, available at Jure juridat, http://jure.juridat.just.fgov.be/?lang=fr, as of May 31, 2014.

(5) A. Reinisch, "The Immunity of International Organizations and the Jurisdiction of their Administrative Tribunals," *Chinese Journal of International Law*,

Vol. 7 (2008), pp. 294-303; M. Kloth, *Immunities and the Right of Access to Court under Article 6 of the European Convention on Human Rights* (Nijhoff, 2010), pp. 132-154.

(6) ユネスコの職員規則の適用のない会計部職員の事件でも、フランス破棄院は、手続の独立性、対審制、弁護人による補佐の可能性および判決の公開性といった基準を用いて、内部仲裁手続が公平かつ公正な手続であることを導いている。Cass.Soc. 11 février 2009, de Beaugrenier, n° 07-44. 240, Revue générale de droit international public, Tome 113 (2009), pp. 732-737.

(7) 2005年以降国連行政裁判所の改革が具体化され、2009年より新制度が実施されたことが想起される。国連では新制度の下、従来の国連行政裁判所が廃止され、2審制を導入して第1審の国連紛争裁判所と上訴機関の国連上訴裁判所が設けられた。公正な裁判を受ける権利との関連でいえば、たとえば、裁判官の資格要件の厳格化、裁判官任期が3年（再選可）から7年（再選なし）とされた。また、裁判官の忌避についても新規定を設けた。裁判官の選任についても、職員側と管理者側から成る内部司法理事会を新設しその勧告に基づいて総会が任命することとなった。A/RES/63/253.

［参考文献］
[1] C. Ryngaert, The immunity of International Organizations before Domestic Courts: Recent Trends, *International Organizations Law Review*, Vol. 7 (2010), pp. 121-148.

[2] J. Wouters, C. Ryngaert and P. Schmitt, "Western European Union v. Siedler; General Secretariat of the ACP Group v. Lutchmaya; General Secretariat of the ACP Group v. B.D.," *A.J.I.L.*, Vol. 105 (2011), pp. 560-567.

[3] 水島朋則『主権免除の国際法』（名古屋大学出版会、2012年）234-245頁。

[4] 黒神直純「国際機構の免除と国際公務員の身分保障——欧州人権裁判所 Waite & Kennedy 判決が及ぼした影響」坂元茂樹＝薬師寺公夫編『普遍的国際社会への法の挑戦 芹田健太郎先生古稀記念』（信山社、2013年）629-655頁。

3 国連安保理決議に基づく締約国の域外行為
国連安保理決議による駐留軍の行為に対する人権条約の適用可能性
―アル・ジェッダ判決―

Al-Jedda v. the United Kingdom

申　惠丰

7 July 2011, Reports 2011-IV（大法廷）

【事　実】

2002年11月8日、国連安全保障理事会（安保理）は、国連憲章第7章（平和に対する脅威、平和の破壊および侵略行為の存在を安保理が決定し、取る措置を決定しうることを定める）に基づき、大量破壊兵器の廃棄検証のための査察に関する義務にイラクが違反しているとする決議1441を採択した。同決議は、査察体制の強化を決定し、義務違反によりイラクは深刻な結果に直面するであろうという警告を想起する内容のものであった。

2003年3月20日、イギリス軍、アメリカ軍のほか3カ国が加わった連合軍（Coalition Forces）がイラクを侵攻した。主な戦闘行動は5月1日に終了し、同月、イギリスとアメリカは連合軍パートナー国とともに、イラクを統治する暫定機構として「連合暫定機構（Coalition Provisional Authority, CPA）」を設置した。7月にはイラク統治評議会が設置されたが、安保理は10月16日の決議1511で、多国籍軍に対し、イラクにおける治安と安定の維持のために必要なあらゆる措置を取ることを認めた（§13）。安保理は2004年6月8日の決議1546では、イラク暫定政府が成立し占領が終了することを歓迎しつつ、多国籍軍の駐留はイラク暫定政府の要請によることを注記し（§9）、多国籍軍は治安と安定の維持のために必要な措置を取る権限を持つと決定した（§10）。同月28日には全権限がCPAからイラク暫定政府に移譲されたが、その後も多国籍軍は、イラク政府の要請と安保理の承認（決議1546による許可を延長した決議1637・1723）によってイラクにとどまった。

イラクで出生しイギリスに居住していた申立人は、イラクに旅行中の2004年10月10日、アメリカ軍兵士によって逮捕され、イギリス軍機でバスラに連行された後、2007年12月30日まで3年余り、イギリス軍が管理するバスラ市内の収容施設に抑留された（held in internment）。抑留（internment）の理由は、申立人が国内外でテロ支援活動に関わったことをイギリス当局が信じたためであったが、結局申立人は何の嫌疑もかけられずに釈放された。申立人は、抑留が条約5条1項（(a)から(f)で定める場合であって法律で定める手続に基づく場合を除き身体の自由を奪われない権利）のいずれにも該当せず違法であるとしてイギリスの国内裁判所に訴訟を提起した。合議法廷と控訴院はいずれも、国側の主張すなわち、申立人の抑留は条約5条1項の認める場合にあたらないものの、安保理決議1546が与えた許可を受けて活動したイギリスは国連憲章25条（安保理決議の拘束力）・103条（国連憲章上の義務の優越性）上この決議に拘束され、その義務は人権条約に基づく義務に優先する、との主張を容れ申立人を敗訴させた。さらに、貴族院における上訴審で国側は、安保理決議1511と1546により申立人の抑留は国連に帰属するとの新たな主張を行った。貴族院は、イラク駐留イギリス軍の行為は国連の行為と同視できないとしてこの主張を退けたが、国連憲章103条により安保理決議に基づく義務は人権条約上の義務に優越するという点につき下級審と同様の判断を示した。申立人は人権裁判所に申立を行い、本件は大法廷に回付された後、受理可能性および本案につき併合審理されることとなった。

判決は、全員一致で、申立人はイギリスの「管轄」内にあったことを認め、16対1で、申立人の抑留について5条1項違反を認定した。

【判　旨】

(1) 多国籍軍の行為と締約国の「管轄（jurisdiction）」（人権条約1条）

イラクでの主な戦闘行動は2003年5月1日までに完了し、アメリカとイギリスは、1907年ハーグ陸戦条約規則42条の意味における占領国となった（§77）。決議1511で安保理は、多国籍軍がイラクにおける治安と安定の維持のために必要なあらゆる措置を取ることを許可したが、当裁判所は、その結果、多国籍軍兵士の行為が派遣国でなく国連に帰属することになったとは考えない。イラク侵攻の時から設定されていた軍への指揮構造は、決議1511の結果変わったわけではない。さらに、アメリカとイギリスは、連合暫定機構を通して、イラクにおける統治権を行使し続けた。アメリカは、多国籍軍の活動について安保理に報告するよう要請されたが、国連はそれによって、連合暫定機構の軍に対してもその他の執行機能に対しても、いかなる統制も引き受けてはいない（§79-80）。決議1546で安保理は、多国籍軍への許可を再確認したが、決議1546には、安保理が多国籍軍に対して以前よりも大きな統制又は指揮権をもつことを意図していたことを示すものはない（§81）。

国際組織の責任に関する国連国際法委員会（ILC）の条文草案5条が定めるように、「国際組織の利用に供された国家機関の行為は、当該組織がその行為に対して実効的な統制（effective control）を行使するならば、国際法上、当該組織に帰せられるべきである」。イラクでは、安保理は「多国籍軍における軍隊の作為および不作為に対し、実効的な統制も、究極的な権限と統制も（neither effective control nor ultimate authority and control）有さず、よって、申立人の抑留を国連に帰することはできない」（§84）。よって当裁判所は、申立人の抑留はイギリスに帰せられ、申立人はイギリスの管轄内にあったという貴族院の多数意見に同意する（§86）。

(2) 5条1項違反について

当裁判所はまず、安保理決議1546に基づくイギリスの義務と、ヨーロッパ人権条約5条1項に基づく同国の義務との間に抵触があったか、換言すれば、同決議は申立人を収容する義務をイギリスに課したのか否かにつき検討しなければならない（§101）。国連憲章1条3項は、国連は「人権及び基本的自由を尊重するように助長奨励することについて、国際協力を達成する」ために設立されたと規定し、また24条2項は安保理に対し、国際の平和と安全の維持における主要な責任に関する義務を果たすにあたっては「国際連合の目的及び原則に従って行動する」ことを要求している。この背景に照らせば、「当裁判所は、安保理の決議を解釈するにあたっては、安保理は加盟国に対し、人権の基本的な原則を侵犯するいかなる義務をも課すことを意図していないという推定がなければならないと考える」。従って当裁判所は、「安保理決議の文言に曖昧な点がある場合には、ヨーロッパ人権条約の要求に最も調和し、かつ義務の抵触を避ける解釈を選択しなければならない」（§102）。

決議1546はイギリスに対し、イラクにおける治安維持のために必要な措置を取ることを許可しているが、「決議1546も、他のいかなる安保理決議も、明示的にせよ黙示的にせよ、イギリスに対し、当局がイラクの治安にとって危険となるとみなす人を、嫌疑もなく無期限の抑留の下におくことを要求していない」（§109）。このような状況において、国連憲章に基づくイギリスの義務と、条約5条1項に基づく義務との間には抵触はなく、5条1項の適用は排除されないから、(a) から (f) に定められた抑留事由のいずれにも該当しない申立人の抑留は5条1項の違反を構成したと認定する（§110）。

【解 説】

(1) 本判決の意義・特徴

近年、人権裁判所は、締約国が国連を始めとする国際組織の決定に基づいて域外で行った行為の帰属の問題に直面するようになった。安保理決議に基づいて設置されコソボに駐留した UNMIK（国連コソボ暫定行政ミッション）および KFOR（コソボ治安維持部隊）に参加した NATO（北大西洋条約機構）加盟国が、これら部隊の行為について人権条約違反の責任を問われた 2007 年のベーラミ対フランス事件およびサラマチ対フランスほか事件〔本書 *11*〕で大法廷は、これら部隊の作為・不作為は国連に帰せられるとして申立を不受理とした[1]。本件で大法廷は、イラク駐留イギリス軍の行為をめぐり、安保理決議の内容がコソボの場合とは異なるという理由で、ベーラミ／サラマチ決定とは一線を画す判断を下した。

本判決は、国際組織の決定に基づいて加盟国が派遣した軍の作為・不作為が当該国に帰属し、人権条約上の責任を問われうるかどうかは、当該決定が加盟国に委任した権限の具体的な内容に鑑み、組織が加盟国軍の行為に対して実効的な統制又は究極的な権限・統制を保持していたか（この基準の面で不明確さがあることについて後述）によって個別に判断されることを示した点で大きな先例的価値を有する。また、本判決は、安保理決議の解釈にあたっては人権尊重を含む国連の目的と原則を考慮に入れなければならないとし、憲章 103 条の規定ゆえに国連憲章上の義務は人権条約上の義務に優位するという形式的な優劣論を排したことは、人権規範の遵守の見地から重要な意義をもつ。

(2) 主要論点の解説

(a) 帰属（attribution）の判断基準

ベーラミ／サラマチ事件決定で裁判所は、人権侵害行為が KFOR に帰属するか否かについて、鍵となるのは安保理が作戦指揮（operational command）のみを（加盟国や関連国際組織に）委任し、「究極的な権限と統制（ultimate authority and control）」を保持した

か否かであるという基準を示していた[2]。そして、安保理は作戦指揮を加盟国と NATO に委任する一方、安保理への報告を要求する形で「究極的な権限と統制」を保持していたとし[3]、KFOR の行為は原則として国連に帰属するとした[4]。しかし、この基準には多くの批判が向けられてきた。国連の作戦指揮下におかれる平和維持部隊として国連の補助機関の地位をもつものの行為は国連に帰属する一方、それ以外の平和維持部隊の行為が国連と部隊派遣国のいずれに帰属するかは、作戦行動に対する指揮と統制を行った側であるとするのが支配的な学説であり国連の見解でもある[5]。国際組織の責任に関する ILC 条文草案 5 条（第一読）はその考え方に沿い、事実上の指揮・統制があったか否かを問題とする「実効的な統制」の基準を採用したが、この基準に依れば、UNMIK や KFOR の行為が NATO 又は部隊派遣国に帰属する場合は十分考えられる[6]。ILC も、2011 年に採択した条文草案[7]で、ベーラミ／サラマチ決定の示した基準を退け[8]、「実効的統制」の基準を採用している。

本件で大法廷は、イラク駐留多国籍軍に対して国連は実効的な統制も最終的な権限・統制も有していなかったため申立人の抑留はイギリスに帰属するとした。しかし、裁判所がこのように、二つの基準の関係を説明することなく双方を併記し、本件ではいずれも満たされていないと述べるにとどまったことには疑問も残る[9]。

(b) 国連安保理決議に関する解釈上の推定――国際人権法との合致・調和

本判決は、安保理決議が加盟国に課す義務とヨーロッパ人権条約上の義務との関係につき、憲章 103 条によって人権条約上の義務が憲章上の義務に劣後するという形式論に立つことなく、憲章 24 条 2 項に照らしても、安保理決議の解釈においては人権の基本的な原則との合致の推定をおかなければならないとして、決議の文言が明確でない場合には人権条約の要求に最も調和する解釈を選択すべきであるとした。国連憲章に基づく義務が「他のいずれかの国

際協定に基く義務」に優先すると規定した 103 条に
関して、人権条約は類型として一律にその例外であ
るとみることは難しい[10]一方、憲章 24 条 2 項から
して、安保理の任務遂行においても人権尊重という
国連の基本原則は適用されることは確かであるから、
本判決で裁判所が、安保理決議の人権法合致に関す
る解釈上の推定原則を打ち出したことには意義があ
る。

　他方で、そうした推定によっては対応困難なのは、
安保理決議自体が、テロ対策の目的等で、明らかに
人権と抵触しうる措置を加盟国に要求する場合であ
る。その場合、裁判所は、人権条約締約国に条約上
の責任が生じうるか否かについては、関連決議の文
言上、加盟国が決議の国内実施において一定の裁量
を有していたかどうかを検討している。本判決の翌
年大法廷は、安保理決議がテロ対策として一定の個
人の入国・通過を禁止するよう加盟国に求め、それ
に従ったスイスの措置が人権条約違反であると主張
された事件（ナダ対スイス事件〔本書 *4*〕）で、関連決議
は国内での実施を求めており当該措置はスイスの
「管轄」内で取られたとした上で、決議の文言では
実施において加盟国に一定の裁量があったことから、
申立人の事情に適合した緩和措置を取らなかったこ
とについて 8 条違反を認定している。これに対し本
件では、いずれの安保理決議も、加盟国が危険とみ
なした人を何の嫌疑もなく無期限抑留することを要
求していると解釈することはできないことから、決
議の実施における加盟国の裁量の有無に言及するこ
となく、イギリスの取った措置の人権条約違反を認
定している。なお、本判決後アル・ジェッダには公
正な満足として金銭賠償が支払われたほか、イギリ
スはかつての被抑留者との交渉の結果 2012 年中で
162 件の請求を処理した。閣僚委員会はその後、決
議 CM/ResDH (2014) 271 で、判決の執行を確認し
ている。

　　(c) 占領下でも適用される人権条約上の生命権保
　　　護義務
　　本判決は、域外行為であっても「管轄」内とみな

される場合につき、国際組織の授権との関係で重要
な判断を示したが、本件と同日に出されたアル・ス
ケイニ事件大法廷判決 (Al-Skeini v. UK〔GC〕, 7 July
2011) では、イラク駐留イギリス軍の行為をめぐり、
占領下でも妥当する生命権保護義務の不履行により
違反認定を下している。

　締約国が軍事行動の結果他国領域で実効的支配を
確立した場合に条約上の責任を問われることは、従
来から認められてきた[11]。また、国家機関が領域外
で人権侵害行為を行った場合に国の責任が問われう
ることも肯定されてきた[12]。ところが、NATO 軍が
行った旧ユーゴスラビアでの空爆による被害につい
て、人権条約締約国 17 カ国の責任が問われたバン
コヴィッチ事件で裁判所は 2001 年、域外行為が
「管轄」内にあたるのは領域または住民に実効的支
配を通して公権力を行使する例外的な場合であると
ころ、空爆の被害者と被申立国との間には何らの管
轄のつながりも見出せないとして申立を不受理とし
ていた[13]。

　アル・スケイニ事件は、イラク駐留イギリス軍に
よって殺害された 6 人のイラク民間人の件につき生
命権の侵害が主張された事案である。本件で裁判所
は、占領地における壁の建設の法的結果に関する国
際司法裁判所勧告的意見を引用し、人権条約上の義
務は国家が域外で管轄権を行使した場合にも適用さ
れることを確認する（§90）。そして、占領下で生命
権侵害の主張がなされた場合の調査義務について以
下のように述べてイギリスの条約違反を認定した。
生命権を保護する義務は、権利を保障する義務（1
条）と合わせ読めば、とりわけ国家機関による力の
行使の結果人が死亡した場合には実効的な公的調査
を要求するが、裁判所はギュレッチ対トルコ事件[14]
等において、この手続的な義務は、武力紛争時にも
適用されると判示してきた（§163）。調査は、責任
者の認定と処罰に至りうる実効的なものでなければ
ならない（§166）ところ、本件における調査は同じ
軍の指揮系統下にあり独立性を欠いていた（§171-
172）。

本判決とアル・スケイニ判決はともに、締約国の域外行為が条約上「管轄」内とみなされる場合を広く解釈し条約義務の履行を求める従来の判例法の原則的な方向性に回帰した判例と評価しうるだろう[15]。

(1) Behrami v France, Saramati v. France, Germany and Norway, Decision [GC], 2 May 2007〔本書 *11*〕.
(2) *Ibid.*, §133.
(3) *Ibid.*, §134.
(4) *Ibid.*, §141.
(5) 学説および国連法律顧問・事務総長の見解のまとめとして K. M. Larsen, "Attribution of Conduct in Peace Operations: The 'Ultimate Authority and Control' Test", *European Journal of International Law*, vol. 19, 2008, p. 509, at 513-514.
(6) P. Bodeau-Livinec, G. P. Buzzini and S. Villalpando, Note, *American Journal of International Law*, vol. 102, 2008, p. 323, at 328-329; P. Klein, "Responsabilité pour les faits commis dans le cadre d'opérations de paix et étendue du pouvoir de contrôle de la Cour européenne des droits de l'homme: quelques considérations critiques sur l'arrêt *Behrami et Saramati*", *Annuaire français de droit international*, vol. 53, 2007, p. 43, at 55; A. Orakhelashvili, Note, *American Journal of International Law*, vol. 102, 2008, p. 337, at 341.
(7) Draft articles on the responsibility of international organizations, http://legal.un.org/ilc/texts/instruments/english/draft%20articles/9_11_2011.pdf. 当初の5条に対応する条文は7条である。
(8) Seventh Report on Responsibility of International Organizations, by G. Gaja, Special Rapporteur, UN Doc. E/CN.4/610, 2009, para.26.
(9) M. Zgonec-Rožej, Al-Jedda v. United Kingdom, *American Journal of International Law*, vol.106, 2012, p.834; M. Mikanović, "Al-Skeini and Al-Jedda in Strasbourg", *European Journal of International Law*, vol.23, 2012, p.121, at 136-137.
(10) 加藤陽「国連憲章第103条と国際人権法－欧州人権裁判所における近時の動向」国際公共政策研究18巻1号（2013年）177頁。
(11) 北キプロスを占領しているトルコ軍の行為がトルコに帰属することを認めた Loizidou v. Turkey (preliminary objections) [GC], 23 March 1995、〔I *9*〕。
(12) Drozd and Janousek v. France and Spain, 26 June 1992; Öcalan v. Turkey [GC], 12 May 2005,〔本書 *35*〕
(13) Bancović and others v. Belgium and 16 Other NATO Countries [GC], 12 December 2001,〔I *6*〕。
(14) Güleç v. Turkey, 27 July 1998.
(15) M. Andenas and E. Bjorge, "Human Rights and Acts by Troops Abroad: Rights and Jurisdictional Restrictions", *European Public Law*, vol.18, 2012, p.473, at 489-490.

［参考文献］
[1] 加藤陽「国連安保理の授権に対する人権法の制約」立命館法学2015年5・6号（2015年）。
[2] 薬師寺公夫「平和維持活動に派遣された締約国軍隊の行為に対する欧州人権裁判所の人的管轄権―ベーラミ対フランス及びサラマチ対フランス、ドイツ及びノルウェー（ヨーロッパ人権裁判所大法廷　2007年5月2日決定）」国際人権21号（2010年）。
[3] 和仁健太郎「アル・ジェッダ対英国事件―欧州人権裁判所（大法廷）判決、2011年7月7日」阪大法学63巻2号（2013年）。

4 国連による狙い撃ち制裁
国連安保理による移動禁止措置の人権条約適合性
――ナダ判決――

須網　隆夫

Nada v. Switzerland
12 September 2012, Reports 2012-V （大法廷）

【事　実】

イタリア・エジプトの二重国籍者である申立人は、スイス領土に囲まれた、イタリア・コモ県の小さな飛び地に住み、銀行・貿易・製造業等、多くの事業を営んでいた。

さて国連安保理は1999年、国連憲章7章に基づきタリバン制裁決議（決議1267）を採択し、履行監視のためにタリバン制裁委員会を設立した。スイスは、2002年9月まで国連に未加盟であったが、連邦参事会は決議実施のため、2000年10月、タリバン令を採択した。安保理は同年12月の決議1333で制裁対象を拡大し、制裁委員会は両決議により、制裁対象となるアル・カイダ関係者のリスト作成を任務とした。タリバン令は、決議による制裁対象者（氏名は不特定）の入国・通過を禁止するところ（4a条）、連邦検事局は2001年10月、申立人に対する捜査を開始し、申立人と同人の関係組織は、翌月、制裁委員会リストに登載され、タリバン令付属書リストにも載せられた。そして2002年1月、安保理は決議1390により、委員会リスト登載者の入国・通過禁止（移動禁止措置）を決定した。

申立人は、2002年11月、訪問先のロンドンでの逮捕後イタリアに送還され、以後、前述の飛び地に隔離され、スイス入国管理局は、医療目的での入国・通過も許可しなかった。もっとも、スイス連邦検事局はテロ関与の嫌疑なしとして、申立人の捜査を打ち切った。そこで申立人は、スイスでの国内救済を求め、まず2005年9月、タリバン令付属書リストからの削除を求めた。しかし、制裁委員会リス

トの未修正を理由に申立人の要請は拒否され、申立人の移動禁止は継続した。そこで申立人は、2007年4月、今度は制裁委員会のフォーカル・ポイントに委員会リストからの削除を申請したがやはり認められず、情報開示も拒否された。他方、2006年7月に、拒否決定への不服申立を受理していた連邦参事会は、翌2007年4月、独立した公正な裁判所が審査すべきと判断して、本件を連邦裁判所（スイス連邦最高裁判所、Bundesgericht）に付託した。

連邦裁判所は、2007年11月、以下の理由で申立を棄却した。すなわち、安保理は国連憲章に拘束され、憲章の目的・原則（基本的人権・基本的自由の尊重）に従った行動が求められるので、加盟国は憲章違反を理由に安保理決議の義務を逃れることはできない。そして、スイス連邦憲法（190条）により、連邦裁判所は、国際組織の決定を含む国際法に拘束される。もっとも本件では、安保理決定とヨーロッパ人権条約および自由権規約が抵触する。抵触の解決には国際法規範間の階層性に注目する必要があり、憲章の義務は他の国際条約の義務に優先する（憲章103条）。もし基本権保護を優先させると、国連制裁措置の統一的適用が危殆に瀕するからである。安保理決定の実施義務もユス・コーゲンスによって制約される。しかし申立人主張の人権はユス・コーゲンスには該当せず、個人が、リストからの削除を制裁委員会に申請する手続も不十分ながら整備されている。制裁対象者は制裁委員会が特定し、決議の実施に裁量の余地はなく、スイスが制裁対象者を変更することは許されないが、スイスは、申立人の削除申請を援助することができ、特に申立人は自宅軟禁同様の状況

にあるので、国家機関は、制裁緩和のためあらゆる
措置を取らねばならない。

同判決を受けて、申立人はスイス国家機関に再審
査を要請し、2008年2月、一回限りの移動が認め
られた。さらに同年7月、イタリア政府は、申立人
を制裁リストから削除するよう制裁委員会に要請し、
委員会はこれを認めなかったが、申立人の制裁リス
ト登載を要請したアメリカも、2009年7月には、
リストからの削除を制裁委員会に要請した。そこで
翌8月、申立人は、前述のフォーカル・ポイントに
リスト見直しを再度求め、スイス政府も、申立人と
国際テロ組織の関係を示す証拠がなかったことを示
す連邦検事局の文書を制裁委員会に提出して申立人
を支援した。そして同年9月、申立人の氏名はリス
トから削除され、タリバン令付属書も修正された。

申立人は、すでに2008年2月、ヨーロッパ人権
条約34条に基づき、タリバン令が課した、入国・
通過禁止措置の人権条約3条・5条・8条・9条・
13条違反を主張して、スイスを提訴していた。事
件は、フランス・イギリス両政府が第三者として手
続参加した後、2010年9月に大法廷に回付された。
大法廷は、全員一致で、5条違反を否定したが、8
条違反と8条と合わせた13条違反を認定した。

【判　旨】

(1) 当裁判所の管轄

人権条約1条は、締約国の管轄内のあらゆる人に
人権条約上の権利を保障している（§117-119）。フラ
ンス政府は、2007年の Behrami 事件決定〔本書11〕
を援用して、安保理決議を実施する加盟国の措置は、
国連に帰属すると主張したが（§120）、同決定の事
案とは異なり、本件の安保理決議はいずれも、「加
盟国に加盟国の名前において行動し、国内レベルで
決議を実施することを求めており（§120）」、「人権
条約違反はスイスに帰せられる（§121）」ので、当
裁判所は管轄権を有する（§122）。事項管轄につい
ても、スイス政府は安保理決議の拘束力と国連法の
優先（憲章103条）を主張したが（§124）、それらは

本案に関連するので、本案に併合する（§125）。

(2) 条約8条違反

本件には私生活・家族生活の尊重を定める8条が
適用されるが（§154）、まず8条が規定する「介入」
の有無につき、スイス連邦裁判所の判断を支持し、
介入を認める（§165-166）。

次いで、介入の正当化の可否が決定されねばなら
ないが、国際法上の新たな義務は従前の義務を免除
せず、一見して矛盾する法規範が同時に適用可能で
ある場合、異なる約束は可能な限り調和されねばな
らず（§170）、特に国連憲章とヨーロッパ人権条約の
関係に関しては、すでに Al-Jedda 事件判決〔本書3〕
が、国連憲章の目的には人権・基本的自由の促進が
含まれ（憲章1条）、安保理は、憲章の目的・原則に
従って行動しなければならないので（同24条2項）、
「安保理は、人権の基本原則に反する義務を加盟国
に課す意図を有していないと推定されねばならな
い」と判示している（§171）。しかし本件は、同事
件と異なり、決議1390が、国連リストに登載され
た個人の移動禁止を明確に加盟国に要求した結果、
上記推定は覆されている（§172）。そして「民主主
義社会における必要性」の要件につき、スイス政府
は、実施に裁量の余地がないと主張するが（§175）、
「国連憲章は、7章の安保理決議の履行に、加盟国
に特定のモデルを課してはおらず」、「決議の拘束的
性質を損なわない限り、憲章は、原則として、決議
の国内法秩序への転換（transposition）のための可能
な様々なモデルの中からの自由な選択を加盟国に任
せている」（§176）。憲章が課すのは結果達成義務で
あり（Id.）、加盟国には一定の裁量が認められてい
る（§178-180）。

正当化には、さらに介入が正当な目的に比例する
必要があるので、基本権侵害がより少ない代替措置
の可能性を検討すると（§181-183）、スイス・イタリ
ア両国での捜査により申立人のテロ関与の嫌疑が晴
れ、イタリアが制裁委員会に申立人をリストから外
すよう要求したこと（§187）、スイスが、2005年の
捜査終結を2009年9月まで制裁委員会に通知せず

58　Ⅰ　ヨーロッパ人権条約の基本問題

（§188）、さらに医療上・司法手続上の理由による、移動禁止の免除申請を拒否し、制裁委員会が、特別な場合には、医療・人道・宗教上の理由により例外を認めることができたにもかかわらず、申立人の申請を援助しなかったこと（§192-193）等から、スイス国家機関は、本件の事情、特に申立人が居住する飛び地の地理的状況に十分に配慮しなかったと認める（§195）。人権の集団的保障という、人権条約の特性に照らせば、スイスは、制裁措置を申立人の個人的状況に適合させるようにあらゆる措置を取らねばならなかった（§196）。以上から、本件介入は、目的に比例せず、民主社会に必要でもなく（§198）、8条に違反する（§199）。

（3）条約13条違反・5条違反

人権条約13条は、人権条約上の権利・自由の侵害への締約国レベルでの救済を保障しているが（§207）、申立人は、タリバン令の制裁リストから名前を削除させる実効的手段を有さなかったので、8条と合わせて13条違反が認められる（§213-214）。これに対し、申立人の移動禁止は、身体の自由と安全に対する権利を規定する5条違反には該当しない（§229）。

（4）補足意見

なお、結論に反対した裁判官はいなかったが、理由につき、複数の補足意見が付されている。Bratza, Nicolaou, Yudkivska裁判官の共同同意意見は、スイスに裁量の余地を認めた結論に疑問を呈する。安保理決議履行のため、加盟国は異なる手段を取り得るが、決議1390は制裁リスト登載者の加盟国への入国・領域通過の禁止を明確に求めており、加盟国に裁量の余地はない（§5-6）。Malinverni裁判官の同意意見も、裁量の有無に加えて、判決が人権条約上の義務と安保理決議による義務の優先関係を判断しなかったことを批判し、憲章25条と103条は安保理への白紙委任ではなく、安保理も人権の尊重を含む、国連の目的・原則に従わねばならない以上、人権裁判所は、人権侵害に対する最後の防波堤であり（§15-20）、安保理決議の絶対的優位を主張する103条解釈は採るべきではないと指摘した（§21）。

A　ヨーロッパ人権条約の国際的文脈

【解　説】

（1）国連による国際テロ対策措置と基本的人権

一連の安保理決議を法的根拠とする、国連の国際テロ対策措置、特に制裁委員会作成のリストに載せられた者に課される「狙い打ち制裁」は、制裁対象者の基本的人権との間に深刻な緊張関係を惹起し、国内裁判所・EU裁判所（旧欧州司法裁判所・欧州第1審裁判所）に少なからぬ訴訟が提起されてきた。制裁措置の問題性は明らかであり、国連でも、2009年の安保理決議1904により、リストの妥当性を検証するオンブズパーソンの設置等、一定の改善は図られたが、リスト見直しの要請を受理し、公平独立に審査する第三者機関は未だ存在せず、手続的保障の不十分性は否定できない。自由権規約委員会も、制裁委員会リストに登載されて、移動禁止措置を課されたベルギー国民からの個人通報に対して、自由権規約12条の移動の自由の侵害と、リストへの一般的なアクセス可能性による、同17条の名誉・信用への違法な攻撃を認定し、その後彼らの氏名はリストから削除されている[1]。

（2）国内実施措置に対する司法審査の可否

安保理決議を履行する国内実施措置をめぐる最大の争点は、当該措置の司法審査可能性であるところ、ヨーロッパ人権裁判所は、本判決で、この争点に初めて判断を下した。制裁対象者が、国連レベルで特定される場合、対象者の選定に国連加盟国の裁量はなく、テロへの関与を否定して国内措置を争うことは、実質的に国連の措置を争うことに他ならない。そのため、国連憲章が規定する加盟国の義務・憲章上の義務の優先をどう解釈するかが問題とならざるを得ない。本件は、安保理決議に基づく措置は、司法審査の対象外であるというスイスの主張を斥けて、スイスが申立人に課した移動禁止措置のヨーロッパ人権条約適合性を判断し、その理由では、欧州司法裁判所の判例を考慮しながらも、それとは異なる独自の判断を下している。本判決の位置を明らかにするために、過去の司法判断に現れた、国内実施措置

の司法審査に対する考え方を整理する。

第一の立場は、国内実施措置の司法審査を否定する。本件のスイス連邦裁判所判決と欧州第1審裁判所のKadi事件判決（2005年9月）であり、いずれも国連憲章103条を根拠に、安保理決議を他の国際条約に優先させる。後者は、国連憲章に基づく義務が、国内法又は他の国際条約による義務に優先することを前提に、EC法（現EU法）の一般原則の内容である人権を基準に、決議を実施するEC規則を審査することは、安保理決議の間接的審査を意味するところ、そのような管轄権は国際法・EC法上正当化できないと結論付けた[2]。第1審裁判所は、2006年にも同様の判決を下し[3]、スイス連邦裁判所判決は、その時期・内容から見て、これらの第1審裁判所判決の影響を受けたと考えられる。

第二は、国内実施措置の司法審査を肯定する立場であり、Kadi事件の上訴審である欧州司法裁判所判決（2008年）によって示された。欧州司法裁判所は、EC法秩序の自律性（autonomy）を強調して、国際合意によって課される義務が、EC条約の憲法原則を損なうことはできないとの判断に基づき、基本権に照らしたEC規則の適法性審査を肯定した上で、基本権違反を認定して、EC規則を無効とした[4]（§85-87）。同事件では、Maduro法務官意見も、やはり国内措置の司法審査を肯定していた[5]。そして、本判決も言及するように、国内法が保障する基本的人権を根拠に、国内実施措置を違法と判断した国内判決（イギリス・カナダ）も散見された（§97, §100）。本判決は、大法廷が第二の立場に立つことを明示した判決であり、ここに最大の意義がある。

(3) 本判決と欧州司法裁判所のKadi事件判決

さて本判決は、司法審査を肯定する結論につき、Kadi事件上訴審判決と同じであるが、その問題状況・理論構成は異なる。

第一に、EUは、加盟国が締結した基本条約によって創設された組織であるが、EU司法裁判所は、一貫してEU法を通常の国際法から区別し、Kadi事件上訴審判決も、EU内部の法秩序と国際法秩序を一旦切断して理解している。換言すれば、国際法に比して、EU法は国家法により近い存在とされている。これを端的に示すのが、Maduro法務官意見であり、人権条約とEC条約（当時）の相違を強調し、前者が締約国間に義務を作り出す国家間合意であるのに対し、後者は自律的法秩序を創設すると認識する（意見§37）。MaduroがEC法秩序を「地方法秩序（municipal legal order）」と呼んだことは、それを象徴している（同§37）。したがって、上訴審判決は、国内裁判所により参考にされるべき判決であろう。これに対し本件は、国連憲章とヨーロッパ人権条約という二つの国際条約が抵触した事案であり、国際裁判所には本判決がより有用だろう。

第二に、問題状況の相違は理由付けにも反映する。ヨーロッパ人権裁判所は、本判決も含めて、矛盾する条約が同時に適用される場合、調和的解釈により抵触の発生を回避しようとし、本判決も、Al-Jedda事件判決が示した、国連の行為は人権適合的であるとの推定を確認する。しかし本件では、安保理決議による人権侵害が明確であるため、人権適合性の推定は困難であり、国内実施措置につき、その正当化が検討されざるを得ない。もっとも審査対象は、あくまで締約国スイスの行為であるので、そのためには、安保理決議の実施に締約国に裁量の余地があることが前提となる。この点は、Kadi事件上訴審判決も同様であり、国連憲章は、加盟国が様々なモデルから選択することを認めていると判示していた（判決§298）。もっとも、上訴審判決も本判決も、国内措置の審査が安保理決議の審査に直結しないよう、決議実施に裁量の余地を認めることに拘り、いささか強引に論を進めた感があり、本判決への批判も、スイスの裁量の余地を認めたことに向けられている。

特に、人権裁判所が翌2013年に下したAl-Dulimi事件小法廷判決は、対イラク制裁措置の対象者リスト登載者への資産凍結措置の事案であるが、実質的に、本件と同様の裁量しか加盟国に認めていないと思われる事案について、裁量の余地がないと判示して本件と事案を区別し、Bosphorus事件判決〔I 2〕

が採用した「同等の保護テスト」を国連に適用して、国連による同等の保護の推定を否定し（§117-122）、最終的に6条違反を認定した（§135）[6]。もっとも、同事件の上訴審で大法廷は、6条違反の結論を維持しながら、裁判を受ける権利の適用の文脈での締約国の裁量を認め、この限りで安保理決議と条約の要請との抵触を認めなかった[7]。

(4) 国連法を含むグローバル法秩序像

最後に、Kadi 事件は、グローバル立憲主義の議論が展開する一つの契機となったが、Kadi 事件上訴審判決と本判決は、どのような法秩序像を内包しているであろうか。

第一に、欧州司法裁判所と人権裁判所はいずれも、国連法を頂点とした、一元的な階層構造を否定している。安保理決議は、憲章103条にもかかわらず、国内法・他の国際条約双方に対して、常に優位を貫徹できるわけではなく、国連法と国内法、国連法と他の条約は非階層的関係にあると想定されている。もっとも本判決は、国連憲章と人権条約を同一平面にあるように扱いながら、両者の優先関係につき判断しなかった。判決は、従来の判例に従い、締約国は、締約国機関のあらゆる行為・不行為について人権条約1条の責任を負うと述べるが（§168）、同時に、矛盾する法規範は、それらの効果を調整し、対立を回避するよう解釈するとも述べる（§170）。判決は、国際法上の異なる義務の調和という枠組みで、本件を解決するので、人権条約と国連憲章の階層性を判断しなかったのである（§197）。第二に、欧州司法裁判所と人権裁判所はいずれも、基本的人権の保護を安保理決議より事実上優先させており、その結果、人権は、グローバル法秩序を規律する規範原理として位置付けられた。多くの国際人権条約により、基本的人権の保護自体は、抽象的には世界の共通価値と認識されているが、具体的な保護内容・水準は一致していない。国連が保護すべき人権の内容・水準は、地域又は国内と言う部分法秩序の司法機関によってまず確立され、それが国連レベルに反映し、その後世界レベルに普遍化していく可能性が

ある。実際にも、Kadi 事件上訴審判決、本判決および Al-Dulimi 事件判決は、安保理改革を促す圧力を作り出し、国連でも問題意識は次第に共有され、不十分ながら改革された部分もある。このようなダイナミズムを考慮すると、具体的事件に直面した国・地域の経験が、グローバルな規範水準の形成に影響することにも留意する必要があろう。

なお、2014年12月の閣僚委員会決議により、本判決の執行監視は終了している。

(1) Sayadi and Vinck v Belgium, Views of the Human Rights Committee adopted on 22 October 2008; 小畑郁「個人に対する国連安保理の強制措置と人権法によるその統制」国際問題592号（2010年）8-9頁、丸山政己「国連安全保障理事会と自由権規約の関係（2・完）」法政論叢（山形大学）49号（2010年）61-78頁参照。

(2) Case T-315/01 Kadi v Council and Commission, 21 September 2005, paras.181, 221 and 225; 中村民雄「国連安保理の経済制裁決議を実施する EC 規則の効力審査―テロリスト資産凍結事件」貿易と関税54巻7号（2006年）75-65頁参照。

(3) Case T-253/02 Ayadi v Council, 12 July 2006; Case T-49/04 Hassan v Council and Commission, 12 July 2006.

(4) Joined Cases C-402/05 P and C-415/05 P Kadi and Al Barakaat International Foundation v Council, 3 September 2008, paras.85-87 and 282-285; 中村民雄「国連安保理決議を実施する EC 規則の効力審査―テロリスト資産凍結（カディ）事件・上訴審判決」ジュリスト1371号（2009年）48-59頁参照。

(5) AG Opinion, Case C-402/05 P Kadi v Council and Commission, 16 January 2008, paras.21-24, 38 and 40.

(6) Al-Dulimi and Montana Management Inc. v Switzerland, 26 November 2013.

(7) Al-Dulimi and Montana Management Inc., v Switzerland [GC], 21 June 2016.

［参考文献］

[1] 丸山政己「国連安全保障理事会決議に基づく狙い撃ち制裁の実施と欧州人権条約上の義務 ―― Nada 対スイス事件（欧州人権裁判所大法廷2012年9月12日判決）」法政論叢（山形大学）56号（2013年）35-62頁。

[2] 加藤陽「国連憲章103条と国際人権法 ―― 欧州人権裁判所における近時の動向」国際公共政策18巻1号（2013年）163-179頁。

5 超法規的引渡し

テロ容疑者の秘密拘禁とアメリカへの引渡し

——エル・マスリ判決——

El-Masri v. the Former Yugoslav Republic of Macedonia

薬師寺公夫

13 December 2012, Reports 2012-VI（大法廷）

【事　実】

ドイツ国籍のエル・マスリ（El-Masri）は、2003年12月31日ドイツからバスでマケドニアのスコピエに向かう途中、マケドニア国境で旅券上の疑義を理由に国境警備員に訊問された後スコピエのホテルに連行され23日間拘禁された。拘禁中同国治安部隊員から繰り返し訊問され、退室しようとすると銃で威嚇された。2004年1月23日、手錠と目隠しの状態でスコピエ空港に連行されCIAに引き渡された際に、約8名のCIA要員により暴行と虐待を受けた後、CIAチャーターの航空機（N313P便）に乗せられてアフガニスタンに輸送された。申立人は、カブール郊外の収容所（Salt Pit）に4ヵ月間拘禁され、夜中の訊問、脅迫、侮蔑等の虐待を受けたほかハンストの際に胃に強制的に食糧を注入された。2004年5月28日に目隠しと手錠をされたまま航空機等で搬送された後アルバニア国境で解放され、翌日同国からフランクフルトに航空機で搬送された。2008年10月、申立人は、容疑者不詳のまま違法な拘禁・誘拐・拷問等の罪でスコピエ検察庁に告訴したが、同検察庁は申立人の聴取を行うこともなく同年12月に証拠不十分として告訴を棄却し、2010年11月22日に同決定を申立人に伝えた。同国を相手とする損害賠償請求は、判決時点で国内裁判所に係属中であった。ヨーロッパ人権裁判所は、申立人に対する上記の諸行為につき、全員一致で、マケドニアの条約3条の手続的側面と実体的側面の違反、条約5条の手続的側面と実体的側面の違反、条約8条、条約13条の違反を認定し、申立人が被った被金銭的損害に対して6万ユーロの支払いを命じた。なお判決には、4名の裁判官と2名の裁判官の共同同意見が付されている。以下、引用条文はヨーロッパ人権条約の条文である。

【判　旨】

(1) 3条違反の認定について

(a) 3条の手続的側面

「被告国は、申立人の虐待の主張に対する実効的調査の実施を怠ったことにより、3条の手続的側面に違反した（主文3）」。

国家機関により3条違反の取扱いを受けたという請求が提出された場合、3条および1条に基づき公的で実効的な調査が必要となる。「虐待に関する深刻な主張に対する調査は迅速かつ徹底的でなければならない。」「違反の原因の確定または責任者の特定を妨げるような調査の瑕疵はこの基準に抵触する」（§182-183）。本件では、申立人の告訴および国際機関や外国の調査等により重大な3条違反の情報が被告当局にもたらされていたから、被告国は実効的調査を実施する義務を負っていた（§186）。しかし検察庁は、申立人やホテル従業員の事情聴取もせず、N313P便の着陸目的や2004年1月4日同機が1名を乗せて離陸したとの空港当局者の情報についても一切調査していない（§187-188）。事件に関与したとされる内務省の説明のみ聞いて他の調査を不必要と判断した検察庁の決定は、独立機関に期待される実効的調査とはいえない（§189-190）。「本件の不十分な調査は、申立人が受けた苦痛および苦痛を与えた責任者について正確な説明を与えられることを含め

て、何が起こったのかを知らされることを申立人から奪った。」「以上を考慮すれば、本件の簡略な調査は、主張された出来事の責任者の特定と処罰へと導き、真実を確定することのできるような実効的なものとみなすことはできない。」（§192-193）

　　(b)　3条の実体的側面

　「被告国は、申立人に対するスコピエのホテル拘束中の非人道的および品位を傷つける取扱いにより、3条に違反した。被告国は、同人がスコピエ空港で受けた虐待に責任を負い、この取扱いは条約3条に定める拷問に該当する。申立人が3条違反の取扱いを更に受ける真正な危険があったにも拘らず米国拘禁施設へ同人を引き渡したことについて責任を負う」（主文4-6）。

　①ホテルでは身体的暴力はなかったが、3条は精神的苦痛にも適用される。一人部屋での拘禁は、申立人に恐怖感と心理的ストレスを与え、その継続と訊問により運命を不安な状態に置くもので、テロ組織との繋がりに関する情報を得るため故意に行われた。銃による威嚇はそれ自体3条に違反し、23日間に及ぶ超法規的秘密拘禁で苦痛は一層増大したから、非人道的および品位を傷つける取扱いに当たる（§201-204）。

　②空港でのCIA要員による虐待は、外国機関により被告国の領域内で同国当局の黙認または了知の下に行われた行為であり、被告国はそれに対して責任を負う（§206）。申立人に対して行われた物理的暴力、衣服の剥奪、拘束具および頭巾の使用、肛門への固形物の挿入などは過剰かつ不当なものであり、かつ、事前に準備され、情報の取得、処罰または申立人の脅迫を目的として重大な苦痛を与えるものだから3条違反の拷問に該当する（§207-211）。

　③引渡しの後に被請求者が条約違反の取扱いを受ける真正な危険があると信ずる実質的理由が存在する場合には、引渡しを行う国に責任が生じる（§212）。被告国航空当局はN313P便のカブール向け離陸を許可したが、米国が秘密軍事収容施設（black site）で条約違反の訊問方法を使用していることは報道や報告書から公知の事柄であり、申立人を同施設に移送すれば3条違反の取扱いがなされる真正な危険があったにも拘わらず、マケドニアは、米国に虐待回避の保障措置も求めず申立人を3条違反の拘禁状態に曝した（§216-220）。「被告国は、申立人に『超法規的引渡し（extraordinary rendition）』すなわち『通常の司法体系の外で行う拘禁および訊問のために、ある管轄権または国から他の管轄権または国に向けて行う人の司法外の引渡しであって、拷問または残酷な、非人道的なもしくは品位を傷つける真正な危険のあるもの』を強制した。したがって被告国は、この点で3条に違反した」（§221-222）。

　(2)　5条違反の認定について

　「申立人の23日間のホテルでの拘禁は恣意的であり5条に違反した。被告国は、申立人のその後のアフガニスタンでの収監につき5条に基づき責任を負う。被告国は、恣意的拘禁に関する申立人の主張について5条が要求する実効的調査を実施しなかったことに責任を負う」（主文7-9）。

　①拘禁の日時、場所、被拘禁者の氏名、拘禁理由等の事項を記録したデータの不保持は、5条の目的と両立しない。申立人は、拘禁中外部（家族、弁護士、領事）との連絡を遮断され、裁判所による拘禁の適法性審査もなく、拘禁者の完全で恣意的な支配の下に置かれて、法に定めのない場所に拘禁された。秘密拘禁（unacknowledged and incommunicado detention）は、自由および身体の安全に対する権利の重大な違反に該当する（§236-237）。

　②申立人が米国に引き渡されれば5条に定める権利の重大な侵害の真正な危険があることは被告国にも明らかであったにも拘わらず、同国は申立人を違法な介入から保護する5条の義務を怠ったばかりか、CIAに申立人を引渡すことによりその後の違法な拘禁を積極的に補助したから、2004年1月23日から5月28日までの拘禁に責任を負う（§239）。「当裁判所は、申立人の誘拐と拘禁が国際法で定義される『強制失踪』に該当すると思料する。申立人の『強制失踪』は、一時的ではあったが、監禁の全期

間にわたって不安定でかつ説明のない状態が継続したことで特徴づけられる。この点で当裁判所は、一連の作為および不作為からなる事案においては、違反は、最初の行為に始まり作為または不作為が繰り返されそれが国際義務と抵触する限り継続する全期間に及ぶ。これらを考慮して、当裁判所は、政府は、収監の全期間にわたり5条に基づく申立人の権利を侵害したことについて責任を負うと結論する」（§240-241）。

③「当裁判所は、既に被告国が申立人の虐待の主張について実効的調査を行わなかったと認定した。同じ理由で、恣意的拘禁をされたという申立人の信頼できる主張に対して意味のある調査がなされなかったと認定する。したがって、被告国は、5条の手続的側面に違反した」（§242-243）。

(3) その他

3条および5条に関する結論に鑑みれば、私生活に対するマケドニアの介入は、法律に基づくものではなく8条に違反する（§249-250）。さらに3条および5条違反について実効的な刑事捜査が行われず、同捜査の不十分性が民事賠償を含む他の救済手段の実効性も損なったので、3条、5条および8条に関連して実効的救済に対する13条の権利も侵害された（§258-262）。条約違反の極端な重大性を考慮し申立人に金銭賠償の支払いを命じる（§270）。

【解　説】

(1) 本判例の意義および特徴

本判決は、ヨーロッパ評議会加盟諸国の情報機関が米国CIAに協力して実施したテロ容疑者等の拘禁および「超法規的引渡し」(extraordinary rendition)[1]について、当裁判所がヨーロッパ人権条約3条、5条、8条および13条の違反を認定した事例である。「超法規的引渡し」（定義は【判旨】(1)(b)参照）は、米国レーガン大統領の時代に始まったとされるが、ヨーロッパ評議会加盟諸国を含む世界の50カ国以上を巻き込んで組織的に実行されたのは9.11テロ以降の「対テロ戦争」においてである。超法規的引

渡しについては、2006年3月のヴェニス委員会の「秘密拘禁施設および囚人の国家間引渡しに関するヨーロッパ評議会加盟国の国際法の義務に関する意見」[2]をはじめ、2006年から2007年にかけてのヨーロッパ評議会議員総会の調査報告（マーティ報告、ファヴァ報告）と諸決議、国連人権理事会の拷問に関する特別報告者報告などでも重大な人権侵害として取り上げられ、同行為に関する苦情は、国連の拷問禁止委員会、自由権規約委員会などでも検討されてきた[3]。本判決は、判例法に従って申立人に対してなされた各行為を条約3条、5条、8条および13条に照らして審理したが、申立人の拘禁は国際法に定義された「強制失踪」に該当すると認定し、5条の解釈にあたっては強制失踪条約等の諸規定と整合的な解釈を採用した。

(2) 主要論点の解説

(a) 事実認定

本件では事実認定自体が重要な争点となり、人権裁判所は、「合理的な疑いを超える」証明の基準に従って、一見して明白な事件性を示しそれを証明する適切な証拠を提示する責任を負うのは申立人であるところ、本件事実に関する申立人の陳述内容が詳細、明確、一貫しており、かつ、間接的証拠（マーティ報告、N313P便の飛行記録等）および直接的証拠（マケドニア元内務大臣の書面陳述）とも一致することから、マケドニア政府に反証責任が生じ、同政府が有効な反証を提示しなかったので、申立人の陳述内容を、合理的な疑いを超えて証明された事実だと認定した（§149-167）（全員一致）。

(b) 3条および5条の手続的側面の違反と13条の違反

国家機関による2条、3条の違反または5条の重大な違反がある場合、違反国は、1条とこれらの条項を併せた効果として、これらの権利侵害について実効的な調査を行う義務を負うことが判例法上認められてきた[4]。本判決も、真実の究明に消極的なマケドニア政府の不作為について実効的な調査の義務を援用することにより同国の3条および5条の下で

の手続的義務の違反を認定した。他方13条の実効
的救済の義務の範囲は苦情の性質により異なり[5]、
国家機関による虐待や恣意的拘禁に関する苦情の場
合には、同条は国に責任者の特定と処罰へと導く実
効的な調査義務を課すから、実効的な調査を怠れば
国は13条の義務にも違反する。ただし同条の下で
の実効的救済の義務の範囲は、3条および5条の下
での手続的義務より広く、調査・訴追義務だけでな
く民事賠償その他の救済措置にも及ぶ。

　本判決は、3条の手続的側面に関連して「真実に
対する権利（right to the truth）」にふれ、被告国の簡
略な調査は申立人から何が起きたかを知ることを
奪ったと述べたが（§191-193、263-264）、権利主体の
範囲や同権利の条約上の位置づけにはふれなかった。
この点4裁判官の共同同意意見は、真実を知る権利
を国際人権法および条約13条に基づき認められる
一般公衆と家族等関係者の権利とみなし、本件では
実効的救済の欠如によって申立人の同権利が奪われ
たと判断したが、2裁判官の共同同意意見は、真実
に対する権利が人権侵害に対する実効的な調査を求
める被害者の権利（2条または3条に基づく）と同義で
あり一般公衆の権利ではないと見る[6]。強制失踪条
約24条2項は、被害者を失踪者と強制失踪の直接
の結果として被害を受けた個人と規定し、被害者は
「強制失踪の状況に関する事実、調査の進展及び結
果並びに失踪者の消息を知る権利を有する」と定め
ており、ヨーロッパ人権条約上真実を知る権利がど
のように位置づけられていくか注目される。

　　(c) 3条および5条の実体的側面の違反とマケド
　　　ニアの責任

　3条の実体的側面の違反を認定した判決部分は、
法理判例というよりは、3条に関する判例法[7]を本
件事実に応用した事例判例であるが、同判決は
CIA要員によるスコピエ空港での虐待行為につい
ては「拷問」と認定した。同拷問行為に対してマケ
ドニアが責任を負う根拠につき、人権裁判所はイラ
スクほか事件判決[8]が、国はその管轄権内において
非国家主体が人権を侵害するのを黙認した場合には

国家責任を負うと判示したことを援用した。人権裁
判所は後のアル・ナシリ事件判決で、ポーランドの
米国秘密軍事収容施設内で行われたCIAによる拷
問行為について、ポーランドの責任を認定した[9]。

　本判決は、被拘禁者の所在を隠蔽する「秘密拘
禁」を5条の最も重大な違反とみなしてきた判例法
に則り[10]、外部との連絡を遮断して行われたスコピ
エのホテルでの拘禁を「秘密拘禁」と性格づけ5条
の重大な違反を認定した。強制失踪条約17条およ
び18条は、秘密拘禁の状態に置かれない人の権利
を明記し、その保障として、自由をはく奪するため
の要件の法定、拘禁権限を有する当局の明示、公認
施設外での拘禁の禁止、家族・弁護人等との連絡の
保障、被拘禁者の氏名・拘禁日時と場所・拘禁理由
等を記載した登録簿の整備と関係者への情報アクセ
ス権の保障など拘禁条件を細かく規定しており、
ヨーロッパ人権条約5条の義務の具体的実施基準を
提供する。また本判決は、申立人の誘拐と拘禁を国
際法に定義する「強制失踪」に該当すると認め、申
立人が誘拐後拘禁状態に置かれていた全期間にわた
り5条違反が継続していたとみなした。強制失踪条
約2条によれば「強制失踪」とは、①国家機関の積
極的または消極的関与の下に行われ、②逮捕、拘禁、
拉致等のあらゆる形態の自由のはく奪を伴う行為で
あって、③自由のはく奪を認めずまたは失踪者の消
息または所在を隠蔽することを伴うものをいい、失
踪した人の運命が判明するまで継続した行為とみな
される。本判決はさらに、申立人を拘禁した後超法
規的引渡しによって米国秘密軍事収容施設における
違法な拘禁を積極的に補助したことを根拠に、拘禁
の全期間にわたってマケドニアの責任を認定した点
についても、注目される。

(3) 判決の国内法その他への影響

　マケドニア政府は、人権裁判所が命じた金銭賠償
額を期限内に支払った。2014年10月にスコピエ第
1審裁判所は、ヨーロッパ人権裁判所が主要事実を
確定し非金銭的賠償に関する判決を下したという理
由で申立人の非金銭的賠償に関する請求を棄却した

が、事件は控訴されている。他方、2009年の刑法改正で法執行官による虐待および拷問に対する刑期は5年から8年に引き上げられ、2010年の刑訴法改正で検察官は情報機関等の違法行為の刑事告訴に関して3か月以内の決定を求められ、検察官の決定に対する上訴の権利が認められた。2013年政府は、EU委員会およびヨーロッパ評議会と協力して、被拘禁者等の適切な取扱いのための法執行官の能力形成に関する10カ年計画を開始した。政府が2015年に閣僚委員会に提出した行動計画によれば、情報機関等の違法行為に関する苦情を実効的に調査する権限をもった新独立機関設置のための警察法改正や、人権侵害に対する憲法訴訟の権利の導入が検討されている。

マケドニア政府が、独立の特別事実調査委員会を設置して事実と個人責任を確定し、政府高官による公式の陳謝を検討している旨を閣僚委員会に伝えたことを考慮し、閣僚委員会は、2016年9月に同委員会設置の行程と構成について早急な具体化を求めた。これに応じて政府が行程表を提出したので、閣僚委員会はこれ以上遅滞することなく行程表に記された上記個別措置を実施するとともに、同行程表に示された一般的な措置についても国の機関がその実施に努力するように求めた。2017年10月現在閣僚委員会はこれらの措置の実施に関する情報を求め、引き続き判決執行を監視している。

(1)　超法規的引渡しについては、see, Margaret Satterthwaite, Rendered Meaningless: Extraordinary rendition and the rule of law, 75 Geo. Wash. L. Rev., Vol. 75 (2007), pp. 1333-1420; David Weissbrodt & Amy Bergquist, Extraordinary rendition: a human rights analysis, Harvard Human Rights Journal, Vol. 19 (2006), pp. 123-160.

(2)　European Commission For Democracy Through Law, Opinion no. 363/2005, CDL-AD (2006) 009.

(3)　See, Agiza v. Sweden (No. 233/2003), UN Doc. CAT/C/34/D/233/2003; Alzery v. Sweden (No. 1416/2005), UN Doc. CCPR/C/88/D/1416/2005 (2006); Inter-American Commission on Human Rights, Report No. 17/12, Petition No. P-900-08 〈http://www.oas.org/en/iachr/decisions/2012/USAD900-08EN.doc-07/26/2012〉.

(4)　マッカン判決〔I 27〕解説（齊藤正彰執筆）196頁、アクソイ判決〔I 29〕解説（今井直執筆）207-208頁参照。See also, Jacobs, White & Ovey, The European Convention on Human Rights, sixth ed. (2014), pp. 158-165, 193-194 & 220; Grabenwarter, European Convention on Human Rights: Commentary, 2014, pp. 25-30 & 40-41.

(5)　クドワ判決〔I 19〕解説（申惠丰執筆）153-154頁参照。See, Jacobs, White & Ovey, supra note (4), pp. 132-140; Grabenwarter, supra note (4), pp. 329-339.

(6)　Joint concurring opinion of judges Tulkens, Spielmann. Sicillianos and Keller; Joint concurring opinion of judges Casadevall and Lopez Guerra, Reports 2012-VI, p. 360 & 357-359. See also, John Wadham, Rendition, Detention and Torture in Europe: Territorial Responsibility and Right to Truth, [2014] E.H.R.L.R., Issue 5, pp. 521-522.

(7)　アクソイ判決〔I 29〕解説（今井直執筆）206-207頁、カラシニコフ判決〔I 30〕解説（戸波江二執筆）212-215参照。See, Jacobs, White & Ovey, supra note (4), pp. 220-221 & 241-245; Grabenwarter, supra note (4), pp. 86-96.

(8)　Ilascu and others v. Moldova and Russia〔GC〕, 8 July 2004, Reports 2004-VII, §318.

(9)　Husayn v. Poland, 24 July 2014, §512. See also, Al Nashiri v. Poland, 24 July 2014, §517.

(10)　See, Jacobs, White & Ovey, supra note (4), pp. 220-221.

[参考文献]
注に掲げたものを参照。

6 デイトン合意による参政権制限

民族紛争後の脆弱な政治体制の下での、民族的マイノリティに対する被選挙権の制限
――セイディッチ判決――

西　平　等

Sejdić and Finci v. Bosnia and Herzegovina

22 December 2009, Reports 2009-Ⅵ（大法廷）

【事　実】

　ボスニア・ヘルツェゴヴィナ憲法は、1995 年に署名されたボスニア・ヘルツェゴヴィナ和平のための「デイトン合意」（正式名称：The General Framework Agreement for Peace in Bosnia and Herzegovina）の付則として成立した。この憲法の定める統治機構においては、内戦を遂行した勢力であるボシュニャク人・クロアチア人・セルビア人が、「構成民族」(constituent peoples) として権力を分け持つ仕組みが採り入れられている。二院制をとる議会のうち、民族院 (House of Peoples)[1]は、各構成民族から 5 人ずつ選出された計 15 人の議員からなる。国家元首は、「大統領評議会 (Presidency)」という合議体であり、各構成民族から一人ずつ選出された 3 人のメンバーからなる。議会および大統領評議会のいずれにおいても、各構成民族の代表が、それぞれの「死活的利益」に反するものとみなす決定に対して、拒否権を発動できる制度が組み込まれている。

　2 人の申立人は、それぞれ、自らをロマもしくはユダヤ人とみなしており、それゆえ、構成民族のいずれについても所属を表明していない（構成民族への所属は自己申告に基づく）。そのため、民族院および大統領評議会のいずれについても被選挙権を持たない。申立人は、その点が人種差別に当たると主張し、条約 14 条、第 1 議定書 3 条、第 12 議定書 1 条違反を理由としてヨーロッパ人権裁判所に申し立てた。事件は、小法廷より大法廷に回付された。

【判　旨】

(1) 受理可能性

　公的生活に積極的に参加してきた申立人が、民族院もしくは大統領評議会に立候補することは十分に考えられる。それゆえ、申立人は、条約 34 条にいう「被害者」にあたる（§29）。また、デイトン合意の付則であるボスニア・ヘルツェゴヴィナ憲法は条約であるが、それを改正する権限がボスニア・ヘルツェゴヴィナ議会に与えられている以上、「本件で争われている憲法規定を定立したことについて被告国が責任を有するか否かという問題を差しおいたとしても」、「被告国は、それらの規定を維持していることについて責任を有する可能性がある」（§30）。したがって、申立は受理可能である（§31）（全員一致）。

(2) 本　案

(a) 民族院について

(i) 第 1 議定書 3 条との関連における条約 14 条の適用可能性

　差別の禁止を定める条約 14 条は、条約や議定書の定める「権利および自由の享受」に関して効力を持つ。それゆえ、問題となっている事実が、条約や議定書の他の実体規定の射程に入る場合にのみ、14 条が適用される（§39）。

　したがって、本件においては、民族院への選挙が、自由選挙についての権利を定める第 1 議定書 3 条の射程に入るかどうかを判断しなければならない。第 1 議定書 3 条は、「立法機関 (legislature) の選挙にのみ適用され、また、立法機関が複数の議院を持つ場合には、少なくともそのひとつの議院の選挙について適用される」。この「立法機関」という語は、「各

国の憲法的構造に照らして、…そして、とくに、各国の憲法的伝統と当該議院の立法的諸権限の範囲に照らして解釈されなければならない」。同条は、選挙されない議院を伴う議会制度を考慮し、「あらゆる二院制における両院について選挙を実施する絶対的な義務として解釈されうるような言葉づかいを注意深く避けて起草された」。しかしながら、他方で、「第1議定書3条が、直接選挙によって選出されるあらゆる議院について適用されることは明らかである」(§40)。

「当裁判所は、ボスニア・ヘルツェゴヴィナ民族院に関し、その構成員が構成体(2)の立法機関によって指名されるのであり、その構成が間接選挙の結果である、という点に留意する。さらに、それが享有する立法的諸権限の程度がここでは決定的な要素であると考える」。民族院は、立法や予算承認、条約承認などの権限を、代議院 (House of Representatives)(3) とともに分担し、「立法の可決を支配する幅広い権限を享有している」。したがって、民族院選挙は、第1議定書3条の射程に入る (§41)。

(ⅱ) 第1議定書3条との関連における条約14条の遵守

「差別とは、客観的かつ合理的な正当化なくして、同様の状況にある人を区別して取り扱うことをいう。『客観的かつ合理的な正当化がないこと』とは、当該区別が『正当な目的』を追求するものでないこと、または、『採用された手段と、実現しようとする目的との間の合理的な比例関係』が存しないことをいう」(§42)。

「民族的出自に基づく差別は、一種の人種差別である」。「人種差別は、特に悪質な差別であり、その深刻な帰結に鑑みて、特別の警戒と厳格な対応を要する」(§43)。「取扱いの区別が人種または民族に基づく場合、客観的かつ合理的な正当化の概念は、できる限り厳格に解釈されなければならない」(§44)。

本件では、申立人は、「構成民族」への帰属を表明していないために、民族院選挙に立候補できない。このような排除を定める規定の導入は、ジェノサイドと「民族浄化」を伴う残虐な紛争を終了させ、平和を回復することを一つの目的としていたのであっ

て、その目的は、条約の一般的目標に広く適合する (§45)。

しかし、当裁判所は、ボスニア・ヘルツェゴヴィナが条約および第1議定書を批准した後の期間について検討する時間的管轄権のみを有している。「裁判所は、争われている憲法規定を条約批准後も維持することが『正当な目的』に適うものと言えるかどうかについて判断しない。なぜなら、以下に述べる理由により、このシステムの維持が、いずれにせよ、比例性の要請を満たさないからである」(§46)。

第一に、デイトン合意以来、ボスニア・ヘルツェゴヴィナには、いまだ課題が残っているとはいえ、紛争当事者の武装解除や、NATO・EU との協力関係の進展など、積極的な発展がみられる。第二に、構成民族間で権力を分け持つ仕組みを廃止することが時期尚早であるとしても、構成民族以外の共同体の代表を排除することなく、構成民族間に権力を配分する仕組みがありうる。第三に、ヨーロッパ評議会への加盟 (2002年) およびヨーロッパ人権条約・同議定書の批准によって、被告国家は、その標準に適合するよう自発的に同意しており、また、折に触れて、選挙法制の改正を国際的に約束している。以上のことから、民族院への立候補資格を申立人がいまだに持ち得ないことは、客観的かつ合理的な正当化を欠き、第1議定書3条との関連において条約14条に違反する (§47-50) (14対3)。

(b) 大統領評議会について

(ⅰ) 第12議定書1条の適用可能性

「条約14条が『この条約に定める権利および自由』の享受における差別を禁止しているのに対し、第12議定書1条は、保護の射程を『法律により定められるあらゆる権利』に拡張している。すなわち、同条は、一般的差別禁止を導入する」(§53)。

「申立人は、ボスニア・ヘルツェゴヴィナ大統領評議会選挙への立候補資格を認めない憲法規定について争っている。したがって、大統領評議会選挙が第1議定書3条の射程に入るか否かに関わらず、この申立は『法律により定められる権利』に関わっているゆえ、第12議定書1条が適用される」(§54)。

(ii) 第12議定書1条の遵守

「差別（discrimination）の概念は、条約14条に関する当裁判所の法理において、一貫した意味で解釈されてきた」。第12議定書1条の起草において、同様の意味を持たせる意図で、「差別」という同じ語が用いられた。「したがって、当裁判所は、第12議定書1条の下でこの同じ語を適用するに際して、…『差別』についての確立された解釈から離れるいかなる理由も見出さない」。また、当裁判所は、民族院に関する選挙規定と大統領評議会に関する選挙規定との間に有意な相違を認めない。したがって、上において民族院について条約14条違反を認めたことと同じ理由により、大統領評議会の被選挙権を申立人に認めない憲法規定は、第12議定書1条に違反する（§55-56）（16対1）。

Mijović 裁判官・Hajiyev 裁判官による部分的反対意見、Bonello 裁判官による反対意見が付される。

【解　説】

(1) 脆弱な政治秩序の下における政治参加の不平等

平和回復の必要から、敵対民族集団間のバランスに配慮して定められた選挙制度において、民族的マイノリティに属する者が被選挙権について差別的に取り扱われる場合、条約および追加議定書の義務に反することとなるか。

裁判における法適用は、背景的な政治状況から独立に判断されるべきだという立場からは、この事件は単純である。民族的アイデンティティに基づいて特定の個人に被選挙権を認めないことは、民族または人種を理由として、特定の集団を民主的政治過程から排除することを意味している。通常の国家において、このような差別的取り扱いが許されないことは、詳しく論じるまでもないだろう。

ところが、背景的政治状況を重視する立場からは、このような法の機械的な適用による解決は望ましくないと考えられる。ボスニア・ヘルツェゴヴィナ憲法は、内戦後の和平合意の一部分であり、構成民族間の勢力均衡を保つことでかろうじて平和を維持しようとする脆弱な政治的体制を表現している。「原告の要求に従って特定の政治機構の構成を変更する

ことは、実際のところ、現に存する勢力の均衡を変更することになるだろう。そのことは、ボスニア・ヘルツェゴヴィナに今日もなお見出される深刻な緊張を再燃させることになりかねない」（Mijović 裁判官・Hajiyev 裁判官反対意見）。裁判所が不用意に条約規定を適用して解決を与えることで、かえって勢力間の対立が激化し、かろうじて成り立っていた秩序自体を破壊してしまうかもしれない。そう考えるなら、裁判所は安易な法の適用による解決を差し控えるべきだということになるだろう。このように、国際法学において伝統的に「政治的紛争論」において論じられてきた問題が、文脈を変えて、再び問われているのである[4]。

判決の立場は、背景的政治状況を度外視して法律学的解釈に専心する、というものでも、政治的情勢の悪化を恐れて法的判断を差し控える、というものでもない。裁判所は、「客観的かつ合理的な正当化」についての検討のなかに背景的政治情勢への配慮を取り込んでいる。すなわち、①デイトン合意の時点に較べて、ボスニア・ヘルツェゴヴィナの政治情勢が改善してきたこと、②民族に基づく差別的取扱いを伴わない形で、構成民族間の勢力均衡を保持する仕組みを採用することが可能であること、③すでに、被告国家が、問題の選挙制度を改正することを国際的に繰り返し約束してきたこと、という理由を挙げて、当該選挙制度を被告国家が維持し続けてきたことが、目的と手段との比例性の要請を満たさず、それゆえに、客観的かつ合理的な正当化を欠くものとみなした。

国家の安全（national security）に対する脅威を理由として、国家機関が人権法上の統制から完全に免れることを、裁判所は従来から認めていない[5]。本件判決も、そのような原則的立場の延長上に理解されるべきだろう。国家は、秩序を維持する必要のために人権を制約する措置を取りうるが、その場合でも、その措置の正当性が法的に根拠づけられているかどうかが、司法的な審査の対象となる。事案に即して言えば、脆弱な政治秩序を維持する目的で、通常ならば差別的とみなされる制度の導入が必要であったといえる場合においても、国家に無制約の行動の自

由が与えられるわけではなく、①そのような制度を必要とする政治情勢がなおも存続しているかどうか、②差別的な取り扱いを伴わずに同じ目的を達成できる制度が可能かどうかを基準として、その制度の維持が、目的と手段の比例性の要請を満たすものであるかが検討されなければならない。③被告国家が、当該制度の改正を速やかに行うことを対外的に約束していた事実は、もはやその制度を維持する必要性が乏しいということを自ら認めていたということを示しており、それゆえ、比例性の要請を満たしていないという認定の根拠となる。

秩序維持のための例外的措置を口実として国家が恣意的な差別を行うことを防ぐという観点からは、このような裁判所の判断は、バランスのとれた理性的な見解を提示するものにみえる。とはいえ、背景的政治情勢の考慮を重視する立場からは、例外的措置を必要とする政治状況が存続しているかどうかを判断する機関として、裁判所は適切であるのか、という根源的な問いが提起される（Bonello 裁判官反対意見）。ボスニア・ヘルツェゴヴィナ憲法を含むデイトン合意は、諸大国の強い関与の下で成立した、利害関係国間の合意である。そこでは、脆弱な政治秩序を維持するために、構成民族間の勢力均衡に配慮する仕組みが導入された。現時点においてこのような仕組みを変更しても、なお政治秩序が維持されるかどうかは、全体的な政治状況を視野に入れて判断しなければならない。裁判所は、そのような判断を行うに相応しい機関であろうか。もし仮に憲法の変更によって構成民族間の緊張が激化した場合、裁判所はそれに対して責任を取りうる立場にはない。政治秩序を危うくするかもしれない判断は、そのような政治秩序を保障する実力をもち、政治的状況全体に対して責任を負いうるような機関によって担われるべきではないか[6]。

この点につき、裁判所は、必ずしも、政治情勢全体について判断しうるという司法万能主義を標榜しているわけではなく、秩序の維持に責任を有する政治的判断の余地を十分に尊重しつつ、ただ、そのひとつの制約として、法廷における説明責任を求めているにすぎない、と理解することもできるだろう。

(2) 第1議定書3条の適用可能性

条約14条は、条約や追加議定書の定める権利および自由についてのみ適用されるため、14条違反を検討する前提として、提起された問題が、自由選挙についての権利を定めた第1議定書3条の射程に入るか否かが論じられている。同条は、立法機関にのみ適用され、さらに、立法機関において複数の議院がある場合には、少なくとも一つの議院について、自由選挙の権利の保障を義務づけている。すなわち、さまざまな憲法的伝統のもとで、多様な権限の配分を伴っている各国の二院制について、いずれの議院についても選挙と実施する「絶対的な」義務を締約国に課しているわけではない。ただし、両院について直接選挙を実施する場合には、いずれの議院の選挙についても、同条が適用されると裁判所は考えている。つまり、両院について直接選挙を実施するならば、いずれの選挙についても、同条に適う自由選挙の権利を保障しなければならない。

本件で問題となったボスニア・ヘルツェゴヴィナの議会では、両院について直接選挙が実施されているわけではない。同議会は、直接選挙によって選出される代議院と、各構成体（支分国）の議会によって選任される民族院からなる。したがって、ボスニア・ヘルツェゴヴィナは、代議院における直接選挙だけではなく、民族院議員の選任手続においても、自由選挙の権利を保障する義務を負うか、ということが問題となる。

判決は、①民族院議員の選任手続が「間接選挙」であること、②民族院が、立法の成立を支配する幅広い権限を有していることを根拠として、民族院の選任手続について第1議定書3条の適用を認めた。それに対し、①民族院議員は、各構成体の議会によって指名されるのであって、そもそも選挙されるわけではないこと、および、②民族院は、通常の意味における議会第二院ではなく、構成民族の「死活的利益」を保護する任務を負う特殊な制度であることを根拠として、同条の適用そのものを否定する意見が付されている（Mijović 裁判官・Hajiyev 裁判官反対意見）。

（3） 一般的差別禁止条項（第12議定書1条）

条約14条と異なり、第12議定書第1条における差別禁止は、条約（追加議定書を含む）上の権利との関連を前提とせず、法律により定められた権利の享受に関する差別を一般的に禁止している。本件は、同条が適用された最初の事件である。

大統領評議会は国家元首であり、その選挙が、立法機関の選挙に関する第1議定書3条の射程に入るかどうかは明確でない[7]。そのため申立人は条約14条でなく第12議定書1条に依拠し、裁判所も後者を適用して差別を認定した。大統領評議会選挙における被選挙権が「法律によって定められる権利」であるという点については争われていない。

問題となりうるのは、裁判所が、条約14条にいう「差別」と第12議定書1条にいう「差別」が、同じ用語であるから同じ意味であると断定し、民族院選挙に関する差別認定の理由づけをそのまま援用して、大統領評議会選挙における差別を認定した点である（Mijović 裁判官・Hajiyev 裁判官反対意見）。条約が自由選挙の権利を認めている立法機関の選挙における区別された取り扱いとは異なる基準で、そのような権利を条約が定めていない国家元首選挙における区別された取り扱いについて差別が認定されるべきだという考え方もありうる。そのような考え方によれば、脆弱な政治秩序を維持するために構成民族の代表のみからなる国家元首（合議体）を設置することの是非が、民族院選挙についての検討とは独立に、問われるべきこととなる。

（4） 判決執行状況

閣僚委員会は3度の暫定決議（Interim Resolution CM/ResDH（2011）291, CM/ResDH（2012）233, CM/ResDH（2013）259）などによって、憲法および選挙法改正を促しているが、いまだ改正されていない。

---

(1) House of Peoples は、「上院」と訳されることもある。しかし、Mijović 裁判官・Hajiyev 裁判官反対意見は、これを二院制の上院とみなすこと自体に疑義を呈している。その点を考慮して、ここでは「民族院」と訳す。

(2) ボスニア・ヘルツェゴヴィナは、セルビア人共和国とボスニア・ヘルツェゴヴィナ連邦という二つの構成体（Entities）からなり、前者においてはセルビア人、後者においては、ボシュニャク人とクロアチア人が支配的な地位を有する。それぞれの構成体は、選挙される議会を有し、それぞれの議会が、民族院議員を選出する。選挙制度の概要については久保慶一「デイトン合意後のボスニア・ヘルツェゴヴィナ」早稲田政治経済学雑誌377号（2010年）を参照。

(3) 直接選挙された議員からなる議院。セルビア人共和国から3分の1、ボスニア・ヘルツェゴヴィナ連邦から3分の2が選出される。

(4) 紛争の背景となっている政治的緊張を度外視し、紛争において法的に定式化された部分のみについて法の適用によって解決を与えることによって、かえって、政治的緊張を激化させてしまう、ということが、国際法学上の「政治的紛争」論の核心である（参照：西平等「実証主義者ラウターパクト——国際法学説における実証主義の意義の適切な理解のために」坂元茂樹編『国際立法の最前線』（有信堂、2009年）81-83頁）。

(5) 国家の安全を理由とする措置であっても、独立の司法的機関による適法性の審査を免れることはできない、ということを裁判所は繰り返し確認してきた（Al-Nashif v. Bulgaria, 20 June 2002, §94, §123, §137; チャハル判決〔I 15〕, Reports 1996-V §131 など）。

(6) ここでは、政治的紛争論において古くから言われてきた言葉が想起される。すなわち、「国際的政治関係の全体形成に…主体的決断をもって参与しうる立場にあり、従ってまた、その紛争処理の結果をみづから保障しうるやうな政治的責任の立場」にある者のみが、政治的紛争に対して解決を与えられる、という（祖川武夫「国際調停の性格について」『国際法と戦争違法化（祖川武夫論文集）』（信山社、2004年）97頁）。また、本来適切に判断することのできない問題について、あえて裁判所が判断を下した場合、その判決は遵守される見込みを持たず、かえって裁判所に対する信頼を損なう、という点も、政治的紛争論の文脈において繰り返し主張されてきた。本判決が現実を変更する見込みは乏しい、という批評（Marko Milanović, "Introductory note", *International Legal Materials*, vol. 49 (2010), pp. 282-283) も、このような旧来からの主張に重なる。

(7) 国家元首であっても、立法過程において重要な役割を果たすとみなされるなら、第1追加議定書3条にいう立法機関とみなされる可能性がある Samo Bardutzky, "The Strasbourg Court on the Deyton Constitution", *European Constitutional Law Review*, vol. 6 (2010)。

［参考文献］

注に掲げたものを参照。

7 国家の分裂と国籍・永住権
国家承継に伴う永住権・身分記録の「消去」と私生活・家族生活の尊重を受ける権利
―「消去された人々」事件―

Kurić and others v. Slovenia

小畑　郁

26 June 2012, Reports 2012-IV（extracts）（大法廷）

【事　実】

本件は、かつてユーゴスラビア社会主義連邦共和国（以下、旧ユーゴ）の国民であり、スロヴェニアで永住権を有していた申立人ら（「消去された人々」といわれる）が、スロヴェニアの分離独立の過程で、同国の国籍取得申請をしていなかったことを理由に、永住権のみならず身分記録そのものを消去されたことを不服として提訴したものである。

スロヴェニアは、旧ユーゴの構成共和国であった。旧ユーゴ国民は、旧ユーゴの国籍（原語は市民権）を有するとともに、6つの構成共和国の国籍も有していた。構成共和国レヴェルの国籍は、血統主義に基づき（父母の国籍が異なる場合にはその間の合意により）取得するものとされていた。しかし、旧ユーゴ国民は、国内の移動の自由を有し、いずれの構成共和国に定住しても、その共和国の永住権を取得しえた。また、永住権を基準に市民的、経済的、社会的および政治的権利でさえも享有することができた。

スロヴェニアでは、1990年11月には、独立への動きが明確になっていた。これを前提に、12月6日に、スロヴェニア議会は、「スロヴェニアにおいて永住権を有するすべての者に、もし望むのであればスロヴェニア市民権を獲得する権利を保障する」と述べる「善き意図の声明」を採択した。スロヴェニアは結局、1991年6月25日に独立を宣言した。その後生じた「10日間戦争」を経て、7月7日には、旧ユーゴ軍は撤退した。

独立宣言に先立って「スロヴェニア共和国市民権法」（以下、国籍法）が採択され、独立宣言の日に施行された。そこでは、スロヴェニア国籍を有しない旧ユーゴ国民は、①人民投票の日までに永住権を得ており、②現にスロヴェニアに居住し、かつ③国籍法施行から6か月以内に国籍取得を申請した場合、スロヴェニア国籍を取得する、と規定された。

こうした状況のもとで、スロヴェニア国民ではない旧ユーゴ国民のうち1割強程度は国籍取得申請を期限内に行わなかった。こうした人々については、原則として、期限後2か月を経過した後（すなわち、1992年2月26日から）、外国人法が適用されることとなった。スロヴェニア内務省は、同年2月5日付の非公表の通達で、これらの人々の身分証明書を没収すること、および旅券を無効とし処分する旨述べていた。実際、2月26日、市町村行政当局は、永住者登録簿から、これらの人々を除籍した。結果として、これらの「消去された人々」は、非合法に居住する外国人ということになった。彼らは、職に就くにも、運転免許を維持するにも、年金を受給するにも困難に直面することになり、さらには、出国も困難になった。こうしたなか、1994年6月28日、スロヴェニアについてヨーロッパ人権条約が効力を生じた。

スロヴェニア憲法裁判所は、1999年と2003年に二度にわたり「消去された人々」に対する処遇が違憲であるとの決定を下し、問題解決への展望を示した。2010年になってようやく、国会議長と内務大臣が彼らに公式に謝罪し、「他の旧ユーゴ承継国国民の法的地位法」（以下、法的地位法）を改正し、遡及的な永住許可の付与を行った。なお、2009年の統計で、計25,671人の「消去された人々」のうち、

7,899 人がスロヴェニア国籍を取得し、3,630 人が居住許可を得ている。しかし、13,426 人は、スロヴェニアにおいて正規の地位を有さず、どこに居住しているのか明らかではない。

申立人らは、2006 年 7 月に提訴し、本件は、小法廷に係属した。2010 年の小法廷判決は、全員一致で、条約 8 条（私生活・家族生活の尊重）、13 条（実効的救済）違反を認定した[1]。これに対して、スロヴェニア政府が上訴を申し立て、審査部会がそれを許可したため、本件は大法廷に係属することとなった。大法廷は、先決的判断において管轄権なしないし不受理とした 4 人の申立人以外の 6 人の申立人について、いずれも全員一致で条約 8 条、13 条、および 8 条と結びついた 14 条（差別禁止）の違反を認定した。

【判　旨】

(1) 先決問題

(a) 小法廷で「被害者」要件を満たさなくなったとされた 2 人の申立人について

小法廷で不受理となった部分については、上訴された場合に取り扱うことができないとの先例から離れる理由がないので、この 2 人の申立人の事件については、管轄権を有しない（§235-236）（15 対 2）。

(b) 被告政府による事項的・時間的な受理可能性なしという主張について

これらをいずれも斥けた小法廷判決から離れる理由がない（§241-242）（全員一致）。

(c) 大法廷での審理中に遡及的な永住許可を得た申立人らの「被害者」性について[2]

当裁判所は、被害者たる地位の喪失の第 1 の要件である、国の当局による違反の認容は満たされていると考える（§265）。さらに、当裁判所は、先行国の分裂という本件と比較可能な状況がかかわる事件でも、外国人の地位の正規化がされれば、被害者性の喪失を認めてきた[3]（§266）。「しかしながら、…当大法廷は、本件の特徴の一つは、『消去』によりつくり出された広範な人権にかかわる懸念であると

認める。しかも、そのような事態が、申立人の多くについて 20 年近く続いていた。憲法裁判所の救済判決がありはしたが、それ自体 10 年以上履行されてこなかった〔引用判例略〕。申立人が経験した不確実性と法的不安性の長きにわたる期間、および、彼らの『消去』から生ずる帰結の重大性に鑑み、当大法廷は、小法廷とは異なり、人権侵害の認容と〔関係申立人ら〕への永住許可は、国内的な『適正』かつ『十分』な救済ではない、と考える」（§267）（全員一致）。

(d) 国内的救済原則に基づく政府の抗弁について

(i) 永住許可を受けていない 2 人の申立人について

彼らについては、まず居住許可を申請すべきである（§292）。彼らの申立は不受理と宣言される（§293-294）（9 対 8）。

(ii) 永住許可を結局受けた 6 人の申立人について

彼らには、憲法裁判所に提訴する道が開かれていた。しかし、本件についていえば、憲法裁判所はすでに一般的効力を有する違憲判決を下しているにもかかわらず、長年それは従われていなかった。これは必然的に無力感や挫折感をもたらす。スロヴェニアで有効ないかなる身分証明書ももっていなかったこれらの申立人らが、数年にわたり、法的に存在しない扱いを受けてきた。以上を考慮し、本件の特殊な文脈の下では、憲法異議を提起する必要はなかったと認定する（§301-303）。関係申立人について、国内的救済原則に基づく被告政府の先決的抗弁は却下されなければならない（§313）（全員一致）。

(2) 条約 8 条違反の主張について

両当事者が条約 8 条の適用可能性を認めていることにも鑑み、それについて小法廷の判決から離れる理由がないと判断する（§339-340）。

(a) 介入は「法律に従った」ものであったか

外国人として扱われるということが、永住許可も失なうことも意味するということについては、予見可能性やアクセス可能性という要件を満たさない（§340-345）。したがって「法律に従った」ということができず、8 条違反があったというに十分である

（§349）。よって、さらなる検討は不要であるが、本件の広範な影響に鑑み、本件介入が正当な目的を追求するものであったか、また比例したものであったかを審査する（§350）。

（b）介入は正当な目的を追求するものであったか

「当裁判所は、独立関係諸立法および申立人らに関してとられた措置は、旧ユーゴの解体、1991年のスロヴェニアの独立達成および実効的な政治的民主主義の確立という、広い文脈から切り離すことができない、と考える。こうした文脈は、議会選挙のために『スロヴェニア市民の一団』を形成することを伴うものであった。不服を申し立てられている介入（『消去』）は、この全般的枠組みの中で考察されなければならない」（§352）。それゆえ、政府は、この措置によりこの国の安全保障の利益を保護しようとしたのである。これは、条約8条2項の意味での正当な目的である（§353）。

（c）介入は「民主的社会において必要なもの」であったか[4]

本件では、独立立法の欠缺により、彼らは以前には有していた広範な権利にアクセスするための法的地位を奪われた。当裁判所はまた、申立人らのような長期居住移民の場合、私生活または家族生活の実効的「尊重」に固有の積極的義務も課されうることを想起する（§358）。「〔旧ユーゴの他の連邦構成共和国の市民の居住資格を〕正規化することを怠り、有効な居住資格を長期にわたって取得不能としたことは、国の安全保障という正当な目的と申立人らの私生活や家族生活に対する権利の実効的尊重と間に存在すべき公正な均衡がないことを意味する」（§359）。

（d）結論

不服が申し立てられた措置は、「法律により規定された」ものでも「民主的社会において必要な」ものでもなく、よって条約8条の違反があった（§§361-362）（全員一致）。

（3）条約8条と結びついた13条違反の主張について

被告政府は、条約8条の主張された違反を治癒す

るために、申立人らに利用可能な救済手段は、適正で実効的であったと立証できなかった〔上記（1）(d)(ii)〕。したがって、この点で違反があった（§371-372）（全員一致）。

（4）条約8条と結びついた14条違反の主張について

一般外国人が居住資格を維持したことと比較すると、旧ユーゴの他の構成共和国の市民は不当に異なる取扱いをうけた。したがって、この点で違反があった（全員一致）。

（5）条約46条

改正法的地位法の制定にもかかわらず、申立人らは金銭的補償をうけていないことから分かるように、スロヴェニア国内法秩序には、一定の欠陥がある。したがって、本件は、パイロット判決手続を適用するのに適している。被告政府は、1年以内に、アドホックな補償制度を設けるべきであると、当裁判所は指示する。規則61条6項(a)にしたがって、同種の申立の審理は、救済措置の採択まで繰り延べる（§415）（全員一致）。

（6）条約41条

金銭的損害については、判断できる段階に達していない。非金銭的損害と訴訟費用の付与を認める（§424-428）（全員一致）。

【解 説】

（1）旧ユーゴの解体とスロヴェニアの独立

旧ユーゴは、1980年代に、コソヴォ自治州（当時）の処遇問題をめぐって、集権化に積極的なセルビア指導者の登場により、解体への決定的歩みをはじめることになった。連邦構成共和国の中でも、経済的に最も豊かであったスロヴェニアでは、集権化への警戒が強く、スロヴェニア共産党は、1990年1月に開催されたユーゴスラビア共産党大会でセルビアと対立し、2月には、共産党から脱退した。このように、スロヴェニアが連邦解体への引き金をひく役割を果たしたのである。1991年7月はじめには、独立を事実上確定させる。

スロヴェニアの独立過程については、民族自決の実現という面が強調されがちである。またセルビアの覇権主義体制を打ち破る役割を果たしたとも評価される。実際、クロアチアとともに、他の旧構成共和国に先駆けて国家承認を受け、国連加盟を果たした（1992年5月22日）。西側機構への参加についても、「優等生」扱いであり、1993年5月にはヨーロッパ評議会に加入し、1994年にはヨーロッパ人権条約が効力を生じている。

こうした評価が、「消去」という重大な人権侵害を見逃す結果をもたらした。実際には、スロヴェニアの独立については、先進共和国の経済的利害の優先という面も強く（柴・後掲書、160頁）、また、それがもたらす旧ユーゴの解体と戦争の可能性をほとんど顧慮せずに進められたという事実にも注意が必要である（定形・後掲論文、6頁）。

(2) 国籍の処理と「消去」

上に見たように、スロヴェニアの独立は、1991年7月に事実上達成される。しかし、西側諸国も当初は旧ユーゴの解体を避けようとし、ドイツの承認が12月、ECの承認方針決定は、翌年1月にずれ込んだ。その後も隣のクロアチアやボスニア＝ヘルツェゴビナでは、1995年まで戦闘が続いた。

とすれば、1991年6月25日の独立宣言と同時に施行された国籍法は、スロヴェニアの独立と旧ユーゴ解体が国際社会に受け入れられるより前に制定されたものであったのである。国籍取得申請期限の同年12月、「消去」がなされた1992年2月というのは、まだ、スロヴェニアが国家承認を受けるか受けないかの段階であり、ましてや旧ユーゴが完全に解体されるかどうかは全く未確定で（ボスニア＝ヘルツェゴビナ、マケドニアについてのECの承認決定は、それぞれ1992年4、5月）、戦乱も続いていた。

この状況の下で、旧ユーゴ時代にはほとんど意識されることがなかった構成共和国レベルの国籍を基準として採用し、それまで永住権を有し政治的権利をも享受できていた他の連邦構成共和国市民に対して、6か月という短期間に、独立が法的に確定はしていない共和国の国籍を選択するよう迫ったというのが、スロヴェニア国籍法であった。したがって、他の連邦構成共和国市民のうち1割強が国籍取得申請をしなかった。

こうした人々の永住権や居住権も否定し、身分証明書すら没収・処分するという「消去」は、本件大法廷判決が前提とするように、たしかに、こうした国籍処理から自動的に導き出されるものではない。それゆえ、「民主的社会において必要な」ものでもないとして、条約8条違反が認定されたのである。

(3) 本件大法廷判決における国籍問題への対応

しかし、本件大法廷判決は、他方で、「消去」には、早期に「スロヴェニア市民の一団」を確立するという意味で国の安全保障のためという正当な目的があったとは認めている。それは、上の国籍処理そのものの正当性を認めたことに等しい。

実は、ソ連邦、旧ユーゴ、チェコスロヴァキアの解体といった1990年代前半の状況を背景に、1993年から国連の国際法委員会を舞台に「国家承継に関連する国籍」についての法典化作業がすすめられ、1999年には同委員会は条文草案を採択した。また、1992年からヨーロッパ評議会で起草作業が進められた1997年の「ヨーロッパ国籍条約」は、国家承継との関係でも一箇条を設けた（18条）。さらに、2006年の「国家承継に関連する無国籍の防止に関するヨーロッパ評議会条約」は、いくつかの条件付きながらも常居所地を基準として承継国が国籍を付与すべき旨を定めている。

本件の小法廷判決は、国籍の恣意的剥奪が8条違反となりうる可能性を明示に認め（Chamber §353）、これらの「とりわけ国家承継の場合における無国籍の防止を目的とする関連国際法基準に照らして」（Chamber §376）「消去」が8条違反であるという結論を導いた。これに対して、被告スロヴェニア政府は、小法廷判決の無国籍問題についての部分に異議を唱えた（§329）。スロヴェニアは、上の二つのヨーロッパ評議会条約に署名すらしていない。大法廷判決は、このようなスロヴェニアの主張への大幅な譲

歩を示したものである。実際、8条違反認定の部分において、上記の無国籍防止のための国際法の動向に一切触れていない。

(4)「消去」の条約違反認定の論理──法の前に人として認められる権利の可能性

このように、国籍処理の正当性自体を認める以上は、「消去」は単に外国人の居住資格の問題ともいえる。とくに、結局遡及的な永住許可を得たことから「被害者」たる地位を失い、したがって不受理とされるべきという主張については、小法廷では認められた。ラトヴィアの「非市民」についての先例を形式的に理解すれば、被害者たる地位の喪失という結論の方が素直である。

こうした形式論理を適用せず、全員一致で違反を認定したのは、二度にわたる憲法裁判所の違憲判断にもかかわらず救済が十分でないということに加えて、本件人権侵害の重大性であろう。ヴチニッチ（Vučinić）裁判官は、一部同意一部反対意見で、本件は通常の8条違反ではなく、むしろ「法の前に人として認められる権利」（世界人権宣言6条、自由権規約16条参照）の侵害と捉えるべきで、ヨーロッパ人権条約には、この権利の明示の承認はないとしても、8条に当然内在していると判断すべきだったという。

この意見がさらに論じるように、人格そのものの否定という性格を直視するとすれば、永住許可申請をしていない申立人による申立についても、国内的救済手段の実効性を否定して、受理すべきであったであろう。この点、大法廷は9対8と拮抗した多数決で不受理とした。これは、今後「法の前に人として認められる権利」を明示に認め、かかる権利について、8条一般のそれとは区別される法理が発展しうる可能性を示しているといえる。

(5) 救済方法の明示と判決執行監視

本件では、パイロット判決手続が採用され、補償制度を1年以内に設けることが指示された。2014年の公正な満足に関する本件判決では、違反認定を受けた申立人の金銭的損害について補償を与えるとともに、1年の期限が徒過しているにもかかわらず、スロヴェニア政府が設けた補償制度（同年施行）を考慮し、本件大法廷本案判決の執行として十分かどうかの判断を閣僚委員会に委ね、他の同種の事件を想起させた[5]。

なお、閣僚委員会は、2016年5月25日の決議で本件大法廷判決の執行監視任務を終了した[6]。

(1) Kurić and others v. Slovenia, 13 July 2010. 以下、この判決のパラグラフを引用する場合には、Chamber §n の要領で本文中に示す。
(2) ここでは、Eckle v. Germany, 15 July 1982, Series A no. 51, §69 et seq.; Gäfgen v. Germany [GC], Reports 2010-IV［本書 *34*]、§116 などを引用して規範を定立している（§259-260）。
(3) Sisojeva and others v. Latvia (striking out) [GC], 15 January 2007, Reports 2007-I, §102-104 などを引用している。
(4) ここでは、Slivenko v. Latvia [GC], 9 October 2003, Reports 2003-X, §113 を引用して規範を定立している（§354）。
(5) Kurić and others v. Slovenia (just satisfaction) [GC], 12 March 2014, Reports 2014-I, esp. §141-144.
(6) Resolution CM/Res DH (2016) 112.

［参考文献］
[1] 定形衞「旧ユーゴスラヴィア終焉の諸相」国際問題 496号（2001年）1頁以下。
[2] 柴宜弘『ユーゴスラヴィア現代史』（岩波新書、1996年）。
[3] 芹田健太郎「社会主義連邦諸国の解体と国家承認」（初出1994年）芹田『普遍的国際社会の成立と国際法』（有斐閣、1996年）所収。
[4] 橋本信子「消された人々」同志社法学63巻1号（2011年）773頁以下。
[5] 丹羽こずえ・小畑郁（訳）「国家承継に関連する無国籍の防止に関するヨーロッパ評議会条約および説明報告書」法政論集（名古屋大学）218号（2007年）267頁以下。
[6] 前田直子「国籍の国家承継」村瀬信也=鶴岡公二編『変革期の国際法委員会 山田中正大使傘寿記念』（信山社、2011年）529頁以下。

8 外国における養子縁組の効力不承認
家族生活の尊重を受ける権利が各国抵触法に及ぼす影響
── ワーグナー判決 ──

横 溝 大

Wagner and J. M. W. L. v. Luxembourg

28 June 2007

【事 実】

1996 年 11 月 6 日、ペルーの家庭裁判所は、第一申立人 X₁ (ルクセンブルク国籍) による当時 3 歳の第二申立人 X₂ (ペルー国籍) との養子縁組を宣告し、同判決により X₂ は X₁ の娘の地位を獲得し、実親との親子関係を断絶した。

1997 年 4 月 10 日、X らは、ルクセンブルク地方裁判所において、司法省に対し、当該ペルー判決の執行を請求する申立を行った。地方裁判所は、1999 年 6 月 2 日、ルクセンブルク民法典 370 条に依れば X₁ の本国法であるルクセンブルク法が本件養子縁組の成立要件を規律するが、同法 367 条は婚姻していない者による完全養子縁組を認めていないため、当該ペルー判決は同規定に反するとして、同判決に関する執行請求を退けた。控訴院も一審の判断を支持し、さらに、2001 年 6 月 14 日、破棄院も同様の理由により上告を棄却した。

X らは、ヨーロッパ人権裁判所に対し、ルクセンブルクを相手方とし、同国における当該ペルー判決の不承認がヨーロッパ人権条約 8 条にいう家族生活の尊重を受ける権利や 14 条にいう差別の禁止に違反するということ等を理由として申立を行った。

判決は、8 条・14 条違反につき全員一致で条約違反を認定した。

【判 旨】

(1) 人権条約 8 条違反について

「当裁判所は、『家族生活の尊重を受ける権利を保障することにより、8 条は家族の存在を前提としている』ことを繰り返す…。本件においては、X₁ は 1996 年以降あらゆる点において未成年者の母親として行動して来ており、そのため X らの間には『家族の絆』が『事実上』存在している…。…従って、8 条が適用される」(§117)。

「ルクセンブルク裁判所がペルー判決の執行を認めるのを拒絶したのは、婚姻していない者に子供との間で完全養子縁組の成立を認める規定がルクセンブルク法にないことの帰結であるが、当裁判所は、本件において表明された拒絶は、X らの家族生活の尊重を受ける権利への『介入』であると考える」(§123)。

「疑問とされている措置が『民主的社会に必要』であったか否かを決定するために、当裁判所は、事案全体に照らし、当該措置を正当化するために挙げられている理由が 8 条 2 項のために関連性があり十分であったかどうかを考慮せねばならない」(§127)。

「当裁判所は先ず、問題となる分野において締約国が広範な評価の余地を享受することを繰り返しておく。…評価の余地の範囲は、状況、事項、そして文脈により多様であるが、この点につき関連する要素の一つは、締約国の法の間に共通点 (common ground) が存在するか否かであろう」(§128)。

「当裁判所の観るところ、問題となる領域においては、ヨーロッパにおける調和化の段階は進んだ状況にある。締約国の立法についての検討が示すのは、婚姻していない者による養子縁組は、46 箇国のうちの大半において制約なく認められているということである」(§129)。

「当裁判所は、執行を拒絶した当該決定は状況の社会的現実を考慮していないと考える。結果として、ルクセンブルク裁判所がペルーでの完全養子縁組により形成された家族の絆という法的存在を公式には認めなかったので、その絆はルクセンブルクにおいてその効果を完全に生じさせていない。X らは日常生活に支障を来し、子供は養子縁組をした家族への

完全な統合を可能にする法的保護を与えられていない。

子の最善の利益がこのような事例では最重要であることを考慮し…、当裁判所は、ルクセンブルク裁判所は、外国で有効に形成され人権条約8条の意味における家族生活に対応する法的地位を合理的に無視することは出来なかったと考える。だが、国家機関は当該状況の承認を拒絶し、完全養子縁組につきルクセンブルク法が置いている制限を適用するために、ルクセンブルクの抵触規則を社会的現実と関係者の状況に優先させたのである」（§132-133）。

「当裁判所は、本件においてルクセンブルク裁判所は、Xらの間に事実上既に存在した家族の絆を承認することを拒絶し、状況につき実際に検討しなかったのは合理的でないと結論する。また、…、当裁判所は、国家機関により示された理由…は、8条2項のためには『十分』ではないものと考える。

以上に照らし、当裁判所は、人権条約8条違反があったと考える」（§135-136）。

(2) 人権条約14条違反について

「執行を命ずることに対するこのような拒絶の結果、X₂は、ルクセンブルクで完全養子縁組が承認された子に比し、日々異なる取扱いを被っている。本件においては、子と元の家族との絆は切断されたにも拘らず、養親との間には完全且つ十分な代替的絆が存在していないということは不可避の事実である。従って、X₂は、この間単純養子縁組が認められたという事実…によっては償うことの出来ない法的空白状態に置かれている。

その結果とりわけ、ルクセンブルク国籍を取得しなかったため、X₂は、例えば、EU市民としての優遇措置を利用することが出来ない。…X₁について言えば、X₂が経験している支障を日々間接的に被っている。というのも、就中、X₂がルクセンブルク国籍を取得しなかったという事実から生ずる全ての行政手続をX₁は実行せねばならないからである。

当裁判所は、本件においてこのような差別を正当化する如何なる根拠をも見出さない」（§155-157）。

「以上より、8条との関連において人権条約14条違反があった」（§160）（以上、全員一致）。

【解　説】

(1) 当該判例の意義・特徴

本判決は、ルクセンブルク抵触法[1]上外国判決を承認する際の要件の一つである準拠法要件（自国の準拠法選択規則が定める準拠法を外国裁判所が適用したか又は適用した場合と同様の結論を導いていることを求める要件）が充たされないとして、養子縁組に関するペルーの判決を承認しなかったルクセンブルク裁判所の対応に対し、家族生活の尊重を受ける権利等に関する人権条約違反が認定された事例である。締約国以外の国で形成された家族生活についても8条にいう尊重されるべき家族生活に含まれるとした点に本判決の特徴がある[2]。また、人権条約により締約国における抵触法の通常の作用が妨げられた数少ない事例の一つとして、注目に値する[3]。以下では、これらの点について順次述べた上で、最後に日本法への示唆について触れる[4][2]。

尚、本判決を受け、ルクセンブルクは、2007年10月25日、物理的および精神的損害に対する公正な満足として、16975ユーロを支払った。また、個別的措置として、2007年12月13日、ルクセンブルク裁判所は、当該ペルー判決を執行可能であるとし、暫定的執行を命じた。さらに、一般的措置として、ルクセンブルク控訴院は、本判決以後に問題となった婚姻していない者による2人の完全養子縁組に関するペルー判決の承認執行につき、ルクセンブルク民法典367条において婚姻していない者を排除している部分が人権条約違反であるとして当該部分の適用を否定し、執行可能であると判示しており、ルクセンブルクは当該判例の確立により本判決は十分に執行されたと述べている[3]。

(2) 家族生活の国際的継続性

先ず、本件でルクセンブルクにおいて承認執行の対象となったのはペルーにおける完全養子縁組の成立を認めた判決であるため、そのような締約国外で成立した身分関係に基づく家族生活も、8条にいう「家族生活」に該当するか否かが問題となる。

この点につき、1998年以前の旧制度における人権委員会は消極的な態度を示していた。例えば、X and Y v. UK では、人権委員会は、インド法に基づく養子縁組に基づく申立人らの関係につき、英国法

において当該養子縁組が承認されていないし承認されることもないことを決定的に重視して、これを8条にいう家族生活と認めなかった[4]。これに対し、学説上は、家族関係が人権という資格で保護される際には、当該価値を保護する全ての締約国で保護されねばならず、このような要請に対応しない抵触法規則は人権条約8条に違反するとして、外国で形成された家族生活に対応する地位についても、「事実上の」家族生活として8条の保護の対象とすべきであるという有力な見解が存在した[5]。

本判決は、X_1 が1996年以降 X_2 の母親として行動して来たという単なる事実から、「事実上の」家族生活の存在を認めているように一見すると読める（§117）。だが、評釈においては、本判決が問題となる「状況の社会的現実」（§132, 133）を強調している点を捉え、そのような社会的現実は上述の点からだけでは生じないとし、当該生活がペルーの養子縁組に関する判決に基づいたものであることが、両者の間に8条により保護すべき家族生活が存在すると本判決が判断した実質的理由であると解するものもある[6]。このような理解に立てば、本判決は上述の有力説に従ったものということが出来よう[7]。

このように、外国で成立した身分関係に基づく家族生活を締約国において尊重することを求める本判決に対しては、そもそもヨーロッパ人権条約は国境を越える状況に適した特別な法システムを提供するために作られたものではないことから、法的状況の国際的な連続性についての人権を含んではいないと批判する見解もある[8]。だが、人権裁判所は、その後も養子縁組に関する米国判決[9]や代理懐胎に関する米国判決の締約国における不承認[10]、さらには代理懐胎に関するロシアの出生証明書の締約国における不承認が問題となった事例[11]において、同様の判断を続けており、外国で成立した身分関係に基づく家族生活も8条の対象となることは、略確立したと言ってよい。

但し、本判決が、凡そ外国で形成された如何なる身分関係に基づく家族生活でも8条の対象とするとは解されない。状況が人為的に作り出されたような特定の場合等、当事者の正統な期待が成り立たないような8条の保護対象には含まれない場合も存在する筈であり、そのような類型の明確化は今後に残さ

れていると言えよう[12]。

(3) 人権条約の抵触法に対する影響

次に、人権条約の抵触法に対する影響については、従来、外国判決の承認執行との関係で、6条にいう公正な裁判を受ける権利が問題となった事例が幾つか見られ[13]、中には締約国の判断が6条違反だとされた事例もあった[14]。本判決は、8条および14条との関係で外国判決の承認執行に関する締約国抵触法における通常の判断が人権条約違反とされた初めての判決であり、注目される。

本判決における人権条約によるこのような抵触法に対する介入に対しては、本判決が人権の名により各国法秩序の抵触につき各国抵触法に替わる中央集権的な調整の試みを行っているとして、人権条約が各国抵触法に代替する役割を果たす可能性につき懸念を示す見解もある[15]。すなわち、本判決は、「国際的な養子縁組については、関連する法秩序のうち子の最善の利益の伸張（épanouissement）に最も好意的な観点を有するものの法がこれを規律する」という定式を打ち立てたというのである[16]。だが、このような規則の下では、家族生活に関する外国判決は、それが公正な裁判である限り締約国で承認執行されるべきこととなり、承認国である締約国の法秩序を動揺させてしまうと批判される[17]。

だが他方、本判決に、人権条約と抵触法との調和を見出す見解もある[18]。これらの見解に依れば、本判決では比例性原則が本質的な役割を果たしており、ペルーで形成された状況がルクセンブルクでどのような具体的効果を有するかという点についてのXらの期待の正統性や、ルクセンブルクによる干渉の正統性が具体的に審査されており、抵触法自体が問題とされているわけではなく、承認に関する抵触法規則と問題となった準拠実質法とが結び付いて導かれた効果が問題とされているのである。従って、本判決は、外国で形成された身分関係に関し無条件での承認を求める如何なる準則も示していない[19]。

このように、抵触法に対する影響に関し、本判決の評価は分かれている。

尚、本判決の射程は広く、必ずしも身分関係に限定されるものではなく[20]、また、準拠法要件だけに限定されるものではないとされる[21]。さらに、本判決の理由付けは外国において国家機関が介在せずに

形成された状況についても当てはまり得るとさえ指摘されている[22]。実際、人権裁判所は、本判決に依拠しつつ米国での養子縁組や代理懐胎に関する判決の承認執行を公序要件により拒絶した締約国に対し、8条違反を認定している[23]。このように、各国抵触法の通常の処理が人権条約により影響を受ける事例は、今後も登場し続けると思われる。

(4) 日本法への示唆

最後に、日本法への示唆について一言する。人権裁判所のように、私法的法律関係に影響を及ぼす国際法規範固有の法適用機関が国家裁判所の判断に介入する仕組を有しない日本において、本判決のように国際的人権規範が日本における抵触法の通常の作用に介入する状況を想定することは困難であると言えよう。そこで、現状では、人権は、抵触法規則を形成する過程において、或いは、外国法の適用または外国判決承認執行の際の公序要件の判断において、従来通り考慮されるだろう[24]。

但し、本判決を巡って議論されていた、状況の国境を越えた継続性に関する権利[25]が我が国において基本的権利として確立すれば勿論、そこまで行かずとも継続性に関する権利意識がさらに高まれば、そのような観点から、身分関係等一定の事項や状況における抵触法の通常の作用に対する例外則の導入につき、我が国でも検討が進むことになろう[26]。

(1) 以下、「広義の国際私法」の意味でこの用語を用いる。
(2) 本判決では、人権条約6条違反も認定されているが、特に重要とは思われないので以下では触れない。この点については、J.-F. Flauss, *AJDA* 2007, p. 1920 参照。
(3) 以上、2013年3月7日の閣僚委員会決議（CM/ResDH（2013）33）参照。
(4) X and Y v. UK, Decision of the Commission, 15 December 1977. また、Akin v. the Netherlands, Decision of the Commission, 1 July 1998 も参照。
(5) A. Bucher, *L'enfant en droit international privé* (Helbing & Lichtenhahn/L.G.D.J., 2003), pp. 10-12; F. Marchandier, *Les objectifs généraux du droit international privé à l'épreuve de la convention européenne des droits de l'homme* (Bruylant, 2007), p. 379. Cf. D. Bureau/H. Muir Watt, *Droit international privé* (PUF, 1st ed., 2007), pp. 584-585.

(6) とりわけ、F. Marchandier, *D.* 2007, jurispr. p. 2700, pp. 2701-2702.
(7) Cf. L. D'Avout, "Droits fondamentaux et coordination des ordres juridiques en droit privé", in E. Dubout/S. Touzé, *Les droits fondamentaux: charnières entre ordres et systèmes juridiques* (A. Pédone, 2010), p. 165, 183.
(8) L. D'Avout, *J. D. I.* 2008. 183, pp. 195-196.
(9) Négrépontis-Giannisis v. Greece, 3 March 2011.
(10) Mennesson v. France, 26 June 2014.
(11) Paradiso and Campanelli v. Italy, 27 January 2015.
(12) P. Kinsch, *Rev. crit. DIP*, Vol. 96, No. 4 (2007), p. 807, 821.
(13) Hussin v. Belgium, 6 May 2004; Pellegrini v. Italy, 20 July 2001.
(14) Pellegrini v. Italy, *ibid*.
(15) D'Avout, *supra* note (7), p. 183; Y. Lequette, "Le droit international privé et les droits fondamentaux", in R. Cabrillac (ed.), *Libertés et droits fondamentaux* (20th ed., 2014, Dalloz), p. 123, pp. 138-139.
(16) D'Avout, *ibid*, pp. 183-184.
(17) Lequette, *supra* note (15), pp. 138-139.
(18) とりわけ Marchandier, *supra* note (6), p. 2700.
(19) Kinsch, *supra* note (12), pp. 816-817.
(20) Kinsch, *ibid*, p. 819.
(21) Kinsch, *ibid*; Marchandier, *supra* note (6), p. 2703.
(22) Kinsch, *ibid*, p. 820.
(23) Négrépontis-Giannisis v. Greece, *supra* note (9); Mennesson v. France, *supra* note (10). その他、Paradiso and Campanelli v. Italy, *supra* note (11) においてはロシアが発行した出生証明書の不承認が問題とされている。
(24) 西谷祐子「国際私法における公序と人権」国際法外交雑誌108巻2号（2009年）173頁、201頁以下。
(25) Cf. D'Avout, *supra* note (7), p.184.
(26) 例えば、フランスにおいて議論されている「状況の承認」理論の我が国での導入といった点が考えられる。同理論につき、北澤安紀「EU国際私法における承認論」法学研究88巻1号（2015年）147頁、加藤紫帆「国際的な身分関係の継続に向けた抵触法対応——フランス学説の『状況の承認の方法』検討を中心に（1）-（4・完）」法政論集（名古屋大学）262号151頁、263号437頁、264号261頁、266号191頁（2015-2016年）参照。

[参考文献]
注に挙げたものの他、本判決の評釈として、F. Sudre, *JCP*（*G*）2007. I. 182; J.-P. Marguénaud, *RTDciv.* Octobre/Décembre 2007. 738.

9 EU に対する「同等の保護」推定の限定
EU ダブリン規則の人権条約適合性
── M. S. S. 事件 ──

大藤　紀子

M. S. S. v. Belgium and Greece

21 January 2011, Reports 2011-I（大法廷）

【事　実】

アフガニスタン国籍保持者である本件申立人（仮名：M.S.S.）は、2008 年初めにカブールを発ち、同年末、ギリシャに不法に入国して国外退去処分を受け、翌 2009 年 2 月、ベルギーの外国人局（Aliens Office）で難民庇護の申請を行った。しかし、ギリシャですでに指紋が登録されていたことから[1]、2003 年 2 月 18 日の EU 理事会規則 343/2003/EC（以下、ダブリン規則）に基づいて、ベルギー外国人局は、3 月、ギリシャに申立人の難民資格審査を要請した（17 条 1 項）。

これに対し、国連難民高等弁務官事務所（以下、UNHCR）は、4 月、ベルギー移民・難民政策大臣に書簡を送り、ギリシャの難民認定手続の欠陥や難民申請者の劣悪な受入状況を批判し、送還の停止を勧めている。しかし、ベルギー外国人局は、ギリシャからの回答が規定の 2 ヶ月以内になかったことから、黙示の承諾が得られたとして（ダブリン規則 18 条 7 項）[2]、5 月、国外退去処分を決定し、申立人を不法移民の収容施設に拘禁した。

送還の 2 日前に処分の通知を受けた申立人は、ギリシャにおける、恣意的かつ劣悪な拘禁・虐待のリスク、難民認定手続の欠陥、適切な審査を経ずにアフガニスタンに送還される恐れがあること、また実効的な司法手続の欠如などを理由に、最緊急手続（extremely urgent procedure）によって、ファックスで、ベルギーの外国人不服申立機関（Aliens Appeals Board、以下 AAB）に国外退去命令の取消と執行停止[3]を求めた。しかし、AAB は、請求の 1 時間後に設定された聴聞手続に弁護人が欠席したことを理由に執行

停止の請求を棄却し、申立人は、最終的に 6 月 15 日にギリシャに送還された。直前の 6 月 11 日、申立人は、AAB に再度退去命令の取消しを求めたが、送還後の同年 9 月に判決が下され、二度の請求は、いずれも手続的な理由で棄却された。

また、同じ 6 月 11 日、申立人は、ベルギーによる国外退去命令およびギリシャでの難民申請者の処遇がヨーロッパ人権条約（以下、条約）違反であるとして、ヨーロッパ人権裁判所（以下、人権裁判所）に審査を申し立て、ギリシャへの送還を停止する仮保全措置を申請した[4]。同裁判所は、このとき、ギリシャが条約や EU 法を遵守するであろうとの「信頼（confidence）」を理由に仮保全措置の申請を却下した。

ギリシャに送還された申立人は、20 人の他の被拘禁者とともに直ちに拘禁され、4 日間、トイレや外出・食事を制限され、汚れたマットもしくは床の上で寝る劣悪な状況に置かれた。釈放後、申立人は、難民申請者に一定の生活水準を保障する大統領令 220/2007 の規定に反して、何らの生活扶助も受けられず、ホームレスとなり極貧状態に陥った。

人権裁判所は、申立人の状況について再度照会したが、ギリシャがそれに応じなかったこと、またアフガニスタン情勢が緊迫化したことを受け、7 月 2 日、ギリシャに対して、人権裁判所の手続が終了するまで、申立人を国外退去させないように指示する仮保全措置を採択した。

生活の窮状から逃れるため、その後 2 度にわたりギリシャからの出国を試みた申立人は、逮捕されて警察官の暴行を受け、再び 7 日間拘禁されるなど、アフガニスタンへの強制送還の危険に晒されたという。

申立が係属した小法廷は、大法廷に本件を回付し
たため、本件は大法廷で審理された。

【判　旨】

(1) ギリシャについて

申立人の拘禁時の状況は、「受容しえないもの」
であり（§233）、条約3条違反があった（全員一致）。
また釈放後の生活状況についても、申立人が「特別
な保護を必要とする、とりわけ恵まれない、傷つき
易い（vulnerable）人口グループに属する、難民申請
者」であることをとくに考慮し（§251）、「何か月も
の間、ホームレスで、財源も衛生設備も利用できず、
その生活上の必要を充たすいかなる術もない」状態
を余儀なくされたことについて（§263）、3条違反
を認定する（16対1）。さらに、ギリシャの難民認定
手続には、「重大な構造的欠陥」があり（§300）、申
立人は「難民申請の理由についての真摯な審査や実
効的な救済手続へのアクセスのないまま、出身国に
直接または間接的に送還されるリスク」に晒されて
おり（§321）、条約3条と結合した13条違反を認定
する（全員一致）。（2条と結合した13条違反は検討不要（全
員一致）。）

(2) ベルギーについて

(a) 3条違反の認定について

当裁判所は、2005年のボスポラス（Bosphorus）事
件判決〔Ⅰ2〕で認めたように、「国内法上または国
際法上の義務」に基づいて採択された国家の行為は、
条約が定めるのと「少なくとも同等とみなされうる
方式で、関係機関が基本権を保護すると考えうる限
りで正当化される」。他方で、国家は、「厳密な意味
で」そうしたEU法上の「義務の外側にあるすべて
の行為、とりわけ国家の裁量に委ねられた行為につ
いては、条約の下で完全な責任を負う」（§338）(5)。
ダブリン規則に関しては、3条2項の「いわゆる
『主権』条項」(6)がある限り、ベルギーが講じた送還
措置は、「厳密な意味で」のEU法上の義務に該当
せず、「同等の保護の推定は、本件には適用されな
い」。つまり、「ベルギーの諸機関は、受入国、すな

わちギリシャが条約上の義務を果たしていないと判
断して、申立人の送還を控えることが可能であっ
た」（§340）。

UNHCRや数多くのNGOの報告書、2009年4月
に本件申立人に対する国外退去命令の執行停止を求
めたUNHCRの書簡などから、「申立人を国外に追
放した時点で、ギリシャの諸機関によって難民申請
が真摯に審査される保証がないことを、ベルギーの
諸機関が知っていた、もしくは知っていてしかるべ
きであった」のであり、「彼らは、申立人の送還を
拒否する手段を有していた」（§358）。ベルギー諸機
関は、「申立人が条約の基準に適合した取扱いを受
けることを単に推定するのでなく、むしろ逆に、ギ
リシャの諸機関が、実際に難民に関する自国の立法
をどのように実施しているかを、真っ先に検証する
責務を負っていた」（§359）。

以上を考慮し、「ベルギーが申立人をギリシャに
送還したことにより、同国における難民認定手続の
欠陥に関わるリスクに申立人を晒した」として、
「条約3条違反」を認定する（§360）（16対1）。（2条
違反については検討不要（全員一致）。）また、「故意に
（knowingly）、品位を傷つける取扱いに該当する拘禁
および生活状況に申立人を晒した」ことについても、
3条違反とみなされる（§367-368）（15対2）。

(b) 3条と結合した13条違反について

処分取消の訴えには、国外追放命令の停止的効果
が認められていない。また最緊急手続における国外
追放命令の執行停止の訴えについても、条約3条違
反の訴えに対する「綿密かつ厳格な調査」の下で
「関係機関が訴えの実体を審査し、適切な補償を確
保する」手続になっておらず、「回復しえない性質
の損害」について申立人に過剰な立証責任を課して
いる。以上のことを考慮し、「実効的な救済措置を
欠き」、条約3条と結合した13条違反を認める
（§387-397）（全員一致）。(c) 2条と結合した13条違
反は、検討不要である（全員一致）。

(3) 46条および41条について（省略）

【解 説】

(1) EU における難民認定手続の共通化とダブリン規則

1999 年、EU は、タンペレ (Tampere) 欧州理事会において、難民申請の合理化を目的に難民認定に関する基準や手続を共通化する方針を定めた。それに伴い、第三国国民が、複数の EU 加盟国に重ねて難民として庇護を申請することはもはや認められず、一人の申請者の難民資格は一つの加盟国でのみ審査されることとなった。どの加盟国が審査の責任を負うかは、ダブリン規則で定められている。それによれば、難民庇護申請者が、過去に EU 加盟国に不法に上陸したことが証明される場合、原則として申請が行われた国ではなく、過去に上陸した国が審査の責任国となる (10 条 1 項)。

こうしたダブリン規則の規定は、次のような問題を孕んでいる。第一に、EU 加盟国のなかでも、沿岸諸国や第三国と国境を接する国に難民申請が偏るという問題である。地中海沿岸に位置するギリシャにおける難民申請者数は、本件が起こった 2008 年当時、フランス、イギリス、イタリア、スウェーデン、ドイツの 5 カ国に次いで多く、19,880 件に上っていた[7]。人権裁判所は、本件において、「EU の域外国境を形成する国家が、現在、移民や難民申請者の流入増大に対応するにあたって多大な困難に直面し」、「ダブリン規則を適用する他の加盟国からの難民申請者の送還に伴い、その状況は悪化して」おり、「負担や圧力」を増大させ、さらには「経済危機」がその負担に拍車をかけているとしつつも、「3 条の絶対的な性質に鑑みて、同規定に基づく締約国の義務を免除することはできない」としている (§223)。

第二に、同規則は、「すべての EU 加盟国」が①「ノン・ルフールマンの原則[8]を遵守し」、②「第三国国民にとって安全な国である」とみなし (前文 2 段)、加盟国間の「相互信頼 (mutual confidence)」、言い換えれば、加盟諸国における「同等の保護」、すなわち条約適合性の推定を前提にしているという問題である。現実には、必ずしもすべての EU 加盟国にそのような推定が及ぶとは限らない。ギリシャについては、上述のように 2006 年以来、UNHCR や数多くの NGO、人権擁護団体による報告書が、難民申請者の処遇が極めて劣悪であり、難民条約および EU 法上の難民申請者の諸権利や手続上の原則が保障されず、ノン・ルフールマンの原則も侵害されかねないことを指摘し続けていた (§159-172 参照)。

(2) 判決の意義・特徴

人権裁判所は、すでに 2000 年 3 月 7 日の T. I. 対英国事件[9]において、条約締約国が、「同じく締約国である中間介在国に間接的に送還する場合であっても、その送還の結果、難民申請者が条約 3 条に反する取扱いに晒されないよう保障する [送還国] の責任は変わらない」と判断している。「その脈絡において」、送還国は、ダブリン規則が定めた「合意に自動的に依拠することはできない」とも述べている。したがって、送還国は、送還先の受入国で、難民申請者が、条約「3 条に違反する取扱いを受ける現実のリスクに直面すると信じうる実質的な理由が示された場合」には、当該送還国が当該申請者をその国に送還しないことが求められるという。

ただし、この事件における送還先ドイツについて、人権裁判所は、「申立人が、仮に [自国スリランカ] で直面している拷問や虐待のリスクの実質的な理由を示していたとしても、ドイツが同国への送還をやめて申立人を保護する条約 3 条に基づく義務を怠ったであろうと考える根拠は何もない」として、結論としては、事件を不受理としている。

その後、人権裁判所は、送還先がギリシャであった 2008 年 12 月 2 日の K. R. S. 対英国事件[10]において、上記 T.I. 対英国事件の基準にしたがい、送還国の責任を問えるか否かについて検証した。判決は、ギリシャにおける難民申請者に対する取扱いを強く批判する拷問禁止委員会、UNCHR、複数の NGO の報告書を引用しつつも、結局は「同等の保護」の推定に基づいて、「反証がない限り」、受入国が「難民認定手続の最低基準および難民申請者の受け入れ

を定める EU の指令」やそれを実施する「自国の法律」に基づく義務を遵守し、「条約3条に従うことを推定しなければならない」として、やはり事件を不受理としたのである。

これに対して、本判決は、こうした先例、すなわち K. R. S. 対英国事件での立場を改め、EU 加盟国が「例外の可能性の検討もなく」、「同等の保護」の推定により、ダブリン規則を「機械的に（systematically）」（§352）適用して難民申請者を送還することを戒めている。すなわち、本判決の意義は、上記のダブリン規則の問題に関連して、難民申請者に対し、直接「非人道的かつ品位を傷つける」処遇を行うギリシャだけでなく、そのギリシャに難民申請者を送還したベルギーに対しても、間接的な条約3条違反および3条と結合した13条違反を明確に認めたことにある。

(3) 判決後の状況

本判決によるダブリン規則の解釈は、本判決と同じ 2011 年の 12 月 21 日に下された、N. S. 対内務大臣事件（英国）ならびに M. E. 他対難民申請コミッショナーおよび司法平等法改革大臣事件（アイルランド）先決裁定[11]において、EU の司法裁判所により、ほぼそのまま踏襲されている。すなわち、EU 司法裁判所は、条約3条を、同様の内容を定める EU 基本権憲章4条に置き換えた上で、次のように判断している。

「EU 法は、［ダブリン規則］3条1項が責任を負うべく指示する加盟国が EU の基本権を遵守している旨確定的に推定することを排除する」。EU 基本権憲章4条は、次のような意味で、「加盟国の裁判所を含む加盟諸国によって解釈されなければならない」。すなわち、ダブリン規則が定める「責任を有する加盟国」において、「その難民認定手続および難民申請者の受入れ状況におけるシステム上の欠陥が、…非人道的および品位を傷つける取扱いに服する現実のリスク」に当該難民申請者が「直面すると信じる実質的な根拠となる場合に、加盟国は、その難民申請者を当該加盟国に送還してはならない」と

いう意味である（§106）。

内戦や国際紛争の渦中にある一部の中東諸国から多くの難民がヨーロッパに押し寄せている現在、EU の共通難民制度、とくにダブリン規則は、そのままの形では維持できなくなっている。一時的に受入れを停止する国を設けるなり、難民受入れの割当を決めるなり、立法や EU 司法裁判所の判断を通じて、さらなる法的展開を余儀なくされている。本判決は、ダブリン規則の「最も有害な帰結を弱める効果をもった」[12]という意味で、そうした展開に一石を投じたものと言えよう。

なお、2014 年 12 月 4 日付の閣僚委員会決議は、ベルギーによる本判決の執行を最終的に確認している[13]。

(1) 2000 年 12 月 11 日の理事会規則 2725/2000（Eurodac 規則）は、難民申請者の指紋登録を加盟国に義務づけ、加盟国から収集した指紋データを EU 委員会が管理し、既存のデータ・ベースと照合するシステムを定めている。

(2) ギリシャは、これを受け、申立人の難民資格審査の責任を負っているのはギリシャである旨確認する文書を、6 月 4 日にベルギーに送付している（ダブリン規則 10 条 1 項、18 条 7 項）（§24）。

(3) 取消の訴えに、国外退去命令の停止的効果は付与されていない（§137）。また、最緊急手続による国外退去命令の執行停止の訴えに対しては、最長 72 時間以内に決定が下されるまでは、命令の執行が停止される。

(4) このとき、申立人は、アフガニスタンを逃れた理由として、国際駐留部隊で通訳を務めたことから、タリバンによる殺害の危険に晒されていたと説明している（§31）。

(5) Bosphorus v. Ireland [GC], 30 June 2005, Reports 2005-VI [I 2], §155-157 の引用である。

(6) ダブリン規則 3 条 2 項によれば、「3 条 1 項の定める一般的ルールの例外」として、「規則の定める基準によればその責任に該当しない場合であっても、第三国国民の難民審査を行うこと」ができ、「この場合、当該国家は［ダブリン］規則の目的における責任国となり、その責任に付随する義務を負う」。

(7) UNHCR, *Asylum Levels and Trends in Industrialized Countries*, 2009, p.13. 今日においても海路によりヨーロッパに上陸する難民がギリシャに殺到し、UNHCR の統計調査によれば、2014 年に海路でギリシャに上陸した難民申請者は、約 43,500 件（前年比 280 パー

セント、UNHCR, *Greece, As a Country of Asylum, 2014*, p.3.）。2015 年に至っては、同じく海路でギリシャに上陸した難民申請者は、12 月 26 日現在、836,627 件に及んでいるという（http://data.unhcr.org/mediterranean/country.php?id=83）。

(8) 難民や難民申請者を迫害の危険に直面する国に送還することを禁止する国際慣習法上の原則。

(9) T.I. v. UK

(10) K.R.S. v. UK

(11) Joined Cases C-411/10 & C-493/10, N.S. v. Secretary of State for the Home Department and M.E. and others v. Refugee Applications Commissioner and Minister for Justice, Equality and Law Reform [GC], 2011/12/21. EU 司法裁判所は、「システム上の欠陥（systemic deficiency）」のみが例外的にダブリン規則に従って送還しない正当化理由となりうるとする（§ 89）。

(12) Maarten den Heijer, Joined Cases C-411 & 493/10, N.S v. Secretary of State for the Home Department and M.E. and others v. Refugee Applications Commissioner, Minister for Justice, Equality and Law Reform, Judgment of the Court（Grand Chamber）of 21 December 2011, nyr., *Common Market Law Review* 49, 2012, p.1752.

(13) Resolution CM/ResDH（2014）272.

[参考文献]（注に掲げたものを除く）

[1] 戸田五郎「ダブリン規則の適用事案に関する欧州人権条約違反認定」国際人権 22 号（2011 年）177-179 頁。

[2] 中村民雄「EU 共通難民規則の EU 基本権憲章適合的な解釈」貿易と関税 60 巻 6 号（2012 年）82-91 頁。

[3] H. Labayle, Le droit européen de l'asile devant ses juges : précisions ou remise en question?, *Revue française du droit administratif*, 2011, p.273.

[4] E. Dubout, note *Juris Classeur Périodique, La Semaine Juridique*, 2011, p.466

[5] Florence Benoît-Rohmer, Union européenne et droits fondamentaux, *Revue trimestrielle de droit européen*, 48（2）, avr.-juin 2012, p. 393-394, p.401-404.

[6] Catherine-Amélie Chassin, De la réadmission des demandeurs d'asile, *Actualité Juridique Droit Administratif*, 2 décembre 2013, p.2377-2381.

10　ポピュリズム政権と司法権・裁判官の独立
最高裁判所長官による司法改革批判に対する制裁としての解任
──バカ判決──

西片　聡哉

Baka v. Hungary
23 June 2016, Reports 2016（大法廷）

【事　実】

申立人は 2008 年にヨーロッパ人権裁判所の裁判官を退任した後、2009 年にハンガリーで 6 年を任期とする最高裁判所長官に任命された。彼は、2010 年の選挙で議会における 3 分の 2 以上の多数を獲得したフィデス＝キリスト教民主人民党連立政権による司法改革案を、最高裁長官および全国司法評議会の長として数度にわたり批判する内容の意見を表明した。批判の対象は、全国司法評議会の改組（実質的廃止）や経過措置なしで定年を引き下げ 10 分の 1 ほどの裁判官を退職させることなどであった。これに対して、政府は申立人の最高裁判所長官としての職務を任期満了前に終了させるハンガリー基本法経過規定を 2011 年 12 月 30 日に国会で可決成立させた。2012 年 1 月 1 日、同規定と裁判所組織および運営法に基づいて、申立人の最高裁判所長官としての職務は、3 年半の任期を残して終了した。

申立人は、任期満了前に職務を解かれたことを国内の裁判所で争うことができないと主張し、このような終了が条約 6 条 1 項（裁判を受ける権利）に反し、また、10 条（表現の自由）にも違反すると主張して、2012 年 3 月にヨーロッパ人権裁判所に申立を行った。小法廷は、2014 年 5 月に全員一致でハンガリーによる条約 6 条 1 項および 10 条違反を認定する判決を下した[1]。同国政府の上訴申立の受理により、本件は、大法廷に係属することとなり、大法廷は、2016 年 6 月に条約 6 条 1 項および 10 条の違反を認定した。

【判　旨】

（1）条約 6 条 1 項違反の主張
（a）条約 6 条 1 項の適用可能性

この規定を適用するには、民事的権利に関する紛争が必要であるが、本件では、申立人が国内法の下で十分主張可能な「権利」をめぐる真正かつ重大な紛争が存在した（§ 111）。公務員の雇用紛争が「民事的権利」をめぐるものとして 6 条の適用範囲に含まれるためには、ヴィルホ・エスケリネン事件判決〔本書 48〕では、まず第 1 に、問題となる地位の保持者に対して裁判所へのアクセスを国内法が明示的に排除していないことが必要であるとされている。本件では、申立人の裁判所へのアクセスは、まさに問題になっている任期満了前の職務終了措置により妨げられた。これにより、条約 6 条 1 項が適用可能でなくなるとは解し得ない。「裁判所へのアクセスを排除する国内立法が、ある事件で条約 6 条 1 項の下で効果を持つには、それが法の支配と合致すべきであることを当裁判所は強調したい」（§ 117）。法の支配の概念は、条約前文に明示され、すべての条約規定に内在している。したがって、エスケリネン基準の最初の基準が満たされておらず、6 条が適用される。以上のことから、条約 6 条 1 項の適用可能性に関する被告政府の先決的抗弁は斥けられなければならない（§ 119）。

（b）条約 6 条との合致

本件では、申立人の任務の終了が通常の裁判所により審査されず、審査の可能性もなかった。このような司法審査の欠如は、法の支配の要請との合致が

疑わしい立法の結果であった。「当裁判所は、国際的な文書、ヨーロッパ評議会の文書、国際裁判所の判例法および他の国際機関の実行において、…裁判官の解任や免職に関わる事例における手続的公正さに、ますます重要性が与えられていることに留意せざるを得ない。」(§121) このことを考慮して、当裁判所は、本件では裁判所にアクセスする申立人の権利の本質が損なわれたと考える。よって、裁判所にアクセスする申立人の権利の侵害がなされた (§122)(15対2)。

(2) 条約10条違反の主張

(a) 介入の存在

当裁判所は、その判例法において、裁判官の条約10条（表現の自由）の、公務員のみならず裁判官への適用可能性を認めてきた。もっとも、裁判官の懲戒についての事件においては、苦情の対象である措置が、申立人の表現の自由に対する介入であるのか、条約で保障されていない権利である司法の運営における公職を維持する権利の行使に影響を及ぼしているだけなのかを、まず決定しなければならなかった(§140)。この場合、当裁判所は、「合理的疑いを超える」という基準ではなく、十分に強く、明確で、一貫した推論と、同様の反駁されない事実の推定との合致から証拠を引き出してきた (§143)。こうした原則は、申立人の主張を審理した国内裁判所がない本件ではとくに重要である (§144)。被告政府は、申立人が有していたポストや果たしていた役割がなくなったことによって長官としての職務の終了という結果がもたらされた、という自らの主張を説得的に立証しなかった。よって、当裁判所は任期満了前の職務終了は申立人が長官として公表した見解や批判によって促されたという申立人に同意する (§151)。結局、申立人の表現の自由の行使に対する介入があった (§152)。

(b) 介入が正当化されるか否か

(ⅰ)「法律によって定められ」ていたか

申立人の最高裁判所長官としての職務終了を定める基本法・法律規定は、個人を狙い撃ちにする性格のゆえに、法の支配の要求との抵触の疑いを提起する。しかし、当裁判所は、本件介入が条約10条2項で「法律により定められ」ていたと仮定して審理を進める (§153)。

(ⅱ) 正当な目的

被告政府は、申立人の任務終了が条約10条2項の司法の権威および公平性の維持を目的としていたと主張するが、当裁判所はこれを受け入れることができない (§156)。介入は正当な目的を有しないが、当事者の主張を考慮し本件の特殊な事情では、介入が民主的社会において必要であったか否かを検討することが重要である (§157)。

(ⅲ)「民主的社会において必要」か

言論が公益事項に関わる場合、とりわけ、本件のような司法府の機能に関する言論については、通常、表現の自由の高いレヴェルの保護が、当局に狭い範囲の評価の余地しか残さないように、付与される (§159)。当裁判所は、国家が公務員に対してその地位にみあう自制の責務を課すのは正当であると認めるが、公務員は個人として条約10条の保護を受ける資格がある。「したがって、個々の事案の状況を考慮して、個人の表現の自由に対する基本的権利と、公務員の活動が条約10条2項に列挙された目的を促進することを確保する上で民主的国家が有する正当な利益との間で公正な均衡がはかられているかどうかを確かめるのは、当裁判所の役割である」(§162)。一般的にいえば、司法当局は、その裁決機能の行使にかかわる限りにおいて、公平な裁判官としてのそのイメージを保つよう、取り扱っている事件に関して最大限自制的でなければならない。

他方、司法制度の機能に関する問題は公益に関わり、その討議は、一般的には条約10条の下で高い程度の保護を享受する。権力の分立に関する問題は、民主的社会における非常に重要な事項に関わり、公衆はそのことについて知らされる正当な利益を有する (§165)。当裁判所は最後に、制裁の恐れが持つ萎縮効果を強調する。

当裁判所は申立人の職務をとりわけ重視する。そ

の任務や責務は司法機関やその独立に影響を与える立法改革に関する見解を表明することを含んでいた（§168）。申立人は、司法機関に影響を及ぼす憲法および法律の改正、司法制度の機能と改革に関係する問題などについて見解や批判を表明した。これらの問題はすべて公益事項である（§171）。申立人の声明は、厳格に職業的な見地からの単なる批判を超えるものではなかった。申立人の最高裁官としての職務終了は、国家権力の独立した部門としての司法機能の性質や裁判官の解任不可能性の原則をとくに考慮するならば、ほとんど許すことができない。裁判官の解任不可能性の原則は、当裁判所の判例法や国際文書およびヨーロッパ評議会の文書によれば、司法の独立の維持にとって、鍵となる要素である。このような背景に照らすと、申立人の尚早の解任は、司法の独立を維持するという目的そのものに資するのではなくその目的を打ち砕いたように思われる（§172）。さらに、このような解任は、申立人だけでなく他の裁判官や将来の長官に対する「萎縮効果」も有していた。申立人の表現の自由の行使に対する制限については、その濫用に対する実効的で十分なセーフガードを伴っていなかった（§174）。被告政府の依拠する理由が関連するものであったと仮定しても、これらの理由は介入が「民主的社会において必要」であったことを示すのに十分なものとしてみなされえない（§175）。よって、条約10条の違反があった（§176）（15対2）。

(3) そ の 他

条約10条に結びついた13条違反の主張および条約6条1項および10条に結びついた14条違反の主張は、上記違反認定に鑑み、別個の問題を提起するものではない（§182, 186）（全員一致）。条約41条を適用し、被告政府は、申立人の金銭的・非金銭的損害について、また訴訟費用について、金銭賠償を支払わなければならないと判断する（§187-196）（全員一致）。

【解　説】

(1) 本判決の意義

近年、とりわけ旧体制移行国において、ポピュリスト政権が誕生し、議会の絶対多数を得てメディアや司法制度に介入し、自己の支配が永続化する体制を人為的に創り出そうとする例が現れている。こうした政権の政治手法に特徴的なことは、国家の制度を自己の政策を実現するための単なる道具に改変しようとすることにある。ハンガリーは、1990年11月に旧共産主義国では最初にヨーロッパ評議会に加盟し、人権条約に署名した（1992年に批准）。同国は同条約を国内で実施してきたが[2]、一般的には、中東欧諸国の優等生と考えられてきた。それゆえ、2010年4月に政権を獲得した中道右派のフィデス・ハンガリー市民同盟（Fidesz）およびキリスト教民主人民党（KDNP）が、このような政策を推進してきたことについては、衝撃が大きかった[3]。本判決の最大の意義は、そうした政策の一環としてなされた、自らに批判的な最高裁判所長官の長官職からの事実上の解任に対して、全面的に批判し、条約違反の断を下したことにある。本判決はまた、こうした措置がヨーロッパの「法の支配」に反すると実質的に認定したとも解される。

ハンガリー政府は、国民議会における3分の2以上の与党議席を背景に、権威主義的な政策を推進してきた。憲法や立法の包括的な改革に着手し、とりわけ1949年の憲法を2012年にハンガリー「基本法」に改正した[4]。このようなハンガリーの立法改革に対して、ヨーロッパ評議会、EU、ヴェニス委員会は強い懸念を示してきた。本判決は、そのような懸念に強力な支持を与えたものと評価できる。これに関連してピント（Pinto）裁判官とデドフ（Dedov）裁判官は、共同同意意見において、条約がヨーロッパの憲法的文書であり、「憲法裁判所としての人権裁判所」の役割を強調している[5]。同意見では、申立人の職務を終了させる特定の目的を持つ経過規定が法の支配に違反し、「反憲法的憲法規定」である

と指摘されている。

ハンガリーについては、本件のように、公正な裁判を受ける権利や表現の自由に関する申立が人権裁判所で争われることも多かったが、同国政府はヨーロッパの基準に対して慎重ながらも積極的な対応を示したこともあった。たとえば、「赤い星」禁止事件（2008年）では、左派革新政党の副党首であった申立人が全体主義象徴着用の罪で有罪判決を受けたことが表現の自由を侵害するかが争われ、人権裁判所による条約10条違反判決を受けて、申立人に無罪判決が言い渡された[6]。また、アラヨス・キス判決（2010年）〔本書17〕では、成年被後見人の選挙権を一律に制限する憲法の規定が第1議定書1条3項に違反すると認定され、2012年に一定の法改正がなされた。

(2) 条約における裁判官の表現の自由

本件では、裁判官の表現の自由が争点の一つとなったが、判決は、リーディングケースであるヴィレ対リヒテンシュタイン事件（1999年）[7]などに依拠しながら、条約10条違反を認定した[8]。ヴィレ事件では、行政裁判所長官（申立人）が国王（政府）と議会との間の憲法解釈の不一致につき憲法裁判所が裁判権をもつ旨の講演をしたところ、リヒテンシュタイン公が申立人を行政裁判所長官に再任しない旨の書簡を送付したことが争われ、人権裁判所は申立人の表現の自由を侵害すると判示した。この判決では、裁判官が司法府の独立や中立の保持のために表現の自由の行使を慎むべきことが期待されるとしながらも、申立人のような地位にある裁判官の表現の自由に対する介入は、人権裁判所による綿密な審査が求められる。申立人の言動が政治的な意味合いを持つことは避けられないが、政治的要素のみでは申立人がこの主題について見解を述べることを控える理由にはなりえず、介入の必要性の十分な立証がなされなかったと判示された。

本件では、裁判官の政治的意見表明につき最大限の自制を求めながら、他方で公益に関わる裁判官の言論に高度の保護を与え、人権裁判所による厳密な

審査の下で締約国に狭い評価の余地しか与えなかったのが特徴的である。本判決は、ハンガリー政府の主張した「司法の権威および公平性の維持」を介入の真の目的とは認定せず、政府を批判する申立人を解任する口実にすぎないとみなした。そして、申立人の解任が司法の独立の維持に資するどころかそれを損なうものであるので、目的と手段の比例性審査というよりも、目的の設定自体が不当であると論じた[9]。

(3) 判決の履行状況

閣僚委員会での2016年12月13日付のハンガリー政府の活動報告において、同年9月14日に正当な満足として30,987,000フォリントが申立人に支払われ、一般的措置として判決文が同国政府のウェブサイトに公開されたとの報告がなされた。報告によれば、他の措置は必要ではない（Action Report of 13 December 2016）。閣僚委員会は、2017年3月に決定を行い、個別的措置として、申立人の被った侵害の帰結を除去する十分な措置を提示するように同国政府に求めた。また、一般的措置として、2017年9月1日までに以下のことに関する情報を提供するように求めた：①裁判官の解任措置について司法機関による完全かつ実効的な審査権の付与、②本件と同様の理由による裁判官の任期終了前の解任が再発しないことを保障する措置、③本件の違反に関する「萎縮効果」を取り除き減殺する措置[10]。これに対して、ハンガリー政府は、2017年11月13日付の活動報告において、同政府は申立人に十分な救済を行い、これ以上の措置は必要ではなく、判決履行義務に従っていると報告した（Revised Action Report of 13 November 2017）。判決の趣旨からすれば、閣僚委員会の求める一般的措置の実施が注視すべき問題となる。

(4) 日本法に対する示唆

日本において、裁判官は、憲法21条の下で表現の自由を保障されるが、裁判所法で「積極的に政治運動をすることを」禁止され（52条1号）、外見上も中立・公正を害さないように自律、自制すべきこと

が強く要請されてきた。そして、このような禁止の目的が正当であって、その目的と禁止との間に合理的関連性があり、禁止により得られる利益と失われる利益との均衡を失するものでないなら、憲法 21 条 1 項に違反しないとされる[11]。本判決は、表現の自由の行使に際して日本と同じように裁判官に自制（discretion）を求めながらも、裁判官の職務の公益性を強調し、制約に対して綿密な実体審査を行った点で、日本法に対して一定の示唆を与えうる。

(1) Baka v. Hungary, 27 May 2014.

(2) ハンガリーにおけるヨーロッパ人権条約の実施については、以下の文献を参照。*See*, Karoly Bard, "Hungary: The legal order of Hungary and the European Convention on Human Rights", in Iulia Motoc and Ineta Ziemele (eds), *The Impact of the ECHR on Democratic Change in Central and Eastern Europe*: *Judicial Perspectives*, Cambridge University Press, 2016, pp. 176-200.

(3) ハンガリーに加えて、ポーランドでも、2015 年の総選挙で与党となった右派政党「法と正義」が司法改革により判事の任命権を政府が掌握しようとしている。このような司法介入が EU の基本的な価値である「法の支配」に反するとして、2017 年 12 月に EU 委員会はリスボン条約 7 条に基づいて議決権停止措置などの制裁を発動することをヨーロッパ理事会に提案した。

(4) 連立政権による憲法・立法改革については、以下の文献を参照。水島朝穂・佐藤史人「試練に立つ立憲主義？── 2011 年ハンガリー新憲法の『衝撃』(1) (2・

完)」比較法学 46 巻 3 号（2013 年）39-83 頁、47 巻 1 号（2013 年）1-52 頁、小野義典「ハンガリー基本法改正の意義と背景」法政治研究 1 号（2015 年）。

(5) Joint Concurring Opinion of Judges Pinto de Albuquerque and Dedov.

(6) Vajnai v. Hungary, 8 July 2008, Reports 2008-IV.

(7) Wille v. Liechtenstein［GC］, 28 October 1999, Reports 1999-VII. 裁判官の表現の自由の侵害が認定された事例として、以下の裁判例も参照。*See*, Kudeshkina v. Russia, 26 February 2009.

(8) 裁判官の表現の自由を中心とした本判決の評釈として、以下の文献を参照。 Voir, Christine MATRAY, 《Verve ou réserve du juge》, Revue trimestrielle des droits de l'homme, n° 109, 2017, pp. 221-238.

(9) なお、ヴォイトチェック裁判官は、反対意見において、国家機関の公的スピーチは人の自由の問題ではなく公権力の行使における裁量の問題であるとして、本件では条約 10 条が適用されないと主張している。 Dissenting Opinion of Judge Wojtyczek, pp. 100-112.

(10) CM/Del/Dec（2017）1280/H46-15, Decision adopted on 10 March 2017.

(11) 最大決平成 10 年 12 月 1 日民集 52 巻 9 号 1761 頁。

［参考文献］

[1] Greer and Wildhaber, "Revisiting the debate about 'constitutionalising' the ECtHR", *Human Rights Law Review*, Vol. 12, No. 4（2012）, pp. 655-687.

[2] 小野義典「ハンガリー憲法と欧州人権条約」憲法論叢 19 号（2012 年）。

[3] 佐藤史人「憲法改正権力の活躍する『立憲主義』──ハンガリー基本法の世界」世界 888 号（2016 年）。

[4] 山元一「グローバル化世界と憲法制定権力」法学研究（慶應義塾大学）91 巻 1 号（2018 年）。

11 国連に帰属するとされた行為に対する管轄権
国際機構・諸国家による混合的国際統治下での人権侵害に対する国家の責任
――ベーラミ／サラマチ決定――

小 畑　郁

Agim Behrami and Bekir Behrami v. France and Saramati v. France, Germany and Norway
2 May 2007, Decision（大法廷）

【事　実】

　コソボは、第 2 次世界大戦後、ユーゴスラビア社会主義連邦共和国（旧ユーゴ）に属したが、現在に至るまでアルバニア人の住民比率の圧倒的に高い地域である。旧ユーゴの 1974 年憲法の下では、同連邦の構成共和国であるセルビア社会主義共和国の下で自治州としての地位を有していたが、1989 年、セルビアでセルビア人民族主義を掲げるミロセビッチが、コソボの自治権を大幅に縮小したため、セルビアとの対立が激化した。1991 年からの旧ユーゴの解体に伴う旧連邦構成共和国の独立と承認については、ヨーロッパ共同体（EC）がイニシアチヴを発揮したが、コソボはそうした仲介の対象とはならなかった。

　1998 年にコソボ解放軍の活動が激化すると、セルビアは武力で抑圧し、多数の死傷者のほか難民・国内避難民が発生した。国際連合（以下、国連）安全保障理事会（以下、安保理）や有力諸国は、これを人道危機として重視するとともにコソボへの高度な自治を付与することで解決を図ろうとした。これらの働きかけが新ユーゴ（ユーゴスラビア連邦共和国、旧ユーゴに残留したセルビアとモンテネグロによって形成）の拒否によって挫折すると、1999 年、北大西洋条約機構（NATO）軍は、安保理の許可をうけることなくセルビアを空爆した[1]。

　新ユーゴは、この事態のなか、結局 1999 年 6 月、前月のロシアを含む主要 8 か国外相会議（G8 外相会議）で合意された和平案を受け入れ、この合意が同月採択された安保理決議 1244（1999）に取り込まれ

た。同決議は、コソボにおける人道的に深刻な事態を解決する決意を表明し、国連憲章 7 章に基づいて、新ユーゴに対して、コソボにおける暴力と抑圧の終了および軍隊の撤退を求めるとともに、「国連の監督の下に under United Nations auspice」「国際民政プレゼンス」と「国際治安プレゼンス」を展開することとしていた。前者は、国連コソボ暫定統治機構（UNMIK）として具体化され、事務総長特別代表を長として国際統治を行った。後者は、安保理決議 1244 採択前日に締結された NATO と新ユーゴおよびセルビアとの協定（軍事技術協定）に基づいて展開した。これは、同決議でも実質的に NATO が参加するものとされており（付属書 2 第 4 項）、コソボ多国籍軍（Kosovo Force, KFOR）と呼ばれた。ロシアの到着後は、ロシアと合衆国との 1999 年 6 月 18 日の協定に基づき、ロシアも諸地域と役割を分担した。

　こうして、セルビアの撤退後のコソボでは、国際機構と諸有力国がさまざまに入り乱れた形で国際的な統治が行われていた。本件は、この状況で生じたいずれもアルバニア系のコソボ住民が受けた人権侵害をめぐるものである[2]。

　フランスを相手取る申立を提起したベーラミ親子に関する事件は、次のようなものである。2000 年 3 月 11 日、8 人の少年がミトロビツァ市の丘で遊んでいた。同地は、KFOR の北東旅団の管轄区に属し、同旅団ではフランスが指導的立場にあった。昼頃に、安全だと信じて 1999 年の NATO 空爆の際落とされたクラスター爆弾の不発弾で遊んでいて、一つの爆弾が爆発した。この結果、アギム・ベーラミの二人の息子のうち、1988 年生まれのガダフが即死、

1990 年生まれのベキールは重傷を負い失明した。UNMIK の報告書によると、UNMIK も現場には KFOR の承認なしに近づけない、KFOR も数か月前から現場に不発弾があることを認識していたが、優先処理の対象とはしていなかった、としている。

　フランス・ドイツ・ノルウェーを相手取って申立を提起したサラマチに関する事件は、次の通りである。2001 年 4 月 24 日、サラマチは殺人未遂と武器の不法所持の容疑で UNKIM の警察に逮捕された。その後釈放されたが、同年 7 月 13 日、出頭を求められたプリズレンの警察署で、KFOR 司令官の命令により再度逮捕された。プリズレンは、KFOR の南東旅団の管轄区に属し、同旅団ではドイツが指導的立場にあった。当時 KFOR 司令官はノルウェーの将官であったが、10 月 3 日にフランスの将軍に交代した。彼の勾留は、KFOR 司令官の命令で何度か延長され、その間 2002 年 1 月 23 日、地方裁判所により殺人未遂の罪により有罪判決をうけた。彼の身柄は、KFOR によりプリシュティナの UNMIK 拘置所に送られた。同年 10 月 9 日、コソボ最高裁は、有罪判決を破棄し差し戻した。同時に彼の釈放が命令されたが、差戻審の期日の指定は未だなされていない。

　以上の二つの申立は、2000 年と翌年になされ、それらが割り当てられた第 2 部の小法廷は、2006 年 6 月 13 日の決定により大法廷への回付を決定した。大法廷への係属後、サラマチが、ドイツの管轄の結び付きについて十分な証拠が得られないとしてドイツに対する申立を撤回したため、ヨーロッパ人権裁判所（以下、人権裁判所）は、本決定で、全員一致により、サラマチのドイツに対する申立を総件名簿から削除した（§64-65、主文）。大法廷は、また、多数決により(3)、申立人らの不服がヨーロッパ人権条約（以下、紛れのないかぎり、条約）の人的管轄と両立しないため不受理としたため、本案に入ることなく本件は終了した。

【判　旨】

(1) 申立人らの不服とコソボの状況に照らした問題の性質

　アギム・ベーラミは、自らのためにまた息子であるガダフのために、彼の死について条約 2 条に基づいて、またベキール・ベーラミも、自らが重傷を負ったことについて、KFOR の不作為に対して不服を申し立てている。サラマチは、KFOR による 2001 年 7 月 13 日から 2002 年 1 月 26 日までの司法権の関与のない拘禁について、条約 5 条単独の、および 13 条と結びついた 5 条に基づき不服を申し立てている。彼はまた、裁判所にアクセスできなかったことについて条約 6 条に依拠し、また、コソボ住民に条約上の権利を保障する被告国の積極的義務の違反を主張している（§61-62）。

　これについて、当裁判所はまず、UNMIK であれ KFOR であれ、どの実体が拘禁および不発弾処理について権限（mandate）を有していたかを確認し、次に不服を申し立てられている行為が、国連に帰属できるものかどうかを確かめ、最後に国連に帰属しうる行為について当裁判所が審査する人的管轄権を有するかどうかを検討する（§121）。そうするにあたり、「当裁判所は、条約の人権条約としての特殊な性格に注意を払わなければならないが、〔中略〕国際法の関連原則に適合し、調和するように、国家の責任を決定しなければならない」（§122）。

(2) 拘禁と不発弾処理の権限の所在

　申立人らは、KFOR が双方について権限を有するとしている。当裁判所は、軍事技術協定などから、KFOR の安全保障の権限は、拘禁命令を出すことも明らかに含んでいると考える。不発弾処理については、安保理決議 1244 は、UNMIK が取って代わることができるようになるまで KFOR が不発弾処理を監督する責任を保持すると規定しているところ、国連の当裁判所への書面によると、この監督権限は、遅くとも 1999 年 10 月には、UNMIK により作られた機関に事実上も法律上も委譲された。KFOR は、

92　Ⅰ　ヨーロッパ人権条約の基本問題

その人員が UNMIK のために行動する役務提供者として、引き続き関与していた（§123-127）。

（3）不服を申し立てられた行為の帰属

安保理決議 1244 は、「その用意のある機構と加盟国に国際治安プレゼンスとその作戦上の指揮権を樹立することを委任している（delegating）。この軍に属する軍隊は、それゆえ、直接ではないにせよ国連が委任した指揮権に基づいて作戦を実施する」（§129）。ところで、委任された実体の行為が国連に帰属するためには、憲章上要請される集団的安全保障の集権性の程度と両立するように、委任が十分に限定されていなければならない。「当裁判所は、カギとなる問題は、作戦上の指揮権のみが委任されているように国連安保理が究極の権威とコントロールを保持しているかどうかであると考える」（§133）。国連憲章 7 章が安保理に「加盟国と関連国際機構」への委任を認めており、問題の権限は、委任できるものであり、委任は事前の明示的なものであり、十分に精確に権限を定める形でなされているから、国連安保理はかかる究極の権威とコントロールを保持しているといえる。安保理が直接作戦上の指揮権を有しているというのは、国連憲章 7 章の集団的安全保障の任務における一要件とはいえない。「KFOR は、国連安保理の合法的に委任された国連憲章 7 章の権限を行使していたのであり、不服を申し立てられた行為は、原則として国連に帰属しうるものであった」（§141）。また、UNMIK は、国連憲章 7 章に基づき作られた国連の補助機関であるから、その不服を申し立てられた行為は、原則として国連に帰属しうるものであった。

（4）本件行為についての人的管轄

「本件では、当裁判所が、国連のために実施した被告国の行為について審査する人的権限を有するかどうかという問題、より一般的には、憲章 7 章の下で行動する国連とヨーロッパ人権条約との関係に関する問題が生ずる」（§146）。

このことを考察する上で、条約の締約国は、もともと大半が国連加盟国であり、今日ではすべてそう

Ｂ　ヨーロッパ人権条約の管轄権・受理可能性

であること、国連の主要な任務を実施するために国連安保理に付与された権限は、強行的（imperative）な性格を有することが重要である。「加盟国の作為または不作為であって、国連安保理の諸決議でカヴァーされ、〔国連の安全保障に関する〕諸任務が始まる前あるいはその過程でなされたものを、当裁判所の精査に服すようには、ヨーロッパ人権条約は、解釈することができない」（§149）。

申立人らは、KFOR により提供されている基本権の保護は、ボスポラス判決〔Ⅰ2〕でいう意味において、条約と「同等」とはいえない、と主張している。しかし、本件は、ボスポラス事件とは異なり、不服を申し立てられている行為が被告国に帰属しないものである。こうした状況のもとで、申立人らの不服は、条約の規定と人的管轄と両立しないと宣言されなければならない。

【解　説】

（1）本決定の位置づけ

本件は、国連憲章 7 章に基づく安保理決議の下での行為に対して、ヨーロッパ人権裁判所が判断することができるかどうかが問われた事件であり、また、一般法と考えられている国際責任法上の行為の帰属（attribution）の観念を援用して、消極的結論を導いたたことで、注目を集めている。しかし、下に述べるように、本決定の論理に対しては、多くの批判があり、また人権裁判所もその後の判例（たとえばアルジェッダ事件〔本書3〕）では、本決定とほとんど矛盾する議論を展開しているため、判例として定着しているものとはいいがたい。なお、この関連で、本決定は、バンコヴィッチ事件決定〔Ⅰ6〕と同じく、人権裁判所の公式判例集には登載されていないことにも注意が必要であろう。

（2）国際責任法の一般的観念による処理の必然性

本件では、領域外、しかもヨーロッパ人権条約の適用領域外ではあるが、いずれも締約国の軍隊の行為が関わっていたことは間違いない。このような場合、条約の解釈としては、1 条の締約国の「管轄内」

にあるかどうかが問題になるのであり、これを特別法と考えれば、国際責任法上の「帰属」の議論をする必要性はないといわなければならない。

実際、トルコ軍の駐留下でのキプロスでの行為についてトルコの責任が問題となった1995年のロイズィドゥ判決（管轄権）〔I 9〕でも、NATO軍のセルビアへの空爆についての参加国の責任が問題となった2001年のバンコヴィッチ事件決定〔I 6〕でも、行為の国家への帰属（attribution）は問題となっていない。もっとも、1996年のロイズィドゥ判決（本案）では、「帰責 imputability」という用語で同じ問題を議論しているが、ここで問題になっているのは、実質的には「管轄」という条約上の概念である[4]。

本決定以降も、イラク占領下でのオランダ軍の行為が問題とされた2014年のジャロード事件判決（大法廷）では、条約1条の意味におけるオランダの管轄内であったと判断されたのち、帰属については、ごく簡単に確認されるに止まっている[5]。この判決に付されたスピルマン裁判官の同意意見（ライモンディ裁判官同調）は、この点を指摘し、帰属に関する法廷意見の判示や国際司法裁判所の判決・国連国際法委員会（International Law Commission, ILC）の条文草案（後述）の引用は曖昧で実質的内容がなく、したがって、帰属を独立に検討する必要はなかった、と論じている[6]。

(3) 国際責任法上の「帰属」観念の人権裁判所による解釈・適用

以上とは反対に、ヨーロッパ人権条約の判断過程に国際責任法の一般法理を適用することに賛成する立場からも、本決定には、強い疑問が提起されている。イギリスの代表的学会誌に掲載されたミラノビッチとパピッチの論文[7]は、この目的に捧げられている。彼らの議論は、まず、人権裁判所が依拠した「委任」の観念に向けられている。それは、国際組織法上のものであり、二次規則である国際責任法とは関係がない。つまり、国連の委任によりKFORが行動していたとしても、またこうした委任が合法的で限定的であったとしても、それ自体は、KFORの行為が国連に帰属する根拠とはならない、というのである。

ところで、国際機構の責任に関する権威ある法文書とされており、人権裁判所も引用しているILCの国際機構の責任に関する条文第一読草案[8]5条は次のように規定している。

「ある国際機構の自由な利用に委ねられた（placed at the disposal）国家の機関または他の国際機構の機関の行為は、前者の機構がその行為に対して実効的支配（effective control）を及ぼしているのであれば、国際法上その機構の行為とみなす。」（下線引用者）

この規定は、定式化もそのまま最終条文草案[9]の7条になり、国連総会でテイク・ノートされている（2011年の総会決議66/100）。これに付されたILCのコメンタリーは、国連平和維持活動における国家の派遣部隊の事例に言及しているが、これによると、7条の場合の帰属の基準は、ミラノビッチとパピッチも強調するように事実的な支配（control）である[10]。つまり、法的に正当に授権ないし委任されていたかどうか、というのは、一応無関係とされているのである。実際、コメンタリーでは、本決定をとりあげ、その基準を明示的に批判している[11]。

以上のように、国際責任法の一般的観念に照らしても、本決定の理由には大きな疑問が残る。むしろ、国連やNATOが絡む軍事的支配体制下で生じた行為を条約のコントロールからできるだけ排除すべきだということが、実質的理由であろう（判旨に引用の§149参照）。この点でイラクとは異なり、バルカンについてはこの要請が強いというのが人権裁判所の態度であるとすれば、後者はヨーロッパの国際秩序への影響が直接的であるからということであろうか。

(1) 参照：松井芳郎「NATOによるユーゴ空爆と国際法」国際問題493号（2001年）33頁以下。
(2) 本決定の紹介として、藤井京子「欧州人権条約と国連の平和活動」NUCB Journal of Economics and Information Science 53巻1号（2008年）135頁以下、薬師寺公夫「国連の平和執行活動に従事する派遣国軍

隊の行為の帰属」立命館法学 333・334 号（2010 年）1573 頁以下。

(3) この決定は、決定の形式をとっているために、全員一致か多数決のいずれによったかのみ記載され、表決結果は示されていないし、個別意見も付されていない。これは規則 56 条 1 項の適用によるものと解される。同項は、次のように規定している。「小法廷の決定は、全員一致でなされたか多数によるかを陳述し、理由を伴うものでなければならない」（この規定は大法廷についても適用される。規則 71 条 1 項参照）。他方、判決の場合には、規則 74 条により「多数を形成した裁判官の数」（1 項 k 号）が含まれなければならす、また、審理に参加した裁判官の個別意見付加権が保障されている（2 項）。1998 年の裁判所規則の日本語訳として、小畑郁『ヨーロッパ地域人権法の憲法秩序化』（信山社、2014 年）付録 II 第四、491 頁以下（規則はその後多くの改正を加えられているが、上記の諸規定には実質的変更がない）。もっとも、人権裁判所には、決定の形式をとるか判決の形式をとるかの裁量があった。実際、多くの不受理の決定が、判決の形式で与えられている。なお、本件では、口頭弁論が開かれている。要するに、本件で決定の形式をとったのは、人権裁判所の選択ということになる。

(4) Loizidou v. Turkey 〔GC〕 (Merits), 18 December 1996, Reports 1996-VI, §49-57.

(5) Jaloud v. the Netherlands 〔GC〕, 20 November 2014, Reports-VI 2014, §140-154. 本判決の紹介とし

て、藤井京子「Jaloud 対オランダ事件に関する欧州人権裁判所判決（2014 年 11 月 20 日）」NUCB Journal of Economics and Information Science 61 巻 1 号 1 頁以下。

(6) Concurring Opinion of Judge Spielmann, Joined by Judge Raimondi, Jaloud, *supra* note 5.

(7) Marko MILANOVIC & Tatjana PAPIC, "As Bad as it Gets: The European Court of Human Rights' *Behrami and Saramati* Decision and General International Law", 58 ICLQ (2009) 267.

(8) Yearbook of ILC, 2004, Vol. II (2), para.71 at p. 46.

(9) Report of ILC, 63rd Session, 2011, UN Doc. A/66/10, para. 87 at p. 54ff.

(10) *Ibid.*, para. (7) at p. 87f.

(11) *Ibid.*, para. (10) at p. 90f.

[参考文献]（注に掲げたものを除く）

[1] 岡田陽平『国連平和活動に適用される行為帰属法理の展開』（京都大学博士論文、2015 年）。

[2] 藤井京子「コソボ多国籍軍（KFOR）に関する法的諸問題」NUCB Journal of Economics and Information Science 50 巻 1 号（2005 年）195 頁以下。

[3] 松浦陽子「コソボ共和国における国家形成および国家承認の検討」松田竹男ほか編『現代国際法の思想と構造 I　松井芳郎先生古稀記念』（東信堂、2012 年）103 頁以下。

12 時間的管轄と継続的侵害の法理
継続的侵害の認定における実体的義務と手続的義務の分離可能性
──ブレチッチ判決──

Blečić v. Croatia
8 March 2006, Reports 2006-III（大法廷）

前田　直子

【事　実】

クロアチア国籍の本件申立人は、クロアチアのザダル市内に公有住宅を賃借していたが、1991年7月にローマ在住の娘を訪ねたところ、同年8月末からクロアチア国内で武力衝突が発生し、申立人は帰宅が困難となった。その後申立人に対する公的年金の支給や、住宅への水道・電気などの供給も停止され、同年11月には、ある家族が申立人の留守宅に押し入って占有し、申立人が住居に戻ることを阻むために脅迫を行った。その後ザダル市当局は、申立人が正当な理由なく半年以上にわたって住居を留守にしたことは住居法に反するとして、賃借契約の終了を確認する訴訟を提起した（§20-21）。ザダル地方裁判所は1992年10月、当該契約の終了を決定した（§23）。

申立人はザダル州裁判所に控訴したところ、控訴審は、第一審判決は申立人が当該住居に帰還できなかった理由を適切に考慮していないとして、事件を差し戻した（§26）。差戻し審で地方裁判所は、市当局の主張を認め、申立人の賃借契約の終了を決定した。その後再び州裁判所がこの判決を覆したため、市当局は最高裁判所に上告した。1996年2月15日、最高裁判所は第二審判決を覆し、第一審判決を支持した（§30）。その後申立人は憲法裁判所にも提訴し、住居・財産権と公正な裁判を受ける権利の侵害を主張したが、1999年11月8日憲法裁判所はこれを棄却した（この間の1997年11月5日に、クロアチアに対してヨーロッパ人権条約が発効し、ヨーロッパ人権委員会・裁判所（当時）の個人申立の審査権限も受諾された）（§31-33）。

その後申立人は本事件について、ヨーロッパ人権裁判所（以下、人権裁判所）に対し、条約8条（私生活および家族生活の尊重についての権利）、第一議定書1条（財産権）の侵害を申し立てた（2000年5月6日）。本事件は小法廷において審議され、受理された（2003年1月30日）後、本案審査が行われ（2004年7月29日）、同小法廷は条約違反なしと判示した（§1-6）。申立人はこれを不服として大法廷への上訴を要請し、大法廷審査部会もこれを認めた（2004年12月15日）（§7）。

【判　旨】

クロアチア政府は、裁判所の時間的管轄の欠如と申立人による国内的救済不完了の2点について先決的抗弁を提起した（§50）。

（1）先決的抗弁

（人権裁判所は）本事件の本案管轄を有することはできない（11対6）。

（a）クロアチア政府の主張

特定財産事件（ICJ先決的抗弁判決、2005年）[1]などで示されたように、時間的管轄の決定にとって重要なのは紛争発生日ではなく、それにつながる事実や状況が生じた日である（§51-52）。また国内判決の結果は、申立人が正当な理由なく住居を一定期間不在にしたことが原因であり、憲法裁判所の棄却決定はクロアチアに対する条約発効後に出されたこと、またその時点で住居賃借はすでに終了していた（§53-54）。

（b）申立人の主張

住居を一定期間不在にしたのは、政府により提起された国内訴訟によって、居住を排除されたためで

あり、憲法裁判所での審理が申立人の権利実体を審査するものであった（§55）。また条約発効後に生じている事案に関連する範囲内で、発効以前の事実も考慮することができ、政府が言及したICJ判決も関連性はない（§56-57）。

(c) 小法廷による決定

小法廷は、申立人の賃借権の終了は、一連の裁判手続による結果であり、それらの事実の大半は、クロアチアに対する条約発効前の出来事ではあるが、最終的に権利状況を確定させた憲法裁判所の決定が、条約発効後の1999年に出されたことを理由として、本事件に対する自らの時間的管轄を認める（§60-62）。

(d) 大法廷による考察

大法廷では、次の（i）～（v）の5項目に沿って検討を行う。

(i) 大法廷での手続において、時間的管轄に対する抗弁は審査可能か

条約35条4項に規定されているとおり、人権裁判所は手続のいずれの段階でも受理可能性の審査を行う権限を有し、大法廷もその権限を排除されないことを先例から確認する（§65）。時間的管轄の問題は、狭義にいう受理可能性の問題というよりは裁判所の管轄権に係る問題であり、条約規定に沿って決定されるべきものであり、政府抗弁の有無に影響を受けるものではない（§67）。また6か月ルールという受理可能性基準についての取扱いを、一層有力な根拠として検討する（§68）。小法廷では政府は時間的管轄の抗弁は行っていないが、小法廷が自らの意思（motion）でこの問題を審査しており、今次、大法廷に対して当事者がこの問題に対する見解を提出しているのであるから、時間的管轄は現下の審査事項（a live issue）である（§69）。

(ii) 人権裁判所の時間的管轄に対する制限

人権裁判所は国際法の一般原則[2]に従い、クロアチアに対する条約発効日（決定的期日）前に生じた事実に基づく権利侵害の訴えを審査する権限はないと確認する。しかしその事実が決定的期日の前か後か

という問題の判断は、裁判所の権限が及ぶ期間に、事実の一部は含まれ一部は含まれないという場合に非常に難しい（§70-72）。

(iii) 人権裁判所の判例

本裁判所はその先例において、個人申立権の受諾前に生じた事実に関する国内的救済手続が、当該受諾日の前後をまたいで継続した場合、受諾日以降の手続をそれ以前の事実を切り離して審査することは、時間的管轄に適合しないと判断してきた。また他の先例においても、権利侵害の要因となった決定や判決は、即時的行為（instantaneous acts）であって、条約上の権利に対する継続的侵害状況（a continuing situation of a violation）の起因ではないとしてきた（§73-74）。条約2条にかかる調査義務についても原因事実が個人申立権の受諾日前に発生している場合には、時間的管轄を認めてこなかった[3]（§75）。

(iv) 適切な検証方法

判例を見ると、人権裁判所の時間的管轄は、事後的な救済の適否を審査することには及ばない。それを時間的管轄に含めることは、条約の拘束力を高めるかもしれないが、条約の不遡及原則に反することになる（§77-79）。権利侵害が行われた正確な時点を特定することが重要である（§82）。

(v) 当該検証方法の本事件への適用

本事件において、申立人の賃借の終了が権利侵害を構成するが、それがいつであるかを特定する必要がある。クロアチア法により賃借の終了は、それを認める国内裁判所の判決が、既判力（res judicata）を有した時点と定められている。事実に照らすとそれは1996年2月15日の最高裁判決である。その後の憲法裁判所の決定は、最高裁判所の判決を確認したにすぎず、（別個の）権利侵害ではない。最高裁判決の付与日は、人権裁判所の時間的管轄外である（§83-85）。申立人が主張する継続の侵害については、住居賃借の終了は即時的行為である（§86）。（時間的管轄に含まれうる）憲法裁判所の棄却決定については、新たなあるいは独立した侵害として審査することはできない。憲法裁判所や最高裁判決の合憲性を問わ

れており、当時、最高裁が考慮すべき法に本条約は含まれておらず、その適用は不能であった（§88-89）。人権裁判所はその補完的役割に鑑み、国内裁判所に条約の遡及適用を強いてはならない（§90）。

(vi) 結 論

人権裁判所の本事件に対する時間的管轄がないとの結論に至ったことにより、国内的救済不完了に関するクロアチア政府の抗弁については検討不要である（§93）。

(2) その他の権利侵害

申立人が訴えていた条約8条、第一議定書1条の違反について、裁判所による検討は行われなかった。

(3) 反 対 意 見

本判決には、6名の裁判官による共同および個別の反対意見が付された。反対意見の趣旨は、大別して①条約義務に対する違反行為日の設定、②大法廷における受理可能性審査の権限の2点であった（①について下の(3)参照）。

【解 説】

(1) 決定的期日の確定

大法廷での時間的管轄権の検討において、多数意見は、決定的期日は最高裁判所判決で申立人の請求が認められないことが確定した日であると解し、本事件は管轄外との判断を示した。これに対して、反対票を投じた6人の裁判官全員による反対意見では、決定的期日は、クロアチア憲法裁判所が申立人の請求を棄却する決定が出された1999年11月8日であると主張した。国内裁判における終結判決が出された日、すなわち申立人の権利侵害の主張に関する決定が確定し、それ以上に争う手段がなくなった時点が、時間的管轄を判断する決定的期日であるとの見解である。

またこの反対意見は、判決の多数意見が参照している先例（§73-76）では、国家による権利侵害行為自体は条約発効日よりも前に完結しており、当該侵害行為は後のそれに関する司法手続とは切り離されて独立したもの（an autonomous event）であると指摘

している。すなわち本事件では、権利回復や救済の手段を絶つ確定的な（definitive）な決定の存在自体が条約上の権利侵害を構成するのであるから、条約発効後の憲法裁判所の棄却決定がそれにあたり、裁判所の時間的管轄は認められると解すべきとしている。

さらにこの点について、Zupancic, Cabral Barreto 両裁判官の共同反対意見は、憲法裁判所にも権利侵害を容認し是正しなかった「不作為」の責任があるのではないかと指摘している。

これらの反対意見の指摘は興味深く、申立の受理可能性要件である国内的救済完了原則と6か月ルール（条約35条1項）の判定にも密接にかかわってくる問題であろう。つまり多数意見のように、最高裁判所の判決日を決定的期日とすれば、同時点で国内的救済が完了していたか、またその時点から申立人が人権裁判所に申立を行うまでが6か月以内であったかが審査されるべきと考えられるが、そうなると6か月ルールは満たさない（最高裁判所判決は1996年11月8日、人権裁判所への申立日は2000年5月6日）ことになり、またクロアチア国内法において憲法裁判所への提訴の可能性が残されている場合には、国内的救済未完了と判断される可能性も残される。管轄権と受理可能性の問題は切り離しうるとしても、両者の審査にかかる期日や対象が異なることを合理的に説明することは難しい。またそのような手続的側面とは別に、仮に憲法裁判所が最高裁判所判決を破棄していたとしたら、本件申立は存在しないことを考慮すると、なぜ最高裁判所判決が権利侵害の構成要素であって、同判決を是認した憲法裁判所はそうでないのかを、多数意見は明確には説明していないとは言えるであろう。

(2) 実体的義務と手続的義務の分離可能性

本判決後の時間的管轄に関するいくつかの事件においても、人権裁判所は、実体的義務と手続的義務は分離可能との立場を示している。

医療過誤による死亡事故に関する Šilih v. Slovenia 事件大法廷判決[4]では、本判決にならい、当事

98   I ヨーロッパ人権条約の基本問題

国に対する条約発効日よりも前に生じた権利侵害行為が、発効日以降の条約義務違反を構成しうる事実と関連性を有する場合があるが、前者が人権裁判所の管轄に服さないのであれば、その後の手続的義務の問題も裁判所の時間的管轄には含まれないとした上で、実体的義務と手続的義務の分離可能性（detachability）について検討した。死亡事故自体はスロベニアの個人申立権の受諾日よりも前であるが、それとは切り離して医療過誤に関する原因と責任の追及のための実効的な司法制度を整備するという条約2条にかかる国家義務は、自律的（autonomous）であるとした上で、当該事件では、締約国による手続上の作為・不作為のみが時間的管轄の対象となること、死亡事故と手続上の不作為との間に真正な連関があること、そして国内における刑事および民事の両手続とも個人申立権の受諾日よりも後に開始されていること等に鑑み、判決の多数意見は実体的義務と手続的義務を分離し、後者に対する人権裁判所の管轄権を認めた[5]。

1974年にトルコが北キプロスに侵攻[6]した際に発生した行方不明者について、十分な調査を行っていないことが人権条約違反であるかが争われた Varnava and others v. Turkey 事件大法廷判決[7]においても、人権裁判所は、失踪は単に即時的な行為や出来事とは言えないこと、調査という手続的義務は失踪者の結末が明らかにされない限り続き、必要な調査を行わないという継続的懈怠は継続的な違反と見なされると判示した[8]。さらに同判決では、国連強制失踪条約（同8条1項(a)）や国際刑事裁判所規程（同29条、7条）に言及し、強制失踪に関して「このような犯罪の実行者については事件後多くの年数が経過した後も訴追可能であるべきというコンセンサスがある」[9]と述べ、条約2条は行方不明となっている者の所在と結末を明らかにする継続的義務を課す[10]との見解を示した。

さらに、カチンの森事件大法廷判決[11]においては、手続的義務は独自の適用射程をもち、実体的義務からは独立して適用されること、引き金となる事件

B ヨーロッパ人権条約の管轄権・受理可能性

（the triggering event）が時間的管轄外の場合にも、「真正な関係（a genuine connection）」が認められれば、決定的期日以降の新事実に伴う新たな調査義務が条約2条の下に生じることを、上述の Šilih 事件大法廷判決に大きく依拠しつつ判示している[12]。

(3) 時間的管轄の認定基準——その相対性

本件大法廷判決では時間的管轄について、一般国際法における実行を援用し、また人権裁判所自らの補完的性格にも触れ、制約的な立場で検討が行われた。しかしその後の事例では、必ずしも同じ視座の判決とはなっていない。

条約締約国が負う積極的義務の問題と、その義務がある特定の時点において締約国に対して拘束的であったかという時際法や不遡及原則の問題は、本来は区別されるべきであろう。しかし手続的義務を実体的義務から切り離し、そしてその手続的義務が継続的要素で構成されていれば、手続的義務の違反を（その前提となる実体的権利の侵害とともに）時間的管轄権の枠内に入れ込むことは可能となる。ただしその拡大的な解釈は無制限に行われているわけではなく、現時点では、生命権や拷問を受けない権利、身体の自由・安全に対する権利などの領域に限定されている[13]ことは注意しなければならない。

したがって、人権条約において侵害が主張される権利によって、それに関連する手続的義務についての時間的管轄の認定基準が、一貫性を失いかつ相対的なものとなる可能性は排除できない。この点については、本事件において多数意見が参照した一般国際法上の規則とも深く関係する。国連国際法委員会（ILC）が起草し、国連総会で2001年に採択された「国家責任条文」の13条（国に対して有効な国際義務）および14条（国際義務の違反の時間的範囲）に関するコメンタリー[14]では、人権条約の諸機関がその法理において継続的侵害を認定してきたことにも言及している。そこで ILC は、時際法の原則に関して、条約規定の発展的解釈が許容されるとしても、国家は条約に拘束されて以降の行為にしか条約上の責任を負わないことと確認する一方で、関連性のある（条

約発効前の）出来事をすべて考慮から排除するわけでもないことをヨーロッパ人権裁判所の実行に照らして述べている[15]。

　強制的失踪や誘拐殺害事件などに対する公権力の不作為（調査義務などの懈怠）が、条約上の権利の継続的侵害にあたるという判例は、米州人権条約や自由権規約等のもとでも広く確立しており、ヨーロッパ人権条約ではそれを条約2条の積極的義務と位置付けることは可能である。しかしそれが、人権法の解釈アプローチの特殊性によるものであることは、完全には否定できないであろう。

(1) ICJ, *Case concerning Certain Property*（*Liechtenstein v. Germany*）, Preliminary objections, Judgment of 10 February 2005, ICJ Report 2005.
(2) ウィーン条約法条約28条（条約の不遡及）に言及した本判決§45を引用。
(3) Moldovan and others and Roastas and others v. Romania, Decision of 13 March 2001.
(4) Šilih v. Slovenia [GC], 9 April 2009.
(5) *Ibid.*, §162-167. これに対してBratza、Turmen両裁判官は反対意見を付し、条約2条から自律的な手続的義務が読み取れるとしても、それは同条に関する実体的な義務違反がまずは存在してこそのものであり、死亡事故の時点で、条約上の調査義務があったかどうかを確認する必要があるとしている。
(6) キプロスとトルコの国家間紛争の概要については、ゼニデス・アレスティス判決〔本書 *14*〕解説（前田直子執筆）(1)107頁を参照。
(7) Varnava and others v. Turkey [GC], 18 September 2009, Reports 2009-V.
(8) Varnava and others v. Turkey [GC], *op.cit.*, §147-148.
(9) *Ibid.*, §163.
(10) *Ibid.*, §184-186.
(11) Janowiec and others v. Russia [GC], 21 October 2013, Reports 2013-V. 詳しくは〔本書 *13*〕解説（薬師寺公夫執筆）参照。
(12) *Ibid.*, §140-148.
(13) 申惠丰・参考文献[1]参照。
(14) コメンタリーを収録したものとして、James Crawford, *The International Law Commission's Articles on State Responsibility: Introduction, Text and Commentaries*, Cambridge University Press, 2002.
(15) ILC Commentary on Article 13, (9).（*Ibid.*, p.134.）

[参考文献]
[1] 申惠丰「人権保障のための積極的義務としての手続的義務——人権侵害に対する実効的な調査義務をめぐる法理の展開」国際法外交雑誌112巻4号（2014年）26-52頁。
[2] 前田直子「国際義務の『継続的侵害』概念——手続的義務にかかる時間的管轄についての一考察」京女法学1号（2011年）201-226頁。
[3] M.T. Kamminga and M. Scheinin (eds.), *The Impact of Human Rights Law on General International Law*, Oxford University Press, 2009.

13 調査義務の時間的範囲
条約発効以前の虐殺事件に対する調査義務
―― カチンの森事件 ――

薬師寺公夫

Janowiec and others v. Russia
21 October 2013, Reports 2013-V (大法廷)

【事　実】

　申立人は、1939年ソ連赤軍のポーランド侵攻後、ソ連捕虜収容所に拘禁され、内部人民委員部（NKVD）により殺害されたポーランド将兵等の親族である。1940年3月スターリンほかソ連共産党中央委員会政治局は、拘禁したポーランド将兵を反ソ活動家等とともに裁判手続なしに処刑することを決定し、処刑は同年4月から5月にNKVDの指揮下で実行された。1959年のKGB議長覚書によれば、カチンその他の収容所で計21,857名が処刑され、遺体は秘密裡に埋められた。1943年に遺体の一部を発掘したドイツ占領軍は同事件をソ連の責任と結論づけたが、ソ連はドイツ軍の犯行だと主張した。1990年9月にロシア最高軍事検察庁は、カチンの森虐殺事件について調査を開始し、1991年にポーランドと合同でカチン等集団埋葬地の発掘、公文書精査、証言聴取、法医学分析等を行ったが、2004年9月同検察庁は、犯罪の責任者が既に死亡しているとして調査打切りを決定し、調査文書を最高機密に指定した。2010年になってロシア当局は、全148巻の同調査記録の写しをポーランドに提供した。申立人は、調査記録の写しの交付、被害者としての地位の確認、調査打切り決定に対する異議申立等の請求をロシアの関係裁判所に提起したが棄却されたので、ヨーロッパ人権条約38条、2条、3条、6条等の違反を訴えてヨーロッパ人権裁判所に提訴した。同裁判所小法廷は、2012年4月の判決で、ロシアの38条違反（4対3）と10人の申立人につき3条違反（5対2）を認めたが[1]、申立人が43条に基づき事件を大法

廷に上訴した。当裁判所大法廷は、条約2条について申立を審理する権限がないとし、3条については違反がないと判示したが、他方で38条違反を認定し、公正な満足の請求についてはしりぞけた。2つの個別賛成意見、1つの一部賛成一部反対意見、1つの共同（4判事）一部反対意見が付されている。

【判　旨】

(1) 2条違反（手続的側面）について

　判決主文「裁判所は2条に基づく請求を審査する権限を有しない」（13対4）。

　「条約規定は、締約国について条約が発効する日（「決定的期日（critical date）」）の前に生じた行為や事実または存在しなくなった事態について、当該国を拘束しない」（§128）。「裁判所は、2条に基づき実効的調査を行う手続的義務は別個の自律的義務に発展していたと結論した。同義務は2条の実体的側面に関する事実が引き金となるが、たとえ死亡が決定的期日より前に発生した場合であっても国を拘束しうる2条から生じた分離可能な義務と考えることができる」（§132）。「しかし、法的安定性の原則を考慮すれば、決定的期日より前に発生した死亡に関する2条の手続的義務の履行についての裁判所の時間的管轄権は、無制限ではない」（§133）。シリ（Šilih）判決によれば、「①死亡が決定的期日より前に発生した場合、当裁判所の時間的管轄権は、同期日以降になされた手続的作為または不作為に対してのみ及ぶ。②手続的義務が効力を生ずるのは、引金となった死亡と条約の効力発生との間に『真正な関係（genuine connection）』がある場合に限られる。③条約

の保障と基本的価値を現実的かつ実効的に保護するために必要な場合には、『真正』でない関係のある場合であっても裁判所の管轄権を確立するに十分な場合がある」（§141）。「当裁判所は、『手続的作為』が２条または事案により３条に基づく手続的義務に固有な意味に、すなわち、責任者の特定と処罰または被侵害当事者に対する補償の決定に繋がるような刑事、民事、行政または懲戒手続の枠組の中で行われる作為と理解しなければならない。この定義は、歴史的真実を確定するような他の目的で行われる他の形態の調査を除外する」（§143）。「『不作為』とは、調査が行われなかったまたは重要でない手続的措置がとられたが実効的措置がとられるべきであったと主張されている場合をいう。…条約発効後に新しい資料が出現し、それが十分重みをもち新しい手続を要請する場合には、当裁判所は、被告国が２条に基づく手続的義務を判例法の示す諸原則と両立する方法で履行したことを確認しなければならない。しかし、引金となる出来事が裁判所の時間的管轄権外にある場合には、決定的期日より後の新資料の発見は、以下の『真正な関係』の基準または『条約の価値』の基準のいずれかを満たす場合にのみ新しい調査義務を生じさせる」（§144）。「当裁判所は、『真正な関係』を確定するために次の２つの基準が満たされなければならないと認定する。引金となる出来事である死亡と条約の効力発生との間の期間は合理的に短期間でなければならず［原則として10年を超えない（§146）］、調査の主要部分が条約の効力発生後に実施されたか、実施されるべきであった場合でなければならない」（§148）。他方、「大法廷は、条約の基底にある価値に言及することで、引金となる出来事が通常の刑事犯罪よりも重大な局面をもち、条約の基盤そのものを否定するような場合には必要とされる関係は存在するとみなすことができると思料する。これは、関連する国際文書において定められた定義に従った戦争犯罪、集団殺害罪または人道に対する犯罪のような国際法上の重大な犯罪の場合である」（§150）。「それにも拘らず当裁判所は、『条約の価値』基準を条約採択（1950年11月４日）より前に生じた出来事には適用できないと思料する。条約が国際人権条約として存在を開始したのはやっとそのときであるからだ。したがって、問題の出来事が条約が存在する前に発生していた場合には、国際法上の最も重大な犯罪であっても、締約国はそれを調査をしないことについて条約に基づく責任を負うことはできない」（§151）。

本件では申立人親族はソ連当局により1940年に処刑されたと推定されるところ、ロシアが条約を批准したのは1998年５月５日であり、死亡と決定的期日の間の期間は絶対的に長すぎて両者の間に真正な関係を設定することができない（§156-157）。1990年代にソ連およびロシア当局が相当数の手続的措置（前述のカチンの森等での遺体発掘、証言聴取等）をとり、ロシアとポーランド間での調整会議も行われたが、これらの措置は決定的期日よりも前に行われたものである。決定的期日以降の証拠の再評価、以前の認定の否定、調査資料の秘密指定が上記の「手続的措置の重要な部分」に該当するとはいえない。また何らかの証拠または情報が決定的期日以降の期間に明るみに出されたわけでもない。したがって「真正な関係」の存在を確立する基準がいずれも満たされていない（§159）。「真正な関係」からの離脱を正当化する例外的事情があるか否かについてみるに、本件出来事は条約が発効する10年以上も前の1940年初期に生じた。したがって当裁判所は、政府の時間的管轄権に関する抗弁を支持し、２条に関する苦情を審理する権限を有しないとみなす（§161）。

(2) ３条違反について

判決主文「条約３条の違反はなかった」（12対５）。

「人権侵害の被害者の家族に被害者とは別個の３条違反を認定するためには、家族が被った苦痛に重大な人権侵害から不可避的に生ずる感情的苦悩とは区別される特質および性格を付与する特別の要因がなければならない」（§177）。「国の機関の態度が失踪者の運命について説明する国の義務の重大で、継続的で、冷淡な無視に当たるとみなせる場合には、

親族の情報要請に対する当局の不対応または情報獲得に設けた障害からも３条違反が生じうる」（§178）。人が監禁され比較的短期間の後に死亡が確認された場合、当裁判所は、例外的な場合を除いて２条の違反とは別個に３条違反の認定が必要だとは考えてこなかった点で、制限的アプローチを採用している（§181）。当裁判所は、本件において、親族が司法外の処刑により殺害された結果被った深い嘆きと苦痛を疑わないが、法的安定性、予見可能性および法の前の平等に鑑み、特別の理由がない限り先例を離れるべきではないと思料する。決定的期日以降、ポーランド捕虜の死亡はロシア当局により公的に確認され、確立した歴史的事実となっていた。ソ連当局が1940年に犯した罪の規模は強い感情的要因ではあるが、法的観点からは先例から離れる理由と認めることはできず、親族の死亡が確定していた申立人について３条違反の被害者と認めることはできない（§186-187）。

(3) 38条違反について

判決主文「被告国は38条に基づく義務を履行しなかった」（全員一致）。

個人申立制度の実効的実施のため、国は申立の適切な検討に必要なあらゆる便宜を提供しなければならず、政府が文書提出を拒否して理由を説明しない場合、当裁判所は、38条の不履行を認定してきた。政府が秘密または安全の抗弁をする場合、その合理的根拠の有無を確認しなければならない（§202-205）。当裁判所は、ロシア政府にカチンの森事件の調査打切りに関する2004年9月21日決定の写しを提供するよう繰り返し要請したが、同政府は終始提出を拒否した（§207）。当事国は証拠を提出できない場合納得のいく説明をする義務がある（§208）。ロシアの裁判所は、同決定が国家機密法の規定に違反しているという主張について実質的審査をせず、国家機密保護の利益と犯罪を調査する公益および犠牲者親族の利益とを調整する努力もしていないため、同決定の写しの提出が国の安全を脅かすことを認めることはできない。さらにロシアは裁判所規則33条に

定める措置も要請しなかったので、38条に違反した（§214-216）。

(4) 公正な満足について

判決主文「41条の公正な満足の請求はしりぞける」（12対5）。当裁判所は2条および3条の違反を認定せず、また38条違反は手続問題なので、金銭的および非金銭的損害の請求をしりぞける（§220）。

【解　説】

(1) 当該判例の意義・特徴

本件は、旧ソ連の犯したカチンの森虐殺事件の真相の究明を求める被害者遺族がロシア政府の調査打切り決定に対してヨーロッパ人権条約上の救済を求めた事件であり、本判決は、同条約採択以前に生じた歴史上の事件に対して条約上の義務をどこまで援用できるかを示した一種の事例判例としての意義を有する。周知のように、本条約上の規定は、条約不遡及の原則により、同条約採択以前の事件または当事国につき条約が効力を発生する以前の事件には原則として適用されない。しかし、本条約が過去の事件について調査する別個の自律的義務を定めている場合には、その義務の成立要件または当該義務違反の主張に対するヨーロッパ人権裁判所の管轄権の有無が問題になる。本件では、カチンの森事件に関連して、ロシアが、本条約の効力発生後に条約2条に基づき負うと主張された調査義務の内容と裁判所の時間的管轄権の範囲、ならびに、人権侵害の被害者の遺族が受けた苦痛に対する3条の適用可能性について、裁判所の重要な判断が示された。

(2) 主要論点の解説

(a) 2条の手続的義務違反の申立と裁判所の時間的管轄権

判例法上、2条は、当事国に恣意的な生命剥奪の禁止という実体的義務を課すだけでなく、その違反を調査し責任者を訴追する手続的義務をも課す[2]。この手続的義務は、殺害行為が条約発効前に生じた場合であっても調査・訴追等が条約発効後に行われる場合にはその行為を拘束する。しかし手続的義務

違反の申立に対する裁判所の時間的管轄権は、殺害行為が条約発効前である場合には、無制限ではない。本判決は、シリ事件判決等の先例に依拠して、裁判所の時間的管轄権を認めるためには、[判旨] (1)に示した「真正な関係」の基準が満たされるか、または、「条約の価値」の基準が満たされなければならないが、最も重大な犯罪であっても条約の採択前の虐殺事件に遡って「条約の価値」基準を適用することはできないことを明らかにした。これに対して4裁判官の共同一部反対意見は、同じ基準を用いつつも、ロシア当局の重要な調査手続が2004年まで継続していたこと、スターリンの責任を認めた2010年ロシア議会下院の決議が新状況をもたらしたこと、重大な戦争犯罪には時効の適用がないこと等を理由に、カチンの森事件と条約の発効との間には「真正な関係」が存在したと判断し、裁判所の時間的管轄権を肯定した。さらに、ロシア当局の調査は事件簿を機密指定するなど透明性に欠ける上、責任者を特定し訴追するような調査になっていない点で、2条の手続的義務違反に当たると認定した(3)。またWojtyczek裁判官の一部反対意見は、ソ連は事件当時に国際人道法に違反していたが、条約2条は条約の時間的適用範囲を超える人権侵害の調査・処罰義務を課しておらず、その結果裁判所は時間的管轄権を有しないという解釈を採る(4)。2条や3条の手続的義務の時間的適用範囲については、「真正な関係」または「条約の価値」基準の適用を含めて、本件多数意見が示した解釈が定着していくかどうかが問われよう。また、実体的義務に適用される継続的侵害の基準と手続的義務に適用される「真正な関係」または「条約の価値」基準との理論的整理も必要になろう。

(b) 長期強制失踪被害者の家族に対する3条違反の認定問題

長期間にわたり失踪状態にある家族構成員の運命に関する国家当局の不誠実な調査や回答拒否が、親族に対する非人道的また品位を傷つける取扱いとして3条違反になる場合がある。本件小法廷判決は、

カチンの森事件で殺害された将兵と個人的結びつきの強い9人の申立人については、50年以上も歴史的事実の歪曲を受忍しなければならず、ロシアが事実の徹底的解明をすることなく調査を打切り、復権請求や情報開示請求を拒否してきたこと等に照らせば、当該行為は非人道的取扱いの水準に達していたと認定した(5)。しかし大法廷判決は、人権侵害の直接の被害者とは別個に、その家族に対して3条違反を認定するためには、当該家族が被った苦痛について、人権侵害に通常付随する感情的苦悩とは区別される特質および性格を付与するような特別の要因が認められなければならないという基準を設定し、本件の事実に照らせばそのような特別の事情は存在しないと認定した([判旨] (2)参照)。これに対して、5人の裁判官が反対したが、理由を付したWojtyczek裁判官は小法廷判決の意見を支持した(6)。

(c) そ の 他

大法廷判決も小法廷判決と同様に、判旨(3)に述べた理由で、ロシアが38条の義務に違反したことを認定した。小法廷判決は、ロシアによる38条違反の情報開示拒否も考慮して条約3条違反を認定したが、大法廷判決は実体的義務の違反を認定しなかったため、本判決は専ら38条の手続的義務違反のみを認定した判決となった。

(3) 判決の国内法その他への影響(7)

38条違反について、ロシア政府は2015年3月17日に報告を提出し、①人権裁判所は文書提出の要請の基になった申立人の請求を棄却したから、判決執行のいかなる個別的措置も要請されていない、②将来同一の違反を繰り返さないために、同政府は一般的措置として、本判決を翻訳して公表・流布し、これにより将来の再発を防止できると考えているから、閣僚委員会による判決執行の監督は中止すべきだ、との見解を表明した。閣僚委員会は、それに同意していない。

---

(1) 本件の小法廷判決については、次を参照。Janowiec and others v. Russia, 16 April 2012,

104　Ⅰ　ヨーロッパ人権条約の基本問題

(2)　マッカン判決〔Ⅰ**27**〕解説［齊藤正彰執筆］196頁、アクソイ判決〔Ⅰ**29**〕解説［今井直執筆］207-208頁参照。*See also*, Jacobs, White & Ovey, The European Convention on Human Rights, sixth ed. (2014), pp. 158-165, 193-194 & 220; Grabenwarter, European Convention on Human Rights: Commentary, 2014, pp. 25-30 & 40-41；William Schabas, The European Convention on Human Rights: A Commentary, 2015, pp. 134-139 & 191-195.

(3)　Joint partly dissenting opinion of Judges Ziemele, De Gaetano, Laffranque and Keller, Reports 2013-V, §28-36.

(4)　Partly concurring and partly dissenting opinion of Judge Wojtyczek, *ibid.*, in particular, §283-287.

(5)　Case of Janowiec and others v. Russia, 16 April 2012, *supra* note (1), §152-167.

(6)　Partly concurring and partly dissenting opinion of Judge Wojtyczek, *supra* note (4), in particular, §288-289. 同裁判官は、軍事裁判所が一貫して処刑については判断を避け、調査記録によれば事件簿へのアクセスが外国籍を理由に拒否されるなど通常の戦争犯罪の被害者とは異なる状況があったとして申立人全員に3条違反が認められるとした。

(7)　2017年8月31日時点の執行監視状況についての情

B　ヨーロッパ人権条約の管轄権・受理可能性

報で確認した。

［参考文献］

注に掲げたもののほか次のような評釈がある。

[1]　Gabriella Citroni, "Janowiec and others v. Russia: A long history of justice delayed turned into a permanent case of justice denied", Polish Yearbook of International Law, Vol. 33 (2-13) (2014), pp. 279-294.

[2]　Julia Koch, "The difficulty of temporal jurisdiction in Janowiec and others v. Russia", Boston College International and Comparative Law Review, Vol. 38, Issue 3 (Electro Supplement) Article 5.

[3]　Yaroslav Kozbeurov, "The case of Janowiec and others v. Russia: relinquishment of jurisdiction in favour of the court of history", Polish Yearbook of International Law, Vol. 33 (2-13) (2014), pp. 227-246.

[4]　Corina Henri, "Enforced disappearance and the European Court of Human Right's *ratione temporis* jurisdiction: a Discussion of temporal elements in Janowiec and others v. Russia", Journal of International Criminal Jusitce, Vol.12 (4) (2014), pp. 751-768.

14 パイロット判決手続の適用(1)
キプロス紛争に由来する土地・建物の利用権の侵害と一般的救済措置
―ゼニデス・アレスティス判決―

前田　直子

Xenides-Arestis v. Turkey
22 December 2005

【事　実】

キプロス国籍を有するギリシャ系キプロス住民である本件申立人は、キプロス北部の首都ニコシアに居住していた (§9)。申立人は北キプロスのファマグスタ地区に母親からの贈与財産 (土地区画と建物) を所有しており、その区画上の建物の一部は、申立人が夫や子供と同居する自宅であり、その他の建物は、親族や第三者が賃借していた。またその周辺の土地を共同所有し、1984年1月31日付で申立人名義の登記を行っていた (§10)。

1974年8月、キプロス北部へのトルコ軍による軍事介入により、申立人は居住していた自宅やその他財産を残して退去した。トルコ軍の配下に置かれた財産へのアクセスを絶たれ、自宅や財産の使用もできなくなり、フェンスで囲まれた同地区は、トルコ軍のみが立ち入る軍用地となった (§11)。

2003年4月23日、北キプロス・トルコ共和国 (Turkish Republic of Northern Cyprus：以下、TRNC) により、キプロス内の南北移動に際しての検問が設置された。同年6月30日、TRNC域内の不動産に対する賠償に関する法 (2003年第49号法) が制定され、同法は即時に発効した。翌月には、同法に基づく賠償委員会がTRNC内に設置された (§12)。

2004年4月24日、キプロス紛争に関するアナン国連事務総長 (当時) による調停案 (「アナン案」) が、キプロスにおいて住民投票に付されたが、同案は、トルコ系キプロス住民には支持されたが、ギリシャ系キプロス住民には支持されず、(新国家の) 設置協定は効力を発しなかった (§13)。

【判　旨】

(1) 先決的抗弁

トルコ政府の先決的抗弁を退ける (全員一致)。

トルコ政府は、申立人の被害者としての地位 (当事者資格) に異議を呈した。申立人が侵害されたと主張する財産は、すでにトルコ・イスラム教財団 (「*Vakf*」) の永久財産として登録されており、私有財産として個人に譲渡することができない規則となっており、また申立人が当該財産の権原ある所有者であるという不動産譲渡証明書もないことを指摘し、むしろ書類ではトルコ政府の財産であることを主張した。トルコ政府は、TRNCの土地管理局の記録を所有あるいは操作 (control) する権限を有さず、問題となっている財産に対する権原の歴史的情報を確定する立場については留保を希望した (§14)。

当裁判所は、トルコ政府の先決的抗弁を慎重に検討したが、それを退け、政府は自らの主張の根拠を示しておらず、新情報も提供していないため、申立人には被害者として申立を行う権利があると決定する (§15)。

(2) 条約8条 (私生活および家族生活の尊重に対する権利)

トルコ政府による条約8条違反を認定する (6対1)。

申立人は、ロイズィドゥ (*Loizidou*) 事件判決[1]に依拠しつつも、8条に関しては、本事件において申立人は、彼女が所有者であり、彼女の夫や子供とともに暮らした家「home」を尊重する権利に対する侵害を問題としている点で、ロイズィドゥ事件判決とは区別されるべきと主張した。彼女の家 (住居)

106　Ⅰ　ヨーロッパ人権条約の基本問題

がある場所が、彼女が成育しかつ彼女の家族がルーツを有する場所と同じであるかどうかは無関係であると主張した（§17）。

これに対してトルコ政府は特に主張を提示していないが、8条において、生育しかつ家族のルーツがある場所ではあるが、もはや居住していない場所は、「home」とは解釈することはできないとの意見を示した（§18）。

本裁判所は、本事件はファマグスタに実際に居住していたという点が、ロイズィドゥ事件とは異なる（§19）としたうえで、キプロス対トルコ事件判決〔14〕の一部を引用し（§20）、同判決と同じ理由で、本事件には条約第8条に対する継続的侵害が認められると判断する（§22）。

（3）第1議定書1条（財産権）

トルコ政府による第1議定書1条違反を認定する（6対1）。

トルコ政府は、申立人の所有権とファマグスタの地位（状況、位置づけ）に焦点を絞り、後者については、トルコ政府の責任下にはなく、個々の事案解決もまた、まずは包括的で終局的な解決のためのキプロス政府とTRNC政府間の（inter-communal）行政的取極めがなければ、そこにある財産への権原を決定することを進めるべきではないと主張した（§25）。また、申立人は第1議定書1条の財産権の保障を、トルコが批准していない第4議定書2条で保障されている移動の自由の本質（essence）に関連して主張していると反論した（§26）。

本裁判所は、トルコの管轄権や責任に関する抗弁を、ロイズィドゥ事件判決やキプロス対トルコ事件判決と同様に退け、トルコ政府がいまだ北キプロス地域に全般的な軍事支配（overall military control）を継続していること、ギリシャ系キプロス住民が調停のアナン案を拒否していることが、避難民（displaced person）の継続的権利侵害を終結させる法的結果をもたらしていない、という点を指摘した（§27）。前記理由から裁判所は、申立人は財産へのアクセス、支配、利用、財産権の享受、そして財産権侵害に対

B　ヨーロッパ人権条約の管轄権・受理可能性

する賠償のいずれも継続的に侵害されており、このことは第1議定書1条違反であると結論づける（§32）。

（4）（条約8条および第1議定書1条との関連における）条約第14条（差別禁止）

条約第8条および第1議定書第1条との関連における条約第14条については検討不要と判断する（全員一致）。

トルコ政府側は、この点について全く意見を提出していない。申立人の主張は、キプロス対トルコ事件においてキプロス政府が14条に関して行った主張と視点が異なるだけであり、本裁判所の見解も右事件のとおりであるので、別途検討の必要はない。

（5）条約第46条（判決の拘束力および執行）に基づく救済措置

本事件の申立人および当裁判所に係属しているすべての類似申立事件に関し、効果的な救済制度を、判決から3か月以内に設置し、その後3か月以内に賠償を付与すること（全員一致）。

当裁判所は、すでに約1400件の類似事件がギリシャ系キプロス住民からトルコ政府に対して申し立てられていることを看過することはできず（§38）、41条に基づき本事件への公正な満足を検討する前に、46条に定められる締約国の判決履行義務に従うために何が必要かを検討する。救済付与のために、一般的または（かつ）個別的な救済措置を当事国がとらなければならないことを確認する（§39）。「当事国は、当裁判所で係争中のすべての類似申立事件と同様、本申立事件に関する本判決において明らかにされた条約違反に対する、条約8条および第1議定書1条により保障される権利の保護のための原則に従い、かつ受理可能性審査の決定に沿った、真に効果的な救済を導入しなければならない」（§40）。

（6）条約第41条（公正な満足）

条約第41条の金銭的・非金銭的賠償については、判断を下すには尚早であり、次のとおり決定する。(a)賠償の決定については保留する。(b)両当事者に対し、本判決の確定日から3か月以内に、本問題、

とりわけ当事者間で至った合意について書面を提出することを要請する。(c)トルコ政府に対し、本判決から3か月以内に、救済措置とその利用可能性について通知するとともに、さらにその後3か月以内に、実際に被害者に付与した救済内容について情報提供を行うことを要請する。(d)今後の手続を留保し、必要があれば、同様の措置をとる権限を小法廷の裁判長に付与する。(全員一致)

当裁判所は、本事件の状況に鑑み、金銭的・非金銭的賠償については、当事国と本件申立人の間で、判決履行に関する個別的あるいは一般的措置に関する合意が成立するまでその決定を保留し、関連する一般的措置が実施されるまで、他の類似の申立の審査を中断する（§50）。

(7) 経 費

トルコ政府は申立人に対して、裁判諸経費として、65000ユーロを支払う。(全員一致)

【解 説】

(1) 判決の意義・特徴

本事件の事実背景は、キプロスとトルコの国家間紛争にある。1960年に独立したキプロスにおいて、多数派のギリシャ系住民と少数派のトルコ系住民との間での対立が続き、1974年、トルコがキプロス領内での軍事クーデターに乗じて首都以北を占領したことで、キプロスの南北分断が生じた。北部地域に居住していたギリシャ系住民は南部への移住を強いられ、トルコは「北キプロス・トルコ連邦国」の設立を宣言した。その後1983年には「北キプロス・トルコ共和国」（TRNC）として独立が宣言された。これにより本事件のように、多くのギリシャ系キプロス住民が、原住の土地・住居へのアクセスを失った。

人権裁判所はこれまでも、キプロス・トルコ間の国家間紛争により生じた国の分断から生じる諸問題を、人権問題として訴える申立を受理し、審査してきた。本判決でもしばしば引用されているロイズィドゥ事件（1996）では、ヨーロッパ人権条約は武力

不行使原則などの一般国際法と合わせ読むべきもので、トルコはTRNCの行為に対して責任を負い、申立人の財産へのアクセス権や家族生活に対する継続的侵害と賠償なき収用は条約違反であると判示した。また前記違反のほか、ギリシャ系キプロス住民の行方不明者に関する調査義務の懈怠（2条）や不明者の家族への非人道的待遇（3条）、宗教の自由（9条）や表現の自由（10条）、それらのための実効的救済手段の欠如（13条）などの多くの条約義務への違反が認定された。

本事件判決において人権裁判所は、これらの先例における判断の枠組みや基準を踏襲しており、そこに特段の新規性は見当たらない。注目される点は、条約41条に基づく公正な満足の検討よりも、46条を根拠として判決履行のための一般的措置の検討を、優先事項としてトルコ政府に求めていることである。人権裁判所は本事件をパイロット判決手続の先行的判決として位置づけ、トルコ政府に一般的措置を促すことにより、当時すでに1400件余りに膨れ上がった同種事件の解決も容易になることを期待したのである。

(2) パイロット判決手続における救済措置

(a) 一般的措置の要請

パイロット判決手続は、人権裁判所に押し寄せる同種事件（反復的事件）への効果的な対処方法として、まずはブロニオヴスキ事件（2004年）〔I 10〕に試行的に導入され、その後第14議定書の発効に伴う人権裁判所規則の改正により、その法的根拠も整備された。人権裁判所はこれまで、多数の同種事件を現に生じさせているか、近い将来そうなる可能性が高い問題事例に対して、パイロット判決手続を適用してきている[2]。

本事件も前述のとおり、反復的事件の多さを理由としてあげつつ、人権裁判所はトルコ政府に対して、効果的な一般的措置を講ずるよう命じている。TRNCは、ロイズィドゥ判決やキプロス対トルコ判決の後、2003年に「TRNC域内の不動産に関する賠償法」（2003年第49号法）を制定した。しかし本

事件では受理可能性審査の段階で、2003年第49号法は、原状回復という救済措置がないこと、動産と非金銭的損害は賠償の対象外とされていることなどから、申立人が求める権利の救済手段としては実効的ではないとの判断が下された[3]。そのような経緯から、本案判決において人権裁判所が「本件および同種事件における条約違反に対して真に効果的な救済を確保する」[4]救済策を講じるよう要請した。これに対応してトルコ政府は、2005年に新たな「不動産に関する賠償・交換・返還法」（Law for the Compensation, Exchange and Restitution of Immovable Properties）（以下、2005年第67号法）を制定した。同法に基づき、賠償などを審査する「不動産委員会」（Immovable Property Commission：以下、IPC）も設置された。

(b) 個別的措置（公正な満足）

上記(a)のようにパイロット判決によりとられた一般的な救済措置が、果たして個別的救済に資するものであるかどうかは必ずしも定かではない。本案判決から約1年後の2006年12月7日、人権裁判所は公正な満足についての判決[5]を示した。その手続では、当事者は、2005年第67号法の法的有効性やその救済手続の実効性について争っている。同法は、合法的に行われた不動産の収用に対する補償を保障しているにすぎず、ロイズィドゥ判決やキプロス対トルコ判決で人権裁判所が示した、申立人らは不動産に対する正当な権原を失ってはいないという見解とは合致しないこと、また同法の適用範囲は制限が多く、トルコ軍が支配している軍用地にある個人財産に対する請求は対象外としており、申立人にとって同法は、実質的には実効性のない救済手段であると主張した[6]。キプロス政府も関係国として、主としてトルコ政府が提示した救済手段の合法性およびIPCの公平性について疑義を呈し、申立人の主張を擁護する意見を提出した[7]が、トルコ政府はこれらに対して、同法の手続は中立的な機関による実効的な救済制度であると反論した。

人権裁判所は、トルコ政府が本事件および類似事件に対する救済付与として同法を制定したことを歓迎（welcome）し、同法は本事件の受理可能性審査や本案判決において示された要求を満たすものであるとした[8]が、申立人が補償を得るためには同法により設置された委員会に申請しなければならないという政府側の主張は斥けた。また公正な満足について当事者間で合意が成立しておらず、人権裁判所が救済の実効性について詳細に検討することはできないとしつつ、公正な満足について人権裁判所で争うことはできないというトルコ政府の主張を退け、申立人への金銭的・非金銭的損害の双方に対する賠償金の3か月以内の支払いを命じた。（双方の当事者が大法廷への事件回付を要請したが、大法廷のパネルはこれを却下した。）

このように、当事国によってとられた一般的な救済措置が、先行的判決の事案にも効果的であるとは限らず、また人権裁判所も、一般的救済措置に対する（一般的な）評価を、公正な満足などの個別的救済の認定とは切り離して行う場合がある点が注目される。

(3) 紛争処理におけるパイロット判決の多面性

本事件では、一般的救済措置と個別的救済措置に対する評価が分割され、トルコ政府に課された判決履行は、個別的救済措置としての賠償金の支払いとなった。人権裁判所は公正な満足に関する判決（2006年12月7日）後、3か月以内の支払を命じたが、2014年9月の閣僚委員会による判決履行監視の会合では、本事件のほか同種の32件の申立事件に対して、賠償金を支払っていない事実が報告されている。閣僚委員会はトルコ政府に対し、態度を改めて一刻も早く判決を履行することを強く勧告（exhort）しており[9]、その後も審議が継続されている。

また、トルコ政府が一般的救済措置として制定した2005年第67号法に関する人権裁判所の好意的評価は、その後の同種事件の決定に影響を与えている。なかでもデモポゥロス他（Demopoulos and others）事件[10]において、人権裁判所は、本来この種の事件は当事国の政治的レベルで解決すべき問題である[11]としつつも、2005年第67号法により設置されている

IPCによる諸手続は、原状回復の可能性は限られているが、紛争後の年数経過や第三者の権利保護など諸要素を勘案すると、実効的な国内的救済手続に当たると判断[12]した。デモプゥロスら申立人は、TRNCの憲法裁判所において同法の違憲無効の訴えが退けられたこと、IPCの独立性・公平性やその権限の点から、実効的な救済手段とは言えないと主張[13]したが、人権裁判所は、IPCはアクセス可能で実効的な枠組みであるとして、その手続を尽くしていない当該申立事件をすべて非許容とした。

　この決定については、「実効的な」国内的救済手続の解釈を誤ったものであるとの批判的見解も多い[14]。その真偽は、今後IPCによる国内的救済手続を経て人権裁判所に寄せられる申立に対する判断を見ることによって明らかになるであろう。また、デモポゥロス他事件の決定は、トルコ軍の違法な軍事介入によって作りだされたTRNCの存在を容認し、権利に対する継続的侵害に対しても、紛争発生後の時間経過とともに、如何ともしがたい歴史的事実として受け入れざるを得ないのだと言うことを意味するかもしれない。キプロス対トルコ事件で人権裁判所はTRNCやその司法機関の正統性に躊躇を示した[15]が、紛争から半世紀が経過した今、その地域的な政治機構としての実態を認めたとも受けとれる。

　パイロット判決手続において是正措置を指示する決定権をどの機関が有するのか（人権裁判所か閣僚委員会か）については議論されたところであるが、構造的・制度的問題に対する一般的救済措置の実効性の判断は、判決履行監視を担う閣僚委員会だけでなく、その後の同種事件の審査において、人権裁判所が結論を出さねばならない課題でもある。そこにおける司法判断が、政治的な国家間紛争の一側面さえも「処理」する機能をもつという点で、パイロット判決手続は、諸刃の剣のような多面的性質を有すると

も言えよう。

(1)　小畑郁「ロイツィドゥ事件」『判例国際法（第2版）』（東信堂、2006年）。先決的抗弁については、〔Ⅰ **9**〕解説（前田直子執筆）。
(2)　竹内徹「ヨーロッパ人権条約による司法的規範統制の限界――パイロット判決手続を素材として」法政論集（名古屋大学）253号（2014年）175頁。
(3)　Xenides-Arestis v. Turkey（Admissibility）, 14 March 2005.
(4)　Xenides-Arestis v. Turkey（Merit）, 22 December 2005, para.40.
(5)　Xenides-Arestis v. Turkey（Just satisfaction）, 7 December 2006, 44EHRR SE13.
(6)　*Ibid.,* §19-22.
(7)　*Ibid.,* §31-35.
(8)　*Ibid.,* §37.
(9)　Interim resolution CM/ResDH（2014）185, adopted by the Committee of Ministers on 25 September 2014.
(10)　Demopoulos and others v. Turkey（Admissibility）, 1 March 2010, Reports 2010-I; 50 EHRR SE14.
(11)　*Ibid.,* §83-86.
(12)　*Ibid.,* §112-119.
(13)　*Ibid.,* §58-62.
(14)　［参考文献］参照。
(15)　前掲、判旨(1)。

［参考文献］
[1]　LOUCAIDES, Loukis G., Is the European Court of Human Rights Still a Principled Court of Human Rights After the Demopoulos Case?, *Leiden Journal of International Law*, vol.24（2011）, pp. 435-465.
[2]　PROUKAKI, Elena Katselli, The Right of Displaced Persons to Property and to Return Home after Demopoulos, *Human Rights Law Review*, vol. 14（2014）, pp. 701-732.
[3]　SOLOMOU, Alexia, DEMOPOULOS & OTHERS V. TURKEY（ADMISSIBILITY）, App. Nos.46113/99, 3843/02, 13751/02, 13466/03, 14163/04, 10200/04, 19993/04, 21819/04. *At* http://www.echr.coe.int/echr/. European Court of Human Rights（Grand Chamber）, March 1, 2010., *American Journal of International Law*, vol. 104, pp. 628-636.

15 パイロット判決手続の適用（2）
蔓延する裁判所判決の執行遅延に対する実効的救済手段を整備するよう命じた事例
──ブルドフ（第2）判決──

竹 内 　 徹

Burdov v. Russia（no. 2）

15 January 2009, Reports 2009-I

【事　実】

申立人は軍の命令に従い、1986年から翌年にかけてチェルノブイリ原子力発電所の事故処理に従事した。これにより申立人は多量の放射線を浴び、健康障害を理由に、毎月、補償金を受給するようになった。この補償金の支払いの遅延を理由に申立人は、1997年以降繰り返し国内裁判所に訴えを提起してきた。国内裁判所は未払いの補償金や延滞利息等の支払いを国に命じる判決を繰り返し出した。これを受けて申立人は執行令状を執行官に送付するなどしたが、判決は長期間執行されなかった。こうした判決の執行遅延または不執行はロシアにおいて蔓延する病理的現象であった。

申立人は2000年3月にヨーロッパ人権裁判所への最初の申立を行い、同裁判所は2002年5月7日の判決[1]でヨーロッパ人権条約違反を認定した。2004年7月に申立人は、本件である2回目の申立を人権裁判所に付託した。本件で申立人は、シャフティ市裁判所の以下の判決の執行の遅延について、条約6条と第1議定書1条の違反を主張した。

① 2003年4月17日判決

補償金の支払いが遅延した間の物価変動によって生じた目減り分を申立人に支払うよう労働社会発展管理局に命じる。この判決は2003年7月9日に確定し、2005年8月19日に執行された。

② 2003年12月4日判決

補償金の支払いが遅延したことを理由に、延滞利息を申立人に支払うよう労働社会発展管理局に命じる。この判決は2003年12月15日に確定し、2005

年11月と2006年3月に支払い金額の訂正が行われ、2006年10月18日に執行された。

③ 2006年3月24日判決

物価変動に応じて補償金の額を訂正し、過去に支払った補償金の一部について、差額分を申立人に支払うよう労働社会発展管理局に命じる。この判決は2006年5月22日に確定し、2007年8月17日に執行された。

④ 2007年5月22日判決

物価変動に応じて補償金の額を訂正し、過去に支払った補償金の一部について、差額分を申立人に支払うよう労働社会発展管理局に命じる。この判決は2007年6月4日に確定し、同年12月5日に執行された。

⑤ 2007年8月21日判決

補償金の支払いが遅延したことを理由に、賠償金を申立人に支払うよう労働雇用局に命じる。この判決は2007年9月3日に確定し、同年12月3日に執行された。

人権裁判所は判決①②③について、全員一致で条約6条および第1議定書1条の違反を認定した。また、全員一致で条約13条の違反を認定した。なお、意見は付けられていない。

【判　旨】

（1）条約6条違反の主張について

（a）一般原則

裁判所の判決の執行は条約6条の目的のための「裁判」と一体のものであり、その不合理な遅延は同条の違反となる（§65-66）（Hornsby判決〔I **45**〕）。

遅延期間の合理性は、執行手続の複雑さや関連する国の機関の態度などを勘案して決める。

(b) 本件への当てはめ

判決①②③は確定から執行までに、それぞれ2年1か月、2年10か月、1年3か月を要した。これらの長期の遅延を正当化する事情は見られず、被告国もそのための十分な理由を示さなかった（§74-75, 77, 81）。判決①②③について6条違反があった。判決④⑤は確定から執行までに、それぞれ6か月と3か月を要した。これらの期間はそれ自体として不合理なものではない（§85）。判決④⑤について6条違反はなかった。

(2) 第1議定書1条違反の主張について

執行の遅延が主張された判決は金銭の支払いを受ける申立人の権利を創設し、それは第1議定書1条の「財産」に該当する（§87）。判決①②③について第1議定書1条違反があった。判決④⑤について第1議定書1条違反はなかった。

(3) 条約13条について

申立人は条約13条の違反を主張しなかったが、判決の執行遅延または不執行についてロシアの救済手段の非実効性を訴える申立が増加していることに鑑み、当裁判所は職権で13条の問題を審査する（§89）。

(a) 一般原則

13条にいう救済手段は、条約の違反やその継続を防止するか、または、既に生じた違反に十分な賠償を与えるという意味で実効的でなければならない。「裁判所判決の不執行に関する事件では、迅速な執行を確保することで違反を防止する国内措置が、原則として最も価値がある」（§98）。ただし、「国は、それが非実効的と見なされることなく賠償措置のみを導入することを選ぶこともできる」（§99）。

賠償措置の実効性を評価する際には次の基準を適用する。すなわち、「賠償の請求は合理的期間内に審理され」、賠償金は「迅速に、一般的には6か月以内に支払われ」、審理手続は「条約6条の公正の原則に適合」し、訴訟費用として「過度な負担を課

してはならず」、賠償額は「類似の事件で当裁判所が認めるものに比べて不合理であってはならない」（§99）。

(b) 本件への当てはめ

申立人は執行令状を執行官に送付したが、執行官は国を強制する権限を有さず、判決の執行を促す実効的な防止措置にはならない（§§101-102）。判決の執行遅延または不執行の結果被った損害に対する賠償措置については、金銭損害に対する賠償措置の実効性は示されておらず、非金銭損害に対する賠償は国の機関の故意または過失の存在を条件としている。判決の執行遅延や不執行に関する事件では、こうした条件のある救済手段は成功の合理的見込みがない（§110）。よって、実効的な救済手段は存在せず、13条違反があった。

(4) 条約46条の適用

判決の執行遅延および不執行はロシアにおいて繰り返し生じる問題であり、当裁判所は何度も条約違反を認定してきた。よって、当裁判所の判決の執行義務を定めた条約46条のもとで本件を審査することが時宜を得ている（§122）。

(a) 一般原則

46条は条約違反の原因を解消する一般的措置をとる義務を被告国に課している。自らの判決の執行を促すために当裁判所は、「条約違反の基礎を成す構造的問題の存在を明確に特定し、それを是正するために被告国によってとられるべき特定の措置を指示する、パイロット判決手続を利用することができる」（§126）。

(b) 本件への当てはめ

(i) 構造的問題の存在

本件で条約違反を認定した判決の執行遅延は、「孤立した出来事」ではなく、「規則上の欠陥、および／または、国に金銭の支払いを命じる実施可能で拘束力のある判決を執行する際の、国の機関の行政上の行為の結果」である（§131）。そして、それに対する実効的な救済手段は存在しない。これらの条約違反は、「永続的な構造的機能不全」を示してい

112 I ヨーロッパ人権条約の基本問題

る（§134）。

　(ⅱ) 是正措置の指示

　判決の執行遅延および不執行は、「特定の法律や規則の規定、または、ロシアの国内法における特定の欠缺から生じるわけではない。したがってそれは…包括的で複雑な措置の実施を要求する。[中略] 当裁判所は、[判決の執行遅延および不執行を解決する（筆者）] 過程が、原則として当裁判所の司法機能を越える、多くの複雑な法的および実際的問題を提起することを指摘する。よって、このような状況において当裁判所は、[被告国によって] とられるべきいかなる特定の一般的措置をも指示することを控える。」（§136-137）

　一方で、13条の違反については状況が異なる。故意または過失要件の廃止など、特定の点について国内法が改正されない限り、救済手段が実効的となることはないだろう（§§138-139）。ただし、当裁判所は、実効的な救済手段を整備するための最も適当な方法（既存の救済手段を改善するのか、または新たな救済手段を設けるのか）を特定する立場にはない（§140）。「被告国は、国に対して下された判決の長期間の不遵守を理由とする条約違反について、真に実効的な救済を確保する手段を導入しなければならない。そのような救済手段は、とりわけ本件で示された条約の原則に適合するものでなければならず、本判決の確定日から6か月以内に利用可能とならなければならない。」（§141（なお、主文でも同旨の指示が行われている））

　(5) 条約41条の適用

　非金銭損害について 6,000 ユーロを申立人に支払うよう被告国に命じる（§157）。

【解　説】

(1) 本判決の意義・特徴

　本件はパイロット判決手続の利用事例である。パイロット判決手続とは、締約国の法制度に存在する構造的欠陥を原因として複数の同種事件が人権裁判所に付託される場合に、その中から選び出した1件

B ヨーロッパ人権条約の管轄権・受理可能性

において当該構造的欠陥を特定し、それを是正するために被告国がとるべき措置を人権裁判所が指示する（この解説では、主文で指示することを意味する）というものである。この手続は、構造的欠陥の解消を促すために人権裁判所が是正措置を指示するという点で通常の手続と異なる。パイロット判決手続の最初の利用事例は 2004 年 6 月の Broniowski 判決〔I 10〕であるが、本件である Burdov（第 2）判決の新奇性は、この手続が条約 13 条に利用された点にある。人権裁判所は既存の法律の改正こそ指示しなかったが、判決中に示した基準を満たす救済手段を整備するようロシア政府に命じたのである。条約の 13 条以外の権利規定は個々の権利を定めているが、13 条はそれら個々の権利の侵害に対して実効的な救済手段を被害者が得る権利を定めている。この意味で 13 条は他の権利規定とは異なる。それでは、パイロット判決手続を 13 条に利用する目的は何か。

　本判決時には既に、ロシアにおける判決の執行遅延または不執行を訴える申立が人権裁判所に多数付託されており、これらについて人権裁判所は、本判決の確定日から 1 年以内にその申立人に救済を与えるようロシア政府に命じた。一方、本判決後に付託されるこの種の申立については、13 条が要求する救済手段をロシア政府が迅速に整備することを見込んで、本判決の確定日から 1 年間審理を停止することを決定した。ロシア政府は 2010 年 4 月に国家賠償法を制定した。人権裁判所は同年 9 月の Nagovitsyn and Nalgiyev 決定で、国家賠償法が判決の執行遅延および不執行に対する実効的な救済手段を提供しうるとして、審理を停止していた事件の申立人に同法を利用するよう求めた[2]。その後 2011 年 12 月には、閣僚委員会が、13 条違反、すなわち実効的な救済手段の整備について本判決の執行監視の終了を決定した[3]。この際に閣僚委員会が認めたように国家賠償法上の手続が実効的であるならば、今後は、判決の執行遅延および不執行の訴えは同法のもとで解決されることになる。このように人権裁判所は、国内に実効的な救済手段を整備することで、被

害者の救済を締約国内で行わせようとしているのである。こうした事件処理の方法は、人権裁判所が同種事件を1件ずつ処理する場合と比べて、より迅速に被害者に救済を与えようとするものである。ただし、次に述べるような危険を伴っていることには注意が必要である。

(2) 条約13条の基準の形成・普及と手続保障化

条約13条に対するパイロット判決手続の利用は、同条の判例の展開の一部として理解することができる。13条は補完性原則が強調される近年においては、最も重要な権利規定の一つと見なされている。13条が重要視されるうえで転機となったのは2000年10月のKudła判決〔Ⅰ **19**〕である。人権裁判所は、かつては13条の違反を認定することに慎重だったが、この判決で同条の適用範囲を拡大する判例変更を行った。その結果、13条の違反を認定する判決は急増した。本件であるBurdov（第2）判決は、こうした展開の延長線上に位置付けられる。すなわち、人権裁判所は今や違反を認定するだけでなく、実効的な救済手段が満たすべき基準を示したうえで（§99を参照）、そのような救済手段を整備するよう被告国に指示するようになったのである。こうして近年では、実効的な救済手段に関する基準の形成と締約国へのその普及が進んでいる。なお、13条については、人権裁判所の判例をまとめた指針[4]を2013年9月に閣僚委員会が採択したことも注目される。

13条に関するこうした展開は、条約の手続保障の側面が重視されるようになっていることを意味する。13条は実効的な救済手段を得るという手続的権利を定めている。ここで問題なのは、13条の権利を重視することが、被害者に救済を与える手続の保障さえ行えば13条以外の個々の権利については状況の改善を行わなくてもよい、という認識につながる危険を孕んでいることである。こうした認識は、特に13条に対するパイロット判決手続の利用によって助長される。人権裁判所が本件で指示した通りの救済手段が整備されると、判決の執行遅延また

は不執行を主張する者は、国内的救済原則に従ってまずは、当該救済手段の利用を求められる。そして、救済手段の利用後に人権裁判所に訴えを提起したとしても、人権裁判所がその申立を不受理と判断する可能性がある。実効的な救済手段を利用した以上、申立人の被害者性が否定される可能性があるからである。この場合、判決の執行遅延または不執行による条約6条の違反が存在するにもかかわらず、6条違反の主張は国内に封じ込められてしまうのである。13条違反を訴える申立は個々の権利規定違反の訴えを主たる主張として伴っており、13条違反の訴えは従たる主張にとどまる。手続の保障は被害者の権利の拡大として積極的に評価されることもあるが、ここに述べた危険性を踏まえれば、手続保障があくまで条約の副次的な側面であることを忘れてはならないのである[5]。

(3) パイロット判決手続の利用状況

パイロット判決手続は締約国の法制度に存在する構造的欠陥を解消しようとするものであり、最初の利用事例から10年以上が経過した。そこで、パイロット判決手続は構造的欠陥の解消に貢献してきたのかという観点から、この手続の利用状況をまとめてみる。

まず指摘できるのは、人権裁判所がこの手続を抑制的に利用してきたということである。本件で人権裁判所は、判決の執行遅延および不執行と、実効的な救済手段の不存在のいずれについても、それが構造的欠陥から生じる問題だとしながら、是正措置の指示は実効的な救済手段についてのみ行った。判決の執行遅延および不執行を是正するための措置を指示しなかった理由について人権裁判所は、包括的で複雑な是正措置を指示することは自らの機能を越えると述べている。ここから分かるようにパイロット判決手続の利用対象には、その解決に包括的で複雑な措置を要求しない問題（その意味では単純ともいえる問題）が選択されてきたのである。また、この手続は、構造的欠陥の解消について被告国の協力の態度が見込まれる場合に利用されてきた。こうした複数

の条件に服するために、パイロット判決手続の利用
事例は未だ少数にとどまっているのである[6]。

　次に指摘できるのは、条約13条に対してパイ
ロット判決手続を利用することが、本件以降定着し
たということである。判決の執行遅延または不執行
と実効的な救済手段の不存在の訴えについて、人権
裁判所は本件の他にも3件の事例でパイロット判決
手続を利用している。また、2010年9月のRumpf
判決[7]で人権裁判所は、裁判遅延（条約6条違反）と
実効的な救済手段の不存在の訴えにパイロット判決
手続を利用した。裁判遅延との関係でこの手続が利
用された事例は、他にも8件確認できる。さらに、
2012年1月のAnanyev判決[8]では、拘置所の劣悪
環境（条約3条違反）と実効的な救済手段の不存在の
訴えにパイロット判決手続が利用された。拘置所の
劣悪環境との関係でこの手続が利用された事例は、
他にも3件確認できる。若干の例外を除いて以上の
パイロット判決手続の利用事例[9]に共通しているの
は、本件と同様に人権裁判所が、判決の執行遅延ま
たは不執行、裁判遅延および拘置所の劣悪環境を構
造的欠陥から生じる問題だと認定していること、そ
して、それにもかかわらず実効的な救済手段につい
てのみ是正措置を指示していることである。よって、
これらの事件で第一に考えられているのは、実効的
な救済手段を国内に整備することであり、裁判遅延
などの問題それ自体の解決ではないのである。（2）
で指摘した国内への封じ込めという効果と、判決の
執行遅延または不執行、裁判遅延、拘置所の劣悪環
境という問題が繰り返しパイロット判決手続の利用
対象とされてきたこととを合わせて考えると、むし
ろ人権裁判所は、これら特定の問題を扱うことを回

避しようとしているようにも見える。それ故に、13
条に対するパイロット判決手続の利用がこれら以外
の問題にも拡大していくのか、今後の人権裁判所の
動向を注視する必要がある。

(1)　Burdov v. Russia, 7 May 2002, Reports 2002-III.
(2)　Nagovitsyn and Nalgiyev v. Russia, Decision, 23
September 2010, §41.
(3)　Burdov v. Russia（no. 2）, Interim Resolution CM/
ResDH（2011）293, 2 December 2011. 一方で、条約
6条および第1議定書1条の違反については、2016年
9月に執行監視の終了が宣言された。Burdov v. Rus-
sia（no.2）, Resolution CM/ResDH（2016）268, 21 Sep-
tember 2016.
(4)　Guide to good practice in respect of domestic rem-
edies, 18 September 2013, http://www.echr.coe.int/
Documents/Pub_coe_domestics_remedies_ENG.pdf.
最終閲覧日：2016年2月4日。
(5)　こうした主張として、参照：Edouard Dubout, La
procéduralisation des obligations relatives aux droits
fondamentaux substantiels par la Cour européenne
des droits de l'homme, *Revue trimestrielle des droits
de l'homme*, no. 70（2007）, p. 397ff.
(6)　この点について、詳しくは、参照：竹内徹「ヨー
ロッパ人権条約による司法的規範統制の限界－パイ
ロット判決手続を素材として」名古屋大学法政論集
253号（2014年）145頁以下。
(7)　Rumpf v. Germany, 2 September 2010.
(8)　Ananyev and others v. Russia, 10 January 2012.
(9)　これらの事例を概観するには次の資料が便利である。
Factsheet-Pilot judgments, July 2015, http://www.
echr.coe.int/Documents/FS_Pilot_judgments_ENG.
pdf. 最終閲覧日：2016年2月4日。

［参考文献］
[1]　Philip Leach, Helen Hardman, Svetlana Stephen-
son and Brad Blitz, *Responding to Systemic Human
Rights Violations: An Analysis of 'Pilot Judgments'
of the European Court of Human Rights and their
Impact at National Level*（Intersentia, 2010）.

● Ⅱ　ヨーロッパ人権条約で保障された権利(1) ── 総論的問題群　●

16 胎児の「生命権」
医療過誤による胎児死亡に関する刑法の適用と 2 条の積極的義務
—— ヴォー判決 ——

建石真公子

Vo v. France
8 July 2004, Reports 2004-VIII（大法廷）

【事　実】

　申立人（Mme Thi-Nho Vo 1967 年生まれ、フランス在住、ベトナム出身）は、1991 年 11 月 27 日、妊娠 6 ヶ月の検診のため Lyon 市民病院を受診した。同日、同名（Mme Thi Thanh Van Vo）の別の女性が、体内避妊具の除去のために受診していた。避妊具除去を担当する医師 G が待合室で「Mme Vo」と呼んだ際に、申立人が返事をした。そのため、別人と間違えられたままになった。医師は、問診の折に申立人がフランス語をよく理解できないことを知りつつ、診察なしに手術を実施。手術中、医師は誤って羊膜を穿鑿し羊水が流失したため妊娠を確認した。この時点で医師は過失に気づき申立人を入院措置とした。同月 29 日、申立人は退院したが、12 月 4 日に妊娠継続の確認のため再度受診した際には妊娠は継続できていないことが判明した。翌 12 月 5 日、申立人に対する医療上の中絶手術が行われた。

　医師は、胎児に対する業務上過失致死および Mme Vo に対する過失傷害により 1995 年 8 月 31 日、Lyon 軽罪裁判所に起訴された。同裁判所は、1996 年 6 月 3 日、申立人に対する過失傷害に関しては 1995 年 8 月 3 日大赦法にもとづき大赦とした。他方、胎児に対する過失致死罪については 20 ～ 21 週の胎児が刑法 221 条 -6 における「人」に該当するかについて検討し、1975 年 1 月 17 日人工妊娠中絶法 1 条の「始まりの時からの生命の尊重保護」規定、1994 年 7 月 29 日生命倫理法（民法 16 条として民法典に挿入）に定める「人の優位性、人の尊厳、始まりの時からの人の尊重保護」規定を参照したうえで、

これらの規定には「胎児」の法的定義がなされていないこと、他方、胎児の母体外生存可能性は 6 か月以降とされており、20 ～ 21 週の胎児は母体外では生存できないことから、刑法 221 条-6（旧刑法 319 条）における「人」とはみなされないとして、過失致死を適用しなかった。控訴審の Lyon 控訴院は、1997 年 3 月 13 日、過失傷害に関する公訴消滅確認について原判決を支持したが、過失致死については有罪とした。同裁判所は、生存可能性という基準は不確実であり法的なものではないこと、手術の時点では順調に成長していたことを挙げ、また民事訴訟が可能であることは公訴を否定する理由にはならないとして過失致死を認め、医師に 6 カ月の懲役および 10000 フランの罰金を科した。同医師の上告にもとづき、破毀院は、1999 年 6 月 30 日、医師に対する訴えは刑法 221 条 -6 には該当しないとして控訴院判決を破毀した。

　これに対して申立人は、1999 年 12 月 20 日、申立人の子宮内での子の死亡に責任を負う医師に過失致死罪が適用されないことは、ヨーロッパ人権条約（以下、条約と記す）2 条に違反するとして、フランスを被告として、ヨーロッパ人権裁判所へ申し立てた。2003 年 5 月 22 日、事件を担当していた第 3 部の小法廷は、大法廷へと回付した。

【判　旨】

(1) 2 条違反の主張について

　申立人によって提起されている問題は、フランス法が胎児の過失致死を刑事法で処罰しないことが、条約 2 条にいう全ての人の生命に対する権利を「法

律によって保護」すべき締約国の義務に違反するのではないかということである（§74）。

(2) 2条における「人」と胎児

「胎児が2条にいう『人』か否かという問題に、現状のところ、抽象的に答えることは、望ましいことでもなく、また可能でもないと当裁判所は判断する。本件については、Mme Vo の妊娠が悲惨な終わり方をしたことが条約2条の管轄か否かを検討することは必ずしも必要ではない。というのは、その問題には公衆衛生法における生命保護の要請が適用され、そのことは被告国の承認するところであるからである」（§85）。

しかし、「胎児の法的地位が確立していないことは、フランス法において全ての保護が奪われているというわけではな」く、胎児の生命は母親に緊密に結びついており、この件では母親も父親も子どもとの間に全くの対立はなく、ただ第三者の過失によって胎児の生命は奪われたのである（§86）。

「Boso 事件では、当裁判所は、胎児は条約2条の保護する権利の主体となりうると指摘」（§87）し、だからこそ中絶に関するイタリア法は、女性の利益と胎児の保護との均衡をとっているのである。

本件では、申立人は、子を死亡させたことに対する医師の責任と、申立人が実施されてしまった中絶に対する損害賠償を求めており、「唯一、刑法上の処罰のみが条約2条の要請である」（§87）と主張する。しかし、当裁判所は、以下の理由でそのようには判断しない。

2条1項は、ヨーロッパ評議会を形成する民主的社会の基本的価値であり、本条約の最重要の条項の一つであり、「恣意的な」死を禁止するだけでなく、その管轄にある人の生命の保護のために必要な措置を取る義務も課している（§88）。したがって、国に対して、民間であろうと公立であろうと、医療機関に患者の生命を保護するための適切な施策をとらせるという積極的な義務を課している。同様に、「医療専門職の責任による個人の死亡の原因を解明しうる、実効的で独立した司法制度を設立することも要

請している」（§89）。

しかし、2条が要請する実効的な司法制度を設立するという積極的義務は、生命や身体に対する侵害が「意図的なものでない場合には、必ずしも刑法上の訴訟を要請するものではな」く、医療過誤に関しては、並行してあるいは単独に「医師に対する責任を問うために、民事裁判による訴訟によっても国家の義務は果たされることになる」（§90）。

行政訴訟に関しては、公訴時効は4年と短いが、こうした法定期限は法的な安定性という観点によるもので、本件に関しては、4年という期間は医師に対する訴追を迅速に行うという申立人の希望から見ると過度に短いわけではない。しかし、申立人は刑法による訴追を選択し、行政訴訟の可能性については考慮していなかった。確かに、2002年3月4日法は、医療過誤に関する訴訟の時効を4年から10年に延長し、医療過誤の犠牲者の救済に便宜が図られた。これは、救済されるべき損害と、医療に課された責任の「裁判化」との間の均衡を図るという課題に応えるための行政的方法の整備である。しかし、この新しい規則がそれ以前の4年を短すぎるとして見直すことができるのかについては、当裁判所は述べない（§93）。

以上から、当裁判所は、申立人の場合、責任追及に関して実効的な訴訟は可能であったと考える。申立人が行わなかった行政訴訟においては、医療過誤は認められ、それによって引き起こされた損害の賠償が行われただろうし、その場合には刑事上の訴追は要請されなかっただろう（§94）。以上から、当裁判所は、条約2条違反はないと判断する（§95）。

(3) 結 論

1. 政府の主張する事項管轄の不適合、並びに国内救済原則の過誤に関しては棄却（全員一致）。
2. 申立は、受理可能である。
3. 2条の違反はない（14対3）。

【解　説】

(1) 判決の意義

本判決は、医療過誤による胎児の過失致死に対する医師の法的責任について、フランスの法制度が条約2条の生命に対する権利の要請する積極的な義務に違反するか否か、および2条が胎児に適用されるかについて問われた事件である。ヨーロッパ人権裁判所は、2条に胎児が含まれるか否かについては判断しないことを明言し、以降の判決のリーディングケースとなっている。フランスの法制度に関しては、医療機関および医師の過誤の責任は行政裁判所で争うことができたとして2条違反はないと結論付けた。

胎児の生命権については、これまでは中絶合法化法律の条約適合性に関して問われてきたが、本件は、母親の望まない、第三者の過失に因る6か月の胎児の死亡、という事件で、中絶とは関連しない文脈において胎児に2条が適用されるかが注目された。

(2) フランスの法制度における胎児の法的地位

(a) 胎児に対する障害と処罰

フランス刑法典221条-6（過失致死）は、「1.不熟練、軽率、不注意、もしくは怠慢によって、または法律もしくは規則によって課される安全義務もしくは注意義務を怠り、他人を死亡させる行為は、故意によらない殺人とし、3年の拘禁刑および45000ユーロの罰金とする。2.法律または規則によって課される安全義務または注意義務を意図的に怠る場合、刑は5年の拘禁刑および75000ユーロの罰金とする」と定める。またフランス刑法223条-10（本人の同意のない第三者による中絶）は、「本人の同意のない中絶は、5年の拘禁刑および75000ユーロの罰金とする」とする。

ヨーロッパ評議会加盟国では、胎児に過失致死罪を適用しない国が大半であり、適用する国は、イタリア（中絶法17条：過失による中絶に対し、3か月～2年の拘禁刑）、スペイン（刑法146条：重大な過失による医療による中絶の場合、3年以下の拘禁刑）、トルコ（刑法456条：妊婦に対する傷害の場合で、早産を引き起こした場合に、

2～5年の拘禁刑）の3カ国となっている

(b) フランス法における胎児の地位の不明確性

破棄院は、Vo判決後、ヨーロッパ人権裁判所判決以前に、胎児の死亡に関していくつかの判断をしている。① 2001年6月29日判決[1]では、交通事故により、妊娠6か月の女性が負傷、胎児死亡の事件に関して、刑法221条-6は、胎児を除外してはいないが、「同条の対象とする子どもは、出生のときに心臓の鼓動があり、呼吸をしている場合」であるとした。② 2002年6月25日判決[2]では、出産時に、妊婦が胎児の心臓の音が弱ったことに気づき（夜8時半ごろ）助産師に訴えたが、助産師は医師を呼ばず、結果として翌朝胎児の心臓は停止し帝王切開で出産したが死産（原因は酸素欠乏症）したという事件である。この場合も「厳格な解釈によれば、過失致死は、出生のときに生存していない子どもには適用されない」とした。③ 2003年12月2日判決[3]では、交通事故により、妊娠8か月の女性が重傷を負い、胎児は事故当日に出生したが1時間後に死亡した事例に関して過失致死を認定した。

このように、破毀院は、厳格な解釈により胎児を過失致死の主体として認めず、「裁判所は、立法者がいまだ定義していない問題について、（胎児の）権利を認めることはできない」という立場を維持している。

議会では「本人の望まない中絶に対する処罰」を定める刑法改正案は、生命の始まりについての定義が必要となるため不成立となった。他方、生命倫理法の改正により「胎児の保護」が刑法に規定され[4]、研究および実験のための体外受精の禁止を定めている。すなわちフランスでは、法律上の胎児の地位が定義されていないため、胎児保護は状況によって変化すると判断されている。

他方、コンセイユ・デタでは、中絶法の条約適合性に関する1990年12月21日判決[5]は、「始まりの時からの生命に対する尊重」を定める中絶法は条約2条の適用を受けると暗黙的に判断し、そのうえで生命尊重原則に基づくため条約違反はないとした。

(3) 胎児に2条が適用されるかに関するヨーロッパ人権裁判所の判例

(a) 2条の性質

生命の始まりはいつか、胎児には生命権が認められるのか、という問いは、ヨーロッパ人権裁判所においても明確な解釈はなされていないのが現状である。ヨーロッパ人権条約は、2条1項で「すべての人の生命に対する権利は、法律によって保護される。何人も故意にその生命を奪われない」と定め、第2項で「絶対的に必要な場合」に限定して1項の例外規定を設けている。従来、ヨーロッパ人権裁判所は2条の保護する「人」および「生命」に胎児が含まれるかについて判断してこなかったが、その理由は「もし、2条が胎児に適用され、2条の下での保護が、何らの制約なしに、絶対的であるとみなされるなら、妊娠の継続が母親の生命に重大な危険を及ぼすとしても、中絶は禁止され」、そのことは「胎児をすでに生きている母親の生命の優位におくこととなり」[6]、「それは条約の目的に反する」[7]（§20）と考えられてきたからである。

(b) 中絶と胎児の生命権

中絶が、「胎児」の生命に対する権利を侵害するか、すなわち、2条の「すべての人」に「胎児」が含まれるかという問題について、ヨーロッパ人権条約機関はこれまでに数多くの提訴を受けてきた。初期のヨーロッパ人権委員会の1980年のW.P対イギリス決定後にも、同様の事件である1992年のH対ノルウェー事件[8]では、2条は「生命に対する権利を法律によって保護するという一般的義務、第2に、列挙された例外を除き、恣意的に生命を奪うことの禁止、の二つの基本的義務」を国家に課しているとして、国家の積極的義務を明らかにしたが、胎児が2条の保護を受けるか否かについては、「ある一定の場合には、そうした保護も可能である」としつつ、これについて国家は一定の裁量権を有するとしている。2002年のBoso対イタリア事件[9]では、同様の判断をしつつ、イタリアの中絶法は母親の権利と胎児の権利の適切な均衡をとっており条約違反ではな

いと不受理とした。さらに、ポルトガルにおいて非合法の中絶を行ったことによって看護士が懲役8年の判決を受けたというヨーロッパ諸国では稀な2004年のSilva Monteiro Martins Ribeiro事件決定[10]でも、条約6条、9条を初めとして2条違反の申立に対し、このような難しい問題は国の裁量権に属するとして、ポルトガルの厳格な中絶法に関する判断は行わなかった[11]。

以上のような中絶法に関する判決は、中絶自体が2条違反ではないかが問われたもので、その点に関してヨーロッパ人権裁判所は「人」や「生命」の定義を行わない態度は変えていない。したがって2条の課している国家の積極的義務は胎児に関しては不明確であり、国の評価の余地が認められる。

(4) Vo判決の評価

本件は、前述のように、中絶とは異なる文脈で条約2条が胎児の保護を要請するかについてヨーロッパ人権裁判所の判断が問われたものである。同裁判所は、これまでの判例と同様、2条に関してヨーロッパ諸国の間にコンセンサスのない状況の中では、裁判所は抽象的に生命の始まりはいつかという問題には答えないとし、2条に基づく国家の積極的義務として、公衆衛生において健康や生命の維持に関する政策をとることや、死亡の状況の調査などがあるが、この国家の義務は必然的に医師に対する刑事上の責任追及を要請するものではなく、民事訴訟や行政訴訟によっても申立人は十分に医師の過失による損害の救済が可能であるとしたのである。

Vo判決が、胎児には2条は適用されないとしつつも2条違反はないとする判決に対して、学説からは生命権保護の観点からの批判がなされている[12]。また補足意見においてCosta裁判官は、「すでに胎児の生命については2条を適用している。胎児が人か否かを示さずに」[13]とし、胎児が6か月近いことを考慮し、2条を適用すべきであったとする。Rosakis裁判官も同様の補足意見である。また反対意見のRess裁判官は、行政訴訟で十分という結論に反対を表明し、医療過誤の防止の観点から刑事法

による処罰の必要性を述べている。Mularoni 裁判官の反対意見も同様に、行政裁判の可能性に関して、公訴時効の短いこと、コンセイユ・デタにおける医療過誤事件の状況から、申立人が途中まで刑事訴訟を行っており、破毀院で破棄された時点で公訴時効が終了していることは申立人の瑕疵ではないとして、申立人の主張に明確に答える必要があること、また2条の人の概念は相対的な部分があるとしても、6か月の胎児は生存可能性の時期に近いことから、一律に2条の適用から外すことは不合理であるとする。また中絶の合法化と胎児に2条が適用されることは矛盾するものではなく、状況に応じた適用が可能であるとする。

人権裁判所が2条に胎児が含まれるのかを明確にせず、胎児の法的地位に関しては締約国の評価の余地とみなしている点について、生命権の重要性から鑑みて批判がある[14]。また生命科学や生殖補助医療の発展とともに従来とは異なる法的文脈においての課題となっており、モラルや社会の可否にかかわる判断としてヨーロッパのコンセンサスを待つ部分もあるが、しかし国際的な人権裁判所として一定の解釈を示すことも要請されるのではないだろうか[15]。

(5) Vo 判決後の変化

Vo 判決後、2005 年、妊娠 6 カ月の女性が交通事故により胎児に重篤な影響があり、早期出産により死児として出生したフランスを被告とする事件においても、同裁判所は、刑法上の過失致死が認められないとしても、民事訴訟において損害賠償が認められることから2条違反にあたらないとし、不受理の決定[16]をしている。これに対して 2016 年の Sayan 対トルコ判決[17]では、重体で病院に運ばれた妊婦が数時間後に死亡し、死後に帝王切開で生まれた子どもも死産だった事件に関して、母親と胎児の生命権侵害として2条違反が争点となった。人権裁判所は、胎児の生命は密接に母親の生命と結びついており、本件は母親の生命権の観点から検討されるとしたうえで、裁判において十分な審査を欠いていた点に関して手続的な面での2条違反を認めた。Vo 判決を

踏襲しつつも、医療過誤事件において司法手続が2条の積極的義務に違反するという判断は、母親と胎児とが一体化した生命権の保護として一歩進展したといえるだろう。

(6) 日本への示唆

日本でも、胚および胎児の法的地位には刑法および民法上、多様性がみられる。本判決と関連する刑法では、堕胎罪（刑法 212 条～刑法 216 条）により胎児は保護されており、例外として母体保護法の違法性阻却事由に該当する場合に妊娠 22 週までの中絶が認められる。刑法 211 条の業務上過失致死が胎児に適用されるかについては、最高裁は胎児性水俣病に関する訴訟で「胎児は、堕胎罪において独立の客体として特別に規定されている場合を除き、母体の一部を構成するものとして取り扱われていると解せられる」（最決昭和 63 年 2 月 29 日刑集 42 巻 2 号 314 頁）として、フランスと同様、胎児への適用は否定したが、母親への加害を認め有罪とした。さらに「胎児が出生し、人となった後」に病変で死亡した場合には、業務上過失致死の成立を認めた。この判決に賛否があるように、また交通事故や医療過誤における胎児の扱いに関する事件においても、法的には人がいつから人なのかは日本でも問われている。フランスと異なり堕胎罪が存在し、また母親の自己決定権が未だ法的に認められていない日本では、胎児の権利主体性と同時に母親の自己決定権の関係が問われる中絶の文脈と、事故や医療過誤における胎児への加害とは特に切り離して考える必要があるだろう。

(1) L'arrêt du 29 juin 2001 de l'assemblée plénière.
(2) L'arrêt du 25 juin 2002 de la chambre criminelle.
(3) L'arrêt du 2 décembre 2003 de la chambre criminelle.
(4) Loi n° 2004-800 du 6 août 2004 によって改正された刑法 511 条 -18 は、研究目的での体外受精またはクローンによる受精卵の作成は、7 年以下の懲役および 100000 ユーロの罰金に処すと改正された。
(5) Conseil d'Etat, Assemblée, du 21 décembre 1990, 111417, inédit au recueil Lebon. 建石真公子「『生命に対する権利』と『人工妊娠中絶法』──ヨーロッパ人権

条約と人工妊娠中絶法に関するコンセイユ・デタ 1990 年 12 月 21 日判決について」法の科学 22 号 (1994 年) 175-184 頁。

(6)　W.P. c. Royaume-Uni, Décision 13 mai 1980, §19.

(7)　*Ibid.*, §20.

(8)　Decision of 19 may 1992.

(9)　Boso c. Italie, Décision, 5 septembre 2002.

(10)　Silva Monteiro Martins Ribeiro c. Portugal, Décision 26 octobre 2004.

(11)　ポルトガルの中絶法は、女性の健康に危害が及ぶ恐れがある場合 (12 週まで)、レイプなどの暴力被害の場合 (16 週まで)、胎児に重篤な障害がある場合 (24 週まで)、女性の生命に危険がある場合 (期限なし) という条件が付されていた。しかし、2007 年 2 月、中絶法の要件緩和に関する国民投票が行われ、投票の過半数が緩和に賛成だった (投票自体は 50 % に満たず国民投票は無効となった)。その翌月の 2007 年 3 月、ポルトガル議会は、女性の要請がある場合に 10 週までの中絶を認める法案を可決し、女性の中絶の自由が保障されることとなった。

(12)　M. Levinet, La 《Construction》 par le juge européen du droit au respect de la vie, in M. Levinet (dir), Le droit au respect de la vie au sens de la Convention européenne des droits de l'homme, Bruyant, 2010, p. 31.

(13)　Costa 裁判官および Traja 裁判官の補足意見、§10。

(14)　Ress 裁判官の反対意見、§8。

(15)　E. Birdon, Limitation des droits de l'homme au nom de la morale, Institut universitaire Varenne Collection des Thèses, 2015, p. 137-140.

(16)　Sylvie et Fabien Adelaide c. France, Décision 6 janvier 2005.

(17)　Sayan c. Turquie, 11 octobre 2016.

[参考文献]

[1]　Y. Cartuyvels, H, Dumont, F. Ost et autres, Les droits de l'homme, bouclier ou épée du droit pénal?, Facultés Universitaires Saint-Louis Bruxelles-F. U. S. L. 2007.

[2]　C. Haboubi, Le droit de la responsabilité médicale et la CEDH, in Droit, déontologie et soin, Vol., 15, no.4, p. 415.

[3]　A. Fagot-Largeault, Les droits de l'embryon (fœtus) humain et la notion de personne humaine potentielle, Médecine et Philospphie, 2010. no.1, p. 103-143.

[4]　建石真公子「女性の『人格の尊重』と中絶の権利——ヨーロッパにおける『憲法』と『ヨーロッパ人権条約』による保障」杉浦ミドリ＝建石真公子＝吉田あけみ＝來田享子編著『身体・性・生——個人の尊重とジェンダー』(尚学社、2012 年) 74-141 頁。

17 成年被後見人の選挙権

精神的障がいを理由とする成年被後見人の選挙権否定は人権条約に違反する

──アラヨス・キス判決──

井上　亜紀

Alajos Kiss v. Hungary

20 May 2010

【事　実】

申立人は、ハンガリー国内に居住するハンガリー国民である。1991年に躁うつ病と診断され、2005年5月27日に裁判所により限定的後見に付す決定がなされた。当時のハンガリー憲法70条5号は、包括的あるいは限定的後見に付された者は選挙権を有しないと定めており、この規定の適用により申立人は選挙権を失った。

翌2006年2月13日、申立人は、選挙人名簿から自分が削除されていることを知り、選挙管理事務所 (the Electoral Office) に異議を申し立てたが、申立は認められなかった。そこで、ペスト中央地方裁判所 (the Pest Central District Court) に提訴したが、2006年3月9日に同裁判所は、憲法70条5号の下では被後見人は選挙に参加することはできないと述べて訴えを斥けた。この結果は、同年4月25日に申立人の代理人に送達された。その間の2006年4月9日と同月23日に議会選挙が行われ、申立人は投票することができなかった。

2006年9月1日、申立人は、限定的後見に付されたことのみを理由に彼を選挙人名簿から削除することは、自由選挙を保障する人権条約第1議定書3条（以下、第1議定書3条という）自体あるいは同条約13条、14条と結びついた第1議定書3条に違反すると主張して、人権裁判所にハンガリー共和国に対する申立を行った。2009年1月26日、人権裁判所は、この申立をハンガリー政府に通知するとともに、受理可能性および本案を併せて審理することを決定した。

ハンガリー政府は、国内的救済手段が尽くされていないので申立は却下されるべきであると主張した上で、①「第1議定書3条」で保障された権利は絶対的なものではなく、その制限について各国政府に広い「評価の余地」(a margin of appreciation) が認められる、②被後見人を選挙権から排除することは、自分の決定の結果を理解し意識的で思慮深い決定ができる市民だけが選挙に参加することを確保するという正当な目的によるものである、③被後見人を選挙権から排除することはヨーロッパ評議会ヴェニス委員会[1]の意見№190/2002[2]と合致しており、比例原則に違反しない、と主張した。

この申立では、人権条約36条2項に基づいて、障害に関するハーバードロースクールプロジェクト (Harvard Law School Project on Disability) の意見書が提出された。同プロジェクトは、本件制限はヨーロッパ評議会閣僚委員会勧告や障害者権利条約に違反しており、第1議定書3条の解釈に際してこれらの国際協定が考慮されなければならないと主張している。

【判　旨】

(1) 受理可能性について

本件申立事項は、後見が開始されたことではなく、後見開始の結果として申立人が憲法に基づいて自動的に選挙権を失ったことであり、ハンガリー政府はこの問題を解決するための救済手段を示していない。したがって、国内的救済手段が尽くされていないという理由で本件申立を却下することはできない（§23）。

(2) 本件制限の「第1議定書3条」適合性について

(a) 一般原則[3]

第1議定書3条は、「選挙権」および立候補の権利に関する個人の権利を保障している。この権利は、「民主主義の基礎を形成し、維持していくのに欠かすことのできない権利」であり、普通選挙は基本的原則である。とはいえ、この権利は絶対的なものではなく、黙示の制約の可能性があり、締約国には広い評価の余地が認められている。

しかし、選挙権の制約が本条に適合するためには、「①権利の本質を損ね権利の実効性を失わせる程度にまで権利を侵害するものではないこと、②正当な目的のために課されていること、および、③手段が比例原則に反していないことが必要である」。とくに、立法府の選挙に際し、国民の自由な意見の表明を制限するような要件を課すことは許されない。普通選挙の原則に例外をつくることは、選出された立法府およびその立法府が制定する法律の民主的正当性の土台を切り崩す危険があるので、どのような集団・範疇であれ、それに属する者を選挙権から排除する場合は、第1議定書3条の基本目的と調和するものでなければならない（§36）。

(b) 本件への適用

(i) 目的の正当性

ハンガリー政府は、「本件制約は自己の判断の結果を理解し意識的で思慮深い決定を行うことができる市民だけが公務に参加することを確保するという正当な目的を追求するもの」と述べている。申立人もこの主張を認めており、それ以外に解すべき理由はないので、本件制約について、正当な目的の要件は満たされているといえる（§38）。

(ii) 比例性

本件制約は、包括的被後見人と限定的被後見人を区別しておらず、後見の終了によって本件制約は終了する。本件制約によって、ハンガリーの選挙年齢人口の0.75パーセントが後見に付されたことを理由に一律に選挙権を奪われており、本件制約の影響は無視できるものではない（§39）。

選挙権に対する制限の正当性や手段については、一般に立法者に広範な評価の余地が認められている。とくに、精神的障がい者の選挙への適性を評価するためにどのような手続が適合するかということに関して立法者が決定する場合に当てはまる（§41）。

しかし、個々人の具体的能力について考慮せず、限定的被後見人の投票権を全面的に制限することは、評価の余地の範囲内であるとは認められない。評価の余地の範囲は広いとはいえ、常に認められるわけではない。さらに、当該制限が、精神的障がい者のように過去に重大な差別にあってきた社会的弱者に適用される場合には、国家の評価の余地はかなり狭くなり、当該制限には極めて重大な根拠がなければならない（§42）。

申立人は、限定的被後見人の選挙権が自動的・包括的に制限される結果として、選挙権を失っている。したがって、申立人はこの措置の犠牲者といえる。仮に第1議定書3条の要請に従ってより限定的な制約が課された場合に、申立人の選挙権が奪われるか否かという点については、予測できない（§43）。

知的あるいは精神的障がい者を区別することは疑わしい区別であり、そのような者の権利の制限は厳格な審査に付されなければならない。このようなアプローチは、[障害者権利条約など前述の]他の国際法の中でも示されている。したがって、個別の司法判断をせず、単に限定的後見を必要とする精神的障がいのみを理由に、選挙権を一律に奪うことは、選挙権を制限する正当な理由とは合致しない（§44）。

(3) 判決

以上により、裁判所は全員一致で、①本件制約は、第1議定書3条に違反する、②被告国は、申立人に対し、条約41条に基づき、判決確定後3ヶ月以内に、非財産的損害に対し3000ユーロ、訴訟費用として5000ユーロを支払わなければならない、と判決する。

【解 説】

(1) 第1議定書3条の意義

第1議定書3条は、普通選挙の原則や個人の権利としての選挙権・被選挙権について明確に述べていない。そのため、初期のヨーロッパ人権委員会および人権裁判所では、同条は自由選挙の実施を国家に義務付けた制度的保障の規定と解されていたが、人権裁判所は、マチュー・モアン判決〔I 77〕において、同条は普通選挙の原則およびそれに基づく選挙権・被選挙権等個人の権利を保障したものであるという解釈を示した。

他方で、同判決は第1議定書3条で保障された権利は絶対的なものではなく、黙示の制約があり、締約国に広範な評価の余地が認められるとし、制約が許されるか否かは、①権利侵害の程度、②目的の正当性、③手段の比例性によって判断されるという立場を示した〔I 77 §52〕。

そして、同判決はオランダ語地域の地域代表議会に選出されるためには、フランス語を話す議員にも議会においてオランダ語で宣誓することを求めることは、第1議定書3条に違反するものではないと判断した。その後の判決でも上の3要件に照らし、選挙資格の年齢要件、被選挙資格の居住要件が評価の余地の範囲内と判断し[4]、受刑者の選挙権の一律制限が第1議定書3条違反と判断している[5]。本判決もこの基準を用いて、目的の正当性と手段の比例性に分けて判断している。

(2) 本判決の特徴

本判決は、本件制約の「自己の判断の結果を理解し意識的で思慮深い決定を行うものだけが公務に参加することを確保する」という目的の正当性については認めた。しかし、被後見人の選挙権を一律に制限することは目的に合致する手段とはいえず、比例性の要件を満たさないと判断し、第1議定書3条に違反すると結論づけた。本判決が、本件制約が比例原則に反すると判断した根拠は主に次の二点である。

第一に、当該制約によって選挙権を喪失する人が選挙年齢人口の0.75パーセントに及ぶことである。一般に権利制約の合理性を判断する際に、その制約によって影響を受ける人数の多寡を問題にすることは、憲法や条約による権利保障の考え方にはなじまない。しかし、選挙から国民の一部を排除することは、国民の意思を確認することを目的とする普通選挙の原則から外れ、国家権力の民主的正当性を損なわせる危険を有しており、排除される集団が大きくなれば、それだけ権力の正当性への疑いは大きくなる。このように、選挙権は個人的権利として重要なだけでなく、民主主義の形成・維持に直接かかわる権利であることから、本件制約の影響が問題にされる。

第二に、本件制約が精神障がい者の権利に関わることである。本判決は、精神障がい者のように過去に重大な差別にさらされてきた社会的弱者の権利を制約する場合、国家に認められる「評価の余地」の範囲は狭くなると述べている。本判決は、同様の配慮が必要な区別の例として性、人種、性的指向などを挙げ、このように特定の区別それ自体を問題にする理由は、これらの人たちは社会的排除につながる偏見にさらされており、その偏見は永続的な影響を持ち、それが固定観念となって立法府が個々人の能力や要求を個別に評価することを妨げる危険を伴うからであると説明している。

このように、能力を理由とする選挙権の制約について、目的の正当性を認めつつ、制約が過大であるとする本判決の立場は、成年被後見人にもできる限り選挙権を保障しようとするヨーロッパ諸国の立法の動向に沿うものである[6]。

(3) 障害者権利条約とヨーロッパ評議会閣僚委員会勧告

1981年の国際障害者年に続く「国連障害者の10年」以降、障がい者の権利に関する国際基準が徐々に確立されてきた。その中で、障害者権利条約29条(a)は、「障がい者」も選挙権および被選挙権の行使を含むこれらの活動に参加する権利を有効かつ完全に享受できるようにすることを締約国に求めている。

また、ヨーロッパ評議会閣僚委員会の勧告 R（99）4 は、能力を欠く者の法的保護に関する原則として、保護の程度や方法を能力に応じて柔軟に選択できることおよび保護を受ける人の能力に応じて法的能力も最大限に本人に留保されなければならないこと等を挙げており、勧告 R（2006）5 は、締約国に障害者がその障害を理由として選挙権・被選挙権から排除されないように保障することを求めている。

障害者権利条約は人権裁判所の直接的な法源ではなく、またヨーロッパ評議会閣僚委員会勧告も加盟国に対し法的拘束力を有するものではないが、本判決にもこれらの影響が見られる。

(4) 判決後の動向

ヨーロッパ評議会ヴェニス委員会は、ハンガリー政府が同委員会の意見 No.190/2002 を主張の根拠したことを受けて、2010 年と 2011 年に、障害者の選挙権の制限については「裁判所の個別の決定」によることおよび「国連障害者権利条約及びヨーロッパ人権裁判所の判例」に適合しなければならないこと、を内容とする解釈宣言を発表した。また、2011 年11 月 16 日に採択された障害者の政治的及び公的活動に関するヨーロッパ評議会閣僚委員会勧告（CM/Rec（2011）14）は、障害者の選挙権は、裁判所の判断によっても法律によっても奪うことができないとしている[7]。

他方、ハンガリー政府は、2012 年 1 月 1 日に新憲法を施行した。新憲法 23 条 3 項によると、精神能力を理由に選挙権を制限する場合には、裁判所による個別の決定が必要とされている。また、同時に定められた経過措置規定は、新憲法施行時に選挙権を剥奪されていた成年被後見人についても、後見の終了もしくは裁判所の決定により選挙権を回復することができるとしている（26 条 2 項）。

このような改正に対し、2013 年 9 月 9 日、国連の障害者権利委員会（CRPD）は、新憲法 23 条 3 項および経過措置規定 26 条 2 項は、国連障害者条約29 条に違反するという見解（Views）を採択した[8]。この見解は、2011 年 9 月 14 日にハンガリー国内に住む 6 名のハンガリー人が提出した個人通報に基づいて示されたものである。手続の中で、ハンガリー政府は、通報後に憲法が改正されたこと、改正後の規定は第 1 議定書 3 条および本件判決に合致していること、他の EU 加盟国の中にも同様の制限を課している国があることを主張したが、同委員会は、障害者権利条約 29 条はどのような障害をもつ者についても、合理的な制限や例外に関する規定を置いていないので、精神的・知的障害に基づく選挙権の排除は、障害に基づく差別にあたるとして、ハンガリー政府の主張を退けた。

ハンガリー政府は、判決の執行状況について、2012 年 6 月 15 日と 2014 年 11 月 5 日に報告書を提出し、2014 年の報告書では、①裁判所の決定の際には、包括的後見の場合も含め、すべて本人の意見聴取を行うこと、②その結果、包括的後見の場合は、ほとんど選挙権を制限されるが、限定的後見の場合、4 分の 1 は選挙権が認められていること、③裁判所では、できるだけ被後見人の選挙権を維持しようとする動きがあることが報告されている（Action Plan DH-DD（2012）1156, Action Report DH-DD（2015）9）。しかし、まだ執行完了の認定には至っていない。

(5) 日本の状況

わが国でも、2013 年 5 月まで公職選挙法 11 条 1 項 1 号により成年被後見人の選挙権は一律に制限されており、成年後見制度の利用阻害という観点および憲法上の観点から議論がなされてきた[9]。2012 年にこの規定の合憲性を問う訴訟が全国で提起され、2013 年 3 月 14 日、東京地裁判決が同規定を違憲とする判決を下した。同判決は、立法目的の正当性を認めつつ、後見の必要性と選挙権を行使するに足る能力とは直接には結びつかないとして、成年被後見人の選挙権を一律に制限することを違憲とするものであり、本判決の立場と同じものであった。わが国の場合、この判決がきっかけとなり、さらに 2014 年の障害者権利条約の批准を前に、公選法 11 条 1 項 1 号が削除され、後見制度の利用を理由とする欠格条項はなくなった。

(1) 正式名称は、「法による民主主義のための欧州委員会」(European Commission for Democracy through Law) であり、欧州評議会による民主化支援活動のために、1990 年 5 月に憲法問題に関する支援機関として設置された。参照、山田邦夫「欧州評議会ヴェニス委員会の憲法改革支援活動——立憲主義のヨーロッパ基準」レファレンス 57 巻 12 号 (2007 年) 45 頁以下。

(2) 同意見は、選挙権および被選挙権の剥奪の要件として、①法律によること、②比例原則が守られること、③精神的無能力あるいは重大犯罪の有罪判決に基づくこと、④裁判所の決定によることを挙げている。

(3) 本判決のこの部分は、ほとんど受刑者の選挙権の制限が争われたハースト (第 2) 判決 (Hirst v. UK (no. 2) 〔本書 *19*〕) のほとんど引用である。

(4) Hilbe v. Liechtenstein (dec.), 7 September 1999 Reports 1999-Ⅵ, Melnychenko v. Ukraine, 19 October 2004. §56, Reports 2004-Ⅹ.

(5) Hirst v. UK (No. 2). 英政府は、本制限の目的として、法の支配を破った者に対する制裁および犯罪の防止を挙げている。参照、北村泰三「重層的人権保障システムにおける受刑者の選挙権——欧州人権裁判所の判例を中心に」法律時報第 83 巻 3 号 (2011 年) 42-43 頁。

(6) 例えば、フランスでは後見制度の利用開始時に選挙権についても行使の可否が判断されるという方法がとられており、ドイツでは被世話人の中でも特に自己の事務の全部について世話人が選定されたもののみが選挙権を失う。さらに、オーストリア、イギリスでは被後見人の選挙権制限が撤廃されている。

(7) 足立祐一「欧州人権裁判所における成年被後見人の選挙権剥奪に関する判決」田山輝明編『成年後見制度と障害者権利条約』(三省堂、2012 年) 277 頁。

(8) Zsolt Bujdosó v. Hungary, 9 September 2013, CRPD/C/10/D/40/2011. この障害者権利委員会の見解には、障害に関すハーバードロースクールプロジェクトによる、障害者の能力を審査すること自体が 29 条に違反するという第三者意見の影響が見られる。

(9) 後見制度の利用阻害という観点からの議論として、例えば、村田彰「『禁治産』・『準禁治産』制度の各種法令上の効果」法と精神医療 7・8 号 (1994 年) 91 頁以下、同「特別法との関係」須永醇『被保護成年者制度の研究』(勁草書房、1996 年) 99 頁、日本弁護士連合会司法制度調査会「成年後見法大綱 (中間意見)」(1996 年) 127 頁、日本弁護士連合会「成年後見法大綱 (最終意見)」(1998 年) 123 頁以下、日本弁護士連合会「成年後見制度に関する改善提言」(2005 年) 29 頁以下など。憲法上の観点からの議論として、竹中勲「成年被後見人の選挙権の制約の合憲性——公職選挙法 11 条 1 項 1 号の合憲性」同志社法学 61 巻 2 号 (2009 年) 135 頁以下、有田信弘「成年被後見人の選挙権」関西福祉大学社会福祉学部研究紀要 12 号 (2009 年) 19 頁以下、杉浦ひとみ「成年被後見人の選挙権回復訴訟——成年被後見人の選挙権を奪う公職選挙法 11 条 1 項 1 号の違憲性を争う」実践成年後見 37 号 (2011 年) 89 頁以下。障害を持つ人の参政権の問題全般を扱う文献として、井上英夫 = 川﨑和代 = 藤本文朗 = 山本忠編著『障害をもつ人々の社会参加と参政権』(法律文化社、2011 年)、戸波江二「成年被後見人の選挙権制限の違憲性」早稲田法学 88 巻 4 号 (2013 年) 1 頁以下。

18 受刑者の懲罰手続の公正

受刑者の懲罰手続と公正な審理を受ける権利

——エゼおよびコナーズ判決——

河合　正雄

Ezeh and Connors v. the United Kingdom

9 October 2003, Reports 2003-X（大法廷）

【事　実】

イギリスの受刑者の Ezeh は保護観察官に脅迫を、Connors は刑務職員に故意に衝突したとして、施設長によって、それぞれ拘禁日数付加罰（an award of additional days：有期刑受刑者に対する最も重い懲罰であり、拘禁日数を最大 42 日間加算する）40 日などと同罰 7 日などを宣告された。申立人らは、施設長が懲罰審理時の弁護士の出席を拒否したことを不服として、司法審査を申し立てた。イギリスの高等法院は、国内裁判所の先例である Tarrant 判決（後述）に従い、被収容者には懲罰審理時に弁護士の出席を求める権利は保障されておらず、施設長の決定は不合理ではないとして申立を退けた。

当時の 1964 年刑務所規則（Prison Rules 1964）47 条 17 項は脅迫・罵倒・侮辱的言動または行為を、1 項は暴行を、それぞれ禁じていた。前者は 1986 年公共秩序法（Public Order Act 1986）4・5 条が、後者は 1988 年刑事司法法（Criminal Justice Act 1988）39 条が、刑罰の対象としていた。

1964 年刑務所規則 49 条 2 項は、被収容者に対して、自身の反則行為に対する審理への出席と聴聞の機会を付与する旨を規定していた。1985 年のイギリス高等法院の Tarrant 判決が、被収容者には自身の懲罰審理時に弁護士を出席させる権利こそないものの、当局側も出席を認める裁量を有さない訳ではなく、①容疑事実や科されうる制裁の程度、②何らかの法律上の論点が生じる可能性、③本人の審理参加能力、④証人になりうる被収容者と事前に接触しえないなどの手続上の難点、⑤合理的な期間で裁定する必要性、⑥他の被収容者や職員との間の公平さを保つ必要などを総合的に考慮した上で、弁護士の出席の可否を公正かつ適切に判断するよう求めて

いる[1]。同様の基準は、現在も実務で採用されている[2]。

Ezeh と Connors はヨーロッパ人権裁判所に申立をし、2002 年 7 月の小法廷判決は、後述する Engel 判決 3 基準[3]に依拠して、国内法上、本件反則行為が懲罰として扱われることに争いはないが（第 1 基準）、刑罰法規にも抵触しており、完全に純然たる懲罰としての性質を有するものではなく（第 2 基準）、申立人らに科された拘禁日数付加罰は（当時の必要的仮釈放制度との関係から）それぞれ約 11 週間と 2 週間の拘禁刑に匹敵し、「明らかに有害（appreciably detrimental）」といえる（第 3 基準）。従って、条約 6 条上の「刑事上の罪」にあたり、本件に条約 6 条が適用されると判断した。その上で、弁護士の出席の拒否について、条約 6 条 3 項 c 号違反を認定した（全員一致）。イギリス政府の申立により大法廷に付託され、大法廷は、11 対 6 で条約 6 条 3 項 c 号違反を認定した。

【判　旨】

(1) 条約 6 条の適用可能性を判断する基準

Campbell and Fell 判決[4]は、刑事施設の特殊性を認めた一方で、条約 6 条上の公正な審理を受ける権利は重要であり、被収容者から同条の保障を奪う根拠はないことを強調した。「刑罰」と「懲罰」との区分を判断するにあたって、本件に Engel 基準を適用することは当を得ている（§84-85）。

施設内で効果的に秩序や統制を維持することは重要である。しかし、施設長が拘禁日数付加罰を科す権限を失えば施設内の規律の維持に支障をきたすというイギリス政府の主張には、説得力を見いだせない。イギリス政府が 2002 年 8 月に、拘禁日数付加罰は裁定官（adjudicator）が科すよう 1999 年刑務所

規則（Prison Rules 1999）を改正して小法廷判決に応答したことは、本件に条約6条を適用しないとする決定打にはなりえない（§88）。

（2）Engel 第1基準——反則行為の国内法上の区分

本件反則行為は、国内法規上懲罰に区分される（1964年刑務所規則47条1・17項）（§90）。

（3）Engel 第2基準——反則行為の性質

「条約6条上の「刑事上の罪」の概念の自律的な性質を説明するにあたって、当裁判所は、締約国が、犯罪を刑罰ではなく懲罰として区分したり、「双方の性質を併せもつ（"mixed"）」犯罪を刑事事件ではなく懲罰事案として扱う裁量を有しえないことを強調してきた。…従って、条約6条における当裁判所の任務は、懲罰（の領域）が不当に刑事（の領域）に侵食しないことの確保にある」（§100）。

第1に、本件遵守事項は、一般人ではなく被収容者に向けられていることから懲罰としての性質を有することが明らかだというイギリス政府の主張は、失当である（§103）。

第2に、1986年公共秩序法4・5条と1988年刑事司法法39条から、本件反則行為が刑罰の対象となることに争いはない。Connors の反則行為は、必ずしも起訴の対象とはならない比較的軽微な犯罪とされるが、そうであるからと言って、条約6条の保障範囲から外れうることはない。刑事責任と懲罰上の責任を同時に負いうる本件行為は、「双方の性質を併せもつ」反則行為として区分される（§104）。

第3に、イギリス政府は、懲罰の目的は、主として効果的な早期釈放制度の運用を確保するための秩序違反の「抑止」にあり、「応報」の要素は副次的なものであるとする。しかし、拘禁日数付加罰は、「申立人が犯した反則行為に対して申立人を罰し、申立人や他の被収容者による更なる反則行為を抑止するために、反則認定後に科されている」（§105）。

以上の要素からして、本件反則行為は、純然たる懲罰事案とは完全には同一視できないことは明らかである（§106）。

（4）Engel 第3基準——制裁の性質と重さ

制裁の性質と重さは、実際に科された制裁も考慮されるものの、科されうる最大の制裁を参照して判断される（§120）。

Campbell and Fell 判決は、当時の減刑特権（re-mission：事実上、全受刑者に対して刑期の 2/3 の経過で仮釈放の特権を付与していた）の慣行は、刑期満了前の釈放という正当な期待の利益を受刑者に付与するものであり、減刑特権の喪失は、その期待に相当する期間を超えて拘禁が継続される効果をもつとした。当裁判所は、この見解を支持する。（有期刑受刑者に対する刑期の 1/2 または 2/3 の経過による必要的仮釈放と拘禁日数付加罰を導入した）1991年刑事司法法（Criminal Justice Act 1991）（33・42条）は、減刑特権制度をより明確にしたものである。減刑特権剥奪（loss of remission：減刑日数を剥奪する懲罰で、剥奪日数分の拘禁期間が延長される）は拘禁日数付加罰にとって代わり、従来の慣行（減刑特権）を同法に盛り込んだ。従って、拘禁日数付加罰の終了まで釈放される権利は生じない。同罰執行中の拘禁の法的根拠は、当初の量刑の継続である（§121-122, 47-49）。

拘禁日数付加罰は、国内法上は刑期の延長ではなく、申立人らの同罰執行中の拘禁は、明らかに適法であった。「それでもなお、当裁判所は、このことが正確な拘禁日数付加罰の性質の核心をついているとは考えない。」「拘禁日数付加罰の実体は、受刑者が当初の有罪判決と量刑とは法的に関連しない別個の懲罰手続の結果として、そうでなければ釈放されていたであろう期日を超えて拘禁されることにある。」従って、拘禁日数付加罰は、「反則認定後に応報的な理由で科される新たな自由の剥奪（fresh deprivations of liberty）を構成する」（§123-124）。

Engel 判決法理からすると、本件反則行為は、条約6条上の「刑事上の罪」にあたると推定される。その推定は、自由の剥奪の性質や期間、方法の点で「明らかに有害な」ものとは考えられない限り覆されない（§126）。

本件において、申立人らは、最高で 42 日間の拘禁日数付加罰を科された可能性があり、実際に科された同罰はそれぞれ約 11 週間と 2 週間の拘禁刑に相当する。申立人に対する自由の剥奪は、些細なものであるとはいえない（§128-129）。

（5）結論

本件反則行為は、条約6条上の「刑事上の罪」に相当する。弁護士の出席の拒否は、条約6条3項c号に違反する（§130, 134）。

(6) 反 対 意 見

本判決には、条約違反を否定する2つの反対意見がついている。

Pellonpää裁判官の反対意見（Wildhaber、Palm および Caflisch裁判官が同調）は、とりわけ第3基準の該当性に疑問を呈した。自由の身にある者に対する自由の剥奪とは異なり、既に合法的に拘禁されている受刑者に対する拘禁日数付加罰が「新たな」自由の剥奪と言えるか疑わしく、「明らかに有害」とは言えないなどとした。

Zupančič、Maruste両裁判官の共同反対意見も、本件は、兵役（Engel事件）とは異なり、有罪判決の確定によって服役しており、拘禁日数付加罰が「当初の有罪判決と関係しない」とする多数意見は不正確である。仮釈放は権利ではなく特権であり、早期の釈放の拒絶は「新たな自由の剥奪」とは言えないなどとした。

【解　説】

(1) Engel基準について

Engel基準の趣旨は、ある懲戒罰が実際には刑罰に相当するにもかかわらず、形式的に懲戒罰に該当するという理由で条約6条上の権利を保障しないまま制裁することを否定する点にある。同基準はまず、当該行為が国内法上刑罰か懲罰かのいずれに区分されるかを形式的に判断する（第1基準）。懲罰に区分される場合は、当該行為が刑罰としての要素を内在するか（第2基準）、制裁が「明らかに有害」か（第3基準）を実質的に吟味する。両基準は択一的に判断されるが、明確な結論が出にくい場合は累積的な判断を行うこともある[5]。

(2) 拘禁期間の延長を伴う懲罰と適正手続

本判決の最大の意義は、イギリスの刑事施設内の懲罰[6]のうち最も重い拘禁日数付加罰に限定されるとはいえ、刑事施設で懲罰を科す際に刑事手続上の権利保障を求めた点にある。

拘禁日数付加罰は、裁判所の手続や判断を経ずに最大42日間拘禁期間を延長する懲罰である。あくまで宣告刑の枠内で科されるが、イギリスの受刑者は原則として一定刑期の経過で必要的に仮釈放されるため、事実上の刑期の延長に近い効果を持つ。ヨーロッパ人権条約を事実上国内法化した人権法

（Human Rights Act 1998）の2000年の施行に伴う行刑局通達が、懲罰のうち拘禁日数付加罰のみについて限定的かつ比例原則に配慮した慎重な適用を求めたこと[7]も、同罰が条約上問題となりうることを示すものであろう。

本判決は、第1に、Engel基準の適用によって、本件に条約6条上の権利保障を認めた。同基準を刑事施設の懲罰手続に適用し、被収容者に条約6条上の権利保障を認めた1984年のCampbell and Fell判決は、当時は剥奪できる減刑日数に上限はなく、Campbellが科された減刑特権剥奪も570日という極めて重い懲罰事案に対する判断であった。それを、拘禁日数付加罰7日を受けたにすぎないConnorsに対しても、Engel基準を満たすとして条約6条の適用を認めた点は画期的である。第2に、これにより、懲罰審理時の弁護士の出席の拒絶に対して、条約6条3項c号違反を認定した。

本判決では懲罰審理時の弁護士の出席拒否のみが条約違反と判断されたが、Engel判決の趣旨から、「刑事上の罪」にあたる懲罰には、他の条約6条上の権利についても保障が及ぶと考えられる[8]。

2006年に改正されたヨーロッパ刑務所規則も、新たに59条で、懲罰手続を念頭において、被収容者に対して条約6条3項に類似した権利を保障している。ヨーロッパの人権保障規範は、刑事施設内の懲罰手続においても、刑事手続に準じた権利保障を及ぼす方向に向かっているといえよう。

(3) 判決へのイギリスの対応と閣僚委員会の評価

イギリス政府は、大法廷判決を待たずに、2002年8月に刑務所規則を改正した。容疑事実が拘禁日数付加罰相当に重大な場合には、刑事施設から独立した裁定官（adjudicator）が懲罰審理をすることとし[9]、この場合は、被収容者が希望すれば弁護士を出席させる権利を保障した[10]。さらに、2005年3月に、裁定官は、法曹が就任する裁判官から任命することを刑務所規則上明記した[11]。

2011年9月の閣僚委員会は、2002年の刑務所規則の改正を理由として、イギリス政府が本判決（同種の事案である他の3判決[12]も含む）を履行したことを認定した[13]。

(4) 日本法への示唆

懲罰手続においても一定水準の適正手続を確保す

ることは重要であり、本判決は、日本の懲罰手続の
あり方に示唆を与えている。

　日本では、刑期の1/3（無期刑は10年）が経過した
「改悛の状」がある受刑者のみが裁量的に仮釈放され
（刑法28条）、拘禁期間の延長を伴う内容の懲罰もない
（刑事収容施設法151条）点で[14]、イギリスの仮釈放制度
や懲罰の内容とは相違がある。しかし、「改悛の状」
は受刑態度も含めて判断され[15]、懲罰は、受ければ
仮釈放が遅れることも少なくなく、減刑特権剥奪や
拘禁日数付加罰と類似した効果を持つといえる。

　日本では、反則行為に対して懲罰を科す場合には、
「事実の朗読」や「弁解の聴取」、「関係者の説明の
聴取」など、一応の手続に沿って行われる懲罰審査
会が開催される[16]。そこでは、法曹三者の役回りを
する職員が定められているが、弁護人に相当する補
佐人も刑務官が務める[17]。有罪の立証水準や伝聞法
則など、より刑事手続に近い手続を規則上定めてい
るイギリスに比べて[18]、懲罰手続に適正手続の視点
を入れていない。

　日本の各刑事施設には刑事施設視察委員会が設け
られ、委員会は施設を自由に視察し、被収容者との
面接や当局が検査できない「意見提案書」を読むこ
とができる（刑事収容施設法7条1項、9条2-4項）。し
かし、委員会は個別事案の判断を目的としないほか、
施設の運営に関して意見を述べる権限を有するにと
どまり、施設側も委員会の意見に従う義務はない
（同法7条2項、刑事施設規則6条の2）[19]。

　これに対して、懲罰権の行使という行刑運営の根
幹に法曹を関与させることは、刑事施設における懲
罰のあり方を手続面から適正化させることに資する
ばかりでなく、あまりに些末であったり恣意的な懲
罰[20]の抑制や、行刑密行主義に対する風穴を大きく
広げる可能性を秘めている。

(1)　R v Secretary of State for the Home Department and Another, ex p Tarrant [1985] QB 251, at 272F, 273A-B, 282C and 285B-286D. 暴動参加などにより懲罰審理にかけられた際に、弁護士の出席の拒絶を争った事件である。
(2)　拘禁日数付加罰を科しうるほどに重大ではない事案における懲罰審理において、被収容者が望んだ場合に弁護士の出席を認めるかを判断する基準とされている（'Prisoner Discipline Procedures', Prison Service Instruction 47/2011, §2.10.）。

(3)　Engel（エンゲル）判決〔Ⅰ *17*〕§82を参照。
(4)　Campbell and Fell v UK, 28 June 1984, Series A, no.80, §69. 当時の科罰上限のない減刑特権剥奪は刑罰としての性質を有するとして条約6条を適用し、同条1項、3項b・c号違反を認定した（§70-73, 90-92, 98-99）。
(5)　Engel 基準に関して、*See*, David Harris, Michael O'Boyle, Ed Bates and Carla Buckley, (eds.), *Harris, O'Boyle & Warbrick: Law of the European Convention on Human Rights*, (3rd ed., Oxford, 2014) at 373-376.
(6)　1999年刑務所規則55条1項・55A条1項。
(7)　Prison Discipline and the European Convention on Human Rights: Guidance on Use of Additional Days, Prison Service Instruction 61/2000, §7, §12-15.
(8)　Dirk van Zyl Smit and Sonja Snacken, *Principles of European Prison Law and Policy: Penology and Human Rights*, (Oxford, 2009) at 348. 現に、本件と同様に拘禁日数付加罰を科せられた受刑者が争ったWhitfield 判決では、施設長が審理を行った点が「独立の裁判所」による審理とは言えないとして、条約6条1項違反を認定している。Whitfield and others v UK, 12 April 2005, §45-46.
(9)　1999年刑務所規則53A条。
(10)　1999年刑務所規則54条3項。
(11)　1999年刑務所規則2条1項。
(12)　Whitfield v UK, *supra* note 8, Black v UK, 16 January 2007, Young v UK, 16 January 2007. いずれも確定判決である。
(13)　Resolution CM/Res DH（2011）178.
(14)　ちなみに、戒告や報奨金の削減など6種類ある懲罰のうち、最も重い閉居罰が、全体の約88％を占める（法務省『平成29年矯正統計年報』（2018年）表17-00-95）。
(15)　犯罪をした者及び非行のある少年に対する社会内における処遇に関する規則28条、平成20年5月9日付け法務省保観第325号矯正局長・保護局長依命通達「犯罪をした者及び非行のある少年に対する社会内における処遇に関する事務の運用について（依命通達）」第2の7(2)カ。
(16)　刑事収容施設法155条1項、平成19年矯成訓第3351号「被収容者の懲罰に関する訓令」9条。
(17)　刑事収容施設法155条1項、被収容者の懲罰に関する訓令8条。
(18)　Prisoner Discipline Procedures, *supra* note 2.
(19)　法務省「刑事施設視察委員会の活動状況について」（2018年8月3日）によれば、2017年度に全国76施設の委員会が行った視察回数は172回、被収容者との面接件数は508件、施設長に出した意見数は471件である。なお、里見佳香「欧州拷問等防止委員会、英国王立刑事施設視察委員会と日本の刑事施設視察委員会制度」人文社会科学研究所年報13号（2015年）79頁以下。また、日本弁護士連合会『刑事施設視察委員会の活動充実のために（第3版）』（2015年4月）。
(20)　例えば、山本譲司『獄窓記』（ポプラ社、2003年）144-145、150-157頁。

19　受刑者の選挙権

受刑者の選挙権を一律かつ無条件にはく奪することは自由選挙の保障に違反する

──ハースト（第2）判決──

北村　泰三

Hirst v. the United Kingdom（no. 2）

6 October 2005, Reports 2005-IX（大法廷）

【事　実】

申立人は、故殺の罪により裁量的終身刑（discretionary life sentence）が言い渡され1980年2月11日より収監されていたが、94年6月25日に最小服役期間（タリフ/tariff）[1]を経過した後にも、社会に対する重大な危害を与える恐れがあるとの理由で、仮釈放が認められなかった。その間、同人は1983年国民代表法（Representation of the People Act 1983）3条の規定に従って選挙権を行使することができなかった点について、人権条約第1議定書3条に違反すると主張して国内訴訟を提起した[2]。国内裁判所では、2001年4月、受刑者に選挙権を付与するか否かの判断は立法府の裁量であるとして申立人の請求を斥け、上記国民代表法の規定は人権条約議定書3条が認める自由選挙の保障に対する合法的かつ均衡のとれた介入措置であるとした[3]。

ヨーロッパ人権裁判所（小法廷）における申立人の主張の要点は、①議定書3条1項に基づく選挙権の保障は、収監中の受刑者にも及ぶ、②受刑者の選挙権を一律に制限するイギリス法は同条項に違反する、③犯罪防止または法の支配への尊重意識を高めるという選挙権はく奪の目的は根拠を欠く、④選挙権はく奪は、矯正と社会復帰という受刑者処遇の目的と一致しない、⑤選挙権のはく奪により受刑者は社会から一層疎外され法の支配に対する尊敬心が失われている、⑥イギリス議会は選挙権のはく奪について十分に審議を尽くしていない、などであった。以上から、最小服役期間を過ぎてからも受刑者から選挙権を奪う措置は、刑罰の目的とは何ら関係せず、このような選挙権の包括的なはく奪は、比例性を欠き、恣意的であると主張した（§42-46）。

これに対してイギリス政府は、①第1議定書3条の選挙権は絶対的な権利ではない、②法律に基づき合理的な範囲で選挙権の制約は可能、③犯罪防止と秩序維持を理由とする受刑者の選挙権制約は許容される、④世論の支持および締約国に認められる「評価の余地」の存在、⑤最終的には立法府の裁量に従うべきこと、などを主張した。

2004年3月30日、人権裁判所小法廷は、第1議定書3条の違反を認定し、申立人に対する公正な満足の支払いを求めた[4]。その後、イギリス政府からの請求により大法廷への上訴が認められ、2005年10月6日、大法廷は、受刑者の選挙権を一括してはく奪するイギリス法は人権条約第1議定書3条に違反すると判示した。

【判　旨】

(1) 当該制限の合法性について

受刑者は、一般的に身体の自由以外の面では条約上の保障されるすべての基本的諸権利と自由を享有する。これらの諸権利の制約は、正当な目的を有するものでなければならない（§69）。

第1議定書3条は、追求すべき目的を特定したり制約したりしていないので、広範囲の目的が同条と両立する。犯罪予防および市民としての責任感と法の支配の尊重に対する意識を高めるという目的に適合しているとのイギリス政府の主張について、当法廷は、有罪判決後の服役が身体の自由に対する権利以外の権利のはく奪を含むという考えおよび選挙権は権利ではなく恩恵であるという主張を採用することはできないが、国民代表法3条は、政府が認定す

る目的を追求するものであると認める。小法廷は、選挙権はく奪の目的が合法であるか否かの点に関して判断を留保していたが、その目的の達成が有効かどうか疑問があろうと、第1議定書3条の下で保障される権利と矛盾し、両立しないとは言えない（§74, 75）。

(2) 比例性原則および評価の余地との関係について

当法廷は、選挙権のはく奪が全受刑者に対して自動的かつ全面的なものなので、比例性に欠けており、恣意的であって、かつ最小服役期間の満了後にも申立人を処罰する目的に適合するものではないと思料する（§76）。政府は、選挙権のはく奪は、重大な犯罪により有罪宣告を受けた者だけが対象であり、未決拘禁者等は除かれるので、比例性に反しないと主張するが、依然として多数の受刑者が選挙権をはく奪されており、その影響は無視できない。刑期の長短にかかわらず、また比較的軽い犯罪から重大な犯罪にいたるまでの広範な受刑者の権利がはく奪されている。この点で、判決言渡しの際に、刑事裁判所は選挙権のはく奪について何も言及しないので、個別の事件の事実と選挙権のはく奪との間に直接的な関係があるのかどうかは明白ではない（§77）。

イギリス政府は、締約国間に明確なコンセンサスが存在しない場合には、立法府の裁量に委ねられていると主張したが、議会は、種々の利益を比較衡量し、受刑者の選挙権に対する包括的な禁止について比例性の観点から検討を加えたことはない（§79）。

イギリス政府の裁量とヨーロッパ諸国間におけるコンセンサスの存否とは別問題である。全受刑者の選挙権をはく奪しているのはイギリスだけではなく、イギリス法の制限は、さほど広範囲でもないが、受刑者の選挙権を包括的に制限している国は締約国では少数である。この問題に対するヨーロッパ諸国間の共通基準が存在しないことは、本問題では決め手ではない（§81）。「当法廷は、評価の余地は広範であるが、これがすべてを包含するものではないことを再度確認する。」1983年国民代表法3条は「かなり多くのカテゴリーの人々から条約上の選挙権を奪っており、無差別にこれが行われている。同条項

は、収監中のすべての受刑者に包括的な制約を課している。同条は、受刑者に対して刑期の長短にかかわりなく、また犯罪の性質または重大性および個別の事情に関わりなく自動的に適用される。条約上の極めて重要な権利についてのそのような一般的、自動的かつ無差別の制約は、どれほど評価の余地が広範であるとしても、認めうる評価の余地を超えており、第1議定書3条と両立しない。」（§82）（12対5）。本判決をいかに履行するかは、閣僚委員会の監督に服しつつも、関係国（特に立法府）の判断に委ねられる（§83, 84）。

5名の裁判官の反対意見は、①議定書3条の法的性格は、個人に権利を付与するというよりも国家に義務を課す規定であり、②受刑者の選挙権に関するヨーロッパの共通基準は存在せず、③選挙権の付与の範囲については、関係国の評価の余地に委ねられるべきであるとしていた[5]。

【解　説】

(1) 本判決の意義・特徴

受刑者から選挙権を一律、無条件にはく奪する法制度は、かつては多くの国で認められてきたが、近年のヨーロッパ諸国間では何らかの形で受刑者にも選挙権を認める傾向にある。本判決は、このような事情を背景に受刑者の選挙権を一律かつ無条件に禁止するイギリス法が比例性の原則に反することにより、議定書3条（自由選挙の保障）に違反するとした。ただし判決は、すべての受刑者が選挙権を享有するとまでは認めておらず、受刑者の選挙権に一定の制限を設けることは認めている。その制限がどこまで許容されるかが不明であるために、本判決の履行をめぐってイギリス政府との間で深刻な対立が表面化した。

(2) 主要論点

(a) 選挙権制限の目的と比例性

本判決は、イギリスの国内法が犯罪の防止、市民的責任感と法の支配に対する尊重の精神を高めることなどの一応の正当な目的を有しており、それ自体は、第1議定書3条に違反するとはいえないとする

（§3）。他方で、本判決は、人権を制約する場合には目的に対して手段は必要かつ最小限の制約を課すものに限るとする。この点で、国民代表法3条に基づく選挙権のはく奪は、刑期の長短、犯罪の性質または重大性等の諸事情にかかわらず、すべての受刑者に対して一般的、自動的かつ無差別に適用される点を重視した。その上で、当該イギリス法がたとえ正当な目的を有しているとしても、一律的な選挙権のはく奪は、比例性の原則に反し、第1議定書3条の規定に違反するとした。特に本件では、刑罰としての服役期間が経過した後も、選挙権がはく奪される点を重視したものである。

（b）評価の余地

本判決では、受刑者の選挙権に関連する諸国の国内法と各種国際的基準が考慮されている（§21～25）。それらには自由権規約25条、他のヨーロッパ諸国の選挙制度およびカナダや南アフリカの憲法裁判所の判決も含まれている。ヨーロッパ評議会加盟国中、すべての受刑者から選挙権をはく奪しているのは、ハンガリー、ブルガリア、アルメニア、ジョージア、ロシアおよびトルコなどである[6]。西ヨーロッパでは、すべての受刑者に選挙権を認める国と一定の刑期によりまたは特定の犯罪により服役中の受刑者の選挙権を制限する国があるが、イギリス以外では何らかの形で受刑者に選挙権を認める国が多数を占める。これらは、評価の余地の検討上考慮された。

（3）判例法の展開

本件以外にも受刑者の選挙権をめぐる人権裁判所の判例が複数存在する。フロドル事件では、1年以上の自由刑判決により服役中のすべての受刑者から選挙権をはく奪するオーストリア法は議定書3条に違反するとした[7]。スコッポラ事件では、5年以上の有期刑または終身刑を言い渡された者から選挙権を永久にはく奪し、3年以上の有期刑により服役した者から、釈放後も5年間選挙権をはく奪する旨を規定していたイタリア法が議定書3条に違反するか否かが争われた[8]。大法廷判決では、すべての受刑者から包括的に選挙権をはく奪する趣旨ではないことに鑑みて、イタリア法は議定書3条違反には当た

らないとした（16対1）。最近の人権裁判所の判例をみても、比例性原則に鑑みてすべての受刑者から一律に選挙権をはく奪することは認められないが、評価の余地を考慮して犯罪の性質や重大な犯罪により服役中の受刑者から選挙権をはく奪することは条約に違反しないとした。EU裁判所も、5年以上の刑により服役中の受刑者から選挙権をはく奪するフランス法の規定は、EU基本権憲章に違反しないとした[9]。

（4）イギリス政府の最小限の「履行」による妥結

イギリス政府は、本判決の履行をめぐり紆余曲折の対応をしてきた。2009年12月にヨーロッパ評議会閣僚委員会は、判決の履行遅延に重大な懸念を表明するとともに、必要な措置をとるようイギリス側に求めた[10]。その間にも人権裁判所に対するイギリスの受刑者からの申立は2500件にも達したために、人権裁判所は、これらの申立を一括して処理することとした（グリーンズおよびMT事件）[11]。同判決は、イギリスが法改正を遅延させ、第1議定書3条1項と選挙法との間の抵触関係を終結させなければ、条約上の締約国の責任について重大な禍根を残すことになるとの懸念を表明して、選挙法改正を6か月以内に導入するようイギリス政府に求めた。選挙権を行使できなかったことに関する損害賠償請求訴訟では、賠償義務を否定した[12]。

イギリス政府は、2011年2月に行われた下院の議論では消極論が圧倒的多数であったことに鑑みて、受刑者の選挙権に関する法案を検討し、議会に提案した[13]。議会は、両院合同委員会により協議し、2013年12月に1年未満の刑期で収監中の受刑者に限って選挙権を認める案などを中心に討議したが[14]、イギリス内では、議会主権の原則こそが立憲主義の大原則であって、民主主義の基本にかかわるような問題に外国に所在する法廷が介入すべきではないという主張が強く、硬直状態が続いた[15]。最終的に2017年11月、イギリス司法省は、法改正ではなく行刑指針の改正により、在宅拘禁中の者と仮釈放中の者に限って選挙権を認めることとし、これをもって判決の履行とすることをヨーロッパ評議会に伝え

た[16]。2017年12月7日の評議会副閣僚委員会は、（閣僚委員会の正式決議をまって）事実上判決の履行を確認した[17]。一律かつ無条件の選挙権はく奪を条約違反とする判決の趣旨は、極限まで矮小化された。

(5) 日本法への示唆

日本国憲法15条は、選挙権・被選挙権は「国民固有の権利」であると定める。ただし、公職選挙法11条1項2号は、国民であっても禁錮以上の刑により服役中の者の選挙権・被選挙権をはく奪している。わが国でも同規定により選挙権を行使できなかった元受刑者が、収監されていたときに選挙権を行使できなかったのは違憲であると主張して争った事案がある。第1審は、請求を棄却したが、控訴審は、受刑者から一律に公民権をはく奪する合理的根拠はなく、受刑者であること自体により選挙権を制限することは許されないとし、公選法11条1項2号による受刑者の選挙権の一律の制限にやむを得ない事由があるとはいえず、同号は、憲法15条1項および3項、43条1項並びに44条ただし書に違反するとの画期的な判断を示した[18]。他方、広島高裁はこれとは逆の判断を示しており、また最高裁も受刑者からの訴えを直接審理したわけではないが、公選法の前条を理由に選挙の無効を主張することはできないとした[19]。議論の深化が求められる。

(1) Isobel White, Alexander Horne, Prisoners' Voting Rights - Commons Library Standard Note, 11 February 2015. 〈http://www.parliament.uk/business/publications/research/briefing-papers〉

(2) 2002年のEU議会選挙法8条も同様の選挙権はく奪規定を置いていた。

(3) R v. Secretary of State for the Home Department, Ex parte Pearson and Maritienes; Hirst v. Attorney-General, QBD 17 APR 2001.

(4) Hirst v. UK（No. 2）, Judgement of the 4th Section, 30 March 2004.

(5) Wildhaber, Costa, Lorenzen, Kovler および Jebens らの裁判官の共同反対意見。

(6) Anchugov and Gladkov v. Russia, 4 July 2013, Söyler v. Turkey, 17 September 2013.

(7) Frodl v. Austria, 8 April 2010.

(8) Scoppola v. Italy（No. 3）,〔GC〕22 May 2012.

(9) Court of Justice of the European Union, Case C-650/13, 6 October 2015.

(10) Committee of Ministers, Interim Resolution CM/ResDH（2009）160, 3 December 2009.

(11) Greens and MT v. UK, Judgment of the Chamber（Fourth Section）, 23 November 2010.

(12) Firth and others v. UK, Judgment of 12 August, 2014. この判決は、EU議会選挙における選挙権のはく奪に関して条約議定書3条1項違反を認めた。

(13) UK Ministry of Justice, Voting Eligibility（Prisoners）Draft Bill, November 2012.

(14) Joint Select Committee on the Draft Voting Eligibility（Prisoners）Bill Report; session 2013-2014, December 2013.

(15) Sandra Fredman, Foreign Fads or Fashions? The Role of Comparativism in Human Rights Law, *International and Comparative Law Quarterly*, Vol. 64（3）, 2015, pp. 631-660.

(16) Ministry of Justice, Responding to Human Rights judgments, Report to the Joint Committee on Human Rights on the Government's response to Human Rights judgments 2016-17, December 2017.

(17) CM/Notes/1302/H46-39, 7 December 2017.

(18) 大阪地判2013(平25)年2月6日。倉田玲『新判例解説 Watch 憲法』No. 77（法セミ増刊）21-24頁（2013年）。大阪高判2014(平26)年9月27日判時2234号29頁。

(19) 広島高判2017(平27)年12月20日（判例集未登載）。最決2014(平26)年7月9日裁時1607号1頁、判時2241号20頁。

［参考文献］

[1] Ewald and Brandon Rottinghaus, eds., *Criminal Disenfranchisement in an International Perspective*, Cambridge, 2009.

[2] Steve Foster, "Reluctantly Restoring Rights: Responding to the Prisoner's Right to Vote," *Human Rights Law Review*, Vol. 9-3（2009）pp. 489-507.

[3] Nicolas Bratza," Living instrument or dead letter - the future of the European Convention on Human Rights," *European Human Rights Law Review*, 2014 no. 2, pp. 116-128.

[4] 河合正雄「受刑者の選挙権保障——2000年代のイギリスの動向を題材として」早稲田法学会誌62巻2号（2012年）45-79頁。

[5] 北村泰三「選挙権はく奪違法確認訴訟に関する意見書」中央ロー・ジャーナル9巻2号（2012年）81-139頁。

[6] 倉田玲「公職選挙法第11条第1項第2号の憲法適合性の欠如」立命館法学352号（2013年）182-218頁。

20 ロマに対する差別と表現・出版の自由
ジプシー(ロマ)に対する侮辱的表現と集団所属者の私生活の尊重
—アクス判決—

徳川　信治

Aksu v. Turkey
15 March 2012, Reports 2012-I(大法廷)

【事　実】

2000年トルコ文化省は、ある准教授を著者とする『トルコのジプシー』と題する書を出版した。その内容が、ジプシー(ロマ)を貶める内容・表現とみなしたため、ロマの一人である申立人は、文化省および著者に抗議し、これらを被告とする損害賠償および差止訴訟を提起した。第一審判決は、当該書が学術的調査に基づくものであること、並びに当該表現が申立人を侮辱するものではないことという理由で、著者への、この訴えを退けた。この判決は、控訴審においても支持された(第1事件)。

また、申立人は、ロマを侮辱し、差別する言葉を記載した2冊の児童用トルコ語辞書を文化省から補助を得て出版した団体に対する損害賠償訴訟をも提起した。これに対して、国内裁判所は、辞書に著述された内容・表現は、歴史的および社会学的事実に基づいたものであり、侮辱する意図は存在しないとして、訴えを退けた。判決はまた、こうした表現は、他の民族的集団に関するトルコ語における表現でも同様に記載されており、他の辞書や百科事典も同様の対応であると説いた(第2事件)。

本件は、ヨーロッパ人権裁判所(以下、人権裁判所)に提訴され、2010年小法廷判決は、8条に関連した14条違反を認めなかった(4対3)。申立人の上訴を受けて、大法廷は、全員一致で8条違反の主張のみを審理することとし、またトルコから提出された先決的抗弁を全員一致で却下しつつ、第1・第2事件いずれも8条違反を認定しなかった(16対1)。

【判　旨】

(1) 8条に関連した14条違反若しくは8条の違反の検討可能性

8条に関連した14条の違反に関する本申立につき、当該書籍が差別的意図あるいは効果を有する旨、一見して明らかな証拠を申立人が提出していないため、本件は取扱いの相違や民族的差別に該当するものではない。そのため本件は、ロマ共同体の構成員が過去に申し立てた事案と比較できない。よって審理すべき主要な問題は、当該書籍が申立人が有する私生活の尊重を受ける権利を著しく侵害するものであるかという点である。よって、本件は、8条のみが問題となる(§43-45)。

(2) 受理可能性

条約34条に基づき、条約上の権利の解釈を求めた民衆争訟は認められてはいない。そのため条約違反行為によって個人的に影響を受けたとする被害者の存在が必要であるが、その基準は厳格なものではなく、相対的なものである(§50-51)。

被害者該当性に関して、「本件表現が申立人に直接向けられたものではないが、申立人が属する集団に対する表現によって侵害を受けたと感じていた」ことが認められる。被害者の地位に関する基準につき柔軟に適用する必要があることに鑑み、申立人は条約34条の意味での本件事実の被害者であると認められる(§53-54)。

(3) 本　案
(a) 出版物に関する違反可能性(第1事件)

私生活とは、網羅的に定義することができない広

い概念である。その中には個人の自律も含まれており、本件のように個人の民族的アイデンティティも含まれる。「集団に対する否定的な固定観念は、その集団のアイデンティティの概念およびその属する個人の自尊心に影響を与えうる」ため、集団構成員の私生活に影響を与えるものといえる（§58）。8条の本質的意味は、国家による恣意的な介入からの保護である。介入を慎むという消極的義務に止まらず、私生活の効果的な尊重のための積極的義務も含まれる。本件の主要な争点は、「被告国政府が、第三者である著者による侵害とされる行為から申立人の私生活を保護すべき、8条に基づく積極的義務を遵守したか」という点であり、トルコの裁判所が本の配布禁止等によって申立人を保護すべきであったかである（§59-61）。

他者による表現の自由の行使の結果、8条により保護される権利が侵害されたという申立の場合、表現の自由を保護するに際して、両者の権利間に階層性はないことを前提として、締約国は公共の利益と申立人の8条上の権利とのバランスをとることが求められる（§63）。また「条約10条上、表現の自由を制約する場合、締約国には、『民主的社会において必要』であるかを評価する評価の余地が認められる」。当裁判所は、事案全体に照らしてその評価の余地に基づく決定を検討することが任務である（§65）。

申立人による申立を斥けたことにつき、トルコ国内裁判所は、本書を科学的調査に基づく学術的研究成果とみなした根拠として7名の大学教授による報告書に依拠しており、本件表現が一般的性格を持つものであって、ロマ全体に関するものではなく、また申立人のアイデンティティを攻撃するものとはいえないとした（§69）。こうした結論は、非合理的なものでも不実表示に基づくともいえない。さらに、著者は、著作目的として、序文や結論部分に、ロマ共同体の知られざる世界を明らかにする旨述べ、むしろ偏見を非難している。著者の叙述に不誠実さを示すものは見当たらない。トルコの裁判所は、本書

が学術的著作物であるという事実を重視しており、こうした態度は、学術の自由の保障への制約を厳格に審査する当裁判所の判例とも一致する（Sorguç v. Turkey）（§70-71）。著作物については該当箇所だけをもって判断するのではなく、著作物全体とその研究手法を考慮するのが当裁判所の立場である（§72）。また国内裁判手続は申立人に効果的に機能しており、申立人の申立に対して政府は一時回収措置を執るなど即時に対応しており、評価の余地を逸脱しているとはいえない（§73）。よって申立人の私生活に対する積極的な保護義務を怠っているとはいえない（§76）。

(b) 辞書出版の違法性（第2事件）

辞書出版は文化省の財政支援を受けていたが、申立人はそのことを理由として文化省を相手とする訴訟を提起しておらず、辞書を編纂出版した団体のみを相手とする訴訟を行っている。そのため、当該出版団体による侵害から申立人の私生活を保護する積極的義務が存するかという点を検討する（§81）。

辞書とは、ある言語の文言を掲載し、その多様な意味を簡潔に述べた情報源として考えられるところ、その主要な目的は、社会において通用する言語を反映することにある。問題とされる辞書は、トルコ語を包括的に著したものであり、その中で「ジプシー」という語の客観的な定義を示したものである。日常の言葉であるものの、軽蔑的な表現の定義をも含む場合、児童用辞書では相当な注意をもって記述することが求められる。辞書は、人々の間に批判的思考を促進すべきであり、そうした慎重さでもって編纂されるべきものである。本件辞書は、学校教育の中では教科書としては使用されない。結論として、国内当局は評価の余地を超えてはいないし、また申立人の私生活を実効的に保護すべき積極的義務を怠ったともいえない（§84-88）。

【解 説】

ヨーロッパにおいてジプシー（ロマ）という少数者に対する差別は歴史的に深刻な問題である。ヨー

ロッパ評議会も、その解消のための取り組みを行っていた。こうした中、ロマに対する固定的観念・差別的な表現を記した著作物や辞書の出版が、ロマ構成員に対する私生活への侵害と見なしうるか、またそれを国家はいかに規制すべきかが問われた事案である。

（1）被害者概念

本件は、申立人の所属する集団に対する攻撃とされる著述によって申立人の人格が侵害されたとする争いである。そもそもヨーロッパ人権条約における手続においては、民衆争訟は認められてはいない。そのため先決的抗弁で争われたように、本件申立は、攻撃が集団への侵害が当該集団に属する個人への攻撃として主観的に受け取られた場合、人権条約上の被害者となり得るのかという当事者適格の問題を惹起させるが、判例上これを厳格に適用する立場がとられてはいない[1]。本件では、申立人の所属するロマに対する侮蔑的なコメントを掲載した出版物によって、申立人の名誉を尊重される権利を侵害され、これを国内裁判所が救済していないとする訴えであり、人権裁判所は、これを個人の民族的アイデンティティという社会的身分をその概念の中に包含する「私生活」に関する侵害としてとらえた。

（2）表現の自由への制約

そもそも表現の自由は、民主社会にとって不可欠のものとされ、最大限保障されるべき権利であると見なされてきた。他方で表現の自由は、一定の制約にも服する。その制約に対する考え方には２つの流れがある[2]。ヨーロッパではフランス人権宣言の流れとともに、第２次世界大戦の経験に基づき、表現の自由の行使者が持つべき責任や他者の権利および自由の保護の面が強調され、制約事由が記載される。この伝統を基礎として成立するヨーロッパ人権条約は、自由の行使に伴う責任や他の者の権利および自由の保護のための制限事由が列挙されており、人権裁判所は、10条による制約事由のみならず、権利濫用を禁止する17条を適用することによって、言論の制限を適法とする判例を生み出してきた[3]。

（3）学術著作物と表現

人権裁判所は、政治討議の自由や公共の利害に関する情報の提供に関するプレスの役割を審査してきているが[4]、本件は学術的な著作物や教育上の配慮を要する辞書への規制に関する問題である。この点、学術的ないし科学的見地に基づく場合、批判的見解を表明する自由を保障することも求められよう。

第１事件の対象となった文献は、文化省によるロマの文化および伝統を促進するために作成されたものの、申立人が指摘した文言は、差別的な固定観念を示していた。ただ、これが差別を助長させる文言として位置づけられるかどうかは、その意図があったかどうかに依存する。大法廷判決が指摘するように、学術の自由の保障の観点からすれば、多様な表現行為が保障されなければならず、その制約は厳しく審査されることになろう。したがって、著者によるその文言の記述そのものというよりも、その著作物全体においてその基調がいかなるものであるかが問われることになる。

（4）教育出版物と表現

ただ、第２事件において争われたように、適用された情報に対して比較検討するという場を十分には持たない「教育」という場面、とりわけ初等教育に関わる場面には難しい問題を抱える。

反対意見はロマに対する根強い偏見が本件問題の根底にあることを指摘していた。偏見は社会的弱者に対する差別や排除の温床となり、潜在的にロマの私生活の侵害可能性を内包する[5]。とりわけロマを誹謗する文言が辞書の形で記述されるとなると、ロマに対するヘイトスピーチへの温床を、教育の場、とりわけ批判的判断が困難な児童に提供される可能性を内包していることを指摘する。

（5）私生活の尊重と国家の積極的義務

８条にいう私生活の中に存する個人の自律は、８条に定める保護内容を解釈するに当たっての重要な要素となり、個人の身体的および社会的アイデンティティに関する多様な側面を包含する。さらに種族的アイデンティティがこれに含まれることも認め

られてきた[6]。本件の場合、文化省によるロマに関する書物の出版・助成を契機とするが、実際にその著作物の内容に国が関与していたわけではなかった。したがって、本件は私人による侵害行為に対して、締約国による積極的な保護義務を果たしたかという問題として把握される。

締約国は、私生活の尊重に関する消極的義務に加えて、それを実効的に確保するための措置を講じる積極的義務も求められるが、その義務間の線引きをすることは難しい。個人の利益と社会全体の利益との公平なバランスを考慮しなければならない。

また積極的義務の実施は、一般に国家にいかなる措置を執るかという点において評価の余地が認められている。そのため、この評価の余地の範囲内として認められるか否かは、実際の侵害の内容と程度に依存することとなる。この点トルコは、申立人の抗議等を受け、その後著作物の一時回収や初等教育の副教材としての採用を取りやめる等ロマへの一定の配慮を行っていた。さらにはトルコ国内裁判所も、本件を私生活の尊重に関する問題として扱い、かつ学術的な要素についても考察していたため、トルコが積極的義務を果たしていないとは見なされなかった。

(6) ロマのおかれた現状と差別禁止

国際的な場においてもロマの現状の克服を求める言及は多い[7]。この点ヨーロッパ評議会人権高等弁務官[8]およびヨーロッパ人種差別撤廃委員会[9]も、トルコ国内における様々な取組みを評価しつつも、ロマ共同体との対話を進めて、ロマに対する否定的な固定観念を払拭すべく包括的な取組みの強化を勧告していた。こうした事実を背景に、人権裁判所は、本件を8条違反とは認定しなかったが、ロマのおかれた問題の深刻さも意識していた。これまでも人権裁判所は、ロマが社会的弱者であり、そのため彼らのニーズや他者とは異なる生活様式に対して特別な配慮が行われるべきであると繰り返し述べてきた[10]。

とはいえ、大法廷は、他の者との異なる取扱いや差別的意図が明確に示されていないことを理由とし

て審査しなかった。他方、本件小法廷および大法廷の反対意見はともに、表現行為による私生活の尊重に関する差別、つまり大法廷が取り上げなかった14条の適用問題を争点とすべきである旨指摘していた。反対意見は、著者が引用した文言が強い差別的偏見を付随させているものである以上、著者に差別意図がないだけでは済まされないとする。児童用辞書である場合には、差別的意図の有無だけではなく、差別的性格を持つ部分を積極的に除去する努力がとりわけ求められると考えていたからであった。

本件判決に対する批判は、とりわけロマの人々が歴史的社会的におかれた偏見などの実態、つまり人種差別として差別の中でも強い警戒と保障措置が必要とされる実態に対して、国家に評価の余地を認めず、どこまで積極的義務を果たさせるべきかという問題に関わるものであり、また裁判手続においては立証責任に関わる。本件のように個人の主観的な態度に関わる場合には国家に立証責任を転嫁することはなじまないとされるが[11]、本件のようにその者の属する集団全体に対する表現の場合には、個別的な対象を攻撃する差別的意図が合理的な疑いを超えているとする証拠を申立人が立証するのは容易なことではない。

(7) 日本法への示唆

表現の自由が保障されるとはいえ、その表現内容について、国家その他の団体や個人にとって必ずしも無害な好意的なものばかりではない。差別的表現に対して、日本の憲法論では、言論の自由市場の概念の下、対抗言論によって解決すべきものと解するのが多数であった。

憲法は、出版の自由を表現の自由として尊重する一方、個人の名誉やプライバシーも個人の尊厳として保護しており、かつこの両者に対して一般にいずれが優先するという性質のものではないとされる[12]。確かにこの両者のバランスをいかなる形で実現するかは重大な憲法問題を生じさせる。個人の名誉やプライバシーを侵害する出版等は、民法上の不法行為を構成するものの、出版の差止めや著者・出版社へ

の処罰といった表現の自由を規制する法の制定には謙抑的であった。人種差別的表現の人種差別撤廃条約4条は法による刑罰の付加を定めるが、これを日本は留保している。ヘイトスピーチに対して、2016年「本邦外出身者に対する不当な差別的言動の解消に向けた取組の推進に関する法律」が施行されたが、ヘイトスピーチを違法とはせず、またその保護対象者を日本に適法に居住外国人その子孫に限定しているという限界がある。大阪市はヘイトスピーチ対処条例を採択して拡散防止措置や行為者の氏名などの公表措置を執ることを定めた。

北方ジャーナル事件[13]において最高裁は、原則として差止めは許されないとしつつも、表現の自由と人格権としての名誉権との調和が求められるとして、「表現内容が真実でなく、又はそれが専ら公益を図る目的のものではないことが明白であって、かつ、被害者が重大にして著しく回復困難な損害を被る虞があるとき」は、例外的に差止めが認められるとする。

また第2事件のように初等教育における教育内容に関する規制は検閲に当たるかという議論はあるが、本件のような不適切な表現に対する削除義務を国家に課すべきという議論はみあたらない。ただ、「児童生徒に教授内容を批判する能力がなく、教師が児童生徒に対して強い影響力、支配力を有することを考え[14]」た場合、社会的な自浄作用による抑制に期待できないため、児童の権利条約にあるように「子どもの最善の利益」に立って必要な措置を執ることはそもそも禁じられないであろう。

(1) Ex., Bitenc v. Slovenia (dec.), 18 March 2008.
(2) 表現の自由に関する憲法論では、米国および日本がとる考えもあり、「思想の自由市場」という概念の下、表現の自由は絶対的な保障を受けるものであり、その制約に対して厳しい審査基準に適用すべきであるとされる。
(3) Ex., Lehideux and Isorni v. France, 23 September 1998, Reports 1998-VII〔I *68*〕.
(4) Ex. Lingens v. Austria, Series A no. 103, 8 July 1986〔I *64*〕.
(5) Joint Dissenting Opinion of Judges Tulkens, Tsotsoria and Pardalos, Aksu v. Turkey〔Second Section〕, 7 July 2010.
(6) S. and Marper v. UK〔GC〕, 4 December 2008, (2009) 48 EHRR 50, §66〔本書 *52*〕; Ciubotaru v. Moldova, 27 April 2010, §49.
(7) Ex., General recommendation XXVII on discrimination against Roma (UN. Doc. A/55/18, Annex V, p. 15 (2000)); The Strasbourg Declaration on Roma, Council of Europe High Level Meeting on Roma, CM (2010) 133 final.
(8) CommDH (2009) 30.
(9) CRI (2011) 5, §113.
(10) Ex., D.H. and others v. the Czech Republic〔GC〕, Reports 2007 IV, 13 November 2007〔本書 *80*〕, §181.; Chapman v. UK〔GC〕, Reports 2001-I, 18 January 2001, §73; Sejdić and Finci v. Bosnia and Herzegovina〔GC〕, Reports 2009-VI, 22 December 2009, §45〔本書 *6*〕.
(11) Nachova and others v. Bulgaria〔GC〕, Reports 2005-VII, 6 July 2005, §128〔本書 *81*〕.
(12) 宴のあと事件、東京地判昭和39年9月28日下民15巻9号2317頁。
(13) 最大判昭和61年6月11日民集40巻4号872頁。
(14) 旭川学力テスト事件、最大判昭和51年5月21日刑集30巻5号615頁。

[参考文献]
[1] 内野正幸『差別的表現』（有斐閣、1990年）。
[2] 内野正幸『表現・教育・宗教と人権』（弘文堂、2010年）。
[3] 田島泰彦ほか編著『表現の自由とプライバシー』（日本評論社、2006年）。
[4] 大藤紀子「ヨーロッパ人権裁判所における人種差別表現規制について」国際人権24号（2013年）。

21 条約の保障する権利の範囲とヘイトスピーチ

ホロコースト否定言論は条約の基本的価値と抵触する

── ギャロディ決定 ──

戸田　五郎

Garaudy v. France
24 June 2003, Reports 2003-IX

【事　実】

申立人 Roger Garaudy は哲学者、作家で政治に携わった経歴をもつ。1995年に刊行（翌年改版）したイスラエルを批判する書物の各版の「ニュルンベルク裁判の神話」「ホロコーストの神話」と題された章などの様々な部分が、人道に対する罪の否定、人種的名誉毀損言説の刊行および人種的または宗教的憎悪あるいは暴力の扇動に当たるとして、いわゆるゲソ法（1990年）等に基づき、合わせて5件の刑事訴追の対象となった（人権団体等からの附帯私訴も併せて行われた）。申立人は5件の併合を求めたが、5件は各版の相異なる部分に関するもので、附帯私訴の主体も異なるとして却けられた。その一方、5件の審理は並行して進められ、判決（5件とも3審級で有罪）の日付も全て同一であった。

申立は6条1項違反（審理の不公平）および第7議定書4条と併せた6条1項違反（手続の併合拒否が一事不再理の原則に反するとともに裁判を受ける権利の侵害に当たる）を主張して行われた。

【判　旨】

当裁判所は、フランス法上の犯罪の構成要件について判断する立場にはない。国内法の解釈適用は第一に国の機関、特に国内裁判所の行うべきことである。「当裁判所の任務は、国の機関が裁量を行使して行った決定を条約10条に照らし審査することにとどまる。」

(1) ホロコースト否定言論の評価──17条の適用

当裁判所の先例では、ナチを支持する政策の正当化は10条の下での保護に値しないこと、ホロコーストのように明確に確定した歴史的事実には、その否定や修正が17条により10条の保護から除かれる範疇のものが存在することが、示されている。

申立人の有罪判決の原因となった書物について国内裁判所は、申立人がユダヤ主義の政治的、イデオロギー的批判や、修正主義理論の客観的研究、歴史的事実に関するアカデミックな議論の要求にとどまらず、修正主義に与し、ナチスがユダヤ共同体に対して行った人道に対する罪を体系的に否定していると判断している。

「本書で申立人が行った、ホロコーストのように明白に確定した歴史的事実の否定が、真実の追求のための歴史研究を構成するとは決して言えない。」「この種の歴史的事実の否定ないし書換えは、人種主義と反ユダヤ主義に対する闘いが拠って立つ価値を貶めるものであり、公序に対する重大な脅威を構成する。このような行為はそれが他者の権利を侵害するが故に民主主義および人権と両立しない。その主唱者のねらうところは、議論の余地なく条約17条の禁ずる目的の範疇に属する。」

申立人の書物の主旨と全般的基調、そしてその目的は明らかに修正主義的であり、従って前文に述べられる条約の基本的価値、すなわち正義と平和に反する。かかる目的は、もし許容されれば条約の保障する権利と自由の破壊に寄与することになる。

「従って当裁判所は、条約17条に基づき、申立人は人道に対する罪の否定により有罪判決を受けたことに関して10条に依拠することはできないと判断する。」申立のこの部分は35条3項の意味において条約の規定と事項的に両立せず、4項により却下されねばならない。

(2) 人種的憎悪扇動言論の評価──10条に基づく検討

次に、申立人の書物の、イスラエルおよびユダヤ人社会の行動を批判している側面の検討に移る。申立人はこれにより人種的名誉毀損言論の公刊と人種憎悪の扇動を理由とする有罪判決を受けているが、それが表現の自由への介入を構成すること、介入が「法律に基づく」ものであることは争われていない。

「当裁判所は、介入が少なくとも条約の規定する2つの正当な目的を追求するものであるとみなす。すなわち『無秩序と犯罪の防止』と『他者の名誉と権利の保護』である。」

本書の全般的に修正主義的な基調にも照らして、「当裁判所は、国内裁判所が人種差別的言論の公刊と人種憎悪の扇動により申立人を有罪とした根拠は、関連を有しかつ十分なもので、10条2項の意味における『民主社会において必要』な介入であったと判断する。」従って、申立のこの部分は35条3項および4項に基づき明白に根拠なしとして却下されねばならない。

(3) 裁判を受ける権利侵害の有無

申立人は、国内裁判所が彼に対し提起された5つの訴訟を併合することを拒否したことについて、第7議定書4条に基づき一時不再理の違反を主張したほか、国内裁判に関するメディアの敵対的な報道により公正な裁判を受ける権利を侵害されたと主張した。

本件では複数の犯罪に関する審理が並行して進められたので、第7議定書4条は問題とならない。

当裁判所の判例によれば、6条1項が「適切な司法運営」の一般原則を規定しており、国内裁判所の措置はそれが適切かつ合理的（appropriate and reasonable）か否かによって評価される[1]。

国内裁判所は外界から隔絶された状況で機能することはできない。「適切な司法運営の利益のために課される限界を踏み越えない限りにおいて、裁判手続に関する報道は、論評も含めて当該手続を公衆に知らしめることに寄与するのであって、審理の公開を要請する6条1項と完全に合致している。」また公衆もそれを受け取る権利を有している。本件のように政治家で作家という公人が関与している場合は尚更である。また、メディアのキャンペーンが裁判官の心証や判断の結果を揺るがすほどに激しい悪意を伴うものであったということは立証されていない。逆に、公判には十分な日数がかけられており、裁判官らが各当事者に主張の機会を与え、当事者の主張と問題の書物の関連部分を分析した後に客観的な判断を下したということを示している。以上により、申立のこの部分も明白に根拠無しとして却下されねばならない。

以上の理由により、当裁判所は全員一致をもって、本件申立を不受理と決定する。

【解　説】

(1) 本件決定の位置づけ

ヨーロッパ人権裁判所は、その判例の中で、表現の自由に重要な地位を与えてきた。表現の自由は民主社会の不可欠の基礎の一つをなし、好意的な情報または考えだけでなく、攻撃的、衝撃的または妨害的なそれにも適用される。許容される制限は狭く解釈されねばならず、いかなる制限の必要性も明確に証明されねばならない。しかし、いわゆるヘイトスピーチ[2]の規制が問題となる事例においては、ヘイトスピーチは条約の拠って立つ基本的価値に反するゆえに、17条に基づき条約の保護の対象外であるという判断が下される場合がある。

裁判所は、歴史修正主義と位置づけられた言論の制限が問題となった事件をいくつか取り扱っている。Lehideux 他対フランス事件[3]は、ヴィシー対独協力政権の首班であったペタン将軍を擁護する意見広告の広告主が、広告掲載がフランス出版自由法（1881年）の対敵協力賛美罪に当たるとして有罪判決を受けた事件であったが、裁判所は、歴史に関し継続している学問的、客観的議論は、特に一定の時間が経過した後は自由に行うべきであるという判断に基づいて10条違反を認め、17条の適用には至らなかった。もっとも同判決では、「ホロコーストのような明らかに確立した歴史的事実」については「その否定ないし修正が17条により10条の保護から除かれる」可能性に言及されている[4]。

裁判所は、全般的に修正主義の論調に基づいてい

ると裁判所自ら評価する書物が問題になった本件において、Lehideux 判決を受けるかたちで、ホロコースト否定言論と反ユダヤ主義およびイスラエルに対する批判を展開した箇所とを一応切り分け、前者にのみ 17 条を直接に適用した。ホロコーストはあまりに明白な歴史的事実であって、それに敢えて疑義を差し挟むことは、到底学問的な議論と認めることができないのであって、ナチの所業を正当化する意図に基づいているとみなさざるを得ず、「この条約において認められる権利及び自由を破壊…することを目的とする活動」に該当するということである。

(2) ヘイトスピーチと 17 条適用の文脈

本件決定の評価に当たり、17 条の条約への挿入の目的を確認しておく。

第二次世界大戦で連合国宣言は、今時の戦争の目的の一つが人権の保障にあると謳った。それはナチズム、ファシズムへの対抗の文脈で述べられたものであり、その理念は連合国が設立した国際連合に受け継がれ、人権の国際的保障の発展へとつながることになる。17 条は国際人権規約共通 5 条とともに、世界人権宣言 30 条にその起源を有する。国際人権規約草案が経済社会理事会から国連総会に送付されるにあたって国連事務総長が 1955 年に作成した「草案註解」は、共通 5 条 1 項について、その目的の一つが「ナチ、ファシストまたはその他の全体主義的イデオロギーの成長をチェックすること」にあると述べている[5]。ヨーロッパ人権条約 17 条においては、ここでいう全体主義的イデオロギーとして、共産主義がかなり明確に意識された。西ドイツ憲法裁判所によるドイツ共産党の解散命令が結社の自由等の侵害に当たるとして争われた事件[6]でヨーロッパ人権委員会は、同党の政治的目的がプロレタリア革命の成就にあることを自ら確認した上で 17 条を適用し申立を不受理とした。その趣旨は、自由民主主義体制を破壊することを目的とする団体に対して条約の保護を否定するところにあった。しかし 1980 年前後以降、ヨーロッパ人権委員会はとりわけ人種主義的言論に関して 17 条を適用し、条約の保護の外にあるという判断を示すことが顕著になった。これらの事例では、17 条適用の根拠として、自由民主主義「体制の防衛」というよりも、条約が拠って立つ

「基本的価値の擁護」が打ち出されている。

そのような事例の一つに、申立人が非白人の排斥を謳ったリーフレットを配布目的で所持していたことで有罪判決を受けた事件において、10 条の重要性を強調しつつも 17 条を適用して不受理の決定が行われた事例がある[7]ことから分かるように、委員会は人種主義的言論について、相対的に広範囲に 17 条を適用しているということができる。それと比較すれば本件決定は、17 条の直接の適用をホロコースト否定言論に限定している点で、より慎重な態度を示しているといえよう。裁判所の基本的姿勢は、Lehideux 判決に沿って、①学問的、客観的言論は人種主義的言論であっても 10 条の保護の対象となるが、②ことホロコーストに関する限りその歴史的事実は明白であり、その否定や修正は学問的議論とは見なし得ない、というところにあったと思われる。

本件決定の後の事例は、裁判所がむしろ、条約が拠って立つ基本的価値との抵触を理由とした 17 条の適用をホロコースト否定言論に限らず、学問的、客観的なものと認められない限り敢えて行う傾向を表している。2001 年 9 月 11 日の同時多発テロ事件と関連づけてイスラム教徒排斥を主張したポスターを掲示したことが人種的ハラスメント等を禁じた法律に違反するとして有罪判決を受けた英国国民党 (British National Party) 構成員による申立事件で裁判所は、特定の宗教集団に対する、当該集団を全体としてテロリズムという重大な行為と結びつけることによる攻撃は、条約が保障する価値、とりわけ「寛容、社会の安寧および非差別」と両立しないとして、17 条に基づき申立人の行為は条約の保護の外にあると結論し、不受理の決定を行っている[8]。

(3) 進行中の裁判に関する報道

ヨーロッパ人権裁判所の判例は、報道機関には適正な司法運営を害しない限り、係属中の事件について情報と意見を提供する権利があり、かつそれは公衆の知る権利に照らして報道機関の任務であることを確認している（サンデー・タイムズ判決〔Ⅰ **62**〕）。本件で裁判所は、申立人に不利な報道キャンペーンがなされているとしても、裁判官の心証に影響を与えたとは認められないとして、適正な司法運営が害さ

れているとはいえないと判断した。報道が裁判官に偏見や偏向をもたらし、裁判の公平性が損なわれるとすれば、10条2項の認める制限事由（司法機関の権威と公平性の維持）に該当する可能性がある。人権裁判所は裁判（官）の公平性に関し、（個々の裁判官の）主観的公平性と（裁判官の構成等における）客観的公平性の両側面からアプローチしているが、前者については、反証がない限り裁判官の公平性は推定されるという立場をとっている[9]。報道の裁判官への影響の評価にあたっても、報道が公平性を損なっている旨の強い証明が必要となろう。

（4）日本法への示唆

日本では自由権規約委員会や人種差別撤廃委員会からのヘイトスピーチ規制導入の勧告[10]を受けて、2016年5月に「本邦外出身者に対する不当な差別的言動の解消に向けた取組の推進に関する法律」が成立した。同法は「不当な差別的言動」の定義に「本邦外出身者を著しく侮蔑する」言動を含めている。自由権規約委員会はヘイトスピーチに対し表現の自由保障の埒外とするという論理はとっていない[11]し、同法もそのように解されるが、いずれのアプローチをとるにせよ、ヘイトスピーチ規制を進めるにあたっては、擁護すべき「基本的価値」とは何であるのかを念頭に、国際社会の動向に照らしつつ正面から向き合った議論を深める必要があろう。

(1) Boddaert v. Belgium, 12 October 1992, Series A no. 235-D.
(2) ヘイトスピーチの普遍的な定義はない（European court of Human Rights, Factsheet-Hate Speech, http://www.echr.coe.int/Documents/FS_Hate_speech_ENG.pdf）が、定義についてはさしあたりCommittee of the Elimination of Racial Discrimination, General Recommendation No. 35, para. 6（「人種主義的ヘイトスピーチ」は人種差別撤廃条約1条で保護される者に向けられた4条の言及するあらゆる形態の言論を指す）。
(3) Lehideux and Isorni v. France [GC], 23 September 1998, Reports 1998-VII〔I 68〕.
(4) Ibid., §47.
(5) Annotations on the text of the draft International Covenants of Human Rights, A/2929, Chapter 5, para. 55, 芹田健太郎編訳『国際人権規約草案註解』（有信堂、1981年）67頁。
(6) Yearbook Vol. 1, p. 222. この事件および17条の位置づけについてはローレス判決〔I 22〕解説（戸田

五郎執筆）169-170頁を併せ参照。
(7) Glimmerveen and Hagenbeek v. the Netherlands, Decision of the Commission, 11 October 1979, 18 DR 187.
(8) Norwood v. UK, 16 November 2004. 自由権規約委員会の先例について簡単に触れておこう。自由権規約は人種的、宗教的憎悪の唱道等を法律で禁止することを求める規定（20条2項）を有しており、ヘイトスピーチにかかわる事例では、この規定と表現の自由を規定する19条との関係が問題となる。委員会は1983年に、反ユダヤ主義言論の規制につき19条違反が主張された通報を、20条2項との関連で不受理（規約規定と両立しない通報）としたことがある（J.R.T. and the W.G. Party v Canada, 6 April 1983, Communication No. 104/1981, CCPR/C/OP/2, p. 25）。しかし後の事例では、20条に基づく表現の制限は19条3項の下でも許容されるものである必要があるという判断を打ち出した（Ross v. Canada, 18 October 2000, Communication No. 736/1997, CCPR/C/70/D/736/1997）。ゲソ法の適用が問題となった事例（Faurisson v. France, 8 November 1996, Communication No. 550/1993, CCPR/C/58/D/550/1993）では、ホロコーストの否定は反ユダヤ主義の主な手段であることは確かであり、制約の必要性に関する政府の議論を論破する証拠は提出されていないとして規約違反を認定しなかったが、2011年採択の表現の自由に関する一般的意見34では「歴史的事実に関する意見の表明を処罰する法律は、意見及び表現の自由の尊重に関して規約が締約国に課している義務と両立し得ない」と述べている。Human Rights Committee, General Comment No. 34, CCPR/C/GC/34, para. 49.
(9) Hauschildt v. Denmark, 24 May 1989, Series A, no. 154, §47. 主観的公平性と客観的公平性の区分についてはクレス判決〔I 42〕解説（大藤紀子執筆）283頁参照。
(10) Human Rights Committee, Concluding observations on the sixth periodic report of Japan, 20 August 2014, CCPR/C/JPN/CO/6, para. 12, Committee on the Elimination of Racial Discrimination, Concluding observations on the combined seventh to ninth periodic reports of Japan, 26 September 2014, CERD/C/JPN/CO/7-9, para. 11.
(11) 注(8)参照。

［参考文献］

[1] David Keane, Attacking Hate Speech under Article 17 of the European Convention on Human Rights, Netherlands Quarterly of Human Rights, Vol. 25, No. 4, 2007, pp. 641-663.
[2] Hannes Cannie and Dirk Voorhoof, The Abuse Clause and Freedom of Expression in the European Human Rights Convention: An Added Value for Democracy and Human Rights Protection?, Netherlands Quarterly of Human Rights, Vol. 29, No. 1, 2011, pp. 54-83.

22 拷問・非人道的取扱いとノン・ルフールマン
テロ容疑者の引渡しにおける3条の虐待禁止の絶対性の動揺
──バーバー・アフマド判決──

Babar Ahmad and others v. the United Kingdom

今 井 　 直

10 April 2012

【事　実】

本件は、6名のイギリス国民および在住者について、テロ犯罪容疑によるアメリカからの犯罪人引渡請求にもとづく引渡しが、ヨーロッパ人権条約3条に違反するかどうかが争われた事件である。申立人はいずれも、アメリカで有罪判決を受けた場合、コロラド州にある連邦重警備刑務所（ADX Florence）に拘禁され、しかもそこで「特別行政措置」の下に置かれるおそれがあること等を主張した。

6名の申立人は、1999年から2006年にかけて様々なテロ関連犯罪容疑でアメリカで起訴され、引渡請求を受けてイギリスで逮捕・拘禁された後、イギリスの司法手続を経て、それぞれ人権裁判所に出訴したものであるが、人権裁判所（第4部の小法廷）は事実的法的背景の類似性にかんがみて、それらを併合して審理した。

ここでは、1番目の申立人である Babar Ahmad の事実経緯についてのみ言及するにとどめる。申立人は、1974年にロンドンで生まれ育ったイギリス国民であるが、2004年8月アメリカからの犯罪人引渡請求にもとづきロンドンで逮捕された。同年10月コネティカット州の連邦大陪審は、テロリストに対する物的援助およびその共謀、外国における殺人・誘拐・傷害・財産損害の共謀、マネー・ロンダリングの容疑により申立人を起訴した。一連の犯罪はウェブサイトを通じて行なわれ、そのサーバーの1つがコネティカット州に置かれていたとされる。

2005年3月のアメリカからの外交書簡は、英米間の犯罪人引渡条約4条にしたがって、申立人に対して死刑を求刑することも執行することもしないこ

とを保証している。また、申立人を「対テロ戦争」の下で遂行されている軍事委員会での訴追や敵性戦闘員としての扱いはせず、連邦裁判所以外の場で刑事訴追されることはないことも約束している。

イギリスの犯罪人引渡手続において、2005年5月上級地区裁判官は、特別行政措置の適用が「最大の懸念理由」であると認めつつ、上記外交書簡にもとづき、またかかる措置に伴うセーフガードを考慮し、申立人の引渡しは条約上の権利に反しないと結論づけた。この判断を受けて、2005年11月内務大臣は申立人の引渡しを命じた。高等法院への異議申立も、2006年11月、予想される独居拘禁それ自体は非人道的または品位を傷つける取扱いには該当しないとの理由でしりぞけられた。また、2007年6月貴族院も上訴を認めなかった。かくて、申立人は2007年6月人権裁判所に提訴した。

人権裁判所の第4部の小法廷は、2010年7月6日に各申立を受理した後、2012年4月10日の判決において全員一致で、4名の申立人につき、ADX Florence での拘禁状態および特別行政措置の結果として引渡しが3条違反を生じさせるものでないこと、また、5名の申立人につき、予想される長期間の刑罰の結果として引渡しが3条違反を生じさせるものではないと判断した。

【判　旨】

(1) 3条と犯罪人引渡し

当裁判所は、イギリス政府がその主張で依拠した、別のアメリカからの犯罪人引渡請求事件における2008年12月10日のイギリス貴族院判決（*R'（Welling-ton）v. Secretary of State for the Home Department*［2008］

UKHL 72) の 3 条解釈を検討する。貴族院判決の多数意見は 3 条解釈に関して「3 つの区別」にもとづいている。つまり、第 1 は、犯罪人引渡しと締約国領域からのその他の追放 (removals) 等との区別、第 2 は、拷問と 3 条が禁止する他の形態の虐待との区別、第 3 は、3 条違反について要求される最低限度の強度 (severity) の評価に関する、国内的文脈での評価と域外的文脈での評価との区別である (§167)。

第 1 の区別に関して、「他国において 3 条に反する取扱いの現実的おそれがあるか否かの問題は、その国への追放等の法的根拠に左右されるものでなく、当裁判所自身の判例法は実際犯罪人引渡しとその他の追放との間にほとんど違いはないことを示している」(§168)。

第 2 の区別に関して、貴族院判決の多数意見がとったアプローチは 1989 年のゼーリング事件判決〔I 14〕に見出されうるが、かかるアプローチがその後の判例法で支持されているか否かを検討する (§169)。かかる区別は事後的評価を求められる国内的文脈では比較的容易であるが、域外的文脈で将来予測的評価が必要とされる場合は必ずしも可能ではない (§170)。よって、虐待の現実的なおそれを理由として追放等が 3 条違反となると認定する場合、当裁判所は「当該虐待を拷問または非人道的もしくは品位を傷つける取扱い・刑罰として特徴づけるべきか否かを検討することを通常慎んできた」(§171)。

第 3 の区別に関して、当裁判所は「3 条にもとづき国家の責任が生じるか否かを決定する際、ゼーリング事件判決の§89 から、虐待のおそれと追放の理由とを比較衡量する余地があると推論されるべきでない」とのチャハル事件判決〔I 15〕§81 の言明を想起する。

本件でも、「3 条の適用上最低限度の強度を満たしているか否かの評価に対して同じアプローチがとられなければならない。これも同様に追放や引渡しの理由とは別個にのみ評価されうる」(§172)。「ゼーリング事件判決以降 22 年間、3 条の事例において裁判所は、これまで締約国からの引渡しや他の形態の追放等の問題につき比較衡量の検討を行ったこと

はない。この限りで、当裁判所はゼーリング事件判決の§89 および§110 が想定したアプローチから離れているものとみなされなければならない」(§173)。

「しかしながら、3 条の絶対的性格は、あらゆる形態の虐待が締約国からの追放等の制限事由として作用することを意味するものではない。……締約国の行為や不作為を理由として 3 条違反となる取扱いは、追放や引渡しの事例において 3 条違反になるために他国に対して必要とされる最低限度の強度には達しないかもしれない」(§177)。

「当裁判所は、死刑を伴う事例を除けば、民主主義、人権、法の支配についての長い歴史を持っている国に申立人が追放される場合、3 条違反があるとはめったに認定してこなかった」(§179)。

(2) 3 条と ADX Florence における拘禁

本件で特に問題となる独居拘禁 (solitary confinement) に関して、「かかる措置が条約 3 条の範囲内に入るか否かは、特定の諸条件、措置の厳格性、その期間、追求される目的、当事者に対する効果に依存する」(§209)。「受刑者を独居拘禁に置く決定から生じる恣意性のおそれを避けるために、かかる決定は受刑者の福祉と当該措置の比例性を保障する手続上のセーフガードを伴うものでなければならない。……独居拘禁措置は例外的にのみかつあらゆる配慮が払われた後に命じられるべきである」(§212)。

上記の判例法上の一般原則をふまえて、当裁判所は、主たる争点として、第 1 に手続上のセーフガードの欠如の主張、第 2 に ADX の制限的条件と人的接触の欠如の主張について検討する (§219)。第 1 の争点に関して、連邦刑務所局が ADX への移送の決定の際にアクセス可能な合理的基準を適用していること、移送の前にヒアリングを課していること、不服の場合に行政上ないし司法上の救済手続に訴えることができることなどから、ADX への収容に際して手続上のセーフガードがないという主張には根拠がない (§220)。第 2 の争点に関して、収容者の孤立の程度は「部分的かつ相対的である」(§222)。よって「ADX での可能性ある拘禁に関してこれら申立人につき 3 条違反はない」(§224)。

【解 説】

(1) 判決の意義・特徴

ヨーロッパ人権条約3条に由来するノン・ルフールマン原則は、拷問等の虐待行為それ自体の禁止と表裏一体の関係にあり、この原則の絶対性は人権裁判所の判例法上すでに確立しており、それは国連の人権機関や人権条約機関の立場とも一致すると考えられている。たとえば、2008年2月28日のサーディ対イタリア事件判決（大法廷）[1]は、テロ関連活動等による本国への送還処分が本国での拷問等の虐待のおそれがあるという理由で3条違反を認定したが、同判決では「条約3条が禁止する取扱いに対する保護は絶対的であるので、同条は、送還先の国でかかる取扱いを受ける現実的なおそれに直面するいずれの者をも引渡しまたは追放してはならない義務を課している。裁判所が繰り返し判示してきたように、この原則からのいかなる逸脱もありえない」と述べられている（§138）。こうした立場は、人権裁判所では、逃亡犯罪人引渡しと3条の関係が争点となった1989年7月7日のゼーリング事件判決（全員法廷）[2]を契機として、1996年11月15日のチャハル対イギリス事件判決（大法廷）[3]を経て、今日確立してきたものといえる。もっとも、昨今各国がテロ対策の強化を進める国際的環境の下で、3条のノン・ルフールマン原則の絶対性に対する異議はイギリスなど一部の国から度々出されており、本判決もそうした背景の中で、犯罪人引渡しや追放・送還に関する3条解釈を整理、確認することを求められた。

以下の点に関して、裁判所（第4部の小法廷）は明確な立場を示したと評価される。本判決は、イギリス政府の依拠した3条解釈における3つの区別について採用しないと判示したのである。すなわち、①犯罪人引渡しと締約国領域からのその他の追放等との区別、②引渡しや追放等の事例における拷問と3条が禁止する他の形態の虐待との区別、③3条違反について要求される最低限度の強度の評価に関する、国内的文脈での評価と域外的文脈での評価との区別は、いずれも3条解釈として採用されないとした。とくに、②と③の区別（イギリス政府は、拷問のおそれのある場合は引渡し等の禁止は絶対的であるが、他の虐待のおそれの場合は比較衡量による合法性評価が許されると主張した）について、本判決は、そうした主張がゼーリング事件判決から引き出される可能性もあるので、ゼーリング事件判決の関連部分（§89、§110）、つまり、「犯罪人引渡しにおいて非人道的または品位を傷つける取扱い・刑罰の概念を解釈、適用」する際に、「社会の一般的利益の要求」や犯罪容疑者が裁判に付される必要性といった要因が考慮されることを認めた部分は、現在では適切な判示とはいえないことをあえて確認したのである。比較衡量論については、チャハル事件判決を再確認したサーディ事件判決が、「当該個人が送還される場合の侵害のおそれと送還されない場合の社会に及ぼす危険との比較衡量にもとづく議論には誤りがある。かかる文脈における侵害のおそれと危険の概念は、比較衡量の基準として役立つものではない。なぜならば、それらの概念は、それぞれ別個にのみ評価されうるものだからである。……送還されない場合社会に重大な脅威を与えるかもしれないという可能性は、送還によって受けるかもしれない虐待のおそれの程度をいかなる点でも減ずるものではない。」（§139）と述べ、比較衡量論を明確にしりぞけている。本判決も、こうした判例法の流れに沿ったものといえる。このように、3条解釈におけるイギリス政府が主張した3つの区別（とりわけ比較衡量論）を否定した点で、3条にもとづくノン・ルフールマン原則の絶対性はよりゆらぎのない言質を与えられたかのように見えた。

ところが、本判決は、比較衡量論をしりぞけつつ、条約は非締約国に条約の基準を課すものでないという至極当然の理由から、「締約国の行為や不作為を理由として3条違反となる取扱いは、追放や引渡しの事例において3条違反になるために他国に対して必要とされる最低限度の強度には達しないかもしれない。」（§177）という新たな論理を持ち込んだ。この論理は、虐待のおそれと当該個人の社会に及ぼす危険といった追放理由との比較衡量とは異なるものの、また別個の相対的なアプローチであるように読める。確かに、3条違反のために必要な最低限度の強度は、関連する多くの要素、たとえば、用いられ

る手段や方法、当該行為の反復や期間、当該行為による肉体的精神的心理的効果、被害者の年齢・性別・健康状態などを合わせて評価するというのが、人権裁判所でも確立した手法であり、その限りで3条違反の入口となる最低限度の強度の評価は事件の諸状況に応じて相対的なものにならざるをえない[4]。しかし、追放や引渡しの事例で非締約国の行為を評価する場合は別の基準によるという立場は、従来の確立した判例法からは見出せない[5]。もちろん、非締約国の行為の将来予測に必然的に伴う立証上の困難はあるにせよ、それが3条が禁止する行為の入口について別個の基準を用いることを正当化する理由とはならない。それが理由となるならば、他国の行為の将来予測的評価を前提とする、判例法が認めてきた3条にもとづくノン・ルフールマン原則の絶対性の根幹が崩れてしまうであろう。

本判決の真意は不明といわざるをえないが、あえてヒントを探せば、「当裁判所は、死刑を伴う事例を除けば、民主主義、人権、法の支配についての長い歴史を持っている国に申立人が追放される場合、3条違反があるとめったに認定してこなかった。」（§179）という言及にあるかもしれない[6]。つまり一種の「体制」評価という隠れた基準が浮かび上がって来るように思われる。振り返って見れば、1960年代人権委員会が3条解釈にノン・ルフールマン原則の要素を導入した背景には、東西冷戦における東側への追放・送還からの保護という意図もあった。人権委員会は、追放・送還などの措置が3条違反となりうる判断基準として、送り先の国における具体的な事態とならんで、「その国の体制それ自体の性格」という基準を明示的にあげていた[7]。3条にもとづくノン・ルフールマン原則を適用する際の将来予測におけるこうしたある種のイデオロギー的要素をもった「体制」評価は、それが結果的に他国の人権侵害評価を緩和する効果をもつならば、それは3条にもとづくノン・ルフールマン原則の絶対性に影を落とすものであることは否定できない。

他国の行為の将来予測においては、拷問等禁止条約3条2項にいうような当該国の現実の具体的な人権侵害状況を考慮するのが本筋であって、けっして「民主主義、人権、法の支配についての長い歴史」の考慮ではないであろう。とくに、アメリカは「対テロ戦争」の下でのテロ容疑者の取扱いについて国際人権法上の拷問禁止規範からの重大な逸脱があり、国連やヨーロッパ評議会を含めて国際社会から強く非難されてきたことは周知の事実である[8]。その点からも、本判決の§177や§179の判示には違和感を抱かざるをえない。

(2) ADX Florence における独居拘禁

ADX Florence は、1994年に行政懲罰の目的のために設置された唯一の連邦管轄施設であるが、現在では殺人等の重罪やテロ関連の犯罪者を長期的に収容する施設となっている。ADX はそもそもの目的から独居房がほとんどで、ADX の収容者は1日20～24時間を狭い独房で過ごすといわれる。その長期的な独居拘禁に関して、国連人権理事会の拷問等に関する特別報告者は、「利用可能な情報にもとづき、ADX 刑務所で適用されている独居拘禁体制は国際法上のアメリカの義務に違反していると認定する」と述べている[9]。また、国際人権 NGO も ADX の独居拘禁を強く批判しており、たとえばアムネスティ・インターナショナルは、2014年7月の報告書において画像付きで ADX Florence の苛酷な実態を詳細に伝えている[10]。

本判決は、かかる国際的な注目を浴びているADX Florence における拘禁状態の評価を行った上で、それを理由として3条違反を生じるものではないと判断した。決め手となったのは、対立する事実関係の主張について、アメリカ政府提出の証拠（ADX Florence の運営関係者の供述書や司法省書簡など）に依拠した事実認定を行っていることが大きい。しかし、たとえば、手続上のセーフガードについて、アメリカ政府の示した手続は建前上形式上にすぎないという批判もあり[11]、とくに司法上の救済については、条約36条2項にもとづくアメリカ自由人権協会（ACLU）等による第三者コメント（§7）がその実効性の欠如を論じていたが、それはほとんど考慮されていない。こうした ADX Florence をめぐる国際的懸念をふまえると、裁判所の事実認定は一面的な評価に終わっているように見える。「独居拘禁措

置は例外的にのみかつあらゆる配慮が払われた後に命じられるべき」（§212）とする裁判所の判例法上の原則からすれば、この点での評価はより厳格になされるべきであったと思われる。本争点について、§177や§179にもとづく考慮が適用されたようには見えないが、それが隠れた形で作用しているとの印象を拭いきれない。

（3）判決の影響

本判決は、3条にもとづくノン・ルフールマン原則の絶対性について新たな議論を提起し、絶対性の意味を改めて問い直さざるをえない影響を及ぼしたように見える。

1996年のチャハル事件判決を確認した2008年のサーディ事件判決は、個人が送還される場合の虐待のおそれと送還されない場合の社会に及ぼす危険の比較衡量論および国家の安全の考慮が虐待のおそれの立証基準のレベルを引き上げるという主張をともにしりぞけ、これにより、3条にもとづくノン・ルフールマン原則の絶対性はより確立した感があった。本判決も、この判決に沿う形で、虐待のおそれと追放理由の比較衡量論を否定し、比較衡量論の根拠となりうるゼーリング事件判決の関連部分を打ち消した。

しかしながら、本判決§177の判示を文字通り読めば、3条違反となる締約国それ自体の行為と追放等が締約国の3条違反を引き起こす他国（非締約国）の行為とでは、侵害の強度において異なる基準が適用されることになる。他国の侵害評価の基準が相対的に穏やかということになれば、どの程度の侵害・虐待であれば、締約国に3条のノン・ルフールマン原則にもとづく責任が生じるのであろうか。§179が示唆するように、侵害行為の将来予測とは別に一種の「体制」評価が大きな比重をもつのであろうか。いずれにせよ、3条にもとづくノン・ルフールマン原則の絶対性を実質的に損なう議論であることは否定しがたく、いずれ大法廷での吟味が望まれるところである[12]。

なお、本判決が2012年9月24日に確定したのを受けて、同年10月5日Babar Ahmadはアメリカに引き渡され、コネティカット州の連邦地裁で審理された。新聞報道によれば、Babar Ahmadはタリバンに対するウェブサイトを通じての物的援助提供を認め、禁固12年の有罪判決を受けた。判決では、2004年8月以降の犯罪人引渡請求にもとづくイギリスでの拘禁やアメリカでの未決拘禁も刑期に算入されたので、残りの刑期はかなり短いものになった[13]。

---

(1) Saadi v. Italy［GC］, 28 February 2008. 同判決については、拙稿「ヨーロッパ人権条約3条にもとづくノン・ルフールマン原則の絶対性——サーディ対イタリア事件」国際人権19号（2008年）215-217頁。

(2) ゼーリング判決〔I *14*〕解説（古谷修一執筆）124-128頁。

(3) チャハル判決〔I *15*〕解説（村上正直執筆）129-133頁。

(4) たとえば、Ireland v. UK［PC］, 18 January 1978, Series A, No. 25, p. 65.〔I *23*〕.

(5) 2012年1月17日のHarkins and Edwards v. UK, 17 January 2012引用における同じ第4部の小法廷判決の§129には§177と全く同様の言及が見られ、この判決が初出のようである。この事件は、アメリカからの犯罪人引渡請求にもとづく引渡しが仮釈放のない終身刑のおそれがあるとして3条違反を申し立て、それがしりぞけられた事例であり、3条と犯罪人引渡しに関わる解釈原則につき本件と同様の論理が展開されている。

(6) 上記注(5)で引用したHarkins and Edwards判決の§131にも全く同様の言及がある。

(7) たとえば、Mohammed Nazir-Al-Kuzbari v. Germany, Decision, 26 March 1963 Yearbook, Vol. 6, 1963, p. 462.

(8) 「対テロ戦争」の文脈における拷問禁止規範の絶対性とそのゆらぎを検証したものとして、拙稿「国際法における拷問禁止規範の現在」拷問等禁止条約の国内実施に関する研究会編、村井敏邦・今井直監修『拷問等禁止条約をめぐる世界と日本の人権』（明石書店、2007年）29-59頁。

(9) U.N.Doc. A/HRC/25/60/Add. 2, 2014, pp. 123-124.

(10) Amnesty International, Entombed:Isolation in the US Federal Prison System, AMR51/040/2014.

(11) たとえば、収容決定の際の基準やヒアリングに関して、*Ibid.*, p. 4.

(12) 本判決の一般的解釈部分の批判的評価に関して、Natasa Mavronicola and Francesco Messineo, "Relatively Absolute? The Undermining of Article 3 ECHR in Ahmad v. UK," Modern Law Review, Vol. 76（2013）, pp. 589-603.

(13) The Guardian, 16 July 2014. 実際、Babar Ahmadは2015年6月刑期を終え、イギリスに帰国した。The Independent, 19 July 2015.

［参考文献］

注に掲げた文献を参照のこと。

23 公正な裁判とノン・ルフールマン
引渡し請求国による外交的保証の効力／拷問による証拠の排除則に基づく引渡禁止
——アブ・カターダ判決——

根岸　陽太

Othman (Abu Qatada) v. the United Kingdom

17 January 2012, Reports 2012-I

【事　実】

本件の申立人は、欧州における「オサマ・ビン・ラディンの右腕」とも呼ばれたイスラム過激主義の聖職者である。ヨルダンで拘禁や拷問を受けた経験を持つ申立人は、イギリスで1994年に難民の認定を受けたが、数多くのテロリストにとって精神的指導者としての役割を担っていたため、「2001年反テロリズム、犯罪及び安全保障法」のもとで拘禁され、同法を改正した「2005年テロリズム防止法」のもとでも保釈のうえで管理下に置かれた（§7-8）。

2005年当時、イギリス政府は、ヨルダン政府との間で「了解覚書（memorandum of understanding: MOU）」を作成し、テロリスト容疑者の退去において国際人権法の基準が保障される旨の「外交的保証（diplomatic assurances）」を取り付けていた（§21-24）。

同MOUが署名された直後に、国家安全保障を理由とした退去通知を受けた申立人は、ヨーロッパ人権条約（以下、条約）違反を主張して、特別入国管理不服申立委員会（Special Immigration Appeals Commission: SIAC）に訴えを提起した（§25）。その背景には、申立人がヨルダン国家治安裁判所において2回の欠席裁判で、共同被告人らに対する拷問による証拠に基づき有罪を宣告されており、実際に退去させられた場合には上記の諸権利を侵害するような取扱いを受ける危険性が存在していた（§9-20）。

2007年の決定において、SIACは、MOUの一般的条件およびその実施を監視するAdaleh Centreの役割を考慮し、申立人がヨルダンに退去したのちに再審を受けるとしても条約3条〔拷問等禁止〕違反を構成しないと判断した。また、ヨルダン国家治安裁判所の独立性・公平性の欠如や、条約3条に沿わない方法で得られた証拠が受理される現実の危険

が存在するとしても、問題となる要素を総合的に考慮すれば、再審が公平な裁判を受ける権利の「完全な（total）」否定を生ずることはないと結論づけた（§26-47）。

2008年の控訴院判決では、後者の条約6条違反について、SIACの権限を根拠に申立人の主張を形式的に退ける一方で、再審において拷問による証拠を有罪の証拠として採用する現実の危険性が「甚だしい裁判拒否（flagrant denial of justice）」に相当するとして、違反を認めなかったSIACを批判した（§48-52）。

2009年の貴族院判決は、条約6条違反に関する控訴院判決について、拷問による証拠が用いられないことを保証する程度を過度に高く求めた点に誤りがあるとしてSIACの判断を支持した（Phillip卿）（§62）。

ヨーロッパ人権裁判所は、条約6条のみの違反を認定した。

【判　旨】

(1) 条約3条違反の主張

確立された判例法にしたがい、引渡しを受けた者が条約3条違反の取扱いを受ける現実の危険性（real risk）が存在するという実質的な根拠（substantial grounds）が認められる場合には、引渡しを実行した国家に条約上の責任が生じる。当裁判所の役割は、国際社会で懸念されている外交的保証の一般的な妥当性や長期的な帰結を評価することではなく、特定の事件における外交的保証が不適切な取り扱いの現実的な危険性を除去するうえで十分であるかを審査することにある。特定の事件を精査するうえでは、引渡し請求国の一般的な人権状況と申立人の特徴の双方を考慮する（§183-187）。

本件において、国連機関やNGOの報告書に示されるように、ヨルダンの刑事司法制度が拷問等の禁止に関する大部分の国際基準を遵守しておらず、外交的保証なしには申立人が不適切な取扱いを受ける現実の危険に直面することは、当事者同士が認めるところである。他方で、当裁判所は多数国間の義務を遵守していない国家が二国間保証の遵守にさいして信頼されえないという絶対的な規則を定めておらず、同様に、引渡し請求国が拷問等に関する制度的な問題を抱えている場合に外交的保証を模索することを禁じる規則も存在しない。さらに、ヨルダンにおける一般的な人権状況がいかなる外交的保証の受容をも排除するものではなく、むしろイギリス―ヨルダン両政府の間で透明性を有した詳細な保証を得るための真正な努力が払われている（§190-194）。

MOUに関しては、一般的な懸念に加えて、(i)裁判官による迅速な審査の必要性、(ii)尋問期間における弁護士へのアクセス、(iii)送致（rendition）の禁止、(iv)ヨルダン法における当該保証の合法性および執行可能性、(v)監視機関による申立人へのアクセス、(vi)当該機関による保証の監視能力について、具体的な懸念が申立人より示されたが、MOUに含まれる条件およびヨルダン国内の法的・実務的状況から、これらの理由はすべて説得力を欠く。以上より、申立人のヨルダンへの退去は、彼が不適切な取扱いを受ける現実の危険を示さず、したがって、条約3条の違反を構成するものではない（§195-207）。

なお、SIACによる審査が実効的な救済を定める条約13条に違反するという主張については、同機関の独立性、手続の透明性・公平性、証拠の取り扱いなどの観点から、同条の基準を満たしており、違反を構成しない（§215-225）。

(2) 条約6条違反の主張

Soering事件判決で示唆されたように、引渡し請求国における「甚だしい裁判拒否」を被る現実の危険が存在する場合には、追放または引渡しに関する決定が条約6条違反の問題を例外的に生じさせうる。しかし、当裁判所が同判決から22年が経過する現在まで追放に関する条約6条違反を認定してこなかった経緯を考慮すれば、「甚だしい裁判拒否」基準は、条約3条と同様の証明責任が要求される「厳重な（stringent）」ものである（§258-262）。

当裁判所判例や拷問等禁止条約15条から確認されるように、国際法のもとでは、拷問により得られた証拠の受理が無条件に禁止されている（§263-266）。よって、拷問による証拠の受理は、条約6条の規定だけでなく、公正な裁判に関する最も基本的な国際基準に明らかに反しており、それが刑事手続で行われれば、「甚だしい裁判拒否」に相当する（§267）。

共同被告人らに対する取扱いが拷問に相当するとみなされるので、拷問によって得られた自白を有罪証拠として採用するという現実的な危険が十分に存在したか、そうであるならば、「甚だしい裁判拒否」が存在したか、の2点が問題となる。前者に関しては、特に拷問の立証が困難であることを考慮すれば、過度な証明責任を申立人に課すのは不公平である。そして、ヨルダン国家治安裁判所の慣行において拷問による証拠の受理が蔓延している実態、および共同被告人らに関する同裁判所の適切かつ実効的な調査が欠如していた事実を念頭におけば、申立人は証明責任を果たしたと考えられる（§272-280）。後者に関しては、先の結論にしたがい、控訴院の判断と同様に、申立人の再審が「甚だしい裁判拒否」に相当する現実の危険が存在すると結論づける（§281-283）。

なお、条約5条違反の主張については、条約6条と同様に厳重な基準が求められるところ、本件では拘禁が重大な違反を構成するほどの長期間にわたるものではない（§231-235）。また、申立人は条約41条の公正な満足に関する主張を行っていない（§288-289）。

【解　説】

(1) 本判決の意義・特徴

本判決の特徴は、ノン・ルフールマン（*non refoulement*）原則の適用における外交的保証と拷問による証拠の位置づけを明らかにした点にある。同原則は、難民条約33条1項や拷問等禁止条約3条など明文規定としての法典化と並行して、人権条約実施機関の解釈によっても動態的に展開されてきた。ヨーロッパ人権裁判所判例では、本判決でも引用された1989年Soering事件〔I 14〕において受容されて以来、様々な事例に柔軟に対応するために援用されている。

本判決の意義は、その背景にある「テロリズムとの戦い」を念頭に置くと、より一層の重要性を増す。テロリストの抑圧という国家安全保障の根幹に関わる問題は、時代を超えて様々に姿を変えて繰り返される一方で、技術の進歩とともに各国間の連携も緊密化・複雑化の一途を辿っている。Soering 事件で採用されたノン・ルフールマン原則は、たしかに複数の国家の協力体制のもとでの人権侵害に柔軟に対応しうる潜在的な資質を有する。しかし、四半世紀以上も前に打ち出されたその抽象的内容は、必ずしも現代的な要請に適っているとはいえず、新たに生じた具体的文脈に即して鍛錬される必要がある[1]。

その意味で、本判決は、欧州版のノン・ルフールマン原則を定式化した Soering 事件判決の解釈について、(2)同事件でも問題となった条約3条の内容を縦断的に深化させるとともに、(3)公正な裁判を受ける権利を定めた条約6条にまで横断的に拡張させる先進的な判断であり、(4)その革新性ゆえにイギリス国内への特定的な影響を超えてヨーロッパ人権裁判所の権限がより一般的に締約国によって問われる契機を与えることになった。

(2) 条約3条違反——ノン・ルフールマン原則の適用における外交的保証

本判決は、1996年 Chahal v. UK 事件判決〔I *15*〕や2008年 Saadi v. Italy 事件判決といった先例で抽象的に示された外交的保証に関する基準を相当程度に具体化することに成功している。その性質および実務上の評価における考慮要素として、当該保証の内容や発給主体から、引渡しの請求国と被請求国の二国間関係、請求国の国内法制度や監視制度の実効性に至るまで、計11点が詳細に網羅されている（§187-189 (i)-(xi)）。

ただし、本件事実への当てはめについては批判の余地が存在しないわけではない。特に本件において外交的保証の監視を委任されたヨルダン国内非政府組織 Adaleh Centre は、当事国のイギリス政府から人権促進を目的とした資金的援助を受けており（§203）、監視機関としての独立性を損なう可能性を否定できない[2]。独立性を高める代替手段として、ヨーロッパ拷問等防止委員会や、拷問等禁止条約選択議定書に基づき設置される国内防止機関（national preventive mechanisms）など、条約に基礎を置く外部

の機関への委任も考慮に入れられるべきである[3]。

外交的保証に関する判例の注目すべき展開として、「特別送致（extraordinary rendition）」事例が挙げられる（本判決（§200））。特別送致とは、通常の法制度の外部で拘禁・尋問を行うことを目的に、不適切な取扱いを受ける現実の危険性が存在する場所に、個人を自国の管轄下から他国に移送する超法規的な措置を指す（Babar Ahmad and others v. UK, Decision, 6 July 2010（§113））。アメリカ合衆国と条約締約国の間での特別送致への協力関係が問題とされた2012年 El-Masri v. the Former Yugoslav Republic of Macedonia〔本書 *5*〕では、締約国の条約違反を判断するうえで、移送先のアメリカに外交的保証を求めなかったことが重要な考慮要素とされた（§219）。また、2014年 Al Nashiri v. Poland 事件判決（§586-589）では、条約41条のもとでの個別的な救済に留まらず、条約2条〔生命権〕・3条〔拷問等禁止〕・第6議定書1条〔死刑廃止〕に基づく義務を遵守させるために、条約46条のもとでの締約国の一般的義務と裁判所判決の拘束力を根拠として、申立人が「死刑に服することのないようアメリカ合衆国当局から保証を得ることを通じて、可及的速やかに危険性を排除すること」が被告国に命じられている。

最後に、本判決が採用した解釈が後続の事件に波及した実例として、米州人権裁判所が中国－ペルー間での引渡しによる条約違反を審査した2015年 Wong Ho Wing v. Peru 事件判決（§180）がある。中国がペルーにした外交的保証の性質が問題となった同判決では、ヨーロッパ人権裁判所が本判決で体系化した考慮要素（上記 (i)-(xi)）が重要な指針として列挙されている。

(3) 条約6条違反——ノン・ルフールマン原則の適用における拷問による証拠

すでに Soering 事件判決の時点でノン・ルフールマン原則と条約6条の関係が例外的に生じうることが暗示されていたが、実際に引渡しによる退去処分が条約6条に違反すると明示したのは本判決が初めてである。ただし、人権裁判所は、Soering 事件から本判決に至るまでの長期間に渡って当該解釈が採用されなかった経緯を考慮して、条約6条違反を評価するための「甚だしい裁判拒否」基準に厳重な定義を与えている。すなわち、同基準を満たすために

は、「締約国内で生じたとすれば条約6条の違反（a breach）となるような、裁判手続における単なる不正または欠如を超え」た態様でなければならず、「同条によって保障された権利の無効、または本質それ自体の破壊に相当するほどに本質的な……公正な裁判に関する原則の違反（a breach of the principles of fair trial）」が求められる（§260）。

人権裁判所は、Gäfgen v. Germany 事件判決（2010年）〔本書34〕に代表されるように、拷問による証拠に対する絶対的な禁止の立場を堅持しており、本判決は、ノン・ルフールマン原則の文脈において、はじめてこの立場を適用して違反を認定した。本判決で示された絶対的基準は、アメリカ合衆国中央情報局による拷問を通じて得られた証拠が問題となった特別送致事例（2014年 Al Nashiri v. Poland 事件判決（§562-564）および2014年 Husayn Abu Zubaydah v. Poland 事件判決（§552-554））でも忠実に継承されている。このように国家安全保障上の利益を人権侵害のための便宜的な口実とさせない断固たる態度は、条約6条に基づく最低限の証拠の開示を絶対的要件とした2009年 A and others v. UK 事件判決〔本書42〕にも通底する。

しかし、これらの限定的な状況から離れた文脈では、条約6条の適用における証拠の取扱いに関して、人権と他の利益の全体的な均衡を図る可能性が完全に排除されているわけではない(4)。本判決の絶対的立場と対比される相対的立場が示された事例として、2011年 Al-Khawaja and Tahery v. UK 事件判決（§158）〔本書46〕では、供述書を証拠として認めることの危険性と、それが弁護側にもたらす困難さにもかかわらず、十分な埋め合わせをする（counter balancing）要素が存在することから、同条の違反が存在しないとされた。

(4) 本判決の影響

本判決が下されたのち、申立人の退去に関する懸念を払拭するために、イギリス政府はヨルダン政府とのさらなる交渉を進め、2012年4月に新たな退去決定を下した。申立人による訴えを受けた SIAC は同年11月に当該決定においてヨーロッパ人権条約違反の可能性が排除されていないと判断し、2013年3月の控訴院判決でもイギリス政府による控訴が退けられた。これら司法手続が進行する一方で、イギリス政府がヨルダン政府との間に申立人に関する

保証を含む条約を締結したことを受けて、申立人がヨルダンでの裁判を受けるために自発的に帰国した。ヨルダンの裁判所が、イギリスとの外交的保証にしたがい、拷問により得られた証拠を退けて、申立人にかけられたテロ行為の容疑を否認したために、長期間に渡って様々な問題を生み出した本件は解決を見た(5)。

しかし、過激派集団の起源となっている国家と提携してテロリズムの抑止に努めてきたイギリス政府にとって、外交的保証の成果には一定の理解を示しつつも Soering 定式の拡張によって危険人物の退去処分を阻んだ本判決は、けっして容易に受け入れられる判断ではなかった。実際に、判決直後のキャメロン首相による演説では、本判決がヨーロッパ人権裁判所に対する不満の象徴として槍玉に挙げられ、裁判所改革を目的とする2012年ブライトン会議の開催を招く引き金となってしまった(6)。

(1) Miles Jackson, 'Freeing *Soering*: The ECHR, State Complicity in Torture, and Jurisdiction' (2016) EJIL (forthcoming)
(2) Oliver de Schutter, *International Human Rights Law: Cases, Materials*, Commentary (2nd edn, CUP 2014), 339.
(3) Antenor Hallo de Wolf and James Watson, 'Navigating the Boundaries of Prevention: The Role of OP-CAT in Deportations with Diplomatic Assurances' (2009) 27 NQHR 525, 533–535.
(4) Helen Fenwick, 'Enhanced Subsidiarity and a Dialogic Approach - Or Appeasement in Recent Cases on Criminal Justice, Public Order and Counter-Terrorism at Strasbourg Against the UK?' in Katja S Ziegler, Elizabeth Wicks and Loveday Hodson (eds), *The UK and European Human Rights: A Strained Relationship?* (Hart 2015) 193, 208–211.
(5) Resolution CM/ResDH (2013) 198; BBC News, "Abu Qatada Cleared of Terror Charges" 24 September 2014.
(6) 当時のイギリス国内情勢について、江島晶子「ヨーロッパ人権裁判所と国内裁判所の『対話』？」坂元茂樹＝薬師寺公夫編『普遍的国際社会への法の挑戦 芹田健太郎先生古稀記念』（信山社、2013年）91-95頁。

[参考文献]
[1] Christopher Michaelsen, 'The Renaissance of Non-Refoulement? The *Othman* (*Abu Qatada*) Decision of the European Court of Human Rights' 61 *International and Comparative Law Quarterly* (2012) 750.
[2] Mariagiulia Giuffré, 'An Appraisal of Diplomatic Assurances One Year after "Othman (Abu Qatada)" v "United Kingdom" (2012)' (2013) 2 IHRLR 266.

24 難民に対する海上阻止行動
領海外における入国阻止行為へのノン・ルフールマン原則の適用
──ヒルシ・ジャマーア判決──

阿部 浩己

Hirsi Jamaa and others v. Italy
23 February 2012, Reports 2012-Ⅱ（大法廷）

【事　実】

本件の申立人は、3隻の船舶でイタリアに向けてリビアを後にした約200人の乗船者の中にいた11人のソマリア人と13人のエリトリア人である。2009年5月6日、当該船舶は、マルタの捜索救助区域内にあるランペドゥーサ島南方35カイリの地点において、イタリアの税関・沿岸警備艇により航行を阻止され、乗船者はイタリアの軍艦に移されてそのままトリポリに移送された。申立人によれば、その間、真の行き先は告げられず、身元の確認も行われなかった。10時間の航海後、乗船者はトリポリでリビア当局に引き渡された。

5月7日の記者会見において、イタリア内相は、公海上での阻止行動とリビアへの移送が同年2月4日に発効した両国間の協定によるものであり、密入国を防ぐ重要な転換点をなすものであったと言明した。内相はさらに5月25日、議会において、同協定に基づき5月6日から10日の間に471人余を公海上で阻止し、リビアに移送したことを明らかにした。内相によれば、こうした押し戻し政策は密入国・人身取引にかかわる犯罪者集団の意気を挫き、洋上の人命を救い、イタリア沿岸への非正規上陸者を大幅に減少させたという。イタリアは同年に上記協定により公海上で阻止活動を9回実施しているが、2011年に至り、リビアで生じた事態を受けて同協定は停止された。

代理人の情報によれば、申立人のうち2人は申立提起後ほどなく死亡し（事情不詳）、14人が2009年6月から10月の間に国連難民高等弁務官（UNHCR）駐トリポリ事務所により難民の地位を与えられた。同年2月に勃発したリビアの動乱後、申立人との連絡が難航し、代理人が連絡をとれているのは6人である。その中には、イタリアに不法上陸して難民の地位を付与された者やスイスで国際的保護の審査結果を待っている者もいる。

申立人はイタリア当局によるリビアへの移送が拷問等を禁止する条約3条と外国人の集団的追放を禁ずる第4議定書4条に違反し、実効的救済手段を得られなかったことが条約13条の侵害にあたると主張した。2009年5月26日に提起された本件申立は裁判所第Ⅱ部に割り当てられた後、2011年2月15日に同部の小法廷から大法廷に回付され、2011年6月22日に口頭弁論が行われた。本件審理には、UNHCR、ヒューマンライツ・ウォッチ、アムネスティ・インターナショナル、コロンビア大学法科大学院人権クリニックなど6つの団体が陳述書を提出し、UNHCRは口頭審理への参加も許可された。

【判　旨】

(1) 管轄権の存否

「本質的に領域的な管轄権の観念に沿い、当裁判所は、例外的な場合においてのみ、領域外で遂行されまたは効果を発生させる締約国の行為が条約1条の意味における管轄権の行使にあたると認めてきた」（§72）。「例外的な事情が存するかどうかの問題は、たとえば刑務所または船舶に対する全的かつ排他的な支配といった特定の事実に照らして判断されなくてはならない」（§73）。「国は、領域外で行動するその行為者を通して個人に対する支配および権限、

したがって管轄権を行使する場合、常に、当該個人の事態に関わりのある条約第1部中の権利および自由を当該個人に確保する義務を負う」（§74）。

海洋法の関連規定により、公海を航行する船舶は旗国の排他的管轄に服する。イタリア航海法にもその旨が明記されている。本件事案は、公海においてイタリアの軍艦上で生じたものであり、税関・沿岸警備艇も完全にイタリアの管轄の下にあった。当法廷は、本件がイタリアによる管轄権の域外行使の場合に当たると結論する（§77, 78）。

イタリア政府は公海上で遭難していた者への救助活動に従事していただけであり、Medvedyev and others v. France 判決におけるフランスのように、全的かつ排他的な性格の支配を及ぼしていたのではないと主張する。しかし、当該判決は第三国を旗国とする船舶上の事案であったためフランスの支配は事実上のものに限定されていたのに対し、本件事案はイタリアの軍艦におけるイタリア軍人によるものである。「当法廷の見解では、イタリア軍の艦船への乗船とリビア当局への引渡しの間、申立人はイタリア当局の継続的かつ排他的な法上および事実上の支配下にあった。」（§81）したがって、本件事案は条約1条の意味におけるイタリアの「管轄」の下にある（§82）（全員一致）。

(2) 3条違反

(a) リビアでの危険性

当法廷は、欧州連合（EU）の外囲国境を形成する諸国が移住者の流入により相当な苦難を経験していることに留意するが、「3条により保障される権利の絶対的な性格を考慮するに、国はそのことによって同条の義務を免れることはできない」（§122）。同条は、非人道的・品位を傷つける取扱いを受けると信ずる実質的な根拠のある国への送還を禁止するところ、その判断基準時は送還時である（§114, 121, 124）。

国際機関やNGOによる多数の報告によれば、リビアでは難民の保護がなされておらず、不法入国者は庇護申請者であろうと組織的に逮捕され非人道的な状態で拘禁されていた。多くの拷問事件も報告されている。密入国した者は出身国に送還される危険性があり、申立人のような非正規移民は、自由を獲得しえても、リビア社会で周縁化され、人種主義的行為にさらされていた（§125）。

「本件のように、条約の諸原則に明らかに反する実行が当局によってなされているかまたは容認されていることを信頼できる情報源が報告している場合には、国内法の存在や基本的権利の尊重を保障する国際条約の批准は、それ自体では、虐待の危険性からの適切な保護を保証するものではない」（§128）。リビアでは UNHCR の活動も公認されていなかった。「当法廷は、こうした事態はよく知られており、多様な情報源から容易に確証を得られるものであったことに留意する。したがって、当法廷は、申立人が送還された場合に、非正規移民としてリビアで条約に違背する取扱いを受け、いかなる保護も同国では与えられないだろうということをイタリア当局は知っていたか知っているべきであったと思料する」（§131）。

イタリア政府は申立人が庇護を申請しなかったと主張するが、「人権が制度的に侵害されている事態を前に、申立人が帰還後に受ける取扱いを見極めなければならないのは国家機関である」（§133）。「本件では、申立人がリビアにおいて3条に反する取扱いを受ける現実の危険があると信ずる実質的な根拠が示された」（§136）。それゆえ、当裁判所は3条の違反があったと結論する（§138）（全員一致）。

(b) エリトリアおよびソマリアへの恣意的な送還の危険性

国は、移送先の国（中継国）がさらなるルフールマンを行わないことを確保する責任も負う。中継国が難民条約の非締約国である場合には、その義務は重要性を増す（§147）。当法廷の有するあらゆる情報は、ソマリアとエリトリアが広範に不安定な状況にあることを示している。難民条約非締約国であるリビアには難民保護の手続きがなく、UNHCR による難民の地位の付与も同国では意味をもたない。

UNHCR の活動が恣意的な本国送還を阻止する保証になるというイタリア政府の主張は採用できず、現に数次にわたる恣意的な本国送還がヒューマンライツ・ウォッチ等によって非難されている（§151, 153, 154）。「以上に鑑みて、当裁判所は、申立人がリビアに移送された場合に、出身国に恣意的に送還される危険性から保護される保証が十分でないことをイタリア政府は知っていたか知っているべきであったと思料する」（§156）。申立人の申請のいかんにかかわりなく、イタリア当局は難民保護に関する国際義務をリビアがいかに履行するかを確認すべきであった（§157）。申立人のリビアへの移送は、当人を本国への恣意的な送還の危険性にさらしたことからも、条約３条の違反にあたる（§158）（全員一致）。

(3) 集団的追放

「当裁判所は、国家領域の外で行われる第三国への外国人の送還に関する事案に第４議定書４条が適用されるのかを初めて検討しなくてはならない」（§169）。同条の文言には領域への言及はない（§173）。準備作業からも同条の域外適用を妨げる事情はない（§174）。同条の目的は「国が、一定の外国人を、その個人的事情を検討することなく、したがって関係機関によってとられる措置への反論を提示させることなく送還することができないようにすることである。それゆえ、第４議定書４条が条約当事国の国家領域からの集団的追放のみに適用されるのであれば、現代の越境移動のかなりの部分が当該条項の射程からはずれることになろう」（§177）。そうなれば、同条の保障は実効性を欠くことになる。追放の観念は「管轄」と同様に主に領域的なものではあるが、「締約国が国家領域の外で管轄権を行使したと当裁判所が判断する場合には、当該国による域外管轄権の行使が集団的追放の形態をとることを認める障害はない」。海洋環境に特別の性格が備わっているからといって、そこが無法地帯になるわけではない（§178）。第４議定書４条は本件に適用可能である（§182）。

申立人のリビアへの移送は、各人の事情についていかなる形態の検討もなく実施された。身元の確認

も行われていない（§185）。申立人の移送は集団的な性質のものであり、第４議定書４条に違反する（§186）（全員一致）。

(4) 13条違反

申立人は身元の確認や個人的事情を訴えるいかなる手続きも利用できず、リビアへの送還を避けるために利用できる手続等に関する情報もまったく提供されなかった（§202, 203）。当裁判所は、申立人が、権限ある機関に条約・議定書違反を訴え、退去前にその訴えが十分にかつ厳密に審査されることを可能とするいかなる救済手段も奪われたと思料する（§205）。イタリア政府は、申立人がリビア上陸後にイタリアの刑事裁判所に訴える機会を利用すべきであったと主張するが、そのような手段をとることが実際に可能であったとしても、停止的効果が備わっていない以上、条約13条の要件は満たされない（§206）。当裁判所は、条約３条および第４議定書４条との関連で条約13条の違反があったと結論する（§207）（全員一致）。

(5) 46条および41条

「当裁判所は…本判決の執行に必要な個別の措置を指示することが必要と思料する」。「イタリア政府は、申立人が条約３条と両立しない取扱いも恣意的な本国送還も受けないとの保証をリビア政府から得るため、あらゆる可能な方策を講じなくてはならない」（§210, 211）。申立人の経験した苦難については、違反の認定だけでは公正な満足とならないので、非金銭的損害について申立人各自に１万５千ユーロの支払いを命じる（§215）（全員一致）。

（本判決には、Pinto de Albuquerque 裁判官の同意意見が付されている。）

【解　説】

(1) ノン・ルフールマン原則の域外適用

重大な人権侵害を受ける現実の危険性があると信じる実質的な根拠がある者の追放・送還を禁ずるノン・ルフールマン原則は、国の国境管理権限を制約する難民保護法制の主柱とされてきた。難民条約作

成当初、この原則は、国境での入国拒否には適用がないというきわめて制限的な解釈の下におかれていた。研究者やUNHCR等の強力な唱導により、この領域的制約は淘汰されるのだが、その後、特に冷戦終結後になると、「安全な（第三）国」概念や時間的制限の賦課などにより庇護手続きへのアクセスを困難にする施策が広がっていく。自国領土の一部を「国際区域」に指定して、領域内に所在するはずの者を領域外にあると擬制したり、庇護希望者の到来する島嶼群を出入国管理区域から切り離す策に訴える国も出てきた。ヨーロッパ人権裁判所は、他の国際人権機関とともに、こうした施策の条約適合性を精査し、閉ざされ行く国境を押し開く規範力学の発出源の一つになってきた[1]。

だが、欧米諸国は、そうして強まる規範的規制を回避するため、国境管理を領域外で実施する様相を強めていく。公海上で庇護希望者の入国を阻止し本国に移送するという本件事案に見られるような措置がその典型である。本判決は、条約3条に体現されたノン・ルフールマン原則が公海上で適用されることを全員一致で認める明快な司法判断となった。

申立人は、旗国主義が適用される公海にあってイタリア艦船上にあり、乗組員もすべて同国の軍人であったことから、同国による法上の支配（*de jure* control）および事実上の支配（*de facto* control）を排他的かつ継続的に受けており、このゆえに本件事案はイタリアの管轄の下で生じたとされた。リビアへの送還および同国を経由したエリトリア・ソマリアへの送還後に生じる予見可能な事態を3条違反と認定するにあたっては、UNHCRや国際人権NGO等の提供した報告が枢要な役割を果たしている。

イタリア政府は国連海洋法条約に従った救助活動に10時間程度従事していただけであり、リビアへの移送も密入国を防止するために締結された二国間協定上の義務に基づくものであると主張したが、いずれも条約上の義務を免れるものではないとして退けられた。また、締約国は、当人から政治的庇護の申請がなくとも送還先の処遇が条約3条に適合する

のかを見極めなくてはならず、送還先の国が人権諸条約を締結していること自体によってそうした保証が得られるわけではないことも強調された。

欧米諸国がいかに国境管理の脱領域化を図ろうと、条約の射程は確実にそこに及んでいくに違あるまい。この点で、Pinto de Albuqueuque裁判官の次の指摘は示唆に富む。「領海への入域拒否、査証の拒否、事前搭乗拒否、他国または国際機構が締約国に代って実施する入国審査への資金、装備もしくは人員の提供を含む、考えられるすべての出入国・国境管理政策は、条約の基準の下にある。どこで行われようと、誰が実行しようと、それらはすべて、国家による国境管理権限の行使形態であり、国家の管轄権の発現なのである。」[2]

(2) 集団的追放（第4議定書4条）

本判決は、集団的追放を禁ずる第4議定書4条の域外適用を認めたヨーロッパ人権裁判所の初の司法判断でもある。外国人の集団的追放については、ヨーロッパ人権委員会による次の定義が引き続き採用されてきている。「集団としての外国人に国を離れるよう強いる、権限のある機関によるいずれかの措置。ただし、当該集団の個々の外国人の事案について合理的かつ客観的な検討の後に、当該検討に基づいてとられる措置を除く」（§166）。

イタリア政府は、集団的追放の禁止は締約国の領域にある者について適用されるのであり、本件において問題となっているのは国家領域への入域であって「追放」ではないと主張した。当裁判所は、規定の文言、準備作業を吟味するとともに、「生ける文書」たる条約の確立した解釈原則に則り、本件に第4議定書4条の適用がないとすると、変容する越境移動の実態の中で同条の実効性が失われてしまうという認識を示し、イタリアの主張を退けた。また、本件のように締約国が域外で管轄権を行使したと認められる場合に同条の適用がないと結論するのでは、条約自体の適用範囲と第4議定書4条の適用範囲に不一致が生じ、条約が全体として解釈されなければならないという原則に反してしまうとの懸念も表明

されている（§178）。本件では、集団的性格を有する申立人の追放にあたり、各人にいかなる個別審査も実施されていないことから、同条の違反が認定された。

集団的追放の禁止は各人に適正手続の保障を求めるものであり、そのような個別の手続的保障なき場合には、押し戻される先がどこであろうと義務違反が生じることにもなる。その意味で実務的含意はきわめて大きい。だが、とりわけ域外で集団追放された者が訴えを提起するには、手続を担う代理人に尋常ならざる負担が降りかかることは必定である。

本件においても、委任状に瑕疵があり申立人が特定されておらず、また、申立人との連絡に支障が生じているため対審審理が妨げられている、という理由で、イタリア政府が申立を総件名簿から削除するよう求めていた。当裁判所は、すべての委任状が署名・捺印されており、連絡のつく申立人の事情について代理人から詳細な情報提供がなされ、その説明等について疑念を生じさせるものはないとして、委任状の有効性を認めたが（§52-55）、より困難な事情の下では適切な授権がなされていないとして訴えが却下されることもありうる（Hussun and others v Italy,）。国境管理権限の域外行使を規制する制度的な対応が求められるゆえんである。

(3) 本判決の執行監視

閣僚委員会は、イタリア政府から提供された報告等を受けて、2012年6月以来、本判決の執行状況について6つの決定を行っている。その中で、2014年9月の5回目の決定（1208（DH））は次のようなものであった。第1、申立人が条約3条と両立しない取扱いも恣意的な本国送還も受けないとの保証をリビア政府から得ようとするイタリア政府の尽力に関心をもって留意し、今後そのような危険性があることを示す情報に接した場合には条約上の権利を保障するためあらゆる可能な措置を取るよう招請する。第2、条約上の要請をイタリア法上および実務上明確化することで本件のような海上での押し戻しが行われないようにするとの確固たる保証を想起し、指示・ガイドライン・研修を含む実際の実施措置についてより詳細な情報を受け取ることへの関心を表明する。

この決定に基づいてイタリアから関連情報が提供された後、2016年9月に閣僚委員会は本判決の執行についての検討を終える決定を行った（CM/ResDH（2016）221）。

(1) たとえば、Amuur v. France, 25 June 1996; Ilascu and others v. Moldova and Russia, 8 July 2004; D v. UK, 2 May 1997; M. S. S. v. Belgium and Greece, 21 January 2011〔本書 **9**〕.
(2) Concurring Opinion, p. 75.

[参考文献]
[1] Cathryn Costello, "Courting Access to Asylum in Europe: Recent Supranational Jurisprudence Explored", *Human Rights Law Review*, Vol.12（2012）, pp. 287-339.
[2] Thomas Gammet Toft-Hansen, "International Refugee Law and Refugee Policy: The Case of Deterrence Policies", *Journal of Refugee Studies*, Vol. 27（2014）, pp. 574-595.

25 ノン・ルフールマン原則と実効的救済
待機ゾーンでの庇護申請と執行停止効果のない救済手続
―ゲブレメディン判決―

大藤　紀子

Gebremedhin v. France
26 April 2007, Reports 2007-Ⅱ

【事　実】

　エリトリア国籍保持者である申立人、ゲブレメ
ディン（Asebeha Gebremedhin）は、同国の報道規制
に抗議する独立系新聞社に報道カメラマンとして働
いていたが、同国政府による政治的迫害を受けたた
め、スーダンに逃れ、スーダンの偽名パスポートを
用いて、2005 年 6 月 29 日にフランスのシャルル・
ド・ゴール空港（パリ）に到着した。到着後直ちに
警察署で庇護を求めたものの取り合ってもらえず、
国際ゾーンを出られなかったが、7 月 1 日、ようや
く警察署で庇護要請が記録されたという。

　その後、2004 年に定められた CESEDA（外国人の
入国・滞在および庇護権に関する法典（Code d'entrée et de
séjour des étranger et du droit d'asile））に基づき、申立
人は、行政機関の決定により、いわゆる待機ゾーン
（zone d'attente）に拘束された[1]。続いて、16 日間、
裁判官（juge des libertés et de la détention）の許可によ
り抑留が延長された[2]。

　7 月 3 日、難民資格審査の第一次機関である
OFPRA（l'Office française de protection des réfugiés et ap-
atrides、難民・無国籍者保護局）職員による事情聴取が
行われ、5 日に提出されたその調書および意見に基
づき、6 日、内務省は、申立人の難民申請は「明白
に根拠を欠く」として、CESEDA L213-4 条に基づ
いて、エリトリアまたはその他の「合法的に受け入
れられるあらゆる国」への送還を決定した。しかし、
7 日、エリトリア大使館が申立人を自国民と認めず、
渡航文書の発行を拒んだため、待機ゾーンでの抑留
が継続された。

　同日、申立人は、Anafé（国境における外国人を援助
する全国協会（Association nationale d'assistance aux fron-
tières pour les étrangers））を始めとする NGO の支援
を得て、セルジー・ポントワーズ行政裁判所（tribu-
nal administratif de Cergy-Pontoise）に難民申請のため
の入国を求める人権救済仮処分請求（référé-liberté）
を行ったが（行政裁判法典 L.521-2 条）[3]、弁論の機会も
ないまま翌 8 日に申立人の請求は棄却された。申立
人は、7 月 18 日、この 8 日の決定の取消しを求め
て国務院（Conseil d' État）に訴えたものの、8 月 11
日、国務院は、訴えを棄却している。なお、裁判所
による上記のいずれの手続にも、法律上、訴えに基
づく処分の執行停止効果は認められていなかった。

　NGO の継続的な支援の下、7 月 14 日、申立人は、
ヨーロッパ人権裁判所に申立を行った。同裁判所が、
裁判所規則 39 条に基づき、フランス政府に対して
「8 月 30 日まで申立人をエリトリアに送還しない」
旨の暫定措置を命じたため、7 月 20 日、内務大臣は、
申立人が難民申請できるよう、8 日間の通行許可証
（sauf-conduit）を発行して入国を許可し、26 日には、
申立人に 1 か月の仮滞在許可証を交付した。入国後
の申請手続を経て、11 月 7 日、OFPRA は、申立
人に難民資格を認定している。

【判　旨】

　本件では、第一に、難民申請者であるか否か、ま
た本国への送還に伴うリスクの如何にかかわらず、
関係行政機関による入国の拒否および国外退去命令
に対して、フランスの法制度上、処分の執行停止効
果を伴う救済措置が設けられていないことが、ヨー

ロッパ人権条約3条（拷問および非人道的な取扱いの禁止）と結合した13条（実効的な救済を受ける権利）違反となるか否かが問われた。第二に、6月29日～7月1日の国際ゾーンでの拘束、またエリトリア大使館が渡航文書の発行を拒み、ヨーロッパ人権裁判所が暫定措置を求めたことによって、送還が不可能となった7月15日から20日までの待機ゾーンでの拘束が、身体の自由を保障する同条約5条1項に違反しないかが問われた。

(1) 3条と結合した13条違反の認定について

「13条は、明らかに、裁判所が条約3条に付与する重要性および拷問または非人道的もしくは品位を傷つける取扱いのリスクが実現した場合に生じうる損害の回復不可能な性質に鑑みて、このような性質のリスクを伴うと信じる確かな理由がある国に外国人を送還する決定を締約国が行う場合にも、執行停止効果を有する救済にアクセスする権利を当然に当該関係人に付与するよう要求している」（§58、§66）。「本件において、申立人は、『待機ゾーン』でそのような執行停止効果を有する救済へのアクセスを享受しなかったため、条約3条に基づく申立を可能にする『実効的な救済』を得なかったことになる。したがって、同規定に結合した13条違反が存在する」（§67）。（全員一致）

(2) 5条1項違反の認定について

(a) 警察署の調書が「唯一の確かな資料」であることから、「申立人が被った『自由の剥奪』は、『待機ゾーン』に置かれた日付、すなわち7月1日に始まったと考えるべき」であり、「国内法に定められた最長期間の20日」を超えていない（§70）。

(b) ヨーロッパ人権裁判所の暫定措置がもっぱらエリトリアへの送還を控えるよう求めるものであったのに対して、内務大臣による入国拒否の決定は、申立人を適法に受け入れうる、エリトリア以外の「あらゆる国」への送還をも視野に入れていたことから、条約5条1項(f)が拘禁を認める「退去強制手続」の一環と考えられる（§13、§75）。「2005年7月15日以後の待機ゾーンでの申立人の抑留は、条

約5条1項(f)のいう『ある個人が不正規に領土内に入ることを妨げるための』『合法的な拘禁』に該当」するため、「同規定の違反はなかった」（§75）。（全員一致）

(3) 41条について（省略）

【解　説】

(1) 判決の意義・特徴

フランスにおいて、待機ゾーンとは、鉄道、航海、航空の手段でフランスに到着した外国人のうち、フランスへの入国を許可されない者または難民資格の認定を申請する者が、フランスからの出国のために、または、難民申請者であればその申請が明白に根拠を欠くものでないかどうかを決定するために、厳格に必要な期間身体を拘束される、規則に定められた国際輸送に用いられる鉄道の駅、港または下船地付近、空港もしくはその周辺の領域をいう（CESEDA L.221-1条、L.221-2条）。

フランスへの入国を拒否された者のこうした領域における拘束は、当初、法令上の根拠なく行われ、ヨーロッパ評議会においても、何らの拘禁期間の限定も、被拘禁者に対する法的保障も、裁判による救済も設けられていないことが問題とされていた[4]。1991年9月6日に議会で採択された法律において、初めて規定が設けられたが（8条）、当該外国人に裁判による救済制度が一切設けられていなかったことから、1992年2月25日、憲法院は恣意的拘禁からの自由の司法権による保障を義務づけるフランス憲法66条に違反すると判断し[5]、同規定は削除された。この憲法院判決を受けて、1992年7月6日の法律[6]が改めて制定され、現在のCESEDAの上記諸規定の原条文が定められたほか、当該外国人への権利の告知、通訳・医師・弁護士などとの接見の保障、拘禁期間、裁判官の決定による延長、延長の限度、延長の決定に対する訴えの手続などが明記された（CESEDA L.213-2条、L.221-4条）。

本件同様、難民申請を意図して、1992年3月9日、フランスのオルリー空港に到着したソマリア国籍保

持者を、フランス政府が20日間抑留した措置について、ヨーロッパ人権条約5条1項違反が申し立てられたアムール事件がある[7]。判決は1996年6月25日に下されたが、事件が起こった当時は、1992年7月6日の上記法律は未だ定められていなかった。ヨーロッパ人権裁判所は、司法的救済を始めとする権利が「法律」によって何ら保障されていなかったことが、公的機関による「恣意的な」干渉に対して「身体の自由および安全」を保障し「法律に定められた手続に基づく」場合にのみ拘禁を認める、ヨーロッパ人権条約5条1項（身体の自由の保障）に違反すると結論づけた。この5条1項違反の問題は、1992年7月6日の法律が定められた後に生じた本件においては、主たる論点とはなっていない。本件で中心的となったのは、3条と結合した13条に関する論点である。

(2) 入国拒否決定に対する訴えと処分の執行停止効果

本判決が指摘するように、フランス国境での難民申請には、「特有の困難」が存在する（§59）。つまり、OFPRAで難民申請を行うためには、まずはフランスに入国しなければならず、入国申請において、内務大臣の入国許可決定を経なければならない。本件のように難民申請を意図してフランスに到着した外国人が、偽造パスポートを所持し、本国での迫害を証明しうる十分な証拠や資料を持ち合わせていない場合、またその置かれた状況を言語などで表現する術をもたない場合などには、申請の背景となっている事実が「明白に根拠を欠く」（CESEDA L.221-1条）と容易に判断されかねない。また、当該外国人にとって、証拠の収集も困難ななか、行政機関による決定までの審査が、最長20日間の速いスピードで簡潔に行われることも問題である（§61）。本来は、「明白に根拠を欠く」という判断は、例外的になされるべきであるが、現に、国境における申請で「明白に根拠を欠く」と判断されたのは、2003年で96.2％、2004年で92.3％（§41）、2005年で77.7％、2006年で76.5％となっており、同基準が濫用され

ている実態が看取できる[8]。こうした状況を前提にすると、「明白に根拠を欠く」との判断による入国拒否決定に対して、救済制度が実効的に保障されていることが極めて重要になる。

それには、救済制度における処分の執行停止の保障が一つの要となる一方で、伝統的に、フランスの行政裁判手続における行政決定に対する訴えの提起は、裁判所による停止の決定がなされない限り、原則として当該行政決定の執行を停止させる効果を伴わないとみなされてきた（行政裁判法典L.4条）[9]。

しかし、難民申請を意図して入国を求める外国人に関しては、その入国拒否の決定に対する訴えが、処分の執行停止効果を自動的に伴わなければ、手続の進行中に国外退去措置が執行されてしまう危険がある。難民と認定されるべき者が本国に送還されれば、「拷問または非人道的もしくは品位を傷つける取扱いまたは刑罰」を受けかねない。こうした理由から、本件において、フランスの行政裁判の訴えに自動的な処分執行停止効果を伴わないことが、ヨーロッパ人権条約3条（拷問および非人道的な取扱いの禁止）と結合した13条（実効的な救済を受ける権利）違反となるとされたのである。

(3) 判決の国内法への影響──執行停止効果の容認

本判決を受けて、移民の制御、統合および庇護に関する2007年11月20日の法律[10]が定められ、難民申請を目的にした外国人が入国を拒否された際の提訴に関わる条項が、新たにCESEDA L.213-9条に定められた。地方行政裁判所所長へのこの訴えには、難民申請のための入国拒否決定（国外退去処分）の自動的な停止効果が付与されている。すなわち、それによれば、「難民申請のための入国を拒否された外国人は、その決定の告知から48時間以内に、理由を付して、地方行政裁判所所長にその取消しを求めることができる」（1項）[11]。「当該所長…は、訴えの提起から72時間以内に決定を下す」（2項）。そして、停止効果として、同決定「告知後48時間が経過する以前に、また地方行政裁判所所長に訴えられた場合には、当該所長…がこの目的において決定

を下す以前に、入国拒否および国外退去の処分が執行されてはならない」と定められた（7項）。なお、行政裁判所所長の決定に対しては、15日以内に管轄権を有する行政控訴院への上訴が可能であるが、これには、停止的効果は付与されていない（同条9項）。

こうした制度が定められた結果、「難民申請のための入国拒否の決定に対して、他のいかなる救済措置も講じられてはならない」ものとされた（同条3項）。

これによって、本件申立人が用いた仮処分請求手続に依拠することはもはや認められなくなり、国境で入国を拒否された難民は、その拒否決定を覆すには、48時間以内に理由を付した訴えを提起することが必要とされる。フランス政府はこの点について、書面による訴えの理由の提示は簡潔なもので足りるとしている。

フランス政府によれば、CESEDA L.213-9条に基づいて、2010年には、1,595件の入国拒否決定に対して、1,152件が取消しを求めて地方行政裁判所に訴えられたという（72.2%）。その結果として、同年の取消率は、地方行政裁判所および行政控訴院ともに18%に及んでおり、難民申請者にとって合理的な展望を開く数値であると評されている[12]。

2013年3月27日付の閣僚委員会決議は、こうした国内法の整備等を受けて、フランス政府による本判決の執行を最終的に確認している[13]。

(1) 48時間の拘束後、48時間の延長。行政機関の決定による抑留は、最大4日間と定められている。L-221-3条。

(2) 8日間＋8日間の延長がCESEDAの規定する最長期間（全体で原則として最長20日間）。L-222-1条、L-222-2条。

(3) 2000年6月30日の法律（Loi no 2000-597, 30/6/2000 relative au référé devant les juridictions administratives, *JORF* du 1er juillet 2000, p. 9948）によって認められた行政裁判法典上の急速審理手続の一つ。急速審理裁判官の決定に対しては、その通知を受けた後15日以内に国務院に控訴することができ、その場合、国務院は、48時間以内に判決を下す（L.523-1条）。

(4) 1991年9月12日の「難民申請者のヨーロッパの空港への到着に関する議員会議報告」、1992年6月4日の「ヨーロッパ拷問防止委員会報告」。

(5) Décision no 92-307 DC du 25 février 1992, Journal officiel du 12 mars 1992, p. 3003, *Recueil* p. 48.

(6) キレ（Quilès）法、Loi no 92-625 du 6 juillet 1992 relative aux zones d'attente dans les ports et aéroports, *JORF*, no 158 du 9 juillet 1992.

(7) *Amuur c. France* 25 juin 1996.

(8) 2007年11月20日の移民の抑制、統合および庇護に関する法律2007-1631号（Loi no 2007-1631 du 20 novembre 2007 relative à la maîtrise de l'immigration, à l'intégration et à l'asile, *JORF*, no 270 du 21 novembre 2007, p. 18993.）に関する元老院法案趣旨説明参照。

(9) 「行政決定の執行的性格（caractère exécutoire de la décision administratif）」を背景に、行政活動の効率性を担保することが目的とされている。橋本博之「フランスにおける行政訴訟改革の動向」立教法学53号（1999年）41-44頁。広岡隆『行政強制と仮の救済』（有斐閣、1977年）245頁以下参照。また、CE, 2 juillet 1982, *Huglo, Rec.* p. 257 参照。

(10) 前掲注(8)参照。

(11) 決定の告知と同時に、原則として当該外国人にはOFPRAの事情聴取の調書が手渡されなければならず、地方行政裁判所への提訴の期限は、調書の手渡しがあった時点から開始されるという。CE, 28 novembre 2011, *Ministre de l'Intérieur contre Oumar Diallo*, 343248.

(12) Gebremedhin contre France, Bilan d'action, document DH-DD (2012) 636F.

(13) Résolution CM/ResDH (2013) 56.

[参考文献]（注に掲げたものを除く）

[1] Jean-Pierre MARGUÉNAUD, Le droit de demander asile à la frontière (Note), *Recueil Dalloz*, 2007, no. 39, p. 2780-2783.

[2] Frédéric SUDRE, Chronique de jurisprudence de la Cour européenne des Droits de l'homme (mars-août 2007), *AJDA*, 2007, p. 955-956.

[3] Jean-François FLAUSS, Actualité de la Convention européenne des droits de l'homme (mars-août 2007), *AJDA*, 2007, p. 1925-1926.

[4] Olivier LECUCQ, La loi du 20 novembre 2007 relative à la maitrise de l'immigration, à l'intégration et à l'asile, et sa constitutionnalité, *AJDA*, 2008, p. 148-149.

[5] Romaric GUEGUEN, Précision sur le référé-liberté et le droit des étrangers, *AJDA*, 2008, p. 765.

26 私生活の尊重と体外受精
生殖補助医療における親になる決定の尊重と評価の余地
——エヴァンス判決——

小林　真紀

Evans v. the United Kingdom
10 April 2007, Reports 2007-I（大法廷）

【事　実】

申立人の Natallie Evans とパートナー J 氏は、2000 年にイギリス国内のクリニックで不妊治療を開始した。ほどなくして Evans 夫人に腫瘍が見つかり卵巣の摘出手術が必要との診断が下されたため、二人は、予め受精卵（胚）を作成・凍結保存し術後に夫人に移植する施術を同クリニックで受けることを決め、その旨を書面で同意した。その後、体外受精により得られた胚は凍結保存され、Evans 夫人の卵巣摘出手術も無事終了した。

手術から半年後に、二人の関係が悪化したことから、J 氏は、凍結胚の保存および移植に関する同意を撤回する旨の文書をクリニックに送付した。イギリスの「受精およびヒト胚に関する法律（HFE 法）」（以下、HFE 法と略す）の規定によれば、この同意の撤回は、クリニックに対し保存中の全ての胚を破棄すべき義務を発生させる。他方で、凍結胚の破棄は、卵巣を全摘した Evans 夫人にとって血縁関係のある子を産む可能性を完全に否定されることを意味する。そこで Evans 夫人は、J 氏が同意撤回を取消すことを命ずるオルドナンスを求めてイギリスの国内裁判所に提訴した。これに対して、いずれの国内裁判所も Evans 夫人の請求を認めなかった。

そこで Evans 夫人は、2005 年 2 月に、次のような主張をしてヨーロッパ人権裁判所（以下、人権裁判所とする）に提訴した。まず、HFE 法の規定は、J 氏が同意を撤回した場合に、クリニックに胚を破棄することを義務づけている点で、ヨーロッパ人権条約（以下、人権条約とする）2 条が保障する胚の「生命

に対する権利」を侵害している。次に、同法の規定は、J 氏に同意の撤回を認めている点で、人権条約 8 条が夫人に保障する「私生活および家族生活の尊重を受ける権利」を侵害している。

2006 年 3 月 7 日に小法廷は、人権条約 2 条について全員一致で、同条約 8 条については賛成 5 票対反対 2 票で、同条約 14 条については全員一致で、それぞれ違反は認められないとする判断を下した。この判決を不服とした Evans 夫人は、人権条約 43 条の規定にしたがい大法廷へ上訴を請求した。本件は、この上訴に基づき 2007 年 4 月 10 日に大法廷によって下された判決である。

【判　旨】

(1) 人権条約 2 条違反について

Vo 対フランス事件判決〔本書 *16*〕でも明言されているように、「生命の始期の科学的および法的定義についてヨーロッパレベルでコンセンサスが形成されていない現状では、生命の権利の始点は、一般的にこの分野について各国に認められる評価の余地に属する」。イギリス法は、胚に対し、自律した法の主体としての資格を認めていないから、人権条約 2 条が保障するような生命に対する権利の援用も認めていない（§54）。

したがって「申立人と J が作った胚は 2 条が保護する生命に対する権利を援用し得ないから同条に対する違反はない」（§56）。

(2) 人権条約 8 条違反について

(a) 8 条に関して問題となる権利の性質

人権条約 8 条の《私生活》の概念には「親になる

ことあるいはならないことの決定を尊重される権利」も含まれる（§71）。

本件の中心的なジレンマは、申立人とＪがともに、「8条から導き出される権利で衝突」し、かつ「一方の利益は他方の利益と全く相容れない」ことにある。すなわち、「一方で、申立人への胚の移植が認められると、Ｊは父になることを強制され、他方で、Ｊの同意の撤回が認められれば、申立人は生物学的な意味で親になる可能性を奪われる」。このような状況下では、締約国の機関がいかなる解決をとったとしても、当事者のいずれか一方の利益は全く尊重されない（§73）。

さらに、係争中の立法は、「一般的なより広い利益」、すなわち「同意の優位の原則を保護し、法的明白性および安全性を促進する目的」も有する（§74）。

(b) 本件が、積極的義務あるいは介入のいずれに関わるものであるかという点について

8条が「締約国に課す消極的義務と積極的義務の間の境界を明確に定義することは難しい」が、いずれの場合も「競合する利益間で公正な均衡を図ること」を考慮しなければならず、同時に、「締約国は一定の評価の余地をもつ」（§75）。

(c) 評価の余地

8条に関して、「ある個人の存在あるいはアイデンティティのとくに重要な側面が問題となっているとき」は、締約国に認められる評価の余地は限定的になる。これに対して、「締約国の間でコンセンサスが無い場合」、とりわけ事案が「慎重な配慮を要する道徳的・倫理的問題を惹起する場合」には評価の余地はより拡大する。締約国が「競合する公的利益と私的利益の間、あるいは条約によって保護される異なった権利同士の間の均衡を調整しなければならないとき」も評価の余地は広くなる（§77）。

ところで、「本件が惹起する問題は、明らかに道徳的・倫理的に慎重な配慮を要する性質を帯びている」（§78）。

また、「配偶子の提供者が、体外受精のいかなる段階から、その同意を撤回し得なくなるのかという

点について、ヨーロッパの中でコンセンサスがあるとはいえない」（§79）。

以上の理由により、体外受精を用いた施術は「道徳的・倫理的に慎重な配慮を要する問題を惹起し、科学と医学の急速な進化に関わるものであり、かつ本件で指摘されている問題は締約国間で見解の一致がない分野に関するものである」から、締約国には広い評価の余地が認められる（§81）。

また、この評価の余地は、「体外受精を用いた施術を規制する立法を行うかどうかという締約国の決定」、および、場合によっては「衝突する公的利益と私的利益の間の均衡を図るために当該締約国が採る措置」に認められる（§82）。

(d) 8条の尊重

「本件のような特別な場合に、カップルの2人が共同して作った胚を申立人の子宮に移植することについての同意を、Ｊが実際に撤回しあるいは拒否することを認める法律を適用することが、問題となっている諸利益の公正な均衡を図るものであるかどうか」を決定しなければならない（§83）。

HFE法は、「ヒトの受精および発生に関して、極めて緻密に、社会的、倫理的、法的意義を分析した後に採択されたものであり、かつ広い考察、諮問および議論の結果である」（§86）。

「係争中の法律の絶対的性質そのものは8条と両立し得ないものではない。本人の同意のないところで提供者の配偶子が使用されないように、一切の例外を認めない規律を採択した立法者の決定は、人間の尊厳および自由意思の尊重を優先するという配慮および体外受精の当事者間で公正な均衡を図ろうとする意向」から生じたものである。この絶対的性質は、「法的安定性を促進させ、かつ諸利益の間の均衡を図る際に生じる恣意性と不一致性の問題を避ける」ためのものである。「問題となっている法律が追求している一般的利益は適法であり8条と両立しうる」（§89）。

「ヨーロッパレベルでのコンセンサスがないこと、国内法の規定に曖昧さがないこと、それらの規定に

ついて申立人は知らされていたこと、それらの規定は衝突する諸利益の公正な均衡を図るものであること」から、8条に対する違反はない（§92）。

（3）8条と組み合わせられた14条違反について

生殖補助医療技術を受けずに産むことのできる他の女性と比較して、申立人がとりわけ異なる取り扱いを受けたと主張できるかどうかという点について判断する必要はない。実際、8条違反はないとした結論の根拠は14条に関しても客観的かつ合理的な理由となる（§95）。

したがって14条に対する違反もない（§96）。

以上の理由により、大法廷は次のように判断する：

1. 2条に対する違反はない（全員一致）

2. 8条に対する違反はない（13対4）

3. 8条と組み合わせられた14条に対する違反はない（13対4）

なお、この判決には、4名の裁判官の共同反対意見が付されている。

【解　説】

（1）Evans事件判決の意義・特徴

近年、生殖補助医療をめぐって国内法で解決されなかった紛争が人権裁判所に持ち込まれるケースが急増している。そもそも人権条約には、生殖補助医療のみならず、生命倫理に関係する明文の規定はない。しかし、人権裁判所の判例を通じて、生命倫理分野で重要となる個人の自律、自己決定、アイデンティティなどは8条の私生活の尊重の概念によって保障されるという解釈が確立されてきた。本件は、こうした一連の判例の流れをさらに発展させ、8条が生殖補助医療の分野にも適用しうることを初めて明言した点で重要な事案である。

（2）争　点

本件は、第一に、8条によって保障される私生活の概念の射程がどこまで広げられるかという問題、第二に、締約国による評価の余地の逸脱の有無が争点となった事案である。

（a）私生活の概念の拡大

私生活の概念については、人権裁判所のこれまでの判例の中で「8条による保障リスト」の充実化が図られ、徐々に射程が拡大されてきた。当初は、狭義の私生活の尊重を受ける権利として、身体的・精神的完全性[1]、住居の尊重[2]、通信の秘密[3]、個人データの保護[4]などが含まれるとされたが、その後、同胞との関係を発展させる権利[5]に代表される社会における私生活の権利や、個人の自律の権利[6]なども包含すると解されるようになった。本件は、この「8条による保障リスト」に、初めて、生殖分野での「親になることあるいはならないことの決定を尊重される権利」を加えた点で注目に値する。さらに、本件をきっかけに、その後の複数の判決で、人工授精や着床前診断などの生殖補助医療技術に関しても8条の枠組みで保障が及ぶことが示された。具体的には、「遺伝上の親になる決定を尊重される権利」[7]、「子を受胎する権利およびそのために生殖補助医療を利用する権利」[8]、「自らが保因している遺伝性疾患に罹患していない子を儲けたいという希望、およびそのために生殖補助医療および着床前診断技術を利用したいという希望」[9]などである。とくに近年は、生殖補助医療技術を利用するという選択は「私生活および家族生活の表明の一形態」であるとして、「親になる」決定だけでなく「子を儲ける」決定にも8条の保障が及ぶとする傾向が顕著である。

（b）体外受精に関する規制と評価の余地

人権裁判所は、体外受精に関わる法規制については、この問題が道徳的・倫理的な性質を伴うこと、本件のようなケースで当事者の同意の撤回を認めるかどうかについてヨーロッパの中でコンセンサスがないことの二点を挙げて、締約国に広い評価の余地を認めた。ただし、この場合でも、人権裁判所による統制は働く。本件では、同意撤回の自由の原則に関するHFE法の規定内容が、イギリスに認められる評価の余地を逸脱していたか否かという問題について、競合する公的利益と私的利益の間で公正な均衡が図られているかどうかという視点から判断され

た。ここでいう公的利益には、同意原則の保護、法的明白性・安定性の確保などが含まれ、私的利益には、主に申立人の子を儲ける利益が含まれると考えられる。結果として、人権裁判所は、イギリスの議会が、ヒトの受精をめぐって生じうる社会的・倫理的・法的な問題について十分に精査・議論したのちに HFE 法を採択していること、さらに、同意の撤回について一切の例外を認めないという同法の絶対的性質は、法的安定性の確保と恣意的な判断の回避を目的としたものであり適法と判断されることの二点より、イギリスは評価の余地を逸脱していないと結論づけた。つまり本件では、評価の余地の逸脱の基準として、HFE 法が立法される過程とその目的という二つの側面が採用されたといえる。

しかし、このような大法廷の解決策は、本件に適用するには単純かつ機械的すぎるとして批判する見解もある。これらの反対派は、卵巣を摘出された申立人にとっては、凍結保存胚の移植のみが自身と血の繋がった子をもつための唯一かつ最後の手段であるという、事案の究極性・特殊性を重視する。それゆえ、一切の例外を認めず J 氏の同意撤回を全面的に認める HFE 法の絶対的性質こそが、衝突している諸利益の間の均衡を図ることを妨げていると主張する。

このように、本件は、評価の余地の逸脱の有無を判断する際に、同意原則の保護や法的安定性の確保をはじめとする、いわゆる公序に関わる問題を重視し、個人間の利益の衝突には可能な限り足を踏み入れないとする立場と、同意原則のような基本原則の重要性は認めつつも、衝突している個人の利益の特殊性・重大性に注目し、場合によっては個別的な対応をすべきであるとする立場が真っ向から対立した事案であった。最終的に人権裁判所は、前者の立場から判断を下したが、4 名の裁判官の反対意見は明らかに後者の視点から根拠づけられており、いずれの立場にもそれぞれ考慮に値する要素が含まれている。とくに、本件のように、一方当事者の利益を保護しようとすれば、それは直ちに他方当事者の利益

を一切否定することになるという強い対立構造のなかで、さらに競合している利益が人の生き方や生命そのものに関わる場合には、裁判所がいかなる解決策を取ったとしても当事者の一方には必ず解消しがたい不満が残る。生殖に関する問題を法で解決する際の難しさが如実に表れた事案であるともいえよう。

(3) 国内法への影響

Evans 事件判決は人権条約違反を認定したものではないから、この判決がイギリスの HFE 法に対しすぐに直接的な影響を及ぼすということはない。しかし、判決の中で示された人権裁判所の見解は、イギリスを含め締約国における今後の立法には影響を与えうる。なかでも、本件で問題となった同意撤回の自由の原則の絶対的性質には留意する必要がある。

「人権および生物医学に関する条約（オヴィエド条約）」の 5 条は、医学的な侵襲には、患者の自由意思に基づく明白な同意が必要であり、当該患者は、いつでも自由にその同意を撤回することができる旨を定めている。この原則に絶対的性質があるかという点について、同条には規定はないが、ヨーロッパ評議会事務局作成の解説報告書によれば、同意の撤回を認めると本人の健康状態に重篤な危険が及ぶと判断される場合には、同意撤回の自由の原則に対する例外規定を設けることも可能であるとされている[10]。

確かに、本件で人権裁判所は、HFE 法に定められた同意撤回自由の原則の絶対的性質は 8 条に照らして適法であると判断した。しかし、このことは、申立人がおかれている特殊な状況が、上述のような同意撤回の自由の原則に対する例外に全く該当しないということを意味するわけではない。本来、生殖補助医療は、医療上の人為的な介入により生殖過程の一部を補完したり、人工的な手段によって代替したりすることが目的である。通常の生殖プロセスでは起こりえないケースに遭遇する可能性は高い。したがって、締約国に評価の余地は認められるとしても、とりわけ生殖補助医療分野で立法を行う際には、立法府は、本件のような例外的なケースが起こりう

ることも考慮に入れた上で、最終的な可否を判断する必要がある。

　また、同様に生殖補助医療技術の利用の制限が問題となった 2011 年 11 月 3 日の S.H. その他対オーストリア事件（大法廷）判決[11]で、人権裁判所は、たとえ係争中の国内法が 8 条に反しないと判断されたとしても、それが「科学的・法的にとりわけ目覚ましい進歩を遂げている分野」に関わる場合には、「締約国は恒常的に（立法を）見直す必要がある」とした。生殖補助医療はとくに技術の進歩が著しい分野であるから、締約国は、立法の段階だけでなく、それ以降も、技術の進歩に応じて継続的に十分な国内法の検証を行うことが、8 条の枠組みから要請されているといえよう。

(4) 日本法への示唆

　そもそも、生殖補助医療を利用する場合には、自然な生殖行為で子をもうける場合と比べて、当事者が「親になる」という決定を行う場面は格段に増える。たとえば、体外受精の一連のプロセスの中では、精子・卵子の採取、受精卵の作成・凍結保存、さらに子宮への移植というように、当事者が「親になる」決定を迫られる時期は段階的に複数回存在する。

　したがって、こうした当事者の意思決定が複雑にかつ段階を経て問題となる生殖補助医療分野に法的枠組みを設定する場合には、本件で人権裁判所が示したような、当事者が行った「決定の尊重される権利」を保障するという視点は一考に値する。当事者が子を儲けることができたか否かという「結果」ではなく、それに至るまでの意思決定の「過程」を法的に保障することの重要性が示唆されていると考えられるからである。

(1)　X and Y v. the Netherlands, 26 March 1985,〔Ⅰ *50*〕.

(2)　Chapman v. UK〔GC〕, 18 January 2001, Reports 2001-Ⅰ.

(3)　Malone v. UK, 2 August 1984〔Ⅰ *54*〕.

(4)　Gaskin v. UK, 7 July 1989〔Ⅰ *49*〕.

(5)　Niemietz v. Germany, 16 December 1992〔Ⅰ *55*〕.

(6)　Pretty v. UK, 29 April 2002, Reports 2002-Ⅲ,〔Ⅰ *28*〕§61.

(7)　Dickson v. UK〔GC〕, 4 December 2007 Reports 2007-V, §66.

(8)　S. H. and others v. Austria〔GC〕, 3 November 2011, Reports 2011-V, §82.

(9)　Costa and Pavan v. Italy, 28 August 2012〔本書 *27*〕§57.

(10)　Rapport explicatif sur la Convention pour la protection des Droits de l'Homme et de la dignité de l'être humain à l'égard des applications de la biologie et de la médecine : Convention sur les Droits de l'Homme et la biomédecine, STE n° 164, §38〔http://conventions.coe.int/Treaty/fr/Reports/Html/164.htm〕（アクセス日：2015 年 3 月 30 日）

(11)　前掲注(8)参照。

［参考文献］

[1]　C. Delaporte-Carré, «La CEDH et le devenir des embryons *in vitro* du couple séparé», *Dalloz*, 2007, p.1202 et s.

[2]　Jean Hauser, «L'embryon et le couple séparé : la notion de vie comprend le droit de devenir ou de ne pas devenir parent», *Revue trimestrielle de droit civil*, 2007, p. 545.

[3]　Jean-Pierre Marguénaud, «Le triste sort des embryons *in vitro* du couple séparé», *Revue trimestrielle de droit civil*, 2006, p. 255.

[4]　Jean-Pierre Marguénaud, «La triste fin des embryons *in vitro* du couple séparé : la Cour de Strasbourg, Cour européenne des droits du Mâle», *Revue trimestrielle de droit civil*, 2007, p. 295 et s.

[5]　Diane Roman, «L'assistance médicale à la procréation, nouveau droit de l'Homme?», *Revue de droit sanitaire et social*, 2007, p. 810 et s.

[6]　小林真紀「『私生活の尊重』と体外受精における意思決定——ヨーロッパ人権裁判所 Evans 対英国事件判決を題材に」愛知大学法学部法経論集 175 号（2007年）57-83 頁。

27 私生活の尊重と受精卵着床前遺伝子診断
生殖補助技術利用者による遺伝疾患回避のための遺伝子診断へのアクセス
──コスタおよびパヴァン判決──

本田　まり

Costa and Pavan v. Italy

28 August 2012

【事　実】

申立人ら（Rosetta Costa および Walter Pavan）は、それぞれ 1977 年と 1975 年にローマで出生し、在住しているイタリア国民である（§1, 7）。2006 年に出生した女児が嚢胞性繊維症（Mucoviscidosis or cystic fibrosis, CF）[1]に罹っていたため、申立人らは、自らが保因者であることを知った（§8）。2010 年 2 月、2 度目の妊娠をしたことから、申立人らは、当該病気に罹っていない子を産むことを望んで出生前診断を受けた。しかし、その結果は、胎児が罹患していることを示していたため、医学的理由による妊娠中絶が行われた（§9）。

申立人らは、新たに妊娠する前に、生殖補助医療および受精卵着床前遺伝子診断[2]（以下「着床前診断」）を利用することを望んだ。しかし、生殖補助医療に関する 2004 年 2 月 19 日の法律 40 号（以下「生殖補助医療法」）によれば、技術を利用できるのは、不妊または生殖不能なカップルに限られる。着床前診断は、すべての人に対して禁止されていた（§10）。

2008 年 4 月 11 日のデクレ 31639 号により、保健省は、生殖補助医療の利用を、男性がウィルスによる性感染症（HIV ウィルス、B 型および C 型肝炎ウィルス等）に罹っているカップルに広げた。これは、自然生殖から生じる危険（女性および／または胎児への感染）を避け、カップルが子をもうけることを可能にする（§11）。

生殖補助医療法では、「技術の利用は、生殖を妨げる要因を他の方法では除去することができないと証明された場合にのみ許可される」と規定される。

その利用は、医学的文書により証明された不妊または生殖不能の事例に限られる（4 条 1 項）。技術を利用できる者（5 条 1 項）は、作成され子宮に移植される胚の数およびその健康状態について、情報を得ることができる（14 条 5 項）。

申立人らは、イタリア共和国（以下「政府」）を相手方として、2010 年 9 月 20 日、ヨーロッパ人権裁判所（以下「裁判所」）に提訴した（§1）。申立人らは、嚢胞性繊維症の健康な保因者であり、病気に罹っていない胚を選ぶための着床前診断を利用できないことに不服を申し立て、他のカテゴリーの人々はこの技術を利用できると主張した。ヨーロッパ人権条約（以下「条約」）8 条（私生活および家族生活を尊重される権利）ならびに 14 条（差別の禁止）が援用されている（§3）。裁判所第 2 部小法廷は、次のように判示し、全員一致で条約 8 条違反を認定した。

この判決は、政府の上訴を大法廷が棄却したことにより、2013 年 2 月 11 日付で確定した[3]。

【判　旨】

(1) 条約 8 条
(a) 申立の範囲

「条約 8 条に基づき申立人らにより主張される申立の事項的（ratione materiae）両立性を立証するために、この申立の範囲を明確にすることが必要である」（§52）。「申立人らにより主張される権利は、彼らがその保因者である遺伝子疾患、すなわち嚢胞性繊維症に罹っていない子をもうけるために、生殖補助技術および着床前診断を利用する可能性に限られる」（§53）。

8条の意義における《私生活》の概念は広いものであり、親になる、またはならない決定を尊重される権利も、8条により保護される個人的な領域に属する（Evans v. UK [GC], 10, April 2007, Reports 2007-I〔本書*26*〕§71; A, B and C v. Ireland [GC], 16, December 2010, Reports 2010-VI〔本書*28*〕§212; R.R. v. Poland, 26, May 2011, Reports 2011-Ⅲ§181）（§55）。遺伝的親になる決定を尊重される申立人らの権利も認められ（Dickson v. UK [GC], 4, December 2007, Reports 2007-V§66 等）、8条は、体外受精を目的とする人工生殖というカップル外の（ドナーを伴う）技術の利用に適用される（S.H. and others v. Austria [GC], 3, November 2011, Reports 2011-V§82）（§56）。

「本件において、申立人らがその保因者である遺伝子疾患に罹っていない子をもうけ、そのために生殖補助医療および着床前診断を利用するという申立人らの望み（désir）は、このような選択が彼らの私生活および家族生活の表現形式を構成するため、8条の保護に属する。したがって、この規定は本件に適用される。」（§57）

(b) 民主的社会における必要性

この問題に関するイタリアの法制度は、一貫性を欠いている。申立人が保因者である病気に罹っていない胚のみに限る移植を禁じておきながら、同じ病気に罹っている胎児を堕胎することをイタリアの法制度は許可している（§64）。「このような法制度が、申立人らの私生活および家族生活を尊重される権利にもたらす影響は、明らかである。彼らがその保因者である病気に罹っていない子を出産する権利を保障するために、彼らに与えられる唯一の可能性は、自然な方法で妊娠し、出生前検査により胎児が病気であることが示される場合には、医学的理由による妊娠中絶を行うことである。」（§65）

当裁判所大法廷は、S.H.判決において、カップル外の（ドナーを伴う）受精に関して、検査の進展を考慮し、「国家による評価の余地は、決定的に制限されることはない」と論証した（§67）。しかし、「着床前診断の利用という問題が、道徳的および倫理的

に難しい問いを引き起こすことは認められるが、この問題に関して立法者によりなされた選択は、当裁判所による統制を免れない」（§68）。S.H.事件と異なり、カップル内の（ドナーを伴わない）受精に関する本件において、裁判所は、「治療的堕胎という道が申立人らに開かれている事実に照らし、争点となる措置の比例性を確認する任務を負う」（§69）。それは、比較法的な検討によると、イタリア以外には、対象となる32ヵ国のうちオーストリアおよびスイスという2ヵ国のみに関わる特殊な状況である（§70）。

(2) 条約14条

申立人らは、着床前診断を利用できる者たちに比べて、差別を受けていると訴える（§72）。しかし、「条約14条の意義において、差別は、一定の事項に関し比較しうる状況に置かれた人々を、客観的かつ合理的に正当化することなく、異なる方法で扱うことから生じる」（§75）。「本件において、着床前診断に関しては、すべてのカテゴリーの人々に利用が禁止されているため、ウィルスによる性感染症に罹った人々が、申立人らに比べて異なる扱いを受けているわけではない。したがって、申立のこの部分は、明らかに根拠が不十分であり、棄却される」（§76）。

(3) 結 論

「着床前診断に関するイタリア法制度の一貫性の欠如に鑑みて、当裁判所は、私生活および家族生活を尊重される申立人らの権利に対する介入は、比例していないと評価する。したがって、本件においては条約8条違反が認められる」（§71）。被申立人である国は、申立人らに対し、精神的損害として15,000ユーロ、および費用として2,500ユーロ等を支払わなければならない（全員一致）。

【解 説】

(1) 意義・特徴

本判決は、条約8条が保障する「私生活および家族生活を尊重される権利」の範囲に「申立人らがその保因者である遺伝子疾患に罹っていない子をもう

け、そのために生殖補助医療および着床前診断を利用するという申立人らの望み」（§57）を含めた。S. H. 判決（§82）の文言（「子をもうけ、そのために生殖補助医療を利用するというカップルの権利も、このような選択が私生活および家族生活の表現形式を構成するため、8条の保護に属する」）が踏襲されている。

(2) 主要な論点

(a) 遺伝子疾患の回避

本件では、条約8条により「健康な子をもうける権利」が認められたのではなく、判決の射程は狭く限定される[4]。政府側は「申立人らが《健康な子をもうける権利》の侵害を訴えている」と主張したが（§53）、裁判所は「申立人らがその保因者である遺伝子疾患」を避けるために着床前診断を利用する権利としている。すなわち「問題となっている検査は、《特に重篤であり、かつ診断の時点で治療不可能な特異的遺伝子疾患》の診断を目的とするものであり、着床前診断は、例えば妊娠または分娩により生じる他の遺伝子疾患または合併症の存在のように、生まれてくる子の健康を危険にさらしうる他の要因を排除する性質のものではない」（§54）という。

(b) 国内法制度における矛盾

着床前診断の利用禁止については、申立人らから「比例性の欠如」が指摘された（§60）。これに対し、政府は、禁止という「介入を正当化するために、《子》および女性の健康を守るという配慮、医療専門職（プロフェッション）の尊厳および良心の自由、ならびに優生学的な偏向への危険を避けるという利益を主張する」（§61）。

裁判所は、次のような理由で政府の主張を否定した。まず、「《子》の概念は《胚》の概念と同視できないと強調されるが、政府により言及される利益の保護が、胎児が病気であることが明らかな場合に申立人らが治療的堕胎を行う可能性と、どのように両立するのか判断できない」という。ここでは、「胚よりも当然に発達が進んでいる胎児、および両親となるカップル、特に女性にもたらされる結果」が考慮されている（§62）。次いで、裁判所は、「政府は、

優生学的偏向の危険性ならびに医療専門職の尊厳および良心の自由への影響が、医学的理由による妊娠中絶の合法的な実施において、どの程度避けられるのかを説明していない」と指摘する（§63）。申立人らは既に1度、医学的理由による妊娠中絶を行っており（§65）、裁判所は、「このような状況において、一方で、着床前診断を行うことができず、出産に関して子が当該病気に罹っている可能性という見通ししかない申立人（女性）の苦悩に満ちた状態を、他方で、場合によっては治療的堕胎を行うという辛い選択から生じる苦痛を、無視することはできない」とする（§66）。

イタリアにおいて、生殖補助医療法に関しては、キリスト教ローマ・カトリックの影響が指摘されていた。もっとも、妊娠中絶が認められており、ヒト胚の保護と胎児の保護の間の不均衡は、国内においても議論されていた[5]。

妊娠中絶に関しては、母性の社会的保護および人工妊娠中絶に関する1978年5月22日の法律194号（以下「1978年法」）により、堕胎が処罰されない要件が規定されている[6]。健康状態、経済的、社会的または家族的状況、妊娠が発生した状況、または胎児に異常もしくは奇形が現れる可能性を考慮して中絶が行われる場合には、妊娠90日までという法定期間が設けられている（4条）。これに対し、妊娠および分娩が女性の生命に重大な危険を呈する場合、または女性の身体的もしくは精神的健康に重大な危険をもたらす、胎児の重篤な異常もしくは奇形が診断された場合には、妊娠90日経過後も中絶を行うことができる（6条）。

(3) 判決の影響および関連する法的状況

この判決を執行するための行動計画（Action plan, Plan d'action）が、2014年2月27日付で政府により提出された（英語のみ）[7]。個別的な措置として、裁判所により認められた公正な賠償は、2013年3月27日に支払われている。原告らの請求により、ローマ第一審裁判所は2013年9月23日、ローマ公衆衛生局に対し、争点となる医療手続（着床前診断を伴う

生殖補助医療）を実施する旨の命令を発した。一般的な措置として、2015年5月14日、憲法裁判所は、生殖補助医療法1条1項および2項ならびに4条1項は、1978年法における重篤さの基準を満たす、遺伝子疾患の保因者である妊娠可能なカップルが、生殖補助医療を利用することを認めない点において違憲であるという判決を下した[8]。これらの諸規定は、憲法3条〔平等〕および32条〔健康〕に違反するとされ、判決の公示により無効となる。判決の執行状況について、政府は、2016年6月15日付で行動報告書（Action report, Bilan d'action）を提出した（フランス語のみ）[9]。閣僚委員会は、この報告書を検討し、条約46条1項により要請されるすべての措置がとられたことを確認した上で、本件では同条2項による機能が果たされていると宣言して、検討を終了する最終決議を2016年9月21日に採択した[10]。

体外受精胚の研究に関する生殖補助医療法上の規制について、2015年8月27日、ヨーロッパ人権裁判所大法廷は、16対1で人権条約8条違反はないとする旨の判決を下した（Parrillo v. Italy [GC], 27, August 2015）。申立人（Adelina Parrillo）は、夫の死亡により妊娠を諦め、凍結保存されていた体外受精胚を科学的研究（難病治療）のために提供することを望んだが、生殖補助医療法13条は、ヒト胚を対象とする実験を禁止していた（§§13-14, 16）。裁判所は、次のように判示した。すなわち、当該胚は申立人の遺伝形質を含み、アイデンティティを構成する部分を表現するため、「私生活」という面で8条を適用することができる（§§158-159）。しかし、この問題に関してはヨーロッパにおける合意がなく、被申立国であるイタリアには広範な評価の余地が認められる（§§175-176）。生殖補助医療法の起草は重要な議論を喚起し、立法者は、自己決定権を行使する個人の利益と同様に、胚を保護する国家の利益を考慮していた（§§184, 188）。研究のために胚を提供するという、死亡した夫の意思は証明されておらず、当該禁止は「民主的社会において必要」である（§§196-197）。

出生前診断および妊娠中絶に関する R.R. 判決（R.R. v. Poland, §181-182）では、次のように先例が確認され、条約8条の適用が認められた。「裁判所は、以前に、妊娠を継続するか否かという妊婦の決定は、私生活および自己決定の領域に属することを確認した。したがって、妊娠中絶を規制する立法も、私生活の領域に関わるものである。なぜなら、女性が妊娠する時には必ず、その私生活が発達する胎児と密接な関係を有することになるからである（Boso v. Italy, 5, September 2002, Reports 2002-Ⅶ; Vo v. France [GC], 8, July 2004, Reports 2004-Ⅷ〔本書*16*〕§76; A, B and C v. Ireland [GC],〔本書*28*〕§212）」。Boso 事件は、妻の妊娠中絶に反対していた申立人が、1978年法は条約2条、8条および12条に違反するとして提訴したが、不受理とされた事案である。

出生前診断に関する Draon 判決および Maurice 判決（Draon v. France [GC], 16, October 2005; Maurice v. France [GC], 16, October 2005）では、損害賠償の範囲を制限するフランスの法律が、条約第1議定書1条違反（財産権侵害）とされた。条約8条については、立法者は、一般利益に基づき、8条2項に規定される「健康もしくは道徳の保護」という合法的な目的を追求しており、評価の余地を超えたということはできないとして違反は認められなかった（Draon§112, 115-116, Maurice§121, 124-125）。

(4) 日本との比較

わが国においては、日本産科婦人科学会（以下「日産婦」）の会告（見解）により、生殖医療に関する実務上の規制がなされている。体外受精に関しては、不妊治療を目的とし、対象は婚姻している夫婦に限定されていたが、2014年6月に事実婚カップルへ拡大することが決定された。日産婦は、2015年2月28日、体外受精卵のすべての染色体異常を調べる着床前スクリーニングについて、流産率の減少および妊娠・出産率の向上を目的とする臨床研究を正式に承認した。

わが国では、胎児条項は存在しないが、経済的理由に基づき、障害をもつ可能性のある胎児の妊娠が

中絶されている。2013 年 4 月以降、遺伝カウンセリングに関して、母体血を用いた胎児の遺伝学的検査（NIPT）が臨床研究として実施されている。出生前診断（羊水検査）における医師の注意義務違反（結果の誤報告）によりダウン症候群児が出生した事件で、両親による慰謝料請求（各 500 万円）が認められた（函館地判平成 26 年 6 月 5 日判時 2227 号 104 頁）。

〔インターネット上のサイトはすべて、2017 年 11 月 17 日現在〕

(1) 「嚢胞性繊維症とは、膵臓および気管支の腺が分泌する粘液の異常な粘着性を特徴とする遺伝子疾患である。この病気は、たいていの場合、呼吸器の兆候を呈し、遅かれ早かれ深刻な呼吸不全へと進行し、肺移植を行わなければ、しばしば死に至る。」（Dictionnaire Larousse médical）

(2) 「受精卵着床前遺伝子診断とは、体外受精の過程において、分子生物学的な技術を用いて、胚の遺伝子異常を識別するものである。」（Dictionnaire Larousse médical）

(3) Communiqué de presse du Greffier de la Cour, CEDH047（2013), 12 février 2013.

(4) Frédéric SUDRE, JCP G 2012, 1017.

(5) 秋葉悦子「［5］イタリア」神里彩子=成澤光編『生殖補助医療——生命倫理と法・基本資料集 3』（信山社、2008 年）196-208 頁、とりわけ 198 頁。

(6) 〈http://www.salute.gov.it/imgs/c_17_normativa_845_allegato.pdf〉

(7) DH-DD（2014）291 〈http://hudoc.exec.coe.int/eng?i=DH-DD（2014）291E〉

(8) 〈http://www.cortecostituzionale.it/documenti/download/doc/recent_judgments/S96_2015_en.pdf〉; DH-DD（2015）569 〈http://hudoc.exec.coe.int/eng?i=DH-DD（2015）569E〉

(9) DH-DD（2016）768 〈http://hudoc.exec.coe.int/eng?i=DH-DD（2016）768F〉

(10) CM/ResDH（2016）276 〈http://hudoc.exec.coe.int/eng?i=001-167455〉
〈http://hudoc.exec.coe.int/eng?i=001-167454〉

[参考文献]

[1] Caroline PICHERAL, JCP G 2012, 1148.

[2] 小林真紀「着床前診断の利用と『私生活および家族生活の尊重』——ヨーロッパ人権裁判所 Costa および Pavan 対イタリア事件判決を題材に」愛大 195 号（2013 年）93-116 頁。

[3] 小林真紀「私生活の尊重の概念と胚の研究利用——ヨーロッパ人権裁判所 Parrillo 対イタリア事件判決の意義」上法 60 巻 3・4 号（2017 年）37-69 頁。

28 人工妊娠中絶へのアクセス
中絶の実効的保障と私生活の尊重に伴う積極的義務
—— A, B and C 対アイルランド判決 ——

A, B and C v. Ireland

建石真公子

16 December 2010, Reports 2010-VI（大法廷）

【事　実】

申立人A、B（アイルランド国籍）およびC（リトアニア国籍）は、アイルランド在住の成人女性であり、種々の理由で妊娠を継続できないとして中絶を望んだ。しかし、アイルランドでは合法的な中絶が不可能と判断し、イギリスで中絶手術を受けた。

事件当時、アイルランドでは憲法によって胎児の生命権が保護され、中絶は刑法によって原則禁止、中絶を行った妊娠女性および第三者に対しては終身刑をも含む刑事罰を科していた。しかし1992年、アイルランド最高裁判所は、妊娠が母体の生命に危険がある場合にのみ、アイルランドで合法的に中絶を行うことができると判示した。さらに、1992年の憲法改正で、外国の中絶施設の情報を広報することを認める規定が付加された。

申立人Aは、独身で失業中、4人の子のうち1人は障害を持ち、A自身も疾病のため、子は施設に収容されていた。子の出産は病気を再発させ、家族の再統合や就職の障害となる恐れがあるため中絶を望んだが、アイルランドでは合法的に中絶をする要件を満たさないと判断し、2005年2月、秘密裏にイギリスに渡航し中絶を実施した。

申立人Bは、独身で子が1人おり、予期しない妊娠後に子宮外妊娠の疑いと診断された。その状態では子の養育ができないため、2005年1月17日、イギリスで中絶を実施した。

申立人Cは、妊娠前よりがん治療のための化学療法を行っており、医師からは妊娠ががんにどのような影響を与えるかは予測できず、また妊娠初期3ヶ月のがん治療が胎児に危険である旨の注意を受けていた。さらに複数の医師にも尋ねたが、最高裁の憲法解釈は曖昧であり、また刑法が抑止的な働きをしているため医師らからは明確な情報は得られなかった。そこでCはイギリスで中絶を実施するため渡航し、2005年3月3日中絶を実施した。帰途、Cは不完全な中絶のため出血し感染症を発症した。

申立人らは、アイルランドで合法的な中絶の許可を得るには複雑で成功の見込みの薄い手続きを取らなければならず、この手続きはヨーロッパ人権条約（以下、条約）3条「非人道的扱いの禁止」に違反するとしてヨーロッパ人権裁判所（以下、人権裁判所）に訴えた。さらに申立人AおよびBは、アイルランドの中絶に対する制約は、条約8条「私生活および家族生活を尊重される権利」に違反すると主張した。また申立人Cは、条約2条「生命権」違反を訴えるとともに、アイルランドにおいて条約8条に基づき憲法上の母親の生命権を保護する法律がないことを問題とした。そのほか、中絶に対する制約は（外国での中絶をもたらすため）高額な費用を必要とする点で、条約14条の平等違反を主張した。

【判　旨】

(1) 8条の適用可能性について

当裁判所は、「条約8条に言う『私生活』の概念は広範なものであり、とりわけ個人の自律と人格の発展の権利を含むと解釈してきている。たとえば性アイデンティティ、性的指向および性的生活、人の身体的精神的完全性（Tysiac 対ポーランド判決）、特に遺伝的な意味での親となる、あるいはならないこと、

を決定する権利をも認めてきた」[引用判例略]（§212）。

　以前のヨーロッパ人権委員会の判例を参照しつつ、当裁判所は「中絶に関する法制度は妊娠女性の私生活に関わる」が、しかし「8条1項は妊娠と中絶が将来母となる女性にのみ属すると解釈されるべきでなく、妊娠女性の私生活は発育中の胎児にも密接に関わ」り、女性の私生活の尊重の権利は他の競合する権利や自由、たとえば胎児のそれとの関係で判断されなければならないと判断する」（§213）。したがって、申立人A、BおよびCの事件には、8条が適用されるとみなしたうえで、A、BとCの事件を分離して審査する（§214）。

(2) A、Bに関する判断

　この事件の本質は、法的な中絶の禁止が、8条の保護する申立人の権利に対する不当な介入に当たるか否かを決定することである（§216）。処罰は、X事件で最高裁判所によって示されたアイルランド憲法40条3項3号の解釈と併せて解釈される1861年法58および59条に基づくものである（§217）。それらの法の正当性に関して、当裁判所は、Open Door判決〔Ⅰ1〕において、アイルランド法で保護している胎児の生命に対する権利の保障は1983年の国民投票で過半数の国民に承認されており、生命の性質に関する根源的な道徳的価値にもとづくものであると判断している。またVo判決〔本書16〕において、「胎児が条約2条にいう『人』か否かという問いに応えることは、望ましくもまた可能でもないと判断しており、したがって国は胎児を『人』であるとみなしその生命を保護することも合法的に可能」（§222）である。またヨーロッパ諸国において、生命の始まりがいつかという問いに関する倫理的なコンセンサスはない状況である（§223）。さらに、アイルランドでは、1992年および2002年に中絶の法的要件の緩和に関する国民投票が行われ、要件の緩和には反対多数だったが、外国における中絶施設情報の広報に関しては認められた（§224）。したがって、アイルランドにおける法的な制約は、道徳の保護、胎児の生命権の保護、を実現するための正当な

目的であると判断する（§227）。

　次に法的な制約が、対立する利害の中で正当な目的に対して「比例している」か、すなわちアイルランド法が、女性の健康および福祉という理由での中絶を禁止することは、一方で第1、第2の申立人の私生活の尊重の権利、他方で生命の性質すなわち胎児の生命の保護の必要性に関するアイルランド国民の道徳的な価値、との間の正当な均衡を保っているかを判断しなければならない（§229～230）。8条に関して国の評価の余地の範囲を判断する際にはいくつかの要素があるが、特に重要な個人の存在やアイデンティティが問題となっている場合は国の評価の余地は狭くなり、逆に利益の重要性についてヨーロッパ評議会の加盟国の間にコンセンサスがない場合、特に道徳や倫理の問題を提起する場合には評価の余地はより広くなる（§232）。中絶は道徳と倫理および一般的利益の問題として非常に重要であり、アイルランドには、胎児の生命の保護と8条の保護する2人の申立人の私生活の尊重との間の公正な均衡を決定するための広い評価の余地が認められる（§233）。ヨーロッパにおけるコンセンサスに関しては、ヨーロッパ諸国の多くはアイルランドの容認する中絶理由より幅広い理由による中絶の承認を認める傾向にある。しかし当裁判所は、生命の始まりに関しては、いかなる科学的・法的な定義に関するコンセンサスも存在しないことから、生命権の始点は国の評価の余地の範囲にあるというVo判決を想起する（§237）。アイルランド人民の、胎児に生命権を保護するという道徳的な理念に基づき、健康や福祉を理由とする中絶を禁止しつつ、外国での中絶を認めていることから、アイルランドは評価の余地を逸脱しているとはいえず、申立人A、Bの私生活の尊重の権利と胎児の権利との均衡は保たれている（§241）。したがって、当裁判所は、AおよびBに関しては、条約8条違反はないという結論に達した。

(3) Cに関する判断

　Cは、アイルランドが憲法40条3項3号を実施するための法律を制定せず、合法的に中絶が可能と

なる場合の手続きが整備されていない点を訴えていた。当裁判所は、「8条は、国に対して私生活に介入しないという消極的な義務を課すが、同様に、私生活の実効的な尊重に必要な積極的な義務をも課している」と指摘してきた（§244）。従って、3番目の申立人については、国が、申立人がアイルランドで中絶を実施するための実効的でアクセスしやすい手続きを整備することについて積極的義務を負っていたのか、について検討する（§246）。アイルランド最高裁判所はX事件判決において、女性が合法的に中絶を実施しうる要件について、憲法40条3項3号の解釈として「母体の生命に関する現実の、深刻な危険、中絶以外には防止できない自殺の危険性など、が存在することが、確実な基準によって証明された場合[1]」にアイルランドでも中絶が可能である（§253）と述べている。しかし、この憲法解釈以外には危険の存在を判断する法律や規則による基準や手続きはなく、また1861年刑法58条および59条による中絶の厳格な禁止規定もそのままである。医師に対する行政指針においても、この危険を判断する基準の定義はなく、患者と医師、あるいは医師間における意見の違いを精査する機関も存在しない。当裁判所は、こうした不確実な状況下では、処罰を避けるために、1861年刑法の規定が医師の診察において女性と医師に抑圧的な効果を持つ事は明らかであると判断する（§254）。したがって当裁判所は、「通常の医師の診察が、母体の生命の危険を理由としてアイルランドで合法的に中絶を実施できるか否かを実際に決定しうる方法であるとみなすことはでき」ず（§255）、医師の診察過程においても、司法過程においても、第3の申立人に対してアイルランドにおいて中絶をする権利の存在を確保することを可能とするような、固有の実効的でアクセスしやすい手続きを政府は確立していなかったと結論する（§263）。以上から、当裁判所は、憲法40条3項3号に基づく中絶の実施を可能とする立法および行政的な手続きの欠缺に関して、国内当局が申立人の私生活の実効的な尊重を確保すべき積極的義務に違反し

たと判断し（§267）、第三の申立人に対する条約8条違反を認める（§268）。

〔主文（抜粋）〕

1．第1、および第2の申立人に関する国内救済終了原則の例外とする政府の主張、第3の申立人に対する本案に関する政府の主張を、全員一致で退ける。

2．申立人らの述べたアイルランドの中絶法制度に関する条約8条、13条、14条に基づく訴えを全員一致で受理する。

3．それ以外の訴えを、過半数で、不受理とする。

4．第1、第2の申立人に関して、8条、8条と併合した13条の違反はない（11対6）。

5．第3の申立人に関して、全員一致で8条違反を判断する。また8条と併合した13条違反は認めない。

6．第3の申立人に関して8条と併合した14条違反は全員一致で認めない。

7．被告国は、第3の申立人に、精神的損害に対して3ヶ月以内に15000ユーロを支払え。

【解　説】

(1) 判決の意義

　本判決は、ヨーロッパ諸国の中で特に厳格に中絶を禁止するアイルランドの法制度が、妊娠女性に対して人権条約8条の保護する私生活の尊重の権利を侵害するかに関して判断し、8条の積極的義務違反を認めた点で重要である。中絶禁止法制と人権条約との関係は、これまで、条約2条の「人」に保護される生命権が胎児にも適用されるかという問題と、8条の私生活の尊重の権利が妊娠女性に中絶の権利を保障しているかという問題、さらに中絶施設情報の広報と条約10条の表現の自由保護との関係で判断されてきた。

　こうしたなかで本判決は、人権裁判所が、申立人Cに関して、憲法解釈においては中絶が認められるケースにおいて、実際に実施するための手続きが存在しない点について私生活の尊重の権利の保護に関する国の積極的義務違反を認めた。中絶手続きの整

備という意味で、2007年の Tysiac[2]を引き継いだ判決と言える。中絶に関する法制度は生命の性質に関する根源的な道徳的価値に属し国の評価の余地は広い、とする従来の判決を踏襲しつつも、法が存在する場合には実効的な保護を国の義務として8条違反とした点は重要な一歩といえよう。

(2) 中絶に関するアイルランドの法制度

アイルランド憲法40条3項3号は「国は、出生前の胎児に生命権を認め、生命に対する母親の同等の権利に考慮を払いつつ、この権利を法律において可能な限り尊重し擁護する」と定め、1861年刑法58条は、本件当時、いかなる方法であれ堕胎を禁止し、実施した女性に対して終身刑を含む処罰を定め、同59条は、堕胎幇助を処罰していた。これらの解釈として、最高裁判所は、強姦によって妊娠した14歳の少女の事件に関する1992年3月5日のX判決において、上述（§253）の要件の下で国内、国外での中絶を容認した。さらに、1992年10月29日の人権裁判所 Open Door 判決[3]〔ⅠＩ〕が、外国での中絶施設の広報に対するアイルランド裁判所の差止命令は「表現の自由」に違反すると判示し、また同判決の1ヶ月後の1992年11月25日、憲法40条3項3号に「外国において合法的に中絶を行うことができる施設情報を伝達することを認める」という憲法改正が国民投票の結果実施された。さらに1995年、中絶を行うための外国施設情報の伝達を可能とする法律が制定された[4]。したがって、2005年の本事件当時、申立人は「母体の生命に危険がある場合」にのみ中絶が認められ、それ以外の場合は外国で中絶するか、刑事処罰を受けるかという選択しかなかった。

こうした状況に関して、ヨーロッパ評議会の議員会議は、2008年、「ヨーロッパにおける危険のない合法的な中絶へのアクセス[5]」という決議を採択し、合理的な期間における中絶の合法化と危険のない合法な中絶にアクセスする女性の権利を実効的に保障すること等を定めた。またヨーロッパ評議会の人権コミッショナーは、2007年のアイルランド調査に基づく報告書[6]において、X判決において判示された原則を実現するための手続きが整備されていないことから中絶が不可能である点について、この問題を解決するための法律を制定することを勧告した。

(3) 人権裁判所における中絶に関する判断と8条の積極的な義務

人権裁判所の本判決までの中絶禁止法制に関する判断は、「躊躇と変節の連続[7]」であり、中絶の権利の可否については判断を避けてきた。たとえば、Tysiac 判決で「当裁判所は、この件では、人権条約が中絶の権利を保護しているか否かについて検討しない[8]」とし、胎児がヨーロッパ人権条約2条の生命権の保護を受けるか、すなわち胎児は「人」に該当するか、について明白に決定することを避けてきた（Vo 判決［本書 *16*］§82, 85）。また、通常、均衡性の判断を狭めるものである「ヨーロッパにおけるコンセンサス」よりも、「生命の質に関わるアイルランドにおける重要な価値の存在」を優位に置き、アイルランドの評価の余地を広く判断している。これは、人権裁判所が客観的な根拠を見いだせない場合に、国に対してかなり広い評価の余地を認める傾向[9]を踏襲したものである。

条約8条が中絶の権利を含むかに関しても、同裁判所は本判決まで明確な判断をしてきていないが、本判決では、第3の申立人に関しては、8条が「身体的精神的完全性に関する実効的な尊重の権利を市民に保障するという積極的義務」を課しており、こうした「義務は、私生活の権利保護を目的とした実効的でアクセスしやすい手続きを整備する義務を含」み、特に「この事件では、中絶に関する特別な措置を実施する」義務があることを指摘した（§245）点は重要である。

(4) 本判決後の履行状況——アイルランド国内法制に対する影響

本判決後、アイルランド国会は、2013年、「妊娠中の女性の生命の保護に関する法[10]」を制定し、また行政上の手続きに関する指針を定めた[11]。同法は、身体的に母体の生命に対する危険があることを医師

2人（緊急の場合は1人）が確認した場合、また自殺の危険があることを3人の医師が確認した場合に中絶を認める旨定めている。

しかし、同法制定後も中絶禁止法制を巡る事件は継続し、2016年7月に無条件で中絶を認める法律案が国会に提出されたが、否決された。2017年12月、ヨーロッパ評議会は「健康と性・生殖に関する女性の権利報告書[12]」において、中絶へのアクセスへの禁止が特に厳格な国の一つとしてアイルランドをあげ、女性の権利を保護する国の責務として54箇条の勧告を行った。他方、自由権規約委員会も、2017年3月、中絶へのアクセスを実効的に保障していないとするアイルランド女性の個人通報に対する「意見[13]」において、自由権規約上の権利侵害に対する国の責任を認め、通報者への補償および中絶へのアクセスを容易にするための、憲法を含む法改正を要請した。2018年5月26日、憲法40条3項3号を中絶を容認する方向で改正する国民投票の結果、賛成多数となった。その後、12月に国会で妊娠12週までの中絶を要件なしに認める法律が成立し、2019年1月1日に施行された。

(5) 日本法への影響

日本では、中絶は刑法の堕胎罪で犯罪とされ、母体保護法はその例外として「妊娠の継続又は分娩が身体的又は経済的理由により母体の健康を著しく害するおそれのあるもの」および「暴行若しくは脅迫によって又は抵抗若しくは拒絶することができない間に姦淫されて妊娠したもの」にのみ中絶を認めている。従って、中絶が女性の権利として認められているのではない。ただ、本判決の「権利と認められた場合には、実効的にその権利を行使しうるようにすることが国の責務」という解釈は、母体保護法を巡る解釈にも参考になると思われる。

---

(1) Attorney General v. X, paras.39-44.

(2) Tysiac v. Poland, 20 March 2007.

(3) Open Door and Dublin Well Woman v. Ireland [GC], 29 October 1992〔Ⅰ*1*〕.

(4) Regulation of Information (Services Outside the State For Termination of Pregnancies) Act 1995.

(5) La Résolution 1607, Accès à un avortrement sans rispue et légal en Europe.

(6) Rapport du Commissaire aux droits de l'homme relative à sa visite en Ireland, CommDH (2008) 9).

(7) D. Roman,《L'avortement devant la Cour européenne : A propos de l'arrét CEDH, 20 mars 2007, Tysac c/Pologne, rev. dss, 2007, p.646.

(8) Tysiac 判決（上掲注(2)）§104。

(9) P. Wachsmann, Une certaine d'appréciation sur les variations du contrôle européen en matière de liberté d'expression, Les droits de l'homme au seuil du troisième millénaire Mélanges en homage à Pierre Lambert, Bruyant 2000, p.1030.

(10) Protection of Life During Pregnancy Act 2013.

(11) Resolution CM/ResDH (2014) 273.

(12) Santé et droits sexuels et reproductifs des femmes en Europe, Coseil de l'Europe. https://rm.coe.int/sante-et-droits-sexuels-et-reproductifs-des-femmes-en-europe-document-/168076df73

(13) Siobhán Whelan v. Ireland, Human Rights Committee, Views adopted on 17 March 2017, CCPR/C/119/D2475/2014.

［参考文献］

[1] Diane Roman,《L'avortement devant la Cour européenne des droits de l'homme: l'Europe contre les femmes et au mépris de son histoire》, in Revue de droit sanitaire et social, 2011, n° 2, pp. 293-303.

[2] S. Barbou des Places, R. Hernu et Ph. Maddalon (dir.), Morale(s) et droits européens, Bruylant, Pedone, 2015, pp. 49-72.

[3] 建石真公子「女性の『人格の尊重』と中絶の権利──ヨーロッパにおける『憲法』と『ヨーロッパ人権条約』による保障」杉浦ミドリ＝建石真公子＝吉田あけみ＝來田享子編著『身体・性・生──個人の尊重とジェンダー』（尚学社、2012年）74頁以下。

29 私生活の尊重と自殺の権利
自殺幇助についての近親者の法的地位
──コッホ判決──

甲斐 克則

Koch v. Germany

19 July 2012

【事　実】

　申立人ウルリッヒ・コッホ（Ulrich Koch：1943年生まれ）の妻（1950年生まれ）は、2002年に自宅で転んで以来、全身の感覚運動性四肢麻痺に罹患し、人工呼吸とナーシングスタッフによる一貫したケアおよび援助が必要な状態であり、痙攣もあった。医学的所見によれば、少なくとも15年以上生存可能であったが、申立人は、妻の自殺幇助をすることにより、尊厳なき生を終結させることを望んだ。申立人夫婦（1980年に結婚）は、援助を受けるため、スイスの自殺幇助組織であるDignitasに連絡を取った。2004年11月、妻は、連邦薬務局（Budesinstitut für Arzneimittel und Medizinprodukte）に致死量の睡眠薬ペントバルビタールナトリウム15gの交付を求めて認可申請したが、同年12月16日、連邦薬務局は、ドイツ麻薬取締法（Betäubungsmittelgesetz）5条1項6号を根拠にその承認を拒否した。連邦薬務局の認定によれば、彼女の自殺願望は、本人の必要なメディカルケアを保証するという同法の目的に完全に反するものであって、それゆえ、生存を支援しまたは生命を維持する目的のためにのみ認可は認められるのであり、生命終結を手助けする目的のためには認められない、ということであった。そこで、2005年1月14日、申立人と妻は、連邦薬務局に抗議し、同年2月に、700キロメートル以上も離れた距離を10時間以上もかけてブラウンシュバイクからスイスのチューリヒまで申立人が妻を背中に背負って行き、同年2月12日、妻は、そこでDignitasの援助で自殺した。

　2005年3月3日、連邦薬務局は、当初の決定を確認し、さらに、個人の自殺の権利が条約8条に由来しうるか否かについて、条約8条は、致死量の薬剤を認可機関から得ることによって、麻酔薬で自殺する行為を容易にする義務を国家に課すものと解釈することはできないし、自殺の権利は、ドイツ基本法2条2項に記述された高次の原理にそぐわないであろう、と疑問を表明した。結局、連邦薬務局は、申立人が法的保護の必要性を欠いているがゆえに行政訴訟を提起する原告適格を有していない、と申立人に告知したところ、2005年4月4日、申立人は、連邦薬務局の決定が不法であるとする宣告を求める訴訟を提起した。2006年2月2日、ケルン行政裁判所は、申立人は自己自身の権利の侵害の被害者たりえないので訴訟を提起する原告適格を欠くとして申立人の訴訟を認めない、と宣告した。連邦薬務局が致死薬の交付許可を妻に与えないことは、ドイツ基本法6条1項によって保障されたものとしての婚姻・家族生活の保護権に抵触するものでないし、条約8条の家族生活尊重の権利に抵触するものでもない、とした。さらに、要求された薬剤交付の認可を受ける権利は、すぐれて人格的なものであり、移譲できない性質のものである、とも述べた。

　2007年7月22日、ノルトライン・ヴェストファーレン上級行政裁判所は、申立人の控訴許可の請求を却下し、2008年11月4日、連邦憲法裁判所は、申立人の憲法上の異議を、彼が亡き妻の法的継承者として妻の人間の尊厳についての死後の権利に依拠することができないという理由で却下した。そこで、申立人は、2008年12月22日、この判断をめぐり、

ヨーロッパ人権裁判所に条約8条違反を根拠に申立を行った。同裁判所は、2012年7月19日、次のような判断を示した。

【判　旨】

(1) 条約8条の下での申立人の権利の侵害について

(a) 申立人が法的継承者になりうるか

まず、条約8条の下での申請者の固有の権利の侵害があったかどうかの問題として、申立人の被害者の地位に対して政府が異議を唱える資格はある。また、条約8条の権利に関して、直接の被害者から法的継承者へ転換できるか、という文脈で決定される必要はない（§43）。先例の基準に従い、近親者が人権条約8条の下での自己の権利の侵害を請求できるか否か、という問題を評価し、親しい家族の絆の存在を検討することにより手続を進めることにする（§44）。

申立人と妻は、致死的薬剤交付請求申請時に25年間結婚していたのであり、きわめて親しい関係にあったことは疑いない。申立人は、妻と苦痛に付き添い、最後に、生命を終結させるという彼女の希望を支持し、その願望を実現するため彼女と共にスイスに行ったのであり、しかも、妻と一緒に行政訴訟を提起したのであるから、この例外的状況下で、申立人が本来の申立の本案についての裁決に関して強い一貫した利益を有していた、と認められる（§45）。さらに、「本件が患者の自己決定権による生命終結の願望に関する基本的問題に関係することを認める。それは、本人を超越する一般的利益と申立人および晩年の妻双方の利益である。これは、類似の問題が当裁判所の前で繰り返し提起されてきたという事実によって証明される。」（§46）かくして、「当裁判所は、申立人が、致死薬のペントバルビタールナトリウムを要求する権能を承認することをドイツ連邦薬務局が拒否することによって直接影響を受けた、と主張することができる、と考える。」（§50）

(b) 条約8条の権利の侵害の有無

「プリティ事件判決〔Ⅰ28〕において、当裁判所は、個人の自律の観念が条約8条の保障の根底にある重要原理であることを確認した」が、その際、「条約の下で保護された生命の神聖さ（sanctity of life）の原理をいっさい否定せず、延命の期待と結び付いた医療技術の進展の時代において、多くの人々は、高齢、もしくは自己の人格同一性という強く支持された考えと葛藤する進行性の身体的または精神的老衰状態において生きながらえることを強いられるべきではないことを考慮」し、「申立人が法によって、条約8条1項の下で保障されたものとしての私生活の尊重の権利を妨げることを『排除する準備をしなかった』」（§51）。

「ハース事件⑴において、当裁判所は、次のことを確認することによって、この判例法をさらに展開した。すなわち、いかなる方法で、いつ、自己の生命を終結させるべきかを決定する個人の権利は、もし彼／彼女が自己の意思を自由に形成し、それに従って行動する立場にあったとすれば、条約8条の意味での私生活を尊重する権利の側面の1つであった、と。しかしながら、国家が、威厳ある自殺を容易にする手段を採用する義務がある、と推定するとしても、当裁判所は、スイス当局がその特殊なケースの条件下でこの義務を侵害していなかった、と考えた」（§52）。

「結局、当裁判所は、条約8条は、実体的権利が確立されているかどうかが不明な事案においてさえ本案について審査を受ける権利を含みうる、と考える」（§53）。

「上述の考えに照らすと、当裁判所は、B. K.［妻］の請求を拒否する連邦薬務局の決定および申立人の申立のメリットを検討することを行政裁判所が拒否することは、条約8条の下での申立人の私的生活尊重の権利を妨げた、と考える」（§54）。

(2) 条約8条の下での申立人の妻の権利の侵害について

「当裁判所は、それが本件において当裁判所によって検討されているかぎりで、確立した判例法から逸れることに十分な理由がある、とは認めない。

したがって、申立人は、譲渡不可能な権利の性質であるがゆえに条約8条の下での妻の権利に依拠する法的地位を有しない。しかしながら、当裁判所は、本件における申立人自身の私的生活の尊重の権利の侵害があったとする上述の結論（§72）を呼び戻す。したがって、申立人は、たとえ彼の妻の条約上の権利に依拠することが認められなくても、条約の下での保護を奪われない。」（§53）

【解　説】

(1) 判決の特徴・意義

　医師による自殺幇助（physician assisted suicide＝PAS）をめぐる問題は、近年、世界各国で揺れ動いている[2]。また、医師によらない自殺幇助も含め、スイスへの「自殺ツーリズム」がヨーロッパ各国で問題となっており、ヨーロッパ人権裁判所を巻き込んで議論が展開されている。本件は、自殺関与罪の規定がないドイツで連邦薬務局による致死的薬剤の提供の可否をめぐる夫の原告適格性に関する行政裁判になり、それが「近親者の権利」としてヨーロッパ人権裁判所で争われた珍しい事案である。条約8条は、私生活および家族生活の尊重を受ける権利として、1項で、「私的および家族生活、住居ならびに通信の尊重を受ける権利」を規定し、2項で、公の機関による介入制限を規定する。

　本件の主な争点は、ドイツ連邦薬務局による致死薬提供の可否に関する行政裁判所の判断との関係で、「私生活の尊重を受ける権利」がそこに含まれるか、そしてとくに「致死薬の交付拒否を裁判で争う権利」が自殺志願者である妻の夫に認められるか、さらに拒否処分の取消しを求める原告適格があるか、という点にある。したがって、自殺志願者本人の「死ぬ権利」自体が直接正面から争われたのではない点で、やや理解が難しい内容となっている。

(2) 主要論点の解説

　自殺志願者本人の「死ぬ権利」自体がヨーロッパ人権裁判所で直接正面から争われた事案としては、進行性ニューロン病に罹患した女性が夫に自殺幇助

を依頼するに当たり、公訴局長官（Director of Public Proceucions＝DPP）に夫を起訴しないよう請願書を出し、ヨーロッパ人権裁判所まで争った（そして最終的には棄却された）2002年4月29日のダイアン・プリティ事件判決がある[3]。本判決は、世界の注目を浴びた。最終的に、「死ぬ権利」ないし「自殺の権利」はヨーロッパ人権条約には含まれない、という判決が下された。今回のコッホ事件判決も、基本的にはこのプリティ事件判決の立場に依拠したうえで、上記の主要争点に関する判断が示されているといえよう。なお、イギリスでは自殺法（Suicide Act 1961）があり、自殺自体は処罰しないが、自殺関与罪が2条に規定されていることから、終末期にある病者が死を望んだ場合、その自殺に関与すると処罰されるため、そして、積極的安楽死は違法で処罰されるため、終末期の意思決定をめぐり議論が起き、自殺幇助の訴追の有無を選別すべく、2010年に検察官による訴追指針（DPP指針）が示された[4]。

　他方、ドイツのように自殺関与罪の規定がない国では、逆の傾向が出つつある。これまでも、自殺関与行為は基本的に不可罰としつつ、間接正犯の理論を用いて嘱託殺人罪（ドイツ刑法216条）を適用したり、不作為の幇助についても「救助不履行罪」（ドイツ刑法330c条）を適用した事案があった。しかし、1987年7月31日のハッケタール事件ミュンヘン上級地方裁判所決定[5]で、医師が致死薬を提供して患者が自殺した事案で医師が無罪となって以後、基本的に自殺幇助には寛大な態度が見られていた。ところが、21世紀になり、本件と関連するようないくつかの事件が発生し、状況が変化する。

　まず、2001年2月7日の組織的自殺幇助に関するスイス「自由な死の同伴者事件」では、スイスにあるEXITSという団体の長であった被告人医師（いわゆる「自由な死への同伴者」）が、耐えがたい病状ゆえにもはやこれ以上長く生きたくないという多発性硬化症に苦しむドイツの女性に、自殺するための薬剤の調達を強く頼まれ、スイスで致死量の10gのペントバルビタールナトリウムの粉末を調達し、ド

イツの女性のもとへ届け、彼女に「自由な死の宣言書」に記入させ、彼女の夫の面前で薬を水に溶かし、それを女性に渡してすぐに服用させた。彼女は、3分ほどで意識喪失状態に陥り、30分以内に死にゆく状態であった。被告人は、麻薬の可罰的な輸入と譲渡でのみ訴追され、最終的には刑の留保（刑法59条）に付され、戒告となったが、連邦通常裁判所は、完全に有責な行為者の自殺への関与は、確かに、正犯行為がないので不可罰であろうが、自殺は、法秩序により違法であると価値づけられ、他者による自由な死への関与は原則として承認されない、と述べた[6]。

つぎに、2003年5月20日のハンブルク「ごみコンテナ事件」では、兵役に服する20歳の看護師が、進行性の筋ジストロフィーを患った施設入所者に、通常外の性的興奮を満たすのを介助するよう頼まれたため、その入所者を裸の状態で2つのごみ袋に入れたところ、入所者は、氷点程の外気温の中、物で一杯となったコンテナに放置された。彼は、後にごみ収集人により焼却施設に運ばれ、そこで焼かれるつもりであったが、翌朝になって窒息と寒さによる死亡後に、コンテナの中から発見された。第1審では、その看護師は、故意殺人（ドイツ刑法212条）または過失致死（ドイツ刑法222条）について無罪判決を受けた。理由は、不可罰的な自己危殆化と同等な承諾に基づく他者危殆化であったため、それに関与することも不可罰だから、というものである。連邦通常裁判所も、「自己答責的な行為の犠牲者の自己答責の原則」に則って、危険性に伴って意識されるようになったリスクが現実化した場合に、意図され、現実化された自己危殆化が傷害罪ないし殺人罪の構成要件に該当しないかぎりではこうした解釈を支持したが、有責な行為関与者が「死に至る現象の全計画を実行する際に危険支配が自由にできたのか、それとも自殺者の道具として振る舞ったのか」が重要である、と述べ、原審は後者の認定が不十分だとして、破棄差戻しにした[7]。

さらに、2010年7月30日の、アルツハイマー型認知症の疑いがあるとの診断を受けた夫人の「お別れ会事件」では、ゆっくりと進行する認知症による衰弱から逃れるために、夫人は、完全に精神的に明晰なうちに、病状がはっきりと現れるまで生き永らえていたくない、という決意を固め、家族をお別れ会に招待し、一緒に晩餐を囲んだ後に、致死量の薬剤を飲み込み、眠くなってベッドに入り、その場で近親者らが母親に別れを告げた。その後、近親者らは、死が確認されるまで母親のベッドの傍に座り、何ら救助を試みなかった。以上の点について、居合わせた近親者らに対してミュンヘン検事局が不作為による故殺罪（ドイツ刑法212条、13条）に基づく捜査手続を開始したが、その手続を中止した。その主な理由は、第1に、親族関係または医療行為の委任から発生しうる保障人義務は、自由答責的に捉えられた自殺者の自殺意思によって制限される、というものであり、第2に、自由答責的に下される人間の決定は、行為無能力状態ないし意識喪失状態となった後も拘束力を有するべきである、ということが、刑法の領域についても言える、というものである[8]。

以上のドイツ司法の動向は、自殺幇助に対する最近の一貫した立場であるといえよう。ところが、組織的自殺幇助に関しては、ドイツもスイスも、慎重な姿勢を取っている。今回のコッホ事件判決にも引用されている、スイスの薬剤調達事件と呼ばれる2011年1月20日のハース判決（Case of Haas v. Switzerland, 20 January 2011）[9]では、一方で、その者が自身の意思を自由に形成し、それに従って行為しうることを前提として、「自己の生命をいかにして、どの時点で終結させるべきかを決める個人の権利」というものを、ヨーロッパ人権条約8条における意味での「私生活を尊重される権利」の一部として理解しつつも、他方で、国家は、自殺の決定が自由に、かつすべての事情を知ったうえでなされたわけではない場合に、ヨーロッパ人権条約2条で保障されている「生命権」の保護のために、「人が自殺するのを阻止すること」を義務づけられている、と述べた。しかし、いかにして国家がこの保護義務を履行し、

考えられうる濫用を防ぐかは、国家に、相当な自由裁量の余地が認められており、それに応じて、国家は自殺を減らすための措置を講じることを拒むことができる、とも述べている。

(3) 検討およびその後の状況

以上の流れからコッホ事件判決を分析すると、微妙な判断がなされている、と考えられる。本判決は、一方で、近親者である申立人の原告としての法的地位に関して、ドイツ連邦薬務局による薬剤提供制限に関するケルン行政裁判所の請求棄却判決を退け、ヨーロッパ人権条約8条の権利に基づく原告適格を認めたが、他方で、「死ぬ権利」を正面から認めることはしていない[10]。本判決に対しては、自殺の権利、国家が自殺に手を貸すなどとんでもない、人は「生きる権利」こそを持っている、と主張するグループから強い批判も出された。

また、コッホ事件と類似の事件である2013年のグロス事件小法廷判決 (Gross v. Switzerland, 14 May 2013, 大法廷は不受理) でも、自殺に失敗して精神科病院で6か月間耐え難い治療を受けたスイスの女性がEXITSに援助を求めた事案で、薬剤提供に関する国家による制限が明確でない点について、条約8条の「私生活を尊重される権利」の侵害が認められている。2005年以降、ドイツでも、スイスへの自殺ツーリズムのみならず、国内で臨死介助組織(例えば、DIGNITASやEXITSのようなスイスの施設の支部)が設立されてきたことから、政府は、懸念を抱き、こうした行為の処罰を要求することにより、この動向に対応した。それは、刑法草案の新217条「営業的な自殺促進 (gewerbsmäßige Förderung der Selbsttötung) の罪」をめぐる議論として表れ、その後、同条は、2015年11月6日に、「業としての自殺促進 (geschäftsmäßige Förderung der Selbsttötung)」という文言に修正されて連邦議会で可決され、同年12月10日に施行されている。

なお、本判決の執行に関して、連邦行政裁判所は、回復の見込みのない末期の患者が耐えがたい苦痛から逃れるために自ら生命を絶とうと真摯に決定し、他の代替手段がない場合には、患者の自己決定が尊重されなければならず、その患者に苦痛のない尊厳ある自殺を可能とする薬剤の交付は拒否されてはならないとする判決を下した。本 Koch 判決が自殺の権利について論及しなかったことと対比して、この連邦行政裁判所判決は極限状況での安楽死を求める患者の自己決定権を認めており、注目される[11]。

(4) 日本への示唆

以上の動向は、日本の議論に即座に影響することはないであろうが、終末期医療との関係で「医師による自殺幇助」それ自体をめぐる今後の議論には、多少なりとも影響するかもしれない。

(1) Haas v. Switzerland, 20 January 2011.
(2) 詳細については、甲斐克則編訳『海外の安楽死・自殺幇助と法』(慶應義塾大学出版会、2015年)、甲斐克則『終末期医療と刑法』(成文堂、2017年) 259頁以下参照。
(3) 詳細については、プリティ判決〔I 28〕解説(甲斐克則執筆)参照。
(4) 詳細については、甲斐・前掲注(2)『終末期医療と刑法』269-272頁参照。
(5) 詳細については、甲斐克則『安楽死と刑法』(成文堂、2003年) 85頁以下参照。
(6) 甲斐・前掲注(2)『終末期医療と刑法』273頁。
(7) 甲斐・前掲注(2)『終末期医療と刑法』273-274頁。
(8) 甲斐・前掲注(2)『終末期医療と刑法』274-275頁。
(9) *See*, Daniel Rietiker, From Prevention to Facilitation? Suicide in the Jurisprudence of the ECtHR in the Light of the Recent Haas v. Switzerland Judgment, Harvard Human Rights Journal, Vol.25, 2012, pp. 85-126.
(10) BVerwG, Urt. vom 02.03.2017 - 3 C 19.15. なお、判決は、原告の妻が死亡している以上、薬剤交付不許可決定の当否については審査しないとしている。
(11) 本判決を理解するため、2014年3月21日にストラスブールにあるヨーロッパ人権裁判所を訪問した際、ドイツ出身の Angelika Nußberger 裁判官にいろいろとご教示を賜ったことに謝意を表したい。また、仲介の労をとっていただいた鈴木秀美教授と小畑郁教授にもこの場をお借りして謝意を表したい。

Ⅲ　ヨーロッパ人権条約で保障された権利(2) ── 各論

30 生命に対する権利と国家の積極的義務

多数の犠牲者を出した人質救出作戦についての不完全な救助計画と事後的捜査

―― チェチェン分権派劇場占拠事件 ――

阿部　浩己

Finogenov and others v. Russia

20 December 2011, Reports 2011-VI

【事　実】

　2002 年 10 月 23 日、チェチェン分離主義運動に属する 40 人以上の集団が機関銃と爆発物を携えてモスクワのドブロフカ劇場を襲撃し、900 人以上を人質に、チェチェン共和国からのロシア軍の撤退を要求する事件が勃発した。ロシア政府当局は、ほどなく連邦保安庁の指揮の下に危機対策本部を設置し、人質救助や医療支援の対応にあたった。

　交渉によって釈放される者がいる一方で、抵抗等を企てたため何人かの人質が射殺される事態となった。10 月 26 日早朝、ロシア治安部隊は、建物の換気装置を利用して催眠性ガスを注入。その数分後、特殊部隊が劇場内に突入し、襲撃者たちを射殺するなどして 730 人以上の人質を解放した。だが、その作戦行動のさなかあるいはその直後に 125 人が死亡し、生存者の中にも深刻な健康上の問題に苛まれるものが現れた。

　10 月 23 日にモスクワ市検察庁（MCPO）は犯罪捜査を開始し、翌 2003 年 10 月 16 日まで、救助活動の計画・実施について捜査が行われた。その結論は、125 人の死亡は様々な要因により引き起こされたものであり、ガスの使用との間に直接の因果関係は認められないというものであった。MCPO によれば、劇場に突入する決定は緊急の事情により正当化され、912 人の人質を救出してロシアの国際的威信を守るために必要なものであった。このゆえに、国家機関のとった行動については犯罪捜査が行われることはなかった。使用されたガスの正確な処方も明らかにされなかった。その一方で、治安部隊が突入した際

に殺害された 40 人の襲撃者の訴追は行われなかったものの、他の 1 人については犯罪の幇助・教唆により 8 年半の拘禁刑が 2003 年に宣告された。

　当局による救助活動計画・実施についてさらなる捜査を求める訴えが提起されたものの、いずれも地区裁判所により退けられ、その決定はモスクワ市裁判所によって維持された。損害賠償を求める一連の訴えも地区裁判所およびモスクワ市裁判所によって退けられた。

　申立人は、当局が過剰な力を行使して人質を死に至らせたこと、および、人質の危険を最小化するような救助活動の計画・実施を行わなかったことを理由に、ヨーロッパ人権裁判所に訴えを提起した。64 人に及ぶ本件申立人は、自らが人質であった者または／およびその遺族である。なお、本件では 2 つの申立を併合して審理がなされ、判決は全員一致であった。

【判　旨】

(1) 2 条の適用可能性と審査基準

　ロシア政府による公式説明によれば、人質が大量に死亡したのは包囲により弱っていたか重病だったからであり、また、政府専門家による報告書も、ガスの使用と人質の死亡との間に直接の因果関係はないと結論づけている。しかしながら、様々な年齢・身体の状態にあった 125 人が、健康上の理由でほぼ同時に同じ場所で死亡するということは考えがたい。ロシア政府もガスの効果は予見不能とし、人的損失が生ずる可能性も排除していない（§201）。「使用されたガスは、多数の被害者が死亡した主要な原因の

一であったと結論して差し支えない」（§202）。「本件は、解放しようとした多くの者を死に至らしめ、他の多くの者を死の危険にさらすことになった救出活動の中での当局による危険物質の使用に関するものである」。したがって、本件事案は２条の適用範囲内にある（§203）。

２条２項により、生命を剥奪する力の行使は「絶対に必要な」ものに限られる。しかし、当裁判所は、時として、その厳格な基準から逸脱する場合がある。現に、「事態の一定の側面が当裁判所の専門的知見を大きく超え出ている場合、当局が途方もない時間との闘いの下で行動しなければならない場合および当局による事態の統制が最小限である場合には、その基準の適用はまったく不可能であるかもしれない」（§211）。

近年、人質事件は広範に見られる現象になっているとはいえ、本件危機の規模は真に例外的なものであり、また、当局は建物内の事態を統制していなかった。「当裁判所は、当局の行った決定のいくつかが現時点の後知恵をもってすれば疑問の余地があるように見えるにしても、少なくとも当該事態の軍事的および技術的側面に関しては、当局に評価の余地を認める用意がある」（§213）。「対照的に、作戦行動の事後的側面は当裁判所のより厳密な審査を必要とする」（§214）。当裁判所は、「検討する事態の異なる側面に異なる審査基準を適用するものとする」（§216）。

（2）ガスの使用と治安部隊の突入

「事態は、まったくもってただならぬものであったように見える。自らの大義に身を捧げる重装備の分離主義者たちが人質を取り、非現実的な要求を掲げていた。交渉が行われた当初の日々には、目に見える成果はもたらされなかった。加えて、人道的事態（人質の身体および精神状態）は悪化し続け、人質はさらに弱っていった。当裁判所は、大量の人的損失が生じる現実の、重大かつ差し迫った危険があり、そうした事情の下では強制的介入が『まだ害悪の少ない』ものであると当局が信じる正当な理由があっ

たと結論する。したがって、交渉を終了し、建物内に突入する当局の決定は、当該事情の下では条約２条に反するものではなかった」（§226）。

ガスの使用に関するロシア法制は不明確であり、使用されたガスの処方も明らかにされていない。しかし、本件人質事件は、その特異性と規模において、通常の警察活動を対象に規制的枠組みの曖昧さをもって国の積極的義務違反を認定する他の事案とは異なる。法令が整備されていたとしても、予測不能で臨機応変な対応が必要とされる事態においては、その有用性は限られたものになろう（§230, 231）。ガスは無差別に使用されたのではない。当局による救助作業の有効性によるとはいえ、人質には、高い生存の可能性が残されていた（§232）。また、ガスの使用は、人質の解放を促進し、爆破の可能性を低減させ得るものでもあった。突入の際のガスの使用は比例的でない措置ではなく、２条違反にはあたらない（§236）。

（3）医療支援・避難計画とその実施

当初の避難計画には何百人もの医師、救助要員等の配置が想定されていたようだが、現場での調整についての準備は不十分であり、また、被害者に関する情報共有についての指示がなく、被害者の重篤性に応じた医療上の優先順位も明確にされていなかった。被害者を輸送する際の医療支援体制も整っておらず、搬送先の医療機関を割り振る計画もなかった。救援・避難計画には多くの瑕疵があった（§246-252）。

救助要員らは爆発・銃撃による負傷者に備えていたところ、おそらく治安維持活動上の要請からガスの使用についての情報は秘匿され、現場からの搬出が遅れたため被害者は１時間以上もガスの影響にさらされることになった。被害者に対する医療支援の実情についての情報はほとんど提供されなかったが、有効な救命措置が現場でとられたようには見受けられない（§253-262）。

当裁判所は、現場がある程度混乱することは避け得ず、治安維持活動の一部を秘密にする必要も認めるものの、「2002年10月26日の救援活動は十分に

計画されたものではなかった」。ロシアは条約2条の積極的義務に違反した（§266）。

(4) 捜査の実効性

2条は手続的性格の積極的義務を含む。「同条は、当局による力の行使の結果として個人が殺害されたときには、いずれかの形態の実効的な公式の捜査がなされるべきことを黙示的に求めている」（§268）。捜査が「実効的」であるには、徹底的で、時宜を得た、独立したものであることが求められる。また、捜査の資料と結論は被害者遺族にとって十分に利用可能であるべきである（§270）。「捜査の結論は、あらゆる関連要素についての徹底的、客観的かつ公平な分析に基づいていなくてはならない」（§272）。

この点で、本件にかかる捜査は、明らかに不完全であった。まず、ガスの処方が捜査機関に明示されなかった。危機対策本部の構成員その他ガスの使用決定に責任を有する者など作戦行動に関与したものへの聞き取りの試みもなされていない。「当裁判所は、危機対策本部の作業文書すべてが破棄された事実に驚いている。…当該文書がいつ、なぜ、誰の権限により、いかなる法的根拠に基づいて破棄されたのかについて、政府は説明しなかった」。これにより、ガスの使用や救助活動等の実相が誰にも知られぬままになった。「あらゆる文書の無差別の破棄は、正当化されるものではない」（§279）。

また、捜査官は、救助活動に関わった病院において勤務中であった医師数や搬送先について与えられた指示、被害者の搬出活動が遅れた事情など、救助活動の詳細にかかる重要な事実の認定を行おうとしなかった（§280）。さらに、捜査機関は独立していなかった。捜査機関には、救助活動の計画と実施に直接の責任を有する法執行機関の代表や連邦保安庁の爆破装置専門家らが含まれており、捜査チームの構成員と、捜査官に情報を提供した専門家との利益相反はあまりに明白であり、捜査の実効性とその結論の信頼性を台無しにしかねぬものであった（§281）。

「当裁判所は、本件において申し立てられている当局の過失についての捜査は徹底も独立もしておらず、したがって、『実効的』でなかったと結論するのに十分な証拠を有している。当裁判所は、このゆえに、2条に基づく国の積極的義務の違反があったと結論する」（§282）。

【解　説】

(1) 危機の劇場化と評価の余地

国による致死的な力の行使は条約2条の定める目的を達成するために「絶対に必要な」ものでなくてはならない。マッカン判決〔Ⅰ27〕以来、当裁判所が判示してきたように、その審査基準は条約8条ないし11条2項の定める「民主的社会において必要な」ものより厳格であることが求められる。だがこの審査基準は緩和されることもあり、本件でも、ロシア政府によるガスの使用と治安部隊の突入にかかる側面については大幅な評価の余地が認められている。

本判決は、本件危機がその特異性と規模において、通常の警察活動にかかる事案とは大きく異なっていることを強調する。ロシア政府は事実の解明に非協力的な態度に終始し、本判決は、危機対策本部の文書すべてが破棄された事実に驚きを禁じ得ない旨すら表明している。使用された催眠性ガスの成分は最後まで不明のままであり、誰がいつどのような理由により劇場内にガスを注入し治安部隊を突入させる決定をしたのかも結局明らかにされなかった。重大な疑問が多く残されていたにもかかわらず、当裁判所はガスの使用と治安部隊の突入については条約2条に違反しないとの判断を示した。

特徴的だったのは、事実の描写である。「3日間にわたり、900人以上の人々が銃をつきつけられ劇場のホールに拘束されていた。さらに、劇場の建物にはブービートラップが仕掛けられ、18人の自爆テロリストが人質たちの間に混ざってホールに身を置いていた」（§8）。冒頭から、こうした臨場感溢れる叙述が続いていく。申立人は、人質の生命の危機は差し迫っていたわけでなく、交渉によってさら

に多くの人質の釈放が可能であったと主張したが、当裁判所は、「この主張は過度に仮定に依拠している」と断じ、「テロリストのリーダーが譲歩したかどうかは分からない。彼らの振る舞いや物言いは反対のことを指し示している」と述べてこれを退けた（§222）。本判決は、襲撃者がどのような行動に出るのかを確実に知り得ないなかで、当局が「難しい、苦渋の決断をせざるを得なかった」とも記す（§213）。こうした形容表現の使用は、極度の緊張感に包まれた事件現場をみつめる裁判官の心理がロシア政府のそれと少なからず重なり合っていたことを伝えている。

本判決は、致死的な力の行使を正当化する2条2項の定める目的をロシア政府が追求していたことを前提にしつつ、「問題は、それらの目的が他の、より烈度の低い手段によって達成し得たかである」と的確に問う。しかし続けて、事後に誤りであったと判明したとしても、力の行使が「その時点において相当の理由により妥当であると認められる誠実な信念に基づいて正当化される場合がある」と言葉を継ぐ（§219）。ここには、危機的状況においてなされる人間の意思決定に不完全な場合があることを認めつつ、それがその時点での「誠実な信念」に依拠したものであればこれを是とする当裁判所の認識が見て取れる。本判決によれば、ロシア政府による力の行使はそのような「誠実な信念」に裏打ちされたものだったということである。

注入されたガスについて別して指摘すべきは、その使用が「無差別」とは判じられなかったことである。反政府勢力を殲滅するための重火器の無差別使用や「テロ攻撃」のためにハイジャックされたと信じられる航空機を撃墜する場合とは異なり、本件でのガスの使用は人質が生存する高い可能性を残していたとして、本判決はその無差別性を否定した。使用されたガスが現に襲撃者を気絶させるにとどめ、爆破の事態も生じなかったことを勘案のうえ、多くの人質を死に至らしめた危険物質の使用を許容する判断が導かれている。

（2）事後の行為の評価

本判決は、「力の行使」そのものについての上記評価とは対照的に、事後におけるロシア政府の対応については、これを明確に非難する姿勢を示した。救助・避難活動に関し、「人質に対するガスの影響を最小化し、避難を迅速に行い、必要な医療的支援を提供するためあらゆる必要な予防措置を当局がとったのかどうか」（§237）について、2条の保護義務の観点から、異なる基準を用いて条約適合性審査を行っている。異なる基準が用いられたのは、事態の異なる側面について当局の統制の度合いが同一でなかったからである。本判決によれば、当局にとって人質事件の勃発は「まったく予期しておらず」、占拠された「建物の内部には当局の統制が及んでいなかった」（§213）のに対して、事後については「深刻な時間的制約もなく、当局が事態を統制していた」（§214）とされる。

本件事件についてはロシア国内で捜査が行われ、当局の行為に好意的な専門家の報告書も作成されていた。当裁判所は、そうした営為に留意しつつも、次の3点について特に注意を払っている。第1、捜査が「中止」の段階にあり完全に終了したわけではないことから、その結論については格別に注意深く検討すること。第2、報告書を作成した専門家は真に中立的ではなかったのかもしれず、それゆえその証拠は相対化して評価されるべきこと。第3に、救助活動等に関して当裁判所がロシア政府に具体的な質問をしたにもかかわらず、そのほとんどについて精確な回答がなかったこと、である（§240-242）。そのうえで、既述のように、当裁判所は救助活動の計画と実施に多くの瑕疵があったことを個別具体的に指摘していく。

本判決が吐露するように、人質一人一人の状況について当裁判所は多くを知り得ないままにおかれた。しかし当裁判所に求められるのは、救助活動に関わった個々人の責任を確定することではない。そうではなくて、「国が全体として条約上の国際義務、すなわち、『反政府勢力に対する治安維持活動の手

段および方法を選択するにあたり、文民の生命の付随的喪失を防ぎ、いずれにせよ最小化するあらゆる予防措置をとる』義務を履行したのかどうかを決定することである」(§265)。この点を念押しして、救助活動の計画と実施に保護義務の違反があったという評価が示された。

(3) 実効的な捜査と真実への権利

本判決は2条に基づく国の保護義務が実効的な公式の捜査を行う手続的義務を含んでいることを確認している。テロリズムと人権の問題を扱う国連人権理事会特別報告者の分析[1]に基づいてより包括的に整理すれば、実効的な捜査のために最低限充足すべき要件として、次のものが求められているといえる。

第1、捜査は遺族らの訴えを待って開始されるのではなく、職権で行われること。第2、捜査は迅速であること。第3、捜査の進捗状況について近親者が十分に情報を与えられること。第4、捜査は責任者の確定と処罰につながるものであること。第5、捜査機関は事件に関わりがありそうな者から完全に独立していること。(独立とは、事件関係者と制度的なつながりがないだけでなく、実際上も独立していることを意味する。)第6、捜査およびその結果について十分な公開の精査があること。第7、当局は、あらゆる関連する証拠を確保し評価するための合理的な措置をとること。捜査の結論は、徹底的、客観的かつ公正な分析に基づくものであること。第8、捜査が刑事その他の裁判につながる場合には、近親者の実効的な参加の可能性があること。

本判決では、ロシア政府による捜査に徹底性と独立性において看過し得ぬ問題があったことから実効的な捜査がなされていないとの結論が示されている。妥当な判断というべきだが、本件の場合、そもそも分離主義者らの襲撃行為に焦点を当てて捜査が進められていたのであって、人質危機時における国家機関の行為について捜査が行われていたのではない。「捜査の射程は、最初から最後まで非常に狭く定められていた」(§275) のであり、当裁判所の求める実効的な捜査の基準を充足しえないのは、半ば必然的な帰結でもあった。

本判決後、拷問等の禁止を定める3条との関連においてではあるが、当裁判所はエル・マスリ判決〔本書5〕において「真実への権利」それ自体の存在を認めるに至っている。本件のように多数の生命の剥奪がもたらされる重大な事件では、当然に、真実への権利の存在が今後は重視されていくことになろう。

(4) 本判決の執行監視

ロシア政府は、2013年5月に行動報告を、2016年8月に追加情報をそれぞれ閣僚委員会に提出し、これを受けて同委員会は、2016年9月に、次のような決定を行なっている。刑事捜査を開始しないという捜査当局の決定は本判決を実現するものとは見受けられないことに遺憾の意をもって留意し、証拠が破棄され時間が経過した中での捜査の可能性と限界を精査し当委員会に情報提供するよう招請し、対テロ作戦行動時の人命救助・医療支援活動にかかる法制の整備を歓迎し、その実施状況について追加情報を提供するよう招請する。

(1) Report of the Special Rapporteur on the promotion and protection of human rights and fundamental freedoms while countering terrorism, Ben Emmerson, UN Doc. A/HRC/2014, 4 June 2012, para.36.

[参考文献]

[1] Solon Solomon, "The Recent European Court of Human Rights Judgment in the Finogenov Case: Toward an Esoteric Humanization of Warfare", *Publicist* (an Online Publication of *Berkeley Journal of International Law*), Vol. 11 (Spring, 2012) http://bjil.typepad.com/publicist/volume-11-spring-2012/.

31 生命の危険を生じさせる事故の回避義務
ゴミ投棄場のガス爆発に起因する死亡と財産損失への賠償命令
──トルコ・ゴミ投棄場爆発事件──

Öneryildiz v. Turkey

西海 真樹 　30 November 2004, Reports 2004-XII（大法廷）

【事　実】

申立人 Öneryildiz とその家族は、イスタンブール市の Ümraniye 行政区内のスラムに居住していた。付近には巨大なゴミ投棄場（以下投棄場）があった。それは、1970 年代初めに、Ümraniye を含む同市内の 4 つの行政区が共同で使用し始めたものである。当初、投棄場周辺は無人だったが、年月の経過と共に未許可の住居が建てられ、それらはスラムを形成するに至った。投棄場は同市の管轄下に、最終的には国の管理下に置かれていた。1991 年、Ümraniye 行政区長は、投棄場が関連法令に合致しているかどうかにつき Üsküdar 小審裁判所に鑑定を求めた。同裁判所が設置した専門家委員会の鑑定書は、投棄場が法令に合致していない、ゴミの分解から生じるメタンガスの蓄積・爆発を防止する措置がとられていない、投棄場が周辺住民の健康、安全、環境にとって危険なものになっている、と述べた。これに対して Ümraniye 行政区長は投棄場の使用中止のための暫定措置命令を小審裁判所に要請し、他の行政区長は鑑定書の無効確認訴訟を同じ小審裁判所に提起するなど、各行政区の足並みは整わなかった。他方、国の機関である環境審議会は投棄場を適法化するよう同市に命じた。これを受けて同市は投棄場の整備計画を策定、それは実施されつつあった。

1993 年 4 月 28 日、投棄場でメタンガスが爆発、ゴミ山の地滑りが申立人の家を含む数十軒の住居を呑み込んだ。その結果、申立人の家族 9 人を含む 39 人が死亡した。内務省は、この事故が生じた状況について調査するよう行政調査委員会に命じた。

同委員会の調査報告は、人命喪失と財産損害は 2 人の行政区長が任務遂行上適当な措置をとらなかったことに起因し、したがって彼らはその懈怠の責任を負うと結論づけた。また、共和国検事の下にこの事故における行政機関と被害者の責任分担を決定する専門家委員会が設置され、同委員会は各当事者の責任分担を決定する報告を作成した。これらを受けて、イスタンブール軽罪裁判所に 2 人の行政区長が刑事訴追された。彼らは「任務遂行における懈怠」（刑法 230 条）により有罪とされ、それは破毀院において確定し、2 人に懲役刑（3 ヶ月）と罰金刑が科された。この懲役刑は後に罰金刑に替えられ、さらにこのような法違反が再び生じることはあり得ないとの判断により全ての判決の執行が停止された。他方、申立人は、肉親の死と財産の損失という損害への賠償を求めて、Ümraniye 行政区長、イスタンブール市長、内務省、環境省を相手取り、イスタンブール行政裁判所に損害賠償請求訴訟を起こした。5 年に渡る裁判の結果、行政最高裁判所は 1998 年、この事故と上記 4 つの行政機関の懈怠との間に直接的因果関係が存在することを認め、申立人とその生き残った子に精神的・物質的損害を名目とした賠償金の支払いを命じる判決を下した（以下国内判決）。ただ、この判決は、事件後申立人が有利な条件下で社会的住居を得たことを理由に、破壊された住居を損害賠償の対象に含めなかった。同様に、申立人の住居には電気が引かれていなかったから申立人は電気家財を有していなかったとみなされるとの理由で、破壊された電気家財も損害賠償の対象に含めなかった。さらに賠償金は、実際には申立人とその子に支払わ

れなかった。

申立人は、1999年、トルコを相手取りヨーロッパ人権裁判所に申立を行い、条約2、8、13条および第1議定書1条を援用し、この事故による肉親の死亡と財産の損失の責任は国にあると述べ、さらに実際に行われた国の行政手続は条約6条1項が求める公正で迅速な裁判と両立しないと主張した。これを扱った小法廷は2002年に判決を下し（以下2002年判決）、トルコに条約2条違反および第1議定書1条違反があったこと、トルコが条約6条1項、8条、13条に違反したか否かを別途検討する必要はないことを判示した。トルコは事件の大法廷移送を求め、大法廷審査部会はこれを受理し、2004年に判決を下した（以下判決）。

【判 旨】

(1) 条約2条違反

判決は、住民の生命を危険にさらす行為に関する国の積極的義務を、実体的・手続的側面から分析・考察し、トルコの行為はいずれの観点からも条約2条に違反すると認定した。

(a) 実体的側面（§97-110）

当局はガス爆発を防止するために必要な措置を講じるべきであった。当局は周辺住民を保護するための具体的で必要かつ十分な予防措置をとる義務があった。しかし責任を有する行政区長はそれを怠った。事故の被害者に責任を負わせることはできない。確かに法令は住民が投棄場周辺に居住することを禁じていたが、当局は一貫してスラムに有利な政策をとり続け、それは公の土地の違法占拠を寛恕するものだった。当局は申立人の不法住居を破壊せず、申立人から住居税を徴収し、申立人に公共サービスを有料で提供していた。適切な時点で投棄場に脱気装置が設置されていれば、ガス爆発を防止し得たであろう。しかしながら、そのような措置はとられることなく、規制枠組は機能不全に陥り、都市計画に関する一般政策は法的措置に関して不確実なままだった。当局は差し迫った危険から被害者を保護するた

めになし得ることを尽くさなかった。国の行為は条約2条に違反する（全員一致）。

(b) 手続的側面（§111-118）

国家機関またはその代表者が危険回避の措置をとらなかった結果生命の損失が生じた場合、その責任者を訴追・処罰しないことは条約2条違反になる。司法機関が責任者を処罰する意思を有していたか否かを検討しなければならない。刑事裁判は「任務遂行上の懈怠」という当局の責任を認定するにとどまり、9人の肉親の死亡についての当局の責任を不問に付した。判決は事実的要素としてのみ死亡に言及し、生命への権利の保護が欠如したことの責任を認めず、事故の責任者に執行猶予付きの最小限の刑罰を科しただけだった。それは国家機関またはその代表者の十全な責任を確定するものではなく、生命への権利の尊重とりわけ刑法の抑止機能を確保する国内法規定の実効的実施を保障するものでもなかった。生命への権利を保護するための、および、生命を危険にさらす活動を防止するための法律による適切な保護は、実際にはなされていなかった。このことは条約2条に違反する（16対1）。

(2) 第1議定書1条違反

判決は、住民の生命を危険にさらす行為に関する国の積極的義務を、財産保護の観点から分析・考察し、トルコの行為は財産の保護を定める第1議定書1条に違反すると認定した。

(a) 財産の存在（§124-129）

トルコ財務局所有の土地に建てられた申立人の住居は、その建築も占有も不法なものだった。けれども、市当局は、いつでもこの住居を破壊することができたにもかかわらず、そうしなかった。市当局は、申立人と家族がそこで平穏に生活することを放置し、住居税を課し、有料の公共サービスを提供していた。つまり当局は、事実上、申立人と家族が住居および家具に基づく財産上の利益を有していることを認めていた。さらに、トルコ社会には不法建築を罰する法律の適用に曖昧さが存在していたため、申立人は、自分の住居に関する状況が近く大きく変化すると考

えるには至らなかった。つまり、住居に関する申立人の財産上の利益は十分な重要性を有し、実質的利益つまり財産を構成するものと認められていた。

(b) 財産の尊重（§133-138）

第1議定書第1条が保障する権利の実際の有効な行使は、国の不介入義務にのみ依存しているのではない。申立人が当局に正当に期待し得る措置と申立人による財産の実効的享有との間に直接的絆が存在する場合に、国に積極的措置をとるよう求めることも、そのような権利の実際的行使にあたる。申立人の住居が埋もれてしまった原因は、国家に帰すべき重大な懈怠にある。申立人の住居の破壊を防止するために、当局がその権限内のすべてのことをしたとは言えない。したがって、トルコの行為は第1議定書1条に違反する（15対2）。

(3) 条約13条違反

判決は、権利を侵害された被害者が効果的救済を受ける権利について、条約2条および第1議定書1条の観点から分析・考察し、トルコの行為は条約13条に違反すると認めた。

(a) 条約2条の観点（§150-155）

この事故の責任を問う刑事裁判は、申立人と家族の生命への権利を保護するには不十分なものだった。それでも、公の調査により事実が確認され責任者が認定されていたため、申立人はトルコ法により認められた救済手段に訴えて損害賠償を請求することができた。しかしながら、申立人が起こした行政訴訟は、効率的でも実際的でもなかった。申立人には家族の死亡に基づく損害賠償金が全く支払われなかった。適切な期間内に賠償金として認定された金額が支払われることは、配偶者または子供を失った被害者にとって、13条の観点から救済の基本的要素とみなされるべきである。さらにこの司法手続は迅速にはなされなかった。したがって条約2条との関連で、トルコの行為は条約13条に違反する（15対2）。

(b) 第1議定書1条の観点（§156-157）

行政手続の観点からは、申立人は破壊された家財補償の名目で賠償金を得た。しかしながら賠償決定まで長い時間が費やされ、さらに賠償金は実際には全く支払われないままだった。したがって申立人には条約13条の言う効果的な救済の道が閉ざされてしまった。それゆえに、第1議定書1条との関連でトルコの行為は条約13条に違反する（15対2）。

(4) その他

条約2条および第1議定書1条の観点からの本件の検討・考察がなされた以上、公正な裁判を受ける権利（条約第6条1項）および私生活および家族生活が尊重される権利（同8条）の観点から、改めて本件を検討・考察する必要はない（158段〜160段、全員一致）。トルコ政府に対して、申立人の実質的・精神的損害を理由とする賠償金の支払い、および、訴訟費用の一部の支払いを、それぞれ命じる（§165-171, 175）（いずれも全員一致）。

【解　説】

(1) 判決の意義

判決は、健全な環境の下で生活するという個人の権利を、本条約が保護すべき人権と捉えた点で画期的な意義をもつ。そもそもヨーロッパ人権条約は、国家に対する個人の基本権・自由および民主主義を保護するという目的のために作成されたため、そこには環境関連の人権を直接定める規定は含まれていない。しかしながら、本条約を現実社会の変遷を考慮に入れながら解釈・適用していくという態度を一貫してとってきたヨーロッパ人権裁判所は、次第に、環境に関連する個人の権利を、本条約が保護すべき人権として捉えるようになる。判決は、このような傾向の延長上に位置づけられる。判決は、適切な環境の下で生活する個人の権利を、生命に対する権利、財産の保護および効果的救済を受ける権利にもとづいて構成している。

(a) 生命に対する権利（条約2条）

判決は、産業活動が周辺住民の生命を危険にさらすときに国が負う積極的義務を確認し、その中身を明確にしている。2002年判決と同様、判決は、投棄場周辺住民の生命が現実にかつ急迫して脅かされ

ていることを当局は知っていたあるいは知っていなければならなかったにもかかわらず、当局は危険を回避するために合理的に期待し得る具体的かつ必要十分な予防措置をとらなかったとの理由で、当局の条約2条違反を導いている。判決は、投棄場付近に申立人が不法に住居を建設したのだから政府に責任はないというトルコ政府の主張を採用しなかった。判決はまた、都市整備計画法を遵守させることにつき政府が一貫して消極的であったことがこのような悲劇を引き起こしたと指摘している。判決はさらに、当局が現存の危険を知らないはずはないとし、事故前に官報に掲載された専門家委員会鑑定書がガス爆発の危険を明確に述べていたことを重視し、当局は生命の危険にさらされた住民を保護する措置をとることを怠ったのみならず、とることを拒んだ、と明言している。

条約第2条の下で国が負う積極的義務の1つとして、判決は生命を脅かす危険の存在を公衆に周知する義務を挙げている。そして、投棄場周辺住民を保護するための予防措置が取られていない場合には、たとえメタンガス爆発およびゴミの地滑りの危険を当局が公衆に周知したとしても、条約2条が国に課す積極的義務を尽くしたとは言えないと述べる（条約2条違反の実質的側面）。判決はまた、この事故の責任を負う行政機関の任務遂行上の懈怠を認定するにとどまり生命に対する権利の保護の欠如を考慮に入れなかった点で、トルコ刑法は被害者に適切な救済手段を提供していないと述べる（条約2条違反の手続的側面）。

(b) 財産の保護（第1議定書1条）

このような積極的義務が国家に課せられることの結果として、判決は、2002年判決と同様、投棄場周辺の被害住民の住居はたとえ住居に関する権利・資格が当該住民になくても第1議定書1条の財産に当たるとし、結果的に当局による当該住民の財産権の侵害を認めた。判決は、住居が存在する公有地の所有権移転手続を何らとらなかった以上、申立人は自らが権利・資格のない占有者であることに異議を

申し立てることはできないとしつつも、現存する都市整備法を実施して投棄場の再開発を行わなかったという国の懈怠および不作為を理由に、申立人の占有が当初の不法占有のままであり続けていたと確定することはできないと述べ、このような条件の下で申立人が住居・家財という財産を有していたことを認めた。

さらに判決は、トルコ政府が申立人の財産利益をできるだけ保全しようとはしなかったことを理由に積極的義務を欠いたと認定し、たとえ事後的に好条件での再居住を申立人に対して確保したとしても、それだけでは十分な救済を提供したとは言えないと述べた。最後に、実質損害に基づく賠償金をトルコ政府が申立人に支払っていないことを、確定した国内判決を無視するものであるとし、そこからトルコ政府の第1議定書1条違反を導いている。

(c) 効果的救済を受ける権利（条約13条）

判決は最後に、上にみた条約2条違反および第1議定書1条違反のトルコ政府の行為を、効果的救済を受ける権利（条約13条）の観点から検討する。因みに2002年判決はこの観点からの検討を余分なものと判断し検討を行っていない。判決は、申立人が起こした行政訴訟は効率的でも実際的でもなかったとし、家族の死亡に基づく損害賠償金が全く支払われなかったことは配偶者・子を失った被害者にとって救済の基本要素が満たされなかったことを意味すると述べ、条約2条違反に基づく効果的救済が行われなかったことを認定した。

他方、国内判決は家財に関する損害賠償の問題を扱ったものの、そこには電気家財への考慮がなされていなかった。この点について判決は、賠償額の決定方式とその額について判断する必要はないとし言及を避けた。しかしながら判決は、審理期間が長くかかり賠償金が支払われていないという状況は、条約2条違反に関してと同様、第1議定書1条違反に関しても効果的救済の道を閉ざしていると述べ、条約2条違反のトルコ政府の行為および第1議定書1条違反のトルコ政府の行為は、いずれも条約13条

に違反するものと判断した。

(2) 環境分野における生命への権利の承認

条約も議定書も環境分野の人権に関する規定をもたない。しかし判決は、条約2条を通じて生命への権利と環境との間の絆を明示的に認め、生命の権利の侵害は環境との関係においてもあり得るとした。環境分野の人権は、裁判所が発展させてきた2つの積極的義務、すなわち生命の保護に関する義務と情報の提供に関する義務によって、承認されている。

1985年3月26日のXおよびY対オランダ事件判決（X et Y c. Pays-Bas〔I 50〕）以来、裁判所は積極的義務の理論を頻繁に用いるようになった。それは、条約が認めるいくつかの権利の実効性が、国家の積極的措置により初めて確保されるという考えに基づいている。国は、1人または複数の人が脅かされていることを知っているときまたは当然知っているべきとき、一定の措置をとることが求められる。国は消極的態度にとどまっていてはならず、人を保護するための合理的かつ適当な措置を採用しなければならない。条約2条違反、すなわち生命への権利の侵害は、環境問題との関連でも生じ得る。環境への損害が生命への重大な脅威となるとき、生命への権利を保護するための積極的義務が、環境との関連においても国に課されることになる。

判決は、1998年2月19日のグエラその他対イタリア事件判決（Guerra et autres c. Italie）の論理を踏襲し、生命への権利を情報提供義務と結びつけて捉えている。国は、汚染を停止または減少させるための措置をとり危険に関する情報を公衆に提供するという積極的義務を負う。事故が発生した場合または事故が発生する恐れがある場合、たとえ公衆からの正式の要請がなくても、国はその事故に関する情報を提供しなければならない。このような義務は生命への権利の分野で人が知る権利を有していることの裏返しであり、情報を提供しなかった場合、国は条約2条に違反することになる。このように、生命の保護と情報の提供という2つの積極的義務を通じて環境分野における生命への権利を承認した点で、判決は大きな意義を有している。

(3) 発展的解釈による新たな財産権の承認

判決は、財産の概念を拡大し、そこに経済利益も含まれるという解釈をとった。その結果、申立人が居住していた不法家屋も、第1議定書1条にいう財産として、同条の保護のもとにおかれることになった。さらに、この事件においてトルコ国内でとられた一連の手続には多くの問題点があり、それらへの批判が判決の上記のような解釈の正当性をいっそう高めた。

申立人の住居はトルコの都市計画法に違反し申立人は自ら占有している土地につきいかなる資格・権利も有していない。トルコの法律は、不許可建築物は行政当局により直ちに解体されなければならないと規定している。しかし当局は何らそのような措置をとらず、申立人の居住を咎めることなく黙認した。判決は、申立人とその家族のこのような居住を実質的な経済利益であると捉え、家屋の構成要素および家財道具は第1議定書1条にいう財産であるとした。そのような財産権を保護するための積極的措置が必要になるが、メタンガスの爆発や地滑りという危険の具体化を阻止するために積極的・具体的・実効的な措置がとられることはなかった。判決は、このようなトルコの不作為を第1議定書1条違反と認定した。

条約13条の効果的な救済を受ける権利とあいまって、条約2条の積極的義務には効率的で独立した司法制度を設立する義務が含まれる。それは公正な事実調査、賠償金の支払いのほか、一定の場合には責任者を刑事的に処罰するメカニズムが伴っていなければならない。しかし、トルコの行政裁判、刑事裁判の裁判手続・審理・判決履行は、行政当局の責任追及、申立人への情報提供、申立人の財産認定、申立人への賠償金支払いのいずれにおいても不十分・不適当だった。判決はこのような事態を条約2条と第1議定書1条に違反すると認定した。さらに、法の支配は民主社会の基本原則であり、行政争訟において行政当局が自らに不利な判決に服する義務を意味すると述べ、暗にこのようなトルコの国内法制

を批判した。

(4) 判決の履行状況

2017 年 5 月、トルコ政府は判決の履行状況に関する報告書を欧州評議会閣僚理事会に提出（DH-DD (2017) 555）した。同報告書には、判決が命じた申立人の実質的・精神的損害を理由とする賠償金・訴訟費用が支払われたこと、イスタンブール郊外のゴミ集積場は規則に従って運営され爆発が生じる可能性はもはやないこと、同様の条約違反の発生防止のため EU 指令に適合したゴミ管理関連の立法措置がとられたこと、環境・都市計画省および自治体の環境保護関連の権限が強化されごみ処理に関する厳格な環境影響評価の実施が義務づけられたこと、ゴミ貯蔵施設が環境損害を発生させた場合当局は厳格責任を負うこと、ゴミ集積場と居住地域とを区分するゾーニングが実施されたこと、トルコ刑法が改正され懈怠・殺人・過失致死が重罰化されたこと、人権侵害事件について個人が憲法裁判所に直接提訴できるようになったことが述べられている。

[参考文献]

[1] Catherine Laurent, "Un droit à la vie en matière environnementale reconnu et conforté par une interprétation évolutive du droit des bien pour les habitants de bidonvilles", *Revue trimestrielle des droits de l'homme*, no.53, 2003, pp. 279-297.

[2] Loukis Loucaides, "Environmental Protection through the Jurisprudence of the European Convention on Human Rights", *British Yearbook of International Law*, vol. 75, 2004, pp. 249-267.

[3] Nathalie Déffains et Véronique Lechevallier, "Convention européenne des droits de l'homme", *Europe: revue mensuelle du JurisClasseur*, no.3, 2005, pp. 28-29.

[4] Patrick de Fotbressin, "De l'effectivité du droit à l'environnement sain à l'effectivité du droit à un logement décent?", *Revue trimestrielle des droits de l'homme*, no. 65, 2006, pp. 87-97.

[5] Paul Tavernier, "Le droit de l'homme à un environnement sain, le droit de propriété et les libertés économique", Annuaire international des droits de l'homme, vol. 1, 2006, pp. 219-237.

[6] Frédéric Sudre, *Les grands arrêts de la cour européenne des droits de l'homme*, Presse Universitaire de France, 2015, pp. 763-775.

32 汚染血液による HIV 感染と条約 2 条
汚染血液により HIV ウイルスに感染した者に対する不十分な補償
―― HIV 汚染血液輸血感染事件 ――

府川　繭子

Oyal v. Turkey
23 March 2010

【事　実】

　本件の申立人は、輸血により HIV に感染した者
(X) およびその両親である (以下 X らという)。X は、
1996 年 5 月 6 日にトルコ国内の国立病院で出生し、
翌日に鼠蹊部および臍帯ヘルニアと診断され、同病
院で血球と血漿の輸血を受けた。輸血の約 4 ヶ月後、
X が HIV に感染していることが判明した。1996 年
10 月 31 日、トルコ赤新月社 (赤十字社) で献血を
行ったあるドナーから HIV が検出された。さらな
る調査の結果、このドナーが過去に提供した血液か
ら作られた血球と血漿が X への輸血に使用されて
おり、X はこの輸血が原因で HIV に感染したこと
が判明した。

　X らは赤新月社職員および総裁ならびに厚生局
職員および厚生大臣を刑事告訴したが、何れについ
ても起訴はなされなかった。

　1997 年 12 月 19 日、X らは赤新月社および厚生
省を相手取って損害賠償訴訟を提起した。地方裁判
所は、厚生省に対する請求については、司法裁判所
は管轄権を有しないと判示し、請求を却下したが、
赤新月社に対する請求については、地方裁判所、破
毀院ともに、赤新月字社が高コストを理由に HIV
の存否を完全に判断できる検査を行っておらず、ド
ナーに対する健康質問票のシステムが完全には機能
していなかった事実を認定し、赤新月社の責任を認
めた。1999 年 2 月 24 日、赤新月社は約 550TRY を
支払った。

　1998 年 10 月 13 日、X らは厚生省を相手取った
損害賠償訴訟を改めて行政裁判に提起した。2 つの
前提問題 (初めに赤新月社および厚生省を相手取った訴訟
が司法裁判所で係争中は、行政裁判所における審理が不可能
か否か、次いで破毀院の勝訴判決の後、1 つの損害に対して 2
度の損害賠償を受けることが、不当利得に該当するか否か)
について 2 度の上訴を繰り返し、2007 年 12 月 26 日、
最高行政裁判所判決において厚生省の責任が認めら
れ、3 万 TRY と利息の支払いを命じる判決が出さ
れた。

　以上のように、X らは民事訴訟および行政訴訟に
勝訴し、賠償金の支払いを受けた。しかし、その額
は、医療費および治療費の 1 年分にしかならなかっ
た。このため、申立人は、治療に必要な月額
6809€ の治療費を赤新月社および厚生省に請求した
が、両者ともこれを支払うことを拒否した。

　X らは、厚生省が、輸血に関する調査監督を怠っ
たこと、告訴について十分な捜査がなされなかった
こと、行政訴訟に 12 年もの時間がかかったこと、
民事・行政訴訟の結果支払われた賠償金が申立人の
医療費および治療費を賄うのに十分なものではない
ことがヨーロッパ人権条約 2 条の定める「生命に対
する権利」、同 6 条 1 項の定める「公正な裁判を受
ける権利」および 13 条の定める「実効的な救済を
受ける権利」を侵害するものであるとして、2004
年 11 月 13 日、ヨーロッパ人権条約 34 条に基づき、
ヨーロッパ人権裁判所に申立を行った。

　判決は 2 条、6 条 1 項および 13 条違反を認定した。

【判　旨】

(1) 2 条違反について

(a) 申立人への補償について

　「『条約は第三者に対する刑事訴訟を提起する権利
を保障していないが、2 条の要求する実効的な司法
制度には、刑事法上の請求が含まれると解すること
はできるし、一定の状況の下では、含むものと解さ
れるべきである』と当裁判所は繰り返し述べてき
た。」「しかしながら、生命や身体に対する侵害が故

意によるものではない場合には、実効的な司法制度を設けるという２条に基づく積極的義務は、あらゆる事案において、刑事上の救済がもたらされることを必ずしも求めていない。」とくに、医療上の過誤という特殊な領域においては、例えば、民事訴訟若しくは付帯私訴において、被害者に対して、関係した医師の責任が明らかにされ、適切な民事上の補償が行われていれば当該義務は果たされたとみなすことができる（§66）。

上述の原則に照らし、トルコの法制度が申立人に対して、２条の下で負っている義務を果たすのに十分かつ適切な民事賠償を行ったかどうかを当裁判所は判断しなければならない。本件において、申立人は民事賠償を既に受けているが、当裁判所における核心的問題は適切かつ十分な賠償が行われたか否かである（§70）。

民事賠償で申立人が得た金額は一年分の医療費相当額でしかなく、申立人の治療を継続するために一家は困窮している。上記の事実に照らすと、本件の状況において最も適切な救済とは、申立人の存命中の医療費を支払うことを被告に命じることである。したがって、申立人に与えられた賠償は、２条の下で締約国が負っている義務を達成するに十分なものとは到底いえない（§72）。

（b）訴訟期間の長さについて

「締約国において提供される保護は、理論上存在しているだけでは不十分であり、実際に、不必要に遅延することのない審理による実効的な救済が行われていなければならないと当裁判所は繰り返し述べてきた」（§74）。本件において、行政裁判所は厚生省の責任について判断するのに９年以上もかかっており、合理的迅速さの要求に応えているとはいえない（§75）。

（2）６条１項および13条違反について

６条１項の「合理的な期間は、事案の複雑さ、申立人および関係当局の言動、申立人の請求の内容などを考慮して、個別の事案の状況に応じて判断されるべきであると当裁判所は繰り返し述べてきた」（§85）。

「本件における問題は、行政裁判所の審理期間に合理的な限度を超えた遅延があったかではなく、申立人の置かれた状態とあらゆる状況の深刻さに鑑みて、行政裁判所が特に迅速に審理を行うべきであっ

たか否かである。さらに、本件訴訟において問題となっていることがらは、申立人が深刻な病に冒されているという観点からすれば、申立人にとって極めて重要なものである」（§89）。

上記に鑑みると、本件の行政裁判所による訴訟期間は「合理的な期間」を超過しており、「実効的な救済」が行われたとはいえない。

（3）結　論

本件において、２条、６条１項および13条違反が存在する（全員一致）。

トルコ政府は、481000€の賠償金（訴訟費用含む）を支払い、Xの存命中、あらゆる医療をすべて無償で提供する（6対1）。

【解　説】

（1）汚染血液事件と人権裁判所

日本の薬害エイズ事件同様、ヨーロッパにおいても HIV に汚染された血液によるエイズ感染が発生した。ヨーロッパにおいては血液製剤により血友病患者が HIV に感染しただけでなく、輸血により広範囲の人が感染した。各国で血液を提供した輸血センター等を相手取った民事訴訟や輸血行政の過失を原因行為とする国家賠償訴訟、さらには刑事訴訟が提起され、結果として汚染血液による被害に対する国家補償制度等が設けられた[1]。汚染血液の被害への対処は、このように基本的には締約国内で行われた。従って、フランスの国内裁判所における訴訟の遅れについて、条約６条１項の責任が問題となったことはあったが、２条の生命に対する権利の問題として汚染血液による HIV 感染に対する締約国の責任自体が人権裁判所において問題となるケースは殆どなかった。そのわずかな例外が、2009 年の G.N. 判決[2]と本件である。G.N. 判決においては、地中海性貧血の治療のために汚染血液によって HIV 等に感染した申立人が、厚生省の輸血行政の過失を２条における国家の積極的義務違反であると主張していた。人権裁判所は、申立人の上記主張については、厚生省の責任に関する判断を国内裁判所に留保し、国家の積極的義務違反は認めなかったが、締約国が血友病治療のために汚染血液の被害を受けた者のみを対象とする救済を行っていたことについて、14条違反を認定した。本件は、汚染血液事件について、

２条における国家の積極的義務違反が肯定された初めての判決である。

(2) ２条における積極的義務

(a) 積極的義務の適用範囲の拡大

２条の規定する生命に対する権利は、当初は締約国の機関による意図的な生命剥奪に対して適用される規定であると考えられていたが、1998年の２つの判決[3]において、ヨーロッパ人権裁判所は、２条１項に定める生命に対する権利について積極的要素が含まれることを認めた。両判決は、２条１項は「締約国が故意に生命を奪うことを禁ずるだけでなく、その法的管轄（jurisdiction）に属する者の生命を保護するために適切な措置を執ることをも命ずるもの」であると判示した。しかし、当初、この義務は、両判決の事案がそうであったように、主に殺人等の第三者の犯罪行為による故意の生命に対する権利の侵害を警察等が防止する義務として観念されており、その内容も、実効的な刑法およびその執行のための警察組織を整備し、個人の生命に現実かつ差し迫った危険がある場合に合理的措置を講ずることとされ、２条の下で積極的義務が生ずるケースは非常に限定されていた[4]。

医療上の過誤に関する事案であった2002年のCalvelli and Ciglio判決[5]において、人権裁判所は、その適用範囲を公衆衛生（public-health）分野にも拡大した。人権裁判所は、この分野における２条に基づく「生命保護のために必要な措置を執る締約国の積極的義務」を、公私立問わず病院に対して、患者の生命を保護するために適切な措置をとるよう規制を行う「実体的義務」と、患者の死の原因を明らかにし、責任がある者に賠償を行わせる実効的で独立した司法制度を備えておく「手続的義務」とに区別した[6]。と医療上の過誤の場合、「実体的義務」については、医療関係者の能力水準を高位に維持する等の施策を適切に行っていれば義務は果たされたものとされ、個別の事案における医療関係者の判断ミスが国の機関の責任を生じさせることはない[7]。人権裁判所は高度に専門的な領域への介入を避けるため、実体的な義務には基本的に立ち入らない。従って、公衆衛生分野において問題となる締約国の義務は、基本的に「医療上の過誤と手続的義務」である[8]。

(b) 「手続的義務」に関する人権裁判所の判断

「手続的義務」の内容について、本判決は、民事訴訟において救済が行われていれば、刑事責任の追及は必要でない旨を述べる。この判断基準は、すでにCalvelli and Ciglio判決において示されていたものである。当該事案においては、捜査機関の不手際により医師に対する公訴時効が成立してしまったことが問題となっていたが、人権裁判所は、遺族が民事裁判において和解し、補償を受けた場合には、その者はもはや条約上の「被害者」ではないと判示した。これにより、医師の刑事責任について公訴時効を成立させた捜査機関の不手際は人権裁判所の判断するところとならなかった。このように、人権裁判所は、締約国は医師の責任追及のための民事訴訟制度を提供し、それが申立人に利用可能なものであればよく、一旦補償がなされた場合にはそれ以上の救済を行う積極的義務は存在しないと考えていた[9]。

これに対し、本件では、既に申立人は民事訴訟および行政訴訟を通じて賠償を獲得している。さらに、申立人のHIV感染についての赤新月社および厚生省の責任も明らかにされている。従って、これまでの人権裁判所の立場に立てば、もはや締約国に果たすべき積極的義務は存在しないはずである。しかし、本判決において、人権裁判所は新たに、適切かつ十分な補償を行う国家の積極的義務を認め、補償内容の評価に立ち入った。この点において、本判決は２条における積極的義務に進展をもたらした判決と位置づけることができる[10]。

人権裁判所は、本件の義務をあくまでも手続的義務としている。しかし、一般に、例えば、医師に医療上の過誤が認められた場合に、生涯にわたる医療費相当額の賠償が命じられなければならないわけではなく、本件は「適切な補償」というよりは度を超した補償を義務付けているように見える。このように考えると、本件の実質は、国家が汚染血液事件の被害者にどのような補償を行うべきかという実体的義務の問題であると考えることもできる。実際に、Sajo裁判官の反対意見は、このような観点から、生涯にわたる無償での医療提供を命じることに反対している。それにもかかわらず、本判決が事実上の実体的義務に立ち入って判断を行ったのは、Xが必要な医療を早急に受けることができなければ死の危

険があること、および汚染血液事件が国家起因性の
ものであることが暗に考慮された結果であると思われる。

　　(c) 訴訟期間の長さによる手続的義務違反

　本判決は、行政裁判所における審理期間の長さについても手続的義務違反を認定した。

　人権裁判所は、前出のG.N. 判決において、10年以上にも及んだ訴訟期間の長さを指摘し、義務違反を認定していた[11]。当該判決において、人権裁判所は、後述するように、自らが汚染血液によるHIV感染の事案について6条1項違反の判断において用いてきた「特別な迅速さ（deligence exceptionnelle）」が2条の手続的義務としても求められる[12]ことを明らかにしており、本件においてもこの基準に基づいて2条違反の判断を行っている。

　同時に、人権裁判所は、上記判断に加えて、一般論として、医療上の過誤に関する事案の場合に特に迅速な審理が要求される理由として、「医療行為の過程においてミスがあった事実または可能性が認識されることにより、関係医療機関およびスタッフが当該欠陥を修正し、同様のミスを防止することが可能となる」ことをあげ、「迅速な審理は医療サービスを受ける全ての人の安全のために重要なものなのである。」と述べ[13]、国家の積極的手続的義務としての迅速で実効的な救済の意義を強調している。

　　(3) 6条1項の「合理的期間」

　本判決は、6条1項の「合理的な期間」内に裁判を受ける権利についても、条約違反を認めた。「合理的な期間」の判断については、当初、事案の複雑さ、申立人の言動、政府および裁判所の行動を考慮して判断されるとされてきた[14]。1990年代以降、主としてフランスにおける汚染血液によるHIV感染に対する国内裁判所の救済の遅延が、6条1項の問題として、人権裁判所に申し立てられるようになった。人権裁判所は、X対フランス判決[15]において、従来の3つの考慮要素に加えて、不治の病に冒され、余命が少なくなっていくという申立人の状況に照らし、訴訟において問題となっていることがらの重要性も考慮に入れて、「合理的期間」の判断を行う旨を判示した。そして、汚染血液によるHIV感染の救済を求める訴訟については、単に「合理性のない遅延」を起こさないだけでなく、「扱っている訴訟

の数にかかわらず、特別の迅速さ」を要求した。本判決においても、人権裁判所は、申立人の状況を考慮に入れて（§47）、この基準に基づき、6条1項に違反すると判断した。

　　(4) 判決執行状況について

　2012年8月2日、閣僚委員会はトルコ政府より報告を受けた。まず個別的措置については、厚生省社会保障局は、Xの治療に必要な費用および公共医療サービスにかかる費用を生涯にわたり負担することを決定したため、申立人に対して公正な満足（金銭賠償）が与えられた。同様の違反行為を防止するための一般的措置については追加の報告が求められている。

(1)　例えば、フランスの状況について、北村和生「フランス行政賠償責任訴訟におけるHIV感染血液訴訟」立命館法学251号（1997年）1頁。

(2)　G.N. et auters c. Italie, 1 Decembre 2009.

(3)　L.C.B v. U.K., 9 June 1998, Reports 1998-III および Osman v. U.K., 28 October 1998, Reports 1998-VIII Osman 判決〔I 12〕。

(4)　Osman 判決〔I 12〕参照。

(5)　Calvelli and Ciglio v. Italy, 17 January 2002. Reports 2002-I.

(6)　*Ibid.*, §49.

(7)　Vo v. France [GC], 8 July 2004 Reports 2004-VIII, §90〔本書 16〕。

(8)　*Les grands arrêts de la cour européenne des droits de l'homme*, 7e éd, p.145.

(9)　それゆえ、民事訴訟においての生命に対する権利に対する保障は、刑事手続におけるそれと比べて縮減しているという指摘もなされていた。F. Sudre, GCP ed. G, 31 I 517. 他方で、当該事案の具体的事情に照らした際には、責任の追及による抑止力よりも保障を重視する裁判官の判断があったとする評価もある。Dimitris Xenos, *The positive obligations of the state under the European convention of human rights*, Routledge, 2011. p. 195. いずれにしても、当該事案においては、本件と異なり、補償内容には申立人が納得していたことが重要であると思われる。

(10)　Aidan O'Neill QC, *EU law for UK lawyers*, p. 869.

(11)　G.N. et auters c. Italie, 1 décembre 2009, §101.

(12)　*Ibid.* §98.

(13)　Šilih v. Slovenia [GC], 9 April 2009, §196 および本判決§76.

(14)　Gaskin 判決〔I 49〕参照。

(15)　X v. France, 31 March 1992.

33 麻薬取引の証拠入手方法と3条
証拠となりうる薬物確保のための催吐剤の使用は非人道的取扱いにあたりうる
──ジャロー判決──

門田　孝

Jalloh v. Germany

11 July 2006, Reports 2006-IX（大法廷）

【事　実】

本件は、薬物犯罪の証拠を入手するために行われた催吐剤（emetic）の強制使用とそれによって得られた証拠の使用が、人権条約違反に問われた事例である。

申立人Xは、事件当時ドイツのケルン市に在住していたシェラレオネ国民である。1993年10月29日、4名の私服警官らは、Xが小ポリ袋（いわゆる「バブル」（bubble））を口から取り出し、現金とひきかえに他人に手渡すところを2度にわたり目撃したことから、ポリ袋内に薬物が含まれているものと思い、Xを逮捕しようとしたところ、Xは所持していたバブルを飲みこんだ。Xの所持品から薬物を発見することはできなかったため、検察官は、捜査が遅延により支障をきたすのを避けようとして、バブルを入手するために医師によるXへの催吐剤の投与を命じた。Xは、催吐剤の服用を拒否したが、病院に連れて行かれ、4人の警官らに押さえつけられて、医師により、鼻から胃に通したチューブを通じて食塩水、次いで催吐剤である吐根シロップを強制的に投与され、さらにやはり催吐剤であるアポモルフィンを注射された。その後Xは、バブルを1包吐き戻し、その中にはコカイン0.2182グラムが含まれていた。

1994年3月23日、ブッパータール区裁判所は、Xを麻薬取引により執行猶予付きの拘禁1年の刑に処し、1995年5月17日、上訴を受けたブッパータール地方裁判所は、Xの刑を拘禁6か月に減刑したが、いずれも催吐剤による証拠入手は違法ではないと判断した。これに対してXの行ったデュッセルドルフ高等裁判所への上訴も、同年9月15日に棄却され、連邦憲法裁判所への申立も、1999年9月15日に却下された。そこでXは、2000年1月30日にヨーロッパ人権裁判所に申立を行い、本件催吐剤の使用が、人権条約3条および8条に、また本件で得られた証拠の使用が同6条に違反すると主張した。事件は当初小法廷に係属したが、同法廷は当該事件が大法廷により審理されるべきだと判断し、2005年2月1日事件を大法廷に回付した（条約30条参照）。

【判　旨】

大法廷は、ヨーロッパ人権条約3条違反（10対7）および6条1項違反（11対6）を認定した。以下では、条約3条の部分を中心に紹介する。

(1) 条約3条違反の主張について

(a) 本件に関連する原則

当裁判所の確立した判例によれば、ある虐待（ill-treatment）が人権条約第3条による保障の範囲内に含まれるためには、それが最低限度の過酷さ（a minimum level of severity）を有するに至っていなければならない（§67）。ある扱いや刑罰が「非人道的」または「品位を傷つける」というためには、問題の苦痛や屈辱が、通常の正当な扱いや刑罰に必然的に伴う苦痛や屈辱の範囲を超えるものである必要がある（§68）。

拘束された者がその意に反して服する医療技術的介入に関しては、条約3条は締約国に、自由を奪われた者の身体の健康を保護する義務を課すのであり、医療上の必要から採られた措置は、原則として非人道的で品位を傷つけるものとは解されない（§69）。また、医療上の必要性を理由とする場合でなくとも、条約3条および8条は、被疑者が犯罪に関与していたとの証拠を同人から入手するために、同人の意思に反して医療的措置に訴えることさえも禁じてはいない。実際本条約機関は、犯罪捜査のために行われる被疑者の意思に反する血液や唾液の採取が、問題

となった事件の状況下では、上述の条項に違反しないと判断してきた（§70）。

しかしながら、犯罪の証拠入手のために強制的な医療的介入に訴えることは、特定の事件の事実に基づき、納得のいくよう（convincingly）正当化されなければならない。このことはとりわけ、当該手続が、問題となったまさにその犯罪の物的証拠を個人の身体の内部から取り出そうとする場合にあてはまる。こうした行為の有する特別に侵害的な性質（intrusive nature）は、周囲のあらゆる状況の厳格審査（strict scrutiny）を必要とする。これに関連して、問題となった犯罪の重大性にも正当な評価がなされなければならない。捜査当局はまた、証拠を回収するための代替手段を考慮したことを示す必要がある。さらに、当該手続は、被疑者の健康を持続的に損なうようなリスクを伴うものであってはならない（§71）。また、治療上の目的でなされる介入であっても、身体から証拠を取り出すための強制的医療的手続の態様は、当裁判所の判例法が定める最低限度の過酷さを超えるものであってはならず、とりわけ、該当者が重大な身体的苦痛を被るか否かが考慮される必要がある（§72）。ほかに、強制的医療的手続が、医師により命じられ実施されたか否か、また該当者が、継続して医療的監視の下に置かれていたか否かが考慮されるべきである（§73）。その他関連する要因として、強制的医療的介入が該当者の健康状態の悪化をもたらし、その健康に持続的な影響を及ぼすか否かがある（§74）。

（b）本件への適用

麻薬取引が重大犯罪であるのは事実であるが、本件は大規模な麻薬売買に関わるものではなく、また、本件においては証拠が申立人の身体から自然に排出されるのを待つこともできた（§77）。強制的医療的措置に伴う健康上のリスクについては、当事者のみならず専門家の間でも見解に相違があるが、当裁判所は、催吐剤の強制使用に伴う健康リスクがとるに足らぬものだということには納得できない。また実際に強制力行使が必要と解されたのは、締約国におけるほんのわずかな割合の事例であり、その中には死亡例もあった。さらに、ドイツの大半のラントおよびヨーロッパ評議会の大半の加盟国が、強制的な催吐剤投与を控えていることは、そうした措置が健康リスクを生じるものと考えられていることを示している（§78）。催吐剤投与の方法は、申立人に苦痛と不安を起こさせるものであり、監視の下に吐き戻しを強制されることは、申立人にとって屈辱的であった（§79）。また、問題の措置は病院で医師によって行われたものの、申立人の既往歴が調べられたとは考えられない（§80）。

本件のこうした事情を考慮するなら、問題の措置は条約3条の範囲に含まれるだけの、最低限度の過酷さに達している。申立人は、条約3条に違反して、非人道的で品位を傷つける扱いを受けた（§82）。それゆえ、当裁判所は、条約3条違反が存したと判断する（§83）。

（2）条約8条違反の主張について

条約3条違反の結論に照らせば、条約8条に関する別個の問題は生じない（§84-86）。

（3）条約6条違反の主張について

条約3条に違反するかたちで取得された証拠を刑事手続に用いることは、こうした手続の公正さに関する深刻な問題を生じさせる。拷問により得られた証拠は、いかなる場合も有罪の証拠とされてはならない（§105）。本件のように、拷問には至らないが、非人間的で品位を傷つけると解される取扱いによって得られた証拠を用いることが、自動的に当該審理を不公正なものとするか否かという一般的な問題は、未解決のままにしておくことが可能である。本件においては、問題の証拠は、条約の中核的権利の一つを侵害するかたちで取得された。また当該証拠は申立人を有罪とするための決定的要因である。確かに申立人は証拠を争う機会は与えられたが、国内法上証拠を排除される可能性はなかった。さらに申立人を有罪にすることに対する公共の利益は、当該証拠を用いることを許容するほどのものでもなかった（§107）。こうした状況においては、催吐剤を強制的に投与して得た麻薬の証拠を使用することにより、申立人に対する審理は全体として公正を欠くと、当裁判所は考える（§108）。さらに、当該証拠を用いることは、申立人の自己負罪拒否特権を侵害するものでもある（§109-122）。したがって条約6条1項違反が存したと認められる（§123）。

【解 説】

(1) 犯罪捜査と「非人道的もしくは品位を傷つける取扱い」の禁止

本判決は、人権条約3条で禁じられた「非人道的もしくは品位を傷つける取扱い」とはいかなるものかを、人権裁判所の判例法に依拠して詳細に述べるとともに、とりわけ犯罪の証拠入手方法に対して、同条により課せられる限界にも詳細な検討を加えた事例である。

人権裁判所の判例によれば、条約3条による拷問または非人道的もしくは品位を傷つける取扱いまたは刑罰の禁止は、絶対的な保障であり、同条で禁止されたこうした行為に該当すると判断された場合、他の法益と衡量されることなく、人権条約違反が導かれる[1]。しかしながら、ある行為が「拷問」あるいは「非人道的もしくは品位を傷つける取扱い」に該当するか否かについては、その要件として「最低限度の過酷さ」が挙げられるものの、必ずしもカテゴリカルな定義はみられず、種々の事情を考慮して判断される。人権裁判所によれば、「最低限度の過酷さの評価は、相対的なもの」であり、「事件のあらゆる状況、例えば当該扱いの継続時間、それが身体および精神におよぼす影響、および場合によっては犠牲者の性別、年齢および健康状態によって異なる」という[2]。つまり、条約3条で禁じられた行為は、他の法益との衡量になじまないが、こうした行為に該当するか否かの判断に際しては、種々の要素が衡量されることになるのである[3]。本件で問題となった犯罪捜査のための医療技術的介入についても、同様の視点から、先例を引きつつ考慮すべき様々な点が挙げられている[4]。そして、この一般論 (判旨(1)(a)) 自体は、総じて裁判官の間でも広く支持されているようである[5]。

本判決に関して見解が分かれるのは、こうした一般原則の本件への適用の仕方 (判旨(1)(b)) に関してである。本件の反対意見で示される本判決に対する異論として、①本件で警察が目撃した麻薬取引は、繰返し行われてきた取引の一つであり、そうした行為の重大性は、法廷意見のように軽く見積もるべきではないこと、②本件で犯罪の証拠を取得するためにとり得る催吐剤使用よりも「より侵害的でない代替手段」として、法廷意見が挙げる、被疑者の身体から自然に排出されるのを待つという手段についても、長時間にわたり拘束・監視されトイレでの排泄を促されることも、被疑者にとっては同様に苦痛と屈辱をおぼえるものであり、また、排出を待つ間に消化管内で麻薬の包みが破壊される危険もあること等から、自然排出を待つ方がリスクが少ないとも言い切れないこと、あるいは、③強制的医療的措置に伴う健康上のリスクに関し、専門家の間でも意見が分かれているにもかかわらず、この点に関するドイツ政府側の主張を退ける根拠が十分示されていないこと等が挙げられる[6]。そして、これらを踏まえ、本件における催吐剤投与が、病院内で医師により行われたものであり比較的短時間で終わったこと、その際用いられた経鼻胃チューブも広く使われているもので、警察官による実力行使も過度のものではなかったことも考慮するなら、本件申立人の受けた扱いは、不快なものではあるにせよ、条約3条違反というための「最低限度の過酷さ」に達しているとまではいえないというのである。

もっとも、以上の反対意見で示されたような問題点はあるものの、条約3条違反を認定した本判決の判断自体は、多くの評者によって概ね支持されている[7]。そうした背景として、事件当時、人権条約締約国においても犯罪の証拠入手のために被疑者に催吐剤を強制投与している国は極めて少数であったこと、そうした少数国の一つであるドイツにおいても、催吐剤の強制使用を許容する法律の明文規定はないため[8]、ラント間の対応は一様ではなく、証拠確保のため催吐剤を用いていたのは16州のうち5州にすぎず、その場合も常に強制を伴うものではなかったこと等の事情にも留意されるべきであろう。犯罪証拠の入手のために、被疑者の意思に反して催吐剤を投与することが許されないということについては、条約締約国間で広いコンセンサスが形成されつつあったとみることもできる。

(2) 人権条約3条に違反して取得された証拠と「公正な手続」

本件のような事例にあっては、人権条約3条違反の有無に関する判断は、6条違反のそれにも密接に関連する。すなわち、条約3条に違反して入手された証拠を訴訟手続に用いることは、当該手続を不公

正なものにし、公正な裁判を受ける権利を保障した
条約6条1項に違反するのではないかという問題で
ある。もっともこの点に関する本判決の説示は、必
ずしも明確ではない。本判決は、3条違反という人
権条約の中核的権利の侵害により得られた証拠につ
いては特別な考慮が必要だとしつつ、そして実際、
拷問により得られた証拠の証拠能力は常に否定しつつ
も、拷問に至らない3条違反の行為によって得られた
証拠であるがゆえに当然に排除されるかどうかを未決
定にしつつ、3条違反の証拠の使用が6条違反（公正
な裁判を害するか）となるかどうかを審査し、さまざま
な要素を衡量して条約6条違反を導いている。（判旨3）。

　なお、本件同様、捜査段階での行為が人権条約3
条違反と認められ、併せて6条違反の有無が問われ
た例として、4年後のゲフゲン事件判決〔本書34〕
がある。この判決は、「非人道的もしくは品位を傷
つける取扱い」により入手された証拠を刑事事件で
使用できるかどうかについて、それが3条違反の手
続であるがゆえに証拠排除されるかどうかは未決定
のままにしつつも、6条の裁判の公正との関係で、
非人道的取扱いによって得られた証拠を使用した裁
判は原則として不公正であり、6条違反となるが、
その際に、証拠を犯罪事実の立証のために使用する
ことは許されないが、犯罪の立証に関わらない場合
には例外的に許されるという法理を提示している。

　最後に、本稿では十分触れることができなかった
が、本判決が条約6条違反を認定した理由として、
自己負罪拒否特権の侵害をも挙げている点が注目さ
れる。確かに本件で強制的に入手されたのは、被疑
者の供述ではなく、麻薬の入ったバブルという物的
証拠であるが、本判決によれば、そうした証拠は申
立人の意思に反し、健康リスクを侵し、かつ条約3
条に違反して取得されたものであり、自己負罪拒否
の原理がなお適用可能であるという。そして、問題
となった強制の性質と程度、公共の利益の重要性、
適切な救済策の有無、および得られた証拠の有用性
を検討した結果、本件では申立人の自己負罪拒否特
権の侵害が認められ、その訴訟手続も全体として不
公正なものになるというのである。もっとも、この
ようなかたちで自己負罪拒否特権の妥当範囲を拡張
していこうとする解釈の当否については、評価の分
かれるところであろう[10]。

B　拷問その他の非人道的処遇・強制労働からの自由〔3条・4条〕

⑴　例えば参照、Chahal v. U.K., 15 November 1996, Reports 1996-V, §80〔Ⅰ15〕; Saadi v. Italy, 28 February 2008 [GC], Reports 2008-Ⅱ, §127。

⑵　参照、Price v. U.K., 10 July 2001, Reports 2001-VII, §24；Mouisel v. France, 14 November 2002, Reports 2002-IX, §37；Naumenko v. Ukraine, 10 February 2004, §108。

⑶　人権条約3条の絶対的性格に関する問題については なお、カラシニコフ判決〔Ⅰ30〕解説（戸波江二執筆）212頁以下参照。「拷問」の概念については、アクソイ判決〔Ⅰ29〕解説（今井直執筆）206頁以下参照。

⑷　参照、Labita v. Italy [GC], 6 April 2000, Reports 2000-IV, §121; Hurtado v. Switzerland, 28 January 1994, Series A no. 280, §67（opinion of the Commission）; Keenan v. U.K., 3 April 2001, Reports 2001-III, §110; Raninen v. Finland, 16 December 1997, Reports 1997-VIII, §55; Peers v. Greece, 19 April 2001, Reports 2001-III, §§68 and 74.

⑸　もっとも、条約3条違反の有無を判断するに際して、犯罪の重大性や緊急の必要性といった要素は考慮されるべきではないとする見解もある。本判決（Jalloh判決）における、Bratza同意意見参照。

⑹　同判決における、WildhaberおよびCaflisch反対意見、ならびに、Ress, Pellonpää, BakaおよびŠikuta共同反対意見参照。

⑺　Safferling・後掲[1]、Schumann・後掲[3]等参照。

⑻　本件催吐剤使用の法的根拠とされた、ドイツの刑事訴訟法（Strafprozeßordnung）81a条1項の規定は、次のようなものであった。「被疑者の身体検査は、捜査に関連のある事実を確定するために、これを命じることができる。この目的のため、被疑者の同意がなくても、その健康を害するおそれがない場合には、血液サンプルの採取、および医師により検査目的で医学上のルールに則って行われるその他の身体への介入（körperliche Eingriffe）をなすことができる。」

⑼　Gäfgen v. Germany [GC], 1 June 2010, Reports 2010-IV. 同判決について、〔本書34〕解説（戸波江二執筆）参照。

⑽　こうした解釈を批判するものとして、例えば参照、Schuhr・後掲[2]、S.3541。

［参考文献］
[1]　Ch.Safferling, Die zwangsweise Verabreichung von Brechmittel, Jura 2008, 100.
[2]　Jan C. Schuhr, Brechmitteleinsatz als unmenschliche und erniedrigende Behandlung, NJW 2006, 3538.
[3]　Kay H. Schumann, Brechmitteleinsatz ist Folter? StV 2006, 661.
[4]　前田直子「判例紹介　麻薬所持容疑者に対する吐剤の強制投与と公正な裁判に対する権利」国際人権19号（2008年）206頁。

34 3条の権利の絶対性と3条違反による証拠の排除

誘拐された少年救出のための拷問の脅迫も禁止され、得られた証拠は排除されなければならない

── ゲフゲン判決 ──

戸波　江二

Gäfgen v. Germany
1 June 2010, Reports 2010-IV（大法廷）

【事　実】

申立人Ｘは犯行時に27歳の法学部学生であり、2002年9月27日、知人の弟で銀行家の息子Ｊ（当時11歳）を誘拐して殺害したのち、Ｊの両親に対して身代金を要求し、その後Ｊの死体をフランクフルト近郊の湖付近に隠した。9月30日、Ｘは身代金を取得したが警察に監視され、同日午後フランクフルト空港で逮捕された。

10月1日早朝、フランクフルト警察署副署長Ｄは、警察官Ｅに対して、Ｊの居場所を言わせるためにＸに身体的苦痛を加えると脅迫し、必要ならば実際に苦痛を与えるよう命じた。ＥはＸに対して、子どもの居場所を言わなければ耐えがたい苦痛を与えると脅し、Ｘは虐待を恐れてＪの隠匿場所を供述した。警察は直ちにＸを伴ってＪの隠匿場所に赴き、Ｘの指示によってＪの遺体を発見した。

Ｘの刑事裁判はフランクフルト地方裁判所で2003年4月9日に開始された。Ｘは、虐待の脅迫の継続的効果として訴訟は中止され、また、脅迫の結果得られた証拠はすべて排除されるべきであると主張したが、裁判所はいずれも否定した。Ｘは、公判第2日目と最終日に2度、誘拐殺人について自白した。裁判所は2度目の自白とその補強証拠（隠匿場所でのＪの遺体や自動車タイヤ跡など）によってＸに終身刑を言い渡し、Ｘの上訴はすべて斥けられた。連邦憲法裁判所は、虐待の脅迫が刑事訴訟法136a条、基本法1条1項の人間の尊厳条項、ヨーロッパ人権条約（以下、人権条約ないし条約）3条に違反するとした地方裁判所の判断を支持しつつ、その違反はＸの有罪判決とは結びついていないと判示した。

また、Ｘへの虐待の脅迫に関与した警察官Ｄおよび Ｅは、2004年12月20日フランクフルト地方裁判所判決で強要罪および強要煽動罪により有罪とされ、Ｅにつき1日60ユーロで60日分の罰金、Ｄにつき1日90ユーロで120日分の罰金が執行猶予つきで科された。刑が軽減されたのは、被告人らの意図がもっぱらＪの生命の救出にあったためであった。

なお、Ｘは虐待の脅迫に対して損害賠償請求訴訟を提起したが、訴訟は、本件に関するヨーロッパ人権裁判所（以下、人権裁判所）判決の時点で国内裁判所に係属中であった。

Ｘは、2005年6月15日、人権裁判所に条約3条、6条違反を申し立てた。小法廷は2008年6月30日、虐待の脅迫を3条違反と認定しつつも国内での救済が尽くされており、Ｘはもはや3条違反の「被害者」ではなく（3条違反なし）、6条違反もないと判示した（6対1）。

Ｘの上訴を受理した大法廷では意見が分かれたが、多数意見はＸへの虐待の脅迫を3条の「非人道的取扱い」に当たると認定する（反対意見なし）とともに、国内でのＸの救済措置が不十分なためＸはなお「被害者」であるとして3条違反を認定しつつ（11対6）、6条違反を認めなかった（11対6）。

【判　旨】

(1) 誘拐された少年救出のための脅迫行為と3条違反

(a) 3条の絶対性と脅迫行為の非人道的取扱い該当性

204 Ⅲ ヨーロッパ人権条約で保障された権利(2)──各論

条約3条は、テロや組織犯罪との闘いにおいてさえ、行為者の如何や行為の性質にかかわらず、所定の行為を絶対的に禁止している。違法行為が3条違反の範囲に含まれるためには、最低限度の過酷さが要求される。この最低限度の評価は、取扱いの長さ、身体的・精神的効果、そして被害者の性や年齢、健康状態など、事件の状況全般に依存し、さらに、措置の意図ないし動機も考慮される（§ 87-88）。

本件での虐待の脅迫は10分程度であったが、申立人は大きな恐怖と心理的苦痛を蒙った。警察官はJの生存を信じ、Jの生命を救うために意図的に脅迫した（§ 101-106）。しかし、「虐待の禁止は、被害者の行動や当局の動機に関係なく適用される」。「3条の権利は絶対的であり、いかなる例外も諸要素の正当化も諸利益の衡量も許さない」（§ 107）。

本件では、「申立人からの情報の取得を目的とした申立人への現実の即時の脅しは、非難される行動を3条の範囲内に持ち込む最低限の過酷さに達して」おり、非人道的取扱いには至っていたが、「拷問の域には達していなかった」（§ 108）。

（b）申立人の被害者性

条約違反の救済は国内機関の任務であり、国内機関が人権条約違反に対する十分な救済を与えていないのであれば、申立人は条約34条にいう「被害者」である。3条違反において、意図的な虐待行為に対して国の機関が十分救済を与えているといえるためには、①虐待の責任者の確定と処罰を可能とする徹底的で効果的な調査、②被害者への賠償、がなされていなければならない（§ 116）。

国内裁判所は、申立人に対する取調べ方法が3条に違反していたと判断していた。虐待の責任者D・Eに対する刑事手続は迅速に進められたが、「その刑罰はきめて軽い罰金で執行猶予つきのものであ」り（§ 123）、「条約3条違反の虐待行為を阻止するために必要な抑止効をもつとはいえない」（§ 125）。また、「賠償について、申立人が自ら3条違反の結果被った損害の賠償を求めたが、…判決はまだ下されておらず、当局は3条違反に対する適切で効果的

B 拷問その他の非人道的処遇・強制労働からの自由〔3条・4条〕

な対応をしていない」（§ 126）。なお、国内裁判所が3条違反の証拠を使用したため申立人が被害者であるといいうるかどうかについては、本件では決定するには及ばない（§ 128-129）。

したがって、被告国は申立人に十分な救済を与えておらず（§ 129）、「申立人はなお条約34条の意味での3条違反の被害者である」（§ 130）。

（2）3条違反による供述から得られた証拠使用と公正な裁判（6条）

「条約6条は公正な聴聞の権利を保障しているが、それは証拠それ自体の許容性に関する準則を確立しておらず、証拠の許容性は第一次的に国内法での規制の問題である」。「当裁判所が答えるべき問題は、証拠の取得方法も含めて手続が全体として公正であったかどうかである」（§ 162-163）。

6条は3条と異なり、絶対的な権利を保障するものではないが、3条の権利が絶対的権利であり他の利益と衡量できないことを考慮すれば、3条違反の結果として得られた証拠の使用は刑事手続の公正に重大な問題を提起する（§ 176-177）。

「6条との関係では、3条によって絶対的に禁止されている行為によって得られた証拠を許容することは、法の執行官がこの方法を用いる動機となりうる。したがって、3条違反の取調べ方法の実行を抑止し、個人を効果的に保護するためには、原則として（as a rule）、3条違反の結果として獲得された証拠の裁判での使用を──その証拠が3条違反の結果として直接に得られた証拠よりも3条違反からヨリ離れたものであっても──排除することが要求されよう。さもなければ、裁判全体が不公正なものとなる。しかし、刑事裁判の公正、そしてまた3条の下での絶対的禁止の効果的な保護が脅かされるのは、3条違反が被告人に対する訴追の結果に関係する場合、つまり、被告人の有罪と処罰に影響を与える場合のみである。」（§ 178）

本件では、地方裁判所は、申立人の営利誘拐と殺人の罪責にとって決定的な事実認定を、申立人が法廷でなした新たな全面的な自白に基づかせた。また、

地方裁判所は、3条違反によって取得された証拠を、申立人の有罪の証明のために用いておらず、自白の真実性を証するためにのみ用いた。申立人の営利誘拐殺人の罪と処罰の根拠となったのは、申立人の法廷での第2の自白であった。「禁止されている取調べ方法と異議の唱えられた実質証拠に基づく申立人の有罪と処罰との因果関係には断絶があった」（§180）。

「異議の唱えられた実質証拠は非人道的な取扱いによって獲得された供述に基づいて発見されたものであったが、それが排除されなかったことは、申立人の罪と処罰とは何の関係もない。申立人の防御権および自己負罪の権利もまた尊重されており、申立人の刑事裁判は全体として公正であった」（§187）。

なお、以下の(1)一部同意意見、(2)反対意見Ⅰ、(3)反対意見Ⅱ、がある。

(1) Tulkens 裁判官ら3名の一部同意意見──3条違反と「被害者」性の肯定には賛成だが、警察官の処罰が軽すぎるという理由には反対。

(2) Rozakis 裁判官ら6名の反対意見Ⅰ──3条違反によって得られた供述およびその結果得られた証拠は、3条の虐待行為を抑止するために、すべて排除される（3条、6条違反）。

(3) Casadevall 裁判官ら6名の一部反対意見Ⅱ──警察官D・Eは有罪判決を受けており、その刑罰の軽重は申立人の「被害者」性とは関係しない（3条違反なし、小法廷と同旨）。

【論　点】

(1) 事案の概要──ドイツ国内裁判所の判断と人権裁判所への提訴

本件では、法学部学生Xが銀行家の息子Jを誘拐して殺害し、その親に身代金を要求して逮捕されたというスキャンダラスな犯罪事件の過程で、警察副署長Dの指示に基づいて取調べ警察官Eが行った「生命救出のための拷問の脅迫」（Rettungsfolter）が条約3条に違反するか、また、3条違反によって得られた証拠を裁判で使用できるかが争われた。

ドイツ国内の議論[1]では、まず、ドイツ基本法1条1項の「人間の尊厳」の原理は絶対的保障であり、拷問は人間の尊厳原理に反し絶対に許されないと解されている。ところが本件では、警察官はJの居場所を言わないと虐待を加えると脅してXから供述を引き出した。そこで、ドイツの憲法学説では、警察官はJの生命という人間の尊厳に根本にかかわる法益の保護のために脅したのであり、拷問禁止の絶対性は妥当しないという主張がなされた[2]。しかし、フランクフルト地方裁判所は、Xの刑事裁判において、「拷問」にかけるとの脅しそれ自体が「拷問」であり、「人間の尊厳」原理に反するとともに、人権条約3条にも違反すると判示し、連邦憲法裁判所[3]もその判断を是認した。

Xの人権裁判所への申立によって、事件はドイツ世論およびヨーロッパ中の注目を浴び、人権裁判所は困難な事件の解決を迫られた。3条違反の警察官の行為が戦後基本権の手厚い保障を誇るドイツで、「生命救出のための虐待の脅迫」として行われ、その条約違反をすでに服役中の誘拐殺人犯Xが人権裁判所に申し立てたからである。

(2) 3 条 違 反

3条に関する本判決の説示の主要論点を挙げると、以下の通りである。

第1に、3条の権利が絶対的な権利であることを確認し、本件での少年Jの生命を救うための脅迫であっても3条に違反すると判示した。人権裁判所は従来からテロ活動に対しても「民主的社会の最も基本的な価値」である条約2条、3条は絶対的に保障されると説いてきており（テロリストの射殺に関するMcCann判決〔Ⅰ27〕参照）、本件の「救済のための拷問の脅迫」についても3条違反と認定した。そして、3条の掲げる拷問、非人道的もしくは品位を傷つける取扱いの3形態のすべてについて、絶対的禁止の原則を貫いた。

第2に、拷問と「非人道的もしくは品位を傷つける取扱い」とを明確に区別し、その違反行為の法的効果に差異を設けつつ、本件の虐待の脅迫については非人道的取扱いにあたるとした。「拷問」につい

ては、従来の判例でも、「犯罪にかかる自白の取得
の目的で、重大な苦痛や苦悩を与えること」(Selmouni
v. France, 28 July 1999) と要件がしぼられてきている
が[4]、本件での「虐待の脅し」が自白要件、強度の
苦痛要件に照らして拷問の域に達していなかったと
する判断は適切といえる。ただ、拷問と非人道的取
扱いとで法的効果が異なるとした以上、今後の判例
でこの2形態の区別の判断基準をさらに明確にして
いくことが要請されよう[5]。

第3に、薬物売人が嚥下した薬物の嘔吐措置が3
条違反に問われた Jalloh 判決〔本書 *33*〕で未決定と
された、非人道的取扱いによって得られた証拠使用
の可否について、原則的証拠使用の禁止を宣言した。
ただし、これについては複雑な議論がある（後述(4)）。

(3) 被 害 者 性

人権条約上の権利侵害を受けた者に対しては、権
利侵害を行った締約国は救済を与えなければならず、
救済がなされずまたは不十分な場合にはじめて、被
侵害者は条約 34 条にいう「被害者」として人権裁
判所に申立をすることができる。3条違反に関する
本件では、多数意見はドイツ国内救済が完了してい
ないとしてXの被害者性を認め、その結果、本件の
虐待行為の脅迫が3条に違反すると判示した。

本判決は、3条違反の虐待の事件での「被害者」
性の判定基準として、先例に従い、①虐待の実行者
の確定と処罰を可能とする徹底的で効果的な調査、
②被害者への賠償の2要件を挙げる。そして、①警
察官D・Eに対する執行猶予つきの罰金刑は3条違
反の行為を抑止するには軽すぎる、②損害賠償訴訟
はなお審理中、という理由で救済措置が不十分であ
るとした。これに対して、反対意見Ⅰは、③Xの有
罪判決が3条違反によって得られた証拠を使用した
ため、なおXの被害者性が認められると主張したが、
多数意見は、①②の理由でXの被害者性が認められ
る以上、③の3条違反の証拠の使用が直ちに3条違
反となるか決定する必要はないと説いた。

本判決がXの被害者性を認めた大きな理由は①の
D・Eへの軽微な処罰であるが、これには異論が強

い。すなわち、一般に、条約違反の国家行為から被
害者を救済する方法は国内措置に委ねられており、
3条違反の虐待実行者への量刑は、実行者の意図、
目的、虐待行為の態様と厳しさ、被害者の苦痛の程
度などを総合して判断されるべきであって、それは
国内裁判所の任務といえる。とくに本件では、少年
の救出のための虐待の脅迫という特殊事情があり、
また、D・Eの脅迫が3条違反であることは国内裁
判所も連邦憲法裁判所もすでに認めている。国内裁
判所でのD・Eへの刑事処罰をもって国内での救済
措置は尽くされており、量刑の軽さは救済不十分の
理由にはならないというべきであろう[6]。

(4) 6条違反について

3条違反によって得られた供述ないし証拠[7]の裁
判での使用の可否について、多数意見は、3条違反
のゆえに使用禁止とされるかどうかは未決定とし、
6条の公正な裁判を害するかどうかで審査した。

まず、一般に条約違反の手続で収集された証拠の
扱いに関する人権条約上の原則は見出されず、証拠
の扱いは国内法に委ねられていると説き、ただし、
条約に違反して収集された証拠を使用した裁判は、
証拠の重要性と証拠取得の条約違反性との衡量の結
果、6条の「公正な裁判」の違反となりうるとした。
その際に、とくに3条違反の証拠の使用については、
3条の権利の絶対性に留意して、以下のように3条
違反の証拠排除の法理を提示した。

まず、①3条違反のうち、拷問によって得られた
供述およびそれから得られた証拠はすべて排除され、
また、非人道的取扱いによって得られた供述も排除
される（確立した先例、Jalloh 判決〔本書 *33*〕参照）。そ
して、②非人道的取扱いによって得られた証拠を使
用した裁判は原則として不公正であり、6条違反と
なる。ただし、その際に、③証拠を犯罪事実の立証
のために使用することは許されないが、それ以外の
場合、たとえば自白の補強証拠としての使用は許さ
れる、との法理を提示した。

そして、本件での国内裁判所のXの有罪判決は、
3条違反による供述およびそこから現場捜索で得ら

れた証拠を犯罪の立証のためには使用しておらず、Xの公判廷での自白の補強証拠として使用したにとどまると説き[8]、6条違反はなかったと判示した。

これに対して、反対意見Ⅰは、3条の3行為類型は同等に絶対的に禁止され、その違反行為を抑止するためには、非人道的取扱いによる供述および証拠もすべて排除されなければならないと論じ、そして、国内裁判所の有罪判決は3条違反によって得られた証拠を使用しているため3条に違反するとともに、6条にも違反すると断じている。この3条違反の証拠の全面排除説は、3条の権利の絶対性を3条違反の供述と証拠の徹底的な排除によって強力に担保するものであり、3条の精神に適合する。

反対意見Ⅰの明快な主張に比べて、多数意見は、非人道的取扱いによる証拠の使用が3条に違反するとは明言せず、他方で、6条の裁判の公正の審査において非人道的取扱いによる証拠を使用した裁判は原則として不公正なものとなると説いており、その論理は錯綜し分かりにくい。さらに、非人道的取扱いによる証拠は犯罪の立証のため以外には使用できるとして、証拠排除の原則を緩和している。この論理の特徴は、非人道的取扱いによる証拠の使用の可否について、裁判の公正さを比較衡量によって決する6条違反の判断枠組みで審査するという前提に立ち、その際に3条違反の証拠は有罪の証拠としては使用できないとして原則的な使用禁止を打ち出し[8]、しかし、その例外を認めることによって証拠禁止原則の射程を限定した。そして、この例外の論理によって本件のドイツでのXの有罪判決を是認したのである。

多数意見と反対意見Ⅰとの対立の背後には、証拠使用禁止（Beweisverwehrungsverbot）ないし証拠排除原則（exclusionary rule）についての見解の相違がある。違法収集証拠の排除については、排除則の効果をどのような証拠にまで認めるかは各国さまざまであり、そのため人権裁判所は、証拠の取扱いに関する人権条約上の原則はなく、国内法の定めに委ねられているとしている。しかし、絶対的禁止である3条に違反して得られた証拠は条約上も使用禁止とされるべ

きではないか、が問われた。本件に関連して、ドイツの刑事訴訟法の判例・学説では、証拠禁止原則の波及効果は「手続違反の重要性と訴追された行為の重大性との間での衡量による」[9]とされ、証拠使用禁止を全面的に展開するには至っていない。そこで、ドイツ国内裁判所は、拷問による供述および証拠はすべて使用が禁止されるとしながらも、供述に基づいて現場で発見された証拠を法廷での自白の補強証拠として使用し、そして、この国内裁判所の論理に沿うかたちで、本判決は証拠の例外的使用を認め、それによって6条違反はないと判断した。

しかし、国際人権法の観点からすれば、現代なお拷問や虐待行為を行う国がみられる以上、拷問や虐待行為の絶対的禁止を維持し、とくに犯罪取調べの際の虐待行為を抑止するためには、得られた証拠を全面的に排除することが必須のこととなる。そして、このような全面排除説を主張した反対意見Ⅰからすれば、本件はまさに「虐待の脅迫」がなされた典型の事案であり、たとえXの有罪判決が覆されようとも[10]、全面的な証拠排除の原則を確立すべきであったのであって、多数意見はその機会を失したと批判したのである。

(5) 判決の評価

本判決は、ドイツ国内の措置について3条、6条ともに違反なしとする反対意見Ⅱと、3条違反によって得られたすべての証拠の排除を主張して国内裁判所の有罪判決を3条、6条違反と断ずる反対意見Ⅰの間で、脅迫実行者D・Eへの軽微な処罰を理由にXの被害者性を肯定して3条違反を認定し、それによって反対意見Ⅰに同調しながらも、3条違反の証拠の使用については6条違反なしとしてドイツ国内でのXの有罪判決を是認した。

本判決の意義は、前述のように、3条の禁止の絶対性を再確認し、「生命救助のための残虐行為の脅迫」であっても3条違反となると認めたことであり[11]、それは全員一致の判断である。判断が分かれたのは、Jalloh判決が未決定にした、3条違反の「非人道的取扱い」によって得られた証拠の排除に

ついてであり、多数意見は、①３条の絶対性から直接に排除されると主張する反対意見Ⅰの見解を採らずに未決定としつつ（一部同意見はこの観点から警察官Ｄ・Ｅの軽微な刑罰を理由とする被害者性の肯定に反対した）、②証拠排除の問題を公正な裁判（６条）の審査で論じ、そのなかで、③非人道的な取扱いによって得られた証拠を使用した裁判は原則として不公正と判断されるという原則的排除の法理を提示し、ただし、④その証拠は犯罪の立証以外には使用できる、と説いた。

③の原則的排除の法理は、６条の審査のなかで提示され、判決の結論とは直接結びつかない傍論であるうえ、排除の例外を認める点で理論的に不徹底でもあり、そのため、本判決の示した原則的排除の法理が本判決によって判例として確立したとまでみることは難しい。しかし、証拠使用が例外的に認められるべき本件のような特殊事案が今後生ずることは稀であろう。したがって、今後は非人道的取扱いによって得られた証拠の使用が問題となった事案では、実際上本判決の原則的排除の法理に従い、ほとんどが証拠排除の結果となることになろう[12]。

④の例外の論理は、小法廷判決および反対意見Ⅱと同様に、ドイツ国内裁判所の有罪判決を公正な裁判と判断するためであった。本件でのＸは、３条の非人道的取扱いを受けた被害者であるものの、同時に、少年の略取誘拐・殺人犯であり、人権裁判所の判決はドイツ世論から注視されていた。本判決が、国際人権法の法理からすればきわめて適切な３条違反の証拠の全面排除を採用せず、原則的排除の法理にとどまったことも、事案の特殊性に照らしてやむをえなかったように思われる[13]。

なお、本判決の国内執行については、本判決は３条違反の救済措置が不十分であると認定したにとどまる。そこで、個別的措置として、フランクフルト地方裁判所が被告ヘッセン州に3000ユーロの損害賠償を命ずる判決を下し、また、一般的措置として、本人権裁判所判決の周知徹底が図られ、関係公務員への虐待行為の禁止の指導が強化されたことをもって、国内執行は完了した[14]。

(1) 本事件のドイツでの論議を分析した論稿として、川又伸彦「拷問禁止の絶対性について」埼玉大学経済学会社会科学論集133号（2011年）75頁以下、王蟲由樹『人間の尊厳保障の法理』（尚学社、2013年）159頁以下参照。

(2) 本件以前から拷問禁止の相対性を主張した論稿として、Brugger, Darf der Staat ausnehmsweise foltern?, Der Staat 1996, S. 68. また、本判決を論評した Brugger, NJW 2010.

(3) BVerfGK, NJW 2005. 656.

(4) 人権裁判所の拷問の意義について、とくに Aksoy 判決〔Ⅰ *29*〕解説（今井直執筆）を参照。

(5) 本件で警察官のした虐待の脅しは、Ｊの居場所を言わないと虐待するぞと脅したことであった。ドイツ国内裁判所は、虐待行為が実際になされた場合にはそれが「拷問」に当たると判断し、そして「拷問するぞという脅し」も「拷問」に当たると判断した。これに対して小法廷判決は、虐待行為は「拷問」にあたると明言しつつも、その脅しは「少なくとも非人道的取扱い」であるとした。大法廷判決は、虐待行為を「虐待行為（ill-treatment）」と呼んで拷問とは呼ばず、脅したことを「非人道的取扱い」に当たるとした。この点に解して、「脅し」行為が常に「非人道的取扱い」に該当すると解すべきではなく、たとえば「言わないとこのチェンソーで腕を切り取るぞ」という脅しは、それ自体が「拷問」と解すべきであろう。Vgl. Robert Esser, EGMR in Sachen Gäfgen v. Deutschland (22978/05), Urt. v. 30. 6.2008, NStZ 2008, 657.

(6) 量刑の軽さを被害者性の存続の根拠とすることを批判する見解として、Vgl. Christoph Grabenwarter, Androhung von Folter und faires Strafverfahren, NJW 2010, 3128; Heiko Sauer, Völkerrechtliche Folgenbeseitigung im Strafverfahren, JZ 2011, 23; ders, Gäfgen v. Germany, American Journal of International Law, Vol. 105, No 2, 2011, 313; Berenike Schriewer, Gäfgen v. Germany Revisited, German Yearbook of International Law, 53・2010, 945. さらに Grabenwarter は、そもそも①の調査要件は、虐待行為の実行者が不明な場合に、実行者を特定し処罰するための調査義務を履行したかどうかを問うものであり、本件のように実行者が特定され処罰され、しかも当事国が３条違反を認定している場合には、すでに充足されていると指摘する（*op. cit*, 3129）。

(7) なお、ここで問題となる３条違反によって得られた「証拠」とは、Jalloh 判決では「非人道的取扱い」（催吐剤使用）によって直接得られた証拠（薬物小ケース）であるのに対して、本件では「非人道的取扱い」（虐待の脅迫）による供述に基づいて発見された証拠（少年の遺体、タイヤ痕等）であり、それはいわゆる「毒樹の果実」論（ドイツでは「波及効果」（Fern-

wirkung））の当否ないし射程の問題であった。

(8) なお、Jalloh 判決は、嘔吐された薬物小ケースを証拠使用したドイツ国内の有罪判決について、6条違反の審査において、捜査官の意図、催吐剤の使用手続、証拠の必要性、身体への侵襲の危険性、代替手段の有無などの要素を比較衡量して6条違反と判示している。この点に関して、本判決の提示した原則的使用禁止の法理によれば、「非人道的取扱い」によって得られた薬物小ケースが犯罪の立証のために使用されているので、薬物売人の有罪判決は論理必然的に6条違反となることになる。

(9) ロクシン＝アッヘンバッハ（光藤＝吉田編訳）『ドイツ刑事訴訟法演習』（成文堂、2017年）55頁。ただし、近年は全面禁止説が有力になっているともいわれる。

(10) 本件で、Xの有罪判決が6条違反と判示されると、判決の国内執行としてXの有罪判決の見直しが必要になる。ドイツ刑事訴訟法359条6号は、刑事の再審事由の一つに「ヨーロッパ人権裁判所が人権条約違反を確認し、〔ドイツの〕確定判決が当該条約違反に基づいていた場合」を掲げている。なお、Xは、本判決後、証拠の取扱いに条約違反があったとして再審請求したが、斥けられている。LG Darmstadt, Beschluss vom 09. 11. 2011; OLG Frankfurt, 29. 06. 2012.

(11) 2010年当時のヨーロッパ評議会人権コミッショナー Hammarberg は、本判決を援用して、3条に掲げられた「拷問または非人道的もしくは品位を傷つける取扱い」の禁止が絶対的であることを強調している。Vgl. Thomas Hammarberg, The prohibition of torture is absolute and must be enforced at all times and in all circumstances, CommDH/Speech（2010）10.

(12) 2012年の El Haski 判決〔本書 *47*〕（水谷規男解説）は、本判決を援用して、3条違反による供述および証拠はすべて排除されると解している。

(13) 本判決に対する評論の多くは、3条違反によって得られた証拠について、少なくとも理論的には、全面的に排除されるとすべきであったと説く。しかし同時に、結論的には、本判決の結論を妥当なものとして支持している。Vgl. Grabenwarter, aaO. FN6, 3132; Heiko Sauer, aaO. FN6 AJIL, 319; Thomas Weigend, Folterverbot im Strafverfahren, StV 2011, 325.

(14) CM/ResDH（2014）289.

[参考文献]
注に掲げた文献を参照のこと。

35 不公正な裁判による死刑判決と条約3条
テロリスト容疑者に対する不公正な裁判による死刑判決
—オジャラン判決—

水島　朋則

Öcalan v. Turkey
12 May 2005, Reports 2005-IV（大法廷）

【事　実】

　申立人は、クルド労働者党の党首としてトルコ国内での武装闘争を率いてきたが、活動の拠点としてきたシリアから1998年10月に追放された後、別の国に政治亡命を求めたものの拒否され、1999年2月2日にケニアに入国し、ギリシャ大使公邸に滞在していた。その情報を得たケニア側と会談したギリシャ大使に促され、15日に申立人は、第三国への出国のため、ケニアの職員に連れ添われてナイロビ空港に行き、航空機に搭乗したところ、機内でトルコの職員により逮捕され、16日にイムラル島（トルコ）の施設に拘禁された。5月31日からの国家治安裁判所での裁判には軍人裁判官が加わっていたが、その後の憲法改正（同裁判所の裁判官に軍人が含まれる制度の廃止）をふまえ、6月23日に軍人裁判官から文民裁判官に交代した。文民裁判官のみで構成されることになった同裁判所は、29日の判決で、武装テロを組織してトルコ領域の一部分離を企てたことで申立人に死刑を宣告した（11月22日の破毀院判決で死刑確定）。

　申立人は、拘禁の合法性について手続をとることができず、法律で定める手続によらずに自由を奪われ、裁判官の面前に速やかに連れて行かれなかったことが、ヨーロッパ人権条約（以下、条約とすることがある）5条（自由に対する権利）のそれぞれ4項・1項・3項に、国家治安裁判所の手続が6条（公正な裁判を受ける権利）に、死刑が2条（生命に対する権利）・3条（非人道的な刑罰の禁止）に、トルコへの移送とイムラル島での拘禁の状況が3条に違反する等と主張して、

ヨーロッパ人権裁判所（以下、人権裁判所）に申立を行った。

　小法廷は、死刑執行の停止を求める暫定措置命令を1999年11月29日に出した後、2000年12月14日の決定で、申立を（一部を除き）受理した（多数決）。その後、トルコが平時における死刑を廃止し、申立人の死刑は終身刑に減刑された（2002年10月3日国家治安裁判所判決）。

　小法廷は、2003年3月12日の判決（括弧内に示す他は全員一致）で、5条4項違反あり・1項違反なし・3項違反あり、国家治安裁判所の独立・公平性について6条違反あり（6対1）、手続の公正さについて6条違反あり、死刑執行について2条・3条違反なし、不公正な裁判による死刑宣告について3条違反あり（6対1）、移送・拘禁の状況について3条違反なし等の認定を行った（1名の裁判官の部分的反対意見が付されている）。

　申立人とトルコのそれぞれが上訴し、大法廷（括弧内に示す他は全員一致）は、5条4項違反あり・1項違反なし・3項違反あり、国家治安裁判所の独立・公平性について6条違反あり（11対6）、手続の公正さについて6条違反あり・2条違反なし、死刑執行について3条違反なし、不公正な裁判による死刑宣告について3条違反あり（13対4）、移送・拘禁の状況について3条違反なし等の認定を行い、違反認定自体が公正な満足になるとした。なお、大法廷判決には、Garlicki裁判官の同意・反対意見（死刑自体が3条違反）、6名の裁判官の共同反対意見（裁判所の独立・公平性について6条違反なし）、そのうち4名の裁判官の共同反対意見（死刑執行の恐れがなく3条違反なし）

【判　旨】

(1) 条約5条違反の主張について

トルコの国内裁判所の審査は、法定期間を過ぎても釈放を命ずることなく、また、書面手続のみで行われた等の点で、5条4項に違反する（§68, §72）。

ヨーロッパ人権条約は、犯罪人引渡条約等を通じた締約国間の協力を妨げないが、条約上の権利を侵害してはならない（§86）。締約国と非締約国との間における協力の場合も、それを通じた引渡自体によっては5条の問題は生じず、ある国の当局が他国の主権や国際法に反する行為を行ったことの立証が求められる（§87, §90）。申立人は、トルコに登録された航空機内でトルコの職員によって逮捕されており、トルコ領域外で権限が行使されたとはいえ、トルコの「管轄内」（1条）にある（§91）。申立人の逮捕と拘禁は、トルコ当局の命令に従い、「犯罪を行ったとする合理的な疑いに基づいて、権限ある司法当局の面前に連れて行くために」行われたものである（§92）。トルコの職員による航空機内での逮捕等が、両国間の紛争や関係悪化にはつながっていない（§95）。トルコがケニアの主権や国際法を尊重しなかったことを示す証拠はない（§98）。したがって、申立人の逮捕と拘禁は「法律で定める手続」に従ったものであり、5条1項に違反しない（§99）。

テロリズムが関わる場合でも当局に白地手形が与えられるわけではなく、申立人を裁判官の面前に連れて行くまでの7日間もの拘禁は、5条3項に違反する（§104-105）。

(2) 条約6条違反の主張について

国家治安裁判所の判決前に軍人裁判官は交代しているが、6条の下では手続の各段階で裁判所の独立が求められ、軍人裁判官が加わってなされた決定が手続の本質部分を構成する場合には、手続全体が独立で公平な裁判所によって行われたものとは見られなくなる（§114-115）。軍人裁判官の交代によって裁判所の独立・公平性に関する申立人の懸念が払拭さ

れたとは言えず、6条に違反する（§118）。

拘禁中の取調べにおいて弁護人の支援が受けられなかったこと等は、公正な裁判の原則に反し、6条に違反する（§148）。

(3) 死刑に関する条約2条・3条違反の主張について

トルコでの死刑の廃止をふまえて申立人の刑罰が終身刑に減刑されたことに加え、トルコは2003年11月12日に第6議定書（戦時以外の死刑廃止）を批准しており、死刑の執行に関する2条・3条の違反はない（§154-155）。

死刑の宣告に関して2条固有の問題は生じないため、3条の下で検討する（§156）。第13議定書（あらゆる状況における死刑廃止）は、平時・戦時を問わない死刑の完全な廃止に向けた最後の一歩であり、本判決の時点で16か国が未批准であるが、平時における死刑を容認する限りにおいて2条は改正されたという見解と必ずしも矛盾しない（§164）。第13議定書の未批准国が多いため、死刑を3条違反の非人道的な刑罰とみなす確立した実行があるとは評価できないかもしれない（3条は戦時においても逸脱不可）。しかし、仮に2条が今も死刑を認めているとしても、不公正な裁判によって死刑を科すことがヨーロッパ人権条約に違反するため、これらの点について明確な結論を出す必要はない（§165）。

不公正な裁判による死刑の宣告は2条により認められず、このことは、3条の下での検討の際にも指針となる（§166-167）。「不公正な裁判による死刑の宣告は、死刑執行の恐怖に不当に陥れられることに等しい。死刑判決がもたらす恐怖と将来の不確かさは、執行の真の可能性がある場合には相当な不安の原因となる。この不安は死刑の宣告に至る手続の不公正さと切り離すことができず、そのような場合の死刑は、人の生命がかかっていることを考慮すれば、条約違反である」（§169）。トルコは死刑の執行を1984年から停止しているが（§170）、申立人がトルコ刑法で最も重大な犯罪で有罪とされたこと等に照らせば、執行の恐れが真のものであった可能性を排

除できない。その恐れは、死刑の確定から終身刑へ
の減刑までの間、存在した（§172）。独立・公平で
ない裁判所における不公正な裁判による死刑の宣告
は、3条に違反する（§175）。

(4) 拘禁状況に関する条約3条違反の主張について

不当な取扱いが3条違反となるには、最低限の厳
しさを伴うものでなければならないが、トルコへの
移送がその要件を充たすことが証明されてはおらず、
イムラル島での拘禁も最低限の厳しさを伴うもので
はなく、3条に違反しない（§180, 184-185, 196）。

(5) 条約46条・41条について

独立・公平でない裁判所が裁判を行った場合には、
原則として再審が違反の適切な是正方法であるが、
判決の履行（46条）のためにとるべき具体的な措置
は、当該事件の状況による（§210）。公正な満足（41
条）に関して、申立人は物的・精神的損害について
は何も請求しておらず、裁判所は、条約違反の認定
によって損害は償われていると判断する（§212）。

【解　説】

(1) 本判決の意義・特徴

一方で、テロ行為の世界規模での増大を背景に、
テロリストの訴追・処罰のための国際協力を強化す
る必要性が説かれ、他方で、ヨーロッパ人権条約体
制においては、戦時を例外として死刑を廃止する第
6議定書（1983年）、いかなる例外もなく死刑を廃止
する第13議定書（2002年）を通して、死刑の廃止が
着実に進んでいる。このような国際的ないしヨー
ロッパ的潮流が並行して流れる中で生ずる問題のい
くつかを扱ったのが本判決である。人権裁判所は、
テロ犯罪の捜査が当局に対して特殊な問題を提起す
ることに理解を示しつつも、そのことを理由として
人権保障の水準を緩めることはせず、死刑について
は、それ自体が非人道的な刑罰（条約3条違反）であ
るかどうかについては明確な判断をしなかったが、
不公正な裁判による死刑判決が3条違反に当たると
いう新しい考え方を打ち出しており、この点が本判
決の注目されるところである。

(2) 主要論点の解説

(a) 領域外における人権保障

ヨーロッパ人権条約の下で、締約国は「その管轄
内にあるすべての者」に対して人権を保障すること
になっている（1条）。NATOのコソボ空爆に関わ
る2001年のバンコヴィッチ事件決定[1]において、
締約国の領域外における行為の犠牲者を「その管轄
内」と判断することに人権裁判所が消極的な立場を
とり、申立を不受理としたこととも関連して、トル
コの領域外で逮捕された申立人が「その管轄内にあ
る」のかどうかが、本事件における1つの論点で
あった。小法廷は、申立人がトルコに戻ることをト
ルコの職員によって肉体的に強制され、その後トル
コの権限と支配に服していることからその管轄内に
あるとしていたが、バンコヴィッチ事件決定との整
合性という観点からは説得力を見出せない説明で
あった[2]。大法廷も同じ点に言及しており（§91）、
その限りでは同じ問題が当てはまるが、申立人の逮
捕がトルコに登録された航空機内で行われたこと
（このことは小法廷判決には示されていなかった）を根拠と
するのであれば、バンコヴィッチ事件決定とも整合
的に、無理なくトルコの管轄権を認めることができ
た事例と言えよう[3]。

(b) 死刑自体のヨーロッパ人権条約適合性

生命に対する権利を定める2条は、死刑判決の場
合を明示的に例外としており、そのことが、死刑自
体を非人道的な刑罰として条約（3条）違反と解す
る妨げとなってきた。これに対し申立人は、締約国
の実行を通じて2条の死刑判決の例外は廃止された
ものとみなすことができ、現在では死刑自体が非人
道的な刑罰（3条違反）に当たると主張した。本判決
は、47締約国のうち第6議定書については2か国が、
第13議定書については16か国が未批准という状況
において[4]、2条の下で平時の死刑はもはや容認さ
れない（そのように事実上改正された）とみる余地を否
定しない一方で、3条は戦時においても逸脱が認め
られないことから、死刑を3条違反の非人道的な刑
罰とはみなせないのかもしれないとは述べつつも、

本事件における死刑は別の理由で3条違反であるため、これらの点について明確な結論を出す必要はないとした（この点で、死刑自体を3条違反と認定すべきであったとするのが、Garlicki裁判官の同意・反対意見である）。

本判決後、イギリス軍がイラクで拘禁していた者を、死刑が科される恐れのあるイラクに引き渡したこと[5]について申立がなされた2010年の判決[6]で、人権裁判所は、第13議定書の未批准国が5か国（うち未署名国は2か国）まで減っている[7]ことは、死刑を停止している国家実行と合わせて、2条が（あらゆる状況における死刑を禁止するものとして）事実上改正されたことを強く示しており、2条の文言はもはや死刑を非人道的な刑罰とみなすことを妨げないとしている。もっとも、人権裁判所がこの判決において3条違反を認定する際に、それをイギリスでの第13議定書の発効と結び付けていることを[8]、確認しておく必要がある。このこととも関連するが、これまで人権裁判所は、死刑廃止に関する議定書の未批准国について、未批准であるにもかかわらず批准国と同じ効果が及ぶ（死刑自体が条約違反）と考えるための理論的な根拠を示し得ていないように思われる。

（c）不公正な裁判による死刑判決

人権裁判所は、本事件における死刑は、独立・公平でない裁判所における不公正な裁判によって宣告されたため3条に違反する（したがって、死刑自体が3条違反かどうかは判断する必要がない）とした。そのような死刑の宣告は、死刑執行の恐怖に不当に陥れられることに等しく、執行の真の可能性がある場合には相当な不安の原因となり、この不安は手続の不公正さと切り離すことができないため、条約違反であるというのである。

これは、不公正な裁判による死刑の宣告は2条により認められないこと（§166）とも整合的であり、一見したところ、もっともらしい考え方であるように思われる。しかし、2条の場合にその根拠となるのは、2条の例外である「裁判所により宣告された死刑を執行する場合」という文言（強調は水島）の人権裁判所による解釈であるのに対し、3条の場合の

根拠は、「不公正な」裁判による死刑の宣告に伴う申立人の不安であるとされることに鑑みた場合、別の見方もできそうである。そのような不安の原因となる「不公正な」裁判は、申立人の主観的な判断に基づくものであるが、人権裁判所の第三者的判断に基づく「不公正な」裁判とそれが一致する保証はないからである。主観的には「不公正な」裁判によって死刑が宣告され、同じ程度の不安を抱いた者の間で、人権裁判所の認定如何によって非人道的な刑罰に当たるか否か（3条違反の有無）が異なるという事態を正当化する根拠は見出しがたい。本判決において人権裁判所が示した「不公正な裁判による死刑は非人道的な刑罰」という新しい考え方は、実は十分な根拠に支えられているものではなく、むしろ、死刑廃止に向かう潮流が強まる中で、死刑自体が条約に違反するかどうかという難しい判断（場合によっては、死刑自体はなお条約に違反しないと明言すること）を避けるための便法として用いられたにすぎないようにも思われる。

（3）判決の国内法への影響

本判決で人権裁判所は、軍人裁判官が途中まで加わって行われた国家治安裁判所での手続が、独立で公平な裁判所によるものとは言えないため6条に違反するとした。国家治安裁判所の裁判官に軍人が含まれる制度は1999年6月の憲法改正で廃止されているため（2004年5月の憲法改正で国家治安裁判所自体を廃止）、その後は同じ問題は生じないことになっている。本判決の履行について、人権裁判所は、独立・公平でない裁判所が裁判を行った本事件のような場合には、原則として再審が違反の適切な是正方法であるが、とるべき具体的な措置は当該事件の状況によるとし、ある程度柔軟な対応の余地をトルコに与えた。閣僚委員会は、トルコの裁判所が申立人の犯罪の性質や事件記録等を考慮して再審は不要と決定したことをもって満足し、判決執行監視任務を終了した[9]。

なお、申立人は、イムラル島での拘禁状況等について2003年8月1日に別の申立を行っていた（第2

事件)。2014 年 3 月 18 日の第 2 事件判決[10]において人権裁判所は、本判決では 3 条違反なしとされていた拘禁状況について、本判決から 2009 年 11 月 17 日までの期間は 3 条違反ありとした（4 対 3）（申立人はそれまで単独での拘禁であったが、同日、新築施設に移るとともに複数人との共同での拘禁となっており、同日以降については 3 条違反なしとされている（6 対 1））。第 2 事件判決は、その他に、条件付き釈放の可能性のない終身刑について、7 条（罪刑法定主義）違反なしだが 3 条違反あり（全員一致）等の認定を行っている。

（4）日本との比較、日本法への示唆

　自由権規約も、ヨーロッパ人権条約と同様に、生命に対する権利を定めるとともに死刑判決の場合を明示的に例外としている（6 条）。それを前提として、1989 年に第 2 選択議定書（死刑廃止議定書）が採択されており、自由権規約の 169 締約国のうち 85 か国が同議定書を批准している（2017 年 9 月 30 日現在）。自由権規約委員会の先例の中に、不公正な裁判による死刑判決は自由権規約 6 条違反としたものがある[11]ことを考慮すれば、本判決と同様に、「不公正な裁判による死刑は非人道的な刑罰（自由権規約 7 条違反）」という考え方が自由権規約の下でも、したがって日本にも関わり得るものとして、示唆されるかもしれない。しかし、上で指摘したように、本判決で人権裁判所がこのような考え方を打ち出した背景として、死刑自体のヨーロッパ人権条約適合性の判断が難しくなっているという事情があり、そうであるとすれば、死刑廃止に向かう潮流の強さが異なる自由権規約の枠組において、その背景の違いを考慮することなく、「不公正な裁判による死刑は非人道的な刑罰」という（十分な根拠に支えられていない）

B　拷問その他の非人道的処遇・強制労働からの自由〔3条・4条〕

定式の部分だけを受け入れる必要や意味はないと言えよう。

(1)　Banković and others v. Belgium and others〔GC〕, Decision, 12 December 2001, Reports 2001-XII. バンコヴィッチ事件決定については、たとえば、〔Ⅰ 6〕解説（奥脇直也執筆）参照。

(2)　水島朋則『主権免除の国際法』（名古屋大学出版会、2012 年）194 頁参照。

(3)　バンコヴィッチ事件決定は、領域外の管轄権が認められる場合の 1 つとして、その国に登録された航空機内での活動を伴う場合を挙げている。Banković, *supra* note 1, §73.

(4)　第 6 議定書未批准国（当時）のモナコとロシアは、いずれもその時点で署名はしていたが、第 13 議定書未批准国のうち 3 か国（アルメニア、アゼルバイジャン、ロシア）は、署名もしていなかった。

(5)　この問題に関連する人権裁判所の判例として、Soering v. UK〔PC〕, 7 July 1989, Series A, no. 161〔Ⅰ *14*〕解説（古谷修一執筆）参照。

(6)　Al-Saadoon and Mufdhi v. U.K., 2 March 2010, Reports 2010-II, §120 参照。

(7)　トルコも、本判決後の 2006 年 2 月 20 日に第 13 議定書を批准している。

(8)　Al-Saadoon, *supra* note 6, §137 参照。

(9)　Resolution CM/ResDH（2007）1, 14 February 2007 参照。

(10)　Öcalan c. Turquie（N° 2）, 18 mars 2014.

(11)　たとえば、Reid v. Jamaica, 20 July 1990, CCPR/C/39/D/250/1987 参照。自由権規約は、14 条で公正な裁判を受ける権利を定めている。

〔参考文献〕

〔1〕　Mirja Trilsch and Alexandra Rüth, "Öcalan v. Turkey", *American Journal of International Law*, Vol. 100, No. 1 (2006).

〔2〕　新井京「クルド民族武装闘争指導者の変則的引渡しと死刑宣告——オジャラン対トルコ事件」国際人権 18 号（2007 年）。

36　絶対的無期刑と条約 3 条
仮釈放の可能性のない無期刑は条約 3 条に違反する
―― ヴィンター判決 ――

河合　正雄

Vinter and others v. the United Kingdom
9 July 2013, Reports 2013-III（大法廷）

【事　実】

イギリスの Vinter ら 3 人の申立人は、謀殺（murder）で有罪となり、謀殺の前科がある、残虐行為を伴って複数名を殺害したなどの悪質な罪状によって、仮釈放の可能性のない無期刑（以下、「絶対的無期刑」とする）[1]を宣告された。これに対して 3 人は、絶対的無期刑が条約 3 条などに違反するとして、ストラスブールに提訴した。

1997 年量刑法（Crime（Sentences）Act 1997）30 条 1 項は、「国務大臣は、特別な理由（compassionate grounds）により仮釈放を正当化する例外的な事情があると認めるときは、いつでも無期刑受刑者を仮釈放することができる。」と規定している。他方で、行刑局規則（Prison Service Order）4700 パラグラフ 12. 2. 1 は、1997 年量刑法 30 条上の「特別な理由」について、死期が迫っている（余命 3 か月を目安）か寝たきりなどの状態にある、再犯可能性がほとんどない、拘禁が死期を早める、治療体制が整っている、かつ仮釈放が本人か家族に大きな利益をもたらす場合のすべてを満たすという非常に限定した要件を示している。絶対的無期刑受刑者 41 名（当時）のうち、仮釈放が認められた人はいなかった。

2012 年 1 月の小法廷判決は、4 対 3 の僅差で条約 3 条違反を否定し、全員一致で 5 条 4 項・7 条違反などの申立を不受理とした。しかし、申立人の請求により大法廷に付託され、2013 年 7 月の大法廷判決は、以下の理由から 16 対 1 で条約 3 条違反を認定した。

【判　旨】

(1)　「著しい不均衡」

「著しく不均衡な量刑（a grossly disproportionate sentence）」は条約 3 条に違反するが、これに該当するのは「きわめてまれな場合（rare and unique occasions）」に限られる（§102）。

(2)　無　期　刑

各国の刑事司法制度のあり方は、量刑の再審査や仮釈放制度も含めて、条約上の原則に抵触しない限り、原則として審査対象にはならない。締約国には、個々の犯罪に対して適切な量刑を定める評価の余地が認められ、謀殺のような特に重大な犯罪を行った成人には無期刑を科すことができる。しかしながら、絶対的無期刑を科せば条約 3 条に抵触する可能性がある（§104-107）。

第 1 に、「（絶対的）無期刑に法律上および事実上（de jure and de facto）の減刑可能性があれば、条約 3 条上の問題は生じない。」例えば、受刑者が国内法上仮釈放を検討される権利を有し、危険性の継続を理由として仮釈放を拒まれたような場合は、条約 3 条に違反しない。第 2 に、「国内法が、受刑者の減刑、免除、終了または仮釈放によって無期刑を再審査する可能性を認めている場合は、条約 3 条の要請を満たすのに十分である」（§108-109）。

正当な刑罰としての根拠がない限り、受刑者を拘禁できないことは自明である。これらの理由には、応報、抑止、公衆保護および社会復帰を含む。これらの多くは量刑宣告時に存在するだろうが、これらの割合は時の経過につれて変化しうる。さらに、

216 Ⅲ ヨーロッパ人権条約で保障された権利(2)——各論

1 「そのような受刑者が仮釈放の見通し（prospect of re-
lease）や無期刑が再審査される可能性なしに拘禁さ
れれば、彼は決して罪を償うことができなくなるお
それがある。彼が刑事施設でどんなに社会復帰に向
5 けた著しい進歩を示したとしても、彼の刑期は固定
され、再審査されることはないからである。」「たと
え絶対的無期刑が量刑宣告時点では適切であったと
しても、時の経過と共に、適正かつ比例性を満たす
量刑である保証は弱まっていく」（§111-112）。
10 　加えて、ドイツの連邦憲法裁判所も、終身自由刑
判決で、仮釈放の可能性を一切与えない無期刑は人
間の尊厳条項に適合しないと判示した(2)。同様の判
断は、ヨーロッパ人権条約の下でも行われなければ
ならない（§113）。
15 　「実際に、無期刑を含む全受刑者に対して、社会
復帰の可能性と社会復帰処遇を達成すれば仮釈放の
見通しを与えるべきであるとする原則は、ヨーロッ
パ法でも国際法でも、今や明確に支持されている。」
「応報も拘禁目的の1つではあるが、現在のヨー
20 ロッパの刑事政策は、とりわけ長期自由刑の釈放に
向けた社会復帰処遇を重視している。」閣僚委員会
の2003年無期および長期刑受刑者の処遇に関する
勧告23号、2003年仮釈放に関する勧告22号など
には、第1に、社会復帰処遇は無期刑受刑者にも等
25 しく適用できること、第2に、社会復帰処遇の結果、
無期刑受刑者にも仮釈放の可能性が認められるべき
ことが示されている（§114-116）。
　この2点は、ドイツやイタリアの憲法裁判所でも
示されており、大多数の締約国が、無期刑がないか、
30 あるとしても、通常は拘禁から25年後に量刑を再審
査する制度を設けている。同様のことは、国連被拘
禁者最低処遇規則58-61・65・66条や国際人権B
規約10条3項、国際刑事裁判所ローマ規程110条
3-5項など、国際法にも見いだされる（§117-118）。
35 　**(3) 無期刑に関する一般的な結論**
　条約3条は、絶対的無期刑の減刑可能性を求めて
いると解釈されなければならない。「国内法が（量刑
を事後的に）再審査する可能性を規定していないなら

B 拷問その他の非人道的処遇・強制労働からの自由〔3条・4条〕

ば、絶対的無期刑は条約3条が求める水準に達しな
いであろう」。絶対的無期刑受刑者は、自らの量刑
が条約3条に適合しないことを主張できるまでに、
長い不定期間の服役を義務づけられるべきではない。
さらに、国内法上減刑可能性がなければ、受刑者が
社会復帰に向けて取り組むことは期待できないであ
ろう。「絶対的無期刑受刑者は、服役開始時から、
仮釈放を検討されるために自身が行わなければなら
ない事や、量刑の再審査が行われるか再審査を請求
しうる期日も含めた条件を、知る資格がある」（§119
and 121-122）。

　(4) 本件へのあてはめ
　イギリス政府は、2003年刑事司法法（Criminal Jus-
tice Act 2003）が25年後の再審査を規定していない
のは、応報と抑止のための適切な拘禁期間（最低拘
禁期間）の決定を（量刑に相当するとして)(3)司法に委ね
たためであるとする。しかし、絶対的無期刑を科す
か否かを決定する独立した裁判官の必要性は、正当
な刑罰としての根拠があることを確かめるために、
同刑を事後的に再審査すべき必要性とは全く別物で
ある（§124）。
　さらに、無期刑受刑者の仮釈放に関する現行法の
規定は、明確性を欠いている。確かに、1997年量
刑法30条は、絶対的無期刑を含む受刑者の仮釈放
権限を国務大臣に付与している。また、大臣には条
約に適合するように行動する義務がある。「従って、
(1997年量刑法)30条は、国務大臣に対して単に仮釈
放権限を付与しているにとどまらず、例えば正当な
刑罰としての根拠がもはや見出しえなくなるなど、
拘禁し続けることが条約3条に適合しなくなった旨
が示される場合は、その権限を行使し受刑者を仮釈
放する義務を大臣に課していると解釈できる。」
1997年量刑法30条をこのように解釈すれば、原則
としてKafkaris判決(4)に適合する（§125）。
　しかしながら、行刑局規則4700パラグラフ12.2.1
のきわめて限定的な仮釈放要件は、Kafkaris判決
における「仮釈放の見通し」とは異なる。同規則の
要件はKafkaris判決が示した基準に適合せず、条

約3条を満たさない（§126-127）。

同規則は、絶対的無期刑受刑者が、正当な刑罰としての根拠がなくなることによって仮釈放を求める可能性を規定していない。現時点で、大臣が、同規則か、イギリス控訴院のBieber判決が示したより柔軟な解釈[5]に基づいて仮釈放権限を行使するかは、定かではない（§128-129）。

従って、条約に適合するように解釈した1997年量刑法30条と、きわめて限定的な行刑局規則4700パラグラフ12.2.1の文言との差にてらせば、絶対的無期刑を再審査する規定の欠如もあいまって、現時点で、申立人の量刑には、条約3条が求める減刑可能性があるとは言えない（§130）。

【解　説】

(1) イギリスの無期刑制度について

イギリスの無期刑は、応報・抑止の観点から罪状に応じて個別に決定される最低拘禁期間（minimum term、旧称tariff）と、公衆に対する危険性がある場合に同期間経過後に継続拘禁する期間（事実上の保安拘禁）に二分される[6]。1980年代に、最低拘禁期間を定めないことで仮釈放を生涯認めない絶対的無期刑が運用上登場した。2003年には、謀殺で有罪となった者に絶対的無期刑を科しうる基準が法文上明記された[7]。

(2) 絶対的無期刑と条約3条

本判決は、量刑の重さに着目して、絶対的無期刑自体が条約3条に抵触しかねないことを正面から認め、過度の厳罰化に一定の歯止めをかけた点に大きな意義がある。本判決は、絶対的無期刑が条約3条違反となりうる根拠について、時の経過による社会復帰処遇の進展可能性に加えて人間の尊厳の観点も加味し、先例のKafkaris判決法理[8]をより精緻化した。条約3条違反となる要件について、小法廷判決は、第1に、Kafkaris判決が示した法律上も事実上も仮釈放の可能性がないことに加えて、第2に、応報、抑止、公衆保護および社会復帰のいかなる理由からも絶対的無期刑が正当化されないことを挙げ

た（小§92）。それに対して大法廷判決は、Kafkaris判決が言及していない第2の要件を時の経過を理由として、一定年限の経過後に量刑を再審査する必要性を条約3条に読み込んだことで、多くの絶対的無期刑受刑者に対する仮釈放可能性の道を残した[9]。

もっとも、時の経過による改善・更生（公衆保護・社会復帰の要素の減少）を理由として、裁判所が量刑言渡し時に宣告した最低拘禁期間の事後的な変更可能性を認める場合、次の点との整合性が問われる。すなわち、イギリスの無期刑の二分制度と、量刑に相当する最低拘禁期間は裁判官が定めるという権力分立との関係である。しかし、前者については、本件は、最低拘禁期間を設定せずに拘禁を永続させることの正当性が問われているほか、そもそも仮釈放可能性を認めないことは、社会復帰という自由刑の主要な目的と根源的に相容れない。また、後者については、裁判官が決定するのは最低拘禁期間の長さであって、仮釈放決定は裁判所が行う訳ではない（なお、§124）。

本判決は、仮釈放可能性の欠如が3条違反になることを示したものであり、判決の射程は絶対的無期刑受刑者に限定される。もっとも、条約3条違反の有無を社会復帰処遇の進展可能性から判断していることから、一定の刑期を上回る自由刑についても3条違反となりうる論理を内包している。

(3) 条約5条4項との関係

小法廷は、最低拘禁期間自体が設定されていない本件と、定期的な仮釈放審査の保障が及ぶ継続拘禁期間中の無期刑受刑者[10]とは事案を異にするとして、条約5条4項違反の申立を不受理とした（小§§102-103）。そのため大法廷は、この点に関する判断を行わなかった（§132、全員一致）。

しかし、これには検討の余地がある。判例法理上、継続拘禁期間中の無期刑受刑者に定期的な仮釈放審査を求める権利が生じるのは、継続拘禁が時と共に変化しうる公衆保護の必要性を唯一の拘禁根拠とすることによる[11]。本判決は、時の経過によって公衆保護の必要性が減少したり、社会復帰処遇の達成度

が増しうるという点を、仮釈放可能性を認める根拠にあげている。これは、継続拘禁期間中の無期刑受刑者に仮釈放審査を保障する判例法理の根拠と類似している。今後の判例法理の発展において、絶対的無期刑受刑者に対しても条約5条4項の適用を認め、25年などの一定年限の経過後に条約5条4項の観点からも仮釈放審査を保障する道を開くことは、社会復帰処遇理念にも適合する。

(4) 判決へのイギリスの対応

量刑が争われた刑事上訴審である2014年2月のイギリス控訴院のMcLoughlin判決は、1997年量刑法30条上の「特別な理由」は条約3条に適合するように解釈されなければならず、行刑局規則4700パラグラフ12.2.1の文言に関わらず、イギリス法は、当初の量刑を正当化できなくなる例外的な事情がある場合には受刑者に仮釈放の可能性を保障しているとして、同条の条約3条不適合を否定した[12]。

Vinter事件と同種の事案である2015年2月のHutchinson事件小法廷判決は、国内法の解釈は一義的には国内裁判所が適しているとして、控訴院判決の解釈を支持して6対1で条約3条違反を否定し[13]、イギリス政府も法改正を不要とした[14]。加えて、2017年1月の大法廷判決も14対3で小法廷判決を維持し[15]、同年6月に閣僚委員会は執行監視任務を終了させた[16]。しかし、1997年量刑法30条の条約適合解釈を求めた控訴院判決をふまえれば、25年後に量刑を再審査する2003年以前の運用[17]に戻すことが求められるだろう[18]。

(5) 日本法への示唆

絶対的無期刑が存在しない日本では、一見すると本判決から示唆を得るものはない。しかし、1990年代後半以降の厳罰化傾向に伴い、現時点で、無期刑受刑者は仮釈放までに30年以上服役することが通例化し[19]、無期刑が全体として絶対的無期刑に近づきつつある。現在の無期刑の運用が直ちに「残虐な刑罰」(憲法36条)に該当するとは言えないにせよ、無期刑と憲法36条との関係についても、真剣に検

B 拷問その他の非人道的処遇・強制労働からの自由〔3条・4条〕

討する必要がある[20]。

確かに2009年4月より、無期刑の執行開始から30年を経過した受刑者に対して一律に仮釈放審理し、仮釈放が認められなかった場合は、以後10年毎に審理する運用が導入されている[21]。また、日本の無期刑受刑者の仮釈放基準は、イギリスの絶対的無期刑受刑者のそれに比べれば柔軟性があり[22]、実際に、少人数ながらほぼ毎年仮釈放者がいる[23]。

それでも、「特に犯情等が悪質な」無期刑受刑者に対する仮釈放を慎重にすることを求める通達[24]が出されて久しいほか、40年以上服役している無期刑受刑者も42名いる(2016年末)[25]。受刑者が現実的な仮釈放の可能性を実感できることは、社会復帰処遇を効果的に進める上での前提となる。たとえ罪状が極めて悪質な受刑者であっても「改善・更生」が見込まれる可能性に目を向け、社会復帰処遇の重要性を条約3条に読み込んだ本判決は、注目に値する。

(1) 「無期刑」の概念につき、藤本哲也「無期刑受刑者の仮釈放について考える」罪と罰46巻2号(2009年)39、42、44頁。

(2) 詳細につき、日笠完治「終身自由刑と人間の尊厳――終身自由刑判決」ドイツ憲法判例研究会編『ドイツの憲法判例(第2版)』(信山社、2003年)25頁以下を参照。

(3) *See*, Stafford v. UK〔GC〕, 28 May 2002, Reports 2002-IV, §87 and R(Anderson)v Secretary of State for the Home Department〔2002〕UKHL 46. §13, 24 and 26.

(4) Kafkaris v. Cyprus〔GC〕, 12 February 2008, Reports 2008-I, §97-99. 本件と同様に、絶対的無期刑の条約違反が争われた。大法廷は、生涯にわたって法律上も事実上も減刑可能性がない場合は、条約3条違反の可能性が生じうるとした。しかし、キプロス法上、大統領は釈放権限を有しており、実際に釈放が認められた例があるとして、10対7で3条違反を否定した。

(5) R v. Bieber〔2008〕EWCA Civ 1601, §48-49. 絶対的無期刑を宣告された被告人が、量刑不当を争った刑事上訴審である。拘禁の継続が非人道的または品位を傷つける処遇に達したときは、1997年量刑法30条を条約適合解釈し、国務大臣は受刑者を仮釈放する権限を行使すべきであるとした。

(6) 謀殺罪の法定刑は無期刑のみであり、罪状に応じて最低拘禁期間の長さに差をつけている。1950年代以

降のイギリスの無期刑制度の展開につき、Stephen Shute, 'Punishing Murderers: Release Procedures and the "Tariff", 1953-2004', [2004] Crim LR 160. 2016年時点での無期刑制度につき、Nicola Padfield, 'Justifying Indefinite Detention - On What Grounds?', [2016] 11 Crim LR 797, at 797-808.

(7) 2003年刑事司法法269条4項、同法附則21第4パラグラフ。

(8) Kafkaris, *supra* note 4, §97-99.

(9) *See*, Natasa Mavronicola, 'Inhuman and Degrading Punishment, Dignity, and the Limits of Retribution', (2014) 77 (2) MLR 292, at 303-304.

(10) Thynne, Wilson and Gunnell v. UK [PC], 25 October 1990, Series A, No.190-A, §.76, Hussain v. UK, Singh v. UK, 21 February 1996, Reports 1996-I, §54, Stafford, *supra* note 3, §87.

(11) 無期刑受刑者の条約5条4項上の権利に関する判例法理の展開につき、河合正雄「無期刑受刑者の人身の自由——イギリスの無期刑受刑者の拘禁期間をめぐる司法判断を題材として」早稲田法学会誌61巻1号（2010年）149-153頁、161-163頁。

(12) R v McLoughlin, R v. Newell [2014] EWCA Crim 188, §29-36.

(13) Hutchinson v. UK, 3 February 2015, §24-26.

(14) DH-DD (2014) 857: Communication from the United Kingdom concerning the case of Vinter and others against the United Kingdom (Application No.66069/09), 1 July 2014, §4 and 7.

(15) Hutchinson v. UK[GC], 17 January 2017, Reports 2017. 同判決の概要と評価につき、河合正雄「絶対的無期刑は非人道的な刑罰か——ヨーロッパ人権条約3条の視点から」工藤達朗ほか編『憲法学の創造的展開 戸波江二先生古稀記念 下巻』（信山社、2017年）232-236頁。

(16) Resolution CM/Res DH (2017) 178.

(17) HC Deb, 7 December 1994. vol. 251, col. 234W and

HC Deb, 10 November 1997, vol. 300, col. 420W.

(18) *See*, The Law Society, 'The Law Society's Response to the Parliamentary Joint Committee on Human Rights': Call for Evidence on Government's Response to Judgments Identifying Breaches of Human Rights', September 2013, §1.1.2.

(19) 法務省「無期刑の執行状況及び無期刑受刑者に係る仮釈放の運用状況について」（2017年11月）1頁・表1-1、4-14頁・表2-1。

(20) なお、無期懲役刑合憲判決の齋藤悠輔・沢田竹次郎意見（最大判1949年12月21日刑集3巻12号2048頁）。

(21) 平成21年3月6日付け法務省保観第134号保護局長通達「無期刑受刑者に係る仮釈放審理に関する事務の運用について（通達）」。

(22) 10年の刑期が経過した「改悛の状」のある受刑者が裁量的に仮釈放され（刑法28条）、「改悛の状」は、「悔悟の情」、「改善更生の意欲」、「再び犯罪をするおそれ」、仮釈放が「改善更生」に資すること、社会感情の5点から判断される（犯罪をした者及び非行のある少年に対する社会内における処遇に関する規則28条）。5点の詳細につき、平成20年5月9日付け法務省保観第325号矯正局長・保護局長依命通達「犯罪をした者及び非行のある少年に対する社会内における処遇に関する事務の運用について（依命通達）」第2の7を参照。

(23) 法務省『平成29年版犯罪白書』（2017年）2-5-1-3表。

(24) 平成10年6月18日付け最高検検第887号「特に犯情悪質等の無期懲役刑確定者に対する刑の執行指揮及びそれらの者の仮出獄に対する検察官の意見をより適正にする方策について（依命通達）」。

(25) 法務省・前掲注(19)、2頁・表1-2。

＊本判例評釈の一部は、河合・前掲注(15)226-229・232-233・235・237-239頁の記述と重複する。

37 強制労働および奴隷状態の禁止
禁止される「強制労働」および「奴隷状態」の概念と国家の積極的義務
―― C. N. および V 対フランス判決 ――

C.N. and V. v. France

菅原　絵美

11 October 2012

【事　実】

　申立人はブルンジ生まれのフランス国民の姉妹であり、ブルンジでの内戦を理由に、姉は1994年に16歳で、妹は1995年に10歳でフランスにやってきた。申立人のフランス移住は叔母によって準備された。叔母の夫はブルンジ国民であるが、元大臣で当時は UNESCO 職員を務めており特権免除を有していた。フランス到着以降、申立人はオー＝ド＝セーヌ県ヴィル＝ダヴレーに住む叔母家族のために必要な家事一切を担うことになった。第1申立人（姉）は通学をせず、障害を有する子の世話や庭仕事に従事させられた。第2申立人（妹）は学校および職業訓練に通い、帰宅後は宿題を終わらせたのち、第1申立人を手伝っていた。申立人に給与は支払われず、また休日もなかった。

　1995年にオー＝ド＝セーヌ県保健福祉局により、家庭における子どもの労働搾取の危険性についての報告書が検察官に提出されていたが、警察による捜査を受けて、さらなる対策を取らないことが決定された。

　第1申立人は、自身の滞在は違法であり、叔母夫妻が滞在を合法化する手続をしなかったと主張した（なお、実際には合法な滞在であった）。第1申立人はこれまでに殴打されて3度入院したがいずれも従姉妹の氏名が用いられていたことなどが、その思い込みを強くさせていた。申立人は叔母による身体的および言葉によるハラスメントを日常的に受けており、叔母はいつも決まってブルンジへの帰国を持ち出し脅していた。

　1999年1月、児童虐待の防止にとりくむ民間団体によって申立人の置かれた状況が人の尊厳に対する侵害にあたるとしてナントール検察局に伝えられ、その翌日に申立人は叔母家庭から逃亡し、当該団体に保護されることになった。同月、UNESCO によって叔母の夫の特権免除の放棄が認められると警察捜査が開始され、2月には刑法典 225-14 条および 225-15 条による人の尊厳に対する侵害の罪で予審捜査が開始された。申立人は私訴原告人として予審に参加し、同年4月および5月に予審判事から事情聴取を受けた際には、1995-1996年の段階ではそれほどではなかったが、叔母家庭における自身の状況は徐々に酷くなっていったと話した。2007年9月、第一審は叔母夫妻を有罪とし、さらに夫妻に対し第1申立人に 24,000 ユーロを、第2申立人には本人の希望により象徴として1ユーロを支払うよう命じた。しかし、2009年6月、控訴審は人の尊厳に対する侵害の罪について被告人を無罪とし、申立人の賠償金の訴えを退けた。一方、叔母による第2申立人に対する暴力は有罪とされ罰金と1ユーロの賠償金が科された。私訴原告人である申立人は法律上認められる民事上の利益に関してのみ破棄申立を行い、そして叔母も上訴したが、検察側は上訴しなかった。申立人および叔母による上告は、2010年に破棄院で棄却された。

　申立人は、自らが叔母家庭において隷属状態に置かれ、強制労働により搾取されてきたにもかかわらず、フランス政府は条約3・4・13条の権利を確保するため積極的措置をとらなかったことにより同条の義務に違反したとして、ヨーロッパ人権裁判所に申立を行った。

【判　旨】

(1) 3条違反の主張について

第2申立人に対する叔母の暴力に関して、国内裁判において叔母の有罪が確定しており、申立人の賠償請求が認められている。ゆえに、34条上の「被害者」であると主張することはできない。

(2) 4条違反の主張について

4条のもと、国家は、その積極的義務に基づき、被害者の実効的な保護を怠った場合にも責任を負う（§69）。以下、申立人が4条1項および2項違反の状態に置かれていたかを判断する。

(a) 4条2項（強制労働）の違反について

ILO29号条約（1930年）2条1項に影響を受けた先例によると、4条2項の強制労働とは「ある者が処罰の脅迫のもと、その意思に反し、自ら任意に申し出たものではない一切の役務」である（§71）。強制労働の第1条件として、「『処罰』の脅迫のもとで行われた役務のすべてが条約で禁止される『強制労働』である必要はない。考慮すべき要素には問題となる役務の形態と量が含まれる」（§74）。本件では、第1申立人のみが、その働きがなければ、ほかに人が雇われていたほどの役務であったとして第1条件を満たす（§75-76）。

第2条件は「処罰の脅迫のもとで」行われた役務か否かである。ILOグローバル・レポート『強制によって失われるもの』において、「『処罰』の概念は幅広く、「『処罰』とは物理的暴力または拘束まで含まれるが、心理的な性質の、より微妙な形態も取られうる。例えば、就労資格が違法である場合、被害者を警察または出入国管理当局に通報するという脅しである」（§77）。第2条件について、ブルンジへの帰国は第1申立人にとっては「処罰」であり、帰国させるという脅しはそのような「処罰」による「脅迫」である（§78）。

本件では、第1申立人は4条2項の「強制労働」に服させられていた一方、第2申立人は異なる状況に置かれていたため、これに当たらない（§79）。

(b) 4条1項（隷属状態）の違反について

「隷属状態とは『自由を否定される特に深刻な形態[1]』」であり、「隷属状態に含まれるものとして、

『強制によって課された役務を提供する義務』があり、4条1項の『奴隷』の概念と結び付けられている」（§89）。さらに、奴隷制度、奴隷取引ならびに奴隷制類似の制度および慣行の廃止に関する補足条約（1956年）を鑑み、隷属状態には、他者のために特定の役務を行う義務に加え、「『農奴』が他人の所有地に依存して生活する義務とその状況を変えることが不可能であることが含まれる」（§90）。したがって、「隷属状態は強制労働の特別な形態で、いわば『悪質な』強制労働」であり、隷属状態と強制労働を区別する要素は、「自身の状況が永続的で、その状況は変化の見込みがないという被害者の感情である」（§91）。

本件では、第1申立人は、その事実から自身の状況が永続的で変わる見込みがないという感情を有しており、隷属状態にあった（§92）。一方、第2申立人については、学校に通い、孤立していない状況から、隷属状態でなかった（§93）。

結論として、第1申立人の状況は、隷属状態および強制労働が懸念される限りで、4条1項および2項の範囲内であり、第2申立人の状況はそうではない（§94）。

(c) 国家の積極的義務違反について

4条のもと国家が負う積極的義務を、「4条違反の行為を罰則化し実効的に訴追する積極的義務と、問題が当局の把握するところとなった場合に潜在的な搾取の状況を捜査する手続的義務とに区別する」（§104）。

(i) 4条違反の行為を罰則化し実効的に訴追する積極的義務

「国家は、強制労働、隷属状態、および奴隷を禁止し処罰する立法上および行政上の枠組みを整備しなければならない」（§105）。「Siliadin判決において、刑法典225-13条および225-14条は当時申立人に実践的で実効的な保護を提供しなかった」と判断された。なぜならば「当該規定は、裁判所毎に多様な解釈がなされてきた」うえ、検察側が上訴しなかったため破棄院への訴えは民事的側面のみとなったからである。ゆえに「Siliadin判決において、フランス政府による条約4条に基づく積極的義務の侵害があったと判断された」（§106）。

本件では、「国内法の状況がSiliadin判決と同じであることに留意する。2003年の法改正は裁判所の判断を変えない。さらに、Siliadin判決のように、検察側が控訴審による叔母夫妻の無罪判決に対し上訴しなかった事実は、本件においても破棄院への訴えが民事的側面のみを問題とすることを意味していた」（§107）。以上から、第1申立人について、実効的に隷属状態および強制労働を撤廃するために立法上および行政上の枠組みを整備する国家の積極的義務に関して、4条違反が認められる（§108）。

(ii) 潜在的な搾取の状況を捜査する手続的義務

捜査する手続的義務は、結果の義務ではなく手段の義務であり、「機敏さおよび合理的な迅速さはあらゆるケースで求められるが、個人を有害な状況から救出することができる場合、捜査は緊急の問題として行われなければならない」（§109）。本件の場合、1995年に捜査が行われたが犯罪行為の十分な証拠はなく、また申立人は予審判事に対し、その時点で叔母家庭での状況は我慢できないほど酷くはなかったと述べていた（§110）。以上から、第1申立人に関して、実効的な捜査を行う手続的義務に関して4条の違反はなかった（§111）。

(3) 13条違反の主張について

4条が13条の一般的義務に対する特別法（a lex specialis）を構成するため、申立人による13条違反に関する申立は、別個に検討する必要はない。

(4) 公正な満足

フランス政府に、第1申立人に対し損害賠償として30,000ユーロおよびそれにかかる税を支払うよう命じる。

【解 説】

(1) 当該判決の意義・特徴

本判決は家庭内での労働搾取を扱ったものであり、4条1項（隷属状態）および4条2項（強制労働）に基づき条約違反を認定した数少ない判例のひとつである。本件以前で1項および2項から検討された先例には、Siliadin判決(2)（家庭内での移民労働者の搾取）およびRantsev判決(3)（人身取引）があるのみである。本判決は、私人間での行為に4条の適用を認め、国家の積極的義務違反を認めた判例として注目できる

うえ、2項の強制労働の要素について、さらに1項の隷属状態の要素について、裁判所の判断を一歩進めるものとなっている。

(2) 国家の積極的義務の違反の判断について

本判決は、Siliadin判決およびRantsev判決などの先例に従う形で判断がなされ、国家の積極的義務に関する判例法を強化するものとして位置づけることができる。

裁判所は、条約上の人権を侵害しないことだけでは1条が規定する義務としては不十分であるとして、締約国は4条のもと積極的義務を有するとしてきた。この積極的義務は、前述の先例から、①必要な立法および行政枠組みを実施する義務、②被害者を保護するために運用的な措置をとる義務、③捜査を行う手続的義務からなる。本件では、特に、①と③が検討された。

①について、本件では、国内法の状況がSiliadin判決と同じであり、したがって、刑法典225-13条および225-14条によって条約4条違反の行為に対し実効的な保護が提供されなかったと判断された。そこでSiliadin判決を振り返ると、申立人は4条のいう隷属状態に置かれていたが、刑法典では隷属状態は犯罪とされておらず、したがって225-13条および225-14条は、条約4条より限られたもので、労働を通じた搾取および人の尊厳に対する侵害にあたる労働条件・生活条件への従属を懸念する規定であるとされた。そこで、これら規定が申立人に対する行為を実効的に処罰できたか否かを検討するなかで、検察側が破棄院に上訴しなかったことにより民事救済のみが認められ、刑事法上の有罪判決を確認できなかったのは不十分であること、2001年12月12日のフランス議会の現代奴隷に関する共同タスクフォースの報告書によれば、刑法典225-13条および225-14条の解釈は裁判所毎に多様であったことから、裁判所は、刑法典の当該規定では、申立人が被害者となった行為に対し、実践的で実効的な保護が提供されないとして、①の義務違反があったことを認めた。

③については、Rantsev判決では、捜査の要件として、a）問題が当局の知るところになれば、被害者または最近親者からの訴えを必要とせず、当局は

自ら行動をとらねばならないこと、b) 結果の義務ではなく手段の義務であることから、捜査は責任ある個人の特定および処罰へとつながりうるものであること、c) 個人を侵害状況から救出することが可能な場合には捜査は緊急の問題として行われること、d) 被害者または最近親者がその正当な利益を守るために必要な範囲で手続に参加することが確認された。本件では、以上の条件を確認したうえで、当局による95年の捜査の際に諸条件は満たされており、特に、99年の捜査が刑事手続につながっていることを鑑みて、③の義務違反は認められなかった。

(3) 4条2項（強制労働）および4条1項（奴隷または隷属状態）について

(a) 4条2項の強制労働の範囲について

4条2項は「何人も、強制労働に服することを要求されない」と規定する一方、強制労働の定義を示していない。強制労働について、条約が4条3項で強制労働に含まれない役務を示すことにより範囲を限定しているように、裁判所も強制労働を消極的に判断してきた。本判決では、処罰の脅迫のもとで行われるすべての役務が4条の禁止する強制労働である必要はないとし、強制労働の要素として①問題となる役務の形態と量、②処罰の脅迫の有無を挙げる。

①の役務の形態と量は「不均衡な負担」の概念に基づき判断された。これは Van der Mussele 判決[4] において用いられたもので、弁護士が国選弁護人として依頼人の弁護を無償で行うよう要求された場合に強制労働を認めたものである。本判決では、その労働がなければ代わりに人が雇われるに違いなかった第1申立人の場合のみが要素を満たすとされた。

②に関して、「処罰」には身体的暴力や拘束のみならず、より軽度で心理的な性格のものも含まれる。本件において、第1申立人にとって、出身国ブルンジへの帰国は「死」や妹らを見捨てることを意味するため「処罰」にあたり、その脅しが「処罰の脅迫」にあたるとされた。

(b) 4条1項（隷属状態）と4条2項（強制労働）の関係について

本判決では、先例や関連条約を検討しながら、隷属状態を強制労働の特別な形態、すなわち「悪質な」強制労働であると位置づけ、そのうえで、4条における隷属状態と強制労働を区別する特徴、すなわち強制労働のうえに隷属状態が認められる要素は、「自身の状況が永続的であり、その状況は変化の見込みがないという被害者の感情」という心理的要素であるとした。

(c) 4条1項の隷属状態の心理的要素の認定について

本判決では、4条1項における隷属状態を構成する心理的要素は、前項で述べた被害者の感情が、その状況に責任ある者によって引き起こされ、または維持されていることで十分認められるとする。そして、裁判所は、第1申立人が自身の滞在の合法化は叔母夫妻次第であると思い込んでいたこと、叔母家庭以外での就職につながる学校や職業訓練に通っていなかったこと、そして助けを求められる人物と出会うことができなかったことから、第1申立人に隷属状態の心理的要素を認めている。

(4) 判決の国内法への影響

本件を通じて、家事労働者の搾取といった私人間関係に対し4条が適用可能であり、4条1項および2項違反となる場合の要素がより明確化された。この（移民）家事労働者の搾取に代表される「現代奴隷」と呼ばれる問題は、事件以降、徐々に社会的関心を集めるようになった。

フランスでは2003年に刑法典が改正されたが、それでも条約4条が対象とする奴隷、隷属状態および強制労働が明確な形では刑法典に導入されなかった。締約国は刑法典225-13条および225-14条により条約4条が禁止する労働を通じた個人の搾取に対処可能であると主張したが、実際は刑法典の規定が条約4条の内容に対して限定的であるうえ、その文言の曖昧さから規定の解釈に一貫性を欠いていた。すでに述べたように、この問題が本判決の条約4条違反の中核となっている。

ヨーロッパ人権裁判所の Siliadin 判決および本件判決、さらに2011年4月5日の人身取引に関する欧州議会および理事会指令（2011/36/EU）を受けて、フランスは2013年8月の2013-711号法律により刑法典を改正し、225-14-1条において強制労働、225-14-2条において隷属状態に置くこと、224-1A条において奴隷に置くこと、224-1B条において奴

隷とされた人の搾取を犯罪行為と規定した。これら刑法典の文言はヨーロッパ人権裁判所の判断に従った形で定められた。

「現代奴隷」の加害者に対する訴追・処罰の実効性について、深刻な欠陥が指摘されている。すなわち、(3)(b)で示した裁判所の判断に従ったため、225-14-2条の隷属状態は、225-14-1条の強制労働の規定を通じて定義され、したがって隷属状態の認定は労働搾取の局面に限定されることとなった。本来、隷属状態は、奴隷と同様に、人それ自身への影響が問題であり、労働に限定されるものではないこと、隷属状態に置く行為は強制労働の罪としても成立し実際の運用で問題が生じうることが指摘されている(5)。

また、「現代奴隷」に関する動きとして、英国では、2015年に現代奴隷法(6)が制定・施行された。本法における「現代奴隷」とは、「奴隷、隷属状態および強制労働」および「人身取引」の2つの犯罪行為の総称として用いられており、前者は条約4条に基づいて規定されている。本法は「現代奴隷」を罰則化し、また処罰・防止により被害者を保護することを内容とする。一方で、「現代奴隷」はグローバル社会にわたる犯罪であることから、一定規模の英国企業および英国でビジネスを行う企業に対し、自社およびサプライチェーンにおける「現代奴隷」対策の情報開示の規定が盛り込まれている。

一方、日本では、日本国憲法18条で奴隷的拘束が、労働基準法5条により強制労働が禁止されており、労働基準法5条の違反には労働基準法で最も重い罰則が科されている（117条）。しかし、日本の「現代奴隷」として国際的な批判を受けてきた外国人技能実習制度の悪用事例に対して、実効的な捜査・訴追・制裁措置をとるべきであることが、第6回定期報告に関する自由権規約委員会の最終見解のなかで勧告された。この勧告などを踏まえた制度の見直しとして、2016年11月には「外国人の技能実習の適正な実施および技能実習生の保護に関する法律」（技能実習法）が成立、2017年11月より施行された。技能実習法では、技能実習生に対する人権侵害行為が禁止され、罰則が整備された。具体的には、管理団体による暴行、脅迫などの行為や違約金など

を定める行為、さらに管理団体および実習実施者による旅券などを保管する行為、私生活の自由を不当に制限する行為などが、労働基準法の規定を越えて禁止され、罰せられることになった。なお、自由権規約委員会が指摘するように、実習生の強制帰国についての禁止・罰則規定がないなどの懸念は残る。技能実習法による実習生の保護の実効性は、2017年に設立された技能実習機構（OTIT）の実施体制にかかっており、今後の実行を注視したい。

(1) Van Droogenbroeck v. Belgium, 9 July 1980, Series B no.44, para. 80.
(2) Siliadin v. France, 26 July 2005, Reports 2005-Ⅶ.
(3) Rantsev v. Cyprus and Russia, 7 January 2010, Reports 2010（extracts）.
(4) Van der Mussele v. Belgium, 23 November 1983, Series A no.70.
(5) Bénédicte Bourgeois, "Statutory Progress and Obstacles to Achieving an Effective Criminal Legislation Against the Modern Day Forms of Slavery: The Case of France", *Michigan Journal of International Law*, vol.38, issue 3 (2017), pp.481-487.
(6) Modern Slavery Act 2015, Chapter 30, 26 March 2015.

［参考文献］
[1] 渡辺豊「欧州人権裁判所による社会権の保障：規範内容の拡大とその限界」一橋法学7巻2号（2008年）。
[2] Andrea Nicholson, "Reflections on Siliadin v. France: Slavery and Legal Definition", *The International Journal of Human Rights*, vol.14, no.5 (2010).
[3] Bénédicte Bourgeois, "Statutory Progress and Obstacles to Achieving an Effective Criminal Legislation Against the Modern Day Forms of Slavery: The Case of France", *Michigan Journal of International Law*, vol.38, issue 3 (2017).
[4] Filip Dorssemont, K. Lörcher and Isabelle Schömann (eds.), *The European Convention on Human Rights and the Employment Relation*, Hart Publishing, 2013.
[5] Virginia Mantouvalou, "Labour Rights in the European Convention on Human Rights: An Intellectual Justification for an Integrated Approach to Interpretation", *Human Rights Law Review*, vol.13, issue 3 (2013).
[6] Vladislava Stoyanova, *Human Trafficking and Slavery Reconsidered: Conceptual Limits and States' Positive Obligations in European Law*, Cambridge University Press, 2017.

38 家庭内暴力と条約3条
家庭内暴力の被害者の人権を保護する国家の積極的義務
── オプズ判決 ──

申 惠丰

Opuz v. Turkey
9 June 2009, Reports 2009-Ⅲ

【事 実】

　申立人は、自分と母親に対して配偶者 H.O. から繰り返し暴力や殺害脅迫を受け、数度にわたり法的手続に訴えてきた女性である。1995年4月10日、申立人と母は H.O. に殴打され、ともに5日間就労不能となる怪我を負った。告訴を受けた検察官は殺害脅迫と傷害の罪で H.O. を起訴したが、傷害については申立人が告訴を取り下げ、殺害脅迫については Diyarbakir 治安判事裁判所が証拠なしとして H.O. を放免した。1996年4月11日、H.O. は申立人を殴打して生命にかかわる重傷を負わせ、重傷害罪の疑いで起訴されたが、申立人は告訴を取り下げ、Diyarbakir 治安判事裁判所は、該当の罪が親告罪であることから審理を中止した。1998年2月5日、H.O. は申立人と母にナイフで怪我を負わせ、数日間就労不能にさせたが、検察官は、傷害については証拠不十分、また殴打については民事訴訟の対象となりうることを理由に公訴を提起しなかった。同年3月4日、H.O. は申立人と母に向かって車で突っ込み、生命にかかわる重傷を母に負わせた。Diyarbakir 治安判事裁判所判事は H.O. を勾留し、検察官は殺害脅迫と重傷害罪の疑いで Diyarbakir 刑事裁判所での刑事手続を開始した。同年4月、Diyarbakir 刑事裁判所は H.O. を保釈するとともに、事件を Diyarbakir 重罪裁判所に移送した。同裁判所は殺害脅迫については証拠不十分で無罪とした一方、殺人未遂で H.O. を3カ月の禁錮と罰金に処した（但し禁固刑は後に罰金に減刑）。2001年10月29日、H.O. は申立人をナイフで7か所刺して重傷を負わせた（翌年5月、Diyarbakir 治安判事裁判所は傷害罪で罰金刑を科した）。11月19日、母は自分と娘が繰り返し殺害脅迫を受けているとして告訴し、2002年1月に H.O. は起訴された。同年2月母は、脅迫が一層強くなっており生命の危険があるとして検察官に請願を出したが、Diyarbakir 治安判事裁判所は H.O. に事情聴取をしたのみであった。

　2002年3月11日、H.O. は母を銃で撃ち、彼女は即死した。申立人は2002年7月15日に人権裁判所に申立を行った。2008年3月、Diyarbakir 重罪裁判所は H.O. に殺人罪で終身刑を宣告したが、後に15年8ヶ月の禁錮刑および罰金に減刑し、破毀院での上訴手続の間彼を保釈した。申立人は、H.O. が保釈後再び脅迫を始め、申立人の請願にもかかわらず国の機関は何の措置も取っていないことを人権裁判所に通知している。

【判 旨】

　判決は、申立を受理し、母の死亡について2条違反、申立人の保護について3条違反、および、差別に関して、2条・3条と合わせ読んだ14条違反を認めた（いずれも全員一致）。

（1）受理可能性

　当事国は、申立人が6カ月ルール（条約35条1項）を遵守しておらず、1995年から2001年までの間発生した事柄は対象にならないと主張する。しかし、申立人と母が長年にわたって受けてきた暴力は関連した一連の出来事とみるべきであるので、事案の状況に鑑み、政府の先決的抗弁を却下する（§112-113）。当事国は国内救済未完了も主張するが、被害者の告

訴取り下げにもかかわらず刑事手続を開始する義務が国の機関にあったか否かを含め、国内救済の実効性の問題は本案に密接に関係するため、本案と併合して扱う（§116）。

(2) 条約2条違反

生命権の保護を定めた2条1項は、実効的な刑法規定と法執行体制を整備することによって生命権を保障する義務を締約国に課している。この義務は、他者の犯罪行為によって生命が危険にさらされている人を保護するため防止措置を取る積極的義務を含む（Osman v. UK〔I *12*〕）（§128）。この積極的義務の違反が主張される場合、「特定の個人の生命に対して第三者の犯罪行為による現実かつ急迫の危険があることを国の機関が知っていたかまたは知っているべきであり、かつ、合理的に判断してその危険を回避できたであろう措置を取ることを怠ったことが示されなければならない」（§130）。

本件では、暴力がエスカレートし、2002年2月には母が生命の危険があるとして検察官に請願を出していたが、これに対する国の機関の対応はH.O.から事情聴取を行っただけであり、そのほぼ2週間後に母は殺害されてしまった（§133-135）。国の機関はH.O.が生命を脅かす行動を取ることを予測できたはずであり、合理的な措置を取らなかった不作為は国家の責任を生じさせるに足る（E. and others v. UK, 26 November 2002）（§136）。

被害者が告訴を取り下げた場合でも家庭内暴力の加害者を訴追するか否かについて締約国間でコンセンサスはないが、犯罪の重大性や再発の危険性がある場合ほど訴追が遂行される傾向にある（§138-139）。本件で刑事手続の続行は告訴人の意思に依存していたが、犯罪の重大性を考慮すれば検察は自ら手続を遂行することができたはずであった（2002年のヨーロッパ評議会閣僚委員会勧告（2002）5を参照）（§145）。また、警察と検察は、銃で殺害脅迫をしているという訴えに対し、加害者の身柄を拘束するかその他の適切な行動を取ることを怠った。「裁判所は、家庭内暴力の事件において加害者の権利は被害者の生命

権と身体・精神の保全に対する権利に優越するものではあり得ないことを強調する（Fatma Yildrim v. Austria 事件および A.T. v. Hungary 事件に関する女性差別撤廃委員会決定）」（§147）。検察官や裁判官は法4320号（家族保護法）上の保護措置や接近禁止命令を命じることもできたはずであるのに、事情聴取をしたのみであった（§148）。よって相当の注意（due diligence）を払ったとは言えず、生命権を保護する積極的義務を怠った（§149）。さらに、2条1項は殺人罪を処罰する効率的な司法制度があることを要請するが（Calvelli and Ciglio v. Italy〔GC〕, 17 January 2002）、事案はまだ破毀院に係属しており、6年以上もかかっているこの刑事手続は迅速とは言えない（§151）。刑事上・民事上の救済はいずれも非実効的であるので政府の抗弁を却下し（§152）、母の生命権に関して2条違反を認定する（§153）。

(3) 条約3条違反

管轄内の人に権利を保障する1条の義務は締約国に対し、私人によって行われるものを含め、管轄内の人が3条（拷問または非人道的もしくは品位を傷つける取扱いを受けない権利）に反する取扱いを受けないことを確保する措置を取ることを要求する（H.L.R. v. France, 29 April 1997）。とくに、子どもなど弱い立場にある人は、重大な身体保全の侵害に対し、実効的な抑止による国の保護を受ける権利がある（A. v. UK, 23 September 1998〔本書*44*〕）（§159）。申立人はそのような弱い立場にある人であり、また彼女が受けた暴力は3条の虐待にあたる（§160-161）。しかし本件では、加害者が申立人をナイフで7回も刺したのに対し罰金刑しか科されていないように、国の機関の対応は明らかに不十分であり、加害者に対し抑止効果をもつものではなかった（§169-170）。保釈後加害者が再び申立人の身体保全を脅かしているにもかかわらず措置を取っていないことも重大である（§173）。国内救済措置の非実効性に照らし、国内救済未完了の抗弁を却下し（§175）、また、身体保全の重大な侵害に対して実効的な保護措置を怠ったことにより3条違反を認定する（§176）。

(4) 条約2条・3条と合わせ読んだ14条違反

D.H. ほか対チェコ事件判決〔本書*80*〕で裁判所は差別に関する諸原則を示したが、女性差別の定義や範囲についてはこの分野の法文書や先例を参照しなければならない（§185）。女性差別撤廃委員会は、家庭内暴力を含む女性への暴力は女性差別の一形態であるとしており（§187）、国連人権委員会も、ジェンダーに基づく暴力と差別のつながりを明確に認めている（§188）。米州人権委員会も、女性に対する暴力は相当の注意をもって家庭内暴力を防止し申立を調査しない国の不作為による差別の一形態としている（§190）。

トルコには家庭内暴力からの保護を定めた法4320号があるが、申立を受けたときの警察の対応や司法の消極性を含め、適用に問題があることは政府も女性差別撤廃委員会での審議で認めている（§192）。申立人は、女性差別の状況を示す人権NGO（Diyarbakir 弁護士会およびアムネスティ・インターナショナル）報告書や統計を提出しているが、当事国はその内容を争っていない（§193）。当裁判所はこれらを検討した結果、Diyarbakir で最も多数の家庭内暴力が報告されておりその被害者はすべて女性であることを認める（§194）。それらの女性が法4320号により保護を求めようとしても警察は「家庭の問題」として介入しようとせず、裁判所も伝統や名誉を理由として刑を軽減する傾向にあることも窺える（§195-196）。申立人は、争われていない統計情報をもって、女性の被害状況、および一般的・差別的な司法の消極性が家庭内暴力の土壌を作っている事実を示した（§198）。

「トルコにおける一般的かつ差別的な司法の消極性が、意図的でないとはいえ主に女性に悪影響を与えていることを考慮し、裁判所は、申立人と母が受けた暴力はジェンダーに基づく暴力であり、女性差別の一形態であると考える」（§200）。申立人と母に法律の平等な保護を与える国内救済措置の非実効性に鑑み、国内救済未完了に関する抗弁を却下し（§201）、2条および3条と合わせ読んだ14条の違反があったと認定する（§202）。

(5) 公正な満足（41条）

当事国に対し、損害賠償3万ユーロおよび訴訟費用の支払いを命ずる。

【解　説】

(1) 本判決の意義・特徴

人権裁判所は1990年半ば以降、条約上最も基本的な権利と位置づけられている2条と3条の権利について、その保障のための国の積極的義務としての実効的な調査・処罰義務に関する判例を積み重ねてきた[1]。生命権が「法律によって保護される」と規定した条約2条は、それ自体、殺人を防止するために法規定を整備することを要求しているが、裁判所は、私人の犯罪行為によって生命が危険にさらされている個人を保護し権利侵害を防止する積極的義務について1998年のオスマン判決〔I *12*〕で初めて詳細に判示し、犯罪行為によって個人の生命が現実かつ急迫の危険にさらされていることを国の機関が知っていたか又は知っているべきであったにもかかわらず取るべき措置を怠った場合に国の条約違反が生じるとした。私人の行う虐待に対する不作為によって国の3条違反が生じることも認められてきた。その意味で、2条と3条に関する本件の違反認定は、こうした近年の判例法理の延長線上にあるが、裁判所は家庭内暴力の被害者の保護に関して、女性差別撤廃委員会の個人通報先例に言及して自らの判断を補強している。

他方で、本判決の画期的な点は、裁判所が、2条・3条と合わせ読んだ14条の違反も認定したことである。裁判所は、意図的に特定集団をターゲットとしてはいなくとも特定集団に不均衡に有害な効果をもたらす政策や措置は「間接差別」であり14条違反となることについて D.H. 判決〔本書*80*〕で敷衍しているが、主に女性に悪影響を与えている当事国の一般的な司法慣行をふまえればこの人権侵害は「ジェンダーに基づく暴力であり、女性差別の一形態である」という判示は、間接差別の法理を家庭内

暴力に対する法執行の怠慢に適用したものである。多くの国で深刻な家庭内暴力が発生しており、その被害者は（子どもの他に）圧倒的に女性であるという現実に照らせば、裁判所がジェンダー暴力に対する法執行の懈怠を14条違反と認定したことは大きな意義をもち、差別禁止という観点からも国に実効的な法的対応を求める重要な判示となっている。

(2) 主要論点の解説

(a) 私人等の非国家主体による人権侵害を防止する相当の注意義務

権利を管轄内の人に保障・確保する義務を締約国に課した人権条約上、非国家主体の行う人権侵害に国が相当の注意を払ってこれを防止する義務があるという法理は、1988年の米州人権裁判所ヴェラスケス・ロドリゲス事件判決で最初に体系的に判示された[2]。ヨーロッパ人権裁判所も1998年のオスマン事件判決以降、同様の法理を認めてきた。

女性に対する暴力の関連では、女性差別撤廃委員会は1992年の一般的勧告19「女性に対する暴力」でジェンダーに基づく暴力を女性差別の一形態と位置づけた上で[3]、「一般国際法上および具体的な人権条約上、国家は、相当の注意をもって権利侵害を防止し、又は暴力行為を調査、処罰しかつ賠償を提供することを怠ることによっても責任を負いうる」とした[4]。そして実際に、本件でも言及されているいくつかの個人通報事案で条約違反を認定している。人権裁判所は2008年のベヴァクア対ブルガリア事件で配偶者からの虐待について扱っているが、同事件ではもっぱら8条（家庭生活の尊重を受ける権利）の問題として処理し、8条に基づく積極的義務[5]の違反を認定していた[6]。これに対し本件では、事案がより深刻であり実際に申立人の母の死亡が発生していることから2条と3条について検討し、とくに2条に基づく相当の注意義務の不履行について詳細な判示に及んでいる。裁判所は、母の生命に対する現実かつ急迫の危険があることを国の機関は知っているべきであったこと、また当時の国内法の不備（この点で、女性への重大な暴力については検察官の職権による

B 拷問その他の非人道的処遇・強制労働からの自由〔3条・4条〕

公訴提起ができることを確保すべきとしたヨーロッパ評議会閣僚委員会勧告（2002）5[7]に言及している）を認めた上で、国の機関が相当の注意をもって行動したとは言えないとして2条違反を認定した。この判断は、生命の危険にかかわる深刻な家庭内暴力の事案をめぐって、女性差別撤廃委員会が取っている法解釈と平仄を合わせたものと言えよう（但し、同委員会は女性に対する平等な権利保護という女性差別撤廃条約2条・3条の一般的な義務から、人権裁判所は生命権という実体的権利（2条）の保障（1条）から導いている）。

なお、2011年5月11日、ヨーロッパ評議会は「女性に対する暴力および家庭内暴力の防止および根絶に関する条約（Council of Europe Convention on preventing and combating violence against women and domestic violence, 略称、イスタンブール条約）」を採択した（2014年8月1日発効）。本条約は、国連の女性差別撤廃条約およびヨーロッパ人権裁判所の判例法を基礎として、家庭内暴力を含む女性に対する暴力を人権侵害として捉えている（3条）。また締約国は、暴力行為を防止、調査、処罰および補償するために相当の注意を払うべきこととされ、そのため必要な立法等の措置をとる義務を負っている（5条）[8]。

(b) ジェンダーに基づく暴力と間接差別

人権裁判所は近年、法制度やその運用が事実上の不平等をもたらしている場合の「間接差別」について重要な判断を示しており、特定の集団に対して不均衡に有害な効果をもつ政策や措置は、当該集団に特に向けられたものでないとしても差別とみなされうるとしてきた[9]。D.H.判決では、それらの判例も引用しつつ、間接差別が主張される事案における立証責任の転換について「申立人が、争われていない公的統計に基づいて、特定の規則が、中立的な形で述べられていたとしても事実上、男性よりも明らかに高い割合の女性に影響していることを一見して示すものが存在する場合には、それが性を理由とする差別とは関連のない客観的な要素の結果であることを示す責任は当事国政府にある」としていた[10]。本件では、申立人が、争われていない統計情報をもっ

て、女性の被害の実態および司法の消極性を示した
ことをふまえ、二人が受けた暴力は「ジェンダーに
基づく暴力」として2条・3条の権利享受における
14条違反を構成すると判断した。本件ではこのよ
うに、国内法の適切な執行における怠慢が女性に明
白な悪影響をもたらしていることを示す統計資料の
存在が間接差別の立証につながった。

(3) 当事国の対応

　個別措置として、トルコは申立人に賠償を支払っ
た。一般的措置としては、内務省と女性・子ども・
家族担当省との取り決めにより警察組織の4万人が
家庭内暴力に関する訓練を受けたほか、「女性に対
する暴力の撲滅のための司法府の役割」と題する法
務省のプロジェクトにより336名の家庭裁判所判事
および検察官が訓練を受けた。また、配偶者に対す
る傷害の場合に被害者の告訴を要件としていた刑法
の規定が改正され、検察官の職権起訴が可能となっ
た。

(1) マッカン事件判決（McCann and others v. UK
［GC］, 27 September 1995, Series A, no.324〔I**27**〕)、
カヤ事件判決（Kaya v. Turkey, 19 February 1998,
Reports 1998-I）等。
(2) 「国家は、人権侵害を防止し、その管轄内で行われ
た侵害についての真剣な調査を行うために用いうる手
段を用い、責任者を認定し、適切な処罰を科し、かつ
被害者に十分な賠償を確保するために、合理的な措置
を取る法的義務を負う」（Inter-American Court of

Human Rights, Velàzquez Rodriguez v. Honduras
Judgment of 29 July 1988 (Merits), at http://www1.
umn.edu/ humanrts/iachr/b_11_12d.htm, §172, 174)。
(3) General Recommendation 19, Violence against
Women, http://www.un.org/womenwatch/daw/
cedaw/recommendations/recomm.htm, para.1.
(4) *Ibid.*, §9.
(5) 8条に基づく積極的義務についてはマルクス判決
（Marckx v. Belgium［PC］, 13 June 1979, Series A,
no.31〔I**58**〕）を参照。
(6) Bevacqua and S. v. Bulgaria, 12 June 2008, §64-84.
(7) Recommendation Rec (2002) 5, 30 April 2002.
(8) 今井雅子「欧州評議会『イスタンブール条約』」国
際女性29巻1号（2015年）84-88頁。
(9) Hugh Jordan v. UK, 4 May 2001, Reports 2001-III,
Hoogendijk v. the Netherlands, 6 January 2005.
(10) D.H and others v. Czech Republic［GC］, 13 No-
vember 2007, §180〔本書**80**〕。

［参考文献］

[1] 中井伊都子「私人の行為と国家の義務（1）国家の
積極的義務の性質と範囲──オスマン判決」『ヨーロッ
パ人権裁判所の判例』（信山社、2008年）115頁。
[2] L. Hasselbacher, "State Obligations Regarding
Dometic Violence: The European Court of Human
Rights, Due Diligence, and International Legal Mini-
mums of Protection", *Northwestern University Jour-
nal of International Human Rights*, vol.8, 2010, p.190.
[3] T. Abdel-Monem, "*Opuz v. Turkey*: Europe's
Landmark Judgment on Violence against Women",
http://www.wcl.american.edu/hrbrief/17/1monem.
pdf.
[4] 申惠丰『国際人権法──国際基準のダイナミズムと
国内法との協調（第2版）』（信山社、2016年）。

39 未決拘禁の審査手続
対審的司法審査における十分な理由提示、重要証拠へのアクセス、および定期的審査の保障
—スヴィプスタ判決—

葛野 尋之

Svipsta v. Latvia
9 March 2006, Reports 2006-Ⅲ

【事　実】

申立人（Astrida Svipsta 夫人、ラトビア国籍）は、2000年2月17日に殺害された国家民営化機構の部長の殺害を首謀者として計画したとの被疑事実について、同年6月1日、逮捕された。逮捕前からの申立人および共犯者の取調べ、申立人の自宅および事務所の捜索による大量の文書の差押えなどの捜査の結果、申立人は正式に捜査対象とされ、2000年6月2日、Riga市Kurzeme区裁判所の決定により勾留に付された。

その後、同区裁判所は、申立人の勾留を6回にわたり延長した。申立人は、この延長決定に対して不服申立を行ったものの、すべて却下された。同区裁判所が勾留延長の決定について付した理由は、犯罪事実の重大性であり、決定のうちいくつかにおいては、これに加え、申立人が再犯におよび、または司法手続から免れるために逃亡する危険性があることがあげられた。2001年5月11日、検察官は捜査を完了し、事件ファイルに編綴した文書の写しを申立人に対して送付していた。同月14日、申立人はそれらの検討を開始したが、事件ファイルは16冊に及んだ。

2001年5月18日、申立人についての最後の勾留延長が満期を迎えた。しかし、ラトビア刑事訴訟法77条5項に基づき、申立人は刑事施設への収容を継続された。同規定は、「捜査が完了したときは、法定の勾留期間が満期となる前に、事件ファイルに編綴した文書を被告発者およびその弁護人に直ちに送付し、その内容を検討する機会を与えなければならない。被告発者が事件ファイルの文書を検討するために使った時間は、勾留期間から除外しなければ

ならない」と定めていた。同年10月11日、Riga地方裁判所は、申立人を公判手続に付し、公判継続中、勾留することを決定した。

2002年9月13日、申立人は、殺害の意図が証明されていないとして、故殺罪について有罪とされ、12年の拘禁刑を言い渡された。申立人が控訴したところ、最高裁判所刑事部は、2003年9月11日、故殺罪についての有罪を維持したうえで、刑期を10年とした。最高裁判所大法廷は、2004年2月6日、申立人の上告を棄却した。

申立人は、拘禁期間が合理的期間を超過しており、未決拘禁について実効的な司法の審査を受けることがなかった点において、ヨーロッパ人権条約（以下、「条約」）5条1項・3項・4項の保障する権利が侵害され、また、自己の刑事手続が過度に長期に及んだ点において、合理的期間内に公正な裁判を受ける権利（条約6条1項）が侵害されたと主張して、ヨーロッパ人権裁判所（以下、「人権裁判所」）に救済申立を行った。

人権裁判所は、おおむね以下のように判示し、条約5条1項・3項・4項の権利の侵害を認める一方、条約6条1項の権利侵害については否定した（全員一致）。

【判　旨】

(1) 理由の不十分性（§130-134）

第一審判決までの申立人の未決拘禁は、2年3月13日に及んでいた。当裁判所は、申立人の勾留を決定し、それを延長する決定に付された理由は、あまりに簡略かつ抽象的なものでしかなかったと認める。それは、決定に付された理由が、犯罪の重大性、

組織的に計画・実行されたこと、法定の判断基準を
あげるにとどまり、予め印字された書式のなかに一
部だけをわずかに書き込むという仕方で示されてお
り、あるいは先行の決定から後続の決定へと、いく
ぶん詳細になっていったとはいえ、同じ根拠を同じ
言葉遣いにより繰り返して用いていたからである。
このような理由の提示では、申立人の勾留の継続を
正当化するためには不十分である。したがって、当
裁判所は、このことが条約5条4項違反を構成する
と判示する。

(2) 弁護人の事件ファイル閲覧・検討の不許可 (§135-139)

本件において、申立人の弁護人は、検察官に対し
て、事件ファイル中の資料を閲覧させ検討させるよ
う再三申し入れたものの、検察官はこの申出を拒否
し、さらに弁護人から裁定を申し立てられた裁判所
も、検察官に対して、閲覧・検討させるよう命じる
ことはなかった。その結果、弁護人は、2001年1
月に至るまで5月以上にもわたり、事件ファイルの
中の資料を閲覧・検討することができなかった。

「当裁判所は、犯罪捜査が効率的に遂行される必
要があり、そのことは被疑者が罪証を隠滅し、司法
過程を妨害することを防止するために、捜査段階で
収集された情報の一部について秘密性が保持されな
ければならないことを含意していると認める。しか
し、この正当な目的も、被告人の権利を実質的に犠
牲にしてまでは、追求することができない。それゆ
え、ある者の拘禁の合法性を判断するために不可欠
な情報は、いかなる場合でも、その者の弁護人に対
して、適切な方法により開示されなければならない」。

本件において、申立人の弁護人は、事件ファイル
中の共犯者の供述調書、さまざまな証人の供述調書、
物的証拠、専門家報告書、国際司法協力によって獲
得された情報など、検察官が勾留の延長を請求する
にあたり長々と引用していた、それゆえ弁護人の立
場からすれば申立人の拘禁の合法性を実効性に争う
ためには閲覧・検討することが必要とされる証拠を
閲覧・検討することができなかったのであるから、
申立人の未決拘禁の審査手続は、公正な司法手続に
内在しているべき武器対等という基本的要請を満た
してはいなかった。ゆえに、当裁判所は、同条約5

条4項違反があったと判示する。

(3) 公判段階での十分な救済手段の不存在 (§141-143)

ラトビア刑事訴訟法のもとでは、公判段階になる
と勾留延長の期間制限はなくなり、原則として、実
体判決が宣告されるまで継続することになっている。
同法において、公判段階では、勾留の合法性を定期
的に審査する手続は存在しなかった。当裁判所の判
例によれば、最初の勾留決定が裁判所によってなさ
れた場合であっても、勾留の合法性についての司法
的審査が合理的期間ごとになされなければならない
のであって、それが条約5条4項の要請するところ
である。このことは、公判段階にも等しく妥当する。
本件において裁判官が申立人の釈放について検討し
ていたことはたしかであるが、これは運用上の配慮
でしかなく、明確な法制度としての審査ではなかっ
た。それゆえ、当裁判所は、2001年10月11日以降、
申立人は勾留の審査を受けるための十分な救済手段
を与えられていなかったのであって、この点におい
て、条約5条4項違反があったと認める。

【解　説】

(1) 未決拘禁の定期的な司法的審査と十分な理由

本判決が判断を示した法的問題は多岐にわたる[1]。
最も重要なものは、条約5条4項適合性をめぐって、
未決拘禁の審査手続のあり方である。以下、この点
に焦点を合わせて解説する。条約5条4項による審
査手続は、アングロ・サクソン法の人身保護令状制
度に由来するものとされるが、ヨーロッパ人権裁判
所の諸判例により、同規定のもとでは、次のような
要請があるとされている[2]。

逮捕または勾留された者は、条約5条1項にいう
「合法性」にとって本質的な実体的・手続的要件に
ついて審査を受ける権利を有する (Brogan and others
v. UK, 29 November 1988, Series A no. 145-B)。この審査
は、合法性に欠けると判断した場合には拘禁の終了
を命じることのできるような迅速な司法的決定につ
ながりうるものでなければならない (Baranowski v.
Poland, 28 March 2000 Reports 2000-III))。合理的期間ご
との審査が要求され、また、用意された救済手段は、

十分な利用可能性と迅速性・効率性とを備えていなければならない（E. v. Norway, 29 August 1990, Series A no. 181-A）。本判決は、本件において定期的審査が保障されてなかった点をあげ、条約5条4項違反を認めた。

条約5条4項のもとで、条約締約国は、未決拘禁の決定について、被拘禁者からの釈放請求を審査するための不服申立制度を用意することを義務づけられるわけではないが、このような審査制度を用意した場合には、第一審裁判所の実体判決に対する上訴の場合と原則として同じ手続保障を与えなければならない（Reinprecht v. Austria, 15 November 2005, Reports 2005-XII）。同規定により要求される手続保障は、条約6条1項により民事・刑事の訴訟手続について要求される手続保障をすべて含んでいる必要はない。しかし、条約5条4項による審査手続は、「司法的性格」を有していなければならず、人身の自由の剥奪を正当化するのに相応しい十分な手続保障を備えていなければならない（D.N. v. Switzerland [GC], 29 March 2001, Reports 2001-III）。そのためには、審査手続が手続固有の性格として、独立・公平な裁判官・裁判所による司法手続であることが重要な意味を有している。それゆえ結果的には、審査手続は、条約6条1項により要求される「公正な裁判」の要請を、可能な限り満たすものでなければならない（Lietzow v. Germany, 13 February 2001, Reports 2001-I）。

未決拘禁を決定または延長する判断は、それが裁判官・裁判所による合法性判断の機会である限り、条約5条4項が要求する審査手続としての性格を有する（De Jong, Baljet and Van den Brink v. the Netherlands, 22 May 1984, Series A no. 77）。それゆえ、条約5条4項の要請する手続保障が求められることとなる。審査の結論には十分な理由が付されなければならない。個別事件の具体的事実に即して、未決拘禁の合法性を基礎づける根拠が、当初の決定のみならず、延長決定ごとに付されなければならない。十分な理由が付されなければ、審査の公正さが担保されず、同規定が要求する「司法的手続」の実質が欠けることになるからである（Reinprecht v. Austria, *op. cit.*）。本判決は、勾留の決定およびその延長決定に十分な理由が付されていなかったことを認め、この点において条約5条4項違反があると判示した。

(2) 裁判官による対審的審問と武器対等性を確保するための証拠開示

司法的審査を要求する条約5条4項から当然に導かれる手続保障としては、第1に、審査手続においては、裁判官・裁判所による実効性のある審問を受ける権利が保障される。裁判官は、被拘禁者が不服申立において主張した事実のうち、同規定にいう自由剥奪の合法性にとって本質的な条件の存在に疑いを生じさせるような具体的事実については、検討することを義務づけられる（Nikolova v. Bulgaria [GC], 25 March 1999, Reports 1999-II）。

第2に、条約5条4項により保障される審問は、対審的な（adversarial）ものでなければならない。すなわち、対審的審問においては、弁護人の援助が保障され、弁護人は、検察官とともに審問に立ち会い、口頭または文書により意見を述べ、必要な主張・立証を行うこととなる。また、適切な場合には、証人の召喚を求め、尋問することが認められる（Hussain v. UK, 21 February 1996, Singh v. UK, 21 February 1996, Reports 1996-I）。

第3に、審査手続においては、両当事者間、すなわち被拘禁者と検察官とのあいだに武器対等性が確保されなければならない（Nikolova v. Bulgaria [GC], *op. cit.*）。そのためには、捜査ファイル中の重要証拠にアクセスする権利が保障されなければならない。すなわち、検察官が捜査ファイルに含まれる資料に基づき提示した主張ないし意見を実効的に争うことができるためには、原則として、被拘禁者の弁護人がそれらの証拠を閲覧・検討することを認められなければならない。弁護人の証拠へのアクセスが認められなければ、拘禁の必要性についても、拘禁を基礎づける嫌疑についても、十分な審査を受けたとすることはできない（Lamy v. Belgium, 30 March 1989, Series A no. 151）。弁護人は、未決拘禁の根拠とされた重要証拠を閲覧・検討したうえで、それについて意見を述べる現実的機会を保障されなければならないのである。本判決は、申立人の弁護人が重要証拠にアクセスできなかったことを指摘し、この点において条約5条4項違反があるとした。

(3) 日本の勾留審査手続の問題点

　未決拘禁の審査手続についての条約5条4項の要請と対比したとき、日本の審査手続における手続保障には重大な問題があるといわざるをえない[3]。日本の場合、裁判官・裁判所による判断であるから、勾留の裁判への抗告・準抗告に対する裁判のほか、当初の勾留の裁判、勾留取消請求を受けての裁判、勾留理由開示、保釈の裁判、保釈の裁判への抗告に対する裁判が、5条4項規定にいう未決拘禁の審査に当たる。

　第1に、審査の適正さを担保する十分な理由が付されないことである。勾留状においては、刑訴法60条1項各号該当性が示されるだけであり、個別事件の具体的事実に即して、理由・必要性が示されることはない。勾留理由開示においてさえ、とくに起訴前の捜査段階であれば、裁判官は具体的な理由・必要を示すことがないのが通例である。準抗告・抗告に対する裁判については、具体的理由が付されるものの、ヨーロッパ人権裁判所が要求する水準に達しているかどうかは疑わしい。最近の最高裁決定は、勾留の必要を根拠づける罪証隠滅の現実的可能性を具体的に示すことを求めている[4]。

　第2に、対審的審問が行われていない。勾留状を発付するためには、裁判官の直接審問たる勾留質問（刑訴61条・207条1項）が要求されているものの、実務上、弁護人の立会が認められることはない。勾留理由開示の請求に対する裁判を除き、他の裁判は書面審査によることが通常であり、事実の取調べ（刑訴43条3項）として、裁判所・裁判官の審問が行われることはきわめて稀である。

　第3に、弁護人に対して、とくに捜査段階において、必要な証拠開示がなされていない。そのため、弁護人は、未決拘禁の適法性を根拠づける重要証拠を十分に閲覧・検討することができないために、実効的に争うことができない。

　これらの点において、日本の審査手続は、条約5条4項のもとで要求される司法的審査の実質を欠いているといわざるをえない。審査の適正さを担保する十分な理由の提示、裁判手続の対審化と弁護人の立会、未決拘禁の合法性を実効的に争うための重要証拠の開示は、条約5条4項とほとんど同じ文言により規定されている自由権規約9条4項によっても要求されているというべきであろう[5]。

(1) European Court of Human Rights, Information Note on the Court's Case-Law No. 84, March 2006, Svipsta v. Latvia - 66820/01, Judgment 9.3.2006 [Section III] によれば、(1) 条約5条1項適合性について、本判決は、2000年6月1日の逮捕時点から2001年5月18日に勾留延長が満期を迎えるまでの申立人の未決拘禁および2011年10月11日に裁判官が申立人の起訴後の勾留を決定したときから2002年9月13日に申立人の有罪判決が言い渡されるまでの未決拘禁は、条約5条1項に違反するものではないとする一方、2001年5月18日から同年10月11日までの申立人の未決拘禁は、条約5条1項に違反すると判示した。本判決によれば、同期間において申立人はいかなる司法判断によることもなく、ラトビア刑事訴訟法77条に基づいて刑事施設に収容されていたものであって、同規定は条約5条1項における「合法性」の要請を満たしておらず、実際のところ、申立人の未決拘禁の自動延長は、ラトビア当局のとる確立した実務によるものであって、その実務は具体的な法的根拠を有しておらず、刑事訴訟法のなかに適切な規定が欠けていることを運用によって補完しようという明確な意図のもとにとられていたものである。本判決は、そのような実務は、法的確実性および恣意的取扱いからの保護という原則に反するものであり、したがって条約5条1項に違反すると判示したのである。(2) 条約5条3項適合性について、本判決は、条約5条4項違反についての判示と同様に、延長決定には十分な理由が付されていなかったとして、条約5条3項に違反すると判示した。(3) 条約6条1項適合性について、本判決は、本件手続は、期間において3年8月以上に及んだものの、本件の諸事情を考慮したとき、この期間は過度に長期に及ぶものとはいえず、「合理的期間」の要請を満たしているものと認め、条約6条1項に違反することはないと判示した。

(2) David Harris et al., Law of the European Convention on Human Rights 182-(2nd ed., 2009); Karen Reid, A Practitioner's Gide to the European Convention on Human Rights 723-(4th ed., 2011); Christoph Grabenwarter, European Convention on Human Rights 92-(2014) 参照。また、葛野尋之『未決拘禁法と人権』（現代人文社、2012年）43頁以下参照。

(3) 葛野・前掲注(2)52頁以下参照。

(4) 最決平26・11・17裁時1616号17頁、最決平26・11・18刑集68巻9号1020頁。これらについて、葛野尋之『刑事司法改革と刑事弁護』（現代人文社、2016年）168頁以下参照。

(5) 葛野・前掲注(2)63頁。

40 事後的保安監置の可否

服役後有罪とされた犯罪事実に基づき、監置の継続を決定する制度は条約5条に違反する

――ハイドゥン判決――

髙山佳奈子

Haidn v. Germany

13 January 2011

【事　実】

1934年生まれの申立人は、1980年頃から、交際中の女性の娘らを性的に虐待し、1982年夏以降、15歳の姉を暴行により姦淫した。また、1986年に12歳であった妹に対し2回の強制性交を行ったとして、1999年にパッサウ地方裁判所で3年6月の自由刑を言い渡され、その際、限定責任能力により刑を減軽された。この刑事手続が開始される中で、姉に対する姦淫の訴追は打ち切られた。申立人には、1994年に9歳女児の性的虐待により8月の執行猶予付き自由刑の前歴があったが、判決時の法律ではこれだけでは保安監置の要件を満たさなかった。精神医療施設への収容歴もなかった。

申立人は2002年4月13日に服役を終える予定だったが、2002年1月1日施行の危険な犯罪者の収容に関するバイエルン州法によってさらに拘禁される可能性がある旨を、同年1月28日に告知された。州の保健局は申立人の精神医療施設への収容を進言しなかったため、同年4月10日に、州の行刑裁判所（刑事制裁の執行について判断する）となるバイロイト地方裁判所は、申立人に不定期の拘禁を言い渡した。バンベルク上級地方裁判所への異議申立が斥けられた申立人は、州に立法管轄がないことと、本件処分が罪刑法定主義と人間の尊厳に反することを主張してドイツ連邦憲法裁判所に憲法異議の訴えを提起した。

連邦憲法裁判所は2004年2月10日に、州は立法管轄を欠くとして[1]、申立人および同様の事件による他の申立人らの主張を一部認めた[2]。事後的保安監置の処分は、刑法典に規定される保安監置と同様の性質の刑事制裁だから連邦にしか立法管轄がない。さらに、不定期で無期限に更新可能な拘禁処分は基本法（憲法）2条2項の保障する人身の自由への制約であるから、対象者の危険性が、処罰対象となった犯行から独立して根拠づけられない限り、比例原則に違反するとされた。議会は同年9月末までの経過期間中にこの危険性に着目した立法をすべきだとされたので、2004年7月23日の事後的保安監置法[3]により刑法が改正され、同29日に施行された。だが、連邦憲法裁判所の8人中3人の裁判官は、経過措置を設けずに対象者らを釈放すべきだとする反対意見を述べており、申立人はこれを援用してヨーロッパ人権裁判所（以下、人権裁判所）に提訴した。

新設された刑法66b条1項に基づき、パッサウ地方裁判所は2005年6月10日に、申立人に対する保安監置と精神医療施設での執行とを命じた。しかし、今度はその上級審の連邦通常裁判所が2006年3月23日これを破棄して事件を地裁に差し戻した。

もっとも実は、問題の事後的保安監置について、バイロイト行刑裁判所は2003年12月16日に申立人の仮釈放を認め、1年間の保護観察期間を設けて高齢者福祉施設への居住および外出禁止を指示していた。ところが、申立人は、同施設に居住する認知症女性らに対して性的攻撃を行い、同意能力なき者の性的虐待の罪で、2007年6月14日にホーフ地方裁判所によって刑法63条の精神医療施設への収容を命じられた。この処分の要件は2003年以降の事実のみによって充足されるため、結局申立人は釈放を得られなくなり、パッサウ地裁の命令については手続が打ち切られた。

「法律なくして刑罰なし」に関するヨーロッパ人

権条約（以下、条約という）7条1項は、「何人も、実行の時に国内法または国際法により犯罪を構成しなかった作為または不作為を理由として有罪とされることはない。何人も、犯罪が行われた時に適用されていた刑罰よりも重い刑罰を科されない。」とする。事後的保安監置では後段が問題となる。すでに、1998年の刑法改正による保安監置の初回上限（10年）撤廃の遡及適用が争われたM. v. Germany事件において、人権裁判所は2009年に、同項にいう「刑罰」（penalty）とは、名称によらず実質的に解釈されるとし、ドイツの保安監置はこれに含まれるためその遡及適用は同条に反するとしていた[4]。ドイツの連邦憲法裁判所は、刑罰ではない保安処分には事後法の禁止が及ばないとしていたのだが、これが人権裁判所により否定された。M事件はもともと保安監置下にあった申立人に関するものであった。そうすると、もし本件の事後的保安監置も制裁の事後的加重であるなら、7条違反がさらに明白である。そこで、本件では、制裁の加重としてではなく別の根拠によって自由剥奪が正当化されるかが争われた。

申立人は、州法による処分が、「自由および安全に対する権利」に関する条約5条1項の保障する人身の自由と法定手続の保障に違反するとともに、「何人も、拷問または非人道的なもしくは品位を傷つける取扱いもしくは刑罰を受けない。」とする同3条にも違反するとした。これに対し、国側は、本件事後的保安監置が条約5条1項(a)「権限のある裁判所による有罪判決の後の人の合法的な拘禁」、(c)「犯罪の実行を防ぐために必要であると合理的に考えられる場合」、(e)「精神異常者の合法的な拘禁」にいう自由剥奪のいずれの要件をも満たしており、3条違反もないと反論した。

人権裁判所は全員一致で、申立を一部認容して条約5条1項違反を認め、3条違反は認めなかった（個別意見なし）。

【判　旨】

ドイツ法の事後的保安監置は条約5条1項の要件のいずれをも満たさず、同条に反する。ただし、本件保安監置の状況は、3条の禁止する非人道的な取扱いには該当しない。

(1) 条約5条1項違反の主張について

(a) 総　論

条約5条1項の自由剥奪事由は限定列挙である。(a)では、「罪」と「刑」の双方が事前に法律により定められている必要がある。単に処分が有罪判断より時間的に後であれば足りるのではなく、当該有罪判断を根拠として科されることとなっていた必要がある。(c)が定める犯罪遂行の防止は、犯罪が単数形であることが示すように、犯罪一般ではなく具体的な特定の犯罪行為であり、それがまさに行われることの防止を意味する。(e)には精神障害が必要であり、それは自由剥奪に足る程度に重大でなければならない。自由剥奪はその障害が継続する限りで認められ、医療施設に収容するのでなければならない。「合法的な」という要件が求める法定手続は、法律の条文があるだけでは足りず、明確性の原則も含み、恣意的であってはならない（§75-80）。

(b) 有罪判決に基づく拘禁（5条1項(a)）

国側は、バイロイト行刑裁判所の判断は以前の有罪判決を決定的理由とし、その有罪判決による刑の執行中に保安監置を命じたものである以上、(a)の要件たる有罪判決と制裁との間の因果関係を満たすと主張する。連邦憲法裁判所も、保安監置命令の主たる理由は過去に有罪とされた犯行だとしている。しかし、5条1項は厳格に解釈されなければならず、恣意を許してはならない。過去の有罪判決を理由とする事後的保安監置は、当該有罪判決の時点では不可能だった以上、単に保安監置命令が過去の有罪判断に言及するだけで(a)の因果関係の要件を満たしたことにはならない。当初のパッサウ地裁判決には予防目的の拘禁の命令が含まれておらず、裁判所はそもそも申立人の危険性を判断する立場になかったからである（§86-88）。

(c) 犯罪防止のための拘禁（5条1項(c)）

対象者の身柄を拘束しなければ性犯罪の行われる危険がある場合に、裁判所が予防目的で不定期の拘禁を命じること自体は、(c)の条件を満たしうる。しかし、(c)に関する判例法上、防止が必要とされている犯罪は、その予想される時、場所、被害者に

おいて十分に具体的で特定されていなければならない。また、5条3項は、(c)による拘禁が速やかに司法判断を受ける必要を定めており、本件はこれを満たしていない（§89-90）。

(d) 精神障害による拘禁（5条1項(e)）

(e)については、真正の精神障害を要するとするのが当裁判所の確定判例である。確かに、バイロイト行刑裁判所は、申立人にパーソナリティ障害があるとした。しかし、ドイツ法上、保安監置と精神医療施設への収容とは別の制度である。現に申立人は、保健局が精神医療施設への収容を求めなかったために通常の保安拘禁として本件事後的保安監置を受けており、(e)に相当する精神の障害は認定されていない。行刑裁判所は危険性については判断したが、当時、精神の障害について判断すべき立場にはなかった。

さらに、(e)は医療施設で実施される必要があるとするのが当裁判所の判例であるが、申立人は新たな性犯罪で2004年7月28日に収容されるまでは、精神医療施設に収容されていない。ドイツ法でも、精神の障害を理由とする収容は医療施設で行われなければならず、本件申立人の監置は精神障害に基づくものとはいえない（§91-95）。

(e) 法定手続の保障

さらに、経過措置による拘禁の継続が恣意的だとも主張されているが、本件は5条1項のいずれの実体要件も満たさないので、この点には立ち入らない（§96）。

(2) 条約3条違反の主張について

申立人は、本件保安監置が「非人道的なもしくは品位を傷つける取扱い」にあたると主張する。これに対し国は、本件措置が品位を傷つけることを意図せず、危険性に対処するにすぎないものであって、不定期の処分でも危険性がなくなれば社会復帰は可能であり、また、拘禁状況が非人道的だったわけではないという。

当裁判所としては、3条違反はなかったと認める。3条は諸般の要素を考慮して判断される。確かに、高齢者の長期拘禁がこれに該当する場合はありうる。恣意的な刑罰や極端に重い刑罰、保安処分もその点

は同様である。本件保安監置を受けた時点で申立人は67歳で一定の心身の障害を有したが、それ以外に特段の事情はなく、拘禁状態自体には問題がなかった。恣意的なあるいは品位を傷つける取扱いがあったとはいえず、実際本件では仮釈放が認められている（§98-113）。

【解　説】

(1) 判例の意義・特徴

犯罪行為をなした者に対する刑罰以外の刑事制裁として、日本では「心神喪失等の状態で重大な他害行為を行った者の医療及び観察等に関する法律」が強制医療処分を設けるにすぎないが、刑罰と保安処分とを併存させる「二元主義」の国も相当数に上る。ドイツ刑法は、「行為者の責任が量刑の基礎である」（46条1項）として刑罰を「責任」に対応させる一方で、保安処分は行為者の「危険性」との関係で比例原則に従えば足りるとしてきた（62条）。後者は日本の医療処分とは異なり、完全責任能力のある場合にも課されうる。

しかし、このうち「保安監置」（保安拘禁）は自由刑に類似し[5]、比例原則を満たすだけで用いうるのかが問題となる。先出のM事件では、条約7条との関係でドイツの保安拘禁が「刑罰」に該当し、事後的な加重を禁止されるとされた。では、「事後的な加重」ではない形での保安拘禁ならば、条約5条1項によって認められるのか。

本件で裁判所は、自由剥奪が条約5条1項に列挙された要件を満たす場合にのみ許容されるとの前提で、本件事後的保安監置が同項(a)「権限のある裁判所による有罪判決の後の人の合法的な拘禁」、(c)「犯罪を行ったと疑う合理的な理由がある場合または犯罪の実行もしくは犯罪の実行後の逃亡を防ぐために必要であると合理的に考えられる場合に、権限ある司法機関に連れて行くために行う合法的な逮捕または拘禁」、(e)「伝染病の蔓延を防止するための人の合法的な拘禁または精神異常者、アルコール中毒者もしくは麻薬中毒者または浮浪者の合法的な拘禁」のいずれにも該当しないとした。

このうち(c)と(e)は、日本の刑事訴訟法上の現行

犯逮捕・緊急逮捕および刑法上の正当防衛・第三者救助、「精神保健及び精神障害者福祉に関する法律」23条以下の「精神障害のために自身を傷つけ又は他人に害を及ぼすおそれがあると認められる者」の措置入院、「感染症の予防及び感染症の患者に対する医療に関する法律」19条3項の緊急入院などに相当する処分で、差し迫った緊急状況に対処する制度である。本件では、(c)について、申立人が直ちに特定の犯罪を行う状況ではなかった上に司法機関への引致（5条3項）もないからこれに該当しないとされた。(e)についても、精神障害を理由とする法定手続がとられていないとされた。

最も問題となったのは(a)であるが、条約の文言は「有罪判決後の(after)拘禁」であり、有罪判決と拘禁との具体的な関係を示していない。本判決は、「後の」について、先の有罪判断が後から考慮要素とされただけでは足りず、当該有罪判決自体が拘禁に向けられた判断だったことを要するとした。つまり、7条が直接的に定める「事後法の禁止」が、その重要部分において5条1項(a)にも妥当する。すでにM事件は、この「有罪判決」が、犯罪事実の認定のみでなく制裁をも含んだものであるとし、また、5条1項各号の「合法性」要件が示す法定手続の保障は、恣意的な処分を禁止するとしていた。

(2) 現在までの経過

もっとも、7条の禁止する事後的な制裁の加重とは異なり、すでに言い渡された制裁の具体的執行方法の変更や、新たな理由に基づく拘禁は、なお5条の下で許容されうる。そこでドイツの連邦議会は、危険性が継続する者を「野放し」にはできないとして、5条1項(e)による事後的保安監置の基礎付けを模索した。まずM事件を受けて2010年12月22日に、医療的側面を重視した拘禁に根拠を与える「精神障害のある暴力的犯罪者の治療および拘禁に関する法律」を制定した[6]。しかし、人権裁判所の本件判断をふまえた憲法異議の訴えが提起され、連邦憲法裁判所は2011年5月4日に再び、経過措置を設ける形で違憲判断を下した[7]。また、同裁判所は同年9月の決定で、事後的保安監置法は条約5条1項(e)の要件を満たす内容にしなければならない

とした[8]。そこで連邦議会は、その内容を具体化する法律[9]を2012年12月5日に制定して刑法に66c条を新設し、保安監置の執行を刑罰と十分に異なる内容にすることとした。同法は2013年6月1日から施行され、連邦憲法裁判所は2013年7月11日の決定で、処遇の内容が刑罰と十分に異なれば違憲でないとしている[10]。

その後のドイツの実務は基本的にこの新法に依拠してきたが、殺人罪などで1986年から2001年まで服役し2001年から事後的保安監置の適用と更新を受けてきた者が、2013年10月29日の連邦憲法裁判所決定で訴えを斥けられて人権裁判所への申立を行った。2016年1月に人権裁判所第5部は、当該事後的保安監置が条約7条にも5条にも違反しない場合にあたるとした[11]。M判決をふまえた立法に基づき重い精神障害の場合に医療施設への収容を命じた当該保安監置は、条約7条が禁止する「刑罰」の事後的賦課・加重には該当せず、5条1項(e)により根拠づけられ、法定手続にも合致するとしたのである。

さらに、2017年2月には、1999年に強姦殺人で10年の少年刑を科された後、新法による事後的保安監置を受けていた者の訴えを、人権裁判所第5部小法廷が棄却したが[12]、これに対する上訴が認められ、事件は2017年5月に大法廷に係属した。つまり現時点で、人権裁判所の判例上、事後的保安監置は条約5条1項(c)に基づいて認められうるが、その範囲は未決着である。

(3) 二元主義のジレンマ

ドイツでは、刑罰が「責任主義」、保安処分は「比例原則」により制約されるとされてきた。「事後法の禁止」は、法に従った意思決定ができたのに犯行に出たことへの非難可能性の前提をなすから、刑罰と結び付けて理解されやすい。逆に保安処分は、犯行時に自由な意思決定ができなかった場合にも課され、「事後法の禁止」が及ばないとも考えられる[13]。だが、行為者自身の意思決定とは別に、人権制約的な制度改正においては、一般的な予測可能性の保障も無視できない。ドイツでも、刑罰以外の不利益処分にも「信頼保護原則」が妥当するとされ、「事後法の禁止」の議論されている場面がある[14]。

今もドイツの保安監置は条約上不確定な地位にある。しかし、これは制度の性質上やむを得ない。条約5条1項(c)は正当防衛や現行犯逮捕などの緊急の場合であり、(e)は措置入院や感染症患者の強制入院などの医療処分である。保安監置は、危険性を要件としていても、定義上、犯罪行為をなした者に科す刑事制裁であるから、(e)の枠内への位置づけには困難がある。事後的保安監置の対象たりうる者がいなくなるまでにはなお年月を要し、人権裁判所大法廷の判断が待たれる。

M事件で人権裁判所は、刑罰と保安処分との各締約国での位置づけを論じた。それによれば、保安監置でも事後的な適用を禁止した国があり、また、刑罰が行為者の危険性への対処を含むことを正面から認める国もある。ドイツはいずれも採用しないため、立法上苦しい対応を迫られた。これは、そもそもドイツ型の二元主義を維持しうるかという問題でもある。刑罰の重さは同害報復で決まるのではなく、被害が同じでも故意犯と過失犯の刑は全く異なる。行為者の内面以外に区別基準はない。その相違が行為者の危険性ないし犯罪性の程度以外の何にあるのかは筆者には理解できない。ドイツ刑法は1998年に児童に対する性犯罪の一部に累犯加重を復活させている（176a条）。

(4) 日本法への示唆

二元主義を採用しない日本の実務は、累犯加重制度が示すように、行為者の犯罪性の高さが刑罰を左右する扱いになっている。しかし、心神喪失者等医療観察法も精神保健福祉法も、精神医療の対象となる者にしか処分を課せないから、極めて危険だが医療処分の要件を満たさない者（たとえば一種の確信犯）への対処は制度的に未解決である。

法の一般理論としては、優越利益と比例原則により一定のプライバシー制限が許容されうる。感染症に匹敵する明白な危険が現在すれば、対応する行政処分が正当化されよう。それより低い程度の危険に対しても、より小さな手段がないという意味で「補充性」を満たせば、拡大された保護観察的な制度の導入を検討しうる。現行法では、刑の一部執行猶予や仮釈放の場合でないと、出所後の保護観察ができ

ないが、起訴猶予や満期釈放の場合にも本人に知らせた上で担当者による継続的な「見張り」を実施することが考えられる。それは犯罪行為において示された行為者の犯罪性に対処する刑事制裁とは異なり、現に存在する危険性を根拠とする行政処分となる。

(5) 判決の執行

ヨーロッパ評議会閣僚委員会は2014年12月17日の決定で、本件およびM事件を含む計13件の判決内容が適正に執行されていると認めた[15]。

(1) BVerfGE 109, 190. 2006年の基本法改正までは、74条1項1号の連邦の立法権限が「刑法および行刑」を含んだが、これが「刑法」に改められていた。
(2) BVerfG NJW 2004, 750.
(3) BGBl I 2004, 1838.
(4) M. v. Germany, 17 December 2009, Reports 2009-VI: 2009 ＝ NJW 2010, 2495.
(5) 手続的権利の保障においても、「刑罰」が実質的に解釈される必要のあることは、多額の過料を行政罰として科しうるEUでも欧州司法裁判所の判例が認めている（[2001] ECR II-729, Mannesmannröhren-Werke v. Commission, Case T-112/98 など）。
(6) BGBl I 2010, 2300.
(7) BVerfGE 128, 326.
(8) BVerfG, Beschluss v. 15. September 2011（2 BvR 1516/11）.
(9) BGBl. I 2012, 2425.
(10) BVerfGE 134, 33.
(11) Bergmann v. Germany, 7 January 2016.
(12) Ilnseher v. Germany, 2 February 2017.
(13) BVerfG, Urteil v. 5. Februar 2004, NJW 2004, 739.
(14) Z. B. BVerfG, Beschluss v. 12. November 2015（1 BvR 2961/14）, NVwZ 2016, 300.
(15) Resolution CM/ResDH（2014）290.

[参考文献]
[1] 石塚伸一「ドイツにおける保安拘禁の近年の情況について」刑法雑誌53巻1号（2013年）34頁以下。
[2] 渡辺富久子「ドイツにおける保安監置をめぐる動向」外国の立法249号（2011年）51頁以下。
[3] 吉川真理「ドイツにおける保安拘禁の改正について」尚絅学院大学紀要51集（2005年）91頁以下。
[4] 宮澤浩一「事後的保安監置に関する新立法動向について」現代刑事法7巻1号（2005年）95頁以下。

[編集部注] 注(12)に引用の事件について、小法廷の判断を支持する大法廷判決が2018年12月8日にあった。この判決の評価については、別個の研究が必要である。

41 精神病施設への非自発的入院
精神科病院への非自発的入院に関する適正手続
── X対フィンランド判決 ──

X. v. Finland

田中　康代

3 July 2012, Reports 2012-IV

【事　実】

申立人X（1943年生、女性）は小児科の医師である。Xは、自らが被告人となった刑事事件での自己への精神鑑定と、その後の精神科病院への非自発的な入院と非自発的な治療によって人権侵害を受けたとして、2004年9月30日、ヨーロッパ人権裁判所（以下、人権裁判所）に申立を行った。

本件のXの刑事事件は、2000年12月、福祉施設に収容されていた少女V（1993年生）を母親が施設に戻さず、その後4ヶ月間Vの自由を剥奪したというものであり、Xは母親を手助けしたとして逮捕され、母親らとともに起訴された。なお、Xは1995年に、Vが父親から性的虐待を受けたとの疑いをもつ母親の依頼でVを診察し、性的虐待があったと診断した。

Xは、2001年4月に7日間逮捕・勾留されたが、その間の警察の措置に対して抗議し、裁判で争った。また、2002年4月18日、XはVの自由剥奪およびその幇助の罪で起訴されたが無罪を主張し、さらに裁判手続の違法や証人申請の却下を争い、強い抗議を続けた。このような経過を経て、地方裁判所は、2002年10月25日、XとVの母親に裁判手続法および精神保健法の規定に基づいて精神鑑定（psychiatric assessment）を受けることを命じた。その後Xは身を隠し、代理人を通じて抗議や異議申立てを行い、病院での精神鑑定に応じなかった。2004年10月12日、Xは再度逮捕され、法医療審査会[1]が指定する精神科施設へ収容を命じられた。11月11日にXは国立精神科病院に移された[2]。Xの精神鑑定は2ヶ月に及び、医師との10回の面接と心理学者との面談が行われた。しかし、脳検査等の特別検査はすべて拒否した。

2005年1月3日に、Xは妄想性障害に罹患しており、犯行時、責任無能力であったという法医療審査会に対して鑑定書が提出され、さらに、精神保健法所定の非自発的入院のための標準が満たされており、公判審理はできないとの見解が示された。Xが再鑑定を求めたので、別の医師による補足鑑定が行われた。2月4日付の鑑定書では、Xは刑事訴追にいたった出来事の前から精神病のレヴェルに達した妄想性障害に罹患しており、非自発的治療のための標準が充足されていること、通院治療では不充分である理由が述べられていた。即ち、妄想は司法上の問題に関係しており、回復には非自発的な精神科の治療が必要であること、そして医師として危険な治療を行って他人を危険に晒すだろうこと等である。結局、法医療審査会は精神保健法に基づいて、Xは犯行時には責任無能力であったという見解を提出した。

Xは2月17日に法医療審査会司法精神医学委員会に命じられて治療のために病院に収容された。非自発的入院に関するこの最初の決定について、Xは最高行政裁判所に上告したが、手続停止の理由なしとの認定後、強制的な薬物療法が続く中で、口頭弁論が開かれ、治療開始時点には標準を満たしていたとして上告が斥けられた。

Xは精神鑑定を受けた国立精神科病院で妄想性障害の非自発的治療を受けることになった。3月21日に薬物療法の開始についての話し合いで経口薬の服用を拒んだため、注射での強制的な薬物療法が開始された。Xはその後も経口薬の服用を拒否し続けた。薬物療法開始後も中核的な症状が残っていたので、6月に1回分の投与量が15倍に増加され、11月には元に戻された。7月22日に病識の欠如等から、精神保健法の規定に基づいて、病院の医師長がX

の非自発的な治療の継続を決定し、行政裁判所に報告した。この延長決定に関して、Xは行政裁判所に訴えたが、裁判所はXには自傷他害の危険はないとしながらも訴えを斥け、最高行政裁判所でもその決定が支持された。11月にはXは口頭で薬物療法に反対を示すだけになり、開放病棟への移動が決定し、血液検査に同意し、クリスマスには自宅で自ら注射するに至った。2006年1月9日に薬物療法の終了が決定された。20日に医師長が非自発的治療の継続を決定し、行政裁判所に提出した。これに対して、Xは同裁判所に不服を訴えたが、医師の決定が支持された。しかし、Xは1月27日に退院し、5月末には担当医が非自発的な治療を続ける理由はないと考えるに至り、6月22日に法医療審査会が治療の終了を決定した。

人権裁判所は、精神鑑定のための非自発的入院の受理可能性に関しては5条1項(b)および(e)の下で受理しないとしたが、非自発的治療のための入院に関しては5条1項(e)違反を認め、非自発的な薬物療法に関して8条違反を認めた。

【判　旨】

(1) 非自発的拘禁の5条違反の主張についての受理可能性

(a) 適用されるべき諸原則

5条1項にいう「合法」と「法律で定める手続に基づく」という文言の基礎をなす観念は、自由剥奪が適切な国家機関によって執行されるべきであり、恣意的なものであってはならないということである（§144）。1項(e)が求める合法性の要求は単に関連国内法の遵守だけではなく、法の支配の原則をはじめとしたヨーロッパ人権条約（以下、条約ともいう）で明示または黙示されている一般原則に国内法が従っていなければならない（§148）。1項(e)の下での精神異常に基づく合法な拘禁で充足されなければならない3つの最低条件を人権裁判所は述べてきた。第1に対象者が真に精神障害であることの客観的・医学的証明、第2に精神障害の程度が拘禁を必要とするものであること、第3にそうした精神障害が継続している場合にのみ引き続いての拘禁が許される、という条件である（§149）。こうした条件の充足については、国内当局による評価の余地が認められる

（§150）。しかし、より制限的でない手段が検討され、それが個人の利益または公益を守るために不十分であると認められた場合にのみ、拘禁は認められる（§151）。

(b) 上記諸原則の精神鑑定入院への適用

精神鑑定は地裁によって独立して行われた決定に基づいており、Xの責任能力を判断するためのもので、刑事手続の適切な遂行に必要なものであった。精神鑑定の期限については国内法に2ヶ月、合理的理由がある場合にさらに2ヶ月の延長が可能という規定があり、本件での精神鑑定のための入院は地方裁判所の命令に基づくものであり、その全期間は法医療審査会の監督下にあった（§156）。したがって、精神鑑定のための入院についての主張は、明白に根拠不十分であり、受理できない。

(2) 非自発的な治療のための入院に関して

この主張については、明白に根拠不十分とはいえず、本案レヴェルで審査する必要がある。

2月17日以降の非自発的入院は法医療審査会司法精神科委員会によって決定されており、精神鑑定の結果と鑑定医の勧告に基づいていた（§162）。この決定は法律専門職と医療従事者の双方を含む行政組織によって行われたことになる（§165）。これは国内法上の手続に従っており、国内裁判所は入院とその継続は合法であると認定した。5条の下では、個人の権利への恣意的な干渉に対する何らかの保護が提供されなければならない（§167）。自由剥奪が行政組織で決定された場合にはその合法性を裁判所で審査させる権利が当該個人にある（§168）。非自発的治療のための最初の入院は法の支配の観点から問題はないが、治療継続に関する恣意性に対する保障は充分なものではなかった。入院継続の決定は、入院中の病院の別の医師による所見を得た後に医師長が行っている。このシステムでは独立したセカンド・オピニオンを受ける可能性はない。セカンド・オピニオンは入院継続決定における恣意性に対する重要な保護手段である（§169）。入院継続の定期審査は国家機関によって開始されるが、患者から入院継続の当否の審査を要求することはできない。定期審査の主導権が国家機関のみにあるシステムは充分なものではないと認定されてきたが、非自発的入院のための命令により当該患者の強制治療が自動的に

認可される国ではさらに深刻で、患者は治療についても救済を直接に求めることができない（§170）。これらから国内法上の手続は、恣意性に関する充分な保障を提供しておらず、1項(e)の要求に従っていないので、最初の6か月以後の非自発的治療のための入院に関してXの権利は侵害されていた。

(3) 強制的な薬物療法に関して

この問題は8条の下で検討されるべきである。対象者の意思を無視した医療の介入は身体の不可侵に関する権利への介入である（§212）。2項に規定されるように「民主的社会に必要」でなければ8条違反である（§213）。本件では薬物療法の強制的な実施が8条1項の権利に介入することに争いはなく、2項の下で法律に基づくものか、正当な目的を追求しているか、民主的社会に必要なものと見なすことができるかを決定しなければならない。すなわち、国内法に根拠があり、対象者がそれを理解でき、法の支配と矛盾しないということが要求される（§215）。精神保健法では、精神病の治療に関して患者の意思に関係なく行われる治療の決定者はその患者の担当医であると規定しており、法律上の根拠がある（§216）。精神保健法が法の支配と矛盾しないためには、権利への恣意的な介入に対して国内法が個人に保護を与えていなければならない（§217）。精神保健法22b節の準備作業では非自発的入院のために発される命令により患者の治療が自動的に承認されると解されていた。病気のために治療について決定できない状態の患者が必要なケアを受ける憲法上の権利を確保するためにも患者が同意しない場合や事前の同意を撤回した場合に薬物療法を強制的に行うことを同条項が許可する（§218）。そして、精神保健法では担当医の決定は即時的な司法審査の対象ではない。Xは法医療審査会と法務大臣に不服申立を行ったが、いずれの機関も介入できず、議会オンブズマンも介入できなかった（§219）。強制的な薬物療法は身体の不可侵への重大な干渉であり、恣意性に対する適切な保護手段を保障する法律に基づかなければならないが、本件ではそのような保護手段を欠く（§220）。国内法に一般的な法的基礎があっても、充分な保護手段を欠いていては民主的社会での法の支配の下でXの権利が保護されているとはいえず、8条2項が要求する「法律に従った手続」であるとは認定できず、8条に違反する。

【解　説】

(1) 本判決の意義・特徴

本件は本人の意思に反して精神科施設に入院させる場合に関する判例である。本人の意思に反した精神科病院への入院が許容される場合の最低条件を再確認している。さらに、強制的な薬物療法が是認されるのはどのような場合かについての判断も示されている。

従来、触法精神障害者の精神科施設等への非自発的収容という場合、殺人や重傷害などの粗暴犯が対象とされてきた。しかし、本件のXは奇異に思われる行動はあるが、粗暴なものではなく、むしろ普段は上品な生活態度を示していたようである。その意味では物理的な他害の危険ではなく、医師として、誤診その他によって患者その他の他人の健康を危険に晒す可能性があることから非自発的なケアが必要であると国家機関は考えた。実際に、児童虐待が行われたと診断したために、父親が一時は訴追されており、冤罪を含む重大な問題を引き起こす可能性があった。その点ではまさに他人を危険に晒したわけであるが、日本の精神保健福祉法の措置入院の場合にあげられる「自傷他害のおそれ」とは少しニュアンスの異なった事案と言えよう。

(2) 非自発的入院の許容条件

本件では、刑事事件に伴う精神科病院での自由剥奪が問題になっている。入院を伴う精神鑑定が行われることになり、その結果、XはVの初診時までに妄想性障害に罹患していたことが明らかになった。Xにはその病識がなく、治療の必要性も認識していないという状態であったために、治療のための入院がXの意思に反して行われた。

このような自らの意思に反した精神科病院への入院の問題については1979年のウィンターウェルプ判決〔I32〕以降、多くの判例の蓄積がある(3)。それらの判例では、精神障害者の強制入院を許容するための3条件が示されている。まず、その者の入院が国内法に基礎付けられており、その国内法が法の支配に服し、人権条約に合致しているものであること、次に、緊急事態を除き、その者の精神状態が強制的な入院を正当化するような性質と程度であるこ

とが医学的に立証されていること、そして、そのような入院の継続はその契機となった障害の性質・程度が継続する間に限られることである。この第3の条件に関連して、強制入院を正当化していた状況には変化の可能性があるため、その者の状態を裁判所が定期的に審査することも求められる。この場合の裁判所は当事者と行政機関から独立したものでなければならない。この3つの条件は精神科病院への非自発的入院だけではなく、精神障害者のための保護施設への非自発的な収容にも適用される。Stanev v. Bulgaria 事件判決[4]では、後見人と保護施設との間の監置合意に関しても、この3条件を適用し、本来、別の目的のために用いられた診断書を、2年以上経過した後に、その後の状態の変化も確かめずに、監置の正当化のために用いたことを、5条1項(e)違反と判断している。

本件では、まず、精神鑑定のための入院の合法性判断が受理可能性判断に際して行われたが、本判決は、この入院を1項(b)の裁判所の合法的な命令に従わないための逮捕・抑留として捉え、国内法の規定に従ったものであるから違法ではないと判断している。精神科病院への意思に反した入院とはいえ、精神鑑定は訴訟手続の一環であり、治療を目的とした入院とは別種のものであるから、1項(e)についての本案審理から外したのであろう。

本件の主たる問題である非自発的な治療を施すための入院は、国内法に基づいて精神鑑定の結果と鑑定医の勧告に依拠して行政組織である法医療審査会が決定したものと裁判所が確認している。上記の3つの最低条件の充足性をみると、国内法に基づくという点で第1の条件を満たし、責任無能力が認められる程度の精神障害であり、治療しなかった場合にはX自身と他人の健康を危険に晒すであろうことが鑑定医から勧告されていたことで第2の条件を満たし、その状態が鑑定終了時にも継続していたという点で第3の条件を満たしている。このように3条件を充足していることから、最初の入院命令は1項(e)の要求に合致しているとされた。しかし、この当初の条件がその後も充足されているかの裁判所の定期的な審査という点に関しては、入院継続決定をその患者が入院している病院の医師長が行い、それを行政裁判所に報告し、その後で入院患者側がその

決定に対して出訴できるという制度であった。このような制度では、非自発的入院患者が独立したセカンド・オピニオンを受けることができず、恣意的な運用への充分な保障が提供されていないことになるし、継続決定についての裁判所への報告がなされた後でなければ、入院患者は出訴できないという制度も継続性審査に充分な保護を与えていないことになるとして、継続決定以降の非自発的入院は1項(e)違反であるとの判断が示されている。再審査のための主導権が入院患者にない法制度は充分なものではないことを示している。

(3) 非自発的治療と8条違反

Xの入院は非自発的な治療を目的としていた。この問題は個人の私生活への介入として8条の下で検討された。注射による薬物療法が私生活への介入であることに争いがなかったため、2項の下で正当化できるかが問題となった。本件では、患者の意思に反した治療を施す決定は担当医が行うという精神保健法上の規定があり、その規定は非自発的入院を行うための命令は治療に関するお墨付きを与えるように解釈されており、医師の決定は司法審査の対象ではなかった。このことから、国内法に根拠規定があっても、恣意性に対する充分な保障が提供されておらず、2項に言う法律に従った手続ではないとして8条違反が認定されている。

なお、本件を受けて、フィンランド政府は、精神保健法の改正を表明しているが、2017年8月末現在ではまだ改正に至っていないようである。

(4) 日本との比較、日本法への示唆

日本には非自発的な入院として、心神喪失者等医療観察法上の審判決定に基づく入院、精神保健福祉法上の医療保護入院および措置入院等がある。

心神喪失者等医療観察法は一定の重大な触法行為を行った治療反応性のある触法精神障害者の強制的な入院治療と通院治療を規定する。検察官が地方裁判所に審判を申し立てると、裁判官1名と精神保健審判員 (医師) 1名から構成される合議体で審判が行われる。この合議体で出された入院命令等については抗告・再抗告が可能である。弁護士を付添人に選任することもできる。この点では、上記の非自発的入院のための3つの最低条件が形式上は充足されていると言えるかもしれない。入院継続に関しては、

6ケ月ごとに地方裁判所へ確認の申立を行い、裁判所が確認することになっている。司法による定期審査という条件も充足していると思われるが、セカンド・オピニオンに関する問題がある。

措置入院は、入院させなければ「自傷他害のおそれ」があるとして申請・通報された者を、2人以上の精神保健指定医が診察して精神障害者であり、自傷他害の恐れがあるため入院が必要と判定した場合に、都道府県知事が措置権を行使して精神科病院に入院させることができる制度である。一方、医療保護入院は、家族等の同意を要件にして本人の同意を得ずに精神科病院への入院を認める制度である。1人の精神保健指定医の診察で、医療と保護のために入院が必要であり、その必要性について患者自身が同意できないと認められた場合に精神科病院の管理者によって行われる。これらの入院では、患者が入院している精神科病院の管理者による患者の病状等の定期的報告[5]と医療保護入院の届け出について医療・法律・保護または福祉に関する学識経験者から成る精神医療審査会が、原則として、非公開の書面審査を行う。精神医療審査会は退院請求等の審査も行う。精神医療審査会の審査結果に不服がある場合には、行政訴訟を裁判所に提起可能になる。措置入院は行政処分であるので、措置そのものに関する行政訴訟も可能である[6]。

措置入院と医療保護入院は上記の3条件からどのように評価できるであろうか。いずれも精神保健福祉法に基礎づけられているが、医療保護入院では入院の決定とその実施は病院の管理者が行い、国家機関は関与しない。次に、一定の要件の下、厚生労働大臣が指定した精神保健指定医の診察でこれらの入院が必要であると判断されることになるので、第2の条件を満たすと言えるかもしれない。しかし、診察に当たる指定医は入院予定の精神科病院に必置される常勤医である。この点で公正な診断が行われているかについては疑問がある。入院継続に関しては、病状等の定期審査が行われているが、入院している精神科病院の管理者によるものであるから、恣意的なものである可能性を多分に含むであろう。セカン

ド・オピニオンがはいる余地はないと思われる。これらの入院の定期審査は行政委員会である精神医療審査会によって検討されており、裁判所は関与しない。入院時の裁判所の介入については、措置入院は行政処分であるため理論上は直ちに行政訴訟の対象となるが、医療保護入院ではその届け出を精神医療審査会が審査した後に行政訴訟が可能になる。入院継続に関する病状その他の定期審査を裁判所が直接行うことは双方ともにない。司法審査がほとんどなされないのが現状である。精神保健福祉法上の強制入院は人権保障の点で多くの問題を抱えていることになる。

(1) 法医療審査会司法精神科委員会は委員長と他の3名で構成され、うち1名は法律分野の専門家、2名は精神医学の専門家であり、その職掌は犯罪で訴追された者と精神状態のために刑罰を言い渡されていない者の精神状態を扱い、精神科病院でのケアと治療の中止の決定を行う。

(2) フィンランドの触法精神障害者の強制入院に関しては趙晟容「フィンランドの精神病院収容手続」(町野朔＝中谷陽二＝山本輝之編『触法精神障害者の処遇(増補版)』(信山社、2006年) 361頁以下に概要が述べられている。

(3) ウィンターウェルプ判決〔Ⅰ32〕解説 (戸塚悦朗執筆) 227-231頁、拙稿「触法精神障害者の強制入院等に関するヨーロッパ人権裁判所の判例(1)(2)」社会科学論集 (高知短期大学) 97号 (2009年) 25-51頁、同98号 (2010年) 25-46頁、拙稿「精神障害者の非任意的入院に関するヨーロッパ人権裁判所の判例」同99号 (2011年)、拙稿「後見下にある精神障害者の強制入院に関するヨーロッパ人権裁判所の判例」同101号 (2012年) 45-53頁。

(4) Stanev v. Bulgaria, 〔GC〕, 17 January 2012.

(5) 措置入院に関しては3か月もしくは6か月ごと、医療保護入院に関しては12か月ごと。

(6) 大谷實『新版精神保健福祉法講義 (第2版)』(成文堂、2015年) 136-137頁。

［参考文献］

[1] 国連の準則などを含めた詳細なものとして、池原毅和『精神障害法』(三省堂、2011年)。

[2] 拙稿「国際人権法における触法精神障害者の強制入院」立命館法学 327＝328号 (2009年) 434-454頁。

42 テロリストの予防拘束
外国人テロリスト容疑者を無期限に拘束する制度は条約に違反する
―― A対イギリス判決 ――

A and others v. the United Kingdom
19 February 2009, Reports 2009-Ⅱ（大法廷）

江島　晶子

【事　実】

2001年9月11日の同時多発テロ（以下、9・11）発生後、イギリス政府は、アルカイダと関係するイスラム原理主義ネットワークを支援するイギリス在住の外国人から安全上の脅威を受けていると判断したが、その中には本国に送還すると拷問等を受ける危険があるため、ヨーロッパ人権裁判所（以下、人権裁判所）の判例に従うと国外追放できない外国人がいた[1]。そこで、2001年反テロリズム犯罪安全法（Anti-Terrorism Crime and Security Act 2001、以下、2001年法）を制定し、「国際テロリスト容疑者（suspected international terrorist）」として認証された場合、無期限で拘束できるようにした（同法第4部）。同時に、この措置はヨーロッパ人権条約（以下、人権条約）5条1項に適合しないため、人権条約15条に基づき条約に基づく義務からの免脱（derogation）を通知した。

同法に基づき、2001年12月、16人の外国人が拘束され、内11人が人権裁判所に申し立てた。2001年法に基づく認証は、特別移民不服申立委員会（Special Immigration Appeals Commission、以下、SIAC）の6か月ごとの審査に服する。申立人は国務大臣の認証に対して不服申立を行った。SIACは、公開できる証拠と公開できない証拠に基づき審査を行う。後者は被拘束者とその弁護士には公開されず、法務次官が被拘束者のために任命した特別弁護人（special advocate）に開示する。SIACは、公開審理に加え、非公開審理を開き、そこで秘密の証拠を検討する。その際に特別弁護人は被拘束者のために、開示の必要性や非公開証拠の信頼性などについて意見を述べ

るが、非公開証拠を見た後は、被拘束者やその弁護士と接触できない（裁判所の許可があれば別）。SIACは、申立人の不服申立を拒否した。

申立人は、人権条約15条に基づく義務免脱の合法性について訴訟を提起し、貴族院は2004年12月16日に、1998年人権法（以下、人権法）に基づき不適合宣言を下した[2]。理由は、拘束の仕組が比例性に欠くことおよび不当に外国人を差別することである。その後、2001年法第4部は、2005年3月に2005年テロリズム予防法（Prevention of Terrorism Act 2005、以下、2005年法）によって廃棄され、申立人は釈放されたが、引き続き2005年法に基づくコントロール・オーダーに服した。イギリス政府は、条約15条に基づく義務の免脱を取り下げた。

2005年1月21日に、申立人は人権裁判所に対して、不法に拘束されたことは人権条約3条、5条1項および14条違反であり、適切な救済を得られなかったことは同5条4項および13条違反であると申立てた。申立は第4部に割り当てられ、2007年9月11日に大法廷に回付された。

以下では、条約5条違反およびそれと関連する15条、賠償についての判示に絞って紹介する。

【判　旨】

(1) 5条1項違反

(a) 当裁判所における本件の範囲

5条1項（f）に基づく政府の主張およびデロゲーションの有効性について取り扱う（§153-159）

(b) 受理可能性

5条1項に基づく申立人の主張は法および事実に

関する複雑な問題を提起し、その決定には本案の検討が必要であり、受理できる（§160）。

（c）本　案

（i）申立人は5条1項（f）に基づき合法的に拘束されたか

5条は、人身の自由に対する国家の恣意的介入からの個人の保護を規定し、誰に対しても適用される（§162）。「国外追放または本国送還のため」の自由の剥奪が正当化されるのは、「進行中」で、「適切な配慮」のもとにとられた措置であることを、自由の剥奪が「合法的」であるためには、法によって規定され、国内法に合致し、拘束が「恣意的」でないことを要する。恣意的でないためには、拘束が誠実に行われ、拘束目的に密接に関連し、拘束の場所および条件が適切で、かつ、目的から合理的に必要とされる期間を超えないことが必要である（§164）。

申立人は刑務所等に拘束され、5条1項の意味において自由を剥奪されていた（§165）。デロゲーションの通知、2001年法および拘束の決定が前提としているのは、「目下のところ」国外追放できないということである。「被告政府のいう、申立人を国外追放する可能性を『常時念頭に置く』方針が、『国外追放のためにとっている措置』に相当」するとはいえない（§167）。例外は、第2および第4申立人で、彼らの拘束期間は短いので違反は存在しない（§168）。それ以外の申立人の場合、5条1項（f）の例外規定に相当しない（貴族院多数意見の結論と同じ）（§170）。「拘禁および起訴なしの予防的拘束は、15条に基づく有効なデロゲーションがなければ」、5条1項と合致しない（§172）。

（ii）デロゲーションの有効性

（ア）裁判所のアプローチ

各締約国は、公的緊急性によって国民の生命が危険にさらされているか、そして、緊急性に立ち向かうためにどれほどの措置をとればよいかの決定は国家に任されている。国内当局は即時の緊急の必要性に常に接しているので、必要なデロゲーションの性質と範囲を決定する際に、国際裁判官よりも原則と

して優れた立場にあり、広い評価（裁量）の余地を有するが、無限定ではない。当裁判所は、締約国が当該危機の「緊急性が厳密に必要としている範囲」を超えたかどうかを判断する。国内の評価の余地には、ヨーロッパの監督が伴う。監督を行使する際、「当裁判所は、たとえば、デロゲーションによって影響を受ける権利の性質、緊急状態に至る状況およびその期間等の関係要素を適切に量る」（§173）。国内の最上級裁判所が、国民の生命を脅かす公的緊急性が存在したが、とられた措置は当該状況の緊急性から厳密に必要とされるものではなかったと判断した本件の特別な状況において、当裁判所がそれとは反対の結論に到達することが正当化されるのは、国内裁判所が15条または同条に基づく当裁判所の判例法を誤って解釈・適用した、または明らかに不合理な結論に到達した場合だけである（§174）。

（イ）「国民の生命を脅かす公的緊急性」が存在したか

国内裁判所は、深刻なテロリスト攻撃の危険は信憑性があると判断した（§177）。「他の締約国も同様の危険にある中で、イギリスだけが、アルカイダの危険に対応してデロゲーションを通知した唯一の締約国ではあることは目立つとしても、国家が知っている事実に基づき判断するのは、国民の安全の保護者である国家である。加えて、国内裁判所は緊急性の存在に関する証拠を評価する際、より優れた立場にあるので、その見解には重要性を与えるべきである（§180）」。当裁判所は貴族院の多数意見に同意する（§181）。

（ウ）取られた措置は状況の緊急性が厳密に要請されるものであったか

イギリス政府は、5つの理由を挙げ、貴族院の判断に反対する。第一に、貴族院は執行府および議会により広い評価の余地を与えるべきだという（§183）。しかし、「評価の余地理論は、国内当局と当裁判所の関係を決定する道具として考えられてきた。国内レベルにおいて国内機関間の関係に同様に適用されるものではない」（§184）。第二に、貴族院

は個別事件ではなく抽象的に法律を検討した点で誤りだという。しかし、「とられた措置が危険と不釣り合いで差別的効果があるとすれば、個別の適用例を検討する必要はない」（§185）。第三に、政府の反対は外国人と国民の区別に由来するが、当裁判所は貴族院の判断を支持し、本件は入管規制（外国人と国民の区別に意味がある）ではなく、国の安全に関するもので、後者の場合の「テロリスト攻撃の差し迫った現実的危険は国民および外国人によって及ぼされていることは証拠から明らかである」（§186）。第四に、政府は、ムスリム教徒のイギリス人が過激主義者からリクルートされないために彼らの感情を慮って、拘束を外国人に限定することは国家にとって正当であると主張する。しかし、それを示す証拠を政府は提示していない。しかも、2005年法は国民と外国人を区別していない（§188）。第五に、政府は、最も危険な外国人を拘束できれば、テロリストの脅威により適切に対応できると主張するが、取扱の差異は正当化できないという貴族院の結論を覆す証拠を提示していない（§189）。以上より、貴族院と同様、当裁判所は、国民と外国人を不当に差別する点で手段は比例していないと結論する。よって5条1項違反を認める（§190）。

(2) 14条と併せた5条1項違反

前述の5条1項に関する理由づけおよび結論に照らすと、個別に検討する必要はない（§192）。

(3) 5条4項違反

(a) 受理可能性

第2および第4申立人は、明らかに根拠不十分なので受理できないが（§200）、それ以外の申立人については事実および法律について複雑な問題を提起し本案の検討を要し、明らかに根拠不十分とはいえないので受理できる（§201）。

(b) 本 案

(i) 判例法から生じる原理

「逮捕または拘束されている人物は、国内法および人権条約の観点から当人の拘束の『合法性』の審査を受けられる」。「審査を行う『裁判所』は、単な

る諮問機関ではなく、拘束の合法性を決定する権限および拘束が不法な場合には釈放を命じる権限を有する必要がある」（§202）。「裁判は対審制で、当事者間に『武器平等』が保障されなければならない」。被拘束者には、当人に対する申立の基礎を効果的に争う機会が与えられ、当人に対する訴えの基礎となる事件ファイルの文書に当人ないし弁護士がアクセスできる（§204）。

もっとも、刑事裁判の有罪決定に関する6条に基づく裁判手続の場合でさえ、国の安全のような、競合する強力な公的利益のために厳密に必要とされる場合、対審手続に対する権利が制約されうる。「しかしながら、権利制約によって被告人に及ぶ困難さは、司法機関のとる手続によって十分に相殺されなければ公正な裁判とはいえない」（§205）。「6条に基づく公正な刑事裁判に対する権利は、検察側が有する重要なすべての証拠を開示させる権利を含むが、公的利益ゆえに弁護側に一定の証拠を提供しないことが必要な場合がある」（§206）。「有罪宣告が、被告が審尋するないし審尋させる機会がなかった人物による発言に専らまたは決定的に依拠する場合、防御権は6条が規定する保障とは相いれない程度に制約されている」（§207）。「国の安全が問題となるときは極秘資料の使用は避けがたいが」、「いつでも国内裁判所の実効的統制から自由になる」わけではない（§210）。

(ii) 本件の事実に対する適用

アルカイダ等に関する情報を取得し、秘密にしておく強力な公的利益は、5条4項に基づく申立人らの手続的公正に対する権利と衡量される。本件の特性からすると、5条4項は、刑事手続における6条1項と同じ公正な裁判の保障を受け入れるべきである（§217）。「各申立人に対する主張および証拠は、国の安全や他者の安全を損なわない限り、できるだけ開示されることが重要である。完全な開示が不可能な場合には、5条4項は、これによって生じる困難さが、各申立人が当人対する申立について効果的に反駁できる可能性が与えられていることによって

相殺されることを要請している」（§218）。

　SIAC は、完全に独立した裁判所で、すべての関係証拠を吟味でき、不必要に隠されないことを確保でき、特別弁護人は重要なセーフガードを提供しており、不必要な秘密主義や、説得的理由のない不開示の存在を示すものは何もない（§219）。特別弁護人が機能するためには、被拘束者が当人に対する申立に関して十分な情報が与えられ、特別弁護人に効果的な指示を与えられなければならない。これは事件ごと検討する。証拠が大方開示され、開示資料が決定において主要な役割を果たす場合には、申立人は国務大臣の決定を効果的に争う機会が否定されたとはいえない。基礎となる証拠が開示されない場合でも、開示資料における申立が十分に特定的であれば、申立人がそれに対して反駁できる情報を自己の代理人および特別弁護人に提供できる。しかし、開示資料がもっぱら一般的申立にとどまり、SIAC の決定が専らまたは大いに不開示資料に基づく場合には、5 条 4 項の手続的要請を満たしえない（§220）。

　以上の基準に基づくと、第 6 〜 9 および第 11 申立人に対する開示資料は、詳細な申立を含んでおり、申立人らは効果的に争えたので、5 条 4 項違反は存在しない（§222）（全員一致）。第 1 および第 10 申立人に対する主要な申立は、彼らがアルカイダとつながりがあるテロリスト集団の資金に関与したというもので、各々の開示証拠は、多額の金銭が当人の銀行口座を経由したことおよび当人が詐欺による資金集めに関与したというものである。しかし、集めた金銭とテロリズムとのリンクを提供する証拠は申立人らには開示されていないので、申立人らは当人への申立を効果的に争う立場になかったと認定し、5 条 4 項違反を認める（§223）（全員一致）。第 3 および第 5 申立人については、開示された証拠は不十分で、依拠した証拠の大部分は不開示なので、申立人らは申立を効果的に争うことができる立場になく、5 条 4 項違反を認める（§224）（全員一致）。

（4）　13 条と併せた 5 条 1 項違反

　5 条 4 項違反に関する認定から、本申立は別に検討する必要はない（§225）。

（5）　5 条 5 項違反

　第 2 および第 4 申立人以外の申立を受理する（§228）。5 条 1 項および 4 項違反について、申立人らは国内裁判所における補償の主張ができないので、5 条 5 項違反を認める（§229）（全員一致）。

（6）　41 条

　拘束の仕組は公的緊急性の下に考案され、公衆をテロリズムから守る必要性と不当な取扱いを受ける国に送還しない義務を誠実に調和させるものであるという状況から、先例よりも賠償は相当低い。第 1、第 3 および第 6 申立人に 3900 €、第 5 および第 9 申立人に 3400 €、第 7 申立人に 3800 €、第 8 申立人に 2800 €、第 10 申立人に 2500 €、第 11 申立人に 1700 € の保障を認め（§252-253）、費用として、総額 6 万€を認める（§254-256）。

【解　説】

（1）　当該判例の意義・特徴——テロリズム対策と多層的人権保障システム

　9・11 は、世界中でテロリズム対策の必要性、そして、安全と自由のバランスの変更が主張された。なかでも、同時多発テロを受け愛国者法を制定したアメリカ合衆国と並び、イギリスは約 1 か月で2001 年法を制定した（この時点でヨーロッパではイギリスだけ）。こうした状況の中、本件では、人権条約および 2000 年 10 月に発効したばかりの人権法[3]が、国の安全に対する危機という局面において、人権保障のセーフガードとしての実効性が試された。短期的には、人権法、そして人権条約は、2001 年法に基づく大幅な人権制限を廃止させることに成功した。イギリス貴族院は、人権裁判所の判断を先取りできた点でも、人権条約の国内実施として注目に値する[4]。また、本判決は国内裁判所と人権裁判所（国際裁判所）の「対話」としても好例である[5]。しかし、2005 年法に基づきコントロール・オーダー（自宅軟禁状態を可能にする）が導入され、申立人は直ちにコントロール・オーダーの対象となったので、結果的

に事態は変わらなかった。それどころか新法の適用は国民にも及び適用範囲は広がった。しかも、その後、イギリス自身が2005年7月7日に同時多発テロを経験し、国内裁判所はより慎重な判断をするようになった[6]。なお、同テロの実行犯がイギリス育ちのイギリス市民であったことは、外国人テロリスト容疑者の拘束が国内のテロ阻止に役立たないことを露呈させている。コントロール・オーダーについては、個別例について不適合宣言が出されたが、制度自体は人権条約適合的であると判断している[7]。しかも、2001年法で拘束され、2005年法のコントロール・オーダー下にあった第8申立人の国外追放をめぐって新たな法律問題が生じ（Othman（Abu Qatada）v. the UK〔本書 **23**〕参照）、取扱いに苦慮した当時の法務大臣 May（現イギリス首相）は人権条約脱退を公言し始めた[8]。テロリズム対策が「緊急事態」ではなく「常態」となろうとしている現在、人権条約の提供する「ヨーロッパの監督」の真価が試され続けている。

(2) 主要論点の解説

(a) 5条1項のデロゲーションの有効性

前提として、人権裁判所は、各締約国には国民の生命を守る責任があり、緊急事態によって生命が危険にさらされているか、それに対応するためにどのような措置をとるべきかは、締約国の判断に任されており、かつ、それを決定する際には、締約国は国際裁判官よりもより適切な立場にあるので、広い評価の余地があることを認める一方、「緊急性が厳密に必要とする範囲」を超えたかどうかは人権裁判所が判断するとして、ヨーロッパの監督の可能性を示す。本件の興味深い点は、人権裁判所が予め監督の範囲を限定したことである。すなわち、国内の最上級裁判所が、とられた措置は当該状況の緊急性から厳密に必要とされるものではなく、条約上の義務からの免脱は有効ではないと判断しているので、人権裁判所がそれとは反対の結論に到達することが正当化されるのは、国内裁判所が15条または同条に基づく人権裁判所の判例法を誤って解釈・適用した、

または明らかに不合理な結論に到達した場合だけだとした。そのため、人権裁判所はイギリス貴族院の判断事項、すなわち、①「国民の生命を脅かす公的緊急性」が存在したか、②取られた措置は状況の緊急性により厳密に要請するものであったかを検討する。①については、当時、「9・11」に対してイギリスのような対応をとった国が他には存在しないことに留意したものの、前述した広い評価の余地を前提として、国内裁判所の判断を尊重する。②については、貴族院判決に対するイギリス政府の5つの反論を検討した上、貴族院の結論を支持した。よって、はからずも、貴族院にお墨付きをあたえるような様相を呈することになった。とりわけ、貴族院の結論を支持するにあたって、貴族院判決に対するイギリス政府の反論が証拠によって裏付けられていないとして採用しなかった点では、事実上の上級審的な性格を呈する。なお、国内裁判所が政府の「評価の余地」理論援用に警鐘を鳴らした点にも注目できる。

(b) 特別弁護人と5条4項

2001年法第4部の適切な運用は、特別弁護人という制度の実効性に委ねられる。これまで人権裁判所が同制度の5条4項または6条適合性について判断したことはなかったことから、本判決の判断は重要である[9]。本件では、5条4項を13条の「特別法」ととらえ、かつ、6条とのアナロジーを用いて、「各申立人に対する主張および証拠は、国の安全や他者の安全を損なわない限り、できるだけ開示されることが重要である。完全な開示が不可能な場合には、5条4項は、これによって生じる困難さが、各申立人が当人対する申立について効果的に反駁できる可能性が与えられていることによって相殺されることを要請している」（§218）という方針を示した。そして、特別弁護人が機能するためには、被拘束者が特別弁護人に効果的な指示を与えられるように、自分に対する申立について十分な情報を得ていることを鍵とする。よって、証拠が大方開示され、開示資料が決定において主要な役割を果たす場合、申立人は国務大臣の決定を効果的に争う機会が否定され

たとはいえない。基礎となる証拠が開示されない場合でも、開示資料における申立が十分に特定的であれば、申立人がそれに対して反駁できる情報を自己の代理人および特別弁護人に提供できる。しかし、開示資料が一般的申立にとどまり、SIAC の決定が専らまたは大いに不開示資料に基づく場合には、5条4項の手続的要請を満たしえないと判断した。

(3) 判決の国内法への影響

イギリス貴族院が 2001 年法第 4 部は人権条約上の権利と不適合であると宣言し、それを受けて、2005 年法によって同 4 部は廃棄されているので、人権裁判所の判決の直接的影響は限定的である。ここでは、人権法によって人権条約に向き合うことになった国内裁判所の理由づけと人権裁判所の理由づけの一致に注目すべきであろう[10]。なお、閣僚委員会も、イギリス政府は判決を履行し終えたと決定した[11]。

(4) 日本との比較——多層的人権保障システム

日本においては、英米が制定したような包括的なテロリズム対策法は制定されていない。アフガニスタンをもじってロンドニスタンと揶揄される状況を呈していたイギリスとの単純比較は有意味ではない。しかし、9・11 以後、テロリズム対策のグローバル化の下で、日本もそれに協力する文脈において、一定のテロリズム対策をとってきた典型例としては、アメリカに次いで、入国審査の際に指紋と写真の提供を 16 歳以上の外国人（特別永住者を除く）に義務付けたことである。また、あるモスクに通う信者すべてを監視対象にし、詳細な個人データを収集した事件が存在する（警察の杜撰な情報管理によって、国内在住のイスラム教徒の個人情報を含む 114 点のデータがネットに流出した）[12]。前者は、いまだ訴訟が提起されていないことから目的と手段の比例性を吟味する機会は存在しない。後者は、ネット流出がなければ誰も知らないまま進行していた。しかも、裁判において、個人情報流出については損害賠償が認められたが、捜査活動の違法性は認められていない（2016 年 5 月 31 日最高裁は上告を退けた）。イギリスが、人権条約を筆頭に多層的人権保障システムの下で、幾重にもシステムを積み重ねて、国際テロリスト容疑者の人権制約を行い、常時、国内および国際機関の監視下にある状況と比較すると、セーフガードの不在が対照的である。

(1) Chahal v. UK, judgement of 15 November 1996, Reports 1996-V〔I 15〕. 本判決を受けて、後述する SIAC が設立された。

(2) A v. Secretary of State for the Home Department〔2004〕UKHL 56. 岩切大地「イギリス貴族院の A 判決に関する一考察」東北文化学園大学総合政策論集 6 巻 1 号（2007 年）169 頁・江島晶子「テロリズムと人権——多層的人権保障メカニズムの必要性と可能性」社会科学研究 59 巻 1 号（2007 年）35 頁。

(3) すべての国内法を人権条約上の権利と適合的に解釈する義務を議会以外の公的機関に課した。詳細は、江島晶子『人権保障の新局面』（日本評論社、2002 年）参照。

(4) 当時の最上級審で、2009 年に最高裁判所となる。

(5) Amos, M., 'The dialogue between United Kingdom courts and the European Court of Human Rights' 61 (3) ICLQ 557 (2012).

(6) 例えば、Gillan and Quinton v. UK〔本書 51〕参照（イギリス貴族院は不適合を認めなかったが、人権裁判所は全員一致で条約違反を認めた）。

(7) 江島晶子「安全と自由の議論における裁判所の役割」法律論叢 81 巻 2・3 号（2008 年）61 頁以下参照。

(8) 〔本書概説V〕参照。

(9) 'Terror suspects: detention without trial - disclosure of closed material - damages'（Case Comment）E.H.R.L.R.（2009）447.

(10) 評者は、人権裁判所の裁判官から、貴族院判決を肯定評価するコメントを聴取した。

(11) Resolution CM/ResDH (2013) 114.

(12) 東京地判 2014（平成 26）年 1 月 15 日判時 2215 号 30 頁、東京高判 2015（平成 27）年 4 月 14 日（判例集未登載）および海渡雄一「主権者として情報アクセスの自由を求めるか、監視の下の安全を選ぶのか」国際人権 25 号（2015 年）18 頁以下。2014 年、自由権規約委員会は、情報収集活動が自由権規約 2 条、17・26 条に抵触すると、人種差別撤廃委員会も人種差別撤廃条約 2・5 条に抵触すると述べた。

[参考文献]
注に掲げた文献を参照のこと。

43 私生活の尊重と GPS 監視
犯罪捜査のための GPS による車の位置情報の監視
―ウズン判決―

齊藤　正彰

Uzun v. Germany
2 September 2010, Reports 2010-VI

【事　実】

申立人 (Bernhard Uzun) は、左翼過激派による爆破襲撃事件に関与していることを疑われた。ドイツのノルトライン・ヴェストファーレン州憲法擁護庁その他の複数の捜査当局は、申立人とその共犯者とみられる者（A）の行動の監視、住宅の出入りのビデオ撮影、電話盗聴、郵便物の開披、無線通信の傍受、そして、申立人もしばしば同乗していた A の車への発信器の設置などの措置を行った。しかし、申立人と A は、発信器を見つけて破壊し、盗聴を警戒して電話では連絡をとらず、捜査当局による目視での監視から逃れることも多かった。

そこで、当局は、A の車に、秘かに GPS (Global Positioning System：全地球測位システム) の受信機を設置し、1995 年 12 月から申立人と A が逮捕された 1996 年 2 月 25 日まで、車の位置情報を得て、監視した。A の車に設置された GPS 受信機は、1 分ごと車の位置と速度を測定することができたが、受信機の探知を避けるためにデータは 1 日おきに回収されていた。GPS 受信機によって、当局は、A の車の位置情報を継続的に知ることができ、しかも、従来の発信器のように、事前におおよその所在を知る必要もなかった。

第 1 審のデュッセルドルフ高等裁判所は、1999 年 9 月 1 日に、爆破襲撃による殺人未遂事件について申立人を有罪とし、13 年の自由刑に処した。申立人は、GPS 受信機によって得られた情報を証拠として用いることは、刑事訴訟法 100c 条 1 項 1 号 b に反する等と主張した。同法 100c 条 1 項は、対象者に知られることなく行うことができる処分として、「事案の解明又は犯人の居所の捜査が他の方法では達成する見込みが薄いか又は困難である場合」に、「写真撮影及びビデオ録画」（1 号 a）と、「捜査の対象が重大な犯罪であるときは、事案の解明又は犯人の居所の捜査のため、前号のほか、監視目的に特定された特別の技術的手段」（1 号 b）を用いることができるとしていた。2001 年 1 月 24 日の判決によって、連邦通常裁判所も、申立人の訴えを棄却した。申立人は、捜査機関によって行われた GPS による監視と、それによって得られた情報を証拠として用いたことについての高等裁判所および連邦通常裁判所の判断に対して、連邦憲法裁判所に憲法異議を申し立てた。

連邦憲法裁判所は、各裁判所が GPS 監視によって得られた情報を証拠採用したことで申立人の適正手続を求める権利（ドイツ基本法 20 条 3 項と結びついた 2 条 1 項）を侵害したという主張についてのみ審査し、憲法異議を棄却した。

そこで、申立人は、申立人に対する監視措置とりわけ GPS 監視と、刑事手続における GPS 監視によって得られた情報の使用が、ヨーロッパ人権条約（以下、条約という）8 条の私生活の尊重を受ける権利と、6 条の公正な裁判を受ける権利を侵害したとして、ヨーロッパ人権裁判所（以下、人権裁判所という）に申し立てた。

【判　旨】

(1) 受理可能性

ドイツ政府は、GPS 監視によって得られるのは

Ａの車の所在情報であり、その車内に申立人がいたとする捜査機関の監視を申立人は争っていないから、国内的救済手段を尽くしたとはいえず、また、Ａの車についてのGPS監視は申立人には直接関係がなく、条約34条にいう権利の侵害の被害者ではないと主張した（§35-36）。

当裁判所は、申立人がGPS監視以外の監視措置の合法性について争っていなかったとしても、申立人は、GPSによる監視措置が私生活の尊重を受ける権利を侵害するものであり、それが他の監視措置との集積によって条約8条に違反すると主張していたこと、さらに、申立人は、GPS監視によって収集された情報の刑事手続における使用についても争っていたこと、そして、これらの点は、国内の各裁判所で主張され棄却されたのであるから、国内的救済手段を尽くしていないとはいえないと解する。また、GPSによる監視を受けたのが自分自身でなくＡの車であったという問題が、条約8条違反の主張の本質に密接に結びついているとして、本件は受理可能である（§38-40）。

(2) 条約8条違反について

(a) 介入が存在したか

捜査機関によって実行されたGPS監視が私生活の尊重を受ける申立人の権利に介入したかどうかについて、まず、この措置が申立人に関する情報の集積を構成したかどうかである。

政府は、第三者（申立人の共犯者Ａ）の車にGPS受信機が組み込まれていたとすると、それは私生活の尊重を受ける申立人の権利への介入にはならないという。しかし、捜査機関には、両方の容疑者が前の爆破襲撃の際に一緒にＡの車を使っていたことが分かっていたのであり、明らかに、申立人とＡの動きに関する情報を得るつもりであったといえる（§49）。

GPS監視によって、捜査機関は、約3か月の間、申立人の所在と移動を特定する情報を体系的に収集・保存することができた。捜査当局は、その情報を記録して、申立人の行動パターンを描き出し、申立人の旅行先での追跡捜査にも利用した。そして、それが

後に申立人に対する刑事手続で用いられた（§51）。

GPS監視は、まさにその性質によって、他の視覚または聴覚による監視方法から区別されうるが、本件のようなGPS監視、およびGPS監視によって得られた情報の処理と利用は、条約8条1項によって保護される私生活の尊重を受ける権利についての介入となる（§52）。

(b) 介入は正当化されるか

(i) 介入は法律に基づいていたか

GPS監視による私生活の尊重を受ける権利への介入は、ドイツの刑事訴訟法100c条1項1号ｂの規定に基礎を有していた（§64）。

当裁判所の判例によれば、通信傍受に関しては一定の事項を制定法に規定することが求められるが、これらのやや厳しい基準は、GPSによる監視には、それ自体としては適用されない（§65-66）。

刑事訴訟法100c条1項1号ｂの「監視の目的で用いられる他の特別な技術的手段」という文言は、同項1号ａおよび同項2号と併せて読めば、視覚的監視方法でも聴覚的監視方法でもなく、特に「犯人の所在を見つける」のに用いられた監視の方法を含んでいることは明白である。GPSによる監視が100c条1項1号ｂの規定に含まれるという国内裁判所の解釈は、合理的に予測可能であった（§67-68）。

GPSによって行動を追跡することが許される期間に対する法令の制限がなかったことは事実である。期間の制限は、後に、刑事訴訟法163f条4項に追加された。しかし、本件の監視措置の期間は、その事情に比例しており、そして、国内裁判所もこの点で比例原則の尊重を審査している。したがって、ドイツ法が濫用に対して十分な保障を規定したと判断される（§69）。

GPSによる監視が認められる理由については、刑事訴訟法が、きわめて厳格な基準を設定していた（§70）。

本件の後に改正された刑事訴訟法163f条4項によって、1か月を超える被疑者の組織的監視は裁判官によって命じられることとなったが、しかし、本件の当時もGPSによる監視が裁判官の統制から外

れていたわけではなかった。事後の刑事手続において、国内裁判所は、そのような監視手段の合法性を審査することができ、措置が違法であると判断された場合には、それによって得られた証拠を裁判での使用から排除する権限があった（§71）。それによって、捜査機関の不法な手段での証拠収集は抑止されている。GPS監視は盗聴よりも私生活への介入が少ないものであり、事後の司法審査は、濫用に対する十分な保護を与えるものといえる（§72）。

複数の機関によってとられる組織立っていない捜査措置は防がれなければならなかったが、連邦憲法裁判所においても考慮されているように、当時、人の完全な監視を防止するために施行されていた保護は、比例原則を含めて、濫用を防ぐために十分であった（§73）。

上述のことからみれば、私生活の尊重を受ける申立人の権利への介入は、法律に基づいていた（§74）。

(ⅱ) 介入の目的と必要性

テロリストが犯行声明を出していた数件の殺人未遂について捜査し、さらなる爆破襲撃を防ぐためのGPSによる監視は、国の安全と公共の安全、犯罪の防止と被害者の権利の保護に仕えるものである（§77）。

GPSによる申立人の監視は、最初から命令されたものではなく、捜査機関は、当初、申立人の私生活の尊重を受ける権利への介入が少ない方法によって、爆破襲撃に申立人が関与しているか否かを確認しようと試みたが、効果的でなかった（§78）。

本件では、GPSによる申立人の監視は、多数の監視措置に加えて行われており、GPSによる申立人の監視は、複数の機関による、申立人の広範囲な監視につながった。申立人が異なる機関によって同じ監視措置を受けたことは、私生活に対するより重大な介入につながった。しかしながら、GPS監視は、比較的短い期間（約3か月）において、基本的に週末だけに、申立人がAの車に同乗していたときだけに、申立人に影響を及ぼした。したがって、申立人は、完全で広範囲の監視を受けたということはできない。さらに、監視が行われた捜査は、爆破襲撃に

よる殺人未遂という非常に重い犯罪に関するものであった。より介入的でない監視方法は、成功していなかった。したがって、本件の状況において実施されたようなGPSによる申立人の監視は、追求されるべき正当な目的と比例しており、「民主的社会において必要」であった（§79-80）。

したがって、条約8条の違反はなかった（全員一致）（§81）。

(3) 条約6条違反について

GPSによる申立人の監視が条約8条に違反しないことを考慮すると、本件の状況で、申立人に対する刑事手続でGPS監視によって得られた情報の証拠としての使用が条約6条1項について異なる問題を提起することはない（全員一致）（§85）。

【解　説】

(1) 私生活の尊重を受ける権利とGPS監視

犯罪捜査においてGPSを被疑者の監視や追跡に用いることの許容性については、後述のように各国で問題となっているが、一口にGPSといっても、その性能や用法により、問題となる人権規定も含めて、議論は異なってくる。

本件は、1分ごとに車の位置と速度を測定して記録することができ、最大誤差50メートルという性能のGPS受信機が、申立人もしばしば同乗する第三者所有の乗用車に取りつけられ、一定期間の監視が行われたという事案であった。人権裁判所においては、私生活および家族生活の尊重を受ける権利を規定する条約8条の問題として扱われた。条約6条は、独自の論点とならないとされた。

本判決は、条約8条の私生活が厳密な定義ができない概念であることを確認している（Niemietz判決〔Ⅰ55〕解説（奥山亜喜子執筆）参照）。そして、条約8条は、とりわけ、アイデンティティと人格の発展に対する権利と、他の人間および外の世界との関係を築き進展させる権利を保護する。したがって、公的な文脈においてさえ、「私生活」の範囲に含まれうる他人との交流の領域がある（§43）。公道を走行す

る車に GPS 受信機を設置して移動を監視することも、私生活の尊重を受ける権利の侵害になりうる。

第三者（共犯者）が所有する車に GPS 受信機が設置されていた本件においては、申立人が私生活の尊重を受ける権利の侵害を主張できるかも問題となった。本判決は、捜査機関が申立人が共犯者の車にしばしば同乗していることを知っていて、申立人と共犯者の動きに関する情報を得るつもりであったとし、盗聴が第三者の回線について行われたことは申立人の私生活に対する介入を認定することとは無関係とした先例[1]に論及した（§49）。

本判決は、さらに、GPS 監視によって、捜査機関が約 3 か月にわたり申立人の所在と移動を特定する情報を体系的に収集し保存したことを問題とした（§51）。そのような情報の処理と利用は、判例[2]によれば、秘密の監視方法をとらなくても、私生活に対する介入を構成しうるのである。

こうした考慮から、本判決は、本件の状況における申立人の GPS 監視、およびそれによって得られた情報の処理と使用は、条約 8 条 1 項によって保障されている私生活の尊重を受ける権利についての介入になるとした。

(2) GPS 監視と通信傍受

本件の GPS 監視が条約 8 条 1 項によって保障される権利への介入になるとして、それは法律に基づいて行われたかが問題となる。条約 8 条 2 項の「法律に基づき」とは、措置が国内法に根拠を有するだけでなく、捜査機関が当該措置をとる権限を与えられている条件と状況を十分明確に規定していなければならず、その意味で「法の支配」と両立する「法律の質」をも求めているというのが、人権裁判所の判例である（Malone 判決〔I *54*〕）。

すでに、人権裁判所は、送信機を用いた盗聴が条約 8 条に違反すると判断した判決[3]において、情報技術による国家の監視の方法に対しても 8 条の法の支配の要請に関する判例の射程が及ぶことを明らかにしたものと解されていた[4]。

本判決も、秘密の監視措置は本質的に濫用の危険性があり、技術は絶えず高度化するので、捜査機関の権限は十分明確な法律に基づかなければならないとし（§61）、裁判所による解釈を通じての刑法の漸進的発展は、条約 7 条との関係でも、犯罪の本質と矛盾せず、合理的に予測可能でなければならず（§62）、国内法は条約 8 条の権利への恣意的な介入に対する十分で効果的な保障を規定しなければならない（§63）としている。

そして、人権裁判所は、通信傍受に関しては、濫用を防ぐため、対象や手続等の一定の事項を法律で規定することを求めてきた（§65）[5]。しかし、本判決は、本件の GPS 監視の根拠となった規定が、通信傍受に関する人権裁判所の判例が求める要件を満たしていなかったという申立人の主張に対して、そうした厳しい基準は、本件のような公共の場所における移動の GPS 監視の事案には適用可能でないとした。本件の GPS 監視は、通話の傍受よりも関係者の私生活への介入が少ないので、条約 8 条の権利への恣意的介入に対する保障には、濫用に対する十分で効果的な保護が存在することについての一般的な諸原理が適用されるとしたのである（§66）[6]。

(3) 民主的社会において必要か

GPS 監視が「民主的社会において必要」であったかを判断する際に、本判決は、捜査機関が最初から GPS による申立人の監視を行ったのではなく、私生活の尊重を受ける権利への介入が比較的少ない措置を試みていたことに注目している（§78）。

本件の GPS 監視は、比較的短い期間（約 3 か月）で、基本的に、週末だけに、そして、申立人が A の車で旅行していたときになされた。したがって、申立人は、完全で広範囲の監視を受けたということができない。さらに、監視が行われた捜査は、非常に重い犯罪に関するものであった。上述のように、より介入的でない監視方法では、犯罪の捜査と類似の犯罪の防止に成功していなかった。それゆえ、本件の GPS 監視は、正当な目的と比例しており、「民主的社会において必要」であったとされた（§80）。

ここでの人権裁判所の判断は、各裁判所は比例原

則によって画される GPS 使用の限界を考慮して比較衡量しており憲法上の疑義はないとした連邦憲法裁判所の判断に近似している。また、GPS 監視が法律の根拠に基づいているとした刑事訴訟法の関係条項の体系的解釈においても、両者は類似の判断をしている。許される捜査手法を巡って、ドイツ裁判所と人権裁判所との間の相違も指摘されたが[7]、本件では、人権裁判所はドイツ裁判所の判断を受け入れている。その背景には、既に刑事訴訟法 163f 条 4 項の追加によって 1 か月を超える場合の令状取得が義務づけられており、今後は違法収集証拠として排除可能であることもあったとみられる[8]。

(4) 日本法への示唆

日本では、GPS 装置を利用した捜査については、法律に規定がなく、警察庁の通達である「移動追跡装置運用要領」に基づいて令状が不要な任意捜査として実施されてきたが、GPS 捜査の性質と強制処分該当性や違法収集証拠排除に関する判断は下級審段階で分かれていた。最高裁は、GPS 捜査について、憲法 35 条の保障する私的領域に侵入されない権利を侵害するものであって、強制処分に該当し、かつ令状が必要な処分であるとした[9]。そして、GPS 捜査の特質から、刑訴法の規定する令状を発付することには疑義があり、立法的な措置が講じられることが望ましいとした。

GPS 捜査については、問題とされた人権規定によっても議論は異なる。本件は、ドイツ連邦憲法裁判所では GPS 監視によって得られた情報の証拠採用が適正手続を求める権利を侵害するかが主に問題とされたが、人権裁判所は私生活の尊重を受ける権利の問題と捉えた。米国の連邦最高裁の Jones 判決[10]は、GPS 装置の使用を許可する令状の期間外・区域外で被疑車両に装着し、それによって得られた証拠に基づいて麻薬取引嫌疑の被疑者を起訴したことについて、車への GPS 装着は憲法に違反する「捜索」であるとした。「捜索」に該当する理由において、財産権への物理的侵害の問題とみる法廷意見と、長期にわたる情報集積をプライバシー侵害の問題と

みるアリート裁判官の補足意見の対立がある。

本件について人権裁判所が条約違反を認めなかったといっても、本判決は、GPS 監視が十分明確な法律に基づいて行われたかを問題としている。そのうえで、爆弾テロという重大事案に対処するために、他の方法が尽きた状況での限定的な GPS 監視は、正当な目的に比例していたとしたものである。しかも、GPS 監視による個人の所在と移動に関する情報の収集と利用を私生活の尊重を受ける権利の問題として扱っている[11]。これらのことは、警察による高度情報監視の統御に踏み出した最高裁判決の論理について考えるうえでも重要であろう。

(1) Lambert v. France, 24 August 1998, Reports 1998 V, §21.

(2) Rotaru v. Romania [GC], 4 May 2000, Reports 2000-V, §43-44; P.G. and J.H. v. U.K., 25 September 2001, Reports 2001 IX, §57; Peck v. U.K., 28 January 2003, Reports 2003 I, §59; Perry v. U.K., 17 Jaly 2003, Reports 2003 IX, §38.

(3) Khan v. U.K., 12 May 2000, Reports 2000-V; Bykov v. Russia [GC], 10 March 2009.

(4) A. Mowbray, Cases, materials, and commentary on the European convention on human rights, 3rd ed. (Oxford University Press, 2012), p. 592.

(5) 朴洪吉「電話盗聴と国際人権法──自由権規約とヨーロッパ人権条約の実行の分析」同法 56 巻 4 号（2004 年）209-216 頁参照。

(6) 本判決後も、電話盗聴の事案では、法律上の根拠が厳格に求められているものと解される。Drakšas v. Lithuania, 31 July 2012 参照。

(7) 内藤大海「おとり捜査の違法性判断を巡る欧州の動向 (1)(2・完)──欧州人権裁判所の判例理論を参考にして」熊法 131 号 / 132 号（2014 年）。

(8) 指宿信「GPS 利用捜査とその法的性質──承諾のない位置情報取得と監視型捜査をめぐって」法時 87 巻 10 号（2015 年）62 頁。

(9) 最大判平 29・3・15 刑集 71 巻 3 号 13 頁。

(10) United States v. Jones, 565 U.S., 132 S.Ct. 945 (2012).

(11) 山本龍彦「GPS 捜査違法判決というアポリア？」論ジュリ 22 号（2017 年）148 頁以下参照。

[参考文献]

[1] 川又伸彦「GPS を利用した監視によって得られた認識を証拠として用いることの合憲性（2005. 4. 12 ドイツ連邦憲法裁判所第二法廷判決）」自治研究 82 巻 6 号（2006 年）147 頁以下。

44　少年に対する刑事裁判

11歳の少年被告人に対する公開の刑事裁判が公正な裁判を受ける権利を侵害するとされた事例
── V対イギリス判決 ──

山口　直也

V. v. the United Kingdom

16 December 1999, Reports 1999-IX（大法廷）

【事　実】

　1993年2月12日、英国において、犯行当時10歳の少年V（本件申立人）が共犯者である同年齢の少年Tとともに、ショッピング街にいた被害者（2歳）を誘拐し、2マイル離れた場所で暴行を加えて死亡させたうえで、鉄道レール上に放置して轢過させたという事件が発生した。Vは1993年11月に公開の陪審裁判に付された。公判は2ヶ月間に及びその様子は国内外に報道された。Vの公判は、通常の刑事公判同様に基本的に形式的手続に従って進行されることになったが、担当裁判官は、Vの隣に両親および弁護人を着席させること等6つの特例を許可した。さらに、第1回公判の冒頭手続では、1933年子ども・青少年法39条に基づいて、Vの氏名、住所その他本人特定に繋がる情報および写真の公表禁止命令が出された。

　公判に先立って、弁護人からVの鑑定依頼を受けたB医師は、Vが犯行後のトラウマ症状を呈して十分に供述できないこと、刑罰に対して恐怖心を抱いていること、そして、実年齢よりも精神的に未成熟で治療が必要であること等の鑑定結果を報告した。これに対して、検察側の鑑定証人であるS医師は、「Vは年相応の知性を有し、犯行当時、善悪の区別ができる状態にあった」と公判で証言した。その後、1993年11月24日に陪審員はVに対して謀殺罪で有罪判決を言い渡した。

　有罪認定後の量刑手続においては、1933年子ども・青少年法53条が謀殺犯行時18歳未満の少年の死刑および終身刑を制限していることから、同法

54条が規定するタリフ（tariff）と呼ばれる量刑設定基準が適用されることになった。同条によれば、タリフによる実際の量刑は内務大臣の裁量によって設定されることになっていた。したがって、公判判事は、内務大臣に対して、「犯行時10歳の少年には8年の拘禁刑でも十分すぎる年月である」と主張したが、終身刑を望む数十万の署名を受け取り、最低25年の拘禁刑を主張する国会議員の意見書を受領していた内務大臣は、結局、1994年6月22日に15年の拘禁刑を言い渡した。

　その後、Vは、内務大臣によるタリフ期間の設定は社会復帰の必要性を無視した不当に長い拘禁刑にあたるとして司法再審査を請求した。1996年5月2日に合議法廷がVの請求を容認した後、同年6月30日に上訴審は内務大臣の控訴を棄却した。そして1997年6月12日に貴族院は、タリフによる量刑の設定が内務大臣によって行われること自体が違法であり、量刑判事同様に、世論の影響からは中立的でなければならないとの最終判断を下した。

　この国内手続と平行して、Vは、1994年5月20日に、ヨーロッパ人権委員会（以下、人権委員会とする）に対して、①Vの年齢を考慮すると、刑事法院において公開の裁判に付すことおよび刑罰を科すことが、ヨーロッパ人権条約（以下、人権条約とする）3条が保障する非人道的なもしくは品位を傷つける取扱いを受けることのない権利を侵害すること、②公開の公判手続で裁判を受けることは条約6条が保障する公正な裁判を受ける権利を侵害すること、③犯行時10歳未満の者への刑罰が禁止されているにもかかわらず、10歳のVに刑罰が科されることは条

約14条が保障する差別的な扱いを受けない権利を侵害すること、④女王権限の不定期拘禁刑は条約5条1項が保障する自由の権利を侵害すること、⑤裁判官ではなく内務大臣がタリフの設定をすることは条約6条が保障する公正な裁判を受ける権利を侵害すること、⑥継続的な身柄拘禁の適法性が仮釈放委員会等の司法的機関で審査されなかったことは条約5条4項が保障する身柄拘束の適法性の審査を受ける権利を侵害することをそれぞれ申し立てた。

人権委員会は1998年3月6日に申立を受理し、1998年12月4日の審査報告書で、裁判については条約3条には違反しないが（17対2、上記①）、条約6条には違反すること（14対5、上記②）、条約14条については個別の論点が提示できていないこと（15対4、上記③）、量刑自体については条約3条および5条1項に違反しないが（17対2、上記④）、量刑期間の設定については条約6条違反（18対1、上記⑤）および条約5条4項違反があること（18対1、上記⑥）をそれぞれ認定した。

本件はその後1999年3月6日に人権委員会からヨーロッパ人権裁判所（以下、人権裁判所とする）に付託された。Vは、人権裁判所に対して、裁判および量刑について条約3条違反の有無、裁判およびタリフ設定手続について条約6条1項違反の有無、女王権限の不定期拘禁刑について条約5条1項違反の有無、身柄拘束の継続的合法性に関する司法審査の欠如について条約5条4項違反の有無をそれぞれ検討するように求めた。また、英国政府は、国内法上の法的救済手段の審理が尽くされていないとしてVの申立は違法であると主張したが、人権裁判所はこの主張を退けたうえで、以下のように判示した。

【判　旨】

(1) 事実認定手続上の条約違反

(a) 犯行時10歳の少年に刑事責任を問うことは、欧州の複数の国で10歳よりも低い年齢に刑事責任年齢が設定されていること、国連児童の権利条約等の国際人権基準が刑事責任年齢の下限年齢を具体的に設定していないことから、条約3条が禁止する「非人道的な若しくは品位を傷つける扱い」にはあたらない（§64-74）。また、3週間にわたって公開の刑事法廷で裁判を受け、有罪確定後に氏名が公表されたことも、公開の刑事裁判の性質自体が被告人に恥辱または苦痛を与える目的によるものでないことから、条約3条には違反しない（§75-80）。〈12対5〉

(b) 条約6条1項は刑事被告人が効果的に刑事裁判に参加する権利を保障する。もっとも本裁判所は、委員会が指摘するように、少年の年齢、成熟度、知的・情緒的能力を考慮しつつ、少年が手続内容を理解して手続参加できるよう促進することに同意する（§86）。刑事法院の手続は形式的かつ儀式的であったため、11歳の少年には理解しづらく威圧的なものであったと同時に、法廷内を見渡せるように被告人席を一段高く設置したことにより却って少年を公衆の目および報道に晒す状況を作出して、怯えさせる結果となっていたと言える（§88）。衆人環視に晒された緊迫した状況の公判の中では、たとえ弁護人が傍に座っていたとしても、十分に情報交換して自由に打ち合わせをすることは困難であるといわざるを得ない（§90）。よって本件手続は公正な裁判を受ける権利を保障する6条1項に違反する（§91）。〈16対1〉

(2) 量刑上の条約違反

(a) 被告人は1993年11月以降6年間身柄を拘禁されているが、タリフの新たな期間設定がなされていない現在、被告人の年齢および拘禁の状況等の諸状況を勘案したとしても、当該期間の刑罰拘禁が「非人道的もしくは品位を傷つける取扱い」にあたるとは考えない（§99）。また、正当化できないほど長期間に亘ってタリフ期間の設定がなされない場合は条約3条違反の問題が生じうるが、現時点ではそこまでいたっていない（§100）。よって条約3条には違反しない（§101）。〈10対7〉

(b) 被告人は英国法に基づいて権限ある裁判所によって適法に拘禁刑を科されており、恣意的に拘禁刑が科されたとは認められない（§102-104）。よって条約5条1項には違反しない（§105）。〈全員一致〉

（c）犯罪事実の決定に関わる諸権利を規定した条約6条1項が上訴手続および量刑手続に関する諸権利を保障していることは明らかである（§109）。タリフの期間設定手続が同条項に違反するかが問題となるが、タリフの期間設定は独立の権限ある裁判所によってなされるのではなく、内務大臣によってなされており、証人尋問のための審判の機会や証拠の開示も保障されていない（§112）。内務大臣によるタリフの設定は、独立かつ公平な裁判所による公正な公開裁判を受ける被告人の権利を侵害するものであり、条約6条1項に違反する（§114）。〈全員一致〉

（d）条約5条4項は、自由剥奪の合法性について裁判所による迅速な判断を受ける権利を保障しているが、ここでは被告人がタリフにより身柄拘禁された手続が同条項に違反しないかが問題となる（§118）。本裁判所はすでにタリフの期間設定手続が独立の権限ある公平な裁判所によってなされておらず条約6条1項に違反すると判示しているので、このことを前提にすると、条約5条4項の要請も充たされているとは言えない（§120）。加えて、当初のタリフが破棄されたうえで身柄拘禁が継続された1997年6月12日以降は、身柄拘束の合法性が独立の裁判所によって定期的に審査されているとは言えない（§121）。よって1993年11月以降の身柄拘束については独立の裁判所による合法性の審査がなされておらず、条約5条4項に違反する（§122）。〈全員一致〉

【解　説】

(1) 本判決の意義および特徴

本件は、11歳（犯行当時10歳）の少年に対する公開の刑事裁判およびその結果科される少年拘禁刑が、公正な裁判を受ける権利を保障する条約6条および適正な手続における自由剥奪を保障する条約5条に違反しないかが問われた事例である。

事件自体については、幼児を殺害した残虐な犯罪であること、犯人が低年齢少年であることが報道されたうえで公開の刑事裁判に付されたことなどもあって、英国のみならず、世界各国の注目を集めた

ことは周知である。少年犯罪の凶悪化、低年齢化が叫ばれ、少年法改正の議論が盛んに行われてきているわが国においても本件は特に注目を集めてきた[1]。もっとも、わが国においては、14歳未満の者の刑事責任は問えないので、本件のように低年齢の少年被告人が刑事裁判を受けることはないが、英国においては、精神的にも肉体的にも未成熟な低年齢少年が大人と同じ公開の刑事裁判手続を受けることにより、手続内容に関する理解という観点での刑事裁判自体の公正性の問題、そして衆人環視に晒されるという観点でのプライバシー保護の問題を生じさせたと言える。また、英国法固有の量刑の問題として、18歳未満の重罪犯罪者に死刑、終身刑を禁止したこととの引き替えで科されているタリフと呼ばれる身柄拘禁刑の刑期の不定期性の問題および裁判所以外の機関が実質的に刑期を決定していることの問題があり、少年被告人に対する適正な量刑のあり方も問題となったのである。

人権裁判所は、これら2つの問題点について、それぞれ条約5条違反および条約6条違反を認めており、少年の刑事裁判に関する国際人権基準を初めて示したことが注目される。

(2) 少年被告人と公開の刑事裁判

(a) 本件の争点

事実認定手続上の争点は2つである。1つは、刑事裁判手続上の問題として、そもそも犯行時10歳の低年齢児童について刑事責任を問うこと、すなわち刑事裁判に付すること自体が条約3条が保障する非人道的もしくは品位を傷つける扱いを受けない権利を侵害しないかという点である。そしてもう1つは、公開の陪審裁判を受けること、すなわち裁判手続が衆人にさらされたうえでマスコミによる報道も行われることが条約6条が保障する公正な裁判を受ける権利を侵害しないかという点である。

(b) 条約3条違反に対する判断

条約3条は、「拷問または非人道的なもしくは品位を傷つける取扱いもしくは刑罰」を受けない権利を保障するが、ここでいう「拷問（torture）」とは、不

当な扱い（ill-treatment）がより加重されたもので、自白を獲得するなどの目的の下で強烈な身体的又は精神的苦痛を与える行為[2]を指すものであり、本件裁判手続自体がこれにあたらないのは明らかである。また「刑罰（punishment）」にあたらないことも明白である。したがって、ここでは、「非人道的なもしくは品位を傷つける取扱い」にあたるかが焦点となっている。

本判決は、犯行時10歳の少年に刑事責任を認めて刑事裁判に付すこと自体は、諸外国の状況および他の国際人権基準に照らしても「非人道的（inhuman）」もしくは「品位を傷つける（degrading）」ものには該当しないとした。そして、公開の裁判自体および有罪確定後の実名公表自体についても、これらが被告人に恥辱を感じさせる目的のもとになされるものではないとして、条約3条違反を否定している。

(c) 条約6条違反に対する判断

条約6条1項は、「刑事上の罪の決定のため、法律で設置された、独立の、かつ、公平な裁判所による合理的な期間内の公正な公開審理を受ける権利」を保障し、同条3項(c)は、弁護人を通じて防御する権利を保障して、1項を具体化している[3]。本条が保障する「公正な裁判（fair trial）」を受ける権利とは、一般的に、裁判所にアクセスする権利[4]よりも広い概念で用いられており、武器対等の原則などがここに含まれることが判例理論上確立している[5]。加えて、Stanford判決は、「公正な」刑事裁判であるためには、被告人が効果的に刑事手続に参加することが保障されなければならないことを示唆している[6]。特に、手続に効果的に参加するためには、弁護人の援助を適切かつ有効に受けることが必要不可欠となるので、「公正な裁判」の保障は、被告人と弁護人の間の十分な意思疎通および理解を前提とした関係性に及んでいる。

この点について本判決は、3つの観点で弁護人との十分な意思疎通ができなかったと判示している。1つは低年齢の少年に固有の精神的未成熟性による主観面の問題である。年齢が低くなればなるほど、認識力、理解力、適応能力は低くなるので、「公正」

であるか否かの判断にはこの点が含まれることを明示している。この観点からすれば公判時11歳の少年については類型的に刑事裁判に適さないと判断する余地も残している。もっとも、本判決では、主として、残りの2つの客観的問題を指摘して、裁判の公正性を否定している。1つは公判手続自体の形式性、儀式性および特に高位置に設けられた被告人の着席場所である。そしてもう1つは裁判の公開性にともなう衆人傍聴による圧力である。これらの客観的状況によって、たとえ弁護人が傍に座っていたとしても、少年被告人にとっては弁護人と十分に情報交換して自由に打ち合わせすることは困難であること、ひいては刑事裁判手続に効果的に参加できないことを認定したのである。条約6条3項(c)の弁護人の援助を受ける権利の侵害を明示しているわけではないが、客観的事情によって有効な弁護を受けることができないがゆえに刑事手続に効果的に参加できないとの論理構成をとって、条約6条1項が保障する公正な裁判を受ける権利が侵害されると結論づけている。

(3) 少年に対する適正な量刑

(a) 本件の争点

本件における量刑判断上の争点は4つである。第1に、英国法において18歳未満の少年重罪犯罪者に科されるタリフと呼ばれる最低期間拘禁刑が条約3条の「非人道的もしくは品位を傷つける取扱い」にあたるか、第2に、女王権限による不定期拘禁刑が、「法律で定める手続に基づく場合を除くほか、その自由を奪われない」権利を保障する条約5条1項に違反しないか、第3に、内務大臣によって行われるタリフ期間の設定手続が、独立かつ公平な裁判所による公正な公開裁判を受ける被告人の権利を侵害しないか、そして最後に、タリフによる身柄拘禁が、自由剥奪の合法性について裁判所による迅速な判断を受ける権利を保障する条約5条4項に違反しないかがそれぞれ問題となっている。

(b) 条約3条違反に対する判断

本判決は、まず先例を踏まえて国家による公共の安全保障の義務を確認している[7]。このことは、犯

行時10歳の少年に刑事責任を認めることが条約3条に違反しないとした判断と併せて考察すると、当該年齢の少年に刑罰を科すこと自体が条約3条に違反するものではないことを確認していると言える。そのうえで18歳未満の少年にタリフによる拘禁刑を科すことについて判断を行っているが、成人後も長期間に亘って拘禁刑が継続される可能性がある点についての判断は回避して、6年間の身柄拘束にとどまる時点でのタリフの執行は「非人道的もしくは品位を傷つける取扱い」にはあたらないとの限定的判断にとどめている。したがって、タリフそれ自体が条約3条に違反するか否かの判断はここでは示されていない。

(c) 条約5条1項違反に対する判断

また、タリフの科刑手続自体が法律に基づいて権限ある裁判所によってなされているか否かについては、本判決は明確に、英国法に基づいて権限ある裁判所によって適法に拘禁刑が科されており、恣意的に拘禁刑が科されたとは認められないとして、申立人の主張を一蹴している。条約5条1項(a)は、身体の自由に関する権利を保障し、法律に基づいて、権限ある裁判所によってのみ身柄拘束が許されるとしているが、これは、司法判断を行う機関が恣意性を排除して国内法の手続規定に基づき適法に身柄拘束の当否判断をする趣旨である[8]。したがって、女王権限によるタリフ自体は、1933年子ども・青少年法53条によって法律上明記されている限り、権限ある裁判所によってなされているということに異論を挟む余地はないものと言える。

(d) 条約6条違反に対する判断

一方で、タリフの期間設定が実質的に内務省によって行われる点については、以下の理由から条約6条1項が保障する独立かつ公平な裁判所による公正な公開審理を受ける権利を侵害するとしている。すなわち、1933年子ども・青少年法53条および54条によれば、タリフの科刑自体は裁判所によってなされるものの、その刑期および執行場所の選択は内務大臣の専権に委ねており、実質的な量刑判断が独立かつ公平な裁判所によって行われているとは言い

難い状況にあるというわけである。

条約6条は公正な裁判を受ける権利を何人に対しても保障している。そしてそれは、独立した公平な裁判所によって行われることで担保されている。ここでいう「裁判所（tribunal）」は、法の支配の下で権限が与えられた司法機能を営む機関であることは明らかである[9]。そしてその裁判所は、「独立（independent）」、すなわち三権分立の観点から司法機関として行政機関および立法機関から独立した機関[10]であって、「公平（impartial）」、すなわち構成裁判官は不偏不党でなければならず、それは裁判官個人の主観面および裁判所の構成という客観面の両方から裏付けられなければならない。

この点に関して本件では、英国行政機関の長である内務大臣が実質的にタリフ期間を決定しており、そこでは、証人尋問のための審判の機会あるいは被告人に対する証拠の開示も保障されておらず、その自由裁量による決定がなされている。本判決は、これらの点を捉えて、当該決定が「独立かつ公平な裁判所」によるものとは言えないから、被告人の公正な裁判を受ける権利を侵害すると判示している。実質的な量刑の決定が司法機関ではなく行政機関によって行われていることからすれば、本判決の判断は当然のことと言える。

(e) 条約5条4項違反に対する判断

加えて、本判決は、このようなタリフの量刑期間の決定が条約5条4項が保障する自由剥奪の合法性を裁判所によって迅速に判断される権利を侵害するとしている。

5条4項の司法審査は同条1項の身柄拘束の司法判断からは独立したものであり、4項の審査に先立って同条1項に該当する必要があるというわけではない。本項自体は人身保護請求に端を発する権利保障規定である。また、6条1項との関係においても、同項の要請がそのまま本項にあてはまるというわけではなく、むしろ、自由剥奪の合法性が判断できる司法的機関による「迅速な」判断に主眼がある。その意味でも、本項に言う「裁判所（court）」は必

ずしも司法機関たる独立の裁判所に限定されている
わけではない。

いずれにしても本件では、上述したように、タリ
フの期間設定自体が独立かつ公平な判断機関によっ
てなされていないわけであるから、本項が保障する
司法審査の権利も侵害しているとする本判決は妥当
と言える。

（4）判決の射程および判決後の英国内の対応

本判決を受けて英国内では、事件それ自体につい
ては以下のとおり処理された[11]。まず、国内裁判所
がVに対するタリフ期間を再審査し、その期間を8
年とすることを決定した。そして2001年6月に、
仮釈放委員会が、申立人が社会に対して有する脅威
はもはや存在しないと判断したうえで、タリフ期間
満了後の仮釈放を決定した。その後、内務大臣の承認
を得て、申立人の姓名を変更するなどの法的措置を
とって、終身にわたる保護観察を条件として仮釈放した。

また公正な裁判を受ける権利を侵害するとされた
点については、少年被告人が効果的に刑事手続に参
加をして弁護人の有効な援助を受けるために、司法
省によって、「刑事裁判所における実務規則」が策
定され、手続のあらゆる段階で弁護人の説明を受け
ること、わかりやすい言葉で裁判が進行されること
などが明記され、現在の実務はこの規則に則って進
行されている[12]。また内務大臣によるタリフ期間の
設定を適法としていた1933年子ども・青少年法53
条および54条は2000年8月24日に削除され、同
年に制定された刑事裁判所権限（量刑）法82条A、
90条ないし92条に代えられ、独立かつ公平な裁判
所によるタリフ期間の設定がなされることになった。

（5）わが国への示唆

わが国においても14歳以上の少年が公開の刑事
裁判に付される例は決して少ないとは言えない。タ
リフという英国固有の量刑手続の問題はわが国には
あてはまらないとしても、若年刑事被告人が効果的
に刑事手続参加して有効な弁護を受けることが条約
6条の公正な裁判を受ける権利に含まれるとした点
には、わが国の少年刑事手続が大いに学ぶべきもの

がある。また、効果的な手続参加を実現するために
は、少年のプライバシーに配慮した客観的状況の整
備、すなわち公開の刑事裁判自体の当否が検討され
なければならないとする少数意見の指摘は重要であ
る。現行法令上、わが国の刑事裁判においては、刑
事訴訟規則277条が、少年の事件の審理については
懇切に行うべきことを記すだけで、少年被告人自身
が刑事裁判手続に効果的に参加する権利を保障して
いるわけではない。人権条約6条がわが国も批准す
る市民的及び政治的権利に関する国際規約（B規約）
14条と同内容を規定していて、これらが相互に国
際人権法として統一的に理解されている国際人権実
務の現状に鑑みれば、わが国の憲法37条1項が少
年被告人にも当然に保障する公平な裁判を受ける権利
には、本判決が示した有効な弁護を伴う刑事手続参加
の権利が含まれていると理解すべきではないだろうか。

(1) 葛野尋之「刑事手続への実効的参加と少年の公開刑
事裁判——バルジャー事件裁判に関するヨーロッパ人
権裁判所判決の意義」『光藤景皎先生古稀祝賀論文集・
下巻』（成文堂、2001年）855頁以下等参照。

(2) See, William A. Schabas, The European Convention
on Human Rights: A Commentary, Oxford, 2015,
pp.174-175.

(3) See, Schabas, supra note (2) at 287; Poero Leanaza
and Ondrej Pridal, The Right to a Fair Trial: Article
6 of the European Convention on Human Rights,
2014, at 13-19.

(4) See, Golder v. UK, 21 February 1975, 〔I 41〕§ 28.

(5) See, Schabas, supra note (2) at 288.

(6) Stanford v UK, 23 February 1994, Series A. no.
282-A.

(7) E.g., A. v. UK, 23 September 1998, Reports 1998-
VI, § 22.

(8) See, Schabas, supra note (2) at 229-235.

(9) See, H. v. Belgium, 30 November 1987, § 50, Series
A no. 127-B.

(10) See, Schabas, supra note (2) at 294-295.

(11) この間の経緯については、葛野・前掲注(1) 869-872頁
に詳しい。See also, Bulger killers prove child criminals
can be rehabilitated, the Guardian, Friday 22 January
2010.

(12) See, Practice Direction, Part Ⅲ: Further Practice
Directions Applying in The Crown Court And Magis-
trates' Courts - Criminal Procedure Rules, III.30 Treat-
ment of Vulnerables, 2015. なお、本判決直後の規則
については、葛野・前掲注(1) 872-874頁に詳しい。

45 被疑者の取調べと弁護人立会権

公正な裁判を受ける権利の実効的保障には弁護人立会権の保障が含まれる

——サルドゥズ判決——

北村　泰三

Salduz v. Turkey

27 November 2008, Reports 2008-V (大法廷)

【事　実】

　2001 年 5 月 29 日、申立人サルドゥズ Yusaf Salduz（18 歳の少年）は、トルコのイズミル市内で行われたクルド労働者党を支持する不許可デモに参加し、橋桁に違法な横断幕を掲げた容疑により逮捕された。同人は弁護人不在のまま警察署での取調べに際して違法デモへの参加を認めたが、検察官には警察の取調べ中に暴行があったと主張して容疑事実をすべて否認した。検察取調べ終了の後、治安判事が申立人の勾留継続を決定した段階で、初めて弁護人との接見が許された。申立人は、治安裁判所では警察調書中の供述は強制によるものであり、事実無根と主張したが、自白を根拠として 2 年半の拘禁刑を言い渡された。

　事件当時のトルコ法によれば、被疑者は警察勾留段階から弁護人の援助を受ける権利が原則的に認められており、未成年者の取調べの際には弁護人の立会いは義務化されていたが、公安事件では、逮捕後96 時間以内は弁護人との接見制限が定められ、弁護人の取調べ立会権も認められていなかった。人権裁判所において申立人はこれらの点につき条約 6 条1 項（公正な裁判を受ける権利）および同 3 項 c（弁護人の援助を受ける権利）の違反を主張した。

　2007 年 4 月の小法廷判決は、検察官の起訴状が申立人に伝達されていなかったことについては 6 条1 項の違反を認めたが、公判段階では弁護人の援助を受けていたことおよび申立人の警察取調べ時の自白が唯一の有罪証拠ではないことなどを理由に 6 条3 項 c（弁護人の援助を受ける権利）の違反は認めなかった（4 対 2）。その後申立人は大法廷に上訴し、大法廷は、警察の取調べに際して弁護人に対するアクセス（取調べの際の立会いを含む）が拒否された結果、人権条約 6 条 3 項 c に違反すると判示した。

【判　旨】

　「捜査段階で獲得された証拠は、公判段階で審理される公訴事実の骨格を決定するので、刑事手続の準備のためには捜査段階は特に重要である。また被告人は公判段階では、特に証拠の収集等に関する手続法が複雑なために、無防備な立場に置かれる。多くの場合、この脆弱な立場は、弁護人（その役目は自己負罪拒否特権の尊重を確保するのを助けることにある）の援助を受けることによってのみ埋め合わせることができる。」この権利は、刑事事件における訴追が強制によって獲得された証拠に頼ることなく、被告人の罪証を明らかにしようとすることを前提としている。取調べの初期段階からの弁護人の援助に対するアクセスは、自己負罪拒否特権の本質を消滅させるか否かを検討する際に特に考慮すべき手続上の予防措置である。また、被告人が法的援助に対してアクセスする権利の例外は、公正な裁判の保障という観点から、明確に限定され、時間的にも厳格に制限されるべきである（§54）。

　「当法廷は、公正な裁判に対する権利が十分に『実質的かつ効果的』（practical and effective）であるためには、6 条 1 項の下での弁護人へのアクセスの権利が、これを制限するやむを得ない理由が特別の事情に照らして証明されない限り、原則として（as a rule）、警察による被疑者の取調べの最初の段階から付与されるべきであると考える。やむを得ない理由により、弁護人に対するアクセスの拒否が例外的に正当化される場合であっても、その制約がどれほど

正当なものであっても、6条に基づく被疑者・被告人の権利を不当に害してはならない」（§55）。

以上の一般原則を本件に当てはめると、申立人は、警察勾留中および拘置所への収容期間中も弁護人に対するアクセス権が認められず、警察勾留中の供述が有罪の証拠として用いられた。後に弁護の援助が提供されたこと、また訴訟手続が弾劾的な性格であることなどは、いずれも警察勾留中に生じた欠陥を正すことはできなかった（§57）。警察勾留中の少年に対する法律援助に関する多数の関連国際資料に照らして、被勾留者が少年である場合には、弁護人に対するアクセスを与えることは基本的に重要である（§60）。上述のように弁護人へのアクセスの権利に課せられた制限は、制度的であり、年齢にかかわらず、国家治安裁判所の管轄権内に該当する犯罪に関連して、警察勾留中のすべての者に適用されるのであるから、申立人は、自己に対する有罪証拠について後の公判段階およびその後の上訴審段階において異議申立の機会を有しているとしても、警察勾留中の弁護人の不在は、その弁護権について取り返しのつかないほどの影響が及ぶ（§61-62）。

以上に照らして、本件では6条との関連において同3項cの違反があった（§63）。

【解　説】

(1) 本判決の意義

本件判決の意義は、人権条約6条3項cに保障される「弁護人の援助を受ける権利」の内容として、警察取調べに際して弁護人の立会いを求める権利の保障を含むことを明確にした点にある[1]。判決文中の「弁護人へのアクセスの権利」という言葉は曖昧ではあるが、これは実際には取調べの際の弁護人立会権を含んでいる。本件において条約違反を認めた理由は、警察によって被疑者等の身柄が拘束されている状況において、弁護人の援助を受ける権利が保障されなかったならば、防禦の権利の保障は実質的意味を失い、公正な裁判の確保という公益が損なわれるからである。従来の判例法では、弁護人の援助を受ける権利の侵害があるか否かは、黙秘権の存在や自白の強制があったかどうかなどの特別の事情と

の関連で判断されるべきものとされており、取調中の弁護人の立会いが認められなかったことだけを理由として人権条約違反が認められたことはなかった（ジョン・マーレィ判決〔Ⅰ33〕）。しかし、本件では、条約6条3項cの弁護人の援助を受ける権利の保障は「実質的かつ効果的」でなければならないから、同規定は取調べにおける弁護人の立会いを求める権利も含むという解釈を導いた。本件で、そうした解釈を導く理由としては、①弁護人の立会いを求める権利が制度的に（法律上）否定されていたこと、②自白が唯一の有罪の証拠であったこと、③未成年のケースであったことが挙げられている。

本件判決は、少年事件に限って弁護人の立会いが要請されるとの趣旨なのか、それともすべての刑事事件について弁護人立会いが要請されるとしたのか必ずしも明確ではなかった。しかし、後の人権裁判所の判例（後述のブリュスコ対フランス事件参照）を通じて、少年事件であると否とにかかわりなく、また逮捕前の参考人段階における取調べに際しても弁護人の立会権の保障が求められているとしている。本件はそれらの一連の判決を導いた点で重要である。

また、「警察勾留期間中」の弁護士へのアクセス権という表現を限定的に解釈するならば、取調中に捜査官が尋問を中断して、別室で弁護人と接見する機会を認めるだけでもよいのか、それとも現に取調室内において弁護人の同席を求めていると理解されるのかという点も本判決では不明確だった。しかし、こうした曖昧さも、本件以後の判例によって、警察取調べに際して弁護人の立会いを求める権利を保障していると解することにより克服されている[2]。

パノヴィツ対キプロス事件判決は、公安事件に限らず一般の刑事事件でも弁護人立会権の保障が求められることを明らかにした[3]。申立人（強盗殺人容疑で逮捕された17歳少年）は、取調べに際して弁護人の立会いが認められない間に供述した自白が有罪証拠として用いられたことは公正な裁判を受ける権利の保障を侵害すると主張した。人権裁判所は、条約6条違反を認定する際に、黙秘権と自己負罪拒否特権に依拠することによって警察取調べの際の弁護人立会権を根拠づけた。

(2) 判決の履行と弁護人の援助を受ける権利の拡充

本件では、人権裁判所の判決言渡しに先だって、トルコの刑事訴訟法が改正され、公安事件により逮捕された直後であっても警察取調べの段階から弁護人の立会いを求める権利が認められた（同法の発効は2005年7月1日(4)）。法改正により被疑者は、警察による取調べの前に弁護人と接見する権利および取調べ中の立会いを求める権利も認められた。また、人権裁判所の判決に先立ち、トルコの公安裁判所は、再審を開始し原判決を取り消した（2003年10月1日）。

人権裁判所には、トルコに関する類似判例が50件以上ある。例えば、被疑者が自らの意思により弁護人の援助を受ける権利を放棄した場合でも、その結果をあらかじめ十分かつ明確に知らされた上で任意になされたものではなかったとして、条約6条3項c号の違反を認めた判例がある(5)。法律の定めにもかかわらず、実際には弁護人の立会いが確保されていなかった事件でも、条約違反が認められた(6)。

(3) 「サルドゥズ原則」の一般化とEU指令の制定

本件判決は、トルコ以外にもフランス、ベルギー、オランダおよびスコットランドなどの糾問主義的な刑事手続法の流れをくむ若干の国と地域の刑事司法改革の端緒となった(7)。さらにEU「指令」により弁護人の援助を受ける権利の基準を明確にしたことによって、細部の違いを認めつつ本件判決の要請はEU諸国間では刑事手続上の最小限の権利として承認されている。

(a) スコットランド

イギリスのイングランドとウェールズでは1984年警察刑事証拠法により、被疑者の取調中の弁護人の立会権は認められていたが、スコットランド法上は認められていなかった。イギリス最高裁判所は、2010年10月のカダー（Cadder）事件判決において本件判例を「サルドゥズ原則」と呼称して、弁護人の立会いのないまま警察の取調べにおいて獲得された自白により有罪とした原審判決は人権条約6条3項cの解釈に一致せず違法であると判示した(8)。本判決を受けてスコットランド法は直ちに改正され、警察による取調べを受ける前に弁護人と接見する権利と取調中に弁護人の立会いを求める権利が認めら

れた(9)。

(b) フランス

かつてフランスの刑事手続では、「警察留置」（garde à vue）制度の下で被留置者には、取調べ中の弁護人の立会権が認められておらず、黙秘権の告知もされないなどの問題があった。しかし、ブリュスコ対フランス事件判決（2010年）は、こうしたフランスの制度に改革を迫ることになった(10)。同事件の申立人はある事件の参考人として取調べを受けるために警察署に連行され、弁護人の援助がないままに自供した。後に、申立人は、弁護人の立会いがない状態で行った供述内容が有罪判決の根拠とされた点で、人権条約6条3項に保障された黙秘権と自己負罪拒否特権を侵害されたと主張して人権裁判所に提訴した。判決は、「黙秘権と自己負罪拒否特権は、一般に認められた国際法規であって公正な裁判概念の核心」をなしており、また自白の強制から被疑者・被告人を保護し、かつ司法過誤を避け公正な裁判という条約6条の目的を達成することは究極的な目的であるとした（§44）。さらに、任意の取調べであっても警察によって身柄が拘束された直後から弁護人による援助を受ける権利を有するとした（§45）。その後、フランス憲法院は、刑訴法関連諸規定が警察留置下にある被疑者等の取調べに際して弁護人の立会いを制限し、警察調書の開示を制限していた点でも憲法の諸規定に違反するとした結果(11)、法改正が行われ警察取調中の弁護人の立会権が認められた（改正刑訴法63条4項(12)）。

(c) EU

EUは、2009年12月のリスボン条約の発効以後、刑事手続上の諸権利の保障を「指令」として定めることを課題とし、2013年10月には弁護人にアクセスする権利および逮捕された際に領事と連絡する権利に関する指令を採択した(13)。本指令は、人権裁判所の判例法により確立されてきた弁護人の援助を受ける権利の内容をEU加盟国に対して拘束力のある規範として定めたものである（加盟国は2016年11月27日までに国内法化義務）。同指令では、弁護人による実効的な取調べ立会権を定めるとともに、実際の手続は「この権利の実効的な行使およびその本質を侵

害しないことを条件として」各国の国内法に委ねている（同指令3条3項b）。取調べに際しての「実効的参加」とは、弁護人は取調べに出席するだけでなく、質問を行い、確認し、意見を述べる機会を有することを意味している（本指令前文25段）。他方、この権利は絶対的権利ではないので、地理的遠隔性や緊急性を考慮して例外も認められる[14]。

本指令は、EU諸国間における弁護人立会権を一般的権利として確立する契機となった。従来、オランダは、弁護人の取調べ立会権の承認に消極的であったが、2017年3月に本指令を実施するために法改正を行った[15]。さらに人権裁判所も、Beuze対ベルギー事件判決において、EU指令に言及することによって、ベルギー法が取調中の弁護人の立会いを認めていないことなどにより人権条約6条3項cに違反すると判示した[16]。

(4) 日本法に対する示唆

自由権規約委員会や拷問等禁止委員会は、日本政府に対する総括所見において弁護人の取調べ立会権の保障を求めているが[17]、政府の対応は消極的である。他方、冤罪事件が繰り返し発生していることに鑑みて、刑訴法の改正が議論されてきた。その結果、2016年5月に裁判員裁判の対象事件等について警察取調べの際の録音録画化を導入する刑訴法改正案が国会で可決された。弁護人の取調立会権については、不当な取調べを防ぎ、虚偽の自白を防止するためには弁護人の取調立会権を実現すべきであるとの指摘がある一方で、弁護人の立会いは真実発見という捜査の目的を妨げるおそれがあるとの指摘や弁護人の立会いが実際に可能かという議論もあり、進捗していない。

他方、非ヨーロッパ圏では、アメリカ合衆国はもとより、韓国、台湾、香港などのわが国周辺国（および地域）においても警察取調時の弁護人立会権の保障が認められており、我が国においてもこの権利の実現に向けた建設的な議論が必要とされている。

(1) Ryan Goss, *Criminal Fair Trial Rights, Article 6 of the European Convention on Human Rights*, Hart Publishing, 2014, p. 197.

(2) Kerem Altiparmak, *Implementation of the Judgment of Salduz/Turkey*, Monitoring Report, July 2013. 〈http://www.aihmiz.org.tr/files/06_Salduz_Report_EN.pdf〉

(3) Panovits v. Cyprus, 11 December 2008.

(4) 暫定決議 CM/Res/DH（2009）69.

(5) Yunus Aktas et autres c. Turquie, 20 Octobre 2010.

(6) Saman v. Turkey, 5 April 2011.

(7) 本件判決時にはこれらの国（および地域）では警察取調べ中の弁護人立会権は認められていなかった。

(8) Cadder v. HM Advocate [2010] UKSC 43 (26 October 2010). Brice Dickson, *Human Rights and the United Kingdom Supreme Court*, Oxford, 2013, pp.4-7.

(9) Criminal Procedure (Scotland) Act 1995, S.15 A(3)(a)&(b).

(10) Brusco c. France, 14 octobre 2010.

(11) Conseill constitutionnel, Décision n° 2010-14/22 QPC du 30 juillet 2010, M. Daniel W. et autres [Garde à vue].

(12) LOI n° 2011-392 du 14 avril 2011 relative à la garde à vue.

(13) Directive 2013/48/EU, 22 October 2013.

(14) 人権裁判所は、緊急時には弁護人が不在のまま容疑者を取り調べることは認められると判示するに当たってEU指令に依拠した。Ibrahim and others v. UK [GC], 13 September 2016.

(15) Govemment Gazette of the Kingdom of the Netherlands, Stb. 2016 Nr 475 (Dec 8, 2016, in force on Mar, 1, 2017).

(16) Beuze v. Belgium, [GC] 2 November 2018.

(17) 拷問等禁止委員会総括所見、CAT/C/JPN/CO2, 28 Jun 2013. 自由権規約委員会の総括所見、CCPR/C/JPN/CO/6, 20 August 2014.

[参考文献]

[1] 北村泰三「警察取調べにおける弁護人立会権をめぐる人権条約の解釈・適用問題——ヨーロッパ諸国の動きを中心として」法学新報120巻9・10号（2014年）161-235頁。

[2] 久岡康成「EU指令2013年48号における弁護人に対するアクセス権と第三者及び領事との連絡権」香川法学34巻3・4号（2015年）1-28頁。

46 伝聞証拠法則と条約6条
「唯一または決定的」ルールの緩和
──アル・カワジャおよびタヘリ判決──

Al-Khawaja and Tahery v. the United Kingdom

齊藤　正彰

15 December 2011, Reports 2011-VI（大法廷）

【事　実】

（1）Al-Khawaja 事件

　申立人 Al-Khawaja は、イギリス在住のイギリス国籍者で、リハビリ医療の医師であったが、診察中に催眠状態にあった女性患者2人（S.T. および V.U.）にわいせつ行為を行ったとして起訴された。被害者の S.T. は、本件の公判前に自殺したが（原因は本件とは無関係）、その前（事件の数か月後）に警察に供述書を提出しており、公判では、この供述書が朗読された。また、S.T. の友人である B.F. と S.H. が事件直後に S.T. から聞いた内容を証言し、S.T. の掛かりつけの医師も証言した。V.U. に対する同様のわいせつ行為に関しては、V.U. 本人と担当警察官が証言した。さらに、別の女性2人が、催眠診療中に申立人が不適切な暗示をしたと証言し、催眠効果について専門家の証言も行われた。申立人側も、数人が証言を行った。審理判事は、S.T. の証言について、本人が証言して反対尋問を受けるところを陪審が見ていないことに注意するよう説示した。両方の事件について、2004年11月30日に、陪審員全員一致の評決で有罪判決（それぞれ15か月および12か月の実刑）が下された。控訴院でも貴族院でも、申立人の主張は認められなかった。

（2）Tahery 事件

　申立人 Tahery は、1975年にテヘランで出生したイラン国籍者で、ロンドンで生活していた。2004年5月19日、申立人は、イラン人の S が数人のクルド人と口論になっているところを仲裁したが、翌朝再び S と会った申立人は、前日のことで争いとなった。その際、S は背中に刺された痛みを感じたが、S 自身は申立人が刺そうとするのを見たわけではなかった。2日後、事件の際に現場にいた T が、警察に、申立人が S を刺すのを見たと供述した。同年11月3日に申立人は逮捕され、故意の傷害および司法運営の妨害（警察に対して黒人2人が刺すのを見たと繰り返し述べたため）について起訴された。申立人は、傷害については無罪を主張した。検察官は、2003年刑事裁判法116条2項(e)および4項に基づき、T の供述書を朗読する許可を求めた。検察官は、T が公判出廷を非常に恐れているとし、審理判事は、イラン人コミュニティは結束しており T の恐怖は真正なものであるとする事件担当の警察官の証言を聴取した。T も、審理判事に対して（陪審にではない）、遮蔽措置の下で、訪問や電話を受けており（ただし、申立人によるものとはされておらず、誰によるのかは明らかにされなかった）、自分と家族が心配だと述べた。そのため、T の供述書が陪審に対して朗読された。審理判事は、反対尋問を受けていない T の証言に依拠することの危険性について、陪審に説示した。申立人は、2005年4月29日に、故意の傷害について有罪と評決され、10年3か月の自由刑を宣告された。申立人は控訴した。控訴院は、T の証言が採用されなければ、有罪の可能性が減少し、無罪の可能性が高まったことを認めたが、他の証人に対する反対尋問、申立人の証言、審理判事の説示等によって不公正さは抑止されたとした。有罪についての上訴の許可は拒否されたが、刑期は9年から7年に減じられた。最高裁も控訴院の判決を支持した。

(3) 人権裁判所小法廷

Al-Khawaja 事件の申立人は 2005 年 7 月 18 日に、Tahery 事件の申立人は 2006 年 5 月 23 日に、ヨーロッパ人権裁判所（以下、人権裁判所）に申し立てた。

人権裁判所小法廷（第 4 部）は、自己に不利益な証人を尋問できなかったことで公正な裁判を受ける権利の侵害が問題となった両事件を併合して審理し、2009 年 1 月 20 日に、ヨーロッパ人権条約（以下、条約）6 条 3 項との関連において 6 条 1 項に違反すると判示した（全員一致）。本件は、イギリス政府の要請により大法廷に上訴された（2010 年 3 月 1 日）。

【判　旨】

(1) 一般的原理

証人審問権に関する条約 6 条 3 項(d)の保障は、同条 1 項に規定されている公正な審理を受ける権利の一側面である。6 条 1 項における人権裁判所の最大の関心事は、刑事手続の全体的公正さを判断することである。その際には、弁護側の権利のみならず、犯罪が適切に訴追されることについての一般公衆および被害者の利益や、必要な場合には証人の権利も考慮して、手続を全体として検討する。6 条 3 項(d)の求める原理から、被告人は自己に不利益な証人に対して尋問する十分かつ適切な機会を与えられるという防御権が侵害されてはならない（§118）。人権裁判所の判例によれば、このことから 2 つの要請が導かれる。第一に、証人の欠席には適切な理由が必要である。第二に、有罪判決が、被告人が尋問する機会のなかった者の供述に唯一または決定的な程度で依拠している場合、防御権の制約は 6 条の規定する保障と相容れないものとなることがある（いわゆる「唯一または決定的」ルール the sole or decisive rule）（§119）。

(2) 証人の欠席に適切な理由が存在するか

不在の証人の証言を認めることに適切な理由が存在するかは、その証言が有罪判決の唯一または決定的な証拠であるかを考慮する前に検討しなければならない問題である。その証言が唯一または決定的な証拠でない場合でも、欠席に適切な理由がない場合は 6 条 1 項および 3 項(d)に違反する（§120）。

証人が死亡した場合、その供述書を証拠として採用する必要があることは明らかである（§121）。恐怖による欠席については、被告人または被告人のために行動する者の脅迫その他の行為に起因するものと、公判において証言した場合に生じることについての一般的な不安に起因するものとの区別が必要である。前者の場合は、それが唯一または決定的な証拠であっても、欠席証言を認めることは適切である。後者の場合は、裁判所は、その恐怖に客観的根拠があるか、それが証拠によって裏付けられるかについて、適切な調査を行って判断しなければならない（§122-124）。恐怖を理由に公判での証言を免除するのは、匿名化などの代替手段をとることができない場合でなければならない（§125）。

(3) 「唯一または決定的」ルール

「唯一または決定的」ルールが形成されてきた頃の人権裁判所の判例においては、少なくとも、問題となった証人の召喚や身元確認を行わないことについての正当化事由がないことが、条約 6 条 3 項(d)に違反するとされていた。証人を召喚しないことに正当化事由がある場合でも、有罪判決がその証人の証言に唯一または決定的な程度に依拠することは不公正であると初めて判断したのは、Doorson v Netherlands 判決である（§128）。

「唯一または決定的」ルールは、事案にとって重要な伝聞証拠はすべて反対尋問を受けなければならないという前提に基づくものではない。むしろ、「唯一または決定的」ルールは、証拠の重要性が大きいほど、証人の匿名性や公判欠席を認めることについての潜在的な不公平さは大きくなり、証拠の信頼性についての保障の必要性が大きくなる、という原理に基づく（§139）。Doorson 判決も、有罪判決が唯一または決定的な程度に匿名の証人に依拠すべきではないと述べた後に、そのような証拠は最大限の注意をもって取り扱われるべきであるとしていた（§141）。Doorson 判決で示された「唯一または決定

的ルール」を支える根拠はなお有効である（§142）。しかし、人権裁判所は、手続の公正さの全体的検討の文脈において条約6条3項を解釈してきた（§143）。その際、「唯一または決定的ルール」を硬直的に適用することは正しくない（§146）。

伝聞証拠が被告人に不利益な唯一または決定的な証拠である場合に、その証拠としての採用が自動的に6条1項違反となるわけではない。同時に、有罪判決が唯一または決定的に欠席証人の証言に依拠している場合、裁判所は、手続を最も厳格な審査に服させなければならない。そのような証拠を認めることの危険性ゆえに、証拠の信頼性の公正かつ適切な評価を可能にする措置を含む、強力な手続的保障の存在など、防御権の制約と十分に均衡する要素が求められる（§147）。

1988年刑事裁判法および2003年刑事裁判法に含まれる保障は、原則として、公正さを確保するような強力な保障である（§151）。

（4）本件の検討

各事件について、①証人の供述書を認めることが必要であったか、②尋問されていない証拠が有罪判決の唯一のまたは決定的な根拠であったか、③十分な均衡要素が存在したかを検討する（§152）。

Al-Khawaja事件では、S.T.の死によって供述書の承認が必要となった（§153）。S.T.の供述は決定的な証拠である（§154）。しかし、それが条約6条3項(d)との関連において6条1項に違反しないといえるだけの十分な均衡要素が存在していた（15対2）（§155-158）。

Tahery事件では、Tの恐怖に客観的根拠があるかについて適切な調査がなされた（§159）。Tの証言は決定的証拠であり、それがなければ有罪判決の可能性は著しく低かった（§160）。しかし、被告人の不利益を埋め合わせるのに十分な均衡要素は存在せず、条約6条3項(d)との関連において6条1項に違反している（全員一致）（§161-165）。イギリス政府は、申立人に対し、非金銭的損害について6000ユーロ（§170）、費用について1万2000ユーロを支払わ

なければならない（§174）。

【解　説】

（1）伝聞証拠と条約6条

条約は、6条1項で公正な裁判を受ける権利を包括的に規定し、2項以下で派生的な個別的権利を規定する。6条3項は、刑事上の罪に問われている者の権利を列挙しており、3項(d)が不利益証人に対する反対尋問の権利等を規定している。ここで問題となるのが、証人の死亡・疾病・行方不明、報復からの証人の保護、被害者証人の二次的被害の防止、潜入捜査員の報復からの保護および継続的活動の維持、証人の自己負罪拒否特権の行使などの理由で公判に出廷しない証人の供述証拠の採用である。反対尋問の機会が与えられていない供述証拠としての伝聞証拠を排除する英米法のような伝聞法則が採用されていなかった締約国でも、条約6条に関する人権裁判所判例の影響がみられるとされる[1]。他方、イギリスの2003年刑事裁判法は、伝聞法則について広汎な例外を認めていた。

人権裁判所は、条約6条3項(d)の保障する証人審問権は独立した絶対的な権利ではなく、制約を受ける権利であることを認めてきた。証人審問権に対する制約があった場合でも、何らかの形でそれに対する補填がなされていれば、手続全体としては6条1項の保障する公正な裁判を受ける権利は保障されていたと評価されるのである。人権裁判所は、①証人審問権の制約に適切な理由があること、②制約による被告人の不利益すなわち有罪判決の危険に対して均衡のとれた防御権が保障されていること、という2つの要素で判断してきたとされる。

その際、人権裁判所は、問題となる伝聞証拠が有罪判決の中でどのような位置を占めているかを問題とする。そして、当該証拠が有罪判決を導く唯一の証拠であるか、または、決定的な意義を有する証拠である場合には、防御権の制約を補填する手続的保障によって、有罪判決の危険という不利益を埋め合わせて十分な均衡が得られるが問題となる。このよ

うな、伝聞証拠が有罪判決の唯一または決定的な根拠であることに注目する判断手法は、「唯一または決定的」ルールと呼ばれる。問題は、このルールに該当した場合に、ただちに条約6条違反となるのかである。

(2)　「唯一または決定的」ルールに関する判例

条約6条3項(d)の例外として伝聞証拠が認められる場合に関する人権裁判所の判例は、少なくない。人権裁判所は、既に、1986年のUnterpertinger対オーストリア事件[2]において、公判廷に出廷しない証人の供述書を警察が公判で朗読することは、条約6条1項および3項(d)に違反するわけではないが、防御権と合致することが必要としていた。

1989年のコストフスキ判決〔I *36*〕は、基本的に、被告人に不利益な全ての証拠は反駁にさらされる公開の手続において採用されなければならないが、しかし、公判前手続における不利益な証言も被告人の防御権が保障されていれば判決において利用することができるとした。ただし、当該事件においては、防御権が著しく制約されており、条約に違反するとされた。

1996年のDoorson対オランダ事件[3]は、コストフスキ判決に基づきながら、匿名証人の証言を採用することが常に条約違反となるわけではないとし、証人の生命・身体・自由といった条約が保障する権利が危険に晒される場合には、条約6条3項(d)の権利と比較衡量されるとした。しかし、他方で、均衡をとる手続によって弁護側の不利益が補填されたとしても、有罪判決が唯一または決定的な程度に匿名証言に依拠するべきではないという考え方を示した。

2001年のLucá対イタリア事件[4]では、共同被告人の黙秘権行使によって不利益証人に対する反対尋問権が制約される場合、条約6条3項(d)の権利は、同じく6条によって保障される黙秘権に劣後し、捜査段階で得られた証言を利用する司法権の利益に対しても劣後するとされた。ただし、被告人側に尋問の機会のなかった証言に有罪判決が唯一または決定的な程度に依拠している場合は、条約6条に違反す

るとされた。

2002年のS.N.対スウェーデン事件[5]では、性的虐待事件の少年被害者の私生活の尊重に対する権利（条約8条）と条約6条3項(d)の権利の比較衡量が認められた。

こうした人権裁判所の判例から、「唯一または決定的」ルールは、問題とされる伝聞証拠が有罪判決を導く唯一または決定的な証拠である場合には、防御権の制約を補填するいかなる均衡手段をとっても被告人の不利益を埋め合わせることができないから、そのような伝聞証拠の採用は常に条約6条に違反するとするものとの理解も成り立つ。

ところで、本件の人権裁判所小法廷判決は、Doorson判決を引用しつつ、伝聞証拠が有罪判決の唯一または決定的な根拠であったと認めた上で、均衡要素の存在について検討し、イギリス政府の均衡要素についての主張を否定している。つまり、「唯一または決定的」ルールが自動的に6条違反を導く「絶対的」なものとはみていないとも解される。しかし、小法廷判決は、伝聞証拠の採用が容易に認められるはずの証人の死亡の事案においても、均衡要素を認めず条約違反とした。このことは、「唯一または決定的」ルールを「厳格」に適用するものと解された。イギリスの国内裁判所は、本件の小法廷判決の前後に、「唯一または決定的」ルールに関する人権裁判所判例に抵抗を示していた[6]。

(3)　大法廷判決の理解

本判決は、①証拠の採用基準は国内法が決定する、②裁判所は、証拠が正しく採用されたかではなく、手続が全体として公正かを判断する、という従来の枠組を確認し、③人権裁判所の判例は「唯一または決定的ルール」を「絶対的」な基準とはしてこなかったとした上で、同ルールを否定するのではなく、その「厳格」すぎる適用を諫めた。

本判決が、伝聞証拠の利用について、(a)適切な理由が必要であり、(b)問題となる証拠が有罪判決の唯一または決定的な証拠である場合には、裁判所は最も厳格な審査の下で、強力な手続的保障の存在など、

十分な均衡要素を要求するとしたものとみるならば、本判決以降は、伝聞証拠が有罪を導く「唯一または決定的」な証拠ではない場合でも、証人の欠席に適切な理由がなければ6条3項(d)違反となる[7]。適切な理由がある場合は、本判決以前のように、十分な均衡要素が存在するならば6条3項(d)違反はないとされるが、審査のレベルは、証拠が「唯一または決定的」なものである事案におけるのと同じように、高くなるとされる[8]。

これに対して、本判決のSajó裁判官とKarakaş裁判官の反対意見は、人権裁判所は、伝聞証拠に関して、体系的かつ一貫して「唯一または決定的」ルールという形で明確な線を引いてきたとする。両裁判官は、従来の判例において、「唯一または決定的」ルールが自動的に6条違反を導く「絶対的」なものとされてきたと理解しているのである。そして、防御権保護の最後の一線を放棄するものとして、人権裁判所の立場変更に重大な懸念を表明している。反対意見は、均衡要素の検討が許されるのは伝聞証拠が有罪判決の唯一または決定的な根拠でない場合に限られるとし、伝聞証拠が唯一または決定的な証拠である場合に被告人の権利と他の利益とを比較考量する均衡要素を検討することは許されないとするのである。

(4) 人権裁判所と国内裁判所の「対話」?

本判決をめぐっては、小法廷判決(全員一致)にも加わった人権裁判所のBratza所長の補足意見や、2012年1月の同所長の年頭演説などを手がかりに、人権裁判所と国内裁判所の「対話」の様相が考察されている[9]。また、「最高裁と欧州人権裁判所との間のこうした相互作用は『対話』と呼ばれるが、実際は親書の交換のようなものである」[10]とも評される。

人権裁判所は、判例への批判に耳を傾け、イギリス国内裁判所との間の緊張を和らげる妥協を図ったとされる。それによって、イギリス国内裁判所の人権裁判所への抵抗が継続されるかという問題は回避されたようにみえる。他方、不明確とされた条約6条に関する従来の判例が本判決によって整理された

のかには疑問も残る。

本判決に至る過程でイギリス国内裁判所が示した抵抗は、今後の国内裁判所における人権裁判所の判例の取扱いに影響を与えるかもしれない。本判決後も、イギリス国内裁判所は「唯一または決定的」ルールを否定する立場を述べ、人権裁判所はHorncastle判決[11]において「唯一または決定的」ルールは絶対的なものではないとする本判決を確認している。Al-Khawaja事件とTahery事件の結論を分けたのは、補強証拠の程度にあるとされる。今後は、この相違が人権裁判所と国内裁判所の「対話」の契機となるのかもしれない[12]。

なお、閣僚委員会は、イギリスのとった措置を確認して執行監視任務を終了した。

(1) 内藤大海「ドイツにおける伝聞証拠の問題性(1)〜(3・完)」国士舘42-44号(2009-2011年)。
(2) Unterpertinger v. Austria, 24 November 1986, Series A, no.110. またコストフスキ判決〔I *36*〕解説(田中康代執筆)251頁参照。
(3) Doorson v. Netherlands, 26 March 1996, Reports 1996-II.
(4) Lucá v. Italy, 27 February 2001, Reports 2001-II.
(5) S. N. v. Sweden, 2 July 2002 , Reports 2002-V.
(6) 江島晶子「判批」国際人権23号(2012年)136頁。
(7) Rudnichenko v. Ukraine, 11 July 2013, §104.
(8) D. Harris et al., Harris, O'Boyle & Warbrick : Law of the European Convention on Human Rights, 3rd ed. (Oxford University Press, 2014), p. 487-488.
(9) 江島晶子「ヨーロッパ人権裁判所と国内裁判所の「対話」?」坂元茂樹＝薬師寺公夫編『普遍的国際社会への法の挑戦 芹田健太郎先生古稀記念』(信山社、2013年)85頁以下、また、小山雅亀「イギリスの裁判所と欧州人権裁判所との伝聞法則をめぐる「対話」── Al-Khawaja判決およびHorncastle判決を中心に」西南48巻3=4号(2016年)349頁以下。
(10) ブライス・ディクソン(北村泰三訳)「欧州人権条約と英国最高裁判所」比雑48巻2号(2014年)32頁。
(11) Horncastle and others v. U.K., 16 December 2014.
(12) Mike Redmayne, Hearsay and human rights : Al-Khawaja in the Grand Chamber, Modern law review, vol. 75, no. 5 (2012), pp. 865-878.

[参考文献]
注に掲げた文献を参照のこと。

47 条約6条と条約3条に反して得られた証拠
外国において拷問により採取された証拠の排除
――エル・ハスキ判決――

水谷　規男

El Haski v. Belgium
25 September 2012

【事　実】

　モロッコ国籍の申立人 El Haski 氏は、1993年から2002年までシリアに滞在し、その間にモロッコ、トルコ、サウジアラビア等への渡航歴があったほか、1994年、1995年にはそれぞれ数か月にわたってアフガニスタンに滞在した。2002年にモロッコに戻った申立人は、同年10月にサウジアラビアに入国し、2004年にトルコ経由でベルギーに偽造書類を用いて入国した。申立人は、ベルギー人の妻と子供とともにベルギーの難民避難所に住んでいたが、2004年7月1日に逮捕され、モロッコのイスラム武装団（GICM）のリーダーとしてテロリスト集団の活動に関わり、文書偽造、盗品の取引、偽名の使用および不法入国をしたとの事実で訴追された。

　申立人の逮捕に至る経緯は、次のようなものであった。ベルギーの公安当局は、2002年11月に連邦検事局に対し、ベルギー国内に GICM と繋がりのある北アフリカ出身者のグループがあり、アルカイダ系のアフガニスタンのキャンプで軍事訓練を受けた者が主導者であるとのレポートを提出し、その続報は2002年12月、2003年3月にも提出されていた。2003年5月16日に発生したカサブランカ爆発事件（50人が死亡）の捜査をしていたモロッコ当局は、数人のイスラム武装グループのメンバーを逮捕して取調べを行い、彼らの供述から申立人を含む数人のリーダーたちを特定した。モロッコ当局は2003年10月、テロ行為を謀議、準備、実行し、テロ行為を支援するための資金を調達したとの嫌疑で申立人らの国際逮捕状と犯罪人引渡請求の令状を発

した。その後、ベルギー、フランス、オランダなどで GICM に関する捜査が行われ、申立人が偽造パスポートでベルギーに入国した際に幇助した者などが特定され、申立人の逮捕に至った。

　申立人に対する刑事手続は、テロリストグループへの参加の罪について2005年8月にブリュッセルの重罪法院で開始された。申立人は法律扶助により、一件記録を無料でコピーすることができたが、その中には、モロッコ当局が国際司法共助により送付した4人の被疑者の調書が含まれていた。これらの調書では、申立人の上記の渡航歴や GICM のメンバーであることが語られていた。申立人は重罪法院で2006年2月16日、7年の拘禁と2500ユーロの罰金を言い渡された（共同被告人のうち8人は有罪になり、4人は無罪となった）。この判決に対して申立人を含む5人が控訴した。控訴審で申立人らは、一件記録の中にあるフランスとモロッコからもたらされた尋問調書がヨーロッパ人権条約3条に反して得られた供述を含んでおり、とりわけモロッコの調書はモロッコ法の下でも違法なものであったと主張した。これに対してブリュッセル控訴院は、申立人の主張はモロッコの警察官や司法当局によってモロッコ法に違反する行為が行われたとの合理的疑いを生ぜしめるような具体的な証拠を示していないとしたうえで、2007年1月19日、控訴を棄却した。申立人らはさらに破棄申立をしたが、破棄院はヨーロッパ人権条約3条違反の主張は、事実審における証拠評価の問題であるとして、2007年6月27日、破棄申立を却下した。

　国内的救済の尽きた申立人は、ベルギーの裁判所

がヨーロッパ人権条約3条に違反する方法で獲得された証拠に基づいて申立人を有罪としたことは、同条約6条に違反し、ベルギーの司法共助法にも違反して、申立人を GICM のリーダーと認定したと主張して、人権裁判所に提訴した[1]。

【判　旨】

「当裁判所の役割は、人権条約19条に基づき、締約国が誓約事項を遵守することを保証することにある」。「人権条約で保護された権利や自由に影響を与えない限り、国内裁判所が犯した事実または法律に関する過誤を正すことは当裁判所の役割ではない」。「人権条約6条1項は、『公正な公開審理』を保障したものであって、この規定から証拠の許容性に関する何らかのルールが導かれるわけではない。証拠の許容性は国内法の規制に係る問題である」（§81）[2]。

「当裁判所の役割は、原則として、特定の種類の証拠－たとえば国内法に照らして違法に獲得された証拠－が許容されるかを判断することではない。問題は、証拠の入手方法も含め、手続が全体として公正であったか否かにある。公正性の審査にあたっては、問題となっている違法だけでなく、人権条約上の別の権利の侵害が問題となっている場合には、その侵害の性質が検討されなければならない」（§82）。

「手続が全体として公正であったか否かを判断するに当たっては、防御権が尊重されていたかどうかも考慮しなければならない。とりわけ、申立人が証拠の真正性とその証拠の利用について争う機会を与えられたかどうかが重要である。また、その獲得状況が証拠の信頼性や正確性に疑問を生ぜしめるか否かという観点から、証拠の種類についても考慮しなければならない。証拠の獲得状況についての資料が乏しい場合であっても、証拠が非常に強力で、その信頼性について危険がない場合には、裏付け証拠は相対的に弱いものであってもよい。またこの観点から、当該証拠が刑事手続の帰結に影響を与えるか否かという点も考慮することになる」（§83）。

「人権条約上の権利の侵害を審査するに当たり、プライバシー権（人権条約8条）を侵害して獲得した情報を利用することが手続全体を人権条約6条に違反する不公正なものにするかどうかを審査する際には、事案のすべての状況、とりわけ申立人の防御権の保障や当該証拠の質と重要性を考慮した先例（Gäfgen v. Germany [GC], Reports 2010-IV〔本書34〕§162）」を繰り返す（§84）。

「しかしながら、人権条約3条に違反して獲得された証拠の刑事手続における利用については、それが人権条約で保障された中核的で絶対的な権利の一つを侵すものであるが故に、たとえその証拠が有罪認定にとって決定的なものではなかったとしても、手続の公正性に対する重大な疑念を常に生じさせるため、特別な考慮が払われなければならない。人権条約3条に違反して、拷問、非人道的または品位を傷つける取扱いに該当する手段で獲得された供述を刑事手続において用いることは、当該手続全体を人権条約6条に違反する不公正なものにしてしまう」。

「それゆえ、人権条約3条に違反して獲得された供述を刑事手続において用いることは、その取扱いが拷問であるか、非人道的であるか、品位を傷つけるものであるかを問わず、手続全体を自動的に人権条約6条に違反する不公正なものにする」。「同じことは、拷問によって直接的に獲得された証拠についても妥当する。拷問には当たらないが、人権条約3条に違反する非人道的な取扱いの結果として獲得された証拠については、それが被告人に対する手続の結果、すなわち有罪判決に影響を与えたことが示された場合には、人権条約6条違反となる」。

「当裁判所は、人権条約3条違反の取扱いの被害者が被告人である場合だけでなく、第三者に対する場合であっても、上記の原則が妥当すると考える」。「このことは、たとえ第三者から証拠が獲得された場合であっても、拷問によって獲得された証拠を法廷で用いることは直接的な正義の否定に当たるとした先例においても示されている」（Othman (Abu Qatada) v. UK〔本書23〕）（§85）。

「当裁判所は、上記引用の Othman 事件判決にお

いて証拠の問題を検討した」。同判決はヨルダン国籍の者を出身国に送還するに当たり、拷問によって引き出された第三者の供述を根拠にした有罪認定に直面したことが直接的な正義の否定であって人権条約6条に違反するとの主張を審査した。申立人側が拷問によって当該証拠が獲得されたことを「合理的疑いを超えて」立証しなければならないとの連合王国政府の主張に対しては、同判決は、申立人に当該証拠がそのように獲得されたことについて、「現実的危険」を超えた立証の負担を負わせることは不公正である、との見解を示した。また同判決は、以下の3つの理由から、申立人に高度な立証の負担を負わせることは公正でないとした。第1に、国外移送の判断について用いられてきた「蓋然性のバランステスト（balance of probabilities test）」[3]によるべきではない。第2に、連合王国政府が依拠したカナダおよびドイツの判例法は典拠とならない。第3に、最も重要な理由として、拷問を立証することの特別な困難性を考慮する必要がある（§86）。

「人権条約3条に違反して獲得された証拠の排除法則の適用に当たっての証明基準については、様々な問題がある」。第1に、その取扱いが当該国によって行われた場合と第三国で行われた場合があり、被害者が被告人である場合と第三者である場合とがある。さらに、場合によっては、当該裁判所自体またはその国の裁判所、もしくは第三国の裁判所が主張された虐待について正当性とその性質を肯定している場合がある。別のケースではそのような司法判断がない場合もある（§87）。

「当裁判所は、これらの事情を個別に検討することはしない。第三国の支配下で第三者に対して人権条約3条に違反する取扱いが行われたことによって得られた供述を国内裁判所が排除しなかったことが問われている本件においては、Othman判決が示した方法に従うことが適切である。したがって、問題となっている第三国の司法制度が拷問、非人道的または品位を傷つける取扱いの主張に対して、独立した、公平で真摯な調査を適切に保障していない場合

には、人権条約6条1項から証拠排除のルールを導くためには、人権条約3条に違反して供述が獲得された現実的危険があることを申立人が示すことで必要かつ十分である。これを超える高度な立証の負担を負わせることは、不公正である」（§88）。

「本件では、申立人に対する刑事手続で、ベルギーの裁判所がモロッコにおいて人権条約3条が禁止する方法で採取された第三者の供述を用いたとの主張を取り上げることが適切である」。拷問があったか否かの判断に当たっては、モロッコの司法制度がその当時において拷問または非人道的もしくは品位を傷つける取扱いの主張に対して、独立した、公平で真摯な審査を保障していたかどうかが問題である、このような保障がなかったとすれば、当該供述がそのような取扱いによって得られた現実的危険があったかが問題となる。「当裁判所に寄せられた多くの情報に照らせば、2003年5月16日のカサブランカ爆発事件に対する対テロ措置と捜査手続において、モロッコの司法制度が上記のような審査を保障していたことは疑わしい」[4]（§90-93）。

「当裁判所は、上記のように、モロッコにおいて、モロッコ当局によって獲得された供述に対して排除法則の適用を求めるに当たり、申立人は国内裁判所において当該証拠が拷問、非人道的または品位を傷つける方法で獲得された『現実的危険』があったことを示せば足りると結論する」（§96）。

ブリュッセル控訴院は、申立人がモロッコにおける拷問についての報告書を引用するだけで、本件についてモロッコで聴取を受けた個人が暴力や拷問または非人道的もしくは品位を傷つける取扱いを受けたとの合理的疑いがあることを具体的証拠によって示していないという。しかし当裁判所は、本件の供述が2003年5月16日のカサブランカ爆発事件についての一連の捜査の中で得られたものであり、当時モロッコで自白を獲得するために広汎な虐待が行われていたことを示す各報告書は、人権条約3条に違反する方法で供述が得られた現実的危険があったことを示していると考える。したがって、申立人の他

の主張について判断するまでもなく、本件において人権条約6条違反がある（§97～§99）。（全員一致）

【解　説】

刑事手続における訴訟の構造や証拠の法的規制の在り方は、国によって様々である。大まかに分類すれば、当事者主義の訴訟構造をもつ英米法系の国々においては、証拠収集は基本的に当事者によって行われるものであり、刑事裁判で当事者（訴追側）が提出する証拠について、裁判所が事実認定に供するための条件を設定する。これに対して、職権主義の訴訟構造をもつ大陸法系の国々においては、証拠の収集・保管・利用は裁判所の権能と考えられ、証拠の許容性は主として裁判所の観点から統制される。

このような国内法のバリエーションがある中で、ヨーロッパ人権条約には、刑事裁判における証拠の法的規制を直接規定した条項がない。そこで、証拠を法的にどう規制するかは、基本的に国内法に委ねられた問題と考えられてきた。しかしながら、人権裁判所は、証拠に重大な問題がある場合には、それを裁判における証拠として用いることが「公平な裁判」を保障した人権条約6条1項に違反することを認めてきた[5]。ただし、証拠に問題がある場合に直ちに6条1項違反があるという判断がされているわけではない。すなわち、ヨーロッパ人権裁判所が採用してきた違法収集証拠の排除法則は、その証拠を刑事裁判で用い、被告人を有罪とすることが手続全体の公平さを損なうときに証拠排除を認めるという、一種の相対的排除の考え方である。

しかしながら、こと拷問等の人権条約3条違反の方法で獲得された供述証拠については、人権裁判所は証拠排除の範囲を広く設定してきているように思われる。本判決が引用するケースや本判決自体がそうであるように、拷問等が当該被告人に対して行われた場合だけでなく、第三者に対して行われた場合や派生的証拠にも証拠排除が必要であるとされているし、そこでは証拠の重要性（有罪判決にとって決定的な証拠であるか否か）は考慮されていない[6]。

本判決の意義は、人権条約3条違反の方法で採取された供述を刑事裁判で用いることが直ちに人権条約6条1項の「公平な裁判」の保障を損なうとする、絶対的な排除基準を再度鮮明にしたことにある。さらに、本判決は人権条約3条違反があったか否かについて、「現実的危険」基準を用い、問題となった供述が拷問等の手段で採取されたことについて具体的な立証がなくても人権条約3条に違反して証拠が獲得されたと認定することができるとした[7]。

拷問等の存在についての証明基準の問題に関して、本判決は当該証拠の獲得状況にではなく、各種の報告書で指摘された2003年5月16日のカサブランカ爆発事件の捜査全般における拷問等の存在に着目している。これが、拷問等の立証の困難性に鑑みて証明基準を緩和したものか否かについては、議論の余地がある。本件を外国で行われた証拠収集活動が問題となった事案であるがゆえの事例判断であると解すれば、その射程はさほど広いものではなく、被告人が拷問等によって獲得された証拠であるとの主張をした場合には、当該証拠の収集状況について検討することが原則である、ということになろう。他方、人権条約3条の保障が「中核的で絶対的な権利」に関わるがゆえに、具体的な供述の獲得状況の立証は不要である、という立場を本判決がとったのだとすれば、その影響は相当大きいものとなろう。拷問等が行われたという「現実的危険」は、たとえば他の事件で拷問等を行ったとされる捜査官がした取調べで自白が獲得された、という場合であれば、人権条約3条違反、ひいては人権条約6条1項違反となる、ということになるからである。

ところで本件申立人は、本件でモロッコから取り寄せられた供述を証拠としたことは、ベルギーの国内法にも違反すると主張していた。ベルギーの刑事司法共助法（2004年12月9日）の13条は、「①当該証拠が獲得された外国の法律で、その違反が手続無効をもたらす、証拠の信頼性を損なう違法な方法で獲得された場合、または②その使用が公平な裁判を受ける権利を侵すものである場合には、ベルギーの

刑事手続において証拠とすることができない」と規定する[8]。本判決は、人権条約3条違反を認定して人権条約6条違反があると認める判断をしたため、ベルギー法のこの規定に対する評価は示していない。

しかし、本判決により、少なくとも拷問等によって獲得された供述については、同条の②との関係で証拠とすることができないということになろう[9]。

翻って日本の状況を考えると、憲法38条2項を受けた刑事訴訟法319条1項で「強制、拷問又は脅迫による自白、不当に長く抑留又は拘禁された後の自白その他任意にされたものでない疑いのある自白は、これを証拠とすることができない。」と規定しているにも拘らず、依然として国連拷問禁止委員会から、代用監獄を用いた自白の強要について懸念が表明される状態が続いている[10]。具体的な供述の状況を被告人側が立証しなくても拷問等が認定できるとした本判決の論理は、日本の自白法則の解釈論にも影響を与え得る。さらに言えば、本判決の論理が今後国際的に認められるものとなっていけば、国際司法共助によって、日本の捜査機関が作成した調書が外国に提供された場合に、日本の捜査官による拷問等の存在を理由に、証拠として利用することが制限されるといった事態や、外国の裁判所によって日本において拷問等によって証拠が獲得された「現実的危険」があったと認定される可能性もある。

---

(1) 本件に関しては、英国政府、NGO であるヨーロッパ憲法および人権センター、補償基金（Redress Trust）から意見書が提出されており、その他、モロッコの人権状況に関する国連拷問禁止委員会の勧告および NGO であるヒューマンライツウォッチ、国際人権協会（FIDH）、アムネスティーインターナショナル等の報告書が参照されている（§50-57）。

(2) 人権条約6条1項の解釈に関するこの一般論は、他のケースでも示されている。コストフスキ判決〔I 36〕参照。

(3) 「蓋然性のバランステスト」とは、民事事件における証明基準とされているもので、ある事実が存在した蓋然性と存在しなかった蓋然性を比較し、蓋然性の程度が高い方の事実を認定する、とする考え方である。これに対して、「現実的危険」基準は、権利侵害の現

実的危険がなかったといえない限り、権利侵害があったとする考え方である。

(4) 本判決はここで、ヒューマンライツウォッチ、国連人権委員会、国際人権協会（FIDH）アムネスティーインターナショナル、国連拷問禁止委員会等の報告書を挙げ、カサブランカ爆発事件の解決を急いだモロッコ当局が拷問を多用していた事実を指摘する（§94、§95）。なお、これらの報告書の一部は、申立人がベルギーの裁判所で援用していたものである。

(5) 本判決§84が言及する人権条約8条違反の手続で収集された証拠のほか、前注（2）の匿名証人、伝聞証拠（いずれも人権条約6条3項（d）の証人審問権との関係で問題とされる）などがある。伝聞証拠に関するヨーロッパ人権裁判所の判断については、江島晶子「［判例紹介］公平な裁判を受ける権利（ヨーロッパ人権条約6条）と伝聞証拠－Al-Khawaja and Tahery 対イギリス（ヨーロッパ人権裁判所大法廷2011年12月15日判決）」国際人権23号（2012年）134頁参照。

(6) 拷問を理由とする証拠排除を認めるべきだとした他の事例として、Harutyunyan v. Armenia, 28 June 2007 がある。このケースでは、軍の警察官による拷問が問題とされ、拷問によって得られた供述（自白）だけでなく、その後別の機会に行われた反復供述についても排除の対象とすべきだとされている。

(7) 「現実的危険」基準は、申立人が外国に送還された場合に拷問等を受ける危険があるか否か、という将来の危険を判断する際に用いられてきた基準であり、本判決は過去の行為を評価する証拠排除の場面にまでこの基準を拡大したものだと指摘されている。http://strasbourgobservers.com/2012/09/27/el-haski-v-belgium-continued-debate-on-the-inadmissibility-of-evidence-obtained-through-ill-treatment/
なお、人権条約3条に関する先例については、初川満訳著『ヨーロッパ人権裁判所の判例』（信山社、2002年）65頁以下も参照。

(8) 本判決§47より引用。

(9) なお、本判決の執行に関しては、see, Resolution CM/ResDH（2014）110 Execution of the judgment of the European Court of Human Rights El Haski against Belgium.

(10) Concluding observations on the second periodic report of Japan, adopted by the Committee at its fiftieth session（6-31May 2013）（UN Doc.CAT/C/JPN/CO/2）.

［参考文献］

注に引用したもののほか、比較法的な展望も含め、証拠排除法則について、井上正仁『刑事訴訟における証拠排除』（弘文堂、1985年）。

48 公務員訴訟と条約6条
6条の適用範囲外とするための新しい判別基準
── ヴィルホ・エスケリネン判決 ──

Vilho Eskelinen and others v. Finland

伊藤　洋一

19 April 2007, Reports 2007-II（大法廷）

【事　実】

　原告は、フィンランドの同じ警察署に勤務する警察官5名と事務補助職員1名である。1986年の労働協約以来認められていた長距離通勤手当を廃止した内相決定を争い、行政訴訟を提起したが、最高行政裁判所で敗訴（2000.4.27判決）。そこで、人権条約6条に基づき、合理的期間内に裁判を受ける権利および口頭弁論の保障等を主張して人権裁判所に提訴した。事件を受理した第4部小法廷が、大法廷回付を決定（2006.3.21）したため、本件大法廷判決が下されることとなった。

　最も重要な争点は、本件に対する6条適用の有無である。原告側は、係争手当が労働協約による通常の労使間契約関係に関わるものであるとして同条の適用を主張し、フィンランド政府側は、原告が、Pellegrin 判例（Pellegrin v. France [GC], 8 December 1999〔I *40*〕）で同条の適用外となる典型例とされていた警察職員であることを理由に、同条の適用を否定した。

【判　旨】

（1）Pellegrin 判例の導入した機能的基準の適用実績に対する批判的評価

　第一に、公権力の行使への参加の有無を基準とする同判例の適用が、非常に不当な結論を導くことがある。まさに本件事案に明らかなように、警察官である原告には6条の適用が否定される一方、事務補助職員には適用が肯定されることになるのは、全く同一の係争手当についての事件解決として、余りに具体的妥当性を欠く（§51）。第二に、同基準は、予期に反して実際の運用では、必ずしも結論の予測可能性を高め、法的安定性を確保することにならなかった（§52-55）。

　そこで、Pellegrin 判例を見直し、機能的基準を更に発展させねばならない（§56）。同判例の見直しを必要とする理由は以下の通りである。まず、多くの加盟国において公務員にも出訴権を認められるようになっているが、公務員に裁判的保障と国家の重要な利益との抵触は生じていない（§57）。また、人権条約1条、14条は「何人も」と規定しており、公務員にも人権条約の保障は及ぶのが原則である（§58）。更に、人権条約解釈にとっても有益な指針となる EU 法も、Johnston 判決（15 May 1986, Case 222/84, §18）に見るように、人権条約6、13条に言及しつつ、より広い裁判を受ける権利を保障している（§60）。

　加盟国には、確かに一定の公務員につき裁判的救済限定する利益・権限が認められるが、国内法が6条の例外を定めている場合には、当裁判所は、それが真に正当性を持つか審査する（§61）。

（2）新基準とその本件への適用

　加盟国が、原告が公務員であることを理由に6条の適用を否定するには、次の二要件を満たさねばならない。第一は、当該公務員の出訴権が国内法により問題となっているポストあるいは給与に関して明示的に排除されていること、第二は、その排除が加盟国の利益に関する客観的な根拠に基づくこと、即ち単に当該公務員が公権力の行使に関わる地位にあるのみならず、紛争の対象事項が国家権力の行使に関わるものでなければならない。従って、原則として俸給・諸手当等、通常の労使紛争については、6条の適用排除は認められない。6条が適用されると

の推定が働くからである（§62）。

　本件では、原告全員につき、国内法上裁判所への提訴が可能であったことに争いが無い。従って、6条1項の適用がある（§63）（12対5）とした上で、合理的期間内に裁判を受ける権利の侵害を認定（§65-71）（14対3）、口頭弁論の保障については、侵害は無かったと判断した（§72-75）（全員一致）。

【解　説】

(1) 本判決の意義

　本件の解釈論上の論点は、6条の適用範囲に入る公務員訴訟の判別基準である。この問題が、7年間に2度も大法廷判決による判例変更の対象となったのは、人権条約の起草者意思と近年の裁判的救済保障の要請との齟齬を、判例による条約解釈によりいかにして解決するかにつき、人権裁判所内部での合意形成がいかに困難であったかを示すものである。

　1990年代初頭までの人権判例は、ヨーロッパ人権条約の起草者が、世界人権宣言（21条2項）、国連自由権規約（25条c号）と異なり、公職就任権を意図的に明文規定せず（Glasenapp v. Germany, 28 August 1986, Series A no. 126, §48-49）、6条の適用対象も "civil rights" に限定したことを重視し、公務員訴訟に対する6条適用を原則的に否定していた。第二次大戦後の戦犯公職追放、西ドイツの憲法忠誠条項、冷戦下のレッドパージ等を想起するならば、条約交渉当事国が、政治的にも社会的にも問題の多い公務員採用・任用関連訴訟への、国際裁判所の容喙を嫌った理由は想像に難くないであろう。

　しかし、社会保障給付、給与等に関する事件につき、民間労働者ならば当然適用が認められる6条の適用を、公務員であるという理由だけで全面否定することの正当化は困難であった。裁判を受ける権利の法の支配確保における重要性に鑑みれば尚更である。他方、6条には、「公務員」について適用を排除するとの文言は無く、単に対象たる権利につき、多義的な "civil" という形容詞が付加されているだけである。そこで、Pellegrin判例前の判例が、公務員の採用・任用に関する訴訟への6条の適用排除原則を維持しつつ、係争利益の「財産性」を理由に、

給与・年金等に関わる事例への適用肯定に転じたのには無理からぬ理由があった。しかし、採用・任用は通常給与・年金等の算定に影響するため、「財産性」基準によれば、実際上殆ど全ての公務員訴訟に6条の適用を拡張することになり、人権判例における公務員訴訟への6条の適用排除原則維持は、有名無実化する。そこで、判例は、6条の適用範囲を「純粋な」または「専ら」経済的権利が問題となる事例に限定しようとしたが、その判別は必ずしも容易ではなく、予測可能性を損なうとの強い批判があった。この批判に応えようとしたのが、Pellegrin判例であり、係争利益の性質でなく、公務員の職務の性質に着目し、公権力の行使に関わる職務（軍隊・警察が典型）とそれ以外の職務を区別し、前者についてのみ6条の適用範囲外とする「機能的基準」を採用した。

　Pellegrin判例による新基準は、全体として見れば、公権力の行使に関わらない商工的分野、医療・教育分野、現実には公務員の多数を占める下級職員等を、原則的に6条の適用範囲に取り込むことを可能とした限りで、公務員訴訟への6条の適用範囲を大きく拡張する役割を果たした。

　しかし他方で、Pellegrin判例基準に対しては、同事件における少数意見および学説からの強い批判があった。そもそも公権力の行使に関わる公務員であるというだけの理由で、手続的権利である公平な裁判を受ける権利を奪われて良いと言えるかが疑問である上、更に、私企業労働者と同じ賃金労働者としての公務員紛争についてまで6条の保障を全面否定する結果となること、また国内法上裁判的救済が認められている事例からも、公平な裁判を受ける権利を剥奪することになることを考えれば、合理性が疑わしいと考えられたからである。

　本件判例変更の決定的理由は、Pellegrin判例基準の硬直的な適用に対する上述のような批判に応え、より妥当な解決を可能とする新たな基準を提示しようとした点にあると思われる。

(2) 新基準とその評価

　そこで、次の問題は、いかなる新基準を採用するかである。当初の人権判例を完全に放棄し、公務員訴訟への6条適用を全面的に肯定すれば、6条の適

用性判別基準の当てはめに腐心する必要は無くなるが、本判決は、条約起草時の「立法者意思」を否定するところまでは進まず、Pellegrin 判例を更に「発展」（§56）させる戦略をとった。公務員の採用・任用権を持つ加盟国に、出訴権制限の利益・権限があることを認めつつ、6条の保障を公務員から奪う国内立法については、人権裁判所が、具体的にその正当性を審査するという戦略である（§61）。

すなわち、加盟国が6条の保障を公務員から奪うには、二つの要件を共に満たさねばならない（§62）。第一に、公務員の出訴権が立法により明示的に排除されており、第二に、それが加盟国の利益に関する客観的な根拠に基づくことを立証せねばならない。判旨は、第二要件を敷衍し、単に当該公務員が公権力の行使に関わる地位にあるのみならず、紛争の対象事項が国家権力の行使に関わる必要があり、従って、原則として俸給・諸手当等、通常の労使紛争については、6条の適用排除は認められないと述べる。この第二要件の審査は、Pellegrin 判例基準の、個別事案についての具体的かつ実質的な審査を要求するものであって、判旨が機能的基準の全面的な放棄でなく、更なる「発展」（§56）の必要を強調したことに対応する。

しかし、新基準を言い換えれば、第一に、本件事案がまさに示すように、国内法上公務員の出訴権が明文の立法規定により排除されていない限り、当然に6条の適用が肯定されることになり、国内法上の裁判的救済が存在する場合には、Pellegrin 判例の「機能的基準」は存在意義を失うことになった。判旨が指摘したように、現在非常に多くの加盟国で国内法上、公務員・軍人の任用・懲戒処分についても出訴権が認められている現状に照らせば、本判決が、公務員訴訟への6条の適用可能性を実際上著しく拡大したことは明らかである。本件以後の人権裁判所の判決例を見ても、大多数の事例では国内法上、裁判的救済規定が存在することを理由として、6条の適用が肯定されており、新判例の二要件を共に充足したとして、6条の適用が否定された事例は極めて稀である[1]。また、フランスのように、明文規定が無くとも行政行為に対する取消訴訟が常に可能とされている加盟国では、懲戒事件を含め、実際上全て

の公務員訴訟に6条の保障が及ぶことになる[2]。

第二に、公務員の出訴権を立法の明文規定で排除している加盟国は、6条の保障を奪わねばならないほど重要な国家利益が存在することにつき立証責任を負うことになる。条約上の保障に対する例外については、厳格に解釈されるのが原則であり、特に「通常の労使紛争」事例については、原則として6条の適用「推定」が働くので、よほど強力な正当理由を具体的事案に即して立証できない限り、6条の適用を否定できないであろう。

本判決は、「推定」による立証責任の転換という法技術を導入することにより、公務員訴訟に対する6条の適用可能性を、実際上原則化したと言えよう。この点で、本判決が、公務員訴訟に対する6条の適用可能性を一貫して拡大してきた判例の延長線上にあることは明らかであり、そのような方向性は、ヨーロッパにおける法の支配、裁判化の強化傾向とも適合的である。

しかし、本判決に対しては、少数意見（§6）に見るように、方法論上の強い批判がある。人権判例は従来、多様な国内法制への統一的対処のため、人権条約上の「自律的概念」を形成してきた。ところが、新基準では、6条の適用範囲画定が国内法における出訴権規定の有無に左右される危険があり、特に法の支配が十分に確立していない加盟国は、国内法を改正し、公務員の出訴権を明示的に排除しかねない。新基準は、むしろ6条の権利保障を不当に後退させる危険がある、という批判である。

この批判の当否は、理論的にはともかく、実際には、人権裁判所が、国内立法の出訴権排除規定の存在およびその正当事由をどの程度認めるかに左右される。現在までの判決例を見る限り、人権裁判所は、国内法による裁判的救済排除に「明文」を要求し、更にその正当性をも厳格に審査する傾向にあり[3]、上記の懸念が現実化しているとは言えないように思われる。

いずれにせよ、新基準は、国内法上裁判的救済が認められている場合にも6条の保障を奪うことになる点で不当だとの、Pellegrin 判例に対する強い批判に応えたものである。本判決は、国内法の現状に照らせば、公務員であることを理由に公平な裁判を

受ける権利の適用を否定することが、もはや時代錯誤となっているにも拘らず、条約起草当時の「立法者意思」の壁を突破するところまで踏み切れない人権判例の苦肉の策と見ることができよう。

(3) 「裁判官対話」事例としての意義

　近時ヨーロッパでは、「裁判官の対話（dialogue des juges）」との表現が頻繁に使われるようになっているが、本判決、それに先立つ Pellegrin 判決（§66）のいずれにおいても、多数意見が、判例変更の論拠の一つとして EC 法の動向を参照した点は、ヨーロッパにおける国際裁判所間の「対話」の具体事例として注目される。本件では、公務員に対しても出訴権が承認される一般的傾向を裏付けるものとして、加盟国の国内法とともに、EC 裁判所の Johnston 判決、EU 基本権憲章 47 条を明示的に参照している（§60）。ヨーロッパ人権条約 6 条および 3 条に言及しつつ、裁判的救済の保障が EC 法の一般原理であると判示していた EC 裁判所の Johnston 判決を、今度は人権裁判所が、本件において公務員に対する 6 条の保障の適用領域拡大の正当化のために引用した。多数意見による EC 判例の参照に対しては、Pellegrin 事件と本件のいずれにおいても、少数意見が 6 条との関連性を疑問として批判していた。確かに、厳密に法的な見地からは、正当な批判と思われる。しかし、いずれの事件においても、二つの国際裁判所が相互に条約法を参照することにより、主権を盾に国内法に対するヨーロッパ法適用を阻止しようとする加盟国に対して、自己の判例の正当性を強化すべく、共闘姿勢を示したものである点は共通しており、人権裁判所と EU 裁判所との間の「対話」の実践的意義を具体的に示すものとして注目される。

　最後に、人権裁判所と国内裁判所との「対話」事例として、フランス行政判例の対応につき一言しておこう。上述の通り、公務員訴訟に対する 6 条の適否問題については、人権裁判所判例が二転三転したため、国内裁判所はその都度、新判例への対応を迫られた。フランス国務院判例は、既に 2 度判例を変更していたが、「アルゼンチンタンゴのように」揺れ動く人権判例を受け、3 度目の判例変更を行うべきかにつき、論告担当官 Guyomar は、以下の理由

から「ダンスに加わる」ことを提案した。合理性に疑問があった Pellegrin 判例基準よりも新判例の方が一貫性があり、公務員の出訴権が常に認められているフランス法では、6 条の一般的適用を認める方が、基準の適用を事件毎に逐一検討するより容易であると述べ、司法裁判所判事の懲戒処分取消訴訟についても、6 条の一括適用を肯定するよう提案した[4]。国務院（コンセイユ・デタ）もこの提案を容れ、黙示的ながら 3 度目の判例変更を行った[5]。その背景には、既に国内法が人権条約の要求に対応済みであって、6 条の一括適用を認めても大きな影響は無いとの自信があった。しかし、本判決により、公務員の懲戒訴訟にも一般的に 6 条が適用されることとなったため、国務院は、最近先手を取って懲戒処分の比例性審査を強化する判例変更を行った[6]。人権裁判所判例への迅速な対応事例として注目される。

(1)　Apay v. Turkey, 11 December 2007（Decision）; Nazsiz v. Turkey, 26 May 2009（Decision）.

(2)　M. Guyomar, concl. s. CE 12-12-2007, n. 293301, M. S.［Siband］, *Les Petites Affiches* 2008, n. 86, p. 18.

(3)　Par ex. Olujić v. Croatia, 5 February 2009, §36-37; Savino v. Italy, 28 April 2009, §76-77; Cudak v. Lithuania［GC］, 23 March 2010, §44-47; Sabeh El Leil v. France［GC］, 29 June 2011, §39-40; Volkov v. Ukraine, 9 January 2013, §87-91; Baka v. Hungary, 27 May 2014, §75-77.

(4)　Guyomar, concl. précit., p. 18-19.

(5)　CE 12-12-2007, n. 293301, M. S.［Siband］, *AJDA* 2008, 932.

(6)　CE Ass. 13-11-2013, Dahan, *RFDA* 2013, 1175, concl. R. Keller.

［参考文献］

[1]　Milano, Laure, Fonction publique et Convention européenne des droits de l'homme, *Juris-Classeur Fonction publique*, fasc. 1010, 2011.

[2]　Sudre, Frédéric, Dix ans d'applicabilité de l'article 6 par la Cour européenne des droits de l'homme, *in* Coulon, Jean-Marie（éd.）, *Justice et droit du procès: du légalisme procédural à l'humanisme processuel: Mélanges en l'honneur de Serge Guinchard*, Paris, Dalloz, 2010, 393.

[3]　Tavernier, Paul, Faut-il réviser l'article 6 de la Convention européenne des droits de l'homme?（À propos du champ d'application de l'article 6）, in *Mélanges offerts à Louis-Edmond Pettiti*, Bruxelles, Bruylant, 1999, 707.

（2014.5.31 脱稿）

49 私生活の尊重と出自を知る権利
匿名出産における子の出自を知る権利
――ゴデッリ判決――

Godelli v. Italy

小林　真紀

25 September 2012

【事　実】

イタリアでは、養子縁組に関する 1983 年の法律第 184 号（以下、184/1983 号法とする）[1]により、出産時に子を放棄した母は当該子の出生を匿名で届け出ることが認められている。通常、子は 25 歳になった時から自身の出自と血縁上の親の身元に関する情報にアクセスできるが、実母が上述のように出生時に匿名性を維持する旨を宣言している場合には、情報へのアクセスは拒否される。

本件申立人は 1943 年にイタリアのトリエステに生まれたが、実母が自らの身元を明かさない旨を記した出生届を提出したため、出生と同時に遺棄された。申立人が 6 歳の時、Godelli 夫妻との単純養子縁組が成立した。10 歳のときに Godelli 夫妻とは血縁関係がないことを知った申立人は、その後、長年にわたり自身の出自を知ろうと周囲に働きかけたが一切情報は得られなかった。2006 年に、申立人は、184/1983 号法の規定に基づき、トリエステ市役所に対し、出自に関する情報の開示を求めた。しかし、交付された出生証明書には実の母の氏名は記載されていなかった。

2007 年 6 月 5 日、申立人は、実母の情報を開示するようトリエステ少年裁判所に提訴した。同裁判所は、2008 年 6 月 11 日に、出生時の母の同意がないことを根拠として、184/1983 号法 28 条 7 項に基づき申立人の要請を退けた。2008 年 12 月 23 日には、控訴院も、184/1983 号法は母の意思の尊重を保障することを目的としており、出自に関する情報へのアクセスの禁止は公的利益に適うものとして、申立人の主張を認めなかった。

そこで、申立人は、国内法上自らの出自を知る可能性を絶たれていることは、ヨーロッパ人権条約（以下、人権条約とする）8 条が保障する私生活の尊重を受ける権利の侵害に当たると主張し、ヨーロッパ人権裁判所（以下、人権裁判所とする）に提訴した。

【判　旨】

（1）8 条の適用可能性

「自らのルーツを知る権利は、《私生活》の概念が適用される範囲」に含まれる。この概念は、「親の身元もその一部を構成する個人のアイデンティティの重要な側面を含むものである」（§45）。

8 条は、「アイデンティティに対する権利および個人の成熟に対する権利」を保護している。この個人の成熟は、「自分のアイデンティティの詳細を確立すること」や、「自分の祖先に関する情報をはじめとする、個人的なアイデンティティに関わる真実を発見するために必要な情報を得ること」によって図られる。これらは、人権条約によって保障されている重要な利益である。「出生およびその状況は、子、そして成人の私生活であり、それは人権条約 8 条によって保障されているから、同条は本件に適用される」（§46）。

（2）8 条違反について

「人権条約 8 条に基づき国家に課される積極的義務と消極的義務の境界を明確に定義することは難しいが、それらに適用される原理は類似している」。「いずれの場合も、競合する利益間で公正な均衡が図られるよう考慮すべきである」が、同様に、「国

家は一定の評価の余地を享受する」（§60）。

本件では、「出生と同時に子を手放し、それを秘密にすることを明示的に求めた生物学上の母を探している、養親子関係にある者」が問題となっている（§62）。

「人権条約8条の《何人》には、子も母も含まれる。一方で、子は出自を知る権利を有するが、その根拠は私生活の概念に認められる」。他方で、「適切な医療条件の下で出産し健康を守るために匿名を保持するという女性の利益もまた無視することはできない」（§63）。

「イタリア法が、妊娠および出産時の母子の健康を守り、違法な中絶や子の《残酷な》遺棄を防ぐという趣旨のもとにある以上、当然に、一般的利益がないとは言えない」（§64）。

「個人の間でも人権条約8条が遵守されるよう適切な措置をとることは、原則として、締約国の評価の余地に属する。この点に関しては、私生活の尊重を確保するための手段は種々存在し、国家に課される義務の性質は、問題となっている私生活の側面によって異なる」。アイデンティティに対する権利は、「自らの祖先を知る権利から発生し、私生活の概念の完全なる一部を構成している。このような場合、競合する利益の均衡を図るため」には、より詳細な審理を行う必要がある（§65）。

本件では、「母の匿名を維持する権利と、申立人の自分の出自を知るという利益」との間で「公正な均衡が図られていたか」を判断すべきである（§66）。

Odièvre事件の状況とは異なり、申立人は、「第三者の利益の保護を尊重しつつ自らの履歴をたどることを可能とするような、実の母と家族に関する情報に一切アクセスできなかった」。また、申立人は、「問題となっている権利と利益について検討されることも、また申立を行う可能性も与えられなかった。これにより、申立人は、出自にアクセスすることを絶対的かつ決定的に拒絶されたのである」（§68）。

確かに、申立人は、「実の母の身元に関する情報がなくても、人格を形成すること」はできた。しか

し、「自身のルーツを知ることが有する利益は、年齢と共に消滅するものではなく、むしろ反対にその重要性は増す」といえる（§69）。

イタリアは、「係争中の権利と利益の間でいかなる均衡も図ろうとしていない。申立人の出自を知る権利と、母の匿名を守る権利および利益の間で、均衡をとるための仕組みが一切ないために、母には必然的に絶対的な優位が与えられている」。Odièvre判決を例にとると、「フランスの2002年1月22日の新法は、CNAOP（個人の出自へのアクセスに関する国家委員会）を設置し、身元の秘匿を覆す可能性を強化し、子が生物学的なルーツを辿ることを促進した」。同法により、当事者は、「母の同意があれば、母の身元に関する秘密の開示を申請し、身元を特定できない情報にアクセスすることができる」ようになった。これに対して、イタリアでは、「184/1983号の法律の改正法案は、2008年から現在まで国会で審議中である」（§70）。

本件では、「イタリアの法制度は、出生時に認知されなかった子に対して、出自に関し、母の身元を特定しない範囲での情報にアクセスすること、あるいは秘密の開示を要請することのいずれについても一切の可能性を認めていない」。当裁判所は、「このような条件下では、イタリアが、当事者の利益の間で均衡を図ろうとしたとは言えないから、同国は、認められた評価の余地を逸脱している」と判断する（§71）。

したがって、人権条約8条に違反する（§72）。

(3) 41条の適用について

申立人は、出自に関する情報にアクセスできなかったことにより一定の精神的損害を被っており、これに対して5,000ユーロが支払われる。

(4) 判　決

以上の理由により、大法廷は、申立を受理し（全員一致）、8条に対する違反を認める（6対1）。

なお、判決には、裁判官1名の反対意見が付されている。

【解　説】

(1) Godelli 事件判決の意義・特徴

　本判決は、人権裁判所が、出自を知る権利が８条の適用範囲に入ることを認め、これを制約する締約国の措置は、評価の余地を逸脱していない場合に限り認められることを示した事案である。とくに本判決は、締約国の国内法が、子の出自を知る権利を完全に否定している場合は人権条約８条に反する旨を初めて宣告したという点に特徴がある。

　一般的に、出自に関わる情報には、生物学的な親あるいは自らの出生の状況に関わる情報などが含まれ、通常はそれを知ることに制約が課されることはない。ところが、たとえば、母が身元を隠して子を出産するという、匿名出産[2]のケースでは、子が出自を知ろうとすると、出産した母の匿名性の尊重という利益に正面から衝突してしまう。自分が誰の子であるかを明らかにするためには、産みの母に関する情報の秘匿を覆す以外に方法はないが、当該母がそれを拒絶していれば、子は情報にアクセスすることはできない。本件はこのジレンマに立たされた申立人が、イタリアの制度の不備を主張したことに端を発する事案である。

(2) 争　点

(a) 私生活の概念に基づく出自を知る権利の保障

　そもそも人権条約には、出自を知る権利について直接に言及する条文はない。そこで人権裁判所は、８条を根拠に、個人の自律、自己決定、アイデンティティなどは私生活の尊重の概念に含まれるとする解釈を確立してきた。出自を知る権利に最初に言及した事例は、1997年のX, YおよびZ対イギリス事件判決[3]である。この事件で人権裁判所は、非配偶者間人工授精により生まれた子の出自を知る権利と、精子提供者の匿名性の保護のいずれが尊重されるべきかについて、締約国間にコンセンサスは見いだせないことを確認した。

　その後、Mikulić対クロアチア事件[4]、Odièvre対フランス事件判決[5]およびJäggi対スイス事件判決[6]などを通じて、人権裁判所は、出自を知る権利を、「親の身元を含む個人のアイデンティティの重要な側面を包含する《私生活》の概念の適用範囲に入ると認められる」と位置づけた。本判決は、次の点を加えることで、従前の判例をさらに補強したものである。

　一方で、出自を知る権利は、子（未成年者）に限らず成人にも保障されることが明らかになった。実際に、申立人は提訴した当時すでに69歳であったが、こうした年齢にかかわらず出自を知る権利は重要であり、８条に基づく保障が年齢とともに制約されるわけではないことを人権裁判所は明言している。他方で、出自を知る権利には、親の身元に直接に関係する情報のみならず、本人の「出生とりわけその状況」に関する情報も含まれることも確認された。

(b) 母の匿名性の保護と子の出自に対する権利の衝突

　このように、８条を根拠に出自を知る権利が保障されるとしても、それが人権条約におけるこの権利の絶対的優位性を意味するわけではない。母の匿名性の維持も条約上保護されるべき利益であることは本判決も明言している通りであり、それゆえ母子の権利は真っ向から衝突することになる。

　一方で、母の匿名性の保障は、中絶を回避し妊娠・出産時の母子の健康を守るという公的利益を保護することが目的である。つまり、匿名性の保障と、子の生命の保護は表裏一体の関係にある。匿名出産に臨む母は、自らの匿名性が制度的に保障されているからこそ出産を決意するのであるから、母の匿名性が保持されるという条件は子の出生にとって必須である。したがって、匿名性の保障という公的利益の保護は子の出生そのものを左右しうる重大性を持つ。

　他方で、子にとっては、生物学上の親を特定しうる情報にアクセスできることに重大な利益がある。個人のアイデンティティは、親を特定できる情報なしには確立しえない。とくに匿名出産の場合、出産した母の情報が秘密にされていると、子は、実父に

関する情報も入手できない。すなわち、匿名出産で生まれた子は父と母の両方に関する情報を知る術を一切持てないことになる。したがって、その帰結はとりわけ重大である。

　以上のように、匿名出産の場合には、競合する公的および私的利益の双方が8条による保障を受けると同時に、各々が保障されない場合に想定される帰結の重大性もほぼ拮抗しており、いずれを優位させるかを決するのは極めて難しい。これに対して人権裁判所は、締約国の国内法の内容に応じて、評価の余地の逸脱を判断するという手段により問題の解決を図ったのである。

　　（c）評価の余地と競合する利益の調整

　本件では、子が、実の母と家族に関する情報に一切アクセスできなかった上に、立法の欠如によりこれに異議申立を行う可能性も与えられなかったことが重視された。結果的に人権裁判所は、申立人の出自を知る権利と、母の匿名性を守る権利との間で一切の調整が図られておらず、母を絶対的に優位な立場においているとして8条違反を認定した。ここでの判断の根拠は、競合する利益間での均衡の程度ではなく、そもそもイタリアにそれらを調整しようという意図が全く認められないとされた点にある。この点において Odièvre 事件判決とは対照的である。同判決では、当時のフランス国内法が、匿名出産から生まれた子に対して、実の母と家族に関わる身元について特定できない範囲での情報へのアクセスを認めていたことが重視され、さらにその後フランスが、CNAOP という仲介機関を設置して母の身元の秘匿を覆し、子が生物学的なルーツを辿る可能性を促進したことも考慮され、全体として競合する利益間での均衡が図られていると判断された。

　このように、本件のようなケースに8条の適用が認められる場合、人権裁判所は、絶対的に出自を知る権利を優位させるわけでも、匿名性を優位させるわけでもない。むしろ、競合する利益の重大性の如何と、いずれか一方のみが絶対的に否定されているかどうかという点が判断の鍵になると考えられる。

（3）国内法への影響

　本判決を受け、イタリア憲法裁判所は、2013年11月18日の判決[7]により判例変更を行った[8]。子に、現在の実母の意向を確認するという可能性を与えずに、母に関する情報へのアクセスを禁じている現行法は違憲であると宣言し、立法府に、母の意思確認に必要な立法的措置を採るよう要請したのである。今後、イタリアの国会は、人権裁判所および憲法裁判所の判決を考慮して、早急に国内法改正に着手することが求められているといえる。

（4）日本法への示唆

　日本には、公的な枠組みとして母が匿名で出産できる制度は整備されておらず、本件のように匿名出産をめぐる事案の中で出自を知る権利が問題となったケースもない[9]。しかし、本件で人権裁判所が示した衝突する利益の調整の方針、すなわち、第一段階として、出自を知る権利が法的に（条約上）保障されることを確認した上で、第二段階としては、個別の事案ごとの特殊な諸事情を考慮して、同権利に対する制約の適法性を判断すべきであるとする考え方は日本法にとっても重要な示唆となりうる。とりわけ、いわゆる「赤ちゃんポスト」に関しては参考にすべき点も多いと考えられる。

　熊本県の医療法人聖粒会慈恵病院が行っている「こうのとりのゆりかご」は、子を育てられない母が、中絶したり、新生児を遺棄したりすることを回避する目的で、子を預かるシステムである。これまで80件以上の利用[10]があることからも、こうした仕組みに対する需要は一定程度社会に存在していることがうかがえる。問題は、ここに預け入れられた子の出自を知る権利の保障である。「ゆりかご」へは匿名での預け入れが可能であることから、実際に身元の判明しない子は常に一定数の割合で存在している。しかし、こうした子らが出自を知る権利を行使しうる制度は設けられておらず、成長した子らに対して出自に関わる情報へのアクセスを支援したり、母子間の仲介をしたりする機関も存在しない。他方、Godelli 事件判決における人権裁判所の判断に鑑み

れば、「ゆりかご」に関しても、母子の利益の調整の必要性は否定しえない。もちろん、預け入れの際の匿名性の保障は母子の健康と生命を守るためには重要である。しかし、将来的に覆されることのない母の匿名性の保護が絶対的条件であると考えてしまうと、母は「ゆりかご」へ預け入れる際に一生変更できない重い決定を強いられることになる。人の意思は不変ではない。ならば、将来的に、一定の条件下（たとえば、子から情報開示請求があった場合など）で、母が匿名性に関して改めて意思決定できる道を残す方策も今後考慮に入れるべきではないか。

　子は出生の状況や自身の親を選んで生まれてくることはできない。他方、アイデンティティの形成に出自に関わる情報は不可欠である。Godelli 事件判決は、現在の母子の命を保障しつつ、生まれた子の将来の権利を保障しうる制度を構築することで、母子の利益の均衡を図ることが重要であることを示しているといえよう。

(1) この法律は、のちに 2001 年の法律第 149 号および 2003 年の立法的デクレ第 196 号により修正されている。

(2) なお、ヨーロッパで匿名出産を制度化している国は少なく、本判決が下された時点では、イタリアのほかにフランスおよびルクセンブルクだけである。とくにフランスの場合、長い伝統と改革の歴史があり特徴的である。以前から慣習となっていた匿名出産が 1941 年に制度化され、1993 年には民法典も改正された。その後、2002 年 1 月 22 日の法律により、母子の明白な同意がある場合には、CNAOP の判断のもと、母の身元に関する情報が開示されることになった。

(3) X, Y and Z v. UK [GC], 22 April 1997.

(4) Mikulić v. Croatia, 7 February 2002.

(5) Odièvre v. France [GC], 13 February 2003.

(6) Jäggi v. Switzerland, 13 July 2006.

(7) Constitutional Court of Italy (Corte costituzionale della Repubblica Italiana), 18 November 2013, http://www.cortecostituzionale.it/documenti/download/doc/recent_judgments/278-2013.pdf（アクセス日：2015 年 4 月 30 日）

(8) DH-DD (2014) 248F 18 February 2014, Plan d'action - Communication de l'Italie concernant l'affaire Godelli contre Italie (requête n° 33783/09)［French only］, https://wcd.coe.int/ViewDoc.jsp?Ref=DH-DD%282014%29248&Language=lanFrench&Site=CM（アクセス日：2015 年 4 月 30 日）

(9) 匿名出産以外では、AID（非配偶者間人工授精）をめぐって、生まれた子の出自を知る権利と提供者の匿名性が衝突するという深刻な問題が発生している。

(10) 熊本市要保護児童対策地域協議会　こうのとりのゆりかご専門部会「『こうのとりのゆりかご』検証報告書」（平成 24 年 3 月）、熊本市ホームページ　http://www.city.kumamoto.jp/hpKiji/pub/detail.aspx?c_id=5&id=6463&class_set_id=3&class_id=577（アクセス日：2015 年 4 月 30 日）

［参考文献］

[1] Jean Hauser, «Accouchement anonyme : informer l'enfant, peut-être, mais pas trop!», RTD Civ., 2013, p. 104 et s.

[2] François Chénedé, «Condamnation strasbourgeoise de l'accouchement anonyme à l'italienne, Arrêt rendu par la Cour européenne des droits de l'homme», AJ Famille, 2012, p. 554 et s.

[3] «Secret des origines : condamnation de l'Italie», Dalloz, 2012, p. 2309.

[4] 小林真紀「私生活の尊重の概念と出自を知る権利——ヨーロッパ人権条約 8 条をめぐる議論をもとに」愛知大学法学部法経論集 187 号（2010 年）1-45 頁。

50 プライバシーの保護と国家の積極的保護義務
自己情報のインターネット・サイトへの無断記載に対する法的規制の不備
——K. U. 対フィンランド判決——

小倉　一志

K. U. v. Finland
2 December 2008, Reports 2008-V

【事　実】

申立人は 1986 年生まれの少年である。事件当時は 12 歳であったが、身元不詳の人物がインターネットの出会い系サイトに申立人の情報を無断で記載した（1999 年 3 月 15 日）。そこには、申立人の年齢、生年、身体的特徴、電話番号などのほか、申立人の写真が掲載されていたホームページへのリンクが張られるとともに、「自分と同年代の少年もしくは年上との親密な関係を求めている」との書き込みがなされていた（以下、本件書き込みとする）。申立人は、別の人物[1]より面会を求めるメールを受け取ることによって本件書き込みの存在を知り、申立人の父親が書き込んだ人物を告訴するために警察に対し、その身元を特定するよう求めた。しかし、サービス・プロバイダ（以下、プロバイダとする）は通信の秘密を理由として、動的 IP アドレスの割り当てを受けた人物の身元の開示を拒否した。

更に、警察はヘルシンキ地方裁判所に対して、刑事捜査法 28 条によりプロバイダに開示を命ずるよう求めたが、そのような権限を認める明文上の根拠が存在しないとして、警察の求めに応じなかった（2001 年 1 月 19 日）。強制手段法（pakkokeinolaki, tvångs-medelslagen; Act no. 450/1987）5a 章 3 条および電気通信におけるプライバシー保護およびデータセキュリティに関する法律 18 条は、一定の重大犯罪について警察が身元識別情報を得る権限を有するとしていたが、本件で問題となった中傷（calumny）[2]罪は適用外であったからである。この地裁の判断は、控訴裁判所（同年 3 月 14 日）および最高裁判所（同年 8 月

31 日）によっても支持された。

ヨーロッパ人権裁判所（以下、裁判所とする）に対しては、ヨーロッパ人権条約（以下、条約とする）34 条（個人の申立）に基づいて申立が行われ、その後、申立の受理決定がなされた（2006 年 6 月 27 日）。ここで申立人は、自らの私生活への侵害が生じており、かつ、本件書き込みを行った人物の身元の開示が認められなかったことから、実効的救済手段が得られていないとして、条約 8 条（私生活の尊重を受ける権利）および 13 条（実効的救済手段を得る権利）違反を主張していた。

【判　旨】

(1) 条約 8 条違反の主張について

本件は、「当時 12 歳であった申立人が出会系サイトの書き込み対象とされた」ケースであるが、「その当時のフィンランドの国内法では、本件書き込みを行った人物の身元をプロバイダによって開示してもらうことができなかった」（§40）。

「条約 8 条の適用可能性について争いはない。申立の基礎をなす事実は、個人の身体的精神的完全性（傷つけられないでいること）を含む概念である『私生活』に関するものだからである（X and Y v. the Netherlands, 26 March 1985〔Ⅰ **50**〕参照）」（§41）。「条約 8 条の目的は、本質的には国家機関による恣意的な介入から個人を保護することにあるが、国家に対してそのような介入を止めるよう強制するだけのものではない。消極的義務に加えて、実効的な尊重に内在する積極的義務もありうることを当裁判所は繰り返し述べてきた（Airey v. Ireland, 9 October 1979, Series A

no.32 参照）。これらの義務は私人間の関係において
も私生活の尊重を確保することが意図された手段の
採用を含むかもしれない」（§42）。「私生活の尊重を
確保するには様々な方法があり、国家の義務の性質
は、問題となっている私生活の個々の態様によって
変わりうる。私人間の領域において、条約8条の履
行を確保するための手段の選択は、国家の評価の余
地に委ねられるのが原則であるが、私生活の基本的
価値および本質的側面を危うくする重大な行為に対
して実効性ある威嚇を与えるためには、有効な刑事
法の規定が必要である（X and Y v. the Netherlands 等
参照）」（§43）。本件は、「障害を持つ少女に対する
強姦につき実効性ある刑事罰を欠いていたがために
条約8条違反とされた X and Y v. the Netherlands
判決に匹敵する深刻さはないが、些末なケースとし
て扱うことはできない。」なぜなら、本件書き込み
は「未成年者が巻き込まれ、小児愛者によってアプ
ローチの標的とされた犯罪」だからである（§45）。

　フィンランド政府は「サーバーのオペレータに対
して犯罪者の身元を特定するための情報の開示を命
じることが当時できなかったことを認める」一方、
「中傷罪の存在、サーバーのオペレータに対する告
訴・損害賠償請求訴訟の提起の可能性により保護は
与えられていたと主張した」。当裁判所は、前者に
つき、「実際の犯罪者の身元を特定し、法によって
処罰する手段がないとするならば、その威嚇効果は
限定されたものになると考える。」「条約8条により、
未遂を含む行為を犯罪化するとともに、（実際には実
効性ある捜査・刑事訴追を通じてであるが）刑事法の規定
の適用によって、威嚇効果を強固にする積極的義務
を国家は負っている。」「特に、子どもの身体的精神
的幸福が脅かされるケースにおいて、そのような義
務がより重要となるのは当然である」（§46）。また、
後者の損害賠償が得られる可能性があるとの主張に
ついては、「本件の状況に鑑みると十分ではないと
考える」（§47）。

　「国内法の不備は、その当時の社会的文脈で理解
しなければならないとのフィンランド政府の主張に

当裁判所は注意を払う」が、「インターネットが匿
名性の故に犯罪目的で用いられることが広く知られ
るようになった 1999 年に起きた事件を指摘できる」
ほか、「子どもの性的虐待の問題が 10 数年来広く知
られるようになっていることから、フィンランド政
府が、インターネットによって小児愛的なアプロー
チの標的として子どもが晒されることから保護する
ための適切な制度を布く機会がなかったと言うこと
はできない」（§48）。

　「申立人に実際的かつ実効性ある保護を与えるた
めには、本件書き込みを行った人物の身元を特定し、
起訴するための実効性ある手段が取られる必要があ
ると当裁判所は考えるが、本件において、そのよう
な保護は与えられなかった。通信の秘密を優先させ
た結果、実効性ある捜査を始めることができなかっ
た。表現の自由・通信の秘密は主たる考慮事項であ
り、電気通信やインターネットの利用者に対してプ
ライバシー・表現の自由が保障されなければならな
いが、その保障は絶対的なものではなく、必要に応
じて、例えば、無秩序や犯罪の防止、他者の権利・
自由の保障のような正当な要請に譲歩しなければな
らない。」本件書き込みを行った人物の行為に「条
約8条・10条の保障が及ぶか否かの問題に係わら
ず、その批難すべき性質を考慮して、競合する様々
な利益を調和させるような枠組みを提供することは
立法者の役割である。そのような枠組みは当時存在
せず、フィンランド政府の積極的義務は履行されな
かった。この不備は後に対処されたが、マスメディ
アにおける表現の自由行使のための法律によって導
入された仕組みは、申立人にとっては遅すぎた」
（§49）。以上の点から、「当裁判所は、条約8条違反
があったと考える」（§50）。

(2) 条約 13 条違反の主張について

　「条約8条に関する認定を考慮すると、当裁判所
は、条約 13 条違反があったか否かを審理する必要
はないと考える」（§51）。

(3) 条約 41 条の適用について

　条約 41 条は「裁判所が条約または諸議定書の違

反を認定し、かつ、当該締約国の国内法によっては
この違反の結果を部分的にしか払拭できない場合に
は、裁判所は、必要な場合、被害当事者に公正な満
足を与えなければならない」と規定する（§52）。
「当裁判所は、条約違反の認定のみでは公正な満足
を十分に与えることができず、補償が行われるべき
ものと考える。正当な基礎に基づいて、その額を
3000ユーロと確定する」（§55）（以上、すべての結論に
ついて全員一致）。

【解　説】

(1) 本判決の意義・特徴

　インターネットは匿名性の高いメディアであり、
この匿名性には、正と負の両面があると言われてい
る。正の側面としては、表現の自由の行使を容易に
し、多様な表現の流通を可能とする点があげられる。
既存のメディアと比較してインターネット上に多様
な表現が流通しているのは、この点に起因する。他
方、負の側面としては、他者に対する中傷・名誉毀
損・プライバシー侵害・その他の違法行為を容易に
行える点があげられる。既存のメディアと比較して
表現者（加害者）の特定に手間が掛かり、犯罪捜査・
損害賠償請求訴訟の提起などを難しくしているのは、
この点に起因する。学説からは、インターネットの
一般的な利用を前提とすると、その利用段階で既に
IPアドレスなどの漏えいが生じていることから、
この匿名性は、ある意味、幻想に過ぎないと言われ
ることもあるが、①（身元識別情報を含む）通信ログ
がプロバイダによって開示されない・保存されない
（あるいは保存の後、消去された）場合にはトレーサビリ
ティーを失ってしまう結果、高度の匿名性が実現可
能になること、②リメーラ・公開プロクシなどの技
術により、かなりの程度、身元を秘匿して利用する
ことも可能であることが指摘されているところであ
る(3)。

　本件は、書き込みを行った人物の身元識別情報が
プロバイダによって開示されなかったために、高度
の匿名性が実現される結果となった。その結果を生

じさせた原因はフィンランドの国内法の不備にあっ
た。本判決は、条約8条（私生活の尊重を受ける権利）
に違反するとの申立人の主張に対して、条約8条
（通信の尊重を受ける権利）・10条（表現の自由）とのバ
ランスを考慮しつつも、この点における国家の積極
的義務の存在を認めたものである。

(2) 条約8条の意味内容

　条約8条は、1項で、私生活・家族生活・住居・
通信の尊重を受ける権利を保障し、2項で、民主的
社会において必要な、国もしくは公共の安全・国の
経済的福利・無秩序もしくは犯罪の防止・健康もし
くは道徳の保護・他者の権利および自由の保護を制
約事由として挙げている。

　発展的解釈によって、条約8条は、私生活全般を
扱う権利であるが、私生活・家族生活ともに適用対
象および範囲が不明確であるため、個々の判例を通
じて具体化が図られてきた。その結果、現在におい
ては、身体的精神的完全性・住居の尊重・通信の秘
密・個人データの保護など（狭義の）私生活の尊重
に対する権利として従来より認められてきたものの
ほか、個人の発展に対する権利・個人の自律ないし
自己決定に対する権利・氏名に対する権利・性的ア
イデンティティ・性的嗜好および性的生活に関わる
権利などにも保障範囲が広がっている(4)。本判決に
ついては、精神障害を持つ少女への性的接近に対し
て加害者の刑事責任を問う規定の不備(5)が条約8条
に違反する（積極的義務の不履行）とされたX and Y
v. the Netherlands判決〔I 50〕が用いた概念（「個人
の身体的精神的完全性」）(6)により、申立の基礎をなす事
実が「私生活」に該当するとしている（§41）。

　条約8条の保障に関して、締約国には2種類の義
務（消極的義務・積極的義務）が課されている。ここで
の消極的義務とは、私生活の尊重を確保するために、
私生活に対する恣意的な介入を避けなければならな
い国家の義務のことを指し、積極的義務とは、法制
度の整備等、私生活の尊重を確保するために措置を
講じなければならない国家の義務を指すが、いずれ
の義務にあっても国家の評価の余地が認められてい

る[7]。条約8条違反の有無は、この評価の余地を逸脱したか否かの判断としてなされる。本判決については、X and Y v. the Netherlands判決〔I 50〕に依拠しつつ、①条約8条の履行を確保するための手段の選択は、国家の評価の余地に委ねられるのが原則であるが、私生活の基本的価値および本質的側面を危うくする重大な行為に対して実効性ある威嚇を与えるためには、有効な刑事法の規定が必要であること（§43）、②子どもの身体的精神的幸福が脅かされる場合、威嚇効果を強固にする国家の積極的義務が特に重要となること（§46）、③通信の秘密・表現の自由も重要な権利であるが、絶対的な保障が及ぶものではないこと（§49）等を挙げ、条約8条違反（積極的義務の不履行）を認めている。

(3) 身元識別情報の開示

事件当時のフィンランドでは、4ヶ月を下回らない自由刑の犯罪、コンピュータシステムに対する犯罪、麻薬に関する犯罪などにつき、警察が裁判所の許可を得た場合に限って身元識別情報を得ることが可能になっていた[8]。このように身元識別情報が開示される場合を限定していたのは、政体法8条（後の憲法10条）[9]が規定する通信の秘密を重要視したからである[10]。しかし、他のEU加盟国では、どのような犯罪であるかに係わらず、捜査当局ないし裁判所の求めに対して、プロバイダに開示を義務づけているのが大部分である。ヨーロッパ評議会閣僚委員会におけるコンピュータ関連犯罪に関するRecommendation No. R (89) 9の採択（1989年）、情報技術に関するRecommendation No. R (95) 13の採択（1995年）、サイバー犯罪条約の採択（2001年）、追加議定書の採択（2003年）、ヨーロッパ議会・ヨーロッパ理事会におけるデータの保持に関するDirective 2006/24/ECの採択（2006年）など、インターネット犯罪および匿名性への取り組みが継続的になされてきたことの結果であろう。

フィンランドでは、その後、マスメディアにおける表現の自由行使のための法律が施行され（2004年1月1日）、犯罪を限定することなく、メッセージの内容が犯罪を構成すると考える合理的理由があれば裁判所は開示を命じることが可能となり（同法17条）、他の加盟国の法制度と平仄をあわせる形へと変更されている。

(4) 日本法の内容・日本法への示唆

日本では、憲法21条2項（更には、電気通信事業法4条）によって通信の秘密が保障されており、その保障は、通信内容のみならず、通信に係わる事実（送信者の身元識別情報・送信の日時・回数など）にも及ぶと考えられていることから、これらの情報を警察が得るためには、裁判官による捜索差押許可状が必要とされている（憲法35条2項・刑事訴訟法218条）。日本においても対象となる犯罪は限定されていない。刑事訴訟法は、他にも捜査関係事項照会書を用いて関係団体に照会を行う権限を警察に与えている（同法197条2項）[11]。最近では特に（掲示板の管理者等の）コンテンツ・プロバイダが、法律上の照会に応じる傾向にあると言われている。利用規約において、捜査関係事項照会書が届いた場合の（発信者情報ないし）身元識別情報の開示を明文化している所もある。

本判決が日本法に対して示唆するところは必ずしも多くないと思われる。本判決について、再度、確認すべき点を挙げるとすれば、被表現者（被害者）の私生活の尊重を受ける権利（プライバシー）と表現者（加害者）の通信の尊重を受ける権利（通信の秘密）・表現の自由とのバランシングを前提とした上で、インターネットが匿名性の故に犯罪目的で用いられることがあり、子どもの性的虐待の問題も周知のものとなっていた（また、EU内においてもインターネット犯罪および匿名性への取り組みがなされていた）にも拘わらず、フィンランド政府は「実際的かつ実効性ある保護」を与えていなかったとして、積極的義務の不履行を認めた点（§48-49）であろうか。むしろ日本が留意すべきなのは、（2001年11月23日に署名し、2012年11月1日に発効した）サイバー犯罪条約の内容である。

(1) この人物は、後に、メールアドレスから身元が特定された。

(2) 一般的に slander（口頭誹毀）と libel（文書誹毀）の区別がなされるが、本判決では calumny の語が用いられており、前二者との違いを出すために「中傷」と訳した。なお、フィンランドにおける中傷罪（刑法27章3条）は、口頭による場合のほか、（手書き・印刷物・グラフィック表示などによる）文書による場合も規制対象としている。

(3) 町村泰貴「インターネットとプライバシー」田島泰彦ほか編『表現の自由とプライバシー——憲法・民法・訴訟実務の総合的研究』（日本評論社、2006年）139-140頁。

(4) 小林真紀「私生活の尊重の概念と出自を知る権利」愛大187号（2010年）15-16頁、小林真紀「『私生活の尊重』と体外受精における意思決定」愛大175号（2007年）67-68頁。

(5) 当時のオランダ刑法248条は、「贈り物ないし約束により、あるいは事実上の状況から生じた優越的地位の濫用により」わいせつ行為を行った者を処罰の対象としていたが、被害者本人の告訴が必要であり、父親からの告訴は認められないことになっていた結果、加害者の刑事責任を問うことができなかった（X and Y v. Netherlands〔I 50〕解説〔棟居快行執筆〕323頁）。

(6) 同判決は、「『私生活』とは、個人の性的生活を含み、個人の人格が、身体的ならびに精神的に傷つけられないでいることが含まれる」としている（前掲注(5) 324頁）。

(7) 「評価の余地」の考え方は、条約15条（緊急時における免脱）が問題となった Lawless v. Ireland, 1 July 1961, Series A no.3〔I 22〕等により採用され、条約8条を含む、それ以外の規定にも用いられるようになったものである（ハンディサイド判決〔I 18〕解説〔江島晶子執筆〕147頁）。「評価の余地」については、広く認められる場合もあれば、狭くしか認められない場合もある。この点を判断する主要な基準として、「締約国間の共通項あるいはコンセンサスの有無」という基準がある（小林・前掲注(4)「私生活の尊重の概念と出自を知る権利」20頁）。

(8) 一方、中傷罪（刑法27章3条）は、個人によって行われた場合、最大3ヶ月の自由刑もしくは罰金となっていた。

(9) これまでフィンランドでは、政体法・国会法・閣僚責任法・弾劾裁判法の4つの基本法を憲法と見なしてきたが、単一の憲法典が作られた（2000年3月1日施行）。

(10) 衆議院『EU憲法及びスウェーデン・フィンランド憲法調査議員団報告書』（衆議院、2004年）120頁。

(11) 同項に基づく照会については、これに（応じない場合でも制裁は予定されていないものの）応ずべき義務が生じると解されているが、憲法上の通信の秘密の保障が及ぶ通信内容・通信履歴については、このような「一般的な義務付けだけでは、通信の秘密保護の例外を認めることを正当化するには不十分」との指摘がなされてきた（井上正仁「コンピュータ・ネットワークと犯罪捜査（1）」法学教室244号（2001年）55-56頁）。サービス・プロバイダについては、法律上の照会に応じない傾向にあると言われている。

[参考文献]

[1] Tuomas Pöysti, *Judgment in the case of K.U. v Finland*, Digital Evidence & Elec. Signature L.Rev. 33 (2009).

[2] Robert Uerpmann-Wittzack, *Principles of International Internet Law*, 11 German L.J. 1245 (2010).

51 私生活の尊重と路上での所持品検査
テロ対策法に基づく、警察官が路上で行う無作為の停止・所持品検査
──ギランおよびクゥイントン判決──

Gillan and Quinton v. the United Kingdom

愛敬　浩二　　12 January 2010, Reports 2010-I

【事　実】

(1) イギリスの 2000 年テロリズム法 (The Terrorism Act 2000. 以下、「2000 年法」と略す) は、北アイルランド問題との関係で、暫定的・臨時的・個別的に導入されてきたテロ対策の手法を、一般的・恒常的・包括的なかたちで立法化したものである[1]。

同法の下では、「合理的な疑い」がなくとも、上級警察官がテロ行為の抑止に「役立つ (expedient)」と考えるならば、特定された地理的範囲内において、制服を着用した警察官が歩行者や乗り物を停止させ、所持品検査をする権限を付与することができる (44条)。捜索対象は、「テロリズムと関係して利用されうる物品」(以下、「テロ関係物品」と略す) に限られるが、当該物品の存在を疑った理由の有無は問われないので (45条1項)、警察官は実際上、無作為に停止・所持品検査をすることができる。警察官の要求に反して停止しない者や故意に所持品検査を妨害した者は、禁錮または罰金あるいは両方の刑が科せられる (47条)。

2000 年法の下で上級警察官が出す停止・所持品検査の許可の効力は最長 28 日間であり、当該許可は 48 時間以内に内務大臣によって承認されなければならない (46条)。しかし、関連規定の施行以来、ロンドン警視庁の管轄区域のすべてを含むかたちで継続的に許可が出されていた。停止・所持品検査の件数は司法省の記録によると、2004-05 年度 33,177件、2005-06 年度 44,545 件、2006-07 年度 37,000 件、2007-08 年度 117,278 件と膨大なものであった。

(2) 2003 年 9 月、東ロンドンで「防衛システム・装備品の国際展示会」が開催されていたところ、抗議とデモの対象となっていた。大学院生である第一申立人 (Kevin Gillan) はデモに参加するため、会場付近を自転車で走行していたところ、警察官によって停止され、所持品検査を受けた。テロ関係物品は発見されなかったので、20 分後に解放された。フリー・ジャーナリストの第二申立人 (Pennie Quinton) は会場付近で警察官によって停止された。プレスカードを提示したが、警察官は所持品検査を行い、撮影の中止を求めた。テロ関係物品は発見されなかったので、彼女は解放された。捜索記録上の拘束時間は 5 分とされているが、Quinton 自身は 30 分位だと考えており、ショックのあまり取材活動を継続できないと感じたと主張している。

(3) 本件は、1998 年人権法 (Human Rights Act 1998. 以下、「人権法」と略す) の施行後の事件なので、2000年法の規定とヨーロッパ人権条約 (以下、「人権条約」と略す) との整合性が国内法上も争点となる。申立人らは司法審査を申請したが、高等法院はこれを棄却し (2003 年 10 月 31 日)、控訴院も申立を棄却した (2004 年 7 月 29 日)。そして、貴族院は全員一致で申立人らの上訴を棄却した (2006 年 3 月 8 日)[2]。そこで、申立人らは人権条約 34 条に基づき、本件停止・所持品検査は条約 5 条、8 条、10 条および 11 条に違反するとして申立を行った。

ヨーロッパ人権裁判所 (以下、「人権裁判所」と略す) は受理可能性を認め (§52-53)、8 条違反があったと判示した[3] (全員一致)。

【判 旨】

(1) 条約 5 条違反の主張について

5 条 1 項は移動の自由の単なる制約とは関係がない。そのような制約は第 4 議定書 2 条の問題であるが、イギリスは同議定書を批准していない。とはいえ、「自由の剥奪と自由に対する制約との区別は単なる程度・強さの違いであり、本来的・実質的なものではない」(§56)。各申立人が所持品検査を受けた時間は 30 分間を超えるものではないが、その間は完全に移動の自由を奪われていた。彼らがもし所持品検査を拒めば、逮捕・拘留・起訴される可能性があったからだ。この強制の要素は 5 条 1 項の意味での自由の剥奪を示しうるものであるが、条約 8 条と関わる以下の判断に照らして、当裁判所はこの問題について最終的に決定する必要がない (§57)。

(2) 条約 8 条違反の主張について

「私生活」の概念は、完全に網羅的な定義には適さない幅の広いものであり、人格的自律の観念がその保障の解釈の基底となる原理である。同条は、「アイデンティティと人格的発展に対する権利、そして、他の人間および外部の世界との関係を確立する権利を保障する。……それゆえ、公の状況の下でさえ、『私生活』の範囲に含まれうる個人と他者との交流の領域が存在する」。個人の住宅や敷地の外で取られた手段が、個人の私生活と関係するかを判断する際の考慮要素は多数あるが、「プライバシーに対する個人の合理的な期待は、必ずしも決定的ではないが、重要な要素でありうる」(§61)。

イギリス政府は、一定の条件の下での特に干渉的な所持品検査のみが 8 条違反になりうると主張するが、当裁判所は、「個人が彼の身体、服、および携帯品の詳細な所持品検査に服することを要求する立法によって付与された強制的権力の行使は、私生活の尊重に対する権利への明白な介入となりうると考える。所持品検査は公共の場所で行われたけれども、このことは 8 条が適用できないことを意味しない。当裁判所の見解によれば、所持品検査の公開性は実際、一定の事案においては、屈辱や困惑ゆえに介入の深刻さを増幅させる」(§63)。

以上の理由から、当裁判所は、2000 年法 44 条に基づいて行われた申立人らに対する本件所持品検査は、私生活の尊重を受ける権利に対する介入に当たると考える。このような介入が 8 条 2 項の下で正当化されるのは、①介入が法律に従っていて、②介入目的の正当性があり、そして、③介入が目的達成のために「民主的社会において必要である」場合のみである (§65)。

(3) 介入の合法性について

「法に従って」という文言は、問題とされる手段が、国内法に一定の根拠を有し、かつ、法の支配と適合的であることを要求するというのが、当裁判所の確立した判例法理である。国内法がこれらの要件を充たすためには、人権条約の保障する権利への公的機関による恣意的介入に対する法的保護の手段を用意しておかなければならない (§76-77)。本件で問題となっている権限が、国内法上の根拠、すなわち、2000 年法 44-47 条に基づくものであることについて争いはない。加えて、公的文書である行動規範 (the Code of Practice) は、警察官が所持品検査を行う方法の詳細を定めている。しかしながら、国内法が提供する安全装置は、執行部に与えられた広範な権限を実際に抑制するものとは思われず、恣意的干渉に対する個別的で適切な保護を提供するものとは解されない (§78-79)。

2000 年法 44 条の「役に立つ」という文言は、「都合のよい (advantageous)」や「助けになる (helpful)」と変わらないので、許可段階では、手段の比例性を評価するための要件は一切存在しない。「本件権限の許可等は司法審査に服するが、制定法上の権限がこれほど広範なので、申立人は、特定の許可・承認が権限踰越 (ultra vires) または権限濫用であることを立証する上で手に負えない障害に直面する」(§80)。個々の警察官は停止・所持品検査をする際、主観的疑いの根拠を示すことさえ要求されない。関連して当裁判所は、本件権限の利用頻度に関する統計等の

記録に驚かされた。警察官にこれほど広範な裁量を付与すると、恣意性の明白な危険がある。本件権限が人種差別的に行使される危険性は、「極めて現実味のある考慮事項である」（§§83-85）。

2000年法44-45条の定める停止・所持品検査の権限およびその許可・承認は十分に限定されておらず、濫用に対する適切な安全装置に服していないから、「法律に従って」いるものとはいえないので、条約8条違反が存在する（§87）。

(4) 条約10条・11条違反の主張について

8条違反認定に鑑み、その他の違反主張に関する判断は不要である。

(5) 条約41条の適用

損害賠償請求については、違法の認定によって公正な満足は与えられたので認めない。訴訟費用として35,000ユーロを認める。

【解　説】

(1) 本判決の意義・特徴

人権条約8条は、「社会の変化を受けてクローズ・アップされる新しい問題の多くをカバーしており、実際上の射程範囲としては、新しい人権の根拠規定として依拠される日本国憲法13条の射程範囲と相当重なっている」と評されている[4]。警察官による停止・所持品検査それ自体は決して「新しい問題」ではないが、テロ対策を理由としてあまりに広範な権限が、警察・警察官に付与された点は「新しい問題」といえるだろう。よって、人権裁判所の判例としての本判決の意義は、「公的場所での警察官による停止・所持品検査は、対象者の私生活に対する介入に当たらない」とするイギリス政府の主張を、人権裁判所が全員一致で断固として拒絶した点にある[5]。その際、条約適合性を判断する三段階のうち、第一段階（法律に従っているか否か）で条約違反と判断した点も注目される。

人権裁判所の判例の今後の展開との関係で注目したいのが、傍論ではあるが、所持品検査のための30分間程度の拘束も、条約5条の「自由の剥奪」

に該当する余地があることを認めた点である。この問題については、(2)で後述する。

本判決の特徴として挙げておきたいのは、人権条約「編入」論者として著名なビンガム卿（Lord Bingham of Cornhill）が主導的意見を述べた貴族院判決とは正反対の結論を、人権裁判所が全員一致で出した点である。ビンガム卿は、①人権条約5条違反の主張に対して、所持品検査のための拘束は短時間であり、監禁や留置に類する要素はないので「自由の剥奪」は存在しない、②8条違反の主張に対しては、通常の所持品検査は空港での手荷物検査と同様、「私生活の尊重」を欠くものではないと述べた[6]。

イギリス政府は本判決でも、②の主張をしているが（§60）、人権裁判所は、飛行機の利用者は事前に手荷物検査があることを知っており、個人的物品を置いてくるとか、飛行機に乗らないという選択の自由がある一方、2000年法の下で個人はいつでもどこでも停止させられるし、所持品検査に関する事前の告知もなければ、それに服するか否かについての選択の自由もないとして、②の主張を斥けた（§64）。人権裁判所が判示したとおり、条約8条の「私生活の尊重」の基底に「人格的自律の観念」があるとすれば、同裁判所がここで示した視点（個人に選択の自由があるかという問題）は決定的に重要である。

なお、ビンガム卿が2000年法の運用実態を（たぶんわざと）無視しているのに対し、人権裁判所は司法省の統計記録や「テロリズム立法に関する独立審査官（Independent Reviewer of Terrorism Act）」（以下、「独立審査官」と略す）が作成する年次報告書等を丹念に検討し、運用実態を踏まえて判断している点が注目される（§37-46）。本件権限が人種差別的に行使される危険性について、ビンガム卿が「本件の争点ではないので、判断するつもりはない」と断じたのに対して[7]、人権裁判所が、「極めて現実味のある考慮事項である」と判断したのは、その一例である（§84-85）。

(2) 条約5条解釈の射程

「ケトリング（kettling）」とは、「大規模デモにお

いて警察が参加者を囲い込み封鎖する手法」であり、それは「数時間にわたって行われ、特別な許可書がないと封鎖箇所を出入りすることができない」[8]。2001年5月1日、ロンドンの中心街での反グローバリズムのデモに対してケトリングが行われ、デモ参加者だけではなく、買い物や昼食を目的として封鎖箇所に近づいた人々も6時間程拘束された。

　本件ケトリングが人権条約5条違反になるかが争われた事件で人権裁判所大法廷は、補完性原理を前面に出して、人権裁判所が事実審としての役割を引き受けることについては慎重であるべきとした。そして、国内裁判所の事実認定に従って、本件の大規模デモに対する規制方法としてケトリングが最も非介入的で効率的であるとの判断をした上で、本件の例外的事実の下では、「自由の剥奪」は存在しないと結論した（Austin判決）[9]。一方、3人の裁判官（Tulkens, Spielmann, Garlicki）による共同反対意見は、Gillan判決の5条解釈を援用しつつ、同判決の事実と比べて、本件での強制の度合いは格段に高いとして（狭い場所に3,000人もの他人と一緒に囲い込まれ、トイレ・食料・水もなかった）、「自由の剥奪」の存在を認めた。反対意見のほうに格段の説得力があり、Austin判決は5条解釈を不安定化させたとの評価は妥当であろう[10]。

(3) 本判決の国内法への影響

　2010年の総選挙で成立した連立政権は、2012年自由保護法（Protection of Freedom Act 2012）を制定した。同法は、人権裁判所の判決を履行するための法改正を含んでいる。具体的には、犯罪予防のためのDNAデータベースが条約8条違反とされたMarper判決〔本書52〕と本判決への対応である[11]。なお、ヨーロッパ評議会閣僚委員会は本判決の執行について、同法の制定や本判決の広報等により「一般的措置」が、公正な満足の支払いによって「個別的措置」が取られたと認められるので、人権条約46条2項に基づく執行監視任務を終了する旨の決議をしている（Resolution CM/ResDH（2013）52）。

　2012年自由保護法によって、本判決で問題となっ

た2000年法44-47条は削除されたが、それに代わる規定（47A条）が新設された。同条の下では、テロ行為が生ずるという合理的疑いのある特定の地域で、かつ、それを防ぐために許可が必要であると合理的に考えられる場合、警察官による停止・捜索が可能となる。ただし、警察官は、合理的な疑いがなければ、停止・捜索をすることができない。いずれの場面でも、「合理的な」という要件が付加されたことに注目しよう。ちなみに、独立審査官が2014年7月に国会に提出した報告書では、47A条は「厳格な要件に服する」ので、2011年3月の施行以来、北アイルランド以外のイギリス国内では一度も発動されたことがないとされている[12]。

　ところで、人権法2条1項は、人権条約上の権利との関係で生じる問題を決定する際、イギリスの裁判所が人権裁判所の判決や決定を考慮に入れるべきことを定めており、イギリスの裁判官は一般に、人権裁判所の判例に拘束されていると考えるとされる[13]。元大法官である大物法律家が近年、国内裁判所が人権裁判所の判例に拘束されると考える現在主流の立場は、国会主権の原理に反すると論じているが、彼が目の敵にしているのが、Marper判決と本判決である[14]。

　ある現役裁判官がこの主張に対して、第2次世界大戦後ヨーロッパの人権プロジェクトの危機であると言わんばかりの反論をしているが、それを大袈裟だと笑っていられないのが現在の政治情勢である[15]。保守党も人権法2条1項を問題視し、イギリスの裁判所が人権条約の解釈において最終的決定権をもつべきと提案している[16]。しかし、本判決を政治的に葬り去ることは、イギリスにおける人権保障の発展に対するバックラッシュ以外のなにものでもあるまい。

(1)　江島晶子「現代社会における『公共の福祉』論と人権の再生力」明治大学法科大学院論集10号（2012年）82頁。イギリスのテロ対策法制の展開を概観するには、渡井理佳子「イギリスにおけるテロ対策法制」大沢秀介・小山剛『市民生活の自由と安全』（成文堂、2006

(2) 年）73 頁以下を参照。

(2) R (Gillan) v. Metropolitan Police Commissioner and another, [2006] UKHL 12. なお、申立人らは 2004 年 9 月、人権法に基づく損害賠償請求の訴えを カウンティ・コートに提起したが、貴族院判決を待っ て 2007 年 2 月に審理が行われ、訴えは棄却された。

(3) 本判決の詳しい要約が、江島・前掲注(1) 86-98 頁に ある。

(4) 江島晶子「ヨーロッパ人権条約が保障する権利」 〔I概説Ⅲ〕21 頁。

(5) Alastair Mowbray, *Cases, Materials, and Commentary on the European Convention on Human Rights*, 3rd edition (Oxford University Press, 2012) p. 521.

(6) R (Gillan), above note 2, paras 25, 28-29.

(7) *Ibid.*, para 35.

(8) K.D. ユーイング（柳井健一・宮内紀子訳）「自由の かがり火」法と政治（関西学院大学）63 巻 4 号（2013 年）212 頁。

(9) Austin and others v. UK, 15 March 2012.

(10) David Mead, "Kettling Comes to the Boil before the Strasbourg Court" *Cambridge Law Journal*, vol. 71, p. 474 (2012).

(11) 2012 年自由保護法については、キース・ユーイン グ（岩切大地訳）「イギリスにおける連立政権の下で の市民的自由」倉持孝司＝小松浩編著『憲法のいま ――日本・イギリス』（敬文堂、2015 年）38 頁以下を 参照。

(12) David Anderson QC, The Terrorism Act 2013: Report of the Independent Reviewer on the Operation of the Terrorism Act 2000 and Part 1 of the Terrorism Act 2006, p. 36. 同報告書は（過去の報告書も）、 下記のホームページからダウンロードできる。 https://terrorismlegislationreviewer.independent.gov. uk/

(13) Jack Beatson et al., *Human Rights: Judicial Protection in the United Kingdom* (Sweet & Maxwell, 2008) pp. 41-42.

(14) Lord Irvine of Lairg, "A British Interpretation of Convention Rights" [2012] *Public Law*, pp. 244-245.

(15) Sir Philip Sales, "Strasbourg Jurisprudence and the Human Rights Act" [2012] *Public Law*, pp. 266-267. ちなみに、イギリスの高等法院は 2016 年 11 月 3 日、 イギリス政府がリスボン条約 50 条に基づいて EU に 対して離脱通知をする際には、国会の承認が必要であ るとの判決を出したが（R (Miller) v Secretary of State for Exiting the EU [2016] EWHC 2768 (Admin)）、 Sales は同判決を出した 3 名の裁判官のうちの 1 人で ある。

(16) Protecting Human Rights in The UK: The Conservatives' Proposals for Changing Britain' s Human Rights Laws. 同文書は下記のホームページからダウ ンロードできる。https://www.conservatives.com/ ～ /media/files/downloadable%20Files/human_rights. pdf

52 私生活の尊重と指紋・DNA 情報
無罪・不起訴となった後の被疑者の指紋・DNA 情報の保管
── S およびマーパー判決 ──

山本　龍彦

S. and Marper v. the United Kingdom
4 December 2008, Reports 2008-V（大法廷）

【事　実】

　S（事件当時 11 歳）は強盗未遂の疑いで、マーパー（Michael Marper）はパートナーに対するハラスメントの疑いで逮捕・起訴され、それぞれ指紋と DNA 試料を採取された。後に S は無罪となり、マーパーはパートナーとの和解により刑事手続を打ち切られたが、1984 年警察および刑事証拠法（Police and Criminal Evidence Act 1984, PACE）64 条（2001 年改正を経たもの）は、犯罪捜査との関連で採取された指紋またはDNA 試料を、その対象者が当該犯罪で後に有罪判決を受けたかどうかにかかわらず、DNA データベースのために一律に保有・保管されるものとしていたため、警察は、S およびマーパーの指紋等を無罪および手続打切り後も引き続き保有していた。

　S らは、警察に対し、自らの指紋および DNA 試料の廃棄・抹消を要請したが、警察にこれを拒否されたため、当該拒否決定について司法審査を申請した。しかし、行政裁判所はこの申請を拒否し（[2002] EWHC 478 (Admin)）、S らの控訴を受けた控訴院もこの結論を支持した（[2003] EWCA Civ 1276）。さらに上告を受けた貴族院も、指紋および DNA 試料の単なる保有は、そもそも私生活の尊重を受ける権利に対する介入に当たらず、仮に介入に当たるとしても非常に穏やかなものであり、同介入は、犯罪の発見、捜査、起訴といった法定された目的と比例的で、正当化されると判断し、S らの上告を退けた（[2004] UKHL 39）。

　S らは、2004 年 8 月 16 日、ヨーロッパ人権裁判所（以下、人権裁判所）にヨーロッパ人権条約（以下、人権条約）8 条違反等を申し立てた。人権裁判所（大

法廷）は S らの主張を認め、8 条違反を認定した。

【判　旨】

(1) 私生活に対する介入の存在

(a) 一般原理

　私生活に関するデータの単なる保管も、人権条約 8 条がいう介入に当たる（§67）。

(b) 一般原理の本件への適用

　本件で当局が保有する指紋、DNA 型、細胞試料は、同定された個人または同定されうる個人と関連するがゆえに、いずれもデータ保護条約上のパーソナル・データ（以下、「PD」と表記する）に当たる（§68）。

　将来想定される利用を考えれば、細胞試料の組織的・体系的な保有は、私生活の尊重を受ける権利に対する介入を構成するのに十分なほど侵害的である。政府は、試料の将来的利用は憶測に過ぎず、現時点での介入は存在しないと主張するが（§70）、当局によって保有される個人情報が将来どのように利用されるかに関する個人の懸念は正当なものであり、介入の存在を決定するうえで考慮さるべきものである。遺伝学や情報技術の急速な発展を踏まえれば、将来において、遺伝情報と関連する私生活上の利益が、まったく新しい方法で、あるいは現在では正確に予期できない方法で侵害される可能性を軽視することはできない（§71）。また、細胞試料が、健康関連情報を含むセンシティヴ情報を多く含んでいること、個人のみならずその血縁者にもかかわる唯一の遺伝的コードを含んでいることにも注意が必要である（§72）。このように、細胞組織に含まれる個人情報の性質および量に鑑みれば、その保有は、それ自体、私生活の尊重を受ける権利に対する介入とみなさ

なければならない。

型情報は、コード化された情報であり、情報量としても限定されている（§74）。しかし、個人間の遺伝的関係を明らかにする型情報の力（血縁者捜索を行う可能性）は、その保有を、私生活の尊重を受ける権利に対する介入と結論づける十分な理由となる（§75）。また、型情報が、民族的出自を推定させる可能性は、その保有をよりセンシティヴなものとする。この結論は、民族的出自を明らかにするPDをセンシティヴ情報の範疇に組み入れるデータ保護条約およびデータ保護法の原理とも一致する（§76）。

指紋は、細胞試料や型情報ほど多くの情報を含んでいないが（§78）、広範な状況において、正確な個人識別を可能にするものであり、個人に関する唯一の情報を含むものといえる。したがって、本人の同意なく指紋を保有することは、中立的であるとか、些細なことであるとはみなされない（84）。指紋の保有も、私生活の尊重を受ける権利に対する介入に当たる（§85）。

(2) 介入の正当化

(a) 法に基づいているか

確立した判例法によれば、人権条約8条の「法に基づき（in accordance with the law）」という文言は、問題とされる措置が国内法上の根拠を有していること、法の支配と適合的であることを要求している。ここでいう「法」は、個人がその行動を規律することができるのに十分な明確性をもって規定されなければならない（§95）。

申立人の指紋等の保有は国内法に明確な根拠を有している（§97）。他方、保管および利用の条件や方法については明確性を欠いている（§98）。PACE64条は、保有された試料等は、犯罪の予防・発見、捜査、公訴提起と関連する目的のほかは利用されてはならないと規定するが、これらの文言は一般的で、拡大解釈を可能にする。ただ、ここで、PACE64条の規定ぶりが人権条約8条の要求する「法」の品質を維持しているかどうかを判断する必要はない。この問題は、本件介入が民主的社会において必要かどうかという以下の問題と密接に関連しているからである（§99）。

(b) 正当な目的

指紋等の保有は、犯罪の発見および予防という正当な目的のためになされるものである。その保有は、将来の犯罪者の同定を助けるというより広範な目的を追求する（§100）。

(c) 民主的社会における必要性

(i) 一 般 原 理

介入が「差し迫った社会的必要」に応えるものである場合、具体的には、正当な目的と比例的で、その正当化のために国内当局が示した理由が「関連性があり十分である」場合には、当該介入は「民主的社会において必要」なものとなる。その査定を一次的に行うのは国家当局であるが、最終的な評価は当裁判所の審査に服する（§101）。

評価の余地は国内当局に留保されなければならないが、この余地の広狭は諸事情によって変わりうる。

PDの保護は、私生活および家族生活の尊重を受ける権利の享受にとって極めて重要である。データ保護条約その他の文書でも、国内法は、PDが保管目的と関連しており、過剰なものとならないこと、データ主体を同定可能な形式で保持する場合、その保持が上記目的にとって必要な期間を超えないことを担保すべきとされてきた。こうした考慮は、センシティヴ・データ一般について特に妥当するが、DNA情報にとっては殊更に重要なものとなる。それは、個人とその血縁者の双方にとって大きな重要性をもつ人の遺伝的構成を含むからである（§103）。確かに、犯罪予防という正当な利益が、指紋およびDNA情報を含むPDを保護するという、データ主体およびコミュニティ全体の利益を上回ることもあるが、かかる情報の本質的に私的な性格は、本人の同意なくその保有と利用を認める国家的措置に対して慎重（careful）な審査を行うことを要求する（§104）。

(ii) 一般原理の本件への適用

本件で検討さるべき唯一の問題は、特定の犯罪について一旦は疑われたが、有罪とされなかった申立人の指紋等の保有が、人権条約8条の下で正当化されるかである（§106）。データ保有と収集目的は比例的でなければならず、保管期間は限定されていなければならないというデータ保護の核心的原理は、

データ保護条約および閣僚委員会の勧告の下、締約国によって警察部門にも適用されてきた（§107）。また、DNAデータベースを保有する締約国の大多数は、無罪または釈放の直後か、一定の期間内に、試料および型情報を抹消することを要求している（§108）。イギリスの一部であるスコットランドは、有罪とされなかった者のDNAの保有を認めているが、それは暴力犯または性犯罪によって起訴された成人の場合に限られるうえ、期間も３年に限定（ただし、一定の条件を満たせば、２年間の延長が可能）されている（§109）。この立場は、1992年閣僚委員会勧告とも一致する。こうした背景からすると、記録可能な犯罪で一旦疑われたならば、どのような年齢の者であれ、その指紋等を無期限に保有することを認めるイングランド、ウエールズ、北アイルランドは、ヨーロッパ評議会における唯一の法域であるといえる（§110）。

このように、他の締約国が、包括的なDNAデータベースの利点にもかかわらず、私生活の尊重という競合的利益との適切な均衡を維持しようと考え、データの保有と利用に制限を課しているという事実を軽視できない。こうした衡量を慎重に行うことなく、現代の科学技術が刑事裁判システムにおいて利用されるならば、人権条約８条の保障は容認し難いほどに弱められる。この点につき締約国に存在する強力なコンセンサスは相当に重要なものであり、これが、当該領域における私生活への介入の限界を査定する国家の評価の余地を狭める。イギリスはDNAデータベースの先駆者であるが、新たな技術の発展に関して先導的役割を主張する締約国は、上記の点について、むしろ正しい均衡を設定する特別な責任を課せられているというべきである（§112）。

嫌疑をかけられたが、有罪とされなかった者の指紋等の永久的保有が、関連性があり、かつ十分な理由に根拠づけられているかを検討するうえで（§114）、抹消されなかった型情報が、多くの事案で現場遺留資料とリンクしたことを示す統計その他の証拠は、たしかに重要である（§115）。この点で、データベースの拡張が、犯罪の発見と予防に貢献してきたという政府の主張は首肯できる（§117）。問題は、その

ような保有が比例的で、競合する公益と私益との公正な均衡を達成しえているか、である（§118）。

この点、イングランドとウエールズにおける保有権限の包括的で無差別的な性質には驚く。そこでは、素材は、犯罪の性質や深刻性がいかなるものであれ、無期限に保有されるのである。無罪とされた者が、そのデータを国家的データベースから抹消できる可能性はきわめて低い。犯罪の深刻性、以前の逮捕歴、嫌疑のレベル、その他特別な状況といった諸要素を含む一定の基準に従って、保有の正当性を独立して審査するような規定は存在していない（§119）。このような無差別的で広範な保有制度は、保有されるPDの類型の相違にかかわらず、慎重な審査を必要とする（§120）。

政府は、保有それ自体は、データベース上の照合が、申立人と将来の犯罪との関連を示唆しない限り、申立人に対して直接的または重大な影響を与えるものとみなされないと主張するが、先述のように、公的機関によって獲得されたPDの保有・保管は、データの事後的利用が実際になされるかどうかにかかわらず、それ自体、個人の私生活上の利益に直接的な影響を与えるものとみなされる（§121）。

また、本件において特に懸念されるのが、スティグマ化のリスクである。これは、最終的には有罪とされず、無罪の推定を受けるべき申立人のような立場にある者が、有罪とされた者と同様に扱われるという事実から生じる。犯罪の嫌疑をかけられなかった者のデータが抹消されるのに対して、そのデータが有罪とされた者のデータと同様の方法で無期限に保有されるという事実は、自らが潔白なものとして扱われていないとの認識を高める（§122）。政府は、保有の権限は、犯罪捜査の過程で採取された指紋等に対して一律に適用され、無罪か有罪かという結果に依存しないため、スティグマ化のリスクは生じないと主張する。また、保有の理由は、最初の被疑事実とは関連せず、あくまでも将来における犯罪者の同定のためにデータベースの規模と利用を拡張することにあると述べる。しかし、PACE64条は、データベースの拡張という点では同じ価値をもつにもかかわらず、任意に採取された指紋等については要求

に応じて廃棄すべきと規定していることから、申立人のような立場の者に対するスティグマ化のリスクはなお残存する。この点を踏まえれば、申立人の私的データと、有罪とされなかったその他の者たちのデータとを異なって取扱うことを正当なものとみなすためには、政府によってさらに重要な理由が示されなければならない（が、こうした理由は示されていない。§123）。また、未成年者の特別の地位、その成長と社会的統合の重要性を踏まえれば、有罪とされなかった者のデータを保有することは、第1申立人のような未成年者の場合にはとくに侵害的なものとなる。この点、無罪後のデータ保有によって惹起される損害から少年を保護することに特別の関心が払われるべきである（が、こうした配慮も見受けられない。§124）。

以上述べてきたことから、当裁判所は、本件申立人の事案に適用される限りで、疑われたが有罪とはされなかった者の指紋、細胞試料、型情報を保有する権限の包括的で無差別的な性質は、公益と私益との公正な均衡を欠くものと判断する（§125）。本件には、人権条約8条違反が存在する（§126）。

【解 説】

(1) 本判決の意義・特徴

日本を含む先進国の多くで、犯罪捜査や予防を目的とするDNAデータベースが創設され、運用されている。ただ、その登録対象者の範囲、登録ないし保存する素材（DNA型情報以外に何を登録・保存するか）、登録・保存期間などは、国ごとに異なる。本件では、犯罪の嫌疑がかけられ、当該犯罪との関連でDNAを採取された者については、その後当該犯罪について有罪とされたかどうかにかかわらず、一律にデータベースの登録対象者とし、その指紋・DNA試料（細胞試料）・DNA型情報を無期限に登録・保存するイギリスの法実践（PACE64条に基づく）の人権条約適合性が問題とされた。

本判決においてまず注目されるのは、指紋・DNA試料・型情報が、いずれもデータ保護条約等にいう「パーソナル・データ」に当たるとしたうえで、警察によるそれらのデータの保存が、それ自体、

私生活の尊重を受ける権利に対する「介入」ないし「制限」に当たると判断したことである。この点、イギリス政府は、個人情報の単なる保存は、情報主体に直接的な損害を与えるものではなく、将来濫用等がなされうるという「憶測」に基づく心理的不安に過ぎないから、そもそも権利に対する介入・制限を構成しないと主張していた。これに対し、本判決は、こうした懸念も介入認定において排除すべきではないとしたうえ、本件で保存されるPDの情報量や性質から、それらの単なる保存も介入に当たると述べたのである。「憶測」に基づく介入否定論は、データベース肯定論者の主張として広くみられるものであるから、本判決がこれを明確に退けた意味は大きいといえる。

「介入」が認められれば、次にそれが正当化されるかが問題となる。本判決は、正当化判断の枠組みとしていわゆる比例原則を用いたが、争点になりうるのは、その適用における審査密度である。本判決は、①保存されるPDの「本質的に私的な性格」から「慎重な審査」を行うと述べたうえ（§104）、②ヨーロッパ評議会の締約国内部に、DNAデータベースの登録対象者や各PDの保存期間を限定するという「強力なコンセンサス」が存在しているとし（§112）、イギリスに認められる評価の余地は狭いと述べた。①情報の性質と②締約国内部に存在するコンセンサスという観点から、本件介入に対する裁判所の審査密度を高めたといってよいであろう。

本判決は、本件における比例性判断のポイントを、包括的で無差別的なDNAデータベースによって促進される公益と、これによって失われる私益との「公正な均衡」が維持されているか、という点に置いた。そして、本件申立人のように有罪とはされなかった者が、有罪とされた者と同じように扱われる（有罪とされた者に対する方法とまったく同様の方法でDNA型情報等を登録・保存される）ことでスティグマ化のリスクが高まること、特に、未成年者の情報保存は、彼らの特別の地位や人格発展・社会的統合の重要性からみて、より侵害的であることなどを指摘し、このように決して小さくない失われる利益との公正な均衡を維持するには、それに見合うだけの重要な公

益が認められるところ、イギリス政府はこうした公益を示していないと判断したのである。かくして本判決は、本件のような包括的で無差別的な情報の広範な保存が、人権約約 8 条に違反するものと結論づけたわけである（申立人は人権約約 41 条に基づき、5000 ポンドの損害賠償を求めたが、本判決は違反の認定によって申立人の満足は得られるとして、当該請求を退けた）。

(2) イギリスに対する本判決の影響

イギリスは、本判決を受けて、2012 年諸自由の保護法（Protection of Freedoms Act 2012）を制定し、有罪とされなかった者の DNA 型情報等も保存するが、その対象犯罪、対象者の年齢を考慮し、保存期間等を限定するスコットランドモデル（§ 109）を採用するに至っている[1]。具体的には、DNA 試料は原則として採取から 6 か月以内に廃棄されることを要求し、特定犯罪（性犯罪、暴力犯、テロ等）で起訴されたが、有罪とはされなかった者の指紋および型情報について、その保存を原則 3 年間に限定した（裁判官によって認められれば 2 年の延長が可能である）。また、「バイオメトリクス・コミッショナー」という独立機関を新設し、起訴にまで至らず、逮捕にとどまった者の指紋・型情報の保存の可否を判断する権限を付与した。同コミッショナーが認めれば、この範疇に属する者の情報についても 3 年間の保存が可能となる（裁判官によって認められれば 2 年の延長が可能である）。

以上のような制度改革により、イギリスは「ヨーロッパ評議会における唯一の法域である」（§ 110）との評価を脱し、警察による個人情報の登録・保存に一定の制限を課すヨーロッパのベースラインに近づいたものと考えることができる。

(3) 日本への示唆

日本でも、2005 年 9 月以降、被疑者から得た DNA 型情報を登録した DNA（型）データベースが運用されている。そこでは、DNA の採取および DNA 型情報の取得については当該事件との関係で制限が付されているものの、型情報を当該事件の解決を超えて引き続き登録・保存することについては特段の制限がない。むしろ、当該事件との関係で正当に取得された型情報は、無差別的かつ一律的にデータベースに登録されるものとされる[2]。また、

その抹消については、DNA 型記録取扱規則が、「被疑者 DNA 型記録に係る者が死亡したとき」、「被疑者 DNA 型記録を保管する必要がなくなったとき」に抹消しなければならない」（7 条 1 項）と規定するだけで、当該被疑事件との関係で有罪とされなかった被疑者も、「必要」とあればデータベース上に登録・保存され続けることになる。これらの点では、本判決が条約違反としたイギリスの法実践に近いといえよう。ただ、かつてのイギリス・モデルよりも深刻であると思われるのは、日本の場合、情報の保存につき、法律の根拠すらないということである。このようにみると、本判決が、包括的で無差別的な情報保存を条約違反と判断したこと以上に、情報の保存それ自体を正面から権利への「介入」と認め、その正当化のために明確な法律の根拠を求めたことに、日本への重要な示唆があるといえよう[3]。

(1) GOV.UK, *Policy Paper; Protection of Freedoms Act 2012: how DNA and fingerprint evidence is protected in law*（Apr. 4, 2013), available at., https://www.gov.uk/government/publications/protection-of-freedoms-act-2012-dna-and-fingerprint-provisions/protection-of-freedoms-act-2012-how-dna-and-fingerprint-evidence-is-protected-in-law

(2) DNA 型記録取扱規則（平成 17 年国家公安委員会規則第 15 号）5 条 1 項参照。

(3) 日本の DNA データベースについては、末井誠史「DNA 型データベースをめぐる論点」レファレンス 2011 年 3 月号 5 頁以下、山本龍彦「日本における DNA データベース法制と憲法」比較法研究 70 号（2008 年）73 頁以下等参照。

[参考文献]（注で掲げたものを除く）

[1] 江島晶子「犯罪予防における DNA 情報・指紋の利用と私生活の尊重を受ける権利——S およびマーパー対イギリス」国際人権 20 号（2009 年）。

[2] 井上悠輔「被疑者段階で採取された試料・DNA 型データの保有継続をめぐって」医療・生命倫理・社会 8 号（2009 年）74 頁以下。

[3] 石井夏生利「生体情報のデータベース保存とプライバシー」法とコンピュータ 28 号（2010 年）105 頁以下。

[4] 玉蟲由樹「警察 DNA データベースの合憲性」日本法学 82 巻 2 号（2016 年）433 頁以下。

[5] 山本龍彦『遺伝情報の法理論』（尚学社、2008 年）。

53 同性カップルによる養子
非婚の同性カップルによる連れ子養子禁止と家族生活の尊重・性的指向に基づく別異取扱い
── X対オーストリア判決──

齊藤笑美子

X and others v. Austria
19 February 2013, Reports 2013-Ⅱ（大法廷）

【事　実】

　本件申立人は、安定した共同生活を送る女性同性カップルのA（第1申立人）とB（第3申立人）、およびBの婚外子C（第2申立人）の3名である。Cの父DはCを認知していたが、監護権は母であるBが単独で行使しており、申立人らは事実上の家族を形成していた。申立人らはCとDとの親子関係をCとAの親子関係で置き換え、AとBが共にCの両親となる養子縁組について合意したが、Dはこれに反対であった。

　オーストリア民法典は、婚姻カップルが共同で養親となる共同養子縁組のほか、婚姻していない者が単独で行う養子縁組も認めていた。しかし、同法典182条2項によれば、子が養父を得た場合には、子と実父との間の親子関係が断絶し、子が養母を得た場合には子と実母との間の親子関係がなくなるとされていた。つまり、Aが養母となれば、実母であるBとCの親子関係が断たれることになる。そのため申立人らは、この規定が違憲であるとの宣言を憲法裁判所に求めたが、憲法裁判所は、地区裁判所が判断すべき問題として、請求を却下した。

　そこで申立人らは、地区裁判所に養子縁組の承認を求めたが、地区裁判所は、同規定によればCが同性の両親を持つことになる養子縁組は認められないとして、これを承認しなかった。申立人らは、同規定が同性カップルと異性カップルの正当化されない差別にあたると主張して、地方裁判所に控訴した。

　地方裁判所は、同規定の立法目的は子に異性の両親を与えるという正当な目的を追求しており、そのために同性カップルを排除することも均衡を逸して

いないと述べて、控訴を棄却した。最高裁も、地方裁判所の判断を支持して上告を棄却した。

　申立人らは、同性カップルに連れ子養子が認められていないために、自らが異性カップルと比較して差別されているとして、ヨーロッパ人権裁判所（以下、裁判所）に提訴した。第1部小法廷の判断により、申立は大法廷に回付された。

【判　旨】

(1) 8条と結びついた14条の適用可能性について

　「AとBは、安定した関係にある同性カップル」であり、「共同でCを養育している。」「従って、申立人全員の関係が、条約8条にいう家族生活に該当することを認める」（§96）。

(2) 8条と結びついた14条の遵守について

　「裁判所は、性別に基づく別異取扱い同様、性的指向に基づく別異取扱いの正当化には、格別に重大な、あるいは格別に説得的で重要な理由が要求されると繰り返し述べてきた。何らかの別異取扱いが性別あるいは性的指向に基づく時には、国家の裁量は狭くなり、性的指向の考慮のみに基づく別異取扱いは、条約の下では受け入れられない」（§99）。

(a) 婚姻カップルとの比較

　「12条は、締約国に対し、同性カップルに婚姻を認める義務を課しておらず、8条と結びついた14条からも、同性カップルの婚姻する権利が引き出されるわけではない。…さらに、裁判所は、婚姻した者に対して特別の地位が与えられることを繰り返し認めてきた」（§106）。「従って、…婚姻カップルとの比較において、8条と結びついた14条の違反はない」（§110）。

(b) 非婚の異性カップルとの比較

(i) 非婚の異性カップルとの比較可能性

「ＡとＢとの間に法的関係を設定することを望む申立人らは、連れ子養子を希望している異性カップルと類似の状況にある」（§112）。

(ii) 別異取扱いの存在

しかし、「現行養子法を適用すれば、非婚の異性カップルと同性カップルが区別されることは疑いがない。現行のオーストリア法の下では、申立人らの場合には、〔父Ｄの同意があったとしても〕連れ子養子は不可能であった」（§116）。「以上のことから、当裁判所は、申立人らと…非婚異性カップルとの間に取扱いの差異が存し、この差異はＡとＢが同性カップルであることに密接に結びついており、従って申立人の性的指向に基づいていることを認める」（§130）。「それゆえ本件は、フランス法の下で、連れ子養子がいかなる非婚カップルにも認められておらず、非婚異性カップルと同性カップルの間の取扱いに性的指向に基づく差異が存在しなかった Gas and Dubois v France からは区別される」（§131）。

(c) 正当な目的と比例性

「裁判所に求められているのは、同性カップルによる連れ子養子という問題一般についてではなく、」「非婚の異性カップルと同性カップルの間の差別という厳密に限定された問題について裁定することである」（§134）。「条約14条の差別禁止は、国家が自発的に提供する追加的な権利で、条約のいずれかの条項の一般的射程に属する権利にも適用される」（§135）。「条約８条の下で非婚カップルに連れ子養子を拡大する義務は生じないが、オーストリア法は、非婚の異性カップルに連れ子養子を許容している。そこで裁判所は、（非婚）同性カップルに対する権利の拒否が、正当な目的を追求し、目的に比例しているかを検討する」（§136）。

(i) 目 的

「国内裁判所および政府は、オーストリア養子法が、血縁に基づく家族の再現を意図していると主張し、…両性の両親からなる家族のみが子のニーズを適切に満たすことができるという暗黙の推定に基づいて、伝統的家族の保護に依拠している」（§137）。「裁判所は、伝統的な意味での家族の保護が、別異取扱いを正当化する重要で正当な理由であることを原則として認める。子の利益の保護が正当な目的であることも、論を俟たない」（§138）。

(ii) 比 例 性

「連れ子養子が非婚異性カップルに認められているのに、同性カップルにはこれを認めないことが、子の利益の保護の上で必要であることを立証する責任は政府にある」（§141）。「政府は、同性の両親からなる家族が、子のニーズを適切に満たすことができないと示すいかなる論拠も、特定の研究結果も、証拠も提出していない。反対に政府は、…同性カップルが、異性カップルと比較して、養親としての適切さにおいて変わりがないことを認めている。」さらに政府は、立法「目的は同性カップルを連れ子養子から排除することではないと述べつつ、立法府は一人の子が二人の母や二人の父を持つ状況を法的な観点から避けようとしたと主張している」（§142）。「オーストリア法においては、同性愛者が単独で養子縁組を行うことは可能であり、養親になろうとする者に登録パートナーがある場合には、このパートナーの同意が…要求される。従って、オーストリア法は、子が同性カップルからなる家族において成長することを受容し、それが子にとって有害でないと認めていることになる。にもかかわらず、オーストリア法は、子が二人の父、あるいは二人の母を持つべきではないとしている」点で矛盾がある（§144）。「以上の検討は、民法典182条２項から生じる同性カップルに対する連れ子養子の絶対的禁止の比例性に重大な疑いを投げかける」（§146）。

(d) 評価の余地

「非婚異性カップルと同性カップルの別異取り扱いが問題なのであるから、非婚カップル内での連れ子養子を認めているヨーロッパ評議会の10カ国のみが比較の基礎と見なされうる。この10カ国のうち、6カ国が異性カップルと同性カップルを等しく

扱っており、4カ国がオーストリアと同じ立場を採用している。このようにサンプルが不十分であるため、コンセンサスの可能性については、なんらの結論も引き出すことはできない」(§149)。

(e) 結論

「以上のことから、政府は、同性カップルにおける連れ子養子の排除が伝統的意味の家族の保護あるいは子の利益の保護にとって必要であるという格別に重要で説得的な理由を挙げることに失敗していると認める」(§151)。「結論として、当裁判所は、申立人の状況を…非婚異性カップルと比較した場合、8条と結びついた14条の違反があったことを認める」(§153)。

(3) 判決

「申立人の状況を婚姻カップルと比較した場合、8条と結びついた14条違反はない」(全員一致、シュピルマン長官による補足意見あり)。「非婚異性カップルと比較した場合、8条と結びついた14条違反があった」(10対7、カサデバル裁判官ら7裁判官の共同一部反対意見あり)。

【解 説】

(1) 判決の特徴・意義

今日、性的指向が関係する申立は、様々な分野にわたっている。一般的には、狭い意味でのプライバシーの保障から平等へと争点は展開してきたと言ってよいであろう。同性愛者による養子縁組については、Fretté v. France[1]において、性的指向を理由とした単独養子縁組の拒否は条約違反ではないとされていたが、その後、裁判所は、E.B v. France[2] (判決①)において判例変更を行い、性的指向を理由とした同性愛者による単独養子縁組の拒否を8条と結びついた14条違反とした。養子縁組において残った別異取り扱いは、同性カップルの双方が一人の子の親になるタイプの養子縁組(共同養子縁組あるいは連れ子養子)であった。従って、非婚カップル内の連れ子養子に関して、性的指向に基づく別異取扱いを諫めた本判決は、また一つカップル間の平等に向けて人権裁判所が歩を進めたことを意味する。

本判決を受け、オーストリアは、2013年7月、同性カップル間での連れ子養子を可能にすべく、民法典を改正した。これを受けて、2014年9月25日、閣僚委員会は執行監視の終了を決定した。

(2) 主要論点の解説

(a) 「家族生活」の範囲

同性カップルの関係は長らく8条の「私生活」のみに含まれるとされ、同じ8条の家族生活を尊重される権利から生じる恩恵を受けなかった。しかし、同性カップルの婚姻する権利を否定した Schalk and Kopf 判決[3] (判決②)において、同性カップルの安定した関係は家族生活の範疇に属すことが明言され、Gas and Dubois 判決[4] (判決③)においても、同性カップルとパートナーの一方の子を含めた関係が家族生活に含められている。

(b) 争点の設定

8条にいう家族生活は、既存の家族的紐帯を前提とし、家族を形成しようとする意欲そのものは保護の対象ではないため、養子縁組は、異性カップルにとっても、条約によって保障された実体的権利ではない。しかしながら、14条の差別禁止は、各国が国内法で追加的に認めた権利についても、条約上の権利の「享有」に関わる限りにおいて、適用される。したがって、オーストリア法が与えた養子縁組に関する権利における別異取扱いの問題として、14条を本件で適用することができる。ただし、ここで比較対象をいかに設定するかが決定的重要性を帯びる。

(i) 婚姻異性カップルとの比較

まず、比較対象に婚姻カップルをとることは、予め敗北を運命づけられた戦略である。上記の判決②によって、同性カップルに婚姻する権利を与えることは締約国の義務ではないことが確立している。こうして婚姻制度に付加された特権は、同性カップルのリーチの外に置かれる。こういうわけで、現状、判決③に見られるように共同養子縁組や連れ子養子は、それらが婚姻に伴う特権と見なされる限りにおいては、差別禁止の射程外にある。

(ii) 非婚異性カップルとの比較

実際に、申立人らが主に主張したのは、自らは非婚異性カップルと比較されるべきであるということである（§§63-64）。本判決も、婚姻カップルとの差異が問題となった判決③と本件が異なることを強調する（§131など）。判決②においては、フランスで婚姻カップルにしか認められていない連れ子養子の権利を、当時は婚姻する権利のなかった同性カップルが求めたため、条約違反の訴えは簡単に退けられた。他方、本件オーストリア法では、非婚の異性カップルには連れ子養子が認められていたため、非婚カップルというカテゴリー内部で同性／異性カップルの比較が可能になったのである。同性カップルに連れ子養子が認められるべきかという一般的かつ論争的な争点を回避し（§134）、非婚カップルという土俵における性的指向の差別の問題に争点を収斂させることによって、締約国の裁量を狭め、立証責任を政府側に転嫁して、14条違反を認定した。

(c) コンセンサスの存在

政府は、同性カップルに連れ子養子を認めるべきかという一般的争点をとらえ、ヨーロッパ評議会加盟国47カ国のうち10カ国がそのような養子を認めているのみであるとして、広範な評価の余地を主張した（§77）。これに対し、裁判所は、非婚カップル内での取扱いの差異に争点を限定してサンプルを摘示した（§149）。しかし、非婚・婚姻問わず、同性カップルへの連れ子養子を認めている国がどの程度あるかとの問いをたてれば、オーストリア政府が示したように、ヨーロッパ評議会加盟国中、これを認めていない国が圧倒的多数である。しかし、裁判所は非婚カップル内での別異取扱いに問題を限定することによって、この圧倒的劣勢を無意味化したのである。

(3) 検 討

本判決自体は、安定した事実上の関係を営む同性カップルと異性カップルの間の平等という、近年の動かしがたい傾向を反映している。しかし、検討すべき問題点も少なくない。

(a) 婚姻制度の扱い

本判決は、同性愛者による単独養子縁組が問題と

なった判決①において、用いられた枠組（単身者に付与されている権利については、性的指向に基づく別異取り扱いの問題として精査する）を連れ子養子の事件に当てはめたと言える。婚姻制度を考察の埒外に置いてきた先例（判決②および③）とも表裏一体をなす。婚姻へのアクセスと婚姻に伴う権利における差別を問わないことで、本判決は可能となる。同じ権利であっても、婚姻制度に付属する場合には、同性カップルと異性カップルの別異取扱いは正当化不要となり、非婚カップルとしての比較においては、格別に厳密な正当化が要求される。その結果、連れ子養子の権利を非婚カップルに拡大したオーストリアは条約違反、非婚カップルに一切連れ子養子の権利を認めないフランスは「おとがめなし」となった。そして、同性カップルに課された婚姻禁止は差別には当たらないのかという最大の問題は、現時点では不問である。従って、権利を異性婚姻カップルに独占させる方が、条約違反の恐れが少ないという奇妙な状態が出現している。

(b) 回避された争点

争点を非婚カップル間の差別の問題に限定したことは、非婚カップルに連れ子養子を認める10か国に限定してコンセンサスの有無を探った仕方と並んで、「いかさま」と批判されている[5]。判決は、同性カップルによる養子縁組の是非一般と非婚カップル間の別異取扱いを別問題としたが、両者は実のところ分かちがたく結びついているとの指摘は正当であろう。裁判所は、婚姻／非婚という法的地位に基づく区別の問題として整理した。しかしオーストリア法は、法的地位の如何にかかわらず、同性カップルが両親となることを排除しているとみるのが自然であろう。

そして、その正当化として、政府は、「生物学的家族の再現」が正当な目的であるとし、オーストリア法は、子が二人の母あるいは二人の父を持つ状況を避けようとしていると主張している（§76）。このように、子に異性の両親を与えることが立法の目的であるならば、同性カップルの連れ子養子禁止は、それと表裏一体の関係にある。ところで、裁判所は、判決①において、「『父性指標』あるいは『母性指

標』の欠如を理由とした養子縁組の拒否は、それ自体必ずしも問題を生じない」（判決①の§73）との立場を明らかにしている。判決①では、その前提を維持しつつ、異性指標を単独養子縁組に要求することの矛盾を指摘して条約違反を認定したのであった。

男女からなる両親を子に与えることが「子の利益の保護」に叶うと考える立場からすれば、父母との法的関係が確立されている子に対して、父母いずれかとの関係を断ち切って同性の両親を与えることができないのは必然である。従って、ここで問われなければならないのは、政府が主張する「生物学的家族の再現」、即ち法律上の両親は異性たらねばならないという要求一般の合理性であったと思われ、本件は判決①を超える射程を本来備えていたと言うべきであるが、多数意見はこの点については明らかにしていない。

（c）実体的権利の不在

同性愛者の養子縁組については、養子縁組が条約で保障される権利としては存在しないにもかかわらず、差別禁止を媒介として条約違反が認定されてきた。差別禁止を媒介とした権利の実質的拡大については批判もある[6]。しかし、少なくとも同性愛者に対しては、常に異性愛者との比較において、多くの場合道徳的に劣っている、あるいは異常とされた結果、異なる取り扱いが行われてきたことが問題とされてきた。つまり、実体的権利よりも、別異取扱いこそが問題の本質となっていると言ってよいだろう。異性愛者が持つ、あるいはこれから獲得するかもしれない家族の形成・維持に関する権利——例えば、人工生殖や代理母へのアクセス、あるいは家族呼び寄せの権利——を、差別禁止の観点から同性愛者が引き続き問題とする傾向は続くであろう。

（4）日本への示唆

2017年春、日本でも、大阪市が男性のカップルを里親として認定したことが話題となった。さらに、厚生労働大臣が同性カップルを里親として歓迎する旨の発言をした[7]。里親希望者が婚姻していることは、法令上、里親となる条件としては課されておら

ず、同性カップルも排除されていなかった。同性婚の実現を前提とする同性カップルによる特別養子縁組には、かなりのハードルが予想されるが、実質的な養育を担う里親制度での実績を作ることが、次のステップにつながると考えられる。

毎日新聞の調査では、対象となった69自治体のうち、同性カップルを排除する基準を設けていたのは東京都だけだという[8]。しかし、同性カップルが里親として認定されうるかは各自治体の運用に大きく依存しており、同性カップルであることが行政にマイナスに評価されることは現状大いにあり得る。里親制度の運用において、このような非婚異性カップルとの別異取扱いを糺すのが、手堅い道であるように思える。性的指向を問わないパートナーシップ制度が一般化しているヨーロッパと日本では、そもそも同性カップルをめぐる無視できない環境の相違が存するが、非婚異性カップルと同性カップル間の差別に争点を収斂させた本件は、現在の日本でも参考になる要素を含んでいる。

(1) Fretté v. France, 26 February 2002, Reports 2002-I.
(2) E.B v France, 22 January 2008. 同判決については、齊藤笑美子「性的指向と養子縁組」谷口洋幸＝齊藤笑美子＝大島梨沙編『性的マイノリティ判例解説』（信山社、2011年）206-209頁。
(3) Schalk and Kopf v. Austria, 24 June 2010. 同判決の概要は、渡邉泰彦「ヨーロッパ人権条約における同性婚と登録パートナーシップ」産大法学47巻1号（2013年）59-73頁。
(4) Gas and Dubois v France, 15 March 2012.
(5) Chénedé, F. (2013). L'adoption de l'enfant de son partenaire homosexuel: pas de côté ou volte-face de la Cour européenne? AJ Fam. p.228.
(6) 則武立樹「欧州人権裁判所における性的マイノリティ事例の現状と課題——同性愛者の家族関係の維持・形成の問題を中心に」阪大法学61巻6号（2012年）160頁。
(7) 毎日新聞2017年4月7日電子版。
(8) 毎日新聞2017年4月16日電子版。

［参考文献］
[1] 佐々木貴弘「連れ子養子における同性カップル差別——Xほか対オーストリア事件」国際人権24号（2013年）141-143頁。

54 退去強制と子どもの最善の利益
親に対する再入国禁止処分付き退去強制と子どもの最善の利益
── ヌニェス判決 ──

近 藤 敦

Nunez v. Norway
28 June 2011

【事 実】

申立人のヌニェス（Nunez）は、ノルウェー在住のドミニカ国籍の外国人であり、彼女の退去強制が2人の子どもから母親を引き離す結果となるため、子どもの最善の利益に反するかどうかが争われた。

彼女は1975年にドミニカで生まれ、1996年1月に初めてノルウェーに旅行者として入国したが、万引きによる窃盗の罪により、同年3月に退去強制され、2年間の再入国禁止処分となった。しかし4か月後、彼女は、（1度目の母方の名前とは違う父方の名前の父が用意した）別のパスポートでノルウェーに再入国し、同年10月にノルウェー人男性と結婚し、ノルウェーに初めて来て、犯罪歴がないという申立のもとに滞在許可証を申請した。1997年に、彼女は1年間の労働許可を得て、何度か更新したのち、2000年には永住許可を取得した。（1999年12月に帰化の申請をしたが、2001年4月に夫の離婚の申し立てにより、帰化申請を取り下げた）。2001年に（2000年から永住者となっていた）ドミニカ人と同居するようになり、2002年6月と2003年12月に続けて2人の子どもをもうけた。

しかし、2001年12月に美容院で働いていたときに、以前、別の名前でノルウェーにいたという密告を受けて、警察が彼女を逮捕した。当初は、否認したものの、彼女は、1996年に入国を禁止されていたにもかかわらず、ノルウェーで住むために2つ目のパスポートを使ったことを認めた。2002年12月に入国管理局が、彼女の労働許可と永住許可を取り消した。2004年7月に入国管理局は、彼女の異議申立を棄却した。2005年4月に入国管理局は、彼

女を退去強制し、2年間の入国禁止処分とすることを決定した。同年10月に彼女と子どもたちの父親は離婚した。2007年5月に地方裁判所が父親に単独親権を認め（彼女に子どもと一定期間過ごす権利を認め）るまで、彼女は子どもたちの監護の責任を負った（父親には子どもと一定期間過ごす権利を認めた）。

2007年2月に入国不服審査委員会は、入管法29条1項a所定の重大または再度の違反に当たり、同2項の比例性に反するものではないとして、彼女の審査請求を棄却した。同年10月に地方裁判所は、処分取消の彼女の訴えをしりぞけた。一方、2008年6月に高等裁判所は、彼女の訴えを認容した。その理由は、本件処分が彼女に対しては比例的であるとしても、彼女の子どもたちにとっては比例的ではないからと判示された。しかし2009年4月に最高裁は、3対2の評決により彼女の退去強制と2年間の入国禁止処分の確定判決を下した。そこで、彼女は、ヨーロッパ人権条約8条により、ノルウェーからの退去強制と2年間の再入国禁止の処分が、彼女から幼い子どもたちを引き離すことになり、彼女の家族生活の権利を侵害すると訴えた。

判決は、5対2で8条違反を認定し、全員一致で本判決が確定するかさらなる命令が出るまでは、申立人を退去強制してはならないとした。

【判 旨】

「申立人と子どもたちとの関係は、ヨーロッパ人権条約8条における『家族生活』にあたる。したがって、同条が適用される」（§65）。同8条の本質的な目的は、公権力の恣意的な行使から個人を守る

ことであるが、家族生活を実効的に「尊重する」積極的な義務も含まれうる。そこでは、個人の利益と社会全体の利益との間の公平なバランスがはかられなければならず、国家は一定の裁量を有する（§68）。「8条は、移民の居住国の選択を尊重し、領土において家族結合を認めることを締約国に義務づけてはいない」。しかし、家族が領土に住むことを認める国家の義務は、当該個人の事情と公共の利益に応じて様々である。この点で考慮すべき要素は、家族生活が破壊される程度、当該国家とのつながりの程度、出身国で家族生活を送る上での乗り越えがたい障害があるかどうか、退去強制を支持するに足る入国管理または公共の秩序における問題があるかどうかである。他の重要な考慮は、家族生活が形成された時に、関係者が家族の1人の滞在がはじめから根拠がないことを知っていたかどうかである。「外国人の家族の退去強制の事例は、例外的な場合においてのみ8条に違反するにすぎない」（§70）。

「ヨーロッパ人権条約8条における比例性の判断において、彼女の退去強制を求める公共の利益の方が上回る（§73）」。彼女は、21歳でノルウェーに入国するまで、ずっとドミニカに住んでいたし、ノルウェーでの滞在中も、2001年の春から2005年の10月まで、同国人と同居していた。彼女のノルウェーとのつながりは、自国とのつながりを上回るとはいえず、ノルウェーに滞在できる正当な期待可能性なしに、不法な滞在により形成されたものである（§76）。

子どもたちは、それぞれ2002年と2003に生まれてから2007年まで、ずっと彼女と一緒に暮らしており、2005年10月に彼らの父親と離婚してからは彼女が子どもたちを養育していた。したがって、彼女は、子どもたちが生まれてから2007年に父親が養育権を認められるまでは、主たる養育者であった（§79）。子どもたちは、母親が退去強制されるおそれがあることや、両親の離婚とその後の母親から父親への養育権の交替により、ストレスを受けてきた。子どもたちにとっては、非常に長い2年間ものあい

だ、母親から切り離されてしまい、母親が再入国できる保障もない（§81）。こうした事情の下、2年間の再入国禁止処分付きの彼女の退去強制は、疑いもなく、子どもたちにとっては測り知れないものとなる（§83）。以上の考慮から、子どもたちの長期の密接な母親とのつながり、子どもたちがすでに経験した養育権手続上の決定と混乱とストレス、および入国管理局が2年間の再入国禁止処分付きの彼女の退去強制令を決定する前に長い期間が経過していることは、具体的かつ例外的な事例において、ヨーロッパ人権条約8条における子どもの最善の利益と結びつく十分な重要性が置かれていたとは確信することはできない。この点、子どもの権利条約3条も参照しうる（§84）。要するに、「2年間の再入国禁止処分付きの彼女の退去強制は、8条違反を含んでいる」（§85）。

【解　説】

（1）比例原則

（a）明示または黙示の根拠

退去強制をめぐる司法審査の基準として、比例原則が採用される国は多く、ヨーロッパ人権裁判所も、比例原則を採用している。とりわけノルウェーでは、1988年の入管法29条2項が明文で「違反行為の重大さと当該外国人の国との結びつきを考慮して、比例的でない重大な影響を当該外国人またはその家族に与える場合は、退去強制を命じてはならない」と明文で定めている。子どもたちにとって、母親の退去強制に伴うマイナスの結果が、入国管理の利益および退去強制決定の効果的な実施の重要性よりも上回ると判断したことが、高裁判決が処分取消を認めた理由である。また、ヨーロッパ人権条約8条1項の定める「家族生活の権利」への介入は、同2項所定の「民主社会において必要なもの」でなければならない点が、本判決における比例原則の根拠規定とされる。

（b）比例性の考慮事項とその重要性

犯罪に起因する退去強制の場合の比例性の判断に

際する8つの考慮事項は、ヨーロッパ人権裁判所の2001年の先例を用いて「ブルティフ基準」と呼ばれる[1]。すなわち、①犯罪の性質・重大性、②在留期間、③犯行後の経過期間・行動、④関係者の国籍、⑤家族状況、⑥配偶者が家族生活の開始時点から違反を知っていたか、⑦子どもの年齢、⑧配偶者が出身国で経験しそうな困難の大きさである。

しかし、従来の一貫性のない判断基準の批判に応えたこの基準も、事例に応じて考慮事項やその重要性を異にする必要がある。たとえば、居住国で生まれたり、若いころに入国したりしている「定住移民（settled migrants）」の場合であれば（すでにブルティフ基準に黙示的に示されている）、⑨子どもの最善の利益と福祉、⑩居住国・出身国との（社会的・文化的・家族的）つながりの強さという2つの考慮事項が付加される。この点、本件以前の2006年の判例では、12歳で入国し、20代前半で何度か暴行の罪に問われ、20代半ばで殺人により7年の刑が言い渡された事例では、国民とのあいだに幼い2人の子どもがある場合でも、罪の大きさと累犯傾向から、退去強制が8条違反とはならないとされた[2]。他方、2008年の判例では、6歳で入国し、15歳で22回の強盗などにより18か月の刑（13か月の執行猶予と麻薬治療）を命じられ、16歳で18回の強盗などにより15か月の実刑が言い渡された事例では、居住国との家族的・社会的・言語的つながりが強く、出身国とのつながりが証明できないなどの考慮から、青少年の退去強制は、8条違反となった[3]。

本件のように、犯罪を行った大人ではなく、その子どもの視点に立って、親の退去強制の可否を検討する場面では、上記の2つの考慮事項が付加されるとともに、（家族生活とは関係のないブルティフ基準における）犯罪その他の最初の3つの考慮の評価が制限されるので、権利の保障が実際には広がることになる[4]。

(2) 子どもの最善の利益

本件において、子どもの最善の利益をより重視すべく、ヨーロッパ人権裁判所の見解が変更された[5]。

この点、ノルウェーの国内法の変化が、ヨーロッパ人権裁判所の変化に影響を与えているという。2008年に改正された入管法70条1文では、「子どもに関する事例では、子どもの最善の利益が重要な考慮事項とされなければならない」と定めている。こうした明文の規定の有無にかかわらず、ヨーロッパ人権裁判所は、子どもの権利条約3条がヨーロッパ人権条約8条における比例性の判断に際して、理由づけを行う上での不可欠な要素とみなしている。

Jebens裁判官の補足意見にあるように、子どもの権利委員会は、2005年の一般的意見において、「若い子どもは、特に両親・主たる養育者に身体的に依存し、感情的に結びついているので、離婚の逆境に傷つきやすい」と指摘している[6]。本件の9歳と8歳の女の子は、特に母親の存在に依拠しており、おそらく長期間母親から引き離されることで、傷つきやすい状況になる。こうした子どもの権利条約3条に基づく子どもの利益に照らして、ヨーロッパ人権条約8条違反の例外的事例にあたるとされた。

また、ノルウェーは加入していないが、2009年に発効したヨーロッパ基本権憲章の24条2項では「公的機関であると私的機関であるとにかかわらず、子どもに関するあらゆる行動においては、子どもの最善の利益を主として考慮しなければならない」と定めており、退去強制をめぐるヨーロッパ人権条約8条において子どもの最善の利益を考慮する解釈を補強することになる[7]。

なお、Mijović裁判官とGaetano裁判官の反対意見がある。そこでは「彼女の退去強制に関しては、8条違反はない。子どもの最善の利益は、比例性の判断において重要であり、第一義的に重要であるが、必ずしも決定的なものではない。本件は、不法に滞在している人が、婚姻と子どもをもつことによりその滞在を『正規化』しうるといった、間違ったメッセージを送ることになりかねない」という。しかし、子どもの年齢や文化的つながりその他の総合評価であることにも目を向ける必要があろう。

（3）家族生活の尊重と私生活の尊重の関係

ヨーロッパ人権条約8条1項は、私生活と家族生活を保障している。本件の子どもからみれば、家族生活の侵害が認定されたが、母親からみれば、家族生活の侵害は認定されなかった。母親の場合は、厳密には、家族生活というよりも、むしろ私生活の侵害が認定されなかった事例といえる。退去強制における私生活の論点は、1992年の先例におけるMartens裁判官の補足意見で指摘された。そこでは、個人の社会とのつながりの全体に目を向けるべきであり、「他の人間との関係をつくり発展する権利」が8条の「私生活」の中に含まれるという[8]。そして、たとえば、2001年の先例において、5歳の頃からフランスで生活し、教育を受け、働いていたモロッコ人の麻薬購入の犯罪者の場合、退去強制は、（長期に統合された移民としての）私生活だけでなく、（親兄弟がすべてフランスにいる）家族生活も侵害するとされた[9]。今日、家族生活とともに私生活の権利に言及する判例が一般的になってきたが、ヨーロッパ人権裁判所は、私生活の侵害を単独の理由として退去強制を禁止することには慎重である。そして私生活に関する考慮事項は、前述のブルティフ基準における家族生活の考慮事項の中に取り入れられている[10]。しかし、②在留期間は、本来、私生活の考慮事項にすぎない。

結局のところ、ノルウェーの法務省は、入国管理局に対し、本判決にしたがうべく指令を出した。退去強制される親と子どものつながりが特に強いため、審査が不合理に長びく場合は退去強制を消極的に考慮すべきであり、子どもの家族生活を早期に壊し、困難にすることは、評価に関連する事項となりうる。

（4）日本との比較
（a）比例原則の根拠規定

憲法上の明文規定の有無にかかわらず、多くの国で比例原則は、民主主義、法の支配（または法治主義）、憲法全体の整合的な解釈などから導かれている[11]。日本の判例では、比例原則を明示的に採用するものは極めて少ない。退去強制の違法性の認定に際し、多くの日本の判例は、社会通念に照らし著しく妥当性を欠くことが明らかな事実誤認などに裁量の審査を限定している。これに対し、一部の下級審判決では、学齢期の子どものいる長期の非正規滞在のイラン人家族と韓国人家族の退去強制を違法とした事例にみられるように、比例原則の根拠は、憲法13条および（権力的行政）法の一般原則として導かれている。そこでは「警察法分野においては、一般に行政庁の権限行使の目的は公共の安全と秩序を維持することにあり、その権限行使はそれを維持するため必要最小限なものにとどまるべきであるとの考え方ばかりか、憲法13条の趣旨等に基づき、権力的行政一般に比例原則を認める考え方によっても肯定されるべきものである」と判示されている[12]。ヨーロッパ人権条約8条2項が権利の制約を「公共の安全」等のため「民主社会において必要なもの」に限定しているように、日本国憲法13条が権利については「公共の福祉に反しない限り…最大の尊重を必要とする」と定めていることが比例原則の根拠となりうる。

（b）比較衡量と考慮事項の重要性

前述のイラン人家族と韓国人家族の事例では、「原告ら家族が受ける著しい不利益との比較衡量において、本件処分により達成される利益は決して大きいものではないというべきであり、本件各退去強制令書発付処分は、比例原則に反した違法なもの」と判示している。原告が受ける著しい不利益を導く考慮事項としては、在留期間、現在の収入状況と出身国に帰国後の予想される収入状況、子どもの年齢と（出身国と比べた）居住国での（社会的・文化的・家族的）つながりの強さである。また、犯罪に起因する退去強制を違法としたタイ人の母親の事例では、「複数の考慮要素のうち、原告が薬物犯罪で2回有罪判決を受け服役したという客観的事実経緯をことさらに重視する一方、本来特に重視しなければならない、原告と日本人との婚姻関係および原告と日本人である3人の未成熟子との親子関係を十分に考慮することがなかったものというべきであるから、社

会通念上著しく妥当性を欠くことが明らかであり、裁量権の逸脱又は濫用として違法である」と判示している[13]。ここには、比例原則という用語はないが、実質的には、比例性の審査が行われている。

(c) 子どもの最善の利益と家族結合の権利

一部の下級審の判決では、子どもの最善の利益や家族結合の権利も重要な論点となりうる。前記のタイ人の母親の事例でも、子どもの権利条約における「子どもの最善の利益」の観点から、親の扶養を受けている未成熟子の子どもを両親から引き離すべきではないとしている。また、日本国憲法24条は、婚姻に比べ、家族に関する権利保障が明確ではないこともあって、自由権規約（B規約）23条の家族の保護の規定などを根拠に、家族結合の権利が主張されることが多い。日本の下級審の確定判決では、中国在留邦人の連れ子の退去強制を違法とした事例において、「国際人権条約（B規約や児童の権利条約）の精神やその趣旨を重要な要素として考慮しなければならない」と判示している[14]。

(1) D. Thym, "Respect for private and family life under Article 8 ECHR in immigration cases: a human right to regularize illegal stay?," *International and Comparative Law Quarterly* 57 (2008), pp. 93-4. 参照、D. J. Harris et al. (eds.), *Law of the European Convention on Human Rights 2nd ed.* (Oxford: Oxford University Press, 2009), pp. 419-20. ブルティフ判決〔I *56*〕解説（馬場里美執筆）353-5頁。

(2) Üner v. the Netherlands, 18 October 2006 [GC], Reports 2006-XII. 参照、A. Mowbray, *European Convention on Human Rights 3rd ed.* (Oxford: Oxford University Press, 2012), pp. 531-3.

(3) Maslov v. Austria, 23 June 2008 [GC], Reports 2008-III.

(4) D. Thym, "Residence as De Facto Citizenship? Protection of Long-term Residence under Article 8 ECHR," in R. Rubio-Marín (ed.), *Human Rights and Immigration* (Oxford: Oxford University Press, 2014), p. 124.

(5) T. Haugli and E. Shinkareva, The Best Interests of the Child Versus Public Safety Interests: State Interference into Family Life and Separation of Parents and Children in Connection with Expulsion/Deportation in Norwegian and Russian Law. *International Journal Law, Policy, & the Family* (2012) 26 (3), pp. 366-8.

(6) CRC, General Comment No. 7 (2005): Implementing child rights in early childhood, U.N. Doc. CRC/C/GC/7/Rev.1 (2006), para. 18.

(7) P. V. Elsuwege and D. Kochenov, On The Limits of Judicial Intervention: EU Citizenship and Family Reunification Rights, *European Journal of Migration and Law* 13 (2011), p. 464.

(8) Beldjoudi v. France, 26 March 1992, Series A no. 234-A.

(9) Ezzouhdi v. France, 13 February 2001.

(10) Y. Ronen, "The ties that bind: family and private life as bars to the deportation of immigrants," *International Journal of Law in Context* 8:2 (2012), pp. 285-6.

(11) A. Barak, *Proportionality: Constitutional Rights and their Limitations* (Cambridge: Cambridge University Press, 2012), p. 213.

(12) 東京地判2003年9月19日判時1836号46頁（アミネ・カリル事件）、東京地判2003年10月17日裁判所ウェブサイト。

(13) 東京地判2007年8月28日判時1984号18頁。

(14) 福岡高判2005年3月7日判タ1234号73頁。

[参考文献]

[1] T. Haugli, and E. Shinkareva, "The Best Interests of the Child Versus Public Safety Interests: State Interference into Family Life and Separation of Parents and Children in Connection with Expulsion/Deportation in Norwegian and Russian Law," International Journal Law, Policy, & the Family (2012) 26 (3): 351-377.

[2] de Leon Nunez v Norway, Admissibility, merits and just satisfaction, App no 55597/09, IHRL 1653 (ECHR 2011), 28th June 2011, European Court of Human Rights [ECtHR] », *Oxford Reports on International Law*.

[3] T. Spijkerboer, "Structural Instability: Strasbourg Case Law on Children's Family Reunion," *European Journal of Migration and Law 11* (2009) 271-293.

[4] D. Vanheule, Foreword: Human Rights and Immigration in Europe - A Bridge over Troubled Water? *Human Rights & International Legal Discourse* (2011) 5 (2): 122-137.

55 子奪取条約とヨーロッパ人権条約

子奪取条約に基づく返還命令と家族生活の尊重を受ける権利
──ノイリンガーおよびシュリュク判決──

林　貴美

Neulinger and Shuruk v. Switzerland
6 July 2010, Reports 2010-V（大法廷）

【事　実】

本件申立は、イスラエル人父とスイス人母との間に 2003 年にイスラエルで出生した子に関わるものである。イスラエル家庭裁判所は、子の出生後にユダヤ教過激派組織に加入した父が子を宗教的洗脳のために国外の施設に送ろうとしているという母の申立を聞き入れ、2004 年 6 月、子の出国禁止命令を出し、母に暫定的な単独監護権と父に面会交流を認めた。親権（イスラエル法上の guardianship）は共同で行使するものとされたままであった。

2005 年 2 月、父母は離婚したが、共同親権に変更は加えられなかった。子の出国禁止命令の取消しを得るのに失敗した母は、2005 年 6 月 24 日、密かにスイスに子を連れ帰った。2006 年 5 月、イスラエル家庭裁判所は、子の連れ去りが不法であったことを確認する決定を下した。

2006 年 6 月 8 日、父は、国際的な子の奪取に関する民事上の側面に関するハーグ条約（以下、ハーグ条約）に基づき子の返還を申し立てた。同年 8 月、スイスでの第一審裁判所は、子の連れ去りは不法なものであったが、イスラエルへの返還により子に重大な危険が及ぶ（ハーグ条約 13 条 1 項 b 号）として返還を拒絶した。2007 年 5 月、第二審裁判所は父の控訴を棄却した。これに対して、同年 8 月、最終審であるスイス連邦裁判所は、母のイスラエルへの帰国の拒絶を客観的に正当化できる理由の存在が証明されておらず、母の付添いなしに子のみが帰国することを前提とした母側の主張は認められないとして、父の上告を認めて子の返還を命じた[1]。

同年 9 月、母子は、ヨーロッパ人権裁判所（以下、人権裁判所）に申し立てて、スイス連邦裁判所の前記命令が人権条約 8 条に違反すると主張した。人権裁判所小法廷は申立を受理し、翌日、スイスに返還の執行停止を命じ（ヨーロッパ人権裁判所規則 39 条）、父は執行の申立を取り下げた。

2009 年 1 月 8 日、小法廷は、イスラエルの国家機関が母子のための保護措置を従前同様に講じ、母が子と共に帰国することが合理的に期待できること、子も適応可能であろうこと、イスラエルでの母の刑事罰の免責にも問題がないであろうこと、両親との定期的な接触を維持できる環境で育つことが子の最善の利益であることなどを理由として、返還命令はヨーロッパ人権条約 8 条に違反しないと判示した（4 対 3）。そこで、母子が大法廷に上訴したのが本件である。本判決は、8 条違反につき条約違反を認定した。

【判　旨】

（1）8 条違反について

（a）8 条の適用可能性

共に暮らし続けられることは、8 条の家族生活に含まれる基本的な事項であり、スイス連邦裁判所の返還命令は、8 条 2 項の意味における「介入」である（§90）。この介入が民主的社会において必要であったかどうかを確認する（§91）。

（b）介入の正当性

（i）法　的　根　拠

本件父母はイスラエル法上共同で親権を行使するものとされているうえに、母は、自らが求めて得た子の出国禁止命令に反して子を連れ去った。これは、小法廷およびスイスの 3 裁判所と同様に、ハーグ条約 3 条で定める不法な連れ去りであり、子の返還を

命じることに十分な法的根拠がある（§101-§105）。

(ii) 正当な目的

当該返還命令は、父子の権利と自由を守るという正当な目的を有する（§106）。

(iii) 民主的社会における必要性

㋐ 一 般 原 則

子奪取事案においては、ハーグ条約および1989年の国連の児童の権利に関する条約を考慮して8条の義務を解釈せねばならない（§132）。個人の保護のためのヨーロッパの公序という法文書の人権条約の特質とその任務から、当裁判所は、国内裁判所がハーグ条約を適用し解釈する際に、8条の保障を確保したかどうかを確認する権限を有する（§133）。

決定的な問題は、当事国に与えられた評価の余地の範囲内で、子、父母、そして公序という競合する利益間の公正な均衡が保たれたかであるが、ハーグ条約前文からも明らかなように、子の最善の利益が最も重要な考慮要素である。子の最善の利益は、親の利益よりも優先され得る（§134）。また、子の利益は、家族の絆の維持と健全な環境での成長という2つの側面をもつ（§136）。

ハーグ条約が適用される場合にも、子の返還が自動的または機械的に命じられ得ないことは8条から導かれる。子の最善の利益は、年齢や成熟度、両親の存否、その環境や経験によって異なるものであることから、個別事案ごとに判断されなければならない。この審理は、直接当事者と接触できる国内裁判所の職務であるが、国内裁判所が行った判断が評価の余地の範囲内であるかについては人権条約のもと当裁判所の監視下に置かれる（§138）。

さらに、国内裁判所が返還命令を下す過程は、公正でなければならない。そのために、「国内裁判所が、家族の状況全体、一連の要素、特に、事実的、感情的、心理的、物質的、そして医学的な性質を有する要素に関し詳細な検討（in-depth examination）をし、常居所地国への返還が申し立てられている状況において、連れ去られた子にとっての最善の解決策が何であるかを決定することに常に留意しつつ、当事者それぞれの利益について均衡のとれた合理的な評価をしたかどうかを、当裁判所は確かめなければ

ならない」（§139）。

㋑ 本件への前記原則のあてはめ

返還命令自体は、当事国が享受する評価の余地の範囲内であろうが、返還命令後の状況の変化を考慮し、返還命令の執行時点に焦点を当てて判断しなければならない。ハーグ条約が本質的には手続的性質を有するもので、個人を保護する人権条約でないことから、連れ去りから一定期間が経過した後に返還命令を執行することは、ハーグ条約の妥当性に影響し得る。ハーグ条約12条2項も不法な連れ去りから1年が経過し、子が新たな環境に適応していることが証明された場合には、返還の例外を認めている（§145）。

本件では、子の国籍、スイスでの居住期間、教育環境、使用言語、イスラエルに移住することの子への影響、イスラエル裁判所が父子の面会交流を制限していたこと、離婚後の父の状況（2度の再婚と再婚相手との間に生まれた子への養育費不払いの訴訟の提起）、母がイスラエルで刑事訴追される可能性（したがって、母がイスラエルへの帰国を拒絶することは不当とは言えず、スイス人としてスイスに留まる権利を有し、帰国の強制は、母の家族生活の尊重を受ける権利への不均衡な介入となる。）等から、当裁判所には、子のイスラエルへの返還が子の最善の利益になるとは思われない（§147-151）。

㋒ 結 論

スイス連邦裁判所の返還命令の執行は、母子について8条の違反がある（16対1）。

(2) 公正な満足（41条）

訴訟費用の支払いを命ずる。その他の公正な満足に関する申立人の請求は棄却する（全員一致）。

なお、本判決には同意意見2、共同個別意見1、反対意見1がある。

【解 説】

(1) 判決の意義・特徴

本件で問題となったハーグ条約は、子の奪取が生じること自体が子の利益に対する重大な侵害であると考え、不法に連れ去られ、または留置されている子を常居所地国に迅速に戻すことを第一次的な目的

としている（1条）。そのため、返還申立を受けた国の裁判所は、長期化し得る監護権に関する本案判断はせず（16条）、原則として返還義務を負う。しかし、例外的に子の返還を拒絶できる場合も定められている（12条、13条、20条）。

本件は、ハーグ条約に基づくスイス連邦裁判所の返還命令が家族生活の尊重を受ける権利を侵害し8条に違反するとして、人権裁判所に提訴された事件である。8条とハーグ条約との関係については、Maumousseau 事件判決[2]で明確にされた原則があったが、本判決は、その原則に変更を加えたものとも読めるため、その後大きな議論を巻き起こした。

Maumousseau 事件判決では、実際問題となっている子とその状況を客観的に判断して個別事案ごとに具体的なアプローチを採用しなければならないとしたうえで（§72）、同事案では、フランス裁判所は、「家族の状況全体、一連の要素、特に、事実的、感情的、心理的、物理的、医学的な性質を有する要素に関し詳細な検討をし、米国への返還が求められている状況において、子にとっての最善の解決策が何であるかを決定することに常に留意しつつ、当事者それぞれの利益について均衡のとれた合理的な評価をした」（§74）と判断された。

本判決では、Maumousseau 事件判決で述べられた一般原則がほぼそのまま採用された。しかし、同事件判決ではフランス裁判所が詳細に検討したと評価するにとどまったにもかかわらず、本判決では、さらに、国内裁判所が詳細に検討したかを人権裁判所が確認しなければならないと判示したのである（§139）。これは、返還申立を受けた国内裁判所に詳細な検討をする義務があることを意味し得るが、詳細な検討と本案審理との間にいかに線引きできるのかという疑問を生じさせる。というのも、前述のとおり、迅速な原状回復を目的とするハーグ条約の枠組みでは、返還申立を受けた国内裁判所では本案審理をしないことが前提とされているからである。

さらに、本判決では、返還命令自体は評価の余地の範囲内と認めながらも、人権裁判所に事件が係属し連れ去り先の国での滞在期間が長期化した結果（返還命令から3年、不法な連れ去りからは5年）、子がス

イスになじんだことも考慮に入れられている。子の最善の利益の観点からは理解できるが、人権裁判所への係属による審理の長期化は、常居所地国への迅速な返還こそが子の最善の利益であるとするハーグ条約の枠組みを根本的に揺るがし得るものであろう。

(2) 本判決の影響

その後、本判決に従った Raban 事件判決[3]が下され、議論の収束を試みようとしたのか、当時の人権裁判所所長の Costa 裁判官は、本判決は、「国内裁判所に対し、ハーグ条約の迅速で簡易なアプローチを放棄し、13条の例外に関する厳格な解釈から離れ、事案のすべての状況の徹底的な、自由な立場からの評価」を行うことを要求するものではなく、人権裁判所の「ハーグ子奪取条約についての方向性の変化を示すものでない。」と非公式ではあるが、異例の釈明をしている[4]。

2011年に開かれたハーグ条約に関するハーグ国際私法会議特別委員会[5]においても、常設事務局は、前述の Costa 裁判官の発言に注目し、本判決は、返還命令を下す国内裁判所が監護紛争の本案を十分に検討すべきであると示唆しているように読むべきでないと結論付けている。米国連邦最高裁判所もまた、この発言により問題は解決されたと見ていたようである[6]。また、英国最高裁判所は、本判決を支持せず、詳細な検討をすることは不適切であると判示している[7]。もっとも、皮肉にも、当の人権裁判所では、その後も本判決に従い「詳細な検討」を国内裁判所が行わなかったことから8条に違反すると判示する判決が相次いで下されていく[8]。

(3) X v. Latvia 事件大法廷判決[9]

しかしながら、人権裁判所は、大法廷に回付された X v. Latvia 事件で早くも本判決で示された原則に修正を施した。大法廷は、Neulinger 事件判決「§139での所見は、国内裁判所によるハーグ条約の適用のためのいかなる原則をもそれ自体定めたものではな」く（§105）、国内裁判所は返還拒絶との関連でなされた主張を「実効的に（effectively）」検討することを要するにすぎないと判示した（§106）。

本案判断との区別が難しい「詳細な」検討から、より迅速な返還手続に親和的な「実効的な」検討へ

の変更により、子の最善の利益と迅速な返還手続間の適切なバランスをとることが可能になったとして、当該大法廷判決は好意的に評価されている[10]。

(4) 残された課題

X v. Latvia 事件大法廷判決によると、「実効的な検討」であるためには、8条およびハーグ条約の目的に鑑みて、国内裁判所は、返還手続における手続上の義務として、ハーグ条約12条、13条および20条に該当し得る返還申立の拒絶事由が主張されたときは、それを審理するとともに、そのような申立を棄却する判断をする際には十分な理由（ステレオタイプ的に、あるいは機械的に述べられた理由では不十分）を述べることを必要とする（§107）。

もっとも、実効的な検討を行う義務があるとした点については、全員一致であったにもかかわらず、ラトビアが当該事案において8条に違反したかどうかに関しては9対8に評価が割れており、その判断の難しさが窺われる。

日本においても、ハーグ条約は2014年4月1日に発効している。返還申立の拒絶事由が主張された場合に、どの程度どのように審理すべきかは日本でも当然問題となろう。X v. Latvia 事件大法廷判決で示された新たな基準がどのように運用されるのか、今後の裁判例の蓄積が期待される。

なお、本判決に従い、イスラエルへの子の返還はなされず、子は母とスイスで暮らしている。公正な満足も支払われ、閣僚委員会による執行監視任務は終了している[11]。

(1) INCADAT Reference: HC/E/CH 955.
(2) Maumousseau and Washington v. France, 6 Dec. 2007.
(3) Raban v. Romania, 26 October 2010.
(4) Speech Given on 14 May 2011 by Mr. Jean-Paul Costa, President of the European Court of Human Rights, at an Irish-British-French Symposium on Family Law, p.4 〈http://www.hcch.net/upload/wop/abduct2011info05_en.pdf〉.
(5) Hague Permanent Bureau, Conclusions and Recommendations and Report of Part I of the sixth Meeting of the Special Commission on the Practical Operation of the 1980 Hague Child Abduction Con-

vention and the 1996 Hague Child Protection Convention（1-10 June 2011）〈http://www.hcch.net/upload/wop/abduct2012pd14e.pdf〉.
(6) Re E (children) [2011] UKSC 27 [25].
(7) Re S (child) [2012] UKSC 10 [38].
(8) X v. Latvia, 13 December 2011; Šneersone and Kampanella v Italy, 12 July 2012; MR and LR v. Estonia, Decision, 15 May 2012.
(9) X v. Latvia, [GC], 26 November 2013.
(10) Paul Beaumont, Katarina Trimmings, Lara Walker & Jayne Holliday, "Child Abduction: Recent Jurisprudence of the European Court of Human Rights", *ICLQ* Vol. 64 (2015), pp. 39-63 at.43.
(11) Resolution CM/ResDH (2015) 186.

[参考文献]
[1] 建石真公子「国際的な子の奪取に対する国内裁判所の返還命令と『家族生活尊重の権利』保護──ノイリンガーとシュルク対スイス」国際人権22号（2011年）173頁。
[2] 渡辺惺之「国際的な子の奪取の民事面に関する条約の批准をめぐる検討問題（上）」戸時674号（2011年）24頁。
[3] 大谷美紀子「国際的な子の奪取に関するハーグ条約と国際人権法」国際人権23号（2012年）16頁。
[4] 北田真理「ハーグ子の奪取条約に基づく返還命令における『重大な危険』の評価と子の最善の利益──欧州人権裁判所ノイリンガー事件大法廷判決の意義とその後の動向」早稲田大学大学院法研論集144号（2012年）27頁以下。
[5] 同「ハーグ子の奪取条約『重大な危険』に基づく返還の例外と子の最善の利益──欧州人権裁判所による13条1項b号の制限的アプローチに関する新たな示唆」民研684号（2014年）2頁。
[6] 同「ハーグ子の奪取条約『重大な危険』に基づく返還の例外と子の最善の利益──ノイリンガー論争の行方」家族〈社会と法〉31号（2015年）116頁。
[7] 早川眞一郎「欧州人権条約の視点から見た子の奪い合い紛争──ハーグ子奪取条約の『重大な危険の抗弁』をめぐる最近の動向」高翔龍ほか編『日本民法学の新たな時代』（有斐閣、2015年）1013頁以下。
[8] Lara Walker & Paul Beaumont, "Shifting the Balance Achieved by the Abduction Convention: The Contrasting Approaches of the European Court of Human Rights and the European Court of Justice", 7 *J. PRIVATE INT'L.* (2012) 231.
[9] Andrea Schulz, "The enforcement of child return orders in Europe: where do we go from here? " *IFL* 2012, 43.
[10] Rhona Schuz, *The Hague Child Abduction Convention A Critical Analysis* (2013).

56 良心的兵役拒否
良心的兵役拒否者を処罰することは良心・宗教の自由を侵害する
— バヤチャン判決 —

戸田　五郎

Bayatyan v. Armenia
7 July 2011, Reports 2011-IV（大法廷）

【事　実】

申立人はエホバの証人の信者である。2001年の徴兵検査で合格と判断され、同年春期召集期間より兵役に就く義務が生じたが、申立人は関係当局宛に、良心に基づき兵役を拒否すること、代替役務に就く用意があることを述べた書簡を送付した。しかし、当時のアルメニアでは良心的兵役拒否権は承認されておらず、申立人は兵役忌避罪に問われ、2002年に有罪判決を受けて服役した。申立は仮釈放後、ヨーロッパ人権条約9条違反を主張して行われ、小法廷（第3部）に係属した。

小法廷は2009年10月27日に判決を下し、以下のように判示して条約違反なしとの認定を行った。

ヨーロッパ評議会加盟国の多数は既に国内法上、良心的兵役拒否の代替措置を規定するに至っているが、条約9条は4条3項bと併せ読まねばならない。そこでは良心的兵役拒否を認めるか否かは締約国の選択に委ねられているのであって、締約国の多数が良心的兵役拒否を承認しているとしても、承認していない締約国について、その不承認を条約違反の根拠とすることはできない。従ってこの論点については発展的解釈を用いることはできない。

それに対し申立人は大法廷への上訴を請求し、大法廷審査部会は2010年5月10日、条約43条に基づき同請求を受理した。

【判　旨】

(1) 判例変更の必要性

小法廷判決は、従来ヨーロッパ人権委員会が行ってきた判断を基本的に踏襲したものとなっているが、大法廷はそれに与しない。4条3項bそれ自体は良心的兵役拒否権を承認も排除もしていないのであって、従って9条の保障する権利に対し制限する効果をもたない（§99-100）。

当裁判所は、条約は生きている文書であることを確認する。本件の時点で既にヨーロッパ評議会のほぼすべての加盟国の間で良心的兵役拒否権の承認に係るコンセンサスが成立していたと認められる（§102-104）。

良心的兵役拒否権承認に向けた国際的展開として、自由権規約委員会の1993年採択の一般的意見22と、2006年の2つの通報事件における違反認定が挙げられる。ヨーロッパにおいても、ヨーロッパ基本権憲章における良心的兵役拒否権の承認ほかの動きがある。このような展開に照らして、アルメニアには9条の解釈の動きが予見できなかったとはいえない。アルメニア自身が自由権規約の締約国であり、ヨーロッパ評議会加盟時に当該権利を承認する立法を行うことを誓約していることを考慮すればなおさらのことである（§105-108）。

9条はもはや4条3項bと併せ読むべきではない。兵役拒否は「軍隊での勤務と個人の良心または宗教的その他の信念との深刻かつ克服不可能な程度の抵触に基づく場合」、9条の保障に値するものとなる。申立人はエホバの証人であり、「当裁判所はその兵役拒否がその真正な宗教的信念に基づき、深刻かつ克服不可能な葛藤を生じさせているということを疑う理由をもたない」（§109-111）。

(2) 条約9条に照らした評価

申立人が軍に出頭しなかったのはその宗教上の信念の表明であり、本件において宗教を表明する自由

への介入があったと認められる。介入が法律の定めるものであったか否か、正当な目的を有するものであったかについては、当時のアルメニア国内法と同国が行っていた国際的約束（international commitment）とが抵触しているため疑義が生ずるが、いずれにせよ本件の介入は、以下の理由により、民主社会において必要であったとは認められない（§112-117）。

判例法上、当裁判所は国家に対し、介入が必要か否か、必要であるとしてどの程度必要かについて決定する一定の評価の余地を認めている。その範囲を決定するためには、民主社会の存続に不可欠な真の宗教的多元主義を維持する必要性を考慮に入れなければならない。また、締約国の実行から生じているコンセンサスと共通の価値を考慮することもできる。ヨーロッパ評議会で徴兵制を敷くほとんどすべての加盟国が良心的兵役拒否権を承認し、代替役務を導入している状況において、「それを行っていない国家の享受する評価の余地は限定され、介入を正当化するためには説得力があり強力な理由を提示しなければならない。とりわけ、介入が『差し迫った社会的必要』に対応することを示さねばならない」（§121-123）。

本件では、「申立人はその宗教的信念に忠実であろうとすれば、徴兵を拒否し、その結果刑事訴追の危険を冒す以外に選択肢がなかった。」「このようなシステムは社会全体の利益と申立人の利益との公正な均衡を達成していない。よって申立人の良心と信念の要請を認める余地がない状況において刑事罰を科したことは、民主社会において必要な措置とはみなし得ない」（§124-126）。

アルメニアはヨーロッパ評議会加盟にあたり、所定の期限までに代替役務を導入する旨の誓約を行っていた。それには、それまでの間、懲役刑に服している良心的兵役拒否者に赦免を与え、法整備ができた時点で代替役務を行えるようにするということが含まれており、これは良心的兵役拒否者を新たに有罪としないという約束を黙示的に伴っていたと認められる。申立人に対する良心的兵役拒否を理由とする有罪判決は、当該約束に沿って実施されつつあった改革と直接に抵触するものであり、差し迫った社会的必要に促されたものとはいえない。申立人に対する最後の有罪判決から１年を経ずして代替役務に関する法律が成立したことを考慮すればなおさらそうである。以上の理由により当裁判所は、申立人に対する有罪判決が民主社会において必要ではない介入を構成すると認め、アルメニアに９条違反を認定する（§127-128）（16対1）。

【解 説】

(1) 良心的兵役拒否に関する判例法の展開

(a) ヨーロッパ人権条約実施機関

ヨーロッパ人権委員会は、1960年代から良心的兵役拒否者の申立を処理している。エホバの証人の聖職者から行われた、代替役務を含め軍務を強制されることが聖職者として自らの宗教を表明する自由の侵害にあたるとの主張[1]や、カトリック信者から行われた、信仰に基づく兵役拒否に対し刑事罰をもって臨むことは宗教の自由の侵害であるという主張[2]に対し、委員会は条約９条が４条３項(b)により制約されているという解釈をもって対応した。４条３項(b)が兵役と代替役務を強制労働から除いており、かつ良心的兵役拒否の承認の是非を締約国の裁量に委ねていることに照らせば、良心的兵役拒否に９条の適用はないというのである。この判断が本件小法廷判決に至るまで基本的に受け継がれたということになる。

しかし、人権裁判所は本件以前から兵役拒否が９条の問題でありうることを実質的に認める判断をしていたと見ることもできる。Thlimmenos対ギリシャ事件[3]は、宗教的理由から軍服の着用を拒否したことで有罪判決を受け、懲役刑に服するとともに資格を剥奪された元公認会計士からの申立事件であった。裁判所は2000年４月６日に下した判決において、着用拒否が真摯な宗教的動機に発するものであったことを認めた上で、このような事案において重い罰則を科すことは９条との関連における14条違反を構成すると判断した。その背後には、良心的兵役拒否が９条との関係で正当性をもった意思表示であるという意識があったことは明らかであろう。その点で、本件大法廷判決は以下のようなヨーロッ

パおよび国際社会の潮流に沿ったものであるとともに、裁判所自身も従来から暗黙に肯定していた判断の明確化であるともいえよう。

(b) ヨーロッパ評議会等

ヨーロッパでは、1980年代以降、良心的兵役拒否権承認に向けた大きな潮流が生じた。後に徴兵制を廃止した国を含めて、1980年代後半以降に承認を行った国は（1991年のチェコスロバキア、1992年のユーゴスラビアはそれぞれ1と数えて）24に上る。国際レベルでは、2000年前後になっていくつかの顕著な動きがあった。ヨーロッパ連合基本権憲章（2000年）は、10条（思想、良心および宗教の自由）2項において「良心的兵役拒否は、当該権利の行使を規律する国内法に従って承認される」と規定し、良心的兵役拒否が良心、宗教の自由の問題であることを明示するとともに、それが承認されるべきことを定めた。ヨーロッパ評議会議員会議は2001年に良心的兵役拒否権の行使に関する勧告を採択して、当該権利がヨーロッパ人権条約の規定する思想、良心および宗教の自由の基本的な一側面であるとした[4]。勧告は、この時点において、ヨーロッパ評議会加盟国で良心的兵役拒否権を承認していない国が5カ国になっていることに言及しているが、アルメニアは同年に加盟国となるにあたり、議員会議の意見に従って、加盟後3年以内にヨーロッパの標準に従って代替役務に関する法律を制定すること、それまでの間、懲役に服しているか懲戒部隊で軍務に就いている全ての良心的兵役拒否者を釈放し、代替役務に関する法律が発効した時点で非武装の軍務か文民代替役務に就くことを認めることを誓約している。

(c) 自由権規約委員会

良心的兵役拒否権の承認については、自由権規約委員会の判断もヨーロッパの実施機関と同様の変遷を経てきた。自由権規約には、ヨーロッパ人権条約4条3項(b)に相当する8条3項(c)(ⅱ)が存在する。1980年代まで、委員会は良心的兵役拒否者からの通報を、規約8条3項(c)(ⅱ)に基づき不受理としてきた[5]。しかし、国連の枠組みでは、国連人権委員会はそのころからから2000年代にかけて繰り返し採択した（人権理事会にも引き継がれている）[6]良心的

兵役拒否に関する決議[7]の中で、良心的兵役拒否権が「世界人権宣言18条および自由権規約18条に規定される思想、良心および宗教の自由の正当な行使」であると位置づけていた。自由権規約委員会は1993年に採択した規約18条に関する一般的意見22[8]で「致死的な武力を使用する義務が良心の自由、宗教または信念を表明する権利と深刻に対立しうるので」良心的兵役拒否が18条の問題となりうるとの解釈を示し、さらに、本件判決も言及しているように、2006年11月3日に判断が示されたYeo-Bum Yoon対韓国事件、Myung-Jin Choi対韓国事件[9]では、良心的兵役拒否を認めないことが規約違反を構成するとの判断を示すに至っている。両事件の通報人はともにエホバの証人のメンバーで、兵役拒否により懲役刑が確定していた。自由権規約委員会は、国家が良心に基づく信念とその表明を尊重することが、それ自体社会における継続的かつ安定的な多元主義を確保するために重要な要素であると指摘して、代替役務の設定なく通報人の権利を刑事罰をもって制限したことにつき規約違反を認定した。

(2) 良心的兵役拒否を巡る課題

本件の翌年、ヨーロッパ人権裁判所はトルコを被申立国とした事件で9条違反を認定している[10]。ヨーロッパ評議会加盟国で徴兵制を維持している15カ国の内、良心的兵役拒否権を認めていないのはトルコのみという状況での判決であった。今後のヨーロッパでの論点は、良心的兵役拒否権の承認を前提とした制度設計や拡張へと移行していくことが予測される。

制度設計上の問題としては、例えば代替役務の期間を軍務よりも長く設定するなど、代替役務自体に懲罰的意味を含ませていると見られる例があることが指摘されている[11]。自由権規約委員会は、国家報告書審査の過程で代替役務の期間が軍務の1.7倍に及ぶことについて懸念を表明し、軍務並みに期間を短縮することを勧告したことがあり、軍務と代替役務に期間の差を設けるには合理的な理由が必要であるという態度をとっているように思われる[12]。

また、特にヨーロッパ評議会加盟国の間では徴兵制廃止に向かう傾向が見られる[13]が、志願兵や職業

軍人の場合も良心的兵役拒否の是非が論点となりえよう。最も争われる論点の一つとして、いわゆる選択的軍務拒否（selective objection to military service）が挙げられる。良心に基づいて抗命し、特定の軍事行動への参加を拒む場合がこれに当たる。ドイツ連邦行政裁判所は2005年に、良心に基づきイラク戦争への参加を拒否した陸軍将校に対し、イラク戦争の合法性への疑義を表明しつつ抗命の権利を認めた[14]。

（3）本件判決の執行状況

条約46条2項に基づき本件判決の執行状況を監視していたヨーロッパ評議会閣僚委員会は、アルメニア政府から提出された報告書（Action Report）[15]を検討した結果、同政府が判決遵守の約束を履行したと認め、監視を終了する旨の決議を2014年11月19日付けで採択した[16]。報告書によれば、アルメニア政府は個別措置として判決が命じた賠償の支払い等を行ったほか、同様の侵害の防止を旨とする一般措置として、代替役務法の改正等を行った。改正はベニス委員会（European Commission for Democracy through Law）に意見を求めた上で進められ、改正法は同委員会の意見（代替役務の期間を短縮すること、決定機関の過半数は文民とすること、代替役務は軍に監督させないこと等）を全面的に取り入れたものとなっている。

（4）日本法への示唆

良心的兵役拒否に関し、徴兵制がない日本で論点となりうるとすれば、選択的軍務拒否であろう。これは憲法20条、自由権規約18条の論点でありうるほか、具体的権利として平和的生存権をとらえる際に、そのコロラリーとして位置づけられることがある[17]。自衛隊の活動が拡大していく過程で議論が必要となってくる問題である。

(1) Grandrath v. Germany, 12 December 1966, Report of the Commission, Yearbook Vol. 10, p. 626.

(2) GZ v. Austria, 2 April 1973, Decision of the Commission, Collection of Decisions, Vol. 43, p. 161.

(3) Thlimmenos v. Greece [GC], 6 April 2000, Reports 2000-Ⅳ.

(4) Parliamentary Assembly of the Council of Europe, Texts Adopted, 2001 Ordinary Session (Third Part), p. 21.

(5) L.T.K. v. Finland, Communication No. 185/1984, 9 July 1985, Selected Decisions of the Human Rights Committee under the Optional Protocol, Vol. II (CCPR/C/OP/2), p. 61.

(6) A/HRC/RES/20/2 (5 July 2012), A/HRC/RES/24/17 (2 October 2013).

(7) E/CN.4/RES/1995/83 (8 March 1995), E/CN.4/RES/1998/77 (22 April 1998), E/CN.4/RES/2002/45 (23 April 2002), E/CN.4/RES/2004/35 (19 April 2004).

(8) CCPR/C/21/Rev.1/Add.4.

(9) Yoon & Choi v. Republic of Korea, Communication No. 1321, 1322/2004, 3 November 2006, A/62/40, Vol. II, p. 195.

(10) Erçep v. Turkey, 22 November 2011.

(11) European Bureau for Conscientious Objection (EBCO) によれば、ヨーロッパ評議会加盟国の内アルメニア、オーストリアなど11カ国が該当する。EBCO, *Report to the Council of Europe, The right to conscientious objection in the Council of Europe Member States*, 18 July 2001, pp. 62-64.

(12) Consideration of Reports Submitted by States Parties under Article 40 of the Covenant, Concluding observations of the Human Rights Committee, Russian Federation, CCPR/CO/79/RUS, Para. 17. 但し、委員会は代替役務が軍務の2倍の期間であることが規約26条に違反すると主張する通報に対し、違反なしと判断したこともある。Foin v. France, Communication No. 666/1995, 9 November 1999, A/55/40, Vol. II, p.30. 例えばドイツ基本法は代替役務の期間が兵役の期間を超えてはならないと規定している（12a条2項）。

(13) EBCO, n. 7, Office of the United Nations High Commissioner of Human Rights (OHCHR), *Analytical Report on Conscientious Objection to Military Service*, A/HRC/23/22, Para. 40. 現在徴兵制を採用していない国のうち、独自の軍隊をもたないか、徴兵制を採用したことがない国を除けば、イギリス以外はすべて1990年代以降に廃止している。

(14) Bundesverwaltungsgericht, 21 Juni 2005, BVerwG 2 WD 12.04, OHCHR, *Ibid*, para. 47.

(15) Bukharatyan v. Armenia, 10 January 2012, Tsaturyan v. Armenia, 10 January 2012 を含む。DH-DD (2014) 1302, 27 October 2014.

(16) CM/ResDH (2014) 225.

(17) 岡山地判平成21年2月24日判時2046号124頁。

[参考文献]（注に掲げたものを除く）

[1] Hitomi Takemura, International Human Right to Conscientious Objection to Military Service and Individual Duties to Disobey Manifestly Illegal Orders, Springer, 2009.

[2] OHCHR, Conscientious Objection to Military Service, United Nations, Sales No. E.12.XIV.3, 2012.

[3] Özgür Heval Çinar, Conscientious Objection to Military Service in International Human Rights Law, Palgrave Macmillan, 2013.

57 信教の自由

大学におけるヘジャブ着用禁止

──レイラ・シャヒン判決──

中 島 宏

Leyla Şahin v. Turkey

10 November 2005, Reports 2005-XI (大法廷)

【事　実】

　申立人は、イスラム教徒としてスカーフを着用するトルコ人の医学生であり、1997年8月にブルサ大学医学部からイスタンブール大学医学部に転学した。ブルサ大学在学中の4年間にスカーフ着用が特に問題となることはなかった。しかし、1998年2月のイスタンブール大学長の通達によって、イスラム・スカーフを着用する学生および顎ひげを生やした学生の講義への出席および履修登録が禁止されたため、申立人は医学部の講義・実習等への参加を数度にわたって拒否された。

　そこで1998年7月、申立人は、学長には着衣規制を行う権限はなく、上記通達は法的根拠を欠く無効なものと主張して行政裁判所に提訴した。これに対してイスタンブール行政裁判所は、高等教育に関する法律2547号を根拠に、秩序維持の観点から学生の着衣を規制する権限を学長が有することを認め、問題の通達や申立人に対する受講拒否も国内判例に反するものではなく、違法とはいえないとして申立人の訴えを棄却した。さらに最高行政裁判所も2001年4月に申立人の上告を棄却した。

　相前後して、1998年5月には申立人に対する学内懲戒手続が開始され、スカーフ着用のまま受講する意思を示し、また規則に違反したことは、学生に求められる品位を欠くものとして、学部長より戒告処分が下された。さらに1999年2月に医学部長室前において着衣規制に抗議する無許可の集会が開催され、これに参加した申立人に対して再度の懲戒手続が採られた。同年4月、医学部長は申立人に対し一学期間の停学処分を決定した。

　これに対し申立人は同処分の取消しを求めてイスタンブール行政裁判所に提訴したが、1999年11月、

処分は適法なものとして訴えは棄却された。2000年6月には、学生に対する懲戒処分を特赦無効とする法律4584号が成立し、申立人に対するすべての懲戒処分が無効となった。そこで2000年6月に最高行政裁判所は、本案判決を下す必要が無くなったとして訴えを斥けた。

　この間、申立人はトルコ国内における学業を断念し、1999年8月にウィーン大学に転学して勉学を継続することとなった。

　申立人は1998年7月、高等教育機関におけるスカーフの着用規制は、条約8、9、10、14条および第1議定書2条に違反するものとして、ヨーロッパ人権委員会に申し立てた。同月に事件はヨーロッパ人権裁判所に付託され、2004年6月29日の小法廷判決は、全員一致で、着用規制は条約に違反しないと判断した。さらに申立人の上訴により、同年11月に大法廷に係属した。翌年11月10日の大法廷判決においては、以下のように条約違反は認められなかった。

【判　旨】

(1) 9条違反の主張について

(a) 法律によって定められていたか

　イスタンブール大学長は、学長権限について定める法律2547号13条の枠組に従って問題の通達を発出した。これに対して申立人は、同法暫定17条が「現行法に反しない限り、高等教育機関における衣服は自由である」と定めており、通達は法的根拠に欠けると主張する（§85-87）。しかし憲法裁判所は、高等教育機関における着衣の自由は絶対的ではなく、大学におけるスカーフ着用禁止は違憲ではないとし、最高行政裁判所も学生によるスカーフ着用は共和国の基本原理と矛盾すると判断している（§92-93）。「以上より、国内裁判所の一貫した判例に照らし、

本件の介入にはトルコの法、すなわち法律 2547 号暫定 17 条という法的根拠があったといえる」（§98）。

(b) 正当な目的か

「本件の介入は、他者の権利自由の保護および秩序の維持という正当な目的を原則として追求するものであり、この点について当事者間の争いは無い」（§99）。

(c) 民主的社会において必要か

(i) 基本原則

9 条が保障する思想、良心、宗教の自由は「民主的社会」の基礎の一つであり、多元主義は「民主的社会」に不可欠である。しかし、「民主的社会においては、同じ住民の中に複数の宗教が共存しており、様々な集団の諸利益を調整し、各自の信仰を確保するための制約を、宗教または信仰を表明する自由に対して課すことが必要となりうる」。「様々な宗教、礼拝、信条の実践に対する国家の中立かつ公平な関与者としての役割が重要であり、この役割は民主的社会における公的秩序、宗教的平和、寛容の確保に寄与する」。「従って国家機関の役割とは、多元主義を排除して紛争の原因を取り除くことではなく、対立する集団が相互に寛容であることを確保することである」（§104-107）。

「多元主義、寛容、そして開かれた精神は、『民主的社会』の特徴である。時に集団の利益が個人の利益に優先することがあるとしても、民主主義は、多数派の見解を常に至上のものとしてはならず、少数派の個人に正当な処遇を確保し、支配的な立場によるあらゆる迫害を避けるための均衡を取らなければならない」。「他者の権利自由を保護する必要上、国家が条約の保障する他の権利または自由を制限する可能性があることを認めなければならない。すなわち、『民主的社会』の基礎である各自の基本権間の均衡を模索し続けるということである」（§108）。

国家と宗教の関係が問題となった場合、民主的社会においては大きな見解の相違が存在するため、国家の役割は重要となる。特に教育機関における宗教的象徴の着用規制の場合、各国の対応は区々であるため、国家の役割はなお一層重要である。「事実、社会における宗教の意義についての単一の理解を、ヨーロッパを通して見出すことは不可能である」。「従って、規制の程度や態様についての選択は、事柄の性質上、当事国の状況によって異なるため、締約国に一定の裁量が認められるべきである」（§109）。

「本件における評価の余地の範囲を画するに当たっては、他者の権利自由の保護、公的秩序の要請、世俗的平和の維持の必要性、そして民主的社会の維持には不可欠の、真の宗教的多元主義について考慮しなければならない」（§110）。

1993 年 5 月 3 日の Karaduman 決定からすると、「高等教育機関は、多様な信仰を持つ男女共学を確保し、公的秩序や他者の信仰を保護する目的で、宗教上の儀式や標章の表明を規制することができるといえる」。また、Dahlab 決定においては、スカーフ着用は「男女平等原則とは調和し難い宗教的教義によって女性に課されるものである」ため、その宣伝効果が疑問視され、「寛容、他者の尊重、そして特に平等、反差別というメッセージと調和し難いこと」が指摘された（§111）。

(ii) 本件における原則の適用

学長通達による本件の介入は、世俗主義（英 secularism、仏 laïcité）と平等という 2 つの原則に基づく。「1989 年 3 月 7 日のトルコ憲法裁判所判決によると、世俗主義の原則は、国家が単一の宗教や特定の信仰に対して偏向を示すことを禁止し、宗教および良心の自由を保障する」。一方で、「国家による不当な介入からだけではなく、原理主義運動に端を発する外部的圧力からも、個人を保護することを目的とする。宗教を表明する自由は、これらの価値と原則を擁護するために制限されうる」（§112-113）。

「このような世俗主義に関する理解は、条約の根底にある価値を尊重するものである。当該原則の擁護は、法の優位、人権の尊重、民主主義というトルコ建国の原則の一つであり、トルコの民主制の擁護に必要なものと考えることができる。当該原則を尊重しない立場は、当然に宗教的表現の自由の内容を構成するものとはいえないし、条約 9 条が定める保障を享受するものではない」（§114）。

小法廷は、トルコの憲法体制における女性の権利保護および男女平等の重要性、スカーフを着用しない人々への影響、トルコではイスラム教徒が多数派であること、スカーフという宗教的象徴が持つに至った政治的意義、スカーフ着用を義務化しようとする原理主義運動が存在すること等を指摘し、「本件の規制は正当な目的を達成し、もって大学施設に

おける多元主義を擁護するための措置である」と結論づけたが、「これらの判決理由を斥けるいかなる適切な理由も見出せない」（§115）。

「上記のような文脈にかんがみると、大学において宗教的象徴の着用禁止を正当化する第一の理由は、トルコ憲法裁判所が指摘したように、世俗主義の原則である。多元主義、他者の権利の尊重、そして特に法の下の男女平等という諸価値が現場において教育され、実践されているという文脈において、権限を有する国家機関が大学の非宗教的性格を保護しようとし、宗教的衣服の着用を許容することがこれらの諸価値に反するとみなしたことは理解し得るところである」（§116）。

比例原則に照らしても、大学当局が対話を閉ざさなかったこと、学内規則遵守のための手段については裁判所よりも大学当局の方が適切に判断できること等を考慮すると、本件介入は正当化される（§118-122）。

従って、条約9条違反は認められない（16対1）。

(2) 第1議定書2条、条約8、10、14条違反の主張について

教育への権利に対する制約を認めることはできるが、同権利に関する「判断は、9条に関する上記結論と同様である」（16対1）。条約8、10、14条違反も認められない（全員一致）。

【解 説】

(1) 本判決の意義・特徴

本判決は、トルコにおけるイスラム・スカーフ着用禁止の是非をめぐる事件として重要であり、またより一般的には、公共空間における個人の信教の自由が問題となった後の事件の先例としても極めて重要な意義を持つ。

条約上国家は、権利自由に対する消極的義務の表れとして、常に不介入という立場に徹していればよいというわけではない。民主的社会の価値と多元主義の擁護者として、国家が積極的に介入しなければならない場合がある。とりわけ「民主主義にとって脅威となる危険ゆえに、とくに悲惨な歴史的経験（ナチズムの悪夢、共産主義独裁、神権主義体制）を持つ国においては、自らを擁護する民主主義という立場（闘う民主主義）が正当化される」との指摘がある[1]。

特に、歴史上政教一致から政教分離へと至ったトルコにおいては、「たたかうライクリッキ（laik-lik）」[2]とも評される、独特の政教分離原則ないし世俗主義が憲法上規定されている。「ライクリッキ」の原則には、トルコの近代化の前提としての強い意味が付与されており、トルコ憲法裁判所はその「守護者」として、同原則の厳格な適用を維持してきた。一方で、多数派を占めるイスラム教徒からの宗教的表現の自由の要求も高まっており、とりわけ1980年代末から大学におけるイスラム・スカーフ着用の是非が、世俗派と親イスラム派との間で激しい論争の的となってきた。本判決は、トルコの民主制における世俗主義の必要性を認め、スカーフ着用学生の退学を容認するトルコ国内判例を承認した点で、重要な意義を持つ。

また本判決は、公共空間における個人の信教の自由の保障が問題となった後の事件において、重要先例としての役割を果たすことになる。例えば、イタリアの公立学校における十字架設置〔Lautsi 判決、本書 77〕やフランスの 2010 年ブルカ禁止法〔S.A.S. 判決、本書 58〕の各条約適合性が問題となった事件において本判決が参照されている。政教関係に関するヨーロッパの共通した了解が欠けていることを主な理由として、当事国の広範な評価の余地が認められ、結果として、国内裁判所の判断や当事国固有の政治的・歴史的事情を積極的に考慮する判断が下されることとなる。

(2) 主要論点の解説

まず、本件介入が学長通達に基づくスカーフ着用禁止であったため、規制法規の形式性が問題となったが、本判決はトルコ国内判例を参照して条約違反を認めなかった。また、規制目的の正当性については特に問題とされなかった。

民主的社会における本件介入の必要性の判断については、トルコの民主制にとっての世俗主義の必要性が積極的に肯定されている。まず一般論として、宗教的多様性ゆえに中立かつ公平な関与者として、多数派による迫害を回避し、寛容を確保し、基本権間の均衡を図る国家の役割が強調されている。そして、政教関係に関する「単一の理解」がヨーロッパに欠如していることから評価の余地の広範性が認められた。

その上で、宗教的中立性および信教の自由保障だけではなく、原理主義から個人を保護するという意義をも付与されたトルコ国内裁判所による世俗主義理解を参照し、そのような理解を「条約の根底にある価値を尊重するもの」としつつ、トルコの民主制の擁護に必要なものと評価した。そして、世俗主義原則を、法の優位、人権保障、民主主義と並ぶトルコ建国の原理と位置付け、同原則を尊重しない立場は条約9条の保護領域の埒外となりうることを認めた。さらに、トルコにおける男女平等の重要性、スカーフを着用しない人への影響、イスラム教徒が多数派であること、スカーフ着用の政治的意義および原理主義との関係性という当事国固有の事情を考慮して、本件介入を正当化している。

「シャヒン判決は、まさにライシテ（非宗教性）への賛歌である」との指摘[3]があるように、本判決に「ライシテのヨーロッパ化」を見て取る論者もいる。しかし、本件介入の正当化は「トルコ社会の極めて特別な文脈において」なされたものとの指摘[4]もあり、上記のように広範な評価の余地を前提とした判断を考慮すると、本判決の承認した「ヨーロッパの政教分離」の射程と内実には未だ不明確な側面があるとも言えよう。

(3) 判決の国内法への影響ないし各国の対応

本判決により、トルコにおけるスカーフ着用問題に終止符がうたれたというわけではない。むしろトルコ国内の状況は、着用が容認される方向へと動いている。2008年2月、議会で多数派を握る親イスラム派政党「公正発展党」が、大学におけるスカーフ着用容認を目的とした憲法改正法を成立させたが、同年6月の憲法裁判所による違憲判決により、その試みは一旦頓挫した[5]。しかし、2010年に高等教育評議会の通達により大学におけるスカーフ着用が容認され[6]、その後もスカーフを着用した学長や国会議員が登場した。さらに2014年、「公正発展党」党首のエルドアンが大統領に選出され、イスラム化政策が推進された。2016年7月の軍部によるクーデター失敗後は、政権に批判的な軍人や司法関係者が粛清されている。本判決から10年を経て、トルコ憲法裁判所や軍部がかたくなまでに護ろうとしてきたケマル・アタテュルク流の「ライクリッキ」原則は、大きな岐路を迎えようとしている。

(4) 日本法への示唆

現代ヨーロッパにおける宗教問題はますます多様化、複雑化している。信仰者と無神論者の共生、原理主義の伸長と閉鎖的宗教共同体への懸念、イスラム嫌悪（islamophobia）の拡大、ヨーロッパの宗教的アイデンティティとトルコのEU加盟問題等々の様々な問題を前にしながら、ヨーロッパ人権裁判所は人権保障の改善と強化という使命をたゆまずに果たしていくことになるとされる[7]。その困難な試みを分析することは、日本にとっても決して無益ではないであろう。

(1) Michel LEVINET, Les présupposés idéologiques de la jurisprudence de la Cour européenne des droits de l'homme, *PA.*, 22 dec. 2010, n° 254, p.11.

(2) 1937年以来、トルコ憲法は厳格な政教分離（ライクリッキ）をその基本原理としている。現行1982年憲法も、トルコ共和国の非宗教性（2条）、宗教教育への統制および国教一致・宗教利用の禁止（24条）、宗教政党の禁止（68条4項）を定める。憲法裁判所はその「守護者」として、多くのイスラム政党を強制的に解散してきた。このようなトルコ型政教分離を「たたかうライクリッキ」と呼称する論稿として参照、小泉洋一「トルコにおけるライクリッキの原則と憲法裁判所──2008年の二判決におけるライクリッキ」甲南法学51巻3号（2011年）216頁。

(3) Gérard GONZALEZ, L'interdiction du port du foulard islamique dans les universités turques est compatible avec la Convention européenne de sauvegarde des droits de l'homme, *AJDA.*, 13 fév. 2006, p.320.

(4) Baptiste BONNET, Compatibilité de la circulaire du recteur interdisant aux étudiantes de porter le foulard islamique à l'université d' Istabul avec l'article 9 de la Convention EDH, *JCP.*, n° 5, 2 février 2005, p.224.

(5) 小泉前掲注(2)、524〜530頁。

(6) *Le Figaro*, le 18 octobre 2010, «En Turqui, le voile islamique fait sa rentrée universitaire.»

(7) Alain GARAY, La laïcité, principe érigé en valeur de la Convention européenne des droits de l' homme, *D.*, 2006, n° 2, p.110.

[参考文献]

[1] 小泉洋一「国際人権保障と政教関係──ヨーロッパ人権裁判所の判例におけるライシテの原則」甲南法学47巻4号（2007年）31-59頁。

[2] 小泉洋一『政教分離の法──フランスにおけるライシテと法律・憲法・条約』（法律文化社、2005年）。

[3] 馬場里美「フランスの公立学校における生徒のスカーフ着用の禁止とヨーロッパ人権条約9条（コンセイユ・デタ2004年10月8日判決）」国際人権16号（2005年）112-115頁。

58 ブルカ着用禁止
「公共の場所で顔を覆うこと」の禁止は信仰表明の自由に反しない、私生活の尊重に反しない
— ブルカ着用禁止事件 —

S. A. S v. France

馬場　里美　　1 July 2014, Reports 2014-Ⅲ（大法廷）

【事　実】

フランスでは、2000 年代半ば頃からイスラム教徒の一部の女性によるブルカ・ニカブ（顔面を含め全身を覆うヴェール。以下、「ブルカ」または「ヴェール」）の着用を問題視する声が高まり、2010 年に「公共の場所で顔を覆うことを禁止する法律（2010 年 10 月 11 日法律 2010-1192 号）」（以下、「本件法律」）が制定された。この法律は、立法過程における議論から、その主たる対象がブルカであることは明らかであり、ブルカ禁止法とも呼ばれている。

本件は、フランスでブルカを着用するイスラム教徒の申立人が、本件法律により顔を覆うヴェールを公共の場で着用できなくなったことが、ヨーロッパ人権条約（以下「条約」）3 条、8 条、9 条、10 条、11 条各単独および 14 条と併せた各条に違反するとしてヨーロッパ人権裁判所（以下、「人権裁判所」）に提訴したものである。事件は小法廷から回付され大法廷で審理された。申立人によると、申立人のブルカ着用は信仰心に基づく自発的なものであり、他者を遠ざけるためではない。また、保安上の必要がある場合等には顔を見せることに同意している。

【判　旨】

(1) 政府による先決抗弁について（略）

(2) 8 条および 9 条について

公的および私的な場所における外見（髪型、服装など）に関する選択は、個人の人格の表現であり、私生活に含まれる。したがって、公権力によるこのような選択の制限は、原則として、8 条の意味における私生活の尊重を受ける権利の制約となる。さらに、

このような禁止が、結果として、公共の場において個人の宗教的実践に基づく服装を希望する者に関わる場合、その実践が少数派である場合や宗教的に議論がある場合であっても、信仰を表明する自由に関する問題を生じる。

以上より、当裁判所は、9 条に重点を置きつつ、8 条および 9 条の観点から本件を検討する（§106-109）。

(a) 「制約（limitation）」あるいは「介入（interference）」の存在

申立人は、本件法律により、信仰に基づく服装をあきらめるか、処罰の恐れにさらされるかというジレンマに立たされた。この状態は、当裁判所の判例によると、保障された権利への「恒常的な介入」があるといえる。したがって、本件において、8 条および 9 条によって保障された権利行使に対する「制約」あるいは「介入」（以下「本件制約」）が認められる。この制約が条約に適合するためには、法律によって規定されており、正当な目的を追求するために、民主社会において必要なものでなければならない（§110-111）。

(b) 法律による規定

本件制約が法律によって定められていることについて当事者間に争いはない（§112）。

(c) 正当な目的

当裁判所の判例によると、9 条 2 項が列挙する信仰表明の自由に対する例外は限定列挙であり、各事項の解釈は制限的でなければならない。8 条に関しても同様である。本件では、被告政府は公共の安全および「開かれた民主的な社会における最低限の価値の尊重」という二つの目的の存在を主張する（§113-114）。

一つ目の目的である公共の安全については、8条2項および9条2項が定める「公共の安全」に該当する（§115）。

二つ目の目的について、被告政府は、①男女平等の尊重、②人間の尊厳の尊重、③社会生活（＝共生〔vivre ensemble〕）のための最低限の要求の尊重、という3つの価値がそこに含まれ、8条2項および9条2項が定める「他者の権利および自由の保障」に該当すると主張する。このうち、①および②は本件の事情の下では「他者の権利および自由の保障」に該当するとは言えない。これに対して③は、締約国が主張するように、「社会の相互活動において顔が重要な役割を果たす」こと、すなわち、「すべての人に開かれた場所では、人々は、確立した合意により社会における共同生活に不可欠な要素となっている個人間の開かれた関係の可能性を根本的に疑問に付し得る行動や態度が現れることを望まないということを、当裁判所は受け入れられる。」したがって、「締約国が、顔を隠すヴェールが他者に対して持つ閉鎖性を、より共生し易い社会化の場で生活する他者の権利を侵害するものと理解することを、当裁判所は容認する。」ただし、「共生」という概念は曖昧であり、濫用の可能性があることから、当裁判所は、本件制約の必要性について注意深く審査を行う（§116-122）。

(d) 民主社会における必要性

本件を9条に重点を置いて判断することから、まず9条の原則を確認する。9条は信仰表明の自由をはじめとする宗教の自由を保障するが、多様な宗教が併存する民主社会において、締約国には、多元性を縮減することによって緊張関係を排除するのではなく、対立する諸集団が互いに譲り合うようにすることで民主社会における公序、宗教的平和、寛容を確保することが求められる。その際、締約国は、「他者の権利および自由」のために、条約が保障する他の権利や自由を制約し得るが、このような判断については、直接の民主的基盤を持つ締約国がより適切な判断を行うことができる立場にある。そして、9条の信仰表明の自由の制約の必要性の判断については、教育機関内における当該自由についての当裁判所の判例が示すように、締約国間に共通の理解も

みられないことから、締約国に広い評価の余地が認められる（§123-131）。

本件については、①公共の安全、または②「他者の権利および自由の保護」という目的のために、本件制約が「民主社会において」「必要」かを判断する必要がある。

①については、宗教的理由からヴェールの着用を希望する女性に対する影響の重大さに鑑みると、公共の場における顔を覆う着衣の全面的な禁止は、公共の安全に対する一般的な危険性が存在する状況であることが求められるが、そのような状況は立証されていないため、当該目的のために本件法律の必要性は認められない（§139）。

締約国政府がより強調する目的は②であるが、②に関する比例性の判断においては、次の点が考慮される。申立人側の主張のうち支持すべきものとして、ヴェールを着用する女性の人数がきわめて少ないこと、本件法律は、信仰上の理由からヴェールを着用することを選択している女性に対して否定的な影響をもつこと、多くの国内外の人権団体が一般的な禁止を過度の制約であると批判していること、ヴェールへの賛否にかかわらず、一部のイスラム教徒にとって本件法律は耐え難いものと感じられていること。最後の点については、当裁判所は、本件法律の制定過程の議論で垣間見られたとされるイスラモフォビアを懸念することに加えて、このような法律の制定は一部の人々に対する見方を固定化し、非寛容を促進させる危険性があることを強調する（§140-149）。

これに対して、次の点を考慮すべきである。本件法律に基づく禁止（以下「本件禁止」）の適用範囲は広く、またそれが関係するのは主としてヴェールの着用を希望するイスラム教徒の女性であることは確かだが、本件禁止は宗教的要素に基づくものではなく、顔を隠すという点にのみ基づいており、この点で（私人による公道での宗教衣装着用の禁止について締約国に広い評価の余地を認めなかった）判例とは事案が異なること。適用される刑罰はもっとも軽いものであること。本件禁止は「多元主義には反するが、顔を隠すことはフランス社会における社会的コミュニケーション

の方法、すなわち共生の要請と相容れない」という観点から、締約国は、「多元主義だけではなく、民主的社会に不可欠な寛容と開かれた思考に不可欠と締約国が考える、諸個人間の相互行為の原則を保護しようとしており」、公共の場におけるヴェールの受容の問題は社会の選択の問題であるといえるため、締約国に広い評価の余地が認められること。その評価の余地の広さは、この問題に関して締約国間における共通の見解が見られない点からもいえること（§151-156）。

　以上より、特に、締約国に広い評価の余地が認められることに鑑みて、当裁判所は、本件禁止は、「他者の権利および自由の保護」の要素として「共生」の条件を保持するという目的について比例性の審査を通過し得ると考える。したがって、8条および9条の違反はない（§157-159）。

　(3)　その他の条文について（略）

　(4)　主　文

　締約国による先決的抗弁は却下する（全員一致）。8条、9条、10条単独および14条と併せた各条について申立を受理し、他の条項については不受理とする（全員一致）。いずれの条項についても、条約違反は認められない（8条および9条は15対2、その他は全員一致）。

　本判決には2名の裁判官による一部反対意見が付されている。

【解　説】

(1)　本判決の特徴・意義

　近年、ヨーロッパの複数の国でブルカの着用を一般的に禁止する法律の必要性が議論されており、法制度や憲法判断の内容も国により異なっている。

　本判決は、一定の着衣を一般的に禁止する法律の条約適合性について、人権裁判所が初めて示した判断である。

(2)　本件法律制定の経緯

　本件法律は「公共の場で顔を覆うこと」を禁止する法律であるが、同法制定の経緯から、その主眼がブルカの着用を禁止することにあることは周知の事実となっている[1]。

　フランスでは、頭髪のみを覆うイスラム教徒の「スカーフ」をめぐり2004年に、ライシテを根拠に公立学校における宗教標章着用を禁止する法律が制定されているが、その後、今度はブルカの着用が問題視されるようになり、2010年1月、大統領のイニシアティブにより国民議会に設置された「フランスにおける顔を覆うヴェールの着用行為」に関する報告部会の報告書[2]が、さらに同年3月、首相の要請に基づきコンセイユ・デタより「顔を覆うヴェールの着用の禁止の法的可能性」に関する報告書[3]が提出された。特に後者は、平等との関係で問題のあるヴェールの一般的禁止はもとより、より一般化した「公共の場で顔を覆うこと」の禁止であっても、ライシテは根拠になり得ず、「社会生活（＝共生）の本質的な保障のための最低限の要求」を含む新たな公序概念に基づかざるを得ないことと同時に、その根拠の脆弱性を指摘するものであった。しかし、同年5月に議会に提出された本件法律案は、両議院において圧倒的多数の賛成により可決され、憲法院でも合憲判断が示された[4]。

(3)　人権裁判所における先例

　信仰表明の自由は9条2項に基づく制約の対象となる。判例によると、制約の正当性が認められるのは、正当な目的があり制約の必要性が認められる場合であるが、なかでも、ライシテの原則に基づいて公務員や公共施設内における宗教衣装の着用が禁止される場合については、国家と宗教の関係は締約国間でも様々であり、特定の宗教的行為が及ぼす影響も時と場所によって異なることから、締約国に特に広い評価の余地が認められてきた[5]。これに対して、2010年に、一般市民が公道など万人に開かれた場において宗教衣装を着用することの禁止が争われた事例で、公務員でも公共施設内でもない、公共の場における私人による着用については締約国の広い評価の余地を認めた先例は適用されず、その制約が正当化されるためには、公序に対する脅威または他者への圧力が存在する必要があるとする判決（以下、Ahmet判決）が出された[6]。

　この判決は、本件法律制定をめぐる議論のさなかに出されたことからも注目され、「顔を隠す着衣」

の禁止であっても、それによって、一般的な危険性を指摘することが困難なブルカの着用が、広く公共の場において事実上全面的に禁止されるならば、9条違反となる可能性が高いとする見解がフランス内外に多数みられた[7]。

(4) 争点について

このような状況下で出された本判決は、しかしながら、本件法律の条約適合性を認めるものであった。大法廷による審査は、この分野における他の判決と同様、権利の制約の有無、法律による制約か否か、目的の正当性、民主社会における必要性の各点について行われているが、特に争いがあるのは、後二者に関する部分である。

(a) 目的の正当性に関して

制約の目的として締約国側が主張したのは、「公共の安全」および「民主的かつ開かれた社会の価値の最小限の必要性の尊重」であるが、後者は文言上、条約8条2項および9条2項が列挙する事項には含まれない。締約国はさらに後者の中に①男女平等、②人間の尊厳、③社会生活（＝共生）のための最低限の要求という3つの価値の尊重が含まれると主張するが、これらもそのまま条文に該当するものではない。人権裁判所は、これらを「他者の権利および自由の保護」に関連づけて検討し、公共の安全のほか、③を正当な目的と認め、①、②を退けた。これに関して注目されるのは次の点である。

第1に、ヴェールの評価についてである。スカーフ着用の禁止に関する従来の判例では、スカーフが男女平等に反するメッセージを有する点がたびたび強調されている[8]。これに対して、本判決は、ヴェールの着用を、多くの人々にとっては「奇妙な」ものであっても、「民主主義を豊かにする多元主義に貢献する文化的アイデンティティーの表現」（§120）であるとした。同様の変化は、比例性の審査の中での、申立人側の主張に対する肯定的な評価（§140-149）にも見られる。

第2に、上記③が「他者の権利および自由の保護」に関連する正当な目的とされたことである。フランス国内ではこの問題は「公序」概念の再定義の問題であり、コンセイユ・デタの評価に反して憲法

院が判決で上記①と③について肯定的に言及したことをめぐって、その妥当性が議論されていた[9]。この点、人権裁判所は、条約8条2項に「公序」が含まれていないこと、締約国が「公序」を根拠とする主張を行っていないことを理由に、この観点からの検討を不要とする（§117）一方で、ヴェール着用が申立人自身の意思によること等を理由に①、②を退けるなど（§119）、個人の自律（選択）を重視する立場をとっている[10]。しかし他方で「他者の権利および自由の保護」を緩やかに解釈することで、③を正当な目的と認めたのである。

しかしながら、9条2項の列挙事由が厳格に解釈されるべきである（§113）以上、ヴェールがいかなる「他者の権利」を侵害するのかが問題となる。判決は、締約国の主張を受け入れ、社会における相互活動において重要な役割を果たす「顔」をヴェールで隠して他者を排除することは、「より共生し易い社会化の場で生活する他者の権利」（§122）を侵害し得るとする。これに対して、本判決一部反対意見は、経験的にも社会的な活動に顔は必ずしも必要とされず、また、私生活の尊重が公共の場で他者とかかわらない（＝「アウトサイダー」でいる）権利を含む以上、すべての個人が公共の場であらゆる他者と交流する権利をもつとは考え難いことから、侵害され得る「他者の権利」が不明確であることを強く批判する（一部反対意見§7-9）。

(b) 民主社会における必要性に関して

次に、判決は、「公共の安全」および「他者の権利および自由の保護」それぞれについて民主社会における制約の必要性を審査する。このうち前者については、一般的な禁止が正当化されるためには一般的な危険性の存在が立証される必要がある（が、本件ではそれがない）という理由で比例性が否定されている。この点は国内の議論でも指摘されていたことであり、また人権裁判所の従来の判例とも一致する[11]。問題は、後者に関する判断である。

人権裁判所は、上述のとおり申立人の主張を肯定的に引用しながらも、結論としては後者に関して比例性を認めて申立人の主張を退けた。その理由は複数挙げられているが、結局のところ、申立人の主張

を覆し得ているのは、禁止の対象が宗教的要素その
ものではなく「顔を覆うこと」であることから帰結
されている締約国の広い評価の余地（§157）である。
この点で本判決は Ahmet 判決と事案が異なること
が強調されているが、共生という抽象的な目的での
制約について広い評価の余地が認められたことによ
り、開かれた公共の場における私人の信仰表明の自
由の制約に関して締約国の評価の余地に限界を画し
た Ahmet 判決の射程は、大幅に相対化されたとい
える。

この広い評価の余地は、「共生」を根拠とする制
約が、その性質上、「社会の選択」であることと、
締約国間での共通意見が見られない政治問題である
ことが根拠となっている（§153-156）。これに対して、
世論の大きな支持がある政治的決定に対してこそ人
権裁判所は少数者を行き過ぎた人権制約から保護し
なければならないこと（一部反対意見§20）[12]、締約国
諸国はむしろブルカ禁止法は不要という点でほぼ一
致していること[13]等の批判がある。

本判決の論理が多くの問題をはらむことは、本判
決の結論に賛同する論者も含めて、多くの論者が指
摘している[14]。異なる価値観をもつ人々の共存の問
題であるとともに、特定の宗教（の一部）に対する
恐怖感や嫌悪感が見え隠れする本件のような事案に
おいて、人権裁判所にはどのような役割が求められ
るのか。ライシテをめぐる判例の延長線上に本判決
を位置づけるならば、そこには、この問題に関して
人権裁判所のとる立場が表れているといえるかもし
れない。

(5) 日本法への影響

日本の現状では、本件で争われたような法規制が
行われることは想定し難い。しかし、本件は、多様
な文化や価値観の共存について法的な観点から考察
を行うにあたっての、一つの興味深い素材となり得
るものであるといえる。

＊本解説は、馬場里美「ブルカ禁止法と宗教の自由——
　S.A.S. 対フランス事件（ヨーロッパ人権裁判所〔大法廷〕
　2014 年 7 月 1 日判決）」国際人権 26 号（2015 年）122
　頁に加筆したものである。

(1) フランス国内の議論については、村田尚紀「公共空
間におけるマイノリティの自由——いわゆるブルカ禁
止法をめぐって」関西大学法学論集 60 巻 6 号（2011
年）21 頁、中島宏「フランスにおける『ブルカ禁止
法』と『共和国』の課題」憲法問題 23（2012 年）24
頁が詳しい。

(2) Rapport d'information sur la pratique du port du
voile intégral sur le territoire national n° 2262 déposé
le 26 janvier 2010.

(3) CE, Etude relative aux possibilités juridiques d'in-
terdiction du port du voile intégral, rapport, 25 mars
2010.

(4) CC, déc. 7 oct. 2010, n.2010-613DC. なお、この付託
は、本件法律の法的正当性に対する疑義を払拭する目
的で、両議院議長により白紙で行われた異例のもので
あった。

(5) Leyla Sahin v Turkey, 10 November 2005, Reports
2005-XI〔本書 *57*〕, §109.

(6) Ahmet Arslan and others v. Turky, 23 February
2010, §50.

(7) Cf. J.-P. Margénaud, obs. sur l'arrêt Ahmet Arslan
et al.. c. Turquie, D. 2010, p.683, M. Hunter-Henin,
Why the France don't like the burqa : laicite, national
identity and religious freedom, I.C.L.Q. (2012) p.613.

(8) Dahlab v. Switzerland, Decision, 15 February 2001,
Reports 2001-V, p.14, Leyla Şahin v. Turkey〔本 書
57〕, *supra* note 5, §111.

(9) F. Dieu, Le droit de dévisager et l'obligation d'être
dévisage : vers une moralisation de l'espace public?,
JCP A 2010, 2355, p.42.

(10) C. Ruet, obs. sur l'arrêt S.A.S. c. France, La revue
des droits de l'homme, mis en ligne le 12 aout 2014,
http://revdh.revues.org/862, p.6-7.

(11) C. Chassang, obs. sur l'arrêt S.A.S. c. France, D.
2014, p.1701.

(12) Cf. Alajos Kiss v. Hungary, 20 May 2010, §42〔本
書 *17*〕, X. Gelgrange et M. El Berhoumi, Pour vivre
ensemble, vivons dévisagé : le voile intégral sous le
regard des juges constitutionnels belge et français,
RTDH (2014), pp.664-665.

(13) 本判決一部反対意見§19, C. Chassang *supra* note
11, p.1701, B. Bonnet, obs. sur l'arrêt S.A.S. c. France,
JCP G 2014, 835.

(14) A. Levade, obs. sur l'arrêt S.A.S. c. France, JCP G
2014, 974. C. Chassang, *supra* note 11, etc..

[参考文献]（注に掲げたものを除く）

[1] F. Dieu, Note sur l'arrêt S.A.S. c. France, JCP A
2015, 2056, P. Ducoulombier, obs. sur l' arrêt S.A.S. c.
France, RTD Eur. 2015, p.95.

59 信教の自由と宗教的信念を表明する自由
勤務中のクロス着用、宗教的信念に基づく職務遂行拒否を理由とする不利益措置
――エウィーダ判決――

江島　晶子

Eweida and others v. the United Kingdom

15 January 2013, Reports 2013(extracts)

【事　実】

本件の申立人らはキリスト教の熱心な信者で、宗教的信念を表明する自由を保護しないのはヨーロッパ人権条約（以下、条約）違反であると申立てた。

第1申立人 Eweida（以下、A）は、1999年から英国航空の従業員で、チェックイン業務を行っていた。英国航空は公衆と接する従業員に制服着用を義務付け、宗教上の義務に基づくアクセサリーや衣服は制服によって隠すことを求め、不可能な場合には着用許可申請を要請した。Aは、2006年5月20日に宗教的信念の証として制服の上にクロスを着用して出社したが上司の注意（従わなければ帰宅）を受け、隠した。これが数度繰り返され、同年9月20日、Aは再度拒否したので、帰宅させられた。同年10月23日、顧客と接しない業務がAに提供されたが、Aは拒絶した。2006年10月中旬、Aの事件がメディアに取り上げられ、英国航空側に批判的であった。2007年1月、英国航空は許可があれば認めることにした。同年2月3日、Aは、クロス着用の許可を得て職場に復帰したが、英国航空は待機中の給与の支払いを拒否した。Aは2006年12月15日に雇用審判所に不服申立を行ったが拒否され、雇用上訴審判所への上訴も拒否された。控訴審も主張を認めず、2010年5月26日、最高裁判所も上訴を斥けた。

第2申立人 Chaplin（以下、B）は、看護師で、1971年の堅信礼（confirmation）以来、クロスを着用してきた。雇用主（国立病院）は、患者が引っ張り怪我をする等のリスクがあるので、勤務中外すことを要請した。Bは拒否し、病院側の代案（名札に括り付ける）も拒否したので、看護業務のない部署に移動させられ、Bは、2009年11月に雇用審判所に申立てたが、同審判所は差別の存在を否定した。

第3申立人 Ladele（以下、C）は、1992年より Islington 自治体（以下、I）に雇用され、2002年に出生・死亡・婚姻登録官になった。2004年に Civil Partnership Act が制定され、同性カップルがシヴィル・パートナーシップ（以下、CP）を登録した場合、法律婚と同等の権利と義務が付与された。Iは全ての登録官を CP 登録官としても指定した。Cは、婚姻とは男性と女性の生涯における結合であり、同性カップルに CP を認めることは神の法に反すると考えていた。当初、Cだけ CP 登録を担当しない形をとっていたが、他の同僚から不平等だという声があがり、2006年4月、IはCに対して行動規範違反であることを告げ、2007年5月、Iは懲戒手続を開始した。Cは雇用審判所に差別を申し立て、同審判所はCの主張を認めたが、雇用上訴審判所はこれを覆し、控訴審もこれを支持し、最高裁は2010年3月4日、上訴を斥けた。

第4申立人 McFarlane（以下、D）は、同性愛行為は罪であり、同性愛行為の承認に関与すべきではないという強い信念をもっていた。Dは、2003年5月から、秘密厳守でセックス・セラピーやカウンセリングを提供する民間団体Rでカウンセラーとして働いていた。Rの倫理規範および行動基準では、自己の価値基準をクライアントに押し付けないことや、人種、性別、年齢、信条、性的指向、障害等に基づく偏見に注意することを要請していた。RはD

がこれに従っていないと確信したので、2008年3月、Dを解雇した。Dは雇用審判所に申し立てたが、主張が認められず、雇用上訴審判所は原審を支持したので、さらに控訴院に上訴および再度の上訴を斥けられた。A〜Dはヨーロッパ人権裁判所（以下、人権裁判所）に申立て、人権裁判所は裁判所規則42条1項に基づき一括して扱った。

【判　旨】

(1) 受理可能性

Bは控訴院に訴えていないが、Aに関する控訴院判決からするとそれ以上争っても無駄といえるので、受理可能性を認める（§56）。明らかに根拠不十分といえる点はないので全申立を受理できる（Bは部分的）（§57）。

(2) 本案（人権裁判所の判断）

(a) 条約9条に基づく一般原理

「思想、良心および宗教の自由は、『民主的社会』における基礎である。…民主的社会と切り離せない多元主義は、何世紀もかけて犠牲を払って勝ち取ってきたが、この自由に依拠する」（§79）。「信教の自由は、主として個人の思想および良心に関する。この権利の側面は9条1項に規定されており、宗教的信念を持つこと、宗教または信念を変更することで、絶対的で無制約なものである。しかし、9条1項の規定によれば、信教の自由は、自己の信念を一人で私的に表明するだけでなく他者と公的に共同体として実践することも含む。宗教的信念の表明は、崇拝、教育、実践および遵守の形式をとりうる。…自己の宗教的信念の表明は他者に影響を及ぼすので、条約の起草者は、条約9条2項に規定されているような形で信教の自由のこの側面を制約」（§80）する。

思想、良心および信教の自由に対する権利は、一定の説得力、真剣さ、首尾一貫性および重要性を有する意見を保護する（§81）。9条1項の意味する「表明」は、「当該行為が宗教または密接に関連づけられていなければならない」（§82）。民主的社会における信教の重要性を考慮すると、職場における信

教の自由の制約の場合、職業を変更できることによって権利への介入を否定してしまうのではなく、当該制約の比例性を、全体的均衡（その際に職業変更可能性も考慮して）の中で検討すべきである（§83）。

当裁判所の判例法によれば、当裁判所は締約国に、介入の必要性の有無と程度について一定の評価の余地を認める。評価の余地はヨーロッパの監督とともにある。当裁判所の任務は「国内レベルでとられた措置が原理的に正当化でき、かつ比例的であるかを決定することである。」AおよびDのように、民間会社による行為の場合、当裁判所は積極的義務の観点から検討する。その場合、「個人および共同体全体の競合する利益の公正な均衡を考慮」する（§84）。

(b) 条約14条に基づく一般原理

14条を適用するためには、事件の事実が他の実質的条文のいずれかの射程に入れば十分である（§85）。認識できる特徴または「地位」に基づく取り扱いにおける違いがあれば、14条の意味する差別となる。宗教は、とくに14条の条文で、差別の理由として禁止されている（§86）。「相対的に類似の状況にある人々の取り扱いにおける違い、または、相対的に異なる状況にある人々に対して異なる取り扱いをしないことは、客観的かつ合理的な正当化が存在しなければ、換言すれば、正当な目的を遂行しない、または、用いた手段と実現しようとする目的との間に比例的な合理的関係性がなければ、差別的である」。締約国は、異なる取り扱いの正当化の判断において、評価の余地を有する（§88）。

(c) 本件事実に対する上記原理の適用

(i) Aについて

Aのクロス着用は、キリスト教の信念に動機づけられ、宗教的信念の表明である（§89）。英国航空の拒絶は、介入に相当する。この介入は、国家に直接起因しないので、国家の積極義務の有無、すなわち、Aの宗教を自由に表明する権利が国内法秩序の下で十分に確保され、Aの権利と他者の権利との間で公正な均衡が確立されたかを検討する（§91）。

当裁判所は、公正な均衡が確立されていないと考

える。Aの宗教的信念を表明する欲求は基本的権利である。健全な民主主義社会は多元主義と多様性を保持する必要があり、かつ、宗教を自分の人生の中心的教義とした個人はその信念を他者に伝えることができる。他方、一定の企業イメージを広める雇用者の希望自体は正当だが、国内裁判所は重く評価しすぎた。Aのクロスは目立たず、職業人としての外観も損ねない。他の従業員が許可を得て着用したターバンやヒジャブ（ムスリム信者の女性の服装）が英国航空のブランドに否定的インパクトを及ぼしたという証拠はない。後に制服規定を改正して着用を認めたこと自体、それ以前の禁止に高い重要性がなかったことを意味する（§94）。

よって、当裁判所は、他者の権利に対する真の侵害を示す証拠が存在しない本件の状況においては、国内当局はAの宗教を表明する権利を適切に保護せず、条約9条に基づく積極的義務違反であると判断する（5対2）。よって、9条と併せた14条違反について検討する必要はない（§95）。

(ii) Bについて

職場でのクロス着用というBの意思決定は、彼女の宗教的信念の表明であり、クロスを着用する間は看護をさせないという当局の決定は宗教を表明する自由に対する介入である（§97）。本件の介入の目的は看護師と患者の健康と安全である（§98）。クロス着用によって自己の宗教を表明できることの重要性は重く評価されなければならないが、病院における健康および安全の保護は、Aの場合と異なり、重要度が高い。しかも、この分野においては、国内当局に広い評価の余地が認められ、病院のマネージャーは、病院の安全に関して判断する上で、「直接証拠を聞いていない国際裁判所」よりも適切な地位にある（§99）。比例性を欠いておらず、当該介入は、民主的な社会において必要であり、9条違反は存在しない（§100）。14条違反を本件において認定する基礎は存在しない（§101）。

(iii) Cについて

本件は、キリスト教の信念ゆえ差別を受けた点で条約9条および14条の射程範囲に入る（§103）。本件において比べる対象は、同性間の結合（結婚）に宗教上の反対を示さない登録官である。すべての登録官をCP登録官に指定するという自治体の要請は、「Cの宗教上の信念ゆえにとりわけCにとって打撃的であった」。「自治体の決定が、14条の下で間接差別といえるかを判断するために、当該政策は正当な目的を遂行し、比例性があるか」を検討する（§104）。目的は、サービスの実効性だけでなく、機会の平等の促進に雇用者も公的機関も邁進するという総合的目的に合致する。当裁判所の判例では、性的指向に基づく異なる取り扱いを正当化するにはとりわけ重要な理由を必要とする。どのように実現するかについては、締約国は広い裁量の余地を有する。目的は正当である（§105）。確かに、Cの失職は重大な結果であるし、CP登録業務の要請はCが登録官になった後で生じた。他方、他者の保護という当該自治体の政策は条約に適う。競合する条約上の権利の均衡を図る際には、国内当局に広い評価の余地を認める。目的と手段の比例性については、国内当局は評価の余地の範囲内である。よって、条約9条と併せた14条違反は存在しない（§106）。

(iv) Dについて

同性愛カップルに対するカウンセリング拒否は、Dの宗教または信念の表明を構成する。条約9条に基づく国家の積極的義務は、条約9条に基づくDの権利の確保を国家に要請する（§108）。解雇はDにとって重大な結果である。一方、Dは機会の平等に関する当該団体の方針を知っていた。当裁判所が考慮すべき最も重要な要素は、雇用者が差別のないサービス提供という政策を実施していたことである。公正なバランスの確立において、国家は広い評価の余地を有する。本件は評価の余地を超えず（§109）、国内裁判所の拒否は、9条にせよ、または、14条と併せてにせよ条約違反ではない（§110）。

(3) 損害および賠償

非金銭的損害につき2,000ユーロ（§114、5対2）、費用につき30,000ユーロ（§117、全員一致）を認める。

（4）結　論

Aについて5対2で9条約違反を認め、Bについて全員一致で違反を否定し、Cについて5対2で9条と併せた14条違反を否定し、Dについて全員一致で9条違反と14条と併せた9条違反を否定した。

【解　説】

（1）当該判例の意義・特徴

近年、人権裁判所では、信教の自由が論争的問題となっており、公的空間におけるイスラム教徒の服装〔本書57、本書58〕と、公的空間におけるキリスト教の宗教的シンボルやキリスト教に由来する信念と職業上の義務との衝突〔本書77、本件〕は代表例である。職場における宗教的シンボルおよび宗教的服装に関しては、締約国間に統一的アプローチは存在しない（本判決§41-49参照）。人権裁判所は、Aを除き条約違反を認めず、国家に広い評価の余地を認めた。

本件の一連の申立は、職場の安全の観点からのクロス着用禁止（B）を除き、社会が多様性や機会の平等（差別禁止）を積極的に推進すればこそ生じる問題である。推進の仕方には様々であるが、本件では、顧客の多様性を意識した企業ブランド戦略としての制服規程（A）、婚姻と同等の関係を同性愛者に認めるCP導入に伴うCP登録業務の追加（C）、性的指向に基づく差別を禁止する規則ゆえに依頼人の性的指向を理由としてカウンセリングを拒否できないこと（D）が問題となった。これらは、世俗化が進むイギリス社会では、多くの人にとっては職業遂行上の支障とならないが、一部のキリスト教実践者にとっては、従来、認められていたことが認められなくなることを意味する。雇用者には、差別禁止や多様性促進のための法規制の下で、当該規制と衝突する一部の被雇用者の信教の自由をどう配慮すべきかが問題となる。ちなみに、本件には、12の個人・団体から第三者意見が提出されている。

本判決の特徴は、4つの異なる申立をまとめて扱うことを通じて、一般原理とその具体的適用について一定の方向性を示そうとしたことである。AおよびBは職場でのクロスの着用が問題となる。CおよびDは宗教的信念に基づき職務上の義務を拒否できるかが問題となる。AおよびDの場合は、雇用者が民間団体なので、国家の積極的義務の問題となる。結論として、Aのみ条約違反が認められたので、AとBの違い、CとDの類似性、AとDの違いが、前提とする一般原理から説明できているかが問われよう。

（2）主要論点の解説

（a）信教の自由に関する一般原理

本件申立は宗教的信念の表明の自由の問題である。従来から、人権裁判所は、思想、良心および信教の自由を、民主的社会の基礎ととらえてきた[1]。本判決もこれを踏襲し、民主主義に不可欠の多元主義がこれらに依拠するからこそ信教の自由に重要性を認める。その上で、宗教的信念の保持および変更と、宗教または信念を表明することを区別する。前者は「絶対的で無制約」だが、後者は、他者に影響を及ぼすので9条2項による制約を受ける。

表明される内容のうち9条が保障するのは、一定の説得力、真剣さ、首尾一貫性および重要性を有する意見である。そして、それによって動機づけられた行為が宗教または信念に密接に関連づけられる必要がある。ただし、宗教によって強制される義務の遂行であるという証明までは要請されない。本判決は、民主的社会における信教の自由の重要性を考慮して、職場における信教の自由の制約の場合、職業を変更できるならば介入はないとは判断せずに、介入の存在を前提として、当該制約の比例性を判断し、事件の事実に即したより丁寧な判断を可能にした。

人権裁判所は、介入の必要性の有無と程度については、締約国に一定の評価の余地を認めており、締約国の措置に正当な目的があり、かつ措置が目的と比例しているかどうかを審査する。民間団体による行為の場合は、国家の積極的義務の有無として、申立人の利益と他者の利益の公正な均衡を国内当局が確立したかどうかを判断する。総じて、人権裁判所

は、宗教的信念およびその表明については広く解して保障の範囲を広げる一方、制約の正当化の場面で、締約国の評価の余地を広く認める。

(b) 職場におけるクロス着用（ＡとＢ）

Ａの場合は、国家の積極的義務の問題となる。人権裁判所は、Ａの権利と他者の権利との間で公正な均衡が確立されていないとして、条約違反を認めた。比較されたのは、Ａの宗教的信念を表明する欲求と一定の企業イメージを世間に広めたい企業の希望であるが、人権裁判所は、国内裁判所とは反対に、前者に重要な価値を置いた。これは、本件では、他の従業員が許可を得て着用していたターバン等の宗教的服装が英国航空のブランド等に否定的影響を及ぼした証拠（他者の権利に対する侵害を示す証拠）がないことや、後に制服規程を改正して宗教的シンボルの着用を認めたこと（禁止に高い重要性がない）が大きい[2]。

Ｂについては、Ａとの区別を通じて条約違反を否定した。病院における健康および安全の保護は重要度が高いこと、この領域では広い評価の余地が締約国に認められること、そして、病院のマネージャーは病院の安全に関する判断を行う上で、国際裁判所よりもより適切な地位にあるからである。問題は、評価の余地の扱いである（それゆえ判決の射程範囲も不明確）。ＡとＢの権利の価値は同じであることを前提とすると、①健康の保護は企業イメージよりも価値が高い、②国立病院マネージャーが有する評価の余地よりも国内裁判所が有する評価の余地は狭い、③国立病院のマネージャーが安全について判断するのに向いているほど、国内裁判所は公正な均衡の有無の判断には向いていないことになる（①～③のうちのどれなのか、それとも全てなのかも不明）。①については、確かに安全は生命・身体に直接関係するのでそうだとしても、②および③には疑問がある。そもそも、評価の余地の役割は不透明である。実際のところは、「結論先にありき」という疑問も生じる[3]。Ａの場合、人目を引くという意味では同等あるいはそれ以上のターバンやヒジャブを許容しておきながら、それよ

りも目立たないクロスを隠せるのだから隠せと要求し、世論の批判を受けると隠さなくてよいと変更しているので、企業側に確固たる方針がないことが明らかで違反が認めやすかった（これがＤとの違い）。そもそも、評価の余地理論の曖昧さは従前から批判されている[4]。結果、各事案の結論の妥当性が先行し、公共空間における宗教的シンボルの問題として深められていない[5]。

(c) 宗教的信念に基づく業務遂行拒否（ＣとＤ）

ＣおよびＤは、宗教的信念からの一定の業務拒否という点で同じで、違いは、国家の介入か積極的義務違反かを除くと、職業に就いたときに宗教的信念に反する業務を行う義務の存在を知っていたかどうかが大きい。人権裁判所法廷意見はこの点を重視せず、国家に広い評価の余地があるという設定の中に吸収できる程度の違いと考えている。他方、人権裁判所反対意見は違いを重視する。その背後には、本件は信教の自由の問題というよりも、良心の自由の問題（良心に反する行為を強制されない・行為拒否ゆえに処罰されない）に近いという認識がある。よって、良心的忌避が正真正銘かつ真摯なものである場合には、国家は個人の良心の自由を積極的（良心的忌避者の権利を保護する合理的かつ適切な手段をとる）および消極的（忌避者を処罰したり差別したりする行為を拒否する）に尊重する義務があるとする。Ｃの場合、Ｃが登録官になったときにはＣＰは存在せずかつ将来の可能性も予想しえなかったこと、および、ＣＰ法および他自治体における実践は良心に反することを強制していないことを、Ｄとの違いとして強調する。そして、Ｃの良心的忌避の説得力、真剣さ、首尾一貫性および重要性からすると、同性の結合を司ることに良心的忌避をする必要がない多くの登録官とＣとを異なる取り扱いをすることが地方自治体の義務であり、かつ、それは容易であったとする。異なる状況にある人を異なる扱いをしないことは、そこに客観的かつ合理的な正当化がなければ差別的とする点では、法廷意見が示した14条に関する一般原理（§88）と重なる。他方、法廷意見は一般原理にどこまで忠実

かは疑問がある。

(d) 国家の積極的義務（AとD）

AおよびDの場合は、国家の積極的義務が問題となり、申立人の権利の保護と他者の権利の保護との公正な均衡の確立が国家に求められる。Aは途中で職場復帰できたが、Dは解雇されたので、DはA以上に重大な結果を被っている。だが、人権裁判所は、雇用者Rの行為が差別しないサービス提供という政策の実施であったことを強調して、評価の余地を広く解し条約違反を否定した。「個人および共同体全体の競合する利益の公正な均衡」は具体的にどうはかられるのかは不明確なままである。

(3) 判決の国内法への影響

閣僚委員会は、イギリス政府は判決を履行したと判断した[6]。信教の自由と性的指向による差別を受けない権利との適切な均衡をはかる問題は、国内裁判の課題で、類似する問題が争点となった他の判決で、本判決に言及するものがある。たとえば、キリスト教信者のホテル経営者が、CPの同性愛カップルの宿泊を拒否したことが問題となった Hall v. Bull で、最高裁は、差別だと判示する際に本判決に言及した[7]。もっとも、前述した特徴から、国内裁判所が中心的に参照するのは国内の先例である。

(4) 日本との比較

日本では、多様性を推進する立法や、CPや同性婚の法的枠組が存在しないので、本件のような形では問題は起きにくい。また、日本の宗教事情からするとCPや同性婚に対する宗教上の信念からの反対は起こりにくい。だが、今後、グローバル化の下、日本社会の多様性・多文化が進展すれば生じうる課題である。さらに、CおよびDの事案は、君が代斉唱・ピアノ伴奏事件における思想良心の自由の取扱いとオーバーラップする部分がある。とくにCに関して人権裁判所反対意見の示した判断枠組は参考になる。

(1) Kokkinakis v. Greece, 25 May 1993, Series A, no. 260A.〔I *61*〕参照。

(2) 萎縮効果として、*See*, Mark Hill, "Religious symbolism and conscientious objection in the workplace: an evaluation of Strasbourg's judgment in Eweida and others v United Kingdom" 15 *Ecclesiastical Law Journal* 191 (2013), 202.

(3) Julie Maher, "Eweida and others: a new era for article 9?" 63 *ICLQ* 213 (2013), 233.

(4) Hill, *supra* note (2), 201.

(5) Maher, *supra* note (3), 230.

(6) Resolution CM/ResDH (2014) 16.

(7) Hall v. Bull [2013] UKSC 73.

60 情報アクセス権

公益性のある情報へのアクセス禁止と「情報を受ける自由」

──ハンガリー市民自由連盟事件──

Társaság a Szabadságjogokért v. Hungary

藤原　靜雄　　14 April 2009

【事　実】

本件は、NGO であるハンガリー市民自由連盟（TÁRSASÁG A SZABADSÁGJOGOKÉRT、1994 年設立、ブダペストを本拠とする。以下、申立人、という）が、ハンガリー政府を相手として申し立てた事件である。2004 年 3 月、ある国会議員等が、一定の薬物関連犯罪についての刑法典の修正に対して抽象的な違憲審査[1]を請求し、同年 7 月には違憲審査請求についてプレスの取材に応じていた。同年 9 月、薬物政策の分野で積極的な活動を行っている申立人は、1992 年データ保護法 19 条（正確かつ迅速に情報を提供される国民の権利を定める）に基づき、この係属中の違憲審査請求に関する詳細情報へのアクセスの許可を憲法裁判所に求めた。憲法裁判所は、同年 10 月、当該国会議員と協議することなく、係属中の裁判の情報に当事者の許可なくアクセスさせることはできないとして、申立人の求めを拒否した。そこで、同年 11 月、申立人は、ブダペスト地方裁判所に、憲法裁判所に対して違憲審査請求に係る情報に対するアクセスを認めるよう義務付けることを求める訴訟を提起した。同年 12 月、憲法裁判所は、違憲審査が求められた刑法典の修正について決定を下したが、違憲審査請求の内容は要約されていた。

翌 2005 年 1 月、憲法裁判所での手続が終了していたという事実にもかかわらず、先に提訴を受けていた地方裁判所は申立人の訴えを却下した。その主たる理由は、違憲審査請求に係る情報を「データ」とみなすことはできないのであり、アクセスの欠如は 1992 年データ保護法の下では問題となり得ない

というものであった。これに対して申立人は上訴し、地方裁判所の見解を争うとともに、違憲審査請求の中に含まれている個人情報を削除することでアクセスを認めることが可能であると主張した。同年 5 月、上訴審は第 1 審の決定を維持した。理由は、違憲審査請求は「データ」を含んでいると解するものの、当該「データ」は個人データであり、作成者の承諾なくアクセスすることはできず、このような個人データの保護に、公的情報へのアクセスをも含む他の法益が優越することはないというものである。

以上のような経緯を辿り国内の救済手続は終結したため、2005 年 11 月、申立人は、ヨーロッパ人権条約（以下、人権条約という）10 条の下でハンガリー政府は公共の利益に係る情報へのアクセスに介入するに至っていると主張して、ヨーロッパ人権裁判所（以下、人権裁判所という）に対して提訴に及んだ。人権裁判所は、①申立人の表現の自由とりわけ情報を受領し伝達する自由について介入が存在したか（人権条約 10 条 1 項）、②仮に存在したとして、当該介入は法律に規定されているか、正当な目的を追求しているか、介入が必要かが論点であるとし、実体審査の必要性を肯定し、2008 年 11 月 13 日、受理可能性を認めた。本判決は介入を条約 10 条 1 項違反とみなし、3000 ユーロの損害賠償を認めた（全員一致）。

なお、ハンガリー政府は 2009 年 9 月損害賠償金を支払うとともに、2012 年 4 月、公的人物以外の個人データは匿名化し、本件に係る裁判所の記録の無制限の閲覧を認めている。

【判　旨】

(1) 介入が存在したか

(a) 表現の自由の分野の判例法は、公的関心事に関する情報や意見を伝えることに貢献するプレスの自由との関係において発展してきた。この関連では、正当な公的関心事に関する公的議論において、国家組織のとる手段がプレスや社会の「番犬 (watchdog)」の参加を妨げる可能性がある場合——たとえ単に情報へのアクセスをより煩雑な手続にするだけであっても——裁判所にはとくに慎重な審査が求められる（§26）。

(b) プレスの機能は公的議論のためのフォーラムの創造をも含む。しかし、この機能を実現するのはメディアや職業的ジャーナリストに限定されていない。本件では、公的議論のためのフォーラムの準備は NGO によって行われている。当裁判所は、繰り返し、公的関心事をめぐる議論に対する市民団体の重要な貢献を認めている。申立人は、情報の自由の保護を含む多様な対象について人権訴訟に関与してきた団体である。よって、プレスと同じく社会の番犬として性格付けることが許される。こういった事情の下では、申立人の活動に、プレスに与えられているのと同様の条約上の保護が与えられるのは当然である（§27）。

(c) 当裁判所は、薬物関連犯罪立法に関する事後的な抽象的審査請求、なかんずく国会議員によるそれは、疑いもなく公的関心事であり、申立人は公的に重要な事柄について正当に情報を収集していたと解する。当局は、行政的な障害を設けることで、このプロセスの準備段階で介入したと言える。このような憲法裁判所の情報の独占は、検閲の一形態となっている。さらに、申立人の意図は、違憲審査請求から得られる情報を公衆に伝え、薬物関連犯罪の立法に関する公的議論に資するようにするということであるから、申立人の情報を伝える権利が明白に傷つけられている（§28）。

(d) 以上から、条約10条1項により保護されている申立人の権利に対する介入があった（§24）。

(2) 介入は正当化されるか

申立人は、憲法裁判所がデータの公開の許可について当該議員に許可を求めていない以上、制限は当該国会議員の権利の保護に役立ったということはできないと主張し、政府は、介入は他者の権利を守ることに役立つと主張した。

(a) 当裁判所は、問題とされている介入は法律に根拠のあるものであり（§32）、条約10条2項の文言の枠内で、他者の権利の保護という正当な目的を追求していたと解する（§34）。

(b) 条約第10条は、個々人に対して、自らの状況に係る情報を含む記録にアクセスする権利を与えていないし、また、そのような情報を各人に提供すべき政府の義務も含んでいない。行政のデータおよび文書にアクセスする一般的権利を、条約から導き出すのは難しい。しかしながら、当裁判所は、近時、「情報を受ける自由」という概念をより広く解釈する方向に踏み出し、その結果、情報へのアクセス権を認める方向にある（§35）。

(c) いずれにせよ、当裁判所は、情報を受け取る自由は、基本的に、ある者について、他者が提供を望むあるいは提供を厭わない情報の受領を政府が制限することを禁じていると判断している。「本件は、本質的には、公的文書への一般的アクセス権の拒否の問題というよりも、情報の独占という検閲的権力に基づく、プレスのような社会の番犬の機能の行使に対する介入に係る問題であると思料する。この関係において、当局によって創り出された、プレスの機能を妨げる事前の障害については、もっとも慎重な審査が求められるとする当裁判所の過去の事案との比較がなされ得る」。さらに、プレスの自由における国家の義務は、プレスの機能の行使に対する障壁を除くことも含まれる。そして、公的関心事においては、そのような障壁は、単に当局が情報を独占しているということにより存在するのである。また、本件において申立人が求める情報は入手できるものとなっており、政府によるデータの収集を必要とし

ない。したがって、当裁判所は、国家には申立人が求めている情報の流れを妨げない義務があると解する（§36）。

(d) 申立人は、執筆者の個人データを除いた違憲審査請求に関する情報を求めていた。また、「当裁判所は、国会議員のいかなる私生活への言及もプライバシーとして保護されているから、同人の違憲審査請求とは別物であるとは考えない。なるほど、当該国会議員は、憲法上の審査を請求したことをプレスに情報提供しており、それゆえ、この公的関心事に関する彼の見解は、原則として、彼の人物を特定しうることとなる。しかしながら、当裁判所は、もしも公人が、公的関心事に関する彼らの意見が人格に関係し、それゆえ、同意なしには開示されない個人データを構成すると主張して、プレスや公的議論を、人格権の名の下に検閲することができるとすれば、政治領域における表現の自由にとり致命的であると思料する」。したがって、当裁判所は、本件において申立を構成する内容についての介入は正当化されないと解する（§37）。

(e) 当裁判所は、公的関心事についての情報へのアクセスを妨げるために作られた障壁は、メディアや関連分野が公的関心事を追求する機能を削ぐと考える。その結果、彼らはもはや「公の番犬」としての重要な役割を演じることができないかもしれず、また、正確で信頼に足る情報を提供する彼らの能力に影響を及ぼすかもしれない（§38）。

(f) 以上から、当裁判所は、本件において申立人の表現の自由への介入は、民主主義社会において必要であったと看做すことはできないという結論に達した。したがって、条約10条違反が認められるということになる（§39）。

【解　説】

(1) 本判決の意義・特徴

人権裁判所は、長く、情報を受け取る自由を保障する10条の下で公的情報へのアクセス権を認めてこなかった。本件ではじめて人権裁判所は、第10条について、個人に公的情報への一般的アクセス権を与えたわけではないという従来の解釈を維持しつつも、「情報を受ける自由」という文言を広く解し、公的機関が保有する文書へのアクセス権を認めた。その意味で、本件は、情報アクセス・情報公開に係る近時の重要判例と位置づけることができるものである。

(2) 条約10条と公的情報へのアクセス

本判決は、まず、条約8条（私生活および家庭生活の尊重についての権利）に係る先例である（10条についても度々裁判所によって引用される）Leander v. Sweden, 26 March 1987 事件（スウェーデンの高位の政治家が、自己に関する情報を含む警察ファイルの開示を拒絶され人権裁判所に訴えた事案）を引用し、同条は、「個々人に対して、自らの状況に係る情報を含む記録にアクセスする権利を与えていないし、また、そのような情報を各人に提供すべき政府の義務も含んでいない。行政のデータおよび文書にアクセスする一般的権利を、条約から導き出すのは難しい」と述べる。この一般論は、同じく判決の引用する Gaskin v. UK, 7 July 1989〔I 49〕（同じく8条に係る事案）、Sîrbu v. Moldova 判決(2)（6条1項［裁判の公開］に係る事案、NATO加盟に関連する軍事情報、機密、警察の秘密文書は10条の下の情報の自由に服さないとされた）でも維持されている。これらの事案において、人権裁判所は、10条の解釈についても触れ、独立したメディアから情報を受ける権利と国家が保有する文書へのアクセス権とを明瞭に区別し、国家に情報を開示すべき義務はないとしている。もっとも、常に本件ではという留保は付されており、これを、将来のために扉は開かれているとのコメントがある(3)ところである。

そして、その後、人権裁判所は、これも本件で引用されている Sdružení Jihočeské Matky 決定(4)で、はじめて、行政文書へのアクセスが拒否された事案（原子力発電所に関する文書および計画に対する環境NGOのアクセスが拒否された）について、10条を適用した。人権裁判所は、当該事案については、条約10条違反は存在しないとしたものの、チェコ政府のアクセ

ス拒否を、同条により保障されている「情報を受け取る権利」に対する介入事例であると明確に認めたのである。したがって、アクセス拒否は10条2項の要件の下でのみ行い得る、言い換えれば、拒否が法律によって定めており、正当な目的をもち、民主主義社会において必要でなければならない、ということになる[5]。

このような判例の流れの中で、本判決は、「本件は、本質的には、公的文書への一般的アクセス権の拒否の問題というよりも、情報の独占という検閲的権力に基づく、プレスのような社会の番犬の機能の行使に対する介入に係る問題である」として、係属中の違憲審査の一方当事者の訴訟資料へのアクセスを認めたのである[6]。

(3) 個人情報保護との関係

本件におけるもう一つの論点として、個人情報保護と情報へのアクセスのバランスの問題がある。1995年のEU個人情報保護指令、2018年5月から施行されているEU個人情報保護規則に見られるように、個人情報保護のレベルが非常に高いヨーロッパ諸国ではあるが、本判決は、問題となっているのが立法について国会議員の提出した申立文書であるということを重視して、個人情報保護が優位するというハンガリー政府等の見解を排斥している。いわゆる公人のプライバシーという論点にも係わるが、本件では、公人の中の公人である国会議員が、プレスへの発表もした上で、刑事立法という公的関心事について憲法審査を求めているのであるから、私的領域に係ることがあるとしても、それはプレスの自由、プレス等の「公の番犬」としての存在意義に譲る必要があるというのが裁判所の判断である。

(4) 情報公開と裁判資料

(3)の論点と関連するが、本件においては、係属中の訴訟の資料への第三者のアクセス(閲覧)が問題となっている。訴訟記録へのアクセスを許すか、許すとしてどのタイミングで実施するかは一つの論点であり、情報公開と訴訟記録の閲覧はどの国でも緊張関係にある問題と言える(個人情報保護の問題には止まらない問題がある)。この点について、本判決は「憲法裁判所の情報の独占は、検閲の一形態となっている」と述べるのみで、それ以上の詳細な検討は加えていない。

しかし、この点が争点であることは本件当事者双方から提出された意見書等では明示されていた。申立人側の意見書では、通常の裁判所と憲法裁判所との違いが強調されている。すなわち、憲法裁判所が消極的な立法作用を行っているとの観点から、国民の権利への影響を考えれば、当事者(立法に関与する議員と市民)平等の観点からも市民の権利の防御のためにも資料への適時のアクセスが認められるべきという趣旨の立論がなされている。本判決も憲法裁判所に対する抽象的違憲審査に係る事件ということは意識したものと思われるが、当時のハンガリーの憲法裁判所の運用実態をどう評価していたかにもよる論点なので、本件は事例判断にしか過ぎないというしかないであろう。

(1) ハンガリーの憲法裁判は原型はドイツ型と言ってよいが、2012年1月1日施行の新制度になるまでは、何人も申し立てられる民衆訴訟を認める特殊なものであった。参照、Diana Mecsi(河合正雄訳)「ハンガリー憲法裁判所の制度と作用」比較法学46巻2号(2013年)181頁以下参照。

(2) Sirbu v. Moldova, 15 June 2004.

(3) 判例の流れの詳細については、Wouter Hins & Dirk Voorhoof, Access to State-Held Information as a Fundamental Right under the European Convention on Human Rights, European Constitutional Law Review, 3, 2007, p.114.

(4) Sdružení Jihočeské Matky c. la République tchèque (deć), 10 July 2006.

(5) 当該事案では、他者の権利(産業秘密)、国家安全保障(テロ攻撃のリスク)、公衆衛生の保護という理由で正当化された。

(6) Wouter Hins & Dirk Voorhoof, *Supra* note (3), p114-126.

61 放送の自由
テレビ局に電波を割り当てないことによる新規参入制限
──チェントロ・エウロッパ7判決──

鈴木　秀美

Centro Europa 7 S. r. l. and Di Stefano v. Italy
7 June 2012, Reports 2012-Ⅲ（大法廷）

【事　実】

テレビ事業者 Centro Europa 7（以下では、「C」）は、1999年7月、アナログ地上波により放送を行うための免許を受けた。Cは3つの電波を割り当てられ、国土の8割をカバーできるはずだった。ところが、Cは、2009年まで長期にわたり電波を使用することができなかった。1997年通信放送改革法（以下では、「1997年法」）の集中排除規制により、Rete4というチャンネルが伝送路を地上波から衛星に変更し、その地上波がCに割り当てられることになっていたにもかかわらず、実際にはRete4がその地上波を使い続けたからである。Rete4は、イタリアで「メディア王」と呼ばれ、本件に関連する時期のほとんどで首相を務めていたベルルスコーニ系のチャンネルであった。

第1事件：1999年11月、Cは、当局に電波の割当てを求めたが拒否された。そこで、Cは、当局およびCに割り当てられる予定の電波を使用していたRate4の運営主体（ベルルスコーニ一族が経営するメディアセット社の放送部門統括会社）のRTI（Reti Televisive Italiane）を訴えた。行政裁判所は、2004年、Cの訴えを認め、当局にCに対し電波を割り当てるか、又は免許を撤回するよう命じた。2008年5月31日の国務院判決もこれを支持した。2008年12月、当局はCの免許をアナログ波がデジタル波に変わるまで延長し、Cに2009年6月30日から使用できるチャンネルをひとつ与えた。Cは、前述した2004年判決を当局が履行しなかったことを争ったが、国務院は2009年1月20日、当局により同判決は履行

されたと判断した。しかし、Cは、当局のそれまでの対応を理由に損害賠償等を求めて提訴した。この事件は、本判決の当時、行政裁判所に係属していた。

第2事件：Cは、2003年11月、電波割当てを求める権利の確認および損害賠償を求めて提訴したが敗訴し、国務院に上告した。国務院は、事件についてヨーロッパ司法裁判所の先決裁定を求めた。同裁判所は、2008年1月31日、放送免許を受けた事業者が電波を割り当てられていなかったことが、サービスの自由移動について定めるEEC設立条約49条（現EU運営条約56条）違反であるとの判決を下した（C-380/05）。国務院は同判決に基づき、同年5月31日、電波をCに割り当てるよう当局に命じた。また、国務院は、2009年1月20日、違法に電波を割り当てなかったことについて、Cに約104万ユーロを支払うよう当局に命じた。

Cとその経営者は、2009年7月、ヨーロッパ人権裁判所に提訴し、電波が割り当てられなかったことによる10条違反、第1議定書1条違反などを主張した。2010年11月、事件は大法廷に回付された。大法廷は10条（表現の自由）と第1議定書1条（財産権）の違反を認め、Cに1000万ユーロの損害賠償と10万ユーロの裁判費用を支払うようイタリアに命じた（評決は、10条について16対1、第1議定書1条について14対3、損害賠償について9対8、裁判費用について全員一致）。経営者の訴えは却下された。

【判　旨】

(1) 音響・映像メディアの多元性の原則
当裁判所が強調してきたように、多元性なくして

民主主義は存在しない。民主主義の生命は表現の自由に依存している。様々な政治的綱領が提案され、論じられることがその本質である。それらが、たとえある国家の既存の組織のあり方を問うようなものであっても、民主主義自身を損なうものではないということが前提とされている（§129）。ある社会において音響・映像メディアにおける真の多元性を確保するためには、複数の放送局が存在することや、参入しようとする事業者に音響・映像メディアの市場への理論的な参入可能性が存在するだけでは十分とはいえない。さらに必要なのは、この市場への実効的な参入であり、その結果として、番組を全体としてみたとき、可能な限り、社会に存在する様々な意見を反映する内容的な幅広さが保障されていることである（§130）。

表現の自由は、民主的社会の本質的な支柱のひとつであり、民主的社会の継続的発展にとって最も重要な条件のひとつである。プレスやその他の情報メディアの自由は、政治家の考えを知り、評価するための最善の手段のひとつを公衆に提供する。政治の舞台で論じられる問題や、それと同じような公衆の関心事についての情報および考えを伝えることは、プレスの役割である。プレスのこのような役割は、そうした情報を受け取る公衆の利益に対応している（§131）。ラジオおよびテレビは、そのために特に重要な役割を果たしている。音声と映像によりニュースを伝える音響・映像メディアは、印刷メディアよりも、しばしばより直接的かつ強力な影響力をもっている（§132）。

社会においてある強力な経済的・政治的集団が音響・映像メディアにおいて支配的地位を獲得し、その結果として放送事業者に圧力を行使し、結果的にその編集上の自由を制限できるという状況は、民主的社会における自由な意見表明の根本的意味を脅かす（§133）。「音響・映像メディアの分野のように繊細な分野において、国家は、介入しないという消極的義務に加えて、実効的な多元性を保護するための適切な法律や行政による体制を整える積極的義務が

ある」。このことは、本件のように国内の放送制度が2強体制となっている場合はとくに望ましい。この意味で、ヨーロッパ評議会閣僚委員会のメディア多元性についての勧告（2007年1月30日）が想起されるべきである（§134）。

(2) 本件への適用

本件では、イタリア当局がCの「情報および考えを伝える」権利に介入したか、介入したとすれば、それは「法律によって定められていた」か、正当な目的を追求するためのものであったか、「民主的社会において必要なもの」であったかが問題となる（§135）。

(a) 介入の有無

判例によれば免許の拒否は10条への介入である。本件では、Cに免許は付与されたが、電波が割り当てられなかった点で先例とは異なる。人権条約の目的は、具体的かつ実効的な権利の保護である。免許を付与されても、実際に10年も放送を行うことができなかったことは、Cの情報と考えを伝える権利への介入にあたる（§136-138）。

(b) 法律の規定

「法律によって定められていた」という概念は、予見可能性を要求する。本件では、イタリア法が、免許に基づくCへの電波の割当てについて明確にその条件と手続を確定していたかどうかが問題となる（§144）。Cは2008年12月の割当計画によってようやく2009年6月30日から使用できる電波を割り当てられた。それまでの期間、複数の事業者は暫定的に電波の使用を認められていた（§146）。

Cは、1997年法から、以下のことを読み取ることができた。それは、既存チャンネルのための同法の経過規定が、1998年4月30日を経過した後、新規参入者の権利行使に介入することはないということである。しかし、2001年法は、この経過規定をデジタル電波の割当計画が策定されるまで延長した。2002年11月20日、憲法裁判所は、Rete4の電波使用を2003年12月末までとし、ケーブルまたは衛星へ移行させるという判決を下した。ところが当局

は、2003 年の規則および 2004 年法により、Rete4 の電波使用期間を延長した。その結果、Rete4 は電波を C への割当てのために返還する必要がなくなった（§147-150）。

このような経緯により、C は電波を割り当てられず、既存チャンネルと異なり、デジタル放送開始に参加することができなかった（§151）。以上によれば、関係する諸規定は不明確であり、経過規定の範囲および期間を十分に厳密に確定していなかったことが認められる（§152）。ヨーロッパ司法裁判所は、立法者の講じた措置により既存チャンネルが優遇され、その結果、C は免許を付与されたにもかかわらず、アナログ技術による放送市場への参入を阻止されたと指摘した（§153）。C は、いつ電波を割り当てられ、放送を始めることができるかを予見することはできなかった（§154）。

（3）結　論

以上のことから、本件に適用された法規定には予見可能性がなく、民主的社会において法の支配の原理が要請する、恣意からの保護を C に与えなかったとの結論が導かれる。C は免許を付与されながら 10 年も放送することができず、その結果、音響・映像メディアの市場における競争を制約された。これにより、イタリアは、この分野において実効的な多元性を保護するための適切な法律や行政による体制を整える義務に違反した（§156）。したがって、本件における 10 条違反を認定できる（§157）。

【解　説】

（1）ベルルスコーニ政権のメディア利用

本件にとって、ベルルスコーニの首相在任期間（1994-1995 年、2001-2006 年、2008-2011 年）および地上放送のデジタル化の時期が大きな意味を持っている。イタリアのテレビ放送は、1970 年代後半、公共放送独占体制から民間放送との併存体制に移行した。当時、まだ無名だったベルルスコーニは、1978 年、ミラノにローカルテレビ局を設立すると既存局を合併し、1980 年代までに 3 つの全国テレビ・ネットワークを支配した。この 3 つのチャンネルの運営は、1990 年代半ばにメディアセット社（ベルルスコーニ一族が経営するフィニンヴェスト社のメディア部門）が行うことになった。20 世紀末から 21 世紀初頭の地上テレビ全国放送は、公共放送 3 チャンネルとメディアセットの 3 チャンネルで視聴シェア全体の約 90 ％を占める 2 強体制となっており、ヨーロッパで最もメディア集中が進んでいた[1]。メディアセットは、1994 年のベルルスコーニ政権の誕生や、失脚後の政権復帰等に大きな役割を果たした。ベルルスコーニは、首相となってから、メディアセットだけでなく、人事権等により公共放送に大きな影響力を行使するなど様々な方法でメディアを政権維持に利用した。国内外からこのような状況が批判される中、C とその経営者は、1999 年から 2008 年まで、電波の割当てを求めて行政裁判所で争った。なお、イタリアでは、メディアセットにより 2003 年 12 月に地上テレビのデジタル放送がスタートした（2012 年 7 月、地上デジタル化完了）。

（2）メディア集中排除規制の経緯[2]

イタリアでは 1954 年に公共放送によりテレビ放送が始まり、70 年代後半に法整備がなされないまま民間放送も参入した。1990 年にようやく併存体制を規律する法律（通称はマンミー法。担当大臣の名前に由来）が制定された。同法は集中排除について、テレビ局と出版社の資本関係を規制したものの、既成事実化していた公共放送とメディアセットの 2 強体制を合法化し、ベルルスコーニのメディア利用による政治進出を許すことになった。ただし、1994 年に誕生したベルルスコーニ政権はまもなく苦境に立ち、同年 12 月には総辞職に追い込まれた。同年 12 月 5 日には憲法裁判所が、メディアセットが国内テレビ市場で支配的地位を占め、マンミー法が多元性を実効的に保障していないとして違憲判決を下した[3]。そこで、1 つの企業が運営できるチャンネルを 1 社に限定する法律が提案されたが、この提案は 1995 年 6 月 11 日の国民投票で 57 ％の反対にあって否決された。

1996年の総選挙で中道左派政権が誕生すると、1997年法（通称はマッカニコ法）が制定され、独立規制機関 AGCOM（Autorità per le Granzie nelle Comunicazioni）が設立された。集中排除については、1企業による市場支配の上限は収益の30％まで、1企業が放送できる地上テレビのチャンネルは全体の20％までとされた。これらの上限を超えたチャンネルは、暫定的に地上波により放送を継続することができるが、AGCOM の決めた時点（遅くとも1998年4月30日）までに伝送手段を地上波からケーブルまたは衛星に切り換えることになっていた。これにより、Rete4 は地上波放棄を義務づけられた。ただし、2001年法は、経過期間をデジタル電波の割当計画が策定されるまで延長した。そこで、経過規定により期限が確定されないことが憲法裁判所で争われた結果、2002年11月20日、同裁判所は、Rete4の電波使用を2003年12月末までとする判決を下した[4]。

ところが2001年の総選挙によりベルルスコーニが政権に返り咲くと、野党の強い反発があったものの、2004年にラジオ・テレビ制度改革法（通称はガスパーリ法）が成立し、集中排除規制が緩和された。収益面の上限が30％から20％に低下され、それを算出する市場が放送だけでなく、出版、放送、映画、音楽、インターネットに拡大された。また、地上テレビのデジタル化によるチャンネル数の増加を視野に入れて、新規参入を可能にするために既存チャンネルがアナログ地上波を放棄しなくてもよいことになった。その結果、Rete 4 はこれまで通り放送を続けることになり、本件の申立人 C への電波割当てが行われないという事態が生じた。ただし、2001年から長期に及んだベルルスコーニ政権も、2009年頃から、政治や司法の腐敗、首相の女性スキャンダル、経済危機などにより弱体化し、2011年末に崩壊した。

本件の申立人 C は、長期にわたる裁判闘争の末、2009年から電波を割り当てられ、2010年からはデジタル地上波の多重周波数帯により Europa 7 HD として複数のチャンネルを放送している。なお、EU の欧州委員会は、イタリアの法制度が放送への新規参入を妨げているとして2006年から政府に解決を求めてきた。2014年、新規参入を促すためにデジタル化で空いた3つの周波数帯の競争入札が行われ、新規事業者が1つの周波数帯を約43億円で落札した。とはいえ、前述した公共放送とメディアセットの2強体制は揺らいでおらず、新規参入をさらに進めることがイタリア放送政策の重要課題となっている[5]。

(3) 放送の自由における国家の積極的義務

条約10条は、1項1文と2文において表現の自由（意見を持つ自由、情報と考えを受け、伝える自由を含む）を保障しつつ、3文において国家が放送事業者に許可制を要求することを認めている（放送条項）。また、2項によれば、法律によって定められた手続、条件、制限または刑罰であって、2項に列挙された正当な目的のため、民主的社会において必要なものを表現の自由の行使に課すことができる。判例によれば、表現の自由の保障に放送の自由も含まれており、免許制による介入の条約適合性は2項の要求に照らして審査される[6]。放送政策に基づく介入も、法律によって定められ、民主的社会にとって必要でなければならない。

本件の最大の争点は、C に免許が与えられたものの、電波が割り当てられず、10年間も放送を行うことが出来なかったことが10条違反となるか否かであった。本判決[7]は、そのような場合も介入に当たることを認めた上で、正当化可能性を審査し、C に電波が割り当てられる時期について、1997年法が経過規定を明確に定めておらず、予見可能性がなかったと認定した。本判決は、音響・映像メディアの分野のように繊細な分野においては、国家は介入しないという消極的義務に加えて、実効的な多元性を保護するための適切な法律や行政による体制を整える積極的義務があることを明らかにし、イタリアがこの義務を履行しなかったことから10条違反と結論づけた。ヨーロッパ人権判例は、放送において

支配的地位を獲得した集団が放送事業者に圧力を行使し、結果的にその編集上の自由を制限できるという状況は、民主的社会における自由な意見表明の根本的意味を脅かすと認めている[8]。10条は表現の自由を包括的に保障しているが、印刷メディアと放送を区別し、放送法による多元性の確保を国家に義務づけるヨーロッパ人権判例の傾向は、放送の自由についてのドイツの憲法判例に近似していると指摘されている[9]。

　日本の放送法制にもマスメディア集中排除規制があり、1つの事業者が複数の放送局を支配することや、テレビ・ラジオ・新聞の兼業が原則として禁止されている。ただし、いずれも例外が認められており、とくに放送と新聞の兼業は常態化している[10]。第2次大戦中に独裁を経験したヨーロッパに比べて、メディア集中に対する日本の警戒感は強くない。

(1)　Vgl. Susanne Reinemann, Die Auswirkungen des Legge Gasparri auf die Meinungsmacht von Silvio Berlusconi in Italien, ZUM 2004, 904 ff. NHK 放送文化研究所編『NHK データブック世界の放送 2005』（NHK 出版、2005 年）132 頁、伊東武『イタリア現代史』（中央公論新社、2016 年）185 頁以下、村上信一郎『ベルルスコーニの時代』（岩波書店、2018 年）

30 頁以下、238 頁以下参照。

(2)　Reinemann・前掲注(1) 907 ff. 参照。

(3)　この判決について、波多江悟史「イタリアの放送の自由」早稲田法学 92 巻 1 号（2016 年）292 頁以下参照。

(4)　この判決について、波多江・前掲注(3) 296 頁以下参照。

(5)　NHK 放送文化研究所編『NHK データブック世界の放送 2016』（NHK 出版、2016 年）125 頁参照。

(6)　Groppera Radio AG and others v. Switzerland, 28 March 1990, Series A no. 173〔I *63*〕解説（鈴木秀美執筆）. 人権条約における放送の自由の簡潔な解説として、Peters/Altwicker, Europäische Menschenrechtskonvention, C. H. Beck, 2. Aufl. 2012, S. 101 ff.

(7)　本判決の独語版として、NVwZ-RR 2014, 48 ff. 判例評釈として、Heinz Wittmann, Anmerkung, medien und recht 2012, 112.

(8)　本判決は、ドイツ連邦憲法裁判所の ZDF 事件判決（BVerfGE 136, 9 [37]）でそのまま引用されている。

(9)　Gersdorf/Paal, Beck'scher Online-Kommentar Informations- und Medienrecht, 12. Edition 2016, RN 28. ドイツの放送の自由について、鈴木秀美『放送の自由（増補第 2 版）』（信山社、2017 年）、西土彰一郎『放送の自由の基層』（信山社、2011 年）参照。

(10)　鈴木秀美・山田健太『放送制度概論』（商事法務、2017 年）181 頁以下〔山田健太〕参照。

[参考文献]
注に掲げた文献を参照のこと。

62 取材源の秘匿
裁判所侮辱法に基づく情報源開示命令とプレスの自由
──ウィリアム・グッドウィン判決──

Goodwin v. the United Kingdom
西土彰一郎　　27 March 1996, Reports 1996-Ⅱ（大法廷）

【事　案】

　雑誌発行社モーガン・グランピアン（Morgan-Grampian）に所属するジャーナリストであるグッドウィン（Goodwin）は、1989年11月2日に、今までにも彼に様々な企業活動に関する情報を提供してきた者からの電話により、経営が悪化していたテトラ社（Tetra Ltd）の借入計画に関する情報を得た。

　11月6日と7日にグッドウィンはテトラ社に関する記事を執筆するために、同社に電話連絡して事実の確認とコメントを求めた。情報漏洩を認識したテトラ社は、高等法院（High Court of Justice）に対しモーガン・グランピアンが当該情報を公開しないよう命ずる一方的暫定的差止命令の発給を求め、11月7日に高等法院はこれを認めた。これをうけテトラ社は、モーガン・グランピアンとグッドウィンに対し、情報源の開示を求めた。

　1981年裁判所侮辱法10条は、裁判所は情報を公表する者に対し情報源の開示を命じてはならないことを原則としつつ、「司法の利益」等のために必要である場合には情報源の開示を命ずることができると定めている。最終的に高等法院は、11月22日にグッドウィンに対し情報源の開示を命じた。これを不服としてグッドウィンは控訴院（Court of Appeal）に控訴したものの、12月12日に控訴院はこれを斥けた。

　グッドウィンの上訴をうけた貴族院（House of Lords）は、1990年4月4日に、裁判所侮辱法10条に関し次のような判断枠組みを示して、情報源の開示を支持した。

訴訟が提起されるかどうかにかかわらず、「司法の利益」該当性は満たされる。そして、個別の事件の状況の下で司法の目的を実現可能にすることの重要性と、情報源を保護することの重要性を衡量して情報源の開示の必要性を判断していくべきである。この利益衡量の枠組みで必要性を判断する際の考慮要素として、①情報源の開示を求める者の利益、②情報源が取得した情報の性質、③情報源が情報を取得した際の手段が挙げられ、このうち③が特に重要である。以上を本件の事情に照らして判断すると、当該文書中の情報の公開によりテトラ社の業務とその従業員の生計に対する深刻な損害の恐れがあり、この恐れを除去するためには、情報源を特定し、当該文書の返還を請求する訴訟を提起するしかない一方、情報源は守秘義務違反に加担したため情報源保護の重要性は縮減し、報道に伴う正当な利益では埋め合わせられないことから、情報源開示を求めるテトラ社の利益が重視される。すなわち、情報源秘匿に、開示を必要とする司法の利益を覆すほどの優越的な重要性は認められない。

　この貴族院の判断をうけ、高等法院は1990年4月10日に、裁判所の命令にもかかわらず取材源の開示を拒み続けたグッドウィンに対して5,000ポンドの罰金を科した。そこでグッドウィンは1990年9月27日、ヨーロッパ人権委員会（以下、委員会という）に対し、情報源開示命令のヨーロッパ人権条約（以下、条約という）10条違反を申し立てた。1993年9月7日、委員会は申立を受理し、1994年3月1日、条約10条違反を認める報告書を採択し（11対6）、5月20日にヨーロッパ人権裁判所に付託した。

【判　旨】

(1) 当該介入は法律によって定められていたか

国内法は、行為に伴う結果の予見可能性を与えるように十分に明確に規定されていなければならない（§31）。司法の利益のために情報源の保護の例外を認める裁判所侮辱法10条の文言は、イギリスの裁判所に無制限の裁量を認めてはおらず、申立人に対し恣意的な介入からの適切な保護を与えていないわけではない（§33）。

(2) 当該介入は条約10条2項の下で正当な目的を有するか

当該介入の目的は、テトラ社の権利を保護することにあり、正当である（§35）。

(3) 当該介入は当該制約目的のために「民主的社会において必要」か

「表現の自由は民主的社会の本質的基礎の一つを構成し、プレスに対し与えられる保護はとりわけ重要である」。「ジャーナリズムに関係する情報源の保護は、プレスの自由の基礎的な条件である」。「このような保護がなければ、情報源は、公衆に対し公共の利害に関する事柄を伝えるプレスを助力することを躊躇する恐れがある。その結果、プレスのきわめて重大な公衆のための番犬という役割が掘り崩され、正確かつ信頼のおける情報を提供するプレスの能力に悪影響を及ぼす恐れがある。ジャーナリズムに関係する情報源保護の持つ、民主的社会におけるプレスの自由に対する重要性、そして情報源開示の命令がこの自由の行使に及ぼす潜在的な萎縮効果を顧慮するならば、このような命令は、圧倒的な公益の要求により正当化されない限り、条約10条と整合しえない」。「以上の検討は、条約10条2項の民主的社会における必要性のテストを本事案に当てはめる際に考慮されなければならない」（§39）。

「一般的な原理として、表現の自由の制約に対する『必要性』は、確信を抱くに足る証明がなされなければならない」（Sunday Times 判決〔Ⅰ*62*〕など）。「確かに、制約に対する『差し迫った社会的必要性』

が存在するのか否かを評価するのは、第一に国の機関であり、こうした評価にあたり、国の機関は一定の評価の余地を有する。しかし、いま問題にしている文脈では、国家の評価の余地は、自由なプレスを保持、維持する民主的社会の利益により、縮減する。同様に、条約10条2項の下でなされなければならないところの、制約が追求している正当な目的と釣り合っているかどうかの決定にあたり、こうした民主的社会の利益に重きを置いた衡量がなされることになる。総じて、ジャーナリズムに関わる情報源の機密性に対する制約は、当裁判所による最も慎重な審査を要求する」。

「監督機能を行使するに際しての当裁判所の任務は、国の機関に取って代わることではなく、むしろ条約10条の下、国の機関の評価権限に依拠して行った判断を審査することである。そのようにして当裁判所は申し立てられた『介入』を事案全体に照らして観察し、この介入を正当化するために国の機関により提出された理由付けには関連性があり十分であるかを判断しなければならない」（§40）。

情報源の開示を認めた貴族院の判断の基礎となった、機密情報の公開によりテトラ社の業務とその従業員の生計に対する深刻な損害の恐れがあるとの理由付けには介入との関連性があるものの、こうした危険はモーガン・グランピアンに対する情報公開の暫定的差止命令により広く断たれている以上、十分なものとはいえない（§42）。確かに、差止命令の給付は、報道機関以外を介する機密情報の漏洩の脅威を完全に取り除くことはできないため、テトラ社が情報漏洩者を特定して当該書類の返還請求を求める訴訟を提起したり、関係者を解雇したりして、さらなる情報漏洩を防ぐという理由付け（§44）にも介入との関連性はあるが、自由なプレスを確保する民主的社会の利益に重きを置いた衡量において、ジャーナリストである申立人の情報源を保護するというきわめて重要な公益を上回るのに十分ではない（§45）。

以上から、開示命令により追求されている正当な

目的と、この目的を達成するために取られた手段との間には比例性という合理的な関係がなく（§46）、情報源の開示命令と罰金は条約10条に違反する（§47）（11対7）。

(4) 公正な満足

訴訟費用の支払いを命ずる（全員一致）

【解　説】

(1) 判決の意義・特徴

本判決は、ジャーナリストの取材源秘匿を条約10条により保障された権利として明らかにし、その制約を厳密に解釈した点で、重要な意義を有している。判決によれば、取材源秘匿はプレスの自由の基礎的条件であり、プレスの自由は民主的社会の本質的基礎として条約10条により厚く保障されている。したがって、裁判所による情報源開示命令等による取材源秘匿の制約は、プレスの自由の制約として、最も慎重な審査が求められ、国の機関の「評価の余地」も狭くなる。この見解は、イギリス国内にも一定の影響を与えている。

(2) ヨーロッパ人権条約におけるプレスの自由

Handyside判決〔I 18〕によれば、表現の自由は民主的社会の本質的基礎、すべての人の発展のための基本的条件の一つであり、多元主義や寛容を要請する。こうした表現の自由の地位を踏まえ、Sunday Times判決〔I 62〕は、「表現の自由に対する権利が原則であり、その制約は例外である」と指摘し、同様にObserver and Guardian判決（26 November 1991）は「条約10条で定められている表現の自由は幾つかの例外に服してはいるが、かかる例外は厳密に解釈されなければならず、かつ、あらゆる例外の必要性は確信を抱くに足る証明がなされなければならない」と説示している。

以上の「原則一例外」図式に立ったうえで、Sunday Times判決は、表現の自由に対する介入の条約適合性判断基準を、①介入は法律によって定められていたか、②介入は条約10条2項の下で正当な目的を有するか、③介入は当該制約目的のために

「民主的社会において必要」か、と項目立てて明示した。③の判断において、比例原則（国の機関の制約根拠は条約10条2項の下で関連性があり十分か、という関連性と十分性を問う判断基準）が用いられる。とりわけ、政治的言説や公共の利害に関する言説の制約に対する要求はきわめて高いものになる（〔I 62〕解説（江島晶子執筆）を参照）。

本判決は、以上のような表現の自由の意義、判断基準を踏襲したうえで、Sunday Times判決と同様、「民主的社会の本質的基礎」の観点からプレスの保護の重要性を指摘し、その際にプレスの「公衆のための番犬」たる役割、正確かつ信頼のおける情報を提供する能力を強調している。こうしたプレスの役割と能力は、その後の判決でも言及されている（Fressoz and Roire v. France, 21 January 1999; Stoll v. Switzerland, 10 December 2007）。

ジャーナリズムに関係する情報源の保護は、本判決§39で記されている理由から、プレスの自由の基礎的な条件として位置づけられている。したがって、情報源開示の命令は、萎縮効果をも顧慮に入れつつ、以上の判断枠組みにおいて、自由なプレスを確保する民主的社会の利益に重きを置いた最も慎重な審査が要求される（§40. 本判決と同様、萎縮効果を指摘するものとして、Financial Times Ltd and others v. UK, 15 December 2009）。結論として、本判決は情報源開示命令を認めず、民主的社会に奉仕する番犬としてのジャーナリズム活動に対しては「特権」ともいうべききわめて厚い保護を与えているといえよう。この傾向は、その後の判決でも確認できる（Roemen and Schmit v. Luxembourg, 25 February 2003; Voskuil v. the Netherlands, 22 November 2007; Sanoma Uitgevers B.V. v. the Netherlands, 14 September 2010; Telegraaf Media Nederland Landelijke Media B.V. and others v. the Netherlands, 22 November 2012）。

(3) 「評価の余地」の理論

民主社会にとってのプレスの自由の重要性により、本判決は、この自由の制約に対する「差し迫った社会的必要性」に関する国の機関の評価の余地を限定

した。評価の余地の理論は、締約国がヨーロッパ人権条約上の権利を制約する際に、いかなる制約を行うかについて締約国に一定の裁量を認めるものである。表現の自由の文脈ではヨーロッパ人権裁判所は、条約10条2項の制約目的に着目して多様な表現の分類を図り、国内当局の評価の余地の広狭を決する枠組みを導入しているように考えられる（〔Ⅰ **18** および **62**〕解説（江島晶子執筆）を参照）。

　例えば、Handyside 判決で問題になった制約目的である「道徳の保護」とは異なり、Sunday Times 判決で議論された「司法機関の権威」に関しては締約国間に相当程度の共通基盤が存在しているため、より広範なヨーロッパ人権裁判所の監督権限が認められている（〔Ⅰ **62**〕解説（江島晶子執筆）を参照）。また、「他の者の信用若しくは権利の保護」という制約目的に関して、このために政治的言論を制約する場合には、政治的言論は民主的社会の本質的基礎であるため、国内の評価の余地は狭くなる（参照、Lingens v. Austria〔Ⅰ **64**〕、Castells v. Spain, 23 April 1992）。プレスの自由についてもこのことが妥当する。

（4）判決の国内法への影響

　イギリスがヨーロッパ人権裁判所において敗訴した Goodwin 判決後も、控訴院は Camelot 事件において、必要性の考慮要素を維持する一方、比例性の要素を顧慮せず、情報源の開示を支持した。控訴院は、Goodwin 判決以前と変わらず、背信的な従業員により惹き起こされる企業の損害の恐れが続くことを重視した[1]。他方で高等法院は、Saunders 事件において、差止命令が給付されたことを考慮して情報源の開示を認めなかった。これは実質的に比例性の審査を行ったといえる[2]。

　こうした中、2000年にヨーロッパ人権条約の国内法化を企図する1998年人権法が施行されたことにより、イギリスの裁判所はヨーロッパ人権裁判所の判決等を「考慮」しなくてはならなくなった[3]。1998年人権法施行後にジャーナリストの取材源秘匿が問題になった2002年の Ashworth 事件において、貴族院は、①ジャーナリストに対する取材源の開示命令は報道の自由に萎縮効果を及ぼす恐れがあること（プレスの自由との関連で取材源の保護を原則として認めることを意味する）、②1981年裁判所侮辱法10条の開示の必要性の判断において、「差し迫った社会的必要性」と比例性の審査を行うこと、という見解を示した[4]。この2点に Goodwin 判決の影響を見ることができる。ただし、貴族院は結論として、将来の同様の違法行為を防ぐことに重きを置いて情報開示命令を支持しており[5]、比例性を十分に検討していないのではないかといった批判も提出されている[6]。

　Goodwin 判決と矛盾するイギリスの判例もある。企業の株式公開買付けに関する情報をジャーナリストに提供した者の身元の開示が問題になった Interbrew 事件において、2002年に控訴院は、当該企業に損害を与える情報源の意図を重視する一方、情報源開示命令による萎縮効果を等閑視することにより、関係メディアに対して情報源開示を命令し[7]、貴族院もメディアの上訴を斥けた。これに対してヨーロッパ人権裁判所は、重ねて萎縮効果を強調するとともに、情報源の意図は開示命令を判断するうえで考慮要素の一つではあるものの、決定的なものではないと指摘し、結論において当該開示命令は条約10条に違反するとした[8]。

　改めてヨーロッパ人権裁判所の判決が出された後、同じくジャーナリストの取材源秘匿が問題になった2007年の Ackroyd 事件において控訴院は、取材源開示を命ずる「差し迫った社会的必要性」と比例性の双方を満たしていないとして、同命令は不適切であると判断している[9]。ただし、控訴院はいかなる理由で比例性を満たしていないのか明示しておらず、「差し迫った社会的必要性」に力点を置いて審査しているのではないかとの指摘もある[10]。

（5）日本法への示唆

　民事事件における取材源秘匿につき、最高裁は原則としてこれを認めている（最決2006（H18）年10月3日民集60巻8号2647頁）。この決定は報道記者の取材源秘匿は憲法21条に保障された権利であるとは

明言しておらず、あくまで民訴法197条1項3号の「職業の秘密」の解釈問題にとどまっている。最高裁は、取材源秘匿の意義を論じ、報道関係者の証言拒絶を原則とする基準を実質的に立てているとはいえ、報道記者の取材源の秘匿をプレスの自由の意義から説き起こしている Goodwin 判決は、日本法にも一定の示唆を与えるものといえよう。

(6) 判決執行状況

判決後、閣僚委員会は、イギリス政府に対して、本判決の結果、同国政府が採った措置についての情報提供を求めた。これに対してイギリス政府は、本判決はメディアで広く報道され、「タイムズ判例集」をはじめとする判例集で掲載されたこと等を通知し、また期限までに申立人に対し訴訟費用を支払った。閣僚委員会は以上の情報を審査し、イギリス政府が判決を履行したことを認める宣言を出した（RESOLUTION DH（97）507.）。

(1) Camelot Group plc v Centaur Communications Ltd［1999］QB 124. 詳細につき、和田武士「イギリスの民事事件における取材源秘匿の展開」立教大学大学院法学研究41号（2010年）16頁を参照。
(2) Saunders v Punch Ltd［1998］1 WLR 986.

(3) 江島晶子『人権保障の新局面』（日本評論社、2002年）239頁以下、和田・前掲注(1)17頁以下等を参照。
(4) Ashworth Hospital Authority v MGN Ltd［2002］UKHL 29,［2002］1 WLR 2033［62］.
(5) Ashworth Hospital（n 4）［66］.
(6) Halen Fenwick/Gavin Phillipson, Media Freedom under the Human Rights Act, 2006, at 348. 和田・前掲注(1)19頁以下。
(7) Interbrew SA v Financial Times Ltd［2002］EWCA Civ 274,［2002］EMLR 446.
(8) Financial Times Ltd and others v. UK, §63.
(9) Mersey Care NHS Trust v Ackroyd（No.2）［2007］EWCA Civ 101,［2008］EMLR 1.
(10) 和田・前掲注(1)25頁以下。

［参考文献］

[1] Janice Brabyn, Protection Against Judicially Compelled Disclosure of the Identity of News Gatherers' Confidential Sources in Common Law Jurisdictions,（2006）69(6) THE MODRN LAW REVIEW 895.
[2] Christoph Grabenwarter, European Convention on Human Rights, 2014.
[3] Dirk Voorhoof, The Right to Freedom of Expression and Information under the European Human Rights System: Towards a more Transparent Democratic Society, 2014.
[4] Harris/O'Boyle/Warbrick, Law of the European Convention on Human Rights, Third Edition 2014.
[5] William A. Schabas, The European Convention on Human Rights, 2015.

63 インターネットにおける表現の自由
新聞記事におけるインターネット情報の利用
── プラヴォエ・デロ紙事件 ──

曽我部真裕

Editorial Board of Pravoye Delo and Shtekel v. Ukraine

5 May 2011

【事　実】

　申立人はウクライナのオデッサで週に3回発行されているローカル新聞 Pravoye Delo (以下、「本件新聞」) 編集部 (以下、「申立人1」) とその編集長であるウクライナ人 L. I. Shtekel 氏 (以下、「申立人2」。申立人1、2をあわせて「申立人ら」) の2名である。2003年9月19日、本件新聞は、あるニュースサイトからダウンロードした匿名の手紙を含む記事を掲載した (以下、本件記事)。その手紙はウクライナの情報機関の職員が書いたものであるとされ、情報機関のオデッサ地方支部の複数幹部が違法な汚職行為に関与し、また特に、彼らが組織犯罪集団のメンバーと関係を持っているという内容であった。

　本件記事には、以下のような趣旨のコメントが編集部を代表して担当記者の名で付加されていた。すなわち、編集長への報告と承認のないままこの手紙を掲載することによって、記者自身が困難に遭遇するかもしれず、また、本件新聞にも困難を引き起こすかもしれないことを理解しており、この手紙が誤報であれば、本件新聞は危機に陥るかもしれない一方で、それが真正であれば記者が高い危険に直面することになる。また、「国の軍事組織および法執行機関に対する民主的な文民統制に関する法律」に従い、本件新聞は文民統制を行っているものとの理解のもとで活動しているのであって、同法29条により、関係機関からの情報提供を希望し、また、関係機関からの反論やコメントを歓迎する旨などである。

　2003年10月、本件記事で言及されたG.T.が、申立人らに対して名誉毀損訴訟をオデッサの地方裁判所に提起した。G.T.はオデッサの住民で、ウク

ライナの全国タイボクシング連盟の会長であったが、本件記事の情報は自らに関するものであるところ、真実に反し、自らの尊厳と評判を傷つけたと主張した。G.T.は訴えにおいて、本件記事の取消と謝罪、非財産的被害の賠償として20万フリブナ (約80万円〔2016年8月現在〕) の支払いを請求した。

　2004年5月7日、地方裁判所はG.T.勝訴の判決を言い渡した。判決は、本件記事はG.T.の名誉を毀損するものであり、真実性の証明はなされておらず、申立人らが言及していたインターネットサイトはプレス法32条 (「すべての活字マスメディア」の国家への登録制を定める規定) により登録された活字メディアに該当せず、プレス法42条の免責要件 (他の活字マスメディアに掲載された記事の忠実な再掲載の場合には免責されるとの規定) は認められないとして、申立人1に対して記事の一部の取り消し、申立人2に対して公式謝罪の本件新聞への掲載、申立人らに対して連帯して1万5000フリブナの損害賠償および訴訟費用の支払いを命じた。この判決は、控訴審判決 (2004年9月14日)、最高裁判決 (2005年2月24日) でも支持された。

　申立人らは2005年8月22日、ウクライナの上記国内裁判所がG.T.の主張を認めたことを自らの表現の自由を侵害し、条約10条違反であるとしてヨーロッパ人権裁判所に提訴した。人権裁判所は全員一致で、申立人2に対する公式謝罪命令および申立人らの処罰が10条違反であるとした。

【判　旨】

(1) 表現の自由に対する権利への介入の有無

　「申立人らは、これらの言明が真実であることの証明に失敗し、国内裁判所は申立人らに対し、取り

消し記事および謝罪記事の掲載と、本件記事の公表によって関係人が被った非財産的損害の賠償とを命じた」（§47）。

「当裁判所は、国内裁判所の判決が申立人の表現の自由に対する権利への介入であると考える」（§48）。

(2) 介入が法律で定められているか

介入が法律で定められるべきという人権条約10条2項の要請について、「法律自体が一定の『質』に関する諸要請に応えるものでなければならない。とりわけ、市民が自らの行動を制御するのに十分な明確性（precision）をもって定式化されているのでなければ、規範を『法律』ということはできない」（§51）。

「明確性の程度は、問題となる文書の内容、それが適用される分野、およびそれが対象とする人々の数と地位に大きく依存する（Groppera Radio AG and others v. Switzerland, 28 March 1990〔I *63*〕）。予測可能性（foresseability）の概念は、申立人がその行為の帰結を合理的に予測可能であるということについて適用されるのみならず、こうした行為に関連しうる「手続、条件、制限または刑罰」にも適用される（必要な修正の上で参照、Kafkaris v. Cyprus [GC], 12 February 2008, Reports 2008-I, §140)」（§52）。

「本件の事案に立ち戻ってみると、介入が法律で定められているかどうかという点に関する申立人らの主張は、主として、記者の特別の保護手段に関する関連法律の規定の明確性および予測可能性の欠如と、名誉毀損事件における謝罪義務の法的根拠の欠如という2つの個別の問題に関わる」（§53）。

(a) 謝罪義務の法的根拠

ウクライナ法においては、真実ではない名誉毀損的な表現の被害者は、その取り消しや損害賠償を請求することができるとされている。しかし、国内裁判所によって申立人2に命じられた謝罪記事の掲載については、法律によって個別に定められてはおらず、この点で条約10条に違反する（§54-59）。

(b) ウクライナ法における記者の特別の保護手段

「当裁判所は、本件記事を何人もアクセスできるインターネット新聞からダウンロードされた文書の忠実な再掲載だと判断する。本件記事は、当該文書の出典の表示と、当該文書の内容から明確に距離を置く編集部のコメントとを含んでいた」（§60）。

他の活字マスメディアの記事の忠実な再掲載についての免責を定めるウクライナのプレス法42条（上述参照）は、「他者によってなされた言明を広める記者の自由に対する当裁判所のアプローチに概して合致していると当裁判所は判断する（例として参照、Jersild v. Denmark, 23 September 1994, Series A no. 298〔I *67*〕, §35, Thoma v. Luxembourg, 29 March 2001, Reports 2001-III, §62)」（§61）。

「しかし、国内裁判所によれば、プレス法に基づく登録のされていないインターネット上の情報源からの文書を再掲載した記者についてはこのような免責は存在していない。この関連で、当裁判所は、インターネットメディアの国への登録についての国内規制が存在しないこと、および、政府によれば、プレス法やウクライナにおけるメディア関係を規律する他の規範が、インターネットを拠点とするメディアの地位またはインターネットから得られた情報の利用に関する規定を置いていないとされていることを認める」（§62）。

「確かに、インターネットは、特にその情報蓄積・伝達能力の点で、活字メディアとはかなり異なる情報・コミュニケーション手段である。世界中の数十億人の利用者の用に供される電子ネットワークは、活字メディアと同じ規制および統制に服していないし、おそらく将来も決して服することはないだろう。インターネット上のコンテンツおよびコミュニケーションが人権や自由（特に私生活に対する尊重の権利）の行使および享有に対して及ぼす害悪の危険性は、プレスによるそれよりも確実に高度なものである。したがって、活字メディアからの文書の再複製とインターネットからのそれとを規律する政策が異なることはあり得る。後者は、関係する権利や自由の保護と促進を確保するために、当該技術の特徴に合わせて調整されるべきことは否定できない」（§63）。

「しかし、プロフェッショナルなメディア活動の文脈でインターネットが果たしている役割……、および一般的に表現の自由に対する権利の行使にとってのインターネットの重要性（参照、Times Newspapers

Ltd v. UK (nos. 1 and 2), 10 March 2009, Reports 2009-I, §27) に鑑みると、当裁判所は、記者が制裁を受ける恐れなくインターネットから得られた情報を利用できるようにする国内レベルの十分な法的枠組みが欠けていることは、プレスの『公共の番犬』としての死活的な機能の行使を深刻に阻害すると考える（必要な修正の上で参照、Observer and Guardian v. UK, 26 November 1991, Series A no. 206, §59）。当裁判所によれば、こうした情報を記者の自由の法的保障の適用領域から完全に排除することは、それ自体、条約10条のもとでのプレスの自由に対する正当化できない介入に至る可能性がある」（§64）。

「当裁判所はさらに、ウクライナ法のもとでは、ジャーナリストは名誉毀損事案において、故意に誤った情報を広めたのではなく、誠実性をもって行動し、情報を確認した場合、あるいは、侮辱を受けた側が訴訟を提起する前に紛争を解決するための手段を利用しなかった場合には、損害賠償を求められることはないとされていることを認識している…。申立人らは国内での手続において、関連する法規定のもとで認められている相対的免責特権（qualified privilege）の抗弁を提出した。とりわけ、申立人らは、当該文書の公表によって原告の名誉を毀損する悪意をもって行動したのではないこと、および、公衆は当該情報を受領する利益を有していたことを主張した。さらに、申立人らは、インターネットで先に公表された文書を再複製したことの意図は、重要な公益性を有する政治的な問題に関して議論を促進しようとしたことにあったと主張した。申立人らはまた、当該文書を公表した記事において、申立人らは全ての関係者からの論評を求めていたにも関わらず、原告は申立人らとの間で紛争を解決するためのいかなる手段もとらなかったと主張した。しかし、これらの主張は、国内裁判所に完全に無視された」（§65）。

「当裁判所は以上より、記者がインターネットから得られた情報を利用するについての適切な保護手段が国内法に欠けていることからして、申立人らは、本件記事がもたらすであろう帰結を適切な程度に予測することができなかったと考える。このことにより当裁判所は、条約10条2項に含まれる法律で定

めることの要請が充たされていなかったと結論する」（§66）。

【解説】

（1）本判決の意義

本判決は、インターネットからダウンロードした資料をそのまま掲載した紙媒体の新聞の記事について国内裁判所で名誉毀損責任が認められた事案に関するものであるが、特に、当該記事がネットから得られた資料に基づいて書かれたものである場合の免責事由が法定されていないことを理由に予測可能性が欠け、制限が「法律で定められた」（10条2項）ものではないとして人権条約10条違反が認定されたものである。

本判決そのものはそれほど大きな注目を集めたとは言えず、この判決を本格的に検討する文献もほとんどないが、その後の判決ではしばしば引用されており、本件事案では紙媒体の新聞が直接の問題となったわけではあるものの、インターネットにおける表現の自由に関する重要な判決との位置づけがされているようである。

以上を踏まえて、ここでは、本判決における予測可能性に関する判示について論じた後、人権裁判所のインターネットにおける表現の自由の捉え方について触れることとする。

なお、本判決の執行状況であるが、2012年12月10日に対応報告書が提出されている。

（2）予測可能性

（a）問題の所在

周知のように、人権裁判所は、表現の自由をはじめとする自由権に対する制限の条約適合性を判断する際、①人権に対する介入の有無、②介入が「法律で定められている」か否か、③介入の目的が正当か、④介入が「民主的社会において必要」か（比例原則を充たすか）、といった観点から審査を行ってきている[1]。

人権裁判所判例において、マスメディアが第三者の発言等を引用したことについて責任を問われたケースはいくつかあるが、③あるいは④の実質的正当化の段階で処理されるのが通例であった[2]。しか

し、本判決では、②が充足されていないとして条約違反が認定されたことが注目される。

そこでのポイントは、予測可能性（foresseability）であるようにも見える。すなわち、本判決では、「記者がインターネットから得られた情報を利用するについての適切な保護手段が国内法に欠けていることからして、申立人らは、本件記事がもたらすであろう帰結を適切な程度に予測することができなかった」（§66）ことが条約違反の理由となっているのである。

このように、条約10条2項の「法律で定められている」要件には予測可能性の要請が含まれていること自体は当然のことであり、人権裁判所判例においても当然のように認められている。しかし、次に述べるように、本判決の予測可能性の理解は特徴的であるようにみえる。

（b）本件判断

本判決の議論は、ウクライナ国内法において、政府に登録を受けた活字メディアの記事の忠実な引用については、名誉毀損責任が免責されるとの規定があることとの関係で展開されている。本判決は、登録活字メディアの場合には免責規定があるが、ネット上の資料の引用については免責されるという規定も、されないという規定もない点が、予測可能性の要請を充たさないとしたのである。しかし、ウクライナ国内法の不法行為責任の一般原則に照らせば、免責規定がないということは免責されないということであり、その意味では予測可能性があったということもできる。その上で、この種の行為について名誉毀損責任が問われることについて実質的に正当化し得るかどうかを審査する（上述の③④の段階での審査）ということでもよかったのではないか。

実際、本判決を引用し、かつ「法律で定められている」要件が争点となった判決では、不法行為責任の一般法が適用されたことについて、同要件に反するとはされていない。例えば、2013年のDelfi As v. Estonia[3]においては、ニュースポータルサイトの記事のコメント欄に書き込まれたユーザーからの名誉毀損的な書き込みについて、国内裁判所では当該サイトの運営会社の不法行為責任が認められたが、

人権裁判所は予測可能性の要請は充たされているとした（結論的には10条違反は認められなかった）。そこでは、不法行為の一般条項と、EUの電子商取引指令を国内法化した規定による媒介者責任の制限規定との適用関係が不明確であるとも思われたにもかかわらず、申立人が事業者であって法令を知悉しているべきであること、専門家の助言を受けうる立場にあったことなどからして、予測可能性があったとされた。

このような事例と対比すれば、本判決で実際に問題となったのは、文字通りの予測可能性ではなく、登録活字メディアを引用した場合には免責規定があるのに対し、インターネット上の資料の引用には一切免責がないとされていることの立法不作為ではないか。先にも引用した本判決§66では、「記者がインターネットから得られた情報を利用するについての適切な保護手段が国内法に欠けていることからして、申立人らは、本件記事がもたらすであろう帰結を適切な程度に予測することができなかった」とされているが、この傍点部分は上述のような見方と符合すると思われる。

また、本判決は記者のオンラインでの表現の自由を実効的に保護するための適切な規制枠組みを設ける積極的義務（positive obligation）を導くものだとする見解が提示されている[4]が、上述の検討からは、本判決が正面から積極的義務を論じているのかどうかはともかく、実質的な理解としてはこうした考え方もありうるだろう。

（c）本判決後の事例

この点で注目されるその後の判決としては、本判決より1年余り後のYildirim v. Turkey[5]である。この事件では、申立人がグーグルのホスティングサービス（Google Sites）を利用してウェブサイトを開設し、学術論文や時事に関する論説を掲載していたところ、同じサービスを利用していた他の違法サイトに対して国内裁判所がブロッキング（アクセスの遮断）の命令を下したことのいわば巻き添えとなってそれ自体は適法な自己のサイトもブロッキングされアクセスができなくなってしまったことの人権条約10条適合性が争われた。

この事件で人権裁判所は、ブロッキングのような事前抑制が人権条約との関係でおよそ許されないわけではないが、事前抑制権限の濫用を防止するための法的な枠組みが要請される（§64　ここで本判決が引用されている）とし、同事件においては、国内裁判所は、Google Sites 全体へのアクセス遮断を行う必要性を、競合する諸利益を比較衡量して審査する必要があったとし、それが行われなかったのは関係国内法の規定の仕方に問題があるからであるとして、予測可能性の要請を充たさないとしている。ここでも、実質的には表現の自由を保護するための規制枠組みを設ける積極的義務が問題とされているといえる。

(3) インターネットにおける表現の自由

本判決は、「インターネットは、特にその情報蓄積・伝達能力の点で、活字メディアとはかなり異なる情報・コミュニケーション手段であ」り、こうした特性のゆえに「人権や自由（特に私生活に対する尊重の権利）の行使および享有に対して及ぼす害悪の危険性は、プレスによるそれよりも確実に高度なものである」として、表現の自由とプライバシー等の調整について活字メディアの場合とは異なる考慮を行う必要性を示唆している（§63）。

このようなことから本判決は、インターネットでの表現にも人権条約10条の保障が及ぶということ[6]や、規制がインターネットという表現手段の特性に適したものとなるように調整する必要がある[7]という文脈で、その後の判決に引用されている。

従来からも人権裁判所は、主に放送との関係で、表現手段の特性を考慮すべきことを判示してきている。例えば、Jersild 判決では、視聴覚メディアは、印刷メディアと比べてしばしばより即時的かつ強力な影響力を有する点で、記者の「義務および責任」（10条2項）を規定する一因となることが述べられている。

では、インターネットの特性とはどのようなものだろうか。インターネットにおける表現の自由に関する人権裁判所判例を整理した論者によれば[8]、そ

れは、情報の伝播性、アクセスの容易さ、情報の非同期・永続性の3点にあるとされる。インターネットにおける表現の自由に関する判決の蓄積はまだ十分ではなく、その判断は断片的ではあるが、上記のような特性を考慮に入れる一方で、これまでの判例によって形成されてきた表現の自由に関する判例法理を根底的に覆すことは考えられておらず、漸進主義がとられているという。

日本では、インターネットによる名誉毀損に関し、ネットの特性を考慮して新しい免責要件を示した一審判決[9]に対し、従来通りの法理を適用した最高裁決定[10]があった。そこでは、表現手段の特性に応じた法理の構築に消極的な姿勢が示されている点で、人権裁判所のアプローチと対照的である。

(1) 参照、サンデー・タイムズ判決〔Ⅰ *62*〕解説（江島晶子執筆）。

(2) 著名事件としては、Jersild v. Denmark, 23 September 1994〔Ⅰ *67*〕。その他、最近の事件では、Björk Eiðsdóttir v. Iceland, 10 July 2012; Erla Hlynsdottir v. Iceland, 10 July 2012 など。

(3) Delfi As v. Estonia, 10 October 2013.

(4) W. Benedek and M. C. Kettemann, *Freedom of Expression and the Internet*, Council of Europe Publishing, 2013, p. 29.

(5) Yildirim v. Turkey, 18 December 2012.

(6) Ashby Donald and others v. France, 10 Janvier 2013, §34.

(7) Wegrzynowski and Smolczewski v. Poland, 16 July 2013, §58.

(8) N. Vajic and P. Voyatzis, The Internet and freedom of expression: a "brave new world" and the ECtHR's evolving case-law, J. Casadevall et al., eds, *Freedom of expression : essays in honour of Nicolas Bratza, president of the European Court of Human Rights*, Wolf Legal Publishers, 2012, p. 391. Cf. S. Turgis, La coexistence d'internet et des médias traditionnels sous l'angle de la Convention européenne des droits de l'homme, *Revue trimestrielle des droits de l'homme*, 2013, n° 93, p. 17.

(9) 東京地判 2008 年 2 月 29 日判時 2009 号 151 頁。

(10) 最一小決 2010 年 3 月 15 日刑集 64 巻 2 号 1 頁。

64　表現の自由に対する事前抑制

医療過誤に関するテレビ番組に取り上げられた医師の求めた放送仮差止命令と表現の自由

——RTBF 判決——

RTBF v. Belgium

山 元 一

29 March 2011, Reports 2011-Ⅲ

【事　実】

申立人 RTBF（ベルギー・フランス語圏ラジオ・テレビ局）は、1979 年から 2004 年まで「法の名の下に（Au nom de la loi）」という番組を放送していた。2000 年 12 月に複数の新聞が、脳神経外科医 X の手術を受けた複数の元患者が X を非難している、と報じた。そこで、同番組は、X の元患者たちの訴えを例として、医療リスクそしてより一般的に患者の医療情報やその伝達に関する問題を取り上げる番組を作成した。2001 年 10 月 24 日が放映予定日であったが、10 月 3 日、X はブリュッセル第一審裁判所に同番組の放送の仮差止めを求めた。放送予定日の当日同裁判所長は、レフェレ（日本の仮処分に相当）裁判官として、X が本案裁判を提起することを条件として、その判決の日まで同番組の放送の仮差止を命じた。しかし、申立人は同番組を放送中止にせず、X の医療過誤に関する部分だけが、記者と番組プロデューサーによる討論に差し替えられた。同番組では 10 月 24 日の仮差止命令や司法権によるプレスの自由に対する制約についてのコメントがなされたほか、X の氏名が何度も引き合いに出された。2001 年 11 月 5 日、申立人は、ブリュッセル控訴院に本件仮差止命令に対する抗告をした。翌 11 月 6 日、X は、本件の本案裁判を提起した。2001 年 12 月 21 日、ブリュッセル控訴院は、本件仮差止め命令に対する抗告について、それを退ける中間的決定を下した。それに加えて、同控訴院は、番組のテープの提出を命じた。2002 年 1 月 10 日同番組は法廷で試写された。2002 年 3 月 22 日同控訴院は申立人の抗告に対して、理由なしとの決定を下した。2003 年 5 月 12 日、申立人は前出の二つの決定について、人権条約 8、10、17 条およびベルギー憲法 19、22、25 条違反を理由に破毀院に再抗告をしたが、2006 年 6 月 2 日、破毀院は訴えを棄却した。

そこで申立人は、ヨーロッパ人権裁判所（以下、人権裁判所と記す）に、①破毀院が仮処分手続を規定する裁判所法 584 条違反を主張しなかった、という著しく形式的な理由で再抗告を棄却したことは、「公正な裁判を受ける権利」を保障するヨーロッパ人権条約（以下、条約と記す）6 条 1 項に違反する、②番組内容をチェックする目的で放送前の試写を求め、放送の禁止を命じたことは、表現の自由を保障する条約 10 条に違反する、として申立を行った。

人権裁判所は、本件仮差止命令は、条約 6 条 1 項および 10 条に違反する（全員一致）、と判示した。なお、本件では、申立人の被った精神的物質的損害に対して公正で満足のいく救済を与えるためには、条約違反を認定することで十分であるとした。

【判　旨】

(1)　6 条 1 項違反の認定について

破毀院が行う統制の法的根拠としては、申立人が裁判所法 584 条違反を主張しなくとも十分であり（§73）、本件においてそのようなことを要求した破毀院は、著しい形式主義に陥っている（§74）。

(2)　10 条違反の認定について

(a)　本案裁判前の仮処分について申立が行われたことが、条約 35 条の求める「すべての国内的な救済手段が尽くされた後で」、という受理条件を充足

しているかについて、申立人は第1審裁判所による仮差止め命令に抗告し、それを退けた控訴院の決定を破毀院に再抗告しているのであるから、国内裁判機関に自らの主張を検討する機会を与えており、また仮に本案裁判で申立人が勝訴しても、すでに命ぜられた放送禁止による損害は回復されないので、受理条件はすでに満たされている（§89, 92）。

　(b) 本件において、「公権力の関与」があったことは明らかなので、条約10条2項の条件を満たさない限りは、条約違反となる。したがって、①「法律によって定められた」制約といえるか、②同項に定められた正当な目的によって行われた制約といえるか、③その目的を達成するために、「民主主義社会において必要」な措置であったといえるか、について検討しなければならない（§95）。

　①「法律によって定められた」制約について、条約10条2項にいう「法律」とは、市民が自らの行為を抑制しうるほどに十分な明確性を備えたものでなければならない（§103）。そして、市民にとっての予測可能性は、法文の文言によって大きく影響を受ける（§104）。情報は傷つきやすいものであり、たとえ短期間であってもその公表を遅延させることは、公表することの価値と利益を奪い去ってしまう危険があることに照らすと、表現の事前抑制は、(a)禁止を限定するために特に厳格な法的枠組の下で行われなければならず、(b)ありうる濫用に対する裁判所による統制を実効的なものとするものでなければならない（§105）。ベルギー法上、憲法19条は、表現の自由に対する事後的規制のみを認めており、裁判所法18、19、584および1039条、民法1382条、さらには憲法144条の諸規定は、表現行為の禁止の制約に関して十分に明確な法的枠組を提供している、とはいえない（§108）。仮処分による事前抑制の可否についてのベルギー法の判例はまちまちであり、統一性がない（§113）。したがって、裁判官の裁量権が大きく、情報伝達の自由の本質そのものを保持するに不適切な解釈（casuistique）に導く危険がある（§114）。結論として、ベルギーで実効的な判例法理の枠組と結びついた法律の枠組は、申立人に適用される限りにおいて、条約の求める予測可能性（prévisibilité）の条件を満たしていない。民主主義社会において法の支配が求める十分な程度の保護を申立人に対して与えていない（§116）。

　②と③について、①によって10条違反が認定された以上、検討を加える必要がない。

【解　説】

　改めて述べるまでもなく、表現の自由は民主主義社会にとって最も重要な価値を有する人権であり、そのなかでもメディアの享受するべきそれは、高いレベルの保護が及ぼされるべき権利である。条約10条1項は、「すべての者は、表現の自由についての権利を有する」とした上で、同条2項はこの自由が例外的に制約されうるための諸条件を限定的に規定している。かかる規定を受けて人権裁判所も、Handyside判決（1976年）〔I 18〕において、「表現の自由は民主的社会の本質的基礎であり、社会の発展および全ての人間の発達のための基本的条件である」と判示した。そしてSunday Times判決（1979年）〔I 62〕によれば、表現の自由は、「国家や一部の人々を傷つけたり、驚かせたり、または混乱させたりするような」「『情報』や『思想』」をも保護しなければならない。そして、「これらの諸原理はプレスに関して特に重要である。これらは、共同体一般の利益に仕えると同時に、賢明な公衆の協力を必要とする司法の運営の分野についても同様にあてはまる」とされた。人権裁判所によれば、プレスに課せられた任務は、「情報の提供者であり公の番犬」としての民主的社会にとって重要な役割にほかならず[1]、その制約について各締約国が享受する「評価の余地」は極めて限定的に解釈され、厳しい基準で審査されることになる。他方、条約8条は、「すべての者は、その私的および家族生活（中略）の尊重を受ける権利を有する」として、また、条約10条2項も、「他の者の名誉もしくは権利の保護」を目的とした表現の自由に対する制約を承認している。

このような規定を受けて、人権裁判所は、メディアの表現活動が他者の社会的評価等を侵害する場合には、表現の自由行使に対抗する正当な対立利益として利益調整の対象としなければならない、と判示している[2]。

(1) 本判決の意義

表現の自由が他の人権と比べて重要な地位を占めていることから、他者の権利・利益を侵害する表現の自由については、表現行為が行われたのちの時点ではじめて、事後的に制裁を加えることのみが許されるのが原則である、とする「事前抑制の原則的禁止」法理が一般に説かれてきた。本判決の意義としては、まさにかかる法理に立脚して、情報は傷つきやすいものであるから、たとえ短期間であってもその公表を遅延させる結果をもたらす事前抑制行為は、公表することの価値や利益そのものを奪い去ってしまう危険があるので、なるほど事前抑制行為は絶対的に禁止されるものではないとしても、例外的な条件を満たした場合にのみ許容される、としたことにある。そのような条件とは、事前抑制行為によって得られる利益と失われる利益の考量をする際には、制約を限定するために特に厳格で、かつ裁判的救済のために実効的な法的枠組が用意されていなければならない、というものである（本判決は、この条件を示した先例として、行政権による外国出版物の発禁処分を条約違反とした Ekin Association v. France, 17 July 2001, §58 を援用した。）。本判決は、かかる条件が行政権による命令だけではなく、裁判所の仮差止め命令についても等しく当てはまることを当然の前提と考えている。しかもその際、条約10条1項自身は「本条は、国が放送、テレビまたは映画の諸企業の許可制を要求することを妨げるものではない」と規定して、許可制の導入との関係では視聴覚メディアについて特別の扱いをする構えを示しているにもかかわらず、本判決が、すぐ後に述べるベルギー憲法19条から、事前抑制行為に課される上記の厳しい条件は、印刷メディアだけではなく、許可制の下におかれている視聴覚メディアに対しても等しく適用される、との

重要な法的要求を引き出したことが注目される。

ここでベルギー憲法における表現の自由に関係する規定に目を向けると、19、25 および 150 条の 3 か条がある。このうち 19 条は、表現の自由一般を保障する規定であるのに対して、25 条と 150 条は、意識的に「プレス」を取り出して明示的に保障の対象としている。すなわち、25 条は、「プレスは自由である。検閲制度は決して創設されない（後略）」、とし、150 条は、出版行為に対する刑事制裁に対しては、陪審制によることを原則としている。学説や他の裁判所においては異論があるものの、破毀院は 25 条および 150 条は視聴覚メディアには適用されないと解釈してきた[3]。その結果この国では、出版メディアは視聴覚メディアとは異なって、名誉毀損に該当する行為であっても、事実上刑事免責を享受してきた、といわれる[4]。

ベルギーにおいて、本件と同様に、債務者に対する手続保障が十分とはいえない仮差止命令による表現行為の制約が人権裁判所に申立てられた先例として、Leempoel and S.A. ED. Ciné Revue 事件[5]がある。この事件では、本件と異なり出版メディアが舞台であった。ある裁判官のプライバシーや防御権の侵害をもたらすおそれのある記事が掲載された雑誌の更なる販売・頒布の仮差止命令が問題となった。判決は、すでに頒布の開始されている状況の下で行われた仮差止命令は事前抑制とはいえず、また本件における裁判官の権利・利益の保護は差止命令によって失われる利益と釣り合いが保たれていると判示して、10条違反の主張を退けた。

なお、本 RTBF 判決の執行監視任務は終了していないが、判決執行状況は以下の通りである。まず個別的措置としては、公正な満足を与えるために訴訟費用についてのみ支払いが行われた。申立人の理事会はこの措置をもって満足し、本件を終了させることを確認した。次に一般的措置としては、条約6条違反については、破毀院に注意を喚起し本判決を公表し公知させることとした。また条約10条違反については、同様の違反が再び生じないようにする

ための最良の方法は何か（法改正および／ないし判例変更）について、現在検討中である。

(2)「法律によって定められた」の意義

本判決において興味深いのは、条約10条2項における「法律によって定められた」という部分についての解釈である。人権裁判所にとってここにいう「法律（loi〔仏〕／ law〔英〕）」は議会制定法によって定められたルールというような形式的理解に基づく定義ではない。本条の求める条件を満たすためには、実質的に見て、市民が、場合によっては専門家による法的助言を受けつつ、自らの行う表現活動が公権力による規制の対象となるかについて、明確に予測できるものでなければならない。それを測る基準は、主に法令の規定のあり方である、とされる。その上本件では、表現の事前抑制が問題となっているのであるから、「禁止を限定するために特に厳格な法的枠組の下で行われなければならず、またありうる濫用に対する裁判所による統制を実効的なものとする」ことが求められる。本判決によれば、この点政府が引き合いに出す、民事法上の訴えは裁判所の所管に属する、と規定する憲法144条に結びつけられた裁判所法上の関係規定は一般的規定にとどまっており、「厳格な法的枠組」という条件を満たすものではない（具体的には、許容される規制の態様・目的・期間・範囲、それに対する統制が明確化されていなければならない）。本判決は、この問題を実質的に考察するために、一歩進んで第1審裁判所相互における判断の食い違い、そしてベルギーにおける多元的な最上級審（破毀院、コンセイユ・デタ、憲法裁判所（Cour d'Arbitrage））の判例を比較検討し、それらの間に食い違いが見られる、と指摘した[6]。本判決によれば、このような食い違いのために表現活動の事前抑制の予測可能性が損なわれており、報道や取材の対象者から仮差止めを求める訴えが殺到する恐れがあり、テレビ番組に携わる者に脅威を与えている、とする。こうして、「厳格な法的枠組」という条件を充足しているか否かは、規制の根拠となる法令そのものから読み取れる予測可能性だけでなく、それが実際に

解釈・適用された最上級審における判例動向をもあわせて考慮されている。したがって、本判決の考え方に従えば、法令レベルではやや不明確な規定であっても判例の確立した明確化された基準によって運用されていれば、「厳格な法的枠組」に基づいたものであるといえることになろう。本判決は、表現の自由を規制する法システム運用全体を視野に収める実質的考察に基づいて条約違反の主張の適否を判断し、実際には表現活動に対する事前抑制を厳しく制約するものであり[7]、このようなアプローチは、ケース・バイ・ケースで表現の自由とプライバシー等を等価値衡量する方法と異なり、公権力による規制を受ける側の立場に立った審査方法だと評価することができよう。また、本判決を通じて、人権裁判所が国内における多元的な裁判系統から生み出される判例の食い違いを矯正する役割を担うことを確認することができる。

(3) 本判決の影響

本判決で提示された出版メディア／視聴覚メディア二分論に対する批判は、(1)でみたベルギー法の従来の考え方に反省を迫るものであった。本判決から約1年後、破毀院は2つの判決（2012年3月6日の2判決）[8]において、インターネット上のコミュニケーション行為に対する刑事制裁について、出版メディアと視聴覚メディアを二分する従来の考え方を踏襲せず、本件のようなインターネット上のコミュニケーション行為の場合であっても出版メディアと同様に陪審制を要求した。ここに本判決の影響の現れを見て取ることができる。また本判決は単なる事例判決ではなく、条約加盟国全体における表現活動に対する事前抑制システムを厳格に審査するための一般的ルールを提示したという意義を有している[9]。

(4) 日本との比較・日本法への示唆

日本法では、一定の条件を満たす行政権による検閲は憲法21条2項で絶対的に禁止されるが、表現行為の事前抑制については、「厳格かつ明確な要件のもとにおいてのみ許容されうる」としており（北方ジャーナル事件最大判1986年6月11日民集40巻4号872

頁）、ヨーロッパ人権裁判所と日本の裁判所は、現代民主主義社会にとっての必要条件ともいうべき「事前抑制の原則的禁止」法理を共有している、といえよう。この法理は日本法において定着しており、ベルギー法におけるような多元的裁判系統も存在しないので、日本法の現状はおそらく人権裁判所の求める基準を充足しているものと考えられる。

(1) Barthold v. Germany, 25 March 1985, Series A no. 90 §58.
(2) Von Hannover v. Germany, 24 June 2004, Reports 2004-VI §58〔I *51*〕.
(3) 1967年にベルギー憲法のオランダ語公定訳が作られたとき、すでにその時代に視聴覚メディアが登場していたのにもかかわらず、出版メディアを意味する"dukpers"が選ばれたことが傍証として、引き合いに出される。ただ、ドイツ語公定訳では、出版メディアを意味する"Druckpress"ではなく、"Presse"という語句が採用された。Bart Van Besien, The protection of freedom of expression and freedom of the press in Belgian media law, http://www.newmedia-law.com/news/the-protection-of-freedom-of-expression-and-freedom-of-the-press-in-belgian-media-law/〔2015年8月16日確認〕.
(4) Bart Van Besien, *supra* note (3).

(5) Leempoel and S.A. ED. Ciné Revue v Belgium, 9 November 2006.
(6) コンセイユ・デタ2000年8月28日判決は、権限ある機関ないし第三者機関が表現行為の適法性について判断した後でなければ事前抑制をすることができない、とし、憲法裁判所2004年10月6日判決も、表現物の頒布以前に事前抑制を行ってはならない、とした。これに対して、破毀院は、出版メディアであれ視聴覚メディアであれ、表現活動を事前に抑制する仮差止命令を下すことを認めている。
(7) Benoît Frydman et Caroline Bricteux, L'arrêt RTBF c. Belgique : un coup d'arrêt au contrôle judiciaire préventif de la presse et des médias, in *Revue trimestrielle des droits de l'homme*, n° 94, 2013, p. 340.
(8) Cour de Cassation, Nr. P.11.1374.N et Cour de Cassation, Nr. P.11.0855.N cf. Bart Van Besien, *supra* note (3).
(9) B. Frrydman et C. Bricteux, *supra* note (7), p. 347.

[参考文献]
[1] Caroline Mas, L'interdiction préventive en référé d'une émission de télévision n'est pas «prévue par la loi» belge. Et par la loi française? in *Légipresse*, n° 287, 2011, p. 558 et s.
[2] Frédéric Sudre, *Droit européen et international des droits de l'homme*, 11ᵉ édition mise à jour, 2012, PUF.

65 政治広告放送の自由(1)
政党による選挙期間中のテレビ政治宣伝広告の一般的禁止と表現の自由
——ルーガラン年金者党判決——

井上　典之

TV Vest As & Rogaland Pensjonistparti v. Norway

11 December 2008, Reports 2008-V

【事　実】

本件の第1申立人 (TV Vest As) はノルウェー西岸の地方放送局であり、第2申立人 (Rogaland Pensjonistparti) のために、2003年9月15日の地方選挙に向けた政治広告の放送を行った。それは、8月14日から9月13日までの1ヶ月のうちの8日以上で、1日7回、1回の放送時間が15秒の3つの種類のスポット広告 (対価は30,000ノルウェー・クローネ) を流すものであった。そのような広告にもかかわらず、第2申立人は、当該選挙において本拠のある地域での得票率が2.3% (全国レベルでは1.3%) しかない小政党であった。

ノルウェーの1992年放送法3条1項3号は、違反に対する罰金 (同法10条3項および放送規則10条2項) を伴って、テレビでの政治的宣伝広告の放送を禁止していた。そのために、第1申立人は、2003年8月12日、ノルウェーの国家メディア局 (メディアを監督・監視する国の行政機関) に対して、上記の政治広告を放送すること、そしてそれはヨーロッパ人権条約 (以下、条約という) 10条によって保護されている旨の報告を文書で行った。これに対して、メディア当局は、同年8月27日、第1申立人に、テレビでの政治的宣伝広告は禁止されており、その違反には罰金が科せられるとの警告を発し、9月10日、第1申立人に35,000ノルウェー・クローネの罰金を科した。なお、この政治広告とは別に、選挙期間中、国営放送局も民放も、第1申立人および第2申立人によるこの事件の報道を行い、第2申立人の名前と主張がそこでも取り上げられることになった。

第1申立人は、国家メディア局による罰金措置 (およびその法的根拠となる放送法の諸規定) に対して、当該措置は条約10条およびノルウェー憲法100条の表現の自由を侵害すると主張してノルウェーの裁判所に訴えを提起したが、2004年11月12日、ノルウェー最高裁判所は、第1申立人の主張を退け、国家メディア局の措置を是認する判断を下した。最高裁は、事件の核心を、立法府が民主的プロセスに関する一定の関心から政治的討論の過程でのテレビの利用に制限を課していることの是非であり、それは表現内容に関する制限ではなく、政治的討論にとって不適切と判断された意見表明手段に対する規制になっている点にあるとした。そして、最高裁は、政治的討論にとってテレビでの政治的宣伝広告という方法は不適切であるとした立法府の判断には合理的な根拠があり、それを禁止する放送法の規定は表現の自由を侵害しないと判断したのであった。

以上の国内裁判所の判断の後、2005年5月12日、申立人たちは、ヨーロッパ人権裁判所に、ノルウェー最高裁によって是認された国家メディア局による罰金措置が条約10条1項によって保護された彼らの意見表明の自由を侵害したと申し立てた。

【判　旨】

非難されている国家メディア局の措置およびそれを根拠づける放送法の規定が10条1項で保護されている意見表明の自由に対する介入であることは当事者間に争いがない。当事者間で争われているのは、その措置が10条2項の意味での「民主的社会において必要」であったか否かである。

(1) 審査の一般原則（§58-62）

意見表明の自由に対する介入が「民主的社会において必要」であるのか否かを審査する場合、その介入に「急迫する社会的必要性」があるか否か、そこで追求される目的と比例的であるか否か、国内当局によって提示される正当化理由に関連性がありで十分といえるか否か、という点が問題になる。もちろん、「民主的社会における必要性の判断」については、国内当局に一定の裁量が認められるが、それは無制限ではなく、問題とされている介入の条約10条によって保護される意見表明の自由との適合性を審査する当裁判所によるヨーロッパの監督に服する。そして、政治的意見表明あるいは公益上の討論に対する介入の場合、条約10条2項の下での裁量の余地はほとんど認められない。

介入の比例性を審査する場合、「放送メディアが印刷メディアよりも直接的でより強い効果を持つこと」は考慮しなければならない。また、選挙期間中の意見表明が問題になる場合、条約10条が保護する意見表明の自由は、条約第1議定書3条によって保障される市民の自由な選挙の権利との調整が必要になり、条約締約国にはそのための一定の裁量が認められる。そこで、「当裁判所の任務は、諸事情を考慮して、条約10条の視点から国内当局や裁判所が行った判断がその裁量の範囲内であるのか否かを審査することである」。

(2) 「一般原則のあてはめ」

(a) 政治的意見表明という内容規制（§63-66）

ノルウェーでは、テレビ以外のメディアでの政治的宣伝広告は禁止されていない。しかし、問題とされた放送は、第2申立人の見解ときたるべき選挙での投票獲得のための呼びかけを内容としていた。それは明らかに政治的意見表明を内容とするものであり、締約国が広い裁量を有する商品の宣伝広告ではない。当裁判所は、ノルウェー最高裁の判断に賛成することはできず、規制された放送が政治的性格を有するものである以上、当該規制の正当性を厳密に審査し、国家の裁量を限定しなければならないと考える。

「当裁判所は、市民の自由な投票を確保するための適正な選挙制度に関するコンセンサスが条約締約国間にはなく、選挙制度の整備については各国に広い裁量があることを承認している」。確かに、問題の政治広告は、その年の地方選挙の期間中に行われたものであった。しかし、ノルウェイ放送法による当該放送の禁止は、選挙期間中に限られたものではなく、絶対的で常時にわたり、一般的なものである。その状況の下では、第1議定書3条との関連の場合に認められる国家の広い裁量を重視することは適切とはいえない。というのも、そうでなければ、「条約10条によって保護され、特別な保護が認められる自由な政治的言論」に不利となる結果を導くような国家の裁量を認めることになってしまうからである。

(b) 審査における裁判所の任務（§67-69）

テレビにおける政治的宣伝広告についての国家制度間での相違は、条約締約国にその規制に関する一定の裁量を認める理由になる。というのも、その規制に関するヨーロッパでのコンセンサスの欠如は、それぞれの国での民主的制度を適切に機能させるために何が必要であるかについての統一的観念の欠如を示すものとなっており、条約10条に従った政治的意見表明の制限可能性の場合よりも広い国家の裁量を認める理由となり得るからである。政治的多数派の交代可能性のためにどのような制度が適切かについては、それぞれの国の憲法の問題である。「当裁判所の任務は、その問題についての態度表明をすることではなく、本件事案の諸事情を考慮して、問題の介入が条約10条の下での適切な裁量の範囲にとどまっているか否かを審査することである」。そのために、ここではノルウェーの国家メディア局や裁判所によって示されたテレビでの政治的宣伝広告の禁止についての理由と、申立人たちの自由な意見表明の権利との間の必要な調整を勘案して、問題の介入が比例的であるか否かという観点での審査を行わなければならない。

(c) 規制の条約適合性（§70-77）

ノルウェー政府の説明によると、テレビでの政治

的宣伝広告の禁止の理由は、テレビというメディアを使った方法での意見表明を認めた場合、一般的に政治的討論の質が低下する蓋然性が高いという点にある。さらに、テレビの利用は、財政的に豊かな大政党がその政治的主張を広めることができる一方で、そうではない小政党はその機会が大政党に比して少なくなることから、政治的議論の偏りが容易に予想できる。そこから、「政治的主張の多元性と限定された選挙コストの下での政治的討論の質の確保」という理由は、ここで問題になる介入の正当性を考える際の中心的考慮要素となる。そして、大政党と小政党との間での不均衡を調整することで選挙の公正さを確保するために民主的プロセスの十全性を維持すること、政治的主張の普及のために直接的でより強い効果を持つ放送メディア、特に視覚に訴えるテレビの利用を禁止するという点は、確かに規制に対する一定の正当化理由になる。

　しかし、そのことは、問題となっている介入の「十分な正当化理由」になるとは考えられない。第2申立人は、不公正な形でメディアに登場する財政的に豊かな大政党ではなく、むしろ規制によって保護される立場の小政党である。テレビ報道でしばしば取り上げられ、相当の注目を集めることができる大政党とは違い、小政党である第2申立人には、本件で問題なっている対価を支払った政治広告による以外、テレビを利用して市民にその政治的主張を広める方法は存在しない。それが禁止されているとすれば、第2申立人は、テレビほど強い効果を持たないメディアでの意見表明しかできず、大政党との比較において不利な立場に置かれる。また、その政治広告を認めたとしても政治的討論の質の低下を惹起するという事情は認められず、それが論争的かつ攻撃的で他者の権利を侵害するセンシティヴな性質のものではないために一般的な禁止を必要とするものでもない。「視覚に訴えるテレビというメディアは、確かに影響力も強く、直接的な効果を持つものではあるが、規制の比例性の評価において、それは、政治的宣伝広告を一般的に禁止し、その違反行為に罰

金を科すという介入を正当化するものとまではいえない」。

(3) 結論（§78）

多元性を確保し、質の低下を防止するという目的を達成するためにテレビにおいて政治的宣伝広告を一般的に禁止するという手段は比例的とはいえない。それ故に、本件で問題とされる禁止と、その違反に対する罰金措置による申立人の意見表明の自由に対する介入は、ノルウェイという国家の裁量を考慮しても、民主的社会において必要とはいえず、条約10条に違反する（全員一致）。

【解説】

(1) 本判決の意義・特徴

本判決[1]は、テレビという市民に対して大きな影響力を持つメディアによる政治的宣伝広告の一般的禁止に関して、小政党による自己の存在と政治的主張を有権者に知ってもらおうとする選挙期間中の政治広告を流した地方放送局に対する不利益措置を、条約10条によって保護される表現の自由に対する侵害と判断したものである。そこでは、これまでのヨーロッパ人権裁判所の先例を引用することで条約10条についての一般原則を確認し、同時にこれまでの先例で示された加盟国の裁量を認めながらも、問題の規制が政治的意見表明に対する内容規制の問題である点を重視し、そこで問題となったのが通常の場合にはテレビに取り上げられることのほとんどない小政党による政治広告であるという点を勘案して、テレビでの政治的宣伝広告の一般的禁止が「民主的社会における必要性」の観点から条約違反と判断されている。その点で、本判決は、規制のための裁量が広く認められるはずのテレビという表現媒体での規制に関して、国家当局・裁判所による「表現手段の規制」論に対して「表現内容規制」として問題を取り扱い、その規制を「民主的社会における必要性」との関連で比例的でなく、その必要性は認められないとして、条約締約国の裁量の範囲を狭く限定するという特徴を持つ。ただ、この判断をどこま

で一般化できるのかはより詳細な検討を要し、その観点から以下において本判決を検討していく。

(2) 広い裁量の否定

本判決で条約10条の意見表明の自由に対する規制の審査の一般原則を提示する先例とされたのは、新聞記事の差止命令の条約適合性が問題となったサンデー・タイムズ判決[2]である。それは、「表現の自由に対する制約に関して国家の評価の余地を狭く解して条約違反を認定すると同時に、表現の自由に民主的社会との関わりの中で重要な位置づけを与えた」[3]ものであり、本判決でもその点は踏襲されている。そして、条約10条2項によって定められた規制が「民主的社会において必要」であるか否かの審査に関して、本判決は、比例性審査を用いつつも政治的意見表明という内容規制である点を強調する結果、その民主的社会における重要性を強調し、条約10条の中でも最も強い保護を与えることを確認するリンゲンス判決[4]を引用することで、締約国の裁量を狭める方向での審査を展開する。さらに、選挙運動としての政治広告であることを認め、自由な選挙の権利との調整の必要性に言及しつつも、本件で問題となった規制は選挙運動に対するものではなく、一般的なテレビでの放送禁止であることから、そこでの国家の裁量も否定されることになる。これらの点はすでに動物保護団体による政治的意見表明のテレビでの放送拒否が問題とされた事件[5]で確認されており、本判決もそれらの先例を踏襲することで、「民主的社会における必要性」に関連して、政治的意見表明が問題になる場合には、表現媒体のいかんにかかわらず、よほどの重大な正当化理由が提示されない限り、規制を行う国家の裁量の余地はほとんど認められない可能性が示されている。そしてその点は、テレビという視覚に訴えるメディアの影響力の強さを規制に対する十分な正当化とならないとする判断に現われているということができる。

(3) 諸般の事情の考慮

その中で、本判決は、ノルウェー最高裁がヨーロッパ人権条約に関する先例として利用したマーフィー判決[6]を、そこで問題とされたのが宗教団体による宗教的行事の宣伝広告の放送の拒否であったという点で、本件で問題とされる表現内容の違いから類似性がほとんどないことを強調する（§64）。さらに、選別に躊躇せざるを得ないようなセンシティヴな問題を惹起する宗教的内容に関する放送禁止を取り扱ったマーフィー判決とは異なり、一般的な放送の禁止を正当化し得るような内容が本件での具体的事情には含まれていないことも指摘されている。また、同じように先例とされている動物保護団体の事件のように、同じく政治的意見表明であっても、本件では論争的で攻撃的な内容を含むものではないことも示されている（§75）。このような本件での事情は、まさに規制についての当該国家の裁量の範囲をより狭めるものとして機能している。

テレビでの政治的意見表明に関する各国の規制の相違[7]にも言及しつつ、本判決は、ノルウェーの規制が政治的多元性と言論の質、公平性の維持を目的にしている点に注目する。この目的は、ノルウェー最高裁によって認定されたものであったが、それを正当化理由として認める以上、本判決の第2申立人の事情（すなわち、ほとんど通常のテレビ報道では取り上げられることのない小政党であるという事情）が条約違反へと導く1つの大きな要因として強調される（§72-73）。通常の報道では市民に注目される大政党しか取り上げられない一般情勢の下で、小政党の存在は無視されがちになる。放送の一般的禁止は小政党には不利に作用するから、多元性や質、公平性の維持は、まさに第2申立人のような小政党を保護する要請を導くはずであり、それとは逆の方向での放送禁止という手段を用いることに対する違和感が、本判決の大きな特徴といえるように思われる。

(4) 本判決の執行状況

本判決が、政治的多元性と言論の質、公平性の維持は規制目的として正当と判断し、ヨーロッパでのテレビによる政治的意見表明に関する規制のコンセンサスの欠如にも言及していた結果、ノルウェー政府は、放送法そのものの改正は行わず、以下の2つ

の一般的対応措置をとったことをヨーロッパ評議会に報告している。まず、テレビにおける選挙報道において、公共放送局が広くバランスのとれた内容の放送をするよう義務づける公共放送法（12条 b 項）の改正を行った。その結果、2009 年 9 月に行われたノルウェイ議会選挙に際しては、第 2 申立人のような小政党（およびその政策）についても取り上げられ、公共放送局がその義務を遵守しているか否かについては国家メディア局が監視をしていた。

　第 2 の措置は、市民に向けて政治的メッセージを送る手段として、毎日 24 時間放送されている新たなオープン・チャンネルを設け、すべての政党に当該チャンネルにアクセスできるようにしたことである。当該チャンネルの編集責任者は、組織・政党間での放送時間の配分、放送スケジュールを決める権限を持つが、意見表明の自由を強化し、テレビというメディアでの情報伝達の機会がすべての政治的組織・団体に公平に配分され、民主的社会の発展に寄与するような内容で運営することを義務づけられた。そして実際には、第 2 申立人だけでなく、同じような複数の小政党も、このオープン・チャンネルでの政治的意見表明が行われるようになったのであった。

(5) 日本法への示唆

　政治的意見表明に対する規制は、日本でも選挙運動との関係で問題とされる。しかし、日本の最高裁は、選挙運動規制を意見表明の「手段方法に伴う限度での間接的、付随的な制約にすぎない」として、一律の規制を「専ら選挙の自由と公正を確保する見地からする立法政策の問題」[8]とする。本判決は、まさに選挙期間中になされた小政党のための政治広告に対する規制を取り扱ったものである。そこでは、単なる手段方法の規制ではなく、民主的社会において最も重要とされる政治的意見表明に対する内容規制との観点で問題を取り上げている。政治的主張の多元性や公平性が維持されることで真の意味での民主的社会が樹立・発展できると考えるのであれば、本判決から学ぶべき点は多いのではないだろうか。

(1) 本稿は、インターネットからダウンロードした判決（http://hudoc.echr.coe.int/sites/eng/pages/search.aspx?i=001-90235）を基に、ドイツにおける本判決の紹介（NVwZ 2010, S. 241）を利用していることをここで予めお断りしておく。

(2) Sunday Times 事件〔I 62〕解説（江島晶子執筆）384 頁以下参照。

(3) 江島・前掲注(2)387 頁参照。

(4) Lingens v. Austria, 8. July 1986 なお、本稿ではそのドイツでの紹介である NJW 1987, S. 2143 を参照した。なお、リンゲンス判決〔I 64〕解説（上村都執筆）395 頁以下参照。

(5) VgT Verein gegen Tierfabriken v. Switzerland, 28. September 2001, Reports 2001-VI. この事件は、動物保護団体が、食肉業者の営業的な販売広告に対して「健康や動物・環境保護のために肉を食べないようにしよう」と呼びかける広告を放送してもらおうとしたが、その内容が政治的であるとして放送を拒否され、それに対してスイスの国家メディア局に不服を申し立てても認めてもらえなかったことから、その放送の拒絶に対する条約 10 条違反の申立を行ったものである。ここでも、ヨーロッパ人権裁判所は、「民主的社会における必要性」の観点での審査を行い、当該内容の放送の拒絶は条約 10 条の侵害になるとした。

(6) Murphy v. Ireland, 10 July 2003, Reports 2003-IX. なお、この判決で問題とされたのが道徳・宗教の領域での個人の内面的確信に関連する宗教的行事の開催広告の放送拒否であったために、ヨーロッパ人権裁判所は制約の「民主的社会における必要性」を判断する際の国家の広い裁量を認め、制約を条約違反とは認定しなかった。

(7) 本判決は、EPRA（European Platform of Regulatory Authorities）による各国の規制の態様の報告を引用している（§67）。それによると、テレビでの有償の政治的宣伝広告の一般的禁止、宣伝広告を認めるもの、選挙期間中の選挙運動として無償で宣伝広告を認めるもの（有償での一般的禁止を課すものの中にもこれは認めるものもある）、無償放送についての規制のないものの 4 つの類型に分類されている。

(8) これは、戸別訪問禁止が争われた最判昭和 56 年 6 月 15 日刑集 35 巻 4 号 205 頁での最高裁の判断である。

[参考文献]

[1] Marauhn, Thilo, Kommunikationsgrundrechte, in : Dirk Ehlers (Hrsg.), Europäische Grundrechte und Grundfreiheiten, 2. Auf., 2005, S. 93-115.

[2] Weber, Albrecht, Die Freiheite der audiovisuellen Medien, in : ders., Menschenrechte, 2004, S. 458-491.

66 政治広告放送の自由(2)

NGO による有料政治広告放送に対する放送の中立性確保のための規制と表現の自由

――アニマル・ディフェンダーズ・インターナショナル事件――

Animal Defenders International v. the United Kingdom

小谷　順子　22 April 2013, Reports 2013-II（大法廷）

【事　実】

本件は、有料政治広告の放送を禁じるイギリス法に基づいて申立人 NGO の広告放送が拒否されたことがヨーロッパ人権条約（以下、条約）10 条の表現の自由の保障に対する介入として正当化された事例である。

イギリスでは、1954 年テレビジョン法（Television Act of 1954）の制定によって、それまで英国放送協会（BBC）が独占していたテレビ・ラジオ放送市場が自由化されるとともに、広告収入を主財源とする商業放送事業者の市場参入に備え、有料の政治広告の放送を禁止する規定が導入された。放送の中立性を保ち、高い資金力を有する団体による世論操作を防止することを目的とした当該規定について、政府は、その後、1998 年に政治資金規制の観点からこれを維持する方針を示し、さらに、1999 年以降の放送全般に関する法制度改革の議論のなかでもこれを維持する方針を示した[1]。

イギリスで放送規制改正の検討が進むなか、2001 年、ヨーロッパ人権裁判所（以下、人権裁判所）は、政治広告の放送を禁止するスイス連邦法規定に基づいて広告放送を拒否された団体による申立てにつき、条約 10 条に違反すると判断した（Vgt Verein gegen Tierfabriken v. Switzerland, 28 June 2001, Reports 2001-VI）。同判決は、当該規定の目的（高い資金力を有する集団が政治的議論を独占することを防ぐことによって社会の多様な構成員による平等な参加機会を確保すること等）を肯定しつつも、本件が公的関心事に関する議論への参加に関する問題であることを強調したうえで、申立人の表現の自由に対する介入がスイス政府によって関連性をもち十分に（relevant and sufficient）正当化されていないと述べた。

イギリス政府は、同判決をうけて、有料政治広告放送禁止規定の条約 10 条適合性の再検証を行い、適合するという判断に至り、2002 年、有料政治広告放送禁止規定を維持した放送規制改正法案を議会に提出した。これをうけた議会も、人権裁判所決に照らして条約 10 条適合性の検証を行い、その後、最終的に有料政治広放送禁止規定（321 条 2 項）を含む 2003 年通信法（Communications Act of 2003）を可決した。

2003 年通信法 321 条 2 項は、「政治的性質（political nature）」の目的を有する主体のための広告と「政治的目的（political end）」のための広告を禁止する。同項の「政治的性質および政治的目的」は同条 3 項で定義されており、選挙や立法過程に影響を与える広告のほか、公的論争に関する世論に影響を与える広告、政党や政治的目的を有する集団の利益を促進する広告等が幅広く禁止される[2]。他方、同条 7 項は、例外として、政府広告のほか、一定条件を満たす政党の政治運動と住民投票運動の放送を認める。

本件の申立人アニマル・ディフェンダーズ・インターナショナル（Animal Defenders International）は、動物愛護等を目的としたイギリスの NGO であり、動物を商業、科学、娯楽のために使用することに反対し、世論や法制度の変革をめざしている。2005 年、申立人は、霊長類を動物園やサーカスで展示したりテレビ広告で使用したりすることに反対する運動を開始し、その一環として、霊長類の拘束を批判する内容のテレビ広告の放送を希望した。そこで、申立人は、民間の自主規制組織である放送広告許可センター（Broadcast Advertising Clearance Center）に対して

当該広告の許可（clearance）を求めたが、同センターは、申立人 NGO の目的の政治的性格に着目し、2003 年通信法 321 条 2 項の禁じる放送広告に該当するという理由で、これを許可しなかった。

これをうけ、申立人は、有料広告放送禁止規定が条約 10 条違反であると主張して、人権法 4 条に基づく不適合宣言を求め、管轄大臣を相手に高等法院に提訴したが、高等法院は、2006 年、10 条違反を否定した。これをうけ、申立人は飛躍上告したが、2008 年、貴族院は、本件規定は最高額の資金を有する者によって政策が左右される事態を防止するという目的によって正当化される等と述べ、上告を棄却した。そこで、申立人は、人権裁判所に対し、人権条約 10 条違反を申し立てた。

本件は、2008 年 9 月 11 日に申し立てられ、2011 年 11 月 29 日に大法廷に回付された。2013 年 4 月 22 日、大法廷は、10 条違反は認められないと判示した。判決は 9 対 8 であり、共同反対意見（5 名）、反対意見（3 名）が付されている。

【判　旨】

(1) 争　点

両当事者は、①本件禁止が条約 10 条に基づく申立人の権利への介入に該当すること、②本件介入が法律（2003 年通信法）で定められていること、③本件介入が公的関心事に関する放送の中立性を維持することを通して民主主義過程を守ることをめざしていること、について同意している（§78）。争点は、当該介入が「民主的社会において必要（necessary in a democratic society）」であるか否かである。

(2) 当該介入は「民主的社会において必要」か

(a) 原　則

表現の自由の保障の例外については厳格に解釈されねばならず、例外を正当化する条件として挙げられた条約 10 条 2 項の「民主的社会において必要」という条件に該当するか否かの判断については、各国に評価の余地が認められるものの、当裁判所が最終的な判断を下す（§100-104）。つまり、当裁判所が、争点となる

介入が関連性があり十分であるがゆえに「差し迫った社会的必要（pressing social need）」に対応しておりかつ正当な目的と比例性を有するか否かを判断する（§105）。

(b) 審査の前提

両当事者は、政治広告の一律規制（general measure）[3]自体には同意しているのであり、同意していないのは、一律規制の範囲についてである（§106）。条約の下、国家は、予め定義した状況に一律に適用する規制を採用することができるのであり、それが個別具体的な事案に適用された場合に難題を生み出すか否かは問題ではない。当裁判所は、一律規制の比例性を判断するに際し、議会と裁判所の行った審査の特質や、一律規制を緩和した場合の恣意的運用等の可能性を検証する（§108）。一律規制の正当化理論が説得的であれば、当裁判所は、当該規制による個別の事案への影響にはさほど注目をしない（§109）。また、より制約の小さい規制手法が存在するか否かという点よりも、立法府が適切な評価を行ったか否かという点に注目する（§110）。さらに、正当化理由として、本件では民主的秩序の一要素である選挙過程の保護が挙げられているが、国家内の民主的秩序の維持に関して最も適切に判断することができるのは当該国政府であることに鑑み、当該国家固有の規制手法に関する複雑な評価については当該国に一定の裁量を認める（§111）。

当裁判所は、申立人の権利（公的関心事に関する情報提供の権利）と政府の要望（高い資金力を有する集団による民主的討議過程の歪曲の防止）とを調整する必要がある（§112）。当裁判所は、高い資金力を有する集団が有料広告の分野では優位に立ち、その結果として、国家によって保障されるべきところの自由で多元的な議論が歪められる可能性があることを認める。したがって、公的関心事に関する議論の放送を規制することは、条約 10 条 2 項にいう「必要」に該当しうる。争点は、規制目的および国家に認められる評価の余地に照らして、現行規制が過度であるか否かという点になる。

(c) 比例性の判断

まず、イギリスの議会と裁判所による審査を検証

する（§113）。本件規制は、議会の複数の機関において、イギリスにおける公的関心事の表現に関する総合的な規制制度の一部として、文化的、政治的、および法的な側面から極めて丁寧に検証されており、いずれの機関においても条約10条の下の必要な介入であると判断され、最終的に党派を超えて全会一致で可決された（§114）。このような議会の力量と条約適合性に関する立法時の徹底的な諮問の経緯とが、本件の国内裁判所（高等法院、貴族院）が議会に対して示した敬譲の背景にある（§115）。両裁判所とも、規制の目的と規制範囲を定めた議会の論理を支持し、条約10条に基づく申立人の権利に対する必要かつ比例的な介入であると判断した。

　当裁判所は、こうした議会と司法機関による厳格かつ適切な審査の経緯と、重要な公的関心事に関する議論の歪曲を防止するために一律規制の必要性を認めた判断とを重視する（§116）。また、本件規制が、表現の権利の制約を最小限にとどめながら議論の歪曲の危険性に対処するために有料広告や特定媒体（テレビおよびラジオ）のみを限定的に規制するものであることも重視する（§117）。

　なお、申立人は、規制範囲に関する立法判断の根拠を批判する（§118）。第一の批判として、申立人は、新メディアの発展に伴う放送の影響力の低下を主張するが、放送が家庭内に直接的かつ強力な影響を与えることを否定する証拠はない（§119）。第二に、申立人は放送広告の費用の低下を主張するが、放送広告は資金力に左右される（§120）。第三に、申立人は政党の政治・選挙等に関する無料広告が認められていることは本件審査には無関係だと主張するが、民主的過程の中核に位置する主体の無料広告を認めるという形で広告禁止を緩和している事実は、一律規制の総合的均衡性を審査する際に考慮すべきである（§121）。第四に、選挙期間外の社会利益団体の広告を認めるべきであると主張するが、これを認めると、資金力のある集団が隠れ蓑の利益団体を乱立させる等して制度を乱用するおそれがあるし、事例毎に放送の可否を判断することになるがゆえに予測可能性が低下したり恣意

的判断が生じたりするおそれもある（§122）。

　なにより、有料政治広告の放送の規制方法については、構成国間のコンセンサスが存在せず、ヨーロッパ評議会閣僚委員会も共通見解の提示を回避している。構成国間のコンセンサスが存在しない場合は、公的関心事に関する表現の規制について、当該国には幾分広汎な評価の余地が認められる（§123）。

　なお、当裁判所は、一律規制の正当化理論が説得的であることから、本件規制が申立人に与える影響については考慮しない（§124）。規制の比例性の評価に際しては他の表現手段の存在が重要となるところ、申立人は他の手段で表現しうる。

　以上のとおり、イギリスの提示した理由は申立人による広告の禁止を正当化するに関連性があり十分であって、本件規制は申立人の表現の自由の権利に対する比例的でない介入には該当せず、条約10条違反は認められない（§125）。

【解　説】

(1) 本判決の意義、先例との整合性

　政治的な広告の放送規制をめぐっては、その規制手法のみならず規制の可否自体に関しても、ヨーロッパ内のコンセンサスが存在しない[4]。そのなかで、本件では、有料の政治広告放送を幅広く一律に禁止するイギリス法に基づく介入が条約10条2項の下で比例性を有するのかどうかが争われた。両当事者とも、高い資金力を有する団体による放送広告市場の寡占を防止するために何らかの規制を設けることが許されるという点では合意しており、本件では、資金力に乏しいNGOによる広告までをも規制する本件規定の規制手法が正当化されうるのかが問われたことになる。

　本判決では、一律規制の正当化理由が強固であれば個別事案における適用の正当性の検証の必要性は弱まるという前提が示されたうえで、本件規制については、イギリス国内において、議会と裁判所が人権裁判所の判例に照らしつつ丁寧に10条適合性の検証を行ったこと、そして、そのうえで公的関心事に関する

言論空間が富裕団体によって支配されることを防止するためには本件一律規制しか選択肢はないという判断に至ったことが重視され、有料政治広告の放送規制に関する構成国間のコンセンサスが存在しない以上は各国に相当程度の裁量の幅が認められると述べられ、条約10条違反は認められないと判断された。

本判決に対しては、人権裁判所の先例からの乖離を厳しく指摘する批判がある[5]。すなわち、従来、人権裁判所は、政治的表現や公的関心事に関する議論を民主的社会の理念の中核に位置づけており、政治的表現の規制については国家の裁量の余地が非常に狭いことを強調してきたのであり、本件規定とほぼ同様の内容をもつスイスの政治広告禁止規定をめぐるVgT判決（前述）においても、人権裁判所は、中立的な公的言論空間を維持するという規制目的を正当なものと認めつつも、当該規定の一般的正当化理由によって申立人の事実関係への当該規定適用が正当化されることが関連性があり十分に示されてはいないと述べて条約10条違反を認めている。こうした先例をふまえ、本判決に関しては、政治的表現を重視する先例の法理から乖離しているうえ、類似事案のVgT判決と異なる結論に至った理由が不明確である等との批判が寄せられる（詳しくは後掲(2)(3)）。

(2) 規制文言と具体的適用事例のどちらを重視すべきか

本件規制は、極めて幅広い範囲の政治広告を一律に禁止しているため、本来のターゲットである資金の豊富な主体の広告が禁止されるだけでなく、言論市場の歪みにはつながらないような主体（本来は規制される必要性がないはずの資金力に乏しい団体や民主主義過程の重要アクターであるはずのNGO等）の広告までもが禁止されてしまう。後者の広告の禁止は本来の規制の主目的とは結びつかないし、そもそも後者の広告表現の自由は本来保障されるべきものである。このように「過度に広汎」と言いうる本件規制につき、本判決では、申立人にかかる具体的事実関係の条約10条適合性を審査するのではなく、規定自体の正当性の審査を行い、その正当性理由が強固であることを理由に、申立人への

適用も条約違反ではないとの結論を導いた。

このように申立人の事案から離れて規制文言を審査するという手法については、人権裁判所の本来の手法であるという指摘[6]もある一方で、批判も強い。Ziemele裁判官等の共同反対意見では、本来、一律規制の文言のみに着目することが許されるのは経済的・社会的政策に関する規制や選挙制度の文脈等の場合に限られるのであって、表現の自由の規制については「一般的利益」や「公共の利益」に基づいた正当化理由を単純に尊重するという手法は許されないと批判する（Ziemele裁判官等の共同反対意見§5-8)[7]。そして、本件については、仮に当該規制が公正かつ慎重に立法されていたとしても、裁判所は侵害されたとされる人権を起点とした審査を行う義務があったとする（§9）。具体的には、規制によって生じる権利制約よりも規制を正当化する安全上（security）の要請の方がはるかに上回る場合で、かつ、より制約の少ない規制手法が存在しない場合のみ、規制が許されると述べる（§10）。

2001年のVgT判決では、当該事件の申立人にかかる具体的な事実関係を審査したうえで、一律規制の正当化理由では申立人への適用を正当化することができないとの判断に至っていたのであり、本判決におけるVgT判決との差別化の理論は一見すると不明瞭であるが、本件での差別化の背景には、次に述べるような人権裁判所の先例に対するイギリスの敬意の存在があった。

(3) 立法過程における議論と人権裁判所

本件規定については、イギリス国内の制定過程において、議会が丁寧な議論を行ったのみならず、人権裁判所のVgT判決が出された後には同判決との整合性の検証も行った。さらに、裁判所も、人権裁判所判決との整合性を丁寧に検討した。このように締約国が人権裁判所との関係を重視しつつ慎重な検討を行ったからこそ、人権裁判所側も構成国側の判断を尊重したと言われる[8]。こうした本件の人権裁判所の姿勢は、「補完性原則」の実効化を図り「評価の余地」を認める近年の同裁判所の傾向に合致しているとする肯定的評価もある[9]。しかし、立法過

程の議論の質を過度に重視することによって、広汎な人権侵害の規制が正当化されてしまうおそれや、立法過程の議論の質次第で同一内容の規制の正当化の可否が左右されるという不均衡が生じてしまうおそれも指摘されることに留意すべきであろう[10]。

(4) 本判決の影響

本判決では、有料政治広告規制についての構成国間のコンセンサスが存在しないことを前提に、具体的な規制の条約10条整合性については当該国の慎重な審査を尊重することが示された。したがって、厳格な規制を有する他の国家においても、即座に法改正等の対応を求められるものではないが、9対8の僅差の判決であることを踏まえると、今後の展開には注意が必要である。

本判決でも言及されたとおり、有料の政治・意見広告の放送を完全に自由化した場合、さまざまな弊害（集金力・自己資金力の高い者による広告枠の買い占めや言論市場の独占、それに伴う選挙費用の高騰等）が生じる可能性がある。表現の自由を絶対視する傾向の強いアメリカは、有料放送枠の購入に関する規制をほぼ設けていないが、イギリスは、そのアメリカの現状を批判したうえで、独自の規制を継続すべきであるとの判断を行い、この判断が人権裁判所でも評価された。しかし、幅広い一律規制という本件の規制手法が適切であるのかどうか、より慎重な精査を求めた反対意見にも注目すべきであろう。この点につき、日本の現行法では、通常時の有料の意見・政治広告放送の規制は設けていないが、選挙運動期間中は無料の政見放送と経歴放送以外の選挙運動のための放送が禁止されるほか（公職選挙法150・151条、151条の5）、憲法改正の国民投票期日14日前以降は政党等以外の主体による国民投票運動のための広告放送が禁止される（日本国憲法の改正手続に関する法律105・106条）。こうした規制が表現の自由の理念に照らして正当化しうるのか、諸外国の規制手法と現状を参照しつつ慎重に検証する必要があろう。

なお、本判決は、放送規制そのものの正当性につき、テレビ放送の影響力の強さという従来型の正当化理由を踏襲してこれを正当化したが、反対意見（Tulkens裁判官等の反対意見§11）では、インターネット等の媒体の影響力の高まりによって従来型放送メディアの特別扱いの必要性が失われつつあることを指摘した点にも留意したい。

(1) 判決§37-40等。

(2) 同3項では、「政治的性質および政治的目的」には次のものが含まれると規定する。「(a)イギリス国内外において選挙または住民投票の結果に影響を与えるもの、(b)イギリス国内外の法律を全面的もしくは部分的に変革する結果をもたらすもの、または、いずれかの国家もしくは領土の立法過程に影響を与えるもの、(c)イギリスの国内外において地方、地域（regional）、または国家の政府の政策または決定に影響を与えるもの、(d)イギリスまたはイギリス国外の国家もしくは領土の法律によってまたはその下で公的な機能を付与された者の政策または決定に影響を与えるもの、(e)国際的な合意によってまたはその下で機能を付与された者の政策または決定に影響を与えるもの、(f)イギリス国内における公的論争の対象議題に関する世論に影響を与えるもの、(g)イギリス国内外の政党または政治的目的のために組織された人々の集団の利益を促進するもの」。

(3) 本判決では、個別の事案に左右されずに一律に適用される規制という意味で「general measure（一般的規制ないし一律規制）」という表現が用いられた。一方、これに対し、本件規制は「blanket ban（全面規制）」または「prior restraint（事前抑制）」であるという指摘もある。

(4) 判決文（§65-69）で引用された2006年のヨーロッパ規制監督機関プラットフォーム（European Platform of Regulatory Authorities）の調査によると、大多数の西欧諸国およびチェコ並びにルーマニア等が有料政治広告放送を規制しており、これらは政治的性質を有する広告を幅広く一律に禁止する規制とより緩やかな規制とに大別される。

(5) *See, e.g.,* Tom Lewis, *Animal Defenders International v United Kingdom: Sensible Dialogue or a Bad Case of Strasbourg Jitters?,* 77(3) MODERN LAW REVIEW 461, 463-64 (2014).

(6) Bratza裁判官の同意意見（§4）。

(7) *See also* Lewis, *supra* note (5), at 467.

(8) *See, e.g.,* Robert Spano, *Universality or Diversity of Human Rights?: Strasbourg in the Age of Subsidiarity,* 14(3) HUMAN RIGHTS LAW REVIEW 487, 497-99 (2014). なお、イギリス国内の裁判所は、条約上の権利の制約の比例性が問われる場合に立法過程における議論の質を考慮しない傾向にあるという（Lewis, *supra* note (5), at 468-69）。

(9) Spano, *supra* note (8), at 497.

(10) Lewis, *supra* note (5), at 469.

67 憎悪表現(1)
国会議員による人種差別的表現
──フェレ判決──

今関　源成

Féret v. Belgium

16 July 2009

【事　案】

　ベルギーの極右政党「国民戦線」党首で国会議員であるフェレは、その責任で発行した選挙運動用ビラ等[1]がヘイト・スピーチにあたるとして 1981 年 7 月 30 日法律（改正前）1 条（人種、皮膚の色、家系または出身国もしくは民族的出自を理由に、集団、共同体またはそのメンバーに対する差別、隔離、憎悪、暴力を煽動する者を処罰する規定）に基づき告発、起訴され、国内裁判所から有罪判決（外国人統合部門における 250 時間の労働、それを拒否する場合には禁固 10 カ月、および 10 年間の被選挙資格剥奪）を受けた（ブリュッセル控訴院 2006 年 4 月 18 日判決。破毀院 2006 年 10 月 4 日判決で被告の上告棄却）。これに対してフェレが条約 10 条を根拠に表現の自由の侵害としてヨーロッパ人権裁判所に提訴したのが本件である。なお、ベルギーでは国際機関から勧告を受け、手続の重さ（公開、長い訴訟期間、高コスト、上訴不可）故に事実上機能していなかった陪審制の重罪院から「人種差別主義または外国人排斥意識に影響された言論犯罪」を軽罪裁判所に移管するために 1999 年に憲法が改正され[2]、ヘイト・スピーチの刑事的規制に実効性が与えられていた。

　本件では、政治家による選挙時の政治的言説のヘイト・スピーチとしての処罰の当否が問われた（議員の免責特権の主張は、ここでは扱わない）。裁判所の判断は 4 対 3 に分かれ、多数意見はフェレの 10 条違反の主張を排斥して本件言論処罰を是認した。

【判　旨】

　表現の自由の規制が、①法律によって規定されているか、②正当な目的（秩序の防衛、および他者の名声と権利の保護）に基づくものか、③その目的を達成するために民主的社会において必要なものであるか（比例原則）、の 3 点からなるヨーロッパ人権裁判所の通常の審査枠組を採用したうえで、多数意見は①②の審査を簡単にパスさせた後に、③について以下の判断を示した。

(1)　民主的社会における必要性に関する一般原則

　「表現の自由は、あらゆる民主的社会の基本的土台、すなわち民主的社会の進歩と各人の開花の本源的条件の一つを構成する。10 条 2 項の制限を除き、表現の自由は、好意的に受け入れられるものだけでなく、…人を傷つけ、不快にさせ、または人に不安を与える「情報」や「思想」についても保障される（Handyside 事件〔Ⅰ*18*〕）」（§61）。

　本件介入の「民主的社会における必要性」判断には、「それが『やむにやまれぬ社会的必要』に対応していたか、追求される正当な目的に比例していたか、それを正当化するために国内当局によって提供された理由が関連性がありかつ十分であるかを検討する必要がある（Sunday Times 事件〔Ⅰ*62*〕）。かかる『必要』の有無、必要に応じて取るべき措置の内容の決定に当たって、国内当局は一定の評価の余地〔裁量〕を有する」（§62）。

　「10 条 2 項は、政治的もしくは一般利益問題に関わる言説の領域において表現の自由に対する制約の余地をほとんど認めていない。…政治的討議の文脈における表現の自由の最高度の重要性にかんがみて、やむにやまれぬ理由なしに政治的言説を制限することはできない。…しかしながら、政治的討論の自由

〔今関源成〕　　　　　　67　国会議員による人種差別的表現　　　　　　367

が絶対的でないこともまた確かである。締約国はその自由に『制約』や『制裁』を課すことができるが、最終的には、それが10条の認める表現の自由と両立するか否かの判断権限は当裁判所が有する」（§63）。

「寛容と万人の平等な尊厳の尊重は、民主的多元主義的社会の基礎を構成する。したがって、民主的社会では、原則として、（宗教的不寛容を含め）不寛容に基づく憎悪を普及させ、助長し、促進または正当化するすべての表現形態に対する制裁、さらにはその予防の必要性を判断することができる。ただし、その『手続』、『条件』、『制約』または『制裁』が、追求される正当な目的に比例的であることに留意することが条件となる」（§64）。

「表現の自由は…とりわけ人民の代表者にとって貴重である。代表者は有権者を代表し、その関心事を摘示し、その利益を擁護するからである。したがって、申立人のような野党国会議員の表現の自由への介入は、最も厳格な審査に服する」（§65）。

(2) 本件への一般原則の適用

「本件有罪判決が『やむにやまれぬ社会的必要』に対応していたか、『追求された正当な目的に比例して』いたかの決定には、起訴された発言内容、発言がなされた文脈を含めた事件全体との関係で本件介入を考察しなければならない」（§66）。

本件ビラは、「文化的相違」に基づいて移民共同体が犯罪の温床であり、ベルギーに定住して不当に利益を得ようとしていると決めつけており、その共同体を愚弄するメッセージを含んでいる。「このような言説は公衆の中に、とりわけもっとも啓発されていない人々の中に外国人に対する無視、排斥の態度を惹き起こし、さらには憎悪をもつ者すら生み出す性質を必然的に有している」（§69）。

政党の政治綱領自体でなく選挙運動用のビラとイラストを対象として「控訴院は、偏見によって書かれた文書が、黙示の場合もあるが、明白に人種、皮膚の色、家系、出身国もしくは民族的出自を理由に、特定の集団、共同体またはその構成員に対する暴力とは言えなくても差別、隔離または憎悪を煽動して

おり、ビラの作成者もかかる差別、隔離または憎悪に訴える意志を表明する要素を含んでいた点を特に強調した」（§70）。

「当裁判所は、あらゆる形態と表現による人種的差別に対して闘うことがきわめて重要であることを想起し（Jersild事件〔I67〕）、そして反差別、反不寛容ヨーロッパ委員会（ECRI）の活動に関するヨーロッパ評議会の閣僚委員会の様々な決議のテキストや閣僚委員会の作業文書および報告書を引用する。それらの文書は、一般的にはヨーロッパレベルで、また個別的にはベルギーにおいて、人種差別、外国人嫌悪、半ユダヤ主義、および不寛容という諸現象に対して闘うため、断固とした持続的なアクションを起こすことの必要性を示している」（§72）。

「憎悪の煽動は具体的な暴力行為その他の違法行為に訴えることを必ずしも要しない。本件のように、人口の一部、その中の特定の集団を傷つけ、揶揄し、誹謗することによって侵される人格に対する侵害、または差別の煽動はそれだけで、当局が当該集団等の尊厳さらには安全を侵害する無責任な表現の自由に直面して、人種差別的言説に対処する必要があると考える根拠として十分である。宗教的、民族的または文化的予断に基づく憎悪を煽動する政治的言説は、民主主義国家における社会的平和と政治的安定にとって危険を呈する」（§73）。

「申立人の国会議員資格は責任の軽減事由ではない。政治家が公的言説において不寛容を増大させる発言の流布を回避することは、決定的に重要である。政治家は、その究極目的が権力奪取自体であるがゆえに、民主主義とその諸原則の防衛にとくに注意深くなければならない」（§75）。

「使用媒体および本件発言が流布された文脈、公序と社会集団の結束に対する発言の潜在的影響は、特に重要である。ところで、本件では、選挙運動の文脈で配布された政党ビラが問題である。…この文脈では政党は有権者説得のために広汎な表現の自由を享受しなければならないが、人種差別的もしくは外国人排斥的言説の場合には、かかる選挙の文脈が

憎悪と不寛容を煽るのに寄与することになる。なぜならば、選挙時には事の成り行き上、立候補者の立場はいつもより硬化する傾向があり、ステレオタイプなスローガンや言い回しが合理的論拠に優位するに至るからである。かかる言説の影響は、選挙時には増幅され、より被害を拡大する」（§76）。

「政党は移民問題に対する解決策を説くことはできる。しかしながら、人種差別の推奨によって、そして自尊心を傷つけもしくは侮蔑的発言や態度に訴えて、そうすることは回避しなければならない。かかる行動は静穏な社会環境とは相いれない態度を公衆の間に惹起し、民主主義的諸制度への信頼を掘り崩す危険があるからである」（§77）。

10年間の被選挙資格剥奪はその長さの点で問題がないわけではないが、刑罰の謙抑性の原則に基づく代替手段として認められる（§80）。

【解　説】

本判決は、政治的言論を対象とするヘイト・スピーチ処罰の条約適合性を僅差で認めた。政治家による選挙時の政治的表現の自由の民主的重要性と、人種差別主義の社会的蔓延の防止（対象集団の人格的利益の保護と民主的秩序の防衛）という課題との調整のあり方について、多数意見と反対意見を対比しつつ若干の検討を行いたい。

(1) 多数意見の論理

判決の判断枠組自体は一般的である（後掲［参考文献］大藤論文参照）。政治的表現の自由の民主的社会における最高度の重要性を根拠に、その規制に「やむにやまれぬ社会的必要性」を要求し、具体的規制（手続、条件、制約内容、制裁）が規制目的との関係で比例性を有するかを判断するものである。

多数意見では、ヘイト・スピーチ規制の「やむにやまれぬ社会的必要性」を構成するのは、民主的多元主義社会の土台である「寛容および万人の平等な尊厳の尊重」である。それを根拠に原則として「不寛容に基づく憎悪」表現の制約が認められることになる。他方、野党政治家の政治的表現の自由の規制は、政府批判の自由の民主的重要性にかんがみて「最も厳格な審査」に服するとされる。目的と手段の間の比例性は、「表現内容や表現の文脈を含めた事件全体との関係」を踏まえて、「最も厳格」に審査されたが、それでも本件言論処罰は表現の自由の侵害ではないというのが多数意見の結論である。

判旨のポイントは次の通り。

本件ビラは、「文化的相違」に基づく偏見によって移民共同体を犯罪の温床などと決めつけて愚弄し、公衆の「啓発されていない」部分に外国人に対する無視、排斥、憎悪を惹起する性質を必然的に有するとともに、作成者自身も差別行為や憎悪に訴える意図を表明しており、客観的にも主観的にも「不寛容に基づく憎悪表現」であるので、制約が原則として許される。

憎悪の煽動が「具体的な暴力行為その他の違法行為」に訴えることは処罰の前提ではない。したがって、言論と行為の関連や弊害の特定性を問題とせず、集団に対する誹謗または差別の煽動それ自体が、当該集団の「尊厳と安全」を侵害する「無責任」な表現の自由の行使とみなされる。

政治的言論であっても「宗教的、民族的または文化的予断に基づく憎悪を煽動する」ものは、「民主主義国家における社会的平和と政治的安定」にとって危険とされ、規制の必要性はむしろ高く見積もられる。

国会議員・政治家の地位も実際には表現の自由に有利な要素としては考慮されず、逆に政治家に民主主義とその原則の防衛に留意し、「不寛容を増大させる発言」を回避すべき義務が課される。しかも選挙キャンペーンでは言説がエスカレートし憎悪が増幅される危険があるとされ、弊害はより深刻となる。この点でも規制は強く正当化される。

したがって本判決では、選挙時の政治家の言説は、それが一旦「不寛容に基づく憎悪表現」と評価されると、政治的言論であっても、政治家のヘイト・スピーチ回避義務を媒介として、差別行為との結びつきや具体的弊害の特定性、切迫性といった点の考慮なしに、処罰が認められることになる。審査は最も

厳格だと判決は述べるが、厳格審査の内容をなすべき「明白かつ現在の危険の法理」や萎縮効果への配慮などは意識されておらず、その厳格さの実質は不明である。むしろ判決は政治的表現を、その内容（思想）故に直接に処罰することを端的に認める構成をとっている。また、憎悪表現か否かの判断自体も、本件表現の該当性を簡単に認めるところからすると、厳格になされているとはいえない。

(2) 反対意見の批判

反対意見もヘイト・スピーチの弊害の深刻さ、法規制の必要性および審査枠組自体については多数意見と認識を共有する。しかし、多数意見が差別・憎悪の煽動を表現の悪質さ（差別・憎悪の惹起の抽象的な危険性）を理由にストレートに表現内容規制を認める点を問題として[3]、反対意見は「差別解消のために表現の自由を犠牲にしている」との懸念を表明しつつ、刑事罰の対象となるヘイト・スピーチをできる限り限定的に捉えようとする。

多数意見への批判は次の諸点にわたっている。

①多数意見は、やむにやまれぬ必要性を「寛容」という価値、即ちヨーロッパ人権条約の「精神」といった曖昧な観念との関連でのみ承認しているため、判断者の好悪に基づく表現の自由の恣意的制約の歯止めなき拡大への途を拓くものである。

②本件発言は私人に対する差別の煽動ではなく、政府の移民政策への政治的批判である[4]。また、人種差別撤廃条約が禁止する厳密な意味における「レイシズム」（人種的優越性、劣等性に基づく差別）と人種以外の要因による差別（国籍、市民権の有無による別扱いなど）とを区別すべきであって、それを前提とすると、本件表現は前者には当たらない。

③後者の問題だとすると、本件発言が当該社会の社会政治状況を前提として「他者の権利」（本件では移民共同体のメンバーの権利）を危険にさらすか否かで規制の当否は判断される。権利侵害の危険の有無は、単に表現のもつ「潜在的影響」ではなく、当該表現が公的討議へ何ら寄与せず他者の権利の「破壊」に繋がるものかによって判断される。本件では、発言

に政府批判としての意味があり、他者の権利の侵害の具体的な危険は存在しない。

④ヘイト・スピーチの処罰が許されるのは、それが深い不合理な憎悪を吹き込むことによって差別行為を助長するからである。その処罰には、表現から直接生じた、もしくは明らかに表現によって助長された可罰的行為の存在が必要である。「単なる不寛容、行為を伴わない感情、あるいは少なくとも行為への明白な傾斜のない感情は犯罪を構成しえない。」

⑤ヘイト・スピーチを許すと民主主義制度への信頼が失われ「公序」を侵害するという懸念も、根拠のない「黙示録的仮説」である。

⑥政治家のヘイト・スピーチ回避義務と、選挙時における弊害の増幅の危険という前提とを認めると、選挙時に政治家の発言は自己検閲によって強く萎縮する。しかし、「民主主義において、選挙は言論に特別な制約を課す根拠となる危険の源泉ではなく、逆に、選挙における表現の自由が賢明な政治的選択と責任ある行動を可能にするのである。」また、ヘイト・スピーチの危険を強調する多数意見は、対抗言論の力を軽視し、煽動に乗せられない個々人の判断の独立性を否定している。

⑦多数意見は、「愚か者」に対する表現の影響を問題とし政治的表現の自由の国家的規制を正当化するが、民主的社会の基礎にある寛容と万人の平等な尊厳という価値の担い手は、「不合理な感情の不可抗な衝動」に突き動かされる存在ではなく、「十分な情報を与えられれば選択を行えるほどには合理的」な存在である。そして、「政治権力を掌握している人々には、誤った、または許しがたい思想のカタログを作成する権限は帰属しない」のである。

⑧被選挙権の10年間停止という制裁は、政治家の政治生命を断つに等しい過剰な制裁で比例原則に反する。

反対意見は、レイシズム観念を限定し、本件表現の規制根拠を他者の権利の差し迫った具体的侵害の危険性に求め、暴力や差別行為の誘発と言論の間に強い関連性を要求し、ヘイト・スピーチ規制を思想

内容による処罰でなく、行為とその結果の処罰と一体のものとして極力構成しようとする。それは、本件表現を政府批判と評価し、民主主義社会におけるそうした政治的批判の自由と選挙の重要性を考慮するからである。また、民主主義社会の担い手のヘイト・スピーチに対する抵抗力を信頼し、表現の自由の権力的規制の危険を意識するからである。多数意見がヘイト・スピーチ規制に前のめりにみえるのとは非常に対照的である。

(3) 日本への示唆

　本件言説をヘイト・スピーチとして処罰対象とするか否かについては、ヨーロッパ人権裁判所の裁判官の中でも意見が正面から対立しており、学説は多数意見に批判的である。民主主義にとっての表現の自由、政府批判の自由、国民の知る権利の重要性を真剣に受け止めるならば、安易な刑事的規制の容認に警戒的になるのは当然である。

　とりわけ、時の政権を批判するデモが民主的意見表明として尊重されずに、特定のマイノリティ集団に対する憎悪の煽動が表現の自由擁護を理由に警察に守られるという政治的言論の置かれた状況や、表現の不自由が権力によるだけでなく、忖度と同調圧力の下で形成されるもの言えぬ言論空間として常態化しており、「政治的」とされる集会や芸術作品がパブリック・フォーラムから行政の中立性などを理由に事実上排除される現実があるという、この国の権力と表現の自由のねじれ切った関係を考えるとき、国家権力に信を置く議論には与し難いし、寛容の精神を擁護するためのヘイト・スピーチ規制が健全な民主的討議の自由に抑圧的に機能する危険性を否定することも難しい。民主的社会の基本価値から広範なヘイト・スピーチ規制をナイーブに認めるのでなく、民主的主体の判断の自律性と対抗言論の力を信じて、表現の自由と移民の権利との両立可能性をぎりぎりまで追求しようとする立場は、反対意見に終わったとはいえ、日本の現状を踏まえると重要性を有している。民主的主体の力量如何との問いは残るとしても。

(1)　主要なビラの内容の簡単な概要は次の通り（詳細は判決原文§8-17）。①『他人事に口出しするな』：ベルギー国民優先雇用の復活、難民センターのベルギー国民ホームレス用施設への転換、移民の本国送還、「似非統合政策」の中止等を主張。②『国民戦線の公約』：「ベルギーのイスラム化に反対」、「ベルギー人とEU市民への社会的援助の限定」、「現に政治的理由で訴追されているヨーロッパ出身者だけに亡命権を限定」、「法律を機械的に適用して不法滞在移民の国外追放を行うこと」、「台頭するイスラムから我が人民を救う」等。③『パルミエ通り：難民センターは住民生活を汚染する』：パルミエ通りにある難民センターが付近住民にとって迷惑施設となっているのに政府与党はそれを放置し、ベルギー人住民よりジプシー（Tziganes）の境遇に配慮していると告発。④『モロッコのロレット、ベルギーのおじいちゃん』：雇用担当大臣（ロレット）がベルギーの年金受給者の犠牲において外国には気前よく援助をしていることを批判するイラストの裏面に、政府の帰化政策の緩さ、不法滞在者適正化政策による移民増加を挙げて「政権担当者たちは泥棒だ」と批判するもの。⑤「アメリカ合衆国におけるテロ：それはクスクス・クランだ」：クークラックス・クランとアラブ料理であるクスクスをかけて、アラブ人をテロリストと決めつける表現。

　これらについて、裁判所は差別の煽動と作成者の差別の意図を認めた。例えば③について、あからさまな言葉で、資料の裏づけなしに外国人である難民を一緒くたに扱い、彼らに対する憎悪を煽動し、ビラ作成者自身もこの憎悪に訴える意志を示すもので、ビラの受け手はセンターの閉鎖要求を行うよう煽動されているとする。

(2)　http://www.lachambre.be/FLWB/pdf/49/1936/49K1936001.pdf

(3)　この懸念はHaarscher, Sottiaux両論文（後掲）の強調するところである。

(4)　注(1)⑤の言説は除かれる。ただし、これについても、個別にこれだけ取り上げたり、1999年の選挙キャンペーンと2001年のこの表現との間に時間的隔たりがあるにもかかわらず、両者を結び付け1999年の選挙公約の差別性を引き出したりするやり方は公正でないとされている。

[参考文献]

[1]　Guy Haarscher, Les périls de la démocratie militante - Cour eur. dr. h., Féret c. Belgique, 16 juillet 2009. Revue trimestrielle des droits de l'homme, N° 82/2010, p.445.

[2]　Stefan Sottiaux, 'Bad Tendencies' in the ECtHR's 'Hate Speech' Jurisprudence, European Constitutional Law Review, vol.7 (2011), p.40.

[3]　大藤紀子「ヨーロッパ人権裁判所における人種差別的表現規制について」国際人権24号（2013年）43頁。

68 憎悪表現(2)
同性愛者に対する憎悪表現の処罰と表現の自由
── ヴェデランド判決 ──

村 上 玲

Vejdeland and others v. Sweden

9 February 2012

【事　実】

申立人である Tor Fredrik Vejdeland、Mattias Harlin、Björn Täng、Niklas Lundström の 4 名はいずれもスウェーデン国籍で、スウェーデン国内に在住している。

2004 年 12 月、申立人らはスウェーデン国内にある上級中等学校 (gymnasieskola) へ赴き、約 100 部のリーフレットを配布し、生徒のロッカーへ入れる等したところ、当該学校長に配布の中止と学校内からの退去を命じられた。

配布された「同性愛プロパガンダ (Homosexpropaganda)」と題されたリーフレットは National Youth と呼ばれる団体を発行人とし、同性愛が道徳に対して破壊的効果を有し、HIV および AIDS の流行に寄与したこと、また、同性愛者のロビー組織はペドフィリア (小児性愛) の問題を軽く取り扱っていることなどを主たる内容としていた。

この配布行為につき、申立人らはスウェーデン刑法 16 章 8 条が定める民族 (national) または種族 (ethnic) 集団に対する扇動罪 (hets mot folkgrupp) に当たるとして訴追された。

申立人らは本件リーフレットの文言について、同性愛に対する侮辱を意図したものであって同性愛者に対する侮辱を意図したものではなく、本件リーフレットの配布目的はスウェーデンの学校教育において、同性愛に対する客観性が欠如していることへの議論を喚起することにあったと主張した。

Bollnäs の地方裁判所は本件リーフレットの配布意図につき、集団としての同性愛者に関する客観的な議論とはみなし難く、主たる目的は同性愛者に対する侮辱を表明することであったとして、民族または種族集団に対する扇動罪に当たるとして有罪と認定し、Vejdeland および Harlin については 2 か月の自由刑を、Täng については執行猶予および罰金刑の併科を、Lundström については保護観察処分および 40 時間の奉仕活動の併科を宣告した。この判決を不服として申立人らは Southern Norrland の控訴裁判所に控訴した。控訴裁判所は、教会での説教中に牧師によって行われた同性愛者に対する侮辱表現について無罪としたスウェーデン最高裁判所判決を挙げ、本件有罪判決はヨーロッパ人権条約 (以下「条約」という。) 10 条の保障する表現の自由への侵害に当たるとして、申立人側の主張を認める判決を下した。これを受け、スウェーデン検察庁はスウェーデン最高裁判所へ上告した。

スウェーデン最高裁判所は本件リーフレットの配布について、ヨーロッパ人権裁判所 (以下「裁判所」という。) の判例に照らして考慮するに、リーフレットは部外者 (outsiders) の政治活動から保護された環境である学校で配布されており、かつ、リーフレットが生徒のロッカーに投函されたことは、生徒がリーフレットを受け取りたいかどうかを決定できる機会なしに受領したことを意味すると論じた。また、配布目的については、本件リーフレットの声明以外でも達成しうるものであって、その内容は、同性愛者に対する不快な攻撃および非難で構成されていることから、他者への権利侵害に該当するとともに、相互理解を促進する公の議論に貢献しない声明を可能な限り避けるという 10 条が課す義務にも違

反しているとして、民族または種族集団に対する扇動罪を適用し、Vejdeland 他 2 名については執行猶予および約 200 ユーロから 2000 ユーロの罰金の併科が、Lundström については保護観察処分が宣告された。

このため、申立人らはスウェーデン最高裁判所判決が 10 条に違反するとして、裁判所に申し立てた。

【判　旨】

(1) 条約 10 条への侵害について

申立人らに対してなされた締約国による介入が、条約 10 条 2 項が要求する要件を充たさない場合、条約侵害となる。ゆえに、当裁判所は (a) 当該介入が「法律で定められていた（prescribed by law）」か否か、(b) 10 条 2 項にある「正当な目的（the legitimate aims）を一つないし複数追求していたか」否か、(c)(b) の目的を達成するために、当該介入が「民主的社会において必要であったか（necessary in a democratic society）」否か、を審査することでもって条約違反を認定する。（§48）

(a) 当該介入が法律で定められていたか

スウェーデン刑法 16 章 8 条が定める民族または種族集団に対する扇動罪は性的指向に関連する個人からなる集団に対する威嚇または侮辱する声明も含んでおり、当該規定は十分明確かつ予見可能であることから、条約が定める「法律で定められていた」という要件を充たしている（§49）。

(b) 10 条 2 項にある正当な目的を一つないし複数追求していたか

当該介入は、10 条 2 項が定める「他の者の名誉もしくは権利の保護」の意味内の正当な目的に服している（§49）。

(c) 当該介入は民主的社会において必要であったか

本要件を審査するに当たり、当該介入が「急迫する社会的必要性（pressing social need）」と一致していたか否かを審査することが要求されている。締約国は当該必要性の評価にあって、評価の余地（margin of appreciation）を有しているが、これらの判断は独立の裁判所によってなされた、ヨーロッパの監督と協調するものでなければならない。ゆえに、当裁判所は当該制限が 10 条の保障する表現の自由と一致するか否かについて、最終的に判断する権限を与えられているのである。そして締約国の評価の余地を検討するに当たっては、(i) 当該介入が「追求する目的と比例していたか（propotionate）」否か、および (ii) 当該介入を正当化するために国内当局によって提示された理由は「関連性があり十分であるか（relevant and sufficient）」否かを検討しなければならない（§51-52）。

当裁判所はこれまで表現の自由について、「好ましく受け取られる、当たり障りのない、または重要ではない問題に関する情報や思想だけでなく、不快にさせる、ショックを与える、または不安にさせるものについても適用される」と繰り返し述べてきた。また、「表現の自由は例外に服するものの、この例外は厳格に解釈されなければならない」（§53）。

本件リーフレットの配布目的は許容しうるものであるものの、その言葉遣いは、直接個人に対して憎悪による行動を喚起するものではないが、同性愛者らに対する深刻かつ損害を及ぼすものである（§54）。

また、「憎悪の扇動は暴力や他の犯罪行為を他者に喚起することを必要とせず」、「人口中の特定集団に対して、侮辱する、愚弄を掲げる、又は中傷すること」で十分である。「性的指向に基づく差別は「人種、出自または皮膚の色」に基づく差別と同等に深刻である」（§55）。

加えて本件リーフレットの配布は感化されやすく、かつ、受け取りを拒む可能性のない生徒に対して行われており、当該配布行為は、申立人のいずれも所属しておらず自由なアクセス権を有していない学校で行われている（§56）。

申立人らは自らの思想を表現する自由を享有しているとともに、「能う限り、他者に対して正当化の余地のない不快な声明を避ける義務を負っており」、これが果たされない場合、他者の権利への侵害を構

成することになる。本件リーフレットの声明は不必要に不快なものであり、本件配布行為は生徒のロッカーにおいても行われていることを考慮すると、国内裁判所が認定したように、スウェーデン刑法16章8条を適用しない理由はない（§57）。

また、申立人らに対してなされた制裁は、最大2年の自由刑を下しうるものであったが、実際には執行猶予および約200ユーロから2000ユーロの罰金刑並びに保護観察処分であって、これについて、過度の要素を見出すことはできない（§58）。

上記より、申立人らの有罪判決および刑の宣告は追求する正当な目的と比例していないとは言えず、当該介入の正当化におけるスウェーデン最高裁判所による理由は関連性があり十分である。申立人の表現の自由に行使された介入は、それゆえ、「他の者の名誉若しくは権利の保護」を守るために民主的社会において必要なものであると合理的に考慮することができる（§59）。

よって、10条違反はなかった（§60）（全員一致）。

(2) 条約7条違反について

申立人は法律によって定められていない犯罪によって有罪判決を下されたと主張するが、明白に根拠不十分であるので、この点は受理しない（§61-62）。

【解　説】

(1) 本判決の意義・特徴

本判決は、同性愛に関する嫌悪表現についてヨーロッパ人権裁判所が判断した初めての事例である。

判決はFéret事件〔本書*67*〕[(1)]で示された「憎悪の扇動（inciting to hatred）」要件を踏襲し、暴力行為や犯罪行為の喚起まで要求せず、特定集団に対する侮辱や愚弄、中傷で十分であるとの基準を示した上で、当該基準の適用対象を性的指向に基づく嫌悪表現にまで拡張している。また、性的指向に基づく差別そのものについてもSmith and Grady v. UK事件[(2)]での判断を参照し、人種、出自、皮膚の色に基づく差別と同等に深刻であると強調し、性的指向に基づく差別を人種差別等と同等のものと位置付けていると

解される。その上で、スウェーデンの学校教育に関する問題について議論するというリーフレットの配布目的の正当性について裁判所は、スウェーデン最高裁判所の見解を踏襲して肯定したが、なされた表現の言葉遣いと配布場所の妥当性について学校であるという場所の特殊性を重視し、全員一致で当該有罪判決の条約違反を否定した。

本判決には3つの同意意見が付されおり、うち2つは結論に同意するものの戸惑いがあるとしている。Spielmann裁判官が執筆し、Nußberger裁判官が同調した同意意見では、裁判所の判例法の意味内のHate Speechとして位置づけるためには、不快で攻撃的な声明についての明確な定義を示し、その背後にある目的を注意深く検討することが必要であると述べている。その上で、結論に同意することについて戸惑う理由として、自由と権利は義務を伴い、他者への権利侵害を構成する正当化の余地のない不快な声明を可能な限り避けなければならないとするテストに基づき、申立人らの配布目的を正当なものと位置付けつつも表現の背後にある目的について深く検討することなく、単にSmith and Grady事件に言及することで不必要に不快で攻撃的であったと認定した裁判所の判断が、Handyside事件〔I *18*〕[(3)]以降裁判所が確立してきた国家や一部の人々を「不快にさせる、ショックを与える、または不安にさせる」表現も条約10条の保障する表現の自由に含むとする判例法に反していることを指摘している。また、Zupančič裁判官の同意意見も、本件配布行為が学校ではなく新聞上で行われていたならば訴追されなかったであろうと述べ、hate speechに関する考慮理由と比例性の点について、法廷意見は行き過ぎたものと評価している。これに対して、Yudkivska裁判官が執筆し、Villiger裁判官が同調した同意意見は、法廷意見について、同性愛者に対するhate speechの有害な影響から被害者らを保護するアプローチを強化する機会を逸したと批判している。

(2) 表現の自由とhate speech

条約10条1項は表現の自由を保障するとともに、

2項においてその限界と条約上認められる制約目的を規定している。また、17条は権利の濫用を禁止し、条約の精神に反する特定の表現についてはその権利性を認めていない。加えて、裁判所は表現の自由に関する判例を発展させている。まず、条約が保障する表現の自由について、民主的社会の本質的基礎であり、社会の発展および全ての人間の発達のための基本的条件であるとの位置づけはHandyside事件で明らかにして以降、これまでの判例において繰り返し言及されてきており、保障される表現についても、本判決（§53）で言及されているように、好ましく受け取られる、当たり障りのない、又は重要でない問題に関する情報や思想だけでなく、不快にさせる、ショックを与える、又は不安にさせるものについても適用されると繰り返し述べている。そして、条約違反に当たるか否かの判断に当たっては、締約国による当該介入が「民主的社会において必要」であったかという要件の判断に重点が置かれ、特に、①介入を正当化する「急迫する社会的必要性」が存在したか否か、②なされた介入とその追求する目的が比例していたか否か、また、③その理由は関連性があり十分か否かという観点によって判断するという方法が判例上確立されてきた[4]。さらに、本判決（§57）で述べられているように、表現の自由の行使には、可能な限り他者に対して正当化の余地のない不快な声明を避けるという義務が課せられている。

他方、hate speechの定義について裁判所は明らかにしておらず、ヨーロッパ評議会の各組織は閣僚委員会が1997年に公表した勧告[5]の定義に従っている。本判決もhate speechの定義については触れていない。hate speechに類する表現について裁判所は、①否定主義（negation）[6]やイスラム教徒の排斥[7]といった、条約が推進する価値と相容れないと判断したものについては、条約17条に基づき権利濫用として、申立を受理しておらず、②条約が推進する価値を侵害しないもののhate speechに該当すると認定される表現については表現への制約が認められるという二段階の取り扱いをしている。また、

その判断は上述した締約国による介入が「民主的社会において必要」であったかという要件に沿って行われており、瀆神的表現[8]などヨーロッパにおける統一的見解が形成されていないものについては締約国に広い評価の余地が認められており、表現に対する制約がより認められやすくなっている。ただし、当該表現が一般的利害に関するものであると認定された場合は、例外的に厳格審査がなされている[9]。

(3) hate speechに対するヨーロッパ評議会の取り組み

上述した1997年の閣僚委員会勧告をはじめとして、ヨーロッパ評議会は一貫してhate speechの違法化に取り組んでいる。スウェーデン国内において性的指向に基づく嫌悪表現が問題とされていた（§19）ことを受けて、本件に適用されたスウェーデン刑法16章8条に性的指向が差別理由として加えられたように、性的指向に基づく差別はヨーロッパ評議会の締約国内においても問題視されており、閣僚委員会は締約国に対して性的指向を理由としたhate speechを禁止し、適切な処置を講じるよう勧告している[10]。

上記の背景の下でなされた本判決は、Féret事件で示された「憎悪の扇動」要件を踏襲することで、条約10条によって保護されないhate speechの類型に性的指向に基づく嫌悪表現を加えたものとして一定の意義を有するものと解される。しかしながら、Spielmann裁判官が同意意見で指摘しているように、本判決で示された要件は広範なものであり、何が不快に当たるかなどについて明確な基準が示されていないことから、表現の自由の保障の観点からは弊害を残した判決であると評価できる。Féret事件で示された要件がこのまま裁判所において踏襲されるか否かについては今後の判決が待たれる。

(4) 日本法への示唆

我が国においても近年、在日韓国朝鮮人を対象としたhate speechが問題となっている。これを受けて、平成28年には「本邦外出身者に対する不当な差別的言動の解消に向けた取組の推進に関する法

律」が制定されており、同法に依拠してデモにおけ
る表現行為を不法行為と認定し、デモの差止めを認
めた裁判例もある[11]。しかしながら、同法は「専ら
本邦の域外にある国若しくは地域の出身である者又
はその子孫であって適法に居住するもの」（同法2条）
に対する不当な差別的言動の解消を目的としており、
本判決で問題となった性的指向は本法の対象とは
なっていない。同性愛を含む性的指向に関して、法
的、文化的、宗教的背景が全く異なる我が国とヨー
ロッパの事例を一概に比較することは難しいが、将
来、性的指向に基づく hate speech が我が国におい
ても問題となった際に本判決は参考となろう。

(1) Féret v. Belgium, 16 July 2009.

(2) Smith and Grady v. UK, 27 September 1999.

(3) Handyside v. UK, 7 December 1976.

(4) *See*, Pedersen and Baadsgaard v. Denmark〔GC〕,
17 December 2004.

(5) Committee of Ministers, Recommendation No. R

(97) 20, 30 October 1997. 本勧告では、hate speech
を「人種的憎悪、外国人嫌悪、反ユダヤ主義または、
マイノリティ、移民及び移民出身の人々に対する、積
極的国粋主義および自民族中心主義、差別、並びに敵
意により表明されたものを含む不寛容に基づく憎悪の
他の形態を流布、扇動、促進または正当化するあらゆ
る形態の表現」として理解されるものと定義している。

(6) Garaudy v. France, 24 June 2003〔本書*21*〕.

(7) Norwood v. UK, 16 November 2004 (Decision).

(8) Wingrove v. UK, 25 November 1996〔I *66*〕.

(9) Giniewski v. France, 31 January 2006.

(10) Committee of Ministers, Recommendation CM/Rec
(2010) 5, 31 March 2010.

(11) 横浜地川崎支決平成 28 年 6 月 2 日判時 2296 号 14
頁、判タ 1428 号 86 頁。

〔参考文献〕

[1] 谷口洋幸「同性愛嫌悪と表現の自由 — Vejdeland
対スウェーデン事件」国際人権 23 号（2012 年）131
頁以下。

[2] Paul Johnson, *Homosexuality and the European
Court of Human Rights*（Routledge 2013）.

69 公務員の団結権
地方公務員の団結権の保障には団体交渉権と労働協約締結権が含まれる
―デミル・バイカラ判決―

倉田　原志

Demir and Baykara v. Turkey
12 November 2008, Reports 2008-V（大法廷）

【事　実】

　申立人のデミルとバイカラは、トルコ国籍を有し、それぞれガジアンテップ (Gaziantep) とイスタンブールに住んでいた。当時、バイカラは地方公務員の労働組合 Tüem Bel Sen（以下「本労働組合」という）の議長であり、デミルはその組合員の一人であった。本労働組合は、1990 年にさまざまな自治体の公務員によって創立されていた。

　1993 年に、本労働組合は、ガジアンテップ市（以下「市」という）と労働協約を締結した。この労働協約は、市の公務員の労働条件のすべてを定めるものであった。本労働組合は、市が、この労働協約にもとづく義務のいくつかを履行しなかったとして、民事訴訟を提起した。ガジアンテップ地方裁判所は、公務員によって構成される労働組合に労働協約締結権を認める制定法上の明文の規定はないが、この欠缺は、トルコによってすでに批准されており、憲法によって直接、国内法として適用される、ILO 条約のような国際条約を参照することによって、うめられなければならないとし、本労働組合の主張を認めた。

　しかし、1995 年 12 月 6 日に、破棄裁判所（Court of Cassation）は、特別の立法がないことから、労働組合に加入する自由と団体交渉する自由は行使できなかったのであり、本労働組合が創立されたときには、トルコの法律は、公務員が労働組合を結成することを許していなかったので、本労働組合は、創立以来、法人格を享有せず、それゆえ、裁判手続に参加する能力がなかったと判示した。その結果、本労

働組合の組合員は、労働協約の消滅の結果として、受け取っていた追加的な収入を返還することを義務づけられた。

　そこで、申立人は、トルコの裁判所が労働組合を結成する権利と労働協約を締結する権利を否定したことは、ヨーロッパ人権条約 11 条（集会および結社の自由）と 14 条（差別禁止）に違反するとして申立を行った。

　この申立は、1996 年 10 月 8 日に、ヨーロッパ人権委員会になされたが、1998 年 11 月 1 日にヨーロッパ人権裁判所（以下「人権裁判所」という。）に移送され、2006 年 11 月 21 日の判決において、当裁判所第 2 部小法廷は、全員一致で、本条約 11 条違反があったとした。

　2007 年 2 月 21 日に、トルコ政府は、43 条にもとづき、本事件を大法廷に上訴し、その際、人権裁判所がトルコが批准していない条約に依拠して判断することは不可能である、また、申立人は公務員であるから本条約 11 条は適用されないという主張をした。

【判　旨】

(1) 地方公務員として労働組合を結成する権利について

　「11 条 2 項に規定された 3 つのグループ、すなわち軍隊・警察・国の行政機関の構成員に課される制限は厳格に解釈されなければならない」。「この制限は、組織する権利のまさに本質を損なうことは許されない」。「さらに、国それ自体の行政に従事していない地方公務員は、原則として『国の行政機関の構

成員』として取り扱われることはできない」（§97）。

「この見解は、関係する国際機関の大多数とヨーロッパ諸国の実践において支持をみいだす」（§98）。「本事件では、トルコ政府は、申立人によって履行される義務の性質がどのように、『国の行政機関の構成員』として制限されるべきかを示していない」（§107）。「それゆえ、申立人は、適法に11条に依拠することができる」（§108）。

「当時、地方公務員としての申立人に労働組合結成権を認めないことは、『必要』に応じたものではないという見解を支持する多くの議論があった」（§121）。「当時、公務員が労働組合を結成し、それに加入する権利は、すでに、普遍的な国際法の文書でも地域的な国際法の文書でも承認されていた。また、公務員の結社の自由は、一般的にすべての加盟国で承認されていた」（§122）。「トルコは、公務員の労働組合結成権を国際的に保障する基本的文書であるILO87号条約をすでに批准しており、これはすでに、トルコ憲法によって国内法において直接適用可能であった」（§123）。トルコは、その後の実践、憲法の修正および判決によって、「公務員の組織する権利を認めようとする意思を確認した」。「また、トルコは、2000年に、この権利を認める二つの国連の文書に署名した」（§124）。

「しかしながら、国際法におけるこの展開にもかかわらず、トルコの諸機関が、申立人に労働組合を結成する権利を保障できなかった」のは、「第1に、トルコの立法者が、1993年のILO87号条約批准後、2001年までその権利の実際の適用の基準となる法律を制定しなかった」ことと、第2に、破棄裁判所が、法人の設立に関する国内法の限定的および形式主義的解釈を採用したことによる（§125）。この結果、トルコは、「申立人にその労働組合権の享受を保障する義務を履行しなかったが、これは、『民主的社会において必要』として正当化されない」（§126）。「したがって、申立人の、地方公務員として労働組合を結成する権利を認めなかったことゆえに、11条違反があった」（§127）。

(2) 過去2年間適用された労働協約の消滅について

(a) 介入があったかどうか

「11条の結社の自由の内容に関する判例法の展開は、2つの指導原理によって特徴づけられる。第1は、当裁判所は、労働組合の自由を保障するために当該国家によってとられている手段の全体を考慮に入れることである」。「第2に、当裁判所は、労働組合の自由の本質的要素に影響を与える制限」を受け入れなかったことである。これらのことからすると、「締約国は、当裁判所の判例法によって本質的と見なされる要素を考慮に入れる義務がある」（§144）。

「当裁判所が立脚する判例法から」、労働組合を結成し加入する権利などの「いくつかの結社の自由の本質的要素が確立している」が（§145）、「このリストは、限定されているものではなく」、「労働関係における固有の展開に依拠している発展にしたがったものである」。したがって、「これらの権利に対する制限は、これらの人権に現実的で効果的な保護を与えるように、限定的に解釈されなければならない」（§146）。

「国際的および国内的な労働法における展開およびこれらについての締約国の実践とを考慮し、使用者との団体交渉権は、原則として、11条の『利益を保護するために労働組合を結成し加入する権利』の本質的要素の一つになっている」。「他の労働者と同様に、公務員は、まさに特定の事例を除き、その権利を享受すべきであり、ただ、これは11条2項の『国の行政機関の構成員』に『法律による制限』を課すことを妨げるものではないが、本事件における申立人はそれに属していなかった」（§154）。

「本労働組合は、すでに当時、使用者である当局と労働協約を締結する権利を持っていた。この権利は、労働組合の活動に参加する権利における固有の要素の一つを構成したのであり、これは11条によって本労働組合に保障されていた」（§155）。必要な法律の不存在と、この不存在にもとづく破棄裁判所の判決は、「事実上、労働協約の遡及的破棄を帰

結させたが、11条によって保護されている申立人の労働組合の自由への介入を構成した」（§157）。

（b）介入が正当化されたかどうか

問題となっている介入は、「『法によって規定されて』いたこと、正当な目的を追求したこと、および、その目的を達成するために『民主的社会において必要』だったことが示されない限り、11条を侵害したと考える」（§159）。

（i）法による規定

「この事件の目的のためには、大法廷は、この介入は法によって規定されていたことを認めることができる」（§160）。

（ii）正当な目的の追求

問題となっている介入は、「法と現実の間の矛盾を避けることを目的とする限りにおいて、正当な目的、つまり無秩序の防止を追求したことも認めることができる」（§161）。

（iii）民主的社会における必要

「申立人が団体交渉権および当局に労働協約を締結するように説得する権利を有することを、政府が受け入れることを拒否した理由は、『緊急の社会の必要』に対応したものではなかった」（§164）。

「原則として、団体交渉ができる公務員の権利は、普遍的な国際法の文書でも地域的な国際法の文書でも」、および、大多数の加盟国によって認められている（§165）。さらに、「トルコは、1952年にILO98号条約を批准しているが、この条約は、国際的に、労働者の団体交渉権および労働協約締結権を保障」しており、「申立人の組合が『国家の行政に従事している公務員』を代表していることを示す」証拠はない（§166）。

この労働協約の廃棄は、「民主的社会において必要」でもなかった（§169）。「それゆえ、11条違反があった」（§170）（全員一致）[1]。

なお、本判決には、Zagrebelsky裁判官の個別意見とSpielmann裁判官の同意意見（Bratza, Casadevall, Villeger各裁判官同調）がつけられている。

【解　説】

（1）本判決の意義

11条1項は、労働組合を結成しおよびこれに加入する権利、つまり団結権を保障している。ただ、同条2項では、「民主的社会において必要な」制限と、軍隊・警察・行政機関の構成員についての制限を、法律によるものであれば、可能としている。トルコ政府の主張の一つは、この2項に依拠して、申立人は、公務員であるから行政機関の構成員に該当し、したがって、11条1項の団結権を法律で制限することは許されるというものであった。

この11条の規定は、団結権を労働者に保障していることは明らかであるが、組合員の権利がどの範囲まで及ぶのか、労働組合の活動を通じて集団的に組合員が、たとえば、使用者と団体交渉をすること、あるいはストライキをすることができるかについては争いがあった。そのなかで、本判決は、11条が、公務員の団体交渉権と労働協約締結権をその内容とすることを明らかにしたものであり、さらに、ヨーロッパ人権条約を、状況が展開すれば変化する必要のある「生きている文書」と性格づけ、他の関連する文書に照らして解釈することを強調して、11条の内容と適用についての先例を再検討した点にも意義があるとされる[2]。

（2）11条の解釈

11条の解釈については、本事件で、大法廷に2つの重要な問題を検討する機会が与えられ、その第1は、11条2項が国家に課すことを認めている制限の範囲の解釈であり、第2は、団体交渉権が11条で保護されている権利の本質的な内容とみなされるべきかどうかであるとされる[3]。

これまでヨーロッパ人権裁判所は、11条の規定を制限的に解釈してきた[4]。たとえば、ベルギー全国警察組合事件判決[5]およびスウェーデン機関士組合事件判決[6]において、労働組合に加入する権利は、労働組合が職場での雇用問題について聴聞される権利を黙示的に含むと判断したが、11条は国家にた

とえば団体交渉することを保障すべきことを命ずる
ものではないとした。

しかし、その後、徐々に、人権裁判所が労働組合
の権利を保護することに、より積極的になってきた
兆候がみられ[7]、その流れのなかで、本判決は、従
来の判決を修正・発展させ、「行政機関の構成員」
（11条2項）を限定的に解釈し、少なくとも地方公務
員は原則としてそれには該当しないとして、団体交
渉権を享有する公務員の範囲を広く把握した。さら
に、労働協約締結権は、労働組合の活動に参加する
権利の固有の要素の一つを構成するものであり、11
条によって保障されることを明言し、本労働組合に
保障されていたとした（§155）。つまり、労働組合
と組合員の権利について、これまでの判決から保障
範囲の重要な拡大を行ったものと評価される[8]。

(3) 解釈の方法

本判決は、この11条の解釈のために、本条約の
権利の射程とトルコの制限を、関連する国際文書と
締約国での共通の実践を参照して審査した。さらに、
本判決は、国際法は、被告国によって必ずしも批准
されていない文書を、「国際法の規範の間での共通
の根拠を探す際に、被告である国によって批准され
ているかいないかどうかにしたがって、法源の間で
区別しない」（§78）ので、考慮に入れることが許さ
れることを明らかにした。また、本判決は、ヨー
ロッパ人権条約は、ヨーロッパ評議会の全域で、適
用可能な現在の条件、国際法および国内法の展開し
ている規範と原理に照らして解釈されなければなら
ない生きている文書であること、および、「本条約
は、最も重要なこととして、人権の保護のシステム
であるから、当裁判所は、人権が空論的・空回りす
るようにではなく、現実に実効的になるように、本
条約を解釈適用しなければならない」（§66）ことを
繰り返した[9]。

これは動態的な（dynamic）アプローチと評される
ものであるが[10]、人権裁判所は、本条約を他の国際
法のルールと可能な限り調和的に解釈されなければ
ならないとして、国際法のより広いシステムの中に

位置づけてきたが、本判決の目新しさは、一般的・
包括的に、その方法論を明確にしようとしたことに
あり、広範な重要性をもつといえるという評価がみ
られる[11]。なお、本判決のこのアプローチは、団体
交渉に関連する労働組合の権利、特にストライキ権
に関する将来の発展に関して含みを有しており、そ
れは、本判決の数ヶ月後の2009年4月21日の人権
裁判所の第3部小法廷判決によって実際に示された、
とされる[12]。

(4) 本判決の執行状況と国内法への影響

ヨーロッパ評議会閣僚委員会の決議（Resolution
CM/ResDH（2011）308）によれば、本判決が求めた
20,500ユーロの賠償金は2009年2月11日に申立
人に支払われた。また、本判決後の2010年9月12
日に、トルコ憲法に、「公務員と他の公勤務の労働
者は労働協約を締結する権利を有する」とする38
条3項が追加された。さらに、トルコ憲法53条2
項は、労働組合の権利と労働協約締結権の行使につ
いて詳細を決めることを立法者に授権しており、
2001年の公務員労働組合法（法律4688号）が2012年
の法律6289号によって修正されている[13]。ただ、
これらによっても、地方公務員の労働協約締結権は
制限されたままであるという評価も見られる[14]。

(5) 日本法への示唆

日本では、非現業の公務員については、登録職員
団体に限定して、さらに「事務の管理及び運営に関
する事項」を除いて、団体交渉をする権利は認めら
れているが、団体協約（労働協約）を締結する権利は
含まないとされている（国公108条の5第2～7項、地公
55条2～7項）。最高裁は[15]、非現業の公務員にはそも
そも憲法上の団体交渉権の保障がないとの理解を前
提として、これらの条項の合憲性を認めているが[16]、
非現業の公務員といってもさまざまであり、地方公
務員についても同様であるので、本判決の立場から
すれば、日本の公務員法の状況と最高裁の見解は、
正当化されないといえるのではなかろうか。

　(1)　なお、本判決は、14条（差別禁止）違反については、

11 条に関してとは別に審査する必要はないとした（§172）。また、本判決は、損害賠償としてデミアに500 ユーロ、本労働組合の代表であるバイカラに、非財産的損害に対して 2 万ユーロの支払いを命じている（§179・181）。

(2) Cf. Barrow, [Case Note] *Demir and Baykara v Turkey: Breathing Life into Article* 11, [2010] EH-RLR 420.

(3) Nordeide, [Case Note] *Demir Baykara v. Turkey*, 103 A J I L 568（2009）.

(4) Barrow, *op.cit.*（n. 2）, p. 419.

(5) National Union of Belgian Police v. Belgium [PC], 27 October 1975, Series A, no. 19.

(6) Swedish Engine Drivers' Union v. Sweden, 6 February 1976, Series A, no. 20.

(7) その例として、Wilson, National Union of Journalists and others v. UK, 2 July 2002, Reports 2002-V、ASLEF v. UK, 27 February 2007 があげられる。Barrow, *op.cit.*（n. 2）, p. 420.

(8) Mowbray, *Cases, Materials, and Commentary on the European Convention on Human Rights*, 3rd ed., p. 766（Oxford University Press, 2012）.

(9) Barrow, *op.cit.*（n. 2）, p. 422.

(10) *Ibid.*

(11) Nordeide, *op.cit.*（n. 3）, p. 573.

(12) Enerji Yapi-Yol Sen v. Turkey, 21 April 2009. この判決は、ストライキ権が絶対的なものではないとしたものの、ストライキ権を団体交渉権と不可分のコロラリーとみなしたとされる。Barrow, *op.cit.*（n. 2）, p. 419, 422; Ewig and Hendy, [Case Note] *The Dramatic Implication of Demir and Baykara*, 39 Industrial Law Journal 10,15（2010）.

(13) Dogan Yenisey, *Report on collective bargaining Turkey*, VII〈http://www.scigiur.unich.it/reindie/dat/file/National_Report_on_Collective_Bargaining/Turkey%20national%20report.pdf〉（visited 1 July 2014）.

(14) Isik and Van Wezel, *Trade Union Rights Situation in Turkey*, p. 7（2013）〈http://www.eesc.europa.eu/resources/docs/joint-report-on-trade-union-rights_final.doc〉（visited 2014. 7. 1.）. なお、ドイツでは、公務員のうち官吏（Beamte）には、労働協約締結権はないが、官吏法の一般的な規定の準備にあたって労働組合の上部組織が参加できることになっているので（連邦官吏法 94 条）、本判決の影響はわずかであるという評価がみられる（Werres, *Der Einfluss der Menschenrechtskonvention auf das Beamtenrecht*, DÖV, 2011, S. 879）.

(15) 最判 1978（S53）年 3 月 28 日民集 32 巻 2 号 259 頁〔国立新潟病院事件〕.

(16) 西谷敏『労働組合法〔第 3 版〕』（有斐閣、2012 年）63 頁以下参照。

[参考文献]（本文中に掲げたものを除く）

[1] Dorssement, Loercher and Schoemann（ed.）,*The European Convention on Human Rights and the Employment Relation*,（Hart Publishing, 2013）.

[2] 稲葉裕昭「諸外国の地方公務員の給与決定について」地方公務員月報 595 号（2013 年）2 頁以下。

70 政党の解散と表現・結社の自由
世俗主義国家におけるイスラム政党
──レファ・パルティシ判決──

Refah Partisi (the Welfare Party) and others v. Turkey

徳川 信治

13 February 2003, Reports 2003-II（大法廷）

【事 実】

本件は、トルコの一政党とその政党指導者を申立人とし、政党解散が条約11条に定める結社の自由に違反するかが争われた事案である。

申立人の一つである福祉党（Refah Partisi）は、国政選挙において1991年約17％、1995年約22％の得票を獲得し、連立政権の一翼を担っていた。その後次期国政選挙に向けた1997年世論調査では68％の得票予想が示された。ところが、同年検事総長（Principal State Counsel）は、福祉党の活動が憲法に定める世俗主義に反するとして、憲法裁判所に同党解散および同党指導者らの政治活動の停止を求めた。他方申立人らは、当該政党構成員がいかなる罪も犯していないと主張していた。

1998年憲法裁判所は、民主主義とシャリア法が両立しないとし、個人の信教に基づく国内法並立型制度の導入による神権政治の確立、その武力による実現といった、申立人でもある同党指導者および他の国会議員の声明・活動を根拠に、これが世俗主義を掲げる憲法の基本原理に反すると判示した。結果、当該政党解散、党資産没収および申立人の国会議員資格喪失と政党参加・設立の5年間禁止が言い渡された。こうした事実が条約に違反するかが人権裁判所で争われた。

小法廷は11条違反なしとし（4対3）、9条、10条、14条、17条、第1議定書3条他の条文を検討する必要はないとした（全員一致）。その後、本件は大法廷に上訴された。大法廷は、全員一致で11条違反はないとし、他の条文（9条、10条、14条、17条、18条、

第1議定書3条）の検討を行う必要はないとした。

【判 旨】

(1) 民主主義と政党

「民主主義は、ヨーロッパ公序に不可欠の要素である[1]」。「当裁判所は、民主主義政体における政党が、10条および11条の権利の享受にあたり、民主主義が適切に機能するためには不可欠であることを確認してきた」。また政党は、その性質上、権力を掌握した場合、「その国の政体全体に影響を及ぼす役割を果たす」。「政党はその政策を選挙民の前に提示し、権力を掌握した段階でそれを実施するという点で、他の政治団体とも異なる」（§86-87）。

(2) 民主主義と宗教

思想・信条の自由は、民主的社会の基盤の一つである。民主的社会では、複数の宗教が共存し、各団体の利害を調整しつつ、各人の信仰が保障されなければならない。そのため当裁判所は、宗教に対する中立公正の立場を保持し、民主的社会における宗教間の調和をもたらす役割を締約国に期待してきた。国家は、ある宗教的信念の正統性を判断する権限を有さないが（§90-91）、9条に基づき、「民主的社会では、宗教を告白する自由が、他の者の権利の保護、公の秩序、公衆の安全の保護を理由に国家により制約されることも認められる」（§92）。

(3) 世俗主義と宗教表現の自由

「世俗主義とは、人権尊重、法の支配、民主主義と調和する国家の基本原則の一つであり、世俗主義を尊重しない態度は条約により保護されるとは限らない」（§93）。事実、公権力を行使する公務員に対

するイスラム原理主義運動への参加禁止は9条2項に反しない（§94-95）。「民主的社会を保護する条件と個人の権利との間における調整は、条約システムの中で常に求められる」（§96）。

United Communist Party of Turkey v. Turkey事件によれば、民主主義は、その主な特徴の一つとして、対話を通じた国内問題の解決という方策を提供するものであり、表現の自由の下機能する[2]（§97）。政治団体は、こうした営みを実行する限りにおいて条約上の保護を受ける。つまり、「その目的を追求する手段は合法的および民主的であること、その体制変更それ自体が民主主義の基本原則に合致すること」が求められる。民主主義を尊重せず、指導者が暴力を肯定し、民主主義の破壊を目的とする政策を推進する政党は、そのことを理由に科せられた刑罰からの条約上の保護を主張できない（§98）。こうした政党は個人の権利（表現の自由など）を侵害する可能性を否定できない。ヨーロッパの経験上、全体主義的活動は国の安定性を脅かす事態を引き起こすこととなる。「多元性と民主主義は、個人あるいは個人集団による多様な譲許を必要とする妥協を基礎とし、それは国家全体の一層の安定性の保障のために自らの自由への制限に同意が求められる」（§99）。とはいえ、「11条の例外は、政党に関する場合厳格に解釈されなければならない」。締約国も11条2項にいう必要性の評価に関しては限定的な評価の余地を付与されるにすぎない。政党の解散と指導者の活動禁止措置は、重大な事件においてのみ適用される[3]（§100）。

「政党の目的と意図を測る基準として、その規約とその行動計画を唯一の基準とすることはできない」。歴史的経験上公の文書からそれらを読み取ることが難しいからである。よって政党指導者の行為と彼らが擁護する立場を知ることが求められる（§101）。しかしながら、その判断は、当該政党による政権掌握や政策実施まで待つ必要はない。「ヨーロッパの厳格な監督に従った厳格な審査の後、その危険性の存在が国内裁判所において確認された場合、

条約規定とは両立しない政策の執行を国家は事前防止することができる」（§102）。事前抑制の権限は、国家管轄内にある個人の自由および権利を保障する条約1条の積極的義務と両立する（§103）。

民主主義の危機として政党解散に至る適法性を審査するに当たり考慮すべき「差し迫った社会的必要性」とは、「①民主主義の危機の存在が十分に差し迫っていると証明できる程度の合理的な証拠の存在、②政党の指導者等構成員の発言および行為が全体として政党に帰責しうること、③②の当該行為が「民主的社会」とは両立し得ない社会モデルを明確に提示していること」、である。さらに「政党解散にいたる歴史的文脈や、民主的社会を適切に機能させるために世俗主義を堅持する一般的利益をも考慮しなければならない」（§104-105）。

(4) 本件適用の適否

解散当時、福祉党による民主主義に対する脅威が存在したかが問題となる。福祉党は、地方選挙等で票を伸ばしており、また世論調査等でも高い支持率を保持していた。「世論調査という不確定要素を持つものとはいえ、福祉党の国内政治における影響力にかなりの上昇が見られ、単独で政権を担う可能性がある状態」、つまり、解散時「同党は、連立政権固有の譲歩による制約を受けることなく、政治権力を掌握する真の可能性を有し」ており、その政策に掲げられた社会モデルを設立できる状況にあった（§107-108）。

政党解散につき、憲法裁判所は政党指導者の言動に依拠する。そもそも指導者の言動は、個人資格あるいは一般党員とは言えず、政党の政策を基本的に反映する。本件申立人は自らの言動が政党の立場とは異なるとは明言していない（§113-115）。福祉党は、法制度並立制の導入を政策とするが、この考えは条約制度、民主主義の基本原則と両立しない。また政党指導者もシャリア法に基づく制度導入の意図を明確にする。条約規定に従い、歴史的経験に照らして、各締約国は宗教原理主義に反対する（§119-124）。福祉党による法制度並立制とは、ムスリムの宗教の自

由の尊重からシャリア法の私法関係への導入を意図するが、「個人の良心の分野は、国家全体の組織および機能にかかわる私法分野とは全く異なる」。「契約する自由は、信教の行使に関し中立公平の立場とする国家を冒せない」（§125-128）。また力による確立も排除しておらず、福祉党の政策が「民主的社会」の概念とは両立しないという事実に照らすと、本件刑罰措置について、「社会的必要」に合致しうる（§132）。本件に関し、解党に伴い財務省に移転された政党資産の価値も低く、またその構成員の政治活動禁止も5年という一時的なものであるが故に、比例性原則を逸脱しているとは言えない（§134）。

【解　説】

本件は、政党規制にかかわる重要は判例であったUnited Communist Party of Turkey v. Turkey 事件以降生じた、政党解散にかかわる事案である。本件では、民主的過程を経て政権を担う政党も、その政策および指導者の言動が民主主義や人権を破壊する危険性がある場合には、11条の結社の自由の保障を受けられないとされた。

(1) 民主主義と政党

政党とは、「民主主義が適切に機能するために本質的な組織の形態[4]」とされ、当然に政党は、結社の自由を定める11条により保護される。このように民主主義と政党は、相互依存関係にある。したがって政党解散は、民主主義の破壊をもたらすものとして理解されてきた。しかしながら、非民主的な手段による非民主主義的な社会の実現を目的とする政党が、民主的手段を通じてその実現を試みる動きが生じた。1990年代以降これを防止するため政党解散がとられ、これが条約上争われるようになった。

(2) 結社の自由と表現の自由

結社が表現や思想に共鳴する人々による集団形成である以上、結社の自由の規制は、その集団の表現等を根拠とする。そのため、11条解釈は、表現の自由を定める10条との両立性も求められる[5]。「表現の自由は、民主的社会の必要不可欠な基礎の一つ

であり、その進展および各人の成熟の重要な条件の一つをなす。…この自由は、…国家や一部の住民を攻撃し、衝撃を与え、あるいは混乱に陥れるものにも適用される[6]。」と Handyside 判決〔I *18*〕が判示したように、表現の自由は民主主義の根幹をなし、表現内容にかかわらず、広範に保障される。とはいえ、権利濫用の禁止を謳う17条が示すように、他人の自由および権利を侵害してまで保障されるものではない。保障と制約のバランスをいかにとるかは、常に争いとなる問題である。これまで人権裁判所が扱った政党解散に関する事案は、国内政治・政策批判を行う政党[7]、本件のような反世俗主義政党、そしてテロリスト団体との関係のある政党[8]、の解散であった。

(3) 政党解散と11条2項の制約事由

歴史的経験から「闘う民主主義」がドイツに存在するように、民主主義擁護の下既存秩序の変革を目指す政党が依拠する結社の自由と、人権を保障する国家の権力行使の正当性との間には緊張関係が存在する。条約11条、そして積極的義務が導かれる1条は、国家組織あるいは他人の自由の危機からの保護・回避のための国家の権限を否定してはいない。

とはいえ、11条2項が定める結社の自由に対する制約が、結社の自由が民主主義や表現の自由の保障の根幹に関わる以上、厳格な解釈適用が求められる。こうした制約に対する適法性審査は、Silver 判決〔I *31*〕で示されたように比例性原則である。この比例性原則に基づき、政党規制措置がどの程度国家の評価の余地として認められるのか。国政に関わり民主的に意見を形成する機能を有する政党への規制は、多元性と民主主義の適切な機能の確保に関わることであり[9]、そのため政党解散措置は、最大限の慎重さ[10]が求められる。United Communist Party of Turkey 事件[11]も、民主主義の本質が対話を通じて問題を解決することであるとする。ベニス委員会は、ガイドラインを作成し、政党の規制・規律そのものについては、締約国に広範な評価の余地を認めつつも、政党の解散は、民主主義の根幹を揺るがす

ものとされ、その解散措置は当該国家の事情を考慮しつつ、自由および民主的政治秩序あるいは個人の権利に真の危険性が存在し、かつ解散以外のより厳しくない措置によっては当該除去が不可能であることが求められるとする[12]。政党解散規定は、実際に軍事独裁あるいは全体主義的な政権を経験した国家に存在するだけである。また民主的手続を経て政権を獲得した政党に対して、政治的かつ民主的なチェックもなしに検事局が提訴できる手続はトルコだけであり[13]、条約との両立性の観点から改正の必要性がベニス委員会から指摘された[14]。

政党は、憲法的および法的構造を変革しようとする場合、一つはその手段が合法的かつ民主的であること、もう一つはその変革が基本的民主主義原則に合致すること、という要件を満たさなければならない。これらを満たす限り、政党の名称、体制批判あるいは体制の構造変革要求といった政治的立場の違いによる政党解散は許されず、政党の存在およびその活動が認められる[15]。

人権保障の観点からいえば、とりわけ自由権では、国家はできる限り介入しないことが求められる。しかしながら、ある政党が政権を掌握し、条約や民主主義とは両立しない政策を実施するという、実際の危険が迫るまで国家が何らの行動をも執ることができないわけではない。本判決が述べるように、ヨーロッパの厳格な基準のもと危険回避行動を国家に認め、政党の政策とその構成員の言動をもって政党の真の目的の判断基準とした。ただ、政党の真の目的は政権を獲得するまで明らかにされないという歴史があることからも、この基準とその適用は困難さを持つ。

(4) 宗教の自由と政教分離

すべての個人は宗教の自由を有する。ただ個々の人権の保障とは別に、政党がその政治的表現の中に、宗教的要素を伴う場合の規制には政教分離原則がかかわる。地球上には、ある宗教を国教となす国家も存在する。ヨーロッパ評議会議員会議は、Recommendation No.1804 (2007) において、ヨーロッパが共有する諸価値の一つが教会と国家の分離であること

を確認し、この政教分離原則が民主主義国家における原則であり、人権が教義に優位することを宗教指導者に明確な立場をとるように国家は要請される。ただ人権裁判所は、宗教の位置づけに関するヨーロッパ社会全体に通底する統一的基準を示すことは困難であるとしていた[16]。事実、ヨーロッパ評議会加盟国の中でも、政教分離に関する考え方につき、国教を定めつつも国教以外の宗教に対しても広範な宗教的寛容が認められる緩やかな政教分離原則を採用する英国から、完全分離をとるフランスのように多様である。そのため、教会・宗教と国家との関係が焦点となる事案では、人権裁判所は、国内の決定機関に配慮し、広範な評価の余地を認める。

だが、宗教的教義に基づいて政体を構成する国家、とりわけ個人の信仰のみならず、社会的および政治的生活に深く関与するイスラム教を社会的基礎におく国家の場合、シャリア法に基づく政体が維持される。人権条約の実施機関は、これが宗教による優位・不利をもたらす場合には人権（信教の自由）と両立しないとする[17]。Tulkens は、宗教の自由に関する主な制約は、イスラム教などの宗教的信念・行為から派生する危機に起因して民主的社会の保護の必要性が議論されると指摘するが[18]、教会を持たない宗教の場合、政教分離原則の適用には困難を伴う。

本判決の個別意見は、本件の適用が安易に拡大することを懸念し、例えば、Ress らは、本件多数意見が先例を引用するも一般的な言及に止まることを批判し、些細な侵害ではなく、政党の政策によって制約を受ける権利および自由とその程度を示すべきであり、比例性原則の緻密な適用の必要性を指摘していた。

本件の福祉党の政策は、シャリア法の国法体系への導入と宗教に基づく法制度並立制度の導入であった。この制度は、シャリア法に基づく神権政治を国内統治に導入し、他の宗教少数者を別の法体系に組み込むものである。宗教婚を婚姻の要件とするなど、国内法適用が宗教に基づく以上、政教分離原則が狙った宗教と国家の分離による国家の中立性・個人

の宗教の自由の保障という枠組み、つまり宗教の自由を厳格に個人の問題として国家機能とは分離する多元性の実現は危機に晒される。憲法裁判所と人権裁判所は、シャリア法を不変なものとする位置づけが、私的分野には国家は個人の自由を尊重し、多様性を認める、ヨーロッパ人権秩序における多元性あるいは公衆の自由のたゆまない変化を原則的に認める政治原則とは両立しない、つまり条約が保障する人権および民主主義とは両立しないとした。こうした言及は、人権および民主主義の尊重とシャリア法に基づく体制との調和の困難さを示している。

(5) 日本法への示唆

政党規制はヨーロッパ各国で異なるが、最も多い規制方法は手段（活動）と目的双方に違法性の存在を要求するものである[19]。日本では政党を直接禁止する仕組みはないが、憲法21条の結社の自由を規制する法として、破壊活動防止法は、5条において「団体の活動として暴力主義的破壊活動を行つた団体」に対して、「継続又は反覆して将来さらに団体の活動として暴力主義的破壊活動を行う明らかなおそれがあると認めるに足りる十分な理由があるとき」という要件に基づき、事後規制を基本とする。しかしながら、その活動は4条において内乱等の行為の煽動、また同条2項では政治上の主義若しくは施策の推進を目的とした騒乱に関する煽動をも含むことから、包括的な規定であると言えよう。その具体的規制措置は、将来の危険性の度合いによっては団体の解散も含むため、本件とも関係する。日本においては、団体が団体としての処分に対抗できると思われるが、個人の結社の自由についても、個人の刑事責任が問われる以上、その回復を求める訴訟は可能となろう。

日本は人種差別や人種的憎悪の煽動に対する処罰を求める人種差別撤廃条約4条に対して留保を付しているものの、同条約2条は、集団や団体による人種差別を禁止し、終了させることを国家に義務づける。人権条約上団体規制が想定されているが、ヘイトスピーチ等の対策法においても刑事規制まで科するものはない。

(1) United Communist Party of Turkey and others v. Turkey [GC], 30 January 1998, Reports 1998-I, §45.

(2) *Ibid.*, §57.

(3) *Ibid.*, §46.

(4) *Ibid.*, §25.

(5) The Socialist Party and others v. Turkey [GC], 25 May 1998, Reports 1998-III 12, §41.

(6) Handyside v. UK, 7 December 1976, Series A no. 24, p. 23, §49〔I *18*〕.

(7) *See*, note (1); Freedom and Democracy Party v. Turkey, 8 December 1999, Reports 1999-VIII.

(8) Herri Batasuna and Batasuna v. Spain, 30 June 2009, Reports 2009-III.

(9) note (1), §42.

(10) The Venice Commission, Guidelines on Prohibition and Dissolution of Political Parties and Analogous Measures, CDL-INF (2000) 1, p. 5.

(11) note (1), §57.

(12) CDL-INF (2000) 1, p. 5.

(13) The Venice Commission, Opinion on the Constitutional and Legal Provisions relevant to the Prohibition of Political Parties in Turkey, CDL-AD (2009) 006, §35.

(14) CDL-AD (2009) 006, §111.

(15) The Socialist Party v. Turkey [GC], §47; note (1), §51-53.

(16) Otto-Preminger-Institut v. Austria, 20 September 1994, Series A no.295-A, §50; Müller and others v. Switzerland, 24 May 1988, Series A no. 133, p. 20, §30, and p. 22, §35.

(17) Ex. CCPR/C/GC/34 (2011), §48.

(18) Françoise Tulkens, The European Convention on Human Rights and Church-State Relations: Pluralism vs. Pluralism, *Cordozo Law Review*, vol.30, issue 6, 2009, p. 2587.

(19) CDL-AD (2009) 006, §26.

［参考文献］

[1] 小泉洋一「トルコ憲法における政教分離と民主主義——政教分離とイスラム主義政党」甲南法学44巻1・2号（2003年）23頁以下。

[2] 小泉洋一「トルコにおけるライクリッキの原則と憲法裁判所」甲南法学51巻3号（2011年）213頁以下。

[3] 澤江史子「世俗主義体制の中の『イスラーム政党』」アジア・アフリカ研究1号（2001年）251頁以下。

[4] 下中菜都子「トルコにおける新憲法制定をめぐる議論」レファレンス758号（2014年）51頁以下。

71 教員組合に対する解散命令と結社の自由
母語による教育を規約に掲げる教育公務員労働組合への弾圧
―エーイティム・セン判決―

Eğitim ve Bilim Emekçileri Sendikasi v. Turkey

25 September 2012

齋藤　民徒

【事　実】

申立人 Eğitim ve Bilim Emekçileri Sendikası（略称" Eğitim Sen"）は、1995 年に結成されたトルコ国内の教育公務員労働組合である。同組合には、国内に当時 90 の支部があり、組合員が 16 万 7000 人を数えていた。組合は、2001 年に規約を改正し、すべての人の母語によって教育を受ける権利を擁護する旨を定めたところ、2002 年 2 月に政府当局（アンカラ県知事）から、国民に対するトルコ語以外の教育を禁じるトルコ憲法および関連法令に違反するとして、当該文言を削除するよう命ぜられた。組合がこれを拒んだところ、同年 3 月と 2004 年 4 月の二度にわたり当局から組合の解散手続が請求された。それを受け、2004 年 7 月には、検察当局によって、複数の組合執行部メンバーに対する刑事訴追が開始され、次いで組合の解散が申し立てられたが、同年 9 月、アンカラ労働裁判所は、ヨーロッパ人権条約 10 条および 11 条に依拠し、民主主義との関連性も指摘しながら、組合規約の文言が国家の一体性を害するようなものではないとして、申立を退けた。同判決は上級審である破棄院によって覆され差し戻されたが、2005 年 2 月、労働裁判所は、政党解散に関わるヨーロッパ人権裁判所の先例に言及するとともに、たとえ規約の文言が違法であっても、組合解散には「差し迫った脅威」と「暴力の惹起」が必要であるとし、両者を満たさないとして申立を退けた。しかしながら、2005 年 5 月、破棄院によって労働裁判所判決が再び覆された。

破棄院判決を受け、2005 年 7 月、組合は解散を回避するために規約から「母語」の文言を削除した。同年 10 月、労働裁判所は、この削除によって請求原因が消滅し、組合解散を決する理由がなくなったとの判断を下した。

2005 年 6 月 3 日、申立人は、一連の解散手続により、ヨーロッパ人権条約 11 条（結社の自由）および 10 条（表現の自由）等が侵害されたとして、ヨーロッパ人権裁判所に出訴した。

【判　旨】

(1) 11 条違反の主張について

(a) 政府当局により解散手続が開始され、解散を回避するために申立人が組合規約の改正を余儀なくされたことは、11 条が保障する結社の自由に対する干渉に該当する。

(b)「法律で定められた」「正当な目的」について争いはなく、「民主的社会における必要」性の要件が問題となる。

(c) 11 条には結社を形成する自由も含まれている（§47）。結社の自由と民主政や多元性とは直接に結びついており、強度の理由がなければ制約は正当化されない（§48）。したがって、各国の解釈の余地は限定的であり、厳格な監視を伴う（§49）。さらに、国家の裁量行使の合理性に限られず、制約が目的に比例しているか、理由が十分であるか総体的に審査される（§50）。

(d) 労働裁判所と破棄院による条約解釈が異なることに留意する。11 条 2 項の例外規定を重視する破棄院の判断には問題がある。まず、本件組合規約には、目的達成のため暴力に訴えるような文言は含

まれておらず、破棄院も不法な手段の扇動がなかったことは認めている（§54）。

トルコ社会を構成する個々人が母語による教育を受けられるようにするという本件組合が擁護する原則は、民主制の根本原則と両立しうる。本件規約に、民主的原則を拒否するような暴力や暴動といったものはみられない。母語による教育の是非は、当時、公にも政治的争点とされていた（§55）。

本件規約のような提案が多数派の信条や政府の政策に反したとしても、民主政が適切に機能するためには、多種多様な結社や政治団体が問題解決に参加することが必要とされる（§56）。

本件組合がトルコの統一を害する非合法活動に従事していたことも、民主主義の原則に反する目的を追求していたことも示されておらず、破棄院の判決理由は説得的ではない（§58）。

規約上「母語による教育を受ける」という文言が単に存在するというだけでは、それ以外の隠れた目的の存在が示されない限り、民主主義の原則に反するとは言えない。組合の当初の規約では、社会の構成員全員に対して「母語による民主的・世俗的・科学的な無料の教育が平等かつ自由に受けられる」権利を擁護していた。かかる目的自体は、国家の安全に反するものでもなければ、公の秩序に対する脅威も示すものではない。「一国内に複数のマイノリティが存在し、多種多様な文化が存在することは歴史的事実であり、民主的社会は、国際法の諸原則にしたがって、その事実を受忍せねばならず、むしろ、それを保護・支援（protéger et soutenir）すべきである」（§59）。

したがって、破棄院の示した理由は関連性がないか十分ではなく、目的に比例していない。組合の解散に向けてとられた手続は、問題とされた規定の組合規約からの削除を強制しており、「やむをえぬ社会的必要」を満たすとはみなせない（§60）。11条に違反する（全員一致）。

(2) 10条違反の主張について

(a) 申立人らの活動は表現の自由の集団的行使であって、政党に認められた10条・11条の保障を受ける（§66）。表現の自由は民主社会の本質的基盤をなしており、国家や一部の人々に対して不快であったり攻撃的であったりするような表現にも適用される。これは、民主社会に欠かせない多元主義や寛容、心の広さの要請である。制約は例外として厳格に解釈され、その必要性は説得性をもたねばならない（§67）。

(b) 10条2項の「必要」とは、「やむをえぬ社会的必要」を意味している。締約国には一定の解釈の幅がありうるが、ヨーロッパの監視が常に伴う。当裁判所には、問題となった制約が10条に適合するか最終的な決定権限がある（§68）。

政治的言論には、表現の自由が最も重要であって、制約の余地はほとんどない。公共の関心事についても同様である（§69）。

法の支配に基づく民主社会では、現行秩序に挑戦する思想でも、平和的手段による限り、結社および表現の自由の保障がある。多元主義や寛容、社会的結合といった民主社会に固有な価値の要請である（§70）。

10条には、あらゆる言語において、情報を受領し、共有する自由が含まれ、政治的・文化的・社会的な情報や思想の公共的な交換に参加しうる。裁判所は、本件の背景状況、とりわけテロリズムとの戦いに関わる困難にも留意する（§71）。

本件組合の目的が、クルド語のみの教育の発展を促進しようとするものであったとしても、公益に関わる事項の表現の自由の制約の余地はほとんどない。この問題が公共の争点となっていた結果、トルコ語以外の母語による民間教育を容認する国内法改正が行われていた点にも留意する（§74）。

本件組合規約の条項は、暴力の使用や武力蜂起を要求するものでもなく、特定の人々に対する憎悪や暴力をもたらすものでもなかった。国家領土を害する危険については、組合規約がトルコ社会を構成する人々の教育を擁護していたことに留意する。他に隠れた目的があったことも示されていない（§75）。

組合の解散手続は、組合規約の文言削除を強制する結果を招いており、目的に比例せず、民主社会で必要ではないため、10条に違反する（全員一致）。

【解　説】

(1) 条 約 違 反

本判決では、当局の弾圧行為につき、11条（結社の自由）違反がまず認定され、次いで10条（表現の自由）違反が認定されたが、随所に引用される先例が示す通り、従来確立されてきた判断枠組の範囲内にとどまっている[1]。

(a) 結社の自由

まず、結社の自由については、同じトルコを当事国として、リーディングケースであるトルコ統一共産党事件を皮切りに、政党の解散をめぐる重要判例が既に蓄積されている[2]。本件においても、結社の自由に対する制限に裁判所の厳格な審査が及ぶとの原則の指摘（§48以降）や、暴力を惹起・扇動するような主張を伴っていないことに着目する具体的な判断手法（§54以降）など、それまでの政党解散に関する数々の判例に直接に依拠した論旨が展開されている。

なお、厳密に言えば、本件で弾圧対象とされたのは、政党の活動ではなく、労働組合による政治的活動——とりわけ組合規約におけるマイノリティの権利の擁護——である。とはいえ、結社の自由と民主政や多元主義との結びつきを強調し、民主政が健全に機能するためにさまざまな団体や勢力による参加が保障されなければならないとする人権裁判所の立場（§48、§56等を参照）からすれば、政治的主張を掲げる労働組合に対して、政党と同様の権利保障が及ぶとすることは不自然ではない。

また、本件の特徴に、マイノリティの権利擁護を掲げる団体に対する結社の自由の保障が問題となっていることがあるが、本判決では、この点に関する重要先例であるシディロプロス事件判決への依拠も目立っている[3]。

(b) 表現の自由

表現の自由に関しては、10条をめぐる一般原則について、政治団体の活動が表現の自由の集団的行使に該当し、10条および11条の保障が及ぶことを指摘する冒頭部分を始め、11条をめぐる判示と同じくトルコを当事国とする政党関連の判例に多くを依拠している。また、民主社会における表現の自由の重要性を強調し、敵対的な表現や不快な言論にまで表現の自由の保障が及ぶとする点など、表現の自由に関する各種の重要先例が繰り返されている[4]。同じく、「やむをえぬ社会的必要」をめぐる解釈の余地等（§68）については、直接にはトルコを当事国とする近時の裁判例が参照されているものの、述べられている中身はこれまで数多の判決で繰り返されてきたものと変わることはない。11条の結社の自由とリンクさせながら、平和的手段による現行秩序への挑戦を許容する点も同様である（§70）。

また、10条の具体的適用では、同条が任意の言語を通じたあらゆる種類の情報流通の自由を保障し、情報の内容のみならずその伝達形式にも保障が及ぶこと、公共の利害に関わる事柄が厚く保護されることなどを先例に則って繰り返したうえ、本件の組合規約の文言が暴力や憎悪を惹起するものでもなければ、他者を攻撃する表現でもないことを認定し、他に隠れた目的も認められないことを確認して、国家の領土保全に対する明白かつ現在の危険も存在しないとしている。

以上、総じて、表現の自由については、民主的社会における必要性などの権利制限の正当化をめぐる判断を始め、結社の自由と共通する部分で同様の先例が引用されるほか、10条をめぐる諸論点についても、数々の先例に則った判断が繰り返されており、目新しいところは見当たらない。

なお、本判決により、トルコ政府は本件組合に対して賠償金を支払うとともに、その後の解散措置に及んでもいないとしている。

(2) 母語による教育を受ける権利

本件の特徴は、母語を通して教育を受ける権利を

擁護する旨を労働組合の規約でうたったことが、政府当局から弾圧の標的にされたことにある。その背景には、判決文の端々からも読みとれるように、クルド人を始め、少数民族問題を抱えるトルコ国内におけるマイノリティの権利擁護という固有の問題がある[5]。

もっとも、本件では、マイノリティの言語教育に対する権利保障自体が明示的な争点とされているわけではない。従来、ヨーロッパ人権条約上の解釈としては、特に第1議定書2条（教育権）をめぐって、「母語による教育を受ける権利」の保障は否定的に解されてきた[6]。本件判決も、少数言語による教育を禁じるトルコの国内憲法を前提としたうえで、マイノリティの言語教育がトルコにおいて公的な政治的争点とされてきたことを手がかりに、もっぱら民主社会のあるべき姿を強調することで、異論を認め、多様な立論の併存を保障する方向での改善を命じるにとどまっている。

その意味では、本件判決に、「母語による教育を受ける権利」に関する何らかの示唆を読み出すとしても、結社の自由および表現の自由をめぐる議論から導かれる間接的な含意にとどまることは留意しておかねばならない[7]。

そのうえで、さしあたり着目できるのは、縷々先例を引きながら10条および11条の双方に関して検討されている本件規約の文言の危険性をめぐる判断である。判決の検討順に従えば、まず、11条の文脈において、団体の活動目的をどう定めるかは判例上も広い自由が認められており、政府や社会の多数派が望ましくないと考える目的や現行法秩序に抗うような目的であったとしても、実際に暴力の扇動等を伴わなければ民主的秩序と両立するという。また、10条の表現に関しても、現行法秩序への挑戦も含め、反社会的な言論や不快な言論に対する寛容が説かれ、特に本件のように公的な争点に関わる言論には制約の余地がほとんどないという。これらの判断枠組みによれば、「母語による教育を受ける権利」に関する条約上の保障がなくとも、さらには「母語による

教育を受ける権利」の実現を唱導することがよしんば「反社会的」であっても、政府当局による安直な制約から保護されるべきことになる。

とはいえ、このように人権裁判所が本件の規約文言の危険性や反社会性を云々していることに格別の意味を見出すことは適切ではない。ましてや人権裁判所が権利の発展に敵対する意図でこれらの議論を提示しているといった読み方は控えなければならない。人権裁判所による指摘は、トルコの政府や控訴院が権利の制約事由として国内法違反や国家統一に対する危害等を挙げたことに由来するものであり、条約上の権利保障を及ぼすために提示した仮設的な反論にとどまると読むべきである。

むしろ、マイノリティの言語教育権をめぐる争いが背景として浮かび上がる中、人権裁判所によって、数々の判例への言及とともに、独特の民主的社会像を通した多様性や寛容が強調され、マイノリティの権利保障への各種配慮が本件であらためて説かれたことの意義を見逃すべきではない。とりわけ、裁判所は、先例を引き継いで、次のように述べている。「一国内に複数のマイノリティが存在し、多種多様な文化が存在することは歴史的事実であり、民主的社会は、国際法の諸原則にしたがって、その事実を受忍せねばならず、むしろ、それを保護・支援（protéger et soutenir）すべきである」（§59）。この説示は、11条違反の理由付けを締めくくる箇所に置かれているが、10条をめぐっても、同様の民主的社会像を通した多様性や寛容が強調されており（§70に同一判決が引用されている）、先例を語り継ぐことを通して、人権裁判所の確固たる姿勢が表現されている[8]。

そもそも、本件では、争点のあり方からしても、従来の判例からしても、明示的な「母語による教育を受ける権利」の保障が期待できない。それにもかかわらず、人権裁判所は、結社の自由にせよ、表現の自由にせよ、先例に則りながら比較的丁寧に条約違反を検討し、裁判所が強調してやまない多元的な民主社会像を軸に、条約上の基本的人権の保障がマ

イノリティの権利擁護にも相応に貢献しうることを
明らかにしている。人権裁判所は、マイノリティの
言語教育権について、条約上の直接の権利保障を明
言することはなくとも、必ずしも冷淡一辺倒という
わけではない。むしろ、今後の展開次第では、民主
社会におけるマイノリティ文化の保護・支援の必要
性を語り継ぐことを通して、マイノリティの言語教
育権の確立に向けた側面支援の役割を担ったものと
評価できるかもしれない。

(1) なお、本文では省略したが、本件では ILO 結社の
自由委員会に対する申立が重複しているとして、条約
35 条 2 項(b)に照らして受理可能性がないことが主張
された。これは多数意見によって否定されたものの
(§32 以下)、二人の裁判官による合同反対意見が付
されている。

(2) Party communiste unifié de Turkey and others v.
Turkey, 30 January 1998, Reports 1998-I; Freedom
and Democracy Party (ÖZDEP) v. Turkey [GC], 8
December 1999, Reports 1999-Ⅷ; Socialist Party and
others v. Turkey, 25 May 1998, Reports 1998-Ⅲ; Re-
fah Partisi (the Welfare Party) and others v. Turkey
[GC]〔本書**70**〕等を参照。

(3) Sidiropoulos and others v. Greece, 10 July 1998, Re-
ports 1998-IV. 本判決でシディロプロス判決が直接
引用されたのは、11 条違反の判断冒頭の一般原則の
項目にとどまっているが(§47、§50)、その他、団
体の活動目標が表面的に平穏であったとしても隠れた
暴力的活動に従事することの証明があれば格別とする
判示など、共通する判旨は少なくない。なお、本件と
同じく、Sidiropoulos 判決において政党に関する厳格
な統制の基準が適用されたことを指摘するのは、西片
聡哉「集会・結社の自由の制約に対する欧州人権裁判
所の統制」国際人権 13 号(2002 年)101 頁。

(4) 本判決中に引用が見られる Handyside 判決〔I **18**〕、
Vogt 判決〔I **69** 事件〕等を参照。

(5) 裁判所が取り扱った例としては、クルドの母語教育
を擁護する政党に対する解散措置が問われ、11 条違
反が認められた HADEP and Demir v. Turkey, 14
December 2010(同様の先例として本判決中にも引用
された Yazar and others and the People's Labour Par-

ty (HEP) v. Turkey, 9 April 2002)、公共劇場でのク
ルド語による演劇の上演禁止について 10 条違反が認
められた Ulusoy and others v. Turkey, 3 May 2007、
近時では過去のクルド人虐殺に関する出版等の禁止や
関係者の刑事訴追について 10 条違反が認められた
Önal v. Turkey, 2 October 2012 やクルド語による選
挙活動への制限が争われた Şükran Aydın and others
v. Turkey, 22 January 2013 などがある。なお、本件
組合の争議行為に関する複数メンバーへの刑事訴追が
人権裁判所において争われ、11 条を始めとする条約
違反も認められている。

(6) リーディングケースとしてのベルギー言語事件〔I
78〕を参照。近時、同じトルコを当事国として、特
定の言語権の使用権がないことを確認しているのは、
Şükran Aydın and others v. Turkey, 22 January 2013,
§50。なお、言語権保障の現況を人権裁判所の判例を
通して概観する文献として、Paz, M., "The Failed
Promise of Language Rights: A Critique of the Inter-
national Language Rights Regime", Harv. I.L.J, v.
54-1 (2013), pp. 157-218.

(7) 本判決を報じる 2012 年 9 月 25 日付事務局プレスリ
リース(ECHR 351)の表題は、「国語以外の母語に
よる教育の権利は、条約で保障された表現、集会・結
社の自由に適合する(in conformity)」とされている。
しかし、判決文を読む限り、本件で「母語による教育
の権利」は直接に判断されておらず、この表題はいさ
さかミスリーディングである。管見の限り、これに続
く裁判所の判決においても、また各種二次文献におい
ても、「母語による教育の権利」の保障の文脈で本判
決が引用された例は見当たらない。

(8) このように、民主社会の要請として、マイノリティ
文化に対する寛容を示し、その擁護の促進に踏み込む
判示(§59)で直接に引用されているのは 2008 年の
判決(Tourkiki Enosi Xanthis and others v. Greece,
27 March 2008)である。また、本判決が出されたす
ぐ後、トルコ政府によるクルド人関係の出版の自由侵
害について 10 条違反が認められた Önal v. Turkey, 2
October 2012 にも、まったく同じ記述が見られ
(§40)、そこでも直接には Tourkiki Enosi Xanthis 判
決が引用されている。しかしながら、これら両判決に
おいて、そして本判決で繰り返されているのは、かつ
てシディロプロス判決で説かれた文言に他ならない。
本判決に対するシディロプロス判決の影響については、
前掲注(3)も参照。

72 石油会社の資産処分

投資保護に関するヨーロッパ人権条約と投資条約との差異

── ユコス石油会社判決 ──

濱本正太郎

OAO Neftyanaya Kompaniya Yukos v. Russia

20 September 2011

【事　実】

申立人はロシア法に基づき設立された法人である。1993 年に設立された当初はロシア政府により 100 ％支配されていたが、1995-96 年に民営化された（§6-7）。

同社は 2002 年末に税務調査を受け、2000 年における脱税の疑いで当局に 2004 年 4 月に訴えられ、直ちに財産の一部凍結命令がモスクワ商事裁判所により出された。同裁判所は、同年 5 月に申立人に対して 993 億ルーブルの追徴課税を命じた。申立人は直ちに控訴したものの、同年 6 月の控訴審判決は第 1 審判決を支持した。申立人は直ちにモスクワ地区連邦商事裁判所に破棄申立をしたが、同裁判所は同年 9 月の判決により破棄申立を斥けた。申立人は、さらに、税法 113 条の定める加算税時効（3 年）の不適用は違憲であるとして憲法裁判所に訴えたが、同裁判所は、2005 年 1 月の決定により、法律が違憲であるとの申立ではないとして管轄権を否定した（§8-77）。

申立人は、上記の破棄申立と同時に、ロシア最高商事裁判所に対して、税法 113 条に定める加算税時効の不適用について第 1 審・第 2 審判決の再検討（supervisory review）を求めた。同裁判所は憲法裁判所の見解を求め、憲法裁判所はこれに対しては回答することとし、税法 113 条は税務調査書が作成されればその時点で時効は停止すると定めているとの解釈を 2005 年 7 月の決定により示した。それに基づき、最高商事裁判所長は、同年 10 月の決定により、税務調査書は 2003 年 12 月に作成されていたため税法 113 条上問題ないとの判断を示した（§78-90）。

これに並行して、2001 年から 2003 年分を含む追徴手続が進められ、2000 年につき 993 億ルーブル、2001 年につき 1325 億ルーブル、2002 年につき 1925 億ルーブル、2003 年につき 1551 億ルーブルの支払いが命じられた（§91-222）。

2004 年 7 月に、ロシア法務省は強制執行のため申立人が有する申立人子会社 YNG の株式の 76 ％を競売にかけると発表した。YNG は石油ガス生産に当たる会社であり、申立人が有する中で最も価値のある資産であった。競売は同年 12 月に実施された。その後、申立人に対する破産手続が進められ、2006 年 8 月にモスクワ市商事裁判所は申立人の破産を宣告、2007 年 11 月に申立人の清算が確認された（§223-304）。

申立人はすでに 2004 年 4 月 23 日にヨーロッパ人権裁判所（以下、人権裁判所）に申立を行っていたところ、裁判所は 2009 年 1 月 29 日の受理可能性決定において、清算されて法的には存在しなくなった申立人の出訴資格を認めた[1]（受理可能性決定 §439-444）。また、受理可能性決定後、本件に関連する複数の投資条約仲裁案件が仲裁廷に係属していることが判明した[2]が、条約 35 条 2 項（b）にいう「実質的に同一の」事項が扱われているのではないため、本案審理の妨げにはならないとして受理可能性を認めた（本案判決 §516, 524-526）。

【判　旨】

(1) 条約 6 条について

2004 年 5 月のモスクワ市商事裁判所における手続において、租税省は口頭審理の始まる 4 日前に 43,000 頁を超える書類を提出し、同裁判所ではその書類に基づいて手続が進められた。また、同裁判所の判決が 5 月 28 日に当事者に交付された後、申

立人の延期要請にも拘わらず、21日後の6月18日に控訴審口頭審理が開かれた。これら2つの点において申立人には十分な準備時間が与えられておらず、6条3項(b)と併せ読んで6条1項の違反が成立する（§539-541, 544-548, 551）。

(2) 第1議定書1条について

(a) 追徴課税処分

公権力による私有財産への介入は法に基づくものでなければならない。2005年7月14日の決定は、租税法上の加算税時効（3年）に関するそれまでの規則を変更するものであって第1議定書1条の違反であり、2000年度の追徴課税は同条違反である。また、2001年度の追徴課税の際には2000年度の脱税が考慮されて追徴額が上乗せされているため、2001年度におけるその上乗せ分も法に基づくものではなく、第1議定書1条に違反する（§559, 573-575）。

それに加えて、そもそも、2000-2003年度についての追徴課税は法に基づくものであるかを検討しなければならない。申立人は、脱税と指摘された仕組みは合法な節税であって、後になってから違法とされた、と主張する。しかし、提出された証拠に鑑み、ロシア国内裁判所の事実認定に関する判断は適切であり、申立人の行為を税法違反とした判断は恣意的でも明白に不合理でもない。申立人は税法の規定内容が不明確であるというが、いかなる法にも解釈の余地はあるのであり、課税分野において国家が有する評価の余地と、申立人は大企業であって十分な法的アドヴァイスを受けることができたことを考慮すると、ロシアによる課税措置は十分に明確な法的根拠を有するものであったと考えられる（§588-599）。

(b) 執行措置

申立人は、ロシアによる執行措置が違法で比例性に欠け恣意的であったと主張している。問題は、執られた措置の内容そのものにではなく、そのやり方にある。手続は極めて迅速に行われ、申立人企業の存続のために必要な財産を売却する前に他の手段を真剣に検討すべきところそれをしておらず、徴税にかかった費用と関係なく一律に設定され且つ実際の費用を大幅に超える7％の手数料が徴収されており、規制の正当な目的と用いられた手段との間に比例性

が全くない。従って、この点において第1議定書1条の違反が見られる（§617, 645-658）。

(3) 第1議定書1条と共に考慮される14条

申立人はロシアの同業他社も類似の行為をなしているにも拘わらず同じような課税をされていないと主張するが、それら同業他社が申立人と類似の行為をなしていることは証明されていない（§608, 615）。

(4) 第1議定書1条と共に考慮される18条

申立人は、本件措置が政治的目的でなされたとも主張する。たしかに、本件は世間の注目を集め、本件について様々な人が様々なことを語っている。しかし、それはそれぞれの文脈でなされた発言であり、18条の違反を証明するという観点からはほとんど証拠能力がない。ロシアが申立人とその資産とを支配する目的で種々の措置を執ったという主張は、証明に成功していない（§661-666）。

【解　説】

本判決は、人権裁判所のこれまでの判断を踏襲しており、この判決を単体で見る限り、取り立てて議論するに値するとは思われない。ところが、この判決と並行して進行していた投資条約仲裁[3]と比較するとき、ヨーロッパ人権条約・ヨーロッパ人権裁判所の特殊性——おそらくはその決定的な弱点——が浮き彫りになる、貴重な事例と言える。

(1) 損害賠償（公正な満足）額の差——仲裁廷による収用の認定

本判決と投資条約仲裁との差異は、それにより命じられた損害賠償（公正な満足）の額を比較するだけで明らかになる。本件では、2014年7月31日の公正な満足を認める判決により、18億6,610万4,634ユーロという額が認定され、それが全株主に持分に応じて分配されるべきこととされた。たしかに大きな額であり、人権裁判所の歴史の中で最高額の損害賠償ともいわれる[4]。ところが、投資条約仲裁においては、申立人の0.3％の株主であったRosInvest社に350万米ドル、0.003％の株主であったQuasar de Valores社らに202万米ドル、70.5％の株主であったHulley社らに500億米ドルの支払いが命じられた。すなわち、単純に計算して、人権裁判所は、投資条約仲裁の30分の1の損害賠償しか認め

なかったのである。この差は、3件の仲裁廷がそれぞれロシアによる Yukos 社の収用を認定したのに対し、人権裁判所は収用は認めず、比較的些末な違反のみを認定したことに起因する。

(2) 仲裁廷・人権裁判所による違いの説明

(a) 人権条約と投資条約との違い

Yukos 関連の投資仲裁事案のうち、RosInvest 仲裁判断（2010年9月12日）は本判決前に出ているため、人権裁判所係属の事件との関連についての言及はない[5]。他方、本判決は、上記の通り受理可能性との関連では RosInvest 仲裁に触れているが、本案判断の部分ではなぜか言及していない。これに対し、本判決後に出された Yukos 関連投資仲裁では本判決との相違について説明がなされている。

これに対し、本判決後に出された Yukos 関連投資仲裁では本判決との相違について説明がなされている。このうち、Quasar de Valores 仲裁判断（2012年7月20日）は、投資条約と人権条約との違いに注目している。すなわち、人権条約は全ての人について適用されるのに対し、投資条約は外国投資の誘因としての機能を持っており、後者は「評価の余地」概念などによってそれが提供する保護水準を緩和することはない[6]。また、投資条約は、国家が公益のために私人財産を剥奪する場合、当該国家の構成員ではない外国投資家に対して補償なしにそのような国家の公的目的への貢献を求めることは認めていない[7]。人権裁判所が本件において収用を認めなかったのは、広範な評価の余地の下で争いの余地のない証拠を求めるという高い基準を適用したからである[8]。

この説明は、必ずしも説得的ではない。「評価の余地」概念が投資条約仲裁において用いられることはある[9]上、同概念を用いないとしながらも国家に一定程度の裁量を認めるという意味において実質的に同じ議論を行う例もある[10]。また、Quasar de Valores 仲裁廷が言うように外国投資家とそれ以外の者との間で保護の程度に差異が出ることがあり得るとしても、あくまで「程度」問題であり、本件のように収用か否かという「全か無か」の問題ではない[11]。

(b) 人権裁判所と投資仲裁との違い

これに対し、Hulley/Veteran/Yukos 仲裁廷は、人権条約と投資条約との一般的な差異、あるいはエネルギー憲章条約上の保護と人権条約上の保護との差異については議論せず、事実認定が異なること——すなわち、人権裁判所による事実認定が誤っていること——を指摘した。同仲裁廷は、人権裁判所が Yukos は何ら敵対的な待遇を受けなかったと述べたことに触れた上で、Yukos はむしろ凄まじく敵対的な待遇を受けたということを膨大な証拠の詳細な分析に基づいて説明している[12]。

なぜこのような事実認定の違いが生じたのか。Hulley/Veteran/Yukos 仲裁では、両当事者から、計2,500頁を超える主張書面に加え、少なくとも6,281点の証拠文書（exhibits）および17の鑑定書（expert reports）が提出され、口頭審理は1ヵ月間にわたり連続して行われている。加えて、多くの証人が証言した[13]こと、および、主要な論点においてロシア側が証人を出さず、仲裁申立人側の証人に対する反対尋問をロシアがことごとく放棄した[14]ことも重要である。

これに対し、人権裁判所の本件審理では、提出された書面の数量については記録がないが、裁判所による「手続に関する指示（Practice Directions）」の「提出書面（Written pleadings[15]）」の12項によれば「例外的に30頁を超える場合には、短い要約を付す」と書かれていることから、Hulley/Veteran/Yukos 仲裁において提出されたものと比較にならないほど短いものが提出されたと思われる。口頭審理は1日のみであり、証人尋問は行われていない。

このように、人権裁判所は事実認定にあまり資源を割いていない。むしろ、被申立国国内裁判所による事実認定を、特別の事情のない限りはそのまま受け入れるとの態度を示している[16]。人権裁判所はその条文上の根拠を示していないが、おそらくは補完性原理によるものと思われる。

もっとも、条約38条は、人権裁判所が「調査（investigation/enquête）」を行う権限を有することを定めており、裁判所規則の附則A1は現地調査を含む調査について定めている。しかし、人権裁判所が実際に調査権限を行使する例は僅少であり、実際には被拘禁者の待遇など身体的制約ないし侵害がある場合[17]に限られ、本件のように財産権侵害のみが問題

となった事案については先例がない。

　また、人権裁判所においては、例えば被拘禁者の待遇などに関し、申立人側が一定程度の証拠を提出した場合には、証拠の偏在を理由に被申立国に証明責任が転換されることがある[18]。しかし、仮に本件のような場合に証明責任の転換法理が適用されるとしても、そもそもその「一定程度の証拠を提出」するために膨大な証拠に基づく長大な説明が必要である場合には、現状の制度的制約の中では申立人が圧倒的に不利なままである。

　このように比較すると、事実認定の丁寧さにおいて、人権裁判所は圧倒的に投資条約仲裁に劣ることがわかる。莫大な数の事案を抱え、そして何より利用者から料金を徴収しない人権裁判所に対して、当該事件に専念しかつ高額な仲裁[19]と同じ程度に丁寧な審理を行うことは望むべくもなく、事実認定において粗くならざるを得ないのは人権裁判所の制度的限界と言える。

(1)　参照、Capital Bank AD v. Bulgaria, 24 November 2005.

(2)　Hulley Enterprises Limited v. Russia, PCA Case No. AA 226; Yukos Universal Limited v. Russia, PCA Case No. AA 227; Veteran Petroleum Limited v. Russia, PCA Case No. AA 228. これら3件はエネルギー憲章条約に基づく仲裁であり、当事者の合意により実質的に一つの事件として扱われている。さらに、イギリス・ソ連（ロシア）投資条約に基づく RosInvest v. Russia, SCC Arbitration V (079/2005) と、スペイン・ソ連（ロシア）投資条約に基づく Quasar de Valores v. Russia, SCC Arbitration V (024/2007) とがある。

(3)　前掲注(2)。

(4)　Chiara Giorgetti, "Horizontal and Vertical Relationships of International Courts and Tribunals", *ICSID Review*, vol. 30, 2015, p. 98, p. 111.

(5)　RosInvest v. Russia, SCC Arbitration V (079/2005), Final Award, 12 September 2010.

(6)　Quasar de Valores v. Russia, SCC Arbitration V (024/2007), Award, 20 July 2012, §22.

(7)　*Ibid.*, §23.

(8)　*Ibid.*, §42.

(9)　例えば、Electrabel v. Hungary, ICSID Case No. ARB/07/19, Decision on Jurisdiction, Applicable Law and Liability, 30 November 2012, §8. 35; Invesmart v. Czech Republic, Award, 26 June 2009, §484.

(10)　Chemtura v. Canada, Award, 2 August 2010, §123.

(11)　「程度」問題は、補償額の算定において適切に考慮

することができる。実際、収用の際に求められる補償額は、投資条約の場合、「収用された投資財産の現実の価格（real value of the investment expropriated）」（英ソ条約5条1項）、「適切な補償（indemnisación adecuada）」（西ソ条約6条）、「収用された投資財産の公正市場価格（the fair market value of the Investment expropriated）」（エネルギー憲章条約13条1項）等であるのが多いのに対し、人権裁判所の判例では、「現実の価格」や「公正市場価格」が用いられるとは限らず、措置の目的に応じた減額も認められている（元ギリシア国王財産収用事件判決〔I *72*〕解説（河野真理子執筆）439頁、442頁）。

(12)　Yukos Universal Limited v. Russia, PCA Case No. AA 227, Award, §§700ff. 注(2)に述べたように、3つの仲裁判断はほぼ同一内容なので、Yukos Universal Limited 申立による仲裁のみ引用する。

(13)　*Ibid.*, §117-246.

(14)　*Ibid.*, §779, 789, 801.

(15)　本件に適用されていたのは2008年版であるが、2014年版にも同じ12項に同内容の規定がある。〈http://www.echr.coe.int/Documents/PD_written_pleadings_ENG.pdf〉

(16)　最近の例として、Giuliani v. Italy, 24 March 2011, §108.

(17)　最近の例として、Husayn v. Poland, 24 July 2014, §12.

(18)　Varnava et al. v. Turkey, 18 September 2009, §184.

(19)　Hulley/Veteran/Yukos 仲裁の仲裁費用（弁護費用を含まない。）は、844万ユーロにのぼる。Yukos Universal Limited v. Russia, *supra* note 13, §1866.

［参考文献］（注に掲げたものを除く）

[1]　Eric de Brabandere, "Yukos Universal Limited (Isle of Man) v. The Russian Federation: Complementarity or Conflict? Contrasting the Yukos Case before the European Court of Human Rights and Investment Tribunals", *ICSID Review*, vol. 30, 2015, pp. 345-355.

[2]　Conor McCarthy, "The Problems of Fragmentation and Diversification in the Resolution of Complex International Claims: OAO Neftyanaya Kompaniya Yukos v Russia, European Court of Human Rights, Application No. 14902/04, Judgment (Just satisfaction), 31, July 2014", *Journal of World Investment & Trade*, vol. 17, 2016, pp. 140-147.

[3]　Dimitri Yernault, "Expropriation déguisée, impôt et droit de propriété l'affaire Yukos, un épisode de la guerre des oligarques russes devant la Cour européenne des droits de l'homme", *Revue trimestrielle des droits de l'homme*, No 94, 2013, pp. 377-404.

[4]　"Article 38", William A. Schabas, *The European Convention on Human Rights: A Commentary*, Oxford, Oxford University Press, 2015, pp. 803-815.

73 財産の利用規制
不動産価格の大幅上昇にもかかわらず従前の条件で貸借すべき規制は、財産権を侵害する
──リンドハイム判決──

矢島　基美

Lindheim and others v. Norway

12 June 2012

【事　実】

申立人らはいずれも、40年から99年という長期間、常用または休暇用住宅向けに、その所有する土地区画を賃貸する土地賃貸借契約の当事者であるが、土地賃貸借法の改正（2004年11月1日発効）にともない、賃貸借期間の満了時に、従前と同一条件で、期間の制約なしに契約を更新することが借地人に認められたため、申立人らの財産権が不当に侵害されることになったと主張して争った。

土地賃貸借法は、1975年に土地賃貸借契約を規制する特別法として制定され、1996年にはその新法（以下では、「96年法」という）が制定された（2002年1月1日発効）。いずれも土地賃貸借契約の借地人に契約の更新権を認めるとともに、96年法は当事者間で主として消費者物価指数の変動に応じて賃貸料を調整できるものと規定していた（15条）。それが2004年に再改正され、賃貸料の増額水準は一般的な物価上昇のみを反映できるようにしつつ、上記のごとき契約の更新権（33条）が規定されることになった。

その背景として、ノルウェーに特有の社会経済的事情が指摘されている。すなわち、この土地賃貸借契約は、不動産購入向けの土地が乏しい同国では極めてありふれたものであった[1]。それが、常用向けであれ休暇用向けであれ持ち家を望む人々には魅力的であり、土地所有者にとっても、投資も土地の売却もせずに安定した収益を得る適切な方法となっていたからである。ところが、1950年から1980年にかけて不動産市場の価格水準が一般の物価上昇と同様のペースで動いていたものの、1980年頃から不動産価格が急騰し、申立人らの土地賃貸借契約上の賃貸料で比較しても3桁違いの開きさえ生じ、土地評価条項を含む契約の賃貸料は改定後に平均で4倍前後に跳ね上がった[2]。そこで貸地人は、契約満了の時期になると買取 redemption を求めた（法32条・37条）が、それは結局、多くの借地人を困難な経済的立場に陥らせることになったのである。

上記改正を受けて、本件申立人ではない貸地人が、常用住宅向けの借地人に対して、法33条が憲法97条・105条[3]、ヨーロッパ人権条約第1議定書1条に違反すると主張して民事訴訟を提起したが、最高裁判所は、2007年9月21日、借地人保護等の観点から法33条が憲法にも第1議定書1条にも適合している旨、判示した（以下では、「2007年最判」という）。その一方で、申立人らもそれぞれに、借地人からの法33条に基づく契約更新の要求に異を唱えて提訴した。下級裁判所レベルでは、常用か休暇用かの別、賃貸借の契約期間、その対象となっているものの所在地、賃貸料の調整規定の存否や内容を問わず、法33条は合憲とする旨の判断が下された。これらのうち、休暇用住宅向けの貸地人たる申立人 X_1 が唯一上告したが、最高裁判所は、2007年最判の事案との相違を指摘しつつも、96年法でなされていた使用目的の区別が改正法にはみられないため、土地区画の使用目的にかかわりなく同一に取り扱うべきであるとする立法者の意図を推測できること、社会的配慮は常用住宅について特に重要であるが、休暇用住宅もまた、福祉・福利の観点からかなりの便益であることなどを理由にして、上告を棄却した。

そこで、2008年3月14日、申立人 X₁ ら5名は、第1議定書1条で保護されている財産権の不当な侵害にあたるとしてヨーロッパ人権裁判所に申し立て（第1次申立）、次いで2009年12月21日、申立人 X₆ が同様の申立を行った（第2次申立）。これらの申立は第4部小法廷に係属し、併合審理された結果、全員一致により、第1議定書1条違反と認定した。

【判　旨】

(1) 本件申立の受理可能性について

申立人らのうち、最高裁判所に上告したのは X₁ だけなので、X₁ 以外の申立人についてヨーロッパ人権条約35条にいう「すべての国内的な救済措置が尽くされた」か否かが問題となるが、国内における訴訟経緯等の諸事情に照らし、当裁判所は、これを充足していると判断する（§55-58）。

(2) 第1議定書1条違反の主張について

(a) 適用される規範

本件事案は、「財産所有者に対して借地人の要求する賃貸料の水準、土地賃貸借契約の同一条件による無限定な更新という点で、法律によって課せられた制限にかかわっている」（§75）。そして、本件における「年額賃貸料の低水準（申し立てられた市場価格の区画当たり0.25%以下）、疑義の呈された賃貸料制限の無限定な継続が財産の平穏な享受に極めて深刻な程度に介入している」とする申立人らの主張は支持できる。しかしながら、「申立人らは、土地賃貸借契約の締結時に自由に合意した条件のまま賃貸料を受領してきたし、所有者であり続けたため、たとえ土地に設定された賃貸借の制約に服するとしても、その区画を自由に売却できた」ことなどからすれば、収用または事実上の収用に等しい、あるいは、「すべての意味ある利用」が奪われるといった申立人らの主張を受け入れることはできない。したがって、「当裁判所は、本件で適用されるのは財産利用の規制に関する規範であると判断する」（§77-78）。

(b) 第1議定書1条2文の条件への対応

(i) 介入の目的

本件介入が「一般的利益に適合する」かについて、「当裁判所は、フッテン―チャプスカ事件判決[4]で要約された次のような判例法上の原則を再言する。すなわち、〈国家機関は本質的に、その社会やそこでの必要性を直接知っているがゆえに、国際裁判所の裁判官よりも、何が『一般的』または『公共』利益であるかを判断するのに適している〉、〈『公共』ないし『一般的』利益の観念は必然的に拡張的であって、とりわけ住宅供給のごとき領域では、国家による何らかの形式の規制がしばしば求められる〉」（§96）。

本件の場合、96年法の発効を受け、多くの借地人が賃貸料の劇的で想定外の上昇に直面し、賃貸料の改定交渉にともなう法的争いがしばしば生じたため、これを回避し、予見可能性を確実にする利益があること、法33条が借地人の資力や土地使用の目的にかかわりなく適用されるとしても、買取の資力を欠く借地人の利益保護には正当な必要性があることが認められるので、「疑義の呈されている介入が一般的利益に合致していると判断する」（§97-100）。

(ii) 介入の比例性

「当裁判所は、先に引いたフッテン―チャプスカ事件大法廷判決で次のように述べられていた原則を再言する。すなわち、〈〔財産権に対する介入には〕『正当な目的』とそのために用いられる手段との間に比例性の合理的関係がなければならないとする〕要請は、社会の一般的利益の要求と個人の基本的人権を保護する要求との間をとりもつ『公正な均衡』の観念によってあらわされている〉、〈当裁判所はそれゆえ、国家の介入により、関係者が比例的ではない過度の負担を義務づけられるのか、確認しなければならない〉、〈広範な住居供給立法を実施する事案では、個々の土地所有者が受け取る賃貸料の減少状態、契約の自由や賃貸借市場の契約関係に及ぼす国家の介入の程度のみならず、制度の遂行および土地所有者の財産権に与える影響が恣意的でも予見不可能でもないことを保証する手続またはその他の保護手段の存在にかかわって判断される〉」（§119）。

土地賃貸借契約の場合、貸地人には、市場価格を反映した賃貸料を交渉するという利益があり、借地人には、当該借地上の家屋におこなった投資の観点から、賃貸借契約の満了時に契約関係の現状を維持するという利益があって、「双方の利益を両立させることは難しく、ノルウェー議会が立ち向かった問題は著しく複雑であった。」その結果、立法過程において、契約数が極めて膨大なため、明確かつ予見可能な解決を図り、大規模な訴訟で費やされる費用と時間を避けることが必要であると認識されたのは理解できる（§123-125）。

申立人らの具体的事情からすると、法33条の改正時に、貸地人と借地人の利益の間の「公正な均衡」にどのような特別な評価がなされたのか、明らかにされていない。むしろ、①「土地の実勢価格と何ら関係のない…低水準の賃貸料を正当化するのに十分強度な一般的利益の要請は存在していない」、②「〔法〕33条は、更新の対象となる、関係借地人の資力と無関係な、一定の年数の契約に一般的に適用されうる」、③賃貸料の算定では「関連する要因としての地価を考慮に入れる可能性が排除され、契約の継続期間も無限定であ」り、借地人のみがその終了を選択しうる、④地価の変動から生じる利益が借地人に帰することなどが指摘できる（§128-133）。「当裁判所はそれゆえ、この分野における評価の余地の広範さにもかかわらず、社会の一般的利益と、比例的ではない負担を課せられている申立人の財産権との間の公正な均衡が被申立人たる国によって破られていることを容認するものではな」く、「第1議定書1条違反が認められる」（§134-135）。

(3) 人権条約46条について

「当裁判所は、被申立人たる国が、人権条約の財産権保護の原則に従って、一方で貸地人の利益、他方で社会の一般的利益の公正な均衡を確実なものとする仕組みを国内法秩序のなかに確保するために適切な立法的ないし他の一般的な措置を講ずべきものと考える」が、「貸地人の利益がどうすれば問題となる他の利益に釣り合うかを明らかにするのは、当

裁判所ではない」（§137）。

(4) 人権条約41条の「公正な満足」について

申立人らは、未開発の区画の市場価格に等しい補償を求めているが、本件の特別な事情を踏まえ、被申立国は本判決に先立つ立法活動ないし状況に関する義務が免除されるべきであり、この請求を退ける（§139-141）（全員一致）。

【解　説】

(1) 本判決の意義・特徴

第1議定書1条が3つの規範、すなわち、①財産を平穏に享受する、②一定の条件を充足する場合を除き、財産が剥奪されない、③一般的利益に適合するよう財産の利用を規制する権限が国家に付与される、というもので構成されており、財産権に対する国家の介入が同条違反になるか否かは、これらの規範をもって判断されること、また、その判断に際しては、当該介入とその目的との比例性が前提とされ、社会の一般的利益と個人的利益の公正な均衡が検討されることは、すでに確立した判例法理であるといってよい[5]。

本判決は、社会経済政策の観点から加えられた土地賃貸借契約上の法的規制[6]について、上記規範のいずれが適用されるのか、適用されるとすると、そこでの要件を充足しているのかといった流れで判断を加えている。その手法は、「一般的性質を帯びる」上記規範①[7]に先行して②・③との抵触関係を判断したうえで、上記要件の充足性を検討するものであり、先例を踏襲していることは明らかである。

(2) 第1議定書1条の適用される規範

上記規範②にいう「財産の剥奪」とは、当該財産に対する法的権利を永続的に失わせるものである[8]。国家によるそれとして収用があるが、形式的にみてこれに当たらないとしても、それに匹敵する実態を備えるもの、いわゆる事実上の収用を観念することはできる。そこで、申立人らは、法33条による規制が収用ないし事実上の収用に等しいと主張した。なるほど、市場価格から大きく乖離した賃貸料のま

ま、期間に制約のない契約更新を強いられるのであれば、土地を所有し利用する意味はほとんど存しない。

その点で本件はかなり微妙な事例にみえるが、本判決は、上記規範②および③の適用を判示した先例を挙げたうえで、本件では上記規範③が適用されるものと判断した。その判旨からすれば、財産に対するあらゆる法的能力が喪失していないかぎり、財産の剥奪には当たらないと判断しているように思われる。すでにメラヒャー事件〔I 74〕において、家賃に関する法改正によって90％程度減額されてなお財産の剥奪には当たらないと判断されていた以上、本判決の論旨は理解の範囲を超えるものではない。

(3) 第1議定書1条2文の条件への対応

(a) 介入の目的

本判決は、上記法的規制が「一般的利益」に適合するかという争点においても、政府の主張をほぼ受け容れて、これを肯定した。その際に、フッテン−チャプスカ事件判決を援用しているが、それは、住宅供給の社会的必要性を大前提にしつつ、国家がどのような政策選択をし、どの程度関与すべきかが問われている点で、本件と共通する要素を含んでいると考えているからであろう[9]。

ところで、法33条は土地使用目的を区別せず、資力によって借地人を限定することもしていない。その結果、同条は相当広範囲な適用が予想される。そうであれば、「一般的利益」との適合性を判断するにあたって、当該立法目的とその適用範囲の絞り込みを要するはずであるが、本判決は、国家の評価の余地、なかんずく社会経済政策領域における広い裁量を重視して、ゆるやかに判断している。

(b) 介入の比例性

土地賃貸借契約数は膨大で、賃貸借関係もさまざまなので、個別の事情を斟酌しつつ立法的対応を図ることは容易ではない。それだけに、民主主義の熟議を経て漸く改正され、最高裁判所もそれに合憲の判断を下している旨、政府が強調することにも相応の理由がある。しかしながら、本判決は、それらの

点を考慮に入れつつも、判旨に逐一挙げられているように、種々の点で貸地人の側に社会的・経済的な負担が課せられ、「公正な均衡」が確保されているとはいえないと結論づけている。

本件は、住宅供給政策分野という、国家の評価の余地が広く認められ、それに応じて比例性原理がゆるやかに判断される類の事例であったが、貸地人と借地人の保護される利益を比較検討した場合、前者が強いられる負担の大きさは明らかであり、本判決の結論は十分に理解できる。なお、本件の争点の1つでもあった土地区画の使用目的に、本判決がさほどこだわりを示していない点は目を引く[10]。

(4) 判決の国内法への影響

本判決を受けて、ノルウェー国内では、2012年12月、条件を変更しないまま更新された賃貸借契約の効力を認める時限法が制定される一方で、2015年6月、2年余の議論を踏まえ、96年法に必要な改正を加える政府案が採択された（2015年7月1日発効）。この改正法によれば、未開発の区画の価格の2％に固定された調整を一度だけ行なう権利が貸地人に付与されるとともに、賃貸料の調整は物価上昇に応じて毎年調節される上限額によって修正され、例外的事情のもとでは上限額を超えることもできるし、当事者ともに契約更新後30年で賃貸料の上記調整の見直しを要求できる仕組みが用意されている。

(5) 日本法への示唆

ノルウェーの土地賃貸借契約は同国独特のものなので、日本のそれと容易に比較することはできない。むしろ、比例性原理や「公正な均衡」に基づく審査の手法は、すでに指摘のあるように[11]、日本の憲法判例と共通するものであり、この領域におけるヨーロッパ人権裁判所の衡量技法に汲むべきところは大きいように思われる。

⑴　ノルウェーの総人口は約500万人であるが、土地賃貸借契約はおよそ30万から35万件を数え、その60％が居住用で、40％が休暇用である。

⑵　ステーネシェン＝リーベク（岡沢憲芙監訳・小森宏美訳）『ノルウェーの歴史』（早稲田大学出版部、2005

年）186 頁によれば、1950 年代は賃金 1 年分で家が購入できていたが、80 年代になると、工場労働者の月給のおよそ 5 年分を要するようになった。なお、土地評価条項とは、当事者間の合意により、土地の評価額を賃料に反映させる取極めを定めるものである。

(3) 憲法 97 条は、「いかなる法も遡及効を有してはならない」、同 105 条は、「国の福祉のもと、動産及び不動産を公の利用のために提供するよう要請された者はすべて、国庫から完全な補償を受けるものとする」旨、規定している。

(4) Hutten-Czapska, v. Poland〔GC〕, 19 Jun. 2006. この事件は、民主化前のポーランドで制定された立法に由来する賃貸料の制限制度にかかわるものであり、とりわけ賃貸料水準の上限設定がきわめて低額で、何らの利益ももたらされないことが第 1 議定書 1 条に違反するものと判断された。

(5) 先例としてたとえば、James and others v. UK, 21 Feb. 1986.; Sporrong and Lönnroth v. Sweden, 23 Sep. 1982,〔I *73*〕; Hutten-Czapska *supra* note (4). また、Sudre, F., La protection du droit de propriété par la Cour européenne droits de l'Homme, D., 1988, chron., p.75（F. スュードル（建石真公子訳）『ヨーロッパ人権条約』（有信堂、1997 年）49 頁）、門田孝「欧州人権条約における財産権保障の構造（二）」広法 32 巻 3 号（2009 年）91 頁以下等参照。

(6) この規制については、土地の利用に対する観点以外に、契約自由の原則に対するものとして受け止めることもできる。Marchadier,F., La contribution de la CEDH a la recherche d'un équilibre entre le bailleur et le preneur d'un immeuble destiné a l'habitation, Recueil Dalloz 6 Sep.2012 no. 30, pp. 2007 参照。

(7) 規範①が「一般的性質を帯びる」こと、したがって、規範②・③は規範①に照らして解釈されるべきことは、ジェームス事件（前掲注(5)）以来の法理であり（たとえば、門田・前掲注(5)93 頁参照）、本判決もこれを明記している。

(8) Renucci, J-F., Droit européen des droits de l'homme, 4e éd., pp.343-344, 門田・前掲注(4)93-100 頁参照。

(9) 共通の要素という点では、およそ財産上の利益が得られていないことも指摘しうる（Marchadier, Recueil Dalloz 6 Sep.2012 no 30, pp.2010-2011 参照）。本件の場合も、年額の賃貸料水準が不動産税の法定水準と同等かそれ以下であったからである。

(10) 休暇用目的の場合をどのように評価するかは議論が分かれるが、休暇用が実は常用の性格をもつ場合もありうるので、休暇用目的であるからといって直ちに住居の必要性が充足しているとはいえないし、狩猟のごとき「余暇活動を組織または規制することもまた、国家が責任を負うべき問題でありうる」と判断した先例（Chassagnou and others v. France〔GC〕〔本書 *74*〕）が意識されているのかもしれない。

(11) スポロング判決〔I *73*〕解説（中島徹執筆）449 頁。

74 所有地における狩猟の受忍
小規模土地所有者に対する狩猟の受忍の義務づけは財産権を侵害する
―シャサヌー判決―

門 田 孝

Chassagnou and others v. France
29 April 1999, Reports 1999-Ⅲ (大法廷)

【事　実】

　本件では、土地所有者らに対し、同人らが反対しているにもかかわらず、その所有地で狩猟をする権利を公認団体に委譲するよう義務づけた法律が問題になった。

　フランスで制定された 1964 年 7 月 10 日の法律64-696 号、通称「ヴェルディユ法」(Loi Verdeille)―それは後に、農事法 (code rural) L222-2 条以下として法典化された―により、「狩猟地における狩猟用鳥獣の増加、害獣の駆除および密漁の防止を促進すること、会員に財産権および農作物を損なうことなく狩猟する方法を指導すること、ならびに一般的に技術的な狩猟組織を発展させること」(農事法L222-2 条) を目的として、公認コミューン狩猟協会(Associations communales de chasse agréées；ACCA) および公認コミューン間狩猟協会 (Associations inter-communales de chasse agréées；AICA) が創設された。ヴェルディユ法は、フランス本国内の 93 県で効力を有し、同法により、各県ごとに定められる最低限の広さを下回る土地の所有者は、各自治体のACCA の一員になり、その所有する土地上で狩猟する権利を当該 ACCA に委譲することが義務づけられた。ACCA の創設は、一部の県にあっては強制的であり、該当する県は所轄の大臣が作成するリストで定められる。

　本件の申立人である X ら 10 名は、ACCA が創設されたドローニュ県、クルーズ県またはジロンド県内の自治体に土地を所有する者であり、倫理的理由により自己の所有地での狩猟に反対しているにもかかわらず、所有地の広さが最低限よりも下回っていたため、法の規定に基づき各自治体の ACCA の会員とされ、その所有地での狩猟権を ACCA に委譲するよう義務づけられたものである。X らは、その所有地を ACCA の狩猟対象地から除外するよう求めてフランスの国内裁判所に出訴したが、最終的に退けられたため[1]、ヨーロッパ人権委員会に申立を行い、ヴェルディユ法により、強制的に ACCA の一員とされ、自己の意思に反して、その所有地での狩猟権を ACCA 委譲するよう義務づけられることが、思想・良心の自由を保障したヨーロッパ人権条約 9 条、結社の自由を保障した 11 条、および財産の保護を定めた第 1 議定書 1 条に違反し、かつこれら各条との関連で 14 条 (差別の禁止) にも違反すると主張した。委員会は第 1 議定書 1 条違反および11 条違反を、いずれも単独および 14 条との関連で認定したので[2]、フランス政府が事件をヨーロッパ人権裁判所に付託した。

　人権裁判所大法廷は、第 1 議定書 1 条違反を、同条単独 (12 対 5) および 14 条との関連で (14 対 3) 認定し、また 11 条違反を、同条単独 (12 対 5) および14 条との関連で (16 対 1) 認定した。

【判　旨】

(1) 第 1 議定書 1 条違反の主張について

　(a) 本件においては、土地所有者である申立人らの権利に対する介入が存しており、第 1 議定書 1 条2 段が適用される (§74)。問題となった権利への介入は、共同体の一般的利益の要求するところと、個人の基本的権利保護の要請との間で「公正な均衡」を保つものでなければならない。…追求される目的と、そのために採られた手段との間には、合理的な比例関係が存しなければならない。こうした判断にあたり、当裁判所は、構成国が広範な評価の余地を

有することを認める（§75）。

（b）ヴェルディユ法がその１条でACCAに割り当てている目的および権利への介入の目的は、明らかに、無秩序な狩猟を避け、狩猟用鳥獣の適正な管理を推進するという一般的利益にかなったものである（§79）。

（c）もっとも、ヴェルディユ法の適用を免れるために申立人らが取り得る手段として政府の挙げる選択肢はどれも、申立人らがその土地上の狩猟権をACCAに委譲するという法律上の義務を、実質的に免除するものではない。狩猟地から除外される土地として法の掲げる要件や狩猟権委譲に伴う補償は、申立人らに求めることはできないものであり、あるいは意味をもたないものである（§82）。狩猟権の強制的委譲は、民法典544条の定める絶対的財産権保障の例外であり、他人の土地での狩猟を禁じた農事法の原則に反するものでもある（§83）。さらに、ヴェルディユ法の下で、フランス国内の93県中29県のみがACCAの設立を義務づけられ、自発的に設立したのは851自治体にとどまり、また同法は一定の広さ未満の土地所有者に対してのみ適用される（§84）。

要するに、ヴェルディユ法は制定時に正当な目的を有していたにもかかわらず、その定める強制的な権利委譲システムは、結果として、財産権の保護と一般的利益の要請との間で保たれるべき公正な均衡を覆す（upset）状況に、申立人らを置くものであった。小規模土地所有者らに、その土地の狩猟権を委譲するよう強制し、その信条と全く相容れない仕方で他者にその土地を利用せしめることは、比例性を損なう負担を課すものであり、第１議定書１条２段の下で、正当化されはしない。それゆえ同規定違反が存在した（§85）。

（2）14条と関連した第１議定書１条違反の主張について

大規模土地所有者と小規模土地所有者との間の別扱いの結果、前者のみにその良心に従って土地を使用する権利が認められることになり、それは、条約14条の意味するところの、財産に基づく差別を構成する。それゆえ、条約14条と関連した第１議定書１条違反が存在した（§95）。

（3）11条違反の主張について

個人を、その信念に根本的に反するような結社に加入するよう強制し、加入をもって、同人の権利を当該結社に委譲するよう義務づけ、同人の反対する目的を達成できるようにすることは、相対立する利益間の公正な均衡を保つうえでの必要性を超えるものであり、目的と比例したものとは解されない。それゆえ、11条違反が存在した（§117）。

（4）14条と関連した11条違反の主張について

本件において、小規模土地所有者のみがACCAへの加入を義務づけられることについて、客観的かつ合理的な理由が示されていない。それゆえ、条約14条と関連した11条違反が存在した（§121）。

（5）条約９条違反の主張について

第１議定書１条および11条の、それぞれ個別におよび14条との関連で下した結論に鑑みれば、本件を、９条違反の有無という点から別個に審査する必要は存しない（§125）。

【解　説】

（1）所有地における狩猟受忍をめぐる判例の展開

フランスでは18世紀以降、狩猟のための私有地への立入りに関して、当該土地の所有者が明示的に反対の意思を表明していない限り立入りを可能とする「黙示的承認の法理」が、判例法により形成され、とりわけ零細な所有地の多い南部では、事実上狩猟が野放し状態におかれた結果、野生動物が急激に減少する地域もみられた。このような状況の下、狩猟をより適切に管理していくために制定されたのが本件で問題となったヴェルディユ法であり、適正な狩猟の確保に向けて大きな期待が寄せられていただけに、本件における条約違反の判決が関係者に与えた衝撃は大きなものであり、本判決に対しては批判的なコメントが少なからず寄せられることとなった[3]。

本判決で問題とされたような、所有地における狩猟権の強制的委譲の制度の条約適合性は、その後他の締約国でも争われることとなった。この点に関してはまず、ルクセンブルクにおける2007年のシュナイダー判決が第１議定書１条違反を認定した[4]。また、ドイツでも、2011年のヘルマン判決で、いったん条約違反はないと判断されたが[5]、上訴を受け

た大法廷によりこの判断が覆され、やはり条約違反が認定されるに至った[6]。

　もっとも、ここで問題となったような、狩猟地確保のための狩猟権委譲の制度そのものが、常に条約違反と解されてきたわけでは必ずしもない。この点は、その後のフランス法をめぐる判例の展開からも明らかである。すなわち、本判決を受けて改正されたフランス法の条約適合性が問題とされた2011年のA.S.P.A.S.判決では、倫理的理由により狩猟に反対する者に対して、期限を設けてその所有地を狩猟地から除外するよう請求する権利を認めたフランスの改正法が、第1議定書1条違反も11条違反も存しないとの判断が示されている[7]。また、2012年のシャボティ判決では、倫理的理由によらずに狩猟権委譲に反対する申立人による第1議定書1条違反の主張が退けられている[8]。こうした諸事例の比較検討は、本判決の射程を考えるうえでも有用であろう。

　(2) 本件において第1議定書1条違反の判断に至った要因[9]

　本判決は、一般論としては構成国の「広範な評価の余地」に言及こそするものの（判旨 (1)(a)[10]）、条約を適用するに際してそうした「評価の余地」を尊重する姿勢はみられず、端的に比例性の審査がなされて条約第1議定書1条違反の結論が導かれている。本判決でこうした結論に至った要因は、どのあたりに求められるのであろうか。

　第一に考えられるのは、本判決の事案の特殊性である。本件で問題になった法律の規定に限れば、大規模土地所有者と小規模土地所有者との相違、またACCAが設立された地域と設立されなかった地域との相違といった、いわば二重の差別構造——それゆえ本判決では、第1議定書1条違反が、差別の禁止を定めた14条との関連においても認定された（判旨 (2)）とも解し得る[11]——に加え、狩猟権の強制的委譲が、フランス民法典544条の定める絶対的財産権保障の例外であり、他人の土地での狩猟を禁じた農事法L. 222-1条の原則に対する例外でもあることなどが指摘されるなど（判旨 (1)(c)）、様々な要因が絡み合っている。その分、本判決に限れば、条約違反の判断に至った真の理由は何かについて、曖昧さも残されているともいえる[12]。

　ただ、その後の判例の展開も踏まえるなら、本件のような事例では何よりも、申立人らが倫理的理由により狩猟に反対していたにもかかわらず、そうした意思をかえりみることなく、所有地上の狩猟権の譲渡が義務づけられた点、つまり申立人らの「良心」に反する財産利用の規制であった点が、条約違反の判断に至る決め手となったと評することができる。実のところ、本判決の問題の核心が申立人らの「良心の自由」にあるとの指摘は、本判決直後から論者の指摘するところでもあった[13]。それによると、人権裁判所が良心の自由を、本件における問題の核心に位置づけていたのは疑いないにもかかわらず、条約9条違反の有無を正面から判断しなかったため、結果的に問題がはぐらかされてしまったというのである[14]。ただ、本件の問題を、良心の自由侵害の有無というかたちでとらえた場合、本問のような事例では、何をもって当該自由への介入と構成し、その介入の正当性をどのように審査していくのかという問題があるであろう。

　本件において条約違反という結論に至った要因と考えられるものとして、第二に、人権裁判所の解釈態度自体が変化してきたのではないかという点を指摘できよう。例えば、ある論者によれば、財産利用の規制に関する人権裁判所の近時のアプローチは、個人的利益と一般利益との間での均衡という点がより重視される傾向にあるとされ、その典型例として本判決が引き合いに出される[15]。そして、このようなアプローチは、本件で問題になったような財産利用の規制と、財産に対するそれ以外の介入との境界を不明確にし、より統一的な手法へと発展していくことが示唆されるのである[16]。

　実際、本判決が下された1999年は、条約適合性審査を人権裁判所に一本化した第11議定書が発効した1年後にあたり、締約国の増加に伴い、申立件数も急増していた時期とも重なっている。そしてこの時期、第1議定書1条違反の認定件数も、いわゆるオールド・コートの時代と比べて飛躍的に増加している。即断はできないが、財産利用の規制が問題となる場面でも、人権裁判所が初期の慎重な解釈態度から、より積極的な姿勢に転じてきていると考えることもできそうである。もっとも、この点を確か

めるためには、1999年以降の第1議定書1条をめぐる事案のさらなる分析が必要になってくるであろう。

(3) フランスにおける狩猟法制をめぐる動き

最後に、(1)で述べたこととも重なるが、本判決後のフランス狩猟法制をめぐる動きについても簡単に付言しておく。フランスでは、2000年に新たに狩猟法 (loi sur la chasse) が制定されたが、その背景には本判決の影響のほか、フランスが狩猟権を認めていることにつきEC指令に違反するとの判断が、1994年にEC司法裁判所によって示されていたという事情も存在した[17]。新狩猟法に対しては、憲法院で違憲審査が行われたが[18]、同法はその内容としてEU法の規定およびヨーロッパ人権裁判所判決の趣旨をも含んでいたため、その限りでは、違憲審査は条約の憲法適合性審査という性格も併せ持つこととなった。そして憲法院は、新狩猟法について一部違憲と判断したものの、狩猟に反対する土地所有者の権利についてはこれを広く認めており、その意味では、本判決に沿った判断を示しているということができる。

(1) Cass. civ. III, 16 mars 1994, n° 91-16.513; CE, 10 mars 1995, Galland, n° 120-569 et 120-615, Dumont, n° 120-346, Petit, n° 120-414 et 120-415; CE, 10 mai 1995, Mme Montion et autres, n° 112-580 et 112-752.

(2) Decisions of 30 October 1997 and 4 December 1997, Reports 1999-III (annex).

(3) 本判決におけるCosta裁判官の反対意見のほか、RFDA 1999, p. 451 (後掲) 等を参照のこと。

(4) Schneider v. Luxembourg, 10 July 2007.

(5) Herrmann v. Germany, 20 January 2011. 同判決では、ドイツ法の定める地域全体の狩猟という規則に対する例外が、一般的で、狩猟に関連した十分な動機に基づくものであり、フランスおよびルクセンブルクの場合とは異なることが指摘されている (§54参照)。

(6) Herrmann v. Germany[GC], 26 June 2012 同判決は、小法廷判決とは逆に、問題となったドイツ法が、フランスおよびルクセンブルクの立法、事実あるいは法的事情と、実質的に異なるものではないとして、第1議定書1条違反を認定したのである (§81, 93-94参照)。

(7) A.S.P.A.S. and Lasgrezas v. France, 22 September 2011. これは、Chassagnou判決を受けて2000年7月26条の法律により改正された規定の条約適合性に関する判決である。同判決とその背景につき、参照、Marie Cresp, La suite de l'arrêt Chassagnou et l'obligation d'adhésion aux associations communales de chasse agréées, Actualité Juridique Droit Administratif, 2012, p. 53.

(8) Chabauty v. France[GC], 4 October 2012.

(9) 判旨に示したように、本件では、①条約第1議定書1条違反のほか、②14条と関連した第1議定書1条違反、および③14条と関連した11条違反も認定されており、特に③は、消極的結社の自由との関連で興味深い論点を提供するものであるが、ここでは検討の対象を①に限定せざるを得なかったことをお断りしておく。

(10) 本件のように第1議定書1条2段の条約適合性が問題となった諸事例においては、従来は、人権裁判所は、締約国の広い「評価の余地」を尊重するのが常であった。参照、メラヒャー判決〔I 74〕解説 (門田孝執筆) 451頁以下。なお、門田「欧州人権条約における財産権保障の構造 (2)」広島法学32巻3号 (2009年) 91頁以下[横組]も参照のこと。

(11) 参照、Ali Riza Çoban, Protection of Property Rights within the European Convention on Human Rights (2004) p. 236.

(12) 例えば参照、Marguénaud・後掲、p. 529 et suiv.

(13) 例えば参照、Jebeili・後掲、p. 154 et suiv.

(14) Id. p.155. なお参照、Ingrid Leijten, The Grand Chamber on hunting rights (once again) : It is all about convictions (https://strasbourgobservers.com/2012/10/22/the-grand-chamber-on-hunting-rights-once-again-it-is-all-about-convictions/ (2014年11月26日閲覧))。

(15) R.C.A. White, C.Ovey & F.G.Jacobs, The European Convention on Human Rights, (5th ed. 2010) p. 502.

(16) 同 p. 503.

(17) CJCE, 19 janvier 1994, Association pour la protection des animaux sauvages c/ Préfet de Maine-et-Loire, Rec.1994 p. I-67.

(18) Décision n° 2000-434 DC du 20 juillet 2000.

[参考文献]

[1] Brèves observations sur la condamnation de la loi Verdeille par la Cour Européenne des Droits de l'Homme, RFDA 1999, p. 451.

[2] Cécile Jebeili, Commentaire de l'arrêt de la Cour Européenne des Droits de l'Homme du 29 avril 1999, Chassagnou et autres contre la France, Revue de droit rural, 2000, p. 150. (https://halshs.archives-ouvertes.fr/hal-00812811/document (2015/03/29閲覧)).

[3] Jean-Pierre Marguénaud, La loi Verdeille à l'épreuve de la CEDH: Coup de semonce ou coup de grâce? Revue juridique de l'environnement 1999, p. 517.

[4] Sébastien Van Drooghenbroeck, Conflits entre droits fondamentaux et marge nationale d'appréciation, Journal de droit européen ex Journal des Tribunaux Droit européen, 1999, p. 162.

75 知的財産権

商標登録申請は「正当な期待」として財産権の保護に含まれる

――バドワイザー事件――

須網　隆夫

Anheuser-Busch Inc. v. Portugal

11 January 2007, Reports 2007-I（大法廷）

【事　実】

（1）本件の経緯

申立人（アメリカ法人）は、ビールの製造・販売業者であり、ヨーロッパ市場に参入し、ポルトガルで有名な「バドワイザー」を販売したことから、チェコのビール会社（Budějovicky Budvar 社、以下 B 社という）との紛争に直面した。B 社は、「バドワイザー」という名称のビールを、13 世紀以来販売していたからである。B 社の所在地は、ボヘミア地方の Česke Budějovice 町であるが、その町名はドイツ語で「Budweis」と訳され、そこで生産されるビールは「バドワイザー」として知られていた。申立人は、アメリカでの販売には B 社と合意していたが、ヨーロッパでの販売はその対象外であった。

さて申立人は 1981 年、ポルトガル工業所有権庁に、「バドワイザー」の商標登録を申請した。しかし B 社が、自社のバドワイザー・ビールの原産地呼称（an appellation of origin）登録を理由に異議を唱えたため、申請は承認されなかった。その後の両社の交渉も合意に達せず、1989 年、申立人は B 社の登録取消を求めて、リスボン第 1 審裁判所に訴訟提起した。同裁判所は、1995 年 3 月、登録された商品名称は原産地呼称には該当しないと判断して B 社の登録を取消し、工業所有権庁は、同年 11 月申立人を権利者とする「バドワイザー」商標の登録を決定した。そこで B 社は翌年 2 月、ポルトガル・チェコスロバキア間の原産地表示・呼称・地理的表示保護協定（1986 年調印）を根拠に、同庁の決定を争って第 1 審裁判所に訴訟提起し、申立人も訴訟参

加した。第 1 審裁判所は、1998 年、ポルトガル法および二国間協定の対象は、原産地呼称であり商標ではないと判示して、B 社の訴えを棄却した。しかし控訴裁判所は、1999 年に原判決を覆し、二国間協定違反を理由に工業所有権庁に登録拒否を命じた。申立人は上告したが、最高裁は 2001 年上告を斥け、申立人の商標登録が不可能であることが確定した。

そのため申立人は、ポルトガルをヨーロッパ人権裁判所（以下、人権裁判所という）に訴えた。商標使用権の剥奪による財産権侵害であるという申立人の主張に対し、2005 年 10 月、小法廷は 5 対 2 で、ヨーロッパ人権条約（以下、人権条約という）第 1 議定書（以下、第 1 議定書という）1 条に違反しないとの判断を示した[1]。申立人は大法廷に上訴の受理を要請し、大法廷審査部会は受理を決定した。この上訴に対する判断が本判決であり、大法廷は、15 対 2 で知的財産、具体的には商標登録申請が第 1 議定書 1 条の保護対象に含まれることを認めた。

【判　旨】

（1）本件の争点

申立人は、第 1 議定書 1 条の「財産を平和的に享有する権利」の侵害を主張し、商標権は、同条の「財産（possession）」に該当し、ポルトガル最高裁決定は申立人の知的財産権の保護を剥奪したので収用に該たるが、収用の条件である「一般的利益」を満たさないと論じた（§46）。

（2）小法廷判決

小法廷は 1 条違反を認定しなかった。第一の争点は、商標権の登録申請が 1 条の保護対象か否かで

あった。小法廷は、申請が金銭的利益を有することは認めながら（§47）、1条は既存の財産にのみ適用されると判示した（§48）。国内法が、申請への第三者の異議を許容する以上、最終登録まで、申立人が商標の所有者であることは確実ではないのである（§49）。

（3）当事者の主張

大法廷でも「財産」への該当性が争われた。申立人は小法廷判決を争い、登録申請自体が金銭的価値を有する以上、1条の「財産」に該たると主張した（§50）。申立人は、譲渡・移転可能性といった、財産概念の本質的性質が登録申請に存在すると指摘し、根拠として財産の範囲を広く解釈した判例を引用した（§51）。登録申請は、申立人に申請日から排他的保護の既得権を与え、申立人は正当な期待も有する（§52）。これに対し、被申立国は小法廷判決を支持し、商標は最終登録により初めて財産となり（§56）、またB社は登録取消に成功したので、申立人は正当な期待を主張できないと反論した（§57）。

（4）大法廷の判断

（a）第1議定書1条の適用可能性

（i）一般原則

第1議定書1条の「財産」概念は、有形物の所有権に限定されず、国内法の形式的分類から独立して自律的な意味を有する。各事案で検討されるのは、「事案の全体を考慮して、当該事案が、1条が保護する実質的利益への権原を申立人に付与したか否かである」（§63）。「1条は、所有者の既存の財産にのみ適用される。したがって、将来の収入は、それが既に発生しているか、または確定的に支払われるものでなければ、財産とはみなせない」、「条件未成就のまま経過している条件付き権利も財産とはみなされない」（§64）。但し、一定の状況下では、資産取得への「正当な期待」は1条の保護対象となる（§65）。「したがって、専有する利益が権利に類似する場合には、国内法上、その利益に十分な根拠、例えば、国内裁判所の確定判例があれば、保有者は正当な期待を有する」（§65）。

（ii）本件への一般原則の適用

1条の適用可能性に関する最初の争点は、同条の知的財産への適用の可否である（§66）。人権条約機関が、知的財産につき判断を求められることは稀であったが、当裁判所（大法廷）は、従来の委員会決定・裁判所判決を検討した結果（§67～71）、知的財産への1条適用を肯定した小法廷の結論に同意する（§72）。次に、この結論が商標登録申請に適用できるかが検討されねばならない（§72）。小法廷判決は、登録申請により、申立人は条件付き権利を有するに過ぎないとしたが（§74）、「本件の状況が全体として、申立人に1条の保護対象となる実質的利益への権原を付与しているかを検討することが適切である」（§75）。「当裁判所は、商標権の登録申請により生じる、経済的権利・利益の束に然るべき注意を払い」（§76）、申請から様々な法的取引が発生することについて小法廷に同意する。市場経済では、価値は多くの要素によって規定されるので、登録申請の譲渡に経済価値がないとは断言できず、特に本件商標は、世界的名声のゆえに明白な経済価値を有する（§76）。さらに、リスボン控訴裁判所の2001年決定を参照すると、申請中の商標を第三者が違法に使用した場合、補償が得られる可能性がある（§77）。「これらの要素は全体として、商標登録申請者としての申立人の法的地位が専有的性質の利益を生じさせ、1条の対象に該当することを示唆する」（§78）。「商標登録は、商標が第三者の正当な権利を侵害しない場合にのみ最終的となる」、「その意味で、登録申請に伴って生じる権利は条件付きである」、「それでも、登録申請時に申請が関連する実体的・手続的条件を満たすなら、申立人は、申請が適用法規に照らして審査されることを期待できた」（§78）。それゆえ申立人は、取消され得るとは言え、ポルトガル法が認める商標登録申請と関連した、一連の専有権を所有していた。「このことは、第1議定書1条を本件に適用させるのに十分である」（§78）。

（b）介入の存否

1条が本件に適用できるので、申立人の権利への

介入が検討されねばならない（§79）。申立人は、同人の登録申請は全ての法定条件を満たし、二国間協定が適用されなければ、申請は必ず承認されていたと主張するので（§80）、1981年の「登録申請に1986年の二国間協定を適用する決定は、申立人の財産を平和的に享有する権利への介入に該当するか否か」が争点となる（§81）。裁判所は、「立法の遡及適用は、その効果が誰かから既存の資産（asset）を剥奪する場合には、一般的利益の要請と財産の平和的享有の権利保護の間に維持されるべき公正な均衡を覆す「介入」を構成する」と繰り返し判示している（§82）。但し当裁判所は、申立人の、国内裁判所による国内法の解釈・適用方法の批判、特に国内裁判所が、二国間協定に誤って遡及効を与えたとの主張に留意する（§83）。国家は、紛争当事者に実効的で公正な司法救済を与える義務を負っている。しかし、「国内法の正しい解釈・適用を検証する管轄権は限定されており」、当裁判所の役割は、国内裁判所の決定が、恣意又は明白な不合理によって損なわれないことを担保することにある。これは、本件のように、事案が国内法の解釈に関連する時に特に妥当する。判例法によれば、当裁判所の義務は、人権条約締約国による約束の遵守を担保することにあり、人権条約違反が生じない限り、国内裁判所の誤りを正すことではない（§83）。そして当裁判所は、本件を、立法による遡及的介入を認定した諸事件と区別する（§84）。本件では立法の遡及適用自体が争点であるのに対し、それらの事件では立法の遡及効には議論の余地がなかったからである（§84）。本件の争点は国内裁判所が判断すべき事項であり、最高裁は2001年1月、申立人の主張を否定しており、「恣意又は明白な不合理がない限り、この最高裁の認定を疑うことはできない」（§85）。同様に当裁判所は、最高裁による二国間協定の解釈も審査しない（§86）。当裁判所は、ポルトガル裁判所で、申立人に二国間協定・その他の国内法の解釈、適切な解決を示す機会が与えられたことに留意し、最高裁決定が、恣意又は明白な不合理の要素によって影響されたと判断

する根拠はないと認める（§86）。以上、本件最高裁判決は、申立人の権利への「介入」を構成せず、したがって1条違反は存在しない（§87）。

本判決には、賛成・反対の共同意見が、各提出されている。前者は、本件で申立人が正当な期待があると主張できる国内法上の根拠はないと述べ、後者は、申立人の正当な期待への違法な介入があると主張した。

【解　説】

(1) 本件の特徴

本件は、日本でも馴染みの深いビール「バドワイザー」をめぐる紛争であり、申立人が、ポルトガルで「バドワイザー」の商標登録を試みたのに対し、競合するB社が、ポルトガル・チェコ間の地理的表示に関する二国間協定を根拠に、登録を阻止しようとしたものである。両社はヨーロッパ各地で紛争を惹起し、EU司法裁判所も判決を下しているが[2]、商標権が基本的人権との関係で議論されたところに本件の特徴がある。なお本件は、人権裁判所大法廷が商標権について判断した初めての事案である。

本件は、地理的表示と商標が抵触した事例でもある。地理的（原産地）表示と商標は、知的財産として異なる制度である[3]。地域に特有の気候・風土・土壌などの生産地特性、さらに特別の生産方法によって、高い品質と評価を獲得するに至った産品が存在するところ、それら産品の地理的名称を知的財産として保護する制度が「地理的表示」であるのに対し、「商標」は、生産者・販売者等が商品・サービスに付した目印を保護することにより、消費者の利益を確保する制度である。しかし、地理的名称が商標として登録される場合、申立人も指摘するように、両者の抵触が生じる（§55）。

(2) 財産権の保障と知的財産権

人権条約本体は財産権について規定しておらず、財産権の保障は、第1議定書1条に委ねられている。財産権の不可侵は近代的人権の中核であるが、知的財産権は、財産権の中でいささか特殊な権利である。

所有者にとって知的財産が財産の一部であることは当然であるが、法制度により人為的に創設された知的財産権と、自然権を基礎とする通常の財産権との間には微妙な違いがあり、国際人権文書を検討しても、世界人権宣言は17条で財産権の保障を規定するが、知的財産は、27条の文化生活に関する権利でより直接的に規定されている。実際にも、人権として知的財産権が議論される場面は多くなく、知的財産権への国家による介入が、第1議定書1条との関係で議論されることも稀であった。

そのような背景の下、本判決は、知的財産と第1議定書1条の対象であることを確認している。1条に関する最初の争点は「財産」の解釈であり、何が保護対象の財産に該当するかは、しばしば争われてきた。そして人権裁判所は、1条の「財産」が、国内法上の財産とは異なる自律的な意味を持つことを、これまで繰り返し判示し、財産の範囲を広く解釈してきた。経済価値を有する利益を広く財産に含め、具体的には、動産・不動産だけでなく、株式、特許、暖簾、アルコール飲料提供の許可、契約上の権利が財産であることが判例により確立している[4]。そのため、知的財産への1条の適用に関し、小法廷と大法廷間に意見の相違はない。小法廷判決も大法廷判決も、特許権が1条の保護範囲に含まれるとしたヨーロッパ人権委員会（以下、人権委員会という）のSmith Kline事件決定[5]を始め、知的財産権への1条適用について判断した人権委員会決定・人権裁判所判決に言及して、知的財産権一般への適用を肯定している。

(3) 「財産」概念と商標登録の申請

したがって、商標権が1条の保護対象であることは明らかであるが、本件では、商標の最終登録に先立つ、登録の申請自体が、1条の対象となる財産であるかが問われた。前述のように判例は、財産への該当性は、1条が保護する実質的利益への権原が申立人に付与されているかを、事件の全体的状況によって判断するという基準を確立している[6]。しかし、同じ判断基準を適用しながら、小法廷と大法廷

は異なる結論に到達する。小法廷は、登録申請が金銭的価値を有する可能性を認識しながらも、「申立人の法的地位は、1条の保護対象となる「正当な期待」に達するほど十分に強力ではない」と述べて（小法廷判決§47-48）、登録申請の財産性を否定した（同§50）。しかし大法廷は、逆に財産に該当すると判断した。本判決の主たる意義は、登録申請自体に財産性を認め、1条の保護対象であることを明らかにした点にあり、人権裁判所の判断は、従来の判例法の延長線上に、申請の経済価値を重視し、財産権の範囲につき積極的姿勢を示したことになる。

もっとも、登録申請を財産とすることに疑問を呈する見解もある。商標を基本的人権の文脈で議論することは不適当であり、人権法を蝕むことにならないかとの懸念である[7]。この見解は、財産権が他の自由権と若干様相を異にすることを出発点に考察を始め、様々な知的財産を同一視せず、その性質に着目し、知的財産権内部において、人権親和的なものとそうでないものを区別し、創造性のある知的財産だけを保護すべきであるとする[8]。それゆえ、本判決を、商標法の実質をおざなりに扱い、商標権という知的財産の性質を検討していないと批判し、財産権イコール人権という論法が財産権の拡散に繋がると懸念する[9]。これらの批判には聞くべき点がある。判決には、経済利益と人権を直結させ過ぎている印象があるからである。この点では、小法廷判決・本判決の少数意見が採用した「正当な期待」に依拠した判断枠組みに留意する必要がある。反対意見は、申立人の正当な期待を根拠に、1条適用という結論に到達している（反対意見§1）。反対意見は、判例法は、正当な期待は財産の構成要素であることを認めており[10]、登録申請は、その種の正当な期待を作り出す（同§3）、さらに登録申請が作り出す権利は条件付きであるので、「財産」ではなく「正当な期待」であり、期待は、条約を含む事後の国内法によって取り消されないと主張する（同§5）。そして賛成意見も、正当な期待の枠組みで議論を展開している（賛成意見§5）。正当な期待アプローチの場合、事案

の具体的事情に応じ、様々な要素を考慮して1条適用の可否を判断するために、より柔軟な判断が可能となる利点がある。本件の対象は有名商標であったので、本件の結論は妥当でも、商標登録の申請が常に財産と認められるべきであるかは、なお議論の余地がある。

(4) 介入の存否

人権条約は、申立人が現に有する財産を国家の介入から保護するものであり、1条違反のためには、申立人の権利への「介入」が存在しなければならない。介入は、一般には広く定義され、財産の経済的価値に影響する行為は介入に該当する[11]。しかし本判決は、介入の存在を否定した。本件で争われた行為は、最高裁判決であった。本判決は、国内裁判所による国内法の解釈・適用が問題であった場合、国内裁判所の恣意的又は明白に不合理な決定を排除して、締約国の条約違反を是正することが人権裁判所の権限であることを前提に、それに該当しない最高裁判決は介入を構成しないと判示し、人権裁判所の管轄と介入の存否を関連させて判断した。これまでの判例は、人権条約違反が生じない限り、国内裁判所の誤りを正すことは、裁判所の役割ではないとの判断を示していたが[12]、本判決は、そのような判例に基づき、司法機関の行為と介入の関係を判断した先例と位置付けられる。

(5) 人権条約とEU基本権憲章

最後に、EU基本条約には、人権カタログが含まれていなかったため、EU法における基本権保護に人権条約は大きく影響してきた。基本権保護は、EU法の一般原則を構成するが、その内容については、特に人権条約が参照され、EU司法裁判所は人権裁判所の解釈に従ってきた。しかし、2009年のリスボン条約の発効により、EU基本権憲章は、基本条約と同一の法的価値を有すると位置付けられた

（EU条約6条1項）。憲章52条3項は、同じ権利に関しては、憲章の権利は人権条約のそれと同一であると規定している。第1議定書と同様、基本権憲章は財産権の保護を規定し、憲章17条は第1議定書1条とほぼ類似した文言で財産権を保護しており、特に2項は、知的財産の保護を明示している。憲章52条3項に鑑みれば、本判決は、17条の解釈に際して、EU司法裁判所によって参照されるだろう[13]。

(1) Anheuser-Busch Inc. v. Portugal, 11 October 2005.

(2) Case C-96/09 P Anheuser-Busch v Budĕjovickẏ Budvar-OHIM, 29 March 2011.

(3) 原産地名称の保護に関するリスボン条約（1958年）は、原産地名称とは、製品の特定に資する、国・地域又は地方の地理的名称を意味すると規定しており（2条(1)）、「地理的表示（geographical indication）」と「原産地呼称（appellation of origin）」は、実質的には同じと考えられる。

(4) Francis G. Jacobs and Robin C.A. White, The European Convention on Human Rights 248 (Second ed. 1996); DJ Harris, M O'Boyle and C Warbrick, Law of the European Convention on Human Rights 517-518 (1995).

(5) Smith Kline and French Laboratories Ltd. v. the Netherlands, Decision of the Commission, 4 October 1990.

(6) 元ギリシア国王財産収用事件判決〔Ⅰ*72*〕439頁。

(7) Jennifer W. Reiss, Commercializing Human Rights: Trademarks in Europe After *Anheuser-Busch v Portugal*, The Journal of World Intellectual Property (2011) Vol.14, no. 2, p. 176-201.

(8) Id., at 177-180.

(9) Id., 184 and 186-187; 判決は、地理的表示と商標を同等に扱っているとも指摘されている（Id., at 184）。

(10) Pine Valley Developments Ltd and others v. Ireland, 29 November 1991, §51.

(11) DJ Harris, M O'Boyle and C Warbrick, *supra* note 4, at 519.

(12) Garcia Ruiz v. Spain, 21 January 1999, §28.

(13) The EU Charter of Fundamental Rights, A Commentary (Steve Peers, Tamara Hervey, Jeff Kenner and Angela Ward eds., 2014).

76 宗教教育と親の教育権
キリスト教教育の受講を義務的とするカリキュラムは親の教育権を侵す
── フォルゲレー判決 ──

江原　勝行

Folgerø and others v. Norway
29 June 2007, Reports 2007-III（大法廷）

【事　実】

（1）宗教教育に関する必修科目の新設

　ノルウェーは、2012 年まで、キリスト教福音ルーテル派を国教とするという政教体制を採っていた。1997 年、初等教育に関し「キリスト教、宗教、哲学」（以下、KRL と略記）という必修科目が新設された。KRL は、文化遺産としての聖書とキリスト教および福音ルーテル派信仰、福音ルーテル派信仰以外のキリスト教信仰、キリスト教以外の世界の宗教および哲学、倫理と哲学、という内容を教授する科目であった。さらに 1998 年、教育法が改正され、この KRL は、前期中等教育を含む義務教育の就学期間 10 年にわたって受講しなければならない科目となった。

　なお、KRL の受講義務につき、生徒・児童の親が「自身の宗教または人生哲学に鑑み、他の宗教の実践または他の人生哲学への信奉に帰着する」と考える授業内容に対する免除（部分的免除）は認められるが、全面的免除を申請する権利は認められないこととされた。

（2）国内における訴訟経過と人権裁判所への提訴

　本件の申立人は、事件発生当時、初等学校に在籍していた子どもの親 5 名、いずれも非キリスト教徒である。申立人は、自分たちの子どもが KRL の受講を全面的に免除されるよう学校当局に申請したが、その申請が拒否されたため、1998 年、それに対する不服申立をオスロ市裁判所に提起した。申立人は、全面的免除の申請に対する拒否はヨーロッパ人権条約（以下、人権条約と略記）9 条（良心・信教の自由）、第 1 議定書 2 条（教育に対する権利）、人権条約 14 条（差別の禁止）に基づく親と子どもの権利を侵害すると

主張したが、オスロ市裁判所は請求を棄却した。その後、2000 年 10 月、高等裁判所でも控訴を棄却されたため、申立人は最高裁判所に上告した。

　2001 年 8 月、最高裁判所は上告を棄却する判決を下した。その理由は、①人権条約 9 条および人権条約第 1 議定書 2 条は、多様な宗教・信条の内容に関する必修教育を、それが客観的、批判的、多元的な態様において行われるのであれば、排除していない、②締約国の歴史、文化、伝統に鑑みて特定の宗教・哲学に対し、他の宗教・哲学よりも優越的地位を与えることも排除していない、③ KRL は、教化・宣教ではなく知識に基礎を置く（knowledge-based）科目であり、その教授は中立的に行われなければならない、等であった。

　最高裁判決を受け、2002 年 2 月、ヨーロッパ人権裁判所（以下、人権裁判所と略記）への申立が行われた。申立人は、KRL の受講からの全面的免除が拒否されたことにより、自身の宗教的・哲学的信念に適合した教育を自分の子どもが受けられる状態を確保することが妨げられたという点で第 1 議定書 2 条違反を、部分的免除を申請する際に伴う不都合は、キリスト教徒の親には課されない負担に非キリスト教徒の親を直面させるという点で人権条約 14 条違反を主張した。2006 年 5 月、本件の事案は小法廷から大法廷に回付され、2007 年 6 月、大法廷は 9 対 8 で第 1 議定書 2 条違反を認定した。

【判　旨】

（1）第 1 議定書 2 条違反の存否

（a）KRL 導入の目的

「KRL 導入の背後にある基本的意図は、キリスト

教、それ以外の宗教および哲学を併せて教授することにより、生徒の社会的背景、宗教的信条、国籍または民族集団等に関係なく、開放的・包摂的な教育環境を確保することが可能になるであろうというものである」。かかる「意図が、第1議定書2条の中に化体された多元主義および客観性の原則と調和的であることは明白である」(§88)。

「キリスト教に関する知識が、それ以外の宗教および哲学に関する知識よりも、初等教育および前期中等教育のカリキュラムの中でより大きな割合を占めているという事実は、それ自体としては、多元主義および客観性の原則から逸脱し、教化(indoctrination)へと帰着するものと見なすことはでき」ず、「カリキュラムを設計・設置するに際して被告国が有する評価の余地の範囲内にあるものと見なされなければならない」(§89)。

(b) キリスト教とそれ以外の宗教・哲学との関係
1998年教育法第2節4条に明記されている「KRLの内容および目的についての記述は、キリスト教に関する教授が、それ以外の宗教および哲学に関する教授と比較して、量的な相違のみならず、質的な相違さえ伴っているということを示唆している」。かかる相違に鑑みると、「キリスト教および人道主義の価値観に対する理解と尊重」という目的と併記された、「『信条・信念についての異なる認識をもつ人々の間の理解および尊重、ならびに対話を維持する能力を促進する』というさらなる目的が、いかにして適切に達成されうるのかということが明白ではない」(§95)。

(c) 部分的免除の体制に対する評価
部分的免除の体制を実施していくためには、「関係者の親は、自身の信念・信条と両立しないであろう教授の一部を特定し、それを予め学校に通知することができるように、授業計画の詳細について十分に情報を得る」必要がある。「教授の内容について絶えず情報を得た状態でいること、また、自身の信念・信条と両立しない部分を選別することは、親たちにとって困難であったに違いない」(§97)。

「免除申請が明白に宗教活動に関わる場合を除き、免除申請を行ったことについての合理的根拠を親が示すことが、部分的免除を得るための条件である」。「宗教上・哲学上の個人的信念」という「最も内心に関わる」情報を「学校当局に対し開示することを余儀なくされると親たちが感じるかもしれない危険が、合理的根拠を示すという条件には付随している」(§98)。

「部分的免除を申請する親からの通知に合理性があると判断された場合であっても、このことは、当該生徒が問題となっているカリキュラムの一部についての受講を免除されるということを必ずしも意味するわけではない」。1998年教育法は、「免除は、当該活動を通じて伝達される知識を対象とすべきではなく、活動それ自体を対象とすべきである」ということを基本的な考え方としている。そのため、「例えば礼拝を行う、讃美歌を歌うといった諸活動について、参加を通じて関与する代わりに、出席した上で傍観することが適切たりうるということが提案されていた。しかし、このような活動と知識との区別は、実際に運用するのが困難なものであるのみならず、部分的免除に対する権利それ自体としての実効性を実質的に縮減する蓋然性がある」(§99)。

「以上に鑑み、部分的免除の体制は、自己の私生活を不当に晒されるという危険を伴った重い負担を関係者の親たちに引き受けさせかねないものであり」、「一定の場合においては、とりわけ宗教的性格をもった諸活動に関しては」、出席の免除は認められないが、活動への参加は免除されうるという、「個別的配慮を伴った教授によって、部分的免除の範囲が実質的に縮減しさえするかもしれない」。このことは、「第1議定書2条の目的を考慮するとき、自己の信念を尊重される親の権利と調和的なものとは到底見なしえない」(§100)。

(d) 結論
「第1議定書2条の目的に照らし、カリキュラムの中に含まれる情報と知識が客観的、批判的、多元的な態様において伝達されるべく、被告国が十分な配慮を講じたようには思われない。したがって、申立人に対しKRLの受講についてその子どもたちが全面的免除を受けることを認めることを拒否したことは、第1議定書2条違反を惹起する」(§102)(9

〔江原勝行〕　**76　キリスト教教育の受講を義務的とするカリキュラムは親の教育権を侵す**

対8の多数意見）。

(2) 14条違反の存否

「第1議定書2条に関して行われた認定に鑑み、人権条約8条および9条ならびに第1議定書2条との関連において行われた人権条約14条違反の申立について個別に審査を行う必要は認められない」（§105）（全員一致）。

(3) 8名の裁判官による共同反対意見

(a) KRLの社会的必要性とキリスト教の歴史的重要性

「民族的出自や宗教的信条を異にするノルウェー市民の増加は、宗教や民族に関する共通の学校教育を伴った包摂的措置を必要とする」。「ノルウェーにおいてキリスト教は、宗教としても、学校の教科としても非常に長い伝統を有している。この側面が、同時に包摂的かつ広範なものであるべきカリキュラムの中に反映されなければならない」。

(b) 宗教の公認と多元主義

第1議定書2条に化体された「多元主義の観念は、民主的に選ばれた政治的多数派が特定の宗派を公認し、その宗派を公的な助成、規制、監督に服従させることを妨げるものであるべきではない。ある宗派に対し特定の公的地位を付与することは、子どもの教育における親の宗教的・哲学的信念への国家の尊重をそれ自体において損なわせるものではなく、思想・良心・信教の自由を親が行使することに対して影響を及ぼすものでもない」。

(c) 結　論

「申立人に対し、その子どもたちがKRLを受講することについての全面的免除を認めることを拒否したことは、第1議定書2条違反を惹起するものではない」。

【解　説】

(1) 本件の背景と争点

現代のヨーロッパにおける国家内部の統合過程については、個人の宗教的アイデンティティを公共空間においていかに取り扱うかということが、重大な政策問題の1つになっている。その際、家庭という私的空間と社会という公共空間の結節点に位置する学校＝公教育が、往々にしてかかる問題を先鋭化させる主戦場となってきた。そして、公教育の場におけるその先鋭化の主たる形態として議論を提起してきた問題が、イスラム教のヘッドスカーフの着用やキリスト十字架像の設置といった宗教的標章の顕在化の可否と並んで、公立学校における宗教教育の可否・態様である。

それらの問題が、特に宗教的少数派に対する人権侵害の観点から訴訟提起の対象になる場合、直接的には、生徒の親または保護者が享有する信教・良心の自由や教育に対する権利等に依拠した不服申立が、実際問題としては争点となってきた。本件において申立人は、「自己の宗教的・哲学的信念に従って教育と教授（education and teaching）を確保する親の権利」を規定する人権条約第1議定書2条後段を提訴の根拠として特に重視しており、本判決も実体判断の対象を第1議定書2条違反の存否に限定している。

(2) 本判決の論理

人権裁判所の判例によれば、国家は、教育・教授に関して負う任務を遂行するに際し、カリキュラムの中に含まれる情報・知識が客観的、批判的、多元的な態様において伝達されるよう配慮しなければならず、親の宗教的・哲学的信念を尊重しないものと見なしうる教化の目的を追求してはならない、というのが第1議定書2条後段の含意である[1]。本判決は、この解釈を受け、教育における多元主義の保護を第1議定書2条後段の規定趣旨として確認する一方で（§84）、本規定は、子どもがその教育過程において宗教・哲学に関し無知のままでいることを親が要求する権利を内包するものではないと明言している（§89）。

しかし、本判決は、キリスト教に関する教授とそれ以外の宗教・哲学に関する教授との間にある「質的不均衡」を指摘している。1998年教育法第2節4条は、KRLの教授内容として、一方において、「文化遺産としての聖書とキリスト教および福音ルーテル派信仰」については「徹底的な（thorough）知識」の伝達を、他方において、キリスト教以外の宗教・哲学については単に「知識を伝達する」ことを指示し、後者に対して「徹底性」の要件を課していない

からである。ここに KRL 導入の目的とその実施の
ための具体的規定内容との懸隔が見られるのであり、
そのため、大法廷は、かかる不均衡が第 1 議定書 2
条の規定趣旨との関連において容認可能な水準に留
まっていると言えるのか否かという問題を検討しな
ければならなかった。

大法廷は、この検討に際し、KRL の受講に関す
る部分的免除の体制に焦点を当て、生徒・児童の親
に対して全面的免除を申請する権利を認めないとい
う基本設計を伴った体制が、第 1 議定書 2 条の解釈
の下で、上記の不均衡を埋め合わせるのに十分であ
るか否かという観点から、実体判断に着手した。

この実体判断は、部分的免除の体制が生徒・児童
の親に対して直面させる困難ないし不利益を分節化
することによって展開されている。その困難ないし
不利益の主たるものは、①宗教活動に関わらない授
業内容に対して免除申請を行う場合、その合理的根
拠を示すことが免除を得るための条件とされるが、
合理的根拠の提示は、自身の宗教的・哲学的信念と
いう内心に関わる個人情報を学校当局に対し開示す
るよう強いるものである、②宗教活動が免除申請の
対象となっている場合に、当該申請を行った親の子
どもに対して活動自体は行わなくても済むような個
別的対応を教師が講じれば、KRL への出席義務は
維持されるため、免除申請に合理性があるとの学校
当局による判断が免除の実行に直結するわけではな
い、ということである。これらの問題点が、部分的
免除を申請する親の権利の実効性を縮減しかねない
ものと評価されている。

「知識」と「活動」との区別に立脚して構築され
ている部分的免除の体制が以上のような問題点を内
包しているという事情は、かかる区別自体に対する
批判を提起することに帰着しうる。申立人は、部分
的免除のみを容認する体制は、宗教の内容に対する
認識を意味する「記述的知識」（descriptive knowledge）
の伝達と、宗教活動への参加を伴う「規範的知識
（normative knowledge)」の伝達という「観念上の分離」
に立脚するものであると批判していた（§62）。

(3) 共同反対意見と多元主義の観念

本判決には 8 名の裁判官による共同反対意見が付

されている。

多数意見は、第 1 議定書 2 条の規定内容を下支え
する多元主義の原則への適合性の存否という視点に
基づき、部分的免除の体制の不当性を認定した。
KRL の実施は、部分的免除を申請する権利の保障
が実効的に機能しない虞があるという点において、
宗教的少数派に属する親と子どもに対し、キリスト
教的価値観に関する理解が事実上強制される状況を
甘受するよう求めるものと評価されうるからである。

これに対し、共同反対意見は、宗教的多数派の宗
派が政治的に公認される事態を許容するものとして
の多元主義の観念に依拠している。このような多元
主義の観念をめぐる認識の相違は、本件に特有のも
のではない。公共空間における宗教的事象の顕在化
の可否に関わる社会的・政治的対立に往々にして付
随している。

かかる対立においては、多元主義という、それ自
体としては異議申立の対象とはならない原則の概念
規定をめぐって、次のような正当性の獲得競争が行
われうる。一方では、国家が既存の宗教の価値を積
極的に承認し、公共空間におけるその顕在化に対し
寛容の態度を示すことが多元主義の含意であるとい
う主張がなされうる。他方では、そのような多元主
義の観念は、実際上の機能としては宗教的少数派に
対する同質化要求を帰結しうるものであるため、宗
教的少数派に対し、その消極的信教の自由の行使を
尊重することによって、かかる同質化要求に抗しう
る手段を担保することこそが多元主義の含意である
という主張が為されうる。多元主義の概念規定に関
するこの論理的対立が、本件における僅差での多数
意見の形成という結果に反映されているように思わ
れる。

(4) ノルウェー政府による対応

(a) 自由権規約委員会の見解を受けての対応

KRL の導入をめぐっては、本件とは別に、国連
人権委員会（当時）に対しても、2002 年 3 月、市民
的および政治的権利に関する国際規約（以下、自由権
規約と略記）違反を理由に通報が提出された。2004
年 11 月、自由権規約委員会は、KRL の実施が、自
己の信念に従って子どもの宗教的・道徳的教育を確

保する、親および法定保護者の自由に対する尊重を規定した自由権規約18条4項に違反するとの見解を採択した[2]。

この見解を受け、ノルウェー政府は、KRL の実施体制に関する見直しを行った。その結果、2005年の学校年度から、次の2つの局面における見直しが実行に移された。第一に、KRL の授業内容に関し、授業で扱われる宗教・哲学それぞれを学習する目的の明記について量的に統一を図る、特定の信条の実践と見なされうる諸活動を授業の中で行わない、という措置が講じられた。第二に、部分的免除の体制に関し、免除を受ける要件として、その意思を親が通知すれば足りることとなり、免除申請の根拠を提示する必要がなくなった。

(b) 本判決を受けての対応

本判決を受け、ノルウェー政府は、KRL の実施体制に関する更なる見直しに迫られた。その結果、2008年の学校年度から、「キリスト教、宗教、哲学」という科目名称が「宗教、人生哲学、倫理」（以下、RLE と略記）へと変更された。この変更は、キリスト教とそれ以外の宗教または哲学上・倫理上の思想とを質的には同等に取り扱い、すべての宗教ないし哲学に対する同程度の尊重・理解を促進することを明確にすることを意図したものである。

しかし、RLE の実施目的について明示した教育法中の規定では、「我が国の社会における文化遺産としてのキリスト教の意義について教授するものとする」ということが実施目的の1つとして列挙されているため、学習内容におけるキリスト教についての知識の優位性は従前と同様なのではないか、といった批判も提起されている[3]。

いずれにせよ、以上のような KRL の改革は、部分的免除の体制が実効的に機能しうるための前提条件を整備し直すという色彩を帯びたものであり、当該科目の受講からの全面的免除を申請する権利は導入されなかった。

(5) 日本法への示唆

日本国憲法20条3項および教育基本法15条2項においては、特定の宗教ないし宗教一般についての奨励または排斥にあたる「宗教教育」が禁止されて

いる。他方において、教育基本法15条1項では、「宗教に関する一般的な教養及び宗教の社会生活における地位」が「教育上尊重されなければならない」とされているため、多様な宗教の歴史・教義や宗教の社会的機能・役割等に関する客観的・中立的な教育は、公教育においても許容されうると解されている。

本件は、そのように許容されうると一般的に考えられている教育を実行に移した場合の難点を顕在化させているように思われる。KRL は、中立的に教授が行われる、「知識に基礎を置く科目」であるということを基本的性格としていた。しかし、本件は、かかる性格の科目であっても、生徒の親にとって自己の宗教的・哲学的信念に照らして許容不能な内容を伴いうるものであることを明らかにしており、また、本判決は、宗教に関する「知識」と「活動」との区別の、実際の運用における困難性を指摘した。したがって、本件は、「宗教に関する一般的教養」の「客観的・中立的」教育であれば、信教の自由に対する侵害や政教分離原則違反に該当しないとの解釈が素朴にすぎないか、疑問を提起するものといえよう。

(1) Kjeldsen, Busk Madsen and Pedersen v. Denmark, 7 December 1976, Series A no. 23〔I 75〕, §53.
(2) United Nations Human Rights Committee, *Leirvåg v. Norway*（No. 1155/2003）, Views adopted on 3 November 2004, in *Selected Decisions of the Human Rights Committee under the Optional Protocol*, Vol. 8, 2007, pp. 385-399.
(3) Bengt-Ove Andreassen, Religion Education in Norway: Tension or Harmony between Human Rights and Christian Cultural Heritage?, in *Temenos*, Vol. 49, No. 2, 2013, p. 147.

[参考文献]
[1] Regina Valutyté and Dovilé Gailiûté, The exercise of religious freedom in educational institutions in the light of ECtHR jurisprudence, in *Wroclaw Review of Law, Administration & Economics*, 2012, Vol. 2-2, pp. 45-62.
[2] Bengt-Ove Andreassen, Religion Education in Norway: Tension or Harmony between Human Rights and Christian Cultural Heritage?, in *Temenos*, Vol. 49, No. 2, 2013, pp. 137-164.
[3] 北川邦一「ノルウェーの初等・中等学校における宗教・倫理及び社会科教育」大手前大学社会文化学部論集6号（2005年）43-54頁。

77　州立学校での十字架掲出と親の教育権
教室内での磔刑像設置は評価の余地を超えず、親の教育権を侵害しない
―ラウッツィ判決―

西原　博史

Lautsi and others v. Italy
18 March 2011, Reports 2011-Ⅲ（大法廷）

【事　実】

　イタリアでは、1861 年イタリア建国時に取り込まれた 1848 年ピエモント・サルディニア王国の勅令を法的根拠として、公立初等・中等教育学校の教室に磔刑像を掲げることとされてきた。1948 年憲法は、8 条における「すべての宗教的信条の平等な自由」の保障と並び、7 条で教皇庁とのラテラノ条約に基づく政教関係を受容していた。1929 年調印版の政教条約はカトリック教会を「唯一の国教」と認め、磔刑像もそうした憲法原理に基づくものと説明されてきた。1984 年改定の政教条約はこの国教性を放棄したが、その後も教室の磔刑像は設置されたままであった。

　2002 年、2 人の子ども（第 2、第 3 申立人）を小学校に通わせる母親である S. ラウッツィ（第 1 申立人）は、磔刑像が自らの教育観である世俗主義による教育に反するとして学校に撤去を求め、それが満たされなかったため彼女と 2 人の子どもは、磔刑像の設置がイタリア憲法 9 条の信教の自由に対する侵害であると主張して国内行政裁判所に提訴した。国務院（最上級行政裁判所）が 2006 年 4 月 13 日判決でこの訴えを退けたため、3 人の原告は、親の教育権（ヨーロッパ人権条約第 1 議定書〔以下、第 1 議定書という〕2 条第 2 文）、信教の自由（ヨーロッパ人権条約〔以下、条約という〕9 条）および平等権（同 14 条）違反があるとして、ヨーロッパ人権裁判所に提訴した。

　事案を最初に担当した小法廷は、2009 年 11 月 3 日判決（以下、2009 小法廷判決）をもって原告の主張を容れ、磔刑像の設置に条約 9 条と関連した第 1 議定書 2 条に対する違反があると認定した。イタリアは、大法廷に上訴した。

【判　旨】

(1)　第 1 議定書 2 条 2 文違反の主張について

(a)　第 1 議定書 2 条 2 文に関する一般原則

　「第 1 議定書 2 条は、条約 9 条に対する特別法である」、「そのため本件の問題は、第 1 議定書 2 条 2 文の観点から審査される」（§59）。

　その際に当該条項は同条 1 文〔教育に対する権利〕および思想・良心・信教の自由を保障する条約 9 条に照らして理解されなければならない。この点で「加盟国は、様々な宗教、信条、信仰の行使を中立公平な形で確保しなければならない」（§60）。

　「第 1 議定書 2 条 2 文にいう『尊重』という文言は、『考慮』以上のものを意味し、国家の側における積極的義務を意味する」。しかし、「この『尊重』の要請するところは事例によってかなり異なる。そのため締約国は、本条約との一致を確保するための措置を決定するにあたり広範な評価の余地〔裁量〕を享受する」（§61）。

　当裁判所の先例によれば、「カリキュラムの策定と計画は締約国の権限に属する」。「特に、第 1 議定書 2 条 2 文は締約国に対し、直接・間接に宗教的・哲学的な性質の情報や知識を授業を通じて伝達することを禁じてはいない」。他方、「この規定は、教育における多元性の可能性を確保するという目的の下、締約国が教育機能を果たす際には、カリキュラムに取り込まれた情報や知識が客観的、批判的、多元的な方法で伝達され、その結果として生徒が改宗強制などの存在しない冷静な雰囲気の中で特に宗教に対して批判的な態度を発展させることができるよう配

慮することを締約国に求めている。締約国は、親の宗教的・哲学的な信条を尊重しないものと考えられ得るようなイデオロギー的教化の目的を追求することを禁じられている。これが、締約国が越えてはいけない限界である」（§62）。

(b) 上述の原理に照らした本件事実の評価

「親の宗教的・哲学的な信条を尊重する締約国の義務は、授業の内容およびその方法に関わるのみではない。この義務は、教育機能の運営すべてにわたって締約国を拘束する」（§63）。そのため、「磔刑像が公立学校の教室に設置されるべきか否かの決定も教育との関係で被告国が果たす機能に属し、第1議定書2条2文の効力範囲に属する」（§65）。

「磔刑像は、主として宗教的な象徴である」。「教室の壁に掲げられた宗教的象徴が生徒に対して影響力を行使することを認める証拠は提出されていない」。子どもの通う学校に磔刑像を掲げるいることが親に対する配慮不足だとする第1申立人（親）の主張は「理解可能ではあるものの、原告の主観的な受け止め方だけでは第1議定書2条に対する違反を基礎づけるものではない」（§66）。

「政府の側は、磔刑像の存在は宗教的な意味合いだけにとどまるものでなく、イタリアの伝統の結果として、アイデンティティに関連する意味合いをも持つと主張している。また政府は、磔刑像が宗教的な意味を越えて、民主政と西欧文明の基礎を形作る価値をも象徴している点を付言する」（§67）。

「当裁判所の立場では、伝統を継続するか否かは原則として被告国の評価の余地に属するものであることを認める。また当裁判所は、ヨーロッパが特に文化的・歴史的な発展という点で非常に大きな多様性を持つ国々で構成されていることを配慮しなければならない。ただし、単に伝統を引き合いに出すことをもって本条約と第1議定書に保障された権利と自由に対する尊重義務を免除することが許されるわけでもない」（§68）。

「教育との関係で締約国が引き受けている機能の運営と、自らの宗教的・哲学的な信条に従った子どもの教育を確保する親の権利とを調整する際に、締約国は評価の余地を享受している。この評価の余地は、学校環境の整備とカリキュラムの設定と計画に及ぶ」。「そのため当裁判所は、教化につながらない限り、宗教に対して認められるべき位置を含め、学校環境の整備とカリキュラムの設定と計画に関する事項についての加盟国の決定を原則として尊重する義務を有している」（§69）。

「当裁判所は、本件において公立学校の教室に磔刑像を設置すべきか否かの決定が原則として被告国の評価の余地に属する事項であることを認める」。「公立学校における宗教的象徴の扱いに関してヨーロッパ全体でのコンセンサスは存在しない」。ただし、「この評価の余地はヨーロッパでの監視に服するため、本件における当裁判所の任務は、教化につながらないという前述の限界に対する踰越があるか否かを判断することである」（§70）。

「磔刑像を掲げるよう求める規律は、この国の多数派宗教に優越した可視化を与えるものである。しかしそのことだけでは、イデオロギー的教化が存在しないことの根拠になるものではない」（§71）。

2009年小法廷判決は、本件磔刑像が第2、第3申立人（子ども）に対する重大な影響を及ぼし、Dahlab事件決定にいう意味での「強力な外的象徴」に当たると判断した。しかし〔授業を行う教師がイスラム教のスカーフをまとうことを禁じた措置が学校当局の評価の余地を逸脱しないと判断した〕Dahlab決定は本件と全く異なる事案に対するものであることにより、本件における判断の基礎となり得ない（§73）。

また、「本件において磔刑像の存在はキリスト教に関するいかなる強制的な教育とも関連づけられていない。イタリアは学校環境を他の宗教に対しても同様にオープンにしている。学校当局がキリスト教以外を信仰する生徒に対して何らかの意味で不寛容であったことを示すものは何も存在しない」（§74）。

さらに、「第1申立人（親）は、教育者としての役割を果たし、自らの哲学的信条に従って子どもたちに指導を行うことに対する完全な権利を有している」（§75）。

「以上のことから、公立学校の教室に磔刑像を設置し続けることを決定するにあたって、学校当局は

被告国に対して委ねられた評価の余地の限界内で行動した。第1議定書2条に対する違反は存在しない。条約9条に関しても、異なる論点は生じてこない」（§76）（15対2）。

(2) 条約14条違反の主張について

カトリックの親・子どもとの比較において差別的取扱があったとする主張は、第1議定書2条に関して扱われたものと異なる論点を提起するものではない（§79-80）（全員一致）。

【解　説】

(1) 親の教育権と思想・良心・信教の自由

宗派的、そして宗教的な多元性を特徴とするヨーロッパ社会において、思想・良心・信教の自由を保障し、信条のいかんにかかわらず個人が国家共同体のメンバーとして対等な尊重を受ける状況を確保することは、人々の平和共存を実現する上で極めて重要な第一原理に属する。そして、この精神的自由と多元性を実質において確保しようとする場合、子どもの教育環境が決定的な意義を持つことになる。中立性を義務づけられた国家が回答を与えられない人生の意義に関する最奥の原理に関し、一人ひとりが自分なりの考え方を形作っていくためには、親を中心とする、国家から切り離された社会の空間において子どもの信条形成が行われる体制が必要となる。かくしてヨーロッパでは、親の教育権が個人の思想・良心の自由と関係するがゆえに、基本的人権の中核に位置づくことになる。ヨーロッパ人権条約は、第1議定書2条で国に「自己の宗教的および哲学的信念に適合する教育および教授を確保する父母の権利の尊重」を義務づける形で、親の教育権を明記している。

そしてこの親の教育権は、家庭教育や学校選択に関わる場面など、学校外の過程に関わるだけではない。ヨーロッパ人権裁判所の先例でも「第1議定書2条2文は、教育と授業に関して国家が機能を果たす際に、カリキュラムに含まれる情報や知識が客観的、批判的かつ多元的な方法で伝達されるよう配慮することを国家に求める。国家は、親の宗教的・哲学的な信条を考慮していないと考えられるようなイデオロギー的教化の目的を追求してはならない」旨の原理が確立している[1]。本件も、基本的にはこの原理の解釈をめぐって争われる（上述【判旨】§62）。

(2) 前提としての2009年小法廷判決およびドイツ連邦憲法裁判所1995年礫刑像決定

この親の教育権、ひいては国家の宗教的中立性や宗教的少数派の信教の自由という観点から公共空間に掲げられた宗教的シンボルに対して問題提起が行われ、それを通じて喚起された論争に対して裁判所が一つの方向で決着をつけようとする場合、しばしば、深刻な社会的対立を惹起することになる。1995年5月16日にドイツ連邦憲法裁判所がバイエルン州の公立学校の教室に設置された礫刑像が宗教的少数派に属する生徒の信教の自由を侵害すると判決した[2]際には、この裁判所の正当性それ自身を揺るがすような批判を受けた。同様にヨーロッパ人権裁判所の2009年小法廷判決でイタリア公立学校の教室に掲げられた礫刑像の存在が第1議定書2条に定めた親の教育権に対する違法な侵害であると判断した[3]際にも、イタリアを中心に激昂した市民の反対意見表明があった[4]。本判決は、この2009年小法廷判決の対象となった事案が大法廷で再審査された結果の逆転判決である。小法廷裁判官7人による全員一致の判決が大法廷で覆った点でも異例なら、その大法廷判決が15対2という大差で決着がついたことも特徴的である。

小法廷判決も、Kjeldsen判決以来一貫して採用されてきた客観的・批判的・多元的な情報伝達義務とイデオロギー的教化の禁止という原理を基盤に置いた（§47(d), 49）。しかし2009年小法廷判決は、「宗教的シンボルの性質と、若い生徒たちに対する宗教的シンボルの影響」（§50）に本質的な意義を認め、礫刑像が宗教的な意味を越えてイタリアの歴史的伝統と憲法原理に連なる世俗的意味合いをも含むとする——後述のように大法廷でも開陳される——イタリア政府の主張を主要な論点としては退け（§51）、「礫刑像の存在を生徒は容易く宗教的な印として解釈し、そのことによって生徒たちが特定宗教によって彩られた学校環境の中で育成されているという感覚を生む」ことを指摘した（§55）。この認定を踏ま

えれば、国家の監督に服する教育機能の中で磔刑像を掲げることが「子どもを自らの信条に適合する形で教育する親の権利、および信仰を持ち、あるいは持たないことに対する生徒の権利を制限」するという認定（§57）は自然となる。多数派の親に対する配慮がこの制限を正当化しないと判断すれば（§56）、権利侵害の論証は完成する。

この2009年小法廷判決の特色は、問題を純粋に親と子どもの主観的権利の次元に位置づけ、国家の宗教的中立性といった客観法的な原理を媒介とすることなく、直接に権利侵害を認定したことである。その点は、十字架が「自らの立場をまさに形成中である」生徒に対して「訴えかけとしての性格」をもって影響力を及ぼす点を軸に信教の自由の侵害を認定していく前述のドイツ連邦裁判所磔刑像決定の判断枠組を引き継いだものいえる（BVerfGE, Rn. 37-57）。

本判決に付された Malinverni 裁判官反対意見（Kalaysjieva 裁判官同調）も、明示的にこのドイツ連邦憲法裁判所の判決を引用しながら（§4）、教室における磔刑像の存在が生徒の宗教的自由と教育を受ける権利を侵害することを強調し（§6）、2009年判決の結論を擁護した。しかし、大法廷においてこの見解は、17名中2名の裁判官にしか共有されていない。

(3) 「評価の余地」と国際人権裁判所の役割

大法廷にとっての評価基準も、Kjeldsen 判決以来の客観的・批判的・多元的な情報伝達義務とイデオロギー的教化の禁止という原理だった。この原理は、2007年の Folgerø 判決(5)で大きな意義を果たし、その一つの理論的な頂点に達していた。この判決では、再組織されたノルウェーの「キリスト教、宗教および哲学」の授業がルター派に適合的に解釈されたキリスト教の価値への尊重を涵養することをも目的とし、また部分的に——理論的には一部免除可能な、しかし免除のためには負担のある——宗教活動への参加をも伴う点で、第1議定書2条2文に反するものと判断された（§85-102）。

しかし注意深く読むと、この客観的・批判的・多元的な情報伝達の義務は、一定程度抑制的に運用されてきたものでもあった。Kjeldsen 判決でも行動

原理に関わる部分を含んだ必修の性教育への参加は親の申し出による免除の対象ではないとされたのであり、Folgerø 判決でもカリキュラムに一定の価値的内容を組み込むこと全般が否定されていたわけではない。そこでは常に「公立学校において多元性を確保する国家の義務」（§101）という枠の中で判断が行われていたのであり、他の宗教や哲学に比してキリスト教に関する知識が優位に置かれているからといって「イデオロギー的教化へと至る多元性・客観性の原理からの逸脱」が存在するわけではないとされていた（§89）。この点は、加盟国の「評価の余地」に属するものとされていた。

Folgeore 判決法廷意見で1度しか言及されてないこの「評価の余地」という概念、そして2009年小法廷判決では政府側の主張を紹介する部分以外では登場しないこの概念が、本件大法廷の主要な判断枠組を形成する。それでも判決は、一直線でことがらを裁量事項に落とし込むわけではない。判決はFolgerø 判決を踏まえて Kjeldsen 判決などを再解釈し、国家の教育任務の遂行と親の教育権の尊重という二つの原理を「調和（reconcile）」させることが加盟国の評価の余地に属するものとする一般原則を設定し、ヨーロッパ人権裁判所が原則として当該領域における加盟国の判断を尊重するものとしつつ、「イデオロギー的教化の禁止」を評価の余地の限界＝裁量権逸脱を識別する基準として位置づけなおした（§69）。この枠組で評価しなおす際には、学校環境の多元性を測るための基準は学校現実の中から広範に入手可能であることになる。

そして判決では、磔刑像があってもそれがキリスト教教育との関連において実質化されていないこと、そしてイタリアの学校が他の宗教に由来する要素に対してもオープンであることが指摘される（§74）。生徒がイスラムのスカーフを身にまとうことも許容され、あるいはラマダーン（イスラム教の断食月）の開始と終了を学校で祝うこともある、と認定される。そうした状況の中では、政府が強調していた、磔刑像が特定宗教のシンボルであるばかりでなく、イタリアの精神的伝統や民主政に至る一連の憲法原理を支える価値をも象徴するものであるという点（§67）

は、実際に一定の説得力を獲得することになる。

こうした枠組で判断した場合、2009年小法廷判決が依拠した宗教的な影響力行使という観点が前面から退き、実際に原告が自らの哲学に従った教育原理に基づいて子どもに働きかけることに対する妨害要素は何もなかったとする認定（§75）が現実味を増す。

(4) 国家と宗教の関係についてのヨーロッパ各国間の多様性

このように本件大法廷判決は、個人の主観的権利を前面に立てた考察方法から、加盟国の判断の余地＝裁量を前提にした判断方法への方法的転換を示すことになった。ただ、これは第1議定書2条2文の親の教育権に関わる権利侵害についての認定方法に変更が生じたものとして解釈することは恐らく適切ではない。というのも、事案の特徴として、磔刑像問題は、存在自体を個人の信教の自由や教育権という権利に対する「侵害」として捉えるためには一定の技巧的処理が必要な素材であって、もともとは──日本の憲法で用いられる枠組に従えば──政教分離問題といった客観法的ルールに関わる色彩の方を色濃く帯びるからである。そうした磔刑像の属性は、たとえばドイツ連邦憲法裁判所が認定した磔刑像の信教の自由侵害性が、反対する少数派の撤去請求さえ確保される限りは前面に立つことがなくなり、大部分の事例における磔刑像の存続と相容れることとなった点にも表れる[6]。このように、侵害認定が基本的には事実認定問題として先行する状況を本件大法廷判決は、磔刑像の「受動的シンボル」としての性格描写でもって言語化した（§72）[7]。

そしてヨーロッパにおいては、イギリスのような国教性を維持する国から、フランスのように反宗教的とさえ評価可能な世俗主義を奉じる国まで、国家・宗教関係において各国多様な憲法原理が採用されている。人権裁判所としては、最低限の権利問題において各国実務の監視を引き受けざるを得ないとしても、国家・宗教関係を形作る任務は各主権国家の中で、国民の憲法制定権力に関わる問題として処理されていかなければならない[8]。

もちろん、親の教育権と国家の教育任務との緊張関係は、近時、厳しさを増している。特に、宗教・信条の多様性・多元性を尊重する態度を涵養する点は、もはや親を中心とする非国家的な社会に委ねられる課題ではなく、民主政を維持するために妥協の余地なく国家の教育任務に基づいた働きかけが必要である、とする認識も広まりつつある[9]。ただ、この態度を育てるのに国家によるイデオロギー的教化に基づいてしまえば、多元性保障自体が無効化される。そうした中で、多元性保障の実質を親の権利とも適合した形で確保するためには、権利侵害の認定に関わる構造の緻密化が必要とされることになる。

(1) Kjeldsen, Busk Madsen and Pedersen v. Denmark, 7 December 1976, Series A no. 23, ほか。詳しくは、西原博史「学校における性教育と親の教育権」Kjeldsen判決〔Ⅰ*75*〕解説（西原博史執筆）参照。

(2) Bundesverfassungsgericht（BVerfG）, Beschluss des 1. Senats vom 16. Mai 1995, BVerfGE 93, 1. 詳しくは、石村修「公立学校における磔刑像（十字架）」ドイツ憲法判例研究会編『ドイツの憲法判例Ⅱ（第2版）』（信山社、2008年）115頁以下。

(3) Lautsi v. Italy（2nd. Section）, 3 November 2009.

(4) Jean-Marc Piret, Limitations of Supranational Jurisdiction, Judicial Restraint and the Nature of Treaty Law, in Jeroen Temperman（ed.）, The Lautsi Papers: Multidisciplinary Reflections on Religious Symbols in the Public School Classroom, Leiden: Martinus Nijhoff Publishers 2012, pp. 59-61; Christian Walter, Religiöse Symbole in der öffentlichen Schule, EuGRZ 2011, S. 673.

(5) Folgerø v. Norway, 29 June 2007. 詳しくは〔本書*76*〕解説（江原勝行執筆）参照。

(6) Fabian Michl, Cadit crux, JURA 2010, S. 693. Vgl. BVerwGE, Urt. v. 21. April 1999, BVerwGE 109, 40.

(7) その点で、本件における評価の余地を侵害を肯定した上での比例原則的な正当化判断に関わるものと捉える理解（Heinrich de Wall, Die Lautsi-Entscheidung des EGMR, JURA 2012, SS. 964-965.）は根本的に誤っている。

(8) この多様性を踏まえた国際人権裁判所の役割の限界を指摘するものに、Piret, *op. cit.*（FN. 4）pp. 59-89; Walter, a.a.O.（FN. 4）, S. 673-677.

(9) Leonardo Álvarez Álvarez, Das Krizifex in den europäischen Klassenzimmern, JöR n.F. 62（2014）, S. 287-310.

78 重国籍者の被選挙権
重国籍者の国会議員就任禁止と第1議定書3条による自由選挙の保障
──タナセ判決──

Tănase v. Moldova

菅 原 真

27 April 2010, Reports 2010-Ⅲ（大法廷）

【事　実】

モルドヴァ共和国とルーマニアの二重国籍を有する申立人アレクサンドル・タナセ（Alexsandru Tănase）（1971年生まれ、モルドヴァの首都キシナウ在住）は、野党・自由民主党の副党首（当時）であり、キシナウ市議会議員を経て、2009年4月の議会選挙、同年7月の期限前議会選挙で国会議員に当選した。しかし、モルドヴァ議会は2008年4月に選挙法（以下、2008年法とする。）を改正し、重国籍者が国会議員になることを禁止する規定を新設し、憲法裁判所も合憲判決を下したため、タナセは国会議員に就任するために憲法裁判所による候補者確認手続においてルーマニア国籍を放棄することを余儀なくされた。このことがヨーロッパ人権条約（以下、紛れるおそれのない限り、条約）第1議定書（以下、第1議定書）3条の自由選挙の権利に違反するか否かが問われたのが本件である。

モルドヴァ共和国においては、後述するように、その歴史的理由から多くのモルドヴァ人が二重国籍者または複数国籍者である。同国は、1991年のソ連崩壊時に議会が独立を宣言して国連加盟を果たし、1994年には新憲法を制定した。その新憲法18条では重国籍の取得を禁止していたが、2002年に当該規定は廃止され、2003年改正市民権法も多重国籍者の差別を禁止した。しかし、2008年4月、議会は選挙改革の一環として選挙法を改正した。①議席獲得得票率を4％から6％に変更し、②選挙ブロックや選挙連合を全面禁止するほか、③国会議員になるためには二重国籍・多重国籍を有してはならない旨の規定が設けられ、候補者は議員候補者リストに登録される前に他の国籍を有しているかどうかの情報を中央選挙管理委員会に提供し、候補者としての適格性を憲法裁判所によって確認されることが義務付けられた。

2008年法は、ヨーロッパ評議会の諸機関によって批判を受けたものの、2009年5月26日モルドヴァ憲法裁判所は同法を合憲と判断した。

タナセと、同じくモルドヴァとルーマニアの二重国籍者でキシナウ市長（自由民主党）のキルトアカ（Dorin Chirtoacă）の2名は、2007年12月27日、2008年法が条約第1議定書3条の自由選挙の権利を侵害し、また同条と結びついて条約14条の差別禁止にも違反すると主張し、ヨーロッパ人権裁判所（以下、人権裁判所）に提訴した。人権裁判所2008年11月18日小法廷判決は、裁判官全員一致で、タナセに関する第1議定書3条違反の主張を認容し[1]、14条違反については別途検討する必要はないとの判決を下した。2009年4月6日、モルドヴァ政府により、本件の審理は大法廷に上訴された。

【判　旨】

(1) 第1議定書3条に関する一般原則

第1議定書3条によって保障される諸権利は、「法の支配によって統治される効果的かつ意義のある民主主義の基盤を創設し、維持するために重要なもの」であり[2]、「自由選挙と表現の自由、特に政治的討議の自由は、民主主義の基盤を形成する」[3]（§154）。当裁判所の判例は、第1議定書3条の「投票権に関する能動的側面（active aspect）」と「受動的側面（passive aspect）、すなわち選挙に候補者として立候補する権利」とを区別し、後者については締

約国が被選挙資格の基準を創設するにあたり広範な裁量を認めてきたが[4]（§155）、いかなる選挙立法も関係国の政治的発展を考慮して評価されなければならず[5]、また国家に認められる裁量の範囲は同条の基本原則の尊重義務によって制限される[6]（§157）。新興民主主義国においても、時間の経過とともに選挙権の一般的制限を正当化することはもはや困難であり[7]（§159）、「第1議定書3条によって保障される権利に課せられるすべての条件は、普通選挙を通じて人民の意思を確認することを目的とする選挙手続の公正と実効性を保持するものかどうか」を検討しなければならない[8]（§160）。問題となる立法の第1議定書3条適合性の判断基準は、①「当該立法の要件が同条の諸権利のまさに本質的要素を弱め、かつその諸権利の実効性を奪う程まで抑圧的でないか」、②「正当な目的の実施のために課されたものか」、③「用いられた手段が比例しない制約でないかかどうか」である[9]（§161）。

(2) 一般原則の本件への適用

申立人は、2009年4月と同年7月の選挙において国会議員に選出されたが、2008年法に基づき、憲法裁判所によってルーマニア国籍の放棄手続を命じられた。申立人の権利への干渉は、適法性の要件を充たし、正当な目的を追求し、制約が比例していなければ第1議定書3条違反となる（§162）。

(3) 法律の根拠

重国籍者が国会議員に就くことを禁止する選挙法の条項は十分に明確な文言で規定され、同法は採択後官報に掲載されており、同法の予見可能性の要件は充たされている。2008年法とヨーロッパ国籍条約17条との間には矛盾が見られるが、当裁判所はその規範の明白な衝突を解消する必要性を見出せない。ヨーロッパ国籍条約の影響力は、制約の比例性を検討する際に、より注意深く考慮されることになる（§163）。

(4) 正当な目的

重国籍者の国会議員就任禁止の目的について、政府は「忠誠の確保、国家の独立と存在の擁護、国家の安全保障」であるとし、憲法裁判所は「国家に対する国会議員の忠誠の確保」であるとし、司法大臣

代行は「モルドヴァ市民が第2国籍を保持する結果、他国に対する政治的・法的義務を有するケースにおいて、利益対立が生じる可能性が生じる」と説明したが（§164）、「当裁判所は、国家への忠誠と政府への忠誠とを区別する。国家に対する忠誠を確保する必要が選挙権の制限を正当化する正当な目的を形成するとしても、政府に対する忠誠は正当な目的たり得ない。法の支配と基本的権利および自由の尊重を表明する民主主義国においては、国会議員の役割、特に野党議員は、権力を有する政府に説明責任を果たさせ、その政策を評価することによって、有権者を代表することにあることは明瞭である」（§166）。当裁判所は、国家に対して国会議員に求められる忠誠には、原則として、その国の憲法、法律、制度、国の独立、領土保全の尊重が含まれると考えるが、尊重という観念は限定的に解されるべきある。民主主義の観点からは、民主主義それ自体を害するものでなければ、様々な政治プログラムが提案され、審議されることは認められなければならない（§167）。

ヴェニス委員会選挙問題行動規範によれば、頻繁に選挙法を変更したり、選挙直前に法改正を行うことは、政権与党に有利になるようにする法改正の試みであり、ヨーロッパ評議会議員会議は法改正に懸念を表明した。公権力が投票権や立候補する権利に重大な制限をもたらす場合、特にその変更が選挙の実施直前に行われる場合、その目的の正当性を立証する責任は政府にある。当裁判所は、本件禁止規定の目的は国家に対する国会議員の忠誠を保障するためのものであるとする政府の主張については不同意であるが、重国籍者が議員になることを禁止することが正当な目的を追求するものかどうかの判断は留保する（§168-170）。

(5) 制約の比例性

ヨーロッパ評議会加盟国において「重国籍が容認されている国では、重国籍であることが国会議員就任にあたっての不適格性の根拠とはなり得ないことには合意がある」。それにもかかわらず、「特別な歴史的・政治的な考慮を必要とする国においては、異なるアプローチが正当化される」（§172）。モルドヴァは潜在的に重国籍者の比率が高く、比較的最近

独立したばかりという特別な事情があり、本件制限規定は、特別な歴史的・政治的文脈と国家が享受する広範な裁量の効果を考慮して評価されねばならない（§173）。

しかし1991年モルドヴァ独立時における禁止規定は正当化されるとしても、2008年段階での選挙権の一般的な制限は説得力が減じている。政府は、二重国籍者の忠誠に関する懸念が生じた理由、法律が当初二重市民権を許容した際に懸念が存在しなかった理由について説明をしていない。2009年4月の選挙で選出された国会議員101名中21名が重国籍者であることが禁止措置を正当化するのに十分であると政府は指摘するが、多くの市民が二重国籍を有しており、そうした市民は彼らの政治的意見を反映する国会議員によって代表される権利を有している（§174）。選挙権に関するいかなる制限も、その国の政治生活に参加することから、特定の人や集団を排除してはならず、当裁判所は、野党に対する2008年法の不均衡な効果を重視する。「多元主義と民主主義は、対話と妥協の精神の上に基礎づけられなければならない。妥協の精神とは、民主主義社会の諸理想および諸価値を維持し、増進するために正当化される諸個人または諸個人の集団による様々な譲歩を必然的に伴う」[10]。野党に対して政治的活動の場へのアクセスを保障すること、野党がその選挙民を代表し、彼らの利益を擁護することを認めることは重要である（§178）。単純に、あるいは主に政治的反対者の不利になるように思われる措置は、裁判所によって、特別な配慮をもって監視されるべきである。なぜなら、同様の制限措置は、第1議定書3条によって保護されている諸権利を制限し、その根幹を損なうものだからである（§179）。こうした諸事実を考慮すると、モルドヴァの特別な歴史的・政治的文脈があるとしても、選出された重国籍の国会議員から議席を奪う2008年法は、比例性を欠き、第1議定書3条に違反する（§180）。

(6) 第1議定書3条と結びつけられた条約14条違反の申立について

条約14条違反の申立は、第1議定書3条違反の文脈において検討されたものと同じ問題に関するものであり、条約14条違反の申立を別にして検討する必要はない（§181）。

本判決は、裁判官の全員一致による。

【解　説】

(1) モルドヴァにおける重国籍の背景

現在、多くのモルドヴァ人が複数国籍を有しているが、それにはモルドヴァの歴史が大きく関係している。1359年に独立国家として誕生したモルダヴィア公国は、15世紀にオスマン帝国による支配を受け、露土戦争後の1812年に公国東部はベッサラビアとしてロシア帝国に併合された。公国西部は1861年以降ルーマニア公国となり、1877年にオスマン帝国から独立した。1918年にベッサラビアはロシアから独立しルーマニアに統合されたことにより、ベッサラビア住民もルーマニア市民になった。しかし、1940年独ソ不可侵条約によりソ連が再びベッサラビアを併合し、第二次大戦後、領土の70％、人口の80％に相当する地域がモルダヴィア・ソヴィエト社会主義共和国（1990年モルドヴァ・ソヴィエト社会主義共和国に国名変更）となり、ベッサラビア住民はルーマニア国籍を喪失し、ソヴィエト市民権を取得した。ソ連崩壊後の1991年にモルドヴァ議会が独立を宣言し、モルドヴァ共和国として国連加盟を果たした。独立後の国籍について、1991年モルドヴァ市民権法はソヴィエト併合前にモルダヴィア・ソヴィエト社会主義共和国の領土内で生活していたすべての者とその子孫はモルドヴァ市民になるとともに、1940年6月以前にモルドヴァ領土内で生活していた者は申請によりモルドヴァ国籍を取得する旨定めた。他方、ルーマニア議会も新市民権法を採択し、自らの責によらずして1989年以前にルーマニア国籍を喪失した者およびその子孫は、国籍を再取得することができる旨定めた。こうして、ベッサラビア地方のモルドヴァ人は、ルーマニア国籍との二重国籍者が多く存在することになったのである。さらに、モルドヴァ政府によれば、同政府の実効支配の及んでいないトランスドニエストルでは3分の1が重国籍者であり、モルドヴァ人全体ではおよそ50万人が重国籍者であるとされる。

(2) ヨーロッパ評議会加盟国における重国籍と被選挙権

2008 年法は、重国籍のモルドヴァ人は国会議員選挙に立候補することはできるが、当選した場合に、その職務執行の有効性を得るために憲法裁判所によって外国国籍の放棄が要求される旨を定めていた。

ヨーロッパ評議会加盟国のうち重国籍者の国会議員就任を明文規定で禁止しているのは、モルドヴァを除くとアゼルバイジャン、ブルガリア、リトアニアの 3 カ国のみである。このうち、アゼルバイジャンとリトアニアは重国籍を禁止し、ヨーロッパ国籍条約にも署名していない。ブルガリアは同条約 17 条を留保している。モルドヴァを含め 28 カ国が重国籍を認めているが、19 カ国は原則として二重市民権を禁止し、ウクライナは重国籍を禁止している。

本件において、人権裁判所は、1997 年ヨーロッパ国籍条約、ヨーロッパ人種差別撤廃委員会やヴェニス委員会の報告書、ヨーロッパ評議会議員会議の決議を考慮に入れている。ヨーロッパ国籍条約 17 条は、居住する条約批准国の領域内において、重国籍者は当該国民と同一の権利義務が保障される旨が規定されている。本判決は、ヨーロッパ評議会の諸機関の見解を取り入れ、2008 年法が同国の政治プロセスに効果的に参加する野党の能力に有害な影響を与えていることを指摘し、その上で、「多元主義と民主主義は、対話と妥協の精神の上に基礎づけられなければならない」ことを強調した[11]。

(3) 受動的選挙権としての「被選挙権」

人権裁判所は、狭義の参政権を「能動的選挙権」（選挙権）と「受動的選挙権」（被選挙権）とに峻別した上で、後者については、当該国に対する広範な裁量を認めてきた。その「被選挙権」は、①立候補する権利、②被選の権利、③国会議員として議席を有する権利に分類することができる[12]。

これまで、①の立候補する権利の制限の事例として、ヨーロッパ人権委員会が人種差別を行う極右政党を市町村選挙から排除することを認容した事例[13]、人権裁判所が法律によって課せられた地方公務員の政治活動の制限を認容した事例[14]などがあったが、本件は、重国籍者が③の国会議員として議席を有す

る権利を侵害された最初の事例である。

(4) 判決執行状況

判決執行を監視する閣僚委員会は、2012 年 3 月 8 日、第 1136 回閣僚委員会合において被告モルドヴァ政府によって提出されたアクション・プラン DH-DD (2011) 563E を検討し、被告国が判決に規定した賠償金を申立人に支払ったことを確認し、本件監視の終了を決定している[15]。当該アクション・プランによれば、問題となった法律は 2009 年 12 月 23 日に改正され（同年 12 月 31 日施行）、重国籍者に対するあらゆるカテゴリーの公務員への就任禁止規定が廃止された。

なお、本件申立人だったタナセは、政権交代によって発足した第 1 次フラット政権、第 2 次フラット政権の法務大臣（2009 年 9 月～2011 年 5 月）、モルドヴァ憲法裁判所裁判官（2011 年 4 月～2017 年 5 月。2011 年 10 月以降は憲法裁判所長官）を経て、2017 年 6 月にヴェニス委員会委員に就任している[16]。彼は現在も二重国籍のままである[17]。

(5) 日本法への示唆

国境を越えた人の移動や国際的な婚姻によって、日本においても重国籍者は増加しており、法務省によれば、平成 18 (2006) 年度中に出生した子の 100 人に 1 人以上が重国籍者であるとされ、現在その数は約 89 万人と推定されている。

「国籍唯一の原則」は、1930 年国籍法抵触条約に倣ったものであるが、欧州では 1997 年にヨーロッパ国籍条約が批准され、批准国においては重国籍者の権利が保障されることは紹介した通りである。

しかし、日本の国籍法においては「国籍唯一の原則」が重視されており、父母両系血統主義を採用した 1984 年国籍法改正の際には、重国籍の防止を目的として国籍選択制度が新たに設けられ（14 条～16 条）、重国籍者は一定の期限までに日本国籍か外国籍のいずれかの国籍を選択しなければならず、期限までに選択をしなければ法務大臣が書面で国籍選択の催告を行い、場合によっては日本国籍を失う旨が定められている。また、日本国籍を選択した者には外国籍を離脱する努力義務が課せられている。しかし、これまで国籍選択の不履行者に対する催告手続は同法

施行後一度も適用されたことはなく、また二重国籍者の外国籍離脱も、明文上、努力義務に留まっている。その理由は、重国籍者を正確に把握できない中で、恣意的に一部の者の国籍剥奪を行うことはできないこと（世界人権宣言15条2項）、また本人が外国籍を離脱しようとした場合でも離脱が困難または不可能な国があるからである。「国籍唯一の原則」に基づく諸制度は、実務上完全実施することができない矛盾を抱えており、国籍法5条1項5号、11条、14条、15条および16条を廃止するよう求める「重国籍容認に関する請願」等が国会に提出されてきた。

日本の法律上は、外務公務員法のみが外国籍を有する者の欠格条項を置いている（同法7条）。公職選挙法には「国籍」要件はあるものの、重国籍者を被選挙権から排除する規定は存せず、また内閣法においても重国籍者が内閣総理大臣や閣僚に就任できないとする規定は存しない。かつてフジモリ元ペルー大統領が2007年参議院議員選挙に立候補した際、また2016年に民進党党首となった蓮舫議員が「台湾籍」を放棄していなかったことが明らかになった際に、「重国籍者の被選挙権」が話題になり、第192回国会では、日本維新の会所属議員によって、外国籍を有する者は原則として国会議員の被選挙権を有しないこと等を内容とする公職選挙法改正案が参議院に提出されたが、委員会未付託、審査未了となっている。日本の憲法学ではこのテーマについてこれまであまり議論がなされてこなかったものの、憲法15条1項・14条1項を根拠に、「複数国籍者である国民の被選挙権を禁止する法改正は憲法違反となるものと思われる」[18]とする有力説がある。

(1) Tanase and Chirtoacă v. Moldova, 18 November 2008. ヨーロッパ国籍条約、ヴェニス委員会の決定に照らして第1議定書3条を解釈した同判決は、ヨーロッパ評議会の判断に法的効果を与えることに貢献したとして、学説上高く評価されている。*See*, Jean-François Flauss, 参考文献[2] p. 866. なお、キルトアカの申立については、裁判官の多数意見によって不受理とされている。

(2) Yumak and Sadak v. Turkey, 8 July 2008 Reports 2008-Ⅲ〔本書*79*〕§105.

(3) Mathieu-Mohin and Clerfayt v. Belgium, 2 March 1987, Series A no. 113〔I *77*〕§47；Lingens v. Austria, 8 July 1986, Series A no. 103〔I *64*〕§41-42.

(4) Ždanoka v. Latvia, 16 March 2006, §105-106.

(5) Podkolzina v. Latvia, 9 April 2002, Reports 2002-Ⅱ〔I *80*〕§33。

(6) Mathieu-Mohin and Clerfayt, *op. cit* (3)., §47; Melnychenko v. Ukraine, 17 July 2002, Reports 2004-X. §55.

(7) Ādamsons v. Latvia, 24 June 2008, §123-128.

(8) Hirst v. UK（*No 2*),〔本書 *19*〕§62.

(9) Hirst（No. 2), *ibid.*, §62; Yumak and Sadak, *op. cit.* (2), §109.

(10) *See*, United Communist Party of Turkey and others v. Turley, 30 January 1998, Reports 1998-I, §45; Leyla Şahin v. Turkey〔GC〕, Reports 2005-XI〔本書 *57*〕, §108.

(11) RUDAN, Delia, 参考文献[3] p. 124.

(12) Sadak and others v. Turkey（No.2), 11 June 2002, §33.

(13) Glimmerveen and Hagenbeek v. the Netherlands, 11 October 1979.

(14) Ahmed and others v. UK, 2 September 1998.

(15) Resolution CM/ResDH（2012）40.

(16) Alexandru TĂNASE, Venice Commission, http://www.venice.coe.int/WebForms/pages/?p=cv_2609

(17) 2017年6月2日、タナセ前憲法裁判所長官とのメールでの確認による。

(18) 近藤敦・参考文献[7] 3頁。

[参考文献]

[1] SPIRO, Peter J., "Political rights and dual nationality", in MARTIN, David A. and HAILBRONNER, Kay（eds.）, *Rights and duties of dual nationals*, Kluwer Law International, The Hague/ London/ New York, 2003.

[2] FLAUSS, Jean-François, « Le droit du Conseil de l'Europe au service d'élections libres et de la double nationalité », *Revue trimestrielle des droits de l'homme, N° 79*, 2009.

[3] RUDAN, Delia "Nationality and political rights", in FORLATI, Serena and ANNONI, Alessandra (eds.), *The Changing Role of Nationality in International Law*, Routledge, New York, 2013.

[4] 奥田安弘・館田晶子「1997年のヨーロッパ国籍条約」北大法学論集50巻5号（2000年）。

[5] 岡村美保子「重国籍——我が国の法制と各国の動向」レファレンス634号（2003年）。

[6] 大山尚「重国籍と国籍唯一の原則」立法と調査295号（2009年）。

[7] 近藤敦「複数国籍の現状と課題」法学セミナー62巻3号（2017年）。

79 比例代表制における 10 ％阻止条項

トルコ大国民議会選挙での 10 ％阻止条項は自由選挙に反しない

— トルコ大国民議会 10 ％阻止条項事件 —

Yumak and Sadak v. Turkey

土 屋 武 8 July 2008, Reports 2008-Ⅲ（大法廷）

【事　件】

　トルコ大国民議会は、任期 5 年（当時。現在は 4 年）の議員 550 名からなる一院制の議会である。選挙制度は比例代表制を採用している。国民議会選挙法 33 条は、「総選挙において、政党は全土で有効投票数の 10 ％を超える得票を得なければ議席を獲得することができない。…政党の名簿で出馬する候補者は、当該政党の名簿が 10 ％を超える十分な得票を得た場合にのみ議席を獲得する」として、いわゆる 10 ％阻止条項を設けている。

　2002 年 11 月 3 日のトルコ大国民議会選挙に Mehmet Yumak と Resul Sadak は Şırnak 区で人民民主党（DEHAP）から立候補した。Şırnak では DEHAP は有効投票数 103,111 のうち 47,449 票を獲得した（約 45.95 ％）ものの、全国では 6.22 ％で 10 ％を獲得することができなかった。そのため Yumak と Sadak は落選し、14,460 票（14.05 ％）を得た公正発展党（AKP）が 2 議席を獲得し、また 9914 票（9.69 ％）で無所属の候補者が当選した。

　Yumak と Sadak は、2002 年の選挙の後、10 ％阻止条項が立法部の選択における自由な意見表明の権利を侵害するものであるとして、ヨーロッパ人権裁判所に訴えた。2007 年 1 月 30 日、小法廷は、10 ％阻止条項の目的は議会の過度の細分化を阻止することによる政府の安定性を強化することにあり、それは目的達成に必要でありかつ均衡性も認められるため、第 1 議定書 3 条に関する広い評価余地を超えるものではないと判断した。これに対し原告は、選挙区の 45.95 ％の得票にもかかわらず議席を獲得

できないのは第 1 議定書 3 条に反するとして、大法廷に上訴した。大法廷は 13 対 4 で訴えを斥けた。

【判　旨】

（1）一 般 原 則

（a）第 1 議定書 3 条に関して裁判所が適用する基準

　① 第 1 議定書 3 条が保障する権利は、法の支配の下での実効的で有意義な民主制の基礎を創設維持するのに極めて重要なものである。自由選挙、表現の自由、とりわけ政治的論議の自由は、民主制の基礎を形成する（§105）。

　3 条の「『人民の自由な意見表明』とは、特定の候補者を選択するいかなる形式の圧力の下でも選挙が行われてはならないこと、またこの選択において選挙人は特定政党への投票を不当に促されてはならないことを意味する」（§108）。

　② 3 条は、規定の文言の形式にかかわらず、選挙権および被選挙権を含めた個人の権利を保障している。また、同条で保障される権利は絶対ではなく、黙示の制限の余地が存在し、締約国はその範囲で広い評価の余地が認められる。

　3 条は、権利制限の正当な目的が限定されていないため、締約国は、当該事例の固有の事情において、法の支配の原則や条約の一般的目的に反しない目的に依拠する自由がある。そのため、3 条適合性判断は 2 つの基準に主に焦点があてられる。恣意性が存在するあるいは比例性が欠如しているか、制限が人民の意見表明の自由を侵害するものであるか、である。

３条が保障する被選挙権の資格制限に関して、裁判所は選挙権の資格よりも厳格な要件を課してきた。また権利の実効性原則から、資格手続は恣意的判断を避ける十分な防止策を含まなければならない（§109）。

（b）選挙制度と阻止条項

① 締約国は、立法府の選択において人民の自由な意見表明が行える投票類型を決定している場合には、広い評価の余地を有している。３条の文言の限り、特定の選挙制度を作ることを要請するものではない。そのため、各国特有の歴史的・政治的ファクターにより異なる（§110-111）。

「選挙制度の目的には、人民の意見の公正誠実な反映と、十分に明確かつ整合的な政治的意思が現れるようにするための思潮の方向づけがある。…３条は、投票の結果価値の平等や全候補者の平等な当選機会を要請するものではない」（§112）。

② 先例では、５％阻止条項につき、十分な代表的思潮の促進と議会の過度の細分化回避の点で、３条の要件に反するとは言えないと判示していた（§115）。

（2）本件への適用

本件阻止条項は明らかに３条に定められている原告の選挙権を制約する。そのため、目的の正当性、比例性の存否が検討されるが、この２つの基準を適用するうえで、当該制限が人民の自由な意見表明の権利の本質を害するかどうかを決定する（§118）。

（a）目的の正当性

「高率の阻止条項は、選挙人の一部から代表を奪うことになりうるが、…比例代表制のための必要な矯正策として作用しうるのであり、小党には害となりうるとしても、人民の自由な意見表明のために許されるものと裁判所は判断してきた」（§122）。

「トルコの選挙制度は単一国家のコンテクストに基づいており、これは、『議員は全国民の代表である』こと（トルコ憲法80条）に表れている」。また、選挙区の定員に関する一人別枠方式も、憲法構造を反映し、政治・制度的基準に基づいた立法部の選択

の結果であり、第１議定書３条に反しない。同条は、「締結国に対し、…他の地域での投票にかかわらず本質的に地域的な基礎を持つ政党が議会で代表することを保障するような選挙制度を採用する義務を課すものではないからである」（§124）。

条約の諸機関は、阻止条項が国内での十分に代表的思潮の出現を促進することを主に企図していることを認めてきた。当該制約は議会の過度の細分化阻止、政府の安定性強化という正当な目的を有している（§125）。

（b）比 例 性

トルコの10％阻止条項はヨーロッパ諸国の阻止条項の中で最も高率のものである。そのため、他のヨーロッパ諸国と比較評価し、矯正策および他の安全策について検証する（§127）。

（i）比 較 法

ヨーロッパで導入されている阻止条項では、高率の阻止条項を設けているのはリヒテンシュタイン（８％）、ロシアとジョージア（７％）[1]の３か国のみであり、３分の１は５％、残りは５％未満である。阻止条項のない比例代表制の国もある（§129）。

ヨーロッパ評議会の諸機関がトルコの阻止条項が非常に高率であるとして引き下げを要求していることには、重要性が認められる（§130）。

しかし、阻止条項の効果は国ごとに異なり、制度ごとに追求する政治的目標も異なり、対立することもありうる。また阻止条項が果たす役割も阻止率や各国の政党制度により異なる。ヨーロッパ評議会の加盟国が選挙立法に関し置かれた状況は多様であり、取りうる選択肢も多様である。そのため、５％程度にすることで一層加盟国の共通の実践に合致するとの原告の主張は認めるが、選挙制度全体を考慮に入れずに特定の阻止条項を評価することはできない。「選挙立法は当該国の政治的進展に照らして評価されなければならず、そのため、…選択された制度が『立法部の選択における人民の自由な意見表明』を確保する条件のために提供されるものであるかぎり」、別の状況では認められない制度であっても正

当化されうるのである（§131-132）。

　　(ii) 矯正策およびその他の安全策

　トルコ政府は、トルコの選挙制度は阻止条項の負の効果に対する矯正策を持ち、原告は、2002年の選挙では無所属候補者として立候補するか、所属政党が大政党の一つと選挙上連立を組めば、当選が可能であったと指摘する（§133）。

　① 無所属立候補の可能性について、政党は政治論議において代えがたいものであり、市民の選挙論議への参加手段として活動し、また政党を通じて市民は政治綱領への支持を表明できる。そのため、無所属候補者のような他の政治アクターとは異なる。また無所属候補者には、供託金の納入義務や政見放送ができないなど、政党には適用されない様々な制約や条件がある（§136）。

　しかし、当該手段が実際に実効性を欠くとみることはできない。2007年の選挙では、小政党は「政党によって支持された無所属候補者」を擁立して阻止条項のインパクトを避けることができたのであり、DEHAPの後継政党DTPは20議席を獲得し、会派を形成できた。もっともこれは一時しのぎの手段である（§137-138）。

　② 選挙連合の可能性について、トルコ選挙法16条は、政党による選挙時の結合名簿や完全に法的な連合を禁じているが、政党はこの禁止をかわす選挙戦略を展開し、1991年と2007年の選挙ではこれが功を奏した（§139）。

　2002年選挙では死票が45.3％（約1450万票）であるため、その効果は限定的でしかない。それだけの数の有権者が議会に代表されていないという事実は、議会制民主主義国家において議会が果たす重要な役割と一致しがたい（§140）。

　しかし、2002年の選挙は、経済・政治危機、地震その他の多くの原因による危機の状況の下で行われたものである。また、1983年以来の議会選挙を包括的に分析すると、1983年と2002年の選挙を除く4回の選挙では、死票率は19.4％を超えるものではなく、また2007年選挙では死票率は13.1％に下がった（§141-142）。

　以上の①②の検討の結果、10％阻止条項の影響を受ける政党は、その影響を和らげることのできる戦略を実際に展開してきていると認められる（§143）。

　また、トルコの憲法裁判所は、憲法上の要請である公平な代表と議会の安定性の両原理の均衡点を探り阻止条項の過剰な効果を阻止する監督者の役割を果たすことで、阻止条項が第1議定書3条の権利の本質を害しないようにするための保障を提供している（§144-146）。

　　(iii) 結　論

　一般的には10％阻止条項は過剰であり、政党は、選挙過程の透明性に寄与しないような戦略をとらざるを得なくなっている。しかし本件では、当該選挙の特殊な政治的コンテクストに照らして、そしてその効果を実際に限定する矯正策や他の保障を顧慮すれば、阻止条項は本質的に3条の原告の権利を侵害しているということはできない（§147）。

【解　説】

　本判決は、長らく議論の的となっていたトルコの10％阻止条項について、第1議定書3条に反しないと判断して、注目を集めた判決である。判決後、トルコでは阻止条項の緩和や一部議席についての阻止条項廃止などが提案されたが、結実せず、現在も10％のままである[2]。以下、本判決の解釈上の意義について確認する。

(1) ヨーロッパ人権条約における選挙権・選挙制度・阻止条項の位置づけ

(a) 選挙権制限の判断枠組

　本判決は、先例に依拠して、第1議定書3条が権利を保障するものであることを前提に、基本的な判断枠組を確認している。3条の権利は絶対ではなく黙示の制限の余地があり、締約国にはその範囲で広い評価の余地がある。また、裁判所は恣意性・比例性の欠如、意見表明の自由の侵害の有無の2点について審査する。さらに権利の本質を侵害してはならず、被選挙権資格の制限に厳格な要件を課す、など

である。裁判所は、条約8条から11条の権利と異なる条文構成、国家の制度的秩序にとっての選挙の重要性から、目的につき広い範囲で正当性を認め、またより緩やかな審査密度で判断するものとされる[3]。

(b) 選挙制度と阻止条項

本判決はまた、規定の文言等からしても特定の選挙制度を導入する加盟国の義務を導くことはできないとし、多数代表、比例代表いずれの制度の選択も可能であるとする。そして世論の公正な反映と政府の安定性確保という2つの選挙制度の目的から、投票の結果価値の平等や全候補者の平等な当選機会を保障するものではないと判示した。さらに、議席配分にかかわる阻止条項が「明らかに」原告の選挙権制約にあたるとしている。

もっとも、いかなる意味で阻止条項が選挙権制約に該当するかは必ずしも明らかではない。普通選挙権は侵されていない以上、平等選挙権の制限が問題となりうるところである。しかし、結果価値の平等を要求するものではないとすれば、阻止条項により死票が発生しても、それは多数選挙制の下で生じる死票と同様であり、平等選挙の制限にはならないとも考えられる。この点、結果価値の平等の要請を否定し特定の選挙制度を要求するものではないとしながら阻止条項の制約的性格を認めているのは、比例代表制を導入した場合には結果価値の平等が要求されることになるという、一種の首尾一貫性の要請を前提にしているとの理解もありうる。この考え方は、ドイツ連邦憲法裁判所が従来から採用してきた立場でもあり[4]、ドイツ法的には親和的な見方であろう[5]。他方、比例代表制の導入により立候補者の平等な当選機会の保障が首尾一貫性の要請から導かれると考え、これを阻止条項が制限していると解する余地もあろう。

(2) トルコ10％阻止条項の条約適合性

阻止条項の条約適合性の判断にあたっては、目的の正当性と目的と手段の比例性（均衡性）が求められる。人権裁判所の先例は、正当な目標として、議会の過剰な細分化を阻止し政府の安定性を強化することを挙げて、これを認めてきた。本判決も先例に依拠して目的の正当性を認めたが、さらにトルコは単一国家であって議員は全国民の代表であること、また3条は地域基盤の政党が代表となることを保障する義務を加盟国に課していないことも指摘している。

比例性につき、5％阻止条項であれば認められるというのが先例であったが、10％というヨーロッパでは他に類例のない高率の阻止条項がこのテストをパスするかどうかは重大な問題である。この点、以前から過激派政党への投票阻止の手段として高率の阻止条項が正当化できるとの議論もあったようである[6]。また、10％から引き下げるとクルド人支持政党からの代表が出る可能性があることに対する懸念もあったと考えられる。しかし判決はこれに言及せず、阻止率を下げるべきとするヨーロッパ評議会議員会議等の指摘、また加盟国共通の実践にも留意しつつも、加盟国の状況の多様性を踏まえ、選挙制度全体、また当該国の政治的発展状況に照らして阻止条項の評価を行わなければならないとする。そして、阻止条項の負の効果を緩和する矯正策・安全弁として、無所属候補者としての立候補の可能性、政党の連立可能性、憲法裁判所の監督者としての役割を挙げ、結果として条約違反を認めなかった。また、2002年選挙の特殊性、死票率の全体的な低さ、トルコ憲法裁判所の判断[7]の尊重も根拠に挙げている。本判決は、10％阻止条項については、一般的にはその条約適合性に疑義を示しつつ、当該国の状況を踏まえ、高率の阻止条項がもたらす負の効果を緩和する矯正策に実効性があれば、条約違反とはならないことを示したものである。

もっとも、このような正当化で十分か、異論もある。本判決のTulkins裁判官ほか4裁判官の反対意見は、同じ判断基準を用いつつも、条約違反と判断している。①10％阻止条項は政府の安定性確保に役立たない。高率の阻止条項がなくても安定政府の形成は可能であり、阻止条項により安定性よりも対

立がもたらされている[8]。小政党は阻止条項の回避
手段を用いることで議席獲得でき、小政党排除もで
きていない。②矯正策と呼ばれているものは、結局、
無所属立候補や他党の名簿に加わるといった、政党
のその場しのぎの戦略に委ねられるものであり、選
挙過程の透明性には寄与しない。また無所属立候補
者は様々な制約や条件に服する。矯正策というにふ
さわしいものではない。③これらの戦略は阻止条項
の目的に反するものであり、将来も利用可能か、確
実ではない。しかも政党が他党の名簿に加わること
により同一名簿内で異なる政治目標が追求されるこ
とになり、政党制度への弊害は大きい。選挙に政党
が独立して参加することに対するいかなる干渉も、
人民の自由な意見表明を制限するものである。以上
がその主たる理由である。10％の阻止条項は政治
的マイノリティや地域代表の可能性を封殺しかねな
いことも、批判の理由として加えることができよ
う[9]。

　このように、矯正策の実効性についてより立ち
入った審査をすれば条約違反の判断もありえたと考
えられる。どの程度ヨーロッパ共通のコンセンサス
が作られているかが重要であり、その確認のために
ヨーロッパ評議会の機関の実践も援用していること
に着目し、本件で判断余地を狭めていることを示唆
する論者もいる[10]。しかしながら、本判決は、実効
性について当該国の広い判断余地に照らしやや緩や
かな審査密度によって判断しつつ、さまざまな問題
点を指摘し、立法の再検討を促しているとみること
が許されよう。この枠組みが他の類似の事件でも用
いられるかは明らかではないが[11]、実効性の判断を
緩やかな審査密度で判断することには、例外を肥大

化させかねないとの懸念もありうるように思われる。

(1)　ジョージアは現在、国政選挙では５％である。
Nohlen, Wahlrecht und Parteiensystem, 7. Aufl. 2014,
S. 120 ff. 参照。
(2)　Alkin, Underrepresentative Democracy, 10 Wah. U.
Global. Stud. L. Rev., 2011, 347, 358–361.
(3)　Schabas, The European Convention on Human
Rights, 2015, 1019. Zdanoka v. Latvia [GC], Reports
2006-IV§115. Vgl. Arndt, Art. 3 ZP I, in: Karpenstein/
Mayer, EMRK, 2. Aufl. 2015, Rn. 10.
(4)　たとえば、BVerfGE 95, 355; 121, 266; 124, 1.
(5)　Arndt, *supra* note(3), Rn. 32 参照。
(6)　Alkin *supra* note(2), 363 参照。
(7)　トルコの憲法裁判所は、旧憲法下での阻止条項を違
憲としつつ、1995 年 11 月 18 日の判決で現在の 10 ％
阻止条項は合憲であると判断していた。
(8)　トルコの 10 ％阻止条項は、1970 年代に政党乱立で
政権党が次々に代わり、政治的不安定が生じたことに
対処すべく導入したものであるが、政治的安定に必ず
しも役立っていないとの指摘がある。今井宏平『トル
コ現代史』（中公新書、2017 年）72 頁以下、106 頁。
同様の主張は原告も行っていた。
(9)　Chryssogonos, Limits of Electoral Equality and
Political Representation, ECLR 8, 9–32 (2012).
(10)　Arndt, *supra* note(3), Rn. 12.
(11)　射程の限定性を指摘するものとして、Alkin, *supra*
note(2), 366.

[参考文献]
[1]　Felix Arndt, Art. 3 ZP I, in: Karpenstein/Mayer,
EMRK, 2. Aufl. 2015.
[2]　Sinan Alkin, Underrepresentative Democracy, 10
Wah. U. Global. Stud. L. Rev. 347 (2011).
[3]　Kostas Chryssogonos, Limits of Electoral Equality
and Political Representation, ECLR 8, 9–32 (2012).
[4]　Dieter Nohlen, Wahlrecht und Parteiensystem, 7.
Aufl. 2014.
[5]　William A. Schabas, The European Convention on
Human Rights, 2015.
[6]　今井宏平『トルコ現代史』（中公新書、2017 年）。

80　教育における差別の禁止と立証責任

ロマの子どもらを特別学校に編入する措置は間接差別として14条に違反する

——D. H. ほか判決——

D. H. and others v. the Czech Republic

佐々木　亮　　13 November 2007, Reports 2007-IV（大法廷）

【事　実】

　申立人 D.H. ほか 17 名は、チェコ国籍を有し、ロマという民族的少数者の出自である。1996 年から 1999 年にかけて、チェコ共和国南東部の都市オストラヴァ（Ostrava）で、精神面での障碍を有する子どものための特別支援学校に通学していた。この措置は、入学時の知能テストの結果に基づいており、保護者も同意していた。

　本件申立人の一部は、オストラヴァ市教育局に対して当該措置の再審査を求める申立てをしていた。また、別の一部は、チェコ憲法裁判所に対して、一連の措置が事実上の人種隔離・差別を構成する旨の訴えを提起していた。いずれも斥けられたため、国内で利用可能な救済手段を尽くしたとして、ヨーロッパ人権条約（以下、「条約」と言う）第 1 議定書 2 条単独、および条約 14 条と併せた同条の違反を構成するとして、ヨーロッパ人権裁判所（以下、「裁判所」と言う）に提訴した。申立人は、ロマ出自の子どもが、他の子どもと異なる扱いを受けており、普通学校と比較して実質的に低水準の教育しか受けられなかったこと、その結果、中等教育学校へのアクセスを否定されたこと、人種的隔離による心理的被害を受けたことを主張した。小法廷は、1）ある政策や措置が、特定の集団に属する者に不利な影響を生じさせても、当該集団に向けられていない限り差別的であるとはいえない、2）教育上の措置や教育課程の編成は締約国の裁量に属し、必要に応じて異なる教育課程を設けることは禁止されていないと判断し、訴えを棄却した（6 対 1）。申立人はこれを不服

として、大法廷に上訴した。その理由として、特に、ある政策や一般的措置が、特定の集団に属する者に不均衡に不利な影響を与えた場合、当該集団に特に向けられたものでないとしても、差別的であるとみなされることがあり得る。ただし、統計資料のみでは、そのような慣行を差別的であると認める証拠として十分ではない」（§46）との小法廷の判断が、条約の目的や裁判所の過去の判例と両立しないと主張した（Thlimmenos v. Greece [GC], 6 April 2000; Hoogendijk v. the Netherlands, 6 January 2005; Nachova and others v. Bulgaria [GC], 6 July 2005〔本書 *81*〕）。

【判　旨】

（1）主要な諸原則の確認——差別の意味、立証責任、統計資料の証拠能力

　差別とは、「実質的に類似した状況にある者を、客観的かつ合理的な正当化なしに、異なって扱うこと」を意味する。一般的な政策や措置が、特定の集団に著しく不利な効果を与える場合、それが特に当該集団に向けられていない場合でも、差別とみなされることがある（§175）。

　人の民族的出自に基づく差別は、一種の人種差別である。「人種差別は、特に不当な種の差別であり、その帰結の危険性に鑑みれば、当局による特別の注意と強固な対応が求められている。そのため、当局は利用可能なあらゆる手段を使って人種主義と闘い、多様性が脅威ではなく、多様性の源泉と捉えられる民主的な社会観を強化しなければならない（Nachova and others v. Bulgaria [GC], *op. cit.*; Timi-shev v. Russia, 13 December 2005, Reports 2005-XII）民族的出自を唯一の、

あるいは決定的な理由とする扱いの差異は、多元主義と異文化の尊重という原則の上に築かれる現代民主主義社会においては、いかなる場合にも客観的かつ合理的に正当化されない」(§176)。この問題における立証責任について、「申立人が扱いの差異を示したならば、それが正当化されることを示すのは、政府である」(§177)。

統計資料の証拠能力に関して、近年の判例 (Hoogendijk v. the Netherlands, *op. cit.*; Zarb Adami v. Malta, 20 September 2006) では、締約国が行った一般的な措置、事実上生じている状況、集団間の差異を示すために、当裁判所は、当事者が提出した統計に、以前よりも積極的に依拠している (§180)。

(2) 上記原則の本件への適用

ロマは、その歴史的経緯ゆえに特別の保護が必要であり、それは教育の分野にも当てはまる (§182)。本件は、被告国が積極的差別是正措置をとらなかったことを問題とするものではない。問題は、「客観的かつ合理的な正当化なしに、申立人が、ロマではない子どもと比較して不利に扱われ、このことが間接差別を構成するか」否かである (§183)。

(a) 間接差別であると推定されるか

本件では、申立人の権利を効果的に保護するため、緩和された (less strict) 証拠規則が適用される (§186)。EC 理事会指令 97/80「性別に基づく差別の場合における立証責任」(Council Directive 97/80/EC)、および 2000/43「人種または民族的出自にかかわらない平等取扱の原則の実施」(Council Directive 2000/43/EC) の規定によれば、「平等取扱の原則が適用されず、不当な扱いを受けたと考える者は、統計証拠を含むあらゆる手段によってそのことを国家当局の前で主張できる」(§187)。ある措置や実行が与えた影響を分析する場合、信頼できると考えられる統計は、一応の証拠を構成する (§188)。

申立人が提出した統計資料は、オストラヴァ市内の特別支援学校および小学校の校長に対するアンケート調査に基づいて作成されている。それによると、特別支援学校の児童の過半数 (56 %) がロマ出

自であるにもかかわらず、市内の全小学校の児童に占めるロマの割合は 2.26 % に過ぎなかった。また、ロマ出自ではない児童のうち特別支援学校に通う者は少数 (1.8 %) であるのに対し、ロマ出自の児童のうち、特別支援学校に登録されている者は 50.3 % に達する。チェコ政府は、この統計が校長の主観に基づいていること、児童の民族的出自に関する公式の統計が存在しないことを根拠に反論した (§190)。当裁判所の判断では、申立人が提出した統計資料は、全幅の信頼に値するとまで言えないとしても、主要な傾向は明らかにしており (§191)、間接差別があったと強く推定させるうえで、十分かつ顕著に信頼できる。よって、立法の影響から生じた扱いの差異が、民族的出自とは無関係な客観的要素の結果であることを政府が証明しなければならない (§195)。

(b) 客観的かつ合理的な正当化

客観的かつ合理的な正当化がなされない場合、すなわち、「正当な目的を追求していない」または「採用された手段と実現しようとする目的との間に合理的な比例関係がない」場合、その扱いの差異は差別的である。「扱いの差異が、人種、皮膚の色、民族的出自に基づく場合、客観的かつ合理的な正当化という概念は、できる限り厳格に解釈されなければならない」(§196)。

政府は、問題となった措置は、知能テストの結果であり、民族的出自によるものではないと主張する (§197)。しかし、そのテストは多数派に合わせて作られており、ロマの特殊性を考慮していないため、平均的あるいはそれ以上の知能を持つロマの子どもでも、特別支援学校に入学させられ得ることを認めている (§200)。よって、このテストによって扱いの差異を正当化することはできない (§201)。政府は、保護者の同意なしにロマの子どもが特別支援学校に入学させられることはないと主張するが (§202)、不利な境遇にある共同体に属し、十分な教育を受けていない保護者が、置かれた状況のあらゆる局面と同意を与えることから生じる結果を理解できるとは考えられない。申立人の保護者は、特別支

援学校と他の学校の教育課程の相違について、十分な情報を与えられていなかった。さらに、子どもが孤立する危険がある普通学校と、児童の大多数がロマである特別支援学校のいずれを選択するかという逆境に立たされていた（§203）。人種差別禁止の基本的重要性に鑑みて、「人種差別を受けない権利を放棄することは、重要な公共利益に反し、認められない」（§204）。

(c) 結論

チェコ政府が、ロマのような不利な境遇にある集団の社会上・教育上の包摂を試みていることを当裁判所は評価する。また、教育課程の編成は、締約国の裁量に属し、裁判所が規律する事項ではない（§205）。しかし、人権条約上の権利を侵害する恐れのある裁量が国家機関に付与される場合、個人に利用可能な手続上の保護手段が与えられなければならないが（§206）、本件ではそれが与えられなかった。特別支援学校に入学した結果、申立人は普通学校と比較して内容面で劣る教育しか受けられなかった。政府も、特別支援学校出身の児童は、普通学校出身者に比べて就労の機会が少ないことを認めている。また、当裁判所は、チェコ政府が新規立法により特別支援学校を廃止し、特別の教育上のニーズを持つ子どもに普通学校で教育を提供するように制度を改正した点に留意する（§208）。当該立法は、ロマの共同体に比例的でない差別的な効果をもたらし、申立人も同様の差別的扱いを必然的に受けていたと考えられるので、個別的な状況は検討しない（§209）。

結論として、申立人のそれぞれについて、第1議定書2条と併せた条約14条違反を認め（13対4）、チェコ政府に対し、損害賠償の支払いを命じる。

【解　説】

(1) 申立人が負う立証責任の軽減

本判決は、民族的少数者に対する間接差別の問題を取り上げ、申立人が負う立証責任を軽減し、救済可能性を拡大した注目すべき判例である。間接差別の事案では、それ自体としては差別的な性格が認められない政策や措置によって、結果的に生じた差別的な効果が問題となるため、申立人が完全な立証を行うことは困難である。このような場合、ヨーロッパ人権裁判所では、かつて、条約14条違反とはならないとする傾向にあった[1]。しかし、Thlimmenos v. Greece 事件大法廷判決を契機として判例に変化が見られ、本判決もその延長上にある[2]。条約14条違反が問われる場合、1)申立人と他の者との間に扱いの差異が存在するか、2)当該差異が客観的かつ合理的に正当化されるか、という二段階の審査がなされる。前者について申立人が差異の存在を証明できれば、後者の立証責任は被告国の側に転換される。

本件は、申立人が提出した統計資料の証拠能力を認めている。ある措置の結果生じた現象が問題となる間接差別事案においては、統計に依拠する意義は大きい[3]。本件では、回答者の主観的判断が介在している可能性を指摘しつつ、各学校におけるロマの児童の比率について、「主要な傾向」を明らかにするには足りるとされた（§191）。なお、立証責任の転換や統計資料の証拠能力に関して、EC理事会指令が検討されており、EU法上の差別禁止原則が、ヨーロッパ人権条約の解釈に影響を与えた例としても注目される。また、公立学校における黒人と白人の分離（いわゆる「分離すれども平等」）が違憲であると判示した米国のブラウン対教育委員会事件判決と比較しながら、教育の機会均等を一層進める判決とも評価される[4]。

(2) 条約14条の積極的義務と文化的多様性の尊重

裁判所は、扱いの差異の「客観的かつ合理的な正当化」に関して、「多元主義と異文化の尊重という原則の上に築かれる現代民主主義社会の原則」として（§176）、人種差別が疑われる事案では、締約国に特に厳格な立証責任が課せられるとしている[5]。ロマは、14世紀頃にヨーロッパに到達して以来、排除や迫害の対象とされ、今日でも根深い差別が残されている。チェコでは、ロマの就学率がほぼ100％に達しており、本判決も、少数者の社会的包

摂を試みる政府の努力を評価している（§205）。しかし、ロマが置かれた状況に鑑みて、「差別が強く推定される人種に基づく構造上の差別がある」とし[6]、その点を考慮せずに実施された措置が、ロマ共同体全体に結果的に差別的な効果を与えたとして条約14条違反を認めている[7]。換言すれば、少数者集団が抱える社会的ニーズを踏まえて、社会的包摂を促進するよう求めているものと解される[8]。本判決以後も同様の判決が続いている[9]。

なお、反対意見で、裁判所が締約国の評価の余地に介入する恐れが指摘されている。例えば、本判決が裁判所の判例法に新たな展開をもたらしたことを認めつつ、本判決が「全体的な社会的文脈」に向けられていると述べるもの[10]、締約国の教育制度全体を裁判所が評価・批判することになりかねないと述べるものがある[11]。

（3）判決の執行

申立人のいずれも義務教育就学年齢（6-15歳）を過ぎていたため、個別的措置は必要ないとして、一般的措置のみが要請された。2014年に実施された教育法の改正により、社会的に不利な立場にある児童を軽度精神障碍児童向けの学級に、短期間留置する制度が廃止された。さらに、2015年から2016年にかけて実施された法改正では、特別のニーズを有する子どもが無償で支援を受けられるようになるとともに、5歳以上の子どもに対して、1年間の就学前教育が義務化された。また、2018年までに軽度精神障碍児を対象とする教育課程が廃止され、徐々に普通教育に統合することが定められた。軽度精神障碍児学級に在籍するロマの児童数は減少しているものの、2016年度入学者の30.9%がロマであり、依然として不均衡に多い。

（4）日本への示唆

差別の禁止は、国際人権条約、日本を含む多数の国の憲法上の基本原則の1つである。日本国憲法14条1項は、間接差別の禁止まで明示していない。日本法では、性別に基づく間接差別の禁止する規定が、2007年の改正によって男女雇用機会均等法に導入された[12]。しかし、民族的・人種的出自に基づく直接・間接の差別が、効果的に規律されているとはいえない[13]。本判決における条約14条の解釈を日本法の文脈に置き換えれば、民族的出自に基づく間接差別に関する明示規定が存在しない状況において、憲法の差別禁止条項の中に、少数者にとって差別的な帰結を生み出さない国家の義務を読み込み、差別被害者の救済を図る可能性を示している。言語や習慣の違いに起因して、教育に対する権利を実質的に行使できないことから生じる外国籍児童の義務教育不就学問題、外国籍児童の就学を困難にする朝鮮学校の高等学校等就学支援金制度からの除外、補助金の縮小・停止等の問題も、本判決で採用された条約14条の解釈を日本国憲法14条に類推して捉える必要があろう[14]。

(1) D. Schiek, 'From European Union Non-discrimination Law towards Multidimensional Equality Law for Europe', D. Schiek & V. Chege (eds), *European Union Non-Discrimination Law: Comparative Perspective on Multidimensional Equality Law*, Routledge-Cavendish, 2008, p.10. 例えば、本件小法廷判決を参照：D.H. and others v. the Czech Republic, 7 February 2006, Reports 2007-IV, §45-47.

(2) C. Nikolaidis, *The Right to Equality in European Human Rights Law: The Quest for Substance in the Jurisprudence of the European Courts*, Routledge, 2015, p.75.

(3) European Union Agency for Fundamental Rights, *Handbook on European Non-discrimination Law*, 2010, p.129, available at 〈http://fra.europa.eu/sites/default/files/fra_uploads/1510-FRA-CASE-LAW-HANDBOOK_EN.pdf〉 accessed 25 September 2017.

(4) Supreme Court of the United States, Oliver Brown, et al. v. Board of Education of Topeka, et al., 347 U.S. 483 (1954). *See*, B. Hepple, 'The European Legacy of Brown v. Board of Education', 2006 University of Illinois Law Review 605 (2006); M. Minow, 'Brown v. Board in the World: How the Global Turn Matters for School Reform, Human Rights, and Legal Knowledge', 50 San Diego Law Review 1 (2013).

(5) *E.g.*, Timishev v. Russia, 13 December 2005, Reports 2005-XII, §.58.

(6) 德川信治「教育におけるロマの子どもへの差別：

(7) 本判決が、ロマに属する個人ではなく、ロマという階級（class）に対する差別を扱ったとする指摘がある。R. Sandland, 'Developing a jurisprudence of difference: the protection of human rights of travelling peoples by the European Court of Human Rights', 8 (3) *Human Rights Law Review* 475 (2008), p.511.

(8) Nikolaidis, *op. cit.*, p.77. なお、人種差別が疑われる場合、締約国は差別的な行為がなかったか調査する義務を負う。Nachova v. Bulgaria, *op. cit.*, §145, 157.

(9) 例えば、言語能力テストに基づいてクラス分けをした結果、ロマの児童のみが特別学級に配置されたことについて、14条と併せた第1議定書2条違反を認めた判例がある。Oršuš and others v. Croatia [GC], 16 March 2010, Reports 2010-II.

(10) Dissenting Opinion of Judge Borrego, §5.

(11) Dissenting Opinion of Judge Jungwiert, §2.

(12) 浅倉むつ子「均等法の20年：間接性差別禁止の立法化をめぐる論議」嵩さやか＝田中重人編『雇用・社会保障とジェンダー』（東北大学出版会、2007年）43頁以下。

(13) 例えば、人種差別撤廃委員会、日本の第7・8・9回定期報告に関する最終見解、UN Doc., CERD/C/JPN/CO/7-9 (2014) paras. 7-8.

(14) *Ibid.*, para.19; 人種差別撤廃委員会一般的勧告30、UN Doc., CERD/C/64/Misc.11/rev.3 (2004). 木村草太『平等なき平等条項論——equal protection 条項と憲法14条1項』（東京大学出版会、2008年）190-192頁。

日本における外国籍児童の教育問題について参照：宮島喬『外国人の子どもの教育：就学の現状と教育を受ける権利』（東京大学出版会、2014年）。

［参考文献］（注に掲げたものを除く）

[1] 申惠丰『国際人権法：国際基準のダイナミズムと国内法との協調（第2版)』（信山社、2016年）391-398頁。

[2] 佐々木亮「ヨーロッパ人権条約における多様性の尊重と人種・民族差別の規制：差別事由の階層化と『評価の余地』理論を手掛かりとして」北村泰三＝西海真樹編著『文化多様性と国際法：人権と開発を視点として』（中央大学出版部、2017年）。

[3] 佐々木亮「マイノリティに対する教育機会の保障と文化的多様性：ヨーロッパ人権裁判所の判例に見られる差異の承認」比較法研究78号（2016年）。

[4] Åkermark, S.S., 'Images of Children in Education: A Critical Reading of DH and others v. Czech Republic', Eva Brems (ed.), *Diversity and European Human Rights: Rewriting Judgements of the ECHR*, Cambridge University Press, 2013.

[5] Devroye J., 'The Case of D.H. and others v. the Czech Republic', 7 (1) *North western Journal of International Human Rights* 81 (2009).

[6] O'nions, H., 'Different and Unequal: the Educational Segregation of Roma Pupils in Europe', 21 (1) *Intercultural Education* 1 (2010).

81 人種主義に基づく殺害
人種主義的動機に基づく犯罪行為に対する締約国の義務
──ナホバ判決──

村上　正直

Nachova and others v. Bulgaria
6 July 2005, Reports 2005-VII（大法廷）

【事　実】

本件被害者は、2名のロマ系ブルガリア国民である Petkov 氏と Angelov 氏（以下、PおよびAとし、両名をともに表現する場合には、「被害者」ということがある。）であり、本件申立人 Nachova 氏らは被害者の近親者でブルガリア国民である。被告はブルガリアである（§10-12）。

被害者は、アパートの建設などを任務とする軍の一部門に徴用されていたが、あるとき、建設現場から逃亡し、ロマ系住民居住地区にあるAの祖母宅に潜伏していた。潜伏先の情報を得た軍警察は、G少佐の指揮下の4名の軍警察官を潜伏先に派遣した。警察官らには、状況により必要とされるすべての手段・方法により被害者らを逮捕するよう指示されており、Gは拳銃と自動小銃を、他の者は拳銃を携帯していた。被害者らは、軍警察に気づき、逃亡を試みた（両名は非武装）。Gは、逃亡中の被害者らに停止のための警告をした後、銃撃した。両名は、病院への搬送中にこの銃撃による負傷により死亡した。銃撃は遠方からの自動小銃によるものであり、Pは胸部を、Aは背中を銃撃されていた。なお、A氏の祖母宅の隣人の1人は、いく人かの警察官が銃撃し、また、ある時には、Gが当該隣人に銃を向け、「このくそジプシーが（You damn Gypsies）」と言って当該隣人を侮辱したと主張した（以上、§10-35, 41-43）。

軍の調査官は、Gが、逃亡中の被害者らに停止を命令し、また、致命的な部位を銃撃しないようにし、被害者両名の生命保護につとめるなど、関連軍警察規則に従い行動したとして、Gによる犯罪事実はな

く、調査を終結するよう勧告した。軍検察官は、この結論を受け入れ、調査を終結した。申立人らのその後の再審査請求は、棄却された（§50-54）。

申立人は、1998年5月にヨーロッパ人権委員会に申立を行い、ヨーロッパ人権条約第11議定書発効に伴いこれを引き継ぐことになったヨーロッパ人権裁判所小法廷は、その判決（2004年）において、本件に関して、ヨーロッパ人権条約（以下、条約という。）2条と、2条とあわせ読んだ14条違反を認め、他方で13条違反はないとした（全員一致）。被告ブルガリアは、2条と13条に関する判断を受け入れながらも、14条に関しては大法廷への上訴の受理を要請し、認められた。申立人は、14条のみを審理するよう要請したが、大法廷は、提起されたすべての条項を取り扱うこととした（§83-86）。

【判　旨】

(1) 2条の実体的側面

(a) 被害者の死亡と2条違反の有無を判断する一般原則

2条は、最も基本的な規定であり、民主的社会の基本的価値の一つを定めているから、その違反の主張には精査が必要である。武器使用による生命の剥奪について、2条は、その2項(a)～(c)が定める目的のために「絶対に必要な場合」、すなわち、事実状況と厳に比例していなければならないことを求める。また、2条に基づき、武器使用に関する国内法および規則レヴェルでの規制枠組みが必要である。さらに、警察の行動には、恣意性を排除するための十分で効果的な保障が必要であり、そのため、例え

ば、武器使用の絶対的必要性に関する法執行官の教育・訓練などが必要となる（§93-97）。以上の原則を本件にあてはめると次のようになる。

(b) 被害者両名の死亡

軍警察による武器使用規則は、軽度の犯罪実行者の逮捕に際しても致死力（lethal force）の使用を認めていた。また、当該規則は公表されておらず、生命の恣意的剥奪を防止するための明確な保証措置もなかった。かかる法的枠組みは基本的に欠陥があり、ヨーロッパの現代民主主義社会において条約により要求された、生命権の「法律による」保護のレヴェルに達していない。従って、ブルガリアには、軍警察による武器使用に関する法的枠組みを適切に設定することによって生命に対する権利を確保する、2条に基づく義務の違反があった（§99-102）。

(c) 作戦の立案と統制

警察官らは、逮捕のために必要なすべての手段を用いるよう指示されており、そのため、関係当局は生命の喪失のリスクを最小限にするための義務を遵守しなかった。明確な法的枠組みが存在しないことにより、被害者がもたらす脅威に関する事前の議論や、生命に対する危険を最小限のものとする必要性についての明確な指示もなしに、軍警察チームが派遣された。要するに、作戦の立案と統制は、生命に対する権利を尊重するような方法ではなされなかった（§103-105）。

(d) 逮捕時の軍警察官の行動

被害者には犯罪歴があるが、暴力的傾向はない。両名は、単に逃亡を図っただけである。このような場合に致死力を用いることは、両名の逃亡の危険があったとしても、2条により禁止されている。また、Gは、両名の逮捕のために他の方法を使用しえたのであって、本件行動では、自動モードでの自動小銃の使用など著しく過大な力を用いた。さらに、Pの胸部の負傷に関する合理的な説明はなく、降伏のために振り向いたにもかかわらず、銃撃されたという可能性を排除することはできず、第2条違反があった（§106-109）。

(2) 2条の手続的側面

(a) 調査が効果的であったかどうかに関する一般原則

2条は、1条とあわせ読むことによって、当局の武器使用により生命の剥奪があった事例に対して効果的な調査を行う義務を課す。調査は、当該事例を知った時点で、自らのイニシアティブで、また、独立かつ公平になされなければならない。さらに、調査は効果的なもの、すなわち、武器使用の合法性の有無の決定と有責者の処罰を導くものでなければならない（§110-113）。

(b) 本件の評価

本件における軍の調査では、本件武器使用は関連規則に適合するものとされたが、これは、重要な諸事情・事実（例えば、胸部の銃撃など。）を精査しなかった結果である。また、本件における軍調査官と軍検察官の客観性と公平性には重大な疑義がある。要するに、生命の剥奪を効果的に調査する義務の違反があったということである（§114-119）。

(3) 13条

条約13条に基づく別個の争点は生じない（§120-123）。

(4) 2条とあわせ読んだ14条

(a) 争点

小法廷は、本件殺害が人種主義的な動機によるものであるかどうかの解明が必要であり、また、本件のような事例では、差別の有無の立証責任は被告側に転換するとする。申立人は、大法廷に対しこれを維持するよう主張し、被告は、小法廷が依拠する事実によっても人種主義的動機は立証されず、また、立証責任の転換は、被拘禁者の死亡のような、当局が情報を独占しているような場合に限られ、本件ではその転換はないとする（§124-137）。

2条とあわせ読んだ14条には、実体的側面（殺害が人種主義的動機によるものであったかどうか）と、手続的側面（人種主義的動機について適切な調査がなされたかどうか）がある。

(b) 実体的側面

申立人は、本件殺害の人種主義的動機に関する様々な論拠を提示しているが、説得的ではない。本件状況下では、武器使用は関連国内規則により禁止されていなかった。軍警察官は、「規則に従い」武器を携帯し、逮捕に必要な手段を用いるよう指示されていた。従って、Gは関連規則を厳守しただけであり、行動の対象者の民族性にかかわらず、類似の状況のもとで今回と同様に行動した可能性は排除されない（§148-155）。

小法廷は、本件殺害の動機について効果的な調査をしなかったことから、第2条とあわせ読んだ第14条の違反の有無に関する立証責任が移動するとするが、大法廷は同意しない。被拘禁者の死亡のように立証責任が転換される場合はあるし、14条の場合もそれはありうる。しかし、本件では、立証責任の転換は、人種主義的な動機はないという主観的要素の立証を求めることになり、被告に過大な責任を負わせることになるから、採用できない（§156-157）。

以上のことから、裁判所は、被害者両名の殺害に人種主義的な態度が影響を及ぼしたものと認定することはできず、2条とあわせ読んだ14条の違反はないと結論する（§158-159）。

(c) 手続的側面

2条とあわせ読んだ14条の手続的側面において、被告には人種主義的な動機を調査する手続的義務がある（§160-161）。

本件では、Gによる侮辱的発言の証言があり、軍調査官はそれを承知していた。ブルガリアにおける、ロマに対する偏見と敵意の存在についての多くの報告に照らしてみれば、この証言は検証を要する。しかし、軍の調査官および検察官は、これらを検証せず、調査を終結させた。従って、関係当局は、本件において差別が役割を演じたかどうかを調査するための可能なすべての措置をとるという、2条とあわせ読んだ14条に基づく義務を履行しなかったといえる（§162-168）。

(5) 結　論

1．被害者両名の死亡に関し、2条の違反があった（全員一致）。

2．当局が、被害者両名の死亡について効果的な調査を行わなかったことについて、2条違反があった（全員一致）。

3．13条に関する別個の争点は生じない（全員一致）。

4．被害者両名の死亡をまねいた事件が人種主義的な暴力に該当するとする主張に関して、2条とあわせ読んだ14条違反はない（11対6）。

5．被害者両名の死亡をまねいた事件の背後にありうる人種主義的動機について調査を行わなかったことについて、2条とあわせ読んだ14条違反があった（全員一致）。

なお、本判決には、1名の裁判官による同意意見と、6名の裁判官の反対意見がある。

【解　説】

(1) 武器使用の規制

2条は、生命に対する権利が「法律により保護される（protected by law）」（1項1文）とするとともに、絶対的に必要な限度で、不法な暴力からの保護、逮捕、逃亡の防止、または暴動などの抑止のために武器使用を認める（2項柱書き、(a)–(c)）。

本件では、まず、被告の国内関連規則が2条に違反するとされた。関連規則がおよそ「法律による保護」があったとはいえないということである。かつて、もっぱら西欧先進国が当事国であった時代では、法の欠缺や規定の明確性の欠如を理由とする違反認定はあまりなかったが、当事国のロシア・東欧諸国などへの拡大とともに、これらの理由により条約違反が認定される例も稀ではなくなっている。

また、本件では、被害者の死亡と2条違反の有無の判断において、武器使用の「絶対的必要性」の基準を再確認し、本件の具体的な事実に適用している。これらの判断枠組みは、すでに裁判所の先例において展開されてきたものである[1]。

(2) 積極的義務

周知のように、自由権を中心として規定するヨーロッパ人権条約においても、国家の積極的な行動を求める積極的義務の存在が認められている。いかなる権利に、どの範囲の積極的義務が認められるかは条文毎に判断される。本件で問題となった2条についても、早くからこの種の義務の存在が認められてきた[2]。特に当局による生命に対する権利の侵害が問題となる事例では、2条の積極的義務は、犯罪の防止義務[3]と調査義務[4]の形であらわれる。

本件では、2条および14条の文脈で調査義務が重要な役割を演じたが、調査義務そのものは他の履行監視機関などでも認められている義務である。公権力による人権侵害事例では、重大な人権侵害が長期間かつ広範になされている国であればあるほど、当局による真相解明の努力がなされないから、国家の不作為により条約違反認定を行うメリットがあり、また、この義務の存在は、適切な調査活動を促す一因ともなる。

(3) 人種主義的動機に基づく犯罪行為の調査と処罰

(a) 人権条約の履行監視機関などは、人種主義的偏見や態度に起因する犯罪や行為について迅速で厳格な対応を求めてきた。例えば、人種差別撤廃委員会は、1993年の「意見 (Opinion)」において、人種的暴力の脅迫がなされた場合、特にそれが公然かつ集団によりなされたときには、相当の注意をもってかつ迅速に調査する義務があるとする[5]。また、1993年の「一般的勧告 (general recommendation) XV」において、委員会は、人種間の暴力行為やその脅迫は、同種の行為を誘発し、敵対的な雰囲気を醸成しやすいため、当事国が直ちに介入することが効果的に対応する義務を満たす (§2) とし、さらに、2000年の「ロマに対する差別に関する一般的勧告XXVI」においても、人種を動機とする暴力行為を調査し、処罰するための、警察、検察および裁判所の迅速な行動を確保すること、加害者の不処罰をまねくことのないこと、特に逮捕・拘禁に関連して警察がロマに対して違法な武器使用をしないよう措置をとること (§12-13) などを勧告している。

(b) 本件では、殺害行為の人種主義的動機に対する国の対応については述べていない。しかし、人種主義的動機は刑の加重要因となり、また、量刑に影響を及ぼす要因となることが一般的に要請されるようになっている。例えば、人種差別撤廃委員会は、2004年の「市民でない者に対する差別に関する一般的勧告XXX」において、人種的動機・目的をもって犯罪を行ったことを刑の加重事由とし、当該犯罪に対してより厳格な刑罰を科しうることを定める規定を刑事法のなかに導入するよう勧告する (§22)。

ヨーロッパでは、2008年の「一定の形態における人種主義及び外国人排斥の表現を刑事法を用いて闘うことに関する、2008年11月28日の理事会枠組決定 2008/913/JHA」の4条が、「人種主義及び外国人排斥に基づく犯罪 (Offences concerning racism and xenophobia)」に関し、次のように定めている。「加盟国は、人種主義的及び外国人排斥的動機が加重要因 (an aggravating circumstance) とみなすか、または、かかる動機が裁判所による量刑において考慮されることができるようにすることを確保するために必要な措置をとる」。

(4) 人種主義的な動機の立証責任

(a) 本件において、申立人と被告、小法廷と大法廷の見解が分かれた重要な論点のひとつが立証責任の問題である。小法廷判決は、人種主義的動機に対する効果的な調査義務と、立証責任の問題とをリンクさせ、当該義務の不履行により人種主義的動機の不存在の立証責任を被告に負わせることとした。

差別事案では、差別行為の存在の立証が困難であることが多い。特に、差別する意図・目的についてはそうである。この点を考慮して、差別の事案で、立証責任の転換が主張され、それを記した国内法も存在する。国際的な場面では、例えば、「人種的出身または種族的出身とは無関係に人の間の平等な取扱いの原則を実施する、2000年6月29日の理事会

指令 (COUNCIL DIRECTIVE 2000/43/EC of 29 June 2000 implementing the principle of equal treatment between persons irrespective of racial or ethnic origin)」8条1項は、「加盟国は、平等の取扱いの原則が適用されなかったが故に被害を受けたと考える個人が、裁判所その他の権限ある機関の前で、直接的または間接的差別があったと推定されうる事実を立証したときには、国内の司法制度に従い、被告が平等の取扱いの原則の違反はないことを証明する責任を負うことを確保するために必要な措置をとる」とする（ただし、このルールは、同3項により、刑事手続には適用されない。)。

　(b) 人種主義的動機の調査がなされれば、その動機の存否についての結論が得られ、それが存在したとすれば、より厳格な処罰に至る可能性もある。その意味では、本来、国がその存否を解明するべき事項であるともいえる。しかし、国がその解明を怠ったが故に、申立人がその存在の立証を尽くす必要があるというのは、ある意味では論理が一貫しないようにもみえる。この点からみると、小法廷の立場にも理由があるように思われる。また、大法廷は、小法廷の立場を採用しない理由として、立証責任の転換は、被告に主観的要素の不存在の立証を求めることになり、被告側に酷であるとする。しかし、立証の困難さは、申立人の側にとっても同様であるから、大法廷の立論は必ずしも説得的ではない。

　ただ、挙証責任の転換の有無を判断する基準如何はかなり困難な問題であろうこと、また、裁判の帰趨を決する重要な問題であることから、大法廷は、立証責任の転換が安易になされることによる影響を考慮して慎重になったのではないかと思われる。また、本件では、あえてこの問題に踏み込まなくとも、2条とあわせ読んだ14条の手続的側面において条約違反を認定することができたのであるから、結果は、さほど変わらないともいうる。挙証責任の問題は、裁判所や学説などにおいて必ずしも明らかにされてこなかった問題である。今後、より一層の検討が必要である。

(5) 判決の実施
(a) 本件に対する措置

本件について、金銭的・非金銭的損害に対する公正な満足が与えられた。また、調査を終結する旨の1997年の決定は無効とされ、新たな調査が行われた。ただし、権限ある検察官は、当該調査において、関係公務員が武器の使用を規律する規則に沿って行動したと結論し（2007年11月30日決定）、職権で再審査をした上級検察官もこの決定を支持した（2008年1月23日決定）。

(b) 一般的措置

2014年の内務省法87条は、警察官は、明記された場合において「絶対的必要性」のある場合にのみ武器を使用することができると定める。警察官は、武器使用の対象となった者の生命を保護するためにすべての措置をとる義務を負い、また、他の者の生命や健康を危険にさらさない義務を負う。さらに、警察官は、目的達成後には、武器の使用をやめなければならない。

2016年の軍事警察法の改正により、「絶対的必要性」の原則が導入され、いくつかの明記された場合においてのみ（武器の使用または武器を用いた脅迫の場合や、人質・被誘拐者の解放のため、正当防衛の場合など）、最後の手段として武器を使用することができると規定する。職務遂行上、武器を使用する権限を有する者には特別の訓練のコースが設けられている。2011年6月、刑法典の改正により、人種主義的動機または外国人排斥の動機から行われた殺人および傷害について刑を加重することが導入された。

(6) 日本法への影響

本件は、行為の背景に人種主義的な動機がある事案の取扱いにいくつかの示唆を与える。それは、特に、①刑事事件における量刑や損害賠償請求事件における損害賠償額の算定や、②人種主義的動機の立証責任のあり方についてである。

第1に、当該動機が量刑や損害賠償額算定時にもつ意義について、人種差別撤廃委員会が人種主義的動機を刑の加重要因とするよう勧告をしていること

は上記の通りである。この点に関し、日本は、人種差別撤廃委員会に提出した政府報告書（2013年）において、「人種主義的動機は、我が国の刑事裁判手続において、動機の悪質性として適切に立証しており、裁判所において量刑上考慮されているものと認識している」と述べている[6]。そうだとすると、日本の司法は、現代の世界の流れに沿った決定を行っているようにもみえる。ただし、人種主義や人種差別に対する国際社会の厳しい態度からみて、人種主義的動機は量刑および損害賠償額の算定において原則的に行為の悪質性を指し示し、従って、量刑および賠償額を高めるものとして取り扱われるべきものといえよう。このような傾向は、特にヘイトスピーチがからんだ最近の裁判例においてみてとることができる。

第2に、人種主義的動機の立証責任についてである。刑事事件においては専ら検察官が立証責任を負うため、挙証責任を被告側に転換することはできないであろうが、民事事件の場合には検討の余地はあるように思われる。この点、ヨーロッパ理事会が、民事事件において一定の条件の下で立証責任の転換を図っていることが注目される。

(1) 例えば、マッカン判決〔I 27〕解説（齊藤正彰執筆）194-198頁を参照。
(2) 積極的義務一般については、小畑郁「ヨーロッパ人権条約における国家の義務の性質変化（1）（2・完）法学論叢119巻2号（1986年）・121巻3号（1987年）、中井伊都子「私人による人権侵害への国家の義務の拡大（1）（2・完）」法学論叢139巻3号（1996年）、141巻2号（1997年）、オスマン判決〔I 12〕解説（中井伊都子執筆）115-118頁。2条全般および2条の積極的義務については、胡慶山「ヨーロッパ人権条約第2条の生命権についてーその制定の経緯および解釈・適用（1）（2）（3・完）」北大法学論集49巻3号、49巻4号（1998年）、49巻6号（1999年）を参照。
(3) 例えば、Dink v. Turkey, No.23452/94, 28.2.98, 2000 29 EHRR 245 を参照。
(4) 調査義務については、マッカン判決〔I 27〕前出注（1）196-197頁、アクソイ判決〔I 29〕解説（今井直執筆）204-208頁、特に207-208頁を参照。
(5) L. K. v. the Netherlands, Communication No. 4/1991, para. 6. 6.
(6) CERD/C/JPN/7-9, para. 93.

[参考文献]
注に掲げた文献を参照のこと。

82 社会保障における国籍差別
ロシア系非市民に対する年金差別は財産権侵害を構成する
──アンドレジェヴァ判決──

馬場　里美

Andrejeva v. Latvia

18 Febrary 2009, Reports 2009-Ⅱ（大法廷）

【事　実】

カザフスタンで生まれた申立人は、ラトビアに、同国が旧ソビエト連邦に属していた 1954 年から居住しており、1966 年より Olaine 化学工場で働いていた。同工場は 1981 年以前はソビエト化学工業省に属する公法人であり、本社所在地はウクライナのキエフであった。1981 年に同工場は、モスクワに所在する同法人の下部機関の帰属となった。申立人の給与は当初はキエフ、本社変更後はモスクワから郵便振替によって支払われていたが、申立人の職務の内容に変化はなかった。1990 年にラトビアが独立して以降、申立人は同工場に直接雇用されていた。1991 年のソ連邦消滅により申立人は無国籍となり、1995 年以降、ラトビア法により「非市民永住者」となった。1993 年に申立人は工場を解雇されたが、直後にリガ所在の別の企業に雇用され、1997 年に 55 歳で定年退職するまで就労していた。

退職後、申立人が区の社会保障部局に退職年金額の算定を依頼すると、法律に基づき、ラトビアに居住する外国人もしくは無国籍者は、ラトビアで働いた期間以外は年金金額に算入されないと告げられた。その結果、申立人の年金は月額 20 ラッツ（約 35 ユーロ）とされた。申立人はこの決定に対して国内裁判所に異議を申し立てたが認められなかった。最高裁判所では、予定より早く口頭弁論が始まり、申立人が出席できなかったことから、申立人は再審理を求めたが認められなかった。2000 年 2 月、申立人は、ウクライナ・ラトビア間で締結された協定により、1999 年 11 月以降の年金額について、ウクライナに本社があった期間を算入して再計算されることを告げられた。

2000 年 2 月、申立人は事件をヨーロッパ人権裁判所（以下、人権裁判所）に提訴した。小法廷は、2007 年 12 月 11 日、ヨーロッパ人権条約（以下、条約）30 条に基づいて本件を大法廷に回付することを決定した。

【判　旨】

(1) 14 条および第 1 議定書 1 条について

(a) 14 条の適用可能性について

(i) 14 条の性質

14 条は独立した権利ではなく、条約が保障する他の権利および自由の享受に関してのみ効力を有する。ただし、それらの権利の侵害がなくとも、争われている利益がそのような権利の射程範囲に入りさえすれば、14 条は適用される（§74）。

(ii) 本件への適用

本件の場合、申立人が主張する退職年金が第 1 議定書 1 条の射程範囲に入るかどうかを判断する必要がある（§75）。

当裁判所の判例によると、拠出の有無に関係なく、年金受給権が発生する限り第 1 議定書 1 条が適用される（§76）。同条それ自体は締約国にいかなる社会保障制度の設置も義務付けるものではないが、締約国がそのような制度を設置する場合には、その給付は、条件を満たす者について同条が適用される財産的利益と見なされる（§77）。

本件の場合、1991 年以前の旧ソ連領内での雇用期間の年金受給権について、ラトビア国籍を保持している者に対する制度が国内法で既に存在する。申立人はラトビア国籍を保有していないことのみを理由に年金受給権を拒否されていることから、第 1 議

定書1条に関連して14条が適用される（§78-80）。

(b) 14条違反の有無について

(ⅰ) 当裁判所の確立した判例によると、同じ状況にある者が客観的かつ合理的理由なく別扱いされる場合に差別があるとされる。「客観的かつ合理的な理由がない」とは、争われている別扱いが「正当な目的」を追求するものではないこと、または、「用いられた手段と目的との間に合理的な比例性の関係」がないことである。この判断について、締約国には一定の評価の余地があるが、その程度は状況や権利の内容によって異なる。通常、経済・社会分野においては締約国に広い評価の余地が認められる。当裁判所は、締約国の判断が「明らかに合理的根拠を欠く」場合以外は、締約国の判断を尊重する。最後に、14条に関する立証責任は、申立人が別扱いの存在を立証する場合、締約国にある（§81-84）。

(ⅱ) 本件の場合、当該制度には締約国の経済体制の保護という、少なくとも一つの正当な目的が認められる。したがって、この目的と採用された手段が合理的な比例性の関係にあるかどうかが問題となる。本件では、ラトビア国外における就労の算入の可否を分けているのはラトビア国籍の有無のみである。当裁判所の判例によると、国籍のみに基づく別扱いが正当化されるのは、きわめて重要な理由がある場合のみである。本件では、当裁判所はこのような理由を見出すことができない。第1に、本件では申立人が、すべての雇用期間について年金受給権を得るための他の法定の要件を満たしていないことが立証も主張もされていない。第2に、ソビエト時代、旧ソ連の国民間で出生地や所属する連邦構成国によって年金について別扱いがあったことを示すものはない。第3に、申立人はいかなる国籍ももたず、「非市民永住者」として恒常的な法的つながりを持つ唯一の国であり、客観的にみて社会保障に関して責任を持つことができる唯一の国がラトビアである。以上より、社会保障の分野において締約国政府が享受する広範な評価の余地を考慮に入れたとしても、本件では、「合理的な比例性の関係」の存在を見いだすことはできない。したがって、本件区別は14

条の要請を満たさない（§86-89）。

また、雇用期間の算定の問題は二国間の社会保障協定に関するものであるとの主張については、人権条約を批准するにあたって、ラトビアは「管轄下にあるすべての者」の自由と権利を保障することの承認を受け入れたことから、ウクライナおよびロシアとの二国間協定がない、あるいは、なかったことを理由にその責任を逃れることはできない。さらに、満額の年金を受け取るために申立人が帰化すればよいとの主張については、そのような主張が受け入れられるならば14条の意味が空洞化することから、受け入れられない（§90-91）。

以上より、本件では第1議定書1条と組み合わされた14条違反があったと判断する（§92）（16対1）。

(2) 6条について

上告審において申立人が口頭弁論に出席できなかった点について、締約国は、上訴は民事訴訟法に基づき検事によって行われたのであり、検事局は申立人の立場に立つものであったことから、申立人の審理への出席を保障する必要はなかったと主張する。しかし、当裁判所は、ラトビア法において検事が申立人と全く同じ立場に立つことが証明されていない以上、行政裁判における主たる当事者であった申立人は、対審の原則から帰結する保障を完全に享受できなければならないのに、できなかったのであるから、6条1項違反を認める（§100-102）（全員一致）。

(3) 41条および46条について

締約国は申立人に3か月以内に、損害賠償として5000ユーロ（§112）、訴訟費用として1500ユーロを支払え（§116）。

なお、判決には一部反対意見が1件付されている。

【解　説】

(1) 本判決の特徴

本判決は、社会保障における国籍差別に関する大法廷判決である。判決の内容は、小法廷で積み重ねられた条約解釈を確認するものであるが、その解釈が、新たに独立した国における旧占領国市民の処遇

という問題に適用されたところに本判決のもう一つの特徴がある。

(2) 事件の背景

ソ連時代の中央政府による政策（ラトビア人の追放、ロシア人等のラトビアへの大量移民等）により、1991年の独立の時点で、ロシア語系住民が全人口の約4割を占める状態になっていたラトビアでは、独立の際、新国家の国民の定義として、大戦間期の独立時代とソ連からの分離独立とを法的に結びつける「法的連続性」といわれる理論が採用された。法的連続性とは、ラトビアが違法にソ連に編入された1940年以後も同国の国家的独立は存在しているために、「事実としての」ソ連時代は「法的には」存在しないことになり、新国家の国民は1940年6月以前にラトビア共和国の市民であった者およびその子孫に限定されるべきであるという理論[1]である。このため、ロシア語系住民を中心とする非先住民はラトビア国籍の選択権が与えられず「外国人」となったが、ロシア語系住民の多くはロシア国籍の取得要件を満たさず（あるいは、希望せず）、無国籍となった。

独立当初約70万人いたこのような無国籍者には、その後「非市民永住者」という特別な法的地位が与えられた。非市民永住者がラトビア国籍を取得するためには帰化が必要であるが、当初、帰化にはラトビア語試験等、高いハードルが課されていた。その後、EU加盟手続の過程で批判を受け、帰化条件を緩和する国籍法の改正が行われたが、2013年現在でも総人口約230万人のうち約30万人が非市民永住者であり、そのうちラトビア国籍への帰化者数は2007年以降の年間平均で約2000人程度となっている[2]。帰化が進まない理由として、手続上の問題だけでなく、心理的障壁等の存在も指摘されている。

このような非市民永住者は参政権を認められず、またその他の権利に関しても外国人として市民とは様々な区別がなされている。本判決で争われた年金制度もその一つである。旧ソ連時代に納付された保険料はすべてロシアに残されたため、ラトビアは独立後にゼロから年金制度を構築する必要があったが、その際、国籍の有無にかかわらずすべての居住者に最低限の年金を保障すると同時に、ラトビア国民にのみ、ソ連時代のラトビア領域外における労働期間を年金期間に算入するという制度を採用したのである。本判決では、この国籍条件の条約適合性が主な争点となった。

以下では、まず、今回大法廷で確認された、社会保障に関する国籍差別についての判例理論を概観した後、本件にその解釈が適用されたことの意義を検討する。

(3) 社会保障に関する国籍差別

(a) 人権条約における給付請求権

人権条約には社会権の規定はないが、人権裁判所は、第1議定書1条が保障する「財産」の定義を拡張し、14条と組み合わせることにより、拠出・無拠出の区別なく、実質的に社会保障制度全般について審査を行ってきており[3]、本判決によって、そのような解釈が大法廷で確認された（§74-77）。このような形での人権裁判所の権限の拡大には賛否があるが、いずれにせよ、人権条約が社会権そのものを保障しているわけではないことから、人権裁判所の審査は特定の給付を締約国が行うべきか否かではなく、ある給付制度を締約国が創設する場合、その制度の中に14条に反する差別が存在しないかという観点から行われる（§77）。

(b) 14条における国籍の位置づけ

本判決で改めて確認されているように、14条は単独で適用されず、条約が保障する他の権利に関連する場合にのみ適用される。しかし、他の権利の侵害がない場合でも、14条の観点からの審査が行われるため、その意味で14条は独立した意義をもつ（§74）。同条にいう「差別」とは、同じ状況にある者の別扱いに、客観的かつ合理的な理由がない場合であり、具体的には、区別について正当な目的があるか、正当な目的とそのためにとられた手段との間に釣り合いが取れているかという点が審査される。その判断について締約国に評価の余地が認められるが、その余地は、具体的な状況、背景、争われている事柄などによって異なる。一般に、経済・社会分野においては締約国に広い評価の余地が認められ、締約国の判断が「明らかに合理的根拠を欠く」場合以外は、締約国の判断が尊重される（§81-

83）。しかし、国籍のみに基づく区別については、その正当性は特に疑わしく、それを用いなければならないきわめて強い理由が求められる（§87）。

このような解釈が初めて示された Gaygusuz 判決以降、社会保障における国籍条件の条約適合性が問われた事例はいくつか見られるが、締約国側による、外国人の国籍国との相互協定によるべきである[4]、国籍取得の選択肢がある（§91）等の反論はいずれも退けられており、本判決を含めて、いずれの場合も 14 条違反が認められている[5]。限られた財政事情を認めつつ国籍による区別を認めなかった本判決も含めて考えると、人権裁判所は、拠出制・無拠出制を問わず、少なくとも安定した在留資格をもつ外国人に関する限り、社会保障全般において国籍条件を基本的に認めない立場をとっているといえる[6]。

Gaygusuz 判決が出された 1998 年当時、ヨーロッパの多くの国ではすでに社会保障における内外人平等の原則が採用されていたものの、特に無拠出制の給付制度に国籍条件が残されていることも多かった。しかし、以上のような人権裁判所の判例により、それらも徐々に撤廃されている。EU 法レベルで EU 市民以外の外国人の社会保障の平等についての規定が乏しいなか、社会保障という歴史的に外国人を排除してきた分野において、国籍による区別を「疑わしい区別」とした点は重要である。特に、現在でも国籍条件が残されているものは、本件も含めて、国の分離独立など歴史的な経緯を背景とする微妙な問題を含むものが多いにもかかわらず、条約違反が認められている点は注目に値する。

（4）無国籍者に対する居住国の責任

本件の申立人は、一般にいう「外国人」ではなく、旧ソ連時代にラトビアに移住したロシア語系住民で、旧ソ連崩壊およびラトビアの国籍政策により無国籍であった。このため、締約国側の主張も、①旧ソ連時代の年金原資を継承していないこと、②限られた予算をラトビア国民に優先的に配分することの合理性、③ラトビア国籍取得が可能であること、④二国間条約の締結による解決を待つべきこと、等、占領

と独立をめぐる事情に関連するものが中心であった。このような締約国側の主張は、ラトビアの憲法原理でもある「連続性」の原則に基づいているが、それは次のようなものである。違法に占領された国家には、占領国の移民政策により居住することになった人々の社会保障を行う義務はないが、他方で、彼らにも最低限の年金は支払われ、また、ラトビア国籍を取得する選択肢もある。占領中に移動させられた人々は不安定な状態に置かれることになったが、彼らは通常の「移民」とは異なり、占領された側のラトビアとその国民が、自分たちが原因で生じたのではない彼らの状況を改善しなければならない理由はない[7]。

これに対して、人権裁判所は、経済体制の保護という目的についてその正当性を認めた上で、本件国籍要件について、①申立人と年金を満額もらえる国民との間に国籍以外の相違点が見られないこと、②年金の支払い等についてソ連時代の扱いは申立人も国民も同じであったこと、③他の「外国人」とは異なり、申立人は無国籍者でありその社会保障を実質的に保障できるのが締約国のみであること、④二国間条約の有無は、締約国の責任の有無には係わらないこと、⑤帰化をすれば権利が認められるという主張を認めることは 14 条の趣旨を減却することになるので認められないことを挙げ、ラトビア側が主張する占領と独立に関連する国際法上の論点にほとんど言及することなく、「きわめて重要な理由」は見出せないとし、締約国側の主張を退けた。

本判決に付された一部反対意見は、国際法上の論点に対する大法廷の態度は、国の分離独立が関連する他の判例におけるものと対照的であると批判する。他方で、ラトビア政府が申立人を一般の移民とは異なりラトビアが保護する義務はないと主張したのに対し、人権裁判所は無国籍だからこそむしろより強く保護すべきとした。これらをラトビアのロシア語系住民を保護する他の判決と併せて考えるならば、その根底には、ラトビア国内におけるロシア語系住民の扱いに対する人道上または衡平の観点からの人権裁判所による批判があるとも理解し得る[8]。

（5）国内法への影響

判決の後、ラトビア政府は国民の年金計算基準を外国人のそれに合わせるという方向での法改正を試み、国際的な批判を浴びた[9]。その後、本件で問題となった規定は未改正のまま現在に至っている。また、ラトビア憲法裁判所は 2011 年に同規定について再び合憲判決を下すなど[10]、国内における判決の履行は不十分な状態が続いている。

「非市民永住者」の国籍や法的地位については、既述の通り国籍法が改正されるなどしているものの、帰化数の伸びは鈍い[11]。2013 年に二重国籍を認める法改正が行われたが、その趣旨は EU 諸国へ流出する国民をラトビアにつなぎとめるものであり、ロシアとの二重国籍は認められておらず、ロシア語系住民に関する問題の解決に資するものとはなっていない。

（6）日本との比較、示唆

日本では、外国人の人権は、それぞれの権利の性質に応じて保障されるという権利性質説が主流であり、特に、社会保障に関しては、法律によりほぼ内外人平等が実現されている一方で、憲法上の生存権は外国人には完全には保障されないというのが現在でも判例となっている[12]。実際、生活保護法などには国籍条件が存在し、一部外国人には同法が「準用」されているものの、それは人道的措置と位置付けられている[13]。このような現状を再検討するにあたって、本判決は、興味深い視点を提供するものと思われる。

また、戦争など国家間の紛争や歴史的経緯によって、民族問題と外国人問題が混在する状況は日本にも見られるものであり、本判決は、国籍差別の形をとった民族差別に対して裁判所が取り得る対応の一つとしても参考になる。

(1) 河原祐馬「ラトヴィア共和国の市民権政策と『非市民』の帰化プロセス」岡山大学法学会雑誌53巻3・4号（2004年）65頁。

(2) Advisory Committee on the FCNM, Second Opinion on Latvia, adopted on 18 June 2013, Council of Europe, p.5.

(3) *See*, Gaygusuz v. Austria, 16 September 1996,

Reports 1996-Ⅳ〔Ⅰ*79*〕; Stec and others v. UK, Decision〔GC〕, 6 July 2005, Reports 2005-Ⅹ. Gaygusuz 判決および財産の定義の拡張の経過については、〔Ⅰ*79*〕解説（馬場里美執筆）478 頁以降参照。他の公共サービスや社会的給付についても、関連する規定と 14 条を組み合わせて審査の対象になっている。例えば、家族手当について 8 条 + 14 条を適用した Niedzwiecki v. Germany, 25 October 2005、訴訟費用の扶助について 6 条 + 14 条を適用した Anakomba Yula v. Belgium, 10 March 2009、無償教育について第 1 議定書 2 条 + 14 条を適用した Ponomaryovi v. Bulgaria, 21 June 2011, Reports 2011-Ⅲ、等。

(4) Koua Poirrez v. France, 30 September 2003, Reports 2003-Ⅹ, §46、本判決§90。

(5) 他に、Luczak v. Poland, 27 November 2007; Zeibek v. Greece, 9 July 2009; Saidoun v. Greece, 28 October 2010.

(6) これに対して、居住および在留資格に基づく区別については、国籍の場合とは異なり、区別それ自体は「疑わしい区別」とはされていない。居住について Si Amer v. France, 29 October 2009、在留資格について Bah v. UK, 27 September 2011, Reports 2011-Ⅵ,§47 参照。

(7) Opinion partiellement dissidente de la Juge Ziemele annexed to the judgement of Andrejeva v. Latvia, §30, 31.

(8) Jean-Francois Flauss, chron., AJDA 2009, 872.

(9) ECRI report on Latvia, forth monitoring cycle, adopted on 9 december 2011, Council of Europe, p.35.

(10) この事例では、申立人がラトビア域外で就労していた期間を年金額に算入することの可否が争われた。憲法裁判所は、人権裁判所における条約違反の判断は申立人がラトビア域内で就労していたことに由来するとし、域外での就労についての国籍による区別は条約違反ではないとした。しかし、人権裁判所がこのような解釈をとっていないことは明らかであり（Andrejeva, §85）、この憲法裁判所判決は、人権裁判所の判決の射程をきわめて限定的に解釈するものであると批判されている。*See*, ECRI report on Latvia, *supra* n.(9), p.35.

(11) 国籍法は依然として国際機関による批判の対象となっている。例えば、Advisory Committee on the FCNM, Second Opinion on Latvia, *supra* n.(2), pp.14-17.

(12) 最判平成 1 年 3 月 2 日判時 1363 号 68 頁（塩見訴訟）。

(13) 最判平成 26 年 7 月 18 日訟月 61 巻 2 号 356 頁（永住外国人生活保護訴訟）。

[参考文献]（注に掲げたものを除く）

[1] Maire-Bénédicte Dembour, Gaygusuz Revisited : The Limits of the European Court of Human Rights' Equality Agenda, Human Rights Law Review, 12-4, 2012, p.689.

83 同性愛と刑事拘禁

性的指向にもとづく被拘禁者の特別処遇

—— X対トルコ判決 ——

谷口　洋幸

X v. Turkey

9 October 2012

【事　実】

Xは2008年に文書偽造や詐欺について警察へ自首し、ブジャ刑務所で公判前拘禁を受けていた。Xは異性愛の被収容者がいる雑居房に収容されたが、脅迫や嫌がらせを受けたことを理由に、処遇の改善を要請した。刑務所側はXを7㎡ほどの薄暗く不衛生な独居房へと移動させ、月1回の弁護人との面会以外、他の被収容者との接触や所内での活動を禁止した。Xはこの処遇を不服として検察や刑罰執行監視後裁判官（公判前拘禁の状態を監督する役割）に改善を求めたが、Xに向けられる危険を回避して安全を確保するとの理由から、処遇の変更はなされなかった。イズミール裁判所への提訴も、法律にもとづく処遇であることを理由に棄却された。結果、2009年7月にXは反応性うつ病を患い、マニサ精神病院へと移送された。翌月には、あらためてブジャ刑務所へと移送され、今度は同性愛の被収容者のいる雑居房へと収容された。この間、Xは看守の同性愛嫌悪的な行動や、侮辱的発言、殴打に対しても苦情を申し立てていた。Xは同年11月にふたたび独居房へ移動させられ、その処遇はXがエスキシェヒル刑務所へと移送される2010年2月まで続いた。

2009年5月にXはヨーロッパ人権裁判所に対し、ブジャ刑務所における独居拘禁の状況や国内的救済が得られないことなどについて、条約3条、5条、6条、8条、13条、14条の侵害を提訴した。2010年9月、第2部小法廷は受理可能性と本案を同時に審理することを決定した。

【判　旨】

(1) 3条違反あり（全員一致）

申立人Xの独居拘禁は8か月18日間であった

（§32）。被拘禁者の処遇は人間の尊厳との両立を要する。手段や方法は拘禁に付随する不可避的な限度を超えた苦痛や困難を与えるものであってはならず、実効的な拘禁の要請を踏まえつつ、健康や快適さも十分に確保すべきである（§33）。Xは非暴力犯罪の公判のために、長期間の独居拘禁を受けた（§35）。通常は懲罰措置や小児性愛・強かんの被疑者に用いられるものである。Xは独居拘禁中、月1回の弁護人との面会以外、屋外運動や他者との接触、所内での活動から一切遮断された（§36）。これは相対的な社会的隔離に該当し、仮釈放なしの終身刑の受刑者よりも徹底した隔離である。仮釈放なしの終身刑の受刑者は散歩を許されており、他の被収容者との接触も可能であった（§37）。屋外活動の全面禁止は、他者との接触遮断と相まって、本件拘禁状況の異常さを物語っている（§38）。

独居拘禁の条約3条適合性については、個別状況、措置の切迫性、継続期間、目的、当事者への影響を検討する（§40）。本件の独居拘禁は、刑務所内で「深刻な脅威」に至る危険がある場合に代替的措置を可能とする刑執行安全対策法49条2項に基づいた専ら行政手続である（§41）。Xは確かに身体的暴力の危険にさらされていた。しかし、Xの保護のために何らかの安全対策が必要であるとしても、それはXの完全な隔離を正当化しない（§42）。Xは処遇改善を訴え、いずれも成功しなかったものの、Xの「権利を長期間制限する独居拘禁は、…まぎれもなく特に重大な措置である」（§43）。したがって、Xは効果的な国内救済措置を奪われている（§44）。

Xの独居拘禁の状況は、精神的・身体的な苦痛の原因となっており、自らの尊厳を深く傷つけられたとの感情を抱かせている。この状況は、効果的救済の欠如と相まって、条約3条違反に該当する（§45）。（全員一致）

(2) 3条に関連する14条違反あり（6対1）

条約14条は独立規定ではないが、関連条文の違反を前提とせず、問題が関連条文の範疇にあれば足る（§48）。本件が3条の範疇であることに争いはない（§49）。また、性的指向は14条に含まれる。性的指向は個人の私生活の最も内面的で脆弱な側面であり、それに基づく区別には「特に重大な理由」が求められ、国家の裁量の余地は狭くなる。合目的性だけでなく、必要性が立証されなければ、性的指向差別となる（§50）。

上述（§45、§42）のとおり、Xの完全な隔離措置は、条約3条に違反する事実である。確かに、Xは身体的暴力の危険にさらされていたが、それはXの完全隔離を正当化しない（§51）。Xが求めた内容も、脅迫や嫌がらせの問題に対処するために、適当な雑居房へ移動することであった（§52）。ところが、Xは懲罰措置等で使用される独居房へと移されている（§53）。実際、Xは、身体的暴力からの保護は口実にすぎないと繰り返し主張しており、屋外活動や所内での活動の平等処遇を要請していた。

ところが、刑罰執行監視後裁判官は、これらの主張を考慮していない（§54）。Xの完全隔離が差別的処遇か否かを判断するために、あらゆる可能な手段を講じなければならない（§55）。刑務所側は「申立人の安全に対する脅威を適切に調査していない」が、性的指向について、「申立人が深刻な身体的暴力の危険性にさらされている」と推認していた。屋外活動の禁止を含め、刑務生活からの完全隔離は正当化しえない（§56）。

以上のとおり、Xの身体的な安全保護の必要性は、完全隔離の主たる理由とは考えられない。本件の処遇の主因はXの性的指向にほかならず、その正当性は立証できていない（§57）。

【解　説】

(1) 判決の意義・特徴

同性愛と刑事拘禁に関連する事例としては、ソドミー法（同性間の性的接触を処罰する法規定）の条約適合性をめぐる一連の事件がある（Dudgeon v. UK〔I 48〕）。今日では確立された国際人権法の解釈として、性的指向のみを理由とする拘禁は、自由の恣意的剥奪の一例に位置づけられる[1]。刑事拘禁については、処遇の期間、身体や精神への影響などの要因に照らして、最低限の苛烈さを備えている場合に条約3条違反が認められてきた（Kudła v. Poland〔I 19〕, Kalashnikov v. Russia〔I 30〕）。

3条について、本件は全員一致で条約違反を認定した。Xは他の被収容者から脅迫や嫌がらせを受け、処遇の改善を求めた結果として、通算8ヶ月以上にわたり独居拘禁下におかれていた。可能な不服申立を行ったものの、いずれも刑務所側の裁量の範囲内として却下され、効果的救済も受けられていない。この2つの事情から条約違反が認定された。

3条に関連する14条違反は6対1で違反が認定された。確かにXの身体的な安全保護は必要だが、独居房に完全隔離した理由としては不十分である。とくに屋外運動の禁止や他者との接触遮断に正当な理由を見いだすことはできず、多数意見は性的指向のみを理由とした差別的処遇であるとの結論に至った。Jočienė裁判官の反対意見は、刑務所側の主張する理由に差別的な意図はなく、条約3条違反が認定された以上、14条の検討は必要ないという判断である。

(2) 論　点

(a) 条約3条と人間の尊厳

条約3条に規定される「拷問」「非人道的」「品位を傷つける」の各概念は、苛烈さの強度の差異にもとづく相対的なものであり[2]、そこでは継続期間、身体的・精神的な影響などが考慮される。本件の事実関係から、Xは当初から「非人道的なもしくは品位を傷つける取扱い」の有無のみを争い、独居房の狭さや衛生環境、屋外活動の禁止、接触の遮断、影響としての反応性うつ病などを主張してきた。拘禁施設の劣悪な環境については、人間の尊厳の尊重を基準として、状況が最低限の苛烈さに達していることが求められる（Kalashnikov〔I 30〕）。

本件のような厳正な独居拘禁については、ヨーロッパ拷問等防止委員会も「非人道的なもしくは品位を傷つける取扱い」に位置づけてきた[3]。自由権規約委員会も長期間にわたる他者との接触を遮断した厳正な独居拘禁について自由権規約7条違反を認定している[4]。同委員会の一般的意見20でも、「被拘禁者または受刑者の長期にわたる独居拘禁は第7条によって禁止される行為にあたる場合がある」と述べる[5]。さらに、本件の事情が過去のヨーロッパ

人権裁判所の事例[6]よりも苛烈であることに鑑みれば、本件で3条違反が認定されたことについて異論の余地はない。

（b）性的指向を理由とする独居拘禁

本件が示した重要な展開は、3条に関連する14条違反の認定にある。まず、本件が他の被収容者からの脅迫や嫌がらせに端を発していることに着目しなければならない。個人の性的指向を理由として、被収容者が他の被収容者や看守等からの暴力や脅迫を受けることは珍しくない[7]。拷問等禁止委員会も、刑事拘禁施設における性的指向にもとづく暴力や脅迫への適切な対応を各国に勧告しており[8]、2007年の一般的意見2では拷問等の防止義務の対象に性的指向を理由とする拷問等が含まれることを明言した[9]。

本件において刑務所側は、独居拘禁がXに降りかかりうる身体的暴力の回避を目的としていたことを強調する。しかしながら、その目的を達成するために、独居拘禁による厳正な隔離の必要性は説明できない、と裁判所は考えた。性的指向を主たる理由として隔離されたことは明らかであり、性的指向にもとづく差異ある処遇には裁量の余地が狭くなるとの判例法理に照らせば、刑務所側の独居拘禁は3条に関連する14条にも違反するとの理解である。このような裁判所の立場は、他の被収容者から脅迫の被害を受けたXが、身体の安全保護を口実に、結果として、自由をさらに剥奪されたことを問題視するものである。暴力や脅迫の加害者側ではなく、被害者側を隔離することで解決を図ろうとする刑務所側の態度は、その意図にかかわらず、差別構造そのものを温存した措置である点において同性愛嫌悪的な処遇である。異質なもの（＝同性愛）を隔離・排除することで、同質な社会空間（＝異性愛）を維持し、その正当化のために異質なものの「安全保護」という根拠を用いる。Jočienè裁判官の反対意見は、このように異性愛空間としての刑事拘禁施設を維持するために同性愛を排除する巧妙な論理の問題点に気づけておらず、性的指向差別の問題を正確にとらえられていない。

（c）刑事拘禁と（同）性愛

それでは、本件において、いかなる処遇がなされていればXの権利は侵害されなかったのか。その回答としては、厳正な隔離ではなく、収容エリアの変更や夜間独居とすること、被害者の性的指向を理解できる被収容者のいる雑居房へ移送すること等が考えられる。事実、本件ではXがマニサ精神病院からブジャ刑務所へ戻ってきた際、同性愛の被収容者のいる雑居房へと収容されている。より適切なのは、すべての被収容者および刑務官等の職員が性的指向にもとづく差別的言動をしないよう意識啓発を行い、むしろ差別や暴力といった加害行為をした者を厳正に隔離することであろう。もっとも、被収容者の性的指向は常に明らかではなく、また、性的指向を聴取すること自体が条約8条違反[10]であることも十分考慮しなければならない。

ここで想起すべき問題の根源は、刑事拘禁施設の性別による分離そのものにある。男女別拘禁の根拠が性愛の向かいあうもの同士の分離にあり、施設内の（性的）秩序維持を目的としていることは想像に難くない。しかしながら、こういった根拠や目的は、被拘禁者の性的指向が異性愛であることを前提としてはじめて成立する。さらに性別による分離は、人間の性別が男女いずれかに分類され、身体的性別と心理的性別は一致していることも前提とする。本件のように性的指向が同性愛である人や、性分化疾患あるいは性別違和をかかえる人、いわゆる「性的マイノリティ」は、刑事拘禁施設の構想において「想定外」なのである。

ブジャ刑務所の処遇は、暴力や脅迫といった加害行為に正面から対処することなく、「想定外」の存在を隔離収容することで、刑事拘禁施設の（性的）秩序の維持という目的を果たしたようにみえる。この処遇を「人間の尊厳」の尊重を基準として「非人道的なもしくは品位を傷つける取扱い」にあたると断罪した裁判所の判断は、そこにいう「人間」には、異性愛の性的指向だけでなく、同性愛の性的指向も含まれること示している。一部の「人間」を「想定外」として無視あるいは不可視化した上で成立している刑事拘禁施設は、すべての「人間」の尊厳を包含すべく、再構成されなければならない[11]。

（3）トルコ国内の状況

本判決後においても、トルコでは同性愛の被拘禁者に対する独居拘禁が続いている。2014年4月現在、トルコでは79名の「性的マイノリティ」の受刑者が収容されている。ベキル・ボズダー法務大臣は、

被拘禁者の性的指向が同性愛である場合に、それらの人々を収容する新しい刑事拘禁施設の設置について国会で言及した。同施設の目的として、異性愛ではない性的指向をもつ人々の保護や、刑務所内での社会的活動等における混乱の防止があげられている[12]。本件で検討したとおり、このような状況下で行われる別異処遇は、安全保護の名の下におこなわれる隔離政策であり、到底容認できるものではない。国内外の人権擁護家からも、新施設の設置が懲罰の代替に他ならないことや、憎悪犯罪や差別を合法とみなすような措置であるとして、厳しい批判が寄せられている[13]。

(4) 日本との比較

日本国内において、被拘禁者の性的指向を理由とする処遇が中心争点となった裁判例は確認できないが、弁護士会による人権救済事例に参照すべきものがある。未決拘禁者に対する同性愛雑誌の閲覧禁止が人権侵害にあたるとして警告が出された事例である[14]。この事件では、成人異性愛向け雑誌の閲覧が許可されていることから、同性愛雑誌の閲覧許可により、「拘置所内の規律や秩序維持上放置することのできない程度の障害が生ずる相当の蓋然性があるとは到底認められない」として、人権侵害が認定された。拘置所側の閲覧禁止措置は、もっぱら性的指向のみを理由としており、14条違反が認定された本件の論理と合致する。また、刑事収容施設の事例ではないが、公共施設の男女別室ルールにもとづく宿泊拒否が違法とされた事件も、同様の論理と解される[15]。性別違和をかかえる人々の刑事収容施設における処遇については、いくつかの裁判例や弁護士会への人権救済申立があり[16]、法務省からも処遇改善に関する通知が発せられている[17]。

以上のように、日本国内でも、性的指向や性自認に関連する刑事収容施設のあり方について、少しずつ問題が表面化している。しかしながら、いずれの事例においてもヨーロッパ人権条約や国際人権法は的確に参照されておらず、本件を含めた先例の詳細な検討と活用を期待したい。

(1) たとえば、Working Group on Arbitrary Detention, Opinion No/7/2002 (Egypt), 21 June 2002, para.28, U.N. Doc. E/CN.4/2003/8/Add.1.

(2) 条約3条ならびに同条から派生したヨーロッパ拷問禁止条約の各用語の相互関係については、里見佳香「欧州拷問等防止条約における『拷問』等概念の展開（3・完）」国際公共政策研究10巻1号（2005年）225-232頁。

(3) 里見佳香「同上（2）」9巻2号（2004年）305頁。

(4) Polay Campos v. Peru, Views of 6 November 1997, Communication No. 577/1994, para.8.6.

(5) *See, e.g.*, A/57/173, 2 July 2002, para.16; Inter-American Court of Human Rights, Case of Velasquez Rodriguez, Judgment of 29 July 1988.

(6) Cf. Öcalan v. Turkey, 12 May 2005, Reports 2005-Ⅳ〔本書 **35**〕; Payet v. France, 20 January 2011; Stasi v. France, 20 October 2012.

(7) E/CN.4/2002/76/Add.1, 14 March 2002, para.829. その他にも、Id., paras.16, 507-508, 1709-1716; E/CN.4/2003/68/Add.1, paras. 446, 463-465, 1861; E/CN.4/2004/56/Add.1, para.1327; E/CN.4/2005/62/Add.1, paras.1019, 1161 など。

(8) *E.g.* USA, CAT/C/USA/CO/2, paras.32, 37; Ecuador, CAT/C/ECU/CO/3, para.17; Argentina, CAT/C/C/CR/33/1, para. 6(g) ; Egypt, CAT/C/CR/29/4, para. 5(e) ; Brazil, A/56/44, para.119.

(9) Committee against Torture, General Comment No. 2, 23 November 2007, para. 21.

(10) Smith and Grady v. UK, 27 Sepbember 1999, Reports 1999-Ⅵ.

(11) 同性愛や性分化疾患、性別違和だけでなく、「女性」の受刑者にかかわる問題（収容数が少ないことによる分類処遇の不徹底、施設が少ないため居住地から離れた収容、裁縫や家事労働などの性別役割にもとづく職業訓練など）も検討されなければならない。小塚幸子「男女共同刑事施設構想」刑事立法研究会編『21世紀の刑事施設』（日本評論社、2003年）146-147頁参照。

(12) "Turkey's Separate Gay Prisons Plan Angers Local LGBT Groups (AFP)", http://www.huffingtonpost.com/2014/04/15/turkey-gay-prison-plan-_n_5153478.html (last visited 30 May 2014).

(13) *Ibid.*

(14) 東京弁護士会「人権侵害救済申立事件について（警告）」2008年6月30日（東弁20人第105号）。

(15) 府中青年の家事件（東京地判平成6年3月30日判タ859号163頁、東京高判平成9年9月16日判タ986号206頁）。

(16) たとえば、名古屋地判平成18年8月10日判タ1240号203頁、東京地判平成18年3月29日判時1935号84頁、日本弁護士連合会「勧告書」2010年10月9日（日弁連総67号）；2009年9月17日（日弁連総57号）、兵庫県弁護士会「勧告書」2012年2月23日（兵弁総23発第463号）。

(17) 「性同一性障害等を有する被収容者の処遇指針について（通知）」（平成23年6月1日）（法務省矯成第3212号）。

84 婚外子（姦生子）に対する相続分差別

姦生子の相続分を他の婚外子よりも少なくするフランス民法の規定は条約14条に反する

——マズレク判決——

髙井　裕之

Mazurek v. France
1 February 2000, Reports 2000-Ⅱ

【事　実】

（1）Mazurek（以下、申立人という）の母親は2人の子を産んだが、1936年に婚外子として生まれたAは翌年に母親の婚姻により嫡出化された。他方、1942年に生まれた申立人は、出生証明書に母の名のみが記された。その時点で母は夫と別居していたが婚姻中であった（1944年に離婚）。

母は1990年に死亡し、翌年4月にAが申立人を相手取り、姦生子[1]（婚外子であってその受精の時点で父または母が他の者と婚姻していた者）である申立人の取り分を4分の1以下とする母の遺産の分割をニームの大審裁判所に申し立てたところ、申立人はこのような制限をするフランス民法760条はヨーロッパ人権条約（以下、条約という）8条・14条、子どもの権利条約の諸規定および民法334条に反すると主張し、嫡出子と同等の相続権を求めた。しかし、裁判所は、民法760条は婚外子を生んだ親の婚姻への最小限度のコミットメントを確保するためのものであり、したがって、他者の権利を保護するためのものであって、条約に反しない公序であると判断した。申立人は控訴したが、ニーム控訴裁判所もこの点について申立人の控訴を棄却した。申立人はさらに破棄院に上告したが、破棄院は相続権は条約8条の保障する私的・家族生活とは関係がないとした。そこで、1996年12月13日、申立人はヨーロッパ人権委員会に対して条約違反を申し立てた。第11議定書の発効（1998年11月1日）に伴い、申立はヨーロッパ人権裁判所によって審理されることになった。

（2）1972年改正後のフランス民法757条は、一般的には婚外子も嫡出子と同等の条件で相続するとしながら、760条は、婚外子の受精の時点で父または母が婚姻しておりその婚姻から生まれた嫡出子がいる場合には、その婚外子の相続分は、その親の子が仮に全員嫡出子であった場合に受ける相続分の半分とすると定め、さらに、その減らされた相続分は、当該婚姻から生まれた嫡出子の相続分に加えられると定めていた。

しかし、このような差別について1990年5月のコンセイユ・デタの報告は婚外子の増加という社会状況にも言及しながら疑念を表明し、1999年9月に出された司法大臣設置のワーキンググループはこのような差別の撤廃を勧告していた。

判決は、全員一致で、条約14条と結びついた第1議定書1条違反を認定した。

【判　旨】

（1）条約14条と結びついた第1議定書1条違反の主張について

（a）両当事者の主張

申立人は、その異父兄弟が婚外で出生した後に嫡出化されたことを指摘し、相続権に関してそのような者と姦生子との区別は正当な目的を追求するものではなく、またたとえ婚姻制度と伝統的家族の保護が目的としても、本件ではどちらも婚姻外で懐胎されたのだから別扱いは許容されないと主張した。加えて、不貞行為をしていない配偶者の保護も、1944年には母とその夫は離婚していたのだから本件では無関係であると主張した。

申立人は、また、正当な家族を保護するためにと

られた手段は目的と比例していないと主張した。申立人によれば、条約は生きた文書（living instrument）（§30）であり、今日の状況に照らして解釈されるべきであって、今日ヨーロッパ評議会加盟国において市民的権利に関し婚内子と婚外子との平等に重きが置かれており、したがって、両者の区別のためには非常に重大な理由が必要であり、ヨーロッパ諸国と比較してもフランスはこの点で過度に制限的な立場を維持している。また、評価の余地について、申立人は、フランスの特別の事情を示す根拠も証拠も提出されていないと主張した。

他方、政府は、民法760条は非常に確固たる理由に基づいており、それは正当な目的を追求し比例原則にかなっていると主張した。正当化については、政府は、出自に関わりなく子どもを平等に扱うという1972年改正法の精神において、民法760条は正当な家族を保護するために例外として導入されたものであり、その基盤にある婚姻制度から貞操義務のような権利義務が生ずるという。姦生子に嫡出子と全く同じ権利を与えることは婚姻上の信頼に基づいて確立した状況に何らの考慮を払わないのと同然であり、不貞行為によって特に影響を受ける配偶者と嫡出子に特に保護を与えることによって正当な家族が保護されると主張した。政府は、手段は比例的であり、また、ヨーロッパ評議会諸国において姦生子の権利について共通のアプローチはなく、各国に評価の余地を認めるべきだという。姦生子の権利が制限されるのは例外的場合に限られ、また、不貞行為をした配偶者は、婚姻によりまたは裁判所の命令によってその子を嫡出化することによって不平等を解消できるともいう。

(b) 条約14条の適用について

当裁判所は、まず、第1議定書1条は財産権を保障していること、および申立人はフランス民法により、自動的に母親の財産について相続権を獲得し、相続財産は申立人とその異父兄弟の共有財産であったことを認める。よって、本件の事実関係には、同条と結びついた条約14条が適用されうる（§25-43）。

(c) 取扱いに差はあるか

この異父兄弟が母親の財産に関して同じ地位にないことを政府も争っていない。申立人の相続分が異父兄弟の半分であることが、申立人が姦生子であることを理由にすること、そして、このような差が民法760条に明示的に規定されていることを当裁判所は認める。条約14条は、客観的で合理的な根拠なく、同様の状況にある人が異なった取扱いを受けることがないように保護するものである（§44-47）。

(d) 取扱の差の正当化

条約14条については、取扱の差は、「客観的で合理的な正当化」がなければ、すなわち、それが「正当な目的」を追求せず、または「採用される手段と、実現されるべく追求される目的との間に比例性を有する合理的な関係」がなければ、差別的である（§48）。

当裁判所は、この関係で、条約は今日の状況に照らして解釈されなければならない生きた文書であることを強調する。今日、ヨーロッパ評議会加盟諸国は、市民的権利に関して婚内子と婚外子との平等の問題に大きな重要性を与えている。このことは、1975年の婚外子の法的地位に関するヨーロッパ条約において示されているが、フランスは同条約を批准していない。婚外で出生したことを理由とする取扱いの差異が条約に適合するとみなされうるためには、非常に重い理由が提出されなければならない。

当裁判所は、伝統的家族を保護するという、政府が依拠する目的は、正当なものでありうると考える。問題は、採用された手段に関し、姦生子と、婚内子または婚外であるが不貞な関係から出生したのではない子との間の取扱いの差異を設けることが、その親の相続に関して、追求される目的との関連で、比例的で適切なものに見えるかどうかである。

当裁判所は、最初に、家族制度は、歴史的にも、社会学的にも、法的にさえも、固定的なものではないと認定する。1972年改正法は、家族法の発展と婚外子の地位について大きな歩みを踏み出したものである。というのは、それは、すべての子どもの出自を確立するという問題を解決したからである。出

生を理由とする差別の禁止を含む、子どもの権利条約は、1989年11月20日に採択された。その後、1990年5月にコンセイユ・デタは、社会・人口統計学的データに照らして相続について姦生子に対する差別を廃止するよう勧告する報告を公表した。1991年12月、姦生子の相続権を他の子どもとそろえる法律案が提出された。1998年司法省は2つのプロジェクトを立ち上げ、ひとつは社会学的角度から家族のモデルの推移を研究することを目的とし、他のひとつは事実の展開に照らして可能な法律改正について検討することを目的としていた。1998年5月14日に提出された第1の報告は姦生子の不平等な地位を批判し、第2の報告は1999年9月14日に提出されたが、姦生子の相続権への制限の廃止を勧告した。ヨーロッパ評議会の他の加盟国の状況に関しては、政府の主張とは異なり、姦生子への差別の根絶に向かう顕著な傾向を当裁判所は認める。当裁判所は、条約の関連条項の——必然的にダイナミックな——解釈に際してそのような傾向を無視することはできない。その関連で、政府によるRasmussen判決[2]の参照は、説得力を欠く。というのは、事実的で一時的な状況は今や変化したからである。

本件の道徳的次元を根拠とする議論については、当裁判所は、重要な時期における社会・人口統計学的な所見やすべての差別の廃止を勧告する1991年法案を考慮に入れざるをえない。申立人の母親が婚姻のコミットメントを破ったかどうかを判断することは当裁判所の任務ではない。当裁判所は、ただ、申立人の母親とその夫が、申立人が生まれた時点で別居しており、その後まもなく離婚したことを認定するだけである。

当裁判所に提出された唯一の争点は、子ども2人（1人は姦生子ではない婚外子として生まれた者、1人は姦生子）の母親からの相続の問題である。当裁判所は、本件において、婚外において出生したことに基づく差別を正当化するいかなる根拠も見いださない。いずれにせよ、姦生子は、その責任ではない状況について非難されてはならない。申立人が資産の分割に

おいて姦生子としての地位を理由に罰せられたというのが、不可避の認定である。

上述のことから、当裁判所は、採用された手段と追求される目的との間に比例性を有する合理的な関係はなかったと結論する。したがって、条約14条と結びついた第1議定書1条の違反があった（§48-55）（全員一致）。

(2) 条約14条と結びついた条約8条違反の主張について

上記のような結論に至り、また、両当事者の主張は上記で検討されたものと同じであるので、この主張を検討する必要はない（§56）（5対2）。

(3) 条約41条の適用

申立人が受け取った金額と相続財産の半分との間の差額が損害であることは政府も争っていない。また、非金銭的損害や訴訟費用も、衡平を考慮して一定金額を認める（§57-63）（全員一致）。

(4) Loucaides裁判官およびTulkens裁判官共同の一部反対意見

条約14条と結びついた条約8条違反の主張について判断する必要はないという法廷意見とは異なり、私たちは、家族生活尊重への権利の問題を判断すべきであったと考える。

申立人は、国内裁判所でも当裁判所でも、問題を金銭問題に縮減することを望まず、遺憾にも「姦生子」と呼ばれる子どもの地位に結びついた差別の問題として提起していた。だからこそ、申立人は、金銭面に限定された和解を拒んだのである。

第2に、民法760条による相続権の制限は、「姦生子」のより低い地位から派生しており、これは民法の他の条文に具体化されている。

さらに、法廷意見は、相続権が条約8条の私的・家族生活の尊重の範囲内に入るのかどうかの問題を未解決としている。

【解　説】

(1) 当該判例の意義・特徴

ヨーロッパ人権裁判所判決における婚外子差別撤

廃の動きはさまざまな法関係について見られるが、そのリーディングケースは Marckx 判決[3]である。この事件では、婚外子は母との法的関係を確立するためにさえ母による認知を必要とし、認知されても母の親族との親族関係は生ぜず、また、相続においても嫡出子よりも不利に扱うなど定めたベルギー法が条約8条、あるいは条約8条と結びついた14条に違反すると判断された。また、Inze 判決[4]では、単独相続を義務づけられた農地につき相続人を決定する基準が嫡出子を婚外子よりも優先していることが、第1議定書1条と結びついた条約14条違反と判断された。さらに、本判決後の Merger and Cros 判決[5]でも2001年改正前のフランス民法による相続等が条約違反とされた。本判決[6]もこの流れの中にある。なお、判決中で言及される Rasmussen 判決とは、親子関係否認の出訴期間制限が母にはなく父にのみ課されていることにつき、この点に関する条約加盟国の国内法が一様ではないことなどを理由に、評価の余地にも依拠しながら、条約違反ではないと判断したものであるが、本判決とは状況が異なるとして区別されている。

(2) 主要論点

条約14条は平等原則を定めるが、これは、条約の他の条項における実体的権利・自由の享受に関して区別があった場合にのみ適用される（その意味で補充的性質の）ものである。本件では条約8条の家族や私生活の保障と、第1議定書1条の財産権が援用されたが、判決は前者について判断する必要はないとした。本判決では、すでに相続が開始していたので財産（possession）権の享受に関わるとされたが、同条は現在の財産のみを保障するものであって、法定相続または任意の処分で財産を獲得する権利を保障するものではないとされている（Marckx 判決§50、Merger and Cros 判決§37）。

次に、相続における姦生子への別扱いが条約14条の下で正当化されるかについて、判決は目的を正当としつつ、目的と手段の間に比例性を有する合理的な関係がないとし、その認定にあたり、条約が

「生きた文書」であるとの理解に立って、ヨーロッパ各国の趨勢やフランス国内での立法提案等の動きを重視したことが特徴的である。

(3) 判決の国内法への影響

判決理由中にもあるように、フランスは1972年法で家族法における婚外子差別を原則としては撤廃しながら、婚姻を保護するという理由で「姦生子」の相続分は嫡出子や他の婚外子の半分としていた。この差別も条約違反と断じた本判決を受けてフランスは、2001年12月3日法[7]により、姦生子差別の規定を全面的に廃止した。

しかし、この2001年法にもその経過規定になお問題が残り、この点が争われたのが Fabris 判決[8]であった。同判決の事案は次のようである。

申立人 Fabris は1943年、その父以外の男性と結婚している母から生まれた。母とその夫は1970年、その嫡出子2人に財産の生前贈与（donation-partage）を行った。1983年、モンペリエの大審裁判所は申立人が母の「非嫡出子」であることを認めた。1994年の母の死亡後、申立人は相続分を請求したが、2人の嫡出子は、申立人が姦生子であることを理由に、申立人が嫡出子であったなら受けられる相続分の半分しか認めなかった。上記1972年法の経過規定は、遺留分の請求は同法の発効前になされた生前贈与を妨げてはならないとし、上記2001年法の経過規定は、その姦生子差別撤廃の発効日である12月4日までに相続が開始した場合でも財産分割に至っていなければ姦生子に同等の相続分を認める規定を適用するとしていた。2004年9月のベジエ大審裁判所は申立人の請求を認めたが、モンペリエ控訴裁判所はこれを破棄し申立人の請求を棄却した。破棄院も、1994年の母の死亡によって財産分割がされていたとして上告を棄却した。

これについて、ヨーロッパ人権裁判所は、ヨーロッパ42か国中で相続に関して婚外子の別扱いがあるのは2か国にすぎないこと、子どもの法的地位等に関する閣僚理事会の調査会の勧告草案は子どもの出生の状況にかかわりなく同等の相続権を認める

べきとしていることを挙げる。そして、本件が第1議定書1条にいう財産権に関わり、条約14条の適用があることを認め、そこに差異を設けるには非常に重大な理由が必要であるとした。これらの基準を事案にあてはめると、まず、破棄院は1994年の母親の死により遺産分割がされたとするが、生前贈与から排除された、またはその当時まだ懐胎されていなかった嫡出子は遺留分を請求することができるのであるから、申立人の別扱いの唯一の理由は同人が婚外子であることであるとした。そして、この別扱いに正当化理由があるかどうかを検討し、政府が主張する第三者の既得権の確保による平和な家族関係の保護について、完了した相続関係の調整の安定性は正当な目的になると認めたが、この事件での別扱いが目的に対する手段として比例的であるかどうかについては、遺留分請求は被相続人の死後5年間はなされうることになっていたのだから、2人の嫡出子は遺産分割が争われうることを知っておくべきであったし、この期間内に申立人は遺産請求をしたことを指摘し、嫡出子の相続権の保護は申立人の主張を上回るものではないと結論した。

(4) 日本との比較、日本法への示唆

周知のとおり、最大決2013(H25)年9月4日民集67巻6号1320頁は、最大決1995(H7)年7月5日民集49巻7号1789頁を覆して、民法900条4号ただし書き前段を憲法14条1項違反と判断し、ようやくわが国も相続における婚外子差別を廃止することができたが、同決定は、違憲論の根拠のひとつとして、諸外国の状況の大きな変化を挙げ、欧米諸国の多くで1960年代後半以降、嫡出でない子に対する相続差別が廃止されたこと、特にドイツの1998年

法とフランス2001年法に言及し、婚外子相続分に差異を設けている国は欧米諸国にはないと述べていることに注目したい。わが最高裁は、以前より、国籍法3条違憲判決（最大判2008(H20)年6月4日民集62巻6号1367頁）などに見られるように、違憲審査の際にしばしば外国の立法状況に言及してきたところであり、国際的人権保障水準を知ることは、人権条約が直接に適用される場合以外でも、国内における人権保障にとって有意義であることを示している[9]。

(1) 「姦生子（enfant adultérin）」という語は1972年法では用いられず、その差別を廃止した2001年法に現れたという。幡野弘樹「フランス相続法改正紹介(1)——生存配偶者及び姦生子の権利並びに相続法の諸規定の現代化に関する2001年12月3日第1135号法律」民商法雑誌129巻1号（2003年）141頁以下、145頁注(3)参照。

(2) Rasmussen v. Denmark, 28 November 1984.

(3) Marckx v. Belgium [PC], 13 June 1979〔I *58*〕.

(4) Inze v. Austria, 28 October 1987.

(5) Merger and Cros v. France, 22 December 2004.

(6) 本判決（Mazurek判決）およびその前後のフランス法の状況については、建石真公子「婚外子相続分差別に関するヨーロッパ人権裁判所判決」国際人権14号（2003年）110頁以下、幡野・前掲注(1)、二宮周平「婚外子の相続分差別は許されるのか(2)——国際比較と判例の展開」戸籍時報616号（2007年）2頁以下、9-13頁参照。

(7) その翻訳として、幡野弘樹(訳)「フランス相続法改正翻訳——生存配偶者及び姦生子の権利並びに相続法の諸規定の現代化に関する2001年12月3日第1135号法律」法律時報75巻8号（2003年）72頁以下参照。

(8) Fabris v. France [GC], 7 February 2013.

(9) 泉徳治「グローバル社会の中の日本の最高裁判所とその課題——裁判官の国際的対話」国際人権25号（2014年）13頁以下参照。

● 資　料 ●

＜資料一覧＞

◆資料Ⅰ　人権および基本的自由の保護のための条約（ヨーロッパ人権条約）

    1　人権および基本的自由の保護のための条約（ヨーロッパ人権条約）
    2　人権および基本的自由の保護のための条約　第 16 議定書
       （ヨーロッパ人権条約第 16 議定書）（抄）
    3　ヨーロッパ人権条約への議定書によって追加された条文
    4　〈参考〉人権および基本的自由の保護のための条約へのヨーロッパ
       連合の加入に関する協定改定草案（EU 加入協定案）

◆資料Ⅱ　ヨーロッパ人権条約締約国一覧

◆資料Ⅲ　ヨーロッパ人権裁判所裁判官一覧

◆資料Ⅳ　個人申立の審査手続の流れ

◆資料Ⅴ　事件処理状況(1)　申立および判決数

◆資料Ⅵ　事件処理状況(2)　国家間事件

◆資料Ⅶ　ヨーロッパ人権条約和文主要文献目録

資料Ⅰ　人権および基本的自由の保護のための条約（ヨーロッパ人権条約）

1　人権および基本的自由の保護のための条約（ヨーロッパ人権条約）

署　　名　　1950年11月4日
効力発生　　1953年9月3日
改　　正　　1963年5月6日署名の第3議定書による改正、
　　　　　　1970年9月21日効力発生
　　　　　　1966年1月20日署名の第5議定書による改正、
　　　　　　1971年12月20日効力発生
　　　　　　1985年3月19日署名の第8議定書による改正、
　　　　　　1990年1月1日効力発生
　　　　　　1990年11月6日署名の第9議定書による改正、
　　　　　　1994年10月1日効力発生、ただし、第9議定
　　　　　　書締約国のみに適用
　　　　　　1994年5月11日署名の第11議定書による改
　　　　　　正、1998年11月1日効力発生
　　　　　　2009年5月27日署名の第14の2議定書によ
　　　　　　る改正、2009年10月1日効力発生、ただし、
　　　　　　第14の2議定書締約国のみに適用
　　　　　　2004年5月13日署名の第14議定書による改
　　　　　　正、2010年6月1日効力発生
　　　　　　2013年6月24日書名の第15議定書による改
　　　　　　正（未発効）

ヨーロッパ評議会加盟国であるこの条約の署名政
府は、

　1948年12月10日に国際連合総会が宣明した世
界人権宣言を考慮し、

　この宣言が、その中で宣言された権利の普遍的か
つ実効的な承認および遵守を確保することを目的と
していることを考慮し、

　ヨーロッパ評議会の目的が加盟国間の一層緊密な
統一の達成であること、ならびに、その目的を追求
する方法の1つが人権および基本的自由の維持およ
び一層の実現であることを考慮し、

　世界における正義および平和の基礎であり、かつ、
一方では実効的な政治的民主主義により、他方では
それが依存している人権の共通の理解および遵守に
よって最もよく維持されるこれらの基本的自由に対

する深い信念を改めて確認し、

　志を同じくし、かつ政治的伝統、理想、自由およ
び法の支配についての共通の遺産を有するヨーロッ
パ諸国の政府として、世界人権宣言中に述べられる
権利の若干のものを集団的に実施するための最初の
措置をとることを決意して、

　「締約国が、補完性の原則に従って、本条約およ
びその諸議定書に定義する人権および自由を保障す
る主要な責任を有すること、ならびに、そうするに
あたって、本条約により設立されたヨーロッパ人権
裁判所の監督に服しつつ、評価の余地を享受するこ
とを確認して、」〔註〕第15議定書による挿入テキス
ト（未発効）

　次のとおり協定した。

第1条（人権を尊重する義務）　締約国は、その管轄
　内にあるすべての者に対し、この条約の第1節に
　定義する権利および自由を保障する。

第1節　権利および自由

第2条（生命に対する権利）　1　すべての者の生命
　に対する権利は、法律によって保護される。何人
　も、故意にその生命を奪われない。ただし、法律
　で死刑を定める犯罪について有罪とされ裁判所に
　よる刑の宣告を執行する場合は、この限りでない。
2　生命の剥奪は、それが次の目的のために絶対に
　必要な、力の行使の結果であるときは、本条に違
　反して行われたものとみなされない。
　(a)　不法な暴力から人を守るため
　(b)　合法的な逮捕を行いまたは合法的に拘禁した
　　者の逃亡を防ぐため

(c) 暴動または反乱を鎮圧するために合法的にとった行為のため

第3条（拷問の禁止） 何人も、拷問または非人道的なもしくは品位を傷つける取扱いもしくは刑罰を受けない。

第4条（奴隷の状態および強制労働の禁止） 1 何人も、奴隷の状態または隷属状態に置かれない。

2 何人も、強制労働に服することを要求されない。

3 この条の適用上、「強制労働」には、次のものを含まない。

(a) この条約の第5条の規定に基づく拘禁の通常の過程においてまたはその拘禁を条件付きで解かれているときに要求される作業

(b) 軍事的性質の役務、または、良心的兵役拒否が認められている国における良心的兵役拒否者の場合に義務的軍事役務のかわりに要求される役務

(c) 社会の存立または福祉を脅かす緊急事態または災害の場合に要求される役務

(d) 市民としての通常の義務とされる作業または役務

第5条（自由および安全に対する権利） 1 すべての者は、身体の自由および安全に対する権利を有する。何人も、次の場合において、かつ、法律で定める手続に基づく場合を除くほか、その自由を奪われない。

(a) 権限のある裁判所による有罪判決の後の人の合法的な拘禁

(b) 裁判所の合法的な命令に従わないためのまたは法律で定めるいずれかの義務の履行を確保するための人の合法的な逮捕または拘禁

(c) 犯罪を行ったと疑う合理的な理由がある場合または犯罪の実行もしくは犯罪の実行後の逃亡を防ぐために必要であると合理的に考えられる場合に、権限ある司法機関に連れて行くために行う合法的な逮捕または拘禁

(d) 教育上の監督のための合法的な命令による未成年者の拘禁または権限のある司法機関に連れて行くための未成年者の合法的な拘禁

(e) 伝染病の蔓延を防止するための人の合法的な拘禁または精神異常者、アルコール中毒者もしくは麻薬中毒者または浮浪者の合法的な拘禁

(f) 不正規に入国するのを防ぐための人の合法的な逮捕もしくは拘禁または追放もしくは犯罪人引渡しのために手続がとられている人の合法的な逮捕もしくは拘禁

2 逮捕される者は、速やかに、自己の理解する言語で、逮捕の理由および自己に対する被疑事実を告げられる。

3 この条の1項(c)の規定に基づいて逮捕または拘禁された者は、裁判官または司法権を行使することが法律によって認められている他の官憲の面前に速やかに連れて行かれるものとし、合理的な期間内に裁判を受ける権利または司法手続の間釈放される権利を有する。釈放に当たっては、裁判所への出頭の保証を条件とすることができる。

4 逮捕または拘禁によって自由を奪われた者は、裁判所がその拘禁が合法的であるかどうかを迅速に決定するように、および、その拘禁が合法的でない場合には釈放を命ずるように、手続をとる権利を有する。

5 この条の規定に違反して逮捕されまたは拘禁された者は、賠償を受ける権利を有する。

第6条（公正な裁判を受ける権利） 1 すべての者は、その民事上の権利義務の決定または刑事上の罪の決定のため、法律で設置された、独立の、かつ、公平な裁判所による合理的な期間内の公正な公開審理を受ける権利を有する。判決は、公開で言い渡される。ただし、報道機関および公衆に対しては、民主的社会における道徳、公の秩序もしくは国の安全のため、また、少年の利益もしくは当事者の私生活の保護のため必要な場合において、またはその公開が司法の利益を害することとなる特別な状況において裁判所が真に必要があると認める限度で、裁判の全部または一部を公開しないことができる。

2 刑事上の罪に問われているすべての者は、法律に従って有罪とされるまでは、無罪と推定される。

3 刑事上の罪に問われているすべての者は、少なくとも次の権利を有する。

(a) 速やかにその理解する言語でかつ詳細にその罪の性質および理由を告げられること。

(b) 防御の準備のために十分な時間および便益を与えられること。

(c) 自らまたは自己が選任する弁護人を通じて、防御すること。弁護人に対する十分な支払手段を有しないときは、司法の利益のために必要な場合には無料で弁護人を付されること。

(d) 自己に不利な証人を尋問しまたはこれに対し尋問させること、および自己に不利な証人と同じ条件で自己のための証人の出席およびこれに対する尋問を求めること。

(e) 裁判所において使用される言語を理解しまたは話すことができない場合には、無料で通訳の援助を受けること。

第7条（法律なくして処罰なし） 1 何人も、実行の時に国内法または国際法により犯罪を構成しなかった作為または不作為を理由として有罪とされることはない。何人も、犯罪が行われた時に適用されていた刑罰よりも重い刑罰を科されない。

2 この条は、文明諸国の認める法の一般原則により実行の時に犯罪とされていた作為または不作為を理由として裁判しかつ処罰することを妨げるものではない。

第8条（私生活および家族生活の尊重を受ける権利）
1 すべての者は、その私的および家族生活、住居ならびに通信の尊重を受ける権利を有する。

2 この権利の行使に対しては、法律に基づき、かつ、国の安全、公共の安全もしくは国の経済的福利のため、また、無秩序もしくは犯罪の防止のため、健康もしくは道徳の保護のため、または他の者の権利および自由の保護のため、民主的社会において必要なもの以外のいかなる公の機関による介入もあってはならない。

第9条（思想、良心および宗教の自由） 1 すべての者は、思想、良心および宗教の自由についての権利を有する。この権利には、自己の宗教または信念を変更する自由ならびに、単独でまたは他の者と共同しておよび公にまたは私的に、礼拝、教導、行事および儀式によってその宗教または信念を表明する自由を含む。

2 宗教または信念を表明する自由については、法律で定める制限であって、公共の安全のため、または公の秩序、健康もしくは道徳の保護のため、または他の者の権利および自由の保護のため、民主的社会において必要なもののみを課す。

第10条（表現の自由） 1 すべての者は、表現の自由についての権利を有する。この権利には、公の機関による介入を受けることなく、かつ、国境とのかかわりなく、意見を持つ自由ならびに情報および考えを受けおよび伝える自由を含む。この条は、国が放送、テレビまたは映画の諸企業の許可制を要求することを妨げるものではない。

2 前項の自由の行使については、義務および責任を伴うので、法律によって定められた手続、条件、制限または刑罰であって、国の安全、領土保全もしくは公共の安全のため、無秩序もしくは犯罪の防止のため、健康もしくは道徳の保護のため、他の者の名誉もしくは権利の保護のため、秘密に受けた情報の暴露を防止するため、または、司法機関の権威および公平さを維持するため、民主的社会において必要なものを課すことができる。

第11条（集会および結社の自由） 1 すべての者は、平和的な集会の自由および結社の自由についての権利を有する。この権利には、自己の利益の保護のために労働組合を結成しおよびこれに加入する権利を含む。

2 前項の権利の行使については、法律で定める制限であって、国の安全もしくは公共の安全、無秩序もしくは犯罪の防止のため、健康もしくは道徳の保護のため、または他の者の権利および自由の保護のために、民主的社会において必要なもの以

外のいかなる制限も課してはならない。この条の
規定は、国の軍隊、警察または行政機関の構成員
による前項の権利の行使に対して合法的な制限を
課することを妨げるものではない。

第12条（婚姻についての権利）　婚姻することがで
きる年齢の男女は、権利の行使を規制する国内法
に従って婚姻しかつ家族を形成する権利を有する。

第13条（実効的救済手段を得る権利）　この条約に
定める権利および自由を侵害された者は、公的資
格で行動する者によりその侵害が行われた場合に
も、国の機関の前において実効的な救済手段を得
るものとする。

第14条（差別の禁止）　この条約に定める権利およ
び自由の享受は、性、人種、皮膚の色、言語、宗
教、政治的意見その他の意見、国民的もしくは社
会的出身、民族的少数者への所属、財産、出生ま
たは他の地位等によるいかなる差別もなしに、保
障される。

第15条（緊急時における免脱）　1　戦争その他の国
民の生存を脅かす公の緊急事態の場合には、いず
れの締約国も、事態の緊急性が真に必要とする限
度において、この条約に基づく義務を免脱する措
置をとることができる。ただし、その措置は、当
該締約国が国際法に基づき負う他の義務に抵触し
てはならない。

2　前項の規定は、第2条（合法的な戦闘行為から
生ずる死亡の場合を除く）、第3条、第4条1項
および第7条の規定からのいかなる免脱も認める
ものではない。

3　免脱の措置をとる権利を行使する締約国は、
とった措置およびその理由をヨーロッパ評議会事
務総長に十分に通報する。締約国はまた、その措
置が終了し、かつ、条約の諸規定が再び完全に履
行される時点を、ヨーロッパ評議会事務総長に通
知する。

第16条（外国人の政治活動に対する制限）　第10条、
第11条および第14条中のいかなる規定も、締約
国が外国人の政治活動に対して制限を課すること

を妨げるものとみなされない。

第17条（権利の濫用の禁止）　この条約のいかなる
規定も、国、集団または個人がこの条約において
認められる権利および自由を破壊しもしくはこの
条約に定める制限の範囲を越えて制限することを
目的とする活動に従事しまたはそのようなことを
目的とする行為を行う権利を有することを意味す
るものと解することはできない。

第18条（権利制約事由の使用に対する制限）　権利
および自由についてこの条約が認める制限は、そ
れを定めた目的以外のいかなる目的のためにも適
用してはならない。

第2節　ヨーロッパ人権裁判所

第19条（裁判所の設置）　この条約および条約の諸
議定書において締約国が行った約束の遵守を確保
するために、ヨーロッパ人権裁判所（以下「裁判
所」という）を設立する。裁判所は、恒久的基礎
の上に機能する。

第20条（裁判官の数）　裁判所は、締約国の数と同
数の裁判官で構成される。

第21条（就任の基準）　1　裁判官は、徳望が高く、
かつ、高等の司法官に任ぜられるのに必要な資格
を有する者または有能の名のある法律家とする。

「2　候補者は、第22条にいう3名の候補者名簿
が議員会議により要請された日に65歳未満でなけ
ればならない。」〔註〕第15議定書による挿入テキス
ト（未発効）

2　裁判官は、個人の資格で裁判する。

3　裁判官は、その任期中、裁判官の独立、公平性
または常勤職としての必要性と両立しないいかな
る活動にも従事してはならない。この項の適用か
ら生ずるいかなる問題も、裁判所が決定する。

第22条（裁判官の選挙）　裁判官は、議員会議に
よって、各締約国について当該締約国により指名
される3名の候補者の名簿の中から投じられた票
の多数により選出される。

第23条（任期および解職）　1　裁判官は、9年の任

期で選出される。裁判官は再選されることはない。

2　裁判官の任期は、当該裁判官が70歳に達した時に終了する。

〔註〕第15議定書による改正により本項削除（未発効）

3　裁判官は、後任者と代わるまで在任するものとする。ただし、裁判官は、すでに審理中の事件は引き続き取り扱わなければならない。

4　いかなる裁判官も、他の裁判官が3分の2の多数決により当該裁判官は必要とされる条件を充たさなくなったと決定するのでない限り、解職されることはない。

第24条（書記局および報告者）　1　裁判所に、書記局をおく。書記局の機能と組織は、裁判所規則に規定する。

2　単独裁判官で裁判する場合には、裁判所は、裁判所長の権威の下活動する報告者により援助される。報告者は、裁判所書記局の一部である。

第25条（全員法廷）　裁判所の全員法廷は、次のことを行う。

(a)　3年の任期で、裁判所長および1人または2人の裁判所次長を選任すること。裁判所長および裁判所次長は再任されることができる。

(b)　期間を定めて構成される小法廷を設置すること。

(c)　各小法廷の裁判長を選任すること。小法廷の裁判長は、再任されることができる。

(d)　裁判所規則を採択すること。

(e)　書記および1人または2人以上の書記補を選任すること、ならびに

(f)　第26条2項に基づくあらゆる要請を行うこと。

第26条（単独裁判官、委員会、小法廷および大法廷）

1　裁判所は、提訴される事件を審理するために、単独裁判官、3人の裁判官で構成される委員会、7人の裁判官で構成される小法廷および17人の裁判官で構成される大法廷で裁判する。裁判所の小法廷は、一定期間活動する委員会を設置する。

2　全員法廷の要請により、閣僚委員会は、全員一致の決定によりかつ一定期間について、小法廷の裁判官の数を5に減らすことができる。

3　単独裁判官として裁判する場合には、裁判官は、自らがそれについて選出された締約国に対するいかなる申立をも審理してはならない。

4　訴訟当事国のために選出された裁判官は、小法廷および大法廷の職務上当然の構成員となる。該当する裁判官がいない場合あるいは当該裁判官が裁判することができない場合には、当該当事国によってあらかじめ提出された名簿から裁判所長によって選ばれた者が、裁判官の資格で裁判する。

5　大法廷は、裁判所長、裁判所次長、小法廷の裁判長および裁判所規則に従って選任される他の裁判官を含める。事件が第43条に基づいて大法廷に付託される場合には、判決を行った小法廷の裁判官は、小法廷の裁判長および関係締約国について裁判した裁判官を除き、大法廷で裁判してはならない。

第27条（単独裁判官の権限）　1　単独裁判官は、第34条に基づき提出された申立について、それ以上審査することなく決定できる場合には、不受理としまたはそれを総件名簿から削除することができる。

2　この決定は、確定したものとする。

3　単独裁判官は、申立について不受理とせず、それを総件名簿から削除もしない場合には、さらなる審査のために委員会または小法廷に提出しなければならない。

第28条（委員会の権限）　1　第34条に基づき提出された申立に関して、委員会は、全員一致によって、次のことを行うことができる。

(a)　それ以上審査することなく決定できる場合に、それを不受理としまたは総件名簿から削除すること。

(b)　条約またはその諸議定書の解釈または適用に関する、事件を基礎づける問題がすでに十分に確立した裁判所の判例法の主題である場合に、それを受理し同時に本案に関する判決を下すこ

と。

2 前項に基づく決定および判決は、確定したものとする。

3 訴訟当事国について選挙された裁判官が委員会の構成員でない場合、委員会は、当該締約国が本条1項(b)に基づく手続の適用を争っているかどうかを含むあらゆる関連要素を考慮して、手続のいかなる段階においても当該裁判官を委員会の構成員のうち1人の者に代わるよう招請することができる。

第29条（小法廷による受理可能性および本案に関する決定） 1 第27条もしくは第28条に基づいて決定が行われない場合または第28条に基づく判決が下されない場合、小法廷は、第34条に基づいて付託される個人の申立の受理可能性および本案について決定する。受理可能性に関する決定は別個に行うことができる。

2 小法廷は、第33条に基づいて付託される国家間の申立の受理可能性および本案について決定する。受理可能性に関する決定は、裁判所が例外的な場合に別段の決定をするのでない限り、別個に行うものとする。

第30条（大法廷への回付） 小法廷に係属する事件が条約またはその諸議定書の解釈に影響を与える重大な問題を生じさせる場合または小法廷での問題の決定が裁判所が以前に行った判決と一致しない結果をもたらす可能性のある場合には、小法廷は、判決を行う前のいずれの時でも、大法廷に当該事件を回付することができる。ただし、事件の当事者のいずれかがこれに反対した場合は、この限りでない。

〔註〕第15議定書による改正により、本条ただし書削除（未発効）

第31条（大法廷の権限） 大法廷は、次のことを行う。

(a) 第33条または第34条に基づいて付託される申立について、小法廷が第30条に基づいて回付した場合または事件が第43条に基づいて大法廷に上訴された場合に、決定を行うこと

(b) 第46条4項に従って閣僚委員会によって裁判所に付託される問題について決定すること。ならびに、

(c) 第47条に基づいて付託される勧告的意見の要請について審理すること

第32条（裁判所の管轄権） 1 裁判所の管轄は、第33条、第34条、第46条および第47条に基づいて裁判所に付託される条約およびその諸議定書の解釈および適用に関するすべての事項におよぶ。

2 裁判所が管轄権を有するかどうかについて争いがある場合には、裁判所が決定する。

第33条（国家間の事件） いずれの締約国も、他の締約国による条約およびその諸議定書の規定の違反を裁判所に付託することができる。

第34条（個人の申立） 裁判所は、いずれかの締約国による条約または議定書に定める権利の侵害の被害者であると主張する自然人、民間団体または個人の集団からの申立を受理することができる。締約国は、申立の権利の実効的な行使を決して妨げないことを約束する。

第35条（受理基準） 1 裁判所は、一般的に認められた国際法の原則に従ってすべての国内的な救済手段が尽くされた後で、かつ、最終的な決定がなされた日から6か月の期間内にのみ、事案を取り扱うことができる。

〔註〕第15議定書により、本項中の「6か月の期間」という文言は、「4か月の期間」と改正（未発効）

2 裁判所は、第34条に基づいて付託される個人の申立で、次のものは取り扱ってはならない。

(1) 匿名のもの、または

(2) 裁判所がすでに審理したか、またはすでに他の国際的調査もしくは解決の手続に付託された事案と実質的に同一であって、かつ、いかなる新しい関連情報も含んでいないもの

3 裁判所は、次の各号のいずれかに該当すると考える場合には、第34条に基づいて付託された個人の申立を不受理としなければならない。

(a) 申立が、条約または諸議定書の規定と両立しないか、明白に根拠不十分かまたは申立権の濫用である場合。

(b) 申立人が、相当な不利益を被ってはいなかった場合。ただし、条約およびその諸議定書に明定された人権の尊重のために当該申立の本案の審査が求められる場合はこの限りではなく、国内裁判所により正当に審理されなかったいかなる事件も、この理由により却下されてはならない。

〔註〕第15議定書による改正により、本号ただし書後段削除（未発効）

4　裁判所は、この条に基づいて不受理とするいかなる申立も却下する。裁判所は、手続のいずれの段階でもこの却下を行うことができる。

第36条（第三者の参加）　1　小法廷および大法廷でのすべての事件において、自国の国民が申立人となっている締約国は、書面の陳述を提出しおよび口頭審理に参加する権利を有する。

2　裁判所長は、司法の適正な運営のために、裁判手続の当事者ではない締約国または申立人ではない関係者に書面の陳述を提出しまたは口頭審理に参加するよう招請することができる。

3　小法廷または大法廷におけるすべての事件において、ヨーロッパ評議会人権弁務官は書面でコメントを提出しおよび口頭審理に参加することができる。

第37条（申立の削除）　1　裁判所は、事情により次のように結論できる場合には、手続のいずれの段階においても、申立を総件名簿から削除することを決定することができる。

(a) 申立人が自己の申立の継続を望んでいない、または

(b) 事案が解決された、または

(c) 裁判所によって確認されたその他の理由により、引き続き申立の審理を行うことが正当化できない。

ただし、裁判所は、条約および諸議定書に明定

された人権の尊重のために必要な場合には、引き続き申立の審理を行う。

2　裁判所は、事情により正当であると考える場合には、申立を総件名簿に再び登載することを決定することができる。

第38条（事件の審理）　裁判所は、当事者の代理人とともに、事件の対審審理を行い、および必要があれば調査を行う。この調査を実効的に行うために、関係国は、すべての必要な便宜を供与する。

第39条（友好的解決）　1　条約および諸議定書に定める人権の尊重を基礎とする事案の友好的解決を確保するために、裁判所は、手続のいかなる段階においても、自らを関係当事者の利用に委ねることができる。

2　前項に基づいて行われる手続は、非公開とする。

3　友好的解決が成立する場合には、裁判所は、決定により、総件名簿から事件を削除する。この決定は、事実および到達した解決の簡潔な記述にとどめなければならない。

4　この決定は、閣僚委員会に送付され、閣僚委員会は、この決定に定める友好的解決の条件の執行を監視する。

第40条（公開の口頭審理および文書の入手）　1　口頭審理は、裁判所が例外的な場合に別段の決定をする場合を除き、公開とする。

2　書記に寄託された文書は、裁判所長が別段の決定をする場合を除き、公衆が閲覧できるようにする。

第41条（公正な満足）　裁判所が条約または諸議定書の違反を認定し、かつ、当該締約国の国内法によってはこの違反の結果を部分的にしか払拭できない場合には、裁判所は、必要な場合、被害当事者に公正な満足を与えなければならない。

第42条（小法廷の判決）　小法廷の判決は、第44条2項の規定に従って確定する。

第43条（大法廷への上訴）　1　事件のいずれの当事者も、例外的な場合には、小法廷の判決の日から3か月の期間内に当該事件について大法廷への

上訴の受理を要請することができる。

2 大法廷の5人の裁判官で構成される審査部会は、当該の事件が条約もしくはその諸議定書の解釈もしくは適用に影響する重大な問題または一般的重要性を有する重大な問題を提起する場合には、その要請を受理する。

3 審査部会が要請を受理する場合には、大法廷は、当該の事件を判決により決定しなければならない。

第44条（確定判決）　1　大法廷の判決は、確定したものとする。

2 小法廷の判決は、次の場合に確定する。

(a) 当事者が事件について大法廷への上訴の受理を要請する意思のないことを宣言する場合、または

(b) 判決の日の後3か月経過し、その間に事件の大法廷への上訴受理要請がなされなかった場合、または

(c) 大法廷の審査部会が第43条に基づく上訴受理要請を却下する場合

3 確定判決は、公表される。

第45条（判決および決定の理由）　1　判決および申立の受理または不受理の決定には、理由を付さなければならない。

2 判決がその全部または一部について裁判官の全員一致の意見を表していないときは、いずれの裁判官も、個別の意見を表明する権利を有する。

第46条（判決の拘束力および執行）　1　締約国は、自国が当事者であるいかなる事件においても、裁判所の確定判決に従うことを約束する。

2 裁判所の確定判決は、閣僚委員会に送付され、閣僚委員会はその執行を監視する。

3 確定判決の執行の監視が判決の解釈の問題によって妨げられると閣僚委員会が考える場合、閣僚委員会は、解釈問題の判断を求めるため、事案を裁判所に付託することができる。付託の決定には、閣僚委員会に出席する権利を有する代表者の3分の2の多数を要する。

4 閣僚委員会は、締約国が自国が当事者となっている事件の確定判決に従うことを拒否していると考える場合、当該締約国に正式の通告を行ったのち、かつ閣僚委員会に出席する権利を有する代表者の3分の2の多数決による決定により、当該締約国が本条1項に基づく義務を実行するのを怠っているかどうかの問題を裁判所に付託する。

5 裁判所は、本条1項の違反を認定した場合、裁判所は、とるべき措置を検討するために閣僚委員会に事件を付託する。裁判所は本条1項の違反を認定しない場合、裁判所は閣僚委員会に事件を付託し、閣僚委員会は、自らの事件の審理を終了させる。

第47条（勧告的意見）　1　裁判所は、閣僚委員会の要請により、条約およびその諸議定書の解釈に関する法律問題について勧告的意見を与えることができる。

2 この意見は、条約の第1節および諸議定書に定義する権利および自由の内容もしくは範囲に関するいかなる問題も、または、裁判所もしくは閣僚委員会が、条約に基づいて開始されうる手続の結果検討しなければならなくなるその他のいかなる問題も、取り扱ってはならない。

3 裁判所の勧告的意見を要請する閣僚委員会の決定は、同委員会に出席する資格のある代表者の3分の2の多数の投票を必要とする。

第48条（裁判所の諮問権限）　裁判所は、閣僚委員会が付託した勧告的意見の要請が、第47条に定義する権限内にあるかどうかを決定する。

第49条（勧告的意見の理由）　1　裁判所の勧告的意見には、理由を付さなければならない。

2 勧告的意見がその全部または一部について裁判官の全員一致の意見を表していないときは、いずれの裁判官も、個別の意見を表明する権利を有する。

3 裁判所の勧告的意見は、閣僚委員会に通知される。

第50条（裁判所の経費）　裁判所の経費は、ヨーロッパ評議会が負担する。

第51条（裁判官の特権および免除） 裁判官は、その任務の遂行中は、ヨーロッパ評議会規程の第40条およびそれに基づいて作成される協定に定める特権および免除を受ける権利を有する。

第3節　雑　則

第52条（事務総長による照会） いずれの締約国も、ヨーロッパ評議会事務総長の要請のある場合には、自国の国内法がこの条約の諸規定の実効的な実施を確保する方法について説明を与えなければならない。

第53条（既存の人権の保障） この条約のいかなる規定も、いずれかの締約国の法律または当該締約国が締約国となっているいずれかの他の協定に基づいて保障されることのある人権および基本的自由を制限しまたはそれから逸脱するものと解してはならない。

第54条（閣僚委員会の権限） この条約のいかなる規定も、ヨーロッパ評議会規程が閣僚委員会に与えた権限を害するものではない。

第55条（他の紛争解決手段の排除） 締約国は、この条約の解釈または適用から生じる紛争をこの条約で定める解決手段以外のものに請願によって付託するために、締約国間に有効な条約または宣言を利用しないことを約束する。ただし、特別の合意がある場合は、この限りでない。

第56条（領域的適用） 1　いずれの国も、批准のときまたはその後のいずれのときでも、ヨーロッパ評議会事務総長に宛てた通告によって、自国が国際関係について責任を有する領域の全部または一部について本条4項に従ってこの条約を適用することを宣言することができる。

2　条約は、ヨーロッパ評議会事務総長がこの通告を受領した後30日目から通告の中で指定する領域に適用される。

3　この条約の規定は、現地の必要に妥当な考慮を払って、これらの領域に適用される。

4　本条1項に基づいて宣言を行ったいずれの国も、宣言後のいずれのときでも、宣言が関係する1または2以上の領域のために、この条約の第34条に定める自然人、民間団体または集団からの申立を受理する裁判所の権限を受諾することを宣言することができる。

第57条（留保） 1　いずれの国も、この条約に署名するときまたは批准書を寄託するときに、その領域でそのときに有効ないずれかの法律がこの条約の特定の規定と抵触する限りで、その規定について留保を付すことができる。一般的性格の留保は、この条のもとでは許されない。

2　この条に基づいて付されるいかなる留保も、関係する法律の簡潔な記述を含むものとする。

第58条（廃棄） 1　締約国は、自国が締約国となった日から5年経過した後、かつ、ヨーロッパ評議会事務総長に宛てた通告に含まれる6か月の予告の後にのみ、この条約を廃棄することができる。ヨーロッパ評議会事務総長は、これを他の締約国に通知するものとする。

2　前項の廃棄は、この条約に基づく締約国の義務の違反を構成する可能性がある行為であって廃棄が効力を生ずる日の前に締約国が行っていたいかなるものについても、関係締約国を当該の義務から免除する効果をもつものではない。

3　前項と同一の条件で、ヨーロッパ評議会の加盟国でなくなるいずれの締約国も、この条約の締約国でなくなる。

4　条約は、前3項の規定に基づいて、第56条によってその適用が宣言されたいずれの地域についても廃棄することができる。

第59条（署名および批准） 1　この条約は、ヨーロッパ評議会加盟国の署名のために開放しておく。この条約は、批准されなければならない。批准書は、ヨーロッパ評議会事務総長に寄託する。

2　ヨーロッパ連合は、この条約に加入することができる。

3　この条約は、10の批准書が寄託された後に効力を生ずる。

4　条約は、その後に批准する署名国については、
　　批准書の寄託の日に効力を生ずる。
5　ヨーロッパ評議会事務総長は、すべてのヨー
　　ロッパ評議会加盟国に、条約の効力発生、条約を
　　批准した締約国名およびその後に行われるすべて
　　の批准書の寄託について、通知する。

〔付記〕翻訳にあたっては、『ベーシック条約集 2018 年版』（東信堂）および同初版（1997 年）を参照した。
　　なお、翻訳は、次のような方針で行った。
　① 全体として平易を旨とし、既存の条約の公定訳にとらわれず、日本法の用語法に準拠した。
　② 原則として英文を基礎としたが、より明確である場合あるいは判例で解釈確定のために採用されている場合には、
　　もう一方の正文であるフランス文に拠った。

［小畑郁 訳］

2　人権および基本的自由の保護のための条約 第16議定書
（ヨーロッパ人権条約第16議定書）（抄）

署　　名　2013年10月2日
効力発生　2018年8月1日

ヨーロッパ評議会の加盟国および、1950年11月4日にローマで署名された人権および基本的自由の保護のための条約（以下「条約」という）のその他の締約当事者である下記署名者は、

条約規定、とくにヨーロッパ人権裁判所（以下「裁判所」という）を設置する第19条を考慮し、

勧告的意見を与えるよう裁判所の権限を拡大することが、補完性の原則に従って、裁判所と国内当局との間の相互作用を高め、それによって条約の実施を強化するであろうことを考慮し

2013年6月28日にヨーロッパ評議会議員会議が採択した意見285（2013）を考慮し、

以下のように協定した。

第1条〔先行意見の要請〕　1　第10条に従って特定される締約国の最高次の国内裁判所は、条約およびその諸議定書に定義する権利および自由の解釈または適用に関する原則問題について、裁判所に勧告的意見を要請することができる。

2　要請を行う国内裁判所は、自らに係属中の事件の文脈においてのみ勧告的意見を求めることができる。

3　要請を行う国内裁判所は、その要請の理由を述べ、係属中の事件の関連する法的・事実的背景を示さなければならない。

第2条〔大法廷審査部会による要請の受理〕　1　大法廷の5人の裁判官で構成される審査部会は、第1条を考慮して勧告的意見の要請を受理するかどうか決定する。審査部会は、要請を受理しない場合には、理由を述べなければならない。

2　審査部会が要請を受理する場合、大法廷が勧告的意見を述べる。

3　前2項にいう審査部会および大法廷には、要請を行った国内裁判所の属する締約国について選挙

された裁判官を職務上当然に含むものとする。かかる裁判官が裁判することができない場合には、当該締約国があらかじめ提出した名簿の中から裁判所長が選定する者が、裁判官の資格で裁判するものとする。

第3条〔審理への参加〕　ヨーロッパ評議会人権弁務官および要請を行った国内裁判所の属する締約国は、書面の陳述を提出しおよび口頭審理に参加する権利を有する。裁判所長は、適正な司法の運営のために、いずれの締約国にもまたいずれの者にも、書面の陳述を提出しまたは口頭審理に参加するよう招請することができる。

第4条〔先行意見の形式〕　1　勧告的意見には理由を付さなければならない。

2　勧告的意見が、その全部または一部について裁判官の全員一致の意見を表わすものでない場合には、いずれの裁判官も分離意見を述べる権利を有する。

3　勧告的意見は、要請を行った裁判所およびその裁判所が属する締約国に送付する。

4　勧告的意見は、公表される。

第5条〔先行意見の効力〕　勧告的意見は、拘束的なものではない。

第6条〔本議定書と条約との関係〕　締約当事者の間においては、本議定書の第1条から第5条までは、条約の追加条文とみなされ、すべての条約規定はそれに応じて適用される。

第7条〔批准等〕　（略）

第8条〔効力発生〕　1　本議定書は、条約の10の締約当事者が第7条の規定に従って本議定書に拘束される同意を表明したのち3か月の期間を経過した後、月の最初の日に効力を生ずる。

2　その後本議定書に拘束される同意を表明する条約の締約当事者に関しては、本議定書は、第7条の規定に従って本議定書に拘束される同意を表明

第 16 議定書 467

したのち 3 か月の期間を経過した後、月の最初の
日に効力を生ずる。

第 9 条〔留保〕 本議定書の規定に関しては、条約
第 57 条に基づくいかなる留保も付すことができ
ない。

第 10 条〔要請国内裁判所の特定〕 締約当事者はそ
れぞれ、署名の時または批准書、受諾書もしくは
承認書の寄託の時に、ヨーロッパ評議会事務総長
に宛てた宣言の形式で、本議定書第 1 条 1 項の適
用上それが指定する国内裁判所を示すものとする。
この宣言はその後いつでも同一の方式で変更する
ことができる。

第 11 条〔事務総長の通知〕 （略）

〔小畑郁 訳〕

〔付記〕見出は訳者が付した。

3　ヨーロッパ人権条約への議定書によって追加された条文

＊次の各議定書により、実体的権利が追加的保障を受けている。ただし、締約国の範囲などはそれぞれ別々であることに注意を要する。

① 第1議定書（1954年効力発生）

第1条（財産の保護） すべての自然人または法人は、その財産を平和的に享有する権利を有する。何人も、公益のために、かつ、法律および国際法の一般原則で定める条件に従う場合を除くほか、その財産を奪われない。

　ただし、この規定は、国が一般的利益に基づいて財産の使用を規制するため、または税その他の拠出もしくは罰金の支払いを確保するために、必要とみなす法律を実施する権利を決して妨げるものではない。

第2条（教育に対する権利） 何人も、教育に対する権利を否定されない。国は、教育および教授に関連して負ういかなる任務の行使においても、自己の宗教的および哲学的信念に適合する教育および教授を確保する父母の権利を尊重しなければならない。

第3条（自由選挙についての権利） 締約国は、立法機関の選出にあたって人民の自由な意見表明を確保する条件のもとで、合理的な間隔で、秘密投票による自由選挙を行うことを約束する。

② 第4議定書（1968年効力発生）

第1条（債務による拘禁の禁止） 何人も、契約上の義務を履行することができないことのみを理由としてその自由を奪われない。

第2条（移動の自由） 1　合法的にいずれかの国の領域内にいるすべての者は、当該領域内において移動の自由および居住の自由についての権利を有する。

2　すべての者は、いずれの国（自国を含む）からも自由に離れることができる。

3　前2項の権利の行使については、法律に基づく制限であって、国の安全もしくは公共の安全のため、公の秩序の維持、犯罪の防止、健康もしくは道徳の保護または他の者の権利および自由の保護のため、民主的社会において必要なもの以外のいかなる制限も課してはならない。

4　1項の権利についてはまた、法律に基づいて課す制限であって民主的社会において公益のために正当化される制限を、特定の地域で課することができる。

第3条（国民の追放の禁止） 1　何人も、自己が国民である国の領域から、個別的または集団的措置によって、追放されない。

2　何人も、自己が国民である国の領域に入る権利を奪われない。

第4条（外国人の集団的追放の禁止） 外国人の集団的追放は、禁止される。

③ 第6議定書（1985年効力発生）

第1条（死刑の廃止） 死刑は、廃止される。何人も死刑を宣告されまたは執行されない。

第2条（戦時等における死刑） 国は、戦時または急迫した戦争の脅威があるときになされる行為につき、法律で死刑の規定を設けることができる。死刑は、法律に定められた場合において、かつ、法律の規定に基づいてのみ適用される。国は、当該の法律の規定をヨーロッパ評議会事務総長に通知する。

④ 第7議定書（1988年効力発生）

第1条（外国人の追放についての手続的保障） 1　合法的に国の領域内に居住する外国人は、法律に基

づいて行われた決定による場合を除くほか、追放されてはならず、かつ、次のことを認められる。

(a) 自己の追放に反対する理由を提示すること、

(b) 自己の事案が審査されること、かつ、

(c) このために権限ある機関においてまたはその機関が指名する者に対して代理人が出頭すること。

2 外国人は、追放が公の秩序のために必要な場合または国の安全を理由とする場合には、この条1項の(a)、(b)および(c)に基づく権利を行使する以前にも追放することができる。

第2条（刑事事件における上訴の権利） 1 裁判所により有罪の判決を受けたすべての者は、その有罪認定または量刑を上級の裁判所によって再審理される権利を有する。この権利の行使は、それを行使できる事由を含め、法律によって規律される。

2 この権利については、法律が定める軽微な性質の犯罪に関する例外、または、当該の者が最上級の裁判所によって第1審の審理を受けた場合もしくは無罪の決定に対する上訴の結果有罪の判決を受けた場合の例外を設けることができる。

第3条（誤審による有罪判決に対する補償） 確定判決によって有罪と決定された場合において、その後に、新たな事実または新しく発見された事実により誤審のあったことが決定的に立証されたことを理由としてその有罪認定が破棄されまたは赦免が行われたときは、その有罪認定の結果刑罰に服した者は、関係国の法律または慣行に基づいて補償を受ける。ただし、その知られなかった事実が明らかにされなかったことの全部または一部がその者の責めに帰するものであることが証明される場合は、この限りでない。

第4条（一事不再理） 1 何人も、すでに一国の法律に従い、同国の刑事訴訟において無罪または有罪の確定判決を受けた犯罪行為について、同一国の裁判所において訴追され、または刑罰を科せられない。

2 前項の規定は、新しい事実もしくは新しく発見

された事実の証拠がある場合、または、以前の訴訟手続に当該事案の結果に影響を与えるような根本的瑕疵がある場合には、関係国の法律および刑事手続に基づいて事案の審理を再開することを妨げるものではない。

3 この条の規定からのいかなる免脱も、条約の第15条に基づいて行ってはならない。

第5条（配偶者の平等） 配偶者は、婚姻中および婚姻の解消の際に、配偶者相互間およびその子との関係において、婚姻に係る私法的性質の権利および責任の平等を享受する。この条は、国が児童の利益のために必要な措置をとることを妨げるものではない。

⑤ **第12議定書**（2005年効力発生）

第1条（差別の一般的禁止） 1 法律により定められるいかなる権利の享受も、性、人種、皮膚の色、言語、宗教、政治的その他の意見、国民的または社会的出身、民族的少数者への所属、財産、出生または他の地位等によるいかなる差別もなしに、保障される。

2 何人も、公の当局により1項に定めるようないかなる理由によっても差別されてはならない。

⑥ **第13議定書**（2003年効力発生）

第1条（死刑の廃止） 死刑は、廃止される。何人も、死刑を宣告されまたは執行されることはない。

［小畑郁 訳］

4 〈参考〉人権および基本的自由の保護のための条約へのヨーロッパ連合の加入に関する協定改定草案（EU 加入協定案）

※本草案は、2013 年 4 月の、ヨーロッパ評議会人権運営委員会アドホック交渉部会と EU 委員会（European Commission）との間の交渉会合での合意文書である。ヨーロッパ連合司法裁判所は、2014 年 12 月 18 日の意見で、本草案は、ヨーロッパ連合条約およびヨーロッパ連合運営条約とは両立しない、と述べた。その結果、本草案を基礎とするヨーロッパ連合のヨーロッパ人権条約への加入は、事実上不可能となった。加入のための交渉は、いまだ再開されていない。

ヨーロッパ評議会加盟国である 1950 年 11 月 4 日にローマで署名された人権および基本的自由の保護のための条約（以下、「条約」という）の締約国、およびヨーロッパ連合は、

条約第 59 条 2 項を考慮し、

ヨーロッパ連合が人権および基本的自由の尊重に基礎をおいていることを考慮し、

ヨーロッパ連合による条約への加入がヨーロッパにおいて人権を保護する上での一貫性を高めるであろうことを考慮し、

自然人、非政府団体または個人の集団が、ヨーロッパ連合の行為、措置または不作為をヨーロッパ人権裁判所（以下、「裁判所」とする）による外部の統制に付託する権利を有するべきであることをとくに考慮し、

国ではないヨーロッパ連合の固有の法秩序に注意して、その加入には共通の合意による条約システムの調整が必要であることを考慮して、

次の通り協定した。

第 1 条（加入の範囲および条約第 59 条の改正） 1 ヨーロッパ連合はこれにより条約、条約第 1 議定書および条約第 6 議定書に加入する。

2 条約第 59 条 2 項は次のように改正される。

「2(a) ヨーロッパ連合は、この条約およびその諸議定書に加入することができる。ヨーロッパ連合による諸議定書への加入は、必要な変更を加えて、第 1 議定書第 6 条、第 4 議定書第 7 条、第 6 議定書第 7 条から第 9 条、第 7 議定書第 8 条から第 10 条、第 12 議定書第 4 条から第 6 条および第 13 議定書第 6 条から第 8 条によって規律される。

(b) 人権および基本的自由の保護のための条約へのヨーロッパ連合の加入協定は、この条約の不可分の一部を構成する。」

3 条約およびその諸議定書への加入は、ヨーロッパ連合の主要機関、機関、事務所もしくは局またはそれらのために行動する者の行為、措置または不作為についてのみ、同連合に義務を課す。条約またはその諸議定書のいかなる規定も、ヨーロッパ連合の法律のもとでヨーロッパ連合に権限のない行為を行いまたは措置をとることを、同連合に要求するものではない。

4 条約、その諸議定書およびこの協定においては、ヨーロッパ連合加盟国の機関またはそのために行動する者の行為、措置または不作為は、そのような行為、措置または不作為がヨーロッパ連合法（ヨーロッパ連合条約およびヨーロッパ連合運営条約に基づいてなされた決定を含む）を当該国が実施するときに生じたとしても、当該国に帰属する。このことは、条約第 36 条 4 項およびこの協定の第 3 条に従って、ヨーロッパ連合がそのような行為、措置または不作為から生じる侵害について共同被告として責任を負うことを妨げない。

5 条約第 10 条（1 項）および第 17 条、第 1 議定書第 1 条および第 2 条、第 6 議定書第 6 条、第 7 議定書第 3 条、第 4 条（1 項および 2 項）、第 5 条および第 7 条、第 12 議定書第 3 条ならびに第 13 議定書第 5 条に「国」、「諸国」または「締約国」という用語があるときは、それらは国ではない条約締約当事者としてのヨーロッパ連合をも指すものと了解するものとする。

条約第7条（1項）、第11条（2項）、第12条、第13条および第35条（1項）に「国内法」、「国の行政機関」、「国内諸法」、「国の機関」または「国内的な」という用語があるときは、必要な変更を加えて、それらは国ではない条約締約当事者としてのヨーロッパ連合の内部の法秩序および同連合の主要機関、機関、事務所または局にもかかわるものと了解するものとする。

条約第6条（1項）、第8条（2項）、第10条（2項）、第11条（2項）および第15条（1項）、第4議定書第2条（3項）ならびに第7議定書第1条（2項）に「国の安全」、「国の経済的福利」、「領土保全」または「国民の生存」という用語があるときは、ヨーロッパ連合が訴えられているまたはヨーロッパ連合が共同被告である訴訟においては、それらの用語は、状況に応じて個別的にまたは集団的に、ヨーロッパ連合加盟諸国に関係する事態に関しても適用される。

6　条約第1条にある「その管轄内にあるすべての者」という表現が締約国の領域内にある者を指す限りにおいて、ヨーロッパ連合については、それは、ヨーロッパ連合条約およびヨーロッパ連合運営条約が適用されるヨーロッパ連合加盟国の領域内にある者を指すものと了解するものとする。その表現が締約国の領域外にある者を指す限りにおいて、ヨーロッパ連合については、それは、問題となっている申し立てられた侵害が国である締約国に帰属したならば当該締約国の管轄内にあったであろう者を指すものと解するものとする。

7　条約第5条（1項）および第4議定書第2条（2項）にある「国」という用語ならびに第4議定書第2条（1項）および第7議定書第1条（1項）にある「国の領域」という用語は、ヨーロッパ連合については、ヨーロッパ連合条約およびヨーロッパ連合運営条約が適用されるヨーロッパ連合加盟国の各領域を意味する。

8　条約第59条5項は次のように改正される。
「5　ヨーロッパ評議会事務総長は、すべてのヨー

ロッパ評議会加盟国およびヨーロッパ連合に、条約の効力発生、条約を批准したまたは条約に加入した締約国名ならびにその後に行われるすべての批准書または加入書の寄託について、通知する。」

第2条（条約およびその諸議定書に対する留保）1　ヨーロッパ連合は、第10条に従って署名するときまたはこの協定の規定に拘束されることの同意を表明するときに、条約第57条に従って条約および第1議定書に留保を付すことができる。

2　条約第57条1項は次のように改正される。
「1　いずれの国も、この条約に署名するときまたは批准書を寄託するときに、その領域でそのときに有効ないずれの法律がこの条約の特定の規定と抵触する限りで、その規定について留保を付すことができる。ヨーロッパ連合は、この条約に加入するときに、そのときに有効なヨーロッパ連合のいずれかの法律がこの条約の特定の規定と抵触する限りで、その規定について留保を付すことができる。一般的性格の留保は、この条のもとでは許されない。」

第3条（共同被告メカニズム）1　条約第36条は次のように改正される。
(a) 条約第36条の見出しは次のように改正される。
「第三者参加および共同被告」
(b) 条約第36条の末尾に次のような新たな第4項を追加する。
「4　ヨーロッパ連合またはヨーロッパ連合加盟国は、人権および基本的自由の保護のための条約へのヨーロッパ連合の加入協定に定められた状況において、裁判所の決定により訴訟手続の共同被告になることができる。共同被告は事件の当事者になる。申立の受理可能性は共同被告の訴訟手続への参加にかかわりなく審査される。」

2　一または二以上のヨーロッパ連合加盟国に対して申立がなされる場合、侵害の訴えが、ヨーロッパ連合法（ヨーロッパ連合条約およびヨーロッパ連合運営条約に基づいてなされた決定を含む）の規定の、条約またはヨーロッパ連合が加入した議

定書に定義された係争中の権利との適合性に疑念を生じさせるとき、とくにその侵害がヨーロッパ連合法のもとでの義務を無視することによってのみ避けられたであろうというときは、ヨーロッパ連合は、裁判所によって通知されたその侵害についての訴訟手続において共同被告になることができる。

3 ヨーロッパ連合に対して申立がなされる場合、侵害の訴えが、ヨーロッパ連合条約もしくはヨーロッパ連合運営条約の規定またはそれら基本条約に従って同一の法的価値を有するその他の規定の、条約またはヨーロッパ連合が加入した議定書に定義された係争中の権利との適合性に疑念を生じさせるとき、とくにその侵害がそれら基本条約のもとでの義務を無視することによってのみ避けられたであろうというときは、ヨーロッパ連合加盟国は裁判所によって通知されたその侵害についての訴訟手続の共同被告になることができる。

4 ヨーロッパ連合およびその一または二以上の加盟国の双方に申立がなされて通知される場合、本条2項または3項の条件を満たせば、被告の地位は共同被告の地位に変更することができる。

5 締約当事者は、裁判所からの招請を受諾することによって、または当該締約当事者からの要請をうけた裁判所の決定によって共同被告になる。締約当事者に共同被告になるよう招請するとき、およびその趣旨の要請について決定するとき、裁判所は訴訟のすべての当事者の見解を求める。裁判所は、そのような要請について決定するとき、関係締約当事者の示した理由に照らして本条2項または3項の条件が満たされているという主張が妥当かどうかを審査する。

6 ヨーロッパ連合が共同被告になっている訴訟手続において、ヨーロッパ連合司法裁判所が、本条2項に定めるように、ヨーロッパ連合法の規定の、条約またはヨーロッパ連合が加入した議定書に定義された係争中の権利との適合性を未だ審査していないときは、ヨーロッパ連合司法裁判所には、

そのような審査を行うための十分な時間が与えられ、その後当事者には、裁判所にその所見を提出するための十分な時間が与えられる。ヨーロッパ連合は、裁判所の訴訟手続が不当に遅延しないようにするために、そのような審査が迅速に行われることを確保する。この項の規定は、裁判所の権限に影響を及ぼさない。

7 締約当事者が共同被告になっている訴訟手続において侵害が認定された場合、被告および共同被告は、その侵害に対して共同で責任を負う。ただし、裁判所が、被告および共同被告が示した理由に基づいて、かつ申立人または原告国の見解を求めたうえで被告と共同被告のいずれかのみが責任を負うことを決定する場合は、この限りでない。

8 本条は、この協定が効力を生ずる日以降に付託された申立に適用する。

第4条（締約当事者間の事件） 1 条約第29条2項の第一文は、次のように改正される。

「小法廷は、第33条に基づいて付託される締約当事者間の申立の受理可能性および本案について決定する。」

2 条約第33条の見出しは、次のように改正される。「締約当事者間の事件」

第5条（条約第35条および第55条の解釈） ヨーロッパ連合司法裁判所における手続は、条約第35条2項(b)にいう国際的調査または解決の手続、および条約第55条にいう紛争解決の手段には該当しないものと解釈するものとする。

第6条（裁判官の選挙） 1 ヨーロッパ議会の代表団は、ヨーロッパ評議会議員会議が条約第22条に従って裁判官の選挙に関する任務を実施しているときは、議員会議の会合に投票権付きで参加する権利を有する。ヨーロッパ議会の代表団は、ヨーロッパ評議会規程第26条に基づいて最も多くの代表者を認められている国の代表団と同数の代表者を有する。

2 ヨーロッパ評議会議員会議およびその関連機関の会合へのヨーロッパ議会の代表者の参加様式は、

ヨーロッパ議会と協力してヨーロッパ評議会議員会議が決定する。

第7条（ヨーロッパ連合のヨーロッパ評議会閣僚委員会の会合への参加） 1　条約第54条は次のように改正される。

「第54条（閣僚委員会の権限）1　この条約の議定書は、閣僚委員会によって採択される。

2　この条約のいかなる規定も、ヨーロッパ評議会規程が閣僚委員会に与えた権限を害するものではない。」

2　ヨーロッパ連合は、閣僚委員会が条約第26条（2項）、第39条（4項）、第46条（2項から5項）、第47条および第54条（1項）に基づいて決定を行うときは、同委員会の会合に投票権付きで参加する権利を有する。

3　下の事項についてのその他の文書またはテキストの採択前に、閣僚委員会は、ヨーロッパ連合と協議しなければならない。閣僚委員会は、ヨーロッパ連合が表明した立場を正当に考慮する。

──条約またはヨーロッパ連合が当事者である条約の議定書に関係し、裁判所または条約もしくは関連の議定書のすべての締約国に向けられたもの

──本条2項にいう諸規定に基づく閣僚委員会の決定

──条約第22条に基づくヨーロッパ評議会議員会議による裁判官の選挙のための候補者の選出

4　ヨーロッパ連合およびその加盟国による投票権の行使は、条約第39条および第46条に基づく監視機能を閣僚委員会が実効的に行使することを害さない。とりわけ次の規定が適用される。

(a)　閣僚委員会がヨーロッパ連合単独によるまたはヨーロッパ連合とその一もしくは二以上の加盟国の共同による義務の実施を監視する事件との関係では、ヨーロッパ連合の基本条約上、ヨーロッパ連合およびその加盟国は調整された態度で立場を表明し、投票を行う。こうした状況において閣僚委員会がその機能を実効的に行使することを確保するために、判決および友好的解決の条件の執

行を監視するための閣僚委員会の規則を調整する。

(b)　(a)以外の場合であって、閣僚委員会がヨーロッパ連合以外の締約国による義務の実施を監視する事件では、ヨーロッパ連合加盟国は、ヨーロッパ連合の基本条約上、自由に自らの立場を表明し、投票権を行使する。

第8条（条約に関連する経費支出へのヨーロッパ連合の参加） 1　ヨーロッパ連合は、条約の運営に関する経費に充てる年次分担金を支払う。この年次分担金は、他の締約国が支払う分担金とは別のものとする。その額は、前年に国がヨーロッパ評議会の通常予算に拠出した最高金額の34パーセントに等しい額とする。

2 (a)　ヨーロッパ評議会の通常予算のうち条約の運営に関する経費に充てる金額を通常予算に占める割合として示したものが、1項に示した割合から2年連続で2.5パーセントより大きく離れているときは、ヨーロッパ評議会およびヨーロッパ連合はこの新たな割合を反映させるために合意によって1項の割合を変更する。

(b)　本項において、ヨーロッパ連合が条約の締約当事者になる前年と比較した、ヨーロッパ評議会の通常予算のうち条約の運営に関する経費に充てる金額の絶対的な減少は考慮しない。

(c)　本項(a)に基づいて変更された割合は、この項に従ってその後変更することができる。

3　本条において、「条約の運営に関する経費」とは、次のものに関する経費の合計を、関連する行政的な諸経費を反映するために15パーセント上乗せしたものを指す。

(a)　裁判所

(b)　裁判所の判決の執行監視

(c)　条約に基づく職務を果たしているときの、ヨーロッパ評議会閣僚委員会、ヨーロッパ評議会議員会議およびヨーロッパ評議会事務総長の活動

4　ヨーロッパ評議会とヨーロッパ連合との間の合意によって、本条を実施するための実務的取極めを定めることができる。

第9条（他の協定との関係）1 ヨーロッパ連合は、その権限の範囲内で次の規定を尊重する。

(a) 1996年3月5日のヨーロッパ人権裁判所の手続に参加している者に関するヨーロッパ協定（ETS No.161）第1条から第6条

(b) 条約の運用に関係する限りで、1949年9月2日のヨーロッパ評議会の特権および免除に関する一般協定（ETS No.2）第1条から第19条および1952年11月6日のその議定書（ETS No.10）第2条から第6条

(c) 1996年3月5日のヨーロッパ評議会の特権および免除に関する一般協定第6議定書（ETS No.162）第1条から第6条

2 1項にいう協定および議定書の適用においては、その締約国は、ヨーロッパ連合を当該協定または議定書の締約国であるかのように扱う。

3 ヨーロッパ連合は、1項にいう協定または議定書の改正前に意見を求められる。

4 ヨーロッパ評議会事務総長は、1項にいう協定および議定書についてヨーロッパ連合に次のことを通知する。

(a) 署名

(b) 批准書、受諾書、承認書または加入書の寄託

(c) それらの協定および議定書の関連規定に従って効力の生じた日付

(d) それらの協定および議定書に関係するその他の行為、通知または届出

第10条（署名および効力発生）1 この協定が署名に開放される日の条約締約国およびヨーロッパ連合は、次の方法によりこの協定に拘束されることの同意を表明することができる。

(a) 批准、受諾または承認についての留保を付さずに行う署名

(b) 批准、受諾または承認についての留保を付して行う署名で、後に批准、受諾または承認すること

2 批准書、受諾書または承認書は、ヨーロッパ評議会事務総長に寄託する。

3 この協定は、1項にいうすべての条約締約国およびヨーロッパ連合が1項および2項の規定に従ってこの協定に拘束されることの同意を表明した日から3か月の期間が経過した後、月の最初の日に効力を生ずる。

4 ヨーロッパ連合は、この協定が効力を生ずる日に条約、条約第1議定書および条約第6議定書の締約当事者になる。

第11条（留保）この協定の規定については、いかなる留保も付すことができない。

第12条（通知）ヨーロッパ評議会事務総長は、ヨーロッパ連合およびヨーロッパ評議会加盟国に次のことを通知する。

(a) 批准、受諾または承認についての留保を付さずに行われた署名

(b) 批准、受諾または承認についての留保を付して行われた署名

(c) 批准書、受諾書または承認書の寄託

(d) この協定が第10条に従って効力を生じた日付

(e) この協定に関係するその他の行為、通知または届出

[竹内徹 訳]

資料Ⅱ　ヨーロッパ人権条約締約国一覧

（2017 年 11 月 14 日現在）

締約国	ヨーロッパ人権条約	第1議定書	第4議定書	第6議定書	第7議定書	第12議定書	第13議定書
アルバニア	96/ 10/ 02	96/ 10/ 02	96/ 10/ 02	00/ 10/ 01	97/ 01/ 01	05/ 04/ 01	07/ 06/ 01
アンドラ	96/ 01/ 22	08/ 05/ 06	08/ 05/ 06	96/ 02/ 01	08/ 08/ 01	08/ 09/ 01	03/ 07/ 01
アルメニア	02/ 04/ 26	02/ 04/ 26	02/ 04/ 26	03/ 10/ 01	02/ 07/ 01	05/ 04/ 01	
オーストリア	58/ 09/ 03	58/ 09/ 03	69/ 09/ 18	85/ 03/ 01	88/ 11/ 01		04/ 05/ 01
アゼルバイジャン	02/ 04/ 15	02/ 04/ 15	02/ 04/ 15	02/ 05/ 01	02/ 07/ 01		
ベルギー	55/ 06/ 14	55/ 06/ 14	70/ 09/ 21	99/ 01/ 01	12/ 07/ 01		03/ 10/ 01
ボスニア・ヘルツェゴビナ	02/ 07/ 12	02/ 07/ 12	02/ 07/ 12	02/ 08/ 01	02/ 10/ 01	05/ 04/ 01	03/ 11/ 01
ブルガリア	92/ 09/ 07	92/ 09/ 07	00/ 11/ 04	99/ 10/ 01	01/ 02/ 01		03/ 07/ 01
クロアチア	97/ 11/ 05	97/ 11/ 05	97/ 11/ 05	97/ 12/ 01	98/ 12/ 01	05/ 04/ 01	03/ 07/ 01
キプロス	62/ 10/ 06	62/ 10/ 06	89/ 10/ 03	00/ 02/ 01	00/ 12/ 01	05/ 04/ 01	03/ 07/ 01
チェコ	93/ 01/ 01	93/ 01/ 01	93/ 01/ 01	93/ 01/ 01	93/ 01/ 01		04/ 11/ 01
デンマーク	53/ 09/ 03	54/ 05/ 18	68/ 05/ 02	85/ 03/ 01	88/ 11/ 01		03/ 07/ 01
エストニア	96/ 04/ 16	96/ 04/ 16	96/ 04/ 16	98/ 05/ 01	96/ 07/ 01		04/ 06/ 01
フィンランド	90/ 05/ 10	90/ 05/ 10	90/ 05/ 10	90/ 06/ 01	90/ 08/ 01	05/ 04/ 01	05/ 03/ 01
フランス	74/ 05/ 03	74/ 05/ 03	74/ 05/ 03	86/ 03/ 01	88/ 11/ 01		08/ 02/ 01
ジョージア	99/ 05/ 20	02/ 06/ 07	00/ 04/ 13	00/ 05/ 01	00/ 07/ 01	05/ 04/ 01	03/ 09/ 01
ドイツ	53/ 09/ 03	57/ 02/ 13	68/ 06/ 01	89/ 08/ 01			05/ 02/ 01
ギリシャ	74/ 11/ 28	74/ 11/ 28		98/ 10/ 01	88/ 11/ 01		05/ 06/ 01
ハンガリー	92/ 11/ 05	92/ 11/ 05	92/ 11/ 05	92/ 12/ 01	93/ 02/ 01		03/ 11/ 01
アイスランド	53/ 09/ 03	54/ 05/ 18	68/ 05/ 02	87/ 06/ 01	88/ 11/ 01		05/ 03/ 01
アイルランド	53/ 09/ 03	54/ 05/ 18	68/ 10/ 29	94/ 07/ 01	01/ 11/ 01		03/ 07/ 01
イタリア	55/ 10/ 26	55/ 10/ 26	82/ 05/ 27	89/ 01/ 01	92/ 02/ 01		09/ 07/ 01
ラトビア	97/ 06/ 27	97/ 06/ 27	97/ 06/ 27	99/ 06/ 01	97/ 09/ 01		12/ 05/ 01
リヒテンシュタイン	82/ 09/ 08	95/ 11/ 14	05/ 02/ 08	90/ 12/ 01	05/ 05/ 01		03/ 07/ 01
リトアニア	95/ 06/ 20	96/ 05/ 24	95/ 06/ 20	99/ 08/ 01	95/ 09/ 01		04/ 05/ 01
ルクセンブルク	53/ 09/ 03	54/ 05/ 18	68/ 05/ 02	85/ 03/ 01	89/ 07/ 01	06/ 07/ 01	06/ 07/ 01
マルタ	67/ 01/ 23	67/ 01/ 23	02/ 06/ 05	91/ 04/ 01	03/ 04/ 01	16/ 04/ 01	03/ 07/ 01
モルドバ	97/ 09/ 12	97/ 09/ 12	97/ 09/ 12	97/ 10/ 01	97/ 12/ 01		07/ 02/ 01
モナコ	05/ 11/ 30		05/ 11/ 30	05/ 12/ 01	05/ 02/ 01		06/ 03/ 01
モンテネグロ	06/ 06/ 06	06/ 06/ 06	06/ 06/ 06	06/ 06/ 06	06/ 06/ 06	06/ 06/ 06	06/ 06/ 06
オランダ	54/ 08/ 31	54/ 08/ 31	82/ 06/ 23	86/ 05/ 01		05/ 04/ 01	06/ 06/ 01
ノルウェー	53/ 09/ 03	54/ 05/ 18	68/ 05/ 02	88/ 11/ 01	89/ 01/ 01		05/ 12/ 01
ポーランド	93/ 01/ 19	94/ 10/ 10	94/ 10/ 10	00/ 11/ 01	03/ 03/ 01		14/ 09/ 01
ポルトガル	78/ 11/ 09	78/ 11/ 09	78/ 11/ 09	86/ 11/ 01	05/ 03/ 01	17/ 05/ 01	04/ 02/ 01
ルーマニア	94/ 06/ 20	94/ 06/ 20	94/ 06/ 20	94/ 07/ 01	94/ 09/ 01	06/ 11/ 01	03/ 08/ 01
ロシア	98/ 05/ 05	98/ 05/ 05	98/ 05/ 05		98/ 08/ 01		
サンマリノ	89/ 03/ 22	89/ 03/ 22	89/ 03/ 22	89/ 04/ 01	89/ 06/ 01	05/ 04/ 01	03/ 08/ 01
セルビア	04/ 03/ 03	04/ 03/ 03	04/ 03/ 03	04/ 04/ 01	04/ 06/ 01	05/ 04/ 01	04/ 07/ 01
スロバキア	93/ 01/ 01	93/ 01/ 01	93/ 01/ 01	93/ 01/ 01	93/ 01/ 01		05/ 12/ 01
スロベニア	94/ 06/ 28	94/ 06/ 28	94/ 06/ 28	94/ 07/ 01	94/ 09/ 01	10/ 11/ 01	04/ 04/ 01
スペイン	79/ 10/ 04	90/ 11/ 27	09/ 09/ 16	85/ 03/ 01	09/ 12/ 01	08/ 06/ 01	10/ 04/ 01
スウェーデン	53/ 09/ 03	54/ 05/ 18	68/ 05/ 02	85/ 03/ 01	88/ 11/ 01		03/ 08/ 01
スイス	74/ 11/ 28			87/ 11/ 01	88/ 11/ 01		03/ 07/ 01
マケドニア（The former Yugoslav Republic of Macedonia）	97/ 04/ 10	97/ 04/ 10	97/ 04/ 10	97/ 05/ 01	97/ 07/ 01	05/ 04/ 01	04/ 11/ 01
トルコ	54/ 05/ 18	54/ 05/ 18		03/ 12/ 01	16/ 08/ 01		06/ 06/ 01
ウクライナ	97/ 09/ 11	97/ 09/ 11	97/ 09/ 11	00/ 05/ 01	97/ 12/ 01	06/ 07/ 01	03/ 07/ 01
イギリス	53/ 09/ 03	54/ 05/ 18		99/ 06/ 01			04/ 02/ 01

＊締約国欄はアルファベット順。＊日付は効力発生日（年／月／日）。
＊掲載した議定書は権利関係のもの。＊空欄は未批准のもの。
［出典］ヨーロッパ人権裁判所 HP

資料Ⅲ ヨーロッパ人権裁判所裁判官一覧

(2019年2月17日現在)

1 Mr. Guido Raimondi

所長（President）（2015. 11 ～）、次長（Vice-President）および部長（Section President）（2012. 11 ～）、裁判官（2010. 5 ～）
推薦国：イタリア
経歴：破毀院裁判官

2 Ms. Angelika Nußberger

次長（2017. 2 ～）、部長（2015. 11 ～）、裁判官（2011. 1 ～）
推薦国：ドイツ
経歴：ケルン大学教授

3 Mr. Linos-Alexandre Sicilianos

次長（2017. 5 ～）、部長（2017. 2 ～）、裁判官（2011. 5 ～）
推薦国：ギリシャ
経歴：アテネ大学教授、人種差別撤廃委員会委員

4 Mr. Robert Spano

部長（2017. 5 ～）、裁判官（2013. 11 ～）
推薦国：アイスランド
経歴：アイスランド大学教授

5 Mr. Vincent A. De Gaetano

部長（2018. 9 ～）、裁判官（2010. 9 ～）
推薦国：マルタ
経歴：憲法裁判所長官

6 Mr. Jon Fridrik Kjølbro

部長（2019. 2 ～）裁判官（2014. 4 ～）
推薦国：デンマーク
経歴：高等裁判所裁判官

7 Ms. Işıl Karakaş

裁判官（2008. 5 ～）
推薦国：トルコ
経歴：ガラタサライ大学教授（国際法）

8 Ms. Ganna Yudkivska

裁判官（2010. 6 ～）
推薦国：ウクライナ
経歴：弁護士、人権裁判所書記局の法律家

9 Ms. Julia Laffranque

裁判官（2011. 1 ～）
推薦国：エストニア
経歴：最高裁判所裁判官

10 Mr. Paulo Pinto de Albuquerque

裁判官（2011. 4 ～）
推薦国：ポルトガル
経歴：リスボンカトリック大学准教授

11 Ms. Helen Keller

裁判官（2011. 10 ～）
推薦国：スイス
経歴：チューリッヒ大学教授（国際法、憲法など）、自由権規約委員会委員

12 Mr. André Potocki

裁判官（2011. 11 ～）
推薦国：フランス
経歴：破毀院裁判官

＊裁判官の掲載は席次順（役職者を除き、席次は就任日順。就任日が同じ場合は年齢の高い順）。
＊裁判官は頻繁に交代するので、最新状況はヨーロッパ人権裁判所 HP を参照（トップページ→ 'The Court/ La Cour' →' Composition of the Court/ Composition de la Cour'）。
［出典］ヨーロッパ人権裁判所 HP

資料Ⅲ　ヨーロッパ人権裁判所裁判官一覧

13　Mr. Paul Lemmens　　*14*　Mr. Aleš Pejchal　　*15*　Mr. Krzysztof Wojtyczek　　*16*　Mr. Valeriu Griţco

裁判官（2012.9〜）
推薦国：ベルギー
経歴：ルーヴァンカトリック大学教授（憲法など）

裁判官（2012.11〜）
推薦国：チェコ
経歴：弁護士

裁判官（2012.11〜）
推薦国：ポーランド
経歴：ヤギェウォ大学教授

裁判官（2012.12〜）
推薦国：モルドバ
経歴：弁護士

17　Mr. Faris Vehabović　　*18*　Ms. Ksenija Turković　　*19*　Mr. Dmitry Dedov　　*20*　Mr. Egidijus Kūris

裁判官（2012.12〜）
推薦国：ボスニア・ヘルツェゴビナ
経歴：憲法裁判所裁判官

裁判官（2013.1〜）
推薦国：クロアチア
経歴：ザグレブ大学教授（刑法）

裁判官（2013.1〜）
推薦国：ロシア
経歴：最高経済裁判所裁判官

裁判官（2013.11〜）
推薦国：リトアニア
経歴：ヴィリニュス大学教授、憲法裁判所長官

21　Ms. Iulia Motoc　　*22*　Mr. Branko Lubarda　　*23*　Mr. Yonko Grozev　　*24*　Ms. Síofra O'Leary

裁判官（2013.12〜）
推薦国：ルーマニア
経歴：ブカレスト大学教授（国際法など）、自由権規約委員会委員

裁判官（2015.4〜）
推薦国：セルビア
経歴：ベオグラード大学教授

裁判官（2015.4〜）
推薦国：ブルガリア
経歴：弁護士

裁判官（2015.7〜）
推薦国：アイルランド
経歴：EU司法裁判所調査官

478　　　　　資料Ⅲ　ヨーロッパ人権裁判所裁判官一覧

25　Mr. Carlo Ranzoni

裁判官（2015. 9 ～）
推薦国：リヒテンシュタイン
経歴：リヒテンシュタイン司法裁判所裁判官

26　Mr. Mārtiņš Mits

裁判官（2015. 9 ～）
推薦国：ラトビア
経歴：リガ法科大学院准教授

27　Mr. Armen Harutyunyan

裁判官（2015. 9 ～）
推薦国：アルメニア
経歴：エレバン国立大学教授

28　Ms. Stéphanie Mourou-Vikström

裁判官（2015. 9 ～）
推薦国：モナコ
経歴：モナコ第一審裁判所裁判官

29　Mr. Georges Ravarani

裁判官（2015. 11 ～）
推薦国：ルクセンブルク
経歴：憲法裁判所裁判官

30　Ms. Gabriele Kucsko-Stadlmayer

裁判官（2015. 11 ～）
推薦国：オーストリア
経歴：ウィーン大学教授（憲法および行政法）

31　Mr. Pere Pastor Vilanova

裁判官（2015. 11 ～）
推薦国：アンドラ
経歴：最高裁判所裁判官

32　Ms. Alena Poláčková

裁判官（2015. 12 ～）
推薦国：スロバキア
経歴：最高裁判所裁判官

33　Ms. Pauliine Koskelo

裁判官（2016. 1 ～）
推薦国：フィンランド
経歴：最高裁判所長官

34　Mr. Georgios Serghides

裁判官（2016. 4 ～）
推薦国：キプロス
経歴：家庭裁判所所長

35　Mr. Marko Bošnjak

裁判官（2016. 5 ～）
推薦国：スロベニア
経歴：リュブリャナ大学准教授（刑法）

36　Mr. Tim Eicke

裁判官（2016. 9 ～）
推薦国：イギリス
経歴：弁護士

資料Ⅲ　ヨーロッパ人権裁判所裁判官一覧　　　479

37　Mr. Lətif Hüseynov　　*38*　Mr. Jovan Ilievski　　*39*　Ms. Jolien Schukking　　*40*　Mr. Péter Paczolay

裁判官（2017.1～）
推薦国：アゼルバイジャン
経歴：バクー国立大学教授（国際法）、ヨーロッパ拷問防止委員会委員長、国連人権理事会諮問委員会委員

裁判官（2017.2～）
推薦国：マケドニア
経歴：検察官

裁判官（2017.4～）
推薦国：オランダ
経歴：高等行政裁判所裁判官

裁判官（2017.4～）
推薦国：ハンガリー
経歴：ブダペスト大学教授、憲法裁判所長官、ベニス委員会委員

41　Mr. Lado Chanturia　　*42*　Ms. María Elósegui　　*43*　Ms. Ivana Jelić　　*44*　Mr. Gilberto Felici

裁判官（2018.1～）
推薦国：ジョージア
経歴：トビリシ国立大学教授、法務大臣、最高裁判所長官、ドイツ大使

裁判官（2018.3～）
推薦国：スペイン
経歴：サラゴサ大学教授

裁判官（2018.4～）
推薦国：モンテネグロ
経歴：モンテネグロ大学教授、国連自由権規約委員会副委員長

裁判官（2018.9～）
推薦国：サンマリノ共和国
経歴：サンマリノ第1審裁判所裁判官

45　Mr. Arnfinn Bårdsen　　*46*　Mr. Darian Pavli　　　Mr. Roderick Liddell

裁判官（2019.1～）
推薦国：ノルウェー
経歴：ノルウェー最高裁判所裁判官

裁判官（2019.1～）
推薦国：アルバニア共和国
経歴：弁護士

書記（2015.12～）
国籍国：イギリス

資料Ⅲ　ヨーロッパ人権裁判所裁判官一覧

◇ 歴代裁判所長 ◇

Mr. Arnold Duncan McNair

在任期間：1959.1〜1965.5
推薦国：イギリス

Mr. René Cassin

在任期間：1965.5〜1968.6
推薦国：フランス

Mr. Henri Rolin

在任期間：1968.9〜1971.5
推薦国：ベルギー

Mr. Humphrey Waldock

在任期間：1971.5〜1974.1
推薦国：イギリス

Mr. Giorgio Balladore Pallieri

在任期間：1974.5〜1980.12
推薦国：イタリア

Mr. Gérard J. Wiarda

在任期間：1981.1〜1985.5
推薦国：オランダ

Mr. Rolv Ryssdal

在任期間：1985.5〜1998.2
推薦国：ノルウェー

Mr. Rudolf Bernhardt

在任期間：1998.3〜1998.10
推薦国：ドイツ

Mr. Luzius Wildhaber

在任期間：1998.11〜2007.1
推薦国：スイス

Mr. Jean-Paul Costa

在任期間：2007.1〜2011.11
推薦国：フランス

Mr. Nicolas Bratza

在任期間：2011.11〜2012.10
推薦国：イギリス

Mr. Dean Spielmann

在任期間：2012.11〜2015.10
推薦国：ルクセンブルク

資料Ⅳ　個人申立の審査手続の流れ

(2018 年 1 月 25 日現在)

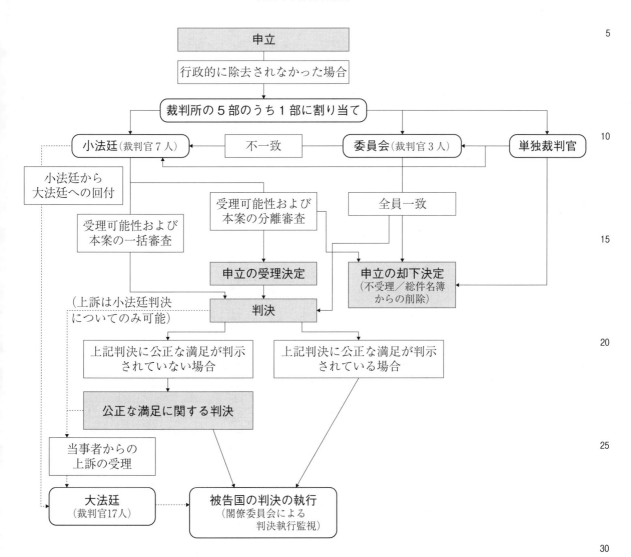

＊この図は、様々な裁判体による審理の流れを示している。理解しやすくするために、手続の中で省略したものがある。
　たとえば、被告国への申立の通報、大法廷の審査部会による上訴の受理の検討、友好的解決の交渉などである。
［出典］ヨーロッパ人権裁判所 HP

資料Ⅴ　事件処理状況(1)　申立および判決数

年	申立件数	登録申立件数	受理決定数	判決総数	全員法廷または大法廷判決数
1955 ～ 1987	39,973	13,457	523	154	57
1988	4,246	1,009	52	26	15
1989	4,923	1,445	95	25	11
1990	5,259	1,657	151	30	6
1991	6,104	1,648	217	72	8
1992	6,456	1,861	189	81	3
1993	9,759	2,037	218	60	2
1994	10,335	2,944	582	50	3
1995	11,236	3,481	807	56	3
1996	12,704	4,758	624	72	13
1997	14,166	4,750	703	106	8
1998	18,164	5,981	762	105	15
1999	22,617	8,400	731	177	63
2000	30,069	10,482	1,086	695	26
2001	31,228	13,845	739	889	21
2002	34,509	28,214	578	844	12
2003	38,810	27,189	753	703	12
2004	44,128	32,512	830	718	15
2005	45,550	35,402	1,036	1,105	12
2006	51,318	39,373	1,634	1,560	30
2007	54,000（概算）	41,716	1,621	1,503	14
2008		49,861	1,671	1,543	18
2009		57,157	2,141	1,625	18
2010		61,307	2,474	1,499	18
2011		64,547		1,157	13
2012		65,162		1,093	26
2013		65,891		916	13
2014		56,275		891	17
2015		40,629		823	22
2016		53,493		993	27
総計		796,483		19,571	521

＊ 1998 年 11 月 1 日に第 11 議定書が発効し、条約機関は人権裁判所に一元化された。このことにより、申立は同日以降人権委員会ではなく裁判所になされることになった。

＊ 2002 年の裁判所規則改正で申立の登録制度は廃止された。それ以降の「登録申立件数」欄の数字は、正確には、特定の裁判体（小法廷、委員会ないし単独裁判官）に割り当てられた申立を指す。両者は、行政的な処理（事件ファイルの廃棄）の可能性がなくなっている申立という意味では同じものである。この点について詳しくは、判例集Ⅰ「概説Ⅱ」（小畑郁執筆）17 頁の注(17)を参照。

＊ 申立件数については 2008 年以降、受理決定数については 2011 年以降、統計が公表されていない。

＊ 1994 年の裁判所規則改正までは、事件の審理は小法廷および全員法廷によって行われてきた。同規則改正により、小法廷と全員法廷の中間に大法廷が設けられた。1998 年の条約改正および裁判所規則改正により、全員法廷の事件を審理する権限は廃止された。

［出典］ヨーロッパ人権条約公式年鑑（Yearbook / Annuaire）、ヨーロッパ人権裁判所年報（Annual Report / Rapport Annuel）、ヨーロッパ人権裁判所 HP

資料Ⅵ　事件処理状況⑵　国家間事件

（2018 年 5 月 9 日現在）

事件	申立番号	申立日	受理決定	委員会報告書	人権裁判所判決／決定
ギリシャ対イギリス（Ⅰ）	176/ 56	1956/ 05/ 07	1956/ 06/ 02	1958/ 09/ 26	―
ギリシャ対イギリス（Ⅱ）	299/ 57	1957/ 07/ 17	1957/ 10/ 12	1959/ 07/ 08	―
オーストリア対イタリア	788/ 60	1960/ 07/ 11	1961/ 01/ 11	1963/ 03/ 30	―
デンマーク、ノルウェー、スウェーデンおよびオランダ対ギリシャ（Ⅰ）	3321-3323/ 67, 3344/ 67	1967/ 09/ 20, 1967/ 09/ 27	1968/ 01/ 24, 1968/ 05/ 31	1969/ 11/ 05	―
デンマーク、ノルウェー、スウェーデンおよびオランダ対ギリシャ（Ⅱ）	4448/ 70	1970/ 04/ 10	1970/ 07/ 16	1970/ 10/ 05, 1976/ 10/ 04	―
アイルランド対イギリス（Ⅰ）	5310/ 71	1971/ 12/ 16	1972/ 10/ 01	1976/ 01/ 25	1978/ 01/ 18
アイルランド対イギリス（Ⅱ）	5451/ 72	1972/ 03/ 06	1972/ 10/ 01（申立取り下げによる総件名簿からの削除）	―	―
キプロス対トルコ（Ⅰ）	6780/ 74	1974/ 09/ 19	1975/ 05/ 26	1976/ 07/ 10	―
キプロス対トルコ（Ⅱ）	6950/ 75	1975/ 03/ 21	第Ⅰ事件と併合	―	―
キプロス対トルコ（Ⅲ）	8007/ 77	1977/ 09/ 06	1978/ 07/ 10	1980/ 07/ 12（暫定）, 1983/ 10/ 04	―
デンマーク、フランス、オランダ、ノルウェーおよびスウェーデン対トルコ	9940-9944/ 82	1982/ 07/ 01	1983/ 12/ 06	1985/ 12/ 07	―
キプロス対トルコ（Ⅳ）	25781/ 94	1994/ 11/ 22	1996/ 06/ 28	1999/ 06/ 04	2001/ 05/ 10（本案）, 2014/ 05/ 12（公正な満足）
デンマーク対トルコ	34382/ 97	1997/ 01/ 07	1999/ 06/ 08	―	2000/ 04/ 05（友好的解決による総件名簿からの削除）
ジョージア対ロシア（Ⅰ）	13255/ 07	2007/ 03/ 26	2009/ 06/ 30	―	2014/ 07/ 03
ジョージア対ロシア（Ⅱ）	38263/ 08	2008/ 08/ 12	2011/ 12/ 13	―	係属中
ジョージア対ロシア（Ⅲ）	61186/ 09	2009/ 12/ 03	2010/ 03/ 16（申立取り下げによる総件名簿からの削除）	―	―
ウクライナ対ロシア（Ⅰ）	20958/ 14	2014/ 03/ 13	係属中	―	
ウクライナ対ロシア（Ⅱ）	43800/ 14	2014/ 06/ 13	係属中	―	
ウクライナ対ロシア（Ⅲ）	49537/ 14	2014/ 07/ 09	2015/ 09/ 01（申立取り下げによる総件名簿からの削除）	―	―
ウクライナ対ロシア（Ⅳ）	42410/ 15	2015/ 08/ 26	係属中	―	
スロベニア対クロアチア	54155/ 16	2016/ 09/ 15	係属中	―	
ウクライナ対ロシア（Ⅴ）	8019/ 16	2014/ 03/ 13	係属中	―	
ウクライナ対ロシア（Ⅵ）	70856/ 16	2015/ 08/ 27	係属中	―	

＊今後、事件が係属する可能性のある場合は空欄とした。既に手続が終了したために今後も事件が係属する可能性のない場合は「―」とした。人権委員会は、第 11 議定書の発効から 1 年後の 1999 年 10 月に廃止されたため、それ以降の人権委員会報告書の欄は「―」とした。

［出典］ヨーロッパ人権裁判所 HP およびヨーロッパ人権条約公式年鑑（Yearbook / Annuaire）

資料Ⅶ　ヨーロッパ人権条約和文主要文献目録

(2018 年 8 月 7 日現在)

● 著　書

江島晶子『人権保障の新局面——ヨーロッパ人権条約とイギリス憲法の共生』(日本評論社、2002 年)

小畑郁『ヨーロッパ地域人権法の憲法秩序化——その国際法過程の批判的考察』(信山社、2014 年)

北村泰三『国際人権と刑事拘禁』(日本評論社、1996 年)

齊藤正彰『国法体系における憲法と条約』(信山社、2002 年)

高野雄一『国際社会における人権』(岩波書店、1977 年)

中村民雄 = 山元一編『ヨーロッパ「憲法」の形成と各国憲法の変化』(信山社、2012 年)

野村敬造『基本的人権の地域的集団的保障』(有信堂、1975 年)

フレデリック・スュードル（建石真公子[訳]）『ヨーロッパ人権条約』(有信堂高文社、1997 年)

● 論　文

阿部浩己・今井直「人権の地域的集団的保障①——ヨーロッパ人権条約」法学セミナー 476 号 (1994 年) 106-110 頁

荒井真「ドイツにおける『公正な裁判』——『合理的な期間内に裁判を受ける権利』を中心として」比較法研究 74 号 (2012 年) 58-69 頁

五百蔵洋一「ヨーロッパ人権条約と人権の国際化」判例タイムズ 795 号 (1992 年) 21-26 頁

池田秀彦「ドイツにおけるおとり捜査と欧州人権条約——連邦通常裁判所第 1 刑事部 1999 年 11 月 18 日判決」創価法学 31 巻 1・2 号 (2001 年) 367-390 頁

——「欧州人権裁判所の逮捕および勾留に関する最近の判例をめぐって」通信教育部論集 7 号 (2004 年) 89-102 頁

伊藤知義「ロシアにおける公正な裁判と欧州人権裁判所」比較法研究 74 号 (2012 年) 85-97 頁

伊藤洋一「フランス民法とヨーロッパ人権条約」ジュリスト 1204 号 (2001 年) 50-53 頁

井上知子「ヨーロッパ人権条約の国内的実施について」神戸法学雑誌 41 巻 3 号 (1991 年) 863-953 頁

今井直「拷問禁止規範の絶対性のゆらぎ——ノン・ルフールマン原則を中心に」国際人権 18 号 (2007 年) 68-75 頁

今井雅子「ヨーロッパ人権条約」山下泰子 = 植野妙実子編『フェミニズム国際法学の構築』(中央大学出版部、2004 年) 429-448 頁

江島晶子「イギリスにおける裁判所侮辱法改正とヨーロッパ人権条約」明治大学大学院紀要・法学篇 27 集 (1990 年) 21-40 頁

——「ヨーロッパ人権裁判所における『評価の余地』理論の新たな発展」明治大学大学院紀要・法学篇 29 集 (1992 年) 55-73 頁

——「国際人権条約と国内裁判所の関係に関する一考察——イギリス司法裁判所とヨーロッパ人権裁判所における The Spycatcher Cases の検討を中心として」明治大学短期大学紀要 52 号 (1993 年) 171-235 頁

——「ヨーロッパ人権条約およびヨーロッパ共同体法とイギリス憲法との関係——ヨーロッパ共同体法を介してイギリスの裁判所に及ぶヨーロッパ人権条約の影響」明治大学短期大学紀要 53 号 (1993 年) 69-107 頁

——「イギリスの裁判所におけるヨーロッパ人権条約とコモン・ローとの関係」明治大学短期大学紀要 54 号 (1994 年) 1-38 頁

——「ヨーロッパ人権裁判所における人権概念の検討——デュー・プロセス概念を手がかりとして」明治大学短期

資料Ⅶ　ヨーロッパ人権条約和文主要文献目録

大学紀要 55 号（1994 年）139-170 頁

──「国際人権保障の観点からみた国際人権条約と憲法の関係──ヨーロッパ人権条約とイギリスの関係を素材として」憲法理論研究会編『憲法理論叢書 2 人権理論の新展開』（敬文堂、1994 年）175-186 頁

──「ヨーロッパにおける人権保障システムの発展──ヨーロッパ人権条約第 11 議定書調印を契機として」明治大学短期大学紀要 57 号（1995 年）33-69 頁

──「ヨーロッパ人権条約における個人申立制度──個人申立制度が国際人権保障において果たす役割」国際女性 10 号（1996 年）78-81 頁

──「国際人権保障における個人の申立制度の憲法上・国際法上の意義──ヨーロッパ人権条約とイギリスの関係より」法律時報 68 巻 4 号（1996 年）83-88 頁

──「国際人権条約の実効性を確保する国内法上の手段」住吉良人編『現代国際社会と人権の諸相』（成文堂、1996 年）29-53 頁

──「個人申立制度が憲法および国際人権法に及ぼすインパクト──ヨーロッパ人権条約とイギリスの関係より」杉原泰雄＝清水睦編『憲法の歴史と比較』（日本評論社、1998 年）431-443 頁

──「1998 年イギリス人権法の実施過程に関する検討──『人権の世紀』のためにとりうる Alternative」法学新報 108 巻 3 号（2001 年）551-575 頁

──「人権保障におけるヨーロッパ・システムと国内システムの『共生』──ヨーロッパ人権裁判所における『私権保障』と『憲法保障』」明治大学社会科学研究所紀要 41 巻 2 号（2003 年）189-201 頁

──「イギリスにおける人権保障の新展開──ヨーロッパ人権条約と 1998 年人権法」ジュリスト 1244 号（2003 年）173-180 頁

──「人権の実現過程における『経験』の共有可能性──ヨーロッパ評議会閣僚委員会のモニタリングを中心として」中京法学 39 巻 1・2 号（2004 年）69-95 頁

──「ヨーロッパ人権条約とイギリス 1998 年人権法」芹田健太郎ほか編『講座国際人権法 1 国際人権法と憲法』（信山社、2006 年）203-222 頁

──「9・11 以降のテロリズムに対するイギリスの対応── 1998 年人権法およびヨーロッパ人権条約の下で」比較法研究 68 号（2006 年）109-116 頁

──「国際人権条約を介した議会と裁判所の新たな関係── 2005 年テロリズム防止法とヨーロッパ人権条約」法律論叢 79 巻 4・5 号（2007 年）69-108 頁

──「テロリズムと人権──多層的人権保障メカニズムの必要性と可能性」社会科学研究 59 巻 1 号（2007 年）35-56 頁

──「日本における『国際人権』の可能性──日本国憲法と『国際人権』の共生」長谷部恭男ほか編『岩波講座憲法 5 グローバル化と憲法』（岩波書店、2007 年）199-225 頁

──「人権に対する挑戦：イギリスの状況── 1998 年法とヨーロッパ人権条約」国際人権 18 号（2007 年）21-29 頁

──「『安全と自由』の議論における裁判所の役割──ヨーロッパ人権条約・2005 年テロリズム防止法（イギリス）・コントロール・オーダー」法律論叢 81 巻 2・3 号（2008 年）61-109 頁

──「憲法の未来像における国際人権条約のポジション──多層レベルでの『対話』の促進」法律時報 81 巻 10 号（2009 年）104-110 頁

──「統治機構の人権保障的再構築──裁判所による人権条約の国内実施に対する原理的・制度的・機能的再検討を端緒として」明治大学法科大学院論集 7 号（2010 年）1-47 頁

──「『テロとの戦い』と人権保障──『9/11』以前に戻れるのか」長谷部恭男編『講座人権論の再定位 3 人権の射程』（法律文化社、2010 年）113-134 頁

―――「国際人権条約の司法的国内実施の意義と限界――新たな展開の可能性」芹田健太郎ほか編『講座国際人権法3 国際人権法の国内的実施』（信山社、2011年）151-192頁

―――「現代社会における『公共の福祉』論と人権の再生力―― Gillan 事件ヨーロッパ人権裁判所判決（警察による停止・捜索）と自由保護法案」明治大学法科大学院論集10号（2012年）77-110頁

―――「国際人権保障の観点から見た『国際協調主義』の課題と可能性――ヨーロッパ人権条約およびイギリスの関係を手がかりに」笹川紀勝編『憲法の国際協調主義の展開――ヨーロッパの動向と日本の課題』（敬文堂、2012年）41-69頁

―――「イギリスにおける『公正な裁判』――多層的人権保障システム下における、イギリス・コモン・ローおよびヨーロッパ人権条約による『公正な裁判を受ける権利』の彫琢」比較法研究74号（2012年）70-84頁

―――「イギリスにおける比例原則の継受――ヨーロッパ人権条約と1998年人権法」比較法研究75号（2013年）246-252頁

―――「ヨーロッパ人権裁判所と国内裁判所の『対話』？ ―― *Grand Chamber Judgment of Al-Khawaja and Tahery v the United Kingdom*」坂元茂樹＝薬師寺公夫編『普遍的国際社会への法の挑戦』（信山社、2013年）85-119頁

―――「ヨーロッパ人権裁判所における少数意見（個別意見)」大林啓吾＝見平典編『最高裁の少数意見』（成文堂、2016年）317-368頁

―――「ヨーロッパにおける多層的統治構造の動態――ヨーロッパ人権裁判所と締約国の統治機構の交錯」川﨑政司＝大沢秀介編『現代統治構造の動態と展望法形成をめぐる政治と法』（尚学社、2016年）310-343頁

―――「イギリスにおけるテロ対策法制と人権」論究ジュリスト21号（2017年）57-63頁

―――「多層的人権保障システムの resilience ――『自国第一主義』台頭の中で」法律時報89巻6号（2017年）90-95頁

―――「人権実現における議会の新たな役割――ヨーロッパ人権条約・1998年人権法とイギリス人権合同委員会の関係から」工藤達朗ほか編『憲法学の創造的展開 下巻』（信山社、2017年）153-173頁

江島遼介「国際人権法の有効性についての一考察――欧州人権条約とイギリス国内法秩序の関係を中心に」創価大学大学院紀要36集（2014年）91-108頁

江原勝行「イタリアにおける国家の非宗教性原則と公共空間における宗教的標章――公立学校内のキリスト十字架像をめぐる欧州人権裁判所判決を手がかりに」岩手大学人文社会科学部紀要92号（2013年）87-111頁

大石眞「宗教的自由と憲法――ヨーロッパ人権条約の適用事例を中心に」宗教法20号（2001年）215-233頁

大島俊之「性同一性障害に関するフランス判例の転換――ヨーロッパ人権裁判所1992年3月25日判決を契機とする転換」神戸学院法学29巻2号（1999年）1-57頁

―――「性同一性障害とヨーロッパ人権裁判所」神戸学院法学29巻3号（1999年）1-180頁

―――「ソドミー法を終わらせたヨーロッパ人権裁判所」神戸学院法学35巻1号（2005年）1-74頁

―――「親の性指向と親権――ヨーロッパ人権裁判所判決の紹介」九州国際大学法学論集17巻1号（2010年）1-25頁

大谷美紀子「国際的な子の奪取に関するハーグ条約と国際人権法」国際人権23号（2012年）16-23頁

大田肇「イギリスにおける軍法会議・略式命令の改革――二つのヨーロッパ人権裁判所判決を契機として」原野翹＝浜川清＝晴山一穂編『民営化と公共性の確保』（法律文化社、2003年）285-304頁

大塚泰寿「ヨーロッパ人権保障システムの改革について」国際協力論集4巻1号（1996年）171-197頁

―――「ヨーロッパ人権条約における友好的解決に関する考察」六甲台論集・国際協力研究編2号（2001年）105-130頁

―――「ヨーロッパ人権裁判所の受理可能性審査手続に関する改革について――第14議定書及びその後の発展を中

資料Ⅶ ヨーロッパ人権条約和文主要文献目録

心にして」坂元茂樹＝薬師寺公夫編『普遍的国際社会への法の挑戦』（信山社、2013年）121-151頁

――「ヨーロッパ人権裁判所における一方的宣言に基づく申立の削除について」龍谷法学48巻1号（2015年）353-384頁

大塚泰寿・戸塚悦朗「ヨーロッパ人権条約と法律扶助」（財）法律扶助協会編『日本の法律扶助――50年の歴史と課題』（（財）法律扶助協会、2002年）437-453頁

大藤紀子「ヨーロッパにおける『民主的社会』の要請――ヨーロッパ人権裁判所の判例をめぐって」杉原泰雄＝清水睦編『憲法の歴史と比較』（日本評論社、1998年）417-430頁

――「ヨーロッパ人権裁判所における人種差別表現規制について」国際人権24号（2013年）43-47頁

岡田仁子「差別的表現の規制――ヨーロッパ人権条約の判例から」阪大法学46巻6号（1997年）223-241頁

岡田陽平「国際機構の裁判権免除と裁判を受ける権利――欧州人権裁判所判例法理の分析」国際協力論集24巻2号（2017年）15-35頁

岡田悦則「公正な裁判を受ける権利と欧州人権条約――証拠開示との関わりを中心として」北村泰三＝山口直也編『弁護のための国際人権法』（現代人文社、2002年）11-26頁

――「国際人権法における弁護人の援助を受ける権利――欧州人権裁判所における事例の分析を中心として」北村泰三＝山口直也編『弁護のための国際人権法』（現代人文社、2002年）27-41頁

興津征雄「公正な裁判と論告担当官――ヨーロッパ人権条約6条に試されるフランス行政法」濱本正太郎＝興津征雄編『ヨーロッパという秩序』（勁草書房、2013年）75-186頁

小坂田裕子「公共空間におけるイスラムのヴェール問題――欧州人権裁判所の判例の批判的考察」中京法学51巻2・3号（2017年）39-64頁

小代久美子「欧州人権裁判所における受理可能性の基準の一考察」早稲田大学大学院法研論集141号（2012年）25-51頁

小野秀誠「東ドイツ地域における財産返還問題とヨーロッパ人権裁判所判決」国際商事法務32巻6号（2004年）770-772頁

小野義典「ハンガリー憲法と欧州人権条約」憲法論叢19号（2012年）53-102頁

小畑郁「ヨーロッパ人権条約における国家の義務の性質変化（1）（2・完）――『積極的義務』をめぐる人権裁判所判決を中心に」法学論叢119巻2号（1986年）26-51頁、121巻3号（1987年）75-97頁

――「ヨーロッパ人権条約における教育権と差別禁止原則の一断面――いわゆる『ベルギー言語』事件を中心に」院生論集（京大法院会誌）15号（1986年）33-57頁

――「人権条約機関における人権概念と判断手法――比例原則の位置づけと意義を中心に」比較法研究75号（2013年）221-227頁

――「グローバル化のなかの『国際人権』と『国内人権』――その異なる淵源と近年の収斂現象・緊張関係」法律時報88巻4号（2016年）86-91頁

加藤陽「国連憲章第103条と国際人権法――欧州人権裁判所における近時の動向」国際公共政策研究18巻1号（2013年）163-179頁

――「国連憲章義務の優先と欧州人権裁判所における『同等の保護』理論」国際公共政策研究19巻1号（2014年）147-164頁

――「国連安保理の授権に対する人権法の制約」立命館法学363・364号（2015年）78-105頁

加藤紘捷「サンデー・タイムズ事件のヨーロッパ人権裁判所判決とイギリスにおける裁判所侮辱の基準」駿河台法学1号（1988年）95-124頁

金子武嗣「ヨーロッパ人権条約と日本の国内判例」国際人権12号（2001年）41-44頁

河合正雄「イギリスにおける受刑者の外部交通権に関する判例の展開（1）（2・完)」早稲田大学大学院法研論集

125 号（2008 年）85-107 頁、126 号（2008 年）31-52 頁

──「イギリスの刑事施設における懲罰手続をめぐる判例の展開」早稲田大学大学院法研論集 130 号（2009 年）77-102 頁

──「無期刑受刑者の人身の自由──イギリスの無期刑受刑者の拘禁期間をめぐる司法判断を題材として」早稲田法学会誌 61 巻 1 号（2010 年）141-189 頁

──「受刑者の選挙権保障── 2000 年代のイギリスの動向を題材として」早稲田法学会誌 62 巻 2 号（2012 年）45-79 頁

──「受刑者の権利保障──国際人権の可能性」憲法理論研究会編『憲法理論叢書 21 変動する社会と憲法』（敬文堂、2013 年）197-208 頁

──「受刑者と生殖の自由──ヨーロッパ人権裁判所判例を題材として」青森法政論叢 16 号（2015 年）18-28 頁

──「絶対的無期刑は非人道的な刑罰か──ヨーロッパ人権条約 3 条の視点から」工藤達朗ほか編『憲法学の創造的展開 下巻』（信山社、2017 年）223-240 頁

川崎まな「退去強制事例における家族と子ども──ヨーロッパ人権裁判所の判例を素材として」北大法政ジャーナル 18 号（2011 年）91-145 頁

川島聡「欧州人権条約と合理的配慮」法律時報 87 巻 1 号（2015 年）56-61 頁

北田真理「ハーグ子の奪取条約に基づく返還命令における『重大な危険』の評価と子の最善の利益──欧州人権裁判所ノイリンガー（Neulinger）事件大法廷判決の意義とその後の動向」早稲田大学大学院法研論集 144 号（2012 年）27-54 頁

──「ハーグ子の奪取条約『重大な危険』に基づく返還の例外と子の最善の利益──欧州人権裁判所による 13 条 1 項 b 号の制限的アプローチに関する新たな示唆」民事研修 684 号（2014 年）2-13 頁

北村泰三「ヨーロッパ人権条約と国家の裁量──評価の余地に関する人権裁判所判例を契機として」法学新報 88 巻 7・8 号（1981 年）35-95 頁

──「国際人権法における接見交通権の保障──国際人権基準と刑事訴訟法第 39 条 3 項の抵触の可能性について」熊本法学 65 号（1990 年）1-55 頁

──「国際人権法における『無料の弁護を受ける権利』の保障──被疑者の国選弁護問題を視点として」熊本法学 70 号（1991 年）47-87 頁

──「ヨーロッパ人権条約と受刑者の外部交通権──イギリスに関する人権裁判所の判例を中心に」熊本法学 83 号（1995 年）119-172 頁

──「英国裁判所における欧州人権条約の適用──弁護士との接見・通信の自由に関する判例を例に」季刊刑事弁護 15 号（1998 年）98-104 頁

──「国際人権法と接見交通権・再考──欧州人権裁判所判例からの示唆」北村泰三・山口直也編『弁護のための国際人権法』（現代人文社、2002 年）42-56 頁

──「犯罪人引渡に関するヨーロッパ人権裁判所の判例法の展開──『テロとの戦い』の下での犯罪人引渡と人権」研究紀要（世界人権問題研究センター）13 号（2008 年）31-69 頁

──「ヨーロッパ人権裁判所の判例にみる人権と多文化主義との相克」世界法年報 29 号（2010 年）86-123 頁

──「重層的人権保障システムにおける受刑者の選挙権──欧州人権裁判所の判例を中心に」法律時報 83 巻 3 号（2011 年）40-45 頁

──「国際人権法における『補完性原則』の意義──序論的考察」国際人権 25 号（2014 年）18-24 頁

──「警察取調べにおける弁護人立会権をめぐる人権条約の解釈・適用問題──ヨーロッパ諸国の動きを中心として」法学新報 120 巻 9・10 号（2014 年）161-235 頁

木村浩「イギリスの体罰事件──欧州人権裁判所判決とその周辺」季刊教育法 44 号（1982 年）122-125 頁

資料Ⅶ　ヨーロッパ人権条約和文主要文献目録

木村實「人権条約の履行確保と国内的救済の原則――外交保護制度とヨーロッパ人権条約との対比を中心に」広部
　和也・田中忠編『国際法と国内法――国際公益の展開』（勁草書房、1991 年）563-594 頁

葛野尋之「少年の公開刑事裁判は公正な裁判か？――バルジャー事件裁判に関するヨーロッパ人権裁判所の判決」
　法学セミナー 546 号（2000 年）62-66 頁

――「刑事手続への実効的参加と少年の公開刑事裁判――バルジャー事件裁判に関するヨーロッパ人権裁判所判決
　の意義」光藤景皎先生古稀祝賀論文集委員会編『光藤景皎先生古稀祝賀論文集 下巻』（成文堂、2001 年）855-
　887 頁

――「勾留決定・審査手続の対審化と国際人権法」国際人権 21 号（2010 年）3-9 頁

――「被疑者取調べの適正化と国際人権法――弁護人の援助による黙秘権の確保」法律時報 83 巻 3 号（2011 年）
　10-15 頁

久保田洋「"ヨーロッパ人権条約" の経過について―― A・H・ロバートソンによる」日本大学生産工学部報告（B）
　13 巻 1 号（1980 年）11-28 頁

倉持孝司「『スパイキャッチャー』新聞記事仮差止命令事件におけるイギリス裁判所判決と欧州人権条約」朝日法
　学論集 10 号（1993 年）65-105 頁

――「プライヴァシーの権利と、私生活・私的生活の尊重――憲法学の視点から」国際人権 17 号（2006 年）
　40-44 頁

黒神直純「国際機構の免除と国際公務員の身分保障――欧州人権裁判所 Waite & Kennedy 判決が及ぼした影響」
　坂元茂樹・薬師寺公夫編『普遍的国際社会への法の挑戦』（信山社、2013 年）629-655 頁

桑山亜也「イギリスの国内裁判所における裁判例の変化とヨーロッパ人権裁判所の影響」龍谷法学 42 巻 3 号
　（2010 年）647-708 頁

――「刑罰による人権制限の許容範囲――ヨーロッパ人権裁判所のイギリス事例から」法と民主主義 446 号（2010
　年）70-74 頁

小泉洋一「ヨーロッパ人権条約とフランスの宗教的自由」甲南法学 42 巻 1・2 号（2001 年）89-146 頁

――「宗教的自由と国際人権」芹田健太郎ほか編『講座国際人権法 2 国際人権規範の形成と展開』（信山社、
　2006 年）291-313 頁

――「国際人権保障と政教関係――ヨーロッパ人権裁判所の判例におけるライシテの原則」甲南法学 47 巻 4 号
　（2007 年）31-59 頁

胡慶山「ヨーロッパ人権条約第 2 条の生命権について（1）（2）（3・完）――その制定の経緯および解釈・適用」
　北大法学論集 49 巻 3 号（1998 年）115-169 頁、49 巻 4 号（1998 年）189-225 頁、49 巻 6 号（1999 年）123-
　176 頁

小林宏晨「欧州人権裁判所の機能と問題点」日本法学 67 巻 2 号（2001 年）1-69 頁

小林真紀「ヨーロッパ人権裁判所による EC 派生法の条約適合性審査の可能性―― Bosphorus 事件判決を題材に」
　愛知大学法学部法経論集 172 号（2006 年）157-178 頁

――「『私生活の尊重』と体外受精における意思決定――ヨーロッパ人権裁判所 Evans 対英国事件判決を題材に」
　愛知大学法学部法経論集 175 号（2007 年）57-83 頁

――「受刑者の『私生活の尊重』に対する権利と人工授精――ヨーロッパ人権裁判所 Dickson 対イギリス事件判
　決を素材に」愛知大学法学部法経論集 178 号（2008 年）1-35 頁

――「私生活の尊重の概念と出自を知る権利――ヨーロッパ人権条約 8 条をめぐる議論をもとに」愛知大学法学部
　法経論集 187 号（2010 年）1-45 頁

――「欧州人権法の視点から」比較法研究 72 号（2010 年）147-155 頁

――「フランスにおける公正な裁判――欧州人権条約がもたらす影響」比較法研究 74 号（2012 年）46-57 頁

1 ──「私生活の尊重の概念と胚の研究利用──ヨーロッパ人権裁判所 Parrillo 対イタリア事件判決の意義」上智法学論集 60 巻 3・4 号（2017 年）37-69 頁

小山雅亀「イギリスの裁判所と欧州人権裁判所との伝聞法則をめぐる『対話』── Al-Khawaja 判決および Horncastle 判決を中心に」西南学院大学法学論集 48 巻 3・4 号（2016 年）132-99 頁

5 ──「公判期日前の証人尋問制度再考の必要性──欧州人権裁判所とイギリスの裁判所との対話からの示唆」井田良ほか編『浅田和茂先生古稀祝賀論文集 下巻』（成文堂、2016 年）273-290 頁

──「公判期日前の証人尋問制度再考の必要性（補論）──欧州人権裁判所 Schatschaschwili 大法廷判決をふまえて」西南学院大学法学論集 49 巻 2・3 号（2017 年）386-349 頁

齋藤憲司「ヨーロッパ人権条約の国内適用化── 1998 年人権法の制定」ジュリスト 1151 号（1999 年）6 頁

齊藤豊「ヨーロッパにおける国際人権法の実践」法と民主主義 304 号（1995 年）16-20 頁

10 阪村幸男「ヨーロッパ人権裁判所とヨーロッパ人権委員会（世界の未決拘禁法 12・完）」法律時報 50 巻 9 号（1978 年）120-123 頁

坂本一也「国連平和維持活動に関わる国連の裁判権免除について── *Stichting Mothers of Srebrenica and others v. Netherlands* 欧州人権裁判所決定を素材に」岐阜大学教育学部研究報告・人文科学 64 巻 2 号（2016 年）21-40 頁

15 佐々木亮「ヨーロッパ人権裁判所の判例法に見る『差別』概念の拡大──民族的少数者の保護を中心に」中央大学大学院研究年報・法学研究科篇 41 号（2011 年）277-292 頁

──「欧州人権条約における差別禁止規範の発展と EU 法の影響──間接差別を中心として」法学新報 120 巻 9・10 号（2014 年）401-430 頁

──「マイノリティに対する教育機会の保障と文化的多様性──ヨーロッパ人権裁判所の判例に見られる差異の承認」比較法研究 78 号（2016 年）206-211 頁

20 ──「ヨーロッパ人権条約における多様性の尊重と人種・民族差別の規制──差別事由の階層化と『評価の余地』理論を手掛かりとして」北村泰三＝西海真樹編『文化多様性と国際法──人権と開発を視点として』（中央大学出版部、2017 年）73-97 頁

佐藤潤一「国際人権法における参政権──選挙権に関するヨーロッパ人権裁判所『マシュー・モーヒン及びクラーフェイト対ベルギー事件』判決を契機として」専修法研論集 22 号（1998 年）19-57 頁

25 ──「イギリス移民法についての憲法学的考察──ヨーロッパ人権裁判所判決 *Abdulaziz et al v. United Kingdom* を素材として」専修法研論集 26 号（2000 年）1-37 頁

──「自己情報開示請求権についての一考察」大阪産業大学論集・人文科学編 118 号（2006 年）1-23 頁

佐藤文夫「ヨーロッパ人権裁判所と個人──『公正な満足』付与の問題を中心に」成城法学 7 号（1980 年）107-142 頁

30 ──「ヨーロッパ人権裁判所の管轄権に関する一考察」森川俊孝編『紛争の平和的解決と国際法』（北樹出版、1981 年）137-173 頁

──「ヨーロッパ人権裁判所の判例の動向──管轄権の側面を中心に」国際人権 2 号（1991 年）43-47 頁

──「ヨーロッパ人権条約における効果的な救済措置を受ける権利に関する若干の考察（1）（2）」成城法学 56 号（1998 年）1-37 頁、66 号（2001 年）81-130 頁

佐藤史人「ロシアにおける法治国家の展開とヨーロッパ人権裁判所──『判決の不執行』問題を素材として」早稲田法学 87 巻 2 号（2012 年）265-299 頁

35 庄司克宏「EC における基本権保護と欧州人権条約機構」法学研究 60 巻 6 号（1987 年）42-70 頁

──「EU 政府間会議と欧州人権条約加入問題──欧州司法裁判所意見の意義」外交時報 1333 号（1996 年）80-92 頁

資料Ⅶ　ヨーロッパ人権条約和文主要文献目録

──「欧州人権裁判所と EU 法 (1) ──マシューズ判決 (欧州人権裁判所) の概要」横浜国際経済法学 8 巻 3 号 (2000 年) 99-114 頁

──「欧州人権裁判所と EU 法 (2) ──マシューズ判決 (欧州人権裁判所) の意義」横浜国際経済法学 9 巻 1 号 (2000 年) 49-65 頁

──「EU (EC) 法秩序における欧州人権裁判所の役割──マシューズ判決を中心に」石川明編『EU 法の現状と発展』(信山社、2001 年) 229-246 頁

──「欧州人権裁判所の『同等の保護』理論と EU 法── Bosphorus v. Ireland 事件判決の意義」慶應法学 6 号 (2006 年) 285-302 頁

庄司克宏・東史彦「イタリア憲法における人権保障と欧州人権条約」政経研究 50 巻 4 号 (2014 年) 35-94 頁

白取祐司「電話盗聴と手続法定原則──欧州人権裁判所 Kruslin 判決を契機として」ジュリスト 977 号 (1991 年) 54-58 頁

神陽子「子どもの最善の利益原則と裁判における審理──ヨーロッパ人権条約裁判所の判例を参考に」九州国際大学法学論集 23 巻 1・2・3 号 (2017 年) 91-105 頁

須網隆夫「欧州人権条約と子どもの権利」自由と正義 46 巻 1 号 (1995 年) 22-27 頁

──「EC におけるヨーロッパ人権規約の意義」法と民主主義 304 号 (1995 年) 20-21 頁

杉浦一孝「ヨーロッパ人権裁判所とロシア」ユーラシア研究 41 号 (2009 年) 74-76 頁

──「人権保障におけるロシア憲法裁判所とヨーロッパ人権裁判所」比較法研究 73 号 (2011 年) 203-211 頁

──「ロシア連邦における公正な裁判を受ける権利とヨーロッパ人権裁判所」名古屋大学法政論集 245 号 (2012 年) 323-381 頁

──「ロシアの監督審制度とヨーロッパ人権裁判所」名古屋大学法政論集 256 号 (2014 年) 1-54 頁

杉木志帆「欧州人権条約の領域外適用──バンコビッチ事件受理可能性決定の再検討」研究紀要 (世界人権問題研究センター) 20 号 (2015 年) 27-106 頁

鈴木秀美「EU 法と欧州人権条約」比較憲法学研究 11 号 (1999 年) 15-35 頁

──「有名人のプライバシーと写真報道の自由・再考──欧州人権裁判所モナコ・カロリーヌ王女事件判決のドイツに対する影響」法学研究 78 巻 5 号 (2005 年) 243-269 頁

隅野隆徳・堀江薫「ヨーロッパ人権裁判所における国家間争訟」専修法学論集 83 号 (2001 年) 1-38 頁

──「ヨーロッパ人権裁判所の機構改革とその後の変動」専修法学論集 84 号 (2002 年) 17-66 頁

芹田健太郎「ヨーロッパ人権委員会の活動とその性格 (上)(下)──人権の国際的保障と国家主権の問題をめぐって」法学論叢 79 巻 1 号 (1966 年) 80-112 頁、79 巻 2 号 (1966 年) 62-102 頁

──「ヨーロッパ人権条約と国内的救済原則──ヨーロッパ人権委員会決定の分析」神戸商船大学紀要・第一類文科論集 15 号 (1967 年) 37-72 頁

曽我部真裕「ヨーロッパ人権裁判所判例を通してみた『表現の自由と制度』の一断面」小谷順子ほか編『現代アメリカの司法と憲法──理論的対話の試み』(尚学社、2013 年) 62-74 頁

平良「イギリス法におけるヨーロッパ人権条約の影響」法学研究 59 巻 2 号 (1986 年) 21-35 頁

高崎理子「文化多様性の尊重と女性の権利の保護──ヨーロッパのイスラム服装規制を例として」北村泰三＝西海真樹編『文化多様性と国際法──人権と開発を視点として』(中央大学出版部、2017 年) 243-271 頁

高橋悠「基本権の保護とヨーロッパ共同体──ヨーロッパ人権保護条約へのヨーロッパ共同体の加入に関する委員会覚書を中心として」同志社法学 33 巻 6 号 (1982 年) 1-41 頁

滝沢正「欧州人権条約と法統合」大木雅夫＝中村民雄編『多層的ヨーロッパ統合と法』(聖学院大学出版会、2008 年) 71-88 頁

竹内徹「ヨーロッパ人権条約による司法的規範統制の限界──パイロット判決手続を素材として」名古屋大学法政

論集 253 号（2014 年）145-193 頁

――「ヨーロッパ人権裁判所判決の執行監視（1）（2・完）――ヨーロッパ人権条約の実施制度の全体像の把握」名古屋大学法政論集 265 号（2016 年）1-24 頁、266 号（2016 年）103-129 頁

田尻泰之「EC 司法制度を欧州人権裁判所と関連させることを阻む要因―― EC 裁判所鑑定 2/94（共同体の欧州人権条約加盟に関する鑑定）をてがかりとして」早稲田法学 72 巻 4 号（1997 年）279-314 頁

建石真公子「『生命に対する権利』と『人工妊娠中絶法』――ヨーロッパ人権条約と人工妊娠中絶法に関するコンセイユ・デタ 1990 年 12 月 21 日判決について」法の科学 22 号（1994 年）175-184 頁

――「フランスにおけるヨーロッパ人権条約の批准の遅延の理由と国民主権（1）――第 4・第 5 共和制憲法と『超国家的』性格の人権条約」名古屋大学法政論集 161 号（1995 年）175-221 頁

――「フランスにおける欧州人権条約の批准の遅延の理由と国民主権」比較法研究 57 号（1995 年）107-116 頁

――「性転換とはどのような人権か――『性アイデンティティ』と『個人の尊重』」法学セミナー 525 号（1998 年）22-25 頁

――「『ヨーロッパ人権基準』の確立における主権と人権――フランスの出入国管理（退去強制）とヨーロッパ人権条約第 8 条『私生活および家族生活の尊重の権利』について」憲法理論研究会編『憲法理論叢書 6 国際化のなかの分権と統合』（敬文堂、1998 年）155-170 頁

――「ヨーロッパ人権裁判所の条約の解釈と国内裁判所――フランス行政裁判所における外国人の追放とヨーロッパ人権条約第 3 条・第 8 条について」愛知学泉大学コミュニティ政策学部紀要 1 号（1999 年）133-155 頁

――「フランス国内裁判所における人権条約の適用と解釈」国際人権 11 号（2000 年）21-29 頁

――「国際人権保障と主権国家」公法研究 64 号（2002 年）138-155 頁

――「憲法と国際人権法――『国の主権』と『人権の国際的保障』」国際人権 13 号（2002 年）20-24 頁

――「フランスの人権保障における人権条約の影響」芹田健太郎ほか編『講座国際人権法 1 国際人権法と憲法』（信山社、2006 年）183-201 頁

――「フランスにおける人権概念の変容と国際人権法――法律に優位する『基本権』としての憲法と人権条約の並存？」法律時報 80 巻 5 号（2008 年）66-71 頁

――「国際人権保障の現状と課題――ヨーロッパを中心に」ジュリスト 1378 号（2009 年）70-80 頁

――「『ジェンダーに基づく差別』禁止と人権条約――フランスにおける性差別禁止に関する国内法制と人権条約」（財）東海ジェンダー研究所記念論集編集委員会編『越境するジェンダー研究』（明石書店、2010 年）189-219 頁

――「総論（ミニ・シンポジウム『人権保障における憲法裁判所とヨーロッパ人権裁判所』）」比較法研究 73 号（2011 年）166-171 頁

――「人権保障におけるフランス憲法院とヨーロッパ人権裁判所」比較法研究 73 号（2011 年）181-192 頁

――「ヨーロッパ人権裁判所による『公正な裁判』保護の拡大――『ヨーロッパ規範』の形成および手続き的保障による実体的権利の保護へ」比較法研究 74 号（2012 年）18-35 頁

――「女性の『人格の尊重』と中絶の権利――ヨーロッパにおける『憲法』および『ヨーロッパ人権条約』による保障」杉浦ミドリほか編『身体・性・生――個人の尊重とジェンダー』（尚学社、2012 年）75-141 頁

――「フランス 2008 年憲法改正後の違憲審査と条約適合性審査（1）（2）――人権保障における憲法とヨーロッパ人権条約の規範の対立の逆説的な強化」法学志林 109 巻 3 号（2012 年）1-54 頁、111 巻 3 号（2014 年）104-81 頁

――「生殖補助医療の法制化をどのような観点から考えることが必要か――自民党 PT 法案およびフランス生命倫理法における代理懐胎をめぐるヨーロッパ人権裁判所判決との軋轢を通じて」日本女性法律家協会会報 53 号（2015 年）11-29 頁

——「外国での代理懐胎における『国際人権規範』と『文化の多様性』——ヨーロッパ人権裁判所 Mennesson 対フランス判決における『私生活及び家族生活の尊重』と『公序』」比較法研究 78 号（2016 年）212-222 頁

——「EU 法およびヨーロッパ人権裁判所判決による法形成における『補完性原則』強化と国内議会の役割」川崎政司＝大沢秀介編『現代統治構造の動態と展望——法形成をめぐる政治と法』（尚学社、2016 年）284-309 頁

——「生殖補助医療における『国際人権規範』と『文化の多様性』——ヨーロッパ人権裁判所メネッソン（Mennesson）対フランス判決における私生活および家族生活の尊重」北村泰三＝西海真樹編『文化多様性と国際法——人権と開発を視点として』（中央大学出版部、2017 年）193-223 頁

——「フランスの人権保障の展開における合憲性と条約適合性」辻村みよ子ほか編『政治・社会の変動と憲法——フランス憲法からの展望——第Ⅱ巻 社会変動と人権の現代的保障』（信山社、2017 年）

——「ヨーロッパ人権条約第 15 議定書による『補完性原則の条約化』における『条約の実効性』と『国内裁判所の自立性』の対立と立憲主義」工藤達朗ほか編『憲法学の創造的展開 下巻』（信山社、2017 年）101-124 頁

立松美也子「ヨーロッパ人権条約における環境問題」山形大学法政論叢 21 号（2001 年）1-36 頁

——「欧州人権条約における域外適用」江藤淳一編『国際法学の諸相——到達点と展望』（信山社、2015 年）299-318 頁

田中清久「民族紛争後の国家再建における多民族共生と国際法——ボスニア憲法裁判所および欧州人権裁判所の裁判例を中心として」植木俊哉編『グローバル化時代の国際法』（信山社、2012 年）3-30 頁

——「公海上の外国船舶に対する干渉行為をめぐる海洋法と国際人権法の交錯—— Medvedyev 事件欧州人権裁判所判決を素材として」愛知大学法学部法経論集 197 号（2013 年）1-65 頁

田中康代「国際人権法における通訳人を求める権利について——ヨーロッパ人権条約での先例と我が国の先例」法と政治 47 巻 4 号（1996 年）123-171 頁

——「国際人権法における証人審問権」北村泰三＝山口直也編『弁護のための国際人権法』（現代人文社、2002 年）71-87 頁

——「国際人権法における通訳人を求める権利」北村泰三＝山口直也編『弁護のための国際人権法』（現代人文社、2002 年）88-104 頁

——「触法精神障害者の強制入院等に関するヨーロッパ人権裁判所の判例（1）（2）」社会科学論集（高知短期大学）96 号（2009 年）27-51 頁、97 号（2010 年）25-46 頁

——「精神障害者の非任意的入院に関するヨーロッパ人権裁判所の判例」社会科学論集（高知短期大学）99 号（2011 年）75-95 頁

——「後見下にある精神障害者の強制入院に関するヨーロッパ人権裁判所の判例——精神障害者の非任意的入院に関するヨーロッパ人権裁判所の判例②」社会科学論集（高知短期大学）101 号（2012 年）45-53 頁

谷口洋幸「ヨーロッパ人権条約における同性愛」中央大学大学院研究年報・法学研究科篇 30 号（2000 年）53-65 頁

——「性同一性障害者の性別訂正と国際人権法——ヨーロッパ人権裁判所グッドウィン判決の意味するもの」中央大学社会科学研究所年報 7 号（2002 年）181-199 頁

——「国際人権法における異性愛の規範化——ヨーロッパ人権条約の性的マイノリティ事例を手がかりに」ジェンダーと法 1 号（2004 年）141-153 頁

——「プライバシーの権利と私生活・私的生活の尊重——国際法の視点から」国際人権 17 号（2006 年）45-50 頁

——「『同性婚』の権利——欧州人権条約を中心に」国際人権 28 号（2017 年）54-59 頁

玉田大「欧州人権条約における判決理由記載義務の根拠と射程」岡山大学法学会雑誌 55 巻 2 号（2006 年）139-164 頁

——「陪審評決の理由附記義務——主観的判断と客観的判断の相克」濱本正太郎＝興津征雄編『ヨーロッパとい

う秩序』（勁草書房、2013 年）187-206 頁

田村恵理子「反政府武装集団に対する国家の法執行における致死力行使と国際人権法の規制力——欧州人権裁判所2011 年フィノゲノフ事件判決をめぐって」宮崎公立大学人文学部紀要 24 巻 1 号（2017 年）93-120 頁

趙向華「庇護申請者の追放におけるヨーロッパ人権条約第 3 条の保護的機能——ヨーロッパ人権裁判所の判例を素材として」社会システム研究（京都大学）12 号（2009 年）115-128 頁

辻本義男「ヨーロッパ人権条約と死刑廃止」JCCD（犯罪と非行に関する全国協議会）31 号（1984 年）8-12 頁

徳川信治「欧州人権条約第 12 議定書の成立」立命館法学 271・272 号（2000 年）589-621 頁

——「国際人権法における個人の申立権の一考察——欧州人権条約における被害者概念と株主」世界法年報 21 号（2001 年）166-190 頁

——「欧州における人権保護システムの調整——欧州連合・共同体と欧州人権条約加入」松井芳郎ほか編『グローバル化する世界と法の課題』（東信堂、2006 年）359-388 頁

——「欧州人権裁判所の機能強化の現段階」研究紀要（世界人権問題研究センター）12 号（2007 年）1-21 頁

——「欧州人権条約システムの現状と課題——司法機能の実効性確保に向けて」松井芳郎編『講座人間の安全保障と国際組織犯罪 4 人間の安全保障と国際社会のガバナンス』（日本評論社、2007 年）181-198 頁

——「欧州人権裁判所によるいわゆるパイロット判決手続き」立命館法学 321・322 号（2008 年）334-367 頁

——「欧州評議会閣僚委員会による判決執行監視手続き」松田竹男ほか編『現代国際法の思想と構造 I 歴史、国家、機構、条約、人権』（東信堂、2012 年）307-328 頁

——「国際法における個人と国家——欧州人権条約における個人救済」立命館法学 363・364 号（2015 年）395-419 頁

——「海洋における欧州人権条約の適用・覚書—— Hirsi 事件を手がかりに」研究紀要（世界人権問題研究センター）22 号（2017 年）1-18 頁

戸田五郎「人権諸条約の derogation 条項（1）（2・完）」法学論叢 117 巻 6 号（1985 年）39-60 頁、119 巻 1 号（1986 年）47-65 頁

——「『公正な裁判をうける権利』条項の適用——『エンゲル事件』をめぐる一試論」姫路法学 2 号（1989 年）145-166 頁

——「ヨーロッパ人権条約におけるトルコの地位——条約第 25 条に基づくトルコの宣言を契機に」姫路法学 7 号（1991 年）57-92 頁

——「ヨーロッパ人権条約とトルコの地位——ヨーロッパ人権条約第 25 条に基づくトルコの宣言及びその有効性に関するヨーロッパ人権委員会の判断を素材として」国際法外交雑誌 91 巻 5 号（1992 年）32-78 頁

——「欧州人権裁判所による欧州人権条約の解釈——欧州共通標準の模索」国際人権 11 号（2000 年）16-20 頁

——「欧州人権条約と軍法会議の独立性・公平性——英国軍法会議に関する欧州人権裁判所の判例を素材として」産大法学 38 巻 3・4 号（2005 年）210-238 頁

——「表現の自由とその制約——国際法の視点から」国際人権 17 号（2006 年）34-39 頁

——「非国家機関による迫害と難民の保護——英国判例と欧州人権条約を素材として」浅田正彦編『21 世紀国際法の課題』（有信堂高文社、2006 年）171-196 頁

——「欧州人権条約第 6 条における『民事上の権利及び義務』の解釈にかかわる欧州人権裁判所判例の検討——公務員の雇用等をめぐる紛争への適用を中心として」産大法学 40 巻 3・4 号（2007 年）473-515 頁

——「ビラのポスティングと表現の自由——国際人権基準に照らした覚書」法律時報 82 巻 9 号（2010 年）13-16 頁

——「欧州人権裁判所の欧州人権条約解釈再考——仮保全措置の拘束力に関する判断を素材として」芹田健太郎ほか編『講座国際人権法 4 国際人権法の国際的実施』（信山社、2011 年）293-313 頁

資料Ⅶ　ヨーロッパ人権条約和文主要文献目録　　*495*

── 「欧州司法裁判所と欧州人権裁判所の並存と相互関係──庇護事例の検討を中心として」産大法学 50 巻 1・2 号（2017 年）87-110 頁

戸塚悦朗・光石忠敬・喜田村洋一「ヨーロッパ人権裁判所判決と精神障害者の人権──改革を迫られる日本の精神衛生法制」ジュリスト 779 号（1982 年）47-56 頁

内藤大海「おとり捜査の違法性判断を巡る欧州の動向（1）──欧州人権裁判所の判例理論を参考にして」熊本法学 131 号（2014 年）131-163 頁

── 「おとり捜査の違法性判断を巡る欧州の動向（2・完）──欧州人権裁判所の判例理論の分析を中心にして」熊本法学 132 号（2014 年）175-213 頁

中井伊都子「私人による人権侵害への国家の義務の拡大（1）（2・完）──ヨーロッパ人権条約の解釈をめぐって」法学論叢 139 巻 3 号（1996 年）41-54 頁、141 巻 2 号（1997 年）34-44 頁

── 「シェンゲン条約──欧州人権条約第 13 条との整合性をめぐって」研究紀要（世界人権問題研究センター）2 号（1997 年）133-144 頁

── 「ヨーロッパ人権条約における国家の義務の範囲」国際法外交雑誌 99 巻 3 号（2000 年）1-30 頁

── 「カナダの裁判所における人権条約の役割──憲法解釈の指針としてのヨーロッパ人権条約機関の見解の影響力」国際人権 11 号（2000 年）30-33 頁

── 「ヨーロッパ人権裁判所判例動向──私人の行為を契機として認定された国家の義務違反」研究紀要（世界人権問題研究センター）9 号（2004 年）1-14 頁

中島洋樹「自己負罪拒否特権と法的強制──欧州人権裁判所における判例理論の検討」大阪市立大学法学雑誌 55 巻 1 号（2008 年）225-276 頁

中村和夫「人権保障とクローズド・ショップ協定の効力──ヨーロッパ人権裁判所クローズド・ショップ無効判決をめぐって」労働法律旬報 1049 号（1982 年）9-21 頁

中村民雄「ヨーロッパ人権条約の摂取によるコモン・ロー人権法理の再生と創造── 1990 年代イギリス公法の一角」成蹊法学 45 号（1997 年）406-354 頁

── 「欧州人権条約のイギリスのコモン・ロー憲法原則への影響──『法の支配』の変・不変」早稲田法学 87 巻 3 号（2012 年）659-691 頁

西片聡哉「欧州人権条約 derogation 条項と『評価の余地』──人権裁判所の統制を中心に」神戸法学雑誌 50 巻 2 号（2000 年）149-186 頁

── 「表現の自由の制約に対する欧州人権裁判所の統制」神戸法学年報 17 号（2001 年）223-257 頁

── 「集会・結社の自由の制約に対する欧州人権裁判所の統制」国際人権 13 号（2002 年）99-103 頁

── 「欧州人権条約における公務員の表現の自由の保障と日本法──国家公務員法事件判決との比較を中心に」京都学園大学法学会編『転換期の法と文化』（法律文化社、2008 年）181-195 頁

── 「欧州人権条約における『民主主義』に関する一考察──人権裁判所による『真に民主的な政治体制』の保障を中心に」松田竹男ほか編『現代国際法の思想と構造Ⅰ　歴史、国家、機構、条約、人権』（東信堂、2012 年）329-348 頁

── 「欧州人権条約における個人申立権の濫用──人権裁判所の判例の検討を中心に」坂元茂樹＝薬師寺公夫編『普遍的国際社会への法の挑戦』（信山社、2013 年）153-168 頁

── 「欧州人権条約の個人申立受理における『相当な不利益』基準の機能──人権裁判所の判例分析を中心に」京都学園法学 75・76 号（2014 年）67-88 頁

西谷祐子「国際私法における公序と人権」国際法外交雑誌 108 巻 2 号（2009 年）57-90 頁

野村敬造「欧州人権擁護委員会の最近における判例」金沢法学 27 巻 1・2 号（1985 年）51-77 頁

則武立樹「同性愛者と養子縁組」ヒューマンライツ 245 号（2008 年）42-45 頁

1 ──「欧州人権裁判所における差別禁止原則の変化──『独身の同性愛者と養子縁組』の問題を素材に」ヒューマ
ンライツ 285 号（2011 年）60-65 頁

──「欧州人権裁判所における性的マイノリティ事例の現状と課題──同性愛者の家族関係の維持・形成の問題を
中心に」阪大法学 61 巻 6 号（2012 年）137-166 頁

5 朴洪吉「ヨーロッパ人権条約における効力停止条項に関する一考察」同志社法学 40 巻 2 号（1988 年）43-70 頁

──「電話盗聴と国際人権法──自由権規約とヨーロッパ人権条約の実行の分析」同志社法学 56 巻 4 号（2004 年）
183-246 頁

間寧「欧州人権条約、欧州人権裁判所判決のトルコ憲法・法律への反映」比較法研究 73 号（2011 年）193-202 頁

橋本有生「イギリスの『自由剥奪セーフガード（DoLS）』規定の導入（2007 年）に影響を与えた欧州人権裁判所
の法理」早稲田法学会誌 65 巻 1 号（2014 年）303-351 頁

10 幡野弘樹「ヨーロッパ人権条約における家族形成権・家族生活の保護（1）──フランス家族法の条約適合性とい
う観点から」阪大法学 55 巻 3・4 号（2005 年）243-261 頁

──「離婚に伴う子の処遇と平等原則──エホバの証人をめぐるヨーロッパ人権裁判所裁判例を参照して」法律時
報 78 巻 11 号（2006 年）44-51 頁

──「ヨーロッパ人権条約がフランス家族法に与える影響──法源レベルでの諸態様」日仏法学 24 号（2007 年）

15 77-110 頁

──「ヨーロッパ人権条約における婚姻に対する権利の一断面──近親婚に関する判決を素材とした条約規範とフ
ランス民法規範の相克」濱本正太郎＝興津征雄編『ヨーロッパという秩序』（勁草書房、2013 年）207-229 頁

──「代理懐胎と親子関係──ヨーロッパ人権裁判所判決とフランス法を参照しつつ」法律時報 87 巻 11 号（2015
年）24-31 頁

初川満「公正な裁判といわゆる『出廷の権利』」横浜市立大学論叢・人文科学系列 51 巻 3 号（2000 年）169-208
20 頁

──「少数者の人権──例としての性転換者の権利」初川満編『21 世紀の人権』（信山社、2000 年）179-215 頁

馬場里美「出入国管理における『私生活及び家族生活を尊重される権利』──フランス及び欧州人権裁判所の判例
を素材として」早稲田法学会誌 50 巻（2000 年）193-242 頁

──「ヨーロッパ人権裁判所におけるマイノリティーの権利──民族的マイノリティーの法的保護に関する予備的
25 考察」早稲田法学 80 巻 3 号（2005 年）405-432 頁

濱本正太郎「ヨーロッパ人権裁判所の判決を理由とする再審査手続──フランス刑事訴訟法典 626-1 条〜 626-7
条」神戸法学年報 21 号（2005 年）1-19 頁

早川眞一郎「欧州人権条約の視点から見た子の奪い合い紛争──ハーグ子奪取条約の『重大な危険の抗弁』をめぐ
る最近の一動向」高翔龍ほか編『日本民法学の新たな時代』（有斐閣、2015 年）1013-1045 頁

30 樋口一彦「非国際的武力紛争における国際人権法上の生命権──『Isayeva, Yusupova and Bazayeva 対ロシア事
件』および『Isayeva 対ロシア事件』（欧州人権裁判所、2005 年 2 月 24 日判決）を中心に」琉球法学 82 号
（2009 年）107-124 頁

兵田愛子「民主主義社会と政治家に対する批判的表現の自由（1）（2・完）──風刺認定を通じた芸術的表現の保
護から政治的表現の保護へのヨーロッパ人権裁判所における展開」関西大学法学論集 67 巻 1 号（2017 年）
153-181 頁、67 巻 2 号（2017 年）25-55 頁

35 府川繭子「フランスにおける行政行為の『追認のための法律』（1）（2・完）──憲法院とヨーロッパ人権裁判所の
交錯」早稲田大学大学院法研論集 115 号（2005 年）132-110 頁、116 号（2005 年）194-174 頁

福王守「欧州人権条約の国内受容に関する基礎的考察──ドイツにおける国際人権保障基準の受容と課題」敬和学
園大学研究紀要 11 号（2002 年）175-205 頁

資料Ⅶ　ヨーロッパ人権条約和文主要文献目録

――「リスボン条約を通じた EU の欧州人権条約加入への課題――国際機構に対する民主的統制と国内公法原則の援用問題を中心に」駒沢女子大学研究紀要 17 号（2010 年）203-226 頁

福田健太郎「フランス債務法におけるヨーロッパ人権条約の影響――条約第 8 条による契約内容の修正」阪大法学 54 巻 3 号（2004 年）189-218 頁

――「損害賠償債権とヨーロッパ人権条約」人文社会論叢・社会科学篇 18 号（2007 年）47-68 頁

――「ヨーロッパ人権条約をめぐる近時破毀院判例の動向」人文社会論叢・社会科学篇 22 号（2009 年）127-143 頁

――「破毀院判例に見る平等原則――ヨーロッパ人権条約 14 条の適用を中心に」青森法政論叢 12 号（2011 年）60-76 頁

舟木和久「国際人権条約における少数者問題の再検討」立命館法学 309 号（2006 年）106-166 頁

古川敏雄「ヨーロッパ人権条約と個人の地位――人権委員会への申立権を中心として」福岡大学大学院論集 7 巻 1 号（1975 年）25-39 頁

堀江薫「国際的な人権の保障に関する一考察――人身の自由に関するヨーロッパ人権裁判所『ゾーリンク対連合王国事件』判決を手がかりとして」専修法研論集 13 号（1993 年）1-59 頁

本田まり「《反ペリュシュ法》その後――欧州人権裁判所との関連で」上智法学論集 51 巻 3・4 号（2008 年）125-148 頁

前田直子「ヨーロッパ人権条約における国内法の条約適合性確保義務――イギリスの国内的実施に関する検討」人間・環境学 7 巻（1998 年）81-113 頁

――「ヨーロッパ人権条約における許容性審査に関する一考察――『明白に根拠不十分』と『評価の余地』との関係を中心に」社会システム研究（京都大学）3 号（2000 年）227-245 頁

――「公正な裁判手続における『非人道的な若しくは品位を傷つける取扱い』により得られた自白の証拠許容性と自己負罪拒否権――ヨーロッパ人権裁判所 Jalloh 対ドイツ事件判決の検討」社会システム研究（京都大学）11 号（2008 年）151-167 頁

――「欧州人権条約における受理可能性新基準『相当な不利益』の創設と人権裁判所機能の発展」国際協力論集 17 巻 1 号（2009 年）117-128 頁

――「欧州人権条約における第 14bis 議定書の採択――並立する暫定的適用方法の効果と問題点」国際協力論集 17 巻 3 号（2010 年）67-82 頁

――「欧州人権条約における判決履行監視措置の司法的強化――パイロット手続における二重の挑戦」国際協力論集 18 巻 2 号（2010 年）41-55 頁

――「ヨーロッパ人権裁判所の新展開――補完性原則の変容？」研究紀要（世界人権問題研究センター）16 号（2011 年）1-19 頁

――「国際義務の『継続的侵害』概念――手続的義務にかかる時間的管轄についての一考察」京女法学 1 号（2011 年）201-226 頁

増井良啓「課税情報の交換と欧州人権条約」法学新報 123 巻 11・12 号（2017 年）333-356 頁

松川実「欧州人権裁判所カロリーネ・フォン・モナコ対ドイツ連邦共和国事件判決が著作権法に及ぼす意味について」青山法学論集 47 巻 2 号（2005 年）136-123 頁

三木妙子「欧州人権裁判所に現れた家族」三木妙子ほか『家族・ジェンダーと法』（成文堂、2003 年）1-36 頁

水島朋則「外国国家免除と国際法上の『裁判を受ける権利』との関係（1）（2・完）」法学論叢 153 巻 6 号（2003 年）82-100 頁、154 巻 2 号（2003 年）97-117 頁

水谷規男「フランスの未決拘禁と欧州人権規約――『人権の国際化』の観点からの素描」三重法経 92 号（1992 年）227-250 頁

——「未決拘禁法に対する国際人権法の影響—— 20 世紀末フランスの立法改革を中心に」愛知学院大学論叢・法学研究 42 巻 3・4 号（2001 年）1-38 頁

水留正流「保安監置の限界（1）——ドイツ連邦憲法裁判所と欧州人権裁判所の『往復書簡』を手掛かりに」南山法学 36 巻 3・4 号（2013 年）129-179 頁

水野陽一「刑事訴訟における弁護人依頼権、接見交通権、通訳・翻訳権の保障と公正な裁判を求める権利との関係について——ヨーロッパ人権条約 6 条における公正な裁判原則に関する議論を参考に」広島法学 35 巻 4 号（2012 年）81-111 頁

——「公正な裁判の実現と証拠判断——ヨーロッパ人権条約 6 条に関する議論を参考に」北九州市立大学法政論集 44 巻 3・4 号（2017 年）27-72 頁

三宅孝之「精神障害犯罪者の処遇基準——ヨーロッパ人権裁判所判決とイギリス政府」沖縄法学 11 号（1983 年）35-70 頁

——「イギリスにおける受刑者の選挙権：ヨーロッパ人権裁判所判決と改正法案」島大法学 58 巻 4 号（2015 年）67-109 頁

宮崎繁樹「ストラスブール機構とヨーロッパにおける人権の国際的保障について」法律論叢 35 巻 4・5・6 号（1962 年）261-305 頁

——「ヨーロッパ人権裁判所について」司法研修所編『創立 15 周年記念論文集 上巻』（司法研修所、1962 年）16-32 頁

門田孝「欧州人権条約の積極主義的解釈」石川明編『EU 法の現状と発展』（信山社、2001 年）247-271 頁

——「欧州人権条約と『評価の余地』の理論」櫻井雅夫編『EU 法・ヨーロッパ法の諸問題』（信山社、2002 年）251-291 頁

——「欧州人権裁判所判決の国内法的効力——ドイツの議論を中心に」樋口陽一＝上村貞美＝戸波江二編『日独憲法学の創造力 下巻』（信山社、2003 年）385-401 頁

——「欧州人権条約における財産権保障の構造（1）（2）」広島法学 29 巻 4 号（2006 年）1-25 頁、32 巻 3 号（2009 年）91-116 頁

——「ドイツにおける国際人権条約の履行——欧州人権条約に関する連邦憲法裁判所 2004 年 10 月 14 日決定を中心に」法律時報 80 巻 5 号（2008 年）61-65 頁

——「人権保障におけるドイツ連邦憲法裁判所とヨーロッパ人権裁判所」比較法研究 73 号（2011 年）172-180 頁

——「欧州人権・基本権保障の中のドイツ連邦憲法裁判所」芹田健太郎ほか編『講座国際人権法 3 国際人権法の国内的実施』（信山社、2011 年）193-214 頁

——「ヨーロッパ人権条約の解釈とその国内法的効力」国際人権 23 号（2012 年）29-33 頁

薬師寺公夫「国際人権条約に於ける財産権（1）（2・完）」法学論叢 105 巻 2 号（1979 年）61-96 頁、106 巻 2 号（1979 年）58-90 頁

——「ヨーロッパ人権条約に於ける国家の申立権と国内的救済原則の適用可能性」神戸商船大学紀要・第一類文科論集 30 号（1981 年）29-51 頁

——「ヨーロッパ人権条約準備作業の検討（上）（中）（下）」神戸商船大学紀要・第一類文科論集 32 号（1983 年）35-55 頁、33 号（1984 年）15-38 頁、34 号（1985 年）1-26 頁

——「訴訟目的の『消滅』と人権裁判所の司法的機能——ヨーロッパ人権裁判所判例の検討①」神戸商船大学紀要・第一類文科論集 35 号（1986 年）21-46 頁

——「人権条約に付された解釈宣言の無効——ヨーロッパ人権裁判所判例の検討②（ブリロ事件)」立命館法学 210 号（1990 年）1-56 頁

——「犯罪人引渡し及び退去強制に対する人権条約の制限（1）——ヨーロッパ人権裁判所判例の検討③」立命館

法学 231・232 号（1994 年）267-291 頁

―――「人権条約の解釈・適用紛争と国際裁判――ヨーロッパ新人権裁判所への移行」杉原高嶺編『紛争解決の国際法』（三省堂、1997 年）215-249 頁

―――「裁判所にアクセスする権利の適用範囲（1）――欧州人権条約 6 条 1 項と自由権規約 14 条 1 項の比較」研究紀要（世界人権問題研究センター）15 号（2010 年）29-60 頁

―――「国連の平和執行活動に従事する派遣国軍隊の行為の帰属――ベーラミ及びサラマチ事件決定とアル・ジェッダ事件判決の相克」立命館法学 333・334 号（2010 年）1573-1622 頁

山口哲史「ネグリジェンス責任の注意義務に対する欧州人権条約の影響の有無（1）（2）（3・完）―― Hill 事件貴族院判決の批判的検討」早稲田大学大学院法研論集 155 号（2015 年）275-299 頁、156 号（2015 年）177-199 頁、157 号（2016 年）263-282 頁

山田卓平「欧州人権条約のデロゲーション条項の実践――国家の自己保存と人権保護のバランス追求の視点から」神戸学院法学 38 巻 3・4 号（2009 年）441-496 頁

山本直「欧州人権条約への EU の加入についてのノート――欧州憲法条約における展開」同志社大学ワールド・ワイド・ビジネス・レビュー 10 巻（2009 年）1-17 頁

尹仁河「国際人権法と国際人道法――欧州人権裁判所の判決を通して」聖学院大学総合研究所紀要 35 号（2005 年）229-254 頁

横山真規雄「イギリス法とヨーロッパ人権条約――イギリスにおけるヨーロッパ人権条約の国内立法化と成文憲法典制定に関する最近の動向について」城西大学女子短期大学部紀要 4 巻 1 号（1987 年）47-75 頁

米倉由美子「ヨーロッパ人権条約における国家の賠償義務と個人の救済――『公正な満足』に関する人権裁判所の判断を手がかりとして」筑波法政 26 号（1999 年）123-142 頁

―――「ヨーロッパ人権裁判所による『公正な満足』としての宣言的判決の付与（1）（2）」筑波法政 30 号（2001 年）195-227 頁、31 号（2001 年）183-197 頁

渡邉泰彦「ヨーロッパ人権条約における同性婚と登録パートナーシップ――ヨーロッパ人権裁判所シャルクとコプフ対オーストリア事件とその後のオーストリア憲法裁判所判例より」産大法学 47 巻 1 号（2013 年）51-100 頁

渡辺豊「欧州人権裁判所による社会権の保障――規範内容の拡大とその限界」一橋法学 7 巻 2 号（2008 年）263-303 頁

事 項 索 引

〈あ行〉

赤ちゃんポスト …………………………… *282*

アクセス ……………………………………… *172*

安全な（第三）国 ………………………… *156*

域外行為の帰属 ……………………………… *51*

生ける（生きた，生きている）文書 ……… *156, 378, 452*

意　見（EU のヨーロッパ人権条約への加入に対する）
　…………………………………………… *14, 15*

医師による自殺幇助 ……………………… *179*

萎縮効果 ……………………………… *342, 344*

イスラム嫌悪（islamophobia） ………… *320*

イスラム・スカーフ着用 ………………… *319*

一般的差別禁止条項 ………………………… *70*

イデオロギー的教化の禁止 ……………… *417*

遺伝子疾患の回避 ………………………… *169*

違法収集証拠の排除法則 ………………… *273*

EU ………………………………………… *15, 17*

　――のヨーロッパ人権条約加入協定案 … *14, 17, 470*

EU 基本権憲章 …………………………… *15, 16*

EU 個人情報保護規則 …………………… *335*

EU 個人情報保護指令 …………………… *335*

EU 司法裁判所 …………………………… *15, 16*

EU ダブリン規則 …………………………… *80*

EU 法の自律性 …………………………… *15, 59*

EU 法の「優位性の原則」 ………………… *16*

医療過誤 …………………………………… *118*

医療上の過誤 ……………………………… *197*

インターネット ……………………… *346, 350*

　――から得られた情報 ………………… *348*

ヴェニス委員会 …………………………… *125*

HIV ………………………………………… *196*

欧州評議会　→ヨーロッパ評議会 を見よ

汚染血液事件 ……………………………… *197*

汚染血液による HIV 感染と条約 2 条 … *195*

汚染血液による HIV 感染に対する国内裁判所
　の救済の遅延 …………………………… *198*

親になることあるいはならないことの決定を尊重さ
れる権利 ……………………………… *162, 167, 172*

親の教育権 …………………………… *409, 414*

〈か行〉

外交的保証（ノン・ルフールマン原則の適用におけ
る） ……………………………………… *151*

外国人 ……………………………………… *443*

　――の追放事案 …………………………… *6*

外国人技能実習制度 ……………………… *224*

外国人嫌悪 ………………………………… *367*

外国人法 ……………………………………… *4*

解散命令（団体の） ……………………… *386*

介　入 ……………………………………… *321*

回付（大法廷への） …………………… *8, 13*

学術著作物と表現 ………………………… *137*

家族生活の尊重 …………………………… *299*

　――と私生活の尊重の関係 …………… *307*

　――を受ける権利 ……… *76, 305, 309, 311*

家庭内暴力 ………………………………… *225*

　――の被害者の保護 …………………… *227*

仮釈放の可能性のない無期刑 …………… *215*

環境分野の人権 …………………………… *193*

勧告的意見（第 16 議定書）→先行意見 を見よ

患者の自己決定権 ………………………… *178*

姦生子 ……………………………… *449, 452*

間接差別 ………………………… *227, 429, 430*

規制文言の審査 …………………………… *364*

規制家賃制度 ……………………………… *31*

君が代斉唱・ピアノ伴奏事件 …………… *331*

機密情報 …………………………………… *342*

QPC（la question prioritaire de constitutionnalité,
フランス） ……………………………… *28*

糾問主義 …………………………………… *263*

教育公務員労働組合 ……………………… *386*

教育出版物と表現 ………………………… *137*

教育の機会均等 …………………………… *431*

「行政機関の構成員」（11 条 2 項） …… *379*

強制失踪条約 …………………………… *64, 98*

「共生」のための要請 …………………… 323-325	国際人権 …………………………………………… 2
強制労働および奴隷状態の禁止 ……………… 220	国 籍 …………………………………………… 421
キリスト教教育（ノルウェー）………… 411, 413	国籍差別 ………………………………………… 440
近親者の権利（自殺幇助についての）……… 179	国籍法3条違憲判決 …………………………… 453
勤務中のクロス着用 …………………………… 326	国籍唯一の原則 ………………………………… 422
国による致死的な力の行使 …………………… 186	国連安保理による狙い撃ち制裁 ……………… 56
警察留置 ………………………………………… 263	国連海洋法条約 ………………………………… 156
刑事拘禁（施設）………………………… 446, 447	国連国家免除条約 ……………………………… 43
刑事司法協力 …………………………………… 16	国連難民高等弁務官 …………………………… 153
継続的侵害 ……………………………………… 95	国連難民高等弁務官事務所 …………………… 80
刑罰と保安処分 ………………………………… 236	国連への行為の帰属と人権裁判所の管轄権 … 90
結社の自由 ………………………………… 386, 388	個人情報保護 …………………………………… 335
嫌悪表現 ………………………………………… 373	個人申立 ………………………………………… 8
憲法院とヨーロッパ人権裁判所の対話（フランス）… 27	国会議員 ………………………………………… 366
権利の濫用の禁止（17条）…………………… 141	国家間申立 ……………………………………… 8
効果的　→実効的 を見よ	国家承継と無国籍の防止 ……………………… 74
広 告 …………………………………………… 356	国家免除 …………………………………… 42, 44
公正な均衡（バランス）…………… 5, 6, 173, 297, 327,	子どもの最善の利益 ………… 27, 78, 304, 306, 308, 311
328, 330, 398	子の出自を知る権利 …………………………… 281
公正な裁判 ………………………………… 151, 258	子の奪取条約 …………………………………… 309
——を受ける権利（6条）……… 42, 46, 151, 256, 261	個別的措置（判決の執行のための）………… 108
——を受ける権利へのノン・ルフールマン原則の	婚外子差別 ………………………………… 449, 453
適用 ………………………………………… 151	混合的国際統治下での人権侵害 ……………… 90
公正な手続 ……………………………………… 201	
公正な満足 ………………………………… 108, 392	〈さ行〉
公的関心事 ……………………………………… 363	
公的情報へのアクセス権 ……………………… 334	最高次の裁判所 ………………………………… 13
こうのとりのゆりかご ………………………… 282	財産権 …………………………………………… 440
公平な裁判 ……………………………………… 273	財産の剥奪 ……………………………………… 397
公務員訴訟 ……………………………………… 275	財産の保護（第1議定書1条）……………… 192
公務員の団結権 ………………………………… 376	財産の利用規制 …………………………… 395, 397
拷問等禁止委員会 ……………………………… 264	財産へのアクセス権 …………………………… 107
拷問によって得られた供述・証拠 …………… 206	最低限度の過酷さ（強度）（3条違反のための）…… 146,
拷問の禁止（3条）…………… 147, 225, 273, 446	201, 204
——違反による証拠の排除 ………… 201, 203, 273	裁判官の解任不可能性の原則 ………………… 87
——の絶対的性格 ………………… 145, 203, 205	裁判官の対話 ……………………………… xxix, 26
絶対的無期刑と—— …………………………… 217	裁判所の独立性 ………………………………… 35
拷問または非人道的もしくは品位を傷つける	裁判所侮辱法 …………………………………… 341
取扱い・刑罰 ……………………………… 145	裁判所へのアクセス（権）………………… 42, 47, 85
「合理的な期間」（6条1項）………… 196, 198	裁量の余地　→評価の余地 を見よ
国際機構の免除 ………………………………… 46	差し迫った社会的必要性 …………………… 342, 382
国際刑事裁判所規程 …………………………… 98	差止命令 …………………………………… 342, 351
	差 別 …………………………………… 429, 442

事　項　索　引　　　503

――の禁止（14 条）……… 227, 327, 442, 452	宗教教育……………………… 32, 33, 409, 411
暫定措置……………………………… 9, 158	宗教的アイデンティティ………………… 411
時間的管轄(権)……………………… 95, 102	宗教的信念に基づく業務(職務)遂行拒否……… 326, 330
死　刑……………………………………… 212	宗教的信念を表明する自由………………… 326
不公正な裁判による――………………… 213	宗教の自由………………………………… 34, 384
事後的捜査………………………………… 184	自由権規約委員会………………………… 264, 315
事後的保安監置…………………………… 234	自由権規約第 2 選択議定書（死刑廃止議定書）…… 214
事故の回避義務…………………………… 189	重国籍（者）……………………………… 419, 421
事後の行為（人質救出作戦についての）… 187	十字架掲出………………………………… 414
自己負罪拒否特権………………… 202, 267	自由選挙（第 1 議定書 3 条）………… 419, 424
自殺関与罪………………………………… 179	集団的追放………………………………… 155, 156
自殺の権利／死ぬ権利……… 177, 179, 181	受刑者の選挙権………………… 24, 131, 133
自殺幇助…………………………………… 179	受刑者の懲罰手続の公正………………… 127
事情の変化………………………………… 27	取材源秘匿………………………………… 341, 343
私人による人権侵害……………………… 228	出生前診断………………………………… 170
私生活および家族生活の尊重を受ける権利（8 条）	首尾一貫性（制的理由の）……………… 427
……… 74, 105, 162, 168, 170, 174, 181, 290	受理可能性基準…………………………… 13
私生活の尊重……………… 135, 137, 173, 321	受理可能性審査…………………………… 11
――と GPS 監視………………… 250, 252	狩　猟……………………………………… 401
――と指紋・DNA 情報………………… 294	――の受忍（所有地における）………… 400
――と受精卵着床前遺伝子診断………… 167	障害者権利条約…………………………… 124, 125
――と体外受精…………………………… 162	上訴（大法廷への）……………………… 8
――に伴う積極的義務…………………… 172	少年事件…………………………………… 262
事前関与手続……………………………… 17	少年に対する適正な量刑………………… 258
事前抑制………………………… 350, 351, 355	少年被告人と公開の刑事裁判…………… 257
――の原則的禁止………………………… 353	商標登録…………………………………… 404
思想、良心および宗教の自由（9 条）…… 313, 327, 329	情報源開示命令…………………………… 341
実効的救済手段（13 条）………… 110, 112, 113	情報源の開示……………………………… 341
実効的救済を受ける権利（13 条）……… 192	情報源秘匿………………………………… 341
実効的な捜査……………………………… 188	情報へのアクセス権……………………… 333
「実効的な統制」の基準（行為の帰属についての）…… 53	情報を受ける自由………………………… 333, 334
実効的に刑事裁判に参加する権利（6 条）………… 255	条約違反の手続で収集された証拠の扱い………… 206
実施報告（判決履行に関する）………… 10	職場におけるクロス着用………………… 330
児童の権利条約…………………………… 256	所持品検査………………………………… 289, 291
死ぬ権利　→自殺の権利 を見よ	新規参入制限……………………………… 336
GPS 監視………………………………… 250	信教の自由……………………… 317, 326, 329
司法改革…………………………………… 35	人権裁判所の「対話」…………………… 38
司法の独立………………………………… 87	人権裁判所判決…………………………… 3
社会権（ヨーロッパ人権条約と）……… 442	――に対する「保護メカニズム」（ロシア）……… 37
社会保障………………………………… 440, 443	人権法（イギリスの）……………… 21, 22, 289
自由及び安全に対する権利（5 条）……… 235, 248	人工妊娠中絶　→中絶 を見よ
集会および結社の自由（11 条）………… 378, 379	信仰表明の自由…………………………… 322

真実であることの証明（名誉棄損に関する）········ 346
真実に対する権利（right to the truth）············· 64
人種隔離・差別······························· 429
人種差別······························· 367, 431
人種差別的表現······························· 366
人種主義······························· 369, 434
人種的憎悪扇動言論························· 141
心神喪失者等医療観察法··················· 242
新　聞··································· 346
生活保護法································ 444
政教分離································· 384
政治広告································· 356
政治広告放送······························· 361
　　──の自由···························· 361
政治的意見表明··························· 359
政治的多元性··························· 359
政治的紛争論（国際法学における）··········· 68
生殖補助医療技術の利用の制限··········· 166
精神障がい者の権利··················· 124, 241
精神保健福祉法··························· 242
性的指向···················· 373, 374, 445, 447
　　──に基づく差別··················· 299, 373
性的マイノリティ······················· 447
性転換手術要件··························· 27
政　党······························· 381, 383
　　──の解散····················· 381, 383
正当な期待······························· 407
成年被後見人の選挙権··················· 122
生命に対する権利（2条）·········· 119, 180, 184, 193,
　　　　　　　　　　　　　　　　227, 434, 436
　　──と情報提供義務··················· 193
　　──における積極的義務··············· 197
　　──の保護義務····················· 187
生命を脅かす危険の存在を公衆に周知する義務···· 192
積極的安楽死··························· 179
積極的義務··············· 116, 119, 137, 174, 175, 184,
　　　　　　　190, 192, 196, 197, 220, 222, 225,
　　　　　　　227, 284, 286, 331, 337, 339, 349
　　──の拡大························· 197
積極的差別是正措置··················· 430
絶対的必要性（武器使用の）··············· 436
絶対的無期刑··························· 215

選挙権の制約··························· 123
先決裁定手続（EU の）··················· 16
先行意見（勧告的意見）（第 16 議定書）········· 13, 29
先行判決要請制度（第 16 議定書）··········· 12
憎悪表現　→ヘイトスピーチを見よ
「相互信頼」の原則（EU 加盟国間の）··········· 18
相続分差別··························· 449
阻止条項（比例代表制における）··········· 424, 427
訴訟期間の長さ······················· 198
措置入院··························· 242

〈た行〉

体外受精··························· 163
待機ゾーン（フランス）··················· 158, 159
退去強制（処分）······················· 26, 304
胎児（条約 2 条にいう『人』）··············· 173
　　──の生命権················ 116, 119, 173
大法廷································· 8, 13
代理出産··························· 27
多元主義（宗教的または文化的）··········· 412, 431
多層的人権保障······················· 21
堕胎罪································· 120
闘う民主主義························· 383
たたかうライクリッキ（laiklik）··········· 319
他の人間との関係をつくり発展する権利········· 307
ダブリン規則（EU）····················· 82
タリフ（最低期間拘禁刑）··············· 258
団結権································· 378
　　地方公務員の──··················· 376
男女雇用機会均等法··················· 432
団体交渉権··························· 376
知的財産権··························· 404
着床前診断の利用··················· 168
中　絶·············· 34, 119, 169, 170, 172, 173, 175
　　──の実効的保障··················· 172
中立性確保··························· 361
調査（義務）······················· 100, 435
徴兵制································· 316
超法規的引渡し（extraordinary rendition）······· 61, 62
直接効果の原則（EU 法の）··············· 16
通信傍受··························· 253
デイトン合意··························· 66

事項索引　　505

手続的義務 ………………………………… 197
手続的義務違反の申立と時間的管轄権 ……… 102
手続保障化 …………………………………… 5
テレビ（局）……………………………… 336, 356
デロゲーション（4条）……………… 245, 248
テロリストグループへの参加の罪 …………… 270
テロリストの予防拘束 ………………………… 244
伝聞証拠 …………………………………… 265, 267
投資条約仲裁 ………………………………… 392
同性愛 ………………………………… 371, 446, 447
同性カップルによる養子 ……………………… 299
同性カップルの里親 ………………………… 303
「同等の保護」原則（理論，テスト）……… 18, 60, 82
特別弁護人（5条4項）……………………… 248
匿名出産 …………………………………… 279, 281
奴隷の状態および強制労働の禁止（4条）……… 223

〈な行〉

難民に対する海上阻止行動 …………………… 153
二元主義（刑罰と保安処分の）……………… 236
入国拒否決定 ………………………………… 160
人間の尊厳 …………………………………… 205, 446
妊娠中絶　→中絶 を見よ
ノン・ルフールマン原則 …… 82, 144, 149, 151, 153, 156
　　――と実効的救済 ……………………… 158
　　――と条約6条 ………………………… 151
　　――の域外適用 ………………………… 155

〈は行〉

胚の「生命に対する権利」……………………… 162
パイロット判決（手続）… xxv, 11, 36, 105, 110, 112, 113
ハーグ条約 …………………………………… 309, 310
発展的解釈 …………………………………… 193
判決解釈請求 ………………………………… 12
判決の執行監視 ……………………… 8, 11, 12, 157
判決の執行遅延および不執行 ……………… xxxv, 112
判決の履行 …………………………………… 107, 133
犯罪捜査と3条 ……………………………… 201
犯罪人引渡条約 ……………………………… 16
犯罪人引渡請求 ……………………………… 270
反対尋問（の権利）………………………… 265, 267
被害者該当性 ………………………… 135, 190, 206

庇護申請 …………………………………… 158
非自発的入院 ………………………………… 239
非人道的もしくは品位を傷つける取扱い ……… 199,
　　　　　　　　　　　　　　　　　　　　201, 446
被選挙権 …………………………………… 419, 422
ヒト胚 ……………………………………… 170
評価の余地 …… 6, 13, 29, 32, 34, 123, 133, 163, 173, 175,
　　　　　300, 325, 328, 342, 357, 362, 415, 417, 425, 441
　　広範な―― …………………………… 384
表現の自由（10条）……… 142, 334, 337, 339, 341, 346,
　　　　　　　　349, 350, 351, 354, 356, 361, 371
比例原則 …………………………………… 6, 307
比例性 ……… 86, 297, 300, 305, 323, 328, 343, 344, 362,
　　　　　　383, 398, 401, 424, 425, 441, 450,
　　　　　　452
比例代表制 ………………………………… 424, 425
父母両系血統主義 …………………………… 422
ブライトン宣言 …………………………… 21
プライバシーの保護 ………………………… 284
不履行確認訴訟（46条4項）……………… 12
ブルカ着用禁止 …………………………… 321, 323
プレスの自由 ……………………… 337, 341, 343
ブロッキング（インターネット・アクセスの）…… 349
ヘイトスピーチ（規制）…………… 139, 140, 142,
　　　　　　　　143, 366, 368, 371, 374
　　――の定義 …………………………… 374
ヘジャブ着用禁止 ………………………… 317
弁護人立会権 …………………… 261, 262, 264
弁護人の援助を受ける権利 ………………… 258
「保安監置」（保安拘禁）…………………… 236
放送の自由 ………………………………… 336, 339
放送の中立性 ……………………………… 361
「法律で定められた」（10条2項）………… 348
補完性原則 ………………………………… 29, 364
母語による教育を受ける権利 ……………… 389
北方ジャーナル事件 ……………………… 355
ホロコースト否定言論 …………………… 140, 142

〈ま行〉

マイノリティの言語教育権 ………………… 389
麻薬取引 …………………………………… 201
未決拘禁の審査手続 ……………………… 230

事項索引

身元識別情報 ……………………………………………… 287
ミラー原則（イギリス人権法）…………………………… 22
民主的社会における必要性 …… 168, 186, 253, 295, 305,
　　　　　322, 324, 328, 339, 342, 357, 362, 366, 372
明確性 ……………………………………………… 347, 352
名誉毀損 …………………………………………………… 347
メディア集中排除規制 …………………………………… 338
申立人の被害者性 ………………………………………… 113
黙秘権 ……………………………………………………… 268

〈や行〉

友好的解決 ………………………………………………… 9
友好的解決手続 …………………………………………… 11
輸　血 ……………………………………………………… 196
養子縁組の効力 …………………………………………… 76
予見可能性 ………………………………………… 338, 348
より制約の小さい規制手法 ……………………………… 362
ヨーロッパ人権条約 ………………………………… 2, 17
　第 1 議定書 ……………………………………………… 409
　第 1 議定書 1 条（財産の保護）…… 32, 106, 450, 452
　第 1 議定書 2 条（教育に対する権利）……… 412, 414
　第 1 議定書 3 条（自由選挙についての権利）…… 419,

　　　　　　　　　　　　　　　　　　　　　　424, 426
　第 4 議定書 4 条（領域的適用）……………………… 156
　第 12 議定書 …………………………………………… 70
　第 14 議定書 …………………………………… 10, 11, 12
　第 15 議定書 …………………………………… 8, 11, 13, 29
　第 16 議定書 …………………………………………… 9, 29
ヨーロッパ逮捕状枠組決定 …………………………… 16
ヨーロッパ評議会 …………………………………… xxxiv
　　　——におけるオブザーバー ………………… xxxiv
ヨーロッパ連合　→EU を見よ

〈ら行〉

ライシテ（非宗教性）…………………………… 320, 323
立候補する権利 ………………………………………… 419
立証責任 ………………………………………… 431, 436
領海外における入国阻止行為 ………………………… 153
良心的兵役拒否 ………………………………… 313, 314
レイシズム　→人種主義 を見よ
労働協約締結権 ………………………………………… 376
労働組合を結成する権利 ……………………………… 376
ロマに対する差別 ……………………………… 135, 429

欧文判例索引

(アルファベット順、四角囲み数字は項目番号、太字は各項目主題判例。「Ⅰ 00 」は第Ⅰ巻の項目番号)

＊判例集未登載の判決・決定は HUDOC で検索可能

〈A〉

A. v. the United Kingdom, 23 September 1998, Reports 1998-VI ·· *226, 260*

A and others v. the United Kingdom [GC], 19 February 2009, Reports 2009-Ⅱ ····················· 42 , *23, 25, 152*

A, B and C v. Ireland [GC], 16 December 2010, Reports 2010-VI ·· 28 , *168, 170*

Ādamsons v. Latvia, 24 June 2008 ·· *423*

Agim Behrami and Bekir Behrami v. France and Saramati v. France, Germany and Norway [GC],
　Decision, 2 May 2007　→ Behrami v. France を見よ ··· 11

Ahmed and others v. the United Kingdom, 2 September 1998, Reports 1998-VI ··························· *423*

Ahmet Arslan and others v. Turkey, 23 February 2010 ·· *323, 325*

Airey v. Ireland, 9 October 1979, Series A no. 32 ··· *4, 29, 284*

Akdivar and others v. Turkey (Just satisfaction), 1 April 1998, Reports 1998-Ⅱ ························· *10*

Aksoy v. Turkey, 18 December 1996, Reports 1996-VI ································· Ⅰ 29 , *65, 104, 202, 208, 439*

Aksu v. Turkey (Section 2), 7 July 2010 ·· *139*

Aksu v. Turkey [GC], 15 March 2012, Reports 2012-I ·· 20

Al-Adsani v. the United Kingdom [GC], 21 November 2001, Reports 2001-XI ···························· Ⅰ 7 , *44*

Alajos Kiss v. Hungary, 20 May 2010 ··· 17 , *xxx, 88, 325*

Al-Dulimi and Montana Management Inc. v. Switzerland, 26 November 2013 ····························· *59, 60*

Al-Jedda v. the United Kingdom [GC], 7 July 2011, Reports 2011-IV ······································ 3 , *23, 57, 92*

Al-Khawaja and Tahery v. the United Kingdom (Section 4), 20 January 2009 ···························· *266*

Al-Khawaja and Tahery v. the United Kingdom [GC], 15 December 2011, Reports 2011-VI ········ 46 , *22, 24, 152*

Al-Nashif v. Bulgaria, 20 June 2002 ··· *70*

Al Nashiri v. Poland, 24 July 2014 ·· *65, 151*

Al-Saadoon and Mufdhi v. the United Kingdom, 2 March 2010, Reports 2010-Ⅱ ······················· *214*

Al-Skeini v. the United Kingdom [GC], 7 July 2011, Reports 2011-IV ······································· *54*

Amuur v. France, 25 June 1996 ·· *157, 160*

Anakomba Yula v. Belgium, 10 March 2009 ··· *444*

Ananyev and others v. Russia, 10 January 2012 ··· *114*

Anchugov and Gladkov v. Russia, 4 July 2013 ·· *37, 39, 134*

Andrejeva v. Latvia [GC], 18 February 2009, Reports 2009-Ⅱ ·· 82

Anheuser-Busch Inc. v. Portugal (Section 2), 11 October 2005 ··· *408*

Anheuser-Busch Inc. v. Portugal [GC], 11 January 2007, Reports 2007-I ·································· 75

Animal Defenders International v. the United Kingdom [GC], 22 April 2013, Reports 2013-Ⅱ ······ 66

A.P. Garçon and Nicot v. France, 6 April 2017 ··· *27*

Apay v. Turkey, Decision, 11 December 2007 ·· *278*

Ashby Donald and others v. France, 10 January 2013 ··· *350*

ASLEF v. the United Kingdom, 27 February 2007 ··· *380*

A.S.P.A.S. and Lasgrezas v. France, 22 September 2011 ·· *402*

Austin and others v. the United Kingdom, 15 March 2012 ·· *292*

〈B〉

B v. France, 25 March 1992 ·· *27*

B. and P. v. the United Kingdom, 24 April 2001 ·· *30*

Babar Ahmad and others v. the United Kingdom, Decision, 6 July 2010 ············· *151*

Babar Ahmad and others v. the United Kingdom, 10 April 2012 ··············· 22, *23*

Bah v. the United Kingdom, 27 September 2011, Reports 2011-VI ······················ *444*

Baka v. Hungary (Section 2), 27 May 2014 ··· *89, 278*

Baka v. Hungary [GC], 23 June 2016, Reports 2016 ······································· 10

Bancović and others v. Belgium and 16 Other NATO Countries [GC], Decision, 12 December 2001, Reports
  2001-XII ·· I 6, *54, 92, 93, 212, 214,*

Baranowski v. Poland, 28 March 2000, Reports 2000-III ······································· *231*

Barthold v. Germany, 25 March 1985, Series A no. 90 ··· *355*

Bayatyan v. Armenia [GC], 7 July 2011, Reports 2011-IV ···························· 56

Beer and Regan v. Germany [GC], 18 February 1999 ·· *46*

Behrami v. France [GC], Decision, 2 May 2007 ··· 11, *53, 57*

Beldjoudi v. France, 26 March 1992, Series A no. 234-A ······································· *308*

Belgian Linguistic Case [PC], 23 July 1968, Series A no. 6 ···················· I 78, *4, 390*

Bergmann v. Germany, 7 January 2016 ·· *238*

Bevacqua and S. v. Bulgaria, 12 June 2008 ·· *228*

Bitenc v. Slovenia, Decision, 18 March 2008 ·· *139*

Björk Eiðsdóttir v. Iceland, 10 July 2012 ·· *350*

Black v. the United Kingdom, 16 January 2007 ··· *130*

Blečić v. Croatia [GC], 8 March 2006, Reports 2006-III ································· 12

Boddaert v. Belgium, 12 October 1992, Series A no. 235-D ·································· *143*

Boso v. Italy, Decision, 5 September 2002, Reports 2002-VII ························· *119, 170*

Bosphorus Hava Yolları Turizm ve Ticaret Anonim Şirketi v. Ireland [GC], 30 June 2005, Reports 2005-VI
  ·· I 2, *17, 59, 81, 92*

Boultif v. Switzerland, 2 August 2001, Reports 2001-IX ··························· I 56, *308*

Brogan and others v. the United Kingdom, 29 November 1988, Series A no. 145-B ······· *231*

Broniowski v. Poland [GC], 22 June 2004, Reports 2004-V ··········· I 10, *xv, 9, 12, 107, 112*

Brusco v. France, 14 October 2010 ··· *262, 263*

Bukharatyan v. Armenia, 10 January 2012 ·· *316*

Burdov v. Russia, 7 May 2002, Reports 2002-III ·· *114*

Burdov v. Russia (no. 2), 15 January 2009, Reports 2009-I ··············· 15, *5, 7, 36, 38*

Bykov v. Russia [GC], 10 March 2009 ·· *254*

〈C〉

Calvelli and Ciglio v. Italy [GC], 17 January 2002, Reports 2002-I ················· *197, 226*

Campbell and Fell v. the United Kingdom, 28 June 1984, Series A no. 80 ······· *127, 128, 129*

Capital Bank AD v. Bulgaria, 24 November 2005 ··· *394*

Castells v. Spain, 23 April 1992 ··· *344*

Centro Europa 7 S.r.l. and Di Stefano v. Italy [GC], 7 June 2012, Reports-III ············ 61

Chabauty v. France [GC], 4 October 2012 ·················· *402*

Chahal v. the United Kingdom [GC], 15 November 1996, Reports 1996-V ····· I *15*, *70, 145, 146, 148 ,151, 202, 249*

Chapman v. the United Kingdom [GC], 18 January 2001, Reports 2001-I ················· *139, 166*

Chassagnou and others v. France [GC], 29 April 1999, Reports 1999-III ·················· *74*, *399*

Christine Goodwin v. the United Kingdom [GC], 11 July 2002, Reports 2002-VI ················· I *47*, *29*

Ciubotaru v. Moldova, 27 April 2010 ·················· *139*

C.N. and V. v. France, 11 October 2012 ·················· *37*

Costa and Pavan v. Italy, 28 August 2012 ·················· *27*, *166*

Cudak v. Lithuania [GC], 23 March 2010 ·················· *45, 278*

Cyprus v. Turkey (Application no. 25781/94) [GC], 10 May 2001, Reports 2001-IV ····· I *4*, *5, 106, 107, 108, 109*

〈D〉

D. v. the United Kingdom, 2 May 1997 ·················· *157*

Dahlab v. Switzerland, Decision, 15 February 2001, Reports 2001-V ·················· *318,325,415*

De Jong, Baljet and Van den Brink v. the Netherlands, 22 May 1984, Series A no. 77 ·················· *232*

Delfi As v. Estonia, 10 October 2013 ·················· *349*

Demir and Baykara v. Turkey [GC], 12 November 2008, Reports 2008-V ·················· *69*

Demopoulos and others v. Turkey [GC], Decision, 1 March 2010, Reports 2010-I ·················· *108, 109*

Deweer v. Belgium [GC], 27 February 1980, Series A no. 35 ·················· *29*

De Wilde, Ooms and Versyp v. Belgium [PC], 18 June 1971, Series A no. 12 ·················· *4*

D.H. and others v. the Czech Republic [GC], 13 November 2007, Reports 2007-IV ·················· *80*, *139, 227, 228*

Dickson v. the United Kingdom [GC], 4 December 2007, Reports 2007-V ·················· *166, 168*

D.N. v. Switzerland [GC], 29 March 2001, Reports 2001-III ·················· *232*

Doorson v. the Netherlands, 26 March 1996, Reports 1996-II ·················· *266, 268*

Drakšas v. Lithuania, 31 July 2012 ·················· *254*

Draon v. France [GC], 16 October 2005 ·················· *170*

Drozd and Janousek v. France and Spain, 26 June 1992, Series A no. 240 ·················· *55*

Dudgeon v. the United Kingdom [PC], 22 October 1981, Series A no. 45 ·················· I *48*, *446*

〈E〉

E. v. Norway, 29 August 1990, Series A no. 181-A ·················· *232*

E. and others v. the United Kingdom, 26 November 2002 ·················· *226*

E.B. v. France [GC], 22 January 2008 ·················· *29, 301*

Eckle v. Germany, 15 July 1982, Series A no. 51 ·················· *75*

Editorial Board of Pravoye Delo and Shtekel v. Ukraine, 5 May 2011 ·················· *63*

Eğitim ve Bilim Emekçileri Sendikasi v. Turkey, 25 September 2012 ·················· *71*

Ekin Association v. France, 17 July 2001, Reports 2001-VIII ·················· *353*

El Haski v. Belgium, 25 September 2012 ·················· *47*, *209*

El Leil v. France [GC], 29 June 2011 ·················· *45*

El-Masri v. The Former Yugoslav Republic of Macedonia [GC], 13 December 2012, Reports 2012-VI
·················· *5*, *151, 188*

Enerji Yapı-Yol Sen v. Turkey, 21 April 2009 ·················· *380*

Engel and others v. the Netherlands [PC], 8 June 1976, Series A no. 22 ·················· I *17*, *4, 127, 129*

Erçep v. Turkey, 22 November 2011 ·················· *316*

Erla Hlynsdottir v. Iceland, 10 July 2012 ·················· *350*

Evans v. the United Kingdom [GC], 10 April 2007, Reports 2007-I ·················· **26**, 168
Eweida and others v. the United Kingdom, 15 January 2013, Reports 2013 (extracts) ·············· **59**
Ezeh and Connors v. the United Kingdom [GC], 9 October 2003, Reports 2003-X ·················· **18**
Ezzouhdi v. France, 13 February 2001 ··· 308
  〈F〉
Fabris v. France [GC], 7 February 2013 ··· 452
Féret v. Belgium, 16 July 2009 ·················· **67**, 373, 374, 375
Financial Times Ltd and others v. the United Kigdom, 15 December 2009 ·················· 343, 345
Finogenov and others v. Russia, 20 December 2011, Reports 2011-VI ·················· **30**
Firth and others v. the United Kingdom, 12 August 2014 ····································· 134
Fogarty v. the United Kingdom, 21 November 2001, Reports 2001-XI ····························· 45
Folgerø and others v. Norway [GC], 29 June 2007, Reports 2007-III ·················· **76**, 417
Freedom and Democracy Party (ÖZDEP) v. Turkey [GC], 8 December 1999, Reports 1999-VIII ·············· 385, 390
Fressoz and Roire v. France, 21 January 1999 ·· 343
Fretté v. France, 26 February 2002, Reports 2002-I ··· 301
Frodl v. Austria, 8 April 2010 ·· 133
  〈G〉
Gäfgen v. Germany [GC], 1 June 2010, Reports 2010-IV ·················· **34**, 75, 152, 202, 271
Garaudy v. France, 24 June 2003, Reports 2003-IX ·················· **21**, 375
García Ruiz v. Spain [GC], 21 January 1999, Reports 1999-I ································· 408
Gas and Dubois v. France, 15 March 2012 ·· 300, 301
Gaskin v. the United Kingdom [PC], 7 July 1989, Series A no. 160 ·················· I **49**, 166, 198, 334
Gaygusuz v. Austria, 16 September 1996, Reports 1996-IV ·················· I **79**, 443, 444
Gebremedhin v. France, 26 April 2007, Reports 2007-II ·················· **25**
Gillan and Quinton v. the United Kingdom, 12 January 2010, Reports 2010-I ·················· **51**, 22, 23, 249
Giniewski v. France, 31 January 2006, Reports 2006-I ······································· 375
Giuliani and Gaggio v. Italy [GC], 24 March 2011, Reports 2011-II ··························· 394
Glasenapp v. Germany, 28 August 1986, Series A no. 126 ····································· 276
G.N. and others v. Italy, 1 December 2009 ··· 196, 198
Godelli v. Italy, 25 September 2012 ·················· **49**
Golder v. the United Kingdom [PC], 21 February 1975, Series A no. 18 ·················· I **41**, xxxi, 4, 260
Goodwin v. the United Kingdom [GC], 27 March 1996, Reports 1996-II ·················· **62**
Greens and MT v. the United Kingdom, 23 November 2010 ···································· 133
Groppera Radio AG and others v. Switzerland, 28 March 1990, Series A no. 173 ·················· I **63**, 340, 347
Gross v. Switzerland (Section 2), 14 May 2013 ··· 181
Gross v. Switzerland [GC], 30 September 2014, Reports 2014-IV ································ 181
Grzelak v. Poland, 15 June 2010 ··· 33
Guerra and Others v. Italy [GC], 19 February 1998, Reports 1998-I ··························· 193
Güleç v. Turkey, 27 July 1998 ··· 54
  〈H〉
H. v. Belgium, 30 November 1987, Series A no. 127-B ·· 260
Haas v. Switzerland, 20 January 2011, Reports 2011-I ······································· 178,180
HADEP and Demir v. Turkey, 14 December 2010 ·· 390

欧文判例索引　　　　　　　511

Haidn v. Germany, 13 January 2011 ·· *40*

Handyside v. the United Kingdom [PC], 7 December 1976, Series A no. 24···· I *18*, *28, 29, 288, 343, 344, 352, 366,*
373, 374, 383, 390

Harkins and Edwards v. the United Kingdom, 17 January 2012 ····································· *148*

Harutyunyan v. Armenia, 28 June 2007 ·· *274*

Hatton and others v. the United Kingdom [GC], 8 July 2003, Reports 2003-VIII ···································· I *53*, *6*

Hauschildt v. Denmark [PC], 24 May 1989, Series A no. 154 ··· *143*

Herri Batasuna and Batasuna v. Spain, 30 June 2009, Reports 2009-III ····························· *385*

Herrmann v. Germany (Section 5), 20 January 2011 ··· *401*

Herrmann v. Germany [GC], 26 June 2012 ·· *401*

Hilbe v. Liechtenstein, Decision, 7 September 1999, Reports 1999-VI ······························· *126*

Hirsi Jamaa and others v. Italy [GC], 23 February 2012, Reports 2012-II ···························· *24*

Hirst v. the United Kingdom (no. 2) (Section 4), 30 March 2004 ···································· *134*

Hirst v. the United Kingdom (no. 2) [GC], 6 October 2005, Reports 2005-IX ·············· *19*, *24, 126, 423*

H.L.R. v. France [GC], 29 April 1997, Reports 1997-III ··· *226*

Hoogendijk v. the Netherlands, 6 January 2005 ··· *429, 430*

Horncastle and others v. the United Kingdom, 16 December 2014 ································· *269*

Hornsby v. Greece, 19 March 1997, Reports 1997-II ··· I *45*, *110*

Hugh Jordan v. the United Kingdom, 4 May 2001 ··· *229*

Hurtado v. Switzerland, 28 January 1994, Series A no. 280 ·· *202*

Husayn v. Poland, 24 July 2014 ·· *65, 152, 394*

Hussain v. the United Kingdom, 21 February 1996, Reports 1996-I ································· *219, 232*

Hussin v. Belgium, 6 May 2004 ·· *79*

Hussun and others v. Italy, 19 January 2010 ··· *157*

Hutchinson v. the United Kingdom (Section 4), 3 February 2015 ··································· *218*

Hutchinson v. the United Kingdom [GC], 17 January 2017, Reports 2017 ······················ *218*

Hutten-Czapska v. Poland [GC], 19 June 2006, Reports 2006-VIII ····················· *32, 396, 398, 399*

〈I〉

Ibrahim and others v. the United Kingdom [GC], 13 September 2016 ···························· *264*

Ilaşcu and others v. Moldova and Russia [GC], 8 July 2004, Reports 2004-VII ··················· *64, 157*

Ilnseher v. Germany, 2 February 2017 ··· *238*

Inze v. Austria, 28 October 1987, Series A no. 126 ··· *xxix, 453*

Ireland v. the United Kingdom [PC], 18 January 1978, Series A no. 25 ······················· I *23*, *xxvii, 4, 148*

Isayeva Yusupova and Bazayeva v. Russia, 24 February 2005 ··································· I *5*, *5*

〈J〉

Jäggi v. Switzerland, 13 July 2006, Reports 2006-X ··· *281*

Jalloh v. Germany [GC], 11 July 2006, Reports 2006-IX ·································· *33*, *6, 206, 207, 208, 209*

Jaloud v. the Netherlands [GC], 20 November 2014, Reports 2014-VI ··························· *93*

James and others v. the United Kingdom, 21 February 1986, Series A no. 98 ················· *399*

Janowiec and others v. Russia (Section 5), 16 April 2012 ··· *103, 104*

Janowiec and others v. Russia [GC], 21 October 2013, Reports 2013-V ·························· *13*, *5, 98*

Jersild v. Denmark [GC], 23 September 1994, Series A no. 298 ··························· I *67*, *347, 350, 367*

John Murray v. the United Kingdom [GC], 8 February 1996, Reports 1996-I ················ I *33*, *262*

〈K〉

Kafkaris v. Cyprus [GC], 12 February 2008, Reports 2008-I ·················· *216, 217, 218, 347*

Kalashnikov v. Russia, 15 July 2002, Reports 2002-VI ·················· I 30, *65, 202, 446*

Kaya v. Turkey, 19 February 1998, Reports 1998-I ·················· *229*

Keenan v. the United Kingdom, 3 April 2001, Reports 2001-III ·················· *202*

Khan v. the United Kingdom, 12 May 2000, Reports 2000-V ·················· *254*

Kjeldsen, Busk Madsen and Pedersen v. Denmark, 7 December 1976, Series A no. 23 ····· I 75, *413, 416, 417, 418*

Koch v. Germany, 19 July 2012 ·················· 29

Kokkinakis v. Greece, 25 May 1993, Series A no. 260-A ·················· I 61, *331*

König v. Germany [PC], 28 June 1978, Series A no. 27 ·················· *4*

Kostovski v. the Netherlands [PC], 20 November 1989, Series A no. 166 ·················· I 36, *268, 274*

Koua Poirrez v. France, 30 September 2003, Reports 2003-X ·················· *444*

Kress v. France [GC], 7 June 2001, Reports 2001-IV ·················· I 42, *29, 143*

K. R. S. v. the United Kingdom, 2 December 2008 ·················· *82, 83*

K.U. v. Finland, 2 December 2008, Reports 2008-V ·················· 50

Kudła v. Poland [GC], 26 October 2000, Reports 2000-XI ·················· I 19, *5, 65, 113, 446*

Kurić and others v. Slovenia (Section 3), 13 July 2010 ·················· *75*

Kurić and others v. Slovenia [GC], 26 June 2012 Reports 2012-IV (extracts) ·················· 7, *6*

Kurić and others v. Slovenia (Just satisfaction) [GC], 12 March 2014 ·················· *75*

〈L〉

Labita v. Italy [GC], 6 April 2000, Reports 2000-IV ·················· *202*

Lambert v. France, 24 August 1998, Reports 1998-V ·················· *254*

Lambert and others v. France [GC], 5 June 2015, Reports 2015-III ·················· *29*

Lamy v. Belgium, 30 March 1989, Series A no. 151 ·················· *232*

Lautsi v. Italy (Section 2), 3 November 2009 ·················· *34, 414, 415, 416, 417, 418*

Lautsi and others v. Italy [GC], 18 March 2011, Reports 2011-III ·················· 77, *319, 329*

Lawless v. Ireland (no. 3), 1 July 1961, Series A no. 3 ·················· I 22, *xxvii, 143, 288*

L.C.B v. the United Kingdom, 9 June 1998, Reports 1998-III ·················· *198*

Leander v. Sweden, 26 March 1987 ·················· *334*

Leempoel and S.A. ED. Ciné Revue v. Belgium, 9 November 2006 ·················· *353*

Lehideux and Isorni v. France [GC], 23 Sptember 1998, Reports 1998-VII ·················· I 68, *139, 141, 142*

Leyla Şahin v. Turkey [GC], 10 November 2005, Reports 2005-XI ·················· 57, *325, 329, 423*

Lietzow v. Germany, 13 February 2001, Reports 2001-I ·················· *232*

Lindheim and others v. Norway, 12 June 2012 ·················· 73

Lingens v. Austria [PC], 8 July 1986, Series A no. 103 ·················· I 64, *139, 344, 359, 423*

Loizidou v. Turkey (Preliminary objections) [GC], 23 March 1995, Series A no. 310 ·········· I 9, *xxvii, 29, 55, 93*

Loizidou v. Turkey (Merits) [GC], 18 December 1996, Reports 1996-VI ·················· *93, 105, 106, 107, 108*

López Ostra v. Spain, 9 December 1994, Series A no. 303-C ·················· I 52, *7*

Lucá v. Italy, 27 February 2001, Reports 2001-II ·················· *268*

Luczak v. Poland, 27 November 2007 ·················· *444*

〈M〉

M. v. Germany, 17 December 2009, Reports 2009-VI ·················· *235, 237, 238*

Magyar Helsinki Bizottsag v. Hungary [GC], 8 November 2016, Reports 2016 ·················· *30*

欧文判例索引

Malone v. the United Kingdom [PC], 2 August 1984, Series A no. 82 ·········· I *54*, *xxvii, 166, 253*

Mamatkulov and Askarov v. Turkey [GC], 4 February 2005, Reports 2005-I ·········· I *20*, *9*

Marckx v. Belgium [PC], 13 June 1979, Series A no. 31 ·········· I *58*, *xxix, 4, 229, 452*

Markin v. Russia, 7 October 2010 ·········· *37*

Maslov v. Austria [GC], 23 June 2008, Reports 2008-III ·········· *308*

Mathieu-Mohin and Clerfayt v. Belgium [PC], 2 March 1987, Series A no. 113 ·········· I *77*, *7, 124, 423*

Mattews v. the United Kingdom [GC], 18 February 1999, Reports 1999-I ·········· I *3*, *20*

Maumousseau and Washington v. France, 6 December 2007 ·········· *311*

Maurice v. France [GC], 16 October 2005 ·········· *170*

Mazurek v. France, 1 February 2000, Reports 2000-II ·········· *84*, *ii, xxix, xxx*

McCann and others v. the United Kingdom [GC], 27 September 1995, Series A no. 324 ·········· I *27*, *7, 65, 104, 186, 206, 229, 439*

McElhinney v. Ireland [GC], 21 November 2001, Reports 2001-XI ·········· *45*

Medvedyev and others v. France [GC], 29 March 2010, Reports 2010-III ·········· *154*

Mellacher and others v. Austria [PC], 19 December 1989, Series A no. 169 ·········· I *74*, *398, 403*

Melnychenko v. Ukraine, 19 October 2004, Reports 2004-X ·········· *126, 423*

Mennesson v. France, 26 June 2014 ·········· *27, 79*

Merger and Cros v. France, 22 December 2004 ·········· *452*

Mikulić v. Croatia, 7 February 2002 ·········· *281*

Moldovan and others and Roastas and others v. Romania, Decision, 13 March 2001 ·········· *99*

Mouisel v. France, 14 November 2002, Reports 2002-IX ·········· *202*

M.R. and L.R. v. Estonia, Decision, 15 May 2012 ·········· *312*

M.S.S. v. Belgium and Greece [GC], 21 January 2011, Reports 2011-I ·········· *9*, *18, 157*

Müller and others v. Switzerland, 24 May 1988, Series A no. 133 ·········· *385*

Murphy v. Ireland, 10 July 2003, Reports 2003-IX ·········· *359, 360*

〈N〉

Nachova and others v. Bulgaria [GC], 6 July 2005, Reports 2005-VII ·········· *81*, *139, 429, 433*

Nada v. Switzerland [GC], 12 September 2012, Reports 2012-V ·········· *4*, *54*

Nagovitsyn and Nalgiyev v. Russia, Decision, 23 September 2010 ·········· *112*

National Union of Belgian Police v. Belgium [PC], 27 October 1975, Series A no. 19 ·········· *378*

Naumenko v. Ukraine, 10 February 2004 ·········· *202*

Nazsiz v. Turkey, Decision, 26 May 2009 ·········· *278*

Négrépontis-Giannisis v. Greece, 3 March 2011 ·········· *79*

Neulinger and Shuruk v. Switzerland [GC], 6 July 2010, Reports 2010-V ·········· *55*

Neumeister v. Austria, 27 June 1968, Series A no. 8 ·········· *4*

Niedzwiecki v. Germany, 25 October 2005 ·········· *444*

Niemietz v. Germany, 16 December 1992, Series A no. 251-B ·········· I *55*, *166, 252*

Nikolova v. Bulgaria [GC], 25 March 1999, Reports 1999-II ·········· *232*

Norwood v. the United Kingdom, Decision, 16 November 2004, Reports 2004-XI ·········· *143, 375*

Nunez v. Norway, 28 June 2011 ·········· *54*, *6*

〈O〉

OAO Neftyanaya Kompaniya Yukos v. Russia, 20 September 2011 ·········· *72*

OAO Neftyanaya Kompaniya Yukos v. Russia (Just satisfaction), 31 July 2014 ·········· *37, 38*

Observer and Guardian v. the United Kingdom [PC], 26 November 1991, Series A no. 206 ·················· *343, 348*

Öcalan v. Turkey [GC], 12 May 2005, Reports 2005-IV ·············· *35*, *55, 448*

Öcalan v. Turkey (no. 2), 18 March 2014 ·················· *214*

Odièvre v. France [GC], 13 February 2003 ·················· *280, 281, 282*

Oleynikov v. Russia, 14 March 2013 ·················· *1*

Olujić v. Croatia, 5 February 2009 ·················· *278*

Önal v. Turkey, 2 October 2012 ·················· *390*

Öneryıldız v. Turkey [GC], 30 November 2004, Reports 2004-XII ·················· *31*

Open Door and Dublin Well Woman v. Ireland [GC], 29 October 1992, Series A no. 246-A ··········· I *1*, *173, 175*

Opuz v. Turkey, 9 June 2009, Reports 2009-III ·················· *38*

Oršuš and others v. Croatia [GC], 16 March 2010, Reports 2010-II ·················· *433*

Osman v. the United Kingdom [GC], 28 October 1998, Reports 1998-VIII ·············· I *12*, *198, 226, 227, 228, 439*

Othman (Abu Qatada) v. the United Kingdom, 17 January 2012, Reports 2012-I ··········· *23*, *24, 248, 271, 272*

Otto-Preminger-Institut v. Austria, 20 September 1994, Series A no. 295-A ·················· *385*

Oyal v. Turkey, 23 March 2010 ·················· *32*

〈P〉

Panovits v. Cyprus, 11 December 2008 ·················· *263*

Paradiso and Campanelli v. Italy, 27 January 2015 ·················· *79*

Parrillo v. Italy [GC], 27 August 2015, Reports 2015-V ·················· *170*

Payet v. France, 20 January 2011 ·················· *448*

Peck v. the United Kingdom, 28 January 2003, Reports 2003-I ·················· *254*

Pedersen and Baadsgaard v. Denmark [GC], 17 December 2004, Reports 2004-XI ·················· *375*

Peers v. Greece, 19 April 2001, Reports 2001-III ·················· *202*

Pellegrin v. France [GC], 8 December 1999, Reports 1999-VIII ·················· I *40*, *275, 276, 277, 278*

Pellegrini v. Italy, 20 July 2001 ·················· *79*

Perry v. the United Kingdom, 17 July 2003, Reports 2003-IX ·················· *254*

P.G. and J.H. v. the United Kingdom, 25 September 2001, Reports 2001-IX ·················· *254*

Pine Valley Developments Ltd and Others v. Ireland, 29 November 1991, Series A no. 222 ·················· *408*

Podkolzina v. Latvia, 9 April 2002, Reports 2002-II ·················· I *80*, *423*

Ponomaryovi v. Bulgaria, 21 June 2011, Reports 2011-III ·················· *444*

Pretty v. the United Kingdom, 29 April 2002, Reports 2002-III ·················· I *28*, *166, 178, 179*

Price v. the United Kingdom, 10 July 2001, Reports 2001-VII ·················· *202*

〈R〉

Raban v. Romania, 26 October 2010 ·················· *311*

Raninen v. Finland, 16 December 1997, Reports 1997-VIII ·················· *202*

Rantsev v. Cyprus and Russia, 7 January 2010, Reports 2010 (extracts) ·················· *222*

Rasmussen v. Denmark, 28 November 1984, Series A no. 87 ·················· *451, 452*

Refah Partisi (the Welfare Party) and others v. Turkey [GC], 13 February 2003, Reports 2003-II ········ *70*, *390*

Reinprecht v. Austria, 15 November 2005, Reports 2005-XII ·················· *232*

Ringeisen v. Austria, 16 July 1971, Series A no. 13 ·················· *4*

Roemen and Schmit v. Luxembourg, 25 February 2003 ·················· *343*

Rotaru v. Romania [GC], 4 May 2000, Reports 2000-V ·················· *254*

R.R. v. Poland, 26 May 2011, Reports 2011-III ·················· *168, 170*

RTBF v. Belgium, 29 March 2011, Reports 2011-III ·················· 64

Rudnichenko v. Ukraine, 11 July 2013 ·················· *269*

Rumpf v. Germany, 2 September 2010 ·················· *114*

　〈S〉

S. and Marper v. the United Kingdom [GC], 4 December 2008, Reports 2008-V ············ 52, *xxix, 22, 24, 139, 292*

Saadi v. Italy [GC], 28 February 2008, Reports 2008-II ·················· *146, 151, 202*

Sabeh El Leil v. France [GC], 29 June 2011 ·················· *278*

Sadak and others v. Turkey (no. 2), 11 June 2002, Reports 2002-IV ·················· *423*

Saidoun v. Greece, 28 October 2010 ·················· *444*

Salduz v. Turkey [GC], 27 November 2008, Reports 2008-V ·················· 45, *xxvii*

Saman v. Turkey, 5 April 2011 ·················· *264*

Sanoma Uitgevers B.V. v. the Netherlands, 14 September 2010 ·················· *343*

S.A.S. v. France [GC], 1 July 2014, Reports 2014-III ·················· 58, *319, 329*

Savino v. Italy, 28 April 2009 ·················· *278*

Sayan v. Turkey, 11 October 2016 ·················· *120*

Schalk and Kopf v. Austria, 24 June 2010 ·················· *301*

Schneider v. Luxembourg, 10 July 2007 ·················· *403*

Scoppola v. Italy (no. 3) [GC], 22 May 2012 ·················· *133*

Sdružení Jihočeské Matky v. the Czech Republic, Decision, 10 July 2006 ·················· *334*

Sejdić and Finci v. Bosnia and Herzegovina [GC], 22 December 2009, Reports 2009-VI ·················· 6, *139*

Selmouni v. France [GC], 28 July 1999, Reports 1999-V ·················· *206*

S.H. and others v. Austria [GC], 3 November 2011, Reports 2011-V ·················· *166, 168, 169*

Si Amer v. France, 29 October 2009 ·················· *444*

Sidiropoulos and others v. Greece, 10 July 1998, Reports 1998-IV ·················· *388, 390*

Siliadin v. France, 26 July 2005, Reports 2005-VII ·················· *221, 222, 223*

Šilih v. Slovenia [GC], 9 April 2009 ·················· *97, 98, 100, 103, 198*

Silva Monteiro Martins Ribeiro v. Portugal, Decision, 26 October 2004 ·················· *119*

Silver and others v. the United Kingdom, 25 March 1983, Series A no. 61 ·················· I 31, *383*

Singh v. the United Kingdom, 21 February 1996, Reports 1996-I ·················· *219, 232*

Sîrbu v. Moldova, 15 June 2004 ·················· *334*

Sisojeva and others v. Latvia [GC], 15 January 2007, Reports 2007-I ·················· *75*

Slivenko v. Latvia [GC], 9 October 2003, Reports 2003-X ·················· *75*

Smith and Grady v. the United Kingdom, 27 September 1999, Reports 1999-VI ·················· *373, 447*

S.N. v. Sweden, 2 July 2002, Reports 2002-V ·················· *268*

Šneersone and Kampanella v. Italy, 12 July 2012 ·················· *312*

Socialist Party and others v. Turkey [GC], 25 May 1998, Reports 1998-III ·················· *385, 390*

Soering v. the United Kingdom [PC], 1 July 1989, Series A no. 161 ·················· I 14, *145, 146, 148, 150, 151, 214*

Sorguç v. Turkey, 23 June 2009 ·················· *136*

Söyler v. Turkey, 17 September 2013 ·················· *134*

Sporrong and Lönnroth v. Sweden [PC], 23 September 1982, Series A no. 52 ·················· I 73, *5, 399*

Stafford v. the United Kingdom [GC], 28 May 2002, Reports 2002-IV ·················· *218*

Stanev v. Bulgaria [GC], 17 January 2012, Reports 2012-I ·················· *242*

Stanford v. the United Kingdom, 23 February 1994, Series A no. 282-A ·················· *258*

Stasi v. France, 20 October 2012 ·· *448*

Stec and others v. the United Kingdom [GC], Decision, 6 July 2005, Reports 2005-X ······································ *444*

Stögmüller v. Austria, 10 November 1969, Series A no. 9 ··· *4*

Şükran Aydın and others v. Turkey, 22 January 2013 ·· *390*

Sunday Times v. the United Kingdom [PC], 26 April 1979, Series A no. 30 ···························· I 62, *xxviii, 4, 142,*
342, 343, 344, 352, 359, 366

Svipsta v. Latvia, 9 March 2006, Reports 2006-III ·· 39

Swedish Engine Drivers' Union v. Sweden, 6 February 1976, Series A no. 20 ··· *378*

Sylvie and Fabien Adelaide v. France, Decision, 6 January 2005 ·· *121*

〈T〉

Tănase and Chirtoacă v. Moldova (Section 4), 18 November 2008 ··· *419*

Tănase v. Moldova [GC], 27 April 2010, Reports 2010-III ·· 78

Társaság a Szabadságjogokért v. Hungary, 14 April 2009 ··· 60

Telegraaf Media Nederland Landelijke Media B.V. and others v. the Netherlands, 22 November 2012 ············· *343*

The Former King of Greece and others v. Greece [GC], 23 November 2000, Reports 2000-XII ····· I 72, *394, 408*

Thlimmenos v. Greece [GC], 6 April 2000, Reports 2000-IV ··· *314, 429, 431*

Thoma v. Luxembourg, 29 March 2001, Reports 2001-III ·· *347*

Thynne, Wilson and Gunnell v. the United Kingdom [PC], 25 October 1990, Series A no. 190-A ··················· *219*

T.I. v. the United Kingdom, Decision, 7 March 2000, Reports 2000-III ··· *82*

Times Newspapers Ltd v. the United Kingdom (nos. 1 and 2), 10 March 2009, Reports 2009-I ··················· *348*

Timishev v. Russia, 13 December 2005, Reports 2005-XII ·· *429, 432*

Tourkiki Enosi Xanthis and others v. Greece, 27 March 2008 ·· *390*

Tsaturyan v. Armenia, 10 January 2012 ··· *316*

TV Vest As & Rogaland Pensjonistparti v. Norway, 11 December 2008, Reports 2008-V ·················· 65

Tyrer v. the United Kingdom, 25 April 1978, Series A no. 26 ··· I 16, *4*

Tysiąc v. Poland, 20 March 2007, Reports 2007-I ·· *34, 172, 175*

〈U〉

Ulusoy and others v. Turkey, 3 May 2007 ··· *390*

Üner v. the Netherlands [GC], 18 October 2006, Reports 2006-XII ·· *308*

United Communist Party of Turkey and others v. Turkey [GC], 30 January 1998, Reports 1998-I ········· *382, 383,*
385, 388, 423

Unterpertinger v. Austria, 24 November 1986, Series A no. 110 ··· *268*

Uzun v. Germany, 2 September 2010, Reports 2010-VI ·· 43

〈V〉

V. v. the United Kingdom [GC], 16 December 1999, Reports 1999-IX ··· 44, *24*

Vajnai v. Hungary, 8 July 2008, Reports 2008-IV ·· *89*

Van der Mussele v. Belgium [PC], 23 November 1983, Series A no. 70 ·· *223*

Varnava and others v. Turkey [GC], 18 September 2009, Reports 2009-V ··· *98, 394*

Vejdeland and others v. Sweden, 9 February 2012 ·· 68

Vgt Verein gegen Tierfabriken v. Switzerland, 28 June 2001, Reports 2001-VI ··························· *360, 361, 364*

Vilho Eskelinen and others v. Finland [GC], 19 April 2007, Reports 2007-II ··· 48, *85*

Vinter and others v. the United Kingdom [GC], 9 July 2013, Reports 2013-III ·· 36, *24*

Vo v. France [GC], 8 July 2004, Reports 2004-VIII ··· 16, *29, 162, 170, 173, 175, 198*

欧文判例索引　　　517

Vogt v. Germany [GC], 26 September 1995, Series A no. 323 ·· I *69*, 390

Volkov v. Ukraine, 9 January 2013 ··· *278*

Von Hannover v. Germany, 24 June 2004, Reports 2004-VI ·· I *51*, 355

Voskuil v. the Netherlands, 22 November 2007 ··· *343*

　〈W〉

Wagner and J. M. W. L. v. Luxembourg, 28 June 2007 ··· *8*

Waite and Kennedy v. Germany [GC], 18 February 1999, Reports 1999-I ············· *2*

Wallishauser v. Austria, 17 July 2012 ·· *45*

Wegrzynowski and Smolczewski v. Poland, 16 July 2013 ··· *350*

Whitfield and others v. the United Kingdom, 12 April 2005 ·· *130*

Wille v. Liechtenstein [GC], 28 October 1999, Reports 1999-VII ··· *88*

Wilson, National Union of Journalists and others v. the United Kingdom, 2 July 2002, Reports 2002-V ············· *380*

Wingrove v. the United Kingdom, 25 November 1996, Reports 1996-V ····················· I *66*, 375

Winterwerp v. the Netherlands, 24 October 1979, Series A no. 33 ························· I *32*, 4, 241

　〈X〉

X v. Finland, 3 July 2012, Reports 2012-IV ··· *41*

X v. France, 31 March 1992, Series A no. 234-C ·· *198*

X v. Latvia (Section 3), 13 December 2011 ·· *312*

X v. Latvia [GC], 26 November 2013, Reports 2013-VI ··· *311, 312*

X v. Turkey, 9 October 2012 ·· *83*

X and others v. Austria [GC], 19 February 2013, Reports 2013-II ································ *53*

X and Y v. the Netherlands, 26 March 1985, Series A no. 91 ··················· I *50*, 166, 193, 284, 285, 286, 287

Xenides-Arestis v. Turkey, Decision, 14 March 2005 ·· *109*

Xenides-Arestis v. Turkey, 22 December 2005 ·· *14*

Xenides-Arestis v. Turkey (Just satisfaction), 7 December 2006 ·· *109*

X, Y and Z v. the United Kingdom [GC], 22 April 1997, Reports 1997-II ···························· *281*

　〈Y〉

Yazar and others and the People's Labour Party (HEP) v. Turkey, 9 April 2002 ·············· *390*

Yildirim v. Turkey, 18 December 2012 ··· *349*

Young v. the United Kingdom, 16 January 2007 ··· *130*

Yumak and Sadak v. Turkey [GC], 8 July 2008, Reports 2008-III ···························· *79*, 423

Yunus Aktas and others v. Turkey, 20 October 2010 ··· *264*

　〈Z〉

Zarb Adami v. Malta, 20 September 2006, Reports 2006-VIII ·· *430*

Ždanoka v. Latvia [GC], 16 March 2006, Reports 2006-IV ·· *423, 428*

Zeibek v. Greece, 9 July 2009 ·· *444*

Zielinski and Pradal and Gonzalez and others v. France [GC], 28 October 1999, Reports 1999-VII ········· I *43*, 30

和文判例索引

（五十音順、各項目の主題判例に限る。「Ⅰ00」は第Ⅰ巻の項目番号）

〈ア行〉

アイルランド対イギリス判決（Ireland v. the United Kingdom [PC], 18 January 1978, Series A no. 25）
.... Ⅰ23, *xxvii, 4, 148*

アクス判決（Aksu v. Turkey [GC], 15 March 2012, Reports 2012-I）.. 20

アクソイ判決（Aksoy v. Turkey, 18 December 1996, Reports 1996-VI）................ Ⅰ29, *65, 104, 202, 208, 439*

アニマル・ディフェンダーズ・インターナショナル判決（Animal Defenders International v. the United
Kingdom [GC], 22 April 2013, Reports 2013-II）.. 66

アブ・カタダ判決（Othman（Abu Qatada）v. the United Kingdom, 17 January 2012, Reports 2012-I）
.... 23, *24, 248, 271, 272*

アラヨス・キス判決（Alajos Kiss v. Hungary, 20 May 2010）................................ 17, *xxx, 88, 325*

アルアドサニ判決（Al-Adsani v. the United Kingdom [GC], 21 November 2001, Reports 2001-XI）.......... Ⅰ7, *44*

アル・カワジャおよびタヘリ判決（Al-Khawaja and Tahery v. the United Kingdom [GC], 15 December
2011, Reports 2011-VI）.. 46, *22, 24, 152*

アル・ジェッダ判決（Al-Jedda v. the United Kingdom [GC], 7 July 2011, Reports 2011-IV）.......... 3, *23, 57, 92*

RTBF 判決（RTBF v. Belgium, 29 March 2011, Reports 2011-III）.. 64

アンドレジェヴァ判決（Andrejeva v. Latvia [GC], 18 February 2009, Reports 2009-II）................................ 82

イェルシルド判決（Jersild v. Denmark [GC], 23 September 1994, Series A no. 298）.......... Ⅰ67, *347, 350, 367*

ウィリアム・グッドウィン判決（Goodwin v. the United Kingdom [GC], 27 March 1996, Reports 1996-II）........ 62

ヴィルホ・エスケリネン判決（Vilho Eskelinen and others v. Finland [GC], 19 April 2007, Reports 2007-II）
.... 48, *85*

ウィングローヴ判決（Wingrove v. the United Kingdom, 25 November 1996, Reports 1996-V）............ Ⅰ66, *375*

ウィンターウェルプ判決（Winterwerp v. the Netherlands, 24 October 1979, Series A no. 33）............ Ⅰ32, *4, 241*

ヴィンター判決（Vinter and others v. the United Kingdom [GC], 9 July 2013, Reports 2013-III）................ 36, *24*

ウェイトおよびケネディ判決（Waite and Kennedy v. Germany [GC], 18 February 1999, Reports 1999-I）........ 2

ヴェデランド判決（Vejdeland and others v. Sweden, 9 February 2012）.. 68

ヴォー判決（Vo v. France [GC], 8 July 2004, Reports 2004-VIII）................ 16, *29, 162, 170, 173, 175, 198*

ウズン判決（Uzun v. Germany, 2 September 2010, Reports 2010-VI）.. 43

エーイティム・セン判決（Eğitim ve Bilim Emekçileri Sendikasi v. Turkey, 25 September 2012）................ 71

A対イギリス判決（A and others v. the United Kingdom [GC], 19 February 2009, Reports 2009-II）
.... 42, *23, 25, 152*

A, B, and C対アイルランド判決（A, B and C v. Ireland [GC], 16 December 2010, Reports 2010-VI）...... 28, *168, 170*

エヴァンス判決（Evans v. the United Kingdom [GC], 10 April 2007, Reports 2007-I）................................ 26, *168*

HIV 汚染血液輸血感染事件（Oyal v. Turkey, 23 March 2010）.. 32

エウィーダ判決（Eweida and others v. the United Kingdom, 15 January 2013, Reports 2013（extracts））.......... 59

SおよびマーパーＳ判決（S. and Marper v. the United Kingdom [GC], 4 December 2008, Reports 2008-V）

和文判例索引

.... *52*, *xxix, 22, 24, 139, 292*

エゼおよびコナーズ判決（Ezeh and Connors v. the United Kingdom [GC], 9 October 2003, Reports 2003-X）···*18*

ＸおよびＹ対オランダ判決（X and Y v. the Netherlands, 26 March 1985, Series A no. 91）············· I *50*, *166, 193,*
284, 285, 286, 287

Ｘ対オーストリア判決（X and others v. Austria [GC], 19 February 2013, Reports 2013-II）·····················*53*

Ｘ対フィンランド判決（X v. Finland, 3 July 2012, Reports 2012-IV）···*41*

Ｘ対トルコ判決（X v. Turkey, 9 October 2012）···*83*

M. S. S. 判決（M. S. S. v. Belgium and Greece [GC], 21 January 2011, Reports 2011-I）·····················*9*, *18, 157*

エル・ハスキ判決（El Haski v. Belgium, 25 September 2012）···*47*, *209*

エル・マスリ判決（El-Masri v. the Former Yugoslav Republic of Macedonia [GC], 13 December 2012,
Reports 2012-VI）···*5*, *151, 188*

エンゲル判決（Engel and others v. the Netherlands [PC], 8 June 1976, Series A no. 22）············· I *17*, *4, 127, 129*

オジャラン判決（Öcalan v. Turkey [GC], 12 May 2005, Reports 2005-IV）·······································*35*, *55, 448*

オスマン判決（Osman v. the United Kingdom [GC], 28 October 1998, Reports 1998-VIII）············· I *12*, *198, 226,*
227, 228, 439

オプズ判決（Opuz v. Turkey, 9 June 2009, Reports 2009-III）···*38*

オープン・ドア判決（Open Door and Dublin Well Woman v. Ireland [GC], 29 October 1992, Series A no.
246-A）·· I *1*, *173, 175*

オレイニコフ判決（Oleynikov v. Russia, 14 March 2013）··*1*

〈カ行〉

ガスキン判決（Gaskin v. the United Kingdom [PC], 7 July 1989, Series A no. 160）·················· I *49*, *166, 198, 334*

カチンの森事件（Janowiec and others v. Russia [GC], 21 October 2013, Reports 2013-V）······················*13*, *5, 98*

カラシニコフ判決（Kalashnikov v. Russia, 15 July 2002, Reports 2002-VI）·························· I *30*, *65, 202, 446*

キェルドセン判決（Kjeldsen, Busk Madsen and Pedersen v. Denmark, 7 December 1976, Series A no. 23）
··· I *75*, *413, 416, 417, 418*

キプロス対トルコ判決（Cyprus v. Turkey（Application no. 25781/94）[GC], 10 May 2001, Reports 2001-IV）
·· I *4*, *5, 106, 107, 108, 109*

ギャグスツ判決（Gaygusuz v. Austria, 16 September 1996, Reports 1996-IV）························· I *79*, *443, 444*

ギャロディ決定（Garaudy v. France, Decision, 24 June 2003, Reports 2003-IX）····························*21*, *375*

ギランおよびクゥイントン判決（Gillan and Quinton v. the United Kingdom, 12 January 2010, Reports
2010-I）···*51*, *22, 23, 249*

クドワ判決（Kudła v. Poland [GC], 26 October 2000, Reports 2000-XI）····························· I *19*, *5, 65, 113, 446*

クリスティーヌ・グッドウィン判決（Christine Goodwin v. the United Kingdom [GC], 11 July 2002, Reports
2002-VI）·· I *47*, *29*

クレス判決（Kress v. France [GC], 7 June 2001, Reports 2001-IV）····································· I *42*, *29, 143*

グロペラ・ラジオ社判決（Groppera Radio AG and others v. Switzerland, 28 March 1990, Series A no. 173）
··· I *63*, *340, 347*

K. U. 対フィンランド判決（K. U. v. Finland, 2 December 2008, Reports 2008-V）································*50*

ゲフゲン判決（Gäfgen v. Germany [GC], 1 June 2010, Reports 2010-IV）·····················*34*, *75, 152, 202, 271*

ゲブレメディン判決（Gebremedhin v. France, 26 April 2007, Reports 2007-II）··································*25*

コキナキス判決（Kokkinakis v. Greece, 25 May 1993, Series A no. 260-A）································· I *61*, *331*

コスタおよびパヴァン判決（Costa and Pavan v. Italy, 28 August 2012）·······································*27*, *166*

コストフスキ判決（Kostovski v. the Netherlands [PC], 20 November 1989, Series A no. 166）··········· I **36**, *268, 274*

コッホ判決（Koch v. Germany, 19 July 2012）··· **29**

ゴデッリ判決（Godelli v. Italy, 25 September 2012）··· **49**

ゴルダー判決（Golder v. the United Kingdom [PC], 21 February 1975, Series A no. 18）············· I **41**, *xxxi, 4, 260*

　〈サ行〉

サルドゥズ判決（Salduz v. Turkey [GC], 27 November 2008, Reports 2008-V）························· **45**

サンデー・タイムズ判決（The Sunday Times v. the United Kingdom [PC], 26 April 1979, Series A no. 30）
··· I **62**, *5, 142, 342, 343, 344, 352, 359, 366*

C. N. およびV対フランス判決（C. N. and V. v. France, 11 October 2012）························· **37**

シャサヌー判決（Chassagnou and others v. France [GC], 29 April 1999, Reports 1999-III）··········· **74**, *399*

ジャロー判決（Jalloh v. Germany [GC], 11 July 2006, Reports 2006-IX）······· **33**, *6, 206, 207, 208, 209*

「消去された人々」事件（Kurić and others v. Slovenia [GC], 26 June 2012 Reports 2012-IV (extracts)）······· **7**, *6*

ジョン・マーレィ判決（John Murray v. the United Kingdom [GC], 8 February 1996, Reports 1996-I）····· I **33**, *262*

ジリンスキー対フランス判決（Zielinski and Pradal and Gonzalez and others v. France [GC], 28 October 1999, Reports 1999-VII）··· I **43**, *30*

シルヴァー判決（Silver and others v. the United Kingdom, 25 March 1983, Series A no. 61）··········· I **31**, *383*

スヴィプスタ判決（Svipsta v. Latvia, 9 March 2006, Reports 2006-III）····························· **39**

スポロング判決（Sporrong and Lönnroth v. Sweden [PC], 23 September 1982, Series A no. 52）········· I **73**, *5, 399*

セイディッチ判決（Sejdić and Finci v. Bosnia and Herzegovina [GC], 22 December 2009, Reports 2009-VI）
··· **6**, *139*

ゼニデス・アレスティス判決（Xenides-Arestis v. Turkey, 22 December 2005）························· **14**

ゼーリング判決（Soering v. the United Kingdom [PC], 1 July 1989, Series A no. 161）··············· I **14**, *145, 146, 148, 150, 151, 214*

　〈タ行〉

タイラー判決（Tyrer v. the United Kingdom, 25 April 1978, Series A no. 26）····················· I **16**, *4*

ダジョン判決（Dudgeon v. the United Kingdom [PC], 22 October 1981, Series A no. 45）············· I **48**, *446*

タナセ判決（Tănase v. Moldova [GC], 27 April 2010, Reports 2010-III）··························· **78**

チェチェン分権派劇場占拠事件（Finogenov and others v. Russia, 20 December 2011, Reports 2011-VI）·········· **30**

チェチェン文民攻撃事件判決（Isayeva Yusupova and Bazayeva v. Russia, 24 February 2005）··········· I **5**, *5*

チェントロ・エウロッパ7判決（Centro Europa 7 S.r.l. and Di Stefano v. Italy [GC], 7 June 2012, Reports-III）··· **61**

チャハル判決（Chahal v. the United Kingdom [GC], 15 November 1996, Reports 1996-V）········· I **15**, *70, 145, 146, 148, 151, 202, 249*

D. H. ほか判決（D.H. and others v. the Czech Republic [GC], 13 November 2007, Reports 2007-IV）········· **80**, *139, 227, 228*

デミル・バイカラ判決（Demir and Baykara v. Turkey [GC], 12 November 2008, Reports 2008-V）················ **69**

トルコ・ゴミ投棄場爆発事件（Öneryıldız v. Turkey [GC], 30 November 2004, Reports 2004-XII）················ **31**

トルコ大国民議会10％阻止条項事件（Yumak and Sadak v. Turkey [GC], 8 July 2008, Reports 2008-III）····· **79**, *423*

　〈ナ行〉

ナダ判決（Nada v. Switzerland [GC], 12 September 2012, Reports 2012-V）························· **4**, *54*

ナホバ判決（Nachova and others v. Bulgaria [GC], 6 July 2005, Reports 2005-VII）··················· **81**, *139, 429, 433*

ニイミィエッツ判決（Niemietz v. Germany, 16 December 1992, Series A no. 251-B）················· I **55**, *166, 252*

ヌニェス判決（Nunez v. Norway, 28 June 2011）··· **54**, *6*

和文判例索引　　　521

ノイリンガーおよびシュリュク判決（Neulinger and Shuruk v. Switzerland [GC], 6 July 2010, Reports 2010-V）…**55**

〈ハ行〉

ハイドゥン判決（Haidn v. Germany, 13 January 2011）………………………………………………………**40**

バカ判決（Baka v. Hungary [GC], 23 June 2016, Reports 2016）………………………………………………**10**

ハースト（第2）判決（Hirst v. the United Kingdom (no. 2) [GC], 6 October 2005, Reports 2005-IX）

……**19**, 24, 126, 423

パッドコールジナ判決（Podkolzina v. Latvia, 9 April 2002, Reports 2002-II）………………………I **80**, 423

バドワイザー事件（Anheuser-Busch Inc. v. Portugal [GC], 11 January 2007, Reports 2007-I）…………**75**

バーバー・アフマド判決（Babar Ahmad and others v. the United Kingdom, 10 April 2012）……………**22**, 23

バヤチャン判決（Bayatyan v. Armenia [GC], 7 July 2011, Reports 2011-IV）………………………………**56**

ハンガリー市民自由連盟事件（Társaság a Szabadságjogokért v. Hungary, 14 April 2009）…………………**60**

バンコヴィッチ事件決定（Bancović and others v. Belgium and 16 Other NATO Countries [GC], Decision,
12 December 2001, Reports 2001-XII）…………………………………………I **6**, 54, 92, 93, 212, 214

ハンディサイド判決（Handyside v. the United Kingdom [PC], 7 December 1976, Series A no. 24）……I **18**, 28, 29,
288, 343, 344, 352, 366, 373, 374, 383, 390

ヒースロー空港騒音訴訟判決（Hatton and others v. the United Kingdom [GC], 8 July 2003, Reports 2003-VIII）
………I **53**, 6

ヒルシ・ジャマーア判決（Hirsi Jamaa and others v. Italy [GC], 23 February 2012, Reports 2012-II）……………**24**

V対イギリス判決（V. v. the United Kingdom [GC], 16 December 1999, Reports 1999-IX）…………………**44**, 24

フェレ判決（Féret v. Belgium, 16 July 2009）…………………………………………**67**, 373, 374, 375

フォークト判決（Vogt v. Germany [GC], 26 September 1995, Series A no. 323）………………………I **69**, 390

フォルゲレー判決（Folgerø and others v. Norway [GC], 29 June 2007, Reports 2007-III）……………**76**, 417

プラヴォエ・デロ紙事件（Editorial Board of Pravoye Delo and Shtekel v. Ukraine, 5 May 2011）………………**63**

プリティ判決（Pretty v. the United Kingdom, 29 April 2002, Reports 2002-III）………………I **28**, 166, 178, 179

ブルカ着用禁止事件（S. A. S. v. France [GC], 1 July 2014, Reports 2014-III）………………………**58**, 319, 329

ブルティフ判決（Boultif v. Switzerland, 2 August 2001, Reports 2001-IX）………………………………I **56**, 308

ブルドフ（第2）判決（Burdov v. Russia (no. 2), 15 January 2009, Reports 2009-I）………………**15**, 5, 7, 36, 38

ブレチッチ判決（Blečić v. Croatia [GC], 8 March 2006, Reports 2006-III）…………………………………**12**

ブロニオヴスキ判決（Broniowski v. Poland [GC], 22 June 2004, Reports 2004-V）………I **10**, xvii, 9, 12, 107, 112

ペタン擁護意見広告事件判決（Lehideux and Isorni v. France [GC], 23 Sptember 1998, Reports 1998-VII）
………………………………………………………………………………………………………I **68**, 139, 141, 142

ベーラミ／サラマチ決定（Behrami v. France [GC], Decision, 2 May 2007）………………………………**11**, 53, 57

ベルギー言語事件判決（Belgian Linguistic Case [PC], 23 July 1968, Series A no. 6）……………………I **78**, 4, 390

ペルグラン判決（Pellegrin v. France [GC], 8 December 1999, Reports 1999-VIII）…………I **40**, 275, 276, 277, 278

ボスポラス判決（Bosphorus Hava Yolları Turizm ve Ticaret Anonim Şirketi v. Ireland [GC], 30 June 2005,
Reports 2005-VI ………………………………………………………………………………I **2**, 17, 59, 81, 92

ホーンズビィ判決（Hornsby v. Greece, 19 March 1997, Reports 1997-II）…………………………………I **45**, 110

〈マ行〉

マシューズ判決（Mattews v. the United Kingdom [GC], 18 February 1999, Reports 1999-I）………………I **3**, 20

マズレク判決（Mazurek v. France, 1 February 2000, Reports 2000-II）……………………………**84**, ii, xxix, xxx

マッカン判決（McCann and others v. the United Kingdom [GC], 27 September 1995, Series A no. 324）
…………………………………………………………………………………………I **27**, 7, 65, 104, 186, 206, 229, 439

マチュー・モアン判決（Mathieu-Mohin and Clerfayt v. Belgium [PC], 2 March 1987, Series A no. 113）
.... I **77**, *7, 124, 423*

ママトクロフ判決（Mamatkulov and Askarov v. Turkey [GC], 4 February 2005, Reports 2005-I）·········· I **20**, *9*

マルクス判決（Marckx v. Belgium [PC], 13 June 1979, Series A no. 31）··························· I **58**, *xxix, 4, 229, 452*

マローン判決（Malone v. the United Kingdom [PC], 2 August 1984, Series A no. 82）····················· I **54**, *166, 253*

メラヒャー判決（Mellacher and others v. Austria [PC], 19 December 1989, Series A no. 169）········ I **74**, *398, 403*

元ギリシア国王財産収用事件判決（The Former King of Greece and others v. Greece [GC], 23 November 2000,
Reports 2000-XII）·· I **72**, *394, 408*

モナコ王女事件判決（Von Hannover v. Germany, 24 June 2004, Reports 2004-VI）························· I **51**, *355*

〈ヤ行〉

ユコス石油会社判決（OAO Neftyanaya Kompaniya Yukos v. Russia, 20 September 2011）······························· **72**

〈ラ行〉

ラウッツィ判決（Lautsi and others v. Italy [GC], 18 March 2011, Reports 2011-III）························· **77**, *319, 329*

リンゲンス判決（Lingens v. Austria [PC], 8 July 1986, Series A no. 103）····················· I **64**, *139, 344, 359, 423*

リンドハイム判決（Lindheim and others v. Norway, 12 June 2012）·· **73**

ルーガラン年金者党判決（TV Vest As & Rogaland Pensjonistparti v. Norway, 11 December 2008, Reports
2008-V）·· **65**

レイラ・シャヒン判決（Leyla Şahin v. Turkey [GC], 10 November 2005, Reports 2005-XI）········ **57**, *325, 329, 423*

レファ・パルティシ判決（Refah Partisi (the Welfare Party) and others v. Turkey [GC],
13 February 2003, Reports 2003-II）··· **70**, *390*

ロイズィドウ判決（Loizidou v. Turkey (Preliminary objections) [GC], 23 March 1995, Series A no. 310）
.... I **9**, *xxvii, 29, 55, 93*

ロペス・オストラ判決（López Ostra v. Spain, 9 December 1994, Series A no. 303-C）······························· I **52**, *7*

ローレス判決（Lawless v. Ireland (no. 3), 1 July 1961, Series A no. 3）································· I **22**, *xxvii, 143, 288*

〈ワ行〉

ワーグナー判決（Wagner and J. M. W. L. v. Luxembourg, 28 June 2007）··· **8**

〈編　集〉

小 畑　　郁（おばた・かおる）
　　名古屋大学大学院法学研究科教授

江 島 晶 子（えじま・あきこ）
　　明治大学法学部教授

北 村 泰 三（きたむら・やすぞう）
　　中央大学大学院法務研究科教授

建 石 真 公 子（たていし・ひろこ）
　　法政大学法学部教授

戸 波 江 二（となみ・こうじ）
　　早稲田大学名誉教授

ヨーロッパ人権裁判所の判例 II

2019(平成31)年 3 月30日　第 1 版第 1 刷発行

　　　　　編　集　小　畑　　　郁
　　　　　　　　　江　島　晶　子
　　　　　　　　　北　村　泰　三
　　　　　　　　　建　石　真　公　子
　　　　　　　　　戸　波　江　二
　　　　　発 行 者　今　井　　　貴
　　　　　発 行 所　信山社出版株式会社
　〒113-0033　東京都文京区本郷6-2-9-102
　　　　　［営業］電　話 03 (3818) 1019
　　　　　　　　　F A X 03 (3811) 3580
　　　　　［編集］電　話 03 (3818) 1099
　　　　　　　　　F A X 03 (3818) 0344
　　　　　　　　　info@shinzansha.co.jp
　　　　　　　　　Printed in Japan

Ⓒ小畑郁・江島晶子・北村泰三・建石真公子・戸波江二、2019.
印刷・製本／亜細亜印刷・渋谷文泉閣
ISBN978-4-7972-5636-9 C3332　329.501 a002
国際人権法・憲法・国際法
5636-012-0100-020

第Ⅰ巻も好評発売中！

ヨーロッパ人権裁判所の判例Ⅰ

〔編集〕戸波江二・北村泰三・建石真公子・小畑郁・江島晶子

【目　次】

刊行に寄せて〔ジャン・ポール・コスタ〕
特別寄稿Ⅰ　ヨーロッパ人権裁判所と人権保障〔ルツィウス・ヴィルトハーバー〕
特別寄稿Ⅱ　在ストラスブール日本国総領事館と欧州評議会〔庄司隆一〕

〈概　説〉
概　説Ⅰ　ヨーロッパ人権条約実施システムの歩みと展望〔小畑郁〕
概　説Ⅱ　ヨーロッパ人権裁判所の組織と手続〔小畑郁〕
概　説Ⅲ　ヨーロッパ人権条約が保障する権利〔江島晶子〕
概　説Ⅳ　ヨーロッパ人権裁判所の解釈の特徴〔江島晶子〕
概　説Ⅴ（1）ヨーロッパ人権条約とイギリス〔江島晶子〕
概　説Ⅴ（2）ヨーロッパ人権条約とフランス〔建石真公子〕
概　説Ⅴ（3）ヨーロッパ人権条約とドイツ〔門田孝〕

〈判例解説〉
◆Ⅰ　ヨーロッパ人権条約の基本問題◆
〈A　ヨーロッパ人権条約とヨーロッパ人権裁判所の位置づけと性格〉
1　国内憲法・憲法裁判所との関係：憲法上の「胎児の生命に対する権利」保護を理由とする表現差止命令：オープン・ドア判決（Open Door and Dublin Well Woman v. Ireland）［1992、大法廷］〔建石真公子〕
2　EC法・EC司法裁判所との関係：旧ユーゴ連邦に対する制裁決議を実施するEC規則に基づくユーゴ航空所有機の没収：ボスポラス判決（Bosphorus Hava Yollar Turizm ve Ticaret Anonim Sirketi v. Ireland）［2005、大法廷］〔須網隆夫〕
3　EC法・EC司法裁判所との関係：ヨーロッパ議会選挙権とヨーロッパ人権条約：マシューズ判決（Matthews v. the United Kingdom）［1999、大法廷］〔庄司克宏〕
4　国家間紛争と人権裁判所：軍事介入とそれにより生じた国の分断状況の人権問題としての取扱い：キプロス対トルコ判決（Cyprus v. Turkey）［2001、大法廷］〔小畑郁〕
5　非国際的武力紛争と人権裁判所：ロシア空軍による文民の空爆と生命に対する権利：チェチェン文民攻撃事件判決（Isayeva, Yusupova and Bazayeva v. Russia）［2005］〔西海真樹〕
6　管轄の属地性と地域性：NATOのコソボ空爆によるヨーロッパ人権条約上の権利侵害に関する訴訟の受理可能性：バンコヴィッチ事件決定（Banković and others v. Belgium and 16 other NATO Countries）［2001、大法廷］〔奥脇直也〕
7　国家免除との関係：国際法上の外国国家の民事裁判権免除と裁判を受ける権利の関係：アルアドサニ判決（Al-Adsani v. the United Kingdom）［2001、大法廷］〔薬師寺公夫〕
8　留保：留保に関する条約実施機関の判断権：ブリオ判決（Belilos v. Switzerland）［1988、全員法廷］〔山崎公士〕
9　実施機関の権限の制限：管轄権受諾宣言に付された制限の有効性に関する解釈：ロイズィドゥ判決（先決的抗弁）（Loizidou v. Turkey〔preliminary objections〕）［1995、大法廷］〔前田直子〕
10　パイロット判決：多数の同種事案から選び出された一事件についての先行的判決における構造的違反是正措置の指示：ブロニオヴスキ判決（Broniowski v. Poland）［2004、大法廷］〔小畑郁〕
〈B　国家の条約実施義務〉
11　国家の義務の性格：結社の自由を侵害する労働組合加入強制を国内法で規制する国家の義務：クローズド・ショップ判決（Young, James and Webster v. the United Kingdom）［1981、全員法廷］〔申惠丰〕
12　私人の行為と国家の義務：国家の積極的義務の性質と範囲：オスマン判決（Osman v. the United Kingdom）［1998、大法廷］〔中井伊都子〕
13　私人の行為と国家の義務：虐待からの児童の保護：Z対イギリス判決（Z and others v. the United Kingdom）［2001、大法廷］〔今井雅子〕
14　ノン・ルフールマン原則と犯罪人引渡：人権侵害が予見される国家への引渡により生じる人権条約違反：ゼーリング判決（Soering v. the United Kingdom）［1989、全員法廷］〔古谷修一〕
15　ノン・ルフールマン原則と退去強制：他国による人権侵害の危険性を理由とする追放の可否および追放手続中の長期拘禁の恣意性と合法性審査：チャハル判決（Chahal v. the United Kingdom）［1996、大法廷］〔村上正直〕
〈C　条約の解釈〉
16　発展的解釈：刑罰としての棒打による殴打は、条約3条に違反する：タイラー判決（Tyrer v. the United Kingdom）［1978］〔門田孝〕
17　自律的解釈：軍人に対する「懲罰」と条約上の概念としての「刑事上の罪」：エンゲル判決（Engel and others v. the Netherlands）［1976、全員法廷］〔坂元茂樹〕
18　評価の余地：表現の自由と道徳の保護（わいせつ物出版法による刑事訴追・押収）：ハンディサイド判決（Handyside v. the United Kingdom）［1976、全員法廷］〔江島晶子〕
〈D　権利の拡張〉
19　実効的救済手段を得る権利：合理的な期間内に裁判を受ける権利の侵害に対する実効的救済の保障：クドワ判決（Kudła v. Poland）［2000、大法廷］〔申惠丰〕
20　個人の人権裁判所への申立権と暫定措置：トルコが暫定措置の指示を無視して申立人を引渡したことは申立権の実効的行使を保障した34条に違反する：ママトクロフ判決（Mamatkulov and Askarov v. Turkey）［2005、大法廷］〔阿部浩己〕
〈E　一般的権利制限〉
21　デロゲーション：緊急事態におけるテロ容疑者の拘禁延長に対する司法統制の要否：ブラニガン判決（Brannigan and McBride v. the

第 I 巻 〈目次〉

United Kingdom）［1993、全員法廷］〔寺谷広司〕
22　権利の濫用の禁止：条約17条と人身の自由・裁判を受ける権利：ローレス判決（Lawless v. Ireland〔merits〕）［1961］〔戸田五郎〕

〈F　条約実施手続〉
23　国家間申立：国家間申立により具体的権利侵害がなくとも人権条約違反を問うことができる：アイルランド対イギリス判決（Ireland v. the United Kingdom）［1978、全員法廷］〔尹　仁河〕
24　国内的救済原則：国内的救済手段完了の原則とその例外：アクディヴァール判決（Akdivar and others v. Turkey）［1996、大法廷］〔薬師寺公夫〕
25　国内的救済原則：国内救済手続で行うべき請求の内容と大法廷による受理可能性の再審査：アズィナス判決（Azinas v. Cyprus）［2004、大法廷］〔水島朋則〕
26　訴訟目的の消滅：被告からの一方的宣言に基づく個人申立の総件名簿からの削除要請の却下：タフシン・アジャール判決（先決問題）（Tahsin Acar v. Turkey〔preliminary issue〕）［2003、大法廷］〔佐藤文夫〕

◆II　ヨーロッパ人権条約が保障する権利◆

〈A　生命に対する権利〔2条〕〉
27　恣意的殺害：特殊部隊によるテロ容疑者の射殺：マッカン判決（McCann and others v. the United Kingdom）［1995、大法廷］〔斎藤正彰〕
28　自殺幇助と患者の「死ぬ権利」：難病患者の「死ぬ権利」を否定した事例：プリティ判決（Pretty v. the United Kingdom）［2002］〔甲斐克則〕

〈B　人身の自由・被拘禁者の権利〉
29　拷問の概念と調査義務：人権裁判所がはじめて「拷問」を認定した事件：アクソイ判決（Aksoy v. Turkey）［1996］〔今井直〕
30　被拘禁者の処遇：劣悪な拘禁状況と非人道的または品位を傷つける取扱い：カラシニコフ判決（Kalashnikov v. Russia）［2002］〔戸波江二〕
31　受刑者の信書の自由：受刑者の信書の発受の制限が通信の尊重の権利を侵害するとされた事例：シルヴァー判決（Silver and others v. the United Kingdom）［1983］〔北村泰三〕
32　精神病患者の人身の自由：被拘禁精神病者の裁判所により解放決定を受ける権利および公正な裁判を受ける権利：ウィンターウェルプ判決（Winterwerp v. the Netherlands）［1979］〔戸塚悦朗〕

〈C　刑事司法の原則〔5条・6条〕〉
33　弁護人依頼権：弁護人依頼権と起訴前の接見制限：ジョン・マーレィ判決（John Murray v. the United Kingdom）［1996、大法廷］〔北村泰三〕
34　無料で弁護人の援助を受ける権利：刑事上訴審において無料で弁護人の援助を受ける権利：パケリ判決（Pakelli v. Germany）［1983］〔山口直也〕
35　無料で通訳の援助を受ける権利：有罪判決の後に通訳費用を請求することは、無料で通訳の援助を受ける権利について保障した6条3項(e)に違反する：リューディック判決（Luedicke, Belkacem and Koçv. Germany）［1978］〔阿部浩己〕
36　証人審問権：匿名証人に対する反対尋問：コストフスキ判決（Kostovski v. the Netherlands）［1989、全員法廷］〔田中康代〕
37　無罪の推定：犯人視報道と警察当局の責任：アルネ・ド・リブモン判決（Allenet de Ribemont v. France）［1995］〔水谷規男〕
38　罪刑法定主義と遡及処罰の禁止：東ドイツ時代の「壁の殺人」を統一後に処罰することと及処罰禁止原則：旧東 ドイツ国境警備隊事件判決（Streletz, Kessler and Krenz v. Germany）［2001、大法廷］〔岡田泉〕
39　一事不再理：酒に酔った状態での過失致死罪による裁判後の道路交通法上の酒酔い運転罪による裁判：グラディンガー判決（Gradinger v. Austria）［1995］〔愛知正博〕

〈D　裁判を受ける権利〔6条〕〉
40　裁判を受ける権利の保障範囲：裁判を受ける権利の保障の及ばない「公務員」の範囲：ペルグラン判決（Pellegrin v. France）［1999、大法廷］〔戸田五郎〕
41　裁判所に対するアクセスの権利：受刑者と弁護士との間の訴訟相談のための接見拒否が、公正な裁判を受ける権利を侵害するとした事例：ゴルダー判決（Golder v. the United Kingdom）［1975、全員法廷］〔北村泰三〕
42　公正な裁判の保障と武器平等・対審原則：コンセイユ・デタ（フランス行政裁判所）における政府委員の役割と外観理論：クレス判決（Kress v. France）［2001、大法廷］〔大藤紀子〕
43　議会の介入：立法による裁判介入と公平な裁判を受ける権利：ジリンスキー対フランス判決（Zielinski and Pradal and Gonzalez and others v. France）［1999、大法廷］〔伊藤洋一〕
44　迅速な裁判：条約6条1項の「合理的期間」を超えた裁判に対する違法判決：ボタッツィ判決（Bottazzi v. Italy）［1999、大法廷］〔内藤光博〕
45　判決の執行：「裁判への権利」と国内裁判所判決の執行を求める権利：ホーンズビィ判決（Hornsby v. Greece）［1997］〔中西優美子〕

〈E　人格権・プライバシーの権利〔8条〕〉
46　氏名：婚姻後の姓の選択における男女平等：ブルクハルツ判決（Burghartz v. Switzerland）［1994］〔中井伊都子〕
47　性転換：性転換後の戸籍の性別記載変更と婚姻：クリスティーヌ・グッドウィン判決（Christine Goodwin v. the United Kingdom）［2002、大法廷］〔建石真公子〕
48　同性愛：同性愛行為に刑罰を科する国内法と私生活の保護：ダジョン判決（Dudgeon v. the United Kingdom）［1981、大法廷］〔高井裕之〕
49　自己情報　私生活の尊重と自己情報開示請求権：ガスキン判決（Gaskin v. the United Kingdom）［1989、全員法廷］〔榊原秀訓〕
50　性暴力からの保護：未成年の精神障害者に加えられる性的不法行為に際しての刑法上の保護請求：XおよびY対オランダ判決（X and Y v. the Netherlands）［1985］〔棟居快行〕
51　有名人のプライバシー：有名人のプライバシーと写真報道の自由：モナコ王女事件判決（Von Hannover v. Germany）［2004］〔鈴木秀美〕
52　公害：民間廃棄物処理施設からの汚染と私生活・家族生活を保護する国の積極的義務：ロペス・オストラ判決（López Ostra v. Spain）［1994］〔立松美也子〕
53　騒音：公共空港の夜間早朝騒音と私生活の保護：ヒースロー空港騒音訴訟判決（Hatton and others v. the United Kingdom）［2003、大法廷］〔中村民雄〕
54　通信の秘密　警察による電話盗聴および「メータリング」：マローン判決（Malone v. the United Kingdom）［1984、全員法廷］〔倉持孝司〕
55　住居の尊重：弁護士事務所の捜索と「住居」の尊重：ニイミィエッツ判決（Niemietz v. Germany）［1992］〔奥山亜喜子〕

第Ｉ巻〈目次〉

〈F　家族生活の尊重・婚姻の権利〔8条・12条〕〉

56　外国人の在留と私生活・家族生活の尊重：犯罪を犯した外国人の追放と家族生活・私生活の尊重：ブルティフ判決（Boultif v. Switzerland）〔2001〕〔馬場里美〕

57　公的ケア下にいる子どもと交流する親の権利：家族の再統合という最終目的に反する子どもの公的ケアの実施方法は、条約8条に違反する：オルソン（第1）判決（Olsson v. Sweden〔no.1〕）〔1988、全員法廷〕〔山口亮子〕

58　非嫡出子：非嫡出子に対する不利益取扱いと家族生活の尊重：マルクス判決（Marckx v. Belgium）〔1979、全員法廷〕〔井上典之〕

59　婚姻の権利：一定期間の再婚制限規定は婚姻する権利を侵害する：Ｆ対スイス判決（F. v. Switzerland）〔1987、全員法廷〕〔三木妙子〕

〈G　信教の自由〔9条〕〉

60　国家の宗教的中立性：諸教派に対する国家の中立義務：ベッサラビア府主教正教会判決（Metropolitan Church of Bessarabia and others v. Moldova）〔2001〕〔小泉洋一〕

61　信教の自由　改宗勧誘の禁止と宗教を表明する自由：コキナキス判決（Kokkinakis v. Greece）〔1993〕〔齊藤正彰〕

〈H　表現の自由〔10条〕〉

62　表現の自由と民主的社会：裁判所侮辱法に基づく新聞記事差止命令：サンデー・タイムズ判決（The Sunday Times v. the United Kingdom）〔1979、全員法廷〕〔江島晶子〕

63　放送の自由：国外からのラジオ放送のケーブル網による再送信禁止：グロペラ・ラジオ社判決（Groppera Radio AG and others v. Switzerland）〔1990〕〔鈴木秀美〕

64　政治的表現：価値判断に基づく名誉毀損と真実性の証明：リンゲンス判決（Lingens v. Austria）〔1986、全員法廷〕〔上村都〕

65　商業的影響のある表現：経済的損失をもたらす研究発表に対する不正競争防止法による規制：ヘルテル判決（Hertel v. Switzerland）〔1998〕〔小山剛〕

66　涜神的表現　キリスト教の神を冒する ビデオ作品への販売等規制措置：ウィングローヴ判決（Wingrove v. the United Kingdom）〔1996〕〔金原恭子〕

67　人種差別的表現：番組内の人種差別的発言に対する編集者の刑事責任：イェルシルド判決（Jersild v. Denmark）〔1994、大法廷〕〔大藤紀子〕

68　違法政権の擁護表現：戦時対独協力政府の首班を擁護する意見広告の処罰の違法性：ペタン擁護意見広告事件判決（Lehideux and Isorni v. France）〔1998〕〔今関源成〕

69　政治活動の自由：憲法敵対的政党のための政治活動を理由とする公務員の懲戒免職処分と表現の自由：フォークト判決（Vogt v. Germany）〔1995、大法廷〕〔岡田俊幸〕

〈I　集会・結社の自由〔11条〕〉

70　集会の自由：激越な言辞を伴ったデモ行進に参加した弁護士に対する懲戒処分と集会の自由：エズラン判決（Ezelin v. France）〔1991〕〔山元一〕

71　消極的結社の自由：発展的解釈による消極的結社の自由の保障：フラミ自動車協会強制加入事件判決（Sigurður A.Sigurjónsson v. Iceland）〔1993〕〔西片聡哉〕

〈J　財産権〔第1議定書1条〕〉

72　社会改革と財産権：社会制度の改革によって収用された王族の財産についての補償義務：元ギリシア国王財産収用事件判決（The Former King of Greece and others v. Greece）〔2000、大法廷〕〔河野真理子〕

73　未執行の土地収用と財産権：収用許可によって生じた土地利用と取引の制限は財産権の侵害となりうる：スポロング判決（Sporrong and L nnroth v. Sweden）〔1982、全員法廷〕〔中島徹〕

74　財産利用の規制　家屋賃貸借料の法律による減額が、財産権を侵害しないとされた例：メラヒャー判決（Mellacher and others v. Austria）〔1989、全員法廷〕〔門田孝〕

〈K　教育権〔第1議定書2条〕〉

75　性教育：学校における性教育と親の教育権：キェルドセン判決（Kjeldsen, Busk Madsen and Pedersen v. Denmark）〔1976〕〔西原博史〕

76　体罰：学校における体罰と親の教育権：キャンベルおよびコーザンズ判決（Campbell and Cosans v. the United Kingdom）〔1982〕〔荒牧重人〕

〈L　自由選挙の保障〔第1議定書3条〕〉

77　選挙権：地域議会代表の選出方法と個人の権利としての選挙権：マチュー・モアン判決（Mathieu-Mohin and Clerfayt v. Belgium）〔1987、全員法廷〕〔桐山孝信〕

〈M　平等・少数者〉

78　差別の禁止：教育における言語差別と差別禁止規定の自律的性格：ベルギー言語事件判決（本案）（Belgian Linguistic Case〔merits〕）〔1968、全員法廷〕〔德川信治〕

79　社会保障における国籍差別：社会保障における国籍要件と差別禁止：ギャグスツ判決（Gaygusuz v. Austria）〔1996〕〔馬場里美〕

80　被選挙資格としての言語要件：恣意的な試験により国家語能力が不十分であるとして国会選挙の候補者名簿から削除することは、被選挙権を侵害する：パッドコルジナ判決（Podkolzina v. Latvia）〔2002〕〔近藤敦〕

〈資料編〉

資料Ｉ　人権および基本的自由の保護のための条約（ヨーロッパ人権条約）

資料Ⅱ　ヨーロッパ人権条約　締約国一覧

資料Ⅲ　ヨーロッパ人権裁判所　裁判官一覧

資料Ⅳ　ヨーロッパ人権裁判所　各部の構成

資料Ⅴ　人権に関わるヨーロッパ評議会の機構（概略）

資料Ⅵ　個人申立の審査手続の流れ

資料Ⅶ　事件処理状況　（1）申立および判決数，（2）主な国家間事件，（3）事件の係属状況，（4）被申立国別登録申立件数・被告国別判決数

資料Ⅷ　欧文基本参考図書

資料Ⅸ　検索ツールによる判例・文献の調べ方

・事項索引・欧文判例索引・和文判例索引

◆ドイツの憲法判例〔第2版〕
　ドイツ憲法判例研究会 編　栗城壽夫・戸波江二・根森健 編集代表
・ドイツ憲法判例研究会による、1990年頃までのドイツ憲法判例の研究成果94選を収録。ドイツの主要憲法判例の分析・解説、現代ドイツ公法学者系譜図などの参考資料を付し、ドイツ憲法を概観する。

◆ドイツの憲法判例Ⅱ〔第2版〕
　ドイツ憲法判例研究会 編　栗城壽夫・戸波江二・石村修 編集代表
・1985～1995年の75にのぼるドイツ憲法重要判決の解説。好評を博した『ドイツの最新憲法判例』を加筆補正し、新規判例を多数追加。

◆ドイツの憲法判例Ⅲ
　ドイツ憲法判例研究会 編　栗城壽夫・戸波江二・嶋崎健太郎 編集代表
・1996～2005年の重要判例86判例を取り上げ、ドイツ憲法解釈と憲法実務を学ぶ。新たに、基本用語集、連邦憲法裁判所関係文献、1～3通巻目次を掲載。

◆ドイツの憲法判例Ⅳ
　ドイツ憲法判例研究会 編　鈴木秀美・畑尻剛・宮地基 編集代表
・主に2006～2012年までのドイツ連邦憲法裁判所の重要判例84件を収載。資料等も充実、更に使い易くなった憲法学の基本文献。

◆フランスの憲法判例
　フランス憲法判例研究会 編　辻村みよ子編集代表
・フランス憲法院(1958～2001年)の重要判例67件を、体系的に整理・配列して理論的に解説。フランス憲法研究の基本文献として最適な一冊。

◆フランスの憲法判例Ⅱ
　フランス憲法判例研究会 編　辻村みよ子編集代表
・政治的機関から裁判的機関へと揺れ動くフランス憲法院の代表的な判例を体系的に分類して収録。『フランスの憲法判例』刊行以降に出されたDC判決のみならず、2008年憲法改正により導入されたQPC（合憲性優先問題）判決もあわせて掲載。

国際人権 1〜29号　国際人権法学会 編
講座国際人権法　1〜4巻　芹田健太郎他 編
ヨーロッパ地域人権法の憲法秩序化　小畑 郁
実証の国際法学　安藤仁介
〈編集委員〉芹田健太郎・薬師寺公夫・坂元茂樹・浅田正彦・酒井啓亘
国際人権法　芹田健太郎
ブリッジブック国際人権法(第2版)　芹田健太郎・薬師寺公夫・坂元茂樹
人権条約の解釈と適用　坂元茂樹
国際法研究　岩沢雄司・中谷和弘 責任編集
プラクティス国際法講義(第3版)　柳原正治・森川幸一・兼原敦子 編
実践国際法(第2版)　小松一郎
普遍的国際社会への法の挑戦 － 芹田健太郎先生古稀記念
　　坂元茂樹・薬師寺公夫 編
憲法学の創造的展開 上・下 － 戸波江二先生古稀記念
　　工藤達朗・西原博史・鈴木秀美・小山剛・毛利透・三宅雄彦・斎藤一久 編
憲法理論とその展開 － 浦部法穂先生古稀記念　門田孝・井上典之 編
国際法の人権化　阿部浩己
国際人権法 － 国際基準のダイナミズムと国内法との協調(第2版)　申 惠丰
国際公務員法の研究　黒神直純
講座 政治・社会の変動と憲法 － フランス憲法からの展望〔全2巻〕
　　辻村みよ子 編集代表
現代フランス憲法理論　山元 一
憲法学の可能性　棟居快行
放送の自由(増補第2版)　鈴木秀美
放送の自由の基層　西土彰一郎
講座 憲法の規範力〔全5巻〕ドイツ憲法判例研究会 編
憲法の発展 I　鈴木秀美他 編
憲法裁判所の比較研究 － フランス・イタリア・スペイン・ベルギーの憲法裁判
　　曽我部真裕・田近肇 編
プライバシーの権利を考える　山本龍彦
性的マイノリティ判例解説　谷口洋幸・齊藤笑美子・大島梨沙 編著
難民勝訴判決20選　全国難民弁護団連絡会議 監修
障害者権利条約の実施　長瀬修・川島聡 編
ＥＵとは何か(第2版)　中村民雄
ＥＵ法研究　中西優美子 責任編集
憲法研究　辻村みよ子 責任編集
ジェンダー法研究　浅倉むつ子・二宮周平 責任編集
メディア法研究　鈴木秀美 責任編集

信山社